FLAVIUS JOSEPHUS · DE BELLO JUDAICO
BAND II

Flavius Josephus

De bello Judaico
Der jüdische Krieg

Griechisch und Deutsch

Band II: Buch IV - VII

Herausgegeben
und mit einer Einleitung
sowie mit Anmerkungen versehen
von
Otto Michel
und
Otto Bauernfeind

Die Deutsche Nationalbibliothek verzeichnet diese Publikation
in der Deutschen Nationalbibliografie;
detaillierte bibliografische Daten sind im Internet über
http://dnb.d-nb.de abrufbar.

Das Werk ist in allen seinen Teilen urheberrechtlich geschützt.
Jede Verwertung ist ohne Zustimmung des Verlags unzulässig.
Das gilt insbesondere für Vervielfältigungen, Übersetzungen,
Mikroverfilmungen und die Einspeicherung in und Verarbeitung
durch elektronische Systeme.

Sonderausgabe 2013
© 1963, 1969 by WBG (Wissenschaftliche Buchgesellschaft), Darmstadt
Die Herausgabe des Werkes wurde durch die Vereinsmitglieder der WBG ermöglicht.
Einbandgestaltung: Peter Lohse, Heppenheim
Gedruckt auf säurefreiem und alterungsbeständigem Papier
Printed in Germany

Besuchen Sie uns im Internet: www.wbg-wissenverbindet.de

ISBN 978-3-534-25008-0

Elektronisch sind folgende Ausgaben erhältlich:
eBook (PDF): 978-3-534-26243-4

INHALTSVERZEICHNIS

Vorwort	VII
Wichtige Literatur zu Bd. II 1	IX
Ergänzungen zum Abkürzungsverzeichnis Bd. I, S. IX	X
Addenda et Corrigenda: Bd. I	XI–XII
Corrigenda: Bd. II 1	XII
Buch 4	2–105
Buch 5	106–203
Anmerkungen zu Buch 4	205–237
Anmerkungen zu Buch 5	239–274

VORWORT

Die Arbeit an unserer Ausgabe des Josephus hat manche Freunde im In- und Ausland gefunden, die uns mündlich und schriftlich ihr Interesse bekundeten. Vor allem sind wir dafür dankbar, daß sie den Weg nach Israel gehen konnte, wie wir es auf den Studienreisen nach dort in den beiden letzten Jahren immer wieder erfahren durften. Der hier vorgelegte Halbband umfaßt Buch 4 und 5 des „Jüdischen Krieges" und legt auf Wunsch der Freunde unserer Arbeit besonderes Gewicht auf den textkritischen Apparat und die wissenschaftlichen Anmerkungen, die gegenüber dem ersten Band angewachsen sind. Es war unser ausdrückliches Bemühen, soweit wie möglich auch den reichen Beitrag der jüdischen Geschichtswissenschaft zum Gehör zu bringen. Wir danken für die Mitarbeit von Dozent Dr. O. Betz, der bis zu seiner Berufung nach Chicago gerade auf diesem Gebiet sich besonders eingesetzt hat. Bei der Fertigstellung dieses Halbbandes haben die Herren W. Fehlauer und H. Lindner uns treu geholfen.

Wir grüßen mit unserer Josephusarbeit, mit dem ganzen Einsatz unseres Institutum Judaicum in Tübingen unseren väterlichen Freund Prof. Dr. M. Buber in Jerusalem; ihm sei dieser eben fertiggestellte Halbband gewidmet.

Tübingen, den 10. Juli 1963

O. Michel   O. Bauernfeind

WICHTIGE LITERATUR ZU BD. II, 1
(außer Bd. I, S. X):

M. A. Levy, Geschichte der jüdischen Münzen. 1862.
S. Krauss, Talmudische Archäologie, Bd. 1–3. 1910–12.
A. Schlatter, Die hebräischen Namen bei Josephus. BFchTh 17, 3. 1913.
A. Schlatter, Geschichte Israels. 3. Aufl. 1925.
S. Klein, Galiläa von der Makkabäerzeit bis 67. 1928.
G. Dalman, Orte und Wege Jesu. 3. Aufl. 1924.
G. Dalman, Jerusalem und sein Gelände. 1930.
F. M. Abel, Géographie de la Palestine. 2 Bde. 2. Aufl. 1933. 1938.
F. M. Abel, Histoire de la Palestine depuis la conquête d'Alexandre jusqu' à l'invasion Arabe. Bd. I–II. 1952.
J. B. Frey, Corpus Inscriptionum Judaicarum. 2 Bde. 1936. 1952.
E. Bickermann, Der Gott der Makkabäer. 1937.
N. Glueck, The River Jordan. 1945.
N. Glueck, Rivers in the Desert. 1959.
A. Reifenberg, Ancient Jewish Coins. 2. Aufl. 1947.
J. Simons, Jerusalem in the Old Testament. 1952.
E. R. Goodenough, Jewish Symbols in the Greco-Roman Period, Bd. 1–8, 1953–58.
B. Kanael, The Historical Background of the Year Four of the Redemption of Zion Coins. BASOR 129 (1953) 18 ff.
B. Kanael, Die Kunst der antiken Synagoge. 1961.
L. H. Vincent, Jérusalem de l'Ancien Testament. 3 Teile 1954. 1956.
L. Kadman, A Coin Find at Masada. IEJ 7 (1957) 61 ff.
L. Kadman, The Coins of the Jewish War of 66–73 C. E. 1960.
J. N. Simchoni, Joseph ben Mattitjahu, toledot milchemet hajjehudim 'im haroma' im (zitiert als: Jüdischer Krieg). 1957.
M. Noth, Die Welt des Alten Testaments. 3. Aufl. 1957.
J. Jeremias, Jerusalem zur Zeit Jesu. 2. Aufl. 1958.
G. A. Williamson, Josephus, The Jewish War (= Will.). 1959.
C. Kopp, Die heiligen Stätten der Evangelien. 1959.
Ch. N. Bialik u. J. Ch. Rabnitzki, Sefer Ha'aggada. Teil 1–3. 1960.
R. J. H. Shutt, Studies in Josephus. 1961.
M. Hengel, Die Zeloten. 1961.
M. Jastrow, Dictionary of the Targumim, the Talmud Babli and Yerushalmi, and the Midrashic Literature, Bd. I–II. 1950.

ERGÄNZUNGEN ZUM ABKÜRZUNGSVERZEICHNIS BD. 1, S. IX:

BFchTh	Beiträge zur Förderung christlicher Theologie (1897 ff.).
CIJ	J. B. Frey, Corpus Inscriptionum Judaicarum, Bd. I–II, 1936. 1953.
Ditt. Syll.	W. Dittenberger, Sylloge Inscriptionum Graecarum. 3. Aufl. 1915 ff.
Enc. Pal.	I. Press, Encyclopaedia of Palestine. 4 Bde. 2. Aufl. 1951–1955.
Th. Wb.	G. Kittel, Theologisches Wörterbuch zum Neuen Testament 1933 ff.
CD	Damaskusschrift (ed. L. Rost, Kl. Texte). 1933.

ADDENDA ET CORRIGENDA: BD. I

Zu S. XI, Anm. 1 (Neufassung): Josephus wurde zwischen dem 13. 9. 37 und dem 16. 3. 38 geboren. Nach ant. 20, 267 setzt er sein 56. Lebensjahr mit dem 13. Jahr Domitians gleich, welches vom 13. 9. 93 bis 13. 9. 94 geht. Vgl. dazu Schürer I, 74; G. Hölscher in Pauly-W., 1934. — Sein voller Name war: „Josephus, Sohn des Matthias, Hebräer aus Jerusalem, Priester" (bell. 1, 3). Ihm entspricht eine Textüberlieferung, die von manchen Auslegern (Naber, Reinach, Ricciotti) aufgenommen wird. Wir selbst folgen der kürzeren Überlieferung von P Euseb Niese (Text). Die Selbstbezeichnung „Hebräer" kann palästinische Herkunft und aramäische Sprache herausstellen (vgl. bell. 5, 361), kann aber auch eine gewählte Ausdrucksweise sein (vgl. Th. Wb. 3, 369). Der Name entspricht offenbar dem Befund jüdischer Inschriften in Rom (vgl. CIJ I 1936, Index Ἑβραῖος S. 631; ἱερεύς S. 636).

S. XIX, Anm. 5 lies: Isaiam statt Isiam.

Zu S. XXXII (nach Z. 16 ist hinzuzufügen): Unter den Zitaten sind die aus Joh. Zonaras (corpus scriptorum historiae Byzantinac Bd. 43a, 1897) in den späteren Büchern des Bellum Judaicum wichtiger als in den früheren, besonders dort, wo sie vom codex L, dem sie sonst nahestehen, bedeutend abweichen.

Exc: Das Gleiche gilt von den excerpta Peiresciana. Vollständige Ausgabe mit Einleitung und kritischem Apparat: Th. Büttner-Wobst, Excerpta de virtutibus et vitiis Bd. I, 1906, 91—115.

S. XXXIV und XXXV: lies „Ussani" statt „Ussiani".
S. XXXV und XXXVI: lies „Giuseppe" statt „Guiseppe".
S. 87, Z. 15 von unten: lies „Bruders" statt „Brudes".
S. 88, Z. 3: lies ἐλπίδι statt ἐλπίδτ.
S. 103, Z. 17: Das „er" ist zu streichen.
S. 111, Z. 18 von unten lies: Kypros statt Kypron.
S. 174, Z. 15 steht das letzte Wort umgekehrt.
S. 178, Z. 2 ist διοικήσεις statt διοκήσεις zu lesen.
S. 188, Z. 6 von unten: die drei letzten Worte stehen umgekehrt.
S. 221, Z. 5 von unten: „es traf sich" statt: „der Zufall wollte es".
S. 238, Z. 13 von unten: τοὺς statt: τοῦς.
S. 239, Z. 19 bis 21 von oben: „Florus ihren gewaltsamen Versuch vereitelt hatte, versuchten die vornehmen Juden, unter denen der Zöllner Johannes war, in ihrer Verlegenheit, den Florus mit acht Talenten Silber zu bewegen, er möchte den Bau einstellen lassen."
S. 240, Z. 2 von unten: ἡμαρτηκότων statt: ἡμαστηκότων.
S. 261, Z. 14 von unten: „solltet" statt „soltet".
S. 267, Z. 19: Hinter „sich" ist „den" ausgefallen.
S. 269, Z. 22 lies: „ausgehen" statt „ausgelen".
S. 298. Z. 15 lies: οὕτως statt οὔτως.
S. 308, Anm. 81 lies: R^{corr} statt R^{CORR}.
S. 351, Z. 13 von unten lies: „Sturmbock" statt „Sturmblock".
S. 371, Z. 11 von unten: anzutun statt unzutun.
S. 381, Z. 17f. von unten: „(Auf)trag entsprechend durchstreiften sie das Land, plünderten es Tag für Tag und machten es gänzlich einer Einöde gleich" statt des aus Z. 18f. von oben eingedrungenen Textes.
S. 383, Z. 9 von oben ist „den" doppelt gesetzt.
S. 398 § 542: Der Stern nach προυξένει ist zu streichen.
S. 406, Anm. 37 lies: „Liddell-Scott" statt „Lidell-Scott".

Addenda et corrigenda: Bd. I — Corrigenda: Bd. II 1

S. 416, Anm. 170 lies: Pseud. Aristot. mund. 4 S. 395b, 36 und 396a, 28f. Zu den Vorwarnungen für Katastrophen vgl. Aristot. meteor. 2, 8 S. 365b bis 369a.
S. 418, Exkurs II, Z. 5 lies: „festungsartig" statt „Festungsartig".
S. 433: Die Nummer der Anmerkung 46 ist zu ergänzen (vor „Neben...").
S. 433, Anm. 47 lies: „nur ein einziges Gericht".
S. 438, Anm. 81: c. Apion. 2, 219.
S. 447, Anm. 189 lies: „Zu den Opfern" statt „Zum Opfer".
S. 449, Anm. 213 und 215: Tac. ann. statt: anm.
S. 455, Anm. 17 lies: „Schürer II⁴ 14", nicht „Schürer II⁴ 11".
S. 456, Anm. 23 Z. 6 lies: 2. Sam. statt 2. Kön.
S. 461, Anm. 89 muß lauten: Zum Hades vgl. 2, 165; 3, 375.
S. 464, Anm. 127 muß lauten: Die Bezeichnung „Rabenfisch" (korakinos) ist eine Notübersetzung; der genaue wissenschaftliche Name ist „clarias lacera". Es handelt sich um einen schuppenlosen, dem Wels ähnlichen Fisch, dessen Genuß den Juden verboten ist. Die mehrfach behauptete Identität mit dem arab. barbut ist nicht hinreichend gesichert. Vgl. dazu G. Dalman, Orte und Wege Jesu 1924, 143; F. S. Bodenheimer, Animal and Man in Bible Lands, 1960, 200.

CORRIGENDA: BD. II 1

S. 6, Z. 10 von unten lies: οἶς statt οἷς.
S. 34, Anm. 85 Z. 1 lies: „Thack," statt „Thack".
S. 42, Anm. 106 Z. 1 lies: „AMV Na;" statt „AMVNa;".
S. 44, Anm. 111 lies: ἀποτείχισθε statt ἀποτείχισθε.
S. 49, Z. 7 von unten lies: „kam," statt „kam".
S. 50, Anm. 124 lies: ἐπεισχεομένους statt ἐπεισχέομενους.
S. 54, Anm. 137 Z. 1 lies: Βάρεις statt Βάρει ς.
S. 58, Z. 17 lies: ἀνὴρ statt ἄνηρ.
S. 62, Anm. 161 lies: ἐγκατασκήψῃ statt ἐγκατασκήψὴ.
S. 72, Z. 13 lies: ὑπὲρ statt ἐξ ἐρ.
S. 72, Anm. 197 Z. 1 lies: Ἔνναβρις, statt Ἕνναβρις.
S. 86, Anm. 24 lies: *Caecina* statt *Caccina*.

IV.

Φλαυίου Ἰωσήπου ἱστορία Ἰουδαϊκοῦ πολέμου πρὸς Ῥωμαίους βιβλίον δ'.

1 I. 1. Ὅσοι δὲ μετὰ τὴν Ἰωταπάτων ἄλωσιν Γαλιλαῖοι Ῥωμαίων ἀφεστήκεσαν, οὗτοι τῶν ἐν Ταριχέαις ἡττηθέντων προσεχώρουν, καὶ παρέλαβον πάντα Ῥωμαῖοι τὰ φρούρια καὶ τὰς πόλεις πλὴν Γισχάλων καὶ 2 τῶν τὸ Ἰταβύριον ὄρος κατειληφότων. συνέστη δὲ τούτοις καὶ Γάμαλα πόλις Ταριχεῶν ἄντικρυς ὑπὲρ τὴν λίμνην κειμένη. τῆς δ' Ἀγρίππα λήξεως αὕτη τε ἦν καὶ Σωγάνη[1] καὶ Σελεύκεια, καὶ αἱ μὲν ἐκ τῆς Γαυλανίτιδος ἀμφότεραι· τοῦ γὰρ ἄνω καλουμένου Γαυλανᾶ μέρος ἦν ἡ Σωγάνη, τοῦ 3 κάτω δ' ἡ Γάμαλα· Σελεύκεια δὲ πρὸς τῇ Σεμεχωνιτῶν λίμνῃ. ταύτῃ τριάκοντα μὲν εὖρος, ἑξήκοντα δὲ μῆκος στάδιοι· διατείνει δ' αὐτῆς τὰ ἕλη μέχρι Δάφνης[2] χωρίου τά τε ἄλλα τρυφεροῦ καὶ πηγὰς ἔχοντος, αἳ τρέφουσαι τὸν μικρὸν καλούμενον Ἰόρδανον[3] ὑπὸ τὸν τῆς χρυσῆς βοὸς νεὼ 4 προπέμπουσι τῷ μεγάλῳ. τοὺς μὲν οὖν ἐπὶ Σωγάνην καὶ Σελεύκειαν ὑπὸ τὴν ἀρχὴν τῆς ἀποστάσεως δεξιαῖς Ἀγρίππας προσηγάγετο, Γάμαλα δ' 5 οὐ προσεχώρει πεποιθυῖα τῇ δυσχωρίᾳ πλέον τῶν Ἰωταπάτων. τραχὺς γὰρ αὐχὴν ἀφ' ὑψηλοῦ κατατείνων ὄρους μέσον ἐπαίρει τένοντα, μηκύνεται δὲ ἐκ τῆς ὑπεροχῆς εἰς τοὔμπροσθεν ἐκκλίνων ὅσον κατόπιν, ὡς εἰκάζεσθαι καμήλῳ τὸ σχῆμα, παρ' ἣν ὠνόμασται τὸ τρανὸν τῆς κλήσεως οὐκ ἐξακρι6 βούντων τῶν ἐπιχωρίων. κατὰ πλευρὰ[4] μὲν δὴ καὶ πρόσωπον εἰς φάραγγας ἀβάτους περισχίζεται, τὸ κατ' οὐρὰν δὲ ὀλίγον ἀναφεύγει τὰς[5] δυσχωρίας, ὅθεν ἀπήρτηται τοῦ ὄρους· καὶ τοῦτο δ' ἐπικαρσίᾳ παρακόψαντες τάφρῳ 7 δύσβατον οἱ ἐπιχώριοι κατεσκεύασαν. πρὸς ὀρθίῳ δὲ τῇ λαγόνι δεδομημέναι πεπύκνωντο δεινῶς ἐπ' ἀλλήλαις αἱ οἰκίαι, κρημνιζομένη τε ἡ πόλις 8 ἐοικυῖα κατέτρεχεν εἰς ἑαυτὴν ἀπὸ τῆς ὀξύτητος. καὶ πρὸς μεσημβρίαν μὲν ἔκλινεν, ὁ νότιος δ' αὐτῆς ὄχθος εἰς ἄπειρον ὕψος ἀνατείνων ἄκρα τῆς πόλεως ἦν, ἀτείχιστος δὲ ὑπὲρ αὐτὴν[6] κρημνὸς εἰς τὴν βαθυτάτην κατατείνων φάραγγα· πηγὴ δ' ἐντὸς τοῦ τείχους, ἐφ' ἣν τὸ ἄστυ κατέληγεν.
9 2. Οὕτως οὖσαν φύσει δυσμήχανον[7] τὴν πόλιν τειχίζων ὁ Ἰώσηπος ἐποί10 ησεν ὀχυρωτέραν ὑπονόμοις τε καὶ διώρυξιν. οἱ δ' ἐν αὐτῇ φύσει μὲν τοῦ χωρίου θαρραλεώτεροι τῶν κατὰ τὴν Ἰωταπάτην ἦσαν, πολὺ δ' ἐλάττους μάχιμοι, καὶ τῷ τόπῳ πεποιθότες οὐδὲ πλείονας ὑπελάμβανον[8]· πεπλήρωτο γὰρ ἡ πόλις διὰ τὴν ὀχυρότητα συμφυγόντων· παρὸ καὶ τοῖς ὑπ' Ἀγρίππα προπεμφθεῖσιν ἐπὶ τὴν πολιορκίαν ἀντεῖχεν ἐπὶ μῆνας ἑπτά.
11 3. Οὐεσπασιανὸς δ' ἄρας ἀπὸ τῆς Ἀμμαθοῦς, ἔνθα πρὸ τῆς Τιβεριάδος

---

[1] Σώτανις PAL; *Sotanim* und *Sotanin* Lat; *Sotanis* Heg; vgl. *vita* 187.
[2] Δάνης Reland, vgl. *ant* 8, 226.   [3] Ἰορδάνην MLVRC.   [4] πλευρὰν PMLVRC.
[5] Alle Handschriften und Niese im Text lesen τῆς; τὰς Niese cj. Thack.
[6] ὑπὲρ alle Handschriften, Niese im Text; περὶ Destinon cj. vgl. § 74; ὑπὸ (=ὑπ') Niese cj. Thack — αὐτὴν L Niese; αὐτῆς PAMVRC Thack.
[7] δύσμαχον C; *paene inexpugnabilem* Lat.
[8] *plures esse hostes non putabant* Lat; ὑπελάμβανον wird hier durch *putant* wiedergegeben und πλείονας durch *hostes* ergänzt.

BUCH 4

1. Kapitel

1. 1. Die Galiläer, die nach dem Fall Jotapatas von den Römern abgefallen waren, kehrten nach der Niederlage der Tarichäer wieder zum Gehorsam zurück, so daß die Römer sämtliche festen Plätze und die Städte außer Gischala und der Besatzung des Berges Itabyrion[1] wieder in Besitz nehmen konnten. Auf deren Seite trat auch Gamala, eine Stadt, die jenseits des Sees liegt, und zwar Tarichäa gegenüber[2]. Sie gehörte zum Gebiet des Agrippa, so wie auch Sogane und Seleukia[3]. Die beiden ersteren waren Städte der Gaulanitis, und zwar gehörte Sogane zum Gebiet der sogenannten oberen Gaulanitis, Gamala zur unteren; Seleukia aber liegt in der Nähe des Sees Semechonitis[4]. Dieser ist 30 Stadien breit und 60 lang[4]; seine Sumpfniederungen erstrecken sich bis in die Gegend von Daphne, die übrigens sehr üppig ist und Quellen besitzt, die den sogenannten kleinen Jordan unterhalb des Heiligtums der „goldenen Kuh" speisen und ihn dann dem großen Jordan zusenden[5]. Die Bewohner von Sogane und Seleukia hatte Agrippa beim Beginn des Aufstandes noch auf seine Seite bringen können, Gamala aber gab nicht nach, weil es noch mehr als Jotapata auf seine schwer zugängliche Lage vertraute. Denn ein schroffer Kamm erstreckt sich von einem hohen Berg herab und bildet in der Mitte einen Höcker; von diesem erhöhten Mittelteil aus dehnt er sich in die Länge und fällt dann nach vorn und nach hinten ab. So gleicht er in seinem Aussehen einem Kamel, und davon hat auch der Ort seinen Namen, was allerdings die Einwohner nicht deutlich hervortreten lassen. An beiden Seiten und vorne gähnen unzugängliche Schluchten, nur nach hinten zu verringern sich die Schwierigkeiten des Geländes ein wenig, weil der Grat dort mit dem Berg in Verbindung steht. Aber auch diese Verbindungsstelle versetzten die Einwohner in einen schwer zugänglichen Zustand, indem sie einen Quergraben hindurchzogen. An der abschüssigen und fast hohlen Wand sind die Häuser dicht aneinandergebaut und stehen so besorgniserregend übereinander, daß es aussieht, als ob die Stadt in der Luft hänge und wegen des steilen Geländes jeden Augenblick in sich zusammenstürzend herunterrollen wolle. Die Stadt liegt nach Süden zu, ein gleichfalls südlicher Hügel erhebt sich besonders hoch und bildet die Burg der Stadt; unterhalb davon ist der Platz unbefestigt, da er dort schroff in einer sehr steilen Schlucht abfällt. Innerhalb der Mauern befindet sich eine Quelle, allerdings liegt sie am äußersten Ende der Stadt.

2. 9. Josephus hatte, als er diese Stadt befestigte, sie durch Stollen und Gräben noch stärker gemacht. Die Einwohner bauten auf die natürliche Gunst des Geländes noch mehr als die Bewohner von Jotapata, hatten aber weniger waffenfähige Leute und nahmen auch im Vertrauen auf ihren Platz keine Verstärkungen auf; allerdings war die Stadt wegen ihrer Festigkeit voll von Flüchtlingen. Diese Festigkeit hatte sich auch bewährt, als die Stadt dem Belagerungsheer des Agrippa 7 Monate lang Widerstand leistete.

3. 11. Vespasian brach von Ammathus auf, wo er, vor den Toren von Tibe-

ἐστρατοπεδεύκει· μεθερμηνευομένη δ' Ἀμμαθοῦς θερμὰ λέγοιτ' ἂν, ἔστι
12 γὰρ ἐν αὐτῇ πηγὴ θερμῶν ὑδάτων πρὸς ἄκεσιν ἐπιτηδείων· ἀφικνεῖται πρὸς τὴν Γάμαλαν. καὶ πᾶσαν μὲν κυκλώσασθαι φυλακῇ τὴν πόλιν οὐχ οἷός τε ἦν οὕτως διακειμένην, πρὸς δὲ τοῖς δυνατοῖς φρουροὺς καθίστησι
13 καὶ τὸ ὑπερκείμενον ὄρος καταλαμβάνεται. τειχισαμένων δὲ ὥσπερ ἔθος τῶν ταγμάτων ὑπὲρ αὐτοῦ στρατόπεδα χωμάτων ἤρχετο κατ' οὐράν, καὶ τὸ μὲν κατ' ἀνατολὰς αὐτῷ μέρος, ᾗπερ ὁ ἀνωτάτω τῆς πόλεως πύργος ἦν, ἐφ' οὗ[9] τὸ πέμπτον καὶ δέκατον τάγμα, καὶ τὸ πέμπτον μὲν κατὰ μέσην ἐξειργάζετο τὴν πόλιν, τὰς δὲ διώρυγας ἀνεπλήρου καὶ τὰς φάραγ-
14 γας τὸ δέκατον. κἂν τούτῳ προσελθόντα τοῖς τείχεσιν Ἀγρίππαν τὸν βασιλέα καὶ περὶ παραδόσεως τοῖς ἐφεστῶσι πειρώμενον διαλέγεσθαι
15 βάλλει τις τῶν σφενδονητῶν κατὰ τὸν δεξιὸν ἀγκῶνα λίθῳ. καὶ ὁ μὲν ὑπὸ τῶν οἰκείων θᾶττον περιεσχέθη, Ῥωμαίους δὲ ἐπήγειρεν εἰς τὴν
16 πολιορκίαν ὀργῇ τε περὶ τοῦ βασιλέως καὶ περὶ σφῶν αὐτῶν δέος· οὐ γὰρ ἀπολείψειν ὠμότητος ὑπερβολὴν κατ' ἀλλοφύλων καὶ πολεμίων τοὺς πρὸς ὁμόφυλον καὶ τῶν συμφερόντων αὐτοῖς σύμβουλον οὕτως ἀγριωθέντας.
17 4. Συντελεσθέντων οὖν τῶν χωμάτων θᾶττον πλήθει χειρῶν καὶ τῶν
18 πραττομένων ἔθει προσῆγον τὰς μηχανάς. οἱ δὲ περὶ τὸν Χάρητα καὶ Ἰώσηπον[10], οὗτοι γὰρ ἦσαν τῶν κατὰ τὴν πόλιν δυνατώτατοι, καίπερ καταπεπληγότας τοὺς ὁπλίτας τάττουσιν, ἐπειδὴ μέχρι πολλοῦ πρὸς τὴν πολιορκίαν ἀνθέξειν οὐχ ὑπελάμβανον ὕδατι καὶ τοῖς ἄλλοις ἐπιτηδείοις
19 μὴ διαρκούμενοι. παρακροτήσαντες δ' ὅμως ἐξῆγον ἐπὶ τὸ τεῖχος, καὶ πρὸς ὀλίγον μὲν ἀπημύναντο τοὺς προσάγοντας τὰς μηχανάς, βαλλόμενοι δὲ τοῖς καταπελτικοῖς καὶ τοῖς πετροβόλοις ἀνεχώρουν εἰς τὴν πόλιν.
20 καὶ προσάγοντες οἱ Ῥωμαῖοι τριχόθεν τοὺς κριοὺς διασείουσι μὲν τὸ τεῖχος, ὑπὲρ δὲ τῶν ἐρειφθέντων εἰσχεόμενοι μετὰ πολλοῦ σαλπίγγων ἤχου καὶ κτύπου τῶν ὅπλων αὐτοί τ' ἐπαλαλάζοντες συνερρήγνυντο τοῖς
21 κατὰ τὴν πόλιν. οἱ δὲ τέως μὲν κατὰ τὰς πρώτας εἰσόδους ἐνιστάμενοι
22 προσωτέρω χωρεῖν ἐκώλυον καὶ καρτερῶς τοὺς Ῥωμαίους ἀνεῖργον· βιαζόμενοι δὲ ὑπὸ πολλῶν καὶ πάντοθεν τρέπονται πρὸς τὰ ὑψηλὰ τῆς πόλεως καὶ προσκειμένοις τοῖς πολεμίοις ἐξ ὑποστροφῆς ἐπιπεσόντες συνώθουν εἰς τὸ κάταντες καὶ τῇ στενότητι καὶ δυσχωρίᾳ θλιβομένους
23 ἀνῄρουν. οἱ δὲ μήτε τοὺς κατὰ κορυφὴν ἀμύνασθαι δυνάμενοι μήτε διεκπαίειν τῶν σφετέρων πρόσω βιαζομένων ἐπὶ τὰς οἰκίας τῶν πολεμίων,
24 πρόσγειοι γὰρ ἦσαν, ἀνέφευγον. αἱ δὲ ταχέως κατηρείποντο πληρούμεναι

---

[9] ἔχου Destinon cj. Thack (und den Ostteil ... schüttete die 15. Legion auf).
[10] Ἰώσην L¹, vgl. § 66.

rias, sein Lager aufgeschlagen hatte. Ammathus könnte man am besten „Warmquell" übersetzen, denn es befindet sich dort eine Quelle von warmen Wassern, die zu Heilzwecken geeignet sind⁶. So rückte Vespasian vor Gamala. Wegen der oben beschriebenen Lage konnte er die Stadt allerdings nicht völlig einschließen und im Auge behalten; an den Punkten, wo es möglich war, richtete er jedoch Feldwachen ein und besetzte den die Stadt beherrschenden Berg. Die Legionen bauten auf ihm in gewohnter Weise ein festes Lager; dann begann Vespasian auf der Rückseite des Berges Dämme zu errichten, ebenso im Osten, wo am höchsten Punkt der Stadt ein Turm stand, bei dem die 15. Legion eingesetzt war. Die 5. Legion arbeitete sich auf das Zentrum der Stadt zu, die 10. füllte Gräben und Schluchten aus. Als der König Agrippa an die Mauer der Stadt trat und mit den darauf stehenden Leuten wegen der Übergabe zu verhandeln versuchte, traf ihn einer der Schleuderer mit einem Stein am rechten Ellbogen. Er wurde zwar von seiner Begleitung sehr rasch in Schutz genommen, die Römer aber wurden durch den Zorn über die Behandlung des Königs und die Furcht um ihr eigenes Ergehen um so mehr zur eifrigen Fortsetzung der Belagerung angestachelt; denn sie mußten ja annehmen, daß Leute, die sich gegen einen Landsmann und trefflichen Ratgeber so hemmungslos verhielten, es bei Fremden und Feinden an keiner Art von Grausamkeit fehlen lassen würden.

4. 17. Die Wälle wurden ziemlich rasch fertiggestellt, da viele und daran gewöhnte Hände an ihnen arbeiteten; dann wurden die Belagerungsmaschinen herangerückt. Unterdessen stellte der Stab des Chares und Josephus, der einflußreichsten Leute der Stadt, seine schwerbewaffneten Leute auf; diese waren allerdings ziemlich mutlos, da sie annehmen mußten, daß sie die Belagerung in Ermangelung von Wasser und den sonstigen lebensnötigen Dingen kaum längere Zeit aushalten könnten. Trotzdem führte man sie auf die Mauer, nachdem man ihnen Mut zugesprochen hatte. Für kurze Zeit wehrten sie auch die Feinde ab, die die Belagerungsmaschinen heranführten. Als sie aber von den Katapultschützen und den Steinschleuderern beschossen wurden, zogen sie sich in die Innenstadt zurück. Die Römer führten nun Sturmböcke heran und schlugen an drei Stellen eine Bresche in die Mauer, über deren niedergerissene Teile hinweg sie sich unter lautem Schall der Trompeten, unter Waffengeklirr und Kriegsgeschrei in die Stadt ergossen, wo es mit den Verteidigern zum Handgemenge kam. Diese hielten eine Zeitlang den ersten Einbrüchen gegenüber stand, verhinderten zudem, daß diese weiter ausgedehnt wurden und brachten die Römer erheblich ins Gedränge. Unter dem Druck der Übermacht und des allseitigen Angriffs zogen sie sich aber in die hochgelegenen Teile der Stadt zurück, fielen von dort aus die nachdrängenden Feinde in einer plötzlichen Kehrtwendung an und stießen sie den steilen Abhang hinunter, wo sie, in den engen und ungünstigen Raum zusammengepreßt, niedergeschlagen wurden. Ein anderer Teil der Römer, außerstande, die oberhalb stehenden Juden abzuwehren oder sich durch die Reihen der eigenen nachdrängenden Kameraden nach unten durchzuschlagen, flüchtete sich auf die Dächer der feindlichen Stadt, die man vom Erdboden aus erreichen konnte. Die menschenvollen Dächer konnten die Last nicht mehr tragen, so daß die Häuser bald zusammenstürzten. Der Ein-

καὶ τὸ βάρος μὴ στέγουσαι, κατέσειε δὲ πολλὰς μία τῶν ὑπ' αὐτῆς¹¹ πεσοῦσα
25 καὶ πάλιν ἐκεῖναι τὰς ὑπ' αὐτάς. τοῦτο πλείστους διέφθειρε τῶν Ῥωμαίων·
ὑπὸ γὰρ ἀμηχανίας καίτοι συνιζανούσας ὁρῶντες ἐπεπήδων ταῖς στέγαις,
καὶ πολλοὶ μὲν κατεχώννυντο τοῖς ἐρειπίοις, πολλοὶ δ' ὑποφεύγοντες μέρη
τοῦ σώματος κατελαμβάνοντο, πλείστους δὲ ὁ κονιορτὸς ἄγχων ἀνήρει.
26 συνεργίαν θεοῦ τοῦτο Γαμαλεῖς ὑπελάμβανον καὶ τῆς κατὰ σφᾶς ἀμελοῦντες βλάβης ἐπέκειντο, πρός τε τὰ στέγη τοὺς πολεμίους ἀνωθοῦντες καί τοι κατολισθάνοντας ἐν ὀξέσι τοῖς στενωποῖς καὶ ἀεὶ τοὺς πίπτοντας
27 ὕπερθεν βάλλοντες ἔκτεινον. καὶ τὰ μὲν ἐρείπια χερμάδων πλέα ἦν¹² αὐτοῖς, σίδηρον δὲ παρεῖχον οἱ τῶν πολεμίων νεκροί· παρασπῶντες γὰρ τὰ τῶν
28 πεσόντων ξίφη κατὰ τῶν δυσθανατούντων ἐχρῶντο. πολλοὶ δ' ἀπὸ πιπτόν-
29 των ἤδη τῶν δωμάτων σφᾶς αὐτοὺς βάλλοντες ἔθνησκον. ἦν δ' οὐδὲ τραπέντων ἡ φυγὴ ῥάδιος. κατὰ γὰρ ἄγνοιαν τῶν ὁδῶν καὶ παχύτητα τοῦ κονιορτοῦ μηδὲ ἀλλήλους ἐπιγινώσκοντες ἀνειλοῦντο καὶ περὶ σφᾶς ἔπιπτον.
30 5. Οἱ μὲν οὖν μόλις εὑρίσκοντες τὰς ἐξόδους ἀνεχώρησαν ἐκ τῆς πόλεως·
31 Οὐεσπασιανὸς δ' ἀεὶ προσμένων τοῖς πονουμένοις, δεινὸν γάρ τι πάθος αὐτὸν εἰσῄει κατερειπομένην ὁρῶντα περὶ τῷ στρατῷ τὴν πόλιν, ἐν λήθῃ τοῦ κατ' αὐτὸν ἀσφαλοῦς γενόμενος λανθάνει κατὰ μικρὸν ἀνωτάτω τῆς πόλεως προελθών, ἔνθα μέσοις ἐγκαταλείπεται τοῖς κινδύνοις μετ' ὀλίγων
32 παντελῶς· οὐδὲ γὰρ ὁ παῖς αὐτῷ Τίτος τότε συμπαρῆν τηνικαῦτα πρὸς
33 Μουκιανὸν εἰς Συρίαν ἀπεσταλμένος. τραπῆναι μὲν οὖν οὔτε¹³ ἀσφαλὲς οὔτε πρέπον ἡγήσατο, μνησθεὶς δὲ τῶν ἀπὸ νεότητος αὐτῷ πεπονημένων καὶ τῆς ἰδίας ἀρετῆς, ὥσπερ ἔνθους γενόμενος, συνασπίζει μὲν τοὺς ἅμ' αὐτῷ
34 τά τε σώματα καὶ τὰς πανοπλίας, ὑφίσταται δὲ κατὰ κορυφὴν ἐπιρρέοντα τὸν πόλεμον καὶ οὔτε ἀνδρῶν πλῆθος οὔτε βελῶν ὑποπτήξας ἐπέμενε, μέχρι δαιμόνιον τὸ παράστημα τῆς ψυχῆς συννοήσαντες οἱ πολέμιοι ταῖς
35 ὁρμαῖς ἐνέδοσαν. ἀτονώτερον δὲ προσκειμένων αὐτὸς ὑπὸ πόδα ἀνεχώρει
36 νῶτα μὴ δεικνὺς ἕως ἔξω τοῦ τείχους ἐγένετο. πλεῖστοι μὲν οὖν Ῥωμαίων κατὰ ταύτην ἔπεσον τὴν μάχην, ἐν οἷς ὁ δεκαδάρχης Αἰβούτιος, ἀνὴρ οὐ μόνον ἐφ' ἧς ἔπεσε παρατάξεως, ἀλλὰ παντάχου καὶ πρότερον γενναιό-
37 τατος φανεὶς καὶ πλεῖστα κακὰ Ἰουδαίους ἐργασάμενος. ἑκατοντάρχης δέ τις, Γάλλος ὀνόματι, μετὰ στρατιωτῶν δέκα περισχεθεὶς ἐν τῇ ταραχῇ
38 κατέδυ μὲν εἴς τινος οἰκίαν, τῶν δ' ἐν αὐτῇ διαλαλούντων παρὰ δεῖπνον ὅσα κατὰ¹⁴ τῶν Ῥωμαίων ἢ περὶ σφῶν ὁ δῆμος ἐβουλεύετο κατακροασάμενος, ἦν δὲ αὐτός τε καὶ οἱ σὺν αὐτῷ Σύροι, νύκτωρ ἐπανίσταται καὶ πάντας ἀποσφάξας μετὰ τῶν στρατιωτῶν εἰς τοὺς Ῥωμαίους διασώζεται.
39 6. Οὐεσπασιανὸς δ' ἀθυμοῦσαν τὴν στρατιὰν ἀνοίᾳ¹⁵ πταισμάτων καὶ διότι τέως οὐδαμοῦ τηλικαύτη συμφορᾷ κέχρηντο, τό γε μὴν πλέον αἰδου-

---

¹¹ αὐτήν ML²C; αὐτάς Niese cj.   ¹² πλῆθος L Lat (Niese: *fortasse recte*).
¹³ οὐκέτ' PAL Destinon Thack.   ¹⁴ κακὰ VR.
¹⁵ ἐννοίᾳ Bosius Na Ricc; ἀγνοίᾳ Destinon cj. Thack.

sturz eines einzigen genügte, um viele andere, unterhalb stehende Häuser mitzureißen, und diese wieder erfaßten die noch tiefer liegenden. Das kostete einer Menge Römer das Leben, die in ihrer Verzweiflung selbst dann noch auf die Dächer sprangen, wenn man sie schon sich senken sah. So fand ein großer Teil unter den Trümmern sein Grab, viele andere wurden auf der Flucht verstümmelt, die meisten erstickten im Staub. Die Einwohner von Gamala sahen darin göttlichen Beistand, und ohne auf ihre eigene Gefahr zu achten, stürmten sie auf die Feinde ein, drängten sie auf die Dächer und beschossen die in den steilen Gassen hinunterrutschenden und immer wieder hinstürzenden Feinde von oben her und töteten sie. Die Trümmer der Häuser lieferten ihnen Wurfsteine in Menge, und die erschlagenen Feinde boten ihnen Waffen. Man zog nämlich den Gefallenen die Schwerter aus der Scheide und gebrauchte sie gegen die mit dem Tode ringenden Römer. Viele stürzten sich von den Dächern, die schon zusammenzubrechen drohten, und kamen so ums Leben. Auch für die, die sich zur Flucht wandten, war es nicht leicht, zu entkommen: da sie die Wege nicht wußten und sich in dem dichten Staub gegenseitig nicht erkennen konnten, gerieten sie aneinander und rissen einer den anderen zu Boden.

5. 30. Wer mit knapper Not einen der Ausgänge fand, zog sich aus der Stadt zurück. Vespasian blieb den bedrängten Truppen immer zur Seite, denn ein ungeheurer Schmerz ergriff ihn, als er ringsum die Stadt auf seine Soldaten herunterstürzen sah. Ohne auf seine persönliche Sicherheit zu achten, war er unbemerkt fast bis auf den höchsten Punkt der Stadt vorgedrungen, wo er inmitten der Gefahren mit wenigen Leuten völlig abgeschnitten war. Denn auch sein Sohn Titus war damals nicht dabei, da er zu Mucianus nach Syrien abgeschickt war[7]. Dem Feinde den Rücken zu kehren, hielt er für gefährlich und seiner unwürdig: er dachte an das, was er von Jugend an durchgestanden hatte, und an seine bisherige Tapferkeit und ließ, wie von göttlicher Begeisterung ergriffen, die Leiber und Rüstungen der bei ihm stehenden Soldaten wie zu einem Schild zusammenschließen. So stemmte er sich dem vom Gipfel heruntergewogenden Kampfgetümmel entgegen, und ohne Furcht vor der Übermacht des Gegners und seiner Geschosse hielt er solange stand, bis die Feinde mit ihren Angriffen nachließen, da sie seinen mutigen Sinn geradezu als etwas Übermenschliches ansahen. Erst als der Druck des Gegners nachließ, zog er sich, ohne ihm den Rücken zuzuwenden, Schritt für Schritt zurück, bis er außerhalb der Mauer stand. Eine große Zahl von Römern verlor in dieser Schlacht das Leben, darunter auch der Decurio Äbutius, ein Mann, der nicht nur in diesem Kampf, in dem er fiel, sondern auch früher bei jeder Gelegenheit sich besonders wacker geschlagen und den Juden viel Schaden zugefügt hatte[8]. Mehr Glück hatte ein Centurio namens Gallus, der mit 10 seiner Kameraden abgeschnitten war. Er konnte in dem Getümmel unbemerkt in ein Haus entkommen, dessen Bewohner sich bei der Abendmahlzeit darüber unterhielten, was das Volk gegen die Römer im Schilde führte oder mit ihnen selbst vorhatte (er und seine Leute waren Syrer). Da fiel er bei Nacht über diese her, machte alle nieder und schlug sich mit den Soldaten zu den Römern durch.

6. 39. Das Heer war wegen der Sinnlosigkeit der erlittenen Rückschläge niedergeschlagen, zumal es bis dahin nirgends ein solches Mißgeschick erlebt

μένους ἐπὶ τῷ τὸν στρατηγὸν μόνον τοῖς κινδύνοις ἐγκαταλιπεῖν παρεμυ-
40 θεῖτο, περὶ μὲν τοῦ καθ᾽ αὑτὸν ὑποστελλόμενος, ὡς μηδὲ τὴν ἀρχὴν μέμφεσθαι δοκοίη, δεῖν δὲ τὰ κοινὰ λέγων ἀνδρείως φέρειν τὴν τοῦ πολέμου φύσιν ἐννοοῦντας, ὡς οὐδαμοῦ τὸ νικᾶν ἀναιμωτὶ περιγίνεται, δαπανᾷ[16] δ᾽
41 ἡ τύχη τι καὶ παρίσταται. τοσαύτας μέντοι μυριάδας Ἰουδαίων ἀνελόντας
42 αὐτοὺς ὀλίγην τῷ δαίμονι δεδωκέναι συμβολήν. εἶναι δ᾽ ὥσπερ ἀπειροκάλων τὸ λίαν ἐπαίρεσθαι ταῖς εὐπραγίαις, οὕτως ἀνάνδρων τὸ καταπτήσσειν ἐν τοῖς πταίσμασιν· ὀξεῖα γὰρ ἐν ἀμφοτέροις ἡ μεταβολή, κἀκεῖνος ἄριστος ὁ κἂν τοῖς εὐτυχήμασιν νήφων, ἵνα μένῃ καὶ δι᾽ εὐθυμίας ἀναπα-
43 λαίων τὰ σφάλματα. τὰ μέντοι συμβεβηκότα νῦν οὔτε μαλακισθέντων ὑμῶν[17] οὔτε παρὰ τὴν τῶν Ἰουδαίων ἀρετὴν γέγονεν, ἀλλὰ κἀκείνοις τοῦ
44 πλεονεκτῆσαι καὶ τοῦ διαμαρτεῖν ἡμῖν αἴτιον ἡ δυσχωρία. καθ᾽ ἣν ἄν[18] τις ὑμῶν μέμψαιτο τῆς ὁρμῆς τὸ ἀταμίευτον· ἀναφυγόντων γὰρ ἐπὶ τὰ ὑψηλὰ τῶν πολεμίων αὐτοὺς ὑποστέλλειν ἐχρῆν, καὶ μὴ κατὰ κορυφὴν ἱσταμένοις τοῖς κινδύνοις ἕπεσθαι, κρατοῦντας δὲ τῆς κάτω πόλεως κατ᾽ ὀλίγον προκαλεῖσθαι τοὺς ἀναφεύγοντας εἰς ἀσφαλῆ καὶ ἑδραίαν μάχην. νυνὶ δὲ ἀκρατῶς ἐπὶ τὴν νίκην ἐπειγόμενοι τῆς ἀσφαλείας ἠμελήσατε.
45 τὸ δ᾽ ἀπερίσκεπτον ἐν πολέμῳ καὶ τῆς ὁρμῆς μανιῶδες οὐ πρὸς Ῥωμαίων, οἳ πάντα ἐμπειρίᾳ καὶ τάξει κατορθοῦμεν, ἀλλὰ βαρβαρικόν, καὶ ᾧ
46 μάλιστα Ἰουδαῖοι κρατοῦνται. χρὴ τοίνυν ἐπὶ τὴν αὐτῶν[19] ἀρετὴν ἀναδραμεῖν
47 καὶ θυμοῦσθαι μᾶλλον ἢ προσαθυμεῖν τῷ παρ᾽ ἀξίαν πταίσματι. τὴν δ᾽ ἀρίστην ἕκαστος ἐκ τῆς ἰδίας χειρὸς ἐπιζητείτω παραμυθίαν· οὕτω γὰρ
48 τοῖς τε ἀπολωλόσι τιμωρήσεσθε καὶ τοὺς ἀνελόντας ἀμυνεῖσθε. πειράσομαι δ᾽ ἐγώ, καθάπερ νῦν, ἐπὶ πάσης μάχης προάγειν τε ὑμῶν εἰς τοὺς πολεμίους καὶ τελευταῖος ἀποχωρεῖν."

49 7. Ὁ μὲν οὖν τοιαῦτα λέγων τὴν στρατιὰν ἀνελάμβανεν, τοῖς δὲ Γαμαλεῦσιν πρὸς ὀλίγον μὲν θαρρῆσαι τῷ κατορθώματι παρέστη παραλόγως
50 τε συμβάντι καὶ μεγάλως, λογιζόμενοι δ᾽ ὕστερον ἀφῃρῆσθαι σφᾶς αὐτοὺς καὶ δεξιᾶς ἐλπίδας τό τε μὴ δύνασθαι διαφεύγειν ἐννοοῦντες, ἤδη γὰρ ἐπέλιπε τὰ ἐπιτήδεια, δεινῶς ἠθύμουν καὶ ταῖς ψυχαῖς ἀναπεπτώκεσαν.
51 οὐ μὴν εἰς τὸ δυνατὸν ἠμέλουν σωτηρίας, ἀλλὰ καὶ τὰ παραρρηχθέντα[20] τοῦ τείχους οἱ γενναιότατοι καὶ τὰ μένοντα περισχόντες ἐφύλασσον οἱ
52 λοιποί. τῶν δὲ Ῥωμαίων ἐπιρρωννύντων[21] τὰ χώματα καὶ πάλιν πειρωμέ-

[16] ἡ γὰρ παλίμπους τύχη περιΐσταται VRCM²; παλίμπους δ᾽ ἡ τύχη παρίσταται Niese cj. nach L¹ Thack. Zu παλίμπους verweist Thack auf Meleager von Gadara (*Anth. Pal.* V 163), von wo Josephus oder sein Mitarbeiter vielleicht abhängig ist.
[17] ἡμῶν L Lat Thack.   [18] ἄγαν PAMVRC; γ᾽ ἄν Destinon cj.
[19] αὑτῶν PAM; ἑαυτῶν LVRC.
[20] Wir folgen mit Niese Thack der Konjektur Herwerdens; alle Handschriften lesen περιρρηχθέντα (unwahrscheinlich wegen des folgenden μένοντα).
[21] ἐπιχωννύντων MVRC; *construentibus* Lat.

hatte; vor allem schämten sich die Soldaten, den Feldherrn mitten in der Gefahr allein gelassen zu haben. Vespasian versuchte, ihnen deshalb Mut zuzusprechen, erwähnte jedoch den Vorfall mit seiner eigenen Person in keiner Weise, um alles zu vermeiden, was den Anschein eines Tadels erwecken könnte. Er sagte vielmehr: „Gemeinsam erlittene Verluste muß man tapfer tragen und dabei die Natur des Krieges in Rechnung stellen, auf Grund deren man nirgends den Sieg gewinnt, ohne daß es Blut kostet; das Kriegsglück fordert einmal einen hohen Tribut, ein anderes Mal steht es wieder helfend zur Seite. In Anbetracht der Tatsache, daß ihr selbst schon so viele Tausend Juden getötet habt, ist es nur ein kleiner Beitrag, den ihr jetzt dem Kriegsgott leisten mußtet. Wie es das Merkmal einer niedrigen Gesinnung ist, sich mit guten Erfolgen allzusehr großzutun, so ist es auch unmännlich, bei Schicksalsschlägen den Kopf zu verlieren. Denn unvermutet schnell erfolgt in beiden Fällen der Umschwung, und der ist der beste Soldat, der auch in glücklichen Lagen nüchtern ist und somit imstande bleibt, gegebenenfalls der Rückschläge tapferen Mutes Herr zu werden. Zudem geht das, was jetzt geschehen ist, nicht auf das Konto einer Feigheit eurerseits noch einer besonderen Tapferkeit der Juden; vielmehr ist ihr Erfolg und unser Fehlschlag dem ungünstigen Gelände zuzuschreiben. Daß ihr trotz des widrigen Geländes so ungezügelt vorgeprellt seid, könnte freilich jemand tadeln. Denn als der Feind auf die hochgelegenen Teile der Stadt auswich, hätte man anhalten und nicht in die Gefahren rennen sollen, die von dort oben drohten[9]; wenn man die Unterstadt fest in der Hand hatte, dann konnte man die Zurückweichenden Zug um Zug in einen aussichtsreichen und regelrechten Kampf verwickeln. Nun habt ihr in eurem unbeherrschten Drang zum Sieg die erforderliche Sicherheit außer acht gelassen. Unvorsichtige Kampfesweise und tolles Draufgängertum ist aber nicht Art von uns Römern, die wir alle Erfolge durch Erfahrung und Ordnung erringen, sondern kennzeichnet das Wesen der Barbaren, und besonders die Juden werden von diesem Fehler beherrscht[9]. Deshalb müssen wir zu der uns eigenen Weise der Tapferkeit zurückfinden und weit eher neuen Mut schöpfen, als wegen der unverschuldeten Schlappe noch länger zu verzagen. Den besten Trost aber suche ein jeder bei seiner eigenen Faust: so werdet ihr die Gefallenen rächen und denen heimzahlen, die sie erschlugen. Ich für meine Person werde, so wie ich es jetzt getan habe, in jedem weiteren Kampf danach trachten, als erster von euch am Feinde zu sein und als letzter das Schlachtfeld zu verlassen."

7. 49. Mit diesen Worten richtete Vespasian seine Truppe wieder auf. Die Bewohner von Gamala waren wegen ihres Erfolges, der ihnen so unerwartet und in solchem Umfang in den Schoß gefallen war, eine Zeitlang recht zuversichtlich. Als sie aber später einerseits bedachten, daß sie sich damit auch aller Hoffnung auf einen Vergleich beraubt hatten, und andererseits einsahen, daß keine Möglichkeit mehr zur Flucht bestand — denn schon gingen die Lebensmittel zur Neige — da wurden sie sehr niedergeschlagen, und ihre Stimmung sank beträchtlich[11]. Soweit es in ihren Kräften stand, ließen sie freilich nichts unversucht, was ihnen Aussicht auf Rettung zu bieten schien: die Tapfersten hielten an den Breschen der Mauer Wache, der Rest besetzte deren unversehrte Teile. Als aber die Römer die Dämme verstärkten und einen erneuten An-

νων προσβολῆς οἱ πολλοὶ διεδίδρασκον ἐκ τῆς πόλεως κατά τε δυσβάτων
53 φαράγγων, ᾗπερ οὐκ ἔκειντο φυλακαί, καὶ διὰ τῶν ὑπονόμων. ὅσοι γε μὴν
δέει τοῦ ληφθῆναι παρέμενον, ἐν ἐνδείᾳ διεφθείροντο· πανταχόθεν γὰρ
τροφὴ τοῖς μάχεσθαι δυναμένοις συνηθροίζετο.
54 8. Καὶ οἱ μὲν ἐν τοιούτοις πάθεσι διεκαρτέρουν, Οὐεσπασιανὸς δὲ
πάρεργον ἐποιεῖτο τῆς πολιορκίας τοὺς τὸ Ἰταβύριον κατειληφότας ὄρος,
55 ὅ ἐστι τοῦ μεγάλου πεδίου καὶ Σκυθοπόλεως μέσον· οὗ τὸ μὲν ὕψος ἐπὶ
τριάκοντα σταδίους ἀνίσχει, μόλις προσβατὸν κατὰ τὸ προσάρκτιον κλίμα,
56 πεδίον δ' ἐστὶν ἡ κορυφὴ σταδίων ἓξ καὶ εἴκοσι, πᾶν τετειχισμένον. ἤγειρε
δὲ τοσοῦτον ὄντα τὸν περίβολον ὁ Ἰώσηπος ἐν τεσσαράκοντα ἡμέραις τῇ
τε ἄλλῃ χορηγούμενος ὕλῃ κάτωθεν καὶ ὕδατι· καὶ γὰρ τοῖς ἐποίκοις
57 μόνον ἦν ὄμβριον. πολλοῦ οὖν πλήθους ἐπὶ τοῦτο²² συνειλεγμένου Οὐεσπα-
58 σιανὸς Πλάκιδον σὺν ἱππεῦσιν ἑξακοσίοις πέμπει. τούτῳ τὸ μὲν προσβαίνειν ἀμήχανον ἦν, ἐλπίδι δὲ δεξιῶν²³ καὶ παρακλήσεως²⁴ πρὸς εἰρήνην τοὺς
59 πολλοὺς προεκαλεῖτο²⁵. κατῄεσαν δὲ ἀντεπιβουλεύοντες· ὅ τε γὰρ Πλάκιδος
ὡμίλει πρᾳότερον σπουδάζων αὐτοὺς ἐν τῷ πεδίῳ λαβεῖν, κἀκεῖνοι κατ-
60 ῄεσαν ὡς πειθόμενοι δῆθεν, ἵνα ἀφυλάκτῳ προσπέσωσιν. ἐνίκα μέντοι τὸ
Πλακίδου πανοῦργον· ἀρξαμένων γὰρ τῶν Ἰουδαίων μάχης φυγὴν ὑπε-
κρίνετο καὶ διώκοντας ἑλκύσας ἐπὶ πολὺ τοῦ πεδίου τοὺς ἱππεῖς ἐπιστρέφει,
τρεψάμενος δὲ πλείστους μὲν αὐτῶν ἀναιρεῖ, τὸ δὲ λοιπὸν πλῆθος ὑποτεμό-
61 μενος εἶργει τῆς ἀνόδου. καὶ οἱ μὲν τὸ Ἰταβύριον καταλιπόντες ἐπὶ Ἱεροσολύμων ἔφευγον, οἱ δὲ ἐπιχώριοι πίστεις λαβόντες, ἐπιλελοίπει δ' αὐτοὺς
ὕδωρ, τό τε ὄρος καὶ σφᾶς αὐτοὺς Πλακίδῳ παρέδοσαν.
62 9. Τῶν δ' ἐπὶ τῆς Γαμάλας οἱ παραβολώτεροι μὲν φεύγοντες διελάν-
63 θανον, οἳ δ' ἀσθενεῖς διεφθείροντο λιμῷ· τὸ μάχιμον δ' ἀντεῖχεν τῇ
πολιορκίᾳ, μέχρι δευτέρᾳ καὶ εἰκάδι μηνὸς Ὑπερβερεταίου τρεῖς τῶν ἀπὸ
τοῦ πέμπτου καὶ δεκάτου τάγματος στρατιῶται περὶ τὴν ἑωθινὴν φυλακὴν
ὑποδύντες τὸν προύχοντα κατὰ τούτους πύργον ὑπορύσσουσιν ἡσυχῇ.
64 τοῖς δ' ὑπὲρ αὐτοῦ φύλαξιν οὔτε προσιόντων αἴσθησις, νὺξ γὰρ ἦν, οὔτε
προσελθόντων ἐγένετο. οἱ δὲ στρατιῶται φειδόμενοι τοῦ ψόφου καὶ²⁶ πέντε
65 τοὺς κραταιοτάτους ἐκκυλίσαντες λίθους ὑποπηδῶσι. κατηρείπετο²⁷ δὲ ὁ
πύργος ἐξαίφνης μετὰ μεγίστου ψόφου, καὶ συγκατακρημνίζονται μὲν οἱ
66 φύλακες αὐτῷ, θορυβηθέντες δὲ οἱ κατὰ τὰς ἄλλας φυλακὰς ἔφευγον· καὶ

---

²² τούτου AML¹V; τούτῳ L²RC; τοῦ τόπου Niese cj.
²³ L¹ hat δὲ ξιων; C δὲ ἐξιών. ²⁴ L¹ hat παρακλήσει; nach Niese vielleicht richtig.
²⁵ προσεκαλεῖτο PAMVRC; προεκαλεῖτο Destinon cj. Niese Thack; συνεκαλεῖτο L.
²⁶ καὶ fehlt im Codex Lugd. (Vossianus); auch Dindorf läßt es weg.
²⁷ κατερρίπτεται M; καταρίπτεται VRC. Niese hält κατερείπεται für möglich (Thack im Text).

sturm versuchten, flüchtete die Mehrzahl aus der Stadt, teils durch unwegsame Schluchten, an denen keine römische Wachen standen, teils durch die unterirdischen Gänge. Wer aber aus Furcht, dabei aufgegriffen zu werden, zurückgeblieben war, der ging durch Hunger zugrunde; denn die Nahrungsmittel, die man von allen Ecken und Enden her zusammensuchte, wurden nur für die Waffenfähigen ausgegeben.

8. 54. Während die Einwohner von Gamala in all diesen Nöten durchhielten, unternahm Vespasian als Nebenoperation zu der Belagerung von Gamala einen Zug gegen die Aufständischen, die den Berg Itabyrion besetzt hatten. Dieser befindet sich gerade in der Mitte zwischen der großen Ebene und Skythopolis[12]. Er erhebt sich zu einer Höhe von 30 Stadien und ist von der nördlichen Seite her kaum zugänglich; sein Gipfel bildet eine Hochebene, die sich über 26 Stadien erstreckt und ganz ummauert ist[13]. Diese Ringmauer hatte Josephus trotz ihres großen Umfangs in nur 40 Tagen aufgeführt, wobei ihm, abgesehen von dem übrigen Baumaterial, auch das Wasser von unten her beschafft werden mußte; denn den Ansässigen steht nur Regenwasser zur Verfügung. Da sich hier eine große Menschenmenge zusammengefunden hatte, sandte Vespasian den Placidus mit 600 Reitern dorthin. Diesem war es unmöglich, mit seinen Truppen hinaufzurücken, deshalb suchte er die Menge herauszulocken, indem er einen Vergleich und den Abschluß eines Friedens in Aussicht stellte. Die Juden kamen wirklich herunter, freilich auch ihrerseits mit einer hinterlistigen Absicht[14].

Denn Placidus hatte nur deshalb eine ziemlich sanfte Tonart angeschlagen, weil er sich darum bemühte, sie in der Ebene zu fassen; die Juden aber kamen herunter, scheinbar, um auf seinen Vorschlag einzugehen, in Wirklichkeit aber, um über den ungeschützt Dastehenden herzufallen. Die Verschlagenheit des Placidus erwies sich freilich als überlegen. Denn als die Juden loszuschlagen begannen, stellte er sich, als ob er fliehe, und zog dadurch seine Verfolger weit in die Ebene hinein; plötzlich ließ er seine Reiter kehrt machen und trieb die Juden zurück. Die meisten von ihnen machte er nieder, die übrige Menge schnitt er ab und verlegte ihr so den Rückweg auf den Berg. Diese Truppen, die den Tabor verlassen hatten, flohen in Richtung Jerusalem; die Ortsansässigen aber gingen auf die Zusicherungen des Placidus ein, zumal ihnen das Wasser ausgegangen war, und so übergaben sie ihm den Berg und sich selbst.

9. 62. Von den Bewohnern Gamalas waren mittlerweile die Kühneren durch verwegene Flucht verschwunden, während die körperlich Schwächeren durch Hunger dahingerafft wurden. Die Kampftruppe hielt die Belagerung durch bis zum 22. des Monats Hyperberetaios (= 9. November). An diesem Tage hatten drei Soldaten der 15. Legion sich während der Morgenwache[15] an den ihnen gegenüberliegenden Turm herangeschlichen und ihn in aller Stille untergraben. Die darauf stehenden Wachen bemerkten, da es Nacht war, weder ihr Vorgehen noch später ihre Anwesenheit. Den Soldaten, die jeden Lärm vermieden, gelang es, sogar fünf besonders starke Steine herauszuwälzen und dann schnell zurückzuspringen[16]. Daraufhin stürzte der Turm plötzlich mit mächtigem Krachen in sich zusammen, und die darauf stehenden Wachen fielen mit ihm den Abhang hinunter. Voll Schrecken flohen die an den übrigen Punkten ein-

IV 66—81

πολλούς διεκπαίειν τολμώντας οἱ Ῥωμαῖοι διέφθειραν, ἐν οἷς καὶ Ἰώσηπόν[28]
τις ὑπὲρ τὸ παρερρηγμένον τοῦ τείχους ἐκδιδράσκοντα βαλὼν ἀναιρεῖ.
67 τῶν δ' ἀνὰ τὴν πόλιν διασεισθέντων ὑπὸ τοῦ ψόφου διαδρομή τε ἦν καὶ
68 πτόα πολλὴ καθάπερ εἰσπεπαικότων πάντων τῶν πολεμίων. ἔνθα καὶ Χάρης
κατακείμενος καὶ νοσηλευόμενος ἐκλείπει πολλὰ τοῦ[29] δέους συνεργή-
69 σαντος εἰς θάνατον τῇ νόσῳ. Ῥωμαῖοί γε μὴν μεμνημένοι τοῦ προτέρου
πταίσματος οὐκ εἰσέβαλλον ἕως τρίτῃ καὶ εἰκάδι τοῦ προειρημένου μηνός.
70 10. Τίτος δέ[30], ἤδη γὰρ παρῆν, ὀργῇ τῆς πληγῆς ἣν παρ' αὐτὸν ἐπλήγησαν
ἀπόντα Ῥωμαῖοι, τῶν ἱππέων ἐπιλέξας διακοσίους, πρὸς οἷς πεζοὺς[31],
71 εἰσέρχεται τὴν πόλιν ἡσυχῇ. καὶ παρελθόντος οἱ μὲν φύλακες αἰσθόμενοι
μετὰ βοῆς ἐχώρουν ἐπὶ τὰ ὅπλα, δήλης δὲ τῆς εἰσβολῆς ταχέως καὶ τοῖς
εἴσω γενομένης, οἱ μὲν ἁρπάζοντες τὰ τέκνα καὶ γυναῖκας ἐπισυρόμενοι
πρὸς τὴν ἄκραν ἀνέφευγον μετὰ κωκυτοῦ καὶ βοῆς, οἱ δὲ τὸν Τίτον ὑπαν-
72 τιάζοντες ἀδιαλείπτως ἔπιπτον· ὅσοι δὲ ἀπεκωλύθησαν ἐπὶ τὴν κορυφὴν
ἀναδραμεῖν ὑπ' ἀμηχανίας εἰς τὰς τῶν Ῥωμαίων φρουρὰς ἐξέπιπτον.
ἄπειρος δ' ἦν πανταχοῦ φονευομένων ὁ στόνος, καὶ τὸ αἷμα πᾶσαν ἐπέκλυζε
73 τὴν πόλιν κατὰ πρανοῦς χεόμενον. πρὸς δὲ τοὺς ἀναφεύγοντας εἰς τὴν
74 ἄκραν ἐπεβοήθει Οὐεσπασιανὸς πᾶσαν εἰσαγαγὼν τὴν δύναμιν. ἦν δ' ἥ τε
κορυφὴ πάντοθεν πετρώδης καὶ δύσβατος, εἰς ἄπειρον ὕψος ἐπηρμένη,
καὶ πανταχόθεν τοῦ βάθους[32] κατέγεμεν περιειλημμένη κρημνοῖς κατ-
75 έτεμνόν τε. ἐνταῦθα τοὺς προσβαίνοντας οἱ Ἰουδαῖοι τοῖς τε ἄλλοις βέλεσι
καὶ πέτρας κατακυλινδοῦντες ἐκάκουν· αὐτοὶ δὲ δι' ὕψος ἦσαν δυσέφικτοι
76 βέλει. γίνεται δὲ πρὸς ἀπώλειαν αὐτῶν ἄντικρυς θύελλα δαιμόνιος, ἣ τὰ
μὲν Ῥωμαίων ἔφερεν εἰς αὐτοὺς βέλη, τὰ δὲ αὐτῶν ἀνέστρεφεν καὶ πλάγια
77 παρέσυρεν. οὔτε δὲ τοῖς ὑποκρήμνοις ἐφίστασθαι διὰ τὴν βίαν ἐδύναντο
τοῦ πνεύματος μηδὲν ἑδραῖον ἔχοντες, οὔτε τοὺς προσβαίνοντας καθορᾶν.
78 ἐπαναβαίνουσι δὲ Ῥωμαῖοι, καὶ περισχόντες οὓς μὲν ἀμυνομένους ἔφθανον, οὓς δὲ χεῖρας προΐσχοντας· ἐτόνου δὲ τὸν θυμὸν αὐτοῖς ἐπὶ πάντας ἡ
79 μνήμη τῶν ἐπὶ τῆς πρώτης εἰσβολῆς ἀπολωλότων. ἀπογινώσκοντες δὲ
τὴν σωτηρίαν πανταχόθεν οἱ πολλοὶ περισχόμενοι τέκνα καὶ γυναῖκας
αὑτούς τε κατεκρήμνιζον εἰς τὴν φάραγγα· βαθυτάτη δ' αὕτη κατὰ τὴν
80 ἄκραν ὑπώρυκτο[33]. συνέβη δὲ τὴν Ῥωμαίων ὀργὴν τῆς εἰς ἑαυτοὺς ἀπονοίας
τῶν ἁλόντων πραοτέραν φανῆναι· τετρακισχίλιοι μέν γε ὑπὸ τούτων ἐσφά-
81 γησαν, οἱ δὲ ῥίψαντες ἑαυτοὺς ὑπὲρ πεντακισχιλίους εὑρέθησαν. διεσώθη
δὲ πλὴν δύο γυναικῶν οὐδείς· τῆς Φιλίππου δὲ ἦσαν ἀδελφῆς θυγατέρες

[28] Ἰώσην L¹Lat; vgl. § 18.
[29] πολλοῦ codd. Niese im Text; πολλὺ τοῦ Haverkamp cj. (nach cod. Lugd); πολλὰ τοῦ Niese cj. Thack, ähnlich Kohout Ricc. Von πολλοῦ bis νόσῳ übersetzt Lat: *cum timoris magnitudo morbum eius plurimum iuvisset ad mortem*.
[30] Ohne δέ Destinon cj. Thack, auch Niese ed. minor.
[31] πεζὸς PAMLVR; πεζούς C Lat Niese Thack. Nach Niese ist die Zahlenangabe für die Fußsoldaten ausgefallen.
[32] Statt βάθους lesen πλήθους L PmargMmarg. Der Text ist verdorben, κατέγεμεν und βάθους sind als schwerere Lesart wohl ursprünglich. κατέτεμνόν τε ist nach Thack analog zu κατέγεμεν verdoppelt.
[33] PAMLVC haben ὑπώρυκτο; R ὑπερῆκτο; Niese liest die reduplizierte Form ὑπορώρυκτο.

gesetzten Wachen. Viele, die sich durchzuschlagen versuchten, wurden von den Römern niedergemacht, unter ihnen auch Josephus, den ein Schütze bei dem Versuch, über die Mauerbresche zu entkommen, tödlich traf[17]. Die Einwohner der Stadt, die durch das Krachen erschreckt worden waren, rannten in großer Bestürzung wild durcheinander, als wenn das ganze feindliche Heer schon eingedrungen wäre. Damals starb auch Chares, der krank daniederlag, wobei der Angstzustand[18] viel zum tödlichen Ausgang seiner Krankheit beitrug. Die Römer, die an die früher erlittene Schlappe noch dachten, marschierten freilich nicht vor dem 23. des genannten Monats ein.

10. 70. Titus war inzwischen eingetroffen und über den Schlag, den die Römer in seiner Abwesenheit erlitten hatten, sehr erzürnt; er selbst rückte darum mit 200 Reitern und einigem Fußvolk in aller Stille in die Stadt ein. Als die Wachen seinen Einmarsch merkten, eilten sie mit Geschrei zu den Waffen; auch den Einwohnern wurde der Überfall schnell offenbar. Die einen ergriffen ihre Kinder und Frauen, schleppten sie mit sich und flohen unter Jammern und Schreien nach dem Gipfel hinauf. Andere, die dem Titus entgegentraten, fielen nacheinander. Diejenigen aber, die nicht in der Lage waren, auf den Gipfel zu eilen, gerieten in ihrer Hilflosigkeit unter die Wachposten der Römer. Überall vernahm man das schreckliche Stöhnen der zu Tode Getroffenen, und das Blut, das die Abhänge herunterfloß, überschwemmte die ganze Stadt. Gegen die Juden, die sich auf den Gipfel geflüchtet hatten, griff nunmehr Vespasian mit seiner ganzen Streitmacht ein. Der Gipfel war an allen Seiten felsig und schwer zu besteigen; seine Höhe wuchs unermeßlich empor und überall sah man nichts als Tiefe, die von Steilhängen rings umgeben war. Von dort her fügten die Juden dem heranrückenden Feind mit Geschossen aller Art und herabgewälzten Felsstücken schweren Schaden zu, wobei sie wegen ihrer hoch gelegenen Stellung ihrerseits für ein Geschoß schwer erreichbar waren. Da erhob sich zu ihrem Verderben gegen sie ein von höherer Macht gesandter Sturm, der die Pfeile der Römer zu ihnen trug, ihre eigenen aber in schräger Richtung weglenkte. Die Macht des Sturmes war so groß, daß sie sich nicht auf die Vorsprünge stellen und festen Fuß fassen noch den heranrückenden Feind sehen konnten. So kamen die Römer herauf und umzingelten mit überraschender Schnelligkeit die Juden, von denen die einen sich wehrten und die anderen die Hände um Erbarmen ausstreckten. Aber die Erinnerung an die Opfer des ersten Einbruchs steigerte nur die Wut der Römer, die sich gegen alle ohne Unterschied richtete. Von allen Seiten umzingelt, verzweifelten die meisten Männer an ihrer Rettung und stürzten ihre Kinder und Frauen und danach sich selbst kopfüber in die Schlucht hinab, die gerade unterhalb des Gipfels besonders tief in das Erdreich eingegraben war. So traf es sich, daß der Zorn der Römer gegenüber dem verzweifelten Selbstmord der Eingeschlossenen noch in milderem Licht erscheinen mußte, denn 4000 wurden von diesen erschlagen, von denen aber, die sich selbst hinabgestürzt hatten, fand man über 5000.

Außer zwei Frauen konnte sich keiner retten. Diese waren Töchter der Schwester des Philippus, Philippus aber war der Sohn jenes ausgezeichneten Jakimos, des ehemaligen Tetrarchen des Königs Agrippa[19]. Sie konnten sich

αὗται, αὐτὸς δὲ ὁ Φίλιππος Ἰακίμου τινὸς ἀνδρὸς ἐπισήμου, τετραρχήσαντος[34] Ἀγρίππᾳ τῷ βασιλεῖ. διεσώθησαν δὲ τὰς παρὰ τὴν ἅλωσιν ὀργὰς Ῥωμαίων λαθοῦσαι· τότε γὰρ οὐδὲ νηπίων ἐφείδοντο, πολλὰ δ' ἑκάστοτε ἁρπάζοντες ἐσφενδόνων ἀπὸ τῆς ἄκρας. Γάμαλα μὲν[35] οὕτως ἑάλω τρίτῃ καὶ εἰκάδι μηνὸς Ὑπερβερεταίου τῆς ἀποστάσεως ἀρξαμένης Γορπιαίου μηνὸς τετάρτῃ καὶ εἰκάδι.

II. 1. Μόνη δὲ Γίσχαλα πολίχνη τῆς Γαλιλαίας ἀχείρωτος κατελείπετο, τοῦ μὲν πλήθους εἰρηνικὰ φρονοῦντος, καὶ γὰρ ἦσαν τὸ πλέον γεωργοὶ καὶ ταῖς ἀπὸ τῶν καρπῶν ἐλπίσιν ἀεὶ προσανέχοντες, παρεισεφθαρμένου δ' αὐτοῖς οὐκ ὀλίγου λῃστρικοῦ τάγματος, ᾧ τινες καὶ τοῦ πολιτικοῦ συνενόσουν. ἐνῆγε δὲ τούτους εἰς τὴν ἀπόστασιν καὶ συνεκρότει Ληΐου τινὸς υἱὸς Ἰωάννης, γόης ἀνὴρ καὶ ποικιλώτατος τὸ ἦθος, πρόχειρος μὲν ἐλπίσαι μεγάλα, δεινὸς δὲ τῶν ἐλπισθέντων περιγενέσθαι παντί τε ὢν δῆλος ἀγαπᾶν τὸν πόλεμον εἰς δυναστείας ἐπίθεσιν. ὑπὸ τούτῳ τὸ στασιῶδες ἐν τοῖς Γισχάλοις ἐτέτακτο, δι' οὓς τυχὸν[36] καὶ πρεσβευσάμενον περὶ παραδόσεως τὸ δημοτικὸν ἐν πολέμου μοίρᾳ[37] τὴν Ῥωμαίων ἔφοδον ἐξεδέχετο. Οὐεσπασιανὸς δὲ ἐπὶ μὲν τούτους Τίτον ἐκπέμπει σὺν χιλίοις ἱππεῦσιν, τὸ δέκατον δὲ τάγμα ἀπαίρει εἰς Σκυθόπολιν. αὐτὸς δὲ σὺν δυσὶ τοῖς λοιποῖς ἐπανῆλθεν εἰς Καισάρειαν, τοῦ τε συνεχοῦς καμάτου διδοὺς ἀνάπαυσιν αὐτοῖς καὶ δι' εὐθηνίαν τῶν πόλεων τά τε σώματα καὶ τὸ πρόθυμον ὑποθρέψειν οἰόμενος ἐπὶ τοὺς μέλλοντας ἀγῶνας· οὐ γὰρ ὀλίγον αὐτῷ πόνον ἑώρα περὶ τοῖς Ἱεροσολύμοις λειπόμενον, ἅτε δὴ βασιλείου μὲν οὔσης τῆς πόλεως καὶ προανεχούσης ὅλου τοῦ ἔθνους, συρρεόντων δὲ εἰς αὐτὴν τῶν ἐκ τοῦ πολέμου διαδιδρασκόντων. τό γε μὴν φύσει τε[38] ὀχυρὸν αὐτῆς καὶ διὰ κατασκευὴν τειχῶν ἀγωνίαν οὐ τὴν τυχοῦσαν ἐνεποίει· τὰ δὲ φρονήματα τῶν ἀνδρῶν καὶ τὰς τόλμας δυσμεταχειρίστους καὶ δίχα τειχῶν ὑπελάμβανεν. διὸ δὴ τοὺς στρατιώτας καθάπερ ἀθλητὰς[39] προήσκει τῶν ἀγώνων.

2. Τίτῳ δὲ προσιππασαμένῳ τοῖς Γισχάλοις εὐπετὲς μὲν ἦν ἐξ ἐφόδου τὴν πόλιν ἑλεῖν, εἰδὼς δέ, εἰ βίᾳ ληφθείη, διαφθαρησόμενον ὑπὸ τῶν στρατιωτῶν ἀνέδην τὸ πλῆθος, ἦν δ' αὐτῷ κόρος ἤδη φόνων καὶ δι' οἴκτου

---

[34] τετραρχήσαντος PAL Lat Niese Reinach; στραταρχήσαντος MVRC Bekker Na Thack Ricc. Die Lesart τετραρχήσαντος ist die schwerere, vgl. Niese Vorwort XXVII. Die Lesart στραταρχήσαντος schließt sich dem Sinn nach an 2, 556 an. Ähnlich wie wir entscheidet sich Simchoni 227 (nasik = Bevollmächtigter).
[35] μὲν PA Lat; μὲν οὖν MLVRC Thack.
[36] τυχὸν C²; τάχα ἂν L (Niese hält dies u. U. für richtig, wenn nicht doch τυχὸν κἂν statt τυχὸν καὶ zu lesen ist); τάχ' ἂν Thack.
[37] Thack konjiziert πολεμίου, weil die Wendung ἐν πολεμίου μοίρᾳ bei Demosthenes 639 vorkommt.
[38] Ohne τε alle Handschriften; τε Bekker cj. Niese Thack.
[39] L hat ἀσκητάς.

nur dadurch retten, daß sie vor den Wutausbrüchen der Römer bei der Einnahme in einem Versteck geschützt waren. Denn damals wurden nicht einmal die kleinen Kinder verschont, vielmehr packten die Soldaten viele und schleuderten sie immer wieder vom Gipfel herab. So wurde am 23. des Monats Hyperberetäus (10. November) Gamala erobert; der Aufstand hatte am 24. Gorpiäus (12. Oktober) begonnen.

2. Kapitel

1. 84. Nun war in Galiläa nur noch das Städtchen Gischala nicht in den Händen der Römer[20]. Die Menge der Einwohner wollte nichts vom Krieg wissen, denn die meisten von ihnen waren Bauern, deren Aufmerksamkeit ständig auf die Ernteaussichten gerichtet war. Denn bei ihnen hatte sich eine nicht unbedeutende Räuberbande, die schon den Keim des Verderbens in sich trug, eingenistet; von ihr waren auch einige Bürger angesteckt worden. Der Mann, der diese Leute zum Aufstand aufgewiegelt und zusammengetrommelt hatte, war Johannes, der Sohn eines gewissen Levi, ein Verführer von schillerndem Charakter, stets bereit, große Dinge zu erhoffen, und auch fähig, sich durchzusetzen, wenn diese Hoffnungen sich erfüllten; dabei war jedem klar, daß er den Krieg liebte, um dadurch die Macht ergreifen zu können. Unter ihm hatte sich die Partei der Aufständischen in Gischala formiert, durch deren Einfluß die ruhigen Bürger, die sonst vielleicht bereit gewesen wären, mit den Römern über die Übergabe zu verhandeln, nunmehr den Anmarsch der Römer in der Gewißheit erwarteten, daß der Krieg unvermeidlich sei. Vespasian ordnete gegen die Aufständischen von Gischala Titus mit 1000 Reitern ab; die 10. Legion verlegte er nach Skythopolis. Mit den zwei restlichen Legionen kehrte er selbst nach Caesarea zurück, um ihnen nach der fortwährenden Anstrengung eine Ruhepause zu geben; außerdem glaubte er, mit Hilfe der wohlhabenden Städte die körperliche Leistungsfähigkeit und die Kampfbereitschaft der Soldaten für die kommenden Kriegshandlungen auffrischen zu können[21]. Denn er sah jetzt schon, daß es vor Jerusalem noch zu erheblichen Anstrengungen kommen werde, handelte es sich doch um die alte Königsstadt, die bei dem ganzen Volke immer noch das höchste Ansehen genoß und in der alle zusammenströmten, die den Kampfhandlungen entkamen. In der Tat versetzte ihn die Abwehrkraft der Stadt, die sowohl auf der Beschaffenheit des Geländes als auch auf den Befestigungsanlagen beruhte, in erhebliche Bedrängnis; außerdem mußte er annehmen, daß Gesinnung und Kampfesmut ihre Verteidiger auch ohne Mauern zu einem schwer überwindlichen Bollwerk machen würden. Aus diesem Grunde übte er seine Soldaten im voraus wie Ringkämpfer vor den Spielen.

2. 92. Als Titus gegen Gischala herangeritten war, wäre es ihm ein Leichtes gewesen, die Stadt im ersten Anlauf zu nehmen. Er wußte aber, daß die Masse des Volkes von den Soldaten, falls es zur Erstürmung käme, rücksichtslos niedergemacht werden würde. Er selbst aber hatte das Morden satt und verzichtete auf den Angriff aus Mitleid, da sonst die Mehrheit unterschiedslos mit den

τὸ πλέον ἀκρίτως συναπολλύμενον τοῖς αἰτίοις, ἐβούλετο μᾶλλον ὁμολο-
93 γίαις παραστήσασθαι τὴν πόλιν. καὶ δὴ τοῦ τείχους ἀνδρῶν καταγέμοντος,
οἳ τὸ πλέον ἦσαν ἐκ τοῦ διεφθαρμένου τάγματος, θαυμάζειν ἔφη πρὸς
αὐτούς, τίνι πεποιθότες πάσης ἑαλωκυίας πόλεως μόνοι τὰ Ῥωμαίων
94 ὅπλα μένουσιν, ἑωρακότες μὲν ὀχυρωτέρας πολλῷ πόλεις ὑπὸ μίαν
προσβολὴν κατεστραμμένας, ἐν ἀσφαλείᾳ δὲ τῶν ἰδίων κτημάτων ἀπο-
λαύοντας ὅσοι ταῖς Ῥωμαίων δεξιαῖς ἐπίστευσαν, ἃς καὶ νῦν προτείνειν
95 αὐτοῖς μηδὲν μνησικακῶν τῆς αὐθαδείας. εἶναι γὰρ συγγνωστὸν ἐλευ-
96 θερίας ἐλπίδα, μηκέτι μέντοι τὴν ἐν τοῖς ἀδυνάτοις ἐπιμονήν· εἰ γὰρ οὐ
πεισθήσονται λόγοις φιλανθρώποις καὶ δεξιαῖς πίστεως, πειράσειν αὐτοὺς
ἀφειδῇ τὰ ὅπλα, καὶ ὅσον οὐδέπω γνωσθήσεσθαι[40] πιεζόμενον[41] τοῖς
Ῥωμαίων μηχανήμασιν τὸ τεῖχος, ᾧ πεποιθότες ἐπιδείκνυνται μόνοι
Γαλιλαίων, ὅτι εἰσὶν αὐθάδεις αἰχμάλωτοι.
97 3. Πρὸς ταῦτα τῶν μὲν δημοτικῶν οὐ μόνον οὐκ ἀποκρίνεσθαί τινι
μετῆν, ἀλλ' οὐδ' ἐπὶ τὸ τεῖχος ἀναβῆναι· προδιείληπτο γὰρ ἅπαν τοῖς
λῃστρικοῖς, καὶ φύλακες τῶν πυλῶν ἦσαν, ὡς μή τινες ἢ προέλθοιεν ἐπὶ
98 τὰς σπονδὰς ἢ δέξαιντό τινας τῶν ἱππέων εἰς τὴν πόλιν· ὁ δ' Ἰωάννης
αὐτός τε ἀγαπᾶν ἔφη τὰς προκλήσεις καὶ τοὺς ἀπειθοῦντας[42] ἢ πείσειν ἢ
99 συναναγκάσειν· δεῖν μέντοι τὴν ἡμέραν αὐτὸν ἐκείνην, ἑβδομὰς γὰρ ἦν,
χαρίσασθαι τῷ Ἰουδαίων νόμῳ, καθ' ἣν ὥσπερ ὅπλα κινεῖν αὐτοῖς, οὕτω
100 καὶ τὸ συντίθεσθαι περὶ εἰρήνης ἀθέμιτον. οὐκ ἀγνοεῖν δὲ οὐδὲ Ῥωμαίους,
ὡς ἀργὴ πάντων αὐτοῖς ἐστιν ἡ τῆς ἑβδομάδος περίοδος, ἔν τε τῷ παρα-
101 βαίνειν αὐτὴν οὐχ ἧττον ἀσεβεῖν τῶν βιασθέντων τὸν βιασάμενον. φέρειν
δ' ἐκείνῳ μὲν οὐδεμίαν βλάβην τὰ τῆς ὑπερθέσεως· τί γὰρ ἄν τις ἐν νυκτὶ
βουλεύσαιτο δρασμοῦ πλέον ἐξὸν περιστρατοπεδεύσαντα παραφυλάξαι;
102 μέγα δὲ κέρδος αὐτοῖς τὸ μηδὲν παραβῆναι τῶν πατρίων ἐθῶν. πρέπει
δὲ τῷ παρὰ προσδοκίαν εἰρήνην χαριζομένῳ τοῖς σωζομένοις τηρεῖν καὶ
103 τοὺς νόμους. τοιούτοις ἐσοφίζετο τὸν Τίτον, οὐ τοσοῦτον τῆς ἑβδομάδος
στοχαζόμενος, ὅσον τῆς αὑτοῦ σωτηρίας· ἐδεδοίκει δὲ ἐγκαταληφθῆναι[43]
παραχρῆμα τῆς πόλεως ἁλούσης ἐν νυκτὶ καὶ φυγῇ τὰς ἐλπίδας ἔχων τοῦ
104 βίου. θεοῦ δ' ἦν ἔργον ἄρα τοῦ σώζοντος τὸν Ἰωάννην ἐπὶ τὸν τῶν Ἱεροσολύμων[44] ὄλεθρον τὸ μὴ μόνον πεισθῆναι Τίτον τῇ σκήψει τῆς ὑπερθέσεως,
ἀλλὰ καὶ τῆς πόλεως πορρωτέρω στρατοπεδεύσασθαι πρὸς Κυδυσσοῖς[45].
105 μεσόγειος δέ ἐστι Τυρίων κώμη καρτερά, διὰ μίσους ἀεὶ καὶ πολέμου

[40] AM haben γνώσεσθαι.
[41] L¹ hat παιζόμενον (= ein Kinderspiel sein); Lat: moenia sua ludum fore. Hudson konjiziert παιδιὰν ἐσόμενον.
[42] ἀπιστοῦντας AMLVRC Thack; renitentibus Lat. Zum Wechsel vgl. Hebr. 3, 18.
[43] PA¹LV² haben ἐγκαταλειφθῆναι = „im Stich gelassen werden"; Lat: ne...solus destitueretur. [44] Ἱεροσολυμιτῶν P²AM Thack.
[45] Κυδακοῖς PAL²; Κυδοισσοῖς MC Lips (Haverkamp); Cydysan oder Cydissam Lat; Κάδασα bell. 2, 459; Κύδισσα ant. 9, 235; Κυδασοῖς Niese cj. Na Thack.

Schuldigen zugrunde gegangen wäre. Er wollte darum lieber durch Verhandlungen die Stadt gewinnen. Da die Mauer mit Männern voll besetzt war, die in ihrer Mehrzahl zu der veruchten Rotte gehörten, sagte er ihnen also, er frage sich mit Staunen, auf wen sie denn ihr Vertrauen setzten, wenn sie allein den Waffen der Römer trotzten, da doch alle anderen Städte schon genommen seien. Sie sähen doch, daß viel stärkere Städte infolge eines einzigen Anlaufs über den Haufen geworfen worden seien, während diejenigen im ruhigen Genuß ihrer eigenen Güter lebten, die sich der Gnade der Römer anvertraut hätten; diese ihnen auch jetzt anzubieten, sei er bereit, ohne ihnen ihren frechen Trotz nachzutragen. Denn verzeihlich sei die Hoffnung auf Freiheit, aber freilich nicht mehr ein Durchhalten unter unmöglichen Umständen. Denn wenn sie freundliche Worte und das Versprechen der Gnade in den Wind schlagen wollten, so würden sie die Schonungslosigkeit der Waffen zu spüren bekommen, und es würde, wie noch nie zuvor, bekannt werden, daß für die römischen Kriegsmaschinen ihre Mauer leicht einzudrücken sei. Wenn sie darauf ihre Hoffnung setzen wollten, so bewiesen sie damit, daß sie als einzige unter den Galiläern aufsässige Gefangene seien.

3. 97. Keinem der Einwohner der Stadt war es erlaubt, auf diesen Vorschlag etwas zu entgegnen, ja man durfte nicht einmal auf die Mauer steigen. Diese war nämlich zum voraus in ihrer ganzen Ausdehnung gleichmäßig auf das Räubergesindel aufgeteilt, auch standen Wachen an den Toren, damit sich nicht einzelne Leute zu Verhandlungen vorwagten oder römische Reiter in die Stadt einließen. Statt dessen erklärte Johannes in eigener Person, die Vorschläge seien ihm sehr willkommen, und er werde etwa Widerstrebende entweder überreden oder zur Zustimmung zwingen. Freilich müßte Titus, dem jüdischen Gesetz zuliebe, den heutigen Tag — es war gerade der siebente — als Feiertag berücksichtigen. Denn wie es an diesem Tag ein Frevel sei, zu den Waffen zu greifen, so auch, in Friedensverhandlungen einzutreten. Denn auch den Römern sei ja gut bekannt, wie streng die Arbeitsruhe von den Juden an dem jeweiligen siebenten Tage eingehalten werde; ein Verstoß dagegen sei für den Erzwingenden kein geringerer Frevel als für den, der ihn unter Zwang begehe[22]. Für Titus könne ja der Aufschub keinerlei Schaden bringen. Denn was könnte einer in der Nacht anderes im Schilde führen als etwa die Flucht, die sich doch durch ringsum aufgestellte Wachen leicht verhindern ließe. Für die Juden hingegen sei es ein großer Gewinn, wenn sie die väterlichen Gesetze nicht zu übertreten brauchten. Außerdem stehe es dem, der wider Erwarten den Frieden gewähren wolle, wohl an, den so Geretteten die Beachtung ihrer Gesetze zu ermöglichen. Mit solchen Argumenten täuschte er den Titus, wobei er nicht so sehr auf die Sabbatheiligung als auf seine eigene Rettung bedacht war. Er fürchtete nämlich, sofort bei der Einnahme der Stadt gefangen zu werden, und setzte daher seine Hoffnungen, das Leben retten zu können, auf die Nacht und die Flucht. Es war offensichtlich Gottes Fügung, der den Johannes für das Verderben Jerusalems erhalten wollte, daß Titus sich nicht nur von dem Vorwand des Aufschubs überzeugen ließ, sondern auch sein Lager ein beträchtliches Stück von der Stadt entfernt bei Kydyssa aufschlug[23]. Es handelt sich dabei um ein festes, im Inland gelegenes Dorf, das den Tyrern gehört und ständig in

Γαλιλαίοις, έχουσα πλήθός τε οίκητόρων καί τήν όχυρότητα τής πρός τό έθνος διαφοράς έφόδια.

106 4. Νυκτός δ' ὁ Ἰωάννης ὡς οὐδεμίαν περὶ τῇ πόλει Ῥωμαίων ἑώρα φυλακήν, τὸν καιρὸν ἁρπασάμενος οὐ μόνον τοὺς περὶ αὐτὸν ὁπλίτας ἀλλὰ καὶ τῶν ἀργοτέρων συχνοὺς ἅμα ταῖς γενεαῖς ἀναλαβὼν ἐπὶ Ἱεροσολύμων
107 ἔφευγε. μέχρι μὲν οὖν εἴκοσι σταδίων οἷόν τε ἦν συνεξαγαγεῖν γυναικῶν καὶ παιδίων ὄχλον ἀνθρώπῳ κατασπερχομένῳ τοῖς ὑπὲρ αἰχμαλωσίας καὶ τοῦ ζῆν φόβοις, περαιτέρω δὲ προκόπτοντος ἀπελείποντο, καὶ δειναὶ τῶν ἑω-
108 μένων ἦσαν ὀλοφύρσεις· ὅσον γὰρ ἕκαστος τῶν οἰκείων ἐγίνετο πορρωτέρω, τοσοῦτον ἐγγὺς ὑπελάμβανεν εἶναι τῶν πολεμίων, παρεῖναί τε ἤδη τοὺς αἰχμαλωτισομένους δοκοῦντες ἐπτόηντο, καὶ πρὸς τὸν ἀλλήλων ἐκ τοῦ
109 δρόμου ψόφον ἐπεστρέφοντο καθάπερ ἤδη παρόντων οὓς ἔφευγον· ἀνοδίαις τ' ἐνέπιπτον οἱ πολλοί, καὶ περὶ τὴν λεωφόρον ἡ τῶν φθανόντων ἔρις
110 συνέτριβεν τοὺς πολλούς. οἰκτρὸς δὲ γυναικῶν καὶ παιδίων ὄλεθρος ἦν, καί τινες πρὸς ἀνακλήσεις ἀνδρῶν τε καὶ συγγενῶν ἐθάρσησαν μετὰ κωκυ-
111 τῶν ἱκετεύουσαι περιμένειν. ἀλλ' ἐνίκα τὸ Ἰωάννου παρακέλευσμα σῴζειν ἑαυτοὺς ἐμβοῶντος καὶ καταφεύγειν ἔνθα καὶ περὶ τῶν ἀπολειπομένων ἀμυνοῦνται Ῥωμαίους ἂν ἁρπαγῶσι. τὸ μὲν οὖν τῶν διαδιδρασκόντων πλῆθος ὡς ἕκαστος ἰσχύος εἶχεν ἢ τάχους ἐσκέδαστο.

112 5. Τίτος δὲ μεθ' ἡμέραν ἐπὶ τὰς συνθήκας πρὸς τὸ τεῖχος παρῆν.
113 ἀνοίγει δ' αὐτῷ τὰς πύλας ὁ δῆμος, καὶ μετὰ τῶν γενεῶν προελ-θόντες[46] ἀνευφήμουν ὡς εὐεργέτην καὶ φρουρᾶς ἐλευθερώσαντα τὴν πόλιν·
114 ἐδήλουν γὰρ ἅμα τὴν τοῦ Ἰωάννου φυγὴν καὶ παρεκάλουν φείσασθαί τε αὐτῶν καὶ παρελθόντα τοὺς ὑπολειπομένους τῶν νεωτεριζόντων κολάσαι.
115 ὁ δὲ τὰς τοῦ δήμου δεήσεις ἐν δευτέρῳ θέμενος μοῖραν ἔπεμπε τῶν ἱππέων Ἰωάννην διώξουσαν, οἳ τὸν μὲν οὐ καταλαμβάνουσιν, ἔφθη γὰρ εἰς Ἱεροσόλυμα διαφυγών, τῶν δὲ συναπαράντων ἀποκτείνουσι μὲν εἰς ἑξακισχιλίους, γύναια δὲ καὶ παιδία τρισχιλίων ὀλίγον ἀποδέοντα περιελά-
116 σαντες ἀνήγαγον. ὁ δὲ Τίτος ἤχθετο μὲν ἐπὶ τῷ μὴ παραχρῆμα τιμω-ρήσασθαι τὸν Ἰωάννην τῆς ἀπάτης, ἱκανὸν δὲ ἀστοχήσαντι τῷ θυμῷ παραμύθιον ἔχων τὸ πλῆθος τῶν αἰχμαλώτων καὶ τοὺς διεφθαρμένους
117 εἰσῄει τε ἀνευφημούμενος εἰς τὴν πόλιν, καὶ τοῖς στρατιώταις ὀλίγον τοῦ τείχους παρασπάσαι κελεύσας νόμῳ καταλήψεως ἀπειλαῖς μᾶλλον ἢ κολά-
118 σει τοὺς ταράσσοντας τὴν πόλιν ἀνέστελλε· πολλοὺς γὰρ ἂν καὶ διὰ τὰ οἰκεῖα μίση καὶ διαφορὰς ἰδίας ἐνδείξασθαι τοὺς ἀναιτίους, εἰ διακρίνοι τοὺς τιμωρίας ἀξίους· ἄμεινον δ' εἶναι μετέωρον ἐν φόβῳ τὸν αἴτιον κατα-
119 λιπεῖν ἤ τινα τῶν οὐκ ἀξίων αὐτῷ συναπολεῖν· τὸν μὲν γὰρ ἴσως καὶ[47] σωφρονῆσαι δέει κολάσεως τὴν ἐπὶ τοῖς παρῳχηκόσι συγγνώμην αἰδού-

---

[46] Alle Handschriften lesen προσελθόντες; adeuntes Lat; προελθόντες Niese cj. Na Thack.   [47] κἂν Bekker cj. Na Thack.

Josephus, Jüdischer Krieg, Buch 4

Feindschaft und Kriegszustand mit den Galiläern lebt; in seiner zahlreichen Einwohnerschaft und in seinen starken Befestigungsanlagen besitzt es gute Hilfsmittel im Streit gegen diese Bevölkerung.

4. 106. Als Johannes in der Nacht keine römischen Wachtposten mehr sah, nutzte er die Gelegenheit aus und nahm nicht nur seine bewaffneten Anhänger, sondern auch eine Menge von Nichtkämpfern samt deren Familien mit und floh in der Richtung auf Jerusalem. Bis zu einer Entfernung von 20 Stadien gelang es dem von Angst vor der Gefangenschaft und Sorge um sein Leben umgetriebenen Manne, die Menge von Frauen und Kindern auf der Flucht zusammenzuhalten; als er aber weiter marschierte, blieben sie zurück, und furchtbar war das Geschrei derer, die nun verlassen wurden. Je weiter man sich von den Angehörigen entfernt sah, desto näher wähnte man den Feind; die Zurückgebliebenen glaubten die Häscher schon ganz nahe und gerieten darum in äußerste Bestürzung: bei jedem Geräusch, das die eigenen Leute bei ihrer hastigen Flucht verursachten, kehrten sie sich um, als ob die Feinde, denen sie entfliehen wollten, schon da wären. Eine große Zahl geriet in unwegsames Gelände, und beim Streit, auf der Heerstraße vorne an zu sein, wurden viele niedergetreten. Bejammernswert war das elende Schicksal von Frauen und Kindern, von denen einige sich ein Herz faßten, ihren Männern und Verwandten zuzurufen, wobei sie unter Schluchzen flehten, doch auf sie zu warten. Aber der Befehl des Johannes setzte sich durch. Dieser rief, ein jeder solle sich retten und dorthin flüchten, wo er sich für die zurückgelassenen Angehörigen, falls sie in Gefangenschaft gerieten, an den Römern rächen könnte. So löste sich der Haufe der Fliehenden auf; ein jeder lief so rasch, wie es ihm seine Kraft und Behendigkeit gestatteten.

5. 112. Am nächsten Tage erschien Titus vor der Mauer der Stadt, um den Vertrag zu schließen. Das Volk öffnete ihm die Tore, zog ihm mit Frauen und Kindern entgegen und pries ihn als Wohltäter, der die Stadt von ihrer Besatzung befreit habe. Man setzte ihn dabei von der Flucht des Johannes in Kenntnis, bat ihn, die Bürgerschaft zu schonen und nach seinem Einmarsch die verbliebenen Aufständischen zu bestrafen. Titus betrachtete die Bitte des Volkes als zweitrangig und schickte eine Reiterschar ab, mit dem Auftrag, Johannes nachzusetzen. Ihn selbst konnten sie zwar nicht mehr fassen, denn es war ihm gerade noch gelungen, nach Jerusalem durchzukommen; von denen aber, die mit ihm zusammen aufgebrochen waren, brachten sie fast 6000 um, während sie fast 3000 Frauen und Kinder umzingelten und zurücktrieben. Titus war unwillig darüber, daß er den Johannes für den Mißbrauch seines Entgegenkommens nicht bestrafen konnte; doch verschaffte ihm die große Zahl der Gefangenen und Erschlagenen eine gewisse Genugtuung für seinen unbefriedigten Zorn. Unter lauten Heilrufen des Volkes zog er in die Stadt ein und befahl seinen Soldaten, ein kleines Stück der Mauer zu schleifen, wie es nach einer Eroberung Brauch ist; die Aufrührer der Stadt zwang er mehr durch Drohungen als durch Strafen zur Ruhe. Denn falls er diejenigen, die Strafe verdient hätten, aussondern würde, könnten viele, möglicherweise aufgrund privater Haßgefühle und persönlicher Zwistigkeiten, Unschuldige anzeigen. Es sei besser, den Missetäter in Furcht schweben zu lassen, als zusammen mit ihm jeman-

120 μενον, ἀδιόρθωτον δὲ τὴν ἐπὶ τοῖς παραναλωθεῖσι τιμωρίαν εἶναι. φρουρᾷ μέντοι τὴν πόλιν ἠσφαλίσατο, δι' ἧς τούς τε νεωτερίζοντας ἐφέξειν καὶ τοὺς εἰρηνικὰ φρονοῦντας θαρραλεωτέρους καταλείψειν ἔμελλεν. Γαλιλαία μὲν οὖν⁴⁸ οὕτως ἑάλω πᾶσα, πολλοῖς ἱδρῶσι προγυμνάσασα Ῥωμαίους ἐπὶ τὰ Ἱεροσόλυμα.

121 III. 1. Πρὸς δὲ τὴν εἴσοδον τοῦ Ἰωάννου ὁ πᾶς δῆμος ἐξεκέχυτο, καὶ περὶ ἕκαστον τῶν συμπεφευγότων μυρίος ὅμιλος συνηθροισμένοι τὰς ἔξω-
122 θεν συμφορὰς ἀνεπυνθάνοντο. τῶν δὲ τὸ μὲν ἆσθμα θερμὸν ἔτι κοπτόμενον ἐδήλου τὴν ἀνάγκην, ἡλαζονεύοντο δὲ κἀν κακοῖς, οὐ πεφευγέναι Ῥωμαί-
123 ους φάσκοντες, ἀλλ' ἥκειν πολεμήσοντες αὐτοὺς ἐξ ἀσφαλοῦς· ἀλογίστων γὰρ εἶναι καὶ ἀχρήστων παραβόλως προκινδυνεύειν περὶ Γίσχαλα καὶ πολίχνας ἀσθενεῖς, δέον τὰ ὅπλα καὶ τὰς ἀκμὰς⁴⁹ ταμιεύεσθαι τῇ μητρο-
124 πόλει καὶ συμφυλάσσειν. ἔνθα δὴ παρεδήλουν τὴν ἅλωσιν τῶν Γισχάλων, καὶ τὴν λεγομένην εὐσχημόνως ὑποχώρησιν αὐτῶν οἱ πολλοὶ δρασμὸν
125 ἐνενόουν. ὡς μέντοι τὰ περὶ τοὺς αἰχμαλωτισθέντας ἠκούσθη, σύγχυσις οὐ μετρία κατέσχε τὸν δῆμον, καὶ μεγάλα τῆς ἑαυτῶν ἁλώσεως συνελο-
126 γίζοντο τὰ τεκμήρια. Ἰωάννης δ' ἐπὶ μὲν τοῖς καταληφθεῖσιν⁵⁰ ἧττον ἠρυθρία, περιιὼν δ' ἑκάστους ἐπὶ τὸν πόλεμον ἐνῆγεν ταῖς ἐλπίσιν, τὰ μὲν
127 Ῥωμαίων ἀσθενῆ κατασκευάζων, τὴν δ' οἰκείαν δύναμιν ἐξαίρων, καὶ κατειρωνευόμενος τῆς τῶν ἀπείρων ἀγνοίας, ὡς οὐδ' ἂν πτερὰ λαβόντες ὑπερβαῖέν ποτε Ῥωμαῖοι τὸ Ἱεροσολύμων τεῖχος οἱ περὶ ταῖς Γαλιλαίων κώμαις κακοπαθοῦντες καὶ πρὸς τοῖς ἐκεῖ τείχεσι κατατρίψαντες τὰς μηχανάς.

128 2. Τούτοις τὸ πολὺ⁵¹ μὲν τῶν νέων προσδιεφθείρετο καὶ πρὸς τὸν πόλεμον ἤρτο, τῶν δὲ σωφρονούντων καὶ γηραιῶν οὐκ ἦν ὅστις οὐ τὰ μέλλοντα
129 προορώμενος ὡς ἤδη τῆς πόλεως οἰχομένης ἐπένθει. ὁ μὲν οὖν δῆμος ἦν ἐν τοιαύτῃ συγχύσει, προδιέστη δὲ τὸ κατὰ τὴν χώραν πλῆθος τῆς ἐν
130 Ἱεροσολύμοις στάσεως. ὁ μὲν γὰρ Τίτος ἀπὸ Γισχάλων εἰς Καισάρειαν,

---

⁴⁸ οὖν nur bei P, dagegen in allen Textausgaben.
⁴⁹ VRC haben αἰχμὰς = Streitkräfte.
⁵⁰ A¹L¹ Lat Thack haben καταλειφθεῖσιν; vgl. § 103.
⁵¹ Das μὲν hinter πολὺ ist nur durch eine Korrektur des Codex A bezeugt, die anderen Codices haben es erst hinter πρὸς. Nach Niese und Thack ist die von uns angesetzte Stellung wahrscheinlich die ursprüngliche.

den umzubringen, der es nicht verdient hätte. Denn es sei vielleicht möglich, daß der Schuldige aus Furcht vor Strafe zur Vernunft komme und die für die vergangenen Vergehen gewährte Vergebung zu Herzen nehme, während die Todesstrafe, die unschuldige Opfer treffe, nicht wiedergutzumachen sei[24]. Freilich sicherte er die Stadt durch eine Wache, mit der er etwaige Umstürzler im Zaume halten und die friedlich Gesinnten nach seinem Weggang um so zuversichtlicher stimmen wollte. So war nun Galiläa ganz bezwungen, nachdem es den Römern viel Schweiß gekostet und zugleich als gute Vorübung für die Belagerung Jerusalems gedient hatte.

3. Kapitel

1. 121. Beim Eintreffen des Johannes in Jerusalem strömte das ganze Volk auf die Straße, und um jeden der mit ihm Geflohenen sammelte sich ein riesiger Schwarm von Menschen, die sich nach den traurigen Vorfällen in den Außengebieten erkundigten. Obwohl ihr noch heißer und keuchender Atem deutlich die ausgestandene Not verriet, prahlten sie noch mitten in ihrem Elend und behaupteten, sie seien nicht vor den Römern geflohen, sondern gekommen, um sie hier von einem sicheren Ort her zu bekämpfen[25]. Denn nur unvernünftige und wirklichkeitsfremde Männer könnten für Gischala und ähnliche schwache Städtchen tollkühn ihr Leben in die Schanze schlagen; es sei vielmehr erforderlich, mit den Waffen und den besten Kräften im Interesse der Hauptstadt haushälterisch umzugehen und sie nicht zu zersplittern. Beiläufig mußten sie dann allerdings den Fall von Gischala mitteilen, wobei die meisten merkten, daß das, was so schön als Absetzbewegung bezeichnet wurde, in Wirklichkeit eine Flucht gewesen war. Als dann vollends die näheren Umstände bei der Gefangennahme der Flüchtenden bekannt wurde, erfaßte eine tiefe Bestürzung das Volk, das folgern mußte, diese Vorgänge seien deutliche Vorzeichen für ihre eigene Gefangennahme. Aber Johannes wurde wegen des Schicksals der Gefangenen kaum verlegen, sondern ging bei den einzelnen Bürgern herum und stachelte sie zum Kriege an, indem er allerlei Hoffnungen in ihnen weckte: die Römer stellte er als schwach dar, während er die eigene Streitkraft in den Himmel hob. Dabei machte er sich noch über die Unkenntnis der guten Bürger lustig, die noch nichts vom Kriege gesehen hätten: nicht einmal, wenn die Römer Flügel nähmen, würden sie jemals über die Mauern Jerusalems kommen, nachdem sie doch mit den Dörfern Galiläas ihre liebe Not gehabt und ihre Kriegsmaschinen an den Mauern dort verbraucht hätten.

2. 128. Auf diese Vorstellungen hin ließ sich der größte Teil der jungen Leute auch noch verblenden und in eine Kriegsbegeisterung versetzen, während es unter den Besonnenen und Alten keinen gab, der nicht die Zukunft vorausgesehen und das Schicksal der Stadt beklagt hätte, als ob sie schon verloren sei. In einer solchen Verwirrung befand sich die Bevölkerung der Stadt, die offene Entzweiung aber brach unter der Menge des Landvolks noch früher aus als in Jerusalem. Denn in der Zwischenzeit war Titus von Gischala nach Caesarea gerückt, Vespasian von Caesarea nach Jamnia und Azotos marschiert,

Οὐεσπασιανὸς δὲ ἀπὸ Καισαρείας εἰς Ἰάμνειαν καὶ Ἄζωτον ἀφικόμενος παρίσταταί τε αὐτὰς⁵² καὶ φρουροὺς ἐγκαταστήσας ὑπέστρεψε πολὺ πλῆθος ἐπαγόμενος τῶν ἐπὶ δεξιᾷ προσκεχωρηκότων. ἐκινεῖτο δ' ἐν ἑκάστῃ πόλει ταραχὴ καὶ πόλεμος ἐμφύλιος, ὅσον τε ἀπὸ Ῥωμαίων ἀνέπνεον εἰς ἀλλήλους τὰς χεῖρας ἐπέστρεφον. ἦν δὲ τῶν ἐρώντων τοῦ πολέμου πρὸς τοὺς ἐπιθυμοῦντας εἰρήνης ἔρις χαλεπή. καὶ πρῶτον μὲν ἐν οἰκίαις ἥπτετο τῶν ὁμονοούντων⁵³ πάλαι τὸ φιλόνεικον, ἔπειτα ἀφηνιάζοντες ἀλλήλων οἱ φίλτατοι λαοί⁵⁴ καὶ συνιὼν ἕκαστος πρὸς τοὺς τὰ αὐτὰ προαιρουμένους ἤδη κατὰ πλῆθος ἀντετάσσοντο. καὶ στάσις μὲν ἦν πανταχοῦ, τὸ νεωτερίζον δὲ καὶ τῶν ὅπλων ἐπιθυμοῦν ἐπεκράτει νεότητι καὶ τόλμῃ γηραιῶν καὶ σωφρόνων. ἐτράποντο δὲ πρῶτον μὲν εἰς ἁρπαγὰς ἕκαστοι τῶν ἐπιχωρίων, ἔπειτα συντασσόμενοι κατὰ λόχους ἐπὶ λῃστείαν τῶν κατὰ τὴν χώραν, ὡς ὠμότητος καὶ παρανομίας ἕνεκεν αὐτοῖς μηδὲν Ῥωμαίων τοὺς ὁμοφύλους διαφέρειν καὶ πολὺ τοῖς πορθουμένοις κουφοτέραν δοκεῖν τὴν ὑπὸ Ῥωμαίοις ἅλωσιν.

3. Οἱ φρουροὶ δὲ τῶν πόλεων τὰ μὲν ὄκνῳ τοῦ κακοπαθεῖν, τὰ δὲ μίσει τοῦ ἔθνους οὐδὲν ἢ μικρὰ προσήμυνον τοῖς κακουμένοις, μέχρι κόρῳ τῶν κατὰ τὴν χώραν ἁρπαγῶν ἀθροισθέντες οἱ τῶν πανταχοῦ συνταγμάτων ἀρχιλῃσταὶ καὶ γενόμενοι πονηρίας στῖφος εἰς τὰ Ἱεροσόλυμα παρεισφθείρονται, πόλιν ἀστρατήγητον καὶ πατρίῳ μὲν ἔθει πᾶν ἀπαρατηρήτως δεχομένην τὸ ὁμόφυλον, τότε δ' οἰομένων ἁπάντων τοὺς ἐπιχεομένους πάντας ἀπ' εὐνοίας ἥκειν συμμάχους. ὃ δὴ καὶ δίχα τῆς στάσεως ὕστερον ἐβάπτισεν τὴν πόλιν· πλήθει γὰρ ἀχρήστῳ καὶ ἀργῷ προεξαναλώθη τὰ τοῖς μαχίμοις διαρκεῖν δυνάμενα, καὶ πρὸς τῷ πολέμῳ στάσιν τε ἑαυτοῖς καὶ λιμὸν ἐπικατεσκεύασαν.

4. Ἄλλοι τε ἀπὸ τῆς χώρας λῃσταὶ παρελθόντες εἰς τὴν πόλιν καὶ τοὺς ἔνδον προσλαβόντες χαλεπωτέρους οὐδὲν ἔτι⁵⁵ τῶν δεινῶν παρίεσαν· οἵ γε οὐ μόνον ἁρπαγαῖς καὶ λωποδυσίαις τὴν τόλμαν ἐμέτρουν, ἀλλὰ καὶ μέχρι φόνων ἐχώρουν, οὐ νυκτὸς ἢ λαθραίως ἢ ἐπὶ τοὺς τυχόντας, ἀλλὰ φανερῶς καὶ μεθ' ἡμέραν καὶ τῶν ἐπισημοτάτων καταρχόμενοι. πρῶτον μὲν γὰρ Ἀντίπαν, ἄνδρα τοῦ βασιλικοῦ γένους καὶ τῶν κατὰ τὴν πόλιν δυνατωτάτων, ὡς καὶ τοὺς δημοσίους θησαυροὺς πεπιστεῦσθαι, συλλαβόντες εἶρξαν· ἐπὶ τούτῳ Ληουίαν τινὰ τῶν ἐπισήμων καὶ Συφὰν⁵⁶ υἱὸν Ἀρεγέτου⁵⁷, βασιλικὸν δ' ἦν καὶ τούτων τὸ γένος, πρὸς δὲ τοὺς κατὰ τὴν χώραν προύχειν δοκοῦντας. δεινὴ δὲ κατάπληξις εἶχε τὸν δῆμον, καὶ καθάπερ κατειλημμένης τῆς πόλεως πολέμῳ τὴν καθ' αὑτὸν ἕκαστος σωτηρίαν ἠγάπα.

---

⁵² αὐταῖς PAMLVR; αὐτὰς C Lat Niese Na Thack; utramque Lat.
⁵³ V hat τῶν μὴ ὁμονοούντων; Kohout übersetzt: „bei Leuten, die schon von jeher nicht gerade in der besten Eintracht miteinander gelebt hatten".
⁵⁴ A hat λαοί ausgestrichen; auch Thack läßt es aus. Clementz: „dann befehdeten sich auch die Stämme". ⁵⁵ MVRC Naber lesen οὐδέν τι (Niese: fortasse recte); nullum Lat.
⁵⁶ ALExc lesen Συφᾶν. Die griechische Endung -ας steht für die aramäische -a.
⁵⁷ PA haben Ἀρεγέτου, L liest Ῥεγέτου, M Ῥαγώλου, VR Ῥεγώλου, C Ῥαγουήλου. Der Name Raguel ist aus dem Buch Tobit (1,1; 3,7.17; 6,11.13; 7,1.6) und aus dem äthiopischen Henoch (20,4; 23,4) bekannt.

wobei er beide Städte unterworfen und durch Besatzungen gesichert hatte; darauf kehrte er mit einer großen Menge, die seine Friedensbedingungen angenommen hatte, zurück[26]. Nun brach also in jeder Stadt Unruhe und Bürgerkrieg aus, und je mehr man vom Druck der Römer aufatmen konnte, desto mehr geriet man ins Handgemenge untereinander; zwischen denen, die zum Krieg drängten, und denen, die nach Frieden verlangten, kam es zum harten Zwist. Zuerst entbrannte der Streit in den Familien, unter Menschen, die sonst immer eines Sinnes waren, dann lehnten sich die besten Freunde gegeneinander auf, und ein jeder schloß sich denen an, die seine politische Ansicht teilten; so standen sich schließlich alle in zwei großen Lagern einander gegenüber[27]. Überall herrschte der Zwist, und dabei setzte sich die aufständische und kriegsbegeisterte Gruppe dank ihrer Jugendkraft und ihres Wagemutes gegenüber den Alten und Besonnenen durch. Zunächst begann man damit, einzeln die Einwohner der eigenen Ortschaft auszuplündern, dann rottete man sich zu militärischen Gruppen zusammen, um über das ganze Land hin Raubzüge durchzuführen[28]. Dabei verfuhr man mit einer solchen Grausamkeit und Willkür, daß es den geschädigten Opfern vorkam, als unterschieden sich die eigenen Landsleute in keiner Weise von den Römern, ja als sei es erheblich leichter, das Los der römischen Gefangenschaft zu tragen.

3. 135. Die Besatzungen der Städte leisteten den Mißhandelten, teils aus Furcht, selbst Schaden zu leiden, teils aus Haß gegen das jüdische Volk, keine oder nur geringe Hilfe[29]. Nachdem sie von ihren Raubzügen über das ganze Land hin genug hatten, sammelten sich schließlich die Rädelsführer der überall zerstreuten Einheiten und stahlen sich so, eine Rotte von Schurken, zum Verderben der Stadt nach Jerusalem hinein. Die Stadt besaß damals kein einheitliches Oberkommando und nahm nach althergebrachter Sitte jeden Volksgenossen ohne besondere Vorsichtsmaßnahmen auf; außerdem glaubte damals jedermann, alle Hereinströmenden kämen aus ehrlicher Überzeugung als Bundesgenossen. Das war nun gerade der Umstand, der auch abgesehen vom inneren Zwist die Stadt schließlich Schiffbruch erleiden ließ. Denn von dem militärisch untauglichen und faulen Haufen wurden die Lebensmittel, die für die kampffähige Truppe hätten ausreichen können, im voraus verbraucht. Und zusätzlich zum Krieg lud man sich so noch Aufruhr und Hunger auf den Hals.

4. 138. Andere Räuber strömten vom Land in die Stadt, gesellten sich zu den schon darin befindlichen noch wilderen und ließen nun keine Gelegenheit zu Greueltaten mehr aus. Dabei beschränkten sie sich in ihrer hemmungslosen Verwegenheit nicht auf Räuberei und Plünderung, sondern schritten auch zu Morden, und zwar nicht nur bei Nacht oder heimlich oder an geringen Leuten, sondern ganz offen, am hellichten Tage, wobei man mit den hervorragendsten Männern begann. Zuerst verhafteten sie nämlich den Antipas, einen Mann aus königlichem Geschlecht, und warfen ihn ins Gefängnis; er gehörte zu den einflußreichsten Persönlichkeiten der Stadt, so daß ihm sogar die öffentlichen Gelder anvertraut worden waren[30]. Dasselbe Schicksal teilten dann Levias, einer der hervorragendsten Männer, und Syphas, der Sohn des Aregetes, beide auch aus königlichem Geschlecht, ferner andere Leute, die im ganzen Lande in hohem Ansehen standen. Eine furchtbare Bestürzung ergriff das Volk, und als

143 5. Τοῖς δ' οὐκ ἀπέχρη τὰ δεσμὰ τῶν συνειλημμένων, οὐδὲ ἀσφαλὲς
144 ᾤοντο τὸ μέχρι πολλοῦ δυνατοὺς ἄνδρας οὕτω φυλάσσειν· ἱκανοὺς μὲν γὰρ εἶναι καὶ τοὺς οἴκους αὐτῶν πρὸς ἄμυναν οὐκ ὀλιγάνδρους ὄντας, οὐ μὴν ἀλλὰ καὶ τὸν δῆμον ἐπαναστήσεσθαι τάχα κινηθέντα πρὸς τὴν παρα-
145 νομίαν. δόξαν οὖν ἀναιρεῖν αὐτοὺς Ἰωάννην τινὰ πέμπουσιν τὸν ἐξ αὐτῶν εἰς φόνους προχειρότατον· Δορκάδος οὗτος ἐκαλεῖτο παῖς κατὰ τὴν ἐπιχώριον γλῶσσαν· ᾧ δέκα συνελθόντες εἰς τὴν εἱρκτὴν ξιφήρεις ἀποσφάττουσιν
146 τοὺς συνειλημμένους[58]. παρανομήματι δ' ἐν τηλικούτῳ μεγάλως[59] ἀπεψεύδοντο καὶ προφάσεις[60] ἀνέπλαττον[61]· διαλεχθῆναι γὰρ αὐτοὺς Ῥωμαίοις περὶ παραδόσεως τῶν Ἱεροσολύμων, καὶ προδότας ἀνῃρηκέναι τῆς κοινῆς ἐλευθερίας ἔφασκον, καθόλου τ' ἐπηλαζονεύοντο τοῖς τολμήμασιν ὡς εὐεργέται καὶ σωτῆρες τῆς πόλεως γεγενημένοι.
147 6. Συνέβη δὲ εἰς τοσοῦτον τὸν μὲν δῆμον ταπεινότητος καὶ δέους, ἐκείνους δὲ ἀπονοίας προελθεῖν, ὡς ἐπ' αὐτοῖς εἶναι καὶ τὰς χειροτονίας τῶν
148 ἀρχιερέων. ἄκυρα γοῦν τὰ γένη ποιήσαντες, ἐξ ὧν κατὰ διαδοχὰς οἱ ἀρχιερεῖς ἀπεδείκνυντο, καθίστασαν ἀσήμους καὶ ἀγενεῖς, ἵν' ἔχοιεν συνερ-
149 γοὺς τῶν ἀσεβημάτων· τοῖς γὰρ παρ' ἀξίαν ἐπιτυχοῦσι τῆς ἀνωτάτω
150 τιμῆς ὑπακούειν ἦν ἀνάγκη τοῖς παρασχοῦσι. συνέκρουον δὲ καὶ τοὺς ἐν τέλει ποικίλαις ἐπινοίαις καὶ λογοποιίαις, καιρὸν ἑαυτοῖς ἐν ταῖς πρὸς ἀλλήλους τῶν κωλυόντων φιλονεικίαις ποιούμενοι, μέχρι τῶν εἰς ἀνθρώπους ὑπερεμπλησθέντες ἀδικημάτων ἐπὶ τὸ θεῖον μετήνεγκαν τὴν ὕβριν καὶ μεμιασμένοις τοῖς ποσὶ παρῆεσαν εἰς τὸ ἅγιον.
151 7. Ἐπανισταμένου τε αὐτοῖς ἤδη τοῦ πλήθους, ἐνῆγε γὰρ ὁ γεραίτατος τῶν ἀρχιερέων Ἄνανος, ἀνὴρ σωφρονέστατος καὶ τάχα ἂν διασώσας τὴν πόλιν, εἰ τὰς τῶν ἐπιβούλων χεῖρας ἐξέφυγεν, οἱ δὲ τὸν νεὼν τοῦ θεοῦ φρούριον αὐτοῖς καὶ τῶν ἀπὸ τοῦ δήμου ταραχῶν ποιοῦνται καταφυγήν,
152 καὶ τυραννεῖον ἦν αὐτοῖς τὸ ἅγιον. παρεκίρνατο δὲ τοῖς δεινοῖς εἰρωνεία,
153 τὸ τῶν ἐνεργουμένων ἀλγεινότερον· ἀποπειρώμενοι γὰρ τῆς τοῦ δήμου καταπλήξεως καὶ τὴν αὐτῶν δοκιμάζοντες ἰσχὺν κληρωτοὺς ἐπεχείρησαν ποιεῖν τοὺς ἀρχιερεῖς οὔσης, ὡς ἔφαμεν, κατὰ γένος αὐτῶν τῆς διαδοχῆς.
154 ἦν δὲ πρόσχημα μὲν τῆς ἐπιβολῆς[62] ἔθος ἀρχαῖον, ἐπειδὴ καὶ πάλαι κληρωτὴν ἔφασαν εἶναι τὴν ἀρχιερωσύνην, τὸ δὲ ἀληθὲς τοῦ βεβαιοτέρου νόμου[63] κατάλυσις καὶ τέχνη πρὸς δυναστείαν τὰς ἀρχὰς δι' αὐτῶν καθισταμένοις.

[58] εἰργμένους LC Exc Mmarg; εἰργμένους Pmarg Amarg.
[59] μεγάλως PAMLR Niese Thack; μεγάλην VC Pmarg Amarg Mmarg Na Kohout, Reinach.
[60] L¹VRC Exc Lat und PAM am Rande haben πρόφασιν; wir lesen mit PAML Niese das schwierigere προφάσεις.
[61] ἀνέπλαττον fehlt bei L¹VRC Exc Lat und ist vielleicht Zusatz, bei Niese in Klammer, fehlt bei Naber.
[62] Wir lesen gegen Niese (Text) und die Handschriften mit Niese cj Thack und Reinach ἐπιβολῆς statt ἐπιβουλῆς („List").
[63] νόμου fehlt bei L¹ Thack (Niese in Klammer).

ob die Stadt schon in offener Schlacht genommen sei, war jeder nur noch darauf bedacht, selber heil durchzukommen.

5. 143. Den Räubern war es aber nicht genug, die Verhafteten in Fesseln zu wissen, auch hielten sie es nicht für sicher genug, so einflußreiche Männer auf längere Zeit in dieser Weise in Gewahrsam zu halten, denn ihre Sippen, die ja recht zahlreich waren, könnten wohl imstande sein, Gegenmaßnahmen zu ergreifen; außerdem könnte sich auch das Volk möglicherweise doch bald dazu bewegen lassen, gegen ihr gesetzwidriges Vorgehen einzuschreiten. Deshalb beschlossen sie, ihre Opfer umzubringen, und entsandten dazu denjenigen Mann unter ihnen, der zu Mordtaten am meisten geeignet war, einen gewissen Johannes, der in der einheimischen Sprache „Gazellensohn" hieß[31]. Mit ihm zusammen drangen zehn Mann mit gezücktem Schwert in den Kerker ein und schlachteten die Gefangenen hin. Für solch ein ungeheuerliches Vergehen erfanden sie in ebenso ungeheuerlicher Weise Vorwände: sie behaupteten, die Getöteten hätten mit den Römern über die Übergabe Jerusalems Verhandlungen gepflogen und man habe mit ihnen nur Verräter der gemeinsamen Freiheit beseitigt[32]. Kurz, sie rühmten sich noch ihrer frechen Greuel, als seien sie dadurch die Wohltäter und Retter der Stadt geworden[33].

6. 147. In gleichem Maße wie das Volk der Hilflosigkeit und Angst verfiel, steigerte sich der Wahnsinn der Räuber, so daß diese schließlich sogar die Wahl der Oberpriester als ihre Aufgabe betrachteten[34]. Sie erklärten die Ansprüche der Geschlechter für ungültig, aus denen der Reihe nach[35] die obersten Priester ernannt worden waren, und setzten dafür unbedeutende Männer von niedriger Abstammung ein, damit sie so Spießgesellen für ihre Frevel gewönnen. Denn Leute, die ohne Verdienst und Würdigkeit die höchste Ehrenstellung erlangten, mußten notwendig denen gefügig sein, die ihnen dazu verholfen hatten. Auch brachten sie die Behörden durch mancherlei Ränke und Klatschereien gegeneinander in Harnisch und zogen für sich Vorteile aus den gegenseitigen Eifersüchteleien all derer, die ihren Zielen hätten im Wege stehen können. Schließlich, als sie an Freveltaten gegen Menschen übersättigt waren, wandten sie ihre Überheblichkeit gegen die Gottheit und betraten mit befleckten Füßen das Heiligtum.

7. 151. Nunmehr lehnte sich die Menge gegen sie auf; Ananos, der älteste aus dem priesterlichen Hochadel, war dabei ihr Anführer, ein höchst verständiger Mann, der vielleicht auch imstande gewesen wäre, die Stadt zu retten, wenn er den Nachstellungen seiner Feinde hätte entgehen können. Diese aber verkehrten den Tempel zu einer Festung für sich selbst und zu einem Zufluchtsort, der sie gegen die Übergriffe einer Volkserhebung schützen sollte; so diente ihnen das Heiligtum als Zwingburg[36]. Zu diesen Greueltaten gesellte sich, schmerzhafter noch zu tragen als der angerichtete Schade, der Spott hinzu. Um den Grad der Bestürzung des Volkes zu erproben und zu prüfen, wieweit ihre Macht reichte, schickten sie sich an, die obersten Priester durch das Los zu bestimmen, obwohl, wie oben erwähnt, deren Amtsnachfolge aufgrund der Abstammung hätte erfolgen sollen[37]. In Wirklichkeit bedeutete dieser Schritt die Auflösung des besser begründeten Rechts und eine Machenschaft, um sich an der Macht zu halten, indem man die höchsten Stellen selbst besetzte.

155 8. Καὶ δὴ μεταπεμψάμενοι μίαν τῶν ἀρχιερατικῶν⁶⁴ φυλήν, Ἐνιάχιν⁶⁵ καλεῖται, διεκλήρουν ἀρχιερέα, λαγχάνει δ' ἀπὸ τύχης ὁ μάλιστα διαδείξας αὐτῶν τὴν παρανομίαν, Φαννί⁶⁶ τις ὄνομα, υἱὸς Σαμουήλου κώμης Ἀφθίας, ἀνὴρ οὐ μόνον οὐκ ἐξ ἀρχιερέων⁶⁷, ἀλλ' οὐδ' ἐπιστάμενος σαφῶς
156 τί ποτ' ἦν ἀρχιερωσύνη δι' ἀγροικίαν. ἀπὸ γοῦν τῆς χώρας αὐτὸν ἄκοντα σύραντες ὥσπερ ἐπὶ σκηνῆς ἀλλοτρίῳ κατεκόσμουν προσωπείῳ τήν τ' ἐσθῆτα περιτιθέντες τὴν ἱερὰν καὶ τὸ τί δεῖ ποιεῖν ἐπὶ καιροῦ διδάσκοντες.
157 χλεύη δ' ἦν ἐκείνοις καὶ παιδιὰ τὸ τηλικοῦτον ἀσέβημα, τοῖς δ' ἄλλοις ἱερεῦσιν ἐπιθεωμένοις πόρρωθεν παιζόμενον τὸν νόμον δακρύειν ἐπῄει καὶ κατέστενον τὴν τῶν ἱερῶν τιμῶν κατάλυσιν.
158 9. Ταύτην τὴν τόλμαν αὐτῶν οὐκ ἤνεγκεν ὁ δῆμος, ἀλλ' ὥσπερ ἐπὶ
159 τυραννίδος κατάλυσιν ὥρμηντο πάντες· καὶ γὰρ οἱ προύχειν αὐτῶν δοκοῦντες, Γωρίων τε υἱὸς Ἰωσήπου καὶ ὁ Γαμαλιήλου Συμεών, παρεκρότουν ἔν τε ταῖς ἐκκλησίαις ἀθρόους καὶ κατ' ἰδίαν περιιόντες ἕκαστον ἤδη ποτὲ τίσασθαι τοὺς λυμεῶνας τῆς ἐλευθερίας καὶ καθᾶραι τῶν μιαιφόνων τὸ
160 ἅγιον, οἵ τε δοκιμώτατοι τῶν ἀρχιερέων, Γαμάλα μὲν υἱὸς Ἰησοῦς Ἀνάνου δὲ Ἄνανος, πολλὰ τὸν δῆμον εἰς νωθείαν κατονειδίζοντες ἐν ταῖς συνόδοις
161 ἐπήγειρον τοῖς ζηλωταῖς· τοῦτο γὰρ αὐτοὺς⁶⁸ ἐκάλεσαν ὡς ἐπ' ἀγαθοῖς ἐπιτηδεύμασιν ἀλλ' οὐχὶ⁶⁹ ζηλώσαντες τὰ κάκιστα τῶν ἔργων καὶ⁷⁰ ὑπερβαλλόμενοι.
162 10. Καὶ δὴ συνελθόντος τοῦ πλήθους εἰς ἐκκλησίαν καὶ πάντων ἀγανακτούντων μὲν ἐπὶ τῇ καταλήψει τῶν ἁγίων ταῖς τε ἁρπαγαῖς καὶ τοῖς πεφονευμένοις, οὔπω δὲ πρὸς τὴν ἄμυναν ὡρμημένων τῷ δυσεπιχειρήτους, ὅπερ ἦν, τοὺς ζηλωτὰς ὑπολαμβάνειν, καταστὰς ἐν μέσοις ὁ Ἄνανος καὶ πολ-
163 λάκις εἰς τὸν ναὸν ἀπιδὼν ἐμπλήσας τε τοὺς ὀφθαλμοὺς δακρύων „ἦ καλόν γε, εἶπεν, ἦν ἐμοὶ τεθνάναι πρὶν ἐπιδεῖν τὸν οἶκον τοῦ θεοῦ τοσούτοις ἄγεσι καταγέμοντα καὶ τὰς ἀβάτους καὶ ἁγίας χώρας ποσὶ μιαιφόνων
164 στενοχωρουμένας. ἀλλὰ περικείμενος τὴν ἀρχιερατικὴν ἐσθῆτα καὶ τὸ τιμιώτατον καλούμενος τῶν σεβασμίων ὀνομάτων, ζῶ καὶ φιλοψυχῶ, μηδ'⁷¹

---

⁶⁴ VRLat lesen ἱερατικῶν.
⁶⁵ Ἐνιάχιν PALat; MVR lesen Ἐνιακείμ. Lowth konjiziert ἢ Ἰακίμ und setzt den hier genannten Stamm mit der in 1 Chron. 24,12 erwähnten 12. Priesterabteilung Ἰακιμ gleich; diesem Vorschlag folgt auch J. Klausner V 208.
⁶⁶ MV lesen Φαννίτης, in ant. 20,227 wird dieser Hohepriester Φάνασος genannt. Dieser griechische Name entspricht dem hebräischen Pinehas (vgl. ant. 20,227 E und Sifra 'ämor par. 2).
⁶⁷ C liest ἀνάξιος ἀρχιερεύς. ⁶⁸ αὐτοὺς PA; ἑαυτοὺς L.
⁶⁹ PAMVRC lesen statt ἀλλ' οὐχί (LLat) ἄλλους, was Destinon vorzieht; C fährt fort: ζηλώσαντας und ... ὑπερβαλομένους („während die anderen sich um schlechte Taten mühten ...").
⁷⁰ καὶ fehlt bei PALat; Niese und Thack setzen es in Klammer. Nach Reinach ist der Text unsicher, aber der Sinn im allgemeinen klar.
⁷¹ μήθ' PAMLNa; μηκέτι VRC; nec... quicquam Lat; μηδ' Destinon cj. Thack.

8. 155. Deshalb beriefen sie eine der hochpriesterlichen Sippen, die Enjachin hieß[38], und warfen das Los für einen Hohenpriester. Zufällig traf dies Los auf einen Mann, mit dem die Ungesetzlichkeit dieser Wahl besonders deutlich in Erscheinung trat. Sein Name war Phanni (= Pinehas), Sohn des Samuel aus dem Dorfe Aphthia[39]. Aufgrund seines bäurischen Wesens wußte er nicht einmal genau, was es mit dem hohepriesterlichen Amt für eine Bewandtnis habe, geschweige denn, daß er die Anforderung hochpriesterlicher Abstammung erfüllt hätte[40]. Also schleppten sie ihn wider seinen Willen vom Lande herein und kleideten ihn, wie auf der Bühne, für eine ihm unpassende Rolle ein, indem sie ihm das heilige Gewand anlegten und ihn darüber belehrten, was er bei gegebener Gelegenheit zu tun habe[41]. Für sie war dieser ungeheure Frevel nur Spott und Scherz, während den anderen Priestern, die von ferne diesem Spiel mit dem Gesetz zusehen mußten, die Tränen in die Augen traten und sie über die Auflösung der heiligen, ehrwürdigen Ämter seufzten.

9. 158. Diese Frechheit der Frevler konnte das Volk nicht mehr ertragen; vielmehr stürmten nun alle los, wie zum Sturz einer Gewaltherrschaft. Die Angesehensten unter ihnen, Gorion, der Sohn des Joseph, und Simeon, der Sohn des Gamaliel[42], ermutigten in den Volksversammlungen alle gemeinsam und für sich jeden einzelnen, den sie antrafen, man solle doch endlich einmal die Verderber der Freiheit[43] bestrafen und das Heiligtum von den Männern befreien, die mit Mord besudelt seien. Die angesehensten unter den Oberpriestern, Jesus, der Sohn des Gamala[44], und Ananos, Sohn des Ananos, schalten bei den Zusammenkünften das Volk sehr hart wegen seiner Trägheit und stachelten es gegen die „Zeloten" auf. So nannten diese nämlich sich selbst[45], als ob sie edlen Zielen nachstrebten und nicht den schlimmsten Taten, worin sie sich gegenseitig noch übertrafen.

10. 162. Als man nun in großen Scharen zur Volksversammlung zusammenströmte, und alle ihren Unmut über die Besetzung der heiligen Stätten, die Beraubungen und die Erschlagenen offen zum Ausdruck brachten — freilich, zu einem offenen Widerstand machte man noch keine Anstalten, da man mit Recht vermutete, daß den Zeloten nur schwer beizukommen sei —, da trat in ihrer Mitte Ananos auf und sprach, nachdem er mehrmals mit Tränen in den Augen zum Tempel hingeblickt hatte[46]: „Wahrlich, es wäre gut für mich gewesen, ich wäre gestorben, bevor ich das Haus Gottes von solchen Greueln erfüllt und auf den durch Gebote abgegrenzten heiligen Plätzen die Füße blutbefleckter Mörder herumtrampeln sehen muß. Aber ich, der ich das hohepriesterliche Gewand trage und nach dem Namen genannt bin, der unter den ehrwürdigsten am meisten geachtet ist[47], lebe noch und hänge am Leben, anstatt einen Tod auf mich zu nehmen, der mein Alter mit Ruhm krönen würde. Könnte ich nicht, wenn nötig, allein hingehen und gleichsam in der Wüste mein eigenes Leben hingeben für die Sache Gottes[48]? Denn was soll ich leben in einem Volke, das dem Unglück gegenüber ganz abgestumpft ist und bei dem jegliche Handhabe gegen die Leiden, die ihm unter den Nägeln brennen, verlorengegangen ist? Plündert man euch aus, so ertragt ihr es ja, schlägt man euch, so schweigt ihr, und nicht einmal über die Ermordeten wagt einer offen zu klagen. O diese bittere Tyrannei! Doch was schelte ich die Tyrannen: sind sie nicht von euch

ὑπὲρ τοὐμοῦ γήρως ὑπομένων εὐκλεῆ θάνατον εἰ δεῖ μὴ μόνος εἰμι[72] καὶ καθάπερ ἐν ἐρημίᾳ τὴν ἐμαυτοῦ ψυχὴν ἐπιδώσω μόνην ὑπὲρ τοῦ θεοῦ.
165 τί γὰρ καὶ δεῖ ζῆν ἐν δήμῳ συμφορῶν ἀναισθητοῦντι καὶ παρ' οἷς ἀπόλωλεν ἡ τῶν ἐν χερσὶ παθῶν ἀντίληψις; ἁρπαζόμενοι γοῦν ἀνέχεσθε καὶ τυπτόμενοι σιωπᾶτε, καὶ τοῖς φονευομένοις οὐδ' ἐπιστένει τις ἀναφανδόν.
166 ὦ τῆς πικρᾶς τυραννίδος. τί δὲ[73] μέμφομαι τοὺς τυράννους; μὴ γὰρ οὐκ
167 ἐτράφησαν ὑφ' ὑμῶν καὶ τῆς ὑμετέρας ἀνεξικακίας; μὴ γὰρ οὐχ ὑμεῖς περιιδόντες τοὺς πρώτους συνισταμένους, ἔτι δ' ἦσαν ὀλίγοι, πλείους ἐποιήσατε τῇ σιωπῇ καὶ καθοπλιζομένων ἠρεμοῦντες καθ' ἑαυτῶν ἐπ-
168 εστρέψατε τὰ ὅπλα, δέον τὰς πρώτας αὐτῶν ἐπικόπτειν ὁρμάς, ὅτε λοιδορίαις καθήπτοντο τῶν συγγενῶν[74], ὑμεῖς δὲ ἀμελήσαντες ἐφ' ἁρπαγὰς παρωξύνατε τοὺς ἀλιτηρίους, καὶ πορθουμένων οἴκων λόγος ἦν οὐδείς· τοιγαροῦν αὐτοὺς ἥρπαζον τοὺς δεσπότας, καὶ συρομένοις διὰ μέσης τῆς
169 πόλεως οὐδεὶς ἐπήμυνεν. οἱ δὲ καὶ δεσμοῖς ᾐκίσαντο τοὺς ὑφ' ὑμῶν προδοθέντας, ἐῶ λέγειν πόσους καὶ ποδαπούς· ἀλλ' ἀκαταιτιάτοις ἀκρίτοις οὐδεὶς
170 ἐβοήθησε τοῖς δεδεμένοις. ἀκόλουθον ἦν ἐπιδεῖν τοὺς αὐτοὺς φονευομένους. ἐπείδομεν καὶ τοῦτο καθάπερ ἐξ ἀγέλης ζῴων ἀλόγων ἑλκομένου τοῦ κρατιστεύοντος ἀεὶ θύματος, οὐδὲ φωνήν τις ἀφῆκεν οὐχ ὅπως ἐκίνησε
171 τὴν δεξιάν. φέρετε δὴ τοίνυν, φέρετε πατούμενα βλέποντες τὰ ἅγια καὶ πάντας ὑποθέντες αὐτοὶ τοῖς ἀνοσίοις τοὺς τῶν τολμημάτων βαθμοὺς μὴ βαρύνεσθε τὴν ὑπεροχήν· καὶ γὰρ νῦν πάντως ἂν ἐπὶ μεῖζον προύκοψαν,
172 εἴ τι τῶν ἁγίων καταλῦσαι μεῖζον εἶχον. κεκράτηται μὲν οὖν τὸ ὀχυρώτατον τῆς πόλεως· λεγέσθω γὰρ νῦν τὸ ἱερὸν ὡς ἄκρα τις ἢ φρούριον· ἔχοντες δ' ἐπιτετειχισμένην τυραννίδα τοσαύτην καὶ τοὺς ἐχθροὺς ὑπὲρ κορυφῆς βλέποντες, τί βουλεύεσθε καὶ τίσι τὰς γνώμας προσθάλπετε;
173 Ῥωμαίους ἄρα περιμενεῖτε, ἵν' ἡμῶν βοηθήσωσι τοῖς ἁγίοις; ἔχει μὲν οὕτως τὰ πράγματα τῇ πόλει, καὶ πρὸς τοσοῦτον ἥκομεν συμφορῶν, ἵνα
174 ἡμᾶς ἐλεήσωσι καὶ πολέμιοι[75]; οὐκ ἐξαναστήσεσθε, ὦ τλημονέστατοι, καὶ πρὸς τὰς πληγὰς ἐπιστραφέντες, ὃ κἀπὶ τῶν θηρίων ἔστιν ἰδεῖν, τοὺς τύπτοντας ἀμυνεῖσθε; οὐκ ἀναμνήσεσθε τῶν ἰδίων ἕκαστος συμφορῶν οὐδὲ ἃ πεπόνθατε πρὸ ὀφθαλμῶν θέμενοι τὰς ψυχὰς ἐπ' αὐτοὺς θήξετε πρὸς
175 τὴν ἄμυναν; ἀπόλωλεν ἄρα παρ' ὑμῖν τὸ τιμιώτατον τῶν παθῶν καὶ φυσικώτατον, ἐλευθερίας ἐπιθυμία, φιλόδουλοι δὲ καὶ φιλοδέσποτοι γεγό-
176 ναμεν ὥσπερ ἐκ προγόνων τὸ ὑποτάσσεσθαι παραλαβόντες. ἀλλ' ἐκεῖνοί γε πολλοὺς καὶ μεγάλους ὑπὲρ τῆς αὐτονομίας πολέμους διήνεγκαν καὶ οὔτε τῆς Αἰγυπτίων οὔτε τῆς Μήδων δυναστείας ἡττήθησαν ὑπὲρ τοῦ μὴ
177 ποιεῖν τὸ κελευόμενον. καὶ τί δεῖ τὰ τῶν προγόνων λέγειν; ἀλλ' ὁ νῦν πρὸς

[72] εἰ δεῖ μὴ μόνος εἰμί PA Niese; εἰ δὲ δὴ MVRC; εἰ δὴ μὴ L; εἰ δὲ δεῖ Thack cj.; *ibo* Lat. Hier folgen wir Lat Destinon cj. Thack und lesen deshalb gegen Niese εἶμι, das zu dem gleichfalls futurischen ἐπιδώσω paßt.
[73] δὲ fehlt in PL¹CLat. [74] εὐγενῶν Destinon cj. Thack.
[75] πολέμιοι codd.; πολέμιοι Thack cj. Die Übersetzungen fassen den Satz wie wir als Frage auf.

und eurer so bequemen Langmut großgezogen worden? Habt ihr es denn nicht geflissentlich übersehen, als sich die ersten — damals waren es noch wenige — zusammenrotteten, durch euer Schweigen ihre Zahl vergrößert und, als sie zu den Waffen griffen, es durch euer untätiges Zusehen dahin gebracht, daß diese Waffen sich gegen euch selbst richteten? Ihre ersten Anläufe hättet ihr niederschlagen sollen, als sie euren Volksgenossen üble Nachrede anhängten; statt dessen habt ihr mit eurer Saumseligkeit die Frevler zu Raubzügen angestachelt, und als die Häuser verwüstet wurden, sprach keiner ein Wort. Kein Wunder, daß sie sich dann an den Besitzern selbst vergriffen, und als man diese mitten durch die Stadt schleppte, trat niemand für sie ein. Denen, die von euch verraten waren, hat man schmachvolle Ketten angelegt. Ich will unerwähnt lassen, wie viele und was für Männer das waren, aber soviel will ich sagen: den unschuldig und ohne Urteil Verhafteten hat niemand beigestanden. Die Folge war, daß wir zusehen mußten, wie sie hingeschlachtet wurden. Und dies alles haben wir wie eine Herde unvernünftiger Tiere, aus der man stets das Beste zum Opfer herauszieht, mit angesehen: keiner gab einen Laut von sich, geschweige denn, daß er die Hand gerührt hätte. Ertragt es also ruhig, ertragt es, sage ich, wenn ihr sehen müßt, wie das Heiligtum mit Füßen getreten wird und beschwert euch nicht, die ihr den Frevlern die Stufen zu ihren frechen Taten selbst gelegt habt, wenn sie auch noch den Gipfel erklimmen. Denn sicherlich wären sie jetzt noch weiter gestiegen, wenn es einen größeren Frevel gäbe als die Zerstörung des Heiligtums. Den stärksten Platz der Stadt haben sie nun in der Hand; eine Burg oder Festung sollte man nämlich jetzt den Tempel heißen. Nachdem ihr diese ungeheuerliche Zwangsherrschaft wohlbefestigt und den Feind über euren Häuptern seht, was wollt ihr da noch für Pläne machen und womit eure erkaltenden Hoffnungen wieder erwärmen? Wartet ihr denn etwa auf die Römer, daß sie unserem Heiligtum zu Hilfe kommen? Steht es so mit der Stadt, sind wir so tief ins Unglück geraten, daß sich sogar die Feinde unserer erbarmen müßten? Wollt ihr denn gar nicht aufstehen, ihr Übergeduldigen, euch gegen die Schläge wenden, wie man es bei den Tieren beobachten kann, und abwehren, die euch schlagen? Wollt ihr nicht an das Unglück denken, das jedem von euch zugestoßen ist, und euch das vor Augen halten, was ihr erlitten habt, um so euren Geist zum Widerstand anzustacheln? Ist denn bei euch das ehrenhafteste und natürlichste aller Gefühle, das Verlangen nach Freiheit, erstorben? Ja, wir sind so weit gekommen, daß wir gern Sklaven sind und mit Vorliebe Despoten über uns haben, als ob wir von unseren Vorfahren den Geist der Unterwürfigkeit übernommen hätten! Aber jene haben in vielen großen, um ihre Unabhängigkeit geführten Kriegen ausgehalten und sich weder der Macht der Ägypter noch der der Meder gebeugt, um nicht Befehle ausführen zu müssen[49]. Doch was soll ich von den Vorfahren reden? Denn was gilt in dem gegenwärtigen Krieg gegen die Römer — ob er vorteilhaft und nützlich oder das Gegenteil ist, möchte ich jetzt nicht näher erörtern — als Ursache? Ist das nicht die Freiheit? Wenn wir uns also den Herren der Welt nicht beugen, sollen wir dann eigene Volksgenossen als Tyrannen dulden? Den Gehorsam fremden Herrschern gegenüber könnte man dabei noch mit dem Schicksal entschuldigen, das uns in einem bestimmten Fall

Ῥωμαίους πόλεμος, ἐῶ διελέγχειν πότερον λυσιτελὴς ὢν καὶ σύμφορος
178 ἢ τοὐναντίον, τίνα δ' οὖν ἔχει πρόφασιν; οὐ τὴν ἐλευθερίαν; εἶτα τοὺς τῆς
οἰκουμένης δεσπότας μὴ φέροντες τῶν ὁμοφύλων τυράννων ἀνεξόμεθα;
179 καίτοι τὸ μὲν τοῖς ἔξωθεν ὑπακούειν ἀνενέγκαι τις ἂν εἰς τὴν ἅπαξ ἡττή-
σασαν[76] τύχην, τὸ δὲ τοῖς οἰκείοις εἴκειν πονηροῖς ἀγεννῶν ἐστι καὶ προ-
180 αιρουμένων. ἐπειδὴ δὲ ἅπαξ ἐμνήσθην Ῥωμαίων, οὐκ ἀποκρύψομαι πρὸς
ὑμᾶς εἰπεῖν ὃ μεταξὺ τῶν λόγων ἐμπεσὸν ἐπέστρεψε τὴν διάνοιαν, ὅτι
κἂν ἁλῶμεν ὑπ' ἐκείνοις, ἀπείη δὲ ἡ πεῖρα τοῦ λόγου, χαλεπώτερον
181 οὐδὲν παθεῖν ἔχομεν ὧν ἡμᾶς διατεθείκασιν οὗτοι. πῶς δὲ οὐ δακρύων
ἄξιον ἐκείνων μὲν ἐν τῷ ἱερῷ καὶ ἀναθήματα βλέπειν, τῶν δὲ ὁμοφύλων
τὰ σκῦλα σεσυληκότων καὶ ἀνελόντων τὴν τῆς μητροπόλεως εὐγένειαν,
182 καὶ πεφονευμένους ἄνδρας ὧν ἀπέσχοντο ἂν κἀκεῖνοι κρατήσαντες; καὶ
Ῥωμαίους μὲν μηδέποτε ὑπερβῆναι τὸν ὅρον τῶν βεβήλων μηδὲ παρα-
βῆναί τι τῶν ἱερῶν ἐθῶν, πεφρικέναι δὲ πόρρωθεν ὁρῶντας τοὺς τῶν
183 ἁγίων περιβόλους, γεννηθέντας[77] δέ τινας ἐν τῇδε τῇ χώρᾳ καὶ τραφέντας
ὑπὸ τοῖς ἡμετέροις ἔθεσι καὶ Ἰουδαίους καλουμένους ἐμπεριπατεῖν μέσοις
184 τοῖς ἁγίοις θερμὰς ἔτι τὰς χεῖρας ἐξ ὁμοφύλων ἔχοντας φόνων; εἶτά τις[78]
δέδοικεν τὸν ἔξωθεν πόλεμον καὶ τοὺς ἐν συγκρίσει πολλῷ τῶν οἰκείων
ἡμῖν μετριωτέρους; καὶ γὰρ ἂν[79], εἰ ἐτύμους δεῖ τοῖς πράγμασι τὰς κλήσεις
ἐφαρμόζειν, τάχα ἂν εὕροι τις Ῥωμαίους μὲν ἡμῖν βεβαιωτὰς τῶν νόμων,
185 πολεμίους δὲ τοὺς ἔνδον. ἀλλ' ὅτι μὲν ἐξώλεις οἱ ἐπίβουλοι τῆς ἐλευθερίας,
καὶ πρὸς ἃ δεδράκασιν οὐκ ἄν τις ἐπινοήσειεν δίκην ἀξίαν κατ' αὐτῶν,
οἶμαι πάντας ἥκειν[80] πεπεισμένους οἴκοθεν καὶ πρὸ τῶν ἐμῶν λόγων
186 παρωξύνθαι τοῖς ἔργοις ἐπ' αὐτούς, ἃ πεπόνθατε. καταπλήσσονται δ'
ἴσως οἱ πολλοὶ τό τε πλῆθος αὐτῶν καὶ τὴν τόλμαν, ἔτι δὲ καὶ τὴν ἐκ τοῦ
187 τόπου πλεονεξίαν. ταῦτα δ' ὥσπερ συνέστη διὰ τὴν ὑμετέραν ἀμέλειαν,
καὶ νῦν αὐξηθήσεται πλέον ὑπερθεμένων· καὶ γὰρ τὸ πλῆθος αὐτοῖς
ἐπιτρέφεται καθ' ἡμέραν παντὸς πονηροῦ πρὸς τοὺς ὁμοίους αὐτομολοῦν-
188 τος, καὶ τὴν τόλμαν ἐξάπτει μέχρι νῦν μηδὲν ἐμπόδιον, τῷ τε τόπῳ
καθύπερθεν ὄντες χρήσαιντο[81] καὶ μετὰ παρασκευῆς, ἂν ἡμεῖς χρόνον
189 δῶμεν. πιστεύσατε δὲ ὡς, ἐὰν προσβαίνωμεν ἐπ' αὐτούς, ἔσονται τῇ
συνειδήσει ταπεινότεροι, καὶ τὸ πλεονέκτημα τοῦ ὕψους ὁ λογισμὸς ἀπολεῖ.
190 τάχα τὸ θεῖον ὑβρισμένον ἀναστρέψει κατ' αὐτῶν τὰ βαλλόμενα, καὶ τοῖς
σφετέροις διαφθαρήσονται βέλεσιν οἱ δυσσεβεῖς. μόνον ὀφθῶμεν αὐτοῖς,
191 καὶ καταλέλυνται. καλὸν δέ, κἂν προσῇ τις κίνδυνος, ἀποθνῄσκειν πρὸς
τοῖς ἱεροῖς πυλῶσι καὶ τὴν ψυχὴν εἰ καὶ μὴ πρὸ παίδων ἢ γυναικῶν, ἀλλ'
192 ὑπὲρ τοῦ θεοῦ καὶ τῶν ἁγίων προέσθαι. προστήσομαι δ' ἐγὼ γνώμῃ τε
καὶ χειρί, καὶ οὔτε ἐπίνοιά τις ὑμῖν λείψει πρὸς ἀσφάλειαν ἐξ ἡμῶν οὔτε
τοῦ σώματος ὄψεσθε φειδόμενον."

---

[76] LC lesen ἡττηθεῖσαν: „das Schicksal, das uns einmal im Stich gelassen hat".
[77] γενηθέντας Niese cj. im Text.
[78] εἶτα τίς codd. Lat Clementz; εἶτά τις Bekker cj. Niese Na Thack.
[79] ἂν fehlt bei L (Niese vermutet: vielleicht richtig).
[80] Statt ἥκειν lesen LVRC εἴκειν.
[81] Es müßte χρήσονται oder χρήσαιντ' ἂν (so Thack) gelesen werden.

zu stark geworden ist; einheimischen Frevlern nachzugeben, ist aber die Art gemeiner Menschen, die dies Los aus freien Stücken bejahen. Und, da ich gerade die Römer erwähnt habe, so will ich euch nicht verbergen, was mir jetzt während meiner Rede einfiel und meinen Sinn in Beschlag genommen hat: auch wenn wir von jenen besiegt werden sollten — möge die Wirklichkeit mein Wort Lügen strafen! —, haben wir nichts Schlimmeres zu erleiden, als was uns diese Tyrannen schon zugefügt haben. Ist es nicht der Tränen wert, wenn man im Tempel einesteils die Weihgeschenke der Römer[50], auf der anderen Seite die Beutestücke der eigenen Landsleute sieht, die den Adel der Hauptstadt ausgeraubt und getötet und damit Männer schändlich umgebracht haben, die jene im Fall eines Sieges geschont hätten? Auch haben die Römer niemals die Schranke, die für die Ungeweihten[51] errichtet ist, überschritten noch einen unserer heiligen Bräuche angetastet, sondern nur von ferne mit ehrfürchtigem Schaudern auf die Mauern des Heiligtums geblickt. Dagegen haben einige, die in diesem Lande geboren sind, unter der Obhut unserer Sitten aufwuchsen und sich Juden nennen, es gewagt, mitten auf den heiligen Plätzen, die Hände noch warm vom Blut ihrer Landsleute, umherzugehen. Sollte sich da noch einer vor einem Kriege fürchten, der von außen her auf uns einstürmt, und vor Feinden, die im Vergleich mit denen im eigenen Hause weit gemäßigter sind? Ja, wenn man die Dinge beim rechten Namen nennen will, so wird man bald feststellen müssen, daß die Römer für uns Schirmherren der Gesetze sind, deren Feinde innerhalb unserer Mauern sitzen. Aber, daß diese Verräter der Freiheit abscheuliche Menschen sind und daß kaum jemand eine Strafe ausdenken kann, die ihren Taten angemessen wäre, davon seid ihr meiner Meinung nach schon fest überzeugt gewesen, ehe ihr von euern Häusern hierher gekommen seid, und schon vor meiner Rede wart ihr auf Grund der Übeltaten, die ihr erlitten habt, gegen sie aufgebracht. Erschreckt aber sind vielleicht die meisten von euch durch die große Zahl und die Kühnheit der Übeltäter, vor allem aber auch durch den Vorzug der Stätte[52], die sie besetzt haben. Aber, wie diese böse Lage durch eure Nachlässigkeit entstanden ist, so kann sie jetzt nur noch schlimmer werden, je länger ihr zaudert. Denn auch ihre Zahl wächst von Tag zu Tag, da jeder Bösewicht zu seinesgleichen überläuft; und da es bis jetzt kein ernsthaftes Hindernis gegeben hat, entzündet sich ihre Frechheit immer mehr und mehr. Die Stellung über unseren Häuptern werden sie sicherlich ausnutzen, und zwar mit allen militärischen Mitteln, wenn wir ihnen dazu Zeit lassen. Glaubt mir aber, wenn wir gegen sie vorgehen, wird die Stimme ihres Gewissens sie einschüchtern und die kluge Berechnung wird den Vorzug der überlegenen Stellung zunichte machen. Vielleicht wird die erzürnte Gottheit ihre Geschosse gegen sie selbst zurückfliegen lassen, so daß die Gottlosen durch ihre eigenen Pfeile zugrunde gehen. Wir brauchen uns ihnen nur zu zeigen, und ihr Schicksal ist besiegelt! Und sollte es dabei je gefährlich werden, so ist es schön, an den Toren des Heiligtums zu sterben und sein Leben, wenn auch nicht für Weib und Kind, so doch für die Sache Gottes und des Heiligtums hinzugeben. Ich selbst werde mich mit Rat und Tat an eure Spitze stellen, und unsererseits werden wir es nicht an der Fürsorge für euren Schutz fehlen lassen, noch werdet ihr es erleben, daß ich meine eigene Person schone[53]."

11. Τούτοις ὁ Ἄνανος παρακροτεῖ τὸ πλῆθος ἐπὶ τοὺς ζηλωτάς, οὐκ ἀγνοῶν μὲν ὡς εἶεν ἤδη δυσκατάλυτοι πλήθει τε καὶ νεότητι καὶ παραστήματι ψυχῆς, τὸ πλέον δὲ συνειδήσει τῶν εἰργασμένων· οὐ γὰρ ἐνδώσειν αὐτοὺς εἰς ἐσχάτην[82] συγγνώμην ἐφ᾽ οἷς ἔδρασαν ἐλπίσαντας[83]· ὅμως δὲ πᾶν ὁτιοῦν παθεῖν προῃρεῖτο μᾶλλον ἢ περιιδεῖν ἐν τοιαύτῃ τὰ πράγματα συγχύσει. τὸ δὲ πλῆθος ἄγειν αὐτοὺς ἐβόα καθ᾽ ὧν παρεκάλει, καὶ προκινδυνεύειν ἕκαστος ἦν ἑτοιμότατος.

12. Ἐν ὅσῳ δὲ ὁ Ἄνανος κατέλεγέ τε καὶ συνέτασσε τοὺς ἐπιτηδείους πρὸς μάχην, οἱ ζηλωταὶ πυνθανόμενοι τὴν ἐπιχείρησιν, παρῆσαν γὰρ οἱ ἀγγέλλοντες αὐτοῖς πάντα τὰ παρὰ τοῦ δήμου, παροξύνονται κἀκ τοῦ ἱεροῦ προπηδῶντες ἀθρόοι τε καὶ κατὰ λόχους οὐδενὸς ἐφείδοντο τῶν προστυγχανόντων. ἀθροίζεται δὲ ὑπ᾽ Ἀνάνου ταχέως τὸ δημοτικόν, πλήθει μὲν ὑπερέχον, ὅπλοις δὲ καὶ τῷ μὴ συγκεκροτῆσθαι λειπόμενον τῶν ζηλωτῶν. τὸ πρόθυμον δὲ παρ᾽ ἑκατέροις ἀνεπλήρου τὰ λείποντα, τῶν μὲν ἀπὸ τῆς πόλεως ἀνειληφότων ὀργὴν ἰσχυροτέραν τῶν ὅπλων, τῶν δὲ ἀπὸ τοῦ ἱεροῦ τόλμαν παντὸς πλήθους ὑπερέχουσαν· καὶ οἱ μὲν ἀοίκητον ὑπολαμβάνοντες αὐτοῖς τὴν πόλιν εἰ μὴ τοὺς λῃστὰς ἐκκόψειαν αὐτῆς, οἱ ζηλωταὶ δὲ εἰ μὴ κρατοῖεν οὐκ ἔστιν ἧστινος ὑστερήσειν τιμωρίας, συνερρήγνυντο[84] στρατηγούμενοι τοῖς πάθεσι, τὸ μὲν πρῶτον κατὰ τὴν πόλιν καὶ πρὸ τοῦ ἱεροῦ λίθοις βάλλοντες ἀλλήλους καὶ πόρρωθεν διακοντιζόμενοι, κατὰ δὲ τὰς τροπὰς οἱ κρατοῦντες ἐχρῶντο τοῖς ξίφεσι· καὶ πολὺς ἦν ἑκατέρων φόνος, τραυματίαι τε ἐγίνοντο συχνοί. καὶ τοὺς μὲν ἀπὸ τοῦ δήμου διεκόμιζον εἰς τὰς οἰκίας οἱ προσήκοντες, ὁ δὲ βληθεὶς τῶν ζηλωτῶν εἰς τὸ ἱερὸν ἀνῄει καθαιμάσσων τὸ θεῖον ἔδαφος· καὶ μόνον ἄν τις εἴποι τὸ ἐκείνων αἷμα μιᾶναι τὰ ἅγια. κατὰ μὲν οὖν τὰς συμβολὰς ἐκτρέχοντες ἀεὶ περιῆσαν οἱ λῃστρικοί, τεθυμωμένοι δὲ οἱ δημοτικοὶ καὶ πλείους ἀεὶ γινόμενοι, κακίζοντες τοὺς ἐνδιδόντας καὶ μὴ διδόντες τοῖς τρεπομένοις ἀναχώρησιν οἱ κατόπιν βιαζόμενοι, πᾶν μὲν ἐπιστρέφουσι τὸ σφέτερον εἰς τοὺς ὑπεναντίους· κἀκείνων μηκέτ᾽ ἀντεχόντων τῇ βίᾳ, κατὰ μικρὸν δ᾽ ἀναχωρούντων εἰς τὸ ἱερὸν συνεισπίπτουσιν οἱ περὶ τὸν Ἄνανον. τοῖς δὲ κατάπληξις ἐμπίπτει στερομένοις τοῦ πρώτου περιβόλου, καὶ καταφυγόντες εἰς τὸ ἐνδοτέρω ταχέως ἀποκλείουσι τὰς πύλας. τῷ δ᾽ Ἀνάνῳ προσβαλεῖν μὲν οὐκ ἐδόκει τοῖς ἱεροῖς πυλῶσιν ἄλλως τε κἀκείνων βαλλόντων ἄνωθεν, ἀθέμιτον δ᾽ ἡγεῖτο, κἂν κρατήσῃ, μὴ προηγνευκὸς εἰσαγαγεῖν τὸ πλῆθος· διακληρώσας δ᾽ ἐκ πάντων εἰς ἑξακισχιλίους ὁπλίτας καθίστησιν ἐπὶ ταῖς στοαῖς φρουρούς· διεδέχοντο δὲ ἄλλοι τούτους, καὶ παντὶ μὲν ἀνάγκη παρεῖναι πρὸς τὴν φυλακὴν ἐκ περιόδου, πολλοὶ δὲ

---

[82] εἰς ἔσχατον aufgrund von Lugd. bei Hudson; Thack Na.
[83] ἐλπίσαντες PAL; ἀπελπίσαντες Destinon cj. (nach 5, 354) Thack.
[84] συνερρήγνυντο δὲ PA¹MLVRC; ohne δὲ A (in einer Korrektur) Niese Thack.

11. 193. Mit diesen Worten stachelte Ananos die Menge gegen die Zeloten auf. Dabei wußte er wohl, daß es schon schwer sei, ihnen beizukommen, einmal wegen ihrer großen Zahl, ihrer jugendlichen Kraft und ihrer Tapferkeit, vor allem aber deshalb, weil diese sich über ihre Frevel im Klaren waren. Denn sie würden niemals — etwa in der Hoffnung, daß ihnen zuletzt doch noch für ihre Taten vergeben würde — einlenken. Dennoch zog er es vor, eher alle Leiden auf sich zu nehmen, als länger mit anzusehen, daß die Lage des Staates derart zerrüttet werde. Das Volk schrie nun, er möge sie gegen die von ihm beschuldigten Gegner zum Kampfe führen, und jeder wollte dem anderen darin zuvorkommen, als erster der Gefahr entgegenzutreten.

12. 196. Während Ananos noch die kampffähigen Leute auslas und aufstellte, stürmten schon die Zeloten, die von dem Unternehmen erfahren hatten — denn es gab Leute, die ihnen alles hinterbrachten, was beim Volke geschah — voll Erbitterung in dichten Haufen und einzelnen Rotten aus dem Tempel hervor und schonten keinen, der ihnen in den Weg kam. Rasch wurde von Ananos das Volksheer zusammengezogen, das an Zahl überlegen war, aber in seiner Bewaffnung und militärischen Schulung den Zeloten nachstand. Auf beiden Seiten aber wog die Kampfbegier die Nachteile auf: das Volksheer aus der Stadt war mit einem Zorn gewappnet, der stärker als alle Waffen war, die Kämpfer des Tempels mit einer Kühnheit, die jede zahlenmäßige Überlegenheit ausglich. Auf der einen Seite glaubte man, die Stadt sei so lange für niemand mehr bewohnbar, als nicht die Räuber ausgemerzt seien; die Zeloten hingegen waren davon überzeugt, daß ihnen im Fall der Niederlage keine auch nur erdenkliche Strafe erspart bleibe. Von den Leidenschaften gelenkt, stürzte man auf einander los. Zuerst warf man von der Stadt aus und vom Tempelplatz her mit Steinen aufeinander und schoß aus größerer Entfernung mit Speeren; wandte sich aber ein Teil zur Flucht, so griffen die Sieger zum Schwert. Auf beiden Seiten kam es zu einem großen Morden, und außerdem wurden zahlreiche Leute verwundet. Die Verwundeten aus dem Volksheer wurden von ihren Angehörigen in die Häuser gebracht, wenn aber ein Zelot getroffen wurde, ging er in den Tempelbezirk hinauf und besudelte durch sein Blut den geweihten Boden. So könnte man sagen, daß nur das Blut dieser Menschen es war, das die heiligen Stätten unrein machte[54]. Bei den einzelnen Treffen behielten die herausstürmenden Räuber stets die Oberhand. Aber da die Kämpfer des Volkheeres erbittert waren und zahlenmäßig immer stärker wurden, da sie ferner diejenigen, die nachgaben, mit Scheltworten überhäuften und, von hinten drängend, den Zurückweichenden keinen Raum gaben, kehrten sie schließlich ihre gesamte Streitmacht geschlossen gegen die Feinde. Als diese dem starken Druck nicht länger standhalten konnten, zogen sie sich Schritt für Schritt in den Tempelbezirk zurück; dabei drangen die Leute des Ananos mit ihnen zusammen ein. Tiefe Bestürzung ergriff die Zeloten, als sie die erste Tempelmauer verloren hatten; nun flohen sie in den inneren Bezirk und schlossen rasch dessen Tore zu. Ananos glaubte, den Sturm auf die heiligen Tore nicht wagen zu dürfen, da er — abgesehen davon, daß die Gegner von oben herabschossen — es für frevelhaft hielt, auch im Falle seines Sieges die Volksmenge ohne voraufgehende Heiligung weiter hineinrücken zu lassen. Er bestimmte vielmehr aus

τῶν ἐν ἀξιώμασιν ἐφεθέντες ὑπὸ τῶν ἄρχειν δοκούντων μισθούμενοι πενιχροτέρους ἀνθ' ἑαυτῶν ἐπὶ τὴν φρουρὰν ἔπεμπον.

208 13. Γίνεται δὲ τούτοις πᾶσιν ὀλέθρου παραίτιος Ἰωάννης, ὃν ἔφαμεν ἀπὸ Γισχάλων διαδρᾶναι, δολιώτατος ἀνὴρ καὶ δεινὸν ἔρωτα τυραννίδος 209 ἐν τῇ ψυχῇ περιφέρων, ὃς πόρρωθεν ἐπεβούλευε τοῖς πράγμασιν. καὶ δὴ τότε τὰ τοῦ δήμου φρονεῖν ὑποκρινόμενος συμπεριῄει μὲν τῷ Ἀνάνῳ βουλευομένῳ σὺν τοῖς δυνατοῖς μεθ' ἡμέραν καὶ νύκτωρ ἐπιόντι τὰς φυλακάς, διήγγελλε δὲ τὰ ἀπόρρητα τοῖς ζηλωταῖς, καὶ πᾶν σκέμμα τοῦ δήμου 210 πρὶν καλῶς βουλευθῆναι παρὰ τοῖς ἐχθροῖς ἐγινώσκετο δι' αὐτοῦ. μηχανώμενος δὲ τὸ μὴ δι' ὑποψίας ἐλθεῖν ἀμέτροις ἐχρῆτο ταῖς θεραπείαις εἰς 211 τόν τε Ἄνανον καὶ τοὺς τοῦ δήμου προεστῶτας. ἐχώρει δ' εἰς τοὐναντίον αὐτῷ τὸ φιλότιμον· διὰ γὰρ τὰς ἀλόγους κολακείας μᾶλλον ὑπωπτεύετο, καὶ τὸ πανταχοῦ παρεῖναι μὴ καλούμενον ἔμφασιν προδοσίας τῶν ἀπορ- 212 ρήτων παρεῖχε. συνεώρων μὲν γὰρ αἰσθανομένους ἅπαντα τοὺς ἐχθροὺς τῶν παρ' αὐτοῖς βουλευμάτων, πιθανώτερος δ' οὐδεὶς ἦν Ἰωάννου πρὸς 213 ὑποψίας τοῦ διαγγέλλειν. ἀποσκευάσασθαι μὲν οὖν αὐτὸν οὐκ ἦν ῥᾴδιον ὄντα δυνατὸν ἐκ πονηρίας καὶ ἄλλως οὐ τῶν ἀσήμων ὑπεζωσμένον τε πολλοὺς τῶν συνεδρευόντων τοῖς ὅπλοις[85], ἐδόκει δὲ αὐτὸν ὅρκοις πιστώσασ- 214 θαι πρὸς εὔνοιαν. ὤμνυε δ' ὁ Ἰωάννης ἑτοίμως εὐνοήσειν τε τῷ δήμῳ καὶ μήτε βουλήν τινα μήτε πρᾶξιν προδώσειν τοῖς ἐχθροῖς, συγκαταλύσειν 215 δὲ τοὺς ἐπιτιθεμένους καὶ χειρὶ καὶ γνώμῃ. οἱ δὲ περὶ τὸν Ἄνανον πιστεύσαντες τοῖς ὅρκοις ἤδη χωρὶς ὑπονοίας εἴς τε τὰς συμβουλίας αὐτὸν παρελάμβανον, καὶ δὴ καὶ πρεσβευτὴν εἰσπέμπουσι πρὸς τοὺς ζηλωτὰς περὶ διαλύσεων· ἦν γὰρ αὐτοῖς σπουδὴ τὸ παρ' αὐτοῖς μὴ μιᾶναι τὸ ἱερὸν μηδέ τινα τῶν ὁμοφύλων ἐν αὐτῷ πεσεῖν.

216 14. Ὁ δ' ὥσπερ τοῖς ζηλωταῖς ὑπὲρ εὐνοίας ὀμόσας καὶ οὐ κατ' αὐτῶν, παρελθὼν εἴσω καὶ καταστὰς εἰς μέσους πολλάκις μὲν ἔφη κινδυνεῦσαι δι' αὐτούς, ἵνα μηδὲν ἀγνοήσωσι τῶν ἀπορρήτων, ὅσα κατ' αὐτῶν οἱ 217 περὶ τὸν Ἄνανον ἐβουλεύσαντο· νῦν δὲ τὸν μέγιστον ἀναρριπτεῖν κίνδυνον 218 σὺν πᾶσιν αὐτοῖς, εἰ μή τις προσγένοιτο βοήθεια δαιμόνιος. οὐ γὰρ ἔτι μέλλειν Ἄνανον, ἀλλὰ πείσαντα μὲν τὸν δῆμον πεπομφέναι πρέσβεις πρὸς Οὐεσπασιανόν, ἵν' ἐλθὼν κατὰ τάχος παραλάβῃ τὴν πόλιν, ἁγνείαν

---

[85] PAL² haben ὅπλοις, so auch Niese; ML¹VRCLat Na, Thack Reinach, Kohout und Ricc lesen ὅλοις („Wohl des Staates"). Wir folgen Niese, da Johannes von Gischala nach § 126f. als Autorität in militärischen Dingen (ὅπλα) gilt.

dem ganzen Volksheer 6000 Bewaffnete durch das Los und stellte sie als Wachen in den Hallen auf. Diese wurden von anderen abgelöst, und so war jeder verpflichtet, im Wechsel am Wachdienst teilzunehmen; viele von den Standespersonen ließen sich freilich durch die militärischen Befehlshaber davon befreien, indem sie ärmere Leute mieteten, die sie an ihrer Stelle auf den Wachdienst schickten.

13. 208. Am Verderben dieser ganzen Gruppe war schließlich Johannes schuld, von dem wir berichtet haben, daß er aus Gischala entflohen war, ein besonders verschlagener Mann, der ein ganz starkes Verlangen nach Alleinherrschaft in seiner Brust trug und der es seit langer Zeit heimlich im Sinne hatte, die Führung im Staat an sich zu reißen. So gab er denn in diesen Tagen vor, um das Wohl der Volkspartei besorgt zu sein, wich nicht von der Seite des Ananos, wenn dieser sich tagsüber mit den führenden Männern beriet, und nachts, wenn er bei den Wachen die Runde machte; dabei berichtete er den Zeloten alles, was hätte geheim bleiben müssen, und jede Erwägung auf seiten der Volkspartei wurde, noch ehe sie recht durchberaten war, durch ihn bei den Feinden bekannt. Dabei gab er sich Mühe, keinen Verdacht zu erregen, und erwies darum dem Ananos und den Männern an der Spitze des Volkes unzählige Gefälligkeiten. Dieser beflissene Eifer schlug für ihn freilich zum Gegenteil aus: mit seinen übertriebenen Schmeicheleien geriet er erst recht in Verdacht, und die Tatsache, daß er unaufgefordert überall anwesend war, erweckte den Anschein, als könne er Geheimnisse verraten. Denn man merkte, daß die Feinde über alle auf seiten der Volkspartei gefaßten Beschlüsse im Bilde seien, und keiner war dem Verdacht des Verrats mehr ausgesetzt als Johannes[55]. Freilich war es nicht einfach, ihn sich vom Halse zu schaffen, da er aufgrund seiner schlimmen Machenschaften eine mächtige Stellung errungen hatte und auch sonst eine eindrucksvolle Persönlichkeit war; ferner hatte er an vielen derer, die über die Kriegführung zu beraten hatten, seinen Rückhalt. So beschloß man, ihn durch Eidesleistung zur Ergebenheit für die Volkspartei zu verpflichten. Bereitwillig schwur Johannes, der Sache des Volkes treu ergeben zu sein und weder einen Beschluß noch irgendein Unternehmen den Feinden zu verraten, sondern mit Rat und Tat zur Vernichtung der Angreifer beizutragen. Im Vertrauen auf diese Eidesleistung ließen ihn die Leute des Ananos nunmehr ohne jeden Argwohn an den Beratungen teilnehmen, ja, sie schickten ihn sogar als ihren Abgesandten zu den Zeloten, damit er mit diesen über die Beilegung des Streites verhandele. Denn sie waren eifrig bemüht, soviel an ihnen lag, den Tempel vor Befleckung zu bewahren und zu verhüten, daß einer ihrer Landsleute an dieser Stätte im Kampf falle.

14. 216. Als ob er den Zeloten seine Ergebenheit eidlich zugesichert und nicht etwa gegen sie geschworen hätte, ging Johannes in das Heiligtum hinein, stellte sich in ihre Mitte und gab folgende Erklärung ab: „Ich habe euretwegen schon häufig in Gefahr geschwebt, damit ihr über keinen der geheimen Pläne im Unklaren bleibt, die man im Kreise des Ananos gegen euch geschmiedet hat. Jetzt aber setze ich mich mit euch allen zusammen der größten Gefahr aus, es sei denn, daß uns eine übermenschliche Hilfe zuteil wird. Denn Ananos ist nicht gewillt, noch länger zuzuwarten, sondern hat das Volk dazu zu überreden

δὲ παρηγγελκέναι κατ' αὐτῶν εἰς τὴν ἑξῆς ἡμέραν, ἵν' ἢ κατὰ θρησκείαν εἰσελθόντες ἢ καὶ βιασάμενοι συμμίξωσιν αὐτοῖς. οὐχ ὁρᾶν δὲ μέχρι τίνος ἢ τὴν φρουρὰν οἴσουσιν ἢ παρατάξονται πρὸς τοσούτους. προσετίθει δ' ὡς αὐτὸς εἰσπεμφθείη κατὰ θεοῦ πρόνοιαν ὡς πρεσβευτὴς περὶ[86] διαλύσεων[87]· τὸν γὰρ Ἄνανον ταύτας αὐτοῖς προτείνειν, ὅπως ἀνυποπτοτέροις[88] ἐπέλθῃ. δεῖν οὖν ἢ τῷ λόγῳ[89] τοῦ ζῆν τοὺς φρουροῦντας ἱκετεύειν ἢ πορίζεσθαί τινα παρὰ τῶν ἔξωθεν ἐπικουρίαν· τοὺς δὲ θαλπομένους ἐλπίδι συγγνώμης εἰ κρατηθεῖεν, ἐπιλελῆσθαι τῶν ἰδίων τολμημάτων ἢ νομίζειν ἅμα τῷ μετανοεῖν τοὺς δεδρακότας εὐθέως ὀφείλειν διηλλάχθαι καὶ τοὺς παθόντας. ἀλλὰ τῶν μὲν ἀδικησάντων διὰ μίσους πολλάκις γίνεσθαι καὶ τὴν μεταμέλειαν, τοῖς ἀδικηθεῖσι δὲ τὰς ὀργὰς ἐπ' ἐξουσίας χαλεπωτέρας· ἐφεδρεύειν δέ γε ἐκείνοις φίλους καὶ συγγενεῖς τῶν ἀπολωλότων καὶ δῆμον τοσοῦτον ὑπὲρ καταλύσεως νόμων καὶ δικαστηρίων τεθυμωμένον, ὅπου κἂν ᾖ τι μέρος τὸ ἐλεοῦν, ὑπὸ πλείονος ἂν αὐτὸ τοῦ διαγανακτοῦντος ἀφανισθῆναι.

IV. 1. Τοιαῦτα μὲν ἐποίκιλλεν ἀθρόως δεδισσόμενος, καὶ τὴν ἔξωθεν βοήθειαν ἀναφανδὸν μὲν οὐκ ἐθάρρει λέγειν, ἠνίσσετο δὲ τοὺς Ἰδουμαίους· ἵνα δὲ καὶ τοὺς ἡγεμόνας τῶν ζηλωτῶν ἰδίᾳ παροξύνῃ, τὸν Ἄνανον εἴς τε ὠμότητα διέβαλλε καὶ ἀπειλεῖν ἐκείνοις ἐξαιρέτως ἔλεγεν. ἦσαν δὲ Ἐλεάζαρος μὲν υἱὸς Γίωνος[90], ὃς δὴ καὶ πιθανώτατος ἐδόκει τῶν ἐν αὐτοῖς νοῆσαί τε τὰ δέοντα καὶ τὰ νοηθέντα πρᾶξαι, Ζαχαρίας δέ τις υἱὸς Ἀμφικάλλει[91], γένος ἐκ τῶν ἱερέων ἑκάτερος. οὗτοι πρὸς ταῖς κοιναῖς τὰς ἰδίας καθ' ἑαυτῶν ἀπειλὰς ἀκούσαντες, ἔτι δ' ὡς οἱ περὶ τὸν Ἄνανον δυναστείαν αὐτοῖς περιποιούμενοι Ῥωμαίους ἐπικαλοῦντο, καὶ γὰρ τοῦτο Ἰωάννης προσεψεύσατο, μέχρι πολλοῦ μὲν ἠπορούντο, τί χρὴ πράττειν εἰς ὀξὺν οὕτως καιρὸν συνεωσμένους· παρεσκευάσθαι μὲν γὰρ τὸν δῆμον ἐπιχειρεῖν αὐτοῖς οὐκ εἰς μακράν, αὐτῶν δὲ τὸ σύντομον[92] τῆς ἐπιβουλῆς[93] ὑποτετμῆσθαι τὰς ἔξωθεν ἐπικουρίας· πάντα γὰρ ἂν φθῆναι παθεῖν πρὶν καὶ πυθέσθαι τινὰ τῶν συμμάχων. ἔδοξε δ' ὅμως ἐπικαλεῖσ-

---

[86] ὑπὲρ AMLVRC Naber, Thack; wir lesen mit P Niese περὶ.
[87] PAVRC lesen διαλύσεως.
[88] ἀνοπλοτέροις PALmarg; ἀνόπλοις MRC; ἀόπλοις V Na; ἀνυποπτοτέροις L Thack; *nihil suspicantes . . . subito* Lat.
[89] Holwerda konjiziert εἴ τῳ λόγος τοῦ ζῆν = „wenn jemand sein Leben lieb ist".
[90] Γίωνος PAL Lat Niese Thack Reinach Ricc; MVRC Kohout, Klausner lesen Σίμωνος, vgl. Anm. 59.
[91] Ἀμφικάλλει PAR; CMmargVmarg haben Φαλέκου, vgl. Anm. 59. Reinach bezieht den Relativsatz ὅς... πρᾶξαι irrtümlicherweise auf beide Führer.
[92] σύντομον lesen PAL Lat Niese, Thack, σύντονον MVRC Naber.
[93] Niese konjiziert ἐπιβολῆς („Angriff"); ihm folgt Thack. Die Handschriften und Niese im Text haben ἐπιβουλῆς.

vermocht, daß eine Gesandtschaft an Vespasian abgeschickt wurde, er möge so schnell wie möglich die Stadt besetzen. Außerdem hat er als weiteren Schlag gegen euch für den nächsten Tag eine Reinigungszeremonie ausgerufen[56], damit seine Leute entweder als Gottesdienstbesucher in das Heiligtum hineinkommen[57] oder sich mit Gewalt den Zugang verschaffen und dann mit euch handgemein werden. Ich sehe aber nicht, wie lange ihr noch imstande sein werdet, die Belagerung auszuhalten oder euch im Kampf gegen eine so große Übermacht zu behaupten." Er fuhr dann fort: „Gerade ich bin nach Gottes Vorsehung als Botschafter zur Beilegung des Zwistes abgesandt. Denn Ananos benutzt diese Verhandlungen nur als Vorwand, um euch in einem Augenblick anzugreifen, in dem ihr so wenig wie möglich Verdacht haben könnt. Wir müssen also entweder die Belagerer aus Rücksicht auf die Erhaltung des eigenen Lebens um Gnade anflehen oder uns von außen Hilfe verschaffen. Sollte sich aber jemand mit der Hoffnung trösten, ihm werde im Fall der Gefangennahme verziehen werden, so hat er entweder seine eigenen kühnen Taten ganz vergessen, oder er ist der irrigen Meinung, der Reue des Täters müsse die Versöhnungsbereitschaft des Opfers auf dem Fuße folgen. Im Gegenteil — gerade die Reue der Übeltäter stößt häufig auf erbitterten Haß, und bei den Beleidigten wird der Zorn eher heftiger, wenn sie erst Herren der Lage geworden sind. In jedem Fall werden euch die Freunde und Verwandten der Ermordeten auf dem Halse sitzen, und darüber hinaus auch die große Mehrheit der Bevölkerung, die wegen der Beseitigung der Gesetze und der Gerichtshöfe erbittert ist; selbst wenn ein Teil von ihnen mit euch Mitleid hätte, so würde von ihm bei der großen Übermacht der erbitterten Menge bald nichts mehr übrig bleiben."

4. Kapitel

1. 224. Durch dieses bunte Lügengewebe jagte er ihnen allen einen gehörigen Schrecken ein; dabei wagte er nicht, offen zu sagen, was er mit der auswärtigen Hilfe meine, doch deutete er in versteckter Weise auf die Idumäer hin[58]. Um aber besonders die Führer der Zeloten scharf zu machen, verleumdete er den Ananos als einen grausamen Menschen und sagte, er drohe gerade ihnen mit ausgesuchten Strafen. Diese Führer waren Eleazar, der Sohn des Gion, der ja auch im Rufe stand, unter ihnen am meisten befähigt zu sein, notwendige Schritte zu erkennen und das Erkannte in die Tat umzusetzen, dazu ein gewisser Zacharias, der Sohn des Amphikallei, beide aus priesterlichem Geschlecht[59]. Als diese, abgesehen von den Drohungen gegen die ganze Gruppe, die gegen sie selbst geplanten Gewaltmaßnahmen erfahren hatten, ferner, daß die Gefolgsleute des Ananos die Römer aufgeboten hätten, um dadurch für sich die höchste Macht zu gewinnen — auch das hatte nämlich Johannes noch hinzugelogen —, waren sie lange im Zweifel, was sie angesichts des so unerbittlich gewordenen Zeitdrucks unternehmen sollten. Es war ihnen klar, daß das Volksheer bereit sei, sie in nicht allzu ferner Zeit anzugreifen, und daß die Kürze der Frist bis zur Durchführung des Anschlags ihnen die Möglichkeit auswärtiger Hilfe abschneiden könne; alles Unheil könne sie schon längst betroffen haben, ehe

θαι τοὺς Ἰδουμαίους, καὶ γράψαντες ἐπιστολὴν σύντομον, ὡς Ἄνανος μὲν προδιδοίη Ῥωμαίοις τὴν μητρόπολιν ἐξαπατήσας τὸν δῆμον, αὐτοὶ
229 δ' ὑπὲρ τῆς ἐλευθερίας ἀποστάντες ἐν τῷ ἱερῷ φρουροῖντο, ὀλίγος δ' ἔτι χρόνος αὐτοῖς βραβεύοι τὴν σωτηρίαν, εἰ δὲ μὴ βοηθήσουσιν ἐκεῖνοι κατὰ τάχος, αὐτοὶ μὲν ὑπ' Ἀνάνῳ τε καὶ τοῖς ἐχθροῖς, ἡ πόλις δ' ὑπὸ Ῥωμαίους[94] φθάσει γενομένη. τὰ δὲ πολλὰ τοῖς ἀγγέλοις ἐνετέλλοντο πρὸς τοὺς
230 ἄρχοντας τῶν Ἰδουμαίων διαλέγεσθαι. προεβλήθησαν δὲ ἐπὶ τὴν ἀγγελίαν δύο τῶν δραστηρίων ἀνδρῶν εἰπεῖν τε ἱκανοὶ καὶ πεῖσαι περὶ πραγμάτων,
231 τὸ δὲ τούτων χρησιμώτερον, ὠκύτητι ποδῶν διαφέροντες· τοὺς μὲν γὰρ Ἰδουμαίους αὐτόθεν ᾔδεισαν πεισθησομένους, ἅτε θορυβῶδες καὶ ἄτακτον ἔθνος αἰεί τε μετέωρον πρὸς τὰ κινήματα καὶ μεταβολαῖς χαῖρον, πρὸς ὀλίγην τε κολακείαν τῶν δεομένων τὰ ὅπλα κινοῦν καὶ καθάπερ εἰς
232 ἑορτὴν εἰς τὰς παρατάξεις ἐπειγόμενον. ἔδει δὲ τάχους εἰς τὴν ἀγγελίαν· εἰς ὃ μηδὲν ἐλλείποντες προθυμίας οἱ πεμφθέντες, ἐκαλεῖτο δ' αὐτῶν Ἀνανίας ἑκάτερος, καὶ δὴ πρὸς τοὺς ἄρχοντας τῶν Ἰδουμαίων παρῆσαν.
233 2. Οἱ δὲ πρὸς τὴν ἐπιστολὴν καὶ τὰ ῥηθέντα παρὰ τῶν ἀφιγμένων ἐκπλαγέντες, ὥσπερ ἐμμανεῖς περιέθεόν τε τὸ ἔθνος καὶ διεκήρυσσον
234 τὴν στρατείαν. ἤθροιστο δ' ἡ πληθὺς τάχιον τοῦ παραγγέλματος, καὶ
235 πάντες ὡς ἐπ' ἐλευθερίᾳ τῆς μητροπόλεως ἥρπαζον τὰ ὅπλα. συνταχθέντες δὲ εἰς δύο μυριάδας παραγίνονται πρὸς τὰ Ἱεροσόλυμα, χρώμενοι τέσσαρσιν ἡγεμόσιν Ἰωάννῃ τε καὶ Ἰακώβῳ παιδὶ[95] Σωσᾶ, πρὸς δὲ τούτοις ἦν Σίμων υἱὸς Θακήου[96] καὶ Φινέας Κλουσώθ.
236 3. Τὸν δὲ Ἄνανον ἥ μὲν ἔξοδος τῶν ἀγγέλων ὥσπερ καὶ τοὺς φρουροὺς ἔλαθεν, ἡ δ' ἔφοδος τῶν Ἰδουμαίων οὐκέτι· προγνοὺς γὰρ ἀπέκλειέ τε
237 τὰς πύλας αὐτοῖς καὶ διὰ φυλακῆς εἶχε τὰ τείχη. καθάπαν γε μὴν αὐτοὺς
238 ἐκπολεμεῖν οὐκ ἔδοξεν, ἀλλὰ λόγοις πείθειν πρὸ τῶν ὅπλων. στὰς οὖν ἐπὶ τὸν ἀντικρυς αὐτῶν πύργον ὁ μετὰ Ἄνανον γεραίτατος τῶν ἀρχιερέων Ἰησοῦς, πολλῶν ἔφη καὶ ποικίλων τὴν πόλιν κατεσχηκότων θορύβων ἐν οὐδενὶ θαυμάσαι τὴν τύχην οὕτως, ὡς τῷ συμπράττειν τοῖς πονηροῖς καὶ
239 τὰ παράδοξα· παρεῖναι γοῦν ὑμᾶς ἀνθρώποις ἐξωλεστάτοις μετὰ τοσαύτης προθυμίας ἐπαμυνοῦντας καθ' ἡμῶν, μεθ' ὅσης εἰκὸς ἦν ἐλθεῖν οὐδὲ τῆς
240 μητροπόλεως καλούσης ἐπὶ βαρβάρους. καὶ εἰ μὲν ἑώρων τὴν σύνταξιν

[94] Ῥωμαίοις AML²VRC Na Thack. [95] παισὶ Holwerda Niese cjj.
[96] PA¹ lescn Θακήου, so Niese, Reinach, Thack, Ricc. V hat Κλαθὰ, R Καθλᾶ, so J. Klausner a.a.O. 212. A. Schlatter (Die hebräischen Namen bei Josephus, BFchTh 17 1913, Heft 3 S. 98) liest Qaṭēla'.

irgendein Bundesgenosse überhaupt davon erfahren habe. Dennoch beschlossen sie, die Idumäer zu Hilfe zu rufen. So schrieben sie in einem kurzen Brief, Ananos hintergehe das Volk und wolle die Hauptstadt den Römern preisgeben, sie aber hätten sich um der Freiheit willen von ihm getrennt und würden nun im Tempel belagert. Nur eine kleine Spanne Zeit bleibe noch, in der für ihre Rettung die Entscheidung fallen könne: wenn die Idumäer nicht in größter Eile zu Hilfe kämen, würden sie selbst dem Ananos und ihren Feinden, die Stadt aber den Römern in die Hände gefallen sein. Im übrigen hatten die Boten den Auftrag, das meiste mit den Führern der Idumäer mündlich abzusprechen. Vorgeschickt wurden für diese Meldung zwei besonders tatkräftige Männer, die geeignet waren, schwierige Fälle geschickt darzustellen und andere von ihrer Dringlichkeit zu überzeugen, sowie — was in solchem Fall noch nützlicher ist als diese Fähigkeiten — ausgezeichnete Schnelläufer waren. Daß die Idumäer sich ihrerseits leicht überreden lassen würden, davon war man überzeugt, handelte es sich doch um ein stürmisches und ungeordnetes Volk, das ständig auf Unruhen Ausschau hielt und an Umwälzungen seine Freude hatte. So würde es nur eines kleinen Aufwands an Schmeichelei seitens der Bittenden bedürfen, daß dies Volk zu den Waffen greife und in die Feldschlacht wie zu einem Feste eile. So war die Schnelligkeit die Hauptsache bei der Ausrichtung dieser Botschaft. Die Abgesandten — beide hießen übrigens Ananias — scheuten in dieser Hinsicht keine Mühe, und so standen sie bald vor den Führern der Idumäer.

2. 233. Diese gerieten über den Brief und den mündlichen Bericht der Ankömmlinge in Bestürzung, liefen wie besessen beim ganzen Volke umher und riefen zum Krieg auf. Die Menge versammelte sich in einer Schnelligkeit, die den Befehl geradezu überholte, und alle rissen die Waffen an sich, als gelte es, die Freiheit der Hauptstadt zu retten. Zwanzigtausend Mann füllten die Reihen, und so zog man nach Jerusalem unter vier Anführern: Johannes und Jakobus, Sohn des Sosas, ferner Simon, Sohn des Thakeas, und Pinehas, Sohn des Klusoth[60].

3. 236. Dem Ananos war zwar, ganz so wie seinen Wachposten, die heimliche Flucht der Boten noch entgangen[61], aber nicht mehr das Anrücken der Idumäer. Denn er hatte rechtzeitig davon erfahren, ließ vor ihnen die Tore schließen und die Mauern durch Wachen besetzen. Es schien ihm ratsam, sie sich nicht ganz zum Feinde zu machen, sondern sie durch gütliche Worte zu überreden, bevor man zu den Waffen schritte. Jesus, der nächst Ananos älteste unter den Oberpriestern, trat auf den Turm, der dem Heer der Idumäer gegenüberlag[62], und hielt folgende Ansprache: „Bei all den vielen bunten Wechselfällen, die unsere Stadt betroffen haben, wundert mich an den Launen des Geschicks nichts mehr, als wenn jetzt so unerwartete Umstände den Bösewichtern zu Hilfe kommen. Hier steht ihr nun vor der Stadt, um den verwerflichsten Menschen mit einer Begeisterung gegen uns beizuspringen, die man selbst dann kaum erwarten könnte, wenn euch die Hauptstadt gegen Barbaren zur Hilfe rufen würde. Ja, wenn ich in eurem Heerbann Leute sähe denen gleich, die euch hierher gerufen haben, so käme mir euer Eifer nicht so ungereimt vor; denn nichts fördert ja so sehr das gegenseitige Wohlwollen wie die Verwandtschaft der Charaktere. In Wahrheit verhält es sich so: Wenn jemand eure

ὑμῶν ἐξ ὁμοίων τοῖς καλέσασιν ἀνδρῶν, οὐκ ἂν ἄλογον τὴν ὁρμὴν ὑπελάμβανον· οὐδὲν γὰρ οὕτως συνίστησι τὰς εὐνοίας ὡς τρόπων συγγένεια· νῦν δ', εἰ μέν τις αὐτοὺς ἐξετάζοι καθ' ἕνα, μυρίων ἕκαστος εὑρεθήσεται
241 θανάτων ἄξιος. τὰ γὰρ θύματα[97] καὶ καθάρματα τῆς χώρας[98] ὅλης, κατασωτευσάμενα τὰς ἰδίας οὐσίας[99] καὶ προγυνάσαντα τὴν ἀπόνοιαν ἐν ταῖς πέριξ κώμαις τε καὶ πόλεσι, τελευταῖα λεληθότως παρεισέρρευσαν εἰς
242 τὴν ἱερὰν πόλιν, λῃσταὶ δι' ὑπερβολὴν ἀσεβημάτων μιαίνοντες καὶ τὸ ἀβέβηλον ἔδαφος, οὓς ὁρᾶν ἔστι νῦν ἀδεεῖς ἐμμεθυσκομένους τοῖς ἁγίοις καὶ τὰ σκῦλα τῶν πεφονευμένων καταναλίσκοντας εἰς τὰς ἀπλήστους
243 γαστέρας. τὸ δ' ὑμέτερον πλῆθος καὶ τὸν κόσμον τῶν ὅπλων ὁρᾶν ἔστιν οἷος ἔπρεπεν καλούσης μὲν τῆς μητροπόλεως κοινῷ βουλευτηρίῳ, συμμάχους δὲ κατ' ἀλλοφύλων. τί ἂν οὖν εἴποι τοῦτό τις ἢ τύχης ἐπήρειαν,
244 ὅταν λογάσι πονηροῖς αὐτάνδρον ἔθνος ὁρᾷ συνασπίζον αὐτοῖς[100]; μέχρι πολλοῦ μὲν ἀπορῶ, τί δή ποτε καὶ τὸ κινῆσαν ὑμᾶς οὕτω ταχέως ἐγένετο· μὴ γὰρ ἂν δίχα μεγάλης αἰτίας ἀναλαβεῖν τὰς πανοπλίας ὑπὲρ λῃστῶν
245 καὶ κατὰ δήμου συγγενοῦς· ἐπεὶ δὲ ἠκούσαμεν Ῥωμαίους καὶ προδοσίαν, ταῦτα γὰρ ὑμῶν ἐθορύβουν τινὲς ἀρτίως, καὶ τῆς μητροπόλεως ἐπ' ἐλευθερώσει παρεῖναι, πλέον τῶν ἄλλων τολμημάτων ἐθαυμάσαμεν τοὺς
246 ἀλιτηρίους τῆς περὶ τοῦτο ψευδοῦς ἐπινοίας· ἄνδρας γὰρ φύσει φιλελευθέρους καὶ διὰ τοῦτο μάλιστα τοῖς ἔξωθεν πολεμίοις μάχεσθαι παρεσκευασμένους οὐκ ἐνῆν ἄλλως ἐξαγριῶσαι καθ' ἡμῶν ἢ λογοποιήσαντας
247 προδοσίαν τῆς ποθουμένης[101] ἐλευθερίας. ἀλλ' ὑμᾶς γε χρὴ σκέπτεσθαι τούς τε διαβάλλοντας καὶ καθ' ὧν, συνάγειν τε τὴν ἀλήθειαν οὐκ ἐκ τῶν
248 ἐπιπλάστων λόγων ἀλλ' ἐκ τῶν κοινῶν πραγμάτων. τί γὰρ δὴ καὶ παθόντες ἂν ἡμεῖς Ῥωμαίοις προσπωλοῖμεν[102] ἑαυτοὺς νῦν, παρὸν ἢ μηδὲ ἀποστῆναι τὸ πρῶτον ἢ προσχωρῆσαι ταχέως ἀποστάντας ὄντων ἔτι τῶν
249 πέριξ ἀπορθήτων; νῦν μὲν γὰρ οὐδὲ βουλομένοις διαλύσασθαι ῥᾴδιον, ὅτε Ῥωμαίους μὲν ὑπερόπτας πεποίηκεν ὑποχείριος ἡ Γαλιλαία, φέρει δ' αἰσχύνην ἡμῖν θανάτου χαλεπωτέραν τὸ θεραπεύειν αὐτοὺς ὄντας ἤδη
250 πλησίον. καὶ ἐγὼ καθ' ἑαυτὸν μὲν ἂν εἰρήνην προτιμήσαιμι θανάτου[103], πολεμούμενος δ' ἅπαξ καὶ συμβαλὼν θάνατον εὐκλεᾶ τοῦ ζῆν αἰχμάλω-
251 τος. πότερον δέ φασιν ἡμᾶς τοὺς τοῦ δήμου προεστῶτας πέμψαι κρύφα

[97] θύματα codd.; ludibria Lat, davon ἀθύρματα Hudson cj.; λύματα Lowth cj.; φθάρματα Naber cj.
[98] πόλεως PAL Niese; wir lesen χώρας mit MVRC, rusticae plebis Lat; πληθύος Destinon cj.; χώρας übernehmen Naber, Reinach, Thack, Ricciotti.
[99] θυσίας lesen PAL.
[100] συνασπίζον, αὐτὸς Bekker cj.; συνασπίζοντας Destinon cj.; συνασπίζον (ohne αὐτοῖς) Thack.
[101] PMV¹RLat lesen πορθουμένης.
[102] προσπωλοῦμεν (−πολ−P) PAMVRC; προσπολεμοῦμεν L; προσπωλοῖμεν cod. Lugd. (nach Korrektur) Niese Thack; dederimus Lat; προσεπωλοῦμεν Herwerden cj. Na.
[103] θανάτου codd; Destinon cj. θατέρου (d. h. den Krieg).

Bundesgenossen Mann für Mann durchprüfen würde, so fände er, ein jeder hätte tausendmal den Tod verdient. Denn sie sind der Schmutz und Abschaum des ganzen Landes: ihren eigenen Besitz haben sie sinnlos verpraßt und ihren Wahnsinn in den umliegenden Dörfern und Städten erprobt, ehe sie dann schließlich unbemerkt in großer Zahl in die heilige Stadt eingesickert sind. Um ihren Frevel auf die Spitze zu treiben, haben diese Räuber sogar den heiligen Boden entweiht: man kann jetzt sehen, wie die schamlosen Gesellen sich im Heiligtum betrinken, den widerrechtlich angeeigneten Besitz der Ermordeten verprassen und ihren unersättlichen Bauch damit füllen[63]. Dagegen sieht euer großes Volksheer und der Schmuck eurer Waffen so wohlgeordnet aus, als ob euch die Hauptstadt auf gemeinsamen Beschluß hin als Bundesgenossen gegen fremde Feinde aufgeboten hätte. Wie könnte jemand das anders als ein überhebliches Spiel des Schicksals nennen, wenn er ein ganzes Volk Mann für Mann neben solchen auserlesenen Schurken in einer Reihe fechten sieht! Schon lange frage ich mich, was denn in aller Welt euch dazu bewegt haben könnte, so schnell hierher zu marschieren. Denn ohne einen triftigen Grund hättet ihr ja doch wohl kaum für Räuber und gegen ein euch verwandtes Volk Waffen und Harnisch angelegt. Wenn wir nun aber etwas von „Römern" und „Verrat" gehört haben — diese Worte haben nämlich einige von euch im Lärm eben ausgesprochen und noch hinzugefügt, daß sie zur Befreiung der Hauptstadt gekommen seien —, so können wir nur sagen, daß uns keine Frechheit dieser Frevler mehr in Staunen versetzt, als solch eine kühn erfundene Lüge. Denn Männer, denen die Freiheitsliebe angeboren ist und die deshalb mehr als auf alles andere darauf vorbereitet sind, dem äußeren Feind im Kampf entgegenzutreten, hätte man ja auf keine andere Weise in Zorn gegen uns bringen können als durch den Schwindel vom Verrat der heißgeliebten Freiheit. Aber ihr solltet euch die Verleumder einmal etwas näher ansehen und dazu auch die, gegen die ihre Verleumdungen gerichtet sind, und dann die Wahrheit nicht aus erdichteten Geschichten erschließen, sondern auf Grund der allgemeinen Lage, wie sie wirklich ist. Denn was hätte uns dazu bewegen können, uns gerade jetzt an die Römer zu verkaufen, nachdem es doch möglich war, entweder von Anfang an am Abfall gar nicht teilzunehmen oder aber, nachdem dies nun einmal geschehen war, uns baldmöglichst den Römern wieder anzuschließen, ehe noch das ganze Land ringsum verwüstet war. Selbst wenn wir es wollten, wäre es jetzt durchaus nicht leicht, uns mit ihnen zu versöhnen, da die Unterwerfung Galiläas die Römer sehr stolz gemacht hat und da es für uns eine Schmach schlimmer als den Tod bedeuten würde, wenn wir ihnen jetzt, wo sie schon so nahe gerückt sind, mit sklavischer Unterwürfigkeit begegneten. Ich für meine Person würde freilich den Frieden dem Tode vorziehen, aber wenn ich mich nun einmal im Kriegszustand befinde und der Zusammenstoß erfolgt ist, dann möchte ich lieber ruhmvoll sterben als das Leben eines Gefangenen führen. Sagt man denn eigentlich, daß wir, die Führer des Volkes, heimlich mit den Römern Verhandlungen aufgenommen hätten oder daß das Volk selbst dies auf gemeinsamen Beschluß unternommen hätte? Wenn wir gemeint sind, dann sollen sie die Freunde namhaft machen, die wir abgesandt haben, die Sklaven, die als Unterhändler des Verrats dienten[64]. Hat man etwa einen

252 πρὸς Ῥωμαίους ἢ καὶ τὸν δῆμον κοινῇ ψηφισάμενον; εἰ μὲν ἡμᾶς, εἰπάτωσαν τοὺς πεμφθέντας φίλους, τοὺς διακονήσαντας τὴν προδοσίαν οἰκέτας. ἐφωράθη τις ἀπιών; ἀνακομιζόμενος ἑάλω; γραμμάτων γεγόνασιν
253 ἐγκρατεῖς; πῶς δὲ τοὺς μὲν τοσούτους πολίτας ἐλάθομεν, οἷς κατὰ πᾶσαν ὥραν συναναστρεφόμεθα, τοῖς δὲ ὀλίγοις καὶ φρουρουμένοις καὶ μηδ' εἰς τὴν πόλιν ἐκ τοῦ ἱεροῦ προελθεῖν δυναμένοις ἐγνώσθη τὰ κατὰ τὴν χώραν
254 λαθραίως ἐνεργούμενα; νῦν δ' ἔγνωσαν, ὅτε[104] δεῖ δοῦναι δίκας τῶν τετολμημένων, ἕως δ' ἦσαν ἀδεεῖς αὐτοί, προδότης ἡμῶν οὐδεὶς ὑπωπτεύετο;
255 εἰ δ' ἐπὶ τὸν δῆμον ἀναφέρουσι τὴν αἰτίαν, ἐν φανερῷ δήπουθεν ἐβουλεύσαντο, οὐδεὶς ἀπεστάτει τῆς ἐκκλησίας, ὥστε τάχιον ἂν τῆς μηνύσεως
256 ἔσπευσεν ἡ φήμη πρὸς ὑμᾶς φανερωτέρα. τί δέ; οὐχὶ καὶ πρέσβεις ἔδει πέμπειν ψηφισαμένους[105] τὰς διαλύσεις; καὶ τίς ὁ χειροτονηθείς; εἰπάτωσαν.
257 ἀλλὰ τοῦτο μὲν δυσθανατούντων καὶ πλησίον οὔσας τὰς τιμωρίας διακρουομένων σκῆψίς ἐστιν· εἰ γὰρ δὴ καὶ προδοθῆναι τὴν πόλιν εἵμαρτο, μόνους ἂν τολμῆσαι καὶ τοῦτο τοὺς διαβάλλοντας, ὧν τοῖς τολμήμασιν ἓν
258 μόνον κακὸν λείπει, προδοσία. χρὴ δὲ ὑμᾶς, ἐπειδήπερ ἅπαξ πάρεστε μετὰ τῶν ὅπλων, τὸ μὲν δικαιότατον, ἀμύνειν τῇ μητροπόλει καὶ συνεξαιρεῖν τοὺς τὰ δικαστήρια καταλύσαντας τυράννους, οἳ πατήσαντες τοὺς
259 νόμους ἐπὶ τοῖς αὐτῶν ξίφεσι πεποίηνται τὰς κρίσεις. ἄνδρας γοῦν ἀκαταιτιάτους τῶν ἐπιφανῶν ἐκ μέσης τῆς ἀγορᾶς ἁρπάσαντες δεσμοῖς τε
260 προηκίσαντο καὶ μηδὲ φωνῆς μηδ' ἱκεσίας ἀνασχόμενοι διέφθειραν. ἔξεστιν δ' ὑμῖν παρελθοῦσιν εἴσω μὴ πολέμου νόμῳ θεάσασθαι τὰ τεκμήρια τῶν λεγομένων, οἴκους ἠρημωμένους ταῖς ἐκείνων ἁρπαγαῖς καὶ γύναια καὶ γενεὰς τῶν ἀπεσφαγμένων μελανειμονούσας, κωκυτὸν δὲ καὶ θρῆνον ἀνὰ τὴν πόλιν ὅλην· οὐδεὶς γάρ ἐστιν, ὃς οὐ γέγευται τῆς τῶν ἀνοσίων κατα-
261 δρομῆς· οἵ γε ἐπὶ τοσοῦτον ἐξώκειλαν ἀπονοίας, ὥστε μὴ μόνον ἐκ τῆς χώρας καὶ τῶν ἔξωθεν πόλεων ἐπὶ τὸ πρόσωπον καὶ τὴν κεφαλὴν ὅλου τοῦ ἔθνους μετενεγκεῖν τὴν λῃστρικὴν τόλμαν, ἀλλὰ καὶ ἀπὸ τῆς πόλεως
262 ἐπὶ τὸ ἱερόν. ὁρμητήριον γοῦν αὐτοῖς τοῦτο καὶ καταφυγὴ ταμιεῖόν τε τῶν ἐφ' ἡμᾶς παρασκευῶν γέγονεν, ὁ δ' ὑπὸ τῆς οἰκουμένης προσκυνούμενος χῶρος καὶ τοῖς ἀπὸ περάτων γῆς ἀλλοφύλοις ἀκοῇ τετιμημένος παρὰ τῶν
263 γεννηθέντων[106] ἐνθάδε θηρίων καταπατεῖται· νεανιεύονταί τε ἐν ταῖς ἀπο-

---

[104] ὅτι codd.; *quando* Lat; ὅτε Holwerda (vgl. Na) Bekker cjj. Niese Na Thack.
[105] ψηφισομένους (auf die Gesandten zu beziehen) PAMVRC.
[106] παρὰ τῶν γεννηθέντων P Thack; ὑπὸ τῶν παραγεννηθέντων AMVNa; ὑπὸ τῶν παραγενηθέντων LRC; *per has quae apud nos praeternatae sunt bestiae* Lat; παρὰ τῶν γενηθέντων Niese cj. (ähnlich schon Niese § 183).

beim Aufbruch ertappt oder bei der Rückkehr gefangen? Sind ihnen die Briefe in die Hände gefallen? Wie hätten wir denn solche Unterhandlungen vor unseren Mitbürgern verbergen können, mit denen wir doch stündlich zu tun haben, während die Zeloten, eine Handvoll wohlbewachter Leute, die nicht einmal mehr in der Lage sind, aus dem Heiligtum in die Stadt herunter zu kommen, das genau in Erfahrung gebracht haben wollen, was wir in aller Heimlichkeit draußen im Land unternommen haben sollten? Und jetzt ausgerechnet, wo sie für ihre Schandtaten die Strafe zu erwarten haben, wollen sie davon erfahren haben, während keiner von uns als Verräter verdächtigt wurde, solange sie sich noch in Sicherheit fühlten? Wenn es aber das Volk sein sollte, dem sie die Schuld zuschieben, dann wurde doch wahrlich öffentlich darüber beraten, und keiner hat bei der Versammlung gefehlt; in diesem Fall hätte aber die Kunde davon euch schneller und eindeutiger erreichen müssen als die fragwürdige Anzeige der Zeloten. Und abgesehen davon: hätte man nicht auch Gesandte schicken müssen, nachdem man das Friedensangebot beschlossen hatte? Und wer wäre dazu gewählt worden? Das sollen sie uns sagen! Aber das ist ja alles nur ein Vorwand von Leuten, die nicht gern sterben und die die drohende Strafe noch abwenden möchten. Denn wenn es unserer Stadt beschieden sein sollte, verraten zu werden, dann nur so, daß unsere Verleumder das wagen würden, denen unter ihren verbrecherischen Wagnissen nur dies eine fehlt: der Verrat[65]. Eure Pflicht aber, nachdem ihr schon einmal in Waffen vor der Stadt steht, wäre es, das zu tun, was allein gerecht ist: die Hauptstadt in Schutz zu nehmen und bei der Ausrottung der Tyrannen mitzuhelfen, die die Gerichtshöfe aufgelöst und die Gesetze mit Füßen getreten haben, indem sie statt des Richters ihre eigenen Schwerter das Urteil sprechen ließen. Hervorragende Männer haben sie ohne gerichtliche Anklage mitten vom Marktplatz hinweggeschleppt, in quälende Fesseln gelegt und, ohne auf ihre Einrede oder ihr Flehen zu hören, umgebracht. Es steht euch frei, allerdings nicht nach Kriegsbrauch, in die Stadt zu kommen und den Beweis für diese Aussagen in Augenschein zu nehmen: die Häuser, die durch die Raubzüge dieser Verbrecher ausgeplündert sind, die Witwen und Waisen der Hingeschlachteten in ihren schwarzen Kleidern[66], das Jammergeschrei und die Wehklage in der ganzen Stadt. Denn es gibt ja keinen, der nicht von den Streifzügen dieser ruchlosen Gesellen etwas verschmeckt hat. Denn sie trieben es in ihrem Wahnsinn so weit, daß sie ihre räuberischen Übergriffe nicht nur aus dem Lande und den umliegenden Orten bis zu dieser Stadt, dem Antlitz, ja Haupt des ganzen Volkes ausgedehnt haben, sondern von dieser selbst sogar auf das Heiligtum[67]. Es ist nun für sie Festung und Zufluchtsort geworden, und außerdem eine Rüstkammer für die Angriffe gegen uns; und der Ort, der von der ganzen Welt verehrt und selbst den fernsten Völkern, die an den Enden der Erde wohnen, dem Hörensagen nach bekannt und ehrwürdig ist, wird nun von den hier geborenen Bestien zertreten[68]. Mitten in ihrer verzweifelten Lage bringen sie es in ihrem Übermut jetzt noch fertig, Volk gegen Volk und Stadt gegen Stadt aufzuhetzen und den eigenen Landsleuten die Waffen in die Hand zu drücken, die sie sich gegenseitig ins Herz stoßen sollen. In Anbetracht dieser Dinge[69] wäre es für euch am besten und richtigsten, wie ich schon sagte, uns zu helfen,

γνώσεσιν ἤδη δήμους τε δήμοις καὶ πόλεσι πόλεις συγκρούειν καὶ κατὰ
264 τῶν σπλάγχνων τῶν ἰδίων τὸ ἔθνος στρατολογεῖν. ἀνθ' ὧν τὸ μὲν κάλλιστον
καὶ πρέπον, ὡς ἔφην, ὑμῖν συνεξαιρεῖν τοὺς ἀλιτηρίους καὶ ὑπὲρ αὐτῆς τῆς
ἀπάτης ἀμυνομένους, ὅτι συμμάχους ἐτόλμησαν καλεῖν οὓς ἔδει τιμωροὺς
265 δεδιέναι· εἰ δὲ αἰδεῖσθε τὰς τῶν τοιούτων ἐπικλήσεις, ἀλλά τοι πάρεστι
θεμένοις τὰ ὅπλα καὶ παρελθοῦσιν εἰς τὴν πόλιν σχήματι συγγενῶν ἀναλαβεῖν τὸ μέσον συμμάχων τε καὶ πολεμίων ὄνομα δικαστὰς γενομένους.
266 καίτοι λογίσασθε, πόσον κερδήσουσιν ἐφ' ὁμολογουμένοις καὶ τηλικούτοις
κρινόμενοι παρ' ὑμῖν οἱ τοῖς ἀκαταιτιάτοις μηδὲ λόγου μεταδόντες· λαμβα-
267 νέτωσαν δ' οὖν ταύτην ἐκ τῆς ὑμετέρας ἀφίξεως τὴν χάριν. εἰ δ' οὔτε
συναγανακτεῖν ἡμῖν οὔτε κρίνεσθαι δεῖ, τρίτον ἐστὶ καταλιπεῖν ἑκατέρους
καὶ μήτε ταῖς ἡμετέραις ἐπιβαίνειν[107] συμφοραῖς μήτε τοῖς ἐπιβούλοις
268 τῆς μητροπόλεως συνέρχεσθαι. εἰ γὰρ καὶ τὰ μάλιστα Ῥωμαίοις ὑπο-
πτεύετε διειλέχθαι τινάς, παρατηρεῖν ἔξεστι τὰς ἐφόδους, κἄν τι τῶν
διαβεβλημένων ἔργῳ διακαλύπτηται, τότε φρουρεῖν τὴν μητρόπολιν ἐλθόν-
τας κολάζειν τε τοὺς αἰτίους πεφωραμένους· οὐ γὰρ ἂν ὑμᾶς φθάσειαν οἱ
269 πολέμιοι τῇ πόλει προσῳκημένους[108]. εἰ δ' οὐδὲν ὑμῖν τούτων εὔγνωμον ἢ
μέτριον δοκεῖ, μὴ θαυμάζετε τὰ κλεῖθρα τῶν πυλῶν, ἕως ἂν φέρητε τὰ
ὅπλα."
270 4. Τοιαῦτα μὲν ὁ Ἰησοῦς ἔλεγε· τῶν δὲ Ἰδουμαίων οὐδὲν[109] τὸ πλῆθος
προσεῖχεν, ἀλλὰ τεθύμωτο μὴ τυχὸν ἑτοίμης τῆς εἰσόδου, καὶ διηγανάκ-
τουν οἱ στρατηγοὶ πρὸς ἀπόθεσιν τῶν ὅπλων αἰχμαλωσίαν ἡγούμενοι τὸ
271 κελευόντων τινῶν αὐτὰ ῥῖψαι. Σίμων δὲ υἱὸς Κααθᾶ[110] τῶν ἡγεμόνων εἷς,
μόλις τῶν οἰκείων καταστείλας τὸν θόρυβον καὶ στὰς εἰς ἐπήκοον τοῖς
272 ἀρχιερεῦσιν, οὐκέτι θαυμάζειν ἔφη φρουρουμένων ἐν τῷ ἱερῷ τῶν προμάχων
τῆς ἐλευθερίας, εἴ γε καὶ τῷ ἔθνει κλείουσί τινες ἤδη τὴν κοινὴν πόλιν,
273 καὶ Ῥωμαίους μὲν εἰσδέχεσθαι παρασκευάζονται τάχα καὶ στεφανώσαντες
τὰς πύλας, Ἰδουμαίοις δὲ ἀπὸ τῶν πύργων διαλέγονται καὶ τὰ ὑπὲρ τῆς
274 ἐλευθερίας ὅπλα κελεύουσι ῥῖψαι, μὴ πιστεύοντες δὲ τοῖς συγγενέσι τὴν
τῆς μητροπόλεως φυλακὴν τοὺς αὐτοὺς δικαστὰς ποιοῦνται τῶν διαφόρων,
καὶ κατηγοροῦντές τινων ὡς ἀποκτείνειαν ἀκρίτους, αὐτοὶ καταδικάζοιεν
275 ὅλου τοῦ ἔθνους ἀτιμίαν· τὴν γοῦν ἅπασι τοῖς ἀλλοφύλοις ἀναπεπταμένην
276 εἰς θρησκείαν πόλιν τοῖς οἰκείοις νῦν ἀποτετειχίσθαι[111]. πάνυ γὰρ ἐπὶ
σφαγὰς ἐσπεύδομεν καὶ τὸν κατὰ τῶν ὁμοφύλων πόλεμον οἱ διὰ τοῦτο

[107] MVC lesen ἐπεμβαίνειν (mit Füßen treten bzw. beispringen).
[108] PAMVRC lesen προσωχισμένους.
[109] PAML lesen οὐδὲν, so Naber, Thack; VRC Niese haben οὔτε.
[110] VRC lesen Καθλᾶ; vgl. zu § 235.
[111] ἀποτετειχίσθαι PMLVRC Na Thack Ricc; ἀποτετείχισθε A Lat Niese.

diese Frevler auszurotten und sie gerade für die Hinterlist zu züchtigen, mit der sie es gewagt haben, Männer als Bundesgenossen aufzubieten, die sie als Vollstrecker der Strafe hätten fürchten müssen. Wenn ihr aber immer noch das Vertrauen ehrt, mit dem euch diese Menschen zu Hilfe gerufen haben, so steht es euch ja frei, die Waffen abzulegen und in der Haltung von Landsleuten die Stadt zu betreten, um dort die Rolle zu übernehmen, die zwischen der eines Bundesgenossen und der eines Feindes die Mitte hält, nämlich Schiedsrichter zu sein. Allerdings müßt ihr dabei bedenken, wie günstig sie abschneiden, wenn sie bei solch unbestreitbaren, schweren Vergehen von euch schiedsrichterlich angehört werden, während sie selbst völlig unschuldigen Menschen nicht einmal ein einziges Wort zu ihrer Verteidigung gestatteten. Mögen sie aber immerhin diesen Vorteil aus eurem Hiersein ziehen! Wenn ihr aber sowohl zu unserer Empörung als auch zu dem Richteramt glaubt, nein sagen zu müssen, so bleibt als dritte Möglichkeit, beide Parteien sich selbst zu überlassen und weder uns in unserem Unglück einen Tritt zu geben noch mit den Verrätern der Hauptstadt gemeinsame Sache zu machen. Wenn ihr aber immer noch den unausrottbaren Verdacht habt, einige von uns könnten mit den Römern verhandelt haben, so habt ihr ja Gelegenheit, die Zugänge zur Stadt scharf zu bewachen. Und wenn sich dann irgendeine der Verleumdungen tatsächlich als wahr erweisen sollte, dann könnt ihr zum Schutz der Hauptstadt anrücken und die ertappten Schuldigen bestrafen. Denn die Feinde könnten euch ja nicht zuvor kommen, da ihr so nahe an der Stadt euer Lager aufgeschlagen habt. Wenn euch aber keiner dieser Vorschläge vernünftig oder angemessen scheint, dann braucht ihr euch nicht zu wundern, daß die Tore verschlossen bleiben, solange ihr selbst in Waffen bleibt."

4. 270. Das war die Rede des Jesus. Die Mannschaft der Idumäer schenkte ihr keinerlei Beachtung, sondern ereiferte sich darüber, daß sie den Zugang zur Stadt nicht sofort frei fand. Ihre Führer aber waren über die Zumutung, die Waffen abzulegen, höchst aufgebracht, da sie glaubten, es bedeute praktisch soviel wie Kriegsgefangenschaft, wenn man auf Befehl von irgendwelchen Leuten die Waffen wegwerfe. Da trat Simon, der Sohn des Kaatha, einer der Anführer vor und stellte sich, nachdem es ihm nur mit Mühe gelungen war, den Tumult seiner Landsleute niederzuhalten, in Hörweite der Oberpriester auf und sagte: „Ich wundere mich nicht mehr darüber, daß die Vorkämpfer für die Freiheit im Tempel gefangen gehalten werden, wenn es sogar Menschen gibt, die die gemeinsame Hauptstadt dem eigenen Volk jetzt verschließen. Während sie sich darauf rüsten, die Römer zu empfangen, ja vielleicht schon die Tore dafür bekränzt haben[70], unterhandeln sie mit den Idumäern von den Türmen herab und befehlen, die Waffen wegzuwerfen, die für die Sache der Freiheit aufgenommen wurden. Den eigenen Stammesgenossen wollen sie den Schutz der Hauptstadt nicht anvertrauen, aber die gleichen Leute zu Schlichtern in ihren Streitfällen ernennen, und während sie einige ihrer Mitbürger anschuldigen, sie hätten die Todesstrafe ohne Gerichtsverhandlung vollzogen, verurteilen sie selbst das ganze Volk zur Ehrlosigkeit. Die Stadt, die allen Fremden zum Gottesdienst weit offen stand, ist jetzt gegen die eigenen Landsleute verbarrikadiert. Ja, gewiß, wir sind ja nur deshalb herbeigeeilt, um ein

277 ταχύναντες, ἵν' ὑμᾶς τηρήσωμεν ἐλευθέρους. τοιαῦτα μέντοι καὶ πρὸς τῶν φρουρουμένων ἠδίκησθε, καὶ πιθανὰς οὕτως ὑποψίας οἶμαι κατ'
278 ἐκείνων συνελέξατε. ἔπειτα τῶν ἔνδον φρουρᾷ κρατοῦντες ὅσοι κήδονται τῶν κοινῶν πραγμάτων, καὶ τοῖς συγγενεστάτοις ἔθνεσιν ἀθρόοις ἀποκλείσαντες μὲν τὴν πόλιν ὑβριστικὰ δ' οὕτως προστάγματα κελεύοντες, τυραννεῖσθαι λέγετε καὶ τὸ τῆς δυναστείας ὄνομα τοῖς ὑφ' ὑμῶν τυραν-
279 νουμένοις περιάπτετε. τίς ἂν ἐνέγκαι τὴν εἰρωνείαν τῶν λόγων ἀφορῶν εἰς τὴν ἐναντιότητα τῶν πραγμάτων; εἰ μὴ καὶ νῦν ὑμᾶς[112] ἀποκλείουσιν Ἰδου-
280 μαῖοι[113] τῆς μητροπόλεως, οὓς αὐτοὶ τῶν πατρίων ἱερῶν εἴργετε. μέμψαιτ' ἂν εἰκότως τις τοὺς ἐν τῷ ἱερῷ πολιορκουμένους, ὅτι θαρσήσαντες τοὺς προδότας κολάζειν, οὓς ὑμεῖς ἄνδρας ἐπισήμους καὶ ἀκαταιτιάτους λέγετε διὰ τὴν κοινωνίαν, οὐκ ἀφ' ὑμῶν ἤρξαντο καὶ τὰ καιριώτατα τῆς προδοσίας
281 μέρη προαπέκοψαν. ἀλλ' εἰ κἀκεῖνοι τῆς χρείας ἐγένοντο μαλακώτεροι, τηρήσομεν Ἰδουμαῖοι τὸν οἶκον τοῦ θεοῦ καὶ τῆς κοινῆς πατρίδος προπολεμήσομεν ἅμα τούς τε ἔξωθεν ἐπιόντας καὶ τοὺς ἔνδον προδιδόντας
282 ἀμυνόμενοι πολεμίους. ἐνθάδε πρὸ τῶν τειχῶν μενοῦμεν ἐν τοῖς ὅπλοις, ἕως ἂν Ῥωμαῖοι κάμωσι προσέχοντες ὑμῖν[114] ἢ ὑμεῖς ἐλεύθερα φρονήσαντες μεταβάλησθε."
283 5. Τούτοις τὸ μὲν τῶν Ἰδουμαίων ἐπεβόα πλῆθος, ὁ δὲ Ἰησοῦς ἀθυμῶν ἀνεχώρει τοὺς μὲν Ἰδουμαίους μηδὲν φρονοῦντας ὁρῶν μέτριον, διχόθεν
284 δὲ τὴν πόλιν πολεμουμένην. ἦν δὲ οὐδὲ τοῖς Ἰδουμαίοις ἐν ἠρεμίᾳ τὰ φρονήματα· καὶ γὰρ τεθύμωντο πρὸς τὴν ὕβριν εἰρχθέντες τῆς πόλεως καὶ τὰ τῶν ζηλωτῶν ἰσχυρὰ δοκοῦντες ὡς οὐδὲν ἐπαμύνοντας ἑώρων,
285 ἠποροῦντο καὶ μετενόουν πολλοὶ τὴν ἄφιξιν. ἡ δὲ αἰδὼς τοῦ τέλεον ἀπράκτους ὑποστρέφειν ἐνίκα τὴν μεταμέλειαν, ὥστε μένειν[115] αὐτόθι πρὸ τοῦ
286 τείχους κακῶς αὐλιζομένους· διὰ γὰρ τῆς νυκτὸς ἀμήχανος ἐκρήγνυται χειμὼν ἄνεμοί τε βίαιοι σὺν ὄμβροις λαβροτάτοις καὶ συνεχεῖς ἀστραπαὶ
287 βρονταί τε φρικώδεις καὶ μυκήματα σειομένης τῆς γῆς ἐξαίσια. πρόδηλον δὲ ἦν ἐπ' ἀνθρώπων ὀλέθρῳ τὸ κατάστημα τῶν ὅλων συγκεχυμένον, καὶ οὐχὶ μικροῦ τις ἂν εἰκάσαι συμπτώματος[116] τὰ τέρατα.
288 6. Μία[117] δὲ τοῖς Ἰδουμαίοις καὶ τοῖς ἐν τῇ πόλει παρέστη δόξα, τοῖς μὲν ὀργίζεσθαι τὸν θεὸν ἐπὶ τῇ στρατείᾳ[118] καὶ οὐκ ἂν διαφυγεῖν ἐπενεγκόντας ὅπλα τῇ μητροπόλει, τοῖς δὲ περὶ τὸν Ἄνανον νενικηκέναι χωρὶς
289 παρατάξεως καὶ τὸν θεὸν ὑπὲρ αὐτῶν στρατηγεῖν. κακοὶ δ' ἦσαν ἄρα τῶν

[112] ἡμᾶς PAL Destinon.
[113] Ἰδουμαίους PAL Lat Destinon.
[114] ἡμῖν codd. Lat; ὑμῖν Hudson cj. Niese Na Thack.
[115] ἐμμένειν PAM.
[116] M liest συμπτῶτος.
[117] Hegesipp setzt anceps et diversa.
[118] PAMVRC haben στρατιᾶ.

großes Blutbad anzurichten und den Bürgerkrieg zu entfachen — während wir doch in Wahrheit in der Absicht so schnell gekommen sind, euch die Freiheit zu erhalten. Das gleiche Unrecht ist euch sicherlich auch von den oben im Tempel eingeschlossenen Männern angetan worden, und mit der Überzeugungskraft der von euch gegen sie zusammengesuchten Verdachtsgründe steht es, wie ich glaube, ähnlich. Und dann, während ihr diejenigen, die sich um das Wohl der Stadt besonders sorgen, in euren Mauern gefangen haltet und die große Schar eurer nächsten Stammesverwandten aus der Stadt ausschließt und ihnen darüber hinaus noch überhebliche Befehle zu geben geruht, behauptet ihr, geknechtet zu werden und hängt den Schimpfnamen „Tyrannen" den von euch selbst Tyrannisierten an. Wer könnte die Scheinheiligkeit solcher Worte ertragen, wenn er mit ansehen muß, wie der wahre Sachverhalt ihnen gerade entgegengesetzt ist? Es fehlte nur noch, daß angeblich die Idumäer euch aus der Hauptstadt ausschließen, denen ihr doch in Wahrheit den Weg zum angestammten Heiligtum versperrt. Mit Recht könnte man den im Tempel Belagerten diesen Vorwurf machen, daß sie es zwar wagten, die Verräter zu bestrafen, die ihr, deren Gesinnungsgenossen, als hervorragende und untadelige Männer ausgebt, aber nicht bei euch anfingen und so gleich die lebenskräftigsten Glieder des Verrats abhieben. Wenn jene milder verfahren sind, als es eigentlich nötig gewesen wäre, so werden wir Idumäer das Haus unseres Gottes beschützen und als Vorkämpfer für unser gemeinsames Vaterland fechten, indem wir sowohl die äußeren Feinde wie auch die Verräter da drinnen zurückschlagen. Hier werden wir vor den Mauern in Waffen stehen bleiben, bis die Römer es satt haben, euch anzuhören, oder ihr selber eure Gesinnung ändert und die Freiheit schätzen lernt."

5. 283. Diese Worte nahm die Menge der Idumäer mit Beifallsgeschrei auf, Jesus aber ging entmutigt in die Stadt zurück, sah er doch, daß die Idumäer keine Ziele verfolgten, über die sich hätte reden lassen, und daß die Stadt somit einem Kampf von zwei Seiten ausgesetzt war. Aber auch im Lager der Idumäer war man durchaus nicht ruhig und der eigenen Sache sicher. Denn einerseits war man über die Schmach, aus der Stadt ausgeschlossen zu sein, höchst erbost, andererseits geriet man in Verlegenheit, als man sah, daß die Zeloten, deren Truppen als recht stark gegolten hatten, keine Hilfe leisten konnten; und schon bedauerten viele, überhaupt gekommen zu sein. Aber das beschämende Gefühl, ganz unverrichteter Dinge abziehen zu müssen, war stärker als die Reue, und so verblieb man an Ort und Stelle in dem schlechten Lager vor der Mauer. Denn während der Nacht brach ein Unwetter von unwiderstehlicher Gewalt los: mächtige Stürme mit heftigen Regengüssen, ununterbrochen Blitze und schreckliche Donnerschläge, dazu ein unnatürliches Brüllen der bebenden Erde. Ganz offensichtlich war zum Verderben der Menschheit die Ordnung des Alls durcheinandergeraten; so lag es sehr nahe, zu vermuten, daß dies die Vorzeichen eines großen Unglücks seien[71].

6. 288. Es war die gleiche Deutung, die von den Idumäern und den Juden in der Stadt zu diesem Vorfall gegeben wurde: Jene glaubten, Gott sei über ihren Feldzug erzürnt und sie könnten nun der Strafe dafür, daß sie die Waffen gegen die Hauptstadt aufgenommen hätten, nicht entrinnen; Ananos und

μελλόντων στοχασταὶ καὶ κατεμαντεύοντο τῶν ἐχθρῶν ἃ τοῖς ἰδίοις αὐτῶν
290 ἐπῄει παθεῖν. οἱ μὲν γὰρ Ἰδουμαῖοι συσπειραθέντες[119] τοῖς σώμασιν ἀλλήλους ἀντέθαλπον καὶ τοὺς θυρεοὺς ὑπὲρ κεφαλῆς συμφράξαντες ἧττον
291 ἐκακοῦντο τοῖς ὑετοῖς, οἱ δὲ ζηλωταὶ μᾶλλον τοῦ καθ' αὑτοὺς κινδύνου ὑπὲρ ἐκείνων ἐβασανίζοντο καὶ συνελθόντες ἐσκόπουν, εἴ τινα μηχανὴν
292 αὑτοῖς ἀμύνης ἐπινοήσειαν. τοῖς μὲν οὖν θερμοτέροις ἐδόκει μετὰ τῶν ὅπλων βιάζεσθαι τοὺς παραφυλάσσοντας, ἔπειτα δ' εἰσπεσόντας εἰς μέσον
293 τῆς πόλεως ἀναφανδὸν ἀνοίγειν τοῖς συμμάχοις τὰς πύλας· τούς τε γὰρ φύλακας εἴξειν πρὸς τὸ ἀδόκητον αὐτῶν τεταραγμένους ἄλλως τε καὶ τοὺς πλείονας αὐτῶν ὄντας ἀνόπλους καὶ πολέμων ἀπείρους, καὶ τῶν κατὰ τὴν πόλιν δυσσύνακτον ἔσεσθαι τὸ πλῆθος κατειλημένον[120] ὑπὸ τοῦ χειμῶνος
294 εἰς τὰς οἰκίας. εἰ δὲ καί τις γένοιτο κίνδυνος, πρέπειν αὐτοῖς πᾶν ὁτιοῦν παθεῖν ἢ περιιδεῖν τοσοῦτον πλῆθος δι' αὐτοὺς αἰσχρῶς ἀπολλύμενον.
295 οἱ δὲ συνετώτεροι βιάζεσθαι μὲν ἀπεγίνωσκον ὁρῶντες οὐ μόνον τὴν αὑτῶν φρουρὰν πληθύουσαν ἀλλὰ καὶ τὸ τῆς πόλεως τεῖχος διὰ τοὺς
296 Ἰδουμαίους ἐπιμελῶς φυλασσόμενον, ᾤοντό τε πανταχοῦ τὸν Ἄνανον
297 παρεῖναι καὶ κατὰ πᾶσαν ὥραν ἐπισκέπτεσθαι τὰς φυλακάς· ὃ δὴ ταῖς μὲν ἄλλαις νυξὶν οὕτως εἶχεν, ἀνείθη δὲ κατ' ἐκείνην, οὐ κατὰ τὴν Ἀνάνου ῥᾳθυμίαν, ἀλλ' ὡς αὐτὸς ἐκεῖνος ἀπόλοιτο καὶ τὸ πλῆθος τῶν φυλάκων
298 στρατηγούσης τῆς εἱμαρμένης, ἣ δὴ καὶ τότε τῆς νυκτὸς προκοπτούσης καὶ τοῦ χειμῶνος ἐπακμάζοντος κοιμίζει μὲν τοὺς ἐπὶ τῇ στοᾷ φρουρούς, τοῖς δὲ ζηλωταῖς ἐπίνοιαν ἐμβάλλει τῶν ἱερῶν αἴροντας πρίονας ἐκτεμεῖν
299 τοὺς μοχλοὺς τῶν πυλῶν. συνήργησε δ' αὐτοῖς πρὸς τὸ μὴ κατακουσθῆναι τὸν ψόφον ὅ τε τῶν ἀνέμων ἦχος καὶ τὸ τῶν βροντῶν ἐπάλληλον.
300 7. Διαλανθάνοντες δὲ ἐκ τοῦ ἱεροῦ παραγίνονται πρὸς τὸ τεῖχος καὶ τοῖς αὐτοῖς πρίοσι χρώμενοι τὴν κατὰ τοὺς Ἰδουμαίους ἀνοίγουσι πύλην.
301 τοῖς δὲ τὸ μὲν πρῶτον ἐμπίπτει ταραχὴ τοὺς περὶ τὸν Ἄνανον ἐπιχειρεῖν οἰηθεῖσι, καὶ πᾶς ἐπὶ τοῦ ξίφους ἔσχε τὴν δεξιὰν ὡς ἀμυνούμενος[121]· ταχέως
302 δὲ γνωρίζοντες τοὺς ἥκοντας εἰσῄεσαν. εἰ μὲν οὖν ἐτράποντο περὶ τὴν πόλιν, οὐδὲν ἐκώλυσεν ἂν ἀπολωλέναι τὸν δῆμον αὐτανδρον· οὕτως εἶχον ὀργῆς· νῦν δὲ πρώτους τοὺς ζηλωτὰς σπεύδοντες τῆς φρουρᾶς ἐξελέσθαι,

---

[119] L liest συσπειραθέντες, PAMVR haben συστραφέντες, C συμπειραθέντες.
[120] κατειλημμένον codd.; κατειλημένον Bekker cj. Niese Na Thack.
[121] ἀμυνόμενος PA¹MLVC.

die Seinen dagegen wähnten, sie hätten ohne Schlacht schon gesiegt und Gott selbst habe ihre Sache im Streite geführt. Aber es stellte sich heraus, daß sie sich schlecht auf das Deuten der kommenden Dinge verstanden und von ihren Gegnern weissagten, was ihre eigenen Leute treffen sollte. Denn die Idumäer, die sich Mann an Mann eng zusammengedrängt hatten, wärmten einander und litten weniger unter den Regengüssen, da sie sich mit ihren Schilden über ihren Köpfen ein dichtes Dach gebildet hatten. Die Zeloten aber standen Ängste aus, und zwar nicht so sehr wegen der eigenen Gefahr als wegen der, die ihren Verbündeten drohte; so scharten sie sich zusammen und überlegten, ob sie irgendein Mittel fänden, das Ärgste von ihnen abzuwenden. Die Heißblütigeren waren der Ansicht, man solle mit der Waffe in der Hand die Wachen niederhalten, dann mitten in die Stadt einfallen und ganz ungescheut den Bundesgenossen die Tore öffnen. Denn die Posten würden, verwirrt bei dem für sie unerwarteten Angriff, zurückweichen, zumal auch die Mehrzahl von ihnen schlecht bewaffnet und ohne Kriegserfahrung sei; die Menge der in der Stadt wohnenden Bürger aber könne nur sehr schwer zum Einsatz aufgeboten werden, da sie von dem Unwetter in den Häusern festgehalten sei. Und falls ihnen dennoch etwas zustoßen könnte, so sei es ihre Ehrenpflicht, jedes erdenkliche Ungemach auf sich zu nehmen, anstatt zu dulden, daß eine so große Schar ihretwegen schmählich zugrunde ginge. Die Verständigeren aber zweifelten an der Möglichkeit, mit Gewalt etwas zu erreichen, da sie erkannten, daß nicht nur die gegen sie selbst gestellten Posten vollzählig vorhanden waren, sondern auch die Mauer der Stadt der Idumäer wegen sorgfältig bewacht wurde; sie meinten ferner, Ananos habe seine Augen überall und beaufsichtige stündlich die Waffen. Das war tatsächlich in allen bisherigen Nächten der Fall gewesen, unterblieb jedoch in dieser, und zwar nicht auf Grund einer Fahrlässigkeit des Ananos, sondern weil das Schicksal es so lenkte, daß er selbst und alle seine Wachen zugrunde gehen sollten. Diese Macht des Schicksals war es ja, die damals im weiteren Verlauf der Nacht, als das Unwetter seinen Höhepunkt erreichte, die Posten auf der Säulenhalle in Schlaf versenkte und andererseits den Zeloten den Einfall eingab, einige der Tempelsägen[72] zu nehmen und die Querriegel an den Toren durchzuschneiden. Dabei half ihnen das Sausen der Winde und das ununterbrochene Krachen der Donnerschläge, die verhinderten, daß man das dabei verursachte Geräusch hören konnte.

7. 300. Unbemerkt entkamen die Zeloten aus dem Tempel, gelangten an die Mauer und öffneten, indem sie dieselben Sägen benutzten, das den Idumäern gegenüberliegende Tor. Diese gerieten zunächst in Verwirrung, da sie glaubten, sie würden von den Leuten des Ananos angegriffen, und jeder griff mit seiner Rechten zum Schwert, um sich zu wehren. Aber bald erkannten sie, wer herauskam und stürzten in die Stadt. Hätten sie sich in alle Richtungen dort zerstreut, so hätte wohl nichts im Wege gestanden, daß das ganze Volk bis zum letzten Mann umgebracht worden wäre, so groß war ihre Wut. Tatsächlich aber eilten sie, zu allererst die Zeloten von ihren Bewachern zu befreien, da deren Freunde, die sie eingelassen hatten, dringend baten, diejenigen, um derentwillen sie gekommen seien und soviel Ungemach auf sich genommen hätten, nicht zu vergessen und auch nicht für sich selbst eine noch größere Gefahr heraufzu-

δεομένων πολλὰ καὶ τῶν εἰσδεξαμένων μὴ περιιδεῖν δι' οὓς ἦλθον ἐν μέσοις τοῖς δεινοῖς μηδ' αὐτοῖς[122] χαλεπώτερον ἐπισεῖσαι τὸν κίνδυνον·
303 τῶν μὲν γὰρ φρουρῶν ἁλόντων ῥᾴδιον αὐτοῖς εἶναι χωρεῖν ἐπὶ τὴν πόλιν,
304 εἰ δ' ἅπαξ ταύτην προκινήσειαν, οὐκ ἂν ἔτι ἐκείνων κρατῆσαι· πρὸς γὰρ τὴν αἴσθησιν συντάξεσθαι[123] αὐτοὺς καὶ τὰς ἀνόδους ἀποφράξειν.

305 V. 1. Συνεδόκει ταῦτα τοῖς Ἰδουμαίοις, καὶ διὰ τῆς πόλεως ἀνέβαινον πρὸς τὸ ἱερόν, μετέωροί τε οἱ ζηλωταὶ τὴν ἄφιξιν αὐτῶν ἐκαραδόκουν. καὶ παριόντων εἴσω καὶ αὐτοὶ θαρροῦντες προῄεσαν ἐκ τοῦ ἐνδοτέρου ἱεροῦ.
306 μιγέντες δὲ τοῖς Ἰδουμαίοις προσέβαλλον ταῖς φυλακαῖς, καὶ τινὰς μὲν τῶν προκοιτούντων ἀπέσφαξαν κοιμωμένους, πρὸς δὲ τὴν τῶν ἐγρηγορότων βοὴν διανέστη πᾶν τὸ πλῆθος καὶ μετ' ἐκπλήξεως ἁρπάζοντες τὰ
307 ὅπλα πρὸς τὴν ἄμυναν ἐχώρουν. ἕως μὲν οὖν μόνους τοὺς ζηλωτὰς ἐπιχειρεῖν ὑπελάμβανον, ἐθάρρουν ὡς τῷ πλήθει περιεσόμενοι, κατιδόντες δὲ ἔξω-
308 θεν ἐπιχεομένους[124] ἄλλους ἠσθάνοντο τὴν εἰσβολὴν τῶν Ἰδουμαίων, καὶ τὸ μὲν πλέον αὐτῶν ἅμα ταῖς ψυχαῖς κατέβαλλε τὰ ὅπλα καὶ πρὸς οἰμωγαῖς ἦν, φραξάμενοι δὲ ὀλίγοι τῶν νέων γενναίως ἐδέχοντο τοὺς Ἰδουμαίους
309 καὶ μέχρι πολλοῦ τὴν ἀργοτέραν[125] πληθὺν ἔσκεπον. οἱ δὲ κραυγῇ διεσήμαινον τοῖς κατὰ τὴν πόλιν τὰς συμφοράς, κἀκείνων ἀμῦναι μὲν οὐδεὶς ἐτόλμησεν, ὡς ἔμαθον εἰσπεπαικότας τοὺς Ἰδουμαίους, ἀργὰ δ' ἀντεβόων καὶ ἀντωλοφύροντο, καὶ πολὺς κωκυτὸς γυναικῶν ἠγείρετο κινδυνεύοντος
310 ἑκάστῃ τινὸς τῶν φυλάκων. οἱ δὲ ζηλωταὶ τοῖς Ἰδουμαίοις συνεπηλάλαζον καὶ τὴν ἐκ πάντων βοὴν ὁ χειμὼν ἐποίει φοβερωτέραν. ἐφείδοντό τε οὐδενὸς Ἰδουμαῖοι φύσει τε ὠμότατοι φονεύειν ὄντες καὶ τῷ χειμῶνι
311 κεκακωμένοι κατὰ τῶν ἀποκλεισάντων ἐχρῶντο τοῖς θυμοῖς[126]· ἦσαν δ' ὅμοιοι τοῖς ἱκετεύουσι καὶ τοῖς ἀμυνομένοις καὶ πολλοὺς τὴν τε συγγένειαν ἀναμιμνήσκοντας καὶ δεομένους τοῦ κοινοῦ ἱεροῦ λαβεῖν αἰδῶ δι-
312 ήλαυνον τοῖς ξίφεσιν. ἦν δὲ φυγῆς μὲν οὐδεὶς τόπος οὐδὲ σωτηρίας ἐλπίς, συνωθούμενοι δὲ περὶ ἀλλήλους κατεκόπτοντο, καὶ τὸ πλέον ἐκβιαζόμενοι, ὡς οὐκέτ' ἦν ὑποχωρήσεως τόπος ἐπῄεσαν δὲ οἱ φονεύοντες, ὑπ' ἀμηχανίας κατεκρήμνιζον ἑαυτοὺς εἰς τὴν πόλιν, οἰκτρότερον ἔμοιγε δοκεῖν[127]
313 οὗ διέφευγον ὀλέθρου τὸν αὐθαίρετον ὑπομένοντες. ἐπεκλύσθη δὲ τὸ ἔξωθεν ἱερὸν πᾶν αἵματι, καὶ νεκροὺς ὀκτακισχιλίους πεντακοσίους ἡ ἡμέρα κατελάμβανεν.

---

[122] Bekker cj. αὐτοῖς, so Na Thack Ricc; αὑτοῖς (so die Handschriften, Kohout, Clementz) ginge auf die eingeschlossenen Zeloten, auf die sich dann wohl auch die Wendung ἐν μέσοις τοῖς δεινοῖς bezöge. Der folgende Satz spricht jedoch für die Lesung αὐτοῖς.
[123] συντάξασθαι codd.; συντάξεσθαι Bekker cj. Niese Na Thack.
[124] ἐπεισχεομένους MLVR Thack; ἐπισχεομένους C; circumfundi Lat.
[125] γεραιτέραν Hudson auf Grund der fehlerhaften lat. Lesart, die seniorem anstelle von segiorem hat.
[126] V und am Rande M, dazu Niese, Thack, Ricc lesen θυμοῖς, PAMC Naber haben ὅπλοις; ἐχθροῖς lesen LR Lat.
[127] δοκεῖ codd.; δοκεῖν L. Dindorf cj. Niese Na Thack.

beschwören. Denn hätten sie erst einmal die Besatzung überwältigt, so wäre es für sie ein Leichtes, in die Stadt einzurücken; hätten sie aber die Stadt erst einmal in Bewegung gebracht, so wäre es nicht mehr möglich, sich der Wachen zu bemächtigen. Denn sobald diese einmal aufmerksam geworden seien, würden sie sich zum Kampf bereitstellen und die Aufgänge zum Tempel sperren.

5. Kapitel

1. 305. Die Idumäer stimmten diesem Vorschlag zu und eilten durch die Stadt zum Tempel hinauf, wo die Zeloten auf ihr Kommen gespannt Ausschau hielten. Als ihre Befreier eindrangen, faßten sie selbst wieder Mut und rückten aus dem inneren Bezirk des Tempels vor. Sie mischten sich unter die Idumäer und fielen die Wachen an; einige der vor den Hallen eingesetzten Posten, die noch im Schlafe lagen, schlugen sie nieder. Auf das Geschrei der Aufgewachten hin sprang die ganze Schar auf, griff bestürzt zu den Waffen und schritt zur Verteidigung. Solange sie noch glaubten, die Zeloten allein seien ihre Angreifer, blieben sie unverzagt, weil sie auf ihre Überzahl vertrauten; als sie aber sahen, wie fremde Truppen von außerhalb des Tempels hereinströmten, da merkten sie den Einfall der Idumäer. Da warfen die meisten von ihnen mit ihrem Mut auch die Waffen weg und brachen in laute Klagen aus. Nur einige wenige von den Jüngeren schlossen sich zu einer Abwehrstellung zusammen, hielten sich wacker gegen den Ansturm der Idumäer und schützten geraume Zeit die gelähmte Hauptruppe. Diese machten durch ihr Wehgeschrei die Bewohner in der Stadt auf das Unglück aufmerksam. Doch keiner von ihnen wagte, zur Hilfe herbeizueilen, als sie erfahren hatten, die Idumäer seien eingefallen; statt dessen antworteten sie mit nutzlosem Rufen und Wehklagen, und besonders bei den Frauen, von denen jede einen ihrer Verwandten bei der Wache in Gefahr wußte, brach ein lautes Jammern los. Die Zeloten stimmten in den Schlachtruf der Idumäer mit ein, und das Heulen des Sturmes machte das an allen Enden erschallende Geschrei nur noch furchtbarer. Die Idumäer, schon von Natur grausam und mordlustig, schonten niemand, zumal sie vom Unwetter mitgenommen waren und nun ihrem Zorn gegen die, die sie ausgeschlossen hatten, die Zügel schießen ließen. Alle wurden gleich behandelt, ob sie nun um Erbarmen flehten oder sich wehrten, und viele wurden in dem Augenblick vom Schwert durchbohrt, als sie die Idumäer an ihre Stammverwandtschaft erinnerten und sie baten, doch dem gemeinsamen Heiligtum Ehrfurcht zu bezeugen. Für die Flucht gab es keine Möglichkeit und auch keine Hoffnung auf Rettung; so wurden sie dicht zusammengedrängt Mann für Mann erschlagen. Dabei wurde der größte Teil der Kämpfer so sehr bedrängt, daß kein Raum zum Zurückweichen mehr blieb, und da die mordlustigen Verfolger nicht nachgaben, stürzten sie sich in ihrer Hilflosigkeit kopfüber in die Stadt hinunter, wobei sie mit diesem selbstgewählten Tod nach meiner Ansicht ein schlimmeres Schicksal erlitten als das, dem sie sich entzogen. Der äußere Vorhof des Tempels war völlig mit Blut überschwemmt, und das Licht des kommenden Tages legte das Bild von 8500 Toten frei.

2. Οὐκ ἐκορέσθησαν δὲ τούτοις οἱ θυμοὶ τῶν Ἰδουμαίων, ἀλλ' ἐπὶ τὴν πόλιν τραπόμενοι πᾶσαν μὲν οἰκίαν διήρπαζον, ἔκτεινον δὲ τὸν περιτυχόντα. καὶ τὸ μὲν ἄλλο πλῆθος αὐτοῖς ἐδόκει παρανάλωμα, τοὺς δὲ ἀρχιερεῖς ἀνεζήτουν, καὶ κατ' ἐκείνων ἦν τοῖς πλείστοις ἡ φορά. ταχέως δ' ἁλόντες διεφθείροντο, καὶ τοῖς νεκροῖς αὐτῶν ἐπιστάντες τὸν μὲν Ἄνανον τῆς πρὸς τὸν δῆμον εὐνοίας, τὸν δὲ Ἰησοῦν τῶν ἀπὸ τοῦ τείχους λόγων ἐπέσκωπτον. προῆλθον δὲ εἰς τοσοῦτον ἀσεβείας ὥστε καὶ ἀτάφους ῥῖψαι, καίτοι τοσαύτην Ἰουδαίων περὶ τὰς ταφὰς πρόνοιαν ποιουμένων, ὥστε καὶ τοὺς ἐκ καταδίκης ἀνεσταυρωμένους πρὸ δύντος ἡλίου καθελεῖν[128] τε καὶ θάπτειν. οὐκ ἂν ἁμάρτοιμι δ' εἰπὼν ἁλώσεως ἄρξαι τῇ πόλει τὸν Ἀνάνου θάνατον, καὶ ἀπ' ἐκείνης τῆς ἡμέρας ἀνατραπῆναι τὸ τεῖχος καὶ διαφθαρῆναι τὰ πράγματα Ἰουδαίοις, ἐν ᾗ τὸν ἀρχιερέα καὶ ἡγεμόνα τῆς ἰδίας σωτηρίας αὐτῶν[129] ἐπὶ μέσης τῆς πόλεως εἶδον ἀπεσφαγμένον. ἦν γὰρ δὴ τά τε ἄλλα σεμνὸς ἀνὴρ καὶ δικαιότατος, καὶ παρὰ τὸν ὄγκον τῆς τε εὐγενείας καὶ τῆς ἀξίας καὶ ἧς εἶχε τιμῆς ἠγαπηκὼς τὸ ἰσότιμον καὶ πρὸς τοὺς ταπεινοτάτους, φιλελεύθερός τε ἐκτόπως καὶ δημοκρατίας ἐραστής, πρό[130] τε τῶν ἰδίων λυσιτελῶν τὸ κοινῇ συμφέρον ἀεὶ τιθέμενος καὶ περὶ παντὸς ποιούμενος τὴν εἰρήνην· ἄμαχα γὰρ ᾔδει τὰ Ῥωμαίων· προσκοπούμενος δ' ὑπ' ἀνάγκης καὶ τὰ κατὰ τὸν πόλεμον, ὅπως, εἰ μὴ διαλύσαιντο Ἰουδαῖοι, δεξιῶς διαφέροιντο[131]. καθόλου δ' εἰπεῖν, ζῶντος Ἀνάνου πάντως ἂν διελύθησαν[132]· δεινὸς γὰρ ἦν εἰπεῖν τε καὶ πεῖσαι τὸν δῆμον, ἤδη δὲ ἐχειροῦτο καὶ τοὺς ἐμποδίζοντας· ἢ πολεμοῦντες[133] πλείστην ἂν τριβὴν Ῥωμαίοις παρέσχον ὑπὸ τοιούτῳ στρατηγῷ. παρέζευκτο δ' αὐτῷ καὶ ὁ Ἰησοῦς, αὐτοῦ μὲν λειπόμενος κατὰ σύγκρισιν, προύχων δὲ τῶν ἄλλων. ἀλλ', οἶμαι, κατακρίνας ὁ θεὸς ὡς μεμιασμένης τῆς πόλεως ἀπώλειαν καὶ πυρὶ βουλόμενος ἐκκαθαρθῆναι τὰ ἅγια τοὺς ἀντεχομένους αὐτῶν καὶ φιλοστοργοῦντας περιέκοπτεν. οἱ δὲ πρὸ ὀλίγου τὴν ἱερὰν ἐσθῆτα περικείμενοι καὶ τῆς κοσμικῆς θρησκείας κατάρχοντες προσκυνούμενοί τε τοῖς ἐκ τῆς οἰκουμένης παραβάλλουσιν εἰς τὴν πόλιν, ἐρριμμένοι γυμνοὶ βορὰ κυνῶν καὶ θηρίων ἐβλέποντο. αὐτὴν ἐπ' ἐκείνοις στενάξαι τοῖς ἀνδράσι δοκῶ τὴν ἀρετήν, ὀλοφυρομένην ὅτι τοσοῦτον ἥττητο τῆς κακίας. ἀλλὰ γὰρ τὸ μὲν Ἀνάνου καὶ Ἰησοῦ τέλος τοιοῦτον ἀπέβη.

3. Μετὰ δ' ἐκείνους οἵ τε ζηλωταὶ καὶ τῶν Ἰδουμαίων τὸ πλῆθος τὸν λαὸν ὥσπερ ἀνοσίων ζῴων ἀγέλην ἐπιόντες ἔσφαζον. καὶ τὸ μὲν εἰκαῖον ἐφ'

---

[128] M liest καθαιρεῖν, L καθαίρειν, Destinon cj. καταστέλλειν.
[129] von Herwerden gestrichen.
[130] P liest πρότερον.
[131] PAMLVC lesen διαφθείροιντο.
[132] Niese cj. ἢ διελύθησαν, so Thack.
[133] Die Handschriften und Naber lesen πολεμοῦντας, Destinon und Niese cjj. πολεμοῦντες, ihnen folgen Thack, Ricc.

2. 314. Damit war die Wut der Idumäer noch keineswegs gestillt; sie wandten sich vielmehr der Stadt zu, plünderten jedes Haus und töteten jeden, den sie trafen. Sich mit dem gemeinen Volk abzugeben, erschien ihnen dabei als unnützer Kraftaufwand; sie suchten vielmehr nach den Oberpriestern, und gegen diese wandte sich das Ungestüm des größten Teils der Truppe. So wurden sie bald gefangen und niedergemacht, ja, man stellte sich auf deren Leichen und höhnte den Ananos wegen seiner väterlichen Güte gegenüber dem Volk, Jesus aber wegen seiner Rede, die er von der Mauer herunter gehalten hatte. Sie trieben ihren Frevel damit auf die Spitze, daß sie die Leichen unbeerdigt hinauswarfen, obwohl doch die Juden für die Beerdigung der Toten so sehr besorgt sind, daß sie sogar die Leichen der zum Kreuzestod Verurteilten vor Sonnenuntergang herunternehmen und beerdigen[73]. Ich gehe wohl kaum fehl mit der Behauptung, die Eroberung der Stadt habe mit dem Tod des Ananos begonnen[74], und der Einsturz der Mauer, der Untergang des jüdischen Staates habe mit jenem Tage eingesetzt, an dem die Bürger Jerusalems den Hohenpriester und Führer, auf dem ihr eigenes Heil beruhte[75], mitten in der Stadt hingeschlachtet sahen. Er war nämlich überhaupt ein ehrwürdiger und besonders rechtschaffener Mann; trotz der Würde seiner hohen Geburt, seines Ranges und der Ehre, die er erworben hatte, liebte er es, auch Menschen von ganz niederer Stellung wie seinesgleichen zu behandeln[76]. Er besaß eine außerordentliche Liebe zur Freiheit und war ein Freund der Volksherrschaft, der stets das Wohl des Staates vor den eigenen Nutzen stellte und die Erhaltung des Friedens als oberstes Ziel seiner Bemühungen ansah. Denn er wußte zwar, daß die Macht der römischen Waffen unwiderstehlich war; dennoch traf er notgedrungen Vorbereitungen für den Krieg, damit die Juden, wenn sie schon zu keiner Verständigung mit den Römern kämen, wenigstens ehrenvoll abschnitten. Um es kurz zu sagen: wäre Ananos am Leben geblieben, so wäre sicherlich ein Vergleich zustande gekommen. Denn er war ein eindrucksvoller Redner und imstande, das Volk zu überzeugen; ja, er war schon auf dem besten Wege, auch mit seinen Widersachern fertig zu werden. Falls ihm das nicht gelungen wäre, so hätten die Juden unter einem solchen Feldherrn den Sieg der Römer zum mindesten sehr stark verzögert[77]. Mit ihm war Jesus verbunden, der zwar an Ananos gemessen zurückstand, alle anderen jedoch überragte. Aber ich glaube, weil Gott die Stadt wegen ihrer Befleckung zum Untergang verurteilt hatte und den Tempel durch Feuer vollständig reinigen wollte[78], darum raffte er die hinweg[79], die diesem Heiligtum in so großer Liebe anhingen. So sah man die Männer, die noch vor kurzem das heilige Gewand getragen und den dem ganzen Weltall zugeordneten Gottesdienst[80] geleitet hatten, die ferner von den aus allen Gegenden der Erde nach Jerusalem kommenden Besuchern hoch geehrt waren, nackt zum Fraß der Hunde und wilden Tiere hinausgeworfen. Die Tugend selbst, wie mir scheint, seufzte über das Schicksal dieser Männer auf und wehklagte darüber, daß sie dadurch von der Bosheit eine so schwere Niederlage erlitten hatte. Aber so hat sich das Ende des Ananos und des Jesus abgespielt.

3. 326. Nach ihrer Ermordung fielen die Zeloten und die Scharen der Idumäer das Volk an, als wäre es eine Herde unreiner Tiere, und schlachteten es hin. Die gewöhnlichen Leute wurden niedergemetzelt, wo man sie gerade faßte.

οὗ καταληφθείη τόπου διεφθείρετο, τοὺς δὲ εὐγενεῖς καὶ νέους συλλαμβάνοντες εἰς εἱρκτὴν κατέκλειον δεδεμένους, κατ' ἐλπίδα τοῦ προσθήσεσθαί τινας αὐτοῖς τὴν ἀναίρεσιν ὑπερτιθέμενοι. προσέσχε δ' οὐδείς, ἀλλὰ πάντες τοῦ τάξασθαι μετὰ τῶν πονηρῶν κατὰ τῆς πατρίδος προείλοντο τὸν θάνατον. δεινὰς δὲ τῆς ἀρνήσεως αἰκίας ὑπέμενον μαστιγούμενοί τε καὶ στρεβλούμενοι, μετὰ δὲ τὸ μηκέτ' ἀρκεῖν τὸ σῶμα ταῖς βασάνοις μόλις ἠξιοῦντο τοῦ ξίφους. οἱ συλληφθέντες δὲ μεθ' ἡμέραν ἀνῃροῦντο[134] νύκτωρ, καὶ τοὺς νεκροὺς ἐκφοροῦντες ἔρριπτον, ὡς ἑτέροις εἴη δεσμώταις τόπος. ἦν δὲ τοσαύτη τοῦ δήμου κατάπληξις, ὡς μηδένα τολμῆσαι μήτε κλαίειν φανερῶς τὸν προσήκοντα νεκρὸν μήτε θάπτειν, ἀλλὰ λαθραῖα μὲν ἦν αὐτῶν κατακεκλεισμένων τὰ δάκρυα καὶ μετὰ περισκέψεως, μή τις ἐπακούσῃ τῶν ἐχθρῶν, ἔστενον· ἴσα γὰρ τοῖς πενθουμένοις ὁ πενθήσας εὐθὺς ἔπασχε· νύκτωρ δὲ κόνιν αἴροντες χεροῖν ὀλίγην ἐπερρίπτουν τοῖς σώμασι, καὶ μεθ' ἡμέραν εἴ τις παράβολος. μύριοι καὶ δισχίλιοι τῶν εὐγενῶν νέων[135] οὕτως διεφθάρησαν.

4. Οἱ δὲ ἤδη διαμεμισηκότες τὸ φονεύειν ἀνέδην[136] εἰρωνεύοντο δικαστήρια καὶ κρίσεις. καὶ δή τινα τῶν ἐπιφανεστάτων ἀποκτείνειν προθέμενοι Ζαχαρίαν υἱὸν Βάρεις[137]· παρώξυνε δὲ αὐτοὺς τὸ λίαν τἀνδρὸς μισοπόνηρον καὶ φιλελεύθερον, ἦν δὲ καὶ πλούσιος, ὥστε μὴ μόνον ἐλπίζειν τὴν ἁρπαγὴν τῆς οὐσίας, ἀλλὰ καὶ προσαποσκευάσεσθαι[138] δυνατὸν ἄνθρωπον εἰς τὴν αὐτῶν κατάλυσιν· συγκαλοῦσι μὲν ἐξ ἐπιτάγματος ἑβδομήκοντα τῶν ἐν τέλει δημοτῶν εἰς τὸ ἱερόν, περιθέντες δ' αὐτοῖς ὥσπερ ἐπὶ σκηνῆς σχῆμα δικαστῶν ἔρημον ἐξουσίας τοῦ Ζαχαρίου κατηγόρουν, ὡς ἐνδιδοίη τὰ πράγματα Ῥωμαίοις καὶ περὶ προδοσίας διαπέμψαιτο πρὸς Οὐεσπασιανόν. ἦν δὲ οὔτ' ἔλεγχός τις τῶν κατηγορουμένων οὔτε τεκμήριον, ἀλλ' αὐτοὶ πεπεῖσθαι καλῶς ἔφασαν καὶ τοῦτ' εἶναι πίστιν τῆς ἀληθείας ἠξίουν. ὅ γε μὴν Ζαχαρίας συνιδὼν μηδεμίαν αὐτῷ καταλειπομένην σωτηρίας ἐλπίδα, κεκλῆσθαι γὰρ κατ' ἐνέδραν εἰς εἱρκτήν, οὐκ ἐπὶ δικαστήριον, ἐποιήσατο τὴν τοῦ ζῆν ἀπόγνωσιν οὐκ ἀπαρρησίαστον, ἀλλὰ καταστὰς τὸ μὲν πιθανὸν τῶν κατηγορημένων διεχλεύασε καὶ διὰ βραχέων ἀπελύσατο τὰς ἐπιφερομένας αἰτίας. ἔπειτα δὲ τὸν λόγον εἰς τοὺς κατηγόρους ἀποστρέψας ἑξῆς πάσας αὐτῶν διεξῄει τὰς παρανομίας καὶ πολλὰ περὶ τῆς συγχύσεως κατωλοφύρατο τῶν πραγμάτων. οἱ ζηλωταὶ δ' ἐθορύβουν καὶ μόλις τῶν ξιφῶν ἀπεκράτουν, τὸ σχῆμα καὶ τὴν εἰρωνείαν τοῦ δικαστη-

---

[134] L Lat lesen ἀνήγοντο.
[135] Bei L Lat fehlt νέων; Hudson cj. καὶ νέων (vgl. § 327).
[136] LVR lesen ἀναίδην.
[137] Βάρεις lesen PALat, Niese, Thack, Reinach und Ricc; Βαρεῖς VR; Βαρούχου MC, Naber, Klausner.
[138] προσαποσκευάζεσθαι codd. Na; *remotum iri* Lat; προσαποσκευάσεσθαι ed. pr. Niese Thack.

Edle und Junge dagegen verhaftete man und warf sie ins Gefängnis, wobei man ihre Hinrichtung aufschob, weil man hoffte, sie könnten sich ihrer Partei anschließen[81]. Aber keiner schenkte ihnen Gehör, vielmehr zogen es alle vor, zu sterben, anstatt sich auf die Seite dieser Verbrecher und damit gegen die Sache des Vaterlandes zu stellen. Für ihre Weigerung mußten sie schreckliche Mißhandlungen erdulden: sie wurden gegeißelt und gefoltert, und erst wenn ihr Leib den Marterwerkzeugen nicht mehr gewachsen war, gab man ihnen mit dem Schwert den Gnadenstoß[82]. Die bei Tag Verhafteten wurden bei Nacht hingerichtet, ihre Leichen schaffte man weg und warf sie auf die Straße, um für andere Gefangene Raum zu gewinnen. So sehr war das Volk vom Schrecken gelähmt, daß niemand es wagte, einen ihm nahestehenden Toten öffentlich zu beweinen oder zu begraben; nur hinter verschlossenen Türen vergoß man für sie heimliche Tränen, und wenn man sie beseufzte, sah man sich vorher um, ob keiner der Gegner es höre. Denn wer trauerte, erlitt sofort das gleiche Schicksal wie der Betrauerte selbst. Nachts nahm man mit beiden Händen ein wenig Staub und warf ihn über die Leichen[83]; bei Tag trauten sich dies nur die Verwegenen zu. 12 000 junge adlige Männer gingen auf diese Weise zugrunde[84].

4. 334. Schließlich war es den Zeloten verleidet, so ohne weiteres die Menschen hinzuschlachten; deshalb richteten sie zum Schein Gerichtshöfe und Prozeßverfahren ein[85]. Dabei hatten sie sich vorgenommen, einen besonders angesehenen Mann, den Zacharias, Sohn des Bareis, zu töten[86]. Was sie gegen diesen Mann aufbrachten, war dessen außerordentlicher Haß gegen das Gemeine und seine Liebe zur Freiheit; außerdem war er reich, so daß man nicht nur die Aussicht auf die Beschlagnahme seines Vermögens hatte, sondern auch glaubte, sich einen Mann vom Halse schaffen zu können, der sehr wohl imstande gewesen wäre, ihren eigenen Sturz herbeizuführen. So beriefen sie durch Befehl siebzig im öffentlichen Dienst stehende Männer in den Tempel, legten ihnen wie auf einer Bühne[87] die Rolle von Richtern ohne jede Amtsgewalt bei und verklagten den Zacharias, er gebe die Sache des Volkes den Römern preis und unterhalte verräterische Beziehungen zu Vespasian. Es gab aber keine rechtliche Erhärtung und kein Beweismittel für ihre Anklagen, vielmehr behaupteten sie, sie selbst seien von diesem Sachverhalt völlig überzeugt, und forderten, man solle das als Unterpfand der Wahrheit betrachten. Zacharias war sich dessen wohl bewußt, daß es für ihn keine Hoffnung auf Rettung mehr gab, sondern daß er nicht vor einen Gerichtshof, sondern auf hinterlistige Weise in ein Gefängnis geladen worden sei; dennoch glaubte er, die Aussichtslosigkeit, lebend davonzukommen, dürfe ihm nicht den Mund verschließen. So stand er auf und verspottete die Glaubwürdigkeit der Anschuldigungen und zerstreute mit kurzen Worten die gegen ihn erhobenen Bezichtigungen. Darauf richtete er das Wort unmittelbar an seine Ankläger, zählte der Reihe nach alle ihre Verstöße gegen das Gesetz einzeln auf und beklagte in ausführlicher Rede die Zerrüttung der staatlichen Ordnung. Die Zeloten aber lärmten und ließen sich gerade noch davon abhalten, zum Schwert zu greifen, hatten sie sich doch vorgenommen, das heuchlerische Schauspiel einer Gerichtsverhandlung bis zum Ende durchzuspielen; überdies wollten sie die Richter auf die Probe stellen,

ρίου μέχρι τέλους παΐξαι προαιρούμενοι, και άλλως πειράσαι θέλοντες τους δικαστάς, ει παρά τον αυτών κίνδυνον μνησθήσονται του δικαίου.
341 φέρουσι δε οι εβδομήκοντα τω κρινομένω τάς ψήφους άπαντες και συν αύτω προείλοντο τεθνάναι μάλλον ή τής αναιρέσεως αυτού λαβείν την
342 επιγραφήν. ήρθη δε βοή τών ζηλωτών προς την απόλυσιν, και πάντων μεν ήν αγανάκτησις επί τοις δικασταίς ως μή συνιείσι την ειρωνείαν τής
343 δοθείσης αυτοίς εξουσίας, δύο δε τολμηρότατοι προσπεσόντες εν μέσω τω ιερώ διαφθείρουσι τον Ζαχαρίαν και πεσόντι επιχλευάσαντες έφασαν „και παρ' ημών την ψήφον έχεις και βεβαιοτέραν απόλυσιν" ρίπτουσί τε
344 αυτόν ευθέως[139] από του ιερού κατά τής υποκειμένης φάραγγος. τους δε δικαστάς προς ύβριν απεστραμμένοις τοις ξίφεσι τύπτοντες εξέωσαν του περιβόλου, δι' εν τούτο φεισάμενοι της σφαγής αυτών, ίνα σκεδασθέντες ανά την πόλιν άγγελοι πάσι τής δουλείας γένωνται.
345 5. Τοις δε Ιδουμαίοις ήδη τής παρουσίας μετέμελε και προσίστατο τα
346 πραττόμενα. συναγαγών δε αυτούς τις από τών ζηλωτών κατ' ιδίαν ελθών ενεδείκνυτο τα συμπαρανομηθέντα τοις καλέσασι και το κατά της μητρο-
347 πόλεως διεξήει· παρατάσσεσθαι[140] μεν γαρ ως υπό τών αρχιερέων προδιδομένης Ρωμαίοις τής μητροπόλεως, ευρηκέναι δε προδοσίας μεν τεκμήριον ουδέν, τους δ' εκείνην υποκρινομένους φυλάττεσθαι και πολέμου
348 και τυραννίδος έργα τολμώντας. προσήκειν μεν ούν αυτοίς διακωλύειν απ' αρχής· επειδή δε άπαξ εις κοινωνίαν εμφυλίου φόνου προέπεσον[141], όρον γουν επιθείναι τοις αμαρτήμασι και μή παραμένειν χορηγούντας ισχύν τοις
349 καταλύουσι τα πάτρια. και γαρ ει τινες χαλεπαίνουσι το κλεισθήναι τας πύλας και μή δοθήναι μετά τών όπλων αυτοίς ετοίμην την είσοδον, αλλά τους είρξαντας τετιμωρήσθαι· και τεθνάναι μεν Άνανον, διεφθάρθαι δε
350 επί μιάς νυκτός ολίγου δείν πάντα τον δήμον· εφ' οίς τών μεν οικείων πολλούς αισθάνεσθαι μετανοούντας, τών επικαλεσαμένων δε οράν άμετρον την
351 ωμότητα μηδέ δι' ους εσώθησαν αιδουμένων· εν όμμασι γουν τών συμμάχων τα αίσχιστα τολμάν, και τας εκείνων παρανομίας Ιδουμαίοις προσ-
352 άπτεσθαι, μέχρις αν μήτε κωλύη τις μήτε χωρίζηται τών δρωμένων. δείν ούν, επειδή διαβολή μεν πέφηνε τα τής προδοσίας, έφοδος δε Ρωμαίων ουδεμία προσδοκάται, δυναστεία δ' επιτετείχισται τη πόλει δυσκατάλυτος, αυτούς αναχωρείν επ' οίκου και τω μή κοινωνείν τοις φαύλοις απάντων απολογήσασθαι πέρι[142], ών φενακισθέντες μετάσχοιεν.

[139] ευθέως fehlt bei P und A.
[140] L liest παραγενέσθαι, ebenso Kohout.
[141] προσέπεσον PAMVC Niese Thack; μετέπεσον L; προέπεσον R.
[142] Die Handschriften lesen περί, Destinon cj. πέρι.

ob sie sich trotz der Gefahr für ihr Leben der Rücksicht auf die Gerechtigkeit bewußt blieben. Die Siebzig aber gaben sämtlich ihre Stimmen zugunsten des Angeklagten ab und zogen es vor, eher mit ihm zu sterben als für seine Hinrichtung ihren Namen herzugeben. Auf den Freispruch hin erhob sich bei den Zeloten ein lautes Geschrei, und alle waren über die Richter aufgebracht, weil diese nicht begreifen wollten, daß ihnen ihre Vollmacht nur zum Schein gegeben war. Zwei besonders Verwegene fielen den Zacharias mitten im Tempel an, schlugen ihn nieder und riefen zum Spott, während er stürzte: „Da hast du auch von uns die Stimme und eine noch sicherere Entlassung in die Freiheit[88]!" Darauf warfen sie ihn sogleich vom Tempel in die darunter liegende Schlucht[89]. Die Richter aber schlug man im Übermut mit der flachen Klinge des Schwertes und trieb sie aus dem umfriedeten Tempelgelände hinaus, wobei die Zeloten deren Leben nur deshalb schonten, damit sie, über die ganze Stadt zerstreut, für alle zu Boten der Knechtschaft würden.

5. 345. Die Idumäer bereuten schon, nach Jerusalem gekommen zu sein, denn diese Vorgänge waren für sie anstoßerregend. Da ließ sie einer der Zeloten zusammenrufen, ging auf eigene Faust zu ihnen hin und legte ihnen die Verstöße gegen das Gesetz dar, die sie zusammen mit ihren Auftraggebern begangen hatten, und gab ferner einen ausführlichen Bericht über die wahren Verhältnisse in der Hauptstadt[90]. „Ihr seid in den Kampf gezogen", führte er aus, „in der Überzeugung, die Hauptstadt werde von den Oberpriestern den Römern verraten; aber ihr habt keinen Beweis für den Verrat gefunden, während dagegen diejenigen, die die Stadt zu schützen vorgeben, ungescheut Taten des Krieges und der Tyrannei begehen. Richtig wäre es gewesen, wenn ihr sie gleich im Anfang daran gehindert hättet. Aber nachdem ihr euch nun einmal mit ihnen im Bunde bis zum Mord an den eigenen Stammesgenossen habt hinreißen lassen, solltet ihr euren Vergehen jetzt wenigstens eine Grenze setzen und nicht dabei verharren, denen euren starken Arm zu leihen, die die angestammten Gesetze auflösen. Und wenn einige noch immer darüber verbittert sind, daß euch die Tore verschlossen waren und der Einzug unter Waffen nicht freigegeben wurde, so sind doch diejenigen, die euch ausgeschlossen haben, jetzt dafür bestraft: Ananos ist tot, und wenig hätte gefehlt, so wäre in einer einzigen Nacht das ganze Volk vernichtet worden. Ihr merkt es selbst, daß von euren eigenen Leuten viele die Reue über diese Greuel ergreift, während ihr bei denen, die euch herbeigerufen haben, nur unmäßige Grausamkeit seht, wobei man sich nicht einmal vor seinen Rettern schämt. Ja, unter den Augen ihrer Bundesgenossen wagen sie die schändlichsten Taten, und diese ihre Vergehen bleiben solange auch an euch Idumäern hängen, als keiner von euch sie daran hindert oder von solchen Handlungen klar Abstand nimmt. Nachdem sich die Nachrichten über den Verrat als Verleumdung erwiesen haben, ferner kein Anmarsch der Römer zu erwarten ist und sich schließlich in der Stadt eine Herrschaft gefestigt hat, die schwer zu beseitigen ist, wird es nun notwendig, daß ihr wieder nach Hause abzieht und nicht länger mit diesen üblen Menschen Gemeinschaft habt; dadurch werdet ihr euch im Hinblick auf all die Dinge, in die ihr durch Täuschung hineingeraten seid, rechtfertigen können[91]."

353 VI. 1. Τούτοις πεισθέντες οἱ Ἰδουμαῖοι πρῶτον μὲν λύουσι τοὺς ἐν τοῖς δεσμωτηρίοις περὶ δισχιλίους δημότας[143], οἳ παραχρῆμα φυγόντες ἐκ τῆς πόλεως ἀφικνοῦνται πρὸς Σίμωνα, περὶ οὗ μικρὸν ὕστερον ἐροῦμεν·
354 ἔπειτα ἐκ τῶν Ἱεροσολύμων ἀνεχώρησαν ἐπ' οἴκου. καὶ συνέβη τὸν χωρισμὸν αὐτῶν γενέσθαι παράδοξον ἀμφοτέροις· ὅ τε γὰρ δῆμος ἀγνοῶν
355 τὴν μετάνοιαν ἀνεθάρσησε πρὸς ὀλίγον ὡς ἐχθρῶν κεκουφισμένος, οἵ τε ζηλωταὶ μᾶλλον ἐπανέστησαν, οὐχ ὡς ὑπὸ συμμάχων καταλειφθέντες, ἀλλ' ἀπηλλαγμένοι τῶν δυσωπούντων καὶ διατρεπόντων παρανομεῖν.
356 οὐκέτι γοῦν μέλλησις ἢ σκέψις ἦν τῶν ἀδικημάτων, ἀλλ' ὀξυτάταις μὲν ἐχρῶντο ταῖς ἐπινοίαις εἰς ἕκαστα, τὰ δοχθέντα δὲ τάχιον καὶ τῆς ἐπι-
357 νοίας ἐνήργουν. μάλιστα δ' ἐπ' ἀνδρείαν τε καὶ εὐγένειαν ἐφόνων, τὴν μὲν φθόνῳ λυμαινόμενοι, τὸ δὲ γενναῖον δέει· μόνην γὰρ αὐτῶν ἀσφάλειαν
358 ὑπελάμβανον τὸ μηδένα τῶν δυνατῶν καταλιπεῖν. ἀνῃρέθη γοῦν σὺν πολλοῖς ἑτέροις καὶ Γουρίων, ἀξιώματι μὲν καὶ γένει προύχων, δημοκρατικὸς δὲ καὶ φρονήματος ἐλευθερίου μεστός, εἰ καί τις ἕτερος Ἰουδαίων· ἀπώλεσε δὲ αὐτὸν ἡ παρρησία μάλιστα πρὸς τοῖς ἄλλοις πλεονεκτήμασιν.
359 οὐδ' ὁ Περαΐτης Νίγερ αὐτῶν τὰς χεῖρας διέφυγεν, ἀνὴρ ἄριστος ἐν τοῖς πρὸς Ῥωμαίους πολέμοις γενόμενος· ὃς καὶ βοῶν πολλάκις τάς τε ὠτειλὰς
360 ἐπιδεικνὺς διὰ μέσης ἐσύρετο τῆς πόλεως. ἐπεὶ δὲ ἔξω τῶν πυλῶν ἦκτο, τὴν σωτηρίαν ἀπογνοὺς περὶ ταφῆς ἱκέτευεν· οἱ δὲ προαπειλήσαντες ἧς
361 ἐπεθύμει μάλιστα γῆς μὴ μεταδώσειν αὐτῷ, τὸν φόνον ἐνήργουν. ἀναιρούμενος δὲ ὁ Νίγερ τιμωροὺς Ῥωμαίους αὐτοῖς ἐπηράσατο λιμόν τε καὶ
362 λοιμὸν ἐπὶ τῷ πολέμῳ καὶ πρὸς ἅπασι τὰς ἀλλήλων χεῖρας· ἃ δὴ πάντα κατὰ τῶν ἀσεβῶν ἐκύρωσεν ὁ θεός, καὶ τὸ δικαιότατον, ὅτι γεύσασθαι
363 τῆς ἀλλήλων ἀπονοίας ἔμελλον οὐκ εἰς μακρὰν αὑτῶν στασιάσαντες. Νίγερ μὲν οὖν ἀνῃρημένος τοὺς περὶ τῆς καταλύσεως αὐτῶν φόβους ἐπεκούφισε, τοῦ
364 λαοῦ δὲ μέρος οὐδὲν ἦν, ᾧ μὴ πρὸς ἀπώλειαν ἐπενοεῖτο πρόφασις. τὸ μὲν γὰρ αὐτῶν διενεχθέν τινι πάλαι διέφθαρτο, τὸ δὲ μὴ προσκροῦσαν κατ' εἰρήνην ἐπικαίρους[144] ἐλάμβανε τὰς αἰτίας· καὶ ὁ μὲν μηδ' ὅλως αὐτοῖς προσιὼν ὡς ὑπερήφανος, ὁ προσιὼν δὲ μετὰ παρρησίας ὡς καταφρονῶν,
365 ὁ θεραπεύων δ' ὡς ἐπίβουλος ὑπωπτεύετο. μία δὲ ἦν τῶν τε μεγίστων καὶ μετριωτάτων ἐγκλημάτων τιμωρία θάνατος· καὶ διέφυγεν οὐδείς, εἰ μὴ σφόδρα τις ἦν ταπεινὸς ἢ[145] δι' ἀγένειαν[146] ἢ διὰ τύχην.

[143] δημώτας A; δεσμώτας M.
[144] ἐπικαιροὺς P; ἐπὶ καιροὺς AVR; subitas Lat.
[145] ἢ fehlt bei L; τύχη könnte dann als „Zufall" übersetzt werden (Thack).
[146] διὰ πενίαν L.

6. Kapitel

1. 353. Die Idumäer ließen sich durch diese Ausführungen überzeugen. Zuerst befreiten sie etwa 2000 Bürger[92], die in den Gefängnissen saßen und dann sofort aus der Stadt flohen, bis sie zu Simon gelangten, von dem wir etwas später sprechen werden. Dann traten die Idumäer von Jerusalem den Rückzug in ihre Heimat an. Der Abzug der Idumäer kam für beide Teile völlig unerwartet, denn dem Volk war der Stimmungsumschwung im Lager der Idumäer entgangen; so faßte es für kurze Zeit wieder Mut, als sei es von dem Druck eines Feindes befreit. Die Zeloten aber traten erst recht auf, als seien sie nicht von Bundesgenossen verlassen, sondern wie von Männern befreit, die sie beschämen und von ihren Übertretungen abwenden konnten. Ja, nun gab es kein Zögern und kein langes Überlegen mehr bei ihren Freveln, vielmehr wurden zu ihren Taten blitzschnell die Anschläge entworfen, und die Ausführung des geplanten Unternehmens ging noch rascher als der Anschlag. Besonders richtete sich ihre Mordlust auf tapfere und adlige Männer; die einen vernichteten sie aus Neid, die Edlen[93] aber aus Furcht. Denn nur dann meinten sie, völlig sicher zu sein, wenn sie keinen der Mächtigen mehr am Leben gelassen hätten. Hingerichtet wurde neben vielen anderen auch Gurion, ein an Ansehen und Adel hervorragender Mann, der besonders der Volksherrschaft zugetan war und von einer Freiheitsliebe durchdrungen, wie nur irgendein Jude. Neben seinen sonstigen Vorzügen trug ihm vor allem der Freimut seiner Rede den Tod ein. Nicht einmal Niger aus Peräa, ein Mann, der sich in den Kämpfen gegen die Römer besonders tapfer gehalten hatte, entging ihren Händen[94]. Als man ihn mitten durch die Stadt schleppte, stieß er laute Schreie aus und zeigte auf seine Narben. Als man ihn außerhalb der Tore gebracht hatte, verzweifelte er an der Möglichkeit der Rettung und bat nur um ein Begräbnis. Seine Henker aber drohten ihm im voraus, daß sie ihm die Erde, die er so sehnlich begehrte, nicht zubilligen würden, und führten dann den Mord aus. Im Sterben verfluchte sie Niger, die Rache der Römer möge auf ihr Haupt kommen, außer den Schrecken des Krieges noch Hunger und Pest, und zu alledem der gegenseitige Mord[95]. Das alles hat Gott gegen die Frevler bestätigt, und, was am gerechtesten war, sie sollten binnen kurzem bei ihrem Zwist im eigenen Lager den Wahnsinn des gegenseitigen Mordens schmecken. Nigers Tod entlastete sie zwar hinsichtlich ihrer Furcht vor dem eigenen Sturz; dennoch aber blieb keine Gruppe innerhalb des Volkes, für deren Vernichtung von ihnen nicht irgendein Vorwand ersonnen wurde. Diejenigen, die in irgendeiner Weise früher ihre Gegner gewesen waren, hatte man ausgemerzt; die anderen, die ihnen in Friedenszeiten keinen Anstoß gegeben hatten, wurden jetzt mit zweckdienlichen Anschuldigungen bedacht. Wer überhaupt nie an sie herantrat, wurde des Hochmutes, wer es selbstbewußt tat, der Verachtung bezichtigt; wer ihnen 'den Hof machte, kam in den Verdacht, ein Verschwörer zu sein[96]. Nur eine einzige Strafe gab es bei den größten und den geringfügigsten Anschuldigungen: den Tod, und keiner entging ihnen, es sei denn, er habe der alleruntersten Schicht angehört, entweder wegen seiner niedrigen Herkunft oder aufgrund von Schicksalsschlägen.

366 2. Ῥωμαίων δὲ οἱ μὲν ἄλλοι πάντες ἡγεμόνες ἕρμαιον ἡγούμενοι τὴν στάσιν τῶν πολεμίων ὥρμηντο πρὸς τὴν πόλιν καὶ τὸν Οὐεσπασιανὸν ἤπειγον ὡς ἂν ὄντα κύριον τῶν ὅλων, φάμενοι πρόνοιαν θεοῦ σύμμαχον[147]
367 σφίσι τῷ τετράφθαι τοὺς ἐχθροὺς κατ' ἀλλήλων· εἶναι μέντοι τὴν ῥοπὴν ὀξεῖαν, καὶ ταχέως Ἰουδαίους ὁμονοήσειν[148] ἢ κοπιάσαντας ἐν τοῖς ἐμφυ-
368 λίοις κακοῖς ἢ μετανοήσαντας. Οὐεσπασιανὸς δὲ πλεῖστον αὐτοὺς ἔφη τοῦ δέοντος ἁμαρτάνειν, ὥσπερ ἐν θεάτρῳ χειρῶν τε καὶ ὅπλων ἐπίδειξιν ποιήσασθαι γλιχομένους οὐκ ἀκίνδυνον, ἀλλὰ μὴ τὸ συμφέρον καὶ τἀσφα-
369 λὲς σκοποῦντας. εἰ μὲν γὰρ εὐθέως ὁρμήσειεν[149] ἐπὶ τὴν πόλιν, αἴτιος ὁμονοίας ἔσεσθαι τοῖς πολεμίοις καὶ τὴν ἰσχὺν αὐτῶν ἀκμάζουσαν ἐφ' ἑαυτὸν ἐπιστρέψειν[150]· εἰ δὲ περιμείνειεν, ὀλιγωτέροις χρήσεσθαι δαπανηθεῖ-
370 σιν ἐν τῇ στάσει. στρατηγεῖν μὲν γὰρ ἄμεινον αὐτοῦ τὸν θεὸν ἀπονητὶ[151] Ῥωμαίοις παραδιδόντα Ἰουδαίους καὶ τὴν νίκην ἀκινδύνως τῇ στρατηγίᾳ[152]
371 χαριζόμενον· ὥστε χρῆναι διαφθειρομένων χερσὶν οἰκείαις τῶν ἐχθρῶν καὶ τῷ μεγίστῳ κακῷ στάσει χρωμένων θεατὰς μᾶλλον αὐτοὺς ἀποκαθῆσθαι τῶν κινδύνων ἢ θανατῶσιν ἀνθρώποις καὶ λελυσσηκόσιν κατ' ἀλλήλων
372 χεῖρα μίσγειν. εἰ δέ τις οἴεται τὴν δόξαν τῆς νίκης ἑωλοτέραν ἔσεσθαι δίχα μάχης, γνώτω τοῦ διὰ τῶν ὅπλων σφαλεροῦ τὸ μετὰ ἡσυχίας κατόρθωμα
373 λυσιτελέστερον[153]· καὶ γὰρ οὐχ ἧττον εὐκλεεῖς οἴεσθαι χρῆ τῶν κατὰ χεῖρα λαμπρῶν τοὺς ἐγκρατείᾳ καὶ συνέσει τὰ ἴσα πράξαντας. ἅμα μέντοι μειου-μένων τῶν πολεμίων καὶ τὴν αὑτοῦ στρατιὰν ἀναληφθεῖσαν ἐκ τῶν συνεχῶν
374 πόνων ἐρρωμενέστερον ἄξειν[154]. ἄλλως τε καὶ τῶν στοχαζομένων[155] τῆς
375 περὶ τὴν νίκην λαμπρότητος οὐ τοῦτον εἶναι τὸν καιρόν· οὐ γὰρ περὶ κατασκευὴν ὅπλων ἢ τειχῶν οὐδὲ περὶ συλλογὴν ἐπικούρων Ἰουδαίους ἀσχολεῖσθαι, καὶ[156] τὴν ὑπέρθεσιν ἔσεσθαι κατὰ τῶν διδόντων, ἀλλ' ἐπφυλίῳ πολέμῳ καὶ διχονοίᾳ τραχηλιζομένους καθ' ἡμέραν οἰκτρότερα πάσχειν
376 ὧν ἂν ἐπελθόντες αὐτοὶ διαθεῖεν αὐτοὺς ἁλόντας. εἴτ' οὖν τἀσφαλές τις σκοποίη, χρῆναι τοὺς ὑφ' ἑαυτῶν ἀναλισκομένους ἐᾶν, εἴτε τὸ εὐκλεέστερον τοῦ κατορθώματος, οὐ δεῖν τοῖς οἴκοι νοσοῦσιν ἐπιχειρεῖν· ῥηθήσεσθαι γὰρ εὐλόγως οὐκ αὐτῶν τὴν νίκην ἀλλὰ τῆς στάσεως.
377 3. Ταῦτα Οὐεσπασιανῷ λέγοντι συνῄνουν οἱ ἡγεμόνες, καὶ παραχρῆμα

---

[147] M liest συμμαχεῖν, nach Niese vielleicht richtig.
[148] Die Handschriften haben ὁμονοήσειν ἡμῖν; ἡμῖν fehlt in Lat und ed. pr., auch Thack, Naber lassen es weg. Der Sinn wäre dann, die Juden könnten sich mit den Römern aussöhnen.
[149] ὁρμήσειεν nur A^{corr}; die andern Handschriften haben Plural. Doch ist der Singular im weiteren Verlauf des Satzes besser bezeugt: αἴτιος und ἐφ' ἑαυτὸν (αὐτὸν A) PAL.
[150] ἐπιστρέψειν codd.; provocaturos Lat; ἐπιστρέψειν Bekker cj. Niese Na Thack.
[151] PAM Niese haben ἀπονητί; ἀκοντί („ohne Schlachtenstaub") VRC; L liest ἀκοντί.
[152] LVC lesen στρατιᾷ.
[153] λυσιτελέστερον ὄν Herwerden Na (Thack).
[154] A liest ἕξειν, so Na Thack.
[155] τοῖς στοχαζομένοις Hudson cj.; τῷ στοχαζομένῳ Destinon cj.
[156] ὡς Destinon cj.; atque ideo Lat.

2. 366. Auf der Seite der Römer glaubten alle Heerführer, die Zwietracht im Lager der Feinde sei ein unverhoffter Vorteil, sie verlangten ungestüm den Angriff gegen die Stadt und drängten dazu den Vespasian, da er ja Herr der ganzen Lage[97] sei. Sie behaupteten, die Vorsehung Gottes sei ihnen zu Hilfe gekommen, hätten sich doch die Feinde gegen einander gewandt. Freilich stehe die Entscheidung auf des Messers Schneide, und die Juden könnten sehr rasch wieder eines Sinnes werden, sei es, daß sie ihrer inneren Schwierigkeiten überdrüssig würden oder daß sie sie bereuen. Vespasian entgegnete: „Das Ziel, das jetzt angestrebt werden muß, verfehlt ihr gründlich, wenn ihr danach trachtet, wie im Theater eine Schaustellung eures persönlichen Einsatzes und eurer Waffen zu geben, die in diesem Fall nicht ungefährlich wäre; statt dessen solltet ihr das im Auge behalten, was zweckmäßig und sicher ist. Denn wenn ich sofort gegen die Stadt marschierte, so würde ich lediglich verursachen, daß sich die Feinde wieder einigen und ihre ungebrochene Kraft auf mich selbst lenken; bleibe ich aber an Ort und Stelle stehen, so werde ich es mit wenigeren zu tun haben, da sie sich bei ihrem Bürgerkrieg bis dahin selbst verbrauchen. Ein besserer Feldherr als ich ist Gott, der den Römern, ohne daß sie sich zu mühen brauchten, die Juden in die Hand gibt und den Sieg ohne Gefährdung der Feldherrnkunst schenkt[98]. Deshalb ist es unsere Aufgabe, während sich die Gegner mit eigenen Händen umbringen und unter dem größten Übel, dem Bürgerkrieg leiden, uns als Zuschauer von jeder Gefahr abseits zu halten und nicht etwa mit Menschen handgemein zu werden, die den Tod suchen und rasend aufeinander losgehen. Sollte aber jemand glauben, der Glanz eines Sieges, der ohne Schlacht errungen wird, sei halb verblaßt, der soll wissen, daß ein Erfolg, der in aller Ruhe errungen wird, vorteilhafter ist, als der eines Waffengangs, der ja immer eine unsichere Sache bleibt. Auch darf man Sieger, die durch Waffentaten glänzen, nicht für würdiger des Ruhmes halten als diejenigen, die durch Zurückhaltung und besonnene Klugheit das gleiche Ziel erreichen. Denn während die Zahl der Feinde immer geringer wird, werde ich mein eigenes Heer, das sich von den andauernden Anstrengungen inzwischen erholt hat, in um so schlagkräftigerem Zustand ins Feld führen können. Im übrigen ist es jetzt nicht die rechte Zeit für Leute, deren Streben nur darauf geht, der zu erwartende Sieg müsse besonders glanzvoll ausfallen. Denn die Juden sind ja nicht damit beschäftigt, Waffen herzustellen, Mauern zu bauen oder Hilfstruppen anzuwerben — in diesem Falle würde ein Aufschub allerdings zum Nachteil derer ausschlagen, die ihn gewähren —, sondern sie geben sich durch den Bürgerkrieg und ihre Uneinigkeit eine gefährliche Blöße und machen täglich viel jämmerlichere Leiden durch, als wir ihnen bei einem siegreichen Angriff zufügen könnten. Also: wenn man nur die Sicherheit im Auge hat, muß man die Juden, die sich gegenseitig aufreiben, sich selbst überlassen; wenn man andererseits den größeren Ruhm eines militärischen Erfolges erstrebt, darf man nicht ein innerlich krankes Volk angreifen. Denn dann heißt es mit gutem Recht, der Sieg sei nicht der Leistung der Angreifer, sondern der Uneinigkeit der Besiegten zuzuschreiben[99]."

3. 377. Diesen Worten Vespasians stimmten die Heerführer bei, und bald zeigte sich, wie weitblickend der Feldherr mit diesem Urteil gewesen war; denn

τὸ στρατηγικὸν τῆς γνώμης ἀνεφαίνετο· πολλοὶ γοῦν καθ᾽ ἡμέραν ηὐτο-
378 μόλουν τοὺς ζηλωτὰς διαδιδράσκοντες. χαλεπὴ δ᾽ ἦν ἡ φυγὴ φρουραῖς
διειληφότων τὰς διεξόδους πάσας καὶ τὸν ὁπωσοῦν ἐν αὐταῖς ἁλισκόμενον
379 ὡς πρὸς Ῥωμαίους ἀπιόντα διαχρωμένων. ὅ γε μὴν χρήματα δοὺς ἐξ-
ηφίετο καὶ μόνος ἦν ὁ μὴ διδοὺς προδότης, ὥστε κατελείπετο τῶν εὐπόρων
380 τὴν φυγὴν ὠνουμένων μόνους ἐναποσφάττεσθαι τοὺς πένητας. νεκροὶ δὲ
κατὰ τὰς λεωφόρους πάσας ἐσωρεύοντο παμπληθεῖς, καὶ πολλοὶ τῶν
ὁρμωμένων αὐτομολεῖν πάλιν τὴν ἔνδον ἀπώλειαν ᾑροῦντο· τὸν γὰρ ἐπὶ
381 τῆς πατρίδος θάνατον ἐλπὶς ταφῆς ἐποίει δοκεῖν μετριώτερον. οἱ δὲ εἰς
τοσοῦτον ὠμότητος ἐξώκειλαν, ὡς μήτε τοῖς ἔνδον ἀναιρουμένοις μήτε
382 τοῖς ἀνὰ τὰς ὁδοὺς μεταδοῦναι γῆς, ἀλλὰ καθάπερ συνθήκας πεποιημένοι
τοῖς τῆς πατρίδος συγκαταλῦσαι καὶ τοὺς τῆς φύσεως νόμους ἅμα τε τοῖς
εἰς ἀνθρώπους ἀδικήμασιν συμμιᾶναι καὶ τὸ θεῖον, ὑφ᾽ ἡλίῳ τοὺς νεκροὺς
383 μυδῶντας ἀπέλειπον. τοῖς δὲ θάπτουσί τινα τῶν προσηκόντων ὃ καὶ τοῖς
αὐτομολοῦσιν ἐπιτίμιον θάνατος ἦν, καὶ δεῖσθαι παραχρῆμα ταφῆς ἔδει τὸν
384 ἑτέρῳ χαριζόμενον. καθόλου τε εἰπεῖν, οὐδὲν οὕτως ἀπολώλει¹⁵⁷ χρηστὸν
πάθος ἐν ταῖς τότε συμφοραῖς ὡς ἔλεος· ἃ γὰρ ἐχρῆν οἰκτείρειν, ταῦτα
παρώξυνε τοὺς ἀλιτηρίους, καὶ ἀπὸ μὲν τῶν ζώντων ἐπὶ τοὺς ἀνῃρημένους,
385 ἀπὸ δὲ τῶν νεκρῶν ἐπὶ τοὺς ζῶντας τὰς ὀργὰς μετέφερον· καὶ δι᾽ ὑπερβολὴν
δέους ὁ περιὼν τοὺς προληφθέντας ὡς ἀναπαυσαμένους ἐμακάριζεν οἵ τε
ἐν τοῖς δεσμωτηρίοις αἰκιζόμενοι κατὰ σύγκρισιν καὶ τοὺς ἀτάφους ἀπ-
386 έφαινον εὐδαίμονας. κατεπατεῖτο μὲν οὖν πᾶς αὐτοῖς θεσμὸς ἀνθρώπων,
ἐγελᾶτο δὲ τὰ θεῖα, καὶ τοὺς τῶν προφητῶν χρησμοὺς¹⁵⁸ ὥσπερ ἀγυρτικὰς
387 λογοποιίας ἐχλεύαζον. πολλὰ δ᾽ οὗτοι περὶ ἀρετῆς καὶ κακίας προεθέσπι-
σαν, ἃ παραβάντες οἱ ζηλωταὶ καὶ τὴν κατὰ τῆς πατρίδος προφητείαν
388 τέλους ἠξίωσαν. ἦν γὰρ δή τις παλαιὸς λόγος ἀνδρῶν ἐνθέων¹⁵⁹ τότε τὴν
πόλιν ἁλώσεσθαι καὶ καταφλέξεσθαι τὸ ἁγιώτατον¹⁶⁰ νόμῳ πολέμου,
στάσις ἐὰν κατασκήψῃ¹⁶¹ καὶ χεῖρες οἰκεῖαι προμιάνωσι τὸ τοῦ θεοῦ τέμε-
νος· οἷς οὐκ ἀπιστήσαντες¹⁶² οἱ ζηλωταὶ διακόνους αὐτοὺς ἐπέδοσαν.

389 VII. 1. Ἤδη δὲ Ἰωάννῃ τυραννιῶντι τὸ πρὸς τοὺς ὁμοίους ἰσότιμον
ἠδοξεῖτο, καὶ κατ᾽ ὀλίγους προσποιούμενος τῶν πονηροτέρων ἀφηνίαζε
390 τοῦ συντάγματος. ἀεὶ δὲ τοῖς μὲν τῶν ἄλλων δόγμασιν ἀπειθῶν, τὰ δὲ

---

¹⁵⁷ AMLV²Exc lesen Korrektur ἀπωλώλει, so auch Na.
¹⁵⁸ PAMVRC lesen θεσμούς, LExc χρησμούς.
¹⁵⁹ Die Handschriften lesen ἔνθα, cod. Lugd. hat ἔνθεον, Holwerda cj. ἐνθέων, so Na Thack Kohout, Reinach, Ricc. Niese hat † ἔνθα.
¹⁶⁰ MLExc lesen τὰ ἅγια ὅταν, C hat τὰ ἅγια.
¹⁶¹ PAMLExc haben ἐγκατασκήψῃ.
¹⁶² Exc lesen ἀποστήσαντες.

in der Tat trafen täglich viele Überläufer ein, die den Zeloten entronnen waren. Aber die Flucht war schwierig, weil die Zeloten alle Ausgänge durch Wachen besetzt hatten und jeden, der, aus welchem Grunde auch immer, dort festgenommen wurde, niedermachten, als wolle er zu den Römern überlaufen. In Wirklichkeit allerdings durfte jeder gehen, der ihnen Geld gab, und nur wer nichts zu bieten hatte, galt als Verräter, so daß schließlich, da sich die Reichen die Flucht erkaufen konnten, lediglich die Armen abgeschlachtet wurden. Auf allen Landstraßen lagen in großer Zahl Leichen aufgehäuft, und viele, die zur Flucht aufgebrochen waren, wählten daraufhin den Untergang in der Stadt. Denn die Hoffnung auf ein Grab ließ den Tod in der Heimatstadt etwas erträglicher erscheinen. Die Zeloten aber ließen sich zu einer solchen Grausamkeit hinreißen, daß sie weder den in der Stadt noch den auf den Landstraßen Umgekommenen die Erde gönnten. Im Gegenteil: als hätten sie sich förmlich verschworen, zusammen mit den Gesetzen ihrer Heimat auch die der Natur aufzulösen und abgesehen von ihren Greueln an den Menschen auch die Gottheit zu beflecken, ließen sie die Toten unter Gottes Sonne verwesen[100]. Denen, die einen ihrer Verwandten begruben, wurde die gleiche Strafe zuteil, wie den Überläufern: der Tod, und wer einem anderen ein Grab gewährt hatte, mußte es gleich darauf selbst entbehren. Kurz gesagt: keines der edleren Gefühle war in diesen Unglückstagen so gänzlich verloren gegangen wie das Mitleid. Was nämlich hätte Barmherzigkeit wecken müssen, das brachte diese Frevler noch mehr in Harnisch, und abwechslungsweise übertrugen sie ihren Zorn von den Lebenden auf die Gemordeten und dann wieder von den Toten auf die Lebenden. So groß war die Angst vor künftiger Drangsal, daß der Überlebende die vor ihm Weggerafften glücklich pries, weil sie nun zu ihrer Ruhe gekommen waren; diejenigen wiederum, die in den Gefängnissen gemartert wurden, bezeichneten im Vergleich zu ihrer Lage selbst das Los der Unbeerdigten als beneidenswert. Jede menschliche Satzung wurde von ihnen mit Füßen getreten, aber auch die Ehrfurcht vor Gott verlacht, und über die Aussprüche der Propheten spotteten sie, als seien sie das Geschwätz von Gauklern. Denn diese hatten in alter Zeit viel von Tugend und Bosheit verkündet; und die Zeloten, die diesen Sprüchen zuwider handelten, sorgten so dafür, daß sich die Weissagung gegen ihr Heimatland erfüllte. Denn es gab ein altes Wort von gottbegeisterten Männern, die Stadt werde dann eingenommen und das Allerheiligste nach Kriegsbrauch den Flammen preisgegeben werden, wenn es durch einen Aufstand heimgesucht werde und einheimische Hände den Bezirk Gottes befleckten. Diese Weissagungen wiesen die Zeloten nicht ungläubig ab und machten sich dennoch selbst zu Werkzeugen ihrer Erfüllung[101].

7. Kapitel

1. 389. Johannes, der nach der Gewaltherrschaft strebte[102], hielt es bereits für unter seiner Würde, lediglich die gleiche Achtung zu genießen wie seine Genossen; er gewann kleinere Gruppen von den besonders Verwerflichen nach und nach für sich und machte sich vom Hauptverband der Zeloten frei. Immer

αὐτοῦ προστάσσων δεσποτικώτερον, δῆλος ἦν μοναρχίας ἀντιποιούμενος.
391 εἶκον δ' αὐτῷ τινὲς μὲν δέει, τινὲς δὲ κατ' εὔνοιαν, δεινὸς γὰρ ἦν ἀπάτη καὶ λόγῳ προσαγαγέσθαι, πολλοὶ δὲ πρὸς ἀσφαλείας ἡγούμενοι τῆς αὐτῶν τὰς αἰτίας ἤδη τῶν τολμωμένων[163] ἐφ' ἕνα καὶ μὴ πολλοὺς ἀνα-
392 φέρεσθαι. τό γε μὴν δραστήριον αὐτοῦ κατά τε χεῖρα καὶ κατὰ γνώμην
393 δορυφόρους εἶχεν οὐκ ὀλίγους. πολλὴ δὲ μοῖρα τῶν ἀντικαθισταμένων[164] ἀπελείπετο, παρ' οἷς ἴσχυε[165] μὲν καὶ φθόνος δεινὸν ἡγουμένων ὑποτετάχθαι τὸ[166] πρὶν ἰσοτίμῳ, τὸ πλέον δ' εὐλάβεια τῆς μοναρχίας ἀπέτρεπεν·
394 οὔτε γὰρ καταλύσειν ῥᾳδίως ἤλπιζον αὐτὸν ἅπαξ κρατήσαντα, καὶ καθ' αὐτῶν[167] πρόφασιν ἕξειν τὸ τὴν ἀρχὴν ἀντιπρᾶξαι· προῃρεῖτο δ' οὖν πολεμῶν ἕκαστος ὁτιοῦν παθεῖν ἢ δουλεύσας ἑκουσίως ἐν ἀνδραπόδου μοίρᾳ
395 παραπολέσθαι. διαιρεῖται μὲν οὖν ἡ στάσις ἐκ τούτων, καὶ τοῖς ἐναντι-
396 ωθεῖσιν Ἰωάννης ἀντεβασίλευσεν. ἀλλὰ τὰ μὲν πρὸς ἀλλήλους αὐτοῖς διὰ φυλακῆς ἦν, καὶ οὐδὲν ἢ μικρὸν εἴ ποτε διηκροβολίζοντο τοῖς ὅπλοις, ἤριζον δὲ κατὰ τοῦ δήμου καὶ πότεροι πλείονα λείαν ἄξουσιν ἀντεφιλο-
397 νείκουν. ἐπεὶ δὲ ἡ πόλις τρισὶ τοῖς μεγίστοις κακοῖς ἐχειμάζετο, πολέμῳ καὶ τυραννίδι καὶ στάσει, κατὰ σύγκρισιν μετριώτερον ἦν τοῖς δημοτικοῖς ὁ πόλεμος· ἀμέλει διαδιδράσκοντες ἐκ τῶν οἰκείων ἔφευγον πρὸς τοὺς ἀλλοφύλους καὶ παρὰ Ῥωμαίοις ἧς ἀπήλπισαν ἐν τοῖς ἰδίοις σωτηρίας ἠξιοῦντο.
398 2. Τέταρτον δὲ ἄλλο κακὸν ἐκινεῖτο πρὸς τὴν τοῦ ἔθνους κατάλυσιν.
399 φρούριον ἦν οὐ πόρρω Ἱεροσολύμων καρτερώτατον, ὑπὸ τῶν ἀρχαίων βασιλέων εἴς τε ὑπεκθέσιν κτήσεως ἐν πολέμου ῥοπαῖς καὶ σωμάτων ἀσφά-
400 λειαν κατεσκευασμένον, ὃ ἐκαλεῖτο Μασάδα. τοῦτο κατειληφότες οἱ προσαγορευόμενοι σικάριοι τέως μὲν τὰς πλησίον χώρας κατέτρεχον οὐδὲν πλέον τῶν ἐπιτηδείων ποριζόμενοι[168]· δέει γὰρ ἀνεστέλλοντο τῆς πλείονος
401 ἁρπαγῆς· ὡς δὲ[169] τὴν Ῥωμαίων στρατιὰν ἠρεμοῦσαν, στάσει δὲ καὶ τυραννίδι ἰδίᾳ τοὺς ἐν Ἱεροσολύμοις Ἰουδαίους ἐπύθοντο διῃρημένους,
402 ἁδροτέρων[170] ἥπτοντο τολμημάτων. καὶ κατὰ τὴν ἑορτὴν τῶν ἀζύμων, ἣν ἄγουσιν Ἰουδαῖοι σωτήρια ἐξ οὗ τῆς ὑπ' Αἰγυπτίοις δουλείας ἀνεθέντες εἰς τὴν πάτριον γῆν κατῆλθον, νύκτωρ τοὺς ἐμποδὼν ὄντας διαλαθόντες
403 πολίχνην τινὰ κατατρέχουσιν καλουμένην Ἐνγαδδί, ἐν ᾗ τὸ μὲν ἀμύνεσθαι

---

[163] Lat übersetzt *priorum delictorum*, liest also wahrscheinlich τετολμημένων, vgl. die ursprüngliche Lesart von C τολμημένων. Bei der von den Handschriften bezeugten Lesart τολμωμένων ist ἤδη wohl mit ἀναφέρεσθαι zu verbinden.
[164] AMLVRExc lesen ἀντικαθημένων, so Na.
[165] ἰσχὺς lesen LExc.
[166] MLVRExc lesen τῷ.
[167] A hat κατ' αὐτῶν, LExc lesen καθ'ἑαυτόν, Lat hat *in se*. Ricc erwägt, ob nicht vor τὴν ἀρχὴν ein μὴ ausgefallen sei.
[168] LVRCLatExc lassen die Periode von τέως — ποριζόμενοι weg.
[169] δὲ fehlt bei PALat.
[170] PA¹Exc haben ἀνδροτέρων, VR ἀδροτέρων.

widersetzte er sich den Richtlinien der übrigen, während er die eigenen in herrischer Weise als Befehle ausgab; somit war es klar, daß er auf alleinige Führung Anspruch erhob. Einige gaben ihm nach aus Furcht, andere wieder aus echter Zuneigung, denn er verstand es hervorragend, Menschen durch Betrug und eindrucksvolle Reden auf seine Seite zu bringen; ferner glaubten viele, es diene ihrer eigenen Sicherheit, wenn die Schuld an den kühnen Freveltaten nunmehr einem und nicht vielen zugeschoben werde. Begreiflicherweise sicherte ihm seine körperliche und geistige Energie eine stattliche Zahl von Gefolgsleuten. Immerhin blieb eine beträchtliche Gruppe von Gegnern übrig; von diesen wurde die kleinere Zahl durch Neid bestimmt, da man es hier für unerträglich hielt, einem bisher Gleichgestellten untergeordnet zu sein. Die meisten jedoch schreckte die Furcht vor der Herrschaft eines einzelnen. Denn sie sahen es kommen, daß man ihn nicht leicht wieder würde beseitigen können, wenn er einmal die Macht ergriffen hätte, und daß er dann ihren anfänglichen Widerstand als Vorwand gegen sie ins Feld führen würde[103]. Jeder von diesen zog es vor, als Krieger zu kämpfen und dabei alle erdenklichen Leiden zu erdulden anstatt freiwillig Knechtsdienst zu leisten und den unwürdigen Tod eines Sklaven zu sterben. Aus diesem Grunde kam es zu einer Spaltung in der Partei, und Johannes trat seinen Widersachern gegenüber wie ein feindseliger König auf. Aber beim gegenseitigen Verhältnis beschränkte man sich darauf, vor einander auf der Hut zu sein, und nur selten oder überhaupt nicht kam es zu einem Geplänkel mit den Waffen; statt dessen wetteiferte man in der Unterdrückung des Volkes und stritt ehrgeizig darum, wer die größte Beute nach Hause bringen könnte[104]. Als nun die Stadt von den drei schlimmsten Plagen, dem Krieg, der Gewaltherrschaft und dem Aufruhr, heimgesucht war, erschien den Bürgern der Krieg im Vergleich zu den anderen noch als das geringste Übel. So geschah es dann auch, daß sie ihren Mitbürgern entliefen, zu den Fremden flohen und bei den Römern des Schutzes gewürdigt wurden, den sie von ihren eigenen Landsleuten nicht erwarten konnten.

2. 398. Da brach ein viertes, andersartiges Unheil[105] zum Verderben des Volkes herein. Denn unweit von Jerusalem lag eine sehr starke Festung, die von den alten Königen zur Bergung ihres Besitzes in den Wechselfällen des Krieges und zur persönlichen Sicherheit eingerichtet worden war; sie hieß Masada[106]. Diese hatten die sogenannten Sikarier eingenommen[107], die sich bis dahin auf Streifzüge in dem umliegenden Gebiet beschränkt und sich dabei außer den notwendigsten Lebensmitteln nichts weiter verschafft hatten, denn die Furcht hielt sie von ausgiebigerem Raub zurück. Als sie aber erfahren hatten, daß das römische Heer untätig verharre, während die Juden in Jerusalem durch Aufruhr und Gewaltherrschaft innerhalb der eigenen Mauern in verschiedene Gruppen aufgespalten seien, da befaßten sie sich mit beträchtlicheren und kühneren Unternehmungen. Und während des Festes der ungesäuerten Brote, das die Juden in dankbarer Erinnerung an ihre Rettung seit dem Tage begehen, an dem sie von der Knechtschaft der Ägypter befreit in ihr Heimatland zurückkehrten, da zogen die Sikarier während der Nacht und unbemerkt von etwaigen Aufpassern aus ihrer Festung herab und überfielen ein Städtchen namens Engedi[108]. Dort vertrieben sie alle wehrhaften Männer, bevor sie noch

δυνάμενον πρὶν ὅπλων ἄψασθαι καὶ συνελθεῖν φθάσαντες ἐκόλασαν[171] καὶ τῆς πόλεως ἐξέβαλον, τὸ δὲ φυγεῖν ἧττον ὄν, γύναιά τε καὶ παῖδας, ὑπὲρ 404 ἑπτακοσίους ἀναιροῦσιν. ἔπειτα τούς τε οἴκους ἐξεσκευασμένοι καὶ τῶν 405 καρπῶν τοὺς ἀκμαιοτάτους ἁρπάσαντες ἀνήνεγκαν εἰς τὴν Μασάδαν. καὶ οἱ μὲν ἐλήζοντο πάσας τὰς περὶ τὸ φρούριον κώμας καὶ τὴν χώραν ἐπόρθουν ἅπασαν προσδιαφθειρομένων αὐτοῖς καθ' ἡμέραν ἑκασταχόθεν οὐκ 406 ὀλίγων· ἐκινεῖτο δὲ καὶ κατὰ τὰ ἄλλα τῆς Ἰουδαίας κλίματα τὸ τέως ἠρεμοῦν τὸ λῃστρικόν, καθάπερ δὲ ἐν σώματι τοῦ κυριωτάτου φλεγμαί- 407 νοντος πάντα τὰ μέλη συνενόσει· διὰ γοῦν τὴν ἐν τῇ μητροπόλει στάσιν καὶ ταραχὴν ἄδειαν ἔσχον οἱ κατὰ τὴν χώραν πονηροὶ τῶν ἁρπαγῶν καὶ τὰς οἰκείας ἕκαστος κώμας ἁρπάζοντες ἔπειτα εἰς τὴν ἐρημίαν ἀφίσταντο. 408 συναθροιζόμενοί τε καὶ συνομνύμενοι κατὰ λόχους στρατιᾶς μὲν ὀλιγώ- 409 τεροι πλείους δὲ λῃστηρίου προσέπιπτον ἱεροῖς καὶ πόλεσιν, καὶ κακοῦσθαι μὲν συνέβαινεν ἐφ' οὓς ὁρμήσειαν ὡς ἐν πολέμῳ καταληφθέντας, φθάνεσθαι δὲ τὰς ἀμύνας ὡς λῃστῶν ἅμα ταῖς ἁρπαγαῖς ἀποδιδρασκόντων. οὐδὲν δὲ μέρος ἦν τῆς Ἰουδαίας, ὃ μὴ τῇ προανεχούσῃ πόλει συναπώλλυτο. 410 3. Ταῦτα Οὐεσπασιανῷ παρὰ τῶν αὐτομόλων διηγγέλλετο. καίπερ γὰρ φρουρούντων τὰς ἐξόδους τῶν στασιαστῶν ἁπάσας καὶ διαφθειρόντων τοὺς ὁπωσοῦν προσιόντας, ὅμως ἦσαν οἳ διελάνθανον καὶ καταφεύγοντες εἰς τοὺς Ῥωμαίους τὸν στρατηγὸν ἐνῆγον ἀμῦναι τῇ πόλει καὶ τὰ τοῦ δήμου 411 περισῶσαι λείψανα· διὰ γὰρ τὴν πρὸς Ῥωμαίους εὔνοιαν ἀνῃρῆσθαί τε τοὺς 412 πολλοὺς καὶ κινδυνεύειν τοὺς περιόντας. ὁ δὲ οἰκτείρων ἤδη τὰς συμφορὰς αὐτῶν τὸ μὲν δοκεῖν ἐκπολιορκήσων ἐφίσταται[172] τὰ Ἱεροσόλυμα, τὸ δὲ 413 ἀληθὲς ἀπαλλάξων πολιορκίας. ἔδει μὲν[173] προκαταστρέψασθαι τὰ λειπόμενα καὶ μηδὲν ἔξωθεν ἐμπόδιον τῇ πολιορκίᾳ καταλιπεῖν· ἐλθὼν οὖν ἐπὶ τὰ Γάδαρα μητρόπολιν τῆς Περαίας καρτερὰν τετράδι Δύστρου μηνὸς εἴσεισιν 414 εἰς τὴν πόλιν· καὶ γὰρ ἔτυχον οἱ δυνατοὶ λάθρα τῶν στασιωδῶν πρεσβευσάμενοι πρὸς αὐτὸν περὶ παραδόσεως πόθῳ τε εἰρήνης καὶ διὰ τὰς οὐσίας· 415 πολλοὶ δὲ τὰ Γάδαρα κατῴκουν πλούσιοι. τούτων τὴν πρεσβείαν ἠγνοήκεσαν οἱ διάφοροι, πλησίον δὲ ἤδη ὄντος Οὐεσπασιανοῦ διεπύθοντο, καὶ κατασχεῖν μὲν αὐτοὶ τὴν πόλιν ἀπέγνωσαν δύνασθαι τῶν τε ἔνδον ἐχθρῶν πλήθει λειπόμενοι καὶ Ῥωμαίους ὁρῶντες οὐ μακρὰν τῆς πόλεως, φεύγειν δὲ κρίνοντες ἠδόξουν ἀναιμωτὶ καὶ μηδεμίαν παρὰ τῶν αἰτίων εἰσπρα-

---

[171] ἐκόλασαν PAVR; ἐσκέδασαν MLC Exc Pmarg Amarg Niese Na Thack Kohout Reinach Ricc. Destinon bezweifelt die Richtigkeit von ἐσκέδασαν; vgl. Anm. 109.
[172] VRC lesen ἀνίσταται, Thack (aus Niese ed. min.) ἀρίσταται; Lat: propius ad eos... accedit.
[173] δὲ haben MVRC; μὲν τοῦ liest L; μέντοι Destinon Thack cj.

zu den Waffen greifen und gemeinsam antreten konnten, durch ein rasches Strafgericht aus der Stadt, während sie, was der Flucht nicht gewachsen war, Frauen und Kinder über 700 an der Zahl, niedermetzelten. Dann räumten sie die Häuser aus, raubten die reifsten Früchte und schleppten sie hinauf nach Masada[109]. Sie machten ähnliche Raubzüge in alle Dörfer der Umgebung der Festung und verwüsteten das ganze Land; von allen Seiten gesellten sich zu ihnen täglich zahlreiche Männer, die in das gleiche Verderben hineingezogen wurden. Aber auch in den anderen Gegenden Judäas rührte sich das Räubergesindel, das sich bis dahin ruhig verhalten hatte, wie in einem Körper alle Glieder mit erkranken, wenn das wichtigste entzündet ist: Wegen des Aufruhrs und der Verwirrung in der Hauptstadt erhielten die schlechten Elemente auf dem Lande freie Hand für ihre Raubzüge, und jede Gruppe plünderte zunächst die heimischen Dörfer und setzte sich daraufhin in die Wüste ab. Sie sammelten sich, legten miteinander einen Eid ab und fielen nun in Rotten, die zwar kleiner als ein Heer, jedoch größer als eine Räuberbande waren, über Heiligtümer[110] und Städte her. Die Leute, die von ihnen überfallen worden waren, hatten einerseits ein Schicksal zu erleiden, wie wenn sie vom Kriege hart geschlagen worden wären, andererseits war für sie die Möglichkeit einer Vergeltung im voraus abgeschnitten, da ihre Gegner sich mit ihrer Beute wie Räuber aus dem Staube machten[111]. So gab es keine Landschaft Judäas, die nicht in das Verderben der ihnen allen übergeordneten Stadt mit hineingezogen worden wäre.

3. 410. Diese Ereignisse wurden Vespasian von Überläufern berichtet. Denn wenn die Aufständischen auch alle Ausgänge bewachten und jeden umbrachten, der sich ihnen aus irgendeinem Grunde näherte, so gelang es doch einigen, unbemerkt durchzukommen und zu den Römern zu fliehen, wo sie in den Feldherrn drangen, der Hauptstadt zu helfen und wenigstens die Reste des Volkes zu retten. Denn wegen ihrer römerfreundlichen Gesinnung seien die meisten erschlagen und die Überlebenden in großer Gefahr. Vespasian, der mit ihrem Unglück geradezu schon Mitleid empfand, setzte sich in Bewegung, scheinbar um Jerusalem zu belagern, in Wahrheit aber, um es von dem Belagerungszustand zu befreien[112]. Freilich mußte er vorher das übriggebliebene Gebiet unterwerfen, um keinen Platz in seinem Rücken zu belassen, der ihm bei der Belagerung hätte im Wege sein können. Er marschierte nun gegen Gadara, die stark befestigte Hauptstadt von Peräa, und zog am 4. des Monats Dystros (21. März 68) in die Stadt ein[113]. Denn die führenden Männer dort hatten damals gerade, ohne daß die aufrührerischen Elemente es merkten, zu Vespasian eine Gesandtschaft geschickt und die Übergabe angeboten, aus Liebe zum Frieden und aus Sorge um den Besitz; in Gadara wohnten nämlich viele wohlhabende Leute. Ihre Gegner hatten von der Gesandtschaft nichts gewußt, und erst als Vespasian schon nahe herangerückt war, erfuhren sie durch ihre Nachforschungen davon. Sie verzweifelten an der Möglichkeit, selbst die Stadt behaupten zu können, da ihnen ihre Feinde drinnen zahlenmäßig überlegen waren und sie außerdem bemerkten, daß die Römer sich unweit von der Stadt befanden; sie hielten es jedoch für unrühmlich, ohne Blutvergießen zu fliehen und ohne sich durch eine Züchtigung an den Schuldigen schadlos zu halten. Sie verhafteten den Dolesos — dieser war nämlich nicht nur auf Grund seiner hohen

416 ξάμενοι τιμωρίαν. συλλαβόντες δὴ τὸν Δόλεσον, οὗτος γὰρ ἦν οὐ μόνον ἀξιώματι καὶ γένει τῆς πόλεως πρῶτος, ἀλλ' ἐδόκει καὶ τῆς πρεσβείας αἴτιος, κτείνουσί τε αὐτὸν καὶ δι' ὑπερβολὴν ὀργῆς νεκρὸν αἰκισάμενοι
417 διέδρασαν ἐκ τῆς πόλεως. ἐπιούσης δὲ ἤδη τῆς Ῥωμαϊκῆς δυνάμεως ὅ τε δῆμος τῶν Γαδαρέων μετ' εὐφημίας τὸν Οὐεσπασιανὸν εἰσδεξάμενοι δεξιὰς παρ' αὐτοῦ πίστεως ἔλαβον καὶ φρουρὰν ἱππέων τε καὶ πεζῶν
418 πρὸς τὰς τῶν φυγάδων καταδρομάς· τὸ γὰρ τεῖχος αὐτοὶ πρὶν ἀξιῶσαι Ῥωμαίους καθεῖλον, ὅπως εἴη πίστις αὐτοῖς τοῦ τὴν εἰρήνην ἀγαπᾶν τὸ μηδὲ βουληθέντας δύνασθαι[174] πολεμεῖν.
419 4. Οὐεσπασιανὸς δὲ ἐπὶ μὲν τοὺς διαδράντας ἐκ τῶν Γαδάρων Πλάκιδον σὺν ἱππεῦσιν πεντακοσίοις καὶ πεζοῖς τρισχιλίοις πέμπει, αὐτὸς δὲ μετὰ
420 τῆς ἄλλης στρατιᾶς ὑπέστρεψεν εἰς Καισάρειαν. οἱ δὲ φυγάδες ὡς αἰφνίδιον τοὺς διώκοντας ἱππεῖς ἐθεάσαντο, πρὶν εἰς χεῖρας ἐλθεῖν εἴς τινα κώμην συνει-
421 λοῦνται Βηθενναβρὶν προσαγορευομένην· ἐν ᾗ νέων[175] πλῆθος οὐκ ὀλίγον εὑρόντες καὶ τοὺς μὲν ἑκόντας τοὺς δὲ βίᾳ καθοπλίσαντες εἰκαίως, προ-
422 πηδῶσιν ἐπὶ τοὺς περὶ τὸν Πλάκιδον. οἱ δὲ πρὸς μὲν τὴν πρώτην ἐμβολὴν ὀλίγον εἶξαν ἅμα καὶ προκαλέσασθαι τεχνιτεύοντες αὐτοὺς ἀπὸ τοῦ τεί-
423 χους πορρωτέρω, λαβόντες δ' εἰς ἐπιτήδειον[176] περιήλαυνόν τε καὶ κατηκόντιζον, καὶ τοὺς μὲν φυγάδας[177] αὐτῶν οἱ ἱππεῖς ὑπετέμνοντο, τὰς
424 συμπλοκὰς δὲ τὸ πεζὸν εὐτόνως διέφθειρον[178]. οὐ μέντοι πλέον τι τόλμης ἐπιδεικνύμενοι Ἰουδαῖοι διεφθείροντο· πεπυκνωμένοις γὰρ τοῖς Ῥωμαίοις προσπίπτοντες καὶ ταῖς πανοπλίαις ὥσπερ τετειχισμένοις, αὐτοὶ μὲν οὐχ
425 εὕρισκον βέλους παράδυσιν οὐδ' ἠυτόνουν ῥῆξαι τὴν φάλαγγα, περιεπείροντο δὲ τοῖς ἐκείνων βέλεσι καὶ τοῖς ἀγριωτάτοις παραπλήσιοι θηρίοις ὥρμων ἐπὶ τὸν σίδηρον, διεφθείροντο δ' οἱ μὲν κατὰ στόμα παιόμενοι τοῖς ξίφεσιν, οἱ δὲ ὑπὸ τῶν ἱππέων σκεδαννύμενοι.
426 5. Σπουδὴ γὰρ ἦν τῷ Πλακίδῳ τὰς ἐπὶ τὴν κώμην ὁρμὰς αὐτῶν δια-
427 κλείειν. καὶ συνεχῶς παρελαύνων κατ' ἐκεῖνο τὸ μέρος, ἔπειτα ἐπιστρέφων ἅμα καὶ τοῖς βέλεσι χρώμενος εὐστόχως ἀνῄρει τοὺς πλησιάζοντας καὶ δέει τοὺς πόρρωθεν ἀνέστρεφεν, μέχρι βίᾳ διεκπεσόντες οἱ γενναιότατοι
428 πρὸς τὸ τεῖχος διέφυγον. ἀπορία δ' εἶχε τοὺς φύλακας· οὔτε γὰρ ἀποκλεῖσαι τοὺς ἀπὸ τῶν Γαδάρων ὑπέμενον διὰ τοὺς σφετέρους καὶ δεξάμε-
429 νοι συναπολεῖσθαι[179] προσεδόκων. ὃ δὴ καὶ συνέβη· συνωσθέντων γὰρ αὐτῶν εἰς τὸ τεῖχος παρ' ὀλίγον μὲν οἱ τῶν Ῥωμαίων ἱππεῖς συνεισέπεσον, οὐ μὴν ἀλλὰ καὶ φθασάντων ἀποκλεῖσαι τὰς πύλας προσβαλὼν ὁ Πλάκιδος καὶ μέχρι δείλης γενναίως ἀγωνισάμενος τοῦ τείχους καὶ τῶν ἐν τῇ κώμῃ
430 ἐκράτει[180]. τὰ μὲν οὖν ἀργὰ πλήθη διεφθείρετο, φυγὴ δὲ ἦν τῶν δυνατωτέρων, τὰς δ' οἰκίας οἱ στρατιῶται διήρπασαν καὶ τὴν κώμην ἐνέπρησαν.

[174] δύνασθαι fehlt bei PA¹MLVRC und Destinon; unser Text folgt A^corr Lat Niese.
[175] PAML lesen Ἰουδαίων.
[176] ἐπιτήδειον τόπον Na cj.
[177] τὰς μὲν φυγὰς Destinon cj.
[178] διέφερον Destinon cj.
[179] συναπολέσθαι P; συναποκλεῖσθαι R; συναποκεκλεῖσθαι C.
[180] δὲ κρατεῖ L; κρατεῖ Niese cj. Thack.

Stellung und Abkunft der erste Mann der Stadt, sondern schien ihnen auch der Urheber der Gesandtschaft zu sein — töteten ihn, schändeten im Übermaß ihres Zornes die Leiche und flüchteten aus der Stadt. Als nun die römische Heeresmacht heranrückte, nahmen die Bewohner von Gadara den Vespasian mit freudigem Zuruf auf, empfingen von ihm die Zusicherung seiner Treue und eine Besatzung von Reitern und Fußvolk gegen etwaige Angriffe der Geflüchteten. Sie hatten nämlich die Mauer, schon ehe die Römer es verlangten, geschleift; so gaben sie diesen als Unterpfand ihrer Friedensliebe das eigene Unvermögen, in Zukunft einen Krieg, selbst wenn sie ihn wollten, führen zu können.

4. 419. Vespasian sandte zur Verfolgung der aus Gadara Geflüchteten den Placidus mit 500 Reitern und 3000 Fußsoldaten; er selbst kehrte mit der Hauptmacht nach Caesarea zurück. Als die Flüchtlinge plötzlich die Reiter sahen, die sie verfolgten, zogen sie sich, bevor es zu einem Handgemenge kam, in wildem Gedränge auf ein Dorf namens Bethennabris[114] zurück. Dort fanden sie eine nicht unbeträchtliche Menge junger Leute vor, die sie in aller Eile, teils mit, teils gegen deren Willen, bewaffneten; dann machten sie gegen die Truppen des Placidus einen Vorstoß. Diese wichen beim ersten Angriff etwas zurück, um zugleich mit diesem Manöver die Juden von der Mauer weiter wegzulocken. Nachdem sie diese genügend weit abgezogen hatten, machten die Römer eine Umgehungsbewegung und schossen die Lanzen ab; wer von den Juden die Flucht ergriff, wurde von den Reitern abgeschnitten, während das Fußvolk kraftvoll die dichten Haufen zerschlug. So wurden die Juden vernichtet, freilich ohne viel mehr als einen Beweis ihrer Kühnheit geliefert zu haben. Denn sie stürzten sich auf die fest zusammengeschlossenen römischen Truppen, die durch ihre Waffenrüstung wie ummauert waren, und fanden dort für ihre Geschosse keinen ungeschützten Raum, und erst recht waren sie nicht stark genug, die Schlachtreihe aufzureißen; vielmehr wurden sie von den Geschossen der Römer durchbohrt, und wilden Tieren gleich stürmten sie auf das tödliche Eisen. So kamen die Juden um, teils im Kampf Mann gegen Mann mit dem Schwert erschlagen, teils von den Reitern zersprengt.

5. 426. Placidus hatte es nämlich besonders darauf abgesehen, die zum Dorf zurückdrängenden Juden abzuschneiden, und warf deshalb seine Reiterei unablässig in diese Richtung, ließ sie dann plötzlich kehrtmachen und schoß die nächsten Feinde, die ein gutes Ziel boten, mit den Wurfspießen nieder, während er die ferner stehenden durch den bloßen Schrecken abhielt; schließlich brachen die tapfersten Juden doch mit Gewalt durch und flüchteten zur Mauer hin. Die Wachen wußten nicht ein noch aus. Sie konnten es nicht über sich bringen, die Gadarener auszuschließen, wegen der eigenen Leute, die sich zwischen diesen befanden, andererseits mußten sie damit rechnen, daß sie im Fall der Aufnahme selbst mit ihnen zugrunde gingen. So geschah es auch wirklich. Denn während die Juden auf die Mauer zu gedrängt wurden, wären um ein Haar auch die römischen Reiter mit ihnen hineingestürmt; freilich kam man ihnen noch zuvor und schloß die Tore, aber Placidus griff an, kämpfte tapfer bis zum Abend, gewann die Mauer und überwältigte die Verteidiger des Dorfes. Die wehrlosen Massen wurden umgebracht, während die kräftigeren Mannschaften die Möglichkeit zur Flucht nutzten; die römischen Soldaten plünderten die Häuser aus

431 οἱ δὲ διαδράντες ἐξ αὐτῆς τοὺς κατὰ τὴν χώραν συνανέστησαν, καὶ τὰς μὲν αὑτῶν συμφορὰς ἐξαίροντες ἐπὶ μεῖζον, τῶν δὲ Ῥωμαίων τὴν στρατιὰν πᾶσαν ἐπιέναι λέγοντες πάντας πανταχόθεν ἐξέσεισαν τῷ δέει, γενόμενοί
432 τε παμπληθεῖς ἔφευγον ἐπὶ Ἱεριχοῦντος· αὕτη γὰρ ἔτι μόνη τὰς ἐλπίδας
433 αὐτῶν ἔθαλπε τῆς σωτηρίας καρτερὰ πλήθει γε οἰκητόρων. Πλάκιδος δὲ τοῖς ἱππεῦσι καὶ ταῖς προαγούσαις εὐπραγίαις τεθαρρηκὼς εἴπετο, καὶ μέχρι μὲν Ἰορδάνου τοὺς ἀεὶ καταλαμβανομένους ἀνῄρει, συνελάσας δὲ πρὸς τὸν ποταμὸν πᾶν τὸ πλῆθος εἰργομένοις[181] ὑπὸ τοῦ ῥεύματος, τραφὲν
434 γὰρ ὑπ' ὄμβρων ἄβατον ἦν, ἀντικρὺ παρετάσσετο. παρώξυνε δ' ἡ ἀνάγκη πρὸς μάχην τοὺς φυγῆς τόπον οὐκ ἔχοντας, καὶ ταῖς ὄχθαις ἐπὶ μήκιστον παρεκτείναντες σφᾶς αὐτοὺς ἐδέχοντο τὰ βέλη καὶ τὰς τῶν ἱππέων ἐμβο-
435 λάς, οἳ πολλοὺς αὐτῶν παίοντες εἰς τὸ ῥεῦμα κατέβαλον. καὶ τὸ μὲν ἐν χερσὶν αὐτῶν διαφθαρὲν μύριοι πεντακισχίλιοι, τὸ δὲ βιασθὲν ἐμπηδῆσαι
436 εἰς τὸν Ἰορδάνην πλῆθος ἑκουσίως[182] ἄπειρον ἦν. ἑάλωσαν δὲ περὶ δισχιλίους καὶ διακοσίους λεία τε παμπληθὴς ὄνων τε καὶ προβάτων καὶ καμήλων καὶ βοῶν.
437 6. Ἰουδαίοις μὲν οὖν οὐδὲν[183] ἐλάττων ἥδε ἡ πληγὴ προσπεσοῦσα καὶ μείζων ἔδοξεν ἑαυτῆς διὰ τὸ μὴ μόνον τὴν χώραν ἅπασαν δι' ἧς ἔφευγον πληρωθῆναι φόνου μηδὲ νεκροῖς διαβατὸν γενέσθαι τὸν Ἰορδάνην, ἐμπλησθῆναι δὲ τῶν σωμάτων καὶ τὴν Ἀσφαλτικὴν[184] λίμνην, εἰς ἣν παμπληθεῖς
438 ὑπὸ τοῦ ποταμοῦ κατεσύρησαν. Πλάκιδος δὲ δεξιᾷ τύχῃ χρώμενος ὥρμησεν ἐπὶ τὰς πέριξ πολίχνας τε καὶ κώμας, καταλαμβανόμενός τε Ἄβιλα καὶ Ἰουλιάδα καὶ Βησιμὼ[185] τάς τε μέχρι τῆς Ἀσφαλτίτιδος πάσας
439 ἐγκαθίστησιν ἑκάστῃ τοὺς ἐπιτηδείους τῶν αὐτομόλων. ἔπειτα σκάφεσιν ἐπιβήσας τοὺς στρατιώτας αἱρεῖ[186] τοὺς εἰς τὴν λίμνην καταφεύγοντας. καὶ τὰ μὲν κατὰ τὴν Περαίαν προσεχώρησεν ἢ ἑάλω πάντα μέχρι Μαχαιροῦντος.

440 VIII. 1. Ἐν δὲ τούτῳ τὸ περὶ τὴν Γαλατίαν[187] ἀγγέλλεται κίνημα καὶ Οὐίνδιξ ἅμα τοῖς δυνατοῖς τῶν ἐπιχωρίων ἀφεστὼς Νέρωνος, περὶ ὧν ἐν
441 ἀκριβεστέροις ἀναγέγραπται. Οὐεσπασιανὸν δ' ἐπήγειρεν εἰς τὴν ὁρμὴν τοῦ πολέμου τὰ ἠγγελμένα προορώμενον ἤδη τοὺς μέλλοντας ἐμφυλίους πολέμους καὶ τὸν ὅλης κίνδυνον τῆς ἡγεμονίας, ἐν ᾧ προειρηνεύσας τὰ κατὰ τὴν ἀνατολὴν ἐπικουφίσειν ᾤετο τοὺς κατὰ τὴν Ἰταλίαν φόβους.
442 ἕως μὲν οὖν ἐπεῖχεν ὁ χειμὼν τὰς ὑπηγμένας διησφαλίζετο κώμας τε καὶ πολίχνας φρουραῖς, δεκαδάρχας μὲν κώμαις ἐγκαθιστάς, ἑκατοντάρ-

---

[181] AL haben εἰργομένοις, VR εἰργομένοις, so Na Thack; Niese liest mit PM εἰργομένους.
[182] L liest ἀκουσίως, so Na.
[183] quamvis par superioribus Lat; maxima Heg; οὐδεμιᾶς ἐλάττων Herwerden cj.; οὐδενός Thack cj.
[184] Ἀσφαλτίτιν MVR; Ἀσφαλτῖτιν LC Na Thack.
[185] MVRC lesen Βησιμώθ, so Thack.
[186] PA lesen αἴρει, MVRC ἀναιρεῖ, subegit Lat.
[187] τῆς Γαλατίας PAMLVR.

und zündeten das Dorf an. Die von dort Entflohenen brachten auch die Bevölkerung auf dem Lande in Bewegung; indem sie ihr eigenes Unglück stark übertrieben und dazu behaupteten, das ganze römische Heer sei im Anmarsch begriffen, jagten sie alle durch den großen Schrecken aus ihren Wohnsitzen auf. So schwollen sie zu einer großen Masse an und flohen auf Jericho zu; denn diese Stadt hielt allein ihre Hoffnung auf Rettung aufrecht, da sie zum mindesten an Einwohnerzahl recht stark war. Im Vertrauen auf seine Reiterei und die voraufgegangenen Erfolge setzte ihnen Placidus nach, wobei er bis zum Jordan hin immer wieder Leute aufgriff und niedermachte. Die Hauptmasse trieb er bis zum Fluß hin, wo sie durch die von Regengüssen angeschwollene und darum nicht durchschreitbare Strömung abgeschnitten war, und stellte ihr gegenüber sein Heer in Schlachtordnung auf. Die Not spornte die Juden zum Kampfe an, da es zur Flucht keine Möglichkeit gab; nachdem sie sich an den Uferrändern[115] entlang so weit als möglich auseinandergezogen hatten, stellten sie sich dem Hagel der Geschosse und den Angriffen der Reiter, die viele von ihnen verwundeten und in die Strömung hineinwarfen. 15 000 Juden fielen unter den Streichen der Römer, und die Zahl derer, die sich notgedrungen auf eigene Gefahr in den Jordan stürzten, war ungeheuer. Ungefähr 2200 wurden gefangen genommen, dazu fiel eine reiche Beute von Eseln, Schafen, Kamelen und Rindern den Römern in die Hände.

6. 437. Dieser Schlag, der keineswegs geringer war als die voraufgegangenen, erschien den Juden sogar noch größer als er in Wirklichkeit war, weil nicht nur das ganze Land, durch das sie flüchteten, von Ermordeten erfüllt und der Jordan wegen der Leichen nicht mehr passierbar war, sondern sogar der Asphaltsee voll von Toten dalag, die der Fluß in großer Zahl dorthin geschwemmt hatte. Placidus nutzte sein Kriegsglück aus, griff in Eile die umliegenden kleinen Städtchen und Dörfer an, nahm dabei Abila, Julias, Besimo[116] und alle Orte bis zum Asphaltsee und richtete in jedem von ihnen mit ihm geeignet erscheinenden Überläufern eine Besatzung ein. Dann bemannte er einige Kähne mit Soldaten und ließ die auf den See Geflüchteten einfangen. So wurde das ganze Gebiet von Peräa, Machärus ausgenommen, entweder freiwillig oder durch Gewalt den Römern hörig[117].

8. Kapitel

1. 440. Zu dieser Zeit kam die Meldung vom Aufstand in Gallien: Vindex war mit den maßgebenden Führern dieser Gebiete von Nero abgefallen; über diese Ereignisse wird anderwärts in Einzeldarstellungen berichtet[118]. Vespasian wurde durch diese Meldungen dazu veranlaßt, die Kriegführung energischer zu betreiben, da er die kommenden Bürgerkriege und die Gefahr für das gesamte römische Reich jetzt schon vorhersah und glaubte, durch eine voraufgehende Befriedung der Ostgebiete die Besorgnisse Italiens mildern zu können. Solange nun der Winter anhielt, sicherte er die unterworfenen Dörfer und Städtchen durch Besatzungen, wobei er in den Dörfern als Ortskommandanten Rottenführer, in den Städtchen Hauptleute einsetzte[119]; außerdem baute er

443 χας δὲ πόλεσι· πολλὰ δὲ ἀνῴκιζε καὶ τῶν πεπορθημένων. ὑπὸ δὲ τὴν ἀρχὴν τοῦ ἔαρος ἀναλαβὼν τὸ πλέον τῆς δυνάμεως ἤγαγεν ἀπὸ τῆς Καισαρείας ἐπὶ Ἀντιπατρίδος, ἔνθα δυσὶν ἡμέραις καταστησάμενος[188] τὴν
444 πόλιν τῇ τρίτῃ προῄει πορθῶν καὶ καίων τὰς πέριξ πάσας. καταστρεψάμενος δὲ τὰ περὶ τὴν Θαμνᾶ τοπαρχίαν ἐπὶ Λύδδων καὶ Ἰαμνείας ἐχώρει καὶ προκεχειρωμέναις ἑκατέραις ἐγκαταστήσας οἰκήτορας τῶν
445 προσκεχωρηκότων ἱκανοὺς εἰς Ἀμμαοῦντα ἀφικνεῖται. καταλαβόμενος δὲ τὰς ἐπὶ τὴν μητρόπολιν αὐτῶν εἰσβολὰς στρατόπεδόν τε τειχίζει καὶ τὸ πέμπτον ἐν αὐτῇ τάγμα καταλιπὼν πρόεισι[189] μετὰ τῆς ἄλλης δυνάμεως
446 ἐπὶ τὴν Βεθλεπτηνφῶν τοπαρχίαν. πυρὶ δὲ αὐτήν τε καὶ τὴν γειτνιῶσαν ἀνελὼν καὶ τὰ πέριξ τῆς Ἰδουμαίας φρούρια τοῖς ἐπικαίροις τόποις ἐπε-
447 τείχισε· καταλαβόμενος δὲ δύο κώμας τὰς μεσαιτάτας τῆς Ἰδουμαίας, Βήταβριν[190] καὶ Καφάρτοβαν[191], κτείνει μὲν ,Ξ ἐρ μυρίους, αἰχμαλωτίζεται
448 δὲ ὑπὲρ χιλίους, καὶ τὸ λοιπὸν πλῆθος ἐξελάσας ἐγκαθίστησιν τῆς οἰκείας δυνάμεως οὐκ ὀλίγην, οἳ κατατρέχοντες ἐπόρθουν ἅπασαν τὴν ὀρεινήν.
449 αὐτὸς δὲ μετὰ τῆς λοιπῆς δυνάμεως ὑπέστρεψεν εἰς Ἀμμαοῦν, ὅθεν διὰ τῆς Σαμαρείτιδος καὶ παρὰ τὴν Νέαν πόλιν[192] καλουμένην, Μαβαρθὰ[193] δ' ὑπὸ τῶν ἐπιχωρίων, καταβὰς εἰς Κορέαν[194] δευτέρᾳ Δαισίου μηνὸς στρατο-
450 πεδεύεται. τῇ δ' ἑξῆς εἰς Ἱεριχοῦντα ἀφικνεῖται, καθ' ἣν αὐτῷ συμμίσγει Τραϊανὸς εἷς τῶν ἡγεμόνων τὴν ἐκ τῆς Περαίας ἄγων δύναμιν ἤδη τῶν ὑπὲρ τὸν Ἰορδάνην κεχειρωμένων.
451 2. Τὸ μὲν οὖν πολὺ πλῆθος ἐκ τῆς Ἱεριχοῦς φθάσαν τὴν ἔφοδον αὐτῶν εἰς τὴν ἄντικρυς Ἱεροσολύμων ὀρεινὴν διαπεφεύγει, καταλειφθὲν[195] δὲ
452 οὐκ ὀλίγον διαφθείρεται. τὴν δὲ πόλιν ἔρημον κατειλήφεσαν, ἥτις ἵδρυται
453 μὲν ἐν πεδίῳ, ψιλὸν δὲ ὑπέρκειται αὐτῇ καὶ ἄκαρπον ὄρος μήκιστον· κατὰ γὰρ τὸ βόρειον κλίμα μέχρι τῆς Σκυθοπολιτῶν γῆς ἐκτείνεται, κατὰ δὲ τὸ μεσημβρινὸν μέχρι τῆς Σοδομιτῶν χώρας καὶ τῶν περάτων τῆς Ἀσφαλτί-
454 τιδος. ἔστιν δὲ ἀνώμαλόν τε πᾶν καὶ ἀοίκητον διὰ τὴν ἀγονίαν. ἀντίκειται δὲ τούτῳ τὸ περὶ τὸν Ἰορδάνην ὄρος ἀρχόμενον ἀπὸ Ἰουλιάδος καὶ τῶν βορείων κλιμάτων, παρατεῖνον δὲ εἰς μεσημβρίαν ἕως Σομόρων[196], ᾗπερ ὁρίζει τὴν Πέτραν τῆς Ἀραβίας. ἐν τούτῳ δ' ἐστὶ καὶ τὸ Σιδηροῦν καλού-
455 μενον ὄρος μηκυνόμενον μέχρι τῆς Μωαβίτιδος. ἡ μέση δὲ τῶν δύο ὀρέων χώρα τὸ μέγα πεδίον καλεῖται, ἀπὸ κώμης Γινναβρὶν[197] διῆκον μέχρι τῆς
456 Ἀσφαλτίτιδος. ἔστι δὲ αὐτοῦ μῆκος μὲν σταδίων χιλίων διακοσίων[198], εὖρος δ' εἴκοσι καὶ ἑκατόν, καὶ μέσον ὑπὸ τοῦ Ἰορδάνου τέμνεται λίμνας τε ἔχει τήν τε Ἀσφαλτῖτιν καὶ τὴν Τιβεριέων φύσιν ἐναντίας· ἡ μὲν γὰρ
457 ἁλμυρώδης καὶ ἄγονος, ἡ Τιβεριέων δὲ γλυκεῖα καὶ γόνιμος. ἐκπυροῦται

---

[188] PAMVRC lesen ἐγκαταστησάμενος, LLat καταστησάμενος, so Niese Thack.
[189] πρόσεισι PAMVRC.
[190] Βήταριν MVRC; *Begabri* (abl.) Lat; *Legarim* Heg.
[191] Καταφάρτοβαν PAC, ähnlich MVR; *Cafartobran* Lat; Καφάρτοβαν *ed pr.*
[192] Νεάπολιν PAMVRC.   [193] Lat liest *Mabortham.*
[194] MLVRC lesen Κοραίαν.   [195] VRC lesen καταληφθέν.
[196] VR lesen Σομόρρων, Lat *Sobara*, Heg *Sobaros*. Cocceji cj. Γομόρρα, Ζωάρων Weber (nach Heg).
[197] L liest Δενναβρὶ, C Γινναβαρὶν, Lat *Gennabra*. In 3,447 lesen PAL Ἐνναβρις MR Σενναβρὶς.   [198] L Lat Heg haben τριάκοντα καὶ διακοσίων statt χιλίων διακοσίων.

viele der zerstörten Orte wieder auf. Kaum daß der Frühling begann, rückte er an der Spitze der Hauptmacht seines Heeres von Caesarea nach Antipatris, wo er innerhalb von zwei Tagen die Ordnung in der Stadt herstellte. Dann marschierte er am dritten Tag weiter, indem er die umliegenden Orte verwüstete und niederbrannte. Nachdem er die Umgebung der Toparchie von Thamna unterworfen hatte, rückte er nach Lydda und Jamnia vor; in beiden Städten, die er schon vorher in seine Hand bekommen hatte, siedelte er eine beträchtliche Anzahl von Juden, die sich ihm ergeben hatten, als Einwohner an[120] und marschierte dann bis nach Emmaus. Er besetzte die Pässe, die zu ihrer Hauptstadt[121] führen, schlug ein festes Lager auf und marschierte, nachdem er die fünfte Legion dort zurückgelassen hatte, mit dem Rest seiner Truppen in die Toparchie Bethleptepha[122]. Er verheerte diesen Bezirk und den benachbarten durch Feuer und verstärkte in der Umgebung von Idumäa die an günstigen Orten gelegenen Stützpunkte[123]. Er nahm die beiden im Herzen von Idumäa gelegenen Dörfer Betabris und Kaphartoba[124] ein, brachte über 10 000 Menschen um, nahm über 1000 gefangen, vertrieb den Rest und legte als Besatzung in dies Gebiet eine nicht geringe Zahl seiner eigenen Truppen, die das ganze Bergland durchstreiften und verwüsteten. Vespasian aber kehrte mit dem Rest seines Heeres nach Emmaus zurück, von wo er durch Samarien und an Neapolis[125] vorbei, welches von den Einwohnern Mabartha genannt wird, nach Korea[126] hinunterzog; dort schlug er am 2. des Monats Däsius (20. Juni 68 n. Chr.) sein Lager auf. Am folgenden Tag erreichte er Jericho, wo er mit Trajan, einem seiner Offiziere, der die aus Peräa kommenden Truppen befehligte, zusammentraf; denn das Gebiet jenseits des Jordans war nunmehr völlig in der Hand der Römer.

2. 451. Der Hauptteil der Bevölkerung kam dem Anmarsch der Römer zuvor und konnte sich aus Jericho in das Jerusalem gegenüber liegende Bergland flüchten; nicht wenige jedoch, die auf der Flucht zurückblieben, wurden niedergemacht[127]. Die Römer besetzten eine verlassene Stadt.

Jericho liegt in einer Ebene, aber am Fuß eines kahlen und unfruchtbaren Gebirgszugs von beträchtlicher Länge. Dieser erstreckt sich nach Norden hin bis in die Gegend von Skythopolis, nach Süden bis zum Lande von Sodom und den äußersten Grenzen des Asphaltsees. Er ist durchweg zerrissen und unbewohnt, weil dort nichts gedeiht. Diesem Gebirgszug gegenüber liegt den Jordan entlang ein zweiter, der im Norden bei Julias beginnt und sich dann parallel zum ersten nach Süden bis Somorra[128] erstreckt, welches an Petra in Arabien angrenzt. Dazu gehört auch der sogenannte „Eisenberg"[129], der bis ins Moabiterland hineinreicht. Die Landschaft zwischen den beiden Gebirgszügen heißt „die große Ebene" und erstreckt sich von dem Dorf Ginnabris[130] bis zum Asphaltsee. Ihre Länge beträgt 1200 Stadien, ihre Breite 120[131]; sie wird in der Mitte vom Jordan durchschnitten und enthält zwei Seen von recht verschiedener Natur, den Asphaltsee und den See von Tiberias. Das Wasser des ersten ist salzig und bringt kein Leben hervor, das Wasser des Sees von Tiberias aber ist lebenfördernd. Zur Sommerzeit ist diese Ebene ganz ausgebrannt und verbreitet wegen der starken Trockenheit um sich eine ungesunde Luft. Denn abgesehen vom Jordan ist sie völlig wasserlos; und daher kommt es auch, daß

δὲ ὥρᾳ θέρους τὸ πεδίον καὶ δι' ὑπερβολὴν αὐχμοῦ περιέχει νοσώδη τὸν
458 ἀέρα· πᾶν γὰρ ἄνυδρον πλὴν τοῦ Ἰορδάνου, παρὸ καὶ τοὺς μὲν ἐπὶ ταῖς
ὄχθαις φοινικῶνας εὐθαλεστέρους καὶ πολυφορωτέρους εἶναι συμβέβηκεν,
ἧττον δὲ τοὺς πόρρω κεχωρισμένους.
459 3. Παρὰ μέντοι τὴν Ἱεριχοῦν ἐστι πηγὴ δαψιλής τε καὶ πρὸς ἀρδείας
λιπαρωτάτη παρὰ τὴν παλαιὰν ἀναβλύζουσα πόλιν, ἣν Ἰησοῦς ὁ Ναυῆ
460 παῖς στρατηγὸς Ἑβραίων πρώτην εἷλε γῆς Χαναναίων δορίκτητον. ταύτην
τὴν πηγὴν λόγος ἔχει κατ' ἀρχὰς οὐ μόνον γῆς καὶ δένδρων καρποὺς
ἀπαμβλύνειν, ἀλλὰ καὶ γυναικῶν γονάς, καθόλου τε πᾶσιν εἶναι νοσώδη
τε καὶ φθαρτικήν, ἐξημερωθῆναι δὲ καὶ γενέσθαι τοὐναντίον ὑγιεινοτάτην
τε καὶ γονιμωτάτην ὑπὸ Ἐλισσαίου τινὸς[199] προφήτου· γνώριμος δ' ἦν
461 οὗτος Ἠλίᾳ καὶ διάδοχος· ὃς ἐπιξενωθεὶς τοῖς κατὰ τὴν Ἱεριχοῦν, περισ-
σὸν δή τι φιλοφρονησαμένων αὐτὸν τῶν ἀνθρώπων αὐτούς τε ἀμείβεται
462 καὶ τὴν χώραν αἰωνίῳ χάριτι. προελθὼν γὰρ ἐπὶ τὴν πηγὴν καὶ καταβαλὼν
εἰς τὸ ῥεῦμα πλῆρες ἁλῶν ἀγγεῖον κεράμου[200], ἔπειτα εἰς οὐρανὸν δεξιὰν
ἀνατείνας δικαίαν κἀπὶ γῆς[201] σπονδὰς μειλικτηρίους χεόμενος, τὴν μὲν ᾐτεῖτο
463 μαλάξαι τὸ ῥεῦμα καὶ γλυκυτέρας φλέβας ἀνοῖξαι, τὸν δὲ ἐγκεράσασθαι
τῷ ῥεύματι γονιμωτέρους ἀέρας δοῦναί τε ἅμα καὶ καρπῶν εὐθηνίαν
τοῖς ἐπιχωρίοις καὶ τέκνων διαδοχήν, μηδ' ἐπιλιπεῖν αὐτοῖς τὸ τούτων
464 γεννητικὸν ὕδωρ, ἕως μένουσι δίκαιοι. ταύταις ταῖς εὐχαῖς πολλὰ προσχειρουργήσας[202] ἐξ ἐπιστήμης[203] ἔτρεψε τὴν πηγήν, καὶ τὸ πρὶν ὀρφανίας
αὐτοῖς καὶ λιμοῦ παραίτιον ὕδωρ ἔκτοτε εὐτεκνίας καὶ κόρου χορηγὸν
465 κατέστη. τοσαύτην γοῦν ἐν ταῖς ἀρδείαις ἔχει δύναμιν ὡς, εἰ καὶ μόνον
ἐφάψαιτο τῆς χώρας, νοστιμώτερον εἶναι τῶν μέχρι κόρου[204] χρονιζόν-
466 των[205]. παρὸ καὶ τῶν μὲν[206] δαψιλεστέρως χρωμένων ἡ ὄνησίς ἐστιν ὀλίγη,
467 τοῦ δ'[207] ὀλίγου χορηγία δαψιλής. ἄρδει γοῦν πλέονα τῶν ἄλλων ἁπάντων,
καὶ πεδίον μὲν ἔπεισιν ἑβδομήκοντα σταδίων μῆκος εὖρος δ' εἴκοσιν,
468 ἐκτρέφει δ' ἐν αὐτῷ παραδείσους καλλίστους τε καὶ πυκνοτάτους. τῶν δὲ
φοινίκων ἐπαρδομένων γένη πολλὰ ταῖς γεύσεσι καὶ ταῖς παρηγορίαις[208]
διάφορα· τούτων οἱ πιότεροι πατούμενοι καὶ μέλι δαψιλὲς ἀνιᾶσιν οὐ
469 πολλῷ τοῦ λοιποῦ[209] χεῖρον. καὶ μελιττοτρόφος δὲ ἡ χώρα· φέρει δὲ καὶ
ὀποβάλσαμον, ὃ δὴ τιμιώτατον τῶν τῇδε καρπῶν, κύπρον τε καὶ μυροβά-
λανον, ὡς οὐκ ἂν ἁμαρτεῖν τινα εἰπόντα θεῖον εἶναι τὸ χωρίον, ἐν ᾧ δαψιλῆ
470 τὰ σπανιώτατα καὶ κάλλιστα γεννᾶται. τῶν μὲν γὰρ ἄλλων αὐτῷ καρπῶν
ἕνεκεν οὐκ ἂν ῥᾳδίως τι παραβληθείη κλίμα τῆς οἰκουμένης· οὕτως τὸ

---

[198] PAMVRC Niese Na lesen τοῦ; L Lat Thack haben τινὸς, Niese: *fortasse recte*.
[200] κεραμοῦν Na cj. Thack.
[201] καὶ πηγῆς PAL; καὶ τῇ πηγῇ M; καὶ πηγῇ VRC; καὶ ἐπὶ γῆς Amarg; *fontique* Lat.
[202] PAMLVC haben προχειρουργήσας; προσχειρουργήσας Niese cj. aus Lat Destinon; so Thack.
[203] Für ταύταις bis ἐπιστήμης liest Lat: *ad has preces ex disciplina manibus quoque multa operatus*. [204] L hat καιροῦ. [205] Destinon cj. νοτιζόντων (tränken).
[206] Bei PL fehlt μέν. Dann wäre in beiden Satzhälften das Wasser der Quelle von Jericho gemeint, das bei reichlichem Gebrauch weniger wirksam ist als bei sparsamem. Niese setzt das μέν in Klammern.
[207] Die Handschriften und Niese im Text haben τούτου δὲ τοῦ, Lat: *qui vero parcius utuntur*; τοῦ δ' ὀλίγου Niese cj.

an den Ufern die Palmenhaine üppig aufsprossen und außerordentlich reich tragen, während die weiter entfernten kümmerlicher sind[132].

3. 459. Freilich befindet sich in der Nähe von Jericho eine reichlich fließende und für die Bewässerung der Felder sehr geeignete Quelle; sie sprudelt bei der alten Stadt hervor, die Jesus, der Sohn des Nave, der Feldherr der Hebräer, als erste unter den Städten des kanaanäischen Landes mit der Waffe in der Hand eroberte[133]. Von dieser Quelle wird erzählt, sie habe in alter Zeit nicht nur den Früchten der Erde und der Bäume, sondern auch der Leibesfrucht der Frauen Eintrag getan, sie habe überhaupt auf alle eine krankheitsfördernde und verderbenbringende Wirkung gehabt, bis sie von einem Propheten Elisa ihrer unheilvollen Kraft beraubt und in das Gegenteil, eine sehr gesunde und Leben fördernde Quelle, verwandelt wurde. Dieser, Schüler und Nachfolger des Elia, war von den Einwohnern Jerichos gastlich aufgenommen und darüber hinaus außerordentlich freundlich behandelt worden; dafür vergalt er ihnen und dem ganzen Land mit einer ewig bleibenden Wohltat. Er trat nämlich an die Quelle und warf in den Strudel ein mit Salz gefülltes Tongefäß, dann hob er seine gerechte Rechte zum Himmel und goß besänftigende Trankopfer auf die Erde[134]. Diese bat er, den Strudel zu mildern und ihm süßere Wasseradern zu öffnen, den Himmel aber, dem Strudel fruchtbarere Lüfte beizumischen und den Bewohnern dieser Gegend sowohl reiche Ernten als auch Kindersegen zu schenken und es für sie an dem in beider Hinsicht lebenzeugenden Wasser so lange nicht fehlen zu lassen, als sie gerechte Menschen verblieben. Diese Gebete begleitete er mit allerlei sachkundig ausgeführten Handlungen und verwandelte so die Natur der Quelle: das Wasser, das bis dahin für diese Leute Kinderlosigkeit und Hunger verursacht hatte, wurde zu einem Spender von Kindersegen und reicher Nahrung. Denn es besitzt eine solche Kraft für die Bewässerung des Bodens, daß es selbst bei einer kurzen Benetzung des Landes heilsamer wirkt als anderes Wasser, das bis zur völligen Durchtränkung des Bodens stehen bleibt. Darüber hinaus ist der Nutzen von anderem Wasser, selbst wenn man reichlich davon Gebrauch macht, gering; diese Quelle dagegen liefert, auch wenn man sie sparsam benutzt, reichen Ertrag[135]. Tatsächlich bewässert sie mehr Land als alle anderen, denn sie deckt ein Gebiet von 70 Stadien Länge und 20 Breite, und nährt darin besonders schöne und dicht stehende Gärten[136]. Von den so bewässerten Dattelpalmen gibt es viele an Geschmack und Heilkraft verschiedene Arten. Werden die fettesten von den Datteln mit den Füßen zertreten, so liefern sie auch eine reichliche Menge Honig, kaum geringwertiger als der sonstige Honig[137]. Übrigens gibt diese Gegend auch Bienen ihre Nahrung[138]; dort bildet sich ferner der Saft der Balsamstaude, des wertvollsten der einheimischen Erzeugnisse, dann die Kyprosblume und der Myrobalanos[139], so daß man nicht fehlgehen würde, wenn man diesen Ort, an dem die seltensten und schönsten Pflanzen so reichlich wachsen, als göttlich bezeichnete. Denn auch hinsichtlich der sonst dort wachsenden Früchte läßt sich

---

[208] *nominibus* Lat; προσηγορίαις (=„Namen") Niese cj. Na Reinach Kohout Clementz.
[209] Niese cj. τοῦ Ὑβλαίου. Es gab eine nach der Stadt Hybla minor auf Sizilien benannte Honigart (Strabo 6,267).

471 καταβληθὲν πολύχουν ἀναδίδωσιν. αἴτιόν μοι δοκεῖ τὸ θερμὸν τῶν ἀέρων καὶ τὸ τῶν ὑδάτων εὔτονον[210], τῶν μὲν προκαλουμένων[211] τὰ φυόμενα καὶ διαχεόντων, τῆς δὲ ἰκμάδος ῥιζούσης ἕκαστον ἰσχυρῶς καὶ χορηγούσης τὴν ἐν θέρει δύναμιν· περικαὲς δὲ ἐστιν οὕτως τὸ χωρίον, ὡς μηδένα
472 ῥᾳδίως προϊέναι. τὸ δὲ ὕδωρ πρὸ ἀνατολῆς ἀντλούμενον, ἔπειτα ἐξαιθριασθὲν γίνεται ψυχρότατον καὶ τὴν ἐναντίαν πρὸς τὸ περιέχον φύσιν λαμβάνει, χειμῶνος δὲ ἀνάπαλιν χλιαίνεται καὶ τοῖς ἐμβαίνουσι γίνεται προσηνέστα-
473 τον. ἔστι δὲ καὶ τὸ περιέχον οὕτως εὔκρατον, ὡς λινοῦν ἀμφιέννυσθαι
474 τοὺς ἐπιχωρίους νιφομένης τῆς ἄλλης Ἰουδαίας. ἀπέχει δὲ ἀπὸ Ἱεροσολύμων μὲν σταδίους ἑκατὸν πεντήκοντα, τοῦ δὲ Ἰορδάνου ἑξήκοντα, καὶ τὸ μὲν μέχρι Ἱεροσολύμων αὐτῆς ἔρημον καὶ πετρῶδες, τὸ δὲ μέχρι τοῦ Ἰορδάνου καὶ τῆς Ἀσφαλτίτιδος χθαμαλώτερον μέν, ἔρημον δὲ
475 ὁμοίως καὶ ἄκαρπον. ἀλλὰ γὰρ τὰ μὲν περὶ Ἱεριχοῦν εὐδαιμονεστάτην οὖσαν ἀποχρώντως δεδήλωται.
476 4. Ἄξιον δὲ ἀφηγήσασθαι καὶ τὴν φύσιν τῆς Ἀσφαλτίτιδος λίμνης, ἥτις ἐστὶ μέν, ὡς ἔφην, πικρὰ καὶ ἄγονος, ὑπὸ δὲ κουφότητος καὶ τὰ βαρύτατα τῶν εἰς αὐτὴν ῥιφέντων ἀναφέρει, καταδῦναι δ' εἰς τὸν βυθὸν
477 οὐδὲ ἐπιτηδεύσαντα ῥᾴδιον. ἀφικόμενος γοῦν καθ' ἱστορίαν ἐπ' αὐτὴν Οὐεσπασιανὸς ἐκέλευσέ τινας τῶν νεῖν οὐκ ἐπισταμένων δεθέντας ὀπίσω τὰς χεῖρας ῥιφῆναι κατὰ τοῦ βυθοῦ, καὶ συνέβη πάντας ἐπινήξασθαι
478 καθάπερ ὑπὸ πνεύματος ἄνω βιαζομένους. ἔστι δ' ἐπὶ τούτῳ καὶ ἡ τῆς χρόας μεταβολὴ θαυμάσιος· τρὶς γὰρ ἑκάστης ἡμέρας τὴν ἐπιφάνειαν
479 ἀλλάσσεται καὶ πρὸς τὰς ἡλιακὰς ἀκτῖνας ἀνταυγεῖ ποικίλως. τῆς μέντοι ἀσφάλτου κατὰ πολλὰ μέρη βώλους μελαίνας ἀναδίδωσιν· αἱ δ' ἐπινήχον-
480 ται τό τε σχῆμα καὶ τὸ μέγεθος ταύροις ἀκεφάλοις παραπλήσιαι. προσελαύνοντες δὲ οἱ τῆς λίμνης ἐργάται καὶ δρασσόμενοι τοῦ συνεστῶτος ἕλκουσιν εἰς τὰ σκάφη, πληρώσασι δὲ ἀποκόπτειν οὐ ῥᾴδιον, ἀλλὰ δι' εὐτονίαν προσήρτηται τῷ πληρύματι τὸ σκάφος, ἕως ἂν ἐμμηνίῳ γυναικῶν
481 αἵματι καὶ οὔρῳ διαλύσωσιν αὐτήν, οἷς μόνοις εἴκει. καὶ χρήσιμος δὲ οὐ μόνον εἰς τὰς ἁρμονίας νεῶν ἀλλὰ καὶ πρὸς ἄκεσιν σωμάτων· εἰς πολλὰ
482 γοῦν τῶν φαρμάκων παραμίσγεται. ταύτης τῆς λίμνης μῆκος μὲν ὀγδοήκοντα καὶ πεντακόσιοι στάδιοι, καθὸ δὴ μέχρι Ζοάρων[212] τῆς Ἀραβίας
483 ἐκτείνεται, εὖρος δὲ πεντήκοντα καὶ ἑκατόν. γειτνιᾷ δ' ἡ Σοδομῖτις αὐτῇ, πάλαι μὲν εὐδαίμων γῆ καρπῶν τε ἕνεκεν καὶ τῆς κατὰ πόλιν περιουσίας,
484 νῦν δὲ κεκαυμένη πᾶσα. φασὶ δὲ ὡς δι' ἀσέβειαν οἰκητόρων κεραυνοῖς καταφλεγῆναι· ἔστι γοῦν ἔτι λείψανα τοῦ θείου πυρός, καὶ πέντε μὲν πόλεων ἰδεῖν σκιάς, ἔτι δὲ κἀν τοῖς καρποῖς σποδιὰν ἀναγεννωμένην,

[210] Die Handschriften haben εὔγονον, PAM am Rande εὔτονον.
[211] Die Handschriften haben προσκαλουμένων, ed. pr. liest προκαλουμένων, Lat provocet.
[212] C hat Ζωάρων, PAM lesen Ζοβάρων, L Ζοβαρῶν, Lat Zoaran, Heg Zoaros. Die LXX schreibt Σηγωρ.

schwerlich eine Gegend auf Erden finden, die mit dieser verglichen werden könnte; so vielfältig gibt ihr Boden zurück, was man in ihn eingesenkt hat. Die Ursache dafür scheint mir in der Wärme der Luft und der Kraft des Wassers zu liegen: während die erstere die Pflanzen zum Leben hervorlockt und weithin verbreitet, läßt die Feuchtigkeit eine jede fest Wurzel fassen und gewährt ihr die Widerstandskraft, in der Sommerhitze durchzuhalten, ist doch dieser Landstrich so glühend heiß, daß kaum jemand aus dem Hause zu treten wagt. Das Wasser aber, das man vor Sonnenuntergang schöpft und dann der freien Luft aussetzt, wird ganz kalt und nimmt so eine seiner Umgebung genau entgegengesetzte Eigenart an. Umgekehrt wird es im Winter lau und ist für Leute, die darin baden, sehr angenehm[140]. Auch ist dann die Witterung so milde, daß die Bewohner dieser Gegend linnene Gewänder tragen, wenn es im übrigen Land Judäa schneit. Die Entfernung nach Jerusalem beträgt 150 Stadien, die zum Jordan 60[141]; dabei ist das bis nach Jerusalem sich erstreckende Gebiet menschenleer und felsig, der Landstrich bis zum Jordan und zum Asphaltsee zwar flacher und tiefer gelegen, jedoch ebenfalls unbewohnt und unfruchtbar. Aber nun ist von Jericho, diesem so überaus gesegneten Fleck Erde, genug berichtet.

4. 476. Ich halte es für wert, auch über die Beschaffenheit des Asphaltsees[142] zu berichten. Dessen Wasser ist, wie ich schon erwähnt habe, zwar bitter und ohne lebenschaffende Kraft, bringt aber wegen seines Auftriebs[143] auch die schwersten Gegenstände, die man hineingeworfen hat, wieder an die Oberfläche; in die Tiefe zu tauchen ist selbst dann nicht einfach, wenn man sich sehr anstrengt. Tatsächlich geschah es, als Vespasian, um diesen Sachverhalt zu erforschen, zum See gekommen war und einige des Schwimmens unkundige Leute mit auf den Rücken gebundenen Händen in das tiefe Wasser hatte werfen lassen, daß alle an der Oberfläche schwammen, als ob sie von einem Windstoß nach oben gerissen worden seien. Außerdem ist der Wechsel der Farbe wunderbar. Denn dreimal täglich ändert das Wasser sein Aussehen und leuchtet beim Einfallen der Sonnenstrahlen auf verschiedene Weise zurück. Und was nun den Asphalt anlangt, so schwemmt der See an vielen Stellen davon schwarze Klumpen herauf; diese treiben an der Oberfläche und sind nach Gestalt und Größe Stieren ohne Kopf ähnlich[144]. Die an dem See beschäftigten Arbeiter rudern heran, fassen die fest zusammengebackene Masse und ziehen sie in die Boote. Hat man diese gefüllt, so ist es jedoch schwer, die Ladung vom Schiff abzulösen, denn das Fahrzeug hängt wegen der Zähigkeit seiner Fracht so lange eng mit dieser zusammen, bis man den Asphalt mit Hilfe von Menstruationsblut der Frauen und Urin abtrennt; diesen allein gibt er nach[145]. Er ist nicht nur zur Abdichtung von Schiffen, sondern auch zur Heilung von körperlichen Leiden brauchbar; tatsächlich wird er vielen Arzneien beigemischt. Die Länge des Sees beträgt 580 Stadien, wie er sich denn ja bis nach Zoar in Arabien erstreckt, seine Breite 150 Stadien[146]. An den See grenzt die Landschaft von Sodom an, in alter Zeit eine glückliche Gegend wegen ihrer Früchte und des Reichtums in allen ihren Städten, jetzt aber völlig vom Feuer zerstört. Man erzählt, sie sei wegen der Gottlosigkeit ihrer Bewohner von Blitzschlägen in Brand gesetzt worden. In der Tat gibt es jetzt noch Spuren des göttlichen Feuers, auch kann

οἳ χροιὰν μὲν ἔχουσι τῶν ἐδωδίμων ὁμοίαν, δρεψαμένων δὲ χερσὶν εἰς
485 καπνὸν διαλύονται καὶ τέφραν. τὰ μὲν δὴ περὶ τὴν Σοδομῖτιν μυθευόμενα
τοιαύτην ἔχει πίστιν ἀπὸ τῆς ὄψεως.

486   IX. 1. Ὁ δὲ Οὐεσπασιανὸς πανταχόθεν[213] περιτειχίζων τοὺς ἐν τοῖς
Ἱεροσολύμοις ἔν τε τῇ Ἱεριχοῖ καὶ ἐν Ἀδίδοις ἐγείρει στρατόπεδα καὶ
φρουροὺς ἀμφοτέραις ἐγκαθίστησιν ἔκ τε τοῦ Ῥωμαϊκοῦ καὶ συμμαχικοῦ
487 συντάγματος[214]. πέμπει δὲ καὶ εἰς Γέρασα Λούκιον Ἄννιον παραδοὺς μοῖραν
488 ἱππέων καὶ συχνοὺς πεζούς. ὁ μὲν οὖν ἐξ ἐφόδου τὴν πόλιν ἑλὼν ἀποκτείνει
μὲν χιλίους τῶν νέων, ὅσοι μὴ διαφυγεῖν ἔφθασαν, γενεὰς δὲ ἠχμαλωτίσατο
καὶ τὰς κτήσεις διαρπάσαι τοῖς στρατιώταις ἐπέτρεψεν· ἔπειτα τὰς οἰκίας
489 ἐμπρήσας ἐπὶ τὰς πέριξ κώμας ἐχώρει. φυγαὶ δ' ἦσαν τῶν δυνατῶν καὶ
490 φθοραὶ τῶν ἀσθενεστέρων, τὸ καταλειφθὲν δὲ πᾶν ἐνεπίμπρατο. καὶ διει-
ληφότος τοῦ πολέμου τήν τε ὀρεινὴν ὅλην καὶ τὴν πεδιάδα πάσας[215] οἱ ἐν
τοῖς Ἱεροσολύμοις τὰς ἐξόδους ἀφήρηντο· τοὺς μέν γε[216] αὐτομολεῖν προαιρουμένους οἱ ζηλωταὶ παρεφυλάσσοντο, τοὺς δὲ οὔπω τὰ Ῥωμαίων
φρονοῦντας εἶργεν ἡ στρατιὰ πανταχόθεν τὴν πόλιν περιέχουσα.
491   2. Οὐεσπασιανῷ δ' εἰς Καισάρειαν ἐπιστρέψαντι καὶ παρασκευαζομένῳ
μετὰ πάσης τῆς δυνάμεως ἐπ' αὐτῶν τῶν Ἱεροσολύμων ἐξελαύνειν ἀγγέλλεται Νέρων ἀνῃρημένος, τρία καὶ δέκα βασιλεύσας ἔτη[217] καὶ ἡμέρας ὀκτώ.
492 περὶ οὗ λέγειν ὃν τρόπον εἰς τὴν ἀρχὴν ἐξύβρισεν πιστεύσας τὰ πράγματα
493 τοῖς πονηροτάτοις, Νυμφιδίῳ καὶ Τιγελλίνῳ, τοῖς γε[218] ἀναξίοις τῶν
ἐξελευθέρων, καὶ ὡς ὑπὸ τούτων ἐπιβουλευθεὶς κατελείφθη μὲν ὑπὸ
τῶν φυλάκων ἁπάντων, διαδρὰς[219] δὲ σὺν τέτρασι τῶν πιστῶν ἀπελευθέρων ἐν τοῖς προαστείοις ἑαυτὸν ἀνεῖλεν[220], καὶ ὡς οἱ καταλύσαντες
494 αὐτὸν μετ' οὐ[221] πολὺν χρόνον δίκας ἔδοσαν, τόν τε κατὰ τὴν Γαλατίαν
πόλεμον ὡς ἐτελεύτησε, καὶ πῶς Γάλβας ἀποδειχθεὶς αὐτοκράτωρ εἰς
Ῥώμην ἐπανῆλθεν ἐκ τῆς Ἱσπανίας, καὶ ὡς ὑπὸ τῶν στρατιωτῶν αἰτιαθεὶς
ἐπὶ ταπεινοφροσύνῃ ἐδολοφονήθη κατὰ μέσην τὴν Ῥωμαίων ἀγορὰν ἀπε-
495 δείχθη τε αὐτοκράτωρ Ὄθων· τήν τε τούτου στρατείαν[222] ἐπὶ τοὺς Οὐιτελλίου στρατηγοὺς καὶ κατάλυσιν, ἔπειτα τοὺς κατὰ Οὐιτέλλιον ταράχους
καὶ τὴν περὶ τὸ Καπετώλιον συμβολήν, ὅπως τε Ἀντώνιος Πρῖμος καὶ
Μουκιανὸς διαφθείραντες Οὐιτέλλιον καὶ τὰ Γερμανικὰ τάγματα κατέ-
496 στειλαν τὸν ἐμφύλιον πόλεμον, πάντα ταῦτα διεξιέναι μὲν ἐπ' ἀκριβὲς
παρῃτησάμην, ἐπειδὴ δι' ὄχλου πᾶσίν ἐστιν καὶ πολλοῖς Ἑλλήνων τε καὶ

[213] PAMVR lesen πανταχόσε, Lat hat *undique*.
[214] τάγματος PMLVRC.
[215] πᾶσαν codd. Lat; πάσας Destinon cj. Niese Na Thack.
[216] μέντοι γε PA; μὲν γὰρ MLVRC Na Thack; μέν γε Destinon cj. Niese.
[217] Niese vermutet, daß hinter ἔτη die Monatsausgabe καὶ μῆνας ὀκτώ ausgefallen ist, so auch Thack Ricc.
[218] PAL Niese Na haben τε; wir lesen mit MRC Thack γε.
[219] P liest διαδιδράσκει, was Destinon empfiehlt.
[220] P liest ἀνελών, was Destinon empfiehlt.
[221] μετὰ codd. Lat; μετ' οὐ Cardwell cj. Niese Na Thack.
[222] Die Handschriften haben στρατιάν; Niese nach Dindorf cj. στρατείαν.

man die Schatten von fünf Städten sehen[147]. Ferner wird in den Früchten immer wieder Asche erzeugt: diese haben zwar eine äußere Schale, die der eßbarer Früchte gleicht, pflückt man sie aber, so lösen sie sich in den Händen in Rauch und Asche auf[148]. Insoweit werden die Sagen über die Gegend von Sodom durch den Augenschein bestätigt.

9. Kapitel

1. 486. Vespasian, der die Verteidiger Jerusalems von allen Seiten einschloß, baute Lager in Jericho und Adida[149] und richtete an beiden Orten Besatzungen aus römischen und verbündeten Truppenkörpern ein. Er schickte auch Lucius Annius, dem er eine Reiterschar und viele Fußsoldaten mitgab, nach Gerasa[150]. Dieser nahm die Stadt beim ersten Angriff, brachte tausend junge Männer, die nicht rechtzeitig vor ihm fliehen konnten, um, führte ihre Familien gefangen weg und überließ deren Besitz den Soldaten zur Plünderung. Dann setzte er ihre Häuser in Brand und rückte gegen die umliegenden Dörfer vor. Die Kräftigeren wandten sich zur Flucht, die Schwächeren fielen durchs Schwert; alles, was sie zurückgelassen hatten, wurde ein Raub der Flammen. Da der Krieg nun das ganze Bergland und die Ebene erfaßt hatte, war den Einwohnern von Jerusalem jeder Ausweg gesperrt. Denn die Zeloten wachten scharf über alle, die gern überlaufen wollten; wer aber noch nicht romfreundlich gesinnt war, wurde vom Heer, das die Stadt von allen Seiten einschloß, in Schach gehalten.

2. 491. Als Vespasian nach Caesarea zurückgekehrt war und sich darauf vorbereitete, mit seinem ganzen Heer gegen Jerusalem selbst zu marschieren, wurde ihm das gewaltsame Ende Neros gemeldet, der 13 Jahre und 8 Tage Kaiser gewesen war[151]. Es ist ja schon bekannt, wie dieser die Befehlsgewalt mißbrauchte, indem er die Führung der Staatsgeschäfte den verruchtesten Männern, Nymphidius und Tigellinus[152], überließ; ferner wie er dann, als diese sich gegen ihn verschworen, von all seinen Leibwachen im Stich gelassen, mit 4 seiner treu gebliebenen Freigelassenen[153] flüchtete und im Vorstadtgelände sich selbst das Leben nahm, schließlich wie jene, die ihn ins Verderben gestürzt hatten, nur wenig später ihre Strafe fanden. Auch das weiß man, wie der Krieg in Gallien sein Ende fand und wie Galba, zum Kaiser ausgerufen, von Spanien nach Rom zurückkehrte, wie er dann von seinen Soldaten wegen seiner Schäbigkeit[154] beschuldigt und mitten auf dem Forum in Rom hinterrücks erschlagen wurde, worauf man Otho zum Kaiser ausrief. Dann folgten dessen Feldzug gegen die Feldherren des Vitellius und sein Scheitern[155], darauf die Wirren unter Vitellius und die Kämpfe um das Kapitol, schließlich unterdrückten Antonius Primus und Mucianus durch die Vernichtung des Vitellius und seiner germanischen Truppen den Bürgerkrieg[156]. Alle diese Vorgänge im einzelnen genau zu schildern, wollte ich mir ersparen, da sie allgemein bekannt und außerdem von zahlreichen Griechen und Römern[157] beschrieben worden sind. Aber um den Zusammenhang der Ereignisse zu wahren und um den folgenden Bericht nicht in der Luft hängen zu lassen, gebe ich hiermit jedes einzelne in kurzer Zusammenfassung an.

Ῥωμαίων ἀναγέγραπται, συναφείας δὲ ἕνεκεν τῶν πραγμάτων καὶ τοῦ μὴ διηρτῆσθαι[223] τὴν ἱστορίαν κεφαλαιωδῶς ἕκαστον ἐπισημαίνομαι.

497 Οὐεσπασιανὸς τοίνυν τὸ μὲν πρῶτον ἀνεβάλλετο τὴν τῶν Ἱεροσολύμων
498 στρατείαν, καραδοκῶν πρός τίνα ῥέψει τὸ κρατεῖν μετὰ Νέρωνα· αὖθις δὲ Γάλβαν ἀκούσας αὐτοκράτορα, πρὶν ἐπιστεῖλαί τι περὶ τοῦ πολέμου κακεῖνον, οὐκ ἐπεχείρει, πέμπει δὲ πρὸς αὐτὸν καὶ τὸν υἱὸν Τίτον ἀσπασόμενόν τε καὶ ληψόμενον τὰς περὶ Ἰουδαίων ἐντολάς. διὰ δὲ τὰς αὐτὰς
499 αἰτίας ἅμα Τίτῳ καὶ Ἀγρίππας ὁ βασιλεὺς πρὸς Γάλβαν ἔπλει. καὶ διὰ τῆς Ἀχαΐας, χειμῶνος γὰρ ἦν ὥρα[224], μακραῖς ναυσὶ περιπλεόντων[225] φθάνει Γάλβας ἀναιρεθεὶς μετὰ μῆνας ἑπτὰ καὶ ἴσας ἡμέρας· ἐξ οὗ καὶ
500 τὴν ἡγεμονίαν παρέλαβεν Ὄθων ἀντιποιούμενος τῶν πραγμάτων. ὁ μὲν οὖν Ἀγρίππας εἰς τὴν Ῥώμην ἀφικέσθαι διέγνω μηδὲν ὀρρωδήσας πρὸς
501 τὴν μεταβολήν· Τίτος δὲ κατὰ δαιμόνιον ὁρμὴν ἀπὸ τῆς Ἑλλάδος εἰς τὴν Συρίαν ἀνέπλει καὶ κατὰ τάχος εἰς Καισάρειαν ἀφικνεῖται πρὸς τὸν
502 πατέρα. καὶ οἱ μὲν μετέωροι περὶ τῶν ὅλων ὄντες ὡς ἂν σαλευομένης τῆς Ῥωμαίων ἡγεμονίας ὑπερεώρων τὴν ἐπὶ Ἰουδαίους στρατείαν[226], καὶ διὰ τὸν περὶ τῆς πατρίδος φόβον τὴν ἐπὶ τοὺς ἀλλοφύλους ὁρμὴν ἄωρον ἐνόμιζον.

503 3. Ἐπανίσταται δὲ ἄλλος τοῖς Ἱεροσολύμοις πόλεμος. υἱὸς ἦν Γιώρα[227] Σίμων τις, Γερασηνὸς τὸ γένος, νεανίας πανουργίᾳ μὲν ἡττώμενος Ἰωάννου τοῦ προκατέχοντος ἤδη τὴν πόλιν, ἀλκῇ δὲ σώματος καὶ τόλμῃ διαφέρων,
504 δι' ἣν καὶ ὑπὸ Ἀνάνου τοῦ ἀρχιερέως φυγαδευθεὶς ἐξ ἧς εἶχε[228] τοπαρχίας Ἀκραβετηνῆς πρὸς τοὺς κατειληφότας τὴν Μασάδαν λῃστὰς παρα-
505 γίνεται. τὸ μὲν οὖν πρῶτον ἦν αὐτοῖς δι' ὑποψίας· εἰς τὸ κατωτέρω γοῦν φρούριον ἐπέτρεψαν αὐτῷ παρελθεῖν ἅμα ταῖς γυναιξίν, ἃς ἄγων ἦκεν,
506 αὐτοὶ τὸ ὑψηλότερον οἰκοῦντες· αὖθις δὲ διὰ συγγένειαν ἠθῶν καὶ ὅτι πιστὸς ἐδόκει, συμπροενόμευε[229] γοῦν αὐτοῖς ἐξιὼν καὶ συνεπόρθει τὰ
507 περὶ τὴν Μασάδαν. οὐ μὴν ἐπὶ τὰ μείζω παρακαλῶν ἔπεισεν· οἱ μὲν
508 γὰρ ἐν ἔθει ὄντες τῷ φρουρίῳ[230], καθάπερ φωλεοῦ χωρίζεσθαι μακρὰν ἐδεδοίκεσαν, ὁ δὲ τυραννιῶν καὶ μεγάλων ἐφιέμενος ἐπειδὴ καὶ τὴν Ἀνάνου τελευτὴν ἤκουσεν, εἰς τὴν ὀρεινὴν ἀφίσταται, καὶ προκηρύξας δούλοις μὲν ἐλευθερίαν, γέρας δὲ ἐλευθέροις τοὺς πανταχόθεν πονηροὺς συνήθροιζεν.

509 4. Ὡς δ' ἦν αὐτῷ καρτερὸν ἤδη τὸ σύνταγμα, τὰς ἀνὰ τὴν ὀρεινὴν κώμας κατέτρεχεν, ἀεὶ δὲ προσγινομένων πλειόνων ἐθάρρει καταβαίνειν
510 εἰς τὰ χθαμαλώτερα. κἀπειδὴ πόλεσιν ἤδη φοβερὸς ἦν, πολλοὶ πρὸς τὴν ἰσχὺν καὶ τὴν εὔροιαν τῶν κατορθωμάτων ἐφθείροντο δυνατοί, καὶ οὐκέτι ἦν δούλων μόνων οὐδὲ λῃστῶν στρατός, ἀλλὰ καὶ δημοτικῶν οὐκ ὀλίγων ὡς
511 πρὸς βασιλέα πειθαρχεῖν. κατέτρεχε δὲ τήν τε Ἀκραβετηνὴν τοπαρχίαν

[223] PA lesen διηρῆσθαι; Lat: *ne intercisa pendeat.*
[224] Lat hat: *sed dum Achaiam, quod hiemps erat, longis navibus praetervehuntur.*
[225] Hudson cj. παραπλεόντων. [226] PAM lesen στρατηγίαν, VR στρατάν.
[227] Lat. cod. Vat. et Berol. lesen *Diorae.*
[228] C liest ἦχε, Dindorf cj. ἦρχε auf Grund von cod. Lugd.
[229] Lat hat συμπροενόμευε durch *ductor erat* wiedergegeben.
[230] C liest τοῦ φρουρίου, was Herwerden empfiehlt.

Josephus, Jüdischer Krieg, Buch 4

Vespasian schob deshalb fürs erste den Feldzug gegen Jerusalem auf und wartete gespannt, wem die Herrschaft nach Nero zufallen werde. Auch als er dann hörte, Galba sei Alleinherrscher geworden, wollte er nichts unternehmen, bevor er nicht von diesem eine Weisung über die Fortsetzung des Krieges erhielte, vielmehr sandte er seinen Sohn Titus zu ihm, um ihm zu huldigen und Befehle bezüglich der Juden entgegenzunehmen. Aus demselben Grunde schiffte sich mit Titus auch der König Agrippa für eine Reise zu Galba ein. Als sie nun mit Kriegsschiffen am Lande entlang fuhren und durch Achaja zogen — es war nämlich gerade Winterzeit —, war Galba schon, nach einer Regierungszeit von 7 Monaten und ebensoviel Tagen, ermordet worden[158]. Nach ihm übernahm Otho den Oberbefehl, der im Kampf um die Kaiserwürde als Gegner Galbas aufgetreten war. Agrippa entschloß sich nun, nach Rom weiterzufahren, da ihn die plötzliche Wendung der Dinge nicht abzuschrecken vermochte. Dagegen segelte Titus auf göttlichen Antrieb hin von Griechenland nach Syrien zurück und kam sehr bald in Caesarea bei seinem Vater an. Da beide angesichts der Erschütterung des römischen Reiches voller Sorge um die Staatsgewalt waren, schenkten sie dem Feldzug gegen die Juden zunächst keine Beachtung mehr; sie waren der Ansicht, ein Angriff gegen ein fremdes Volk sei unzeitgemäß, solange man um das Schicksal des eigenen Vaterlandes bangen müsse.

3. 503. Aber ein anderer Krieg brach nun gegen Jerusalem los. Schuld daran war ein gewisser Simon, Sohn des Giora, der aus Gerasa stammte. Er war noch jung und an Schläue dem Johannes, der vor ihm die Hauptstadt in seine Gewalt bekommen hatte, unterlegen, doch übertraf er ihn an Körperkraft und Wagemut. Dieser zuletzt erwähnten Eigenschaft wegen war er von dem Hohenpriester Ananos aus der Toparchie Akrabatene, die ihm damals unterstand, verjagt worden und hatte sich den Räubern, die Masada erobert hatten, angeschlossen[159]. Zunächst begegneten ihm diese mit Argwohn und gestatteten ihm, mit den Frauen, die er bei seiner Ankunft mit sich führte, lediglich den unteren Teil[160] der Festung zu betreten, während sie selbst den höher gelegenen bewohnten. Später aber konnte er, da er in seiner ganzen Haltung gut zu ihnen paßte und als zuverlässig galt, mit ihnen zusammen in Ausfällen das Land abgrasen und die Umgebung von Masada verwüsten. Wenn er sie zu größeren Unternehmungen anspornen wollte, setzte er sich freilich nicht durch, denn sie hatten sich an das Leben in der Festung gewöhnt und fürchteten sich davor, sich weit von diesem ihrem Fuchsbau zu entfernen. Er aber strebte nach Alleinherrschaft und trachtete nach hohen Dingen; und als er nun vom Ende des Ananos erfuhr, setzte er sich in das Bergland ab, verkündigte den Sklaven die Freiheit und den Freien Geschenke und sammelte auf diese Weise von allen Seiten her die schlechten Menschen um sich.

4. 509. So hatte er nun schon eine ziemlich starke Truppe um sich versammelt, mit der er Streifzüge in die auf dem Bergland liegenden Dörfer machte; als dann immer mehr Leute zu ihm stießen, erkühnte er sich, auch in die tiefer gelegenen Gegenden hinabzustoßen. Da er nun auch für die festen Städte schon eine furchtbare Gefahr bedeutete, ließen sich viele angesehene Leute angesichts seiner Stärke und der nicht abreißenden Kette seiner Erfolge in das Verderben reißen: sein Heer bestand jetzt nicht mehr nur aus Sklaven oder Räubern,

καὶ τὰ μέχρι τῆς μεγάλης Ἰδουμαίας· κατὰ γὰρ κώμην τινὰ καλουμένην
512 Ναΐν[231] τεῖχος κατασκευάσας ὥσπερ φρουρίῳ πρὸς ἀσφάλειαν ἐχρῆτο, κατὰ δὲ τὴν φάραγγα προσαγορευομένην Φερεταί[232] πολλὰ μὲν ἀνευρύνας σπήλαια, πολλὰ δ' εὑρὼν ἕτοιμα ταμιείοις ἐχρῆτο θησαυρῶν καὶ τῆς
513 λείας ἐκδοχείοις. ἀνετίθει δὲ καὶ τοὺς ἁρπαζομένους εἰς αὐτὰ καρπούς, οἵ τε πολλοὶ τῶν λόχων δίαιταν εἶχον ἐν ἐκείνοις· δῆλος δ' ἦν τό τε σύνταγμα προγυμνάζων καὶ τὰς παρασκευὰς κατὰ τῶν Ἱεροσολύμων.
514 5. Ὅθεν οἱ ζηλωταὶ δείσαντες αὐτοῦ τὴν ἐπιβουλὴν[233] καὶ προλαβεῖν βουλόμενοι τὸν κατ' αὐτῶν τρεφόμενον[234] ἐξίασι μετὰ τῶν ὅπλων οἱ πλείους· ὑπαντιάζει δὲ Σίμων, καὶ παραταξάμενος συχνοὺς μὲν αὐτῶν
515 ἀναιρεῖ, συνελαύνει δὲ τοὺς λοιποὺς εἰς τὴν πόλιν. οὔπω δὲ θαρρῶν τῇ δυνάμει τοῦ μὲν τοῖς τείχεσιν προσβάλλειν ἀπετράπη, χειρώσασθαι δὲ πρότερον τὴν Ἰδουμαίαν ἐπεβάλετο· καὶ δὴ δισμυρίους ἔχων ὁπλίτας
516 ἤλαυνεν ἐπὶ τοὺς ὅρους αὐτῆς. οἱ δὲ ἄρχοντες τῆς Ἰδουμαίας κατὰ τάχος ἀθροίσαντες ἐκ τῆς χώρας τὸ μαχιμώτατον περὶ πεντακισχιλίους καὶ δισμυρίους, τοὺς δὲ πολλοὺς ἐάσαντες φρουρεῖν τὰ σφέτερα διὰ τὰς τῶν ἐν Μασάδᾳ σικαρίων καταδρομάς, ἐδέχοντο τὸν Σίμωνα πρὸς τοῖς ὅροις.
517 ἔνθα συμβαλὼν αὐτοῖς καὶ δι' ὅλης πολεμήσας ἡμέρας, οὔτε νενικηκὼς οὔτε νενικημένος διεκρίθη, καὶ ὁ μὲν εἰς τὴν Ναΐν[235], οἱ δὲ Ἰδουμαῖοι διελύ-
518 θησαν ἐπ' οἴκου. καὶ μετ' οὐ πολὺ Σίμων μείζονι δυνάμει πάλιν εἰς τὴν χώραν αὐτῶν ὥρμητο, στρατοπεδευσάμενος δὲ κατά τινα κώμην, Θεκουὲ καλεῖται, πρὸς τοὺς ἐν Ἡρωδείῳ φρουρούς, ὅπερ ἦν πλησίον, Ἐλεάζαρόν
519 τινα τῶν ἑταίρων ἔπεμψε πείσοντα παραδοῦναι τὸ ἔρυμα. τοῦτον οἱ φύλακες ἑτοίμως[236] ἐδέξαντο τὴν αἰτίαν ἀγνοοῦντες δι' ἣν ἥκοι, φθεγξάμενον δὲ περὶ παραδόσεως ἐδίωκον σπασάμενοι τὰ ξίφη, μέχρι φυγῆς τόπον οὐκ ἔχων ἔρριψεν ἀπὸ τοῦ τείχους ἑαυτὸν εἰς τὴν ὑποκειμένην φάραγγα.
520 καὶ ὁ μὲν αὐτίκα τελευτᾷ, τοῖς δ' Ἰδουμαίοις ἤδη κατορρωδοῦσι τὴν ἰσχὺν τοῦ Σίμωνος ἔδοξε πρὸ τοῦ συμβαλεῖν κατασκέψασθαι τὴν στρατιὰν τῶν πολεμίων.
521 6. Εἰς τοῦτο δὲ ὑπηρέτην αὐτὸν ἑτοίμως ἐπεδίδου Ἰάκωβος, εἷς τῶν
522 ἡγεμόνων, προδοσίαν ἐνθυμούμενος. ὁρμήσας γοῦν ἀπὸ τῆς Ἀλούρου, κατὰ γὰρ ταύτην συνήθροιστο τὴν κώμην τότε τῶν Ἰδουμαίων τὸ στρά-
523 τευμα, παραγίνεται πρὸς Σίμωνα, καὶ πρώτην αὐτῷ παραδώσειν συντίθεται τὴν αὐτοῦ πατρίδα, λαβὼν ὅρκους ὡς ἀεὶ τίμιος ὢν διατελέσει,
524 συνεργήσειν δὲ ὑπέσχετο καὶ περὶ τῆς ὅλης Ἰδουμαίας. ἐφ' οἷς ἑστιαθεὶς

---

[231] PA Niese Na haben Ἀΐν, Lat *Aiam;* wir lesen mit MLVRC Thack Ναΐν.
[232] Φαρὰν MVR Na; Φαρὰ C; *(in) valle (autem) quae appellatur Faragga* Lat.
[233] *successus* (Anrücken) Heg; ἐπιβολήν (Angriff) Destinon cj. Thack.
[234] L hat στρεφόμενον (der sich gegen sie selbst wandte).
[235] *Aiam* Lat ; Ἀΐν Destinon cj. Na, vgl. § 511.
[236] P Niese haben προθύμως.

sondern umfaßte auch eine stattliche Zahl von Bürgern, die ihm wie einem Könige gehorchten. Er durchstreifte auch die Toparchie Akrabatene und die ganze Gegend bis hin zu Großidumäa. Bei einem Dorf namens Nain[161] errichtete er eine Art von Bollwerk und benutzte dies als Stützpunkt zu seiner eigenen Sicherheit; in einer Schlucht namens Pheretai[162] verbreiterte er zahlreiche Höhlen und fand viele andere, die von Natur geeignet waren, als Kammern für seine Schätze und als Bergungsorte für seine Beute zu dienen. In diesen Höhlen stapelte er auch die von ihm geraubten Feldfrüchte, und die meisten seiner Abteilungen hausten dort. Es war offensichtlich, daß er seine Truppe im voraus für einen Angriff auf Jerusalem einübte und auch seine Vorbereitungen diesem Zweck dienten[163].

5. 514. Da die Zeloten seinen heimlichen Anschlag fürchteten und dem Manne zuvorkommen wollten, dessen zunehmende Kraft gegen sie selbst gerichtet war, zogen sie mit ihrer Hauptmacht in voller Bewaffnung zur Stadt hinaus; Simon rückte ihnen entgegen, nahm den Kampf an, schlug viele von ihnen nieder und trieb die übrigen wieder in die Stadt zurück. Da er sich aber mit seinen Truppen noch nicht stark genug fühlte, wagte er keinen Angriff auf die Mauern; statt dessen trachtete er danach, zunächst Idumäa zu unterwerfen und zog deshalb mit 20 000 Schwerbewaffneten gegen dessen Grenzen. Die Führer Idumäas[164] riefen rasch den kampffähigen Teil der Bevölkerung, rund 25 000 Mann, zusammen, ließen die Hauptmenge aus Angst vor den Überfällen, die von den Sikariern in Masada drohten, zum Schutz ihrer Habe zurück und erwarteten Simon abwehrbereit an ihren Grenzen. Dort lieferte dieser ihnen ein Treffen, kämpfte einen ganzen Tag lang und trennte sich schließlich, ohne der Sieger oder auch der Besiegte zu sein; er marschierte nach Nain[165], während die Idumäer in ihre Heimat abzogen. Wenig später drang Simon mit noch stärkeren Streitkräften erneut in ihr Land ein und schlug in einem Thekoa[166] genannten Ort ein festes Lager auf. Dann sandte er zur Besatzung des in der Nähe gelegenen Herodeion[167] den Eleazar, einen seiner Kampfgenossen, mit dem Auftrag, diese zur Übergabe der Festung zu bewegen. Die Wachen, die den Grund seines Kommens nicht kannten, nahmen ihn gerne auf; als er aber etwas von Übergabe äußerte, zogen sie das Schwert und setzten ihm nach, bis er sich, da er keine weitere Möglichkeit zur Flucht besaß, von der Mauer in den darunter liegenden Abgrund stürzte. Er war auf der Stelle tot. Die Idumäer aber, die angesichts der Stärke Simons von Furcht ergriffen waren, glaubten, vor einem etwaigen Kampf das Heer der Feinde auskundschaften zu müssen.

6. 521. Dazu bot sich Jakobus[168], einer der Führer, bereitwillig als Gehilfe an; er sann nämlich auf Verrat. Folglich machte er sich eilends von Alurus[169] auf — bei diesem Dorf war nämlich das Heer der Idumäer versammelt — und stellte sich bei Simon ein. Mit ihm verabredete er, als erstes seine Vaterstadt auszuliefern, nachdem ihm eidlich zugesichert war, er werde allzeit in einer ehrenvollen Stellung verbleiben; darüber hinaus versprach er sogar, bei der Unterwerfung ganz Idumäas behilflich zu sein. Infolgedessen wurde er von Simon freundlich bewirtet und durch glänzende Versprechungen angespornt. Als er nun zu seinen Landsleuten zurückgekehrt war, schwindelte er zunächst

IV 524—540

φιλοφρόνως ύπό του Σίμωνος καί λαμπραΐς έπαρθείς ύποσχέσεσιν, έπειδήπερ εις τούς σφετέρους ύπέστρεψε, τό μέν πρώτον πολλαπλασίονα τήν
525 στρατιάν έψεύδετο του Σίμωνος, έπειτα δεξιούμενος τούς τε ηγεμόνας καί κατ' ολίγους παν τό πλήθος ένήγεν ώστε δέξασθαι τον Σίμωνα καί
526 παραδοΰναι δίχα μάχης αύτω τήν των όλων αρχήν. άμα δέ ταΰτα διαπραττόμενος καί Σίμωνα δι' αγγέλων έκάλει σκεδάσειν ύπισχνούμενος
527 τούς 'Ιδουμαίους· ό δή παρέσχεν. ώς γάρ ήν ήδη πλησίον ή στρατιά, πρώτος
528 άναπηδήσας έπί τον ίππον μετά των συνδιεφθαρμένων έφευγε. πτοία δ' έμπίπτει παντί τω πλήθει, καί πριν εις χείρας έλθείν λυθέντες έκ τής τάξεως άνεχώρουν έκαστοι πρός τά ίδια.
529 7. Σίμων δέ παρά δόξαν εις τήν 'Ιδουμαίαν εισήλασεν αναιμωτί καί προσβαλών άδοκήτως πρώτην αίρεί τήν πολίχνην Χεβρών, έν ή πλείστης
530 έκράτησε λείας, πάμπολυν δέ διήρπασε καρπόν, ώς δέ φασιν οί έπιχώριοι τήν Χεβρών ού μόνον των τήδε πόλεων άλλα καί τής έν Αίγύπτω Μέμφεως
531 άρχαιοτέραν· δισχίλια γοΰν αυτή καί τριακόσια έτη συναριθμείται. μυθεύουσι δέ αύτήν καί οικητήριον Άβράμου του 'Ιουδαίων προγόνου γεγονέναι μετά τήν έκ τής Μεσοποταμίας άπανάστασιν, τούς τε παίδας αύτοΰ
532 λέγουσι καταβήναι εις Αίγυπτον ένθεν· ών καί τά μνημεία μέχρι νΰν έν τήδε τή πολίχνη δείκνυται πάνυ καλής μαρμάρου καί φιλοτίμως είργασ-
533 μένα. δείκνυται δ' άπό σταδίων εξ του άστεος τερέβινθος μεγίστη, καί
534 φασί τό δένδρον άπό τής κτίσεως μέχρι νΰν διαμένειν. ένθεν ό Σίμων έχώρει διά πάσης τής 'Ιδουμαίας, ού μόνον κώμας καί πόλεις πορθών, λυμαινόμενος δέ καί τήν χώραν· δίχα γάρ τών όπλιτών τέσσαρες αύτω συνείποντο μυριάδες, ώς μηδέ τών έπιτηδείων έξαρκούντων πρός τό
535 πλήθος[237]. προσήν δέ ταις χρείαις ώμότης τε αύτοΰ καί πρός τό γένος
536 όργή, δι' ά μάλλον έξερημοΰσθαι συνέβαινε τήν 'Ιδουμαίαν. καθάπερ δέ ύπό τών ακρίδων κατόπιν ύλην έστιν ιδείν έψιλωμένην πασαν, ούτω τό
537 κατά νώτου τής Σίμωνος στρατιάς έρημία κατελείπετο· καί τά μέν έμπιπρώντες τά δέ κατασκάπτοντες, παν δέ τό πεφυκός άνά τήν χώραν ή συμπατοΰντες ήφάνιζον ή νεμόμενοι, καί τήν ένεργόν ύπό τής πορείας σκληροτέραν έποίουν τής άκάρπου, καθόλου τε ειπείν, ούδέ σημείον τι κατελείπετο τοίς πορθουμένοις[238] του γεγονέναι.
538 8. Ταΰτα πάλιν τούς ζηλωτάς έπήγειρεν, καί φανερώς μέν άντιπαρατάξασθαι κατέδεισαν, προλοχίσαντες δ' έν ταίς παρόδοις άρπάζουσι του
539 Σίμωνος τήν γυναίκα καί τής περί αύτήν θεραπείας συχνούς. έπειτα ώς αύτόν αίχμαλωτισάμενοι τον Σίμωνα γεγηθότες εις τήν πόλιν ύπέστρεψαν καί όσον ούδέπω προσεδόκων καταθέμενον τά όπλα περί τής γυναικός
540 ίκετεύσειν. τον δέ ούκ έλεος εισήλθεν άλλ' όργή περί τής ήρπασμένης, καί πρός τό τείχος τών 'Ιεροσολύμων έλθών καθάπερ τά τρωθέντα τών θηρίων, έπειδή τούς τρώσαντας ού κατέλαβεν, έφ' ούς εύρε τον θυμόν

[237] Na, Thack, Simchoni stellen aufgrund einer Konjektur von Bekker den Satzteil δίχα - μυριάδες hinter den folgenden ώς — πλήθος.
[238] PA haben außerdem τούτοις.

vielfach übertriebene Angaben über das Heer Simons vor; danach hielt er vertrauliche Versprechungen mit den Führern und gruppenweise auch mit dem ganzen Heer und brachte sie schließlich soweit, daß sie Simon empfangen und ihm die ganze Befehlsgewalt kampflos übergeben wollten. Noch während er all dies zuwege brachte, forderte er Simon durch Boten auf, heranzurücken, und versprach, die Idumäer zu zerstreuen, was er auch getreulich erfüllte. Als nämlich Simons Heer schon ganz nahe war, sprang Jakobus als erster auf sein Pferd und floh mit seinem gleichfalls verderbten Genossen. Große Bestürzung befiel den ganzen Haufen, und ehe es zu einem Handgemenge kam, brachen sie alle aus der Schlachtordnung aus und zogen jeder für sich an seinen Heimatort.
7. 529. Simon konnte so wider Erwarten und ohne jeglichen Blutzoll in Idumäa einrücken; dort nahm er in überraschendem Angriff zuerst die kleine Stadt Hebron, wo ihm eine überaus reiche Beute in die Hände fiel, vor allem raubte er sehr viel Getreide. Wie die Einheimischen behaupten, ist Hebron nicht nur älter als jede andere Stadt dieser Gegend, sondern auch als Memphis in Ägypten; man berechnet das Alter von Hebron auf 2300 Jahre[170]. Ferner berichtet man, Hebron habe Abraham, dem Stammvater der Juden, nach seiner Wanderung aus Mesopotamien als Wohnsitz gedient, und dessen Nachkommen seien von dort aus nach Ägypten gezogen[171]. Deren Grabmäler werden heute noch in diesem Städtchen gezeigt; sie bestehen ganz aus schönem Marmor und sind prachtvoll ausgearbeitet[172]. Sechs Stadien von der Stadt entfernt zeigt man eine ungeheuer große Terebinthe und erzählt, dieser Baum habe dort seit der Weltschöpfung bis zur Gegenwart dauernd gestanden[173]. Von dort zog Simon durch ganz Idumäa, wobei er nicht nur Dörfer und Städte zerstörte, sondern auch das Land verwüstete, denn abgesehen von den Schwerbewaffneten folgten ihm 40 000 Menschen, so daß nicht einmal die notwendigsten Lebensmittel für eine solche Menge hinreichend vorhanden waren. Abgesehen von seinem mannigfachen Bedarf trugen außerdem seine Grausamkeit und sein Haß gegen das Volk der Idumäer dazu bei, daß ihr Land verheert wurde. Wie man nämlich nach einem Überfall von Heuschrecken einen ganzen Wald kahlgefressen sehen kann, so blieb auch im Rücken von Simons Heer eine Wüste zurück. Einige der Orte steckten sie in Brand, andere machten sie dem Erdboden gleich; alles, was landauf, landab angebaut war, verschwand: entweder wurde es niedergetreten oder aber für den Lebensunterhalt verbraucht. Den ergiebigen Boden machten sie durch ihren Marsch härter als unfruchtbares Gebiet. Kurzum, von den verwüsteten Städten blieb nicht einmal irgendein Zeichen zurück, das an ihr ehemaliges Dasein erinnerte[174].
8. 538. Diese Vorgänge riefen wieder die Zeloten auf den Plan. Da sie sich aber fürchteten, dem Simon in offener Feldschlacht entgegenzutreten, legten sie ihm vorher bei den Pässen einen Hinterhalt und raubten seine Frau mit vielen ihrer Bediensteten. Darauf kehrten sie, als hätten sie den Simon selbst gefangen genommen, in großer Freude in die Stadt zurück, wobei sie erwarteten, er werde unverzüglich die Waffen niederlegen und die Rückgabe seiner Frau erbitten. Aber diesen erfaßte nicht etwa das Mitleid, sondern der Zorn über den Raub seiner Frau. Er rückte vor die Mauer Jerusalems, wobei er, wie verwundete Tiere es tun, die ihre Jäger nicht anfallen können, an jedem, der ihm

541 ἠφίει. ὅσοι γοῦν λαχανείας ἕνεκεν ἢ φρυγανισμοῦ προεληλύθεσαν ἔξω πυλῶν ἀνόπλους καὶ γέροντας συλλαμβάνων ἠκίζετο καὶ διέφθειρεν, δι' ὑπερβολὴν ἀγανακτήσεως μονονουχὶ καὶ νεκρῶν γευόμενος τῶν σωμάτων.
542 πολλοὺς δὲ καὶ χειροκοπήσας εἰσέπεμπε καταπλήξασθαι τοὺς ἐχθροὺς
543 ἅμα καὶ διαστῆσαι τὸν δῆμον ἐπιχειρῶν πρὸς τοὺς αἰτίους. ἐντέταλτο δ'αὐτοῖς λέγειν, ὅτι Σίμων θεὸν ὄμνυσι τὸν πάντων ἔφορον, εἰ μὴ θᾶττον ἀποδώσουσιν αὐτῷ τὴν γυναῖκα, ῥήξας τὸ τεῖχος τοιαῦτα διαθήσειν πάντας τοὺς κατὰ τὴν πόλιν, μηδεμιᾶς φεισάμενος ἡλικίας μηδὲ ἀπὸ τῶν
544 ἀναιτίων διακρίνας τοὺς αἰτίους. τούτοις οὐ μόνον ὁ δῆμος ἀλλὰ καὶ οἱ ζηλωταὶ καταπλαγέντες ἀποπέμπουσιν αὐτῷ τὴν γυναῖκα· καὶ τότε μὲν ἐκμειλιχθεὶς ὀλίγον ἀνεπαύσατο τοῦ συνεχοῦς φόνου.
545 9. Οὐ μόνον δὲ κατὰ τὴν Ἰουδαίαν στάσις ἦν καὶ πόλεμος ἐμφύλιος,
546 ἀλλὰ κἀπὶ τῆς Ἰταλίας. ἀνῄρητο μὲν γὰρ κατὰ μέσην τὴν Ῥωμαίων ἀγορὰν Γάλβας, ἀποδεδειγμένος δὲ αὐτοκράτωρ Ὄθων ἐπολέμει Οὐιτελ-
547 λίῳ βασιλειῶντι· τοῦτον γὰρ ᾕρητο τὰ κατὰ Γερμανίαν τάγματα. καὶ γενομένης συμβολῆς κατὰ Φρηγδίακον²³⁹ τῆς Γαλατίας πρός τε Οὐάλεντα καὶ Καικίνναν²⁴⁰ τοὺς Οὐιτελλίου στρατηγούς, τῇ πρώτῃ μὲν ἡμέρᾳ περιῆν
548 Ὄθων, τῇ δὲ δευτέρᾳ τὸ Οὐιτελλίου στρατιωτικόν· καὶ πολλοῦ φόνου γενομένου διεχρήσατο μὲν Ὄθων αὐτὸν ἐν Βριξέλλῳ²⁴¹ τὴν ἧτταν πυθό-
549 μενος ἡμέρας δύο καὶ τρεῖς μῆνας κρατήσας τῶν πραγμάτων, προσεχώρησε δὲ τοῖς Οὐιτελλίου στρατηγοῖς ἡ στρατιά, καὶ κατέβαινεν αὐτὸς
550 εἰς τὴν Ῥώμην μετὰ τῆς δυνάμεως. ἐν δὲ τούτῳ καὶ Οὐεσπασιανὸς ἀναστὰς ἐκ τῆς Καισαρείας πέμπτῃ Δαισίου μηνὸς ὥρμησεν ἐπὶ τὰ μηδέπω
551 κατεστραμμένα τῶν τῆς Ἰουδαίας χωρίων. ἀναβὰς δὲ εἰς τὴν ὀρεινὴν αἱρεῖ δύο τοπαρχίας, τήν τε Γοφνιτικὴν καὶ τὴν Ἀκραβετηνὴν καλουμένην, μεθ' ἃς Βηθηλά²⁴² τε καὶ Ἐφραὶμ πολίχνια, οἷς φρουροὺς ἐγκαταστήσας μέχρι Ἱεροσολύμων ἱππάζετο· φθορὰ δ' ἦν πολλῶν καταλαμβανομένων
552 καὶ συχνοὺς ᾐχμαλωτίζετο. Κερεάλιος δὲ αὐτῷ τῶν ἡγεμόνων μοῖραν ἱππέων καὶ πεζῶν ἀναλαβὼν τὴν ἄνω καλουμένην Ἰδουμαίαν ἐπόρθει, καὶ Κάφεθρα²⁴³ μὲν ψευδοπολίχνιον ἐξ ἐφόδου λαβὼν ἐμπίπρησιν, ἑτέραν
553 δὲ καλουμένην Καφαραβὶν²⁴⁴ προσβαλὼν ἐπολιόρκει. πάνυ δ' ἦν ἰσχυρὸν τὸ τεῖχος, καὶ τρίψεσθαι προσδοκῶντι πλείω χρόνον αἰφνιδίως ἀνοίγουσιν οἱ ἔνδον τὰς πύλας καὶ μεθ' ἱκετηριῶν προελθόντες ἑαυτοὺς παρέδοσαν.
554 Κερεάλιος δὲ τούτους παραστησάμενος ἐπὶ Χεβρῶν ἑτέρας πόλεως ἀρχαιοτάτης ἐχώρει· κεῖται δ', ὡς ἔφην, αὕτη κατὰ τὴν ὀρεινὴν οὐ πόρρω Ἱεροσολύμων· βιασάμενος δὲ τὰς εἰσόδους τὸ μὲν ἐγκαταληφθὲν πλῆθος

---

²³⁹ MVRC lesen Φρηγδιακόν; Βηδριακόν Hudson cj.
²⁴⁰ Κίνναν PALVRC; Κίννα M Lat; *Caecina* Heg; Καικίνναν ed. pr.
²⁴¹ Βριξέμῳ codd.; Βριξέλλῳ *ed. pr.*
²⁴² Βήθηγά PA Niese; Βηθηλά VRC Na Thack (aramaisierende Form, vgl. *ant.* 1,284; 5,82.130 u. ö.).
²⁴³ Χαφεθραμὶν PAMVRC; Καφαιορα L Lat; Κάφεθρα Hudson cj. Niese Thack.
²⁴⁴ Χαραβὶν PAMC, ähnlich VR; Χαραβεῖν L; Καφαραβὶν cod. Berol. und cod. Lips.; *Capharim* Lat. Nach A. Schlatter schrieb Josephus vermutlich Καφαρβὶν, vgl. Anm. 184.

in den Weg kam, seine Wut ausließ. Alle, die sich etwa zum Gemüseholen oder zum Holzsammeln vor die Tore gewagt hatten, Unbewaffnete und alte Leute, griff er auf, marterte sie und brachte sie um, wobei er im Übermaß seines Ärgers beinahe die toten Leiber aufgefressen hätte[175]. Vielen anderen ließ er die Hände abschlagen und sandte sie dann in die Stadt zurück, um seinen Gegnern Angst einzujagen; gleichzeitig beabsichtigte er damit, das Volk von den verantwortlichen Rädelsführern abzuspalten. Die so Entsandten erhielten den Auftrag, auszusagen: Simon schwört bei Gott, dem Aufseher über alle Dinge[176], falls man ihm nicht unverzüglich seine Frau zurückgebe, werde er die Mauer durchbrechen und alle Bewohner der Stadt genau so verstümmeln, wobei er kein Alter schonen oder auch zwischen Unschuldigen und Schuldigen groß unterscheiden werde. Diese Drohungen versetzten nicht nur das Volk, sondern auch die Zeloten in Bestürzung, so daß sie ihm seine Frau zurücksandten. Das besänftigte ihn, und für eine kleine Weile stand er von seinem ununterbrochenen Morden ab.

9. 545. Aufruhr und Bürgerkrieg waren indessen nicht nur auf Judäa beschränkt, sondern wüteten auch in Italien. Denn Galba wurde mitten auf dem römischen Forum umgebracht[177], und Otho kämpfte, zum Kaiser ausgerufen, gegen Vitellius, der seinerseits diese Würde erstrebte; den letzteren hatten nämlich die in Germanien stehenden Legionen erwählt. Bei Bedriacum in Gallien kam es zu einem Zusammenstoß mit den Feldherren des Vitellius, Valens und Caecina, wobei am ersten Tag Otho die Oberhand behielt, am zweiten aber das Heer des Vitellius[178]. Und so groß war das Morden, daß Otho, als er von der Niederlage erfuhr, sich in Brixellum selbst das Leben nahm, nachdem er drei Monate und zwei Tage die Staatsgewalt in den Händen gehabt hatte[179]. Sein Heer ging zu den Feldherren des Vitellius über, und dieser marschierte nun mit seiner ganzen Streitmacht nach Rom.

Während dies geschah, war Vespasian am 5. des Monats Däsius (23. Juni 68) von Caesarea aufgebrochen und zog nun gegen die noch nicht unterworfenen Gebiete Judäas[180]. Er rückte auf das Bergland hinauf, gewann dort die beiden nach Gophna[181] und Akrabeta benannten Toparchien und im Anschluß daran die Städtchen Bethel und Ephraim[182], in die er eine Besatzungstruppe legte. Dann ritt er mit seinen Reitern bis vor Jerusalem, wobei er viele, die unterwegs überraschte, umbringen ließ und zahlreiche gefangennahm. Außerdem verwüstete Cerealius[183], einer seiner Offiziere, an der Spitze einer Abteilung von Reitern und Fußsoldaten das sogenannte Obere Idumäa, nahm beim ersten Ansturm das fälschlich „Städtchen" genannte Kaphethra und brannte es nieder; dann griff er ein zweites an, das Kapharabin hieß, und belagerte es[184]. Die Mauer dieser Ortschaft war sehr stark, so daß er sich schon mit dem Gedanken vertraut gemacht hatte, dort für längere Zeit beschäftigt zu sein; dann aber öffneten ihm die Einwohner plötzlich die Tore, kamen ihm als Bittende mit Ölbaumzweigen entgegen und lieferten sich ihm aus. Nach ihrer Unterwerfung rückte Cerealius vor Hebron, eine andere sehr alte Stadt; wie schon erwähnt, liegt sie auf dem Bergland unweit Jerusalems[185]. Als er gewaltsam durch die Tore eingedrungen war, ließ er die gesamte waffenfähige Mannschaft der dort verbliebenen Einwohner niedermachen und legte Feuer an die Stadt. So waren

555 ἡβηδὸν ἀναιρεῖ, τὸ δ' ἄστυ καταπίμπρησι. καὶ πάντων ἤδη κεχειρωμένων πλὴν Ἡρωδείου καὶ Μασάδας καὶ Μαχαιροῦντος, ταῦτα δ' ὑπὸ τῶν λῃστῶν κατείληπτο, σκοπὸς ἤδη τὰ Ἱεροσόλυμα προὔκειτο Ῥωμαίοις.

556 10. Ὁ δὲ Σίμων ὡς ἐρρύσατο παρὰ τῶν ζηλωτῶν τὴν γυναῖκα, πάλιν ἐπὶ τὰ λείψανα τῆς Ἰδουμαίας ὑπέστρεψεν, καὶ περιελαύνων πανταχόθεν
557 τὸ ἔθνος εἰς Ἱεροσόλυμα τοὺς πολλοὺς φεύγειν συνηνάγκασεν. εἵπετο δὲ καὶ αὐτὸς ἐπὶ τὴν πόλιν καὶ κυκλωσάμενος αὖθις τὸ τεῖχος ὅντινα λάβοι
558 τῶν προϊόντων κατὰ τὴν χώραν ἐργατῶν διέφθειρεν. ἦν δὲ τῷ δήμῳ Σίμων μὲν ἔξωθεν Ῥωμαίων φοβερώτερος, οἱ ζηλωταὶ δ' ἔνδον ἑκατέρων χαλεπώτεροι, κἀν τούτοις ἐπινοίᾳ κακῶν καὶ τόλμῃ τὸ σύνταγμα τῶν
559 Γαλιλαίων διέφερεν²⁴⁵· τόν τε γὰρ Ἰωάννην παρήγαγον εἰς ἰσχὺν οὗτοι, κἀκεῖνος αὐτοὺς ἐξ ἧς περιεποιήσατο²⁴⁶ δυναστείας ἠμείβετο πάντα ἐπιτρέ-
560 πων δρᾶν ὧν ἕκαστος ἐπεθύμει. πόθοι δ' ἦσαν ἁρπαγῆς ἀπλήρωτοι καὶ τῶν πλουσίων οἴκων ἔρευνα φόνος τε ἀνδρῶν καὶ γυναικῶν ὕβρεις ἐπαί-
561 ζοντο, μεθ' αἵματός τε τὰ συληθέντα κατέπινον καὶ μετ' ἀδείας ἐνεθηλυπάθουν τῷ κόρῳ, κόμας συνθετιζόμενοι καὶ γυναικείας ἐσθῆτας ἀναλαμβάνοντες, καταντλούμενοι δὲ μύροις καὶ πρὸς εὐπρέπειαν ὑπογράφον-
562 τες ὀφθαλμούς. οὐ μόνον δὲ κόσμον, ἀλλὰ καὶ πάθη γυναικῶν ἐμιμοῦντο καὶ δι' ὑπερβολὴν ἀσελγείας ἀθεμίτους ἐπενόησαν ἔρωτας· ἐνηλινδοῦντο
563 δ' ὡς πορνείῳ τῇ πόλει καὶ πᾶσαν ἀκαθάρτοις ἐμίαναν ἔργοις. γυναικιζόμενοι δὲ τὰς ὄψεις ἐφόνων ταῖς δεξιαῖς θρυπτόμενοί τε τοῖς βαδίσμασιν ἐπιόντες ἐξαπίνης ἐγίνοντο πολεμισταὶ τά τε ξίφη προφέροντες²⁴⁷ ἀπὸ
564 τῶν βεβαμμένων²⁴⁸ χλανιδίων τὸν προστυχόντα διήλαυνον. τοὺς ἀποδιδράσκοντας δὲ Ἰωάννην Σίμων φονικώτερον ἐξεδέχετο, καὶ διαφυγών τις
565 τὸν ἐντὸς τείχους τύραννον ὑπὸ τοῦ πρὸ πυλῶν διεφθείρετο. πᾶσα δὲ φυγῆς ὁδὸς τοῖς αὐτομολεῖν πρὸς Ῥωμαίους βουλομένοις ἀπεκέκοπτο.

566 11. Διεστασιάζετο δὲ πρὸς τὸν Ἰωάννην ἡ δύναμις, καὶ πᾶν ὅσον ἦν²⁴⁹ Ἰδουμαίων²⁵⁰ ἐν αὐτῇ χωρισθὲν ἐπεχείρει τῷ τυράννῳ φθόνῳ τε τῆς
567 ἰσχύος αὐτοῦ καὶ μίσει τῆς ὠμότητος. συμβαλόντες δὲ ἀναιροῦσί τε πολλοὺς τῶν ζηλωτῶν καὶ συνελαύνουσι τοὺς λοιποὺς εἰς τὴν βασιλικὴν αὐλὴν κατασκευασθεῖσαν ὑπὸ Γραπτῆς· συγγενὴς δὲ ἦν αὕτη τοῦ τῶν Ἀδια-
568 βηνῶν βασιλέως Ἰζᾶ²⁵¹· συνεισπίπτουσι δὲ οἱ Ἰδουμαῖοι, κἀκεῖθεν εἰς τὸ ἱερὸν ἐξώσαντες τοὺς ζηλωτὰς ἐφ' ἁρπαγὴν ἐτράποντο τῶν Ἰωάννου
569 χρημάτων· κατὰ γὰρ τὴν προειρημένην αὐλὴν αὐτός τε ὢν ἐκεῖ καὶ²⁵²

---

²⁴⁵ Die Handschriften haben διέφθειρε; Cardwell cj. διεφθείρετο; nach cod. Lugd. lesen Niese, Na, Thack, Reinach διέφερεν.
²⁴⁶ περιεποίησαν PAM Thack; περιεποιήσαντο LVR Exc; περιεποιήσατο CNa Niese; *comparaverat* Lat.
²⁴⁷ LExc lesen προβάλλοντες.
²⁴⁸ PAMVRC haben περιβεβλημένων; Lat liest *versicoloribus*, Heg *reconciliatis*. Niese hat nach LExc βεβαμμένων (vgl. Niese Einleitung XXXIV).
²⁴⁹ ἦν fehlt in P; bei Niese in eckiger Klammer.
²⁵⁰ ALRExc lesen Ἰδουμαῖον.
²⁵¹ PA lesen Αἰζά, Ἰζάτου Coccejus cj.
²⁵² ἦν ἐκεῖ καὶ M; ἦν κἀκεῖ C Na; *degebat et* Lat; ᾤκει καὶ Destinon cj. Thack.

nun schon alle festen Orte bezwungen außer den von den Zeloten besetzten Burgen Herodeion, Masada und Machärus; Jerusalem stand jetzt als einziges Ziel den Römern vor Augen.

10. 556. Als Simon seine Frau aus den Händen der Zeloten errettet hatte, wandte er sich erneut den Trümmern Idumäas zu und zwang, indem er diese Nation nach allen Richtungen durchkämmte, eine große Menge, sich nach Jerusalem zu flüchten. Er selbst folgte ihnen bis hin zur Stadt[186], bildete wieder einen Einschließungsring um die Mauer und brachte jeden um, der herauskam, um auf dem Lande zu arbeiten, und dabei ergriffen wurde. Vor den Toren stand nun mit Simon ein Gegner, der für das Volk noch schrecklicher war als die Römer, innerhalb der Stadt aber hausten die Zeloten noch schlimmer als jene beiden, und unter diesen wiederum übertraf die aus Galiläa stammende Truppe alle anderen an verbrecherischer Gesinnung und Wagemut. Sie waren es ja gewesen, die dem Johannes zu seiner starken Stellung verholfen hatten, und dieser vergalt ihnen nun auf Grund der ihm so verschafften Herrschermacht, indem er jeden tun und treiben ließ, wonach ihn gelüstete. Unersättlich war ihr Verlangen, Beute zu machen; das Durchstöbern der Häuser von Reichen, den Mord an Männern und die Schändung von Frauen betrieben sie als Spiel. Noch blutbefleckt vertranken sie ihre Beute und gaben sich hemmungslos aus Überdruß weibischen Vergnügungen hin: sie machten sich die Haare künstlich zurecht, legten Frauenkleider an, begossen sich mit wohlriechenden Ölen und bemalten sich zur Verschönerung ihres Aussehens die Augenlider[187]. Aber nicht nur den Putz, sondern auch die geschlechtlichen Leidenschaften der Frauen ahmten sie nach und ersannen Liebesfreuden, die das Gesetz streng verwirft: wie in einem Hurenhaus wälzten sie sich in der Stadt herum und befleckten diese gänzlich durch ihre schmutzigen Taten[188]. Während sie aber im Gesicht wie Frauen aussehen wollten, mordeten sie mit ihrer Rechten: mit gezierten Schritten traten sie an die Menschen heran und wurden dann plötzlich zu Kriegern, indem sie unter dem purpurgefärbten Mäntelchen das Schwert hervorzogen und den Nächstbesten niederstießen. Wer vor Johannes floh, fiel dem noch mordlustigeren Simon in die Hände; konnte er sich vor dem Gewaltherrscher innerhalb der Mauer flüchten, fand er durch den vor den Toren stehenden ein Ende[189]. Vollends war jeder Fluchtweg für solche, die zu den Römern überlaufen wollten, abgeschnitten.

11. 566. Im Heere des Johannes kam es zu einer Meuterei gegen den Führer, und alles, was bei dieser Truppe idumäisch war, sonderte sich ab und machte gegen den Gewaltherrscher Front, da man ihn um seine starke Stellung beneidete und wegen seiner Grausamkeit haßte[190]. Es kam zu einem Zusammenstoß, bei dem die Idumäer viele Zeloten erschlugen und den ganzen Rest in den königlichen Palast trieben, der von Grapte[191], einer Verwandten des adiabenischen Königs Izates, erbaut worden war. In diesen stürmten die Idumäer gleichzeitig mit den Verfolgten hinein, drängten sie von dort hinaus in das Tempelgelände und machten sich dann an die Plünderung der von Johannes angesammelten Gelder. In diesem eben erwähnten Palast pflegte sich nämlich Johannes aufzuhalten und hatte dort auch die dank seiner Gewaltherrschaft gewonnene Beute aufgespeichert[192]. Inzwischen hatte sich die über die ganze

570 τὰ λάφυρα τῆς τυραννίδος κατέθετο. ἐν δὲ τούτῳ τὸ κατὰ τὴν πόλιν ἐσκεδασμένον πλῆθος τῶν ζηλωτῶν εἰς τὸ ἱερὸν πρὸς τοὺς διαπεφευγότας ἠθροίσθη, καὶ κατάγειν αὐτοὺς παρεσκευάσατο Ἰωάννης ἐπί τε τὸν δῆμον
571 καὶ τοὺς Ἰδουμαίους. τοῖς δὲ οὐχ οὕτω τὴν ἔφοδον αὐτῶν καταδεῖσαι παρέστη μαχιμωτέροις οὖσιν ὡς τὴν ἀπόνοιαν, μὴ νύκτωρ ἐκ τοῦ ἱεροῦ
572 παρεισθύντες αὐτούς τε διαφθείρωσι καὶ τὸ ἄστυ καταπιμπρῶσι. συνελθόντες οὖν μετὰ τῶν ἀρχιερέων ἐβουλεύοντο, τίνα χρὴ τρόπον φυλάξασθαι
573 τὴν ἐπίθεσιν. θεὸς δὲ ἄρα τὰς γνώμας αὐτῶν εἰς κακὸν ἔτρεψε, καὶ χαλεπώτερον ἀπωλείας ἐπενόησαν τὸ πρὸς σωτηρίαν φάρμακον· ἵνα γοῦν καταλύσωσιν Ἰωάννην, ἔκριναν δέχεσθαι Σίμωνα καὶ μετὰ ἱκετηριῶν
574 δεύτερον[253] εἰσαγαγεῖν ἑαυτοῖς τύραννον. ἐπεραίνετο δ᾽ ἡ βουλή, καὶ τὸν ἀρχιερέα Ματθίαν πέμψαντες ἐδέοντο Σίμωνι εἰσελθεῖν ὃν πολλὰ ἔδεισαν· συμπαρεκάλουν δὲ οἱ ἐκ τῶν Ἱεροσολύμων τοὺς ζηλωτὰς φεύγοντες πόθῳ
575 τῶν οἴκων καὶ τῶν κτημάτων. ὁ δ᾽ αὐτοῖς ὑπερηφάνως κατανεύσας τὸ δεσπόζειν εἰσέρχεται μὲν ὡς ἀπαλλάξων τῶν ζηλωτῶν τὴν πόλιν σωτήρ
576 ὑπὸ τοῦ δήμου καὶ κηδεμὼν εὐφημούμενος, παρελθὼν δὲ μετὰ τῆς δυνάμεως ἐσκόπει τὰ περὶ τῆς ἑαυτοῦ δυναστείας καὶ τοὺς καλέσαντας οὐχ ἧττον ἐχθροὺς ἐνόμιζεν ἢ καθ᾽ ὧν ἐκέκλητο.
577 12. Σίμων μὲν οὕτως ἐνιαυτῷ τρίτῳ τοῦ πολέμου Ξανθικῷ μηνὶ Ἱεροσολύμων ἐγκρατὴς γίνεται· Ἰωάννης δὲ καὶ τὸ τῶν ζηλωτῶν πλῆθος εἰργόμενοι τῶν ἐξόδων τοῦ ἱεροῦ καὶ τὰ τῆς πόλεως ἀπολωλεκότες, παραχρῆμα γὰρ τὰ ἐκείνων οἱ περὶ τὸν Σίμωνα διήρπασαν, ἐν ἀπόρῳ
578 τὴν σωτηρίαν εἶχον. προσέβαλλε δὲ τῷ ἱερῷ Σίμων τοῦ δήμου βοηθοῦντος, κἀκεῖνοι καταστάντες ἐπὶ τῶν στοῶν καὶ τῶν ἐπάλξεων ἠμύνοντο τὰς
579 προσβολάς. συχνοὶ δ᾽ ἔπιπτον τῶν περὶ Σίμωνα καὶ πολλοὶ τραυματίαι κατεφέροντο· ῥᾳδίως γὰρ ἐξ ὑπερδεξίου τὰς βολὰς οἱ ζηλωταὶ καὶ οὐκ
580 ἀστόχους ἐποιοῦντο. πλεονεκτοῦντες δὲ τῷ τόπῳ καὶ πύργους ἔτι προσκατεσκεύασαν τέσσαρας μεγίστους, ὡς ἀφ᾽ ὑψηλοτέρων ποιοῦντο τὰς
581 ἀφέσεις, τὸν μὲν κατὰ τὴν ἀνατολικὴν καὶ βόρειον γωνίαν, τὸν δὲ τοῦ ξυστοῦ καθύπερθεν, τὸν δὲ τρίτον κατὰ γωνίαν ἄλλην ἀντικρὺ τῆς κάτω
582 πόλεως· ὁ δὲ λοιπὸς ὑπὲρ τὴν κορυφὴν κατεσκεύαστο τῶν παστοφορίων, ἔνθα τῶν ἱερέων εἷς ἐξ ἔθους ἱστάμενος ἑκάστην ἑβδομάδα εἰσιοῦσαν προεσήμαινε σάλπιγγι δείλης καὶ τελεσθεῖσαν αὖθις περὶ ἑσπέραν, ὅτε
583 μὲν ἀνέργειαν τῷ λαῷ καταγγέλλων, ὅτε δ᾽ ἔργων ἔχεσθαι. διέστησαν δ᾽ ἐπὶ τῶν πύργων ὀξυβελεῖς τε καὶ λιθοβόλους μηχανὰς τούς τε τοξότας
584 καὶ σφενδονήτας. ἔνθα δὴ τὰς μὲν προσβολὰς ὀκνηροτέρας ἐποιεῖτο ὁ

---

[253] Zonaras hat χείρονα, Heg *perniciosiorem*, Destinon cj. δεινότερον.

Stadt versprengte Schar von Zeloten zu den in den Tempel Geflüchteten gesellt, und Johannes machte bereits Anstalten dazu, sie gegen das Volk und die Idumäer herunterzuführen. Als die besseren Soldaten hatten die letzteren weniger Anlaß, den Angriff, als vielmehr den Wahnsinn der Zeloten zu fürchten: diese konnten sich bei Nacht aus dem Tempel stehlen, ihre Gegner niedermachen und die Stadt in Asche legen. Sie trafen sich mit dem Oberpriester und beratschlagten gemeinsam darüber, welche Maßnahmen man ergreifen müsse, um sich gegen einen Angriff zu schützen[193]. Gott wandte jedoch ihre Beschlüsse zum Unheil, denn das von ihnen zur Rettung ersonnene Heilmittel war noch schlimmer als ein rascher Untergang. Um den Johannes überwältigen zu können, entschlossen sie sich, den Simon aufzunehmen und mit den Ölzweigen einen zweiten Gewaltherrscher zu sich hereinzubitten. Dieser Beschluß wurde in die Tat umgesetzt, und durch den abgeordneten Oberpriester Matthias[194] drangen sie in den viel gefürchteten Simon, hereinzukommen; die Bitte wurde außerdem von denen unterstützt, die vor den Zeloten aus Jerusalem geflohen waren und die jetzt die Sehnsucht nach Haus und Habe ergriff[195]. Mit stolzer Herablassung willigte Simon ein, ihr Herrscher zu sein, und rückte in die Stadt ein, um diese von den Zeloten zu befreien; dabei umjubelte ihn das Volk als seinen Retter und Beschützer. Als er nun aber mit seiner ganzen Truppe Zutritt erlangt hatte, trachtete er lediglich danach, wie er seine Vormachtstellung befestigen könne, und sah die Männer, die ihn eingeladen hatten, ebenso als Feinde an wie diejenigen, gegen die er aufgeboten worden war.

12. 577. So hatte nun Simon im dritten Jahr des Krieges, im Monat Xanthikus (April—Mai 69) Jerusalem in seine Hand bekommen. Für Johannes und den Haufen der Zeloten waren die Ausgänge des Tempels versperrt, außerdem hatten sie ihr Hab und Gut, das sich in der Stadt befand und sofort von den Truppen Simons geraubt worden war, verloren; ihre Rettung schien damit unmöglich geworden zu sein. Unterstützt von den Bürgern stürmte nun Simon gegen das Tempelgelände an, jedoch hatten die Verteidiger auf den Hallen und Mauerzinnen Stellung bezogen und wehrten so die Angriffe ab. In den Reihen um Simon gab es zahlreiche Verluste, und viele wurden verwundet weggetragen. Denn die Zeloten konnten von ihrer hoch gelegenen Stellung herab leicht die Gegner mit gut gezielten Schüssen eindecken. Ihren geländebedingten Vorteil wußten sie noch zu steigern; sie errichteten zusätzlich vier gewaltige Türme, um so aus noch größerer Höhe ihre Geschosse herabsenden zu können. Einer befand sich an der Nordwestecke, ein zweiter stand oberhalb des Xystos und ein dritter an einer anderen, der Unterstadt gegenüberliegenden Ecke. Den letzten hatte man auf dem Dach der Kammern errichtet, wo nach altem Brauch einer der Priester stand und durch Trompetensignal am Rüsttag zur Mittagszeit den Anbruch des Sabbats und ebenso am Abend des anderen Tages dessen Ende anzeigte, um so dem Volk den Beginn der Arbeitsruhe bzw. die Wiederaufnahme der Arbeit kundzutun[196]. Auf diese Türme stellten sie Maschinen, die spitze Geschosse und Steine schleuderten, dazu Bogenschützen und Steinschleuderer. Von da an zögerte Simon immer mehr, seine Angriffe vorzutragen, zumal die Mehrzahl seiner Leute mutlos wurden. Dennoch konnte er sich auf

Σίμων μαλακιζομένων αὐτῷ τῶν πλειόνων, ἀντεῖχε δ᾽ ὅμως περιουσίᾳ δυνάμεως· τὰ δὲ ἀπὸ τῶν ὀργάνων βέλη πορρωτέρω φερόμενα πολλοὺς τῶν μαχομένων ἀνῄρει.

585 X. 1. Κατὰ δὲ τὸν αὐτὸν καιρὸν περιέσχε καὶ τὴν Ῥώμην πάθη χαλεπά.
586 παρῆν μὲν γὰρ ἀπὸ Γερμανίας Οὐιτέλλιος ἅμα τῷ στρατιωτικῷ πολὺ πλῆθος ἐπισυρόμενος ἕτερον, μὴ χωρούμενος δὲ τοῖς ἀποδεδειγμένοις εἰς τοὺς στρατιώτας περιβόλοις ὅλην ἐποιήσατο τὴν Ῥώμην στρατόπεδον
587 καὶ πᾶσαν οἰκίαν ὁπλιτῶν ἐπλήρωσεν. οἱ δὲ ἀήθεσιν ὀφθαλμοῖς τὸν Ῥωμαίων πλοῦτον θεασάμενοι καὶ περιλαμφθέντες πάντοθεν ἀργύρῳ τε καὶ χρυσῷ τὰς ἐπιθυμίας μόλις κατεῖχον, ὥστε μὴ ἐφ᾽ ἁρπαγὰς τρέπεσθαί τε καὶ τοὺς ἐμποδὼν γινομένους ἀναιρεῖν. καὶ τὰ μὲν κατὰ τὴν Ἰταλίαν ἐν τούτοις ἦν.
588 2. Οὐεσπασιανὸς δὲ ὡς τὰ πλησίον Ἱεροσολύμων καταστρεψάμενος ὑπέστρεψεν εἰς Καισάρειαν, ἀκούει τὰς κατὰ τὴν Ῥώμην ταραχὰς καὶ
589 Οὐιτέλλιον αὐτοκράτορα. τοῦτο αὐτὸν καίπερ ἄρχεσθαι καθάπερ ἄρχειν καλῶς ἐπιστάμενον εἰς ἀγανάκτησιν προήγαγεν, καὶ τὸν μὲν ὡς ἐρήμου
590 καταμανέντα τῆς ἡγεμονίας ἡδόξει δεσπότην, περιαλγήσας δὲ τῷ πάθει καρτερεῖν τὴν βάσανον οὐχ οἷός τε ἦν καὶ τῆς πατρίδος πορθουμένης
591 ἑτέροις προσευσχολεῖν[254] πολέμοις. ἀλλ᾽ ὅσον ὁ θυμὸς ἤπειγεν ἐπὶ τὴν ἄμυναν, τοσοῦτον εἶργεν ἔννοια τοῦ διαστήματος· πολλὰ γὰρ[255] φθάσαι πανουργήσασαν τὴν τύχην πρὶν αὐτὸν εἰς τὴν Ἰταλίαν περαιωθῆναι καὶ ταῦτα χειμῶνος ὥρᾳ πλέοντα· σφαδάζουσαν[256] ἤδη κατεῖχεν τὴν ὀργήν.
592 3. Συνιόντες δὲ οἵ τε ἡγεμόνες καὶ στρατιῶται καθ᾽ ἑταιρίαν φανερῶς ἤδη μεταβολὴν ἐβουλεύοντο καὶ διαγανακτοῦντες ἐβόων, ὡς οἱ μὲν ἐπὶ τῆς Ῥώμης στρατιῶται τρυφῶντες καὶ μηδ᾽ ἀκούειν πολέμου φήμην ὑπομένοντες διαχειροτονοῦσιν οἷς βούλονται τὴν ἡγεμονίαν καὶ πρὸς
593 ἐλπίδα λημμάτων ἀποδεικνύουσιν αὐτοκράτορας, αὐτοὶ δὲ διὰ τοσούτων κεχωρηκότες πόνων καὶ γηρῶντες ὑπὸ τοῖς κράνεσιν ἑτέροις χαρίζονται
594 τὴν ἐξουσίαν καὶ ταῦτα τὸν ἀξιώτερον ἄρχειν παρ᾽ αὐτοῖς ἔχοντες. ᾧ τίνα δικαιοτέραν[257] ποτὲ τῆς εἰς αὐτοὺς εὐνοίας ἀποδώσειν ἀμοιβήν, εἰ τὴν νῦν[258] καταπροοῖντο; τοσούτῳ δ᾽ εἶναι Οὐεσπασιανὸν ἡγεμονεύειν

---

[254] M liest προσασχολεῖν, Lat vacare.
[255] γὰρ ἂν Herwerden cj. Na Thack.
[256] καὶ σφαδάζουσαν Destinon cj. Thack; σφαδᾳζουσαν Herwerden cj. Na.
[257] VRC lesen δικαιότερον; vgl. den Schluß des Paragraphen.
[258] M liest τὸν νῦν καιρόν.

Grund der zahlenmäßigen Überlegenheit seiner Truppe behaupten; allerdings verlor er durch die recht weittragenden Geschosse der Kriegsmaschinen[197] viele seiner kampffähigen Soldaten.

10. Kapitel

1. 585. Um eben diese Zeit wurde auch Rom von einem schweren Unglück erfaßt. Vitellius war nämlich von Germanien her dort eingetroffen, wobei er mit seinem Heer ein zahlreiches Gefolge hinter sich her zog; da er nicht genügend Raum in den für die Soldaten bestimmten Kasernen fand, verwandelte er ganz Rom in ein einziges Heerlager und belegte jedes Haus bis zur Grenze des Möglichen mit Schwerbewaffneten[198]. Als diese den für ihre Augen ungewohnten Reichtum der römischen Bevölkerung erblickten und sich auf allen Seiten von Silber und Gold umgeben sahen, konnten sie nur mit knapper Mühe ihre Begierde so weit im Zaume halten, daß sie sich nicht ans Plündern machten und jeden, der ihnen dabei in den Weg getreten wäre, niederstießen. Das war die Lage der Dinge in Italien.

2. 588. Nachdem Vespasian die ganze Umgebung von Jerusalem unterworfen hatte, kehrte er nach Caesarea zurück; dort erfuhr er von den Wirren in Rom und dem Herrschaftsantritt des Vitellius. Obwohl er nun das Gehorchen ebenso gut verstand wie das Gebieten, erregte diese Nachricht seinen Unwillen: Er hielt einen Herrscher, der mit den Händen eines Irren nach dem leerstehenden Thron gegriffen hatte, für unwürdig, und in seinem übergroßen Schmerz über dies Unglück konnte er die Folterqual nicht ertragen, für Kriege mit fremden Völkern Zeit und Muße zu haben, während die eigene Heimat dem Untergang entgegentrieb. Aber in gleichem Maße wie ihn seine Erregung dazu drängte, das Schlimmste abzuwenden, hemmte ihn der Gedanke an die große Entfernung von Rom: Das Schicksal hatte ja viel Gelegenheit, ihm durch einen schlimmen Streich, noch ehe er in Italien angelangt wäre, zuvorzukommen, zumal er zur Winterszeit hätte segeln müssen. Und ebendas hielt den vor Ungeduld brennenden Zorn in Schranken.

3. 592. Aber seine Offiziere und Soldaten berieten sich im Kameradenkreise schon ganz offen über die Möglichkeit eines Umsturzes und machten ihrem Unmut in lauten Worten Luft: die Soldaten in Rom[199], die üppig leben und die schon erzittern, wenn sie auch nur das Gerücht eines kommenden Krieges erreicht, wählen, wen sie gerade wollen, als Oberherren im Staat, und die Hoffnung auf ein Trinkgeld bestimmt sie dazu, Kaiser auszurufen. Wir selbst dagegen, die wir durch so viele Strapazen gegangen und unter den Helmen vorzeitig ergraut sind, sollen dies Vorrecht anderen überlassen und das, wo wir doch einen zum Herrschen weit würdigeren Mann unter uns haben? Können wir ihm jemals für das Wohlwollen, das er uns entgegenbrachte, einen angemesseneren Gegendienst leisten, wenn wir die jetzt gebotene Gegenleistung auslassen? Denn gemessen an Vitellius ist ja Vespasian zur Führung im Staat weit mehr berechtigt, und genau so sind wir im Vergleich zu jenen, die den Vitellius ausriefen, die würdigeren Wähler. Denn wir haben keine geringeren

595 Οὐιτελλίου δικαιότερον, ὅσῳ καὶ αὐτοὺς τῶν ἐκεῖνον ἀποδειξάντων· οὐ γὰρ δὴ μικροτέρους τῶν ἀπὸ Γερμανίας διενηνοχέναι πολέμους οὐδὲ τῶν
596 ἐκεῖθεν καταγαγόντων τὸν τύραννον ἡττῆσθαι τοῖς ὅπλοις. ἀγῶνος δὲ ἐνδεήσειν οὐδέν· οὐ γὰρ τὴν σύγκλητον ἢ τὸν Ῥωμαίων δῆμον ἀνέξεσθαι τῆς Οὐιτελλίου λαγνείας ἀντὶ τῆς Οὐεσπασιανοῦ σωφροσύνης, οὐδ᾽ ἀντὶ μὲν ἡγεμόνος ἀγαθοῦ τύραννον ὠμότατον, ἄπαιδα[259] δὲ ἀντὶ πατρὸς αἱρήσεσθαι προστάτην· μέγιστον γὰρ δὴ πρὸς ἀσφάλειαν εἰρήνης εἶναι τὰς
597 γνησίους τῶν βασιλέων διαδοχάς[260]. εἴτε οὖν ἐμπειρίᾳ γήρως προσήκει τὸ ἄρχειν, Οὐεσπασιανὸν αὐτοὺς ἔχειν, εἴτε νεότητος ἀλκῇ, Τίτον· κραθήσεσ-
598 θαι[261] γὰρ τῆς παρ᾽ ἀμφοῖν ἡλικίας τὸ ὠφέλιμον. χορηγήσειν δὲ οὐ μόνον αὐτοὶ[262] τὴν ἰσχὺν τοῖς ἀποδειχθεῖσι τρία τάγματα καὶ τὰς παρὰ τῶν βασιλέων συμμαχίας ἔχοντες συνεργήσειν δὲ[263] τά τε πρὸς ἕω πάντα καὶ τῆς Εὐρώπης ὅσα τῶν ἀπὸ Οὐιτελλίου φόβων κεχώρισται, καὶ τοὺς ἐπὶ τῆς
599 Ἰταλίας δὲ συμμάχους, ἀδελφὸν Οὐεσπασιανοῦ καὶ παῖδα ἕτερον, ὧν τῷ μὲν προσθήσεσθαι πολλοὺς τῶν ἐν ἀξιώματι νέων, τὸν δὲ καὶ τὴν τῆς πόλεως φυλακὴν πεπιστεῦσθαι, μέρος οὐκ ὀλίγον εἰς ἐπιβολὴν[264] ἡγε-
600 μονίας. καθόλου τε ἂν βραδύνωσιν αὐτοί, τάχα τὴν σύγκλητον ἀποδείξειν τὸν ὑπὸ τῶν συντετηρηκότων[265] στρατιωτῶν ἀτιμούμενον.
601 4. Τοιαῦτα κατὰ συστροφὰς οἱ στρατιῶται διελάλουν· ἔπειτα συναθροισθέντες καὶ παρακροτήσαντες ἀλλήλους ἀναγορεύουσι τὸν Οὐεσπασιανὸν αὐτοκράτορα καὶ σώζειν τὴν κινδυνεύουσαν ἡγεμονίαν παρεκάλουν.
602 τῷ δὲ φροντὶς μὲν ἦν πάλαι περὶ τῶν ὅλων, οὔτι γε μὴν αὐτὸς ἄρχειν προῄρητο, τοῖς μὲν ἔργοις ἑαυτὸν ἄξιον ἡγούμενος, προκρίνων δὲ τῶν ἐν
603 λαμπρότητι κινδύνων τὴν ἐν ἰδιώταις ἀσφάλειαν. ἀρνουμένῳ δὲ μᾶλλον οἱ ἡγεμόνες ἐπέκειντο καὶ περιχυθέντες οἱ στρατιῶται ξιφήρεις ἀναιρεῖν
604 αὐτὸν ἠπείλουν, εἰ μὴ βούλοιτο ζῆν ἀξίως. πολλὰ δὲ πρὸς αὐτοὺς διατεινάμενος ἐξ ὧν διωθεῖτο τὴν ἀρχὴν τελευταῖον, ὡς οὐκ ἔπειθεν, εἴκει τοῖς ὀνομάσασι.
605 5. Προτρεπομένων δ᾽ αὐτὸν ἤδη Μουκιανοῦ τε καὶ τῶν ἄλλων ἡγεμόνων ὡς αὐτοκράτορα καὶ τῆς ἄλλης στρατιᾶς ἄγειν[266] ἐπὶ πᾶν τὸ ἀντίπαλον, ὁ δὲ πρῶτον τῶν ἐπ᾽ Ἀλεξανδρείας εἴχετο πραγμάτων, εἰδὼς πλεῖστον τῆς ἡγεμονίας μέρος τὴν Αἴγυπτον οὖσαν διὰ τὴν τοῦ σίτου
606 χορηγίαν, ἧς κρατήσας εἰ παρέλκοι[267] καὶ βίᾳ καθαιρήσειν ἤλπιζεν Οὐιτέλλιον, οὐ γὰρ ἀνέξεσθαι πείνης ἐπὶ Ῥώμης τὸ πλῆθος, τὰ δύο τε ἐπὶ τῆς
607 Ἀλεξανδρείας τάγματα προσποιήσασθαι βουλόμενος. ἐνεθυμεῖτο δὲ καὶ πρόβλημα τὴν χώραν ἔχειν τῶν ἀπὸ τῆς τύχης ἀδήλων· ἔστι γὰρ κατά τε

[259] παῖδα codd. Lat; ἄπαιδα ed. pr.
[260] ὑπεροχάς codd. Na; praestantiam Lat; διαδοχάς Bekker cj. Thack.
[261] VR lesen καρπήσεσθαι.
[262] αὐτοὺς PAM; αὐτοῖς L; αὐτοὺς τότε VRC; αὐτοὶ τότε cod. Lugd. Bekker Na; αὐτοὶ Niese cj. Thack.
[263] PAL Niese lesen συνετηρήσαμεν; συνεργήσειν δὲ M Thack, ähnlich VRC Na.
[264] PAMVRC lesen ἐπιβουλήν, Lat hat principia.
[265] συγγεγηρακότων Destinon cj. Thack; συνηργηκότων Herwerden cj.
[266] ἄγειν βοώσης VR; ἄγειν βοώσης αὐτόν LC; ἄγειν βοώσης αὐτὴν ed. pr. Na Thack. In den meisten neueren Übersetzungen ist βοώσης αὐτὴν bzw. αὐτόν vorausgesetzt.
[267] C hat παρέλθοι, Cardwell cj. παρείκοι.

Kriege durchstehen müssen als jene aus Germanien kommenden Truppen, noch sind wir ihnen, die von dort ihren Tyrannen nach Italien brachten, an Schlagkraft unterlegen. Überdies wird ein Kampf durchaus nicht nötig sein, denn weder der Senat noch das römische Volk werden die Ausschweifungen des Vitellius angesichts der Genügsamkeit Vespasians auf die Dauer ertragen und anstelle eines guten Regenten einen grausamen Tyrannen und einen Kinderlosen anstatt eines Vaters sich zum Oberherrn erwählen. Denn das Beste zur Sicherung des Friedens ist ja eine rechtmäßige Thronfolge[200]. Gehört zum Amt des Herrschers die Erfahrung des Alters, so haben wir Vespasian, steht ihm die Tatkraft der Jugend wohl an, so den Titus; auf diese Weise kann man den Nutzen eines bei beiden günstigen Alters gewinnen. Außerdem können sich die von uns benannten Männer nicht nur auf die Kraft von unseren drei Legionen[201] und der von den Königen gestellten Hilfstruppen stützen, vielmehr werden auch alle im Osten stehenden Einheiten tatkräftig mitarbeiten, ferner die in Europa, soweit sie vom Schreckensregiment des Vitellius genügend entfernt sind; das Gleiche gilt schließlich von unseren Verbündeten in Italien, dem Bruder Vespasians und dessen zweitem Sohn[202]. Von diesen wird der letztere viele der angesehenen jungen Männer für sich gewinnen können, während dem ersteren sogar der Schutz der Hauptstadt anvertraut ist, was für einen Angriff auf die oberste Führung von nicht geringer Bedeutung ist. Kurz gesagt: wenn wir selbst zögern, wird vielleicht der Senat von sich aus den Mann berufen, dem wir, die treuen Wächter des Reichs, die gebührende Ehre schuldig geblieben sind[203].

4. 601. Solche Erwägungen wurden von den Soldaten bei ihren gruppenweisen Zusammenkünften angestellt. Dann versammelten sie sich alle, machten einander Mut, riefen den Vespasian öffentlich als Kaiser aus und forderten ihn auf, das Reich aus seiner Gefahr zu retten. Dieser war schon länger in Sorge um das Wohl des Staates, doch hatte er wirklich niemals mit dem Gedanken gespielt, selbst die Regierung zu übernehmen. Zwar glaubte er, aufgrund seiner Taten dessen würdig zu sein, zog aber die im Privatleben liegende Sicherheit den Gefahren einer glänzenden öffentlichen Stellung vor[204]. Aber als er ablehnte, setzten ihm die Offiziere desto stärker zu, und die Soldaten umdrängten ihn mit gezücktem Schwert, wobei sie ihm mit dem Tode drohten, falls er kein seiner würdiges Leben führen wolle. Nachdem er ihnen nachdrücklich die vielerlei Gründe, die ihn zur Ablehnung der Herrscherwürde bewogen, dargelegt hatte, gab er schließlich, als er sie nicht zu überzeugen vermochte, seinen Wählern nach[205].

5. 605. Sogleich redeten ihm Mucianus und die anderen Offiziere zu, als alleiniger Herr auch des übrigen stehenden Heeres gegen den gesamten Anhang seines Widersachers zu Felde zu ziehen. Er wollte aber zuerst Alexandria in seine Hand bekommen, da er wußte, daß die Kornkammer Ägypten ein besonders wichtiger Teil des Reiches war[206]. Er hoffte, als Herrscher über dies Land, falls der Krieg sich länger hinzöge, den Vitellius gewaltsam stürzen zu können, da die große Bevölkerung Roms den Hunger auf die Dauer nicht werde ertragen können. Außerdem wollte Vespasian die beiden in Alexandria stehenden Legionen auf seine Seite ziehen; schließlich hatte er im Sinn, dies Land als ein Boll-

608 γῆν δυσέμβολος καὶ τὰ πρὸς θαλάσσης ἀλίμενος, κατὰ μὲν ἑσπέραν προβεβλημένη τὰ ἄνυδρα τῆς Λιβύης, κατὰ δὲ μεσημβρίαν τὴν διορίζουσαν ἀπὸ Αἰθιόπων τὴν Συήνην καὶ τοὺς ἀπλώτους τοῦ ποταμοῦ καταράκτας, ἀπὸ δὲ τῆς ἀνατολῆς τὴν[268] ἐρυθρὰν θάλασσαν ἀναχεομένην μέχρι Κοπτοῦ.
609 βόρειον δὲ τεῖχος αὐτῇ[269] ἥ τε μέχρι Συρίας γῆ καὶ τὸ καλούμενον Αἰγύπτιον
610 πέλαγος, πᾶν ἄπορον ὅρμων. τετείχισται μὲν οὕτως ἡ Αἴγυπτος πάντοθεν· τὸ μεταξὺ δὲ Πηλουσίου καὶ Συήνης μῆκος αὐτῆς σταδίων δισχιλίων, ὅ τε ἀπὸ τῆς Πλινθίνης ἀνάπλους εἰς τὸ Πηλούσιον σταδίων τρισχιλίων
611 ἑξακοσίων. ὁ δὲ Νεῖλος ἀναπλεῖται μέχρι τῆς Ἐλεφάντων καλουμένης πόλεως, ὑπὲρ ἣν εἴργουσι προσωτέρω χωρεῖν οὓς προειρήκαμεν κατα-
612 ράκτας. δυσπρόσιτος δὲ λιμὴν ναυσὶ καὶ κατ' εἰρήνην Ἀλεξανδρείας· στενός τε γὰρ εἴσπλους καὶ πέτραις ὑφάλοις τὸν ἐπ' εὐθὺ καμπτόμενος
613 δρόμον. καὶ τὸ μὲν ἀριστερὸν αὐτοῦ μέρος πέφρακται χειροκμήτοις σκέλεσιν, ἐν δεξιᾷ δὲ ἡ προσαγορευομένη Φάρος νῆσος πρόκειται, πύργον ἔχουσα μέγιστον ἐκπυρσεύοντα τοῖς καταπλέουσιν ἐπὶ τριακοσίους σταδίους, ὡς ἐν νυκτὶ πόρρωθεν ὁρμίζοιντο πρὸς τὴν δυσχέρειαν τοῦ κατάπλου.
614 περὶ ταύτην τὴν νῆσον καταβέβληται χειροποίητα τείχη μέγιστα, προσαρασσόμενον δὲ τούτοις τὸ πέλαγος καὶ τοῖς ἄντικρυς ἕρκεσιν ἀμφαγνυμένον[270] ἐκτραχύνει τὸν πόρον καὶ σφαλερὰν διὰ στενοῦ τὴν εἴσοδον ἀπεργά-
615 ζεται. ὁ μέντοι γε λιμὴν ἀσφαλέστατος ἔνδον καὶ τριάκοντα σταδίων τὸ μέγεθος, εἰς ὃν τά τε λείποντα τῇ χώρᾳ πρὸς εὐδαιμονίαν κατάγεται καὶ τὰ περισσεύοντα τῶν ἐπιχωρίων ἀγαθῶν εἰς πᾶσαν χωρίζεται[271] τὴν οἰκουμένην.
616 6. Ἐφίετο μὲν οὖν εἰκότως τῶν ταύτῃ πραγμάτων Οὐεσπασιανὸς εἰς βεβαίωσιν τῆς ὅλης ἡγεμονίας, ἐπιστέλλει δ' εὐθὺς τῷ διέποντι τὴν Αἴγυπτον καὶ τὴν Ἀλεξάνδρειαν Τιβερίῳ Ἀλεξάνδρῳ, δηλῶν τὸ τῆς στρατιᾶς πρόθυμον, καὶ ὡς αὐτὸς ὑποδὺς ἀναγκαίως τὸ βάρος τῆς ἡγε-
617 μονίας συνεργὸν αὐτὸν καὶ βοηθὸν προσλαμβάνοι. παραναγνοὺς[272] δὲ τὴν ἐπιστολὴν Ἀλέξανδρος προθύμως τά τε τάγματα καὶ τὸ πλῆθος εἰς αὐτὸν ὥρκωσεν. ἑκάτεροι δὲ ἀσμένως ὑπήκουσαν τὴν ἀρετὴν τἀνδρὸς ἐκ
618 τῆς ἐγγὺς στρατηγίας εἰδότες. καὶ ὁ μὲν πεπιστευμένος ἤδη τὰ περὶ τὴν ἀρχὴν προπαρεσκεύαζεν αὐτῷ καὶ τὰ πρὸς τὴν ἄφιξιν, τάχιον δ' ἐπινοίας διήγγελλον αἱ φῆμαι τὸν ἐπὶ τῆς ἀνατολῆς αὐτοκράτορα, καὶ πᾶσα μὲν
619 πόλις ἑώρταζεν εὐαγγέλια δὲ καὶ θυσίας ὑπὲρ αὐτοῦ ἐπετέλει. τὰ δὲ κατὰ Μυσίαν καὶ Παννονίαν τάγματα, μικρῷ πρόσθεν κεκινημένα πρὸς τὴν Οὐιτελλίου τόλμαν, μείζονι χαρᾷ Οὐεσπασιανῷ τὴν ἡγεμονίαν ὤμνυον.
620 ὁ δ' ἀναζεύξας ἀπὸ Καισαρείας εἰς Βηρυτὸν παρῆν, ἔνθα πολλαὶ μὲν ἀπὸ τῆς Συρίας αὐτῷ, πολλαὶ δὲ κἀπὸ τῶν ἄλλων ἐπαρχιῶν πρεσβεῖαι

[268] ἐπὶ τὴν codd.; ἔτι τὴν Hudson cj. Na; τὴν Niese (aufgrund vonLat), so auch Thack.
[269] αὐτῆς Niese cj. Na Thack.
[270] ἀφικνύμενον P; ἀφικνούμενον AM; *fractum* Lat; *recurrentibus* Heg; ἀμφαγνυμένον Dindorf cj. Niese; ἀμφιρρηγνύμενον Na cj. Ricc; ἀμφηγνυμένον Thack cj. Das vorausgesetzte Verbum ἀμφάγνυσθαι ist sonst nirgends belegt.
[271] MVRC Na lesen μερίζεται, Lat *divisa exportantur*.
[272] VRC lesen προσαναγνούς.

werk gegenüber den Wechselfällen des Schicksals zu benutzen. Ägypten ist nämlich auf dem Landweg schwer zugängig und besitzt auf der Seeseite keinen Hafen. Gegen Westen sind ihm die wasserarmen Landstriche Libyens vorgelagert, im Süden hat es gegen Äthiopien eine feste Grenze, nämlich Syene und die nicht schiffbaren Stromschnellen des Nil, im Osten liegt das Rote Meer, das sich bis nach Koptos hinauf erstreckt[207]. Den nördlichen Schutzwall Ägyptens stellen das bis nach Syrien reichende Gebiet und das sogenannte ägyptische Meer dar, dessen Küste ganz ohne Häfen ist. So wird Ägypten auf allen Seiten wie von Mauern geschützt. Seine Ausdehnung von Pelusium bis nach Syene beträgt 2000 Stadien, auf der Schiffsreise von Plinthine nach Pelusium legt man 3600 Stadien zurück[208]. Der Nil ist schiffbar bis zu der sogenannten Elefantenstadt, jenseits davon hindern die oben erwähnten Stromschnellen die Weiterfahrt. Auch der Hafen von Alexandria ist selbst in Friedenszeiten für Schiffe nur schwer zugänglich. Denn die Einfahrt ist eng und wegen der unter Wasser befindlichen Felsen statt auf geradem Wege nur in Windungen möglich. Ihre linke Flanke ist durch künstliche Molen abgesichert, auf der rechten liegt die „Pharos" genannte Insel, die einen riesigen Turm trägt, der den einlaufenden Schiffen bis auf 300 Stadien seinen Feuerschein entgegensendet, damit sie bei Nacht wegen der schwierigen Einfahrt weit draußen vor Anker gehen. Rings um diese Insel sind von Menschenhand gewaltige Dämme aufgeführt, und da die See gegen sie schlägt und sich auch überall an der gegenüberliegenden Mole bricht, bewirkt sie, daß die Durchfahrt rauh wird und macht die Einfahrt wegen der Enge gefährlich. Innen ist der Hafen allerdings völlig sicher; seine Ausdehnung beträgt 30 Stadien[209]. In ihm werden alle die zur Wohlfahrt des Landes fehlenden Erzeugnisse eingeführt, und der Überschuß der einheimischen Güter nimmt von dort seinen Weg in die ganze Welt.

6. 616. So war es nur allzu verständlich, daß Vespasian zur Festigung des ganzen Reiches danach strebte, dieses Land in seine Hand zu bekommen. Deshalb schrieb er sofort an Tiberius Alexander, der Ägypten und Alexandrien verwaltete[210], und teilte ihm das Verlangen des Heeres mit, ferner, daß er, nachdem er notgedrungen die Last der Staatsführung sich aufgeladen habe, ihn als Mitarbeiter und Helfer für sich gewinnen möchte. Nachdem Alexander dieses Schreiben öffentlich verlesen hatte, forderte er entschlossen die Legionen und die Bevölkerung auf, dem Vespasian den Treueid zu leisten. Beide Gruppen folgten freudig seinem Verlangen, da ihnen die Tüchtigkeit dieses Mannes aufgrund des in ihrer Nähe durchgeführten Feldzuges bekannt war. Da Tiberius nunmehr mit der Sorge um die Regierung betraut war, traf er auch die notwendigen Vorkehrungen für die Ankunft Vespasians; schneller als der Flug des Gedankens verkündigten die Gerüchte die Botschaft vom neuen Herrscher über den Osten, und jede Stadt feierte die gute Nachricht und brachte zu seinen Gunsten Opfer dar. Die in Moesien und Pannonien stehenden Legionen, die noch kurz zuvor wegen der ungebührlichen Kühnheit des Vitellius in Bewegung geraten waren, schworen mit noch größerer Freude dem Vespasian als ihrem Oberbefehlshaber[211]. Dieser brach nun von Caesarea auf und reiste nach Berytos, wo ihm zahlreiche Gesandtschaften aus Syrien und ebenso viele aus den anderen Provinzen entgegenkamen, die von jeder Stadt Kränze und

συνήντων, στεφάνους παρ' ἑκάστης πόλεως καὶ συγχαρτικὰ προσφέρουσαι ψηφίσματα. παρῆν δὲ καὶ Μουκιανὸς ὁ τῆς ἐπαρχίας ἡγεμὼν τὸ πρόθυμον τῶν δήμων καὶ τοὺς κατὰ πόλιν ὅρκους ἀπαγγέλλων.

7. Προχωρούσης δὲ πανταχοῦ κατὰ νοῦν τῆς τύχης καὶ τῶν πραγμάτων συννενευκότων ἐκ τοῦ πλείστου μέρους, ἤδη παρίστατο τῷ Οὐεσπασιανῷ νοεῖν, ὡς οὐ δίχα δαιμονίου προνοίας ἅψαιτο τῆς ἀρχῆς, ἀλλὰ δικαία τις εἱμαρμένη περιαγάγοι τὸ κρατεῖν τῶν ὅλων ἐπ' αὐτόν· ἀναμιμνήσκεται γὰρ τά τε ἄλλα σημεῖα, πολλὰ δ' αὐτῷ γεγόνει πανταχοῦ προφαίνοντα τὴν ἡγεμονίαν, καὶ τὰς τοῦ Ἰωσήπου φωνάς, ὅς²⁷³ αὐτὸν ἔτι ζῶντος Νέρωνος αὐτοκράτορα προσειπεῖν ἐθάρσησεν. ἐξεπέπληκτο δὲ τὸν ἄνδρα δεσμώτην ἔτι ὄντα παρ' αὐτῷ, καὶ προσκαλεσάμενος Μουκιανὸν ἅμα τοῖς ἄλλοις ἡγεμόσι καὶ φίλοις πρῶτον μὲν αὐτοῦ τὸ δραστήριον ἐκδιηγεῖτο καὶ ὅσα περὶ²⁷⁴ τοῖς Ἰωταπάτοις δι' αὐτὸν ἔκαμον, ἔπειτα τὰς μαντείας, ἃς αὐτὸς μὲν ὑπώπτευσε τότε πλάσματα τοῦ δέους, ἀποδειχθῆναι δὲ ὑπὸ τοῦ χρόνου καὶ τῶν πραγμάτων θείας. „αἰσχρὸν οὖν, ἔφη, τὸν προθεσπίσαντά μοι τὴν ἀρχὴν καὶ διάκονον τῆς τοῦ θεοῦ φωνῆς ἔτι αἰχμαλώτου τάξιν ἢ δεσμώτου τύχην ὑπομένειν" καὶ καλέσας τὸν Ἰώσηπον λυθῆναι κελεύει. τοῖς μὲν οὖν ἡγεμόσιν ἐκ τῆς εἰς τὸν ἀλλόφυλον ἀμοιβῆς λαμπρὰ καὶ περὶ αὐτῶν ἐλπίζειν παρέστη, συνὼν δὲ τῷ πατρὶ Τίτος „δίκαιον, ὦ πάτερ, ἔφη, τοῦ Ἰωσήπου καὶ τὸ ὄνειδος ἀφαιρεθῆναι σὺν τῷ σιδήρῳ· γενήσεται γὰρ ὅμοιος τῷ μὴ δεθέντι τὴν ἀρχήν, ἂν αὐτοῦ μὴ λύσωμεν ἀλλὰ κόψωμεν τὰ δεσμά." τοῦτο γὰρ ἐπὶ τῶν μὴ δεόντως δεθέντων πράττεται. συνεδόκει ταῦτα, καὶ παρελθών τις πελέκει διέκοψε τὴν ἄλυσιν. ὁ δὲ Ἰώσηπος εἰληφὼς περὶ²⁷⁵ τῶν προειρημένων γέρας τὴν ἐπιτιμίαν ἤδη καὶ περὶ τῶν μελλόντων ἀξιόπιστος ἦν.

XI. 1. Οὐεσπασιανὸς δὲ ταῖς πρεσβείαις χρηματίσας καὶ καταστησάμενος ἑκάστοις τὰς ἀρχὰς δικαίως καὶ διὰ τῶν ἀξίων εἰς Ἀντιόχειαν ἀφικνεῖται. καὶ βουλευόμενος, ποῖ τρέπεσθαι, προυργιαίτερα²⁷⁶ τῆς εἰς Ἀλεξάνδρειαν ὁρμῆς τὰ κατὰ τὴν Ῥώμην ἔκρινε, τὴν μὲν βέβαιον οὖσαν ὁρῶν, τὰ δ' ὑπὸ Οὐιτελλίου ταρασσόμενα. πέμπει δὴ Μουκιανὸν εἰς τὴν Ἰταλίαν παραδοὺς ἱππέων τε καὶ πεζῶν συχνὴν δύναμιν. ὁ δὲ διὰ τὴν τοῦ χειμῶνος

²⁷³ PA lesen ὡς.
²⁷⁴ περὶ fehlt bei PAMVRC.
²⁷⁵ ὑπὲρ Niese cj. Thack.
²⁷⁶ PA¹ lesen προυχιότερα, Lat hat *praestabilius*.

Glückwunschadressen überbrachten. Dorthin kam auch der Statthalter dieser Provinz, Mucianus, um ihm die Ergebenheit der Völkerschaften und die Ableistung des Treueides in den einzelnen Städten zu melden[212].

7. 622. Da nun aber an allen Orten das Glück nach Vespasians Wunsch viel Boden gewann, und die Lage sich größtenteils zu seinen Gunsten entwickelte, drängte sich diesem der Gedanke auf, daß er nicht ohne göttliche Voraussicht den Oberbefehl habe gewinnen können, sondern daß eine gerechte Entscheidung des Geschicks ihm die Weltherrschaft zugewandt habe. Neben anderen Vorzeichen — überall waren ihm viele zugefallen, die ihm die Führung im Staate voraus verkündigten — erinnerte er sich auch an die Worte des Josephus, der es gewagt hatte, ihn noch zu Lebzeiten Neros als Kaiser anzusprechen[213]. Er war darüber betroffen, daß dieser Mann noch als ein Gefesselter bei ihm weilte, bestellte den Mucianus nebst den anderen Offizieren und Freunden zu sich und legte ihnen zunächst das tatkräftige Handeln des Josephus dar und wie man sich seinetwegen bei der Belagerung Jotapatas hatte abmühen müssen. Dann sprach er von dessen Weissagungen, die er damals selbst als bloße aus der Furcht geborene Erdichtung beargwöhnt habe, deren göttliche Herkunft nun aber von der Zeit und den Tatsachen ganz offen erwiesen worden sei. Er stellte fest: „Es wäre schändlich, wenn der Mann, der mir die Kaiserwürde vorhergesagt und dabei als Organ der Stimme Gottes gesprochen hat, noch immer die Stellung eines Kriegsgefangenen einnehmen und das Los eines Gefesselten tragen müßte." Er ließ den Josephus vor sich kommen und befahl, man solle ihn seiner Bande entledigen. Während nun angesichts dieser einem Fremdstämmigen gewährten Belohnung den Offizieren lediglich der Gedanke kam, daß auch sie auf glänzende Ehrungen hoffen dürften, sagte der an der Seite des Vaters stehende Titus: „Vater, die Gerechtigkeit erfordert es, daß mit den Ketten auch die Schmach von Josephus genommen wird. Er ist nämlich, wenn wir seine Fesseln nicht nur lösen, sondern zerschlagen, einem Manne gleichgestellt, der überhaupt nicht gefangen war[214]." So wird nämlich bei denen verfahren, die zu Unrecht in Ketten gelegt worden sind. Diesem Vorschlag wurde zugestimmt, und es trat einer vor, der die Kette mit einem Beile abschlug. So erlangte nun Josephus als Lohn für seine Vorhersage den Vollbesitz der bürgerlichen Rechte[215] und kam in den Ruf eines Mannes, der zuverlässig von der Zukunft künden konnte.

11. Kapitel

1. 630. Als Vespasian die Gesandtschaften empfangen und die einzelnen Regierungsstellen gerecht und aufgrund der Würdigkeit der Bewerber besetzt hatte, begab er sich nach Antiochien. Bei der Überlegung, wohin er sich nun wenden solle, hielt er den Gang der Dinge in Rom für wichtiger als die Reise nach Alexandrien, da er sah, daß diese Stadt ihm sicher war, während in Rom Vitellius große Verwirrung stiftete. So sandte er Mucianus, dem er ein starkes Heer von Reitern und Fußsoldaten übergeben hatte, nach Italien. Da dieser

ἀκμὴν δείσας τὸ πλεῖν[277] πεζῇ τὴν στρατιὰν ἦγε διὰ Καππαδοκίας καὶ Φρυγίας.

633 2. Ἐν δὲ τούτῳ καὶ Ἀντώνιος Πρῖμος ἀναλαβὼν τὸ τρίτον τάγμα τῶν κατὰ Μυσίαν, ἔτυχεν δ' ἡγεμονεύων αὐτόθι, Οὐιτελλίῳ παραταξόμενος 634 ἠπείγετο. Οὐιτέλλιος δὲ αὐτῷ συναντήσοντα μετὰ πολλῆς δυνάμεως Καικίναν[278] Ἀλιηνὸν ἐκπέμπει, μέγα θαρρῶν τἀνδρὶ διὰ τὴν ἐπ' Ὄθωνι νίκην. ὁ δὲ ἀπὸ τῆς Ῥώμης ἐλαύνων διὰ τάχους περὶ Κρέμωνα τῆς Γαλατίας τὸν Ἀντώνιον καταλαμβάνει· μεθόριος δ' ἐστὶν ἡ πόλις αὕτη τῆς Ἰταλίας. 635 κατιδὼν δὲ ἐνταῦθα τὸ πλῆθος τῶν πολεμίων καὶ τὴν εὐταξίαν, συμβαλεῖν μὲν οὐκ ἐθάρρει, σφαλερὰν δὲ τὴν ἀναχώρησιν λογιζόμενος προδοσίαν 636 ἐβουλεύετο. συναγαγὼν δὲ τοὺς ὑπ' αὐτὸν ἑκατοντάρχας καὶ χιλιάρχους ἐνῆγεν μεταβῆναι πρὸς τὸν Ἀντώνιον, ταπεινῶν μὲν τὰ Οὐιτελλίου πράγ- 637 ματα, τὴν Οὐεσπασιανοῦ δ' ἰσχὺν ἐπαίρων, καὶ παρ' ᾧ μὲν εἶναι λέγων μόνον τῆς ἀρχῆς ὄνομα, παρ' ᾧ δὲ τὴν δύναμιν, καὶ αὐτοὺς δὲ ἄμεινον[279] προλαβόντας τὴν ἀνάγκην ποιῆσαι χάριν καὶ μέλλοντας ἡττᾶσθαι τοῖς 638 ὅπλοις ταῖς γνώμαις τὸν κίνδυνον φθάσαι· Οὐεσπασιανὸν μὲν γὰρ ἱκανὸν εἶναι καὶ χωρὶς αὐτῶν προσκτήσασθαι[280] καὶ τὰ λείποντα, Οὐιτέλλιον δ' οὐδὲ σὺν αὐτοῖς τηρῆσαι τὰ ὄντα.

639 3. Πολλὰ τοιαῦτα λέγων ἔπεισε καὶ πρὸς τὸν Ἀντώνιον αὐτομολεῖ 640 μετὰ τῆς δυνάμεως. τῆς δ' αὐτῆς νυκτὸς ἐμπίπτει μετάνοια τοῖς στρατιώταις καὶ δέος τοῦ προπέμψαντος, εἰ κρείσσων γένοιτο· σπασάμενοι δὲ τὰ ξίφη τὸν Καικίναν ὥρμησαν ἀνελεῖν, κἂν ἐπράχθη τὸ ἔργον αὐτοῖς, 641 εἰ μὴ προσπίπτοντες οἱ χιλίαρχοι καθικέτευσαν αὐτούς[281]. οἱ δὲ τοῦ μὲν κτείνειν ἀπέσχοντο, δήσαντες δὲ τὸν προδότην οἷοί τε ἦσαν πέμπειν[282] Οὐιτελλίῳ. ταῦτ' ἀκούσας ὁ Πρῖμος αὐτίκα τοὺς σφετέρους ἀνίστησι καὶ 642 μετὰ τῶν ὅπλων ἦγεν ἐπὶ τοὺς ἀποστάντας. οἱ δὲ παραταξάμενοι πρὸς ὀλίγον μὲν ἀντέσχον, αὖθις δὲ τραπέντες ἔφευγον εἰς τὴν Κρέμωνα. τοὺς δὲ ἱππεῖς ἀναλαβὼν Πρῖμος ὑποτέμνεται τὰς εἰσόδους αὐτῶν, καὶ τὸ μὲν πολὺ πλῆθος κυκλωσάμενος πρὸ τῆς πόλεως διαφθείρει, τῷ δὲ λοιπῷ 643 συνεισπεσὼν διαρπάσαι τὸ ἄστυ τοῖς στρατιώταις ἐφῆκεν. ἔνθα δὴ πολλοὶ μὲν τῶν ξένων ἔμποροι, πολλοὶ δὲ τῶν ἐπιχωρίων ἀπώλοντο, πᾶσα δὲ καὶ ἡ Οὐιτελλίου στρατιά, μυριάδες ἀνδρῶν τρεῖς καὶ διακόσιοι· τῶν δ' ἀπὸ τῆς Μυσίας Ἀντώνιος τετρακισχιλίους ἀποβάλλει καὶ πεντακοσίους. 644 λύσας δὲ τὸν Καικίναν πέμπει πρὸς Οὐεσπασιανὸν ἀγγελοῦντα τὰ πεπραγμένα. καὶ ὃς ἐλθὼν ἀπεδέχθη τε ὑπ' αὐτοῦ καὶ τὰ τῆς προδοσίας ὀνείδη ταῖς παρ' ἐλπίδα τιμαῖς ἐπεκάλυψεν.

645 4. Ἀνεθάρσει δὲ ἤδη καὶ κατὰ τὴν Ῥώμην Σαβῖνος, ὡς πλησίον Ἀντώνιος ὢν ἀπηγγέλλετο, καὶ συναθροίσας τὰ τῶν νυκτοφυλάκων στρα-

---

[277] Die Handschriften lesen πᾶν, Hudson cj. πλεῖν aufgrund von *navigare* Lat.
[278] Die Handschriften lesen Κικίλ(λ)ιον; *Cecinam* oder *Cecinium* Lat, *Caecinam* Heg, Καικίνναν ed. pr.; Καικίναν Niese Na Thack.
[279] ἄμεινον εἶναι L (Lat?) Na Thack.
[280] PAMVRC lesen προσθήσεσθαι, L hat προκτήσασθαι; προσκτήσασθαι Dindorf cj. Niese Na Thack.
[281] ἑκάστους L Thack.
[282] ἀναπέμπειν L Thack.

Josephus, Jüdischer Krieg. Buch 4

beim Gedanken an den tiefen Winter eine Seereise scheute, führte er das Heer auf dem Landweg durch Kappadozien und Phrygien[216].

2. 633. Mittlerweile drängte auch Antonius Primus an der Spitze der dritten Legion danach, dem Vitellius kämpfend entgegenzutreten; diese Legion zählte zu den Truppen in Moesien, wo Antonius gerade Befehlshaber war[217]. Vitellius entsandte den Caecina Alienus mit einem starken Heere und dem Auftrag, Antonius entgegenzutreten; in diesen Mann setzte er wegen dessen Sieg über Otho ein großes Vertrauen. Caecina rückte von Rom ab und konnte nach einem Eilmarsch den Antonius bei Cremona in Gallien[218] erreichen; diese Stadt liegt an der Grenze Italiens. Als er dort die große Zahl und die gute Ordnung der gegnerischen Truppen erkannte, wagte er die Schlacht nicht, sondern sann, da er den Rückzug für gefährlich hielt, auf Verrat. Er ließ deshalb die seinem Kommando unterstellten Centurionen und Tribunen zusammenkommen und beredete sie, zu Antonius überzugehen; dabei stellte er die Sache des Vitellius absichtlich als recht schwach dar, während er die Stärke Vespasians kräftig herausstrich. Der eine, sagte er, habe nur den Namen des Herrschers, der andere die Macht; für sie selbst sei es darum besser, sich im voraus dafür zu entscheiden, aus der Not eine Tugend zu machen und, da ihnen bei einem Kampf mit den Waffen die Niederlage so gut wie sicher sei, durch kluges Verhalten der Gefahr zu begegnen. Denn Vespasian sei in der Lage, auch ohne ihren Beistand das zu gewinnen, was ihm noch fehle, während Vitellius nicht einmal mit ihrer Hilfe seine augenblickliche Stellung halten könne.

3. 639. Mit vielen solchen Gründen konnte Caecina sie umstimmen und ging dann mit seinem Heer zu Antonius über. In der gleichen Nacht aber befiel seine Soldaten die Reue und dazu die Furcht, der Kaiser, der sie entsandt hatte, könne vielleicht doch der Stärkere bleiben. So stürzten sie sich mit gezückten Schwertern auf Caecina, um ihn umzubringen, und sie hätten dies auch wirklich getan, wenn nicht die Tribunen herbeigestürzt wären und ihre Leute angefleht hätten, davon abzustehen. So schonten sie zwar sein Leben, fesselten jedoch den Verräter und schickten sich an, ihn an Vitellius zurückzusenden. Als Primus dies erfuhr, ließ er sofort Soldaten antreten und führte sie in voller Bewaffnung gegen die Abtrünnigen. Diese stellten sich zum Kampf und leisteten nur kurze Zeit Widerstand; dann aber machten sie kehrt und flohen in Richtung auf Cremona. An der Spitze seiner Reiter verlegte ihnen Primus den Einmarsch, umzingelte den größten Teil vor der Stadt und machte ihn nieder. Zur gleichen Zeit wie der Rest der Fliehenden stürmte auch er hinein und überließ die Stadt seinen Soldaten zur Plünderung. Dabei kamen viele auswärtige Händler und zahlreiche Bürger um, dazu das ganze Heer des Vitellius von insgesamt 30 200 Mann. Von seinen aus Moesien kommenden Truppen verlor Antonius 4500 Mann[219]. Er befreite den Caecina und sandte ihn zu Vespasian, damit er diesem über die vorgefallenen Ereignisse Bericht erstatte. Als Caecina dort anlangte, wurde er vom Kaiser gnädig empfangen und konnte die Schmach seines Verrats durch unerwartet hohe Ehrungen zudecken.

4. 645. Bei der Meldung, Antonius sei schon ganz nahe, schöpfte nun auch Sabinus in Rom Mut, zog die zur Nachtwache bestimmten Abteilungen zusammen und besetzte in der Nacht das Kapitol[220]. Bei Tagesanbruch traten viele

646 τιωτῶν τάγματα νύκτωρ καταλαμβάνει τὸ Καπετώλιον. μεθ᾿ ἡμέραν δ᾿ αὐτῷ πολλοὶ τῶν ἐπισήμων προσεγένοντο καὶ Δομετιανὸς ὁ τἀδελφοῦ
647 παῖς, μεγίστη μοῖρα τῶν εἰς τὸ κρατεῖν ἐλπίδων. Οὐιτελλίῳ δὲ Πρίμου μὲν ἐλάττων φροντὶς ἦν, τεθύμωτο[283] δ᾿ ἐπὶ τοὺς συναποστάντας τῷ Σαβίνῳ, καὶ διὰ τὴν ἔμφυτον ὠμότητα διψῶν αἵματος εὐγενοῦς τοῦ στρατιωτικοῦ
648 τὴν συγκατελθοῦσαν αὐτῷ δύναμιν ἐπαφίησι τῷ Καπετωλίῳ. πολλὰ μὲν οὖν ἔκ τε ταύτης καὶ τῶν ἀπὸ τοῦ ἱεροῦ μαχομένων ἐτολμήθη, τέλος δὲ
649 τῷ πλήθει περιόντες οἱ ἀπὸ τῆς Γερμανίας ἐκράτησαν τοῦ λόφου. καὶ Δομετιανὸς μὲν[284] σὺν πολλοῖς τῶν ἐν τέλει Ῥωμαίων δαιμονιώτερον διασώζεται, τὸ δὲ λοιπὸν πλῆθος ἅπαν κατεκόπη, καὶ Σαβῖνος ἀναχθεὶς ἐπὶ Οὐιτέλλιον ἀναιρεῖται διαρπάσαντές τε οἱ στρατιῶται τὰ ἀναθήματα τὸν
650 ναὸν ἐνέπρησαν. καὶ μετὰ μίαν ἡμέραν εἰσελαύνει μὲν Ἀντώνιος μετὰ τῆς δυνάμεως, ὑπήντων δ᾿ οἱ Οὐιτελλίου καὶ τριχῇ κατὰ τὴν πόλιν συμβα-
651 λόντες ἀπώλοντο πάντες. προέρχεται[285] δὲ μεθύων ἐκ τοῦ βασιλείου Οὐιτέλλιος καὶ δαψιλέστερον ὥσπερ ἐν ἐσχάτοις τῆς ἀσώτου τραπέζης κεκορεσ-
652 μένος. συρεὶς δὲ διὰ τοῦ πλήθους καὶ παντοδαπαῖς αἰκίαις ἐξυβρισθεὶς ἐπὶ μέσης τῆς Ῥώμης ἀποσφάττεται, μῆνας ὀκτὼ κρατήσας καὶ ἡμέρας πέντε, ὃν εἰ συνέβη πλείω βιῶσαι χρόνον, ἐπιλιπεῖν ἂν αὐτοῦ τῇ λαγνείᾳ
653 τὴν ἡγεμονίαν οἶμαι. τῶν δ᾿ ἄλλων νεκρῶν ὑπὲρ πέντε μυριάδες[286] ἠριθμήθη-
654 σαν. ταῦτα μὲν τρίτῃ μηνὸς Ἀπελλαίου πέπρακτο, τῇ δ᾿ ὑστεραίᾳ Μουκιανὸς εἴσεισι μετὰ τῆς στρατιᾶς, καὶ τοὺς σὺν Ἀντωνίῳ παύσας τοῦ κτείνειν, ἔτι γὰρ ἐξερευνώμενοι τὰς οἰκίας πολλοὺς μὲν τῶν Οὐιτελλίου στρατιωτῶν πολλοὺς δὲ τῶν δημοτικῶν ὡς ἐκείνου ἀνῄρουν φθάνοντες τῷ θυμῷ τὴν ἀκριβῆ διάκρισιν, προαγαγὼν δὲ τὸν Δομετιανὸν συνίστησι
655 τῷ πλήθει μέχρι τῆς τοῦ πατρὸς ἀφίξεως ἡγεμόνα. ὁ δὲ δῆμος ἀπηλλαγμένος ἤδη τῶν φόβων αὐτοκράτορα Οὐεσπασιανὸν εὐφήμει, καὶ ἅμα τήν τε τούτου βεβαίωσιν ἑώρταζε καὶ τὴν Οὐιτελλίου κατάλυσιν.
656 5. Εἰς δὲ τὴν Ἀλεξάνδρειαν ἀφιγμένῳ τῷ Οὐεσπασιανῷ τὰ ἀπὸ τῆς Ῥώμης εὐαγγέλια ἧκε καὶ πρέσβεις ἐκ πάσης τῆς ἰδίας οἰκουμένης συνηδόμενοι· μεγίστη τε οὖσα μετὰ τὴν Ῥώμην ἡ πόλις στενοτέρα τοῦ πλή-
657 θους ἠλέγχετο. κεκυρωμένης δὲ ἤδη τῆς ἀρχῆς ἁπάσης καὶ σεσωσμένης παρ᾿ ἐλπίδα Ῥωμαίοις τῶν πραγμάτων Οὐεσπασιανὸς ἐπὶ τὰ λείψανα
658 τῆς Ἰουδαίας τὸν λογισμὸν ἐπέστρεφεν. αὐτὸς μέντοι γε[287] εἰς τὴν Ῥώμην ὥρμητο λήξαντος τοῦ χειμῶνος ἀνάγεσθαι καὶ τάχος τὰ κατὰ τὴν Ἀλεξάνδρειαν διῴκει, τὸν δὲ υἱὸν Τίτον μετὰ τῆς ἐκκρίτου δυνάμεως ἀπέστει-
659 λεν ἐξαιρήσοντα τὰ Ἱεροσόλυμα. ὁ δὲ προελθὼν πεζῇ μέχρι Νικοπόλεως, εἴκοσι δὲ αὕτη διέχει τῆς Ἀλεξανδρείας σταδίους, κἀκεῖθεν ἐπιβήσας τὴν στρατιὰν μακρῶν πλοίων ἀναπλεῖ διὰ τοῦ Νείλου κατὰ τὸν Μενδήσιον

---

[283] τεθυμωμένος L Lat (Niese: *fortasse recte*).
[284] δὲ codd.; *quidem* Lat; μὲν Bekker cj. Niese.
[285] *rapitur* Heg; προέλκεται Destinon cj. (vgl. Tac. hist. 3, 84: *protrahitur*).
[286] μυριάδας AVRC Na Thack.
[287] Ohne γε PAMVRC.

vornehme Männer auf seine Seite, darunter auch sein Neffe Domitian, auf den man den größten Teil der Siegeshoffnungen gesetzt hatte. Vitellius machte sich weniger Sorgen um Primus, vielmehr war die ganze Kraft seines Zornes gegen die am Aufstand des Sabinus Beteiligten gerichtet, und die ihm angeborene Grausamkeit ließ ihn nach dem Blut der Edlen dürsten; so befahl er dem Teil des Heeres, der ihn in Germanien begleitet hatte, zum Angriff auf das Kapitol anzutreten. Von dieser Truppe und den Männern, die sie vom Tempel her bekämpften, wurde manche tapfere Tat vollbracht, bis schließlich die zahlenmäßig überlegenen Legionen aus Germanien den Hügel gewannen. Domitian konnte sich zwar mit vielen angesehenen Römern auf wunderbare Weise durchretten, aber die ganze restliche Schar wurde niedergehauen, Sabinus zu Vitellius abgeführt und umgebracht, während die Soldaten nach der Plünderung der Weihgeschenke den Tempel in Brand setzten[221]. Nur einen Tag später zog Antonius mit seinem Heere ein. Die Vitellianer traten ihm entgegen und lieferten ihm an drei Punkten der Stadt eine Schlacht; dabei kamen sie alle um[222]. Da kam Vitellius betrunken aus dem Palast; er hatte sich angesichts des nahen Endes noch einmal besonders reichlich an seiner liederlichen Tafel gelabt. Man schleppte ihn durch die Reihen des Volkes, ließ an ihm mit allerlei Mißhandlungen seinen Mutwillen aus und brachte ihn mitten in Rom um. Er hatte 8 Monate und 5 Tage die Macht in den Händen gehabt; wäre ihm ein längeres Leben vergönnt gewesen, so hätte nach meinem Ermessen das ganze Reich für seinen Hang zu Ausschweifungen nicht mehr aufkommen können. Außerdem verloren über 50 000 Menschen das Leben. All dies geschah am 3. Tag des Monats Apellaios (20. Dezember 69 n. Chr.). Am darauffolgenden Tage zog Mucianus mit seinem Heere ein und setzte dem Morden der Truppen des Antonius ein Ende. Denn diese durchstöberten noch immer die Häuser und ermordeten nicht nur viele Soldaten des Vitellius, sondern auch zahlreiche Bürger, in denen sie dessen Anhänger sahen; dabei ließ ihnen der Zorn zu genauer Prüfung keine Zeit. Mucianus ließ dann den Domitian heraustreten und stellte ihn der Menge als den Mann vor, der bis zur Ankunft seines Vaters die Staatsführung innehabe. Das Volk, das nun von den Schrecken erlöst war, begrüßte die Wahl Vespasians zum Kaiser und feierte gleichzeitig beides, dessen Bestätigung im Amt und den Sturz des Vitellius[223].

5. 656. Als Vespasian in Alexandrien angekommen war, trafen gerade die frohen Nachrichten von Rom ein, dazu Gesandtschaften aus allen Teilen der ihm zu eigen gewordenen Welt, die ihm Glückwünsche überbrachten. Obwohl es nach Rom die größte Stadt ist, erwies Alexandria sich angesichts dieser Menschenmenge als zu eng. Da die Unterwerfung des ganzen Reiches nunmehr endgültig entschieden und die römische Stadt wider Erwarten gerettet war, richtete Vespasian sein Augenmerk wiederum auf die noch nicht unterworfenen Teile Judäas[224]. Er selbst trachtete freilich danach, sobald der Winter zu Ende sei, nach Rom abzusegeln und regelte in aller Eile die in Alexandria vorliegenden Geschäfte. Er sandte seinen Sohn Titus mit auserlesenen Streitkräften zur Eroberung Jerusalems ab[225]. Titus marschierte auf dem Landweg bis zu dem 20 Stadien von Alexandrien entfernt gelegenen Nikopolis, verlud dort sein Heer auf Kriegsschiffe, fuhr den Nil hinauf und dann in den Mendesischen

660 νομὸν μέχρι πόλεως Θμούεως. ἐκεῖθεν δ' ἀποβὰς ὁδεύει καὶ κατὰ πολίχνην Τάνιν αὐλίζεται. δεύτερος αὐτῷ σταθμὸς Ἡρακλέους πόλις καὶ τρίτος
661 Πηλούσιον γίνεται. δυσὶ δ' ἡμέραις ἐνταῦθα τὴν στρατιὰν ἀναλαβὼν τῇ τρίτῃ διέξεισι τὰς ἐμβολὰς τοῦ Πηλουσίου, καὶ προελθὼν σταθμὸν ἕνα διὰ τῆς ἐρήμου πρὸς τῷ τοῦ Κασίου Διὸς ἱερῷ στρατοπεδεύεται, τῇ δ' ὑστεραίᾳ κατὰ τὴν Ὀστρακίνην· οὗτος ὁ σταθμὸς ἦν ἄνυδρος, ἐπεισάκτοις
662 δὲ ὕδασιν οἱ ἐπιχώριοι χρῶνται. μετὰ ταῦτα πρὸς Ῥινοκουρούροις ἀναπαύεται, κἀκεῖθεν εἰς Ῥάφειαν προελθὼν σταθμὸν τέταρτον, ἔστι δ' ἡ
663 πόλις αὕτη Συρίας ἀρχή, τὸ πέμπτον ἐν Γάζῃ τίθεται στρατόπεδον, μεθ' ἣν εἰς Ἀσκάλωνα κἀκεῖθεν εἰς Ἰάμνειαν, ἔπειτα εἰς Ἰόππην κἀξ Ἰόππης εἰς Καισάρειαν ἀφικνεῖται διεγνωκὼς αὐτόθι τὰς ἄλλας δυνάμεις ἀθροίζειν.

Bezirk bis zur Stadt Thmuis[226]. Dort ging er an Land, setzte seinen Marsch fort und blieb über Nacht in einem Städtchen namens Tanis. Das nächste Marschziel war die Stadt Herakleopolis[227], das dritte Pelusium. Nachdem er dort die Truppe sich zwei Tage lang hatte erholen lassen, überquerte er am dritten Tag die Pelusischen Mündungsarme und zog dann einen Tagmarsch lang durch das Wüstengebiet. Er schlug nahe bei dem Tempel des Zeus Kasios sein Lager auf und am folgenden Tag bei Ostrakine[228]; an diesem Rastplatz gibt es kein Wasser, und die Einheimischen müssen es von anderen Orten herbeischaffen. Das nächste Ruhequartier bezog er in Rhinokorura, von wo er zum vierten Rastplatz Raphia[229] gelangte; mit dieser Stadt beginnt die Provinz Syrien. Das fünfte Lager schlug er in Gaza auf, danach marschierte er nach Askalon, von dort nach Jamnia und schließlich nach Joppe. Von Joppe gelangte er nach Caesarea, das er als Sammelplatz für die anderen Streitkräfte bestimmt hatte.

V.

Φλαυίου Ἰωσήπου ἱστορία Ἰουδαϊκοῦ πολέμου πρὸς Ῥωμαίους βιβλίον ε'.

1 I. 1. Ὁ μὲν Τίτος ὃν προειρήκαμεν τρόπον διοδεύσας τὴν ὑπὲρ Αἰγύπτου μέχρι Συρίας ἐρημίαν εἰς Καισάρειαν παρῆν ταύτῃ διεγνωκὼς 2 προσυντάξασθαι τὰς δυνάμεις. ἔτι δ' αὐτοῦ κατὰ τὴν Ἀλεξάνδρειαν συγκαθισταμένου τῷ πατρὶ τὴν ἡγεμονίαν νέον[1] αὐτοῖς ἐγκεχειρισμένην ὑπὸ τοῦ θεοῦ συνέβη καὶ τὴν ἐν τοῖς Ἱεροσολύμοις στάσιν ἀνακμάσασαν τριμερῆ γενέσθαι καὶ καθ' αὑτοῦ θάτερον ἐπιστρέψαι μέρος, ὅπερ ἄν τις 3 ὡς ἐν κακοῖς ἀγαθὸν εἴποι καὶ δίκης ἔργον. ἡ μὲν γὰρ κατὰ τοῦ δήμου τῶν ζηλωτῶν ἐπίθεσις, ἥπερ κατῆρξεν ἁλώσεως τῇ πόλει, προδεδήλωται μετὰ 4 ἀκριβείας ὅθεν τε ἔφυ καὶ πρὸς ὅσον κακῶν ηὐξήθη[2]· ταύτην δ' οὐκ ἂν ἁμάρτοι τις εἰπὼν στάσει στάσιν ἐγγενέσθαι, καὶ καθάπερ θηρίον λυσσῆσαν ἐνδείᾳ τῶν ἔξωθεν ἐπὶ τὰς ἰδίας ἤδη σάρκας ὁρμᾶ[3].
5 2. Ἐλεάζαρος γὰρ ὁ τοῦ Σίμωνος, ὃς δὴ καὶ τὰ πρῶτα τοῦ δήμου τοὺς ζηλωτὰς ἀπέστησεν εἰς τὸ τέμενος ὡς ἀγανακτῶν δῆθεν ἐπὶ τοῖς ὁσημέραι τῷ Ἰωάννῃ τολμωμένοις, οὐ γὰρ ἀνεπαύετο φονῶν οὗτος, τὸ δ' ἀληθὲς αὐτοῦ μεταγενεστέρῳ τυράννῳ μὴ φέρων ὑποτετάχθαι, πόθῳ τῶν ὅλων 6 καὶ δυναστείας ἰδίας ἐπιθυμίᾳ διίσταται, παραλαβὼν Ἰούδην τε τὸν Χέλικα[4] καὶ Σίμωνα τὸν Ἐσρῶνος τῶν δυνατῶν, πρὸς οἷς Ἐζεκίας 7 Χωβαρεῖ παῖς οὐκ ἄσημος. καθ' ἕκαστον δὲ οὐκ ὀλίγοι τῶν ζηλωτῶν ἠκολούθησαν, καὶ καταλαβόμενοι τὸν ἐνδότερον τοῦ νεὼ περίβολον ὑπὲρ 8 τὰς ἱερὰς πύλας ἐπὶ τῶν ἁγίων μετώπων τίθενται τὰ ὅπλα. πλήρεις μὲν οὖν ἐπιτηδείων ὄντες ἐθάρρουν, καὶ γὰρ ἀφθονία τῶν ἱερῶν ἐγίνετο πραγμάτων τοῖς γε μηδὲν ἀσεβὲς ἡγουμένοις, ὀλιγότητι δὲ[5] τῇ κατὰ σφᾶς 9 ὀρρωδοῦντες ἐγκαθήμενοι τὰ πολλὰ[6] κατὰ χώραν ἔμενον. ὁ δὲ Ἰωάννης ὅσον ἀνδρῶν ὑπερεῖχε πλήθει, τοσοῦτον ἐλείπετο τῷ τόπῳ καὶ κατὰ κορυφὴν ἔχων τοὺς πολεμίους οὔτ' ἀδεεῖς ἐποιεῖτο τὰς προσβολὰς οὔτε 10 δι' ὀργὴν ἠρέμει, κακούμενος δὲ πλέον ἤπερ διατιθεὶς τοὺς περὶ τὸν Ἐλεάζαρον ὅμως οὐκ ἀνίει, συνεχεῖς δ' ἐκδρομαὶ[7] καὶ βελῶν ἀφέσεις ἐγίνοντο, καὶ φόνοις ἐμιαίνετο πανταχοῦ τὸ ἱερόν.
11 3. Ὁ δὲ τοῦ Γιώρα Σίμων, ὃν ἐν ταῖς ἀμηχανίαις ἐπίκλητον αὑτῷ τύραννον ὁ δῆμος ἐλπίδι βοηθείας προσεισήγαγε[8], τήν τε ἄνω πόλιν ἔχων

---

[1] νέαν PAMLRC; nuper Lat.
[2] ἀνηυξήθη ALVRC Na Thack.
[3] PAMVRCLat lesen ὁρμᾷ, οὕτως Ἐλεάζαρος, so auch Niese. L hat ὁρμᾶν· Ἐλεάζαρος γάρ. Dieser Lesart folgen Na Thack Ricc.
[4] Χελκία Hudson cj. Na Thack.
[5] δ' ἐν PA; δ' ἐπὶ Destinon cj.
[6] ἐγκαθιστάμενοι τὰ πολλὰ AMVC; ἐγκαθισάμενοι τὰ ὅπλα L Exc.
[7] ἐκδρομαὶ κατ' ἀλλήλων C Na.
[8] προσήγαγε PAMR Exc; προσεισήγαγεν L (προσεισήγαγε Niese Thack); προσηγάγετο C Na.

BUCH 5

1. Kapitel

1. 1. Als nun Titus auf die oben beschriebene Weise die Wüste, die sich über Ägypten hinaus bis nach Syrien erstreckt, durchquert hatte, traf er in Caesarea ein, das er zum Treffpunkt für seine Streitkräfte vor dem Feldzug bestimmt hatte. Noch als er in Alexandria seinem Vater bei der ordnungsmäßigen Übernahme der ihnen soeben von Gott anvertrauten Regierungsgewalt behilflich war, geschah es, daß auch der innere Zwist in Jerusalem einen Höhepunkt erreichte und zu einem Dreifrontenkrieg führte: in einer der beiden Parteien bekämpfte man sich gegenseitig — übrigens ein Vorgang, den man, falls er unter Schurken geschieht, nur als einen Vorzug und als eine Tat der Gerechtigkeit bezeichnen kann. Was den Angriff der Zeloten auf das Volk anlangt, der für die Stadt recht eigentlich den Beginn des Falls[1] bedeutete, so haben wir schon oben dargelegt, aus welcher Ursache er entstand und zu welchem Ausmaß von Mißständen er sich entwickelte. Man geht nicht fehl mit dem Urteil, daß hier im Schoße eines Zwistes ein zweiter geboren wurde und daß man sich wie ein toll gewordenes Tier gebärdete, das aus Mangel an anderem Fraß die Zähne sogar ins eigene Fleisch schlägt.

2. 5. Denn Eleazar, der Sohn des Simon, der schon anfangs die Zeloten von der Bürgerschaft entfremdet und in den Tempelbezirk geführt hatte, trennte sich von dieser Gruppe, angeblich aus Unwillen über die täglichen Übergriffe des Johannes — dieser hatte nämlich sein Morden immer noch nicht eingestellt —, in Wahrheit aber, weil er es nicht ertragen konnte, dem später aufgekommenen Tyrannen gehorchen zu müssen; er trachtete selbst nach der obersten Führung und begehrte für sich die Gewaltherrschaft. Dazu gewann er unter den einflußreichen Männern Judas, den Sohn des Chelika[2], und Simon, den Sohn des Esron, außerdem den nicht unbedeutenden Ezechias, Sohn des Chobar. Jedem dieser Männer folgten nicht wenige Zeloten. Die neue Gruppe besetzte den Innenbezirk des Tempels und stellte ihre Waffen jenseits der Tempeltore auf die Vorderfront des heiligen Gebäudes[3]. Da ihnen Lebensmittel in reichem Maße zur Verfügung standen, waren sie guten Mutes; denn es stand dort eine große Menge an geweihten Gaben den Männern, die nichts als gottlos erachteten, zur Verfügung. Andererseits waren sie auf Grund ihrer geringen Zahl um ihr Leben besorgt und blieben so die meiste Zeit über untätig an Ort und Stelle sitzen. Bei Johannes hingegen wurde die zahlenmäßige Überlegenheit an Soldaten durch die ungünstigere Stellung aufgewogen: Da er die Feinde über seinem Kopf hatte, konnte er, ohne sich selbst zu gefährden, keinen Angriff durchführen, andererseits aber auch wegen seiner Erbitterung nicht Ruhe halten. Obwohl er stärkere Verluste erlitt, als er den Männern um Eleazar zufügen konnte, ließ er nicht ab; so gab es unablässig Ausfälle und Schießereien, und überall wurde das Heiligtum durch Leichen befleckt.

3. 11. Dagegen hielt Simon bar Giora, den das Volk bei seinen unüberwindlichen Schwierigkeiten in der Hoffnung auf Hilfe zusätzlich hereingelassen, mit ihm aber sich einen Tyrannen auf den Hals geladen hatte, die Oberstadt

καὶ τῆς κάτω πολὺ μέρος ἐρρωμενέστερον ἤδη τοῖς περὶ τὸν Ἰωάννην προσέβαλλεν ὡς ἂν καὶ καθύπερθεν πολεμουμένοις· ἦν δ' ὑπὸ χεῖρα
12 προσιὼν αὐτοῖς⁹, ὥσπερ ἐκεῖνοι τοῖς ἄνωθεν. καὶ τῷ Ἰωάννῃ διχόθεν πολεμουμένῳ συνέβαινε βλάπτεσθαί τε καὶ βλάπτειν εὐκόλως, καὶ καθ' ὅσον ἡττᾶτο τῶν ἀμφὶ τὸν Ἐλεάζαρον ὢν ταπεινότερος, τοσοῦτον ἐπλεον-
13 έκτει τῷ ὑψηλῷ τοῦ Σίμωνος. παρὸ καὶ χειρὶ μὲν τὰς κάτωθεν προσβολὰς ἰσχυρῶς¹⁰ εἶργε, τοὺς δὲ ἄνωθεν ἀπὸ τοῦ ἱεροῦ κατακοντίζοντας
14 ἀνέστελλε τοῖς ὀργάνοις· ὀξυβελεῖς τε γὰρ αὐτῷ καὶ καταπέλται παρῆσαν οὐκ ὀλίγοι καὶ λιθοβόλοι, δι' ὧν οὐ μόνον ἠμύνετο τοὺς πολεμοῦντας,
15 ἀλλὰ καὶ πολλοὺς τῶν ἱερουργούντων ἀνῄρει. καίπερ γὰρ πρὸς πᾶσαν ἀσέβειαν ἐκλελυσσηκότες, ὅμως τοὺς θύειν ἐθέλοντας εἰσηφίεσαν, μεθ' ὑποψιῶν μὲν καὶ φυλακῆς τοὺς ἐπιχωρίους, διερευνώμενοι¹¹ δὲ τοὺς ξένους· οἳ καίπερ περὶ τὰς εἰσόδους δυσωπήσαντες αὐτῶν τὴν ὠμότητα
16 παρανάλωμα τῆς στάσεως ἐγίνοντο. τὰ γὰρ ἀπὸ τῶν ὀργάνων βέλη μέχρι τοῦ βωμοῦ καὶ τοῦ νεὼ διὰ τὴν βίαν ὑπερφερόμενα τοῖς τε ἱερεῦσι καὶ
17 τοῖς ἱερουργοῦσιν ἐνέπιπτε, καὶ πολλοὶ σπεύσαντες ἀπὸ γῆς περάτων περὶ τὸν διώνυμον καὶ πᾶσιν ἀνθρώποις χῶρον ἅγιον πρὸ τῶν θυμάτων ἔπεσον αὐτοὶ καὶ τὸν Ἕλλησι πᾶσι καὶ βαρβάροις σεβάσμιον βωμὸν κατέσπεισαν
18 ἰδίῳ φόνῳ, νεκροῖς δ' ἐπιχωρίοις ἀλλόφυλοι καὶ ἱερεῦσι βέβηλοι συνεφύροντο, καὶ παντοδαπῶν αἷμα πτωμάτων ἐν τοῖς θείοις περιβόλοις ἐλιμ-
19 νάζετο. τί τηλικοῦτον, ὦ τλημονεστάτη πόλις, πέπονθας ὑπὸ Ῥωμαίων, οἵ σου τὰ ἐμφύλια μύση πυρὶ καθαροῦντες¹² εἰσῆλθον· θεοῦ μὲν γὰρ οὔτε ἧς ἔτι χῶρος οὔτε μένειν ἐδύνασο, τάφος οἰκείων γενομένη σωμάτων καὶ πολέμου τὸν ναὸν ἐμφυλίου ποιήσασα¹³ πολυάνδριον· δύναιο δ' ἂν γενέσ-
20 θαι πάλιν ἀμείνων, εἴ γε ποτὲ τὸν πορθήσαντα θεὸν ἐξιλάσῃ. ἀλλὰ καθεκτέον γὰρ καὶ τὰ πάθη τῷ νόμῳ τῆς γραφῆς¹⁴, ὡς οὐκ ὀλοφυρμῶν οἰκείων ὁ καιρός, ἀλλ' ἀφηγήσεως πραγμάτων. δίειμι δὲ τὰ ἑξῆς ἔργα τῆς στάσεως.
21 4. Τριχῇ τῶν ἐπιβούλων τῆς πόλεως διῃρημένων οἱ μὲν περὶ τὸν Ἐλεάζαρον τὰς ἱερὰς ἀπαρχὰς διαφυλάσσοντες κατὰ τοῦ Ἰωάννου τὴν μέθην ἔφερον, οἱ δὲ σὺν τούτῳ διαρπάζοντες τοὺς δημότας ἠγείροντο

---

⁹ αὐτός codd.; αὐτοῖς Exc Hudson Niese.
¹⁰ εὐμαρῶς LVRC Na.
¹¹ τοὺς ἐπιχωρίους (προ — C) διερευνώμενοι, τοὺς δὲ ξένους ἀδεέστερον L C Exc Na Kohout Clementz Simchoni.
¹² PMVR lesen περικαθαιροῦντες, AC περὶ καθαροῦντες; *purgaturi flammis* Lat, entsprechend πυρὶ καθαροῦντες Niese (mit Hinweis auf 4, 323) Thack; περικαθαροῦντες Hudson cj. Na; πυρὶ καθαροῦντες Lat Niese.
¹³ Die Handschriften lesen πλήσασα; ποιήσασα Hudson cj. Niese Na Thack; πλήσασα εἰς Destinon cj.
¹⁴ συγγραφῆς MVRC Na.

und einen großen Teil der Unterstadt besetzt. Er griff nämlich die Parteigänger des Johannes[4] um so entschlossener an, als er sah, wie sie auch von oben her bekämpft wurden; dabei mußte er genau so von unten her gegen sie vorgehen wie diese auf die über ihnen in Stellung befindlichen Gegner. Bei diesem Zweifrontenkampf war Johannes in einer Lage, in der er ebenso leicht Verlusten ausgesetzt war als er sie seinen Gegnern zufügen konnte: war er durch seine tiefer gelegene Stellung den Männern um Eleazar gegenüber benachteiligt, so glich das der Vorteil aus, den ihm das im Verhältnis zu Simon höhere Gelände bot[5]. Infolgedessen konnte er sich der von unten her erfolgenden Angriffe im Nahkampf kräftig erwehren, während er die von ober her aus dem Heiligtum kämpfenden Schützen mit Hilfe von Kriegsmaschinen in Schach hielt. Denn ihm standen nicht wenige Schnellwurfmaschinen, Flachschußmaschinen und schwere Steinwerfer zur Verfügung, mit denen er nicht nur kriegführende Soldaten abwehrte, sondern auch viele Opfernde tödlich traf[6]. Obwohl nämlich die Aufständischen in ihrer Raserei vor keinem Frevel zurückschreckten, ließen sie doch die Menschen, die ein Opfer darbringen wollten, ein: freilich mit Äußerungen des Argwohns und unter Aufsicht die Einheimischen, während sie die Fremden genau untersuchten[7]. Selbst wenn es ihnen an den Eingängen gelang, die Grausamkeit der Bewacher durch Bitten zu entwaffnen, wurden sie dann gerade unnötige Opfer des inneren Zwists. Denn die von den Wurfmaschinen geschleuderten Geschosse flogen dank ihrer Wucht bis zum Altar und zum Tempelgebäude und trafen die Priester samt den Opfernden. Und viele, die von den Enden der Erde zu diesem weltberühmten und allen Menschen heiligen Ort herbeigeeilt waren, fielen selbst noch vor ihren Opfertieren und benetzten mit ihrem eigenen Blut den bei allen Griechen und Barbaren verehrten Altar. Mit den Leichen der Einheimischen lagen die von Fremden, mit denen von Priestern die von Laien durcheinander gemengt zusammen, und das Blut von mancherlei Erschlagenen bildete Lachen in den Vorhöfen Gottes. Hast du denn, unglücklichste aller Städte, ein solches Leid von den Römern erfahren, welche bei dir Einzug hielten, um dich durch Feuer von den Greueln zu reinigen, mit denen die Einheimischen dich befleckt hatten? Denn du warst nicht mehr Gottes Stadt noch konntest du es länger bleiben, nachdem du zum Totenfeld deiner Hausgenossen geworden warst und den Tempel zum Massengrab der Opfer eines Bürgerkriegs gemacht hattest! Du könntest freilich wieder bessere Tage sehen, wenn du jemals Gott, der dich verheeren ließ, versöhnen wolltest[8]. Aber die leidenschaftlichen Gefühle müssen zugunsten des Gesetzes der Geschichtsschreibung unterdrückt werden, da hier nicht der Ort für persönliche Wehklagen, sondern für den Bericht über die geschichtlichen Tatsachen ist[9]. Deshalb will ich den weiteren Verlauf der Ereignisse des Aufstandes schildern.

4. 21. Nachdem nun die hinterlistigen Feinde der Stadt in drei Lager aufgespalten waren, richteten die Männer um Eleazar, die über die heiligen Erstlingsgaben verfügten, ihre in Trunkenheit geführten Angriffe gegen die Gruppe des Johannes; diese raubte unter ihrem Führer die Bürger aus und ließ sich gegen Simons Truppe zum Kampf treiben. Und auch jener betrachtete die Stadt als Vorratskammer, aus der er die Lebensmittel zur Bekämpfung der ihm feind-

κατὰ τοῦ Σίμωνος· ἦν δὲ κἀκείνῳ τροφὴ κατὰ τῶν ἀντιστασιαστῶν ἡ
22 πόλις. ὁπότε μὲν οὖν ἀμφοτέρωθεν ἐπιχειροῖτο, τοὺς συνόντας ὁ Ἰωάννης ἀντέστρεφε, καὶ τοὺς μὲν ἐκ τῆς πόλεως ἀνιόντας ἀπὸ τῶν στοῶν βάλλων,
23 τοὺς δ' ἀπὸ τοῦ ἱεροῦ κατακοντίζοντας ἠμύνετο τοῖς ὀργάνοις· εἰ δ' ἐλευθερωθείη ποτὲ τῶν καθύπερθεν ἐπικειμένων, διανέπαυε δ' αὑτοὺς πολλάκις μέθη καὶ κάματος, ἀδεέστερον τοῖς περὶ τὸν Σίμωνα μετὰ
24 πλειόνων ἐπεξέθεεν. ἀεὶ δ' ἐφ' ὅσον τρέψαιτο τῆς πόλεως ὑπεπίμπρη τὰς οἰκίας σίτου μεστὰς καὶ παντοδαπῶν ἐπιτηδείων· τὸ δ' αὐτὸ πάλιν ὑποχωροῦντος ἐπιὼν ὁ Σίμων ἔπραττεν, ὥσπερ ἐπίτηδες Ῥωμαίοις διαφθείροντες ἃ παρεσκευάσατο πρὸς πολιορκίαν ἡ πόλις, καὶ τὰ νεῦρα τῆς
25 αὑτῶν ὑποκόπτοντες δυνάμεως. συνέβη γοῦν τὰ μὲν περὶ τὸ ἱερὸν πάντα συμφλεγῆναι καὶ μεταίχμιον ἐρημίας γενέσθαι παρατάξεως οἰκείας τὴν πόλιν, κατακαῆναι δὲ πλὴν ὀλίγου πάντα τὸν σῖτον, ὃς ἂν αὐτοῖς οὐκ ἐπ'
26 ὀλίγα διήρκεσεν ἔτη πολιορκουμένοις. λιμῷ γοῦν ἑάλωσαν, ὅπερ[15] ἥκιστα δυνατὸν ἦν, εἰ μὴ τοῦτον αὑτοῖς προπαρεσκεύασαν.
27 5. Πανταχόθεν δὲ τῆς πόλεως πολεμουμένης ὑπὸ τῶν ἐπιβούλων καὶ
28 συγκλύδων μέσος ὁ δῆμος ὥσπερ μέγα σῶμα διεσπαράσσετο. γηραιοὶ δὲ καὶ γυναῖκες ὑπ' ἀμηχανίας τῶν εἴσω κακῶν[16] ηὔχοντο Ῥωμαίοις[17] καὶ τὸν
29 ἔξωθεν πόλεμον ἐπ' ἐλευθερίᾳ τῶν εἴσω[18] κακῶν ἐκαραδόκουν. κατάπληξις δὲ δεινὴ καὶ δέος ἦν τοῖς γνησίοις, καὶ οὔτε βουλῆς καιρὸς εἰς μετα-
30 βολὴν οὔτε συμβάσεως ἐλπὶς οὔτε φυγὴ[19] τοῖς ἐθέλουσιν. ἐφρουρεῖτο γὰρ πάντα, καὶ τὰ λοιπὰ στασιάζοντες οἱ ἀρχιλῃσταὶ τοὺς εἰρηνικὰ Ῥωμαίοις φρονοῦντας ἢ πρὸς αὐτομολίαν ὑπόπτους ὡς κοινοὺς πολεμίους ἀνῄρουν
31 καὶ μόνον ὡμονόουν τὸ φονεύειν τοὺς σωτηρίας ἀξίους. καὶ τῶν μὲν μαχομένων ἀδιάλειπτος ἦν κραυγὴ μεθ' ἡμέραν τε καὶ νύκτωρ, δεινό-
32 τεροι δὲ οἱ τῶν πενθούντων ὀδυρμοὶ δέει[20]. καὶ θρήνων μὲν αἰτίας ἐπαλλήλους αἱ συμφοραὶ προσέφερον, τὰς δ' οἰμωγὰς ἐνέκλειεν ἡ κατάπληξις αὐτῶν, φιμούμενοι δὲ τά γε πάθη τῷ φόβῳ μεμυκόσι τοῖς στεναγ-
33 μοῖς ἐβασανίζοντο. καὶ οὔτε πρὸς τοὺς ζῶντας ἦν αἰδὼς ἔτι τοῖς προσήκουσιν οὔτε πρόνοια τῶν ἀπολωλότων ταφῆς. αἴτιον δὲ ἀμφοτέρων ἡ καθ' ἑαυτὸν ἀπόγνωσις ἑκάστου· παρεῖσαν γὰρ εἰς πάντα τὰς προθυμίας
34 οἱ μὴ στασιάζοντες ὡς ἀπολούμενοι πάντως ὅσον οὐδέπω. πατοῦντες δὴ τοὺς νεκροὺς ἐπ' ἀλλήλοις σεσωρευμένους οἱ στασιασταὶ συνεπλέκοντο καὶ τὴν ἀπόνοιαν ἀπὸ[21] τῶν ἐν ποσὶ πτωμάτων σπῶντες ἦσαν ἀγριώτεροι.

[15] PAL lesen ὥσπερ; qua Lat; ᾧπερ Destinon cj.
[16] τῶν εἴσω κακῶν ist zwar von allen Handschriften bezeugt, aber nach Niese vielleicht irrtümliche Vorwegnahme der am Schluß des Satzes notwendigen gleichen Wendung.
[17] Ῥωμαίους Destinon cj. Thack.
[18] οἰκείων L Exc Na; domesticis Lat.
[19] φυγῆς L C Exc Lat Na Thack.
[20] ἀεί LVRCExc Na.
[21] ἀπὸ fehlt bei PA Destinon.

lichen Aufständischen bezog. Sooft also Johannes von beiden Seiten her angegriffen wurde, setzte er seine Anhänger auf einander entgegengesetzten Fronten ein: die aus der Stadt Heraufstürmenden beschoß er von den Tempelhallen aus, die Schützen, die vom Tempel herab angriffen, wehrte er mit den Wurfmaschinen ab. Und wenn er einmal von dem Druck der oberhalb von ihm in Stellung befindlichen Bedränger frei war — diese zwang des öfteren Trunkenheit oder Ermüdung zu einer Pause —, so machte er mit stärkeren Kräften einen um so verwegeneren Ausfall auf die Simongruppe. Und im ganzen Stadtgebiet, das er bei solchen Vorstößen erreichen konnte, pflegte er die mit Getreide und mancherlei Vorräten angefüllten Gebäude in Brand zu setzen; zog aber Johannes sich zurück, so griff Simon an und tat das gleiche. Es hatte den Anschein, als wollten sie absichtlich zugunsten der Römer das vernichten, was die Stadt für den Belagerungsfall bereitgestellt hatte und so die Nervenstränge ihrer eigenen Kraft durchschneiden. So geschah es tatsächlich, daß das Wohngebiet um den Tempel völlig niedergebrannt und die Stadt zu einem öden Niemandsland und Schauplatz des Bürgerkriegs wurde, daß ferner bis auf einen kleinen Rest alles Getreide verbrannt war, das sonst den Belagerten für nicht wenige Jahre hätte reichen können. Tatsächlich sind sie durch Hunger bezwungen worden, was am allerwenigsten zu befürchten gewesen wäre, hätten sie dieser Not nicht selbst schon im voraus den Weg bereitet[10].

5. 27. So wurde die Stadt in allen ihren Teilen von den hinterlistigen Feinden und deren Gesindel in Kämpfe gestürzt, und mitten darin das Volk wie ein großer Leib[11] in Stücke gerissen. Greise und Frauen beteten in ihrer Hilflosigkeit angesichts der inneren Mißstände für die Römer und erwarteten sehnlichst den Krieg mit dem äußeren Feind, damit er sie von den Mißständen innerhalb der Stadt befreie. Entsetzliche Niedergeschlagenheit und Furcht befielen die echten Bürger der Stadt: es bot sich weder die Gelegenheit, über eine Änderung der Lage zu beraten, noch bestand die Hoffnung auf eine gütliche Einigung oder, falls jemand das beabsichtigte, auf Flucht. Denn alles wurde scharf bewacht; und die Rädelsführer, die sonst in jeder Hinsicht uneins waren, brachten alle, die nach einem Frieden mit den Römern trachteten oder in Verdacht standen, überlaufen zu wollen, als ihre gemeinsamen Feinde um und waren sich nur in diesem Punkte einig, die zu ermorden, die der Rettung wert gewesen wären. Unaufhörlich erscholl der Lärm der Kämpfenden bei Tag und Nacht, aber noch furchtbarer waren die voll Angst ausgestoßenen Wehklagen der Trauernden. Zu solcher Klage gaben Schicksalsschläge ständig neuen Anlaß, aber den Betroffenen verschloß die große Niedergeschlagenheit die Weherufe in der Brust, und weil sie ihre Leiden verschwiegen, wurden sie von halberstickten Seufzern gequält. Die eigenen Angehörigen nahmen weder Rücksicht auf die Lebenden, noch kümmerten sie sich um Bestattung der Toten. Beides war durch die gänzliche Verzweiflung verursacht, die jedermann ergriff. Denn wer sich nicht am Aufstand beteiligte, ließ überhaupt jegliche Zuversicht fahren, es war ihm zumute, als könne er jeden Augenblick völlig zugrunde gehen[12]. Die Aufständischen schlugen sich indessen miteinander herum, wobei sie über die aufeinander gehäuften Leichen traten und sich, als ob sie die Kraft der Raserei gleichsam aus den Körpern unter ihren Füßen in

35 προσεξευρίσκοντες δ' ἀεί τι καθ' αὑτῶν ὀλέθριον καὶ πᾶν τὸ δοχθὲν ἀφειδῶς δρῶντες οὐδεμίαν οὔτ' αἰκίας ὁδὸν οὔτε ὠμότητος παρέλειπον.
36 ἀμέλει Ἰωάννης τὴν ἱερὰν ὕλην εἰς πολεμιστηρίων κατασκευὴν ὀργάνων ἀπεχρήσατο· δόξαν γάρ ποτε τῷ λαῷ καὶ τοῖς ἀρχιερεῦσιν ὑποστηρίξαντας τὸν ναὸν εἴκοσι πήχεις προσυψῶσαι, κατάγει μὲν ἀπὸ τοῦ Λιβάνου μεγίστοις ἀναλώμασι καὶ πόνοις τὴν χρήσιμον ὕλην ὁ βασιλεὺς Ἀγρίππας,
37 ξύλα θέας ἄξια τήν τε εὐθύτητα καὶ τὸ μέγεθος· μεσολαβήσαντος δὲ τοῦ πολέμου τὸ ἔργον Ἰωάννης τεμὼν αὐτὰ πύργους κατεσκεύασεν ἐξαρκοῦν
38 τὸ μῆκος εὑρὼν πρὸς τοὺς ἀπὸ τοῦ καθύπερθεν ἱεροῦ μαχομένους, ἵστησί τε προσαγαγὼν κατόπιν τοῦ περιβόλου τῆς πρὸς δύσιν ἐξέδρας ἄντικρυς, ᾗπερ καὶ μόνη δυνατὸν ἦν τῶν ἄλλων μερῶν βαθμοῖς πόρρωθεν διειλημμένων.

39 6. Καὶ ὁ μὲν τοῖς κατασκευασθεῖσιν ἐξ ἀσεβείας ὀργάνοις κρατήσειν ἤλπισε τῶν ἐχθρῶν, ὁ δὲ θεὸς ἄχρηστον αὐτῷ τὸν πόνον ἀπέδειξε πρὶν
40 ἐπιστῆσαί τινα τῶν πύργων Ῥωμαίους ἐπαγαγών. ὁ γὰρ δὴ Τίτος ἐπειδὴ τὰ μὲν συνήγαγε τῆς δυνάμεως πρὸς αὑτόν, τοῖς δὲ ἐπὶ Ἱεροσολύμων
41 συναντᾶν ἐπέστειλεν[22], ἐξήλαυνε τῆς Καισαρείας. ἦν δὲ τρία μὲν τὰ πρότερον αὐτοῦ τῷ πατρὶ συνδῃώσαντα τὴν Ἰουδαίαν τάγματα καὶ τὸ πάλαι σὺν Κεστίῳ πταῖσαν δωδέκατον, ὅπερ καὶ ἄλλως ἐπίσημον δι' ἀνδρείαν ὑπάρχον τότε κατὰ μνήμην ὧν ἔπαθεν εἰς ἄμυναν ᾔει προθυμότερον.
42 τούτων μὲν οὖν τὸ πέμπτον δι' Ἀμμαοῦς ἐκέλευσεν αὐτῷ συναντᾶν καὶ διὰ Ἱεριχοῦντος τὸ δέκατον ἀναβαίνειν, αὐτὸς δ' ἀνέζευξε μετὰ τῶν λοιπῶν, πρὸς οἷς αἵ τε τῶν βασιλέων συμμαχίαι πολύ[23] πλείους καὶ συχνοὶ
43 τῶν ἀπὸ τῆς Συρίας ἐπίκουροι συνῆλθον. ἀνεπληρώθη δὲ καὶ τῶν τεσσάρων ταγμάτων ὅσον Οὐεσπασιανὸς ἐπιλέξας Μουκιανῷ συνέπεμψεν εἰς
44 Ἰταλίαν ἐκ τῶν ἐπελθόντων μετὰ Τίτου. δισχίλιοι μὲν γὰρ αὐτῷ τῶν ἀπ' Ἀλεξανδρείας στρατευμάτων ἐπίλεκτοι, τρισχίλιοι δὲ συνείποντο τῶν ἀπ'
45 Εὐφράτου φυλάκων. φίλων δὲ δοκιμώτατος εὔνοιάν τε καὶ σύνεσιν Τιβέριος
46 Ἀλέξανδρος, πρότερον μὲν αὐτοῖς[24] τὴν Αἴγυπτον διέπων, τότε δὲ τῶν στρατευμάτων ἄρχων[25], κριθεὶς ἄξιος ἐξ ὧν ἐδεξιώσατο πρῶτος ἐγειρομένην ἄρτι τὴν ἡγεμονίαν καὶ μετὰ πίστεως λαμπρᾶς ἐξ ἀδήλου[26] τῇ τύχῃ προσέθετο, σύμβουλός γε μὴν ταῖς τοῦ πολέμου χρείαις ἡλικίᾳ τε προύχων καὶ κατ' ἐμπειρίαν εἵπετο.

[22] ἐπέστελλεν P; ἐπιστείλας L Thack.
[23] πάλιν A; πᾶσαι MVRC Na; πάλαι L.
[24] αὐτὸς LR Na.
[25] ἄρχειν Hudson cj. (aufgrund von Lat) Na, Niese: *fortasse recte.*
[26] ἔτ' ἀδήλῳ Niese cj.

sich hineinzogen, um so wilder gebärdeten. Stets erfanden sie neue Mittel, sich gegenseitig zu vernichten, und da sie alles, was ihnen in den Sinn kam, rücksichtslos in die Tat umsetzten, ließen sie keine Art von Mißhandlung und Grausamkeit ungenutzt. Ja, Johannes mißbrauchte das für das Heiligtum bestimmte Holz zum Bau von Belagerungsmaschinen. Da nämlich das Volk und die Oberpriester früher einmal beschlossen hatten, das Tempelgebäude in seinen Fundamenten zu verstärken und es 20 Ellen höher aufzuführen, ließ der König Agrippa damals unter größten Aufwendungen und Anstrengungen dazu geeignetes Holz aus dem Libanon heranschaffen, und zwar Stämme, die wegen ihres geraden Wuchses und ihrer Länge sehenswert waren[13]. Als nun der Krieg dies Vorhaben unterbrochen hatte, ließ Johannes die Stämme zersägen und mit ihnen Belagerungstürme errichten; denn er fand, deren Länge sei gerade ausreichend, um die oben auf dem Tempel stehenden Angreifer abzuwehren. Er führte die Türme an die Rückseite der Tempelmauer heran und stellte sie gegenüber der nach Westen gelegenen Torhalle[14] auf. Dort war die dafür einzig mögliche Stelle, da an allen anderen Seiten die Mauer durch lange Reihen von Stufen abgetrennt war.

6. 39. So hoffte Johannes mit den frevelhaft erbauten Kriegsmaschinen seine Gegner überwältigen zu können; aber noch ehe er einen einzigen Mann auf die Türme gestellt hatte, verurteilte Gott all seine Arbeit zum Scheitern, indem er die Römer heranführte. Denn Titus marschierte eben jetzt, nachdem er einen Teil der Truppen an seinem Standort zusammengezogen und dem restlichen Heer den Auftrag gegeben hatte, bei Jerusalem zu ihm zu stoßen, von Caesarea ab. Er befehligte die drei Legionen, die vorher unter seinem Vater Judäa verwüstet hatten, ferner die noch früher unter Cestius geschlagene 12. Legion, die allgemein wegen ihrer Tapferkeit bekannt war, gerade damals aber in Erinnerung an die erlittene Schmach mit besonderer Begeisterung zum Vergeltungsschlag ins Feld zog. Von diesen Legionen gab er der fünften den Auftrag, auf der über Emmaus führenden Straße zu ihm zu stoßen, und ließ die zehnte durch Jericho nach Jerusalem hinaufziehen. Er selbst brach mit den restlichen Truppen auf, zu denen die beträchtlich vermehrten Hilfsvölker der Könige und viele der aus Syrien stammenden Söldner hinzukamen[15]. Die Lücken, die in den 4 Legionen durch das von Vespasian ausgewählte und mit Mucian nach Italien abgesandte Aufgebot entstanden waren, wurden durch die von Titus herangeführten Truppen aufgefüllt. Denn 2000 Mann waren von den in Alexandrien eingesetzten Streitkräften für ihn ausgesucht worden, und außerdem schlossen sich ihm noch 3000 von den am Euphrat stehenden Schutztruppen an. Unter den Freunden war derjenige mit dabei, der, sich, was Ergebenheit und Verstand anlangt, am besten bewährt hatte: Tiberius Alexander. Dieser hatte bis dahin in Ägypten die Geschäfte zugunsten des Kaiserhauses geregelt. Er wurde darum als würdig befunden, die Truppen des Titus zu befehligen, da er als erster die eben an die Macht gelangte Herrschaft willkommen geheißen und sich dieser mit entschiedener Treue angeschlossen hatte, obwohl er sich dabei in einer unsicheren Lage dem Glück anvertrauen mußte. So folgte er dem Titus, dem er an Alter und Erfahrung voraus war, als ein Berater in allen Angelegenheiten des Krieges.

II. 1. Προϊόντι δὲ εἰς τὴν πολεμίαν Τίτῳ προῆγον μὲν οἱ βασιλικοὶ καὶ πᾶν τὸ συμμαχικόν, ἐφ' οἷς ὁδοποιοὶ καὶ μετρηταὶ στρατοπέδων, ἔπειτα τὰ τῶν ἡγεμόνων σκευοφόρα καὶ μετὰ τοὺς τούτων ὁπλίτας αὐτὸς τούς τε ἄλλους ἐπιλέκτους καὶ τοὺς λογχοφόρους ἔχων, κατόπιν δ' αὐτῷ τοῦ τάγματος τὸ ἱππικόν· οὗτοι δὲ πρὸ τῶν μηχανημάτων, κἀπ' ἐκείνοις μετ' ἐπιλέκτων χιλίαρχοι καὶ σπειρῶν ἔπαρχοι, μετὰ δὲ τούτους περὶ τὸν αἰετὸν αἱ σημαῖαι, καὶ ἔμπροσθεν οἱ σαλπικταὶ τῶν σημαιῶν, ἐπὶ δὲ τούτοις ἡ φάλαγξ τὸ στῖφος εἰς ἓξ πλατύνασα. τὸ δ' οἰκετικὸν ἑκάστου τάγματος ὀπίσω καὶ πρὸ τούτων τὰ σκευοφόρα, τελευταῖοι δὲ πάντων οἱ μίσθιοι καὶ τούτων φύλακες οὐραγοί. προάγων δὲ τὴν δύναμιν ἐν κόσμῳ, καθὰ Ῥωμαίοις σύνηθες, ἐμβάλλει διὰ τῆς Σαμαρείτιδος εἰς Γόφνα κατειλημμένην τε πρότερον ὑπὸ τοῦ πατρὸς καὶ τότε φρουρουμένην· ἔνθα μίαν ἑσπέραν[27] αὐλισάμενος ὑπὸ τὴν ἕω πρόεισι, καὶ διανύσας ἡμέρας σταθμὸν στρατοπεδεύεται κατὰ τὸν ὑπὸ Ἰουδαίων πατρίως Ἀκανθῶν αὐλῶνα καλούμενον πρός τινι κώμῃ Γαβὰθ Σαοὺλ λεγομένῃ, σημαίνει δὲ τοῦτο λόφον Σαούλου, διέχων ἀπὸ τῶν Ἱεροσολύμων ὅσον ἀπὸ τριάκοντα σταδίων. ἀναλαβὼν δ' ἐντεῦθεν ὅσον εἰς ἑξακοσίους τῶν ἐπιλέκτων ἱππέων ᾔει τήν τε πόλιν περισκεψόμενος, ὅπως ὀχυρότητος ἔχοι, καὶ τὰ φρονήματα τῶν Ἰουδαίων, εἰ πρὸς τὴν ὄψιν αὐτοῦ πρὶν εἰς χεῖρας ἐλθεῖν ὑποδείσαντες ἐνδοῖεν· πέπυστο[28] γάρ, ὅπερ ἦν ἀληθές, τοῖς στασιώδεσι καὶ λῃστρικοῖς τὸν δῆμον ὑποπεπτηχότα ποθεῖν μὲν εἰρήνην, ἀσθενέστερον δὲ ὄντα τῆς ἐπαναστάσεως ἠρεμεῖν.

2. Ἕως μὲν οὖν ὄρθιον ἱππάζετο τὴν λεωφόρον κατατείνουσαν πρὸς τὸ τεῖχος οὐδεὶς προυφαίνετο τῶν πυλῶν[29], ἐπεὶ δ' ἐκ τῆς ὁδοῦ πρὸς τὸν Ψήφινον πύργον ἀποκλίνας πλάγιον ἦγε τὸ τῶν ἱππέων στῖφος, προπηδήσαντες ἐξαίφνης ἄπειροι κατὰ τοὺς Γυναικείους καλουμένους πύργους διὰ τῆς ἀντικρὺ τῶν Ἑλένης μνημείων πύλης διεκπαίουσι τῆς ἵππου, καὶ τοὺς μὲν ἔτι κατὰ τὴν ὁδὸν θέοντας ἀντιμέτωποι στάντες ἐκώλυσαν συνάψαι τοῖς ἐκκλίνασι, τὸν δὲ Τίτον ἀποτέμνονται σὺν ὀλίγοις. τῷ δὲ πρόσω μὲν ἦν χωρεῖν ἀδύνατον· ἐκτετάφρευτο γὰρ ἀπὸ τοῦ τείχους περὶ τὰς κηπείας ἅπαντα τοίχοις[30] τε ἐπικαρσίοις καὶ πολλοῖς ἔρκεσι διειλημμένα· τὴν δὲ πρὸς τοὺς σφετέρους ἀναδρομὴν πλήθει τῶν ἐν μέσῳ πολεμίων ἀμήχανον ἑώρα καὶ τραπέντας τοὺς ἀνὰ τὴν λεωφόρον, ὧν οἱ πολλοὶ

[27] ἡμέραν PAMVR.
[28] πέπιστο P; πέπειστο AMLVRC; *audierat* Lat; πέπυστο Hudson cj. nach cod. Lugd., so auch Niese Na Thack.
[29] MVRC lesen πύργων.
[30] MLVRC lesen κήποις.

2. Kapitel

1. 47. Als Titus in das feindliche Gebiet einzog, marschierten die königlichen Truppen und das ganze Heer der Verbündeten an der Spitze. Ihnen folgten die Pioniere für den Straßenbau und die Soldaten, die das Lager auszumessen hatten, dann die Träger des Gepäcks der Stabsoffiziere. Hinter den zu ihrem Schutz bestellten Schwerbewaffneten ritt der Feldherr selbst, der, abgesehen von sonstigen auserlesenen Soldaten, von den Lanzenträgern begleitet war; als Rückendeckung folgte ihm die Reiterei der Legion. Diese selbst zog den Kriegsmaschinen voran, denen die Tribunen und Führer der Kohorten mit auserlesenen Truppen folgten; nach diesen wurden, um den Adler geschart, die Feldzeichen getragen, vor denen die dazu gehörigen Trompeter gingen. Hinter ihnen marschierte die eigentliche Kampftruppe, deren Marschkolonne in Sechserreihe gegliedert war. Den nächsten Trupp bildeten die zu jeder Legion gehörenden Troßknechte, die die Lasttiere vor sich her trieben, und den Abschluß des ganzen Zuges die Söldner, wobei die letzten Rotten als sichernde Nachhut dienten[16]. Indem er das Heer nach römischem Brauch in guter Ordnung marschieren ließ, zog Titus durch Samarien rasch nach Gophna, das früher von seinem Vater erobert worden war und damals eine Besatzungstruppe erhalten hatte[17]. Nachdem er dort eine Nacht im Freien gelagert hatte, zog er bei Tagesanbruch weiter und schlug nach einem vollen Tagesmarsch im „Dornental", wie es von den Juden in der einheimischen Sprache genannt wird, das Lager auf; das war in der Nähe eines Dorfes mit dem Namen „Gibea Sauls", was „Hügel Sauls" meint, von Jerusalem etwa 30 Stadien entfernt[18]. Von dort aus ritt Titus in Begleitung von etwa 600 auserlesenen Reitern nach vorne, um die Art der Festungsanlage Jerusalems auszukundschaften und die Gesinnung der Juden zu erproben: er hoffte, diese könnten sich vielleicht aus Furcht ergeben, bevor es überhaupt zu Kampfhandlungen käme. Denn er hatte erfahren — was ja auch zutraf —, daß die Bevölkerung sich zwar unter den Aufständischen und Räubern ängstlich ducke, aber nach Frieden verlange und nur deshalb Ruhe halte, weil sie zur Empörung zu schwach sei.

2. 54. Solange nun Titus auf der Hauptstraße, die bis zur Mauer hinführt, geradeaus ritt, ließ sich keiner vor den Toren blicken. Sowie er aber von diesem Weg in Richtung auf den Psephinusturm abschwenkte und dabei die Reiterei seitwärts entfaltet der Mauer entlangführte, machten plötzlich zahllose Juden in der Gegend der sogenannten Frauentürme durch das den Grabdenkmälern der Helena gegenüberliegende Tor einen Ausfall[19]. Sie stießen durch die Reiterkette hindurch, stellten sich dem noch auf der Straße Dahersprengenden frontal entgegen und hinderten sie daran, zu der abgeschwenkten Gruppe aufzuschließen; so schnitten sie den Titus mit nur wenigen Begleitern ab. Vorwärts konnte er nicht mehr, da das ganze Gelände an der Mauer entlang zur Anlage von Gärten mit Gräben durchzogen und außerdem durch Quermauern und viele Zäune abgeteilt war. Den Anschluß an die eigene Truppe zu gewinnen war, wie er sah, einmal wegen der Menge der dazwischen stehenden Feinde unmöglich und zum anderen deshalb, weil seine Reiter auf der Hauptstraße zurückgewichen

μηδὲ γινώσκοντες τὸν τοῦ βασιλέως κίνδυνον, ἀλλ' οἰόμενοι συναναστρα-
59 φῆναι κἀκεῖνον ἀνέφευγον. ὁ δὲ κατιδὼν ὡς ἐν μόνῃ τῇ καθ' αὑτὸν ἀλκῇ
κεῖται τὸ σώζεσθαι τόν τε ἵππον ἐπιστρέφει καὶ τοῖς περὶ αὐτὸν ἐμβοήσας
ἕπεσθαι μέσοις ἐμπηδᾷ τοῖς πολεμίοις διεκπαῖσαι πρὸς τοὺς σφετέρους
60 βιαζόμενος. ἔνθα δὴ μάλιστα παρέστη³¹ νοεῖν, ὅτι καὶ πολέμων ῥοπαὶ καὶ
61 βασιλέων κίνδυνοι μέλονται θεῷ· τοσούτων γὰρ ἐπὶ τὸν Τίτον ἀφιεμένων
βελῶν μήτε κράνος ἔχοντα μήτε θώρακα, προῆλθε γὰρ ὡς ἔφην οὐ πολε-
μιστὴς ἀλλὰ κατάσκοπος, οὐδὲν ἥψατο τοῦ σώματος, κενὰ δ' ὥσπερ
62 ἐπίτηδες ἀστοχούντων³² παρερροιζεῖτο πάντα. ὁ³³ δὲ ξίφει τοὺς κατὰ πλευ-
ρὸν ἀεὶ διαστέλλων καὶ πολλοὺς τῶν ἀντιπροσώπων ἀνατρέπων ἤλαυνεν
63 ὑπὲρ τοὺς ἐρειπομένους τὸν ἵππον. τῶν δὲ κραυγή τε ἦν πρὸς τὸ παράστημα τοῦ Καίσαρος καὶ παρακέλευσις ὁρμᾶν ἐπ' αὐτόν, φυγὴ δὲ καὶ
64 χωρισμὸς³⁴ ἄθρους καθ' οὓς ἐπελαύνων γένοιτο. συνῆπτον δὲ οἱ τοῦ κινδύνου μετέχοντες κατὰ νῶτα καὶ κατὰ πλευρὰν νυσσόμενοι· μία γὰρ
ἐλπὶς ἦν σωτηρίας ἑκάστῳ τὸ συνεξανύτειν³⁵ τῷ Τίτῳ καὶ μὴ φθάσαντα³⁶
65 κυκλωθῆναι. δύο γοῦν τῶν ἀπωτέρω³⁷ τὸν μὲν σὺν τῷ ἵππῳ περισχόντες
κατηκόντισαν, θάτερον δὲ καταπηδήσαντα διαφθείραντες τὸν ἵππον ἀπή-
66 γαγον, μετὰ δὲ τῶν λοιπῶν Τίτος ἐπὶ τὸ στρατόπεδον διασώζεται. τοῖς
μὲν οὖν Ἰουδαίοις πλεονεκτήσασι κατὰ τὴν πρώτην ἐπίθεσιν ἐπήγειρε
τὰς διανοίας ἄσκεπτος³⁸ ἐλπίς, καὶ πολὺ θάρσος αὐτοῖς εἰς τὸ μέλλον ἡ
πρόσκαιρος ῥοπὴ προυξένει.
67 3. Καῖσαρ δ' ὡς αὐτῷ συνέμιξε διὰ νυκτὸς τὸ ἀπὸ τῆς Ἀμμαοῦς
τάγμα, μεθ' ἡμέραν ἐκεῖθεν ἄρας ἐπὶ τὸν Σκοπὸν καλούμενον πρόεισιν³⁹
ἔνθεν ἥ τε πόλις ἤδη κατεφαίνετο καὶ τὸ τοῦ ναοῦ μέγεθος ἐκλάμπον⁴⁰,
καθὰ τῷ βορείῳ κλίματι τῆς πόλεως χθαμαλὸς συνάπτων ὁ χῶρος ἐτύμως
68 Σκοπὸς ὠνόμασται. τῆς δὲ πόλεως σταδίους ἑπτὰ διέχων ἐκέλευσε περιβαλέσθαι στρατόπεδον τοῖς δύο τάγμασιν ὁμοῦ, τὸ δὲ πέμπτον τούτων
ὀπίσω τρισὶ σταδίοις· κόπῳ γὰρ τῆς διὰ νυκτὸς πορείας τετριμμένους⁴¹ ἐδόκει
69 σκέπης ἀξίους εἶναι, ὡς ἂν ἀδεέστερον τειχίσαιντο. καταρχομένων δ' ἄρτι
τῆς δομήσεως καὶ τὸ δέκατον τάγμα διὰ Ἱεριχοῦντος ἤδη παρῆν, ἔνθα
καθῆστό τις ὁπλιτικὴ μοῖρα φρουροῦσα τὴν ἐμβολὴν ὑπὸ Οὐεσπασιανοῦ
70 προκατειλημμένην. προσετέτακτο δ' αὐτοῖς ἓξ ἀπέχοντας τῶν Ἱεροσολύμων σταδίους στρατοπεδεύσασθαι κατὰ τὸ Ἐλαιῶν καλούμενον ὄρος,
ὃ τῇ πόλει πρὸς ἀνατολὴν ἀντίκειται μέσῃ φάραγγι βαθείᾳ διειργόμενον,
ἣ Κεδρὼν ὠνόμασται.

---

³¹ πάρεστί μοι PA; παρέστι L; παρέστη μοι MVRC Na; παρέστη nach *potuit* Lat, Niese Thack. ³² PAM lesen ἀστοχοῦντα. ³³ τῷ AMLVRC.
³⁴ διαχωρισμὸς LVRC Na.
³⁵ PAMVRC Na lesen συνεξανοίγειν („eine freie Bahn bekommen").
³⁶ L hat φθάντα, M φθάσαι, C φθάσαντι.
³⁷ ἀποτέρων PA (R?); ἀποτέρω M; ἀπωτέρων V; ἀτονωτέρων L Lat.
³⁸ ἄσχετος cod. Lugd. Na.
³⁹ πρόσεισιν codd. Lat; πρόεισιν Bekker cj. Niese Na Thack.
⁴⁰ ἐκλάμπων P; ἔκλαμπρον VRC Na. ⁴¹ τετρυμένους Niese cj. Na.

waren; die meisten von ihnen bemerkten die dem Kronprinzen drohende Gefahr überhaupt nicht, sondern glaubten, er sei ebenfalls umgekehrt, und machten sich deshalb aus dem Staube. Als Titus nun sah, daß seine Rettung mit seiner persönlichen Tatkraft stehe und falle, riß er sein Pferd herum, rief seinen Begleitern zu, sie sollten ihm folgen, sprengte geradeswegs auf die Feinde los und strebte mit aller Macht danach, sich zu den Seinigen einen Weg zu bahnen. Angesichts dieses Vorfalls drängt sich besonders stark der Gedanke auf, Gott kümmere sich auch um die entscheidenden Augenblicke der Kriege und die Gefahren der Könige. Denn obwohl so viele Geschosse auf Titus abgesandt wurden, der weder Helm noch Panzer trug — er war ja, wie gesagt, nicht als Kämpfer, sondern als Beobachter nach vorn geritten —, streifte doch kein einziges seinen Leib. Vielmehr schwirrten alle wirkungslos vorbei, als ob die Schützen absichtlich ihr Ziel hätten verfehlen wollen. Er aber hielt sich mit dem Schwert stets alle auf der Seite Angreifenden vom Leibe, ritt viele, die ihm von vorn in den Weg traten, nieder und setzte mit seinem Pferd über die zu Boden Stürzenden hinweg. Das tapfere Auftreten des Caesar[20] löste zwar bei den Juden Wutgeschrei aus und anfeuernde Rufe, auf ihn loszugehen, aber wohin er sein Pferd wandte, dort wich man haufenweise zurück und floh. Die der gleichen Gefahr ausgesetzten Begleiter schlossen sich dicht an ihn an, obwohl sie im Rücken und von der Seite mit Geschossen überschüttet wurden; denn die Hoffnung auf Rettung bestand für jeden einzig darin, mit Titus ans Ziel zu kommen, ehe man selbst völlig eingeschlossen sei. In der Tat wurde von zwei weiter weg befindlichen Reitern der eine mit samt seinem Pferd umzingelt und von Speeren durchbohrt; den anderen aber, der abgesessen war, brachten die Juden um und führten sein Pferd als Beute fort. Mit den restlichen Reitern rettete sich Titus zum Lager zurück. Die Juden aber, die im ersten Treffen die Oberhand behielten, wurden deshalb von einer unbegründeten Hoffnung angespornt, und ihr Augenblickserfolg gewährte ihnen viel Zuversicht für die Zukunft.

3. 67. Als nun in der Nacht die von Emmaus kommende Legion zu ihm stieß, brach der Caesar am folgenden Tage von seinem Lager auf und rückte zu dem sogenannten „Skopus" vor, von wo man schon die Stadt und den Tempel in seiner herrlichen Pracht zu Gesicht bekommt. Deshalb führt diese an den Nordteil der Stadt angrenzende Hochebene zu Recht den Namen „Skopus"[21]. Sieben Stadien von der Stadt entfernt ließ Titus für seine zwei Legionen einen gemeinsamen Lagerwall aufwerfen, für die fünfte aber drei Stadien dahinter. Denn er glaubte, daß die Soldaten, die von dem anstrengenden Nachtmarsch erschöpft waren, eine Deckung verdienten, damit sie um so sicherer schanzen könnten. Kaum hatten sie mit dem Lagerbau begonnen, als auch schon die 10. Legion von Jericho her eintraf, wo sich eine Abteilung von Schwerbewaffneten zum Schutz des früher von Vespasian eroberten Eingangstores in das Gebirge befand[22]. Diese Truppen hatten den Auftrag erhalten, sechs Stadien von Jerusalem entfernt auf dem sogenannten Ölberg ihr Lager aufzuschlagen, der im Osten der Stadt gegenüber liegt und von ihr durch eine genau in der Mitte verlaufende tiefe Schlucht mit dem Namen Kidron getrennt ist.

71 4. Τῶν δ' ἀνὰ τὸ ἄστυ συρρηγνυμένων ἀδιαλείπτως τότε πρῶτον ἀνέπαυσεν τὴν ἐπ' ἀλλήλοις ἔριν ὁ ἔξωθεν πόλεμος ἐξαίφνης πολὺς ἐπελθών·
72 καὶ μετ' ἐκπλήξεως οἱ στασιασταὶ τοὺς Ῥωμαίους ἀφορῶντες στρατοπεδευομένους τριχῇ κακῆς ὁμονοίας κατήρχοντο καὶ λόγον ἀλλήλοις
73 ἐδίδοσαν, τί μένοιεν ἢ τί παθόντες ἀνέχοιντο τρία ταῖς ἀναπνοαῖς αὐτῶν ἐπιφρασσόμενα τείχη, καὶ τοῦ πολέμου[42] μετ' ἀδείας ἀντιπολίζοντος[43] ἑαυτόν, οἱ δ' ὥσπερ θεαταὶ καλῶν καὶ συμφόρων ἔργων καθέζοιντο
74 τειχήρεις τὼ χεῖρε καὶ τὰς πανοπλίας παρέντες; „καθ' αὑτῶν ἄρα γενναῖοι μόνον ἡμεῖς, ἐξεβόησαν, Ῥωμαῖοι δὲ ἐκ τῆς ἡμετέρας στάσεως
75 κερδήσουσιν ἀναιμωτὶ τὴν πόλιν." τούτοις ἀθροίζοντες ἀλλήλους παρεκρότουν, καὶ τὰς πανοπλίας ἁρπάσαντες αἰφνιδίως ἐπεκθέουσι τῷ δεκάτῳ τάγματι καὶ διὰ τῆς φάραγγος ἄξαντες μετὰ κραυγῆς ἐξαισίου τειχιζο-
76 μένοις προσπίπτουσι τοῖς πολεμίοις. οἱ δὲ πρὸς τὸ ἔργον διῃρημένοι καὶ διὰ τοῦτο τὰ πολλὰ τεθεικότες τῶν ὅπλων, οὔτε γὰρ θαρρήσειν[44] τοὺς Ἰουδαίους πρὸς ἐκδρομὴν ὑπελάμβανον καὶ προθυμουμένων περισπασ-
77 θήσεσθαι τὰς ὁρμὰς τῇ στάσει, συνεταράχθησαν ἀδοκήτως, καὶ τῶν ἔργων ἀφέμενοι τινὲς μὲν ἀνεχώρουν εὐθέως, πολλοὶ δ' ἐπὶ τὰ ὅπλα θέοντες
78 πρὶν ἐπιστραφῆναι πρὸς τοὺς ἐχθροὺς ἐφθάνοντο[45] παιόμενοι. προσεγίνοντο δὲ τοῖς Ἰουδαίοις ἀεὶ πλείους ἐπὶ τῷ κρατεῖν τοὺς πρώτους τεθαρρηκότες, καὶ τῶν ὄντων πολλαπλασίους ἐδόκουν σφίσι τε καὶ τοῖς πολεμίοις δεξιᾷ
79 χρώμενοι τῇ τύχῃ. μάλιστα δὲ τοὺς ἐν ἔθει συντάξεως ὄντας καὶ μετὰ κόσμου καὶ παραγγελμάτων πολεμεῖν εἰδότας ἀταξία φθάσασα θορυβεῖ.
80 διὸ καὶ τότε προληφθέντες οἱ Ῥωμαῖοι ταῖς ἐμβολαῖς εἶκον. καὶ ὁπότε[46] μὲν ἐπιστραφεῖεν οἱ καταλαμβανόμενοι, τοῦ τε δρόμου τοὺς Ἰουδαίους ἐπεῖχον καὶ διὰ τὴν ὁρμὴν ἧττον φυλαττομένους ἐτίτρωσκον, ἀεὶ δὲ πληθυούσης τῆς ἐκδρομῆς μᾶλλον ταραττόμενοι τελευταῖον[47] ἀπὸ τοῦ στρατο-
81 πέδου τρέπονται. καὶ δοκεῖ[48] τότε ἂν κινδυνεῦσαι τὸ τάγμα πᾶν, εἰ μὴ Τίτος ἀγγελθὲν αὐτῷ τάχος ἐπεβοήθησε, καὶ πολλὰ ὀνειδίσας εἰς ἀναν-
82 δρίαν ἐπιστρέφει μὲν τοὺς φεύγοντας, αὐτὸς δὲ πλαγίοις τοῖς Ἰουδαίοις προσπεσὼν μεθ' ὧν ἧκεν ἐπιλέκτων συχνοὺς μὲν ἀναιρεῖ, τιτρώσκει δὲ
83 πλείους, τρέπεται δὲ πάντας καὶ συνωθεῖ κατὰ τῆς φάραγγος. οἱ δ' ἐν τῷ κατάντει πολλὰ κακωθέντες ὡς διεξέπεσον, ἄντικρυς ἐπιστρέφονται
84 καὶ μέσην ἔχοντες τὴν χαράδραν τοῖς Ῥωμαίοις διεμάχοντο. μέχρι μὲν δὴ μέσης ἡμέρας οὕτως ἐπολέμουν, ὀλίγον δ' ἀπὸ μεσημβρίας ἐκκλίνον-

[42] πολεμίου M Thack.
[43] L liest ἀντιπολεμίζοντος.
[44] θαρσεῖν PAMVRC; θαρρήσειν L Lat Niese Na Thack.
[45] PAMVR lesen ἐφονεύοντο.
[46] Lat hat *si quando tamen*, ὁπότε μέντοι Destinon cj.
[47] τελευταῖον fehlt bei VR.
[48] LLat lesen ἐδόκει.

4. 71. Dem gegenseitigen Streit der innerhalb der Stadt unaufhörlich auf einander losstürmenden Parteien setzte jetzt zum erstenmal der von außen her so plötzlich und mächtig anbrandende Krieg ein Ende. Mit Bestürzung sahen die Aufständischen, wie die Römer an drei Stellen ein Lager aufschlugen, schlossen feierlich eine unrühmliche Übereinkunft miteinander ab und stellten dabei gemeinsam folgende Überlegungen an: „Worauf warten wir eigentlich noch, und was ist geschehen, daß wir es ruhig ertragen, wenn drei Mauern aufgeführt werden, die uns den Atem abschnüren sollen, und der Krieg ganz unbehelligt eine Gegenfestung bauen läßt?[23] Und wir selbst sitzen wie Zuschauer bei guten und nützlichen Arbeiten, beide Hände im Schoß und die Rüstung unbenutzt, im Schutz unserer Festung! Nur im Bruderkrieg also schlagen wir uns wacker", riefen sie aus, „die Römer aber gewinnen wegen unserer Zwietracht ohne blutige Verluste die Stadt!" Mit solchen Worten riefen sie ihre Männer zusammen und machten sich gegenseitig Mut. Rasch griffen sie zu ihren Waffen, stürmten in einem plötzlichen Ausfall in Richtung auf die 10. Legion, eilten durch die Schlucht und stürzten sich mit wildem Geschrei auf die beim Schanzen beschäftigten Feinde. Diese waren zur besseren Durchführung der Arbeit gruppenweise verteilt und hatten außerdem ihre Waffen großenteils abgelegt. Sie argwöhnten nämlich keineswegs, daß die Juden einen Ausfall wagen könnten, und selbst wenn sie den Mut dazu aufbringen sollten, so meinten sie, hätte der innere Zwist ihre ganze Stoßkraft schon verbraucht. So wurden sie in ihrer Ahnungslosigkeit durch den Angriff völlig verwirrt: sie ließen die Arbeit im Stich, einige wichen rasch zurück, viele dagegen eilten zu den Waffen, wurden jedoch, noch ehe sie sich dem Feind entgegenstellen konnten, eingeholt und niedergeschlagen. Vom Erfolg der ersten Angriffswelle kühn geworden, stießen immer neue Kräfte zu den Juden, und da das Glück auf ihrer Seite stand, wähnten sie selbst wie auch ihre Gegner, sie seien weit stärker an Zahl, als sie es tatsächlich waren[24]. Vor allem aber geraten ja Soldaten, die an eine geschlossene Schlachtreihe gewöhnt sind und in guter Ordnung sowie nach Kommando zu kämpfen gelernt haben, in Verwirrung, wenn plötzlich Unordnung entsteht. So ist es verständlich, daß die überraschten Römer auch damals den wiederholten Angriffen wichen. Freilich, wo immer sie eingeholt wurden, machten sie kehrt, fingen den Ansturm der Juden auf und verwundeten die in ihrem Angriffseifer allzu wenig auf Schutz bedachten Gegner; als sich aber stets stärkere Kräfte am Ausfall beteiligten, wurde die Verwirrung unter den Legionären vermehrt, und schließlich wurden sie ganz vom Lager abgedrängt. In diesem Augenblick, so scheint es, wäre die ganze Legion dem Untergang anheimgefallen, wenn nicht Titus, dem man ihre Lage gemeldet hatte, rasch zu Hilfe geeilt wäre. Nachdem er ihre Feigheit kräftig geschmäht hatte, ließ er die Flüchtenden kehrt machen, während er selbst mit den herangeführten auserlesenen Truppen den Juden in die Flanke fiel, viele erschlug und noch mehr verwundete, dadurch alle zum Weichen brachte und sie in die Schlucht hinabstieß. Diese hatten zwar an dem steilen Abhang schwere Verluste, schlugen sich aber auf die andere Seite durch, machten Front zum Gegner und setzten, durch die Schlucht getrennt, den Kampf mit den Römern fort. Auf diese Weise wurde bis zum Mittag gekämpft; dann aber, als die Mittagsstunde schon ein wenig überschrit-

τος ἤδη, Τίτος τοὺς μεθ' αὐτοῦ προσβοηθήσαντας καὶ τοὺς ἀπὸ τῶν σπειρῶν τοῖς ἐκτρέχουσιν ἀντιπαρατάξας τὸ λοιπὸν τάγμα πρὸς τὸν τειχισμὸν ἀνέπεμπεν εἰς τὴν ἀκρώρειαν.

85 5. Ἰουδαίοις δὲ τοῦτ' ἐδόκει φυγή, καὶ τοῦ σκοποῦ κατασείσαντος θοιμάτιον, ὃς αὐτοῖς ἐπὶ τοῦ τείχους καθῆστο, προπηδῶσι πλῆθος ἀκραιφνέστερον⁴⁹ μετὰ τοσαύτης ὁρμῆς, ὡς τὸν δρόμον αὐτῶν τοῖς ἀγριωτάτοις
86 εἰκάζειν θηρίοις. ἀμέλει τῶν ἀντιπαραταχθέντων οὐδεὶς ἔμεινεν τὴν συμβολήν⁵⁰ ἀλλ' ὥσπερ ἐξ ὀργάνου παιόμενοι διέρρηξαν τὴν τάξιν καὶ πρὸς
87 τὸ ὄρος τραπέντες ἀνέφευγον. λείπεται δ' ἐν μέσῳ τῷ προσάντει Τίτος μετ' ὀλίγων, καὶ πολλὰ τῶν φίλων παραινούντων, ὅσοι δι' αἰδῶ τὴν πρὸς
88 τὸν ἡγεμόνα τοῦ κινδύνου καταφρονήσαντες ἔστησαν, εἶξαι θανατῶσιν Ἰουδαίοις καὶ μὴ προκινδυνεύειν τούτων, οὓς ἐχρῆν πρὸ αὐτοῦ μένειν, λαμβάνειν δὲ ἔννοιαν τῆς καθ' αὐτὸν τύχης καὶ μὴ στρατιώτου τάξιν ἀποπληροῦν ὄντα⁵¹ καὶ τοῦ πολέμου καὶ τῆς οἰκουμένης δεσπότην, μηδ'
89 ὀξεῖαν οὕτως ὑφίστασθαι ῥοπὴν ἐν ᾧ σαλεύει τὰ πάντα, τούτων οὐδ' ἀκούειν ἔδοξε, τοῖς δὲ καθ' αὑτὸν ἀνατρέχουσιν ἀνθίσταται καὶ κατὰ στόμα παίων βιαζομένους ἀνήρει κατά τε τοῦ πρανοῦς ἀθρόοις ἐμπίπτων
90 ἀνεώθει τὸ πλῆθος. οἱ δὲ πρός τε τὸ παράστημα καὶ τὴν ἰσχὺν καταπλαγέντες οὐδ' οὕτως μὲν ἀνέφευγον εἰς τὴν πόλιν, καθ' ἕτερον⁵² δ' ἐκκλίνοντες ἀπ' αὐτοῦ τοῖς ἀνωτέρω φεύγουσι προσέκειντο. καὶ τούτοις δὲ
91 κατὰ πλευρὰν προσβάλλων τὰς ὁρμὰς ὑπετέμνετο. κἂν τούτῳ καὶ τοῖς ἄνω τειχίζουσι τὸ στρατόπεδον, ὡς ἐθεάσαντο τοὺς κάτω φεύγοντας, πάλιν
92 ἐμπίπτει ταραχὴ καὶ δέος, καὶ διασκίδναται πᾶν τὸ τάγμα, δοκούντων ἀνυπόστατον μὲν εἶναι τὴν τῶν Ἰουδαίων ἐκδρομήν, τετράφθαι δ' αὐτὸν
93 Τίτον· οὐ γὰρ ἄν ποτε τοὺς ἄλλους φεύγειν⁵³ ἐκείνου μένοντος. καὶ καθάπερ πανικῷ δείματι κυκλωθέντες ἄλλος ἀλλαχῇ διεφέροντο, μέχρι τινὲς κατιδόντες ἐν μέσῳ τοῦ πολέμου τὸν ἡγεμόνα στρεφόμενον καὶ μέγα
94 δείσαντες ἀμφ' αὐτῷ διαβοῶσι τὸν κίνδυνον ὅλῳ τῷ τάγματι. τοὺς δ' αἰδὼς ἐπέστρεφε, καὶ πλεῖόν τι φυγῆς κακίζοντες ἀλλήλους ἐπὶ τῷ καταλιπεῖν Καίσαρα πάσῃ βίᾳ κατὰ τῶν Ἰουδαίων ἐχρῶντο καὶ κλίναντες
95 ἅπαξ ἀπὸ κατάντους συνώθουν αὐτοὺς εἰς τὸ κοῖλον. οἱ δ' ὑπὸ πόδα χωροῦντες ἐμάχοντο, καὶ πλεονεκτοῦντες οἱ Ῥωμαῖοι τῷ καθύπερθεν
96 εἶναι συνελαύνουσι πάντας εἰς τὴν φάραγγα. προσέκειτο δὲ τοῖς καθ' αὑτὸν ὁ Τίτος καὶ τὸ μὲν τάγμα πάλιν ἐπὶ τὴν τειχοποιΐαν
97 αὐτὸς δὲ σὺν οἷς πρότερον ἀντιστὰς εἶργε τοὺς πολεμίους· ὥστ', εἰ χρὴ

⁴⁹ ἀκραιφνέστατον L Na; *frequentissima* Lat.
⁵⁰ ἐμβολήν LC Na.
⁵¹ VRC lesen ἀποπληροῦντα.
⁵² ἑκάτερον LVRC Lat Na Thack.
⁵³ φυγεῖν VRC Na.

ten war, stellte Titus die mit ihm gekommenen, von den Kohorten abgezweigten Entlastungstruppen als Sicherung gegen weitere Ausfälle auf und sandte den Rest der Legion zur Befestigung des Lagers auf den Bergrücken zurück.
5. 85. Die Juden freilich sahen darin eine Flucht, und als der Beobachtungsposten, den sie auf die Mauer gestellt hatten, seinen Mantel als Signal hin und her schwenkte, brach ein noch frischer Haufe mit solchem Ungestüm hervor, daß sein Anlauf dem besonders wilder Bestien glich. Tatsächlich wartete keiner von der kampfbereit aufgestellten Deckung diesen Angriff ab, vielmehr brachen sie, wie von einer Wurfmaschine getroffen, aus ihrer Kampflinie aus, machten kehrt und flohen den Berg hinauf. Titus jedoch hielt mit wenigen Begleitern mitten auf dem Berghang aus. Die Freunde, die aus Achtung vor der Person des Oberbefehlshabers, die Gefahr mißachtend, stehen geblieben waren, drangen mit vielen Worten in ihn, er möge sich vor den Juden, die den Tod geradezu suchten, zurückziehen und sein Leben nicht für solche in die Schanze schlagen, die zu seinem Schutze hätten stehen bleiben müssen. Er möge doch bedenken, was er bisher schon dem Kriegsglück verdanke, und nicht den Platz eines gemeinen Soldaten ausfüllen wollen, da er doch Führer dieses Feldzugs und Herr der ganzen Welt sei; deshalb dürfe er sich keiner so zugespitzten Lage aussetzen, da mit seiner Person alles stehe und falle. Diese Warnungen schien Titus nicht einmal zu hören, vielmehr trat er den Juden, die gegen ihn den Berg heraufstürmten, entgegen, schlug im Kampf Mann gegen Mann die Herandrängenden nieder, griff dann die dicht gedrängte Hauptmasse an und stieß sie wieder den Abhang hinunter. Die Juden waren zwar von seiner Tapferkeit und kraftvollen Abwehr betroffen, flohen aber selbst jetzt nicht in die Stadt zurück, sondern bogen an Titus vorbei nach rechts und links aus und blieben den weiter nach oben Flüchtenden auf den Fersen. Daraufhin warf er sich in ihre Flanke und versuchte so, die Angriffe zu unterbinden. Inzwischen wurden auch die Legionäre, die oben das Lager befestigten, beim Anblick der weiter unten in voller Flucht befindlichen Sicherungstruppen wieder von Verwirrung und Furcht befallen. Die ganze Legion zerstreute sich, denn man glaubte, der Ausfall der Juden sei unwiderstehlich und Titus selbst habe sich in Sicherheit gebracht, da ja, so lange er seine Stellung hielte, die anderen niemals fliehen würden. Wie Menschen, die ringsum von panischem Schrecken erfaßt sind[25], stürzten sie überall hin auseinander, bis einige von ihnen den mitten in das Kampfgetümmel eingekeilten Feldherrn erblickten und in großer Furcht um seine Person dessen Gefahr mit lautem Ruf der ganzen Legion bekannt machten. Diese brachte die Scham zur Vernunft: Sie beschimpften einander, weil man den Caesar in Stich gelassen habe, was noch schlimmer sei als die Flucht; sie setzten ihre ganze Kraft gegen die Juden ein, und nachdem es ihnen ein erstes Mal gelungen war, sie hangabwärts zu drängen, konnten sie alle in die Niederung hinabstoßen. Die Juden wichen kämpfend Schritt für Schritt zurück; die Römer aber, die den Vorzug der höheren Stellung hatten, trieben alle in die Schlucht. Titus setzte indessen seinen persönlichen Angreifern hart zu; er ließ dann die Legion wieder zum Lagerbau abrücken, während er selbst mit den gleichen Kräften wie vorher die Sicherung übernahm und die Feinde in Schach hielt. Wenn man, ohne aus Schmeichelei etwas hinzuzufügen oder aus

μήτε θεραπεία τι προστιθέντα μήθ' ὑφελόντα φθόνῳ τἀληθὲς εἰπεῖν, αὐτὸς Καῖσαρ δὶς μὲν ἐρρύσατο κινδυνεῦσαν ὅλον τὸ τάγμα καὶ τοῦ περιβαλέσθαι τὸ στρατόπεδον αὐτοῖς ἄδειαν παρέσχε.

98 III. 1. Λωφήσαντος δὲ πρὸς βραχὺ τοῦ θύραζε πολέμου πάλιν τὸν
99 ἔνδον ἡ στάσις ἐπήγειρεν⁵⁴. καὶ τῆς τῶν ἀζύμων ἐνστάσης ἡμέρας τεσσαρεσκαιδεκάτῃ Ξανθικοῦ μηνός, ἐν ᾗ δοκοῦσιν Ἰουδαῖοι τὸν πρῶτον ἀπαλλαγῆναι καιρὸν Αἰγυπτίων, οἱ μὲν περὶ τὸν Ἐλεάζαρον παρανοίγοντες τὰς πύλας ἐδέχοντο ἐκ τοῦ δήμου τοὺς προσκυνεῖν ἐθέλοντας εἴσω,
100 Ἰωάννης δὲ προκάλυμμα τῆς ἐπιβουλῆς ποιησάμενος τὴν ἑορτὴν τῶν σὺν αὐτῷ κρυπτοῖς ὅπλοις ἐνσκευάσας⁵⁵ τοὺς ἀσημοτέρους, ὧν οἱ πλείους ἦσαν ἄναγνοι, διὰ σπουδῆς παρεισπέμπει προκαταληψομένους τὸ ἱερόν. οἱ δ' ὡς ἔνδον ἐγένοντο, τὰς ἐσθῆτας ἀπορρίψαντες ἐφάνησαν ἐξαπίνης ὁπλῖται.
101 ταραχὴ δὲ μεγίστη περὶ τὸν ναὸν αὐτίκα καὶ θόρυβος ἦν, τοῦ μὲν ἔξω τῆς στάσεως λαοῦ κατὰ πάντων ἄκριτον οἰομένων εἶναι τὴν ἐπίθεσιν,
102 τῶν δὲ ζηλωτῶν ἐπὶ σφίσι μόνοις. ἀλλ' οἱ μὲν ἀφέμενοι τὸ φρουρεῖν ἔτι τὰς πύλας καὶ τῶν ἐπάλξεων καταπηδήσαντες πρὶν εἰς χεῖρας ἐλθεῖν εἰς τοὺς ὑπονόμους τοῦ ἱεροῦ κατέφυγον· οἱ δ' ἀπὸ τοῦ δήμου πρὸς τῷ βωμῷ καταπτήσσοντες καὶ περὶ τὸν ναὸν συνειλούμενοι κατεπατοῦντο ξύλοις τε
103 ἀνέδην παιόμενοι καὶ σιδήρῳ. πολλοὺς δὲ τῶν ἡσυχίων κατ' ἔχθραν καὶ μῖσος ἴδιον ὡς ἀντιστασιαστὰς ἀνῄρουν οἱ διάφοροι, καὶ πᾶς ὁ προσκρούσας τῳ⁵⁶ τῶν ἐπιβούλων πάλαι τηνικαῦτα ἐπιγνωσθεὶς ὡς⁵⁷ ζηλωτὴς πρὸς
104 αἰκίαν ἀνήγετο⁵⁸. πολλὰ δὲ δεινὰ τοὺς ἀναιτίους διαθέντες ἐκεχειρίαν τοῖς αἰτίοις ἔδοσαν, καὶ προελθόντας ἐκ τῶν ὑπονόμων διίεσαν. αὐτοὶ δὲ καὶ τὸ ἐνδότερον ἱερὸν κατασχόντες καὶ τὰς ἐν αὐτῷ παρασκευὰς πάσας κατε-
105 θάρρουν ἤδη τοῦ Σίμωνος. ἡ μὲν οὖν στάσις οὕτω τριμερὴς οὖσα πρότερον εἰς δύο μοίρας περιίσταται.
106 2. Ὁ δὲ Τίτος ἔγγιον ἀπὸ τοῦ Σκοποῦ τῇ πόλει παραστρατοπεδεύσασθαι προαιρούμενος πρὸς μὲν τοὺς ἐκτρέχοντας ἔστησεν ἐπιλέξας ἱππέων τε καὶ πεζῶν ὅσους ἀρκέσειν ὑπελάμβανεν, τῇ δ' ὅλῃ δυνάμει προσέταξεν
107 ἐξομαλίζειν τὸ μέχρι τοῦ τείχους διάστημα. καταβληθέντος δὲ παντὸς ἕρκους καὶ περιφράγματος, ὅσα κήπων προανεστήσαντο καὶ δένδρων⁵⁹ οἱ οἰκήτορες, ὕλης τε ἡμέρου τῆς μεταξὺ πάσης ἐκκοπείσης ἀνεπλήσθη μὲν

---

⁵⁴ PAMVRC Na lesen πάλιν ἔνδον ἡ στάσις ἐπηγείρετο.
⁵⁵ συσκευάσας PAMVRC.
⁵⁶ τῷ PAL; fehlt bei M; τινὶ VRC Na; τῳ Destinon cj. Niese Thack.
⁵⁷ In PALVR fehlt ὡς.
⁵⁸ PAM lesen ἐνήγετο, VRC ἀνελέγετο; Lat hat ducebatur, aufgrund dessen Niese ἤγετο für wahrscheinlich hält.
⁵⁹ δενδρώνων (Dickicht) Destinon cj.

Neid etwas abzuziehen, einfach die Wahrheit sagen soll, so hat der Caesar zweimal die ganze Legion aus höchster Gefahr gerettet und es ihr ermöglicht, ungestört ihr Lager aufzuschlagen[26].

3. Kapitel

1. 98. Als für kurze Zeit der Kampf vor den Toren nachließ, brach der Zwist im Inneren erneut aus. Es kam nämlich der Tag der ungesäuerten Brote, der 14. Tag des Monats Xanthikos, heran, an welchem nach jüdischem Glauben der Anfang der Befreiung von den Ägyptern geschah. Deshalb öffneten die Anhänger des Eleazar unter Vorsichtsmaßnahmen die Tore und ließen die Volksgenossen, die am Gottesdienst teilnehmen wollten, in den inneren Tempelbezirk ein[27]. Johannes mißbrauchte das Fest dazu, einen von ihm geplanten Anschlag heimlich durchzuführen: Er versah die weniger bekannten unter seinen Parteigängern mit versteckt gehaltenen Waffen und schmuggelte sie, obschon die Mehrzahl unrein war, mit großer Sorgfalt unter den anderen Besuchern hinein, damit sie den Tempel unter ihre Kontrolle brächten. Als sie sich drinnen befanden, warfen sie ihre Obergewänder ab und standen plötzlich als schwerbewaffnete Männer da. Sofort entstand beim Tempelgebäude der denkbar größte Tumult und Lärm: Das am Aufstand unbeteiligte Volk glaubte, der Angriff sei ohne Unterschied gegen alle gerichtet, die Zeloten dagegen merkten, daß er ihnen allein galt. Die letzteren gaben es auf, noch länger an den Toren Wache zu halten, sprangen von den Mauerzinnen herunter und flüchteten, ehe es zu einem Handgemenge kam, in die unterirdischen Gänge des Tempelgeländes[28]. Die Festbesucher aus dem Volk, die sich am Altar niedergeduckt hatten und um das Tempelgebäude herum zusammengedrängt standen, wurden niedergetreten und ohne Hemmung mit Keulen und Schwertern bearbeitet. Viele friedliebende Bürger wurden von ihren Widersachern aus persönlicher Feindschaft und Abneigung unter dem Vorwand, sie seien Gegner der Aufstandsbewegung, erschlagen; und jeder, der früher einmal einen der Verschwörer beleidigt hatte, wurde nun, falls man ihn wiedererkannte, wie ein Zelot[29] zur Bestrafung abgeführt. Während die Eindringlinge so an den Unschuldigen viele Greuel begingen, gewährten sie den eigentlichen Schuldigen einen Waffenstillstand und ließen sie frei ausgehen, als sie aus den unterirdischen Gängen hervorkamen. Nachdem sie auch den inneren Tempelbezirk und alle darin befindlichen Vorräte in ihre Hand bekommen hatten, konnten sie der Auseinandersetzung mit Simon getrost entgegensehen. Auf diese Weise wurde die Aufstandsbewegung, die bis dahin in drei Parteien gespalten war, auf nur zwei Gruppen zurückgeführt[30].

2. 106. Titus, der nun gern das Lager vom Skopus weg näher an die Stadt heran verlegen wollte, suchte eine ihm genügend stark erscheinende Zahl von Reitern und Fußsoldaten aus, setzte sie als Sicherung gegen etwaige Ausfälle ein und befahl dann dem ganzen übrigen Heer, das Gelände bis zur Stadtmauer hin einzuebnen. Jeden Zaun und Steinwall, mit denen die Bewohner Jerusalems ihre Gärten und Baumpflanzungen geschützt hatten, wurden nie-

108 τὰ κοῖλα καὶ χαραδρώδη τοῦ τόπου, τὰς δέ πετρώδεις ἐξοχὰς σιδήρῳ κατεργαζόμενοι χθαμαλὸν ἐποίουν πάντα τὸν τόπον ἀπὸ τοῦ Σκοποῦ μέχρι τῶν Ἡρώδου μνημείων, ἃ προσέχει τῇ τῶν ὄφεων ἐπικκλουμένῃ κολυμβήθρᾳ.
109 3. Καὶ κατὰ ταύτας τὰς ἡμέρας ἐνέδραν οἱ Ἰουδαῖοι κατὰ τῶν Ῥω-
110 μαίων συσκευάζονται τοιάνδε. τῶν στασιαστῶν οἱ τολμηροὶ[60] προελθόντες ἔξω τῶν Γυναικείων καλουμένων πύργων, ὡς ἐκβεβλημένοι δῆθεν ὑπὸ τῶν εἰρηνικὰ φρονούντων καὶ δεδοικότες τὴν τῶν Ῥωμαίων ἔφοδον
111 ἀνειλοῦντο καὶ παρ' ἀλλήλους ὑπέπτησσον. οἱ δὲ διαστάντες ἐπὶ τοῦ τείχους δῆμος εἶναι δοκῶν εἰρήνην ἐβόων καὶ δεξιὰν ᾐτοῦντο καὶ τοὺς Ῥωμαίους ἐκάλουν ἀνοίξειν ὑπισχνούμενοι τὰς πύλας· ἅμα δὲ ταῦτα κεκραγότες καὶ τοὺς σφετέρους ἔβαλλον λίθοις ὡς ἀπελαύνοντες τῶν
112 πυλῶν. κἀκεῖνοι βιάζεσθαι τὰς εἰσόδους ὑπεκρίνοντο καὶ τοὺς ἔνδον ἱκετεύειν, συνεχῶς τε πρὸς τοὺς Ῥωμαίους ὁρμήσαντες[61] ἐπιστρεφόμενοι
113 ταραττομένοις προσεῴκεισαν. παρὰ μὲν οὖν τοῖς στρατιώταις τὸ πανοῦργον αὐτῶν οὐκ ἐλείπετο πίστεως, ἀλλ' ὡς τοὺς μὲν ἐν χερσὶν ἔχοντες ἑτοίμους πρὸς τιμωρίαν, τοὺς δὲ ἀνοίξειν τὴν πόλιν ἐλπίζοντες ἐχώρουν
114 ἐπὶ τὴν πρᾶξιν. Τίτῳ δὲ δι' ὑποψίας ἦν τὸ τῆς ἐπικλήσεως παράλογον· καὶ γὰρ πρὸ μιᾶς ἡμέρας προκαλούμενος αὐτοὺς ἐπὶ συμβάσεις διὰ τοῦ Ἰωσήπου μέτριον οὐδὲν εὕρισκε· καὶ τότε τοὺς στρατιώτας κατὰ χώραν
115 μένειν ἐκέλευσεν. ἔφθασαν δέ τινες τῶν ἐπὶ τοῖς ἔργοις προτεταγμένων[62]
116 ἁρπάσαντες τὰ ὅπλα πρὸς τὰς πύλας ἐκδραμεῖν. τούτοις οἱ μὲν ἐκβεβλῆσθαι δοκοῦντες τὸ πρῶτον ὑπεχώρουν, ἐπεὶ δὲ μεταξὺ τῶν τῆς πύλης ἐγίνοντο πύργων, ἐκθέοντες ἐκυκλοῦτό σφας καὶ προσέκειντο κατόπιν·
117 οἱ δ' ἀπὸ τοῦ τείχους πλῆθος χερμάδων καὶ βελῶν παντοίων ἄθρουν
118 κατέχεαν, ὡς συχνοὺς μὲν ἀνελεῖν, τρῶσαι δὲ πλείστους. ἦν γὰρ οὐ ῥᾴδιον τοῦ τείχους διαφυγεῖν τῶν κατόπιν βιαζομένων, καὶ ἄλλως αἰδὼς τῆς διαμαρτίας καὶ τῶν ἡγεμόνων δέος παρεκελεύετο τῷ πταίσματι
119 προσλιπαρεῖν. διὸ δὴ μέχρι πλείστου διαδορατιζόμενοι καὶ πολλὰς ὑπὸ τῶν Ἰουδαίων λαμβάνοντες πληγάς, ἀμέλει δ' οὐκ ἐλάττους ἀντιδιδόντες, τέλος ἀνωθοῦσι τοὺς κυκλωσαμένους· ὑποχωροῦσι δ' αὐτοῖς οἱ Ἰουδαῖοι καὶ μέχρι τῶν Ἑλένης μνημείων εἵποντο βάλλοντες.
120 4. Ἔπειθ' οἱ μὲν ἀπειροκάλως ἐξυβρίζοντες εἰς τὴν τύχην ἔσκωπτόν τε τοὺς Ῥωμαίους δελεασθέντας ἀπάτῃ καὶ τοὺς θυρεοὺς ἀνασείοντες
121 ἐσκίρτων καὶ μετὰ χαρᾶς ἀνεβόων. τοὺς δὲ στρατιώτας ἀπειλή τε τῶν ταξιάρχων καὶ χαλεπαίνων Καῖσαρ τούτοις ἐξεδέχετο, φάσκων ὡς Ἰου-

---

[60] τολμηρότατοι L; τολμηρότεροι VRC Na; *audacissimi* Lat.
[61] ὁρμήσαντας PMVRC Niese; ὁρμήσαντες A L Lat Na Thack.
[62] PAMVRC lesen προστεταγμένων, L hat προστεταγμένοι, Lat *adpositi*. Wir lesen mit *ed. pr.* Niese, Na, Thack προτεταγμένων.

dergerissen, ferner alle Fruchtbäume in diesem Zwischenbereich herausgehauen und die Senken und Schluchten dieses Geländes aufgefüllt. Da die Legionäre schließlich auch hervorstehende Felsbrocken mit eisernen Werkzeugen bearbeiteten, machten sie jede Stelle eben vom Skopus an bis hin zu den in der Nähe des sogenannten Schlangenteiches gelegenen Grabdenkmälern des Herodes[31].

3. 109. Ungefähr zu dieser Zeit führten die Juden folgenden Anschlag gegen die Römer durch: Die wagemutigsten unter den Aufständischen verließen aus den sogenannten Frauentürmen die Stadt, wobei sie so taten, als seien sie von den Anhängern der Friedenspartei hinausgeworfen worden und fürchteten das Eingreifen der Römer; sie drängten sich zusammen und kauerten sich aneinander. Andere, dem Anschein nach Vertreter des friedliebenden Volkes, hatten sich inzwischen an verschiedenen Punkten der Mauer aufgestellt und schrieen: „Frieden!". Sie forderten einen Vertrag und riefen zu den Römern hinüber, wobei sie versprachen, die Tore zu öffnen. Während dieses Geschreis warfen sie nach ihren eigenen Leuten mit Steinen, als wollten sie diese von den Toren wegtreiben. Die Männer vor der Mauer ihrerseits täuschten vor, sich mit aller Kraft Eingang verschaffen und ihre Landsleute drinnen anflehen zu wollen; sie rannten beständig auf die Römer zu, zogen sich dann wieder zurück und erweckten so den Eindruck, als seien sie gänzlich außer sich geraten. Ihr listiger Anschlag verfehlte bei den Soldaten des Titus seine Wirkung nicht, vielmehr glaubten sie, ein Teil der Juden sei schon, zur Entgegennahme der Bestrafung bereit, in ihrer Hand, und hofften vom anderen, er werde ihnen die Stadttore öffnen; so schickten sie sich gerade an, entsprechend zu handeln. Titus dagegen betrachtete mit Argwohn das überraschende Angebot. Er hatte nämlich gerade Tags zuvor die Juden durch Josephus aufgefordert, einen Vergleich einzugehen, ohne bei ihnen ein Zeichen der Mäßigung zu entdecken. So gab er nun den Soldaten den Befehl, an Ort und Stelle zu bleiben. Aber einige der ganz vorn zu den Schanzarbeiten eingesetzten Truppen hatten, ohne seinen Befehl abzuwarten, die Waffen ergriffen und liefen auf die Tore zu. Im ersten Augenblick wichen die anscheinend Ausgestoßenen vor ihnen zurück; als sich aber die Römer zwischen den Tortürmen befanden, schwärmten sie aus, schlossen einen Kreis und griffen von hinten an. Die anderen Juden überschütteten sie von der Mauer herab mit einem dichten Hagel von Feldsteinen und mancherlei Geschossen, so daß sie viele töten und die meisten verwunden konnten. Denn einmal war es wegen der im Rücken drängenden Juden nicht leicht, aus dem Bereich der Mauer zu flüchten, zum anderen aber gebot ihnen die Scham über ihren Fehler und die Furcht vor den Offizieren, in ihrem Unglück auszuhalten. Deshalb konnten sie erst nach einem außerordentlich heftigen Speerkampf und mit vielen von den Juden beigebrachten Wunden bedeckt – selbstverständlich zahlten sie diesen mit nicht weniger Hieben zurück – endlich den Einschließungsring durchbrechen. Aber die Juden blieben den Zurückweichenden bis hin zu den Grabmälern auf den Fersen und beschossen sie[32].

4. 120. In unanständigem Frevel gegen das Glück verspotteten sie daraufhin die Römer, die auf ihr Täuschungsmanöver hereingefallen waren, tanzten, indem sie ihre Schilde in die Höhe schwenkten, und schrieen laut vor Freude[33]. Die römischen Soldaten aber empfing das Drohwort ihrer Hauptleute und der

δαῖοι, οἷς ἀπόνοια μόνη στρατηγεῖ, πάντα μετὰ προνοίας πράττουσι καὶ σκέψεως ἐπιβουλάς τε συντάσσοντες καὶ λόχους, ἕπεται δ' αὐτῶν ταῖς ἐνέδραις καὶ τύχῃ διὰ τὸ πειθήνιον καὶ τὴν πρὸς ἀλλήλους εὔνοιάν
122 τε καὶ πίστιν· Ῥωμαῖοι δέ, οἷς δι' εὐταξίαν καὶ τὸ πρὸς τοὺς ἡγεμόνας εὐπειθὲς ἀεὶ δουλεύει καὶ τύχη, νῦν ὑπὸ τῶν ἐναντίων πταίουσι καὶ διὰ χειρῶν ἀκρασίαν ἁλίσκονται, τὸ πάντων αἴσχιστον, ἀστρατήγητοι μαχό-
123 μενοι παρόντος Καίσαρος. ἦ μεγάλα μὲν στενάζειν ἔφη τοὺς τῆς στρατείας νόμους, μεγάλα δὲ αὐτοῦ τὸν πατέρα τήνδε τὴν πληγὴν πυθόμενον,
124 εἴ γε ὁ μὲν ἐν πολέμοις γηράσας οὐδέποτ' ἔπταισεν οὕτως, οἱ νόμοι δ' ἀεὶ καὶ τοὺς βραχύ τι τῆς τάξεως παρακινήσαντας θανάτῳ κολάζουσιν, νῦν
125 δ' ὅλην στρατιὰν ἑωράκασι λιποτάκτην. γνώσεσθαί γε μὴν αὐτίκα τοὺς ἀπαυθαδισαμένους, ὅτι καὶ τὸ νικᾶν παρὰ Ῥωμαίοις δίχα παραγγέλ-
126 ματος ἀδοξεῖται. τοιαῦτα διατεινάμενος πρὸς τοὺς ἡγεμόνας δῆλος ἦν κατὰ πάντων χρήσεσθαι[63] τῷ νόμῳ. καὶ οἱ μὲν παρεῖσαν τὰς ψυχὰς ὡς
127 ὅσον οὔπω τεθνηξόμενοι δικαίως, περιχυθέντα δὲ τὰ τάγματα τῷ Τίτῳ περὶ τῶν συστρατιωτῶν ἱκέτευε καὶ τὴν ὀλίγων προπέτειαν χαρίσασθαι τῇ πάντων εὐπειθείᾳ κατηντιβόλουν· ἀναλήψεσθαι γὰρ τὸ παρὸν πταῖσμα ταῖς εἰς τὸ μέλλον ἀρεταῖς.
128 5. Πείθεται Καῖσαρ ἅμα ταῖς τε ἱκεσίαις καὶ τῷ συμφέροντι· τὴν μὲν γὰρ καθ' ἑνὸς τιμωρίαν ᾤετο χρῆναι μέχρις ἔργου προκόπτειν,
129 τὴν δ' ἐπὶ πλήθους μέχρι λόγου. τοῖς μὲν οὖν στρατιώταις διηλλάττετο πολλὰ νουθετήσας αὖθις εἶναι φρονιμωτέρους, αὐτὸς δ' ὅπως ἀμυνεῖται
130 τὴν Ἰουδαίων ἐπιβουλὴν ἐσκόπει. τέσσαρσι δ' ἡμέραις ἐξισωθέντος τοῦ μέχρι τῶν τειχῶν διαστήματος, βουλόμενος μετὰ ἀσφαλείας τάς τε ἀποσκευὰς καὶ τὸ λοιπὸν πλῆθος παράγειν[64] τὸ καρτερώτατον τῆς δυνάμεως ἀντιπαρεξέτεινεν τῷ τείχει κατὰ τὸ βόρειον κλίμα καὶ πρὸς ἑσπέραν ἐφ'
131 ἑπτὰ βαθύνας τὴν φάλαγγα, τῶν τε πεζῶν προτεταγμένων καὶ κατόπιν τῶν ἱππέων, τριστοίχων ἑκατέρων, ἕβδομοι κατὰ μέσον εἱστήκεσαν οἱ
132 τοξόται. τοσούτῳ δὲ στίφει πεφραγμένων Ἰουδαίοις τῶν ἐκδρομῶν τά τε ὑποζύγια τῶν τριῶν ταγμάτων καὶ ἡ πληθὺς ἀδεῶς παρώδευσεν.
133 αὐτὸς μὲν οὖν Τίτος ἀπέχων ὅσον εἰς σταδίους δύο τοῦ τείχους κατὰ τὸ γωνιαῖον αὐτοῦ μέρος ἀντικρὺ τοῦ καλουμένου Ψηφίνου πύργου στρατοπεδεύεται, πρὸς ὃν ὁ κύκλος τοῦ τείχους ἀπ' ἄρκτων[65] καθήκων
134 ἀνακάμπτει πρὸς δύσιν· ἡ δ' ἑτέρα μοῖρα τῆς στρατιᾶς κατὰ τὸν Ἱππικὸν προσαγορευθέντα πύργον τειχίζεται διεστῶσα τῆς πόλεως
135 ὁμοίως δύο σταδίους. τὸ μέντοι δέκατον τάγμα κατὰ χώραν ἐπὶ τοῦ Ἐλαιῶν ὄρους ἔμενε.

[63] χρήσασθαι PL; χρῆσθαι AMVRC; *erat usurus* Lat; χρήσεσθαι Destinon cj. Niese Na Thack.
[64] παραγαγεῖν MLVRC Na Thack.
[65] P liest ἀπάρκτον, AML haben ἀπ' ἄρκτου, VRC Na πρὸς ἄρκτον; ἀπ' ἄρκτων Destinon cj. Niese Thack.

Groll des Caesars. Dieser hob an: „Die Juden, deren Feldherr allein die Verzweiflung ist, unternehmen alles mit Vorbedacht und Umsicht. Sie wenden Kriegslisten an und ihren Anschlägen folgt auch das Kriegsglück, da es ihnen an Gehorsam, guter gegenseitiger Verständigung und fester Zuversicht nicht fehlt. Die römischen Soldaten aber, denen wegen ihrer guten Ordnung und ihrer Mannszucht gegenüber den Offizieren auch das Kriegsglück stets gedient hat, erleiden nun durch die gegenteilige Haltung eine Schlappe, werden wegen ihrer ungezügelten Kampfeslust überwältigt und kämpfen daher – was bei weitem das Schlimmste ist! – ohne Befehl unter den Augen des Caesar. Schwer seufzen da" – so fuhr er fort – „die Gesetze der Kriegskunst und nicht weniger mein Vater, wenn er von dieser Schlappe erfährt, hat er doch, der in Kriegszügen ergraut ist, niemals eine solche Niederlage erlitten! Immer ahnden die Gesetze selbst einen geringen Verstoß gegen die militärische Ordnung mit dem Tod, und nun mußten sie gar mit ansehen, wie eine ganze Heeresabteilung diese Ordnung verließ. Doch die übermütigen Abenteurer sollen bald merken, daß bei den Römern sogar ein Sieg, der ohne Befehl erfochten wird, in Unehre steht!"[34]. Diese entschiedene Sprache den Offizieren gegenüber zeigte deutlich, daß Titus bei allen vom Kriegsrecht Gebrauch machen werde. Die Schuldigen hielten sich für verloren, so als ob sie in Kürze die gerechte Todesstrafe hinnehmen müßten, die Legionen dagegen umdrängten Titus, legten für ihre Kameraden Fürbitte ein und flehten ihn an, die Unbesonnenheit einiger weniger im Blick auf die gute Zucht aller anderen verzeihen zu wollen. Der jetzt begangene Fehler werde nämlich in Zukunft durch tapfere Taten wieder gutgemacht werden.

5. 128. Der Caesar gab auf Grund dieser Bitten, ferner in Erwägung des eigenen Nutzens schließlich nach. Er war nämlich der Ansicht, man müsse bei der Bestrafung eines einzelnen auch zum Vollzuge schreiten, sich dagegen bei einem Vergehen vieler mit der blossen Drohung begnügen. Er verzieh also seinen Soldaten, wobei er sie eindringlich ermahnte, im Wiederholungsfalle besonnener zu sein; er selbst dachte darüber nach, wie er sich gegen einen weiteren Anschlag der Juden schützen könne. Nachdem in vier Tagen der Zwischenraum bis zu den Mauern eingeebnet war, ließ Titus, der das Gepäck und die restliche Truppe sicher an die Stadt heranführen wollte, die kampfstärksten Teile seines Heeres mit der Front zur Stadt nach Norden und nach Westen der Mauer entlang in Stellung gehen. Die Schlachtreihe war sieben Linien tief, vorn standen die Fußsoldaten und hinten die Reiter, beide je drei Linien stark; die siebte Linie bildeten die in der Mitte stehenden Bogenschützen[35]. Da durch diese geschlossene Streitmacht etwaige Ausfälle der Juden abgefangen worden wären, konnten die Troßtiere von drei Legionen und all das dazu gehörige Begleitpersonal sicher entlang ziehen. Titus selbst schlug sein Lager ungefähr zwei Stadien von der Mauer entfernt auf, an der Ecke, die sie dem sogenannten Psephinusturm gegenüber bildet; dort biegt der nach Norden gewandte Mauerring zur Westseite um. Der restliche Teil des Heeres verschanzte sich beim sogenannten Hippikusturm, ebenfalls zwei Stadien von der Stadt entfernt. Die 10. Legion indessen blieb in ihrer Stellung auf dem Ölberg.

IV. 1. Τρισὶ δ' ὠχυρωμένη τείχεσιν ἡ πόλις καθ' ἥν⁶⁶ μὴ ταῖς ἀβάτοις φάραγξι κεκύκλωτο, ταύτῃ γὰρ εἷς ἦν περίβολος, αὐτὴ μὲν ὑπὲρ δύο λόφων ἀντιπρόσωπος ἔκτιστο μέσῃ φάραγγι διῃρημένων, εἰς ἣν ἐπάλληλοι κατέληγον αἱ οἰκίαι. τῶν δὲ λόφων ὁ μὲν τὴν ἄνω πόλιν ἔχων ὑψηλότερός τε πολλῷ καὶ τὸ μῆκος ἰθύτερος ἦν· διὰ γοῦν τὴν ὀχυρότητα φρούριον μὲν ὑπὸ Δαυίδου τοῦ βασιλέως ἐκαλεῖτο, πατὴρ Σολομῶνος ἦν οὗτος τοῦ τὸν πρῶτον⁶⁷ ναὸν⁶⁸ κτίσαντος, ἡ ἄνω δὲ ἀγορὰ πρὸς ἡμῶν· ἅτερος δὲ ὁ καλούμενος ″Ακρα καὶ τὴν κάτω πόλιν ὑφεστὼς ἀμφίκυρτος. τούτου δ' ἄντικρυς τρίτος ἦν λόφος, ταπεινότερός τε φύσει τῆς ″Ακρας καὶ πλατείᾳ φάραγγι διειργόμενος ἄλλῃ πρότερον. αὖθίς γε μὴν καθ' οὓς οἱ Ἀσαμωναῖοι χρόνους ἐβασίλευον τήν τε φάραγγα ἔχωσαν συνάψαι βουλόμενοι τῷ ἱερῷ τὴν πόλιν καὶ τῆς ″Ακρας κατεργασάμενοι τὸ ὕψος ἐποίησαν χθαμαλώτερον, ὡς ὑπερφαίνοιτο καὶ ταύτῃ τὸ ἱερόν. ἡ δὲ τῶν τυροποιῶν προσαγορευομένη φάραγξ, ἣν ἔφαμεν τόν τε τῆς ἄνω πόλεως καὶ τὸν κάτω λόφον διαστέλλειν, καθήκει μέχρι Σιλωᾶς· οὕτω γὰρ τὴν πηγὴν γλυκεῖάν τε καὶ πολλὴν οὖσαν ἐκαλοῦμεν. ἔξωθεν δ' οἱ τῆς πόλεως δύο λόφοι βαθείαις φάραγξιν περιείχοντο, καὶ διὰ τοὺς ἑκατέρωθεν κρημνοὺς προσιτὸν οὐδαμόθεν ἦν.

2. Τῶν δὲ τριῶν τειχῶν τὸ μὲν ἀρχαῖον διά τε τὰς φάραγγας καὶ τὸν ὑπὲρ τούτων λόφον, ἐφ' οὗ κατεσκεύαστο, δυσάλωτον ἦν· πρὸς δὲ τῷ πλεονεκτήματι τοῦ τόπου καὶ καρτερῶς ἐδεδόμητο, Δαυίδου τε καὶ Σολομῶνος, ἔτι δὲ τῶν μεταξὺ τούτων βασιλέων φιλοτιμηθέντων περὶ τὸ ἔργον. ἀρχόμενον δὲ κατὰ βορρᾶν ἀπὸ τοῦ Ἱππικοῦ καλουμένου πύργου καὶ διατεῖνον ἐπὶ τὸν ξυστόν⁶⁹, ἔπειτα τῇ βουλῇ συνάπτον ἐπὶ τὴν ἑσπέριον τοῦ ἱεροῦ στοὰν ἀπηρτίζετο. κατὰ θάτερα δὲ πρὸς δύσιν, ἀπὸ ταὐτοῦ μὲν ἀρχόμενον, διὰ δὲ τοῦ Βηθσὼ⁷⁰ καλουμένου χώρου κατατεῖνον ἐπὶ τὴν Ἐσσηνῶν πύλην, κἄπειτα πρὸς νότον ὑπὲρ τὴν Σιλωὰν ἐπιστρέφον πηγήν, ἔνθεν τε πάλιν ἐκκλῖνον πρὸς ἀνατολὴν ἐπὶ τὴν Σολομῶνος κολυμβήθραν καὶ διῆκον μέχρι χώρου τινός, ὃν καλοῦσιν Ὀφλάς⁷¹, τῇ πρὸς ἀνατολὴν στοᾷ τοῦ ἱεροῦ συνῆπτε. τὸ δὲ δεύτερον τὴν μὲν ἀρχὴν ἀπὸ πύλης εἶχεν, ἣν Γεννάθ⁷² ἐκάλουν τοῦ πρώτου τείχους οὖσαν, κυκλούμενον δὲ τὸ προσάρκτιον κλίμα μόνον ἀνῄει μέχρι τῆς Ἀντωνίας. τῷ τρίτῳ δ' ἀρχὴ ἦν ὁ Ἱππικὸς πύργος, ὅθεν μέχρι τοῦ βορείου κλίματος κατατεῖνον ἐπὶ τὸν Ψήφινον πύργον, ἔπειτα καθῆκον ἀντικρὺ τῶν Ἑλένης μνημείων, Ἀδιαβηνὴ βασιλὶς ἦν αὕτη Ἰζάτου⁷³ βασιλέως θυγάτηρ⁷⁴, καὶ διὰ σπηλαίων βασιλικῶν μηκυνόμενον ἐκάμπτετο μὲν γωνιαίῳ πύργῳ κατὰ τὸ τοῦ Γναφέως προσαγορευόμενον μνῆμα, τῷ δ' ἀρχαίῳ περιβόλῳ συνάπτον εἰς τὴν Κεδρῶνα καλουμένην φάραγγα κατέ-

---

⁶⁶ καθὰ LVRC Na Thack.
⁶⁷ οὗτος τοῦ πρῶτου τὸν AMLVRC Lat Na Thack.   ⁶⁸ νεὼν VRC Na.
⁶⁹ ξυστὸν καλούμενον M; ξύστον (ξυστὸν VRC) λεγόμενον LVRC Na; *quae dicitur xystos* Lat.   ⁷⁰ Βησοῦ PA Niese; Βηθσὼ LC; *Betiso* Lat.
⁷¹ Ὀφλᾶς MVRC; Ὀφλάμ L; *Oflan (acc.)* Lat; Ὀφλάν Hudson cj. Na Thack.
⁷² Γενάθ PC Niese.
⁷³ Ἰαζὰ τοῦ PAM; Ἰζάτου Niese Na Thack, vgl. die Konjektur von Coccejus 4, 567.
⁷⁴ μήτηρ Hudson cj. (aufgrund von *ant.* 20, 17—53) Na.

4. Kapitel

1. 136. Die Stadt war durch drei Mauern befestigt, abgesehen von den Stellen, wo unüberschreitbare Schluchten sie umgaben; dort genügte nämlich ein einziger Mauerring. Sie war mit einander gegenüberliegenden Teilen auf zwei Hügeln erbaut; diese trennte eine dazwischen verlaufende Schlucht, an der die dicht gedrängt stehenden Häuser aufhörten. Von den Hügeln ist derjenige, auf dem die Oberstadt liegt, der bei weitem höhere und in der Längsrichtung geradlinigere. Wegen seiner Stärke wurde er vom König David, dem Vater Salomos, des ersten Erbauers des Tempels, „Festung" genannt; bei uns dagegen heißt er „der obere Markt". Der zweite Hügel, der „Akra" heißt und die Unterstadt trägt, ist dagegen auf beiden Seiten gekrümmt[36]. Diesem gegenüber lag ein dritter Hügel, von Natur niedriger als die Akra und früher durch eine weitere breite Schlucht von ihr getrennt[37]. Später aber schütteten die Hasmonäer während der Zeit ihrer Regierung die Schlucht zu, da sie die Stadt mit dem Tempel verbinden wollten; sie arbeiteten am Gipfel der Akra, um deren Höhe zu verringern, damit das Heiligtum sie überragen möge. Die Schlucht aber, die den Namen „Käsemachertal" trägt und die, wie erwähnt, den Hügel der Oberstadt von der Unterstadt trennt, erstreckt sich bis zum Siloah[38]; so nennen wir nämlich die süße und reichlich fließende Quelle. An ihren Außenseiten wurden die zwei Stadthügel von tiefen Schluchten umschlossen, und die auf beiden Seiten befindlichen Steilhänge machten die Stadt überall unzugänglich[39].

2. 142. Von den drei Mauern war die älteste wegen der Schluchten und des darüber aufragenden Hügels, auf dem sie errichtet war, nur schwer überwindlich. Denn abgesehen von ihrer vorteilhaften Lage war sie auch stark ausgebaut, da David und Salomo sowie noch deren Nachfolger auf dem Königsthron in die Förderung dieses Werkes ihren ganzen Ehrgeiz gesetzt hatten. Diese Mauer begann im Norden beim sogenannten Hippikusturm und erstreckte sich bis zum Xystos; sie traf dann auf das Rathaus und endete an der westlichen Säulenhalle des Tempels[40]. Auf der anderen, westlichen Seite führte sie von dem gleichen Anfangspunkt durch eine Bethso genannte Gegend bis zum Essenertor, bog dann zur Südseite und verlief jenseits des Siloahteiches. Von dort wiederum wandte sie sich mit ihrer Front nach Osten gegen den Salomonsteich, zog sich dann bis zu einem gewissen Ophel genannten Ort und traf schließlich auf die östliche Säulenhalle des Tempels[41]. Die zweite Mauer nahm ihren Anfang bei einem Tor, das in der ersten Mauer lag und Gennath genannt wurde; indem sie lediglich den Nordteil der Stadt umschloß, führte sie bis hin zur Antonia[42]. Für die dritte Mauer bildete wieder der Hippikusturm den Ausgangspunkt. Von ihm erstreckte sie sich nach Norden bis zum Psephinusturm, zog dann den Grabdenkmälern der Helena gegenüber — sie war die Königin von Adiabene und Tochter des Königs Izates — durch die Königshöhlen weiter und bog um einen Eckturm dem sogenannten Walkergrab gegenüber herum und traf dann auf die alte Mauer, wo sie im sogenannten Kidrontal endete[43]. Mit dieser Mauer hatte Agrippa den neu erbauten Stadtteil, der gänzlich ungeschützt war, umgeben; denn die Stadt, die ihre Einwohner nicht mehr fassen konnte, war allmählich über ihre Mauern hinausgerückt. Das Gebiet nördlich des Tempels

148 ληγεν. τοῦτο τῇ προσκτισθείσῃ πόλει περιέθηκεν Ἀγρίππας, ἥπερ ἦν πᾶσα γυμνή· πλήθει γὰρ ὑπερχεομένη κατὰ μικρὸν ἐξεῖρπε τῶν περι-
149 βόλων. καὶ τοῦ ἱεροῦ τὰ προσάρκτια πρὸς τῷ λόφῳ συμπολίζοντες ἐπ' οὐκ ὀλίγον προῆλθον καὶ[75] τέταρτον περιοικηθῆναι λόφον, ὃς καλεῖται Βεζεθά, κείμενος μὲν ἀντικρὺ τῆς Ἀντωνίας, ἀποτεμνόμενος δὲ ὀρύγματι βαθεῖ·
150 διεταφρεύθη γὰρ ἐπίτηδες, ὡς μὴ τῷ λόφῳ συνάπτοντες οἱ θεμέλιοι
151 τῆς Ἀντωνίας εὐπρόσιτοί τε εἶεν καὶ ἧττον ὑψηλοί· διὸ δὴ καὶ πλεῖστον ὕψος τοῖς πύργοις προσεδίδου τὸ βάθος τῆς τάφρου. ἐκλήθη δ' ἐπιχωρίως Βεζεθὰ τὸ νεόκτιστον μέρος, ὃ μεθερμηνευόμενον Ἑλλάδι γλώσσῃ
152 καινὴ λέγοιτ' ἂν πόλις. δεομένων οὖν τῶν ταύτῃ σκέπης ὁ πατὴρ τοῦ νῦν βασιλέως καὶ ὁμώνυμος Ἀγρίππας ἄρχεται μὲν οὗ προείπομεν τείχους, δείσας δὲ Κλαύδιον Καίσαρα, μὴ τὸ μέγεθος τῆς κατασκευῆς ἐπὶ νεωτερισμῷ πραγμάτων ὑπονοήσῃ καὶ στάσεως, παύεται θεμελίους
153 μόνον βαλόμενος. καὶ γὰρ οὐδ' ἂν ἦν ἁλώσιμος ἡ πόλις, εἰ προύκοπτε τὸ τεῖχος ὡς ἤρξατο· λίθοις μὲν γὰρ εἰκοσαπήχεσι τὸ μῆκος καὶ τὸ εὖρος δεκαπήχεσι συνηρμόζετο μήθ' ὑπορυγῆναι σιδήρῳ ῥᾳδίως μήθ' ὑπ'
154 ὀργάνοις διασεισθῆναι δυνάμενον[76], δέκα δὲ πήχεις αὐτὸ καὶ[77] τὸ τεῖχος ἐπλατύνετο, καὶ τὸ ὕψος πλεῖον μὲν ἄν, ὡς εἰκός, ἔσχε μὴ διακωλυθείσης
155 τῆς τοῦ καταρξαμένου φιλοτιμίας. αὖθις δὲ καίτοι μετὰ σπουδῆς ἐγειρόμενον ὑπὸ Ἰουδαίων εἰς εἴκοσι πήχεις ἀνέστη, καὶ διπήχεις μὲν τὰς ἐπάλξεις, τριπήχεις δὲ τοὺς προμαχῶνας εἶχεν, ὡς τὸ πᾶν ὕψος εἰς εἰκοσιπέντε πήχεις ἀνατετάσθαι.
156 3. Τοῦ δὲ τείχους ὑπερεῖχον οἱ πύργοι πήχεις εἴκοσι μὲν εἰς εὖρος, εἴκοσι δὲ εἰς ὕψος, τετράγωνοί τε καὶ πλήρεις ὥσπερ αὐτὸ τὸ τεῖχος[78] ὄντες· ἥ γε μὴν ἁρμονία καὶ τὸ κάλλος τῶν λίθων οὐδὲν ἀπέδει ναοῦ.
157 μετὰ δὲ τὸ ναστὸν ὕψος τῶν πύργων, ὅπερ ἦν εἰκοσάπηχυ, πολυτελεῖς ἦσαν οἶκοι, καὶ καθύπερθεν ὑπερῷα, δεξαμεναί τε πρὸς τὰς τῶν ὑετῶν
158 ὑποδοχάς, ἕλικές τε καὶ πλατεῖαι[79] καθ' ἕκαστον ἄνοδοι. τοιούτους μὲν οὖν πύργους τὸ τρίτον τεῖχος εἶχεν ἐνενήκοντα, τὰ μεταπύργια δὲ τούτων ἀνὰ πήχεις διακοσίους· τὸ δ' αὖ μέσον εἰς τέσσαρας καὶ δέκα πύργους
159 τὸ δ' ἀρχαῖον εἰς ἑξήκοντα μεμέριστο. τῆς πόλεως δ' ὁ πᾶς κύκλος σταδίων ἦν τριακοντατριῶν. θαυμασίου δ' ὄντος ὅλου τοῦ τρίτου τείχους θαυμασιώτερος ἀνεῖχε κατὰ γωνίαν βόρειός τε καὶ πρὸς δύσιν ὁ Ψήφινος
160 πύργος, καθ' ὃν ἐστρατοπεδεύσατο Τίτος. ἐπὶ γὰρ ἑβδομήκοντα πήχεις ὑψηλὸς ὢν Ἀραβίαν τε ἀνίσχοντος ἡλίου παρεῖχεν ἀφορᾶν καὶ μέχρι
161 θαλάττης τὰ τῆς Ἑβραίων κληρουχίας ἔσχατα· ὀκτάγωνος δὲ ἦν. τούτου δ' ἀντικρὺς ὁ Ἱππικὸς καὶ παρ' αὐτὸν δύο κατεσκευάσθησαν μὲν ὑφ' Ἡρώδου βασιλέως ἐν τῷ ἀρχαίῳ τείχει, μέγεθος δὲ καὶ κάλλος ἦσαν
162 καὶ ὀχυρότητα τῶν κατὰ τὴν οἰκουμένην διάφοροι· πρὸς γὰρ τῷ φύσει μεγαλοψύχῳ καὶ τῇ περὶ τὴν πόλιν φιλοτιμίᾳ τὴν ὑπεροχὴν τῶν ἔργων

[75] ὡς καὶ M Na.
[76] δυναμένοις VRC Lat Na.
[77] αὐτῷ καὶ P Niese; αὐτῷ M; αὐτὸ LVRC Na Thack; αὐτίκα Destinon cj.
[78] PA lesen αὐτοτεῖχος.
[79] PAM lesen ἕλικές τε πλατεῖαι καὶ; LVRC Na ἐκεῖ πλεῖσται, καὶ πλατεῖαι; ἕλικές τε καὶ πλατεῖαι Destinon cj. (aufgrund von Lat) Niese Thack.

vor dem Tempelhügel hatte man in das Stadtgebiet einbezogen und war dabei soweit vorgestoßen, daß sogar ein vierter Hügel ringsum mit Häusern bedeckt wurde. Dieser heißt Bezetha, liegt der Antonia gegenüber, ist aber von ihr durch einen tiefen Wallgraben abgetrennt. Den Graben hatte man absichtlich gezogen, damit die Unterbauten der Antonia nicht mit diesem Hügel in Verbindung stünden, dadurch leicht zugängig seien und allzu niedrig erschienen: die Tiefe des Wallgrabens trug zur Erhöhung der Türme ganz beträchtlich bei. Der neu gegründete Stadtteil hieß bei den Einheimischen Bezetha, was man in der griechischen Sprache durch „Neustadt" wiedergeben könnte[44].

Als nun der Vater des jetzigen Königs, der ebenfalls den Namen Agrippa trug, sah, daß die Bewohner dieser Gegend einer Schutzmauer bedurften, begann er mit dem Bau der oben erwähnten Mauer; da er aber befürchtete, der Kaiser Claudius könne angesichts der Größe dieses Werkes den Verdacht schöpfen, es seien politische Veränderungen oder ein Aufstand geplant, ließ er die Arbeit einstellen, nachdem er lediglich die Fundamente gelegt hatte[45]. In der Tat wäre die Stadt uneinnehmbar geworden, hätte er den Bau der Mauer so fortgesetzt, wie er ihn begonnen hatte. Denn diese war aus Steinen von 20 Ellen Länge und 10 Ellen Breite so fest zusammengefügt, daß man sie weder mit eisernen Werkzeugen hätte leicht untergraben noch durch Kriegsmaschinen erschüttern können. Auch die Mauer selbst hatte eine Breite von 10 Ellen, ihre Höhe wäre selbstverständlich noch größer gewesen, wenn man das ehrgeizige Streben dessen, der sie begann, nicht durchkreuzt hätte. Später wurde sie freilich von den Juden mit großem Eifer aufgebaut[46] und erreichte eine Höhe von 20 Ellen; sie hatte außerdem Brustwehren von zwei Ellen Höhe und drei Ellen hohe Zinnen, so daß ihre Gesamthöhe 25 Ellen betrug.

3. 156. Über die Mauer ragten die Türme hinaus, 20 Ellen breit und 20 Ellen hoch; sie waren rechteckig und wie die Mauer selbst massiv gebaut. Das Gefüge und die Schönheit der Steine standen sogar denen des Tempels in keiner Weise nach. Über dem massiven, 20 Ellen hohen Unterteil der Türme befanden sich prächtige Wohnräume, darüber Obergemächer und Zisternen zur Aufnahme des Regenwassers; jeder der Türme hatte gewundene, breite Treppen. Von solchen Türmen besaß nun die dritte Mauer 90, die Mauerabschnitte zwischen den Türmen maßen 200 Ellen. Auf die mittlere Mauer waren 14, auf die alte 60 Türme verteilt[47]. Der Gesamtumfang der Stadt betrug 33 Stadien[48]. So war nun die ganze dritte Mauer ein wunderbares Bauwerk, aber noch mehr Bewunderung verdiente der an der Nordwestecke aufragende Psephinusturm, in dessen Nähe Titus sein Lager aufgeschlagen hatte. Er war nämlich 70 Ellen hoch und gewährte bei Sonnenaufgang eine Fernsicht bis nach Arabien und bis zum Meer, den äußersten Grenzen des den Hebräern zugeteilten Landes. Er war achteckig[49]. Ihm gegenüber hatte der König Herodes den Hippikusturm und nahe bei diesem zwei andere Türme in der alten Mauer erbaut; an Größe, Schönheit und Festigkeit hatten sie unter den Türmen der Welt nicht ihresgleichen. Denn abgesehen von der ihm angeborenen Prachtliebe und dem Ehrgeiz, mit dem er die Ausgestaltung Jerusalems betrieb, wollte der König mit der Aufführung dieser erhabenen Bauten seinen leidenschaftlichen Gefühlen für Menschen, die ihm besonders nahestanden, Ausdruck verleihen. Er stiftete da-

ὁ βασιλεὺς πάθεσιν οἰκείοις ἐχαρίζετο καὶ τρισὶ τοῖς ἡδίστοις προσώποις, ἀφ' ὧν ὠνόμασε τοὺς πύργους, ἀδελφῷ καὶ φίλῳ καὶ γυναικί, τὴν μνήμην ἀνέθηκε, τὴν μὲν ὡς προειρήκαμεν κτείνας[80] δι' ἔρωτα, τοὺς δὲ ἀποβαλὼν
163 ἐν πολέμῳ γενναίως ἀγωνισαμένους. ὁ μὲν οὖν Ἱππικὸς ἀπὸ τοῦ φίλου προσαγορευθεὶς τετράγωνος μὲν ἦν, εὖρος δὲ καὶ μῆκος εἰκοσιπέντε
164 πηχῶν ἕκαστον καὶ ὕψος τριάκοντα, οὐδαμοῦ διάκενος. ὑπὲρ δὲ τὸ πλῆρες καὶ ταῖς πέτραις συνηνωμένον εἰς ἐκδοχὴν ὄμβρων εἰκοσάπηχυς
165 λάκκος ἦν τὸ βάθος, ἐπάνω δὲ τούτου δίστεγος οἶκος ἦν εἴκοσι[81] καὶ πέντε πηχῶν τὸ ὕψος εἰς ποικίλα τέγη διῃρημένος, ὑπὲρ ὃν τύρσεις μὲν διπήχεις προμαχῶνες δὲ περιβέβληντο τριπήχεις, ὡς τὸ πᾶν ὕψος εἰς ὀγδοήκοντα
166 πήχεις συναριθμεῖσθαι. ὁ δὲ δεύτερος πύργος, ὃν ὠνόμασεν ἀπὸ τἀδελφοῦ Φασάηλον, τὸ μὲν πλάτος καὶ τὸ μῆκος ἴσον εἶχεν, τεσσαράκοντα
167 πηχῶν ἕκαστον, ἐπὶ τεσσαράκοντα δ' αὐτοῦ τὸ ναστὸν ἦν ὕψος. ἐπάνω δὲ αὐτοῦ περιῄει στοὰ δεκάπηχυς τὸ ὕψος θωρακίοις τε καὶ προβόλοις
168 σκεπομένη. μέσην δὲ ὑπερῳκοδόμητο τὴν στοὰν πύργος ἕτερος εἴς τε οἴκους πολυτελεῖς καὶ δὴ καὶ βαλανεῖον διῃρημένος, ὡς μηδὲν ἐνδέοι τῷ πύργῳ βασίλειον δοκεῖν. τὰ δ' ἄκρα τοῖς προμαχῶσι καὶ ταῖς τύρσεσιν
169 ἡ περιαυτοῦ[82] κεκόσμητο. πηχῶν δ' ἦν τὸ πᾶν ὕψος ὡς ἐνενήκοντα, καὶ τὸ μὲν σχῆμα παρεῴκει τῷ κατὰ τὴν Φάρον ἐκπυρσεύοντι τοῖς ἐπὶ Ἀλεξανδρείας πλέουσι, τῇ περιοχῇ δὲ πολὺ μείζων ἦν· τηνικαῦτά γε
170 μὴν τυραννεῖον ἀπεδείχθη τοῦ Σίμωνος. ὁ δὲ τρίτος πύργος ἡ Μαριάμμη, τοῦτο γὰρ ἡ βασιλὶς ἐκαλεῖτο, μέχρι μὲν εἴκοσι πηχῶν ναστὸς ἦν, εἴκοσι
171 δὲ πήχεις εἰς εὖρος διέβαινε καὶ μῆκος ἴσον, πολυτελεστέραν δὲ καὶ ποικιλωτέραν τῶν ἄλλων τὴν οἴκησιν εἶχεν ἐπάνω, τοῦ βασιλέως οἰκεῖον ὑπολαβόντος τὸν ἀπὸ γυναικὸς ὀνομασθέντα κεκοσμῆσθαι πλέον ἢ τοὺς ἀπ' ἀνδρῶν, ὥσπερ ἐκείνους τοῦ τῆς γυναικὸς ἰσχυροτέρους. τούτου τὸ πᾶν ὕψος πεντήκοντα καὶ πέντε πηχῶν ἦν.
172   4. Τηλικοῦτοι δ' ὄντες οἱ τρεῖς τὸ μέγεθος πολὺ μείζονες ἐφαίνοντο
173 διὰ τὸν τόπον· αὐτό τε γὰρ τὸ ἀρχαῖον τεῖχος, ἐν ᾧ ἦσαν, ἐφ' ὑψηλῷ λόφῳ δεδόμητο, καὶ τοῦ λόφου καθάπερ κορυφή τις ὑψηλοτέρα προανεῖχεν εἰς τριάκοντα πήχεις, ὑπὲρ ἣν οἱ πύργοι κείμενοι πολὺ δή τι τοῦ
174 μετεώρου προσελάμβανον. θαυμάσιον δὲ καὶ τῶν λίθων ἦν τὸ μέγεθος· οὐ γὰρ ἐξ εἰκαίας χερμάδος οὐδὲ φορητῶν ἀνθρώποις πετρῶν συνειστή-
175 κεσαν, λευκὴ δὲ μάρμαρος ἐτμήθη· καὶ τὸ μὲν μῆκος ἑκάστης πηχῶν ἦν εἴκοσι, δέκα δὲ εὖρος καὶ βάθος πέντε, συνήνωντο δ' ἐπ' ἀλλήλοις ὡς δοκεῖν ἕκαστον πύργον μίαν εἶναι πέτραν ἀναπεφυκυῖαν, ἔπειτα δὲ περιεξέσθαι χερσὶ τεχνιτῶν εἰς σχῆμα καὶ γωνίας· οὕτως οὐδαμόθεν ἡ συνά-

---

[80] καὶ κτείνας AL (Niese: *fortasse recte*) Thack.
[81] ὅσον εἴκοσι Bekker cj. Na.
[82] MLVRC Na lesen τύρσεσι μᾶλλον ἤπερ ὁ πρὸ αὐτοῦ („mehr als der vor ihm erwähnte Turm"). Der Text ist unsicher.

Josephus, Jüdischer Krieg, Buch 5

mit eine Erinnerung an die drei Personen, die er am meisten liebte, indem er nach ihnen die Türme benannte: Bruder, Freund und Frau[50]. Die letztere hatte er, wie wir oben berichteten, aus eifersüchtiger Liebe umgebracht, die anderen aber im Kriege verloren, wo sie sich wacker geschlagen hatten. Der nach dem Freunde genannte Hippikusturm war viereckig, seine Breite und Länge betrug je 25 Ellen, seine Höhe 30. In seinem Inneren wies er nirgends einen Hohlraum auf. Über diesem massiven, aus Felssteinen festgefügten Bau befand sich eine 20 Ellen tiefe Zisterne zur Aufnahme des Regenwassers und darüber ein mit Doppeldach versehener Wohnblock, dessen Höhe 25 Ellen betrug und der in verschiedenartig geschmückte Räume eingeteilt war. Über diesen Bau ragten ringsum zwei Ellen hohe Türmchen und darüber drei Ellen hohe Zinnen auf, so daß die gesamte Höhe sich auf 80 Ellen belief. Der zweite Turm, den Herodes nach seinem Bruder Phasael benannte, hatte gleiche Breite und Länge, und zwar je 40 Ellen; 40 Ellen hoch war auch der massiv gemauerte Teil. Auf ihm führte eine 10 Ellen hohe Säulenhalle im Geviert herum, die durch Mauerschilde und Vormauern geschützt war. Inmitten der Säulenhalle war ein zweiter Turm aufgebaut, der in prächtige Wohnräume unterteilt war und sogar ein Bad enthielt, so daß dem Turm nichts fehlte, was zum Bild eines Königspalastes gehört. Oben aber war er im ganzen Umfang mit Zinnen und Türmchen gekrönt. Seine Höhe betrug ungefähr 90 Ellen, und sein Aussehen glich dem Turm auf der Insel Pharos, der für die nach Alexandrien fahrenden Schiffer sein Licht ausstrahlt; an Umfang jedoch übertraf er diesen beträchtlich. Zur Zeit diente er als Sitz für die Tyrannei des Simon[51]. Der dritte Turm „Mariamme" — so hieß nämlich die Königin — war 20 Ellen hoch massiv gemauert; er erstreckte sich 20 Ellen in die Breite und ebensoviel in die Länge. Die Wohnung aber, die er oben trug, war noch prächtiger und schöner geschmückt als die der beiden anderen Türme, da der König die Meinung vertrat, der nach einer Frau benannte Turm müsse mehr geziert sein als diejenigen, welche die Namen von Männern trugen; umgekehrt waren diese Türme stärker als der jener Frau gewidmete. Die Gesamthöhe des Mariammeturmes betrug 55 Ellen.

4. 172. Die drei so gewaltigen Türme erschienen auf Grund der Lage in ihrer Höhe noch viel mächtiger. Denn die alte Mauer, in der sie standen, war selbst auf einem hohen Hügel erbaut und überragte diesen Hügel um 30 Ellen gleichsam als ein ziemlich hoher Kamm; auf diesem erhoben sich die Türme und gewannen somit sehr viel an Höhe. Auch die Größe der einzelnen Blöcke war bewundernswert: sie bestanden nicht aus gewöhnlichen Feldsteinen oder Felsstücken, wie Menschen sie tragen können, sondern waren weißer Marmor, den man herausgeschnitten hatte[52]. Die Länge jedes Steinblocks maß 20 Ellen, 10 seine Breite und 5 die Höhe; sie waren außerdem so eng zusammengefügt, daß jeder Turm als ein einziger naturgewachsener und hoch ragender Fels erschien, der erst nachträglich von den Händen der Steinhauer geglättet wurde und dadurch seine Gestalt und seine Ecken erhielt. So wenig ließ sich an irgendeiner Stelle das Bindemittel des ganzen Gefüges erkennen. Den nach Norden gelegenen Türmen war auf deren Südseite der königliche Palast angegliedert, der jede Beschreibung übertraf. Denn sowohl hinsichtlich des aufgewandten Materials als auch dessen Bearbeitung war er unübertrefflich. Er war überall

176 φεια τῆς ἁρμονίας διεφαίνετο. κειμένοις δὲ πρὸς ἄρκτον αὐτοῖς ἔνδοθεν
177 ἡ τοῦ βασιλέως αὐλὴ προσέζευκτο, παντὸς λόγου κρείσσων· οὔτε γὰρ πολυτελείας οὔτε κατασκευῆς τινος ἔλειπεν ὑπερβολήν, ἀλλὰ τετείχιστο μὲν ἅπασα τριάκοντα πήχεις τὸ ὕψος κύκλῳ κατ' ἴσον διάστημα, κεκοσμημένοις δὲ πύργοις διείληπτο ἀνδρῶσί τε μεγίστοις καὶ εἰς ξενῶνας
178 ἑκατοντακλίνους· ἐν οἷς ἀδιήγητος μὲν ἡ ποικιλία τῶν λίθων ἦν, συνῆκτο γὰρ πολὺς ὁ πανταχοῦ σπάνιος, θαυμασταὶ δὲ ὀροφαὶ μήκει τε δοκῶν
179 καὶ λαμπρότητι προκοσμημάτων, οἴκων δὲ πλῆθος καὶ διαφοραὶ σχημάτων περὶ τούτους μυρίαι, πᾶσίν γε μὴν ἀποσκευαὶ πλήρεις, καὶ τὰ πλείω
180 τῶν ἐν ἑκάστοις κειμένων ἐξ ἀργύρου τε καὶ χρυσοῦ. περίστοα δὲ δι' ἀλλήλων ἐν κύκλῳ πολλά, καὶ στῦλοι πρὸς ἑκάστῳ διάφοροι, τά γε μὴν
181 τούτων ὕπαιθρα πάντα[83] χλοερά, καὶ ποικίλαι μὲν ὗλαι μακροὶ δὲ δι' αὐτῶν περίπατοι καὶ περὶ τούτους εὔριποι βαθεῖς δεξαμεναί τε πανταχοῦ[84] χαλκουργημάτων περίπλεοι, δι' ὧν τὸ ὕδωρ ἐξεχεῖτο, καὶ πολλοὶ περὶ τὰ
182 νάματα πύργοι πελειάδων ἡμέρων. ἀλλὰ γὰρ οὔθ' ἑρμηνεῦσαι δυνατὸν ἀξίως τὰ βασίλεια, καὶ φέρει βάσανον ἡ μνήμη τὰς τοῦ ληστρικοῦ πυρὸς
183 δαπάνας ἀναφέρουσα· οὐ γὰρ ταῦτα ῾Ρωμαῖοι κατέφλεξαν, ἀλλ' ὑπὸ τῶν ἔνδον ἐπιβούλων, ὡς προειρήκαμεν, ἐν ἀρχῇ τῆς ἀποστάσεως[85] ἀπὸ μὲν τῆς Ἀντωνίας ἤρξατο τὸ πῦρ, μετέβη δ' ἐπὶ τὰ βασίλεια καὶ τῶν τριῶν πύργων τὰς στέγας ἐπενεμήθη.

184 V. 1. Τὸ δ' ἱερὸν ἵδρυτο μέν, ὥσπερ ἔφην, ἐπὶ λόφου καρτεροῦ, κατ' ἀρχὰς δὲ μόλις ἐξήρκει τὸ ἀνωτάτω χθαμαλὸν αὐτοῦ τῷ τε ναῷ καὶ τῷ
185 βωμῷ· τὰ γὰρ πέριξ ἀπόκρημνος ἦν καὶ κατάντης. τοῦ δὲ βασιλέως Σολομῶνος, ὃς δὴ καὶ τὸν ναὸν ἔκτισεν, τὸ κατ' ἀνατολὰς μέρος ἐκτειχίσαντος, ἐπετέθη μία στοὰ τῷ χώματι· καὶ κατά γε τὰ λοιπὰ μέρη γυμνὸς ὁ ναὸς ἦν. τοῖς δ' ἑξῆς αἰῶσιν ἀεί τι τοῦ λαοῦ προσχωννύντος
186 ἀνισούμενος ὁ λόφος ηὐρύνετο. διακόψαντες δὲ καὶ τὸ προσάρκτιον τεῖχος τοσοῦτον προσελάμβανον ὅσον ὕστερον ἐπεῖχεν ὁ τοῦ παντὸς ἱεροῦ
187 περίβολος. τειχίσαντες δ' ἐκ ῥίζης τριχῇ κυκλόθεν τὸν λόφον καὶ μεῖζον ἐλπίδος ἐκπονήσαντες ἔργον, εἰς ὃ μακροὶ μὲν ἐξαναλώθησαν αἰῶνες αὐτοῖς καὶ οἱ ἱεροὶ δὲ θησαυροὶ πάντες, οὓς ἀνεπίμπλασαν οἱ παρὰ τῆς οἰκουμένης δασμοὶ πεμπόμενοι τῷ θεῷ, τούς τε ἄνω περιβόλους καὶ τὸ
188 κάτω ἱερὸν ἀμφεδείμαντο. τούτου τὸ ταπεινότατον ἀπὸ τριακοσίων ἀνετείχισαντο πηχῶν, κατὰ δέ τινας τόπους καὶ[86] πλείονος. οὐ μέντοι πᾶν τὸ

[83] πανταχοῦ LVRC Na.
[84] MVRC Na lesen πολλαχοῦ.
[85] ἀποστάσεως καὶ PAMVR Lat; ἀποστάσεως κατεφλέχθησαν καὶ C Na.
[86] ἐκ PAMVRC.

durch eine 30 Ellen hohe Ringmauer geschützt und in gleichen Abständen von Ziertürmen gegliedert; ferner enthielt er riesige Säle und Gastzimmer mit insgesamt 100 Ruhebetten. Diese Räume waren mit unsagbar mannigfaltigen Steinen ausgestattet, denn man hatte seltene Stücke aus aller Herren Länder in großer Zahl darin angesammelt, und wunderbar waren die Decken mit ihren langen Balken und den herrlichen Ornamenten. Groß war die Zahl der Gemächer, und ihre Ausstattung wechselte in unendlich vielen Formen; alle waren mit Geräten reichlich versehen, dabei war die Mehrzahl der in jedem einzelnen Gemach befindlichen Gegenstände aus Silber und Gold. Ringsherum führten viele Säulenhallen, die ineinander übergingen; in jeder waren die Säulen verschieden. Die unter freiem Himmel liegenden Innenhöfe prangten alle in frischem Grün. Hier standen verschiedenartige Haine, durch die lange Spazierwege führten und die von stark fließenden tiefen Kanälen umgeben waren. Ferner gab es dort Teiche, an denen sich überall zahlreiche Bronzestatuen erhoben, aus denen sich das Wasser ergoß. Schließlich standen zwischen den künstlichen Gewässern viele Türme für zahme Tauben[53]. Jedoch ist es gar nicht möglich, den Königpalast in gebührender Weise darzustellen; außerdem verursacht die Erinnerung daran nur Qual, weil sie die maßlose Zerstörungswut des von den Zeloten gelegten Feuers vor Augen führt. Denn nicht die Römer haben dies Bauwerk niedergebrannt, vielmehr waren es — wie wir oben erzählten — einheimische Verschwörer zu Beginn des Aufstandes. Dabei nahm das Feuer in der Antonia seinen Anfang, wurde dann zum Palast übertragen und griff schließlich auf die Dächer der drei Türme über.

5. Kapitel

1. 184. Obwohl der Tempel, wie ich schon sagte[54], auf einem festen Hügel errichtet war, so genügte ursprünglich dessen Grundfläche an der Spitze kaum für das Tempelgebäude und den Altar, da der Hügel ringsum abschüssig war und steil abfiel. Aber der König Salomo, der ja auch der erste Erbauer des Tempels war[55], befestigte das Gelände an der Ostseite durch eine Mauer; dann wurde eine einzige Halle auf der Aufschüttung errichtet. Nach den übrigen Seiten hin blieb das Tempelgebäude ungeschützt. Aber in den folgenden Zeiten schüttete das Volk immer mehr Erde an; dadurch wurde der Hügel auf eine einheitliche Höhe gebracht und somit verbreitert[56]. Man riß auch die Nordmauer nieder und gewann auf diese Weise eine so große Fläche hinzu, wie sie später der gesamte Mauerring um den Tempel einschloß[57]. Zuerst umgaben sie den Hügel an seinem Fuß auf drei Seiten mit Stützmauern und führten damit ein Werk aus, das jede Erwartung übertraf[58]; hierfür brauchten sie lange Zeiträume und verwendeten ferner alle heiligen Schätze, die von den aus der bewohnten Welt für Gott entrichteten Abgaben aufgehäuft worden waren. Dann bauten sie rings um die oben gelegenen Höfe und um den unteren Teil des Heiligtums eine Umfassungsmauer. An den niedrigsten Punkten ihrer Fundamente wurde diese Umfassungsmauer 300 Ellen hoch, an manchen Stellen sogar noch höher aufgeführt. Wie tief die Fundamente eigentlich lagen, trat

βάθος ἐφαίνετο τῶν θεμελίων· ἐπὶ πολὺ γὰρ ἔχωσαν τὰς φάραγγας
189 ἀνισοῦν βουλόμενοι τοὺς στενωποὺς τοῦ ἄστεος. πέτραι δὲ τεσσαρακονταπήχεις τὸ μέγεθος ἦσαν τοῦ δομήματος· ἥ τε γὰρ δαψίλεια τῶν χρημάτων καὶ τοῦ λαοῦ φιλοτιμία λόγου μείζονας ἐποιεῖτο τὰς ἐπιβολάς, καὶ τὸ μηδὲ ἐλπισθὲν ἕξειν πέρας ἐπιμονῇ καὶ χρόνοις ἦν ἀνύσιμον.
190 2. Ἦν δὲ ἄξια τῶν τηλικούτων θεμελίων καὶ τὰ ὑπὲρ αὐτῶν ἔργα. διπλαῖ μὲν γὰρ αἱ στοαὶ πᾶσαι, κίονες δ' αὐταῖς εἰκοσιπέντε πηχῶν τὸ ὕψος ἐφεστήκεσαν μονόλιθοι λευκοτάτης μαρμάρου, κεδρίνοις δὲ φατ-
191 νώμασιν ὠρόφωντο. τούτων ἡ μὲν φυσικὴ πολυτέλεια καὶ τὸ εὔξεστον καὶ τὸ ἁρμόνιον παρεῖχε θεωρίαν ἀξιόλογον, οὐδενὶ δὲ ἔξωθεν οὔτε
192 ζωγραφίας οὔτε γλυφίδος ἔργῳ προσηγλάιστο. καὶ πλατεῖαι μὲν ἦσαν ἐπὶ τριάκοντα πήχεις, ὁ δὲ πᾶς κύκλος αὐτῶν εἰς ἓξ σταδίους συνεμετρεῖτο περιλαμβανομένης καὶ τῆς Ἀντωνίας· τὸ δ' ὕπαιθρον ἅπαν πεποί-
193 κιλτο παντοδαπῷ λίθῳ⁸⁷ κατεστρωμένον. διὰ τούτου προϊόντων ἐπὶ τὸ δεύτερον ἱερὸν δρύφακτος περιβέβλητο λίθινος, τρίπηχυς μὲν ὕψος, πάνυ
194 δὲ χαριέντως διειργασμένος· ἐν αὐτῷ δὲ εἰστήκεσαν ἐξ ἴσου διαστήματος στῆλαι τὸν τῆς ἁγνείας προσημαίνουσαι νόμον αἱ μὲν Ἑλληνικοῖς αἱ δὲ Ῥωμαϊκοῖς γράμμασιν μηδένα ἀλλόφυλον ἐντὸς τοῦ ἁγίου παριέναι· τὸ
195 γὰρ δεύτερον ἱερὸν ἅγιον ἐκαλεῖτο. καὶ τεσσαρεσκαίδεκα μὲν⁸⁸ βαθμοῖς ἦν ἀναβατὸν ἀπὸ τοῦ πρώτου, τετράγωνον δὲ ἄνω καὶ τεῖχει περι-
196 πεφραγμένον ἰδίῳ. τούτου τὸ μὲν ἔξωθεν ὕψος καίπερ τεσσαράκοντα πηχῶν ὑπάρχον ὑπὸ τῶν βαθμῶν ἐκαλύπτετο, τὸ δὲ ἔνδον εἴκοσι καὶ πέντε πηχῶν ἦν· πρὸς γὰρ ὑψηλοτέρῳ δεδομημένου τοῦ βάθρου⁸⁹ οὐκέτ'
197 ἦν ἅπαν εἴσω καταφανὲς καλυπτόμενον ὑπὸ τοῦ λόφου. μετὰ δὲ τοὺς δεκατέσσαρας βαθμοὺς τὸ μέχρι τοῦ τείχους διάστημα πηχῶν ἦν δέκα,
198 πᾶν ἰσόπεδον. ἔνθεν ἄλλοι πάλιν πεντέβαθμοι⁹⁰ κλίμακες ἀνῆγον ἐπὶ τὰς πύλας, αἳ ἀπὸ μὲν ἄρκτου καὶ μεσημβρίας ὀκτώ, καθ' ἑκάτερον τέσσαρες, δύο δ' ἦσαν ἐξ ἀνατολῆς κατ' ἀνάγκην· διατετειχισμένου γὰρ κατὰ τοῦτο τὸ κλίμα ταῖς γυναιξὶν ἰδίου πρὸς θρησκείαν χώρου ἔδει
199 δευτέραν εἶναι πύλην· τέτμητο δ' αὕτη τῆς πρώτης ἄντικρυς. κἀκ τῶν ἄλλων δὲ κλιμάτων μία μεσημβρινὴ πύλη καὶ μία βόρειος, δι' ἧς εἰς τὴν γυναικωνῖτιν εἰσῆγον· κατὰ γὰρ τὰς ἄλλας οὐκ ἐξῆν παρελθεῖν γυναιξίν, ἀλλ' οὐδὲ κατὰ τὴν σφετέραν ὑπερβῆναι τὸ διατείχισμα. ἀνεῖτό γε μὴν ταῖς τ' ἐπιχωρίοις καὶ ταῖς ἔξωθεν ὁμοφύλοις ἐν ἴσῳ πρὸς θρησκείαν
200 ὁ χῶρος. τὸ δὲ πρὸς δύσιν μέρος οὐκ εἶχε πύλην, ἀλλὰ διηνεκὲς ἐδεδόμητο ταύτῃ τὸ τεῖχος. αἱ στοαὶ δὲ μεταξὺ τῶν πυλῶν ἀπὸ τοῦ τείχους ἔνδον ἐστραμμέναι πρὸ τῶν γαζοφυλακίων σφόδρα μὲν καλοῖς καὶ μεγάλοις

---

⁸⁷ παντοδαπῶν λίθων codd. Lat; παντοδαπῷ λίθῳ Destinon cj. Niese.
⁸⁸ μὲν fehlt bei PA Lat.
⁸⁹ PAM Niese lesen τοῦ βαθμοῦ, VRC Na τοῖς βαθμοῖς, L hat βαθμοῖς, Lat *per gradus*. Niese konjiziert τοῦ βάθους. Wir folgen mit Thack Ricc der Konjektur Destinons τοῦ βάθρου.
⁹⁰ PA¹M lesen ἔνδεκα βαθμοί; ἕνδεκα L; πεντεβαθμοὶ V; πέντε βαθμοὶ RC; ἑνδεκάβαθμοι Acorr; Lat liest *quinque gradus et scalae;* πεντέβαθμοι Hudson cj. Bekker Niese.

freilich gar nicht in Erscheinung, da man die Schluchten in der Absicht, die zur Stadt führenden Hohlwege einzuebnen, großenteils zugeschüttet hatte. Für den Bau der Stützmauern wurden 40 Ellen große Felsblöcke verwendet[59]. Die reichlich fließenden Geldmittel und der Ehrgeiz des Volkes führten zu Unternehmungen, die jede Vorstellung übertreffen; und das Werk, von dem niemand hoffen konnte, daß es ans Ende gelange, wurde durch Beharrlichkeit in langen Zeiträumen erfolgreich abgeschlossen.

2. 190. Dieses gewaltigen Fundaments würdig waren auch die darauf errichteten Bauten. Denn alle Säulenhallen waren doppelreihig, und ihr Dach ruhte auf 25 Ellen hohen Säulen, von denen jede aus einem einzigen Stück blendend weißen Marmors bestand; sie waren mit Decken aus Zedernholz oben abgeschlossen. Das kostbare Material, die feine Bearbeitung und das harmonische Gefüge gewährten einen bemerkenswerten Anblick, obwohl die Säulenhallen außen durch kein Werk der Malerei oder der Bildhauerkunst verschönert worden waren[60]. Sie waren 30 Ellen breit; ihr ganzer Umfang betrug insgesamt sechs Stadien, wenn man auch die Antonia mit einbezieht[61]. Der ungedeckte Innenhof schimmerte in bunten Farben, da er mit Steinen von jeder Art gepflastert war. Ging man über diesen offenen Platz in Richtung auf das „zweite Heiligtum"[62], so fand man dieses von einer steinernen Schranke umgeben, die drei Ellen hoch und vortrefflich gearbeitet war[63]. Auf ihr standen in gleichen Zwischenräumen Steintafeln, die teils in griechischen, teils in lateinischen Lettern das die Reinheit schützende Gebot bekannt machten, kein Nichtjude dürfe die heilige Stätte betreten[64], denn der zweite Bezirk wurde „heilig" genannt. Zu diesem stieg man vom ersten Bezirk her auf 14 Stufen hinauf; die obere Anlage war rechteckig und von einer eigenen Mauer umgeben. Die Höhe dieser Mauer betrug zwar nach außen hin 40 Ellen, war jedoch von den Stufen verdeckt; von innen gesehen maß sie 25 Ellen. Denn da die Plattform des inneren Vorhofs in Anlehnung an ein höheres Gelände erbaut worden war, wurde die Mauer von innen her nicht in ihrer ganzen Höhe sichtbar, sondern in ihrem Unterteil von dem Hügel verdeckt. Nach den 14 Stufen war noch ein Abstand von 10 Ellen bis hin zur Mauer, der zu einer überall gleich hohen Terrasse ausgenutzt worden war[65]. Von dort führten wieder andere Treppen mit fünf Stufen zu den Toren. Tore gab es nach Norden und Süden acht, auf jeder Seite vier. Zwei befanden sich notwendigerweise auf der Ostseite; denn da nach dieser Himmelsrichtung hin für die Frauen ein eigener Raum zum Gottesdienst durch eine Trennungswand abgeteilt war, brauchte man ein weiteres Tor, das dem ersten gegenüber in der Mauer angebracht war[66]. Auch von den anderen Himmelsrichtungen, nämlich von Süden und Norden, führte je ein Tor in den Vorhof der Frauen. Den Frauen war nämlich nicht erlaubt, durch die anderen Tore einzutreten, ja nicht einmal bei ihrem eigenen Tor[67] über die Trennungswand hinaus zu gehen. Dieser Hof war ja tatsächlich den einheimischen wie auch den aus der Fremde kommenden Frauen des jüdischen Volkes in gleicher Weise zum Gottesdienst überlassen. An der Westseite des inneren Vorhofes befand sich kein Tor, vielmehr war dort die Mauer ohne Unterbrechung durchgebaut. Die Dächer der Säulenhallen, die an der Innenseite der Mauer vor den Schatzkammern[68] standen, ruhten auf besonders schönen und großen Säulen. Die

ἀνείχοντο κίοσιν, ἦσαν δ' ἁπλαῖ, καὶ πλὴν τοῦ μεγέθους τῶν κάτω κατ' οὐδὲν ἀπελείποντο.

201 3. Τῶν δὲ πυλῶν αἱ μὲν ἐννέα χρυσῷ καὶ ἀργύρῳ κεκαλυμμέναι πανταχόθεν ἦσαν ὁμοίως τε αἵ τε παραστάδες καὶ τὰ ὑπέρθυρα, μία δ' ἡ ἔξωθεν τοῦ νεὼ Κορινθίου χαλκοῦ πολὺ τῇ τιμῇ τὰς καταργύρους 202 καὶ περιχρύσους ὑπεράγουσα. καὶ δύο μὲν ἑκάστου πυλῶνος θύραι, τριάκοντα δὲ πηχῶν τὸ ὕψος ἑκάστης καὶ τὸ πλάτος ἦν πεντεκαίδεκα. 203 μετὰ μέντοι τὰς εἰσόδους ἐνδοτέρω πλατυνόμενοι παρ' ἑκάτερον τριακονταπήχεις ἐξέδρας εἶχον εὖρός τε καὶ μῆκος πυργοειδεῖς, ὑψηλὰς[91] δ' ὑπὲρ τεσσαράκοντα πήχεις· δύο δ' ἀνεῖχον ἑκάστην κίονες δώδεκα πηχῶν 204 τὴν περιοχὴν ἔχοντες. καὶ τῶν μὲν ἄλλων ἴσον ἦν τὸ μέγεθος, ἡ δ' ὑπὲρ τὴν Κορινθίαν ἀπὸ τῆς γυναικωνίτιδος ἐξ ἀνατολῆς ἀνοιγομένη τῆς τοῦ 205 ναοῦ πύλης ἀντικρὺ πολὺ μείζων· πεντήκοντα γὰρ πηχῶν οὖσα τὴν ἀνάστασιν τεσσαρακονταπήχεις τὰς θύρας εἶχε καὶ τὸν κόσμον πολυτελέστερον ἐπὶ δαψιλὲς πάχος ἀργύρου τε καὶ χρυσοῦ. τοῦτον δὲ ταῖς 206 ἐννέα πύλαις ἐπέχεεν ὁ Τιβερίου πατὴρ Ἀλέξανδρος. βαθμοὶ δὲ δεκαπέντε πρὸς τὴν μείζονα πύλην ἀπὸ τοῦ τῶν γυναικῶν διατειχίσματος ἀνῆγον· τῶν γὰρ κατὰ τὰς ἄλλας πέντε βαθμῶν ἦσαν βραχύτεροι.

207 4. Αὐτὸς δὲ ὁ ναὸς κατὰ μέσον κείμενος, τὸ ἅγιον ἱερόν, δώδεκα βαθμοῖς ἦν ἀναβατός, καὶ τὸ μὲν κατὰ πρόσωπον ὕψος τε καὶ εὖρος ἴσον ἀνὰ πήχεις ἑκατόν, κατόπιν δὲ τεσσαράκοντα πήχεσι στενότερος· 208 ἔμπροσθεν γὰρ ὥσπερ ὦμοι παρ' ἑκάτερον εἰκοσαπήχεις διέβαινον. ἡ πρώτη δ' αὐτοῦ πύλη πηχῶν ἑβδομήκοντα τὸ ὕψος οὖσα καὶ εὖρος εἴκοσι καὶ πέντε, θύρας οὐκ εἶχε· τοῦ γὰρ οὐρανοῦ τὸ ἀφανὲς[92] καὶ ἀδιάκλειστον ἐνέφαινε· κεχρύσωτο δὲ τὰ μέτωπα πάντα, καὶ δι' αὐτῆς ὅ τε πρῶτος οἶκος ἔξωθεν πᾶς κατεφαίνετο μέγιστος ὤν, καὶ τὰ περὶ τὴν 209 εἴσω πύλην πάντα λαμπόμενα χρυσῷ τοῖς ὁρῶσιν ὑπέπιπτεν. τοῦ δὲ ναοῦ ὄντος εἴσω διστέγου μόνος ὁ πρῶτος οἶκος προὔκειτο καὶ διηνεκὲς εἰς τὸ ὕψος, ἀνατεινόμενος μὲν ἐπ' ἐνενήκοντα πήχεις, μηκυνόμενος δὲ 210 ἐπὶ πεντήκοντα καὶ διαβαίνων ἐπ' εἴκοσιν. ἡ δὲ διὰ τοῦ οἴκου πύλη κεχρύσωτο μέν, ὡς ἔφην, πᾶσα καὶ ὅλος ὁ περὶ αὐτὴν τοῖχος, εἶχε δὲ καὶ τὰς χρυσᾶς ὑπὲρ αὐτῆς ἀμπέλους, ἀφ' ὧν βότρυες ἀνδρομήκεις κατε- 211 κρέμαντο. ὄντος δὲ ἤδη τοῦ ναοῦ διστέγου, ταπεινοτέρα τῆς ἔξωθεν ὄψεως ἡ ἔνδον ἦν καὶ θύρας εἶχε χρυσᾶς πεντηκονταπέντε[93] πήχεων τὸ 212 ὕψος, εὖρος δ' ἑκκαίδεκα. πρὸ δὲ τούτων ἰσόμηκες καταπέτασμα πέπλος ἦν Βαβυλώνιος ποικιλτὸς ἐξ ὑακίνθου καὶ βύσσου κόκκου τε καὶ πορφύρας, θαυμαστῶς μὲν εἰργασμένος, οὐκ ἀθεώρητον δὲ τῆς ὕλης τὴν κρᾶσιν 213 ἔχων, ἀλλ' ὥσπερ εἰκόνα τῶν ὅλων· ἐδόκει γὰρ αἰνίττεσθαι τῇ κόκκῳ μὲν τὸ πῦρ, τῇ βύσσῳ δὲ τὴν γῆν, τῇ δ' ὑακίνθῳ τὸν ἀέρα, καὶ τῇ πορφύρᾳ τὴν θάλασσαν, τῶν μὲν ἐκ τῆς χροίας ὁμοιουμένων, τῆς δὲ βύσσου καὶ τῆς πορφύρας διὰ τὴν γένεσιν, ἐπειδὴ τὴν μὲν ἀναδίδωσιν ἡ γῆ, τὴν

---

[91] ὑψηλαί codd.; ὑψηλάς Coccejus cj. Niese Na Thack.
[92] ἀχανὲς Bekker cj. Na Thack Kohout Ricc.
[93] πεντήκοντα PA.

Säulenhallen waren einreihig, gaben aber, von der Größe abgesehen, denen des unteren Vorhofes nichts nach.

3. 201. Von den Toren waren neun vollständig mit Gold und Silber überzogen, auch die Türpfosten und die Oberschwellen; eines aber, an der Außenseite[69] des Tempels, war aus korinthischem Erz und übertraf an Wert bei weitem die übersilberten und vergoldeten. Jeder Torbau hatte zwei Türflügel von je 30 Ellen Höhe und 15 Ellen Breite[70]. Hinter dem eigentlichen Eingang, im Innenraum, verbreiterten sich allerdings die Torbauten: sie besaßen auf jeder Seite turmähnliche Hallen von je 30 Ellen Breite und Länge und über 40 Ellen Höhe[71]. Jeder Torbau wurde durch zwei Säulen gestützt, deren Umfang 12 Ellen betrug. Die Tore hatten sonst alle die gleiche Größe, nur das jenseits des korinthischen Tores gelegene war viel größer; dieses Tor öffnete sich vom Frauenvorhof aus östlich gegenüber dem Eingangstor des Tempelgebäudes. Sein Aufbau war 50 Ellen hoch, dazu hatte es 40 Ellen hohe Türen und besonders wertvollen Schmuck, da ziemlich dicke Silber- und Goldbeläge angebracht worden waren. Mit solchem Schmuck hatte Alexander, der Vater des Tiberius[72], die neun Tore versehen lassen. 15 Stufen führten von der Trennmauer des Frauenvorhofs zu diesem größeren Tor hinauf; sie waren nämlich niedriger als die fünf Stufen bei den anderen Toren[73].

4. 207. Zum Tempelgebäude selbst, dem heiligsten Teil der Gesamtanlage, der sich in deren Mitte befand, stieg man auf 12 Stufen hinauf. Die Vorderfront hatte gleiche Höhe und Breite, nämlich je 100 Ellen. Dahinter war das Gebäude um 40 Ellen schmaler, denn vorn ragten gleichsam zwei Schultern von je 20 Ellen nach beiden Seiten hinaus[74]. Das erste Tor des Tempelgebäudes war 70 Ellen hoch und 25 Ellen breit; es hatte keine Türflügel. Damit sollte nämlich zur Darstellung gelangen, daß der Himmel, obzwar verborgen, so doch nicht verschlossen ist. Die ganze Stirnseite war mit Gold bedeckt; durch die Türöffnung konnte man den ersten Raum in seiner riesigen Größe von außen her sehen; dazu fiel die ganze in Gold schimmernde Umgebung des inneren Tores den Beschauern ins Auge[75]. Während das Tempelgebäude innen zwei Stockwerke besaß, war nur die Vorhalle in ihrer ganzen ungeteilten Höhe sichtbar; sie ragte 90 Ellen empor, war 50 Ellen breit und 20 tief[76]. Das Tor, durch das man den eigentlichen Tempelraum betrat, war, wie ich schon sagte, ganz mit Gold belegt, desgleichen auch die Wandfläche um es her. Über sich trug es auch die goldenen Weinstöcke, von denen mannshohe Trauben herabhingen[77]. Da also nun das Tempelgebäude aus zwei Stockwerken bestand, so war es von innen niedriger anzusehen als von außen[78]. Es hatte goldene Türflügel von 55 Ellen Höhe und 16 Ellen Breite. Vor diesen hing ein ebenso langer Vorhang, ein babylonisches Gewebe, buntgewirkt aus violetter Wolle, weißem Linnen, scharlachroter und purpurner Wolle, eine wunderbare Arbeit. Dabei hatte man diese Zusammenstellung des Materials nicht ohne Überlegung gewählt, denn sie sollte gleichsam ein Abbild des Alls sein. Denn mit dem Scharlachrot schien das Feuer auf versteckte Weise angezeigt, mit dem weißen Linnen die Erde, mit dem Violett die Luft, mit dem Purpur das Meer. Dabei war in zwei Fällen der Vergleich auf Grund der Farbe, beim weißen Linnen aber und beim Purpur auf Grund der Herkunft angestellt; denn jenes liefert die Erde, dieser stammt

214 δ' ἡ θάλασσα. κατεγέγραπτο δ' ὁ πέπλος ἅπασαν⁹⁴ τὴν οὐράνιον θεωρίαν πλὴν ζῳδίων.
215 5. Παριόντας δ' εἴσω τὸ ἐπίπεδον τοῦ ναοῦ μέρος ἐξεδέχετο. τούτου τοίνυν τὸ μὲν ὕψος ἑξήκοντα πηχῶν καὶ τὸ μῆκος ἴσον, εἴκοσι⁹⁵ δὲ πηχῶν
216 τὸ πλάτος ἦν. τὸ δ' ἑξηκοντάπηχυ πάλιν διῄρητο, καὶ τὸ μὲν πρῶτον μέρος ἀποτετμημένον ἐπὶ τεσσαράκοντα πήχεις εἶχεν ἐν αὑτῷ τρία θαυμασιώτατα καὶ περιβόητα πᾶσιν ἀνθρώποις ἔργα, λυχνίαν τράπεζαν
217 θυμιατήριον. ἐνέφαινον δ' οἱ μὲν ἑπτὰ λύχνοι τοὺς πλανήτας· τοσοῦτοι γὰρ ἀπ' αὐτῆς διῄρηντο τῆς λυχνίας· οἱ δὲ ἐπὶ τῆς τραπέζης ἄρτοι
218 δώδεκα τὸν ζῳδιακὸν κύκλον καὶ τὸν ἐνιαυτόν. τὸ θυμιατήριον δὲ διὰ τῶν τρισκαίδεκα θυμιαμάτων, οἷς ἐκ θαλάσσης ἀνεπίμπλατο καὶ τῆς τε ἀοικήτου⁹⁶ καὶ οἰκουμένης, ἐσήμαινεν ὅτι τοῦ θεοῦ πάντα καὶ τῷ θεῷ.
219 τὸ δ' ἐνδοτάτω μέρος εἴκοσι μὲν πηχῶν ἦν· διείργετο δὲ ὁμοίως καταπετάσματι πρὸς τὸ ἔξωθεν. ἔκειτο δὲ οὐδὲν ὅλως ἐν αὐτῷ, ἄβατον δὲ
220 καὶ ἄχραντον καὶ ἀθέατον ἦν πᾶσιν, ἁγίου δὲ ἅγιον ἐκαλεῖτο. περὶ δὲ τὰ πλευρὰ τοῦ κάτω ναοῦ δι' ἀλλήλων ἦσαν οἶκοι τρίστεγοι πολλοί, καὶ
221 παρ' ἑκάτερον εἰς αὐτοὺς ἀπὸ τῆς πύλης εἴσοδοι. τὸ δ' ὑπερῷον μέρος τούτους μὲν οὐκέτι εἶχεν τοὺς οἴκους παρόσον ἦν καὶ στενότερον, ὑψηλὸν⁹⁷ δ' ἐπὶ τεσσαράκοντα πήχεις καὶ λιτότερον τοῦ κάτω· συνάγεται γὰρ οὕτως πρὸς ἑξήκοντα τοῖς τοῦ ἐπιπέδου πηχῶν ἑκατὸν τὸ πᾶν ὕψος.
222 6. Τὸ δ' ἔξωθεν αὐτοῦ πρόσωπον οὐδὲν οὔτ' εἰς ψυχῆς⁹⁸ οὔτ' εἰς ὀμμάτων ἔκπληξιν ἀπέλειπεν· πλαξὶ γὰρ χρυσοῦ στιβαραῖς κεκαλυμμένος πάντοθεν ὑπὸ τὰς πρώτας ἀνατολὰς πυρωδεστάτην ἀπέπαλλεν⁹⁹ αὐγὴν καὶ τῶν βιαζομένων ἰδεῖν τὰς ὄψεις ὥσπερ ἡλιακαῖς ἀκτῖσιν ἀπέστρεφεν.
223 τοῖς γε μὴν ἀφικνουμένοις¹⁰⁰ ξένοις πόρρωθεν ὅμοιος ὄρει χιόνος πλήρει
224 κατεφαίνετο· καὶ γὰρ καθὰ μὴ κεχρύσωτο λευκότατος ἦν. κατὰ κορυφὴν δὲ χρυσέους ὀβελοὺς ἀνεῖχεν τεθηγμένους, ὡς μή τινι προσκαθεζομένῳ μολύνοιτο τῶν ὀρνέων. τῶν δ' ἐν αὐτῷ λίθων ἔνιοι μῆκος πέντε καὶ
225 τεσσαράκοντα πηχῶν ἦσαν, ὕψος πέντε, εὖρος δ' ἕξ. πρὸ αὐτοῦ δ' ὁ βωμὸς πεντεκαίδεκα μὲν ὕψος ἦν πήχεων, εὖρος δὲ καὶ μῆκος ἐκτείνων ἴσον ἀνὰ πεντήκοντα¹⁰¹ πήχεις τετράγωνος ἵδρυτο, κερατοειδεῖς¹⁰² προανέχων γωνίας, καὶ ἀπὸ μεσημβρίας ἐπ' αὐτὸν ἄνοδος ἠρέμα προσάντης ὑπτίαστο. κατεσκευάσθη δὲ ἄνευ σιδήρου, καὶ οὐδέποτ' ἔψαυεν αὐτοῦ
226 σίδηρος. περιέστεφε δὲ τόν τε ναὸν καὶ τὸν βωμὸν εὐλιθόν τι καὶ χαρίεν γείσιον ὅσον πηχυαῖον ὕψος, ὃ διεῖργεν¹⁰³ ἐξωτέρω τὸν δῆμον ἀπὸ
227 τῶν ἱερέων. γονορροίοις¹⁰⁴ μὲν δὴ καὶ λεπροῖς ἡ πόλις ὅλη, τὸ δ' ἱερὸν¹⁰⁵ γυναικῶν ἐμμήνοις ἀπεκέκλειστο, παρελθεῖν δὲ ταύταις οὐδὲ καθαραῖς ἐξῆν ὃν προείπαμεν ὅρον. ἀνδρῶν δ' οἱ μὴ καθάπαν ἡγνευκότες

⁹⁴ πᾶσαν LVRC Na. ⁹⁵ L liest εἰκοσιτεσσάρων.
⁹⁶ καὶ γῆς τῆς τε ἀοικήτου Holwerda cj. (Niese); παὶ γῆς ἀοικήτου τε Thack cj.
⁹⁷ ὑψηλότερον PAMVRC Lat Thack. ⁹⁸ PA lesen ψυχήν.
⁹⁹ L liest ἀπέλαμπεν. ¹⁰⁰ LVRC Na haben εἰσαφικνουμένοις.
¹⁰¹ Lat hat *quadragenis*. ¹⁰² VRC¹ lesen κερατοειδῆς. ¹⁰³ V liest διήγειρεν.
¹⁰⁴ PA haben γονορύοις, L liest γονορρίοις, VR γονορρίοις.
¹⁰⁵ PAM lesen τὸ διεῖργον τὸ δ' ἱερόν· εἶχεν τὸ διεῖργον L; τὸ διεῖργον VR cod. Lugd.; διείργετο C; τὸ δ' ἱερὸν Niese cj. Na Thack (vgl. Niese S. XXV).
¹⁰⁶ μὴ fehlt bei Lat Thack.

aus dem Meer. Auf das Gewebe war das ganze sichtbare Himmelsgewölbe, mit Ausnahme der Bilder des Tierkreises, aufgestickt[80].

5. 215. Schritt man in das Innere, so wurde man vom Erdgeschoß des Tempelgebäudes aufgenommen. Dieses selbst war nun 60 Ellen hoch und ebenso lang, und 20 Ellen betrug die Breite[81]. Die Länge von 60 Ellen war wieder unterteilt; im ersten Raum, der auf 40 Ellen bemessen war, befanden sich drei besonders wunderbare und bei allen Menschen weit berühmte Werke: Leuchter, Tisch und Räucheraltar[82]. Die sieben Lampen, die vom Leuchter abgezweigt waren, zeigten die Planeten, die auf dem Tisch liegenden 12 Brote den Tierkreis und das Jahr an[83]. Der Räucheraltar sollte durch die 13 Arten von Räucherwerk, die ihn ganz bedeckten, und die vom Meer, vom unbewohnten Land und von der bewohnten Welt stammten, deutlich machen, alles ist von Gott und für Gott[84]. Der innerste Raum war 20 Ellen groß und ebenfalls durch einen Vorhang nach außen hin geschieden. In ihm befand sich überhaupt nichts: keiner durfte ihn betreten, niemand ihn berühren oder auch nur einen Blick in ihn werfen. Er hieß „Allerheiligstes"[85]. An den Seiten des unteren Teils des Tempels waren viele, in 3 Stockwerken angeordnete und unter einander verbundene Räume, zu denen auf jeder Seite vom Tor her Zugänge führten[86]. Der obere Teil des Gebäudes war dagegen nicht mehr mit solchen Kammern ausgestattet und darum entsprechend schmaler; er überragte aber den unteren um 40 Ellen und war schlichter als jener[87]. Rechnet man diese Höhe zu den 60 Ellen des Erdgeschosses hinzu, so ergeben sich 100 Ellen als Gesamthöhe.

6. 222. Die äußere Gestalt des Tempels bot alles, was sowohl die Seele als auch das Auge des Beschauers in großes Erstaunen versetzen konnte. Denn der Tempel war überall mit massiven Goldplatten belegt, und mit Beginn des Sonnenaufgangs strahlte er einen ganz feurigen Glanz von sich aus, so daß die Beschauer, sogar wenn sie durchaus hinsehen wollten, ihre Augen wie von den Sonnenstrahlen abwenden mußten[88]. In der Tat erschien er den nach Jerusalem kommenden Fremden wie eine schneebedeckte Bergkuppe, denn wo man ihn nicht vergoldet hatte, war er blendend weiß. Auf dem Dachfirst trug das Tempelgebäude spitze Stangen aus Gold, damit es durch keinen Vogel, der sich dort niederlassen wollte, beschmutzt würde. Von den in das Tempelgebäude eingebauten Steinen hatten einige eine Länge von 45 Ellen bei fünf Ellen Höhe und sechs Breite[89]. Vor dem Tempelhaus stand der Altar, der 15 Ellen hoch war; da seine Ausdehnung der Länge und Breite nach mit je 50 Ellen gleich groß war, stand er als ein Block mit quadratischer Deckfläche da. Seine Ecken ragten hörnerartig in die Höhe, von Süden her zog sich zu ihm eine sanft ansteigende Rampe hinauf. Bei der Errichtung des Altars wurde kein eisernes Gerät verwendet, auch später durfte ihn nie ein Eisen berühren[90].

Das Tempelgebäude und den Altar umgab eine aus schönen Steinen gefertigte gefällige Schranke, etwa eine Elle hoch; sie trennte das draußen stehende Volk von den Priestern[91]. Samenflüssigen und Aussätzigen war sogar der Zutritt zur Stadt überhaupt verboten. Das Heiligtum blieb menstruierenden Frauen verschlossen; diese durften, selbst wenn sie rein waren, die oben erwähnte Grenze nicht überschreiten. Männer, die sich nicht gänzlich geheiligt

εἴργοντο τῆς ἔνδον αὐλῆς, καὶ τῶν ἱερέων πάλιν οἱ μὴ[106] καθαρεύοντες εἴργοντο.

7. Τῶν δ' ἀπὸ γένους ἱερέων ὅσοι διὰ πήρωσιν[107] οὐκ ἐλειτούργουν παρῆσάν τε ἅμα τοῖς ὁλοκλήροις ἐνδοτέρω τοῦ γεισίου καὶ τὰς ἀπὸ τοῦ γένους ἐλάμβανον μερίδας, ταῖς γε μὴν ἐσθῆσιν[108] ἰδιωτικαῖς ἐχρῶντο· τὴν γὰρ ἱερὰν ὁ λειτουργῶν ἠμφιέννυτο μόνος. ἐπὶ δὲ τὸ θυσιαστήριον καὶ τὸν ναὸν ἀνέβαινον οἱ τῶν ἱερέων ἄμωμοι, βύσσον μὲν ἀμπεχόμενοι, μάλιστα δὲ ἀπὸ ἀκράτου νήφοντες δέει τῆς θρησκείας, ὡς μή τι παραβαῖεν ἐν τῇ λειτουργίᾳ. ὁ δὲ ἀρχιερεὺς ἀνῄει μὲν σὺν αὐτοῖς, ἀλλ' οὐκ ἀεί, ταῖς δ' ἑβδομάσι καὶ νουμηνίαις καὶ εἴ τις ἑορτὴ πάτριος ἢ πανήγυρις ἦν[109] πάνδημος ἀγομένη δι' ἔτους. ἐλειτούργει δὲ τοὺς μηροὺς μέχρις αἰδοίου διαζώματι λινοῦν τε ὑποδύτην ἔνδοθεν λαμβάνων καὶ ποδήρη καθύπερθεν ὑακίνθινον, ἔνδυμα στρογγύλον θυσανωτόν[110]. τῶν δὲ θυσάνων ἀπήρτηντο κώδωνες χρύσεοι καὶ ῥοαὶ παράλληλοι, βροντῆς μὲν οἱ κώδωνες, ἀστραπῆς δ' αἱ ῥοαὶ σημεῖον. ἡ δὲ τὸ ἔνδυμα τῷ στέρνῳ προσηλοῦσα ταινία πέντε διηνθισμένη ζώναις πεποίκιλτο, χρυσοῦ τε καὶ πορφύρας καὶ κόκκου πρὸς δὲ βύσσου καὶ ὑακίνθου, δι' ὧν ἔφαμεν καὶ τὰ τοῦ ναοῦ καταπετάσματα συνυφάνθαι. τούτοις δὲ καὶ ἐπωμίδα κεκραμένην εἶχεν, ἐν ᾗ πλείων χρυσὸς ἦν. σχῆμα μὲν οὖν ἐνδυτοῦ θώρακος εἶχεν, δύο δ' αὐτὴν ἐνεπόρπων ἀσπιδίσκαι χρυσαῖ, κατεκέκλειντο δ' ἐν ταύταις κάλλιστοί τε καὶ μέγιστοι σαρδόνυχες, τοὺς ἐπωνύμους τῶν τοῦ ἔθνους φυλῶν ἐπιγεγραμμέναι. κατὰ δὲ θάτερον ἄλλοι προσήρτηντο λίθοι δώδεκα, κατὰ τρεῖς εἰς τέσσαρα μέρη διῃρημένοι, σάρδιον τόπαζος σμάραγδος, ἄνθραξ ἴασπις σάπφειρος, ἀχάτης ἀμέθυστος λιγύριον, ὄνυξ βήρυλλος χρυσόλιθος, ὧν ἐφ' ἑκάστου πάλιν εἷς τῶν ἐπωνύμων ἐγέγραπτο. τὴν δὲ κεφαλὴν βυσσίνη μὲν ἔσκεπεν τιάρα, κατέστεπτο δ' ὑακίνθῳ, περὶ ἣν χρυσοῦς ἄλλος ἦν στέφανος ἔκτυπα φέρων τὰ ἱερὰ γράμματα· ταῦτα δ' ἐστὶ φωνήεντα τέσσαρα. ταύτην μὲν οὖν τὴν ἐσθῆτα οὐκ ἐφόρει χρόνιον, λιτοτέραν δ'[111] ἀνελάμβανεν, ὁπότε δ'[112] εἰσίοι εἰς τὸ ἄδυτον· εἰσῄει δ' ἅπαξ κατ' ἐνιαυτὸν μόνος ἐν ᾗ νηστεύειν ἔθος ἡμέρα πάντας τῷ θεῷ. καὶ τὰ μὲν περὶ τῆς πόλεως καὶ τοῦ ναοῦ τῶν τε περὶ τοῦτον[113] ἐθῶν καὶ νόμων αὖθις ἀκριβέστερον ἐροῦμεν· οὐ γὰρ ὀλίγος περὶ αὐτῶν καταλείπεται λόγος.

8. Ἡ δ' Ἀντωνία κατὰ γωνίαν μὲν δύο στοῶν ἔκειτο τοῦ πρώτου ἱεροῦ, τῆς τε πρὸς ἑσπέραν καὶ τῆς πρὸς ἄρκτον, δεδόμητο δὲ ὑπὲρ πέτρας πεντηκονταπήχους μὲν ὕψος, περικρήμνου δὲ πάσης· ἔργον δ'

---

[107] L liest διαπηρώσεις, C liest διαπείρωσιν.
[108] ἐσθήτεσιν P; ἐσθήσεσιν AMVRC Thack.
[109] ἢ PAL (fehlt bei MVRC); ἦν Destinon cj. Niese Na Thack.
[110] MVRC Na lesen θυσανωτὸν ἔργον.
[111] γὰρ C.
[112] δὲ ist bei Lat nicht wiedergegeben; nach älteren Ausgaben sowie nach Kohout 710 und Simchoni 295 ist es zu streichen.
[113] ἐπὶ τούτοις PAMVRC Na.

hatten, mußten dem inneren Vorhof fernbleiben, desgleichen von den Priestern diejenigen, die sich gerade einer Reinigungshandlung unterzogen[92].

7. 228. Männer, die ihrer Abstammung nach Priester waren, aber wegen eines leiblichen Gebrechens keinen Dienst ausüben durften, wurden mit den leiblich ganz untadeligen in den von der Schranke abgetrennten Bezirk eingelassen und empfingen den ihnen auf Grund ihrer Abstammung zustehenden Opferanteil, trugen aber freilich nur gewöhnliche Kleider[93]. Denn das heilige Gewand durfte nur der diensttuende Priester anlegen. Zum Brandopferaltar und zum Tempelgebäude schritten nur die makellosen Priester hinauf, wobei sie in weißes Linnen gekleidet waren; dabei enthielten sie sich aus Ehrfurcht vor dem Gottesdienst des ungemischten Weines, um bei der Ausführung der heiligen Handlung ja keinen Fehler zu begehen[94]. Auch der Hohepriester stieg mit ihnen hinauf, jedoch nicht immer, sondern an den Sabbaten und Neumonden, auch wenn eines der althergebrachten Feste oder eine Festversammlung des ganzen Volkes stattfand, wie sie das Jahr hindurch abgehalten wurden[95]. Tat er Dienst, so verhüllte er seine Oberschenkel bis zur Hüfte durch ein Lendentuch. An seinem Leibe trug er ein linnenes Unterkleid und darüber ein purpurblaues, bis zu den Füßen reichendes Obergewand, das weit und mit Fransen versehen war, an denen abwechselnd goldene Glöckchen und Granatäpfel angebracht waren; die Glöckchen sollten ein Bild des Donners, die Granatäpfel ein Zeichen des Blitzes sein[96]. Das Band, das das Obergewand an der Brust befestigte, bestand aus fünf verschiedenfarbigen und schön geschmückten Streifen, und zwar aus Gold, Purpur und Scharlachrot, dazu weißes Linnen und Purpurblau, Farben, aus denen auch, wie wir schon sagten, die Tempelvorhänge gewoben waren[97]. Aus dem gleichen buntfarbigen Material war auch das Schulterkleid, das der Hohepriester trug, verfertigt, jedoch befand sich an ihm mehr Gold. Es hatte das Aussehen eines Panzerhemdes, das zwei goldene Schildspangen befestigten, in die sehr schöne und große Sardonyxsteine eingesetzt waren. Auf diesen standen die Namen der Männer, nach denen die Stämme des Volkes benannt waren. An der vorderen Seite waren, auf vier Reihen mit je drei Steinen verteilt, 12 weitere Steine befestigt: ein Sarder, Topas und Smaragd; ein Karfunkel, Jaspis und Saphir; ein Achat, Amethyst und Ligurer; ein Onyx, Beryll und Chrysolith. Auf jedem stand wieder ein Name der Stammeshäupter[98]. Den Kopf des Hohenpriesters bedeckte ein Turban aus Leinen, der mit einem purpurblauen Streifen umwunden war; um ihn ging ein zweiter Kranz aus Gold, der die heiligen Buchstaben aufgeprägt trug: es sind dies vier Vokale[99]. Diese Tracht trug der Hohepriester nun freilich nicht für gewöhnlich, sondern er legte einfachere Kleidung an, zumal dann, wenn er das Allerheiligste betrat. Dorthin ging er nur einmal im Jahre ganz allein, und zwar an dem Tag, an welchem alle zur Ehre Gottes zu fasten pflegten[100]. Eine genauere Beschreibung der Stadt und des Tempels, ferner der Gebräuche und Gesetze, die dem letzteren gelten, werden wir an anderer Stelle geben, denn von diesen Dingen könnte man noch viel sagen[101].

8. 238. Die Burg Antonia lag an der Ecke, die von zwei Säulenhallen des ersten Vorhofes, der westlichen und der nördlichen, gebildet wurde; sie war auf einem 50 Ellen hohen Felsen erbaut, der überall sehr steil abfiel. Sie stellte

ἦν Ἡρώδου τοῦ βασιλέως, ἐν ᾧ μάλιστα τὸ φύσει μεγαλόνουν ἐπεδείξατο. πρῶτον μὲν γὰρ ἐκ ῥίζης ἡ πέτρα πλαξὶ κεκάλυπτο λείαις λίθων, εἴς τε κάλλος καὶ ὡς ἀπολισθάνοι πᾶς ὁ προσβαίνειν ἤ[114] κατιέναι πειρώμενος. ἔπειτα πρὸ τῆς τοῦ πύργου δομήσεως τριῶν πηχῶν τεῖχος ἦν, ἐνδοτέρω δὲ τούτου τὸ πᾶν ἀνάστημα[115] τῆς Ἀντωνίας ἐπὶ τεσσαράκοντα πήχεις ἠγείρετο. τὸ δ᾽ ἔνδον βασιλείων εἶχε χώραν καὶ διάθεσιν· μεμέριστο γὰρ εἰς πᾶσαν οἴκων ἰδέαν τε καὶ χρῆσιν περίστοά τε καὶ βαλανεῖα καὶ στρατοπέδων αὐλαῖς πλατείαις[116], ὡς τῷ μὲν πάντ᾽ ἔχειν τὰ χρειώδη πόλις εἶναι δοκεῖν, τῇ πολυτελείᾳ δὲ βασίλειον. πυργοειδὴς δὲ οὖσα τὸ πᾶν σχῆμα κατὰ γωνίαν τέσσαρσιν ἑτέροις διείληπτο πύργοις, ὧν οἱ μὲν ἄλλοι πεντήκοντα τὸ ὕψος, ὁ δ᾽ ἐπὶ τῇ μεσημβρινῇ καὶ κατὰ ἀνατολὴν γωνίᾳ κείμενος ἑβδομήκοντα πηχῶν ἦν, ὡς καθορᾶν ὅλον ἀπ᾽ αὐτοῦ τὸ ἱερόν. καθὰ δὲ συνῆπτε[117] ταῖς τοῦ ἱεροῦ στοαῖς εἰς ἀμφοτέρας εἶχε καταβάσεις, δι᾽ ὧν κατῄεσαν οἱ φρουροί· καθῆστο γὰρ ἀεὶ[118] ἐπ᾽ αὐτῆς τάγμα Ῥωμαίων, καὶ διιστάμενοι περὶ τὰς στοὰς μετὰ τῶν ὅπλων ἐν ταῖς ἑορταῖς τὸν δῆμον, ὡς μή τι νεωτερισθείη, παρεφύλαττον. φρούριον γὰρ ἐπέκειτο τῇ πόλει μὲν τὸ ἱερόν, τῷ ἱερῷ δ᾽ ἡ Ἀντωνία, κατὰ δὲ ταύτην οἱ τῶν τριῶν φύλακες ἦσαν· καὶ τῆς ἄνω δὲ πόλεως ἴδιον φρούριον ἦν τὰ Ἡρώδου βασίλεια. ἡ Βεζαθά[119] δὲ λόφος διῄρητο μέν, ὡς ἔφην, ἀπὸ τῆς Ἀντωνίας, πάντων δ᾽ ὑψηλότατος ὢν μέρει τῆς καινῆς πόλεως προσῴκιστο, καὶ μόνος τὸ ἱερὸν[120] κατ᾽ ἄρκτον ἐπεσκότει[121]. περὶ μὲν δὴ τῆς πόλεως καὶ τῶν τειχῶν αὖθις εἰπεῖν ἀκριβέστερον ἕκαστα προτεθειμένοις ἐπὶ τοῦ παρόντος ἀπόχρη.

VI. 1. Τὸ μάχιμον δ᾽ ἐν αὐτῇ καὶ στασιάζον πλῆθος περὶ Σίμωνα μὲν ἦσαν μύριοι δίχα τῶν Ἰδουμαίων, πεντήκοντα δ᾽ ἡγεμόνες τῶν μυρίων, ἐφ᾽ οἷς οὗτος κύριος τῶν ὅλων. Ἰδουμαῖοι δ᾽ αὐτῷ συντελοῦντες εἰς πεντακισχιλίους ἄρχοντας εἶχον δέκα· τούτων προύχειν ἐδόκουν ὅ τε τοῦ Σωσᾶ Ἰάκωβος καὶ Σίμων υἱὸς Καθλᾶ[122]. Ἰωάννης δὲ τὸ ἱερὸν κατειληφὼς ἑξακισχιλίους ὁπλίτας εἶχεν ὑφ᾽ ἡγεμόνας εἴκοσι. προσεγένοντο δὲ αὐτῷ τότε καὶ οἱ ζηλωταὶ παυσάμενοι τοῦ διαφέρεσθαι, δισχίλιοι μὲν ὄντες καὶ τετρακόσιοι, χρώμενοι δ᾽ ἄρχοντι τῷ καὶ πρότερον Ἐλεαζάρῳ καὶ Σίμωνι τῷ τοῦ Ἀρινοῦ[123]. πολεμούντων δὲ τούτων, ὡς ἔφαμεν, ἆθλον ὁ

---

[114] AMLVRC Na lesen καί.
[115] PAMVRC lesen διάστημα, Lat hat *spatium*.
[116] A¹ hat αὐλᾶς πλατείαις, C Na αὐλὰς πλατείας, Niese cj. αὐλαῖς πλατείας.
[117] A liest συνῆπται, MLVRC lesen συνῆπτο.
[118] ἀεὶ fehl bei P.
[119] AMVRC Na Thack lesen Βεζεθά, vgl. oben § 151; L hat Βησσαθή, Lat *Bessathe* oder *Bassathe*.
[120] τῷ ἱερῷ MLVRC Na Thack.
[121] LVRC lesen ἐπεσκόπει; Lat hat *obstabat*.
[122] Καθλὰ PA; Κλαθᾶ M; Κατθέα L; *Catiae* oder *Cattae* Lat; vgl. 4, 235. Nach A. Schlatter, Namen 98 wäre dem hebr. qahat entsprechend Κααθα zu schreiben.
[123] Ἀριανοῦ PAM; Ἀρειανοῦ VR; Ἰαείρου C; *Arini* Lat Hég; Ἀρί Na (vgl. 6, 92. 148).

ein Werk des Königs Herodes dar, der damit dem ihm angeborenen Stolz besonders deutlich Ausdruck verlieh. Denn zunächst einmal war der gewachsene Fels von unten an mit geglätteten Steinplatten bedeckt, aus Gründen der Schönheit und auch dazu, daß jeder, der daran hinauf- oder hinabzusteigen versuchte, herunterglitte. Dann befand sich unmittelbar vor dem eigentlichen Bauwerk der Festung eine drei Ellen hohe Mauer, hinter der sich die ganze Anlage der Antonia 40 Ellen hoch erhob. Das Innere hatte das Aussehen und die Einrichtung eines Palastes. Denn es war in Gemächer von jeder Art und für jeden Zweck aufgeteilt, hatte einen überdeckten Gang, Bäder und geräumige Höfe, in denen sich die Soldaten lagern konnten. Im Blick auf das Vorhandensein aller lebensnotwendigen Einrichtungen schien die Antonia eine Stadt, hinsichtlich ihrer prächtigen Ausstattung ein Palast zu sein. Das Gesamtbild der Anlage war das eines Turmes, auf dessen Ecken man vier andere Türme verteilt hatte; drei von ihnen waren 50 Ellen hoch, während der in der Südostecke stehende Turm eine Höhe von 70 Ellen besaß, so daß man von ihm herab das ganze Tempelgelände überschauen konnte. An der Stelle, an der die Antonia an die Säulenhallen des Tempelplatzes stieß, hatte sie Treppen, auf denen die Wachmannschaften zu den beiden Hallen hinabstiegen. Denn in der Festung lag stets eine römische Kohorte, deren Soldaten an den Festtagen in voller Bewaffnung auf die Säulenhallen verteilt wurden und das Volk im Auge behielten, damit ja kein Aufstand ausbräche. Wenn der Tempel als eine Festung über der Stadt lag, so bildete die Antonia die Zwingburg des Tempels, und die dort eingesetzten Truppen überwachten alle drei; die Oberstadt hatte in dem Palast des Herodes ihre eigene Zwingburg. Wie ich schon sagte, hatte man den Hügel Bezetha von der Antonia abgetrennt. Dieser war von allen Hügeln der höchste und durch Besiedlung mit einem Teil der Neustadt verbunden; er allein stellte von Norden her den Tempel in den Schatten. Da ich mir vorgenommen habe, über die Stadt und ihre Mauern an anderer Stelle genauer zu sprechen, mögen die hier dazu gemachten Ausführungen für den Augenblick genügen[102].

6. Kapitel

1. 248. Der kampffähige empörerische Haufe in der Stadt um Simon war 10 000 Mann stark, außer den Idumäern, und die 10 000 standen unter 50 Anführern, über die Simon unbeschränkter Herr war[103]. Die Idumäer, die mit ihm gemeinsame Sache machten, hatten 10 Anführer über ihre an 5000 Mann starke Truppe; unter ihnen galten Jakobus, der Sohn des Sosa, und Simon, der Sohn des Kathla, als die maßgebenden Männer[104]. Johannes, der sich in den Besitz des Tempels gesetzt hatte, verfügte über 6000 Schwerbewaffnete unter 20 Anführern. Ihm schlossen sich damals auch die Zeloten an, die aufgehört hatten, eine Sondergruppe zu bilden; sie waren 2400 Mann stark und unterstanden, wie schon vorher, dem Eleazar und Simon, dem Sohn des Arinos[105]. Während beide Gruppen, wie wir schon sagten, miteinander stritten, bildete das Volk für beide den Kampfpreis[106], und der Teil der Bürgerschaft, der sich am Unrecht nicht beteiligte, wurde von beiden gebrandschatzt. Simon hielt die

δῆμος ἦν ἑκατέρων, καὶ τὸ μὴ συναδικοῦν τοῦ λαοῦ μέρος ὑπ' ἀμφοῖν
252 διηρπάζετο. κατεῖχεν δ' ὁ μὲν Σίμων τήν τε ἄνω πόλιν καὶ τὸ μέγα τεῖχος
ἄχρι τοῦ Κεδρῶνος τοῦ τε ἀρχαίου τείχους ὅσον ἀπὸ τῆς Σιλωᾶς ἀνα-
κάμπτον εἰς ἀνατολὴν μέχρι τῆς Μονοβάζου κατέβαινεν αὐλῆς· βασιλεὺς
253 δ' οὗτος ἦν[124] τῶν ὑπὲρ Εὐφράτην Ἀδιαβηνῶν· κατεῖχε δὲ καὶ τὴν πηγὴν
καὶ τῆς Ἄκρας, αὕτη δ' ἦν ἡ κάτω πόλις, τὰ μέχρι τῶν Ἑλένης βασι-
254 λείων τῆς τοῦ Μονοβάζου μητρός, ὁ δ' Ἰωάννης τό θ' ἱερὸν καὶ τὰ πέριξ
ἐπ' οὐκ ὀλίγον τόν τε Ὀφλᾶν καὶ τὴν Κεδρῶνα καλουμένην φάραγγα.
τὸ μεταξὺ δὲ τούτων ἐμπρήσαντες τῷ πρὸς ἀλλήλους πολέμῳ χώραν
255 ἀνεῖσαν[125]· οὐδὲ γὰρ πρὸς τοῖς τείχεσιν ἐστρατοπεδευμένων Ῥωμαίων
ἔνδον ἡ στάσις ἠρέμει, βραχὺ δὲ πρὸς τὴν πρώτην ὑπονήψαντες ἐκδρομὴν ἀνενόσουν καὶ κατὰ σφᾶς πάλιν διαστάντες ἐμάχοντο, τὰ κατ' εὐχήν
256 τε πάντα τοῖς πολιορκοῦσιν ἔπραττον. οὔτε γοῦν αὐτοί τι χεῖρον ὑπὸ
Ῥωμαίων ἔπαθον ὧν ἀλλήλους ἔδρασαν, οὔτε μετὰ τούτους ἡ πόλις
ἐπειράθη καινοτέρου πάθους, ἀλλ' ἡ μὲν χαλεπώτερόν τι πρὸ τοῦ πεσεῖν
257 ἠτύχησεν, οἱ δ' ἑλόντες αὐτὴν κατώρθωσάν τι μεῖζον. φημὶ γὰρ ὡς
τὴν μὲν πόλιν ἡ στάσις, Ῥωμαῖοι δ' εἷλον τὴν στάσιν, ἥπερ ἦν πολὺ τῶν
τειχῶν ὀχυρωτέρα· καὶ τὸ μὲν σκυθρωπὸν τοῖς οἰκείοις, τὸ δίκαιον δ'
ἄν τις εὐλόγως Ῥωμαίοις προσγράφοι. νοείτω δὲ ὅπῃ τοῖς πράγμασιν
ἕκαστος ἄγεται.
258 2. Τῶν γε μὴν ἔνδον οὕτως διακειμένων ὁ Τίτος μετ' ἐπιλέκτων
259 ἱππέων περιιὼν ἔξωθεν ᾗ προσβάλλοι[126] τοῖς τείχεσι κατεσκέπτετο. ἀπο-
ρουμένῳ δὲ πάντοθεν, οὔτε γὰρ κατὰ τὰς φάραγγας ἦν προσιτὸν καὶ κατὰ
θάτερα τὸ πρῶτον τεῖχος ἐφαίνετο τῶν ὀργάνων στερεώτερον, ἐδόκει
260 κατὰ τὸ Ἰωάννου τοῦ ἀρχιερέως μνημεῖον προσβαλεῖν· ταύτῃ γὰρ τό
τε πρῶτον ἦν ἔρυμα χθαμαλώτερον καὶ τὸ δεύτερον οὐ συνῆπτεν ἀμελη-
σάντων καθὰ μὴ λίαν ἡ καινὴ πόλις συνῴκιστο τειχίζειν, ἀλλ' ἐπὶ τὸ
τρίτον ἦν εὐπέτεια[127], δι' οὗ τὴν ἄνω πόλιν καὶ διὰ τῆς Ἀντωνίας τὸ
261 ἱερὸν αἱρήσειν ἐπενόει. ἐν δὲ τούτῳ περιιόντος αὐτοῦ τοξεύεταί τις τῶν
φίλων, ὄνομα Νικάνωρ, κατὰ τὸν λαιὸν ὦμον, ἔγγιον μετὰ τοῦ Ἰωσήπου
προσελθὼν καὶ πειρώμενος εἰρηνικὰ τοῖς ἐπὶ τοῦ τείχους, οὐ γὰρ ἄγνω-
262 στος ἦν, διαλέγεσθαι[128]. διὰ τούτου τὰς ὁρμὰς αὐτῶν ἐπιγνοὺς Καῖσαρ,
εἰ μηδὲ τῶν ἐπὶ σωτηρίᾳ προσιόντων ἀπέχοιντο, παροξύνεται πρὸς
τὴν πολιορκίαν, ἅμα τε καὶ[129] τοῖς τάγμασι δῃοῦν τὰ πρὸ τῆς πόλεως
263 ἠφίει καὶ συμφέροντας[130] ἐκέλευσε τὴν ὕλην ἐγείρειν χώματα. τριχῇ δὲ
διατάξας τὴν στρατιὰν πρὸς τὰ ἔργα μέσους ἵστησι τῶν χωμάτων τοὺς

[124] ἐστιν L Lat Thack.
[125] Lat übersetzt *spatium aperuerunt*.
[126] PAR Na haben προσβάλοι, M προσβαλεῖ, V προσβάλλει.
[127] P liest ἠνεπέτει, A hat ἦν εὐπέτει, M ἐπέτεινε, Lat *facilis aditus illa erat*.
[128] Lat liest *dicendi enim peritus erat*, ähnlich Heg; Hudson cj. οὐ γὰρ ἄγνωστος ἦν
γλῶσσαν.
[129] Die Handschriften lesen σὺν; οὖν Holwerda cj. Να Thack; καὶ Destinon cj. Niese.
[130] συμφύραντας P; συμφοροῦντας L Thack.

obere Stadt und die große Mauer bis zum Kidron in seinem Besitz, von der alten Mauer auch noch denjenigen Teil, der am Siloahteich zur Ostseite hin abbog bis dahin, wo die Mauer zum Hof des Monobazos hinabführte; dieser war der König der jenseits des Euphrat gelegenen Landschaft Adiabene[107]. Ferner beherrschte Simon die Quelle selbst und die Akra, d. h. die Unterstadt, bis hin zum Palast der Helena, der Mutter des Monobazos. Johannes hingegen behauptete das Heiligtum und einen nicht geringen Teil von dessen Umgebung, den Ophel und die Kidron genannte Schlucht. Das zwischen den beiden Gegnern liegende Wohngebiet hatten diese niedergebrannt und zum Schauplatz ihres Bruderkrieges preisgegeben. Denn nicht einmal, als die Römer unmittelbar vor den Mauern ihr Lager aufschlugen, ruhte der im Inneren tobende Zwist; vielmehr brach bald nach der beim ersten Ausfall gezeigten Ernüchterung die Krankheit erneut aus: die wieder miteinander verfeindeten Gruppen bekämpften sich und handelten in allem ganz nach Wunsch der Belagerer. In der Tat erlitten weder sie selbst von den Römern etwas Schlimmeres als das, was sie sich gegenseitig antaten, noch mußte die Stadt, nachdem sie diese Männer ertragen hatte, ein ihr noch unbekanntes Leid erfahren; vielmehr traf sie schon vor ihrem Fall das widrigste Geschick, und ihre Eroberer vollbrachten dabei eher eine für die Stadt recht heilsame Tat. Ich behaupte nämlich, daß der Bruderkrieg die Stadt bezwang, während die Römer den Bruderkrieg überwanden, der viel stärker war als die Mauern. Und mit gutem Grunde könnte man das finstere Unheil den Einheimischen zur Last legen, das gerechte Handeln aber den Römern zuschreiben. Doch mag ein jeder selbst sehen, zu welchem Urteil er auf Grund der Tatsachen geführt wird[108].

2. 258. Während in Jerusalem die Dinge so standen, machte draußen Titus mit einigen auserlesenen Reitern einen Rundritt, um die Stelle auszukundschaften, an der er den Sturm auf die Mauern ansetzen könne. An allen Stellen war er in Verlegenheit, da die Stadt an den Seiten, wo die Schluchten verliefen, unzugängig war, während an den anderen die erste Mauer für die Belagerungsmaschinen als allzustark erschien. Deshalb beschloß er, beim Grabmal des Hohenpriesters Johannes anzugreifen[109]. Denn an dieser Stelle war die erste Mauer niedriger und die zweite schloß nicht an sie an, da man es versäumt hatte, die nicht sehr dicht bewohnte Neustadt zu befestigen. Außerdem bot sich dort ein leichter Zugang zur dritten Mauer, durch die hindurch Titus die Oberstadt und über die Antonia das Heiligtum einzunehmen gedachte. Während er so um die Mauer ritt, wurde einer seiner Freunde, Nikanor[110], an der linken Schulter von einem Pfeile getroffen; er war nämlich mit Josephus zu nahe herangeritten und hatte versucht, mit den auf der Mauer stehenden Juden, denen er kein unbekannter war, über einen möglichen Frieden zu verhandeln[111]. Als der Caesar an diesem Vorfall den leidenschaftlichen Eifer der Juden erkannte, die doch nicht einmal vor dem Angriff auf die zu ihrem Heil herannahenden Boten zurückschreckten, ließ er sich voll Erbitterung zur Durchführung der Belagerungsmaßnahmen bestimmen. Er gab sofort den Legionen das Gelände vor der Stadt zur Zerstörung frei und befahl, das Holz zusammenzutragen und Belagerungswälle zu errichten. Für diese Arbeiten gliederte er das Heer in 3 Abteilungen: zwischen die Wälle stellte er die Speerwerfer und die

τε ἀκοντιστὰς καὶ τοξότας καὶ πρὸ τούτων τοὺς ὀξυβελεῖς καὶ καταπέλτας καὶ τὰς λιθοβόλους μηχανάς, ὡς τάς τε ἐκδρομὰς εἴργοι τῶν πολεμίων ἐπὶ τὰ ἔργα καὶ τοὺς ἀπὸ τοῦ τείχους κωλύειν πειρωμένους.
264 κοπτομένων δὲ τῶν δένδρων τὰ προάστεια μὲν ἐν τάχει γεγύμνωτο, συμφερομένων δ' ἐπὶ τὰ χώματα τῶν ξύλων καὶ τῆς στρατιᾶς ἁπάσης
265 ἐπὶ τὸ ἔργον ὡρμημένης οὐδὲ τὰ παρὰ τῶν Ἰουδαίων ἠρέμει. τὸν μὲν οὖν δῆμον ἐν ἁρπαγαῖς ὄντα καὶ φόνοις συνέβαινε τότε θαρρεῖν· ἀναπνεύσειν τε γὰρ περισπωμένων πρὸς τοὺς ἔξωθεν ὑπελάμβανον καὶ λήψεσθαι παρὰ τῶν αἰτίων αὐτοὶ δίκας, εἰ Ῥωμαῖοι περιγένοιντο.
266 3. Ἰωάννης δὲ καίτοι χωρεῖν ἐπὶ τοὺς ἔξωθεν πολεμίους τῶν περὶ
267 αὐτὸν ὡρμημένων, δέει τοῦ Σίμωνος ἔμενεν. οὐ μὴν ὁ Σίμων ἠρέμει, καὶ γὰρ ἦν ἐγγίων[131] τῇ πολιορκίᾳ, τὰ δ' ἀφετήρια διίστησιν ἐπὶ τοῦ τείχους, ὅσα Κέστιόν τε ἀφήρηντο πρότερον καὶ τὴν ἐπὶ τῆς Ἀντωνίας
268 φρουρὰν ἑλόντες ἔλαβον. ἀλλὰ τούτων μὲν τοῖς πολλοῖς ἀχρεῖος ἡ κτῆσις ἦν δι' ἀπειρίαν· ὀλίγοι δ' ὑπὸ τῶν αὐτομόλων διδαχθέντες ἐχρῶντο κακῶς τοῖς ὀργάνοις, χερμάσι δὲ καὶ τόξοις τοὺς χωννύντας ἔβαλλον ἀπὸ τοῦ τείχους καὶ κατὰ συντάξεις ἐκτρέχοντες αὐτοῖς συνεπλέκοντο.
269 τοῖς δὲ ἐργαζομένοις ἀπὸ μὲν τῶν βελῶν ἦν σκέπη γέρρα τῶν χαρακωμάτων ὑπερτεταμένα, τὰ δ' ἀφετήρια πρὸς τοὺς ἐκθέοντας· θαυμαστὰ δὲ πᾶσι μὲν κατεσκεύαστο τοῖς τάγμασι, διαφόρως δὲ τῷ δεκάτῳ[132] βιαιότεροί τε ὀξυβελεῖς καὶ μείζονα λιθοβόλα, δι' ὧν οὐ μόνον τὰς ἐκδρομὰς
270 ἀλλὰ καὶ τοὺς ἐπὶ τοῦ τείχους ἀνέτρεπον. ταλαντιαῖοι μὲν γὰρ ἦσαν αἱ βαλλόμεναι πέτραι, δύο δὲ καὶ πλείονας[133] ᾖεσαν[134] σταδίους· ἡ πληγὴ δ' οὐ τοῖς προεντυχοῦσι μόνον, ἐπὶ πολὺ δὲ καὶ τοῖς μετ' ἐκείνους ἦν
271 ἀνυπόστατος. οἵ γε μὴν Ἰουδαῖοι τὸ πρῶτον ἐφυλάττοντο τὴν πέτραν· λευκὴ γὰρ ἦν, ὥστε μὴ τῷ ῥοίζῳ σημαίνεσθαι μόνον, ἀλλὰ καὶ τῇ
272 λαμπρότητι προορᾶσθαι. σκοποὶ οὖν αὐτοῖς ἐπὶ τῶν πύργων καθεζόμενοι προεμήνυον, ὁπότε σχασθείη τὸ ὄργανον καὶ ἡ πέτρα φέροιτο, τῇ πατρίῳ γλώσσῃ βοῶντες „ὁ υἱὸς[135] ἔρχεται". διίσταντο δὲ καθ' οὓς ᾔει καὶ προκατεκλίνοντο, καὶ συνέβαινε φυλαττομένων ἄπρακτον διεκπίπτειν τὴν
273 πέτραν. ἀντεπινοοῦσι δὲ Ῥωμαῖοι μελαίνειν αὐτήν· τότε γὰρ οὐκέθ' ὁμοίως προορωμένης εὐστόχουν καὶ πολλοὺς ἅμα βολῇ μιᾷ διέφθειρον.

---

[131] P hat ἐπιὼν, A ἔτι ὤν; L liest ἐγγίζων, VRC haben ἐγγιῶν, Lat *proximus*, ed. pr. Na ἔγγιον.
[132] δωδεκάτῳ cod. Lugd.
[133] πλεῖον MVRC; πλέον L Lat Na.
[134] MLVRC lesen ἀπῄεσαν.
[135] MLC lesen οὗτος; ὁ ἰὸς Hudson cj. Na.

Bogenschützen und vor diesen die Schnellfeuerer, Katapulte und die Steinschleudermaschinen auf[112], um etwaige Ausfälle der Feinde gegen die Belagerungswerke fernzuhalten, desgleichen die etwa von der Mauer herab gemachten Versuche, die Arbeit zu hindern. Durch das Fällen der Bäume wurde die Gegend vor der Stadt rasch kahlgeschlagen. Während nun die Römer das Holz für die Belagerungswälle zusammentrugen und das ganze Heer sich mit Eifer an diese Arbeit gemacht hatte, blieb man auch auf jüdischer Seite nicht untätig. Infolgedessen hatte das Volk, das inmitten von Raub und Mordtaten leben mußte, nun eine Möglichkeit, wieder Mut zu fassen. Weil seine Bedränger mit dem äußeren Feind beschäftigt waren, glaubte man, aufatmen und selbst die Schuldigen zur Verantwortung ziehen zu können, falls die Römer die Oberhand gewönnen.

3. 266. Johannes blieb, obwohl seine Anhänger danach drängten, gegen die vor dem Tore befindlichen Feinde vorzustürmen, aus Furcht vor Simon an Ort und Stelle stehen. Dagegen verhielt sich Simon durchaus nicht untätig, zumal er den Belagerern viel näher war: er verteilte die einstmals von Cestius erbeuteten und ferner bei der Überwältigung der in der Antonia stationierten Besatzung gewonnenen Wurfmaschinen auf der Mauer[113]. Freilich war der Besitz dieser Geräte für die meisten seiner Soldaten nutzlos, da sie nicht mit ihnen umzugehen wußten; aber einige wenige, die von den Überläufern[114] belehrt worden waren, setzten die Maschinen, allerdings schlecht genug, in Tätigkeit. Mit Steinen und Pfeilen beschossen sie jedoch die Schanzenden von der Mauer herab, machten gruppenweise Ausfälle und schlugen sich dabei mit den Römern herum. Diesen dienten bei ihrer Arbeit über die Verhaue gehängte Flechtwerke als Schutz gegen die Geschosse, gegen die Ausfälle der Juden aber die eigenen Wurfmaschinen. Alle Legionen hatten bewundernswert gefertigte Kriegsmaschinen, aber die der 10. Legion[115] zeichneten sich besonders aus: die Schnellfeuerer waren stärker und die Steinschleuderer größer, so daß man mit ihnen nicht nur die Ausfälle, sondern auch die auf der Mauer stehenden Juden abwehren konnte. Die geschleuderten Steine wogen einen halben Zentner und flogen zwei oder mehrere Stadien weit; ihre Wucht war nicht nur für die in der vordersten Reihe Getroffenen, sondern auch für die beträchtlich weit dahinter Befindlichen unwiderstehlich. Die Juden wußten sich anfangs vor dem abgeschossenen Felsstück zu sichern, denn es war weiß; es meldete sich also nicht nur durch das schwirrende Geräusch vorher an, sondern man konnte es auch infolge des weißen Glanzes vorher sehen. Darum kündigten ihnen die Späher, die auf den Türmen ihren Platz hatten, es vorher an, wenn die Maschine abgeschossen wurde und das Felsstück zu fliegen begann, und riefen in ihrer einheimischen Sprache: „Der Sohn kommt!"[116]. Diejenigen, auf die es zukam, sprangen dann auseinander und warfen sich zu Boden, und wenn sie sich so in acht nahmen, geschah es, daß das Felsstück ohne Wirkung zwischen ihnen hindurch auf die Erde flog. Um dies zu verhindern, kamen die Römer auf den Gedanken, die Felsstücke zu schwärzen; da sie dann nicht mehr in derselben Weise vorher gesehen werden konnten, trafen die Schützen ihre Ziele und brachten mit einem einzigen Schuß viele ums Leben. Aber nicht einmal bei solchen Verlusten ließen die Verteidiger es zu, daß die Römer ungefährdet die Wälle errichten konnten,

274 ἀλλ' οὐδὲ κακούμενοι μετ' ἀδείας παρεῖχον Ῥωμαίοις ἐγείρειν τὰ χώματα, πάσῃ δ' ἐπινοίᾳ καὶ τόλμῃ χρώμενοι καὶ νύκτωρ καὶ μεθ' ἡμέραν εἶργον.
275 4. Τῶν δ' ἔργων συντετελεσμένων μολιβίδι μὲν καὶ λίνῳ διαμετροῦσιν οἱ τέκτονες τὸ διάστημα πρὸς τὸ τεῖχος, ἀπὸ τῶν χωμάτων ῥίψαντες· οὐ γὰρ ἐνῆν ἄλλως ἄνωθεν βαλλομένοις· εὑρόντες δ' ἐξικνεῖσθαι δυναμένας
276 τὰς ἑλεπόλεις προσῆγον. καὶ Τίτος ἐγγυτέρω τὰ ἀφετήρια διαστήσας,
277 ὡς μὴ τοὺς κριοὺς εἴργοιεν ἀπὸ τοῦ τείχους, ἐκέλευσε τύπτειν. τριχόθεν δ' ἐξαισίου κτύπου περιηχήσαντος αἰφνιδίως τὴν πόλιν κραυγή τε παρὰ τῶν ἔνδον ἤρθη καὶ τοῖς στασιασταῖς ἴσον ἐμπίπτει δέος. κοινὸν δ' ἑκάτεροι τὸν κίνδυνον ἰδόντες κοινὴν ἐπενόουν ἤδη ποιεῖσθαι καὶ τὴν
278 ἄμυναν. διαβοώντων δὲ πρὸς ἀλλήλους τῶν διαφόρων ὡς πάντα πράττοιεν ὑπὲρ τῶν πολεμίων, δέον, εἰ καὶ μὴ διηνεκῆ δίδωσιν αὐτοῖς ὁμόνοιαν ὁ θεός, ἐν γοῦν τῷ παρόντι τὴν πρὸς ἀλλήλους φιλονεικίαν ὑπερθεμένους κατὰ Ῥωμαίων συνελθεῖν, κηρύσσει μὲν ἄδειαν ὁ Σίμων τοῖς ἀπὸ τοῦ ἱεροῦ παρελθεῖν ἐπὶ τὸ τεῖχος, ἐπιτρέπει δὲ καίπερ ἀπιστῶν ὁ
279 Ἰωάννης. οἱ δὲ τοῦ μίσους καὶ τῶν ἰδίων διαφόρων λαβόντες ἀμνηστίαν ἓν σῶμα γίνονται, καὶ τὸ μὲν τεῖχος περισχόντες ἀπ' αὐτοῦ πυρά τε παμπληθῆ κατὰ τῶν μηχανημάτων ἵεσαν καὶ τοὺς ἐπιβρίθοντας τὰς
280 ἑλεπόλεις ἀδιαλείπτως ἔβαλλον, οἱ τολμηρότεροι δὲ κατὰ στίφη προπηδῶντες τὰ γέρρα τῶν μηχανημάτων ἐσπάραττον καὶ τοῖς ἐπ' αὐτῶν προσπίπτοντες ἐπιστήμῃ μὲν ὀλίγα, τόλμῃ δὲ τὰ πλείω περιεγίνοντο.
281 προσεβοήθει δὲ τοῖς πονοῦσιν αὐτὸς ἀεὶ Τίτος, καὶ παρ' ἑκάτερον τῶν ὀργάνων τούς τε ἱππέας καὶ τοὺς τοξότας διαστήσας εἶργεν μὲν τοὺς τὸ πῦρ ἐπιφέροντας, ἀνέστελλεν δὲ τοὺς ἀπὸ τῶν πύργων βάλλοντας, ἐνερ-
282 γοὺς δ' ἐποίει τὰς ἑλεπόλεις. οὐ μὴν ταῖς πληγαῖς ὑπήκουε τὸ τεῖχος, εἰ μὴ καθόσον ὁ τοῦ πεντεκαιδεκάτου τάγματος κριὸς γωνίαν διεκίνησε πύργου.
283 τὸ δὲ τεῖχος ἀκέραιον ἦν· οὐδὲ γὰρ εὐθέως συνεκινδύνευε τῷ πύργῳ προὔχοντι πολὺ καὶ μὴ δυναμένῳ συναπορρῆξαί τι ῥᾳδίως τοῦ περιβόλου.
284 5. Παυσάμενοι δὲ τῶν ἐκδρομῶν πρὸς ὀλίγον καὶ τοὺς Ῥωμαίους ἐπιτηρήσαντες ἐσκεδασμένους ἐπὶ τὰ ἔργα καὶ[136] κατὰ τὰ στρατόπεδα, καμάτῳ γὰρ ἀναχωρῆσαι καὶ δέει τοὺς Ἰουδαίους ἠξίουν, ἐκθέουσι κατὰ τὸν Ἱππικὸν πύργον διὰ πύλης ἀφανοῦς πάντες πῦρ τε τοῖς ἔργοις ἐπιφέροντες καὶ μέχρι τῶν ἐρυμάτων ἐπὶ τοὺς Ῥωμαίους προελθεῖν
285 ὡρμημένοι. πρὸς δὲ τὴν κραυγὴν αὐτῶν οἵ τε πλησίον συνίσταντο ταχέως καὶ οἱ πόρρωθεν συνέθεον. ἔφθανε δ' ἡ Ἰουδαίων τόλμα τὴν Ῥωμαίων

[136] Bei L fehlt καί; Niese: *fortasse recte*.

sondern machten diesen, indem sie all ihren Scharfsinn und Wagemut einsetzten, bei Nacht und Tage zu schaffen.
4. 275. Als die Schanzarbeiten abgeschlossen waren, maßen die technischen Offiziere mit einer an einer Leine befestigten Bleikugel, die sie von den Wällen hinüberwarfen, den Abstand zur Mauer; da man von oben her beschossen wurde, gab es ja keine andere Möglichkeit. Als sie feststellten, daß die Mauerbrecher hinreichen konnten, führte man sie heran. Titus ließ außerdem die Wurfmaschinen in einer kürzeren Entfernung aufstellen, damit die Verteidiger nicht von der Mauer herab die Sturmböcke gefährden könnten[117], und gab dann den Befehl, zu stoßen. Als nun plötzlich von drei Seiten her ein gewaltiges Krachen die Stadt durchhallte, erhob sich bei den Einwohnern ein Geschrei, und auch die Aufständischen befiel der gleiche Schreck. Da nun die beiden Parteien erkannten, daß die Gefahr ihnen gemeinsam drohte, dachten sie jetzt endlich daran, auch ihre Verteidigung gemeinsam durchzuführen. Die einstigen Gegner riefen einander laut zu, sie täten alles zugunsten des Feindes, während sie doch, auch wenn ihnen Gott keine ewige Eintracht schenken sollte, wenigstens im gegenwärtigen Augenblick ihren inneren Zwist aufschieben und gegen die Römer gemeinsame Sache machen müßten. Simon ließ verkünden, wer von den Kämpfern im Tempel zu der bedrohten Mauer kommen wolle, könne dies ungestraft tun; Johannes gab, freilich ohne Simon ganz Glauben zu schenken, seine Einwilligung. Die beiden Parteien stellten ihren Haß und ihre eigenen Streitigkeiten der Vergessenheit anheim und wurden so ein Leib[118]. Sie verteilten sich ringsum auf der Mauer und schleuderten von ihr eine Unmenge von Feuerbränden auf die Maschinen herab; ferner beschossen sie unaufhörlich diejenigen, die diese Belagerungsmaschinen gegen die Mauer drücken mußten. Die Kühneren sprangen in Rotten nach vorn, rissen die Flechtwerke von den Maschinen herab und stürzten sich auf die Bedienungsmannschaften, wobei sie selten durch ihr überlegenes Können, sondern meist durch ihren Wagemut die Oberhand behielten. Immer kam Titus selbst den Bedrängten zu Hilfe und stellte an beiden Seiten der Geräte seine Reiter und seine Bogenschützen auf. Er drängte so die mit den Feuerbränden heranstürmenden Juden ab, hemmte die von den Türmen Herabschießenden und sorgte so dafür, daß die Belagerungsmaschinen wirksam arbeiten konnten. Tatsächlich aber trotzte die Mauer den Stößen, nur hatte der Sturmbock der 15. Legion die Ecke eines Turmes erschüttert. Dagegen blieb die eigentliche Mauer unbeschädigt; denn sie geriet nicht zugleich mit dem Turm in Gefahr, der beträchtlich weit vorstand und darum nicht leicht ein Stück von der Mauer hätte mit einreißen können.
5. 284. Die Verteidiger stellten dann für kurze Zeit ihre Ausfälle ein, beobachteten aber scharf die Römer, wie sie sich bei den Belagerungswerken und im Bereich ihrer Lager weit zerstreuten, da sie glaubten, die Juden hätten sich aus Erschöpfung und Furcht zurückgezogen. Diese stürmten aber beim Hippikusturm durch ein verdecktes Tor[119] heraus, wobei sie allesamt Feuerbrände an die Belagerungswerke herantrugen und bis zu den Schutzdämmen hin gegen die Römer vorzustoßen trachteten. Auf ihr Geschrei hin[120] stellten sich die in der Nähe befindlichen Römer in aller Eile kampfbereit auf, während die weiter entfernten zusammenliefen. Jedoch gewannen die Juden mit ihrem

εὐταξίαν¹³⁷, καὶ τοὺς προεντυγχάνοντας τρεψάμενοι προσέκειντο καὶ τοῖς συλλεγομένοις. δεινὴ δὲ περὶ τὰς μηχανὰς συμπίπτει μάχη, τῶν μὲν ὑποπιμπράναι, τῶν δὲ κωλύειν βιαζομένων, κραυγή τε παρ' ἀμφοτέρων ἀσήμαντος ἦν, καὶ πολλοὶ τῶν προαγωνιζομένων ἔπιπτον. Ἰουδαῖοι δ' ὑπερεῖχον ἀπονοίᾳ, καὶ τῶν ἔργων ἥπτετο τὸ πῦρ, καταφλεγῆναί τ' ἂν ἐκινδύνευσε πάντα μετὰ τῶν ὀργάνων, εἰ μὴ τῶν ἀπ' Ἀλεξανδρείας ἐπιλέκτων ἀντέστησαν οἱ πολλοὶ παρὰ τὴν σφετέραν ὑπόληψιν ἀνδρισάμενοι· καὶ γὰρ τῶν ἐνδοξοτέρων διήνεγκαν κατὰ ταύτην τὴν μάχην· μέχρι Καῖσαρ τοὺς τῶν ἱππέων δυνατωτάτους ἀναλαβὼν ἐμβάλλει τοῖς πολεμίοις. καὶ δώδεκα μὲν αὐτὸς τῶν προμάχων ἀναιρεῖ, πρὸς δὲ τὸ τούτων πάθος ἐγκλίνοντος¹³⁸ τοῦ λοιποῦ πλήθους ἑπόμενος συνελαύνει πάντας εἰς τὴν πόλιν κἀκ τοῦ πυρὸς διασώζει τὰ ἔργα. συνέβη δ' ἐν ταύτῃ τῇ μάχῃ καὶ ζωγρηθῆναί τινα τῶν Ἰουδαίων, ὃν ὁ Τίτος ἀνασταυρῶσαι πρὸ τοῦ τείχους ἐκέλευσεν, εἴ τι πρὸς τὴν ὄψιν ἐνδοῖεν οἱ λοιποὶ καταπλαγέντες. μετὰ δὲ τὴν ἀναχώρησιν καὶ Ἰωάννης ὁ τῶν Ἰδουμαίων ἡγεμὼν πρὸ τοῦ τείχους γνωρίμῳ τινὶ στρατιώτῃ διαλεγόμενος ὑπό τινος τῶν Ἀράβων κατὰ τοῦ στέρνου τοξεύεται καὶ παραχρῆμα θνήσκει, μέγιστον τοῖς τε Ἰδουμαίοις¹³⁹ πένθος καὶ λύπην τοῖς στασιασταῖς ἀπολιπών· καὶ γὰρ κατά τε χεῖρα καὶ συνέσει διάσημος ἦν.

VII. 1. Τῇ δ' ἐπιούσῃ νυκτὶ ταραχὴ καὶ τοῖς Ῥωμαίοις ἐμπίπτει παράλογος. τοῦ γὰρ Τίτου πύργους τρεῖς κατασκευάσαι κελεύσαντος πεντηκονταπήχεις, ἵν' ἑκάστου χώματος ἐπιστήσας ἀπὸ τούτων τοὺς ἐπὶ τοῦ τείχους τρέποιτο, συνέβη πεσεῖν αὐτομάτως ἕνα¹⁴⁰ μέσης νυκτός. μεγίστου δὲ ἀρθέντος ψόφου δέος ἐμπίπτει τῷ στρατῷ, καὶ τοὺς πολεμίους ἐπιχειρεῖν σφίσι δόξαντες ἐπὶ τὰ ὅπλα πάντες ἔθεον. ταραχὴ δὲ τῶν ταγμάτων καὶ θόρυβος ἦν, καὶ τὸ συμβὰν οὐδενὸς εἰπεῖν ἔχοντος ἐπὶ πλεῖστον ἀποδυρόμενοι¹⁴¹ διεφέροντο¹⁴² μηδενός τε φαινομένου πολεμίου δι' ἀλλήλων ἐπτοοῦντο, καὶ τὸ σύνθημα μετὰ σπουδῆς ἕκαστος τὸν πλησίον ἐπηρώτα καθάπερ Ἰουδαίων ἐμβεβληκότων εἰς τὰ στρατόπεδα, πανικῷ τε δείματι κυκλουμένοις παρῳκεσαν, ἄχρι μαθὼν τὸ συμβὰν Τίτος διαγγέλλειν ἐκέλευσε πᾶσι, καὶ μόλις ἐπαύσαντο τῆς ταραχῆς.

2. Ἰουδαίους γε μὴν πρὸς τὰ λοιπὰ καρτερῶς ἀντέχοντας ἐκάκωσαν οἱ πύργοι· καὶ γὰρ τῶν ὀργάνων τοῖς κουφοτέροις ἀπ' αὐτῶν ἐβάλλοντο καὶ τοῖς ἀκοντισταῖς καὶ τοξόταις καὶ λιθοβόλοις. οὔτε δὲ τούτων αὐτοὶ

---

¹³⁷ Lat liest *Romanorum autem disciplina vincebat audaciam Iudaeorum*.
¹³⁸ ἐκκλίνοντος PA^corr L; ἐκκλίνοντος A¹; ἐκκλίναντος MVRC; ἐγκλίναντος Bekker cj. Na Thack; ἐγκλίνοντος Niese cj.
¹³⁹ MVRCLat lesen Ἰουδαίοις.
¹⁴⁰ PAMVR lesen ἀνά, L διά. Nach Hegesipp V, 11,1 wären alle drei Türme eingestürzt.
¹⁴¹ ἀπορούμενοι Holwerda cj. (aufgrund von cod. Lugd.) Na Thack.
¹⁴² M hat διεφθείροντο.

Wagemut über die Ordnung der Römer die Oberhand, und nachdem sie die zuerst erreichten Soldaten geworfen hatten, machten sie auch Front gegen die sich noch sammelnden Truppen. Ein furchtbarer Kampf entspann sich um die Kriegsmaschinen: die einen drängten gewaltsam danach, sie in Brand zu setzen, die anderen wollten dies mit gleicher Leidenschaft verhindern. Auf beiden Seiten erscholl ein Geschrei, aus dem keinerlei Befehl zu entnehmen war, und viele der besten Kämpfer fielen. Die Juden waren mit ihrer Tollkühnheit überlegen. Das Feuer erfaßte schon die Belagerungswerke, und alles mitsamt den Kriegsmaschinen stand in Gefahr, niederzubrennen, hätten nicht die meisten der aus Alexandrien stammenden auserlesenen Soldaten Widerstand geleistet und tapferer, als man es ohnehin von ihnen erwartete, ihren Mann gestellt. Denn in diesem Kampf übertrafen sie selbst die weit berühmten Truppenteile. Schließlich führte der Caesar die kampfkräftigsten Reiter ins Gefecht und stürzte sich mit ihnen auf die Feinde. Er selber streckte zwölf der vordersten Kämpfer zu Boden; über ihr Schicksal erschreckt, wich der restliche Haufe zurück, worauf Titus folgte, sie alle in die Stadt zurücktrieb und so die Belagerungswerke den Flammen entreißen konnte. Bei diesem Kampf geschah es auch, daß einer der Juden gefangen genommen wurde. Titus ließ ihn vor der Mauer ans Kreuz schlagen, in der Hoffnung, die anderen möchten, durch diesen Anblick erschüttert, nachgeben. Ja, sogar Johannes, der Anführer der Idumäer, wurde nach dem Rückzug der Juden, während er sich vor der Mauer mit einem ihm bekannten Soldaten unterhielt, von einem arabischen Bogenschützen in der Brust getroffen und starb sofort[121]. Er ließ die Idumäer in tiefster Trauer und auch die Aufständischen in Leid zurück; denn er war, was seine Tapferkeit und sein Urteil anlangte, ein ausgezeichneter Mann.

7. Kapitel

1. 291. In der folgenden Nacht befiel auch die Römer ein Schrecken, auf den sie nicht gefaßt waren. Titus hatte nämlich drei 50 Ellen hohe Türme bauen lassen, um auf jedem Belagerungswall je einen aufzustellen und von ihnen aus die auf der Mauer stehenden Verteidiger zu vertreiben. Da geschah es, daß einer von ihnen mitten in der Nacht von selbst einstürzte[122]. Das verursachte ein ungeheures Krachen, worauf die Soldaten von Furcht gepackt wurden und, da sie sich von den Feinden angegriffen wähnten, alle zu den Waffen eilten. Bei den Legionen herrschte Verwirrung und Lärm: da keiner sagen konnte, was eigentlich vorgefallen war, liefen sie äußerst ratlos durcheinander, und da sich kein Feind zeigte, wurden sie einer vom anderen in Schrecken versetzt, und jeder fragte den Nächsten eilig nach dem Kennwort, als ob Juden in die Lager eingefallen wären. Die Legionäre glichen von panischem Schrecken[123] erfaßten Menschen, bis Titus von dem Vorfall erfahren hatte und ihn allen bekannt machen ließ; selbst dann waren sie nur mit Mühe zu beruhigen.

2. 296. Die Juden, die fürwahr allen sonstigen Angriffen tapfer standhielten, erlitten durch die Türme erhebliche Verluste. Denn von ihnen her wurden sie auch mit den leichteren Wurfmaschinen beschossen, dazu von Speerwerfern,

διὰ τὸ ὕψος ἐφικνοῦντο καὶ τοὺς πύργους ἦν ἀμήχανον ἑλεῖν, μήτ' ἀνατραπῆναι ῥᾳδίως διὰ τὸ βρῖθος[143] μήτ' ἐμπρησθῆναι διὰ τὸν σίδηρον
298 δυναμένους, ᾧ κατεκαλύπτοντο. τρεπόμενοι δὲ ἐξωτέρω βέλους οὐκέτι ἐκώλυον τῶν κριῶν τὰς ἐμβολάς, οἳ ἀδιαλείπτως παίοντες ἤνυον κατ'
299 ὀλίγον. ἤδη δὲ τῷ Νίκωνι τοῦ τείχους ἐνδιδόντος, αὐτοὶ γὰρ τοῦτο Ἰουδαῖοι τὴν μεγίστην ἐκάλεσαν Ῥωμαίων ἑλέπολιν ἀπὸ τοῦ πάντα νικᾶν, ἀπέκαμνον μὲν πάλαι πρός τε τὰς μάχας καὶ τὰς φυλακὰς πόρρω-
300 θεν τῆς πόλεως διανυκτερεύοντες, ἄλλως δ' ὑπὸ ῥᾳστώνης καὶ τοῦ βουλεύεσθαι πάντα κακῶς περιττὸν αὑτοῖς δόξαν τὸ τεῖχος ἑτέρων μετ'
301 αὐτὸ λειπομένων δύο, μαλακισθέντες ἀνεχώρουν οἱ πολλοί. καὶ τῶν Ῥωμαίων ἐπιβάντων καθὸ παρέρρηξεν ὁ Νίκων, καταλιπόντες τὰς φυλακὰς πάντες εἰς τὸ δεύτερον τεῖχος ἀναφεύγουσιν. οἱ δ' ὑπερβάντες τὰς
302 πύλας ἀνοίξαντες πᾶσαν εἰσδέχονται τὴν στρατιάν. καὶ Ῥωμαῖοι μὲν οὕτω τοῦ πρώτου τείχους πεντεκαιδεκάτῃ κρατήσαντες ἡμέρᾳ, ἑβδόμῃ δὲ ἦν Ἀρτεμισίου μηνός, αὐτοῦ τε πολὺ κατασκάπτουσι καὶ τὰ προσάρκτια τῆς πόλεως, ἃ καὶ πρότερον Κέστιος.
303 3. Μεταστρατοπεδεύεται δὲ Τίτος εἴσω κατὰ τὴν Ἀσσυρίων παρεμβολὴν καλουμένην, ἐπισχὼν πᾶν τὸ μεταξὺ μέχρι τοῦ Κεδρῶνος, ἀπὸ δὲ τοῦ δευτέρου τείχους ὅσον ἐξωτέρω βέλους εἶναι· προσβολὰς δ' εὐθέως
304 ἐποιεῖτο. ἐμμερισθέντες[144] δὲ οἱ Ἰουδαῖοι καρτερῶς ἀπημύναντο τοῦ τείχους, οἱ μὲν περὶ τὸν Ἰωάννην ἀπό τε τῆς Ἀντωνίας καὶ τῆς προσαρκτίου στοᾶς τοῦ ἱεροῦ καὶ πρὸ τῶν Ἀλεξάνδρου τοῦ βασιλέως αὐτῶν[145] μνημείων[146] μαχόμενοι, τὸ δὲ τοῦ Σίμωνος τάγμα τὴν παρὰ τὸ Ἰωάννου τοῦ ἀρχιερέως[147] μνημεῖον ἐμβολὴν διαλαβόντες ἐφράξαντο[148] μέχρι πύλης καθ'
305 ἣν τὸ ὕδωρ ἐπὶ τὸν Ἱππικὸν πύργον εἰσῆκτο. προπηδῶντές τε πολλάκις ἐκ τῶν πυλῶν συστάδην ἐπολέμουν καὶ συνδιωχθέντες ἀπὸ[149] τοῦ τείχους κατὰ μὲν τὰς συμπλοκὰς ἡττῶντο τῆς Ῥωμαίων ἐπιστήμης ὄντες ἄπει-
306 ροι, περιῆσαν δ' ἐν ταῖς τειχομαχίαις. καὶ τοὺς μὲν μετ' ἰσχύος ἐμπειρία παρεκρότει, Ἰουδαίους δὲ τόλμα δέει τρεφομένη καὶ τὸ φύσει καρτερικὸν ἐν συμφοραῖς· προσῆν δ' ἐλπὶς ἔτι σωτηρίας ἡ[150] καὶ Ῥωμαίοις τοῦ ταχέως
307 κρατήσειν. οὐδετέρων δὲ ἥπτετο κόπος, ἀλλὰ προσβολαὶ καὶ τειχομαχίαι καὶ κατὰ λόχους ἐκδρομαὶ συνεχεῖς δι' ὅλης ἡμέρας ἦσαν, οὐδ' ἔστιν
308 ἥτις ἰδέα μάχης ἀπελείπετο. νὺξ δὲ ἀνέπαυε μόλις ἕωθεν ἀρχομένους· ἦν δ' ἄυπνος ἀμφοτέροις καὶ χαλεπωτέρα τῆς ἡμέρας, δέει τῶν μὲν ὅσον οὔπω καταληφθήσεσθαι τὸ τεῖχος[152], τῶν δ' ἐπιθήσεσθαι Ἰουδαίους τοῖς στρατοπέδοις, ἔν τε τοῖς ὅπλοις ἑκάτεροι διανυκτερεύοντες ὑπὸ τὰς
309 πρώτας αὐγὰς ἕτοιμοι πρὸς μάχην ἦσαν. καὶ παρὰ μὲν Ἰουδαίοις ἔρις

[143] PAM lesen βάρος.
[144] καὶ μερισθέντες L; μερισθέντες VRC Na.
[145] Die Apposition τοῦ βασιλέως αὐτῶν fehlt bei Lat.
[146] μνημείου PA; *monumentum* Lat.
[147] Der Titel τοῦ ἀρχιερέως fehlt bei LLat.
[148] Hudson cj. ἔφραξαν τό.
[149] Hudson cj. ἐπὶ, so Na Thack („und wenn sie dann zur Mauer hinaufgedrängt wurden"). [150] PA haben ἦ (ἥ Thack), MRC Na ἤ, L liest ἤ.
[151] VR¹ lesen ἐνδρομαί.
[152] PAL haben τὸ τάχος, C τοῦ τείχους.

Bogenschützen und Steinschleuderern. Wegen der Höhe der Abschußstellen war es ihnen unmöglich, diese Schützen zu erreichen; auch gab es kein Mittel, die Türme selbst unschädlich zu machen, da man sie wegen ihres Gewichtes nicht leicht umstürzen noch wegen ihrer eisernen Verkleidung hätte in Brand setzen können. Da sie sich außerhalb der Schußweite aufhalten mußten, konnten sie die Stöße der Sturmböcke nicht mehr verhindern, die nun mit ununterbrochenen Schlägen langsam ihr Ziel erreichten. Schon gab die Mauer dem „Nikon"[124] nach — so nannten nämlich die Juden selbst die größte römische Belagerungsmaschine, weil sie jedes Hindernis siegreich überwand. Diese waren schon längst durch die Kämpfe ermüdet, dazu durch den Wachdienst, bei dem sie fern von der Stadt die Nächte verbringen mußten. Im übrigen waren die meisten aus Sorglosigkeit und, weil sie sich sowieso alles schlecht zu überlegen pflegten, der Meinung, sie brauchten diese Mauer nicht, da ja hinter ihr noch zwei weitere ständen; so zogen sie sich mürbe geworden, zurück. Als die Römer durch die vom „Nikon" geschlagene Bresche hinaufstürmten, verließen alle ihren Posten und zogen sich zur zweiten Mauer zurück. Die über die Mauer Eingedrungenen öffneten die Tore und ließen das ganze Heer herein. Auf diese Weise gewannen die Römer die erste Mauer am 15. Tag der Belagerung, dem 7. des Monats Artemisios (25. Mai), rissen ein großes Stück davon ein und dazu das nördliche Stadtgebiet, das schon vorher Cestius niedergelegt hatte[125].

3. 303. Titus verlegte nun das Lager hinein in das Stadtgebiet, das „Assyrerlager" genannt wird[126], wobei er das ganze Gelände bis zum Kidron hin besetzte, sich jedoch so weit von der zweiten Mauer entfernt hielt, daß er außerhalb der Schußweite blieb. Doch begann er sogleich mit dem Angriff. Die Juden, die sich verteilt hatten, verteidigten die Mauer hartnäckig. Dabei kämpften die Anhänger des Johannes von der Antonia und von der nördlichen Säulenhalle des Heiligtums her, dazu vor dem Grabmal ihres Königs Alexander, während die Truppen des Simon den Zugang beim Grab des Hohenpriesters Johannes sicherten und sich bis hin zum Tor, durch welches das Wasser zum Hippikusturm hereingeführt wurde, verschanzten[127]. Häufig machten die Juden aus den Toren heraus einen Ausfall und fochten Mann gegen Mann mit den Römern, wurden sie aber zurückgedrängt, so kämpften sie von der Mauer herab; bei den Nahkämpfen waren sie unterlegen, da sie die militärische Ausbildung der Römer nicht besaßen, dagegen behielten sie in den Gefechten um die Mauer die Oberhand. Während den Römern, abgesehen von der zahlenmäßigen Stärke, ihre Erfahrung Mut machte, zeichnete die Juden die durch Furcht genährte Tollkühnheit und die angeborene Fähigkeit aus, schwere Schläge standhaft zu ertragen. Dazu hegten diese immer noch die Hoffnung auf Rettung[128], die Römer aber, einen raschen Sieg zu erringen. Auf keiner Seite kam Müdigkeit auf, sondern Angriffe, Mauergefechte und die unablässigen Ausfälle kleiner Abteilungen gingen den ganzen Tag hindurch, und keine Art des Kampfes unterblieb. Die Nacht konnte kaum eine Unterbrechung bringen, obwohl man doch stets schon mit dem frühen Morgen den Kampf begann. Sie war schlaflos für beide Seiten und noch beschwerlicher als der Tag, hier, weil man sich argwöhnisch fragte, wie lange ein Angriff auf die Mauer noch auf sich warten lassen würde, dort, weil das Lager dauernd einen Überfall der Juden

ἦν ὅστις προκινδυνεύσας χαρίσαιτο τοῖς ἡγεμόσιν, μάλιστα δὲ τοῦ Σίμωνος αἰδὼς ἦν καὶ δέος, οὕτως τε προσεῖχεν ἕκαστος αὐτῷ τῶν ὑποτεταγμένων, ὡς καὶ πρὸς αὐτοχειρίαν ἑτοιμότατος εἶναι κελεύσαν-
310 τος· Ῥωμαίοις δὲ ἐπ' ἀνδρείαν ἦν προτροπὴ τοῦ τε κρατεῖν ἔθος καὶ ἥττης ἀήθεια συνεχής τε στρατεία καὶ διηνεκεῖς μελέται καὶ μέγεθος ἡγεμονίας, πρὸ δὲ πάντων Τίτος ἀεὶ πᾶσιν πανταχοῦ παρατυγχάνων.
311 τό τε γὰρ μαλακισθῆναι παρόντος καὶ συναγωνιζομένου Καίσαρος δεινὸν ἐδόκει, καὶ τῷ καλῶς ἀγωνισαμένῳ μάρτυς αὐτὸς ὁ καὶ τιμήσων παρῆν· κέρδος[153] δ' ἦν ἤδη καὶ τὸ γνωσθῆναι Καίσαρι γενναῖον ὄντα. διὰ τοῦτο
312 πολλοὶ τῆς κατὰ σφᾶς ἰσχύος ἀμείνους τῇ προθυμίᾳ διεφάνησαν. παραταξαμένων γοῦν κατὰ ταύτας τὰς ἡμέρας τῶν Ἰουδαίων πρὸ τοῦ τείχους καρτερῷ στίφει καὶ διακοντιζομένων ἔτι πόρρωθεν τῶν ταγμάτων ἑκατέρων Λογγῖνός τις τῶν ἱππέων ἐξαλλόμενος τῆς Ῥωμαϊκῆς τάξεως
313 ἐμπηδᾷ μέσῃ τῇ τῶν Ἰουδαίων φάλαγγι, καὶ διασκεδασθέντων πρὸς τὴν ἐμβολὴν[154] δύο τοὺς γενναιοτάτους ἀναιρεῖ, τὸν μὲν κατὰ στόμα πλήξας ὑπαντιάσαντα, τὸν δ' ἀνασπάσας ἐκ τοῦ προτέρου τὸ δόρυ κατὰ πλευρὰν διαπείρει τραπόμενον, ἐκ μέσων τε τῶν πολεμίων ἄτρωτος[155] εἰς τοὺς
314 σφετέρους ἔδραμεν. ὁ μὲν οὖν δι' ἀρετὴν ἐπίσημος ἦν, ζηλωταὶ δὲ τῆς
315 ἀνδρείας ἐγίνοντο πολλοί. καὶ Ἰουδαῖοι μὲν ἀμελοῦντες τοῦ παθεῖν τὸ διαθεῖναι μόνον ἐσκόπουν, ὅ τε θάνατος αὐτοῖς ἐδόκει κουφότατος εἰ
316 μετὰ τοῦ κτεῖναί τινα τῶν πολεμίων προσπέσοι· Τίτος δὲ τῆς τῶν στρατιωτῶν ἀσφαλείας οὐχ ἧττον τοῦ κρατεῖν προυνόει, καὶ τὴν μὲν ἀπερίσκεπτον ὁρμὴν ἀπόνοιαν λέγων, μόνην δ' ἀρετὴν τὴν μετὰ προνοίας καὶ τοῦ μηδὲν τὸν δρῶντα παθεῖν, ἐν ἀκινδύνῳ τῷ κατὰ σφᾶς ἐκέλευσεν ἀνδρίζεσθαι.
317 4. Προσάγει δ' αὐτὸς τοῦ βορείου τείχους τῷ μέσῳ πύργῳ τὴν ἑλέπολιν, ἐν ᾧ τῶν Ἰουδαίων τις ἀνὴρ γόης ὄνομα Κάστωρ ἐλόχα μεθ'
318 ὁμοίων δέκα, τῶν λοιπῶν φυγόντων διὰ τοὺς τοξότας. οὗτοι μέχρι μέν τινος ὑπεπτηχότες τοῖς θωρακίοις ἠρέμουν, λυομένου[156] δὲ τοῦ πύργου διανίστανται, καὶ προτείνας ὁ Κάστωρ τὰς χεῖρας ὡς ἱκετεύων δῆθεν ἐκάλει τὸν Καίσαρα καὶ τῇ φωνῇ κατοικτιζόμενος ἐλεῆσαι σφᾶς παρ-
319 εκάλει. πιστεύσας δ' ἐξ ἁπλότητος ὁ Τίτος καὶ μετανοεῖν ἤδη τοὺς Ἰουδαίους ἐλπίσας, ἐπέχει μὲν τοῦ κριοῦ τὴν ἐμβολὴν κωλύει τε τοξεύειν
320 τοὺς ἱκέτας, λέγειν δ' ἐκέλευσεν ὅ τι βούλεται τῷ Κάστορι. τοῦ δ' εἰπόντος ἐπὶ δεξιᾷ[157] καταβῆναι θέλειν, ὁ Τίτος συνήδεσθαι μὲν αὐτῷ τῆς εὐβουλίας[158] ἔφη, συνήδεσθαι[159] δὲ εἰ πάντες ταῦτα ἤδη[160] φρονοῦσι

[153] VR lesen καρπός.
[154] Statt πρὸς τὴν ἐμβολὴν lesen PA τῶν ἐμβολῶν, Lat hoc impetu; Destinon cj. τῶν ἐν βολῇ.
[155] Die Handschriften lesen πρῶτας, victor Heg; ἄτρωτος Holwerda cj. Niese.
[156] σαλευομένου L Na (Niese: fortasse recte); concussa Lat.
[157] PA haben ἐπιδεξιά.
[158] Der Passus συνήδεσθαι bis εὐβουλίας fehlt bei Lat.
[159] Holwerda cj. ὑπερήδεσθαι.
[160] M hat ταῦτα ἤδη, so auch Thack (vielleicht richtig); ἤδη τὰ αὐτὰ L Na; eadem Lat.

befürchten mußte. Jede Partei brachte also die Nacht unter den Waffen zu und stand schon beim ersten Sonnenstrahl wieder kampfbereit. Die Juden stritten sich, wer als erster in Gefahr kommen und dadurch den Führern gefallen dürfe; am größten waren übrigens Scheu und Ehrfurcht vor Simon, und so sehr war jeder Untergebene an ihn gebunden, daß er auf dessen Befehl hin auch zum Selbstmord durchaus fähig gewesen wäre. Für die Römer war andererseits die Gewohnheit, stets zu siegen und niemals zu unterliegen, Ansporn zur Tapferkeit, ferner der ständige Kriegsdienst, die dauernde Übung und die Größe des Imperiums, vor allem aber Titus, der stets allen überall zur Seite war[129]. In Gegenwart des mitstreitenden Caesars sich als Schwächling zu erweisen, schien eine furchtbare Schande zu sein; wer aber sich wacker schlug, hatte den, der ihn belohnen würde, selbst als Augenzeugen neben sich. Da war es auch schon Gewinn, vom Caesar als tapferer Mann bemerkt worden zu sein. Darum leisteten viele aus lauter Eifer offensichtlich mehr, als ihre Kraft eigentlich hergab. Als sich zum Beispiel in jenen Tagen die Juden vor der Mauer in starkem Trupp zur Schlacht gestellt hatten und beide Fronten noch von weitem die Spieße schleuderten, sprengte einer von der Reiterei namens Longinus aus der römischen Schlachtreihe hervor und mitten hinein in die Gliederung der Juden, die auf diesen Ansturm hin auseinandergetrieben wurden. Zwei von den besten machte er nieder: den einen stieß er ins Gesicht, als er sich ihm entgegenwarf, den anderen durchbohrte er von der Seite, als er gerade ausweichen wollte, und zwar mit derselben Lanze, die er aus der Wunde des ersten herausgerissen hatte. Mitten aus der Schar der Feinde entkam er unversehrt zu seinen Kameraden. Dieser legte freilich eine ungewöhnliche Tapferkeit an den Tag, viele eiferten aber solchem Mannesmut nach. Auch die Juden strebten ungeachtet der eigenen Verluste nur danach, den Feinden zuzusetzen, und der Tod erschien ihnen ganz leicht, wenn er sie nach der Niederstreckung eines Feindes traf. Titus dagegen bedachte die Sicherheit der Soldaten nicht weniger als den militärischen Erfolg; weil er einen Angriff, der nicht umsichtig geplant war, für Wahnsinn hielt, für eine tapfere Tat aber nur ein Unternehmen, das mit vorsichtiger Abwägung und möglichster Schonung des beteiligten Soldaten verbunden war, gebot er, sich mannhaft zu zeigen und trotzdem Gefahr für Leib und Leben zu vermeiden.

4. 317. Titus ließ dann selbst an den mittleren Turm der Nordmauer den Sturmbock heranführen[130], in welchem ein jüdischer Zauberer[131] namens Castor mit zehn Genossen im Hinterhalt lag, während die übrigen vor den Bogenschützen geflohen waren. Diese blieben zunächst still hinter der Brustwehr hokken; als aber der Turm einzustürzen drohte, sprangen sie hoch. Mit ausgestreckten Händen, wie um Gnade bittend, rief Castor heuchlerisch den Caesar an und flehte in jämmerlichem Tone um Erbarmen. Titus glaubte ihm ohne Hintergedanken und hoffte zugleich, nunmehr würden sich die Juden besinnen. Er ließ also mit den Widderstößen aufhören, verbot, auf die Flehenden zu schießen und forderte dann Castor auf, zu sagen, was er wolle. Als dieser antwortete, er sei bereit, herunterzukommen, wenn ihm Sicherheit versprochen werde, erklärte Titus, er freue sich mit Castor sehr über diesen wohlüberlegten Entschluß und er freue sich ebenso, falls alle nunmehr die gleiche Gesinnung hätten, sogar der Stadt bereitwillig Bürgschaft zu geben. Von den zehn schlossen sich fünf dem heuchle-

321 καὶ τῇ πόλει γε διδόναι¹⁶¹ πίστιν ἑτοίμως. τῶν δέκα δὲ οἱ πέντε μὲν αὐτῷ συνυπεκρίνοντο τὴν ἱκετηρίαν, οἱ λοιποὶ δ' οὐκ ἄν ποτε δουλεύσειν
322 Ῥωμαίοις ἐβόων παρὸν ἐλευθέρους ἀποθανεῖν. καὶ μέχρι πολλοῦ διαφερομένων ἐτρίβετο μὲν ἡ προσβολή, πέμπων δ' ὁ Κάστωρ πρὸς τὸν Σίμωνα σχολῇ βουλεύεσθαι περὶ τῶν ἐπειγόντων ἔλεγεν, ὡς οὐκ ἐπ' ὀλίγον αὐτὸς διαπαίζοι¹⁶² τὴν Ῥωμαίων ἀρχήν. ἅμα δὲ ταῦτα πέμπων
323 καταφανὴς ἦν καὶ τοὺς ἀπειθοῦντας ἐπὶ τὴν δεξιὰν παρακαλῶν. οἱ δὲ ὥσπερ ἀγανακτοῦντες ὑπὲρ τὰ θωράκια διῄρουν τε¹⁶³ τὰ ξίφη γυμνὰ καὶ
324 τοὺς θώρακας αὐτῶν¹⁶⁴ πλήξαντες ὡς ἀπεσφαγμένοι κατέπεσον. θάμβος δὲ τὸν Τίτον καὶ τοὺς περὶ αὐτὸν εἰσῄει τοῦ τῶν ἀνδρῶν παραστήματος, καὶ μὴ δυνάμενοι κάτωθεν ἀκριβῶς τὸ γεγενημένον ἰδεῖν ἐθαύμαζόν τε
325 τῆς εὐτολμίας αὐτοὺς καὶ τοῦ πάθους ἠλέουν. τοξεύει δέ τις ἐν τούτῳ παρὰ τὴν ῥῖνα τὸν Κάστορα, κἀκεῖνος εὐθέως ἀνασπάσας τὸ βέλος ἐπεδείκνυ τῷ Τίτῳ καὶ ὡς οὐ δίκαια πάσχων κατεμέμφετο. πρὸς δὲ τὸν βαλόντα σχετλιάσας Καῖσαρ ἔπεμπε παρεστῶτα τὸν Ἰώσηπον δοῦναι
326 τῷ Κάστορι δεξιάν. ἀλλ' ὁ μὲν οὔτ' αὐτὸς ἔφη προσελεύσεσθαι¹⁶⁵, φρονεῖν γὰρ οὐδὲν ὑγιὲς τοὺς δεομένους, καὶ τοὺς ὡρμημένους τῶν φίλων κατέσχεν· Αἰνείας δέ τις τῶν αὐτομόλων αὐτὸς ἔφη προσελεύσεσθαι¹⁶⁵.
327 καὶ τοῦ Κάστορος καλοῦντος, ὅπως δέξαιτό τις καὶ τὸ ἀργύριον ὃ φέροι μεθ' αὑτοῦ, σπουδαιότερον ὁ Αἰνείας διαπετάσας τὸν κόλπον προσέδρα-
328 μεν. ἀράμενος δὲ ὁ Κάστωρ πέτραν ἐπαφίησιν αὐτῷ, καὶ τούτου μὲν διήμαρτε φυλαξαμένου, τιτρώσκει δὲ στρατιώτην ἕτερον προσελθόντα.
329 συννοήσας δὲ Καῖσαρ τὴν ἀπάτην πρὸς βλάβης μὲν ἔγνω τὸν ἐν πολέμοις ἔλεον, τὸ γὰρ ἀπηνέστερον ἧττον ὑποπίπτειν τῷ πανούργῳ, τὰς
330 δ' ἐμβολὰς τῆς ἑλεπόλεως ὀργῇ τῆς χλεύης ἐποιεῖτο δυνατωτέρας. ὑποδιδόντα δὲ τὸν πύργον ἐμπιπρᾶσιν οἱ περὶ τὸν Κάστορα, καὶ διὰ τῆς φλογὸς εἰς τὴν ὑπ'¹⁶⁶ αὐτῷ κρυπτὴν ἁλλόμενοι πάλιν δόξαν ἀνδρείας Ῥωμαίοις παρέσχον ὡς ῥίψαντες σφᾶς αὐτοὺς εἰς τὸ πῦρ.

331 VIII. 1. Αἱρεῖ δὲ Καῖσαρ ταύτῃ τὸ τεῖχος ἡμέρᾳ πέμπτῃ μετὰ τὸ πρῶτον, καὶ τῶν Ἰουδαίων φυγόντων ἀπ' αὐτοῦ παρέρχεται μετὰ χιλίων ἔνδον ὁπλιτῶν καὶ τῶν περὶ αὐτὸν ἐπιλέκτων¹⁶⁷, καθὸ καὶ τῆς καινῆς πόλεως ἐριοπώλιά τε ἦν καὶ χαλκεῖα καὶ ἱματίων ἀγορά, πρός τε¹⁶⁸ τὸ
332 τεῖχος πλάγιοι κατέτεινον οἱ στενωποί. εἰ μὲν οὖν ἢ τοῦ τείχους εὐθέως πλέον διέλυσεν ἢ πολέμου νόμῳ παρελθὼν ἐπόρθει τὸ ληφθέν, οὐκ ἂν
333 οἶμαί τις ἐμίγη βλάβη τῷ κράτει. νῦν δὲ Ἰουδαίους μὲν ἐλπίσας δυσω-

---

¹⁶¹ L liest διδόναι τε, so auch Niese Thack; VRC lesen διδόναι γε; Destinon cj. καὶ διδόναι; Holwerda cj. διδόναι δέ, so Na; Lat bezieht wahrscheinlich richtig: *fidem pacis etiam civitati daturum*. ¹⁶² διαπέζοι PAM; διαπαίζει L.
¹⁶³ διῇράν τε Dindorf cj. (aufgrund von cod. Lugd.) Na; διάραντες Destinon cj.
¹⁶⁴ PAMVRC lesen αὐτῶν, L ἑαυτῶν; αὑτῶν Niese Na Thack.
¹⁶⁵ προελεύσεσθαι P Thack. ¹⁶⁶ PAMVRC lesen ἐπ'.
¹⁶⁷ Lat bezieht ἐπιλέκτων auf ὁπλιτῶν: *intro cum lectis mille transit quos circa se habebat armatis*.
¹⁶⁸ PA lesen πρὸς, MLVRC Na πρὸς δέ; *et ad* Lat; πρός τε Destinon cj. Niese Thack.

rischen Flehen Castors an, die übrigen aber schrieen, niemals würden sie Knechte der Römer sein, solange sie noch als freie Männer sterbenkönnten. Und während man noch lange stritt, verzögerte sich der Angriff; Castor aber ließ Simon melden, er möge in aller Ruhe über das Dringlichste beratschlagen, während er selbst wohl noch eine gute Weile den Feldherrn der Römer zum Narren halten wolle. Während er diese Botschaft absandte, forderte er vor aller Augen auch die widerspenstigen Kameraden zur Übergabe auf. Diese aber rissen wie außer sich über ein solches Ansinnen einer nach dem andern die blanken Schwerter hoch über die Brustwehr, stießen damit auf ihren Harnisch und fielen wie erstochen zu Boden. Eine große Verwunderung ergriff da den Titus und die Dabeistehenden über die Entschlossenheit der Männer, und sie empfanden Ehrfurcht vor ihnen wegen ihres Mutes und Mitleid über ihr Schicksal, denn sie konnten von unten nicht genau sehen, was geschehen war. In diesem Augenblick schoß jemand Castor neben die Nase, und jener zog sofort das Geschoß heraus, zeigte es Titus und beschwerte sich, als sei ihm Unrecht geschehen. Der Caesar verwarnte den Schützen nachdrücklich und wollte Josephus, der neben ihm stand, hinschicken, damit er Castor den Handschlag gäbe. Aber dieser weigerte sich hinzugehen, weil die Bittsteller nichts Gutes im Sinne hätten, und hielt auch einige Freunde zurück, die bereit waren, zu gehen. Doch ein gewisser Äneas, ein Überläufer, erklärte, er wolle hingehen. Als Castor dann rief, es solle jemand auch das Geld auffangen, das er bei sich habe, lief Äneas um so schneller und breitete schon das Oberkleid aus. Da hob Castor ein Felsstück und warf es auf ihn hinab, verfehlte jenen zwar, weil er sich in Acht genommen hatte, verwundete aber einen anderen Soldaten, der auch noch herbeigelaufen war. Als nun der Caesar diesen Betrug durchschaute, erkannte er, daß Mitleid im Kriege nur schaden kann, weil unerbittliche Härte noch am wenigsten einem hinterlistigen Gegner zum Opfer fallen könne[132]. Voll Zorn über solche Verhöhnung ließ Titus die Wucht der Widderstöße noch verstärken. Als der Turm nachgab, zündeten ihn Castors Leute an und sprangen durch die Flammen in den unter dem Turm befindlichen geheimen Gang[133]. So nötigten sie zum zweiten Mal die Römer zu einer hohen Meinung von ihrer Mannhaftigkeit, denn diese mußten annehmen, sie hätten sich selbst ins Feuer gestürzt.

8. Kapitel

1. 331. An dieser Stelle bekam der Caesar die zweite Mauer am fünften Tage nach dem Fall der ersten in seine Gewalt. Nachdem die Juden vor ihm geflohen waren, zog er mit 1000 Schwerbewaffneten und mit der auserlesenen Truppe, die zu seinem Schutz bestimmt war, dort ein, wo sich auch die Stände der Wollhändler, die Schmiedewerkstätten und der Kleidermarkt der Neustadt befanden und die Gassen schräg zur Mauer hinabliefen[134]. Hätte er nun entweder sofort einen größeren Teil der Mauer niederreißen lassen oder nach seinem Einzug dem Kriegsrecht folgend das eingenommene Gebiet verwüstet, hätte meiner Meinung nach kein Verlust diesen Sieg getrübt. Nun aber hoffte Titus, die Juden zu beschämen, wenn er ihnen nicht derart mitspielen wollte,

πήσειν έξὸν κακοῦν τῷ μὴ θέλειν, πρὸς δ'[169] ἀναχώρησιν εὐμαρῆ τὴν εἰσβολὴν οὐκ ἐπλάτυνεν· οὐ γὰρ ἐπιβουλεύσειν οὓς εὐεργετεῖν ὑπελάμβανεν. παρελθὼν γοῦν οὔτε κτείνειν τινὰ τῶν καταλαμβανομένων ἐπέτρεψεν οὔτε ὑποπιμπράναι τὰς οἰκίας, ἀλλὰ τοῖς μὲν στασιασταῖς εἰ βούλοιντο μάχεσθαι δίχα τῆς τοῦ δήμου βλάβης ἄδειαν ἐξόδου[170], τῷ δήμῳ δὲ τὰς κτήσεις ὑπισχνεῖτο δώσειν· περὶ πλείστου γὰρ ἐποιεῖτο σῶσαι τὴν μὲν πόλιν αὐτῷ, τὸν δὲ ναὸν τῇ πόλει. τὸν μὲν οὖν λαὸν ἕτοιμον εἶχεν εἰς ἃ προύτρεπεν καὶ πάλαι, τοῖς μαχίμοις δ' ἐδόκει τὸ φιλάνθρωπον ἀσθένεια, καὶ τὸν Τίτον ἀδυναμίᾳ τοῦ τὴν ἄλλην[171] πόλιν ἑλεῖν ταῦτα προτείνειν ὑπελάμβανον. διαπειλοῦντες δὲ τοῖς δημόταις θάνατον, εἴ περὶ παραδόσεως μνησθείη τις αὐτῶν, καὶ τοὺς παραφθεγγομένους εἰρήνην ἀποσφάττοντες, ἐπιτίθενται καὶ τοῖς εἰσελθοῦσι Ῥωμαίων, οἱ μὲν κατὰ τοὺς στενωποὺς ὑπαντιάσαντες, οἱ δ' ἀπὸ τῶν οἰκιῶν, ἄλλοι δ' ἔξω τοῦ τείχους κατὰ τὰς ἄνω προπηδήσαντες πύλας. πρὸς οὓς ταραχθέντες οἱ φρουροὶ τοῦ τείχους καθαλλόμενοι τῶν πύργων ἀνεχώρουν εἰς τὰ στρατόπεδα. κραυγὴ δ' ἦν τῶν μὲν εἴσω πάντοθεν πολεμίοις κεκυκλωμένων, τῶν δ' ἔξωθεν περὶ τοῖς ἀπολειφθεῖσι[172] δεδοικότων. πληθύνοντες δ' ἀεὶ Ἰουδαῖοι καὶ πολλὰ πλεονεκτοῦντες κατ' ἐμπειρίαν τῶν στενωπῶν ἐτίτρωσκόν τε πολλοὺς καὶ προσπίπτοντες ἐξώθουν. οἱ δὲ κατ' ἀνάγκην τὸ πλέον ἀντεῖχον, οὐ γὰρ ἦν ἀθρόους διαφυγεῖν διὰ στενοῦ τοῦ τείχους, δοκοῦσί τε ἂν κατακοπῆναι πάντες οἱ παρελθόντες μὴ προσαμύναντος τοῦ Τίτου. διαστήσας γὰρ ἐπ' ἄκροις τοῖς στενωποῖς τοὺς τοξότας καὶ κατὰ τὸν μάλιστα πληθύοντα σταθεὶς αὐτός, ἀνέστελλε τοῖς βέλεσι τοὺς πολεμίους, καὶ σὺν αὐτῷ Δομέτιος Σαβῖνος, ἀνὴρ ἀγαθὸς καὶ κατὰ ταύτην φανεὶς τὴν μάχην. παρέμεινε δὲ συνεχῶς τοξεύων Καῖσαρ καὶ τοὺς Ἰουδαίους κωλύων παρελθεῖν, μέχρι πάντες ἀνεχώρησαν οἱ στρατιῶται.

2. Ῥωμαῖοι μὲν οὕτως κρατήσαντες τοῦ δευτέρου τείχους ἐξεώσθησαν[173], τῶν δ' ἀνὰ τὸ ἄστυ μαχίμων ἐπήρθη τὰ φρονήματα, καὶ μετέωροι πρὸς τὴν εὐπραγίαν ἦσαν, οὔτ' ἂν Ῥωμαίους εἰς τὴν πόλιν τολμήσειν ἔτι παρελθεῖν οὔτ' αὐτοί[174] παρελθόντων ἡττηθήσεσθαι δοκοῦντες. ἐπεσκότει γὰρ αὐτῶν ταῖς γνώμαις διὰ τὰς παρανομίας ὁ θεός, καὶ οὔτε τὴν Ῥωμαίων ἰσχὺν ὅσῳ πλείων κατελείπετο τῆς ἐξελαθείσης ἔβλεπον οὔτε τὸν ὑφέρποντα λιμὸν αὑτοῖς· ἔτι γὰρ παρῆν ἐσθίειν ἐκ τῶν δημοσίων κακῶν καὶ τὸ τῆς πόλεως αἷμα πίνειν· ἔνδεια δὲ τοὺς ἀγαθοὺς ἐπεῖχε πάλαι[175], καὶ σπάνει τῶν ἐπιτηδείων διελύοντο πολλοί.

[169] δὲ fehlt bei C Na. Niese vermutet eine Textlücke vor πρὸς.
[170] P liest ἔξειν, A ἔξειν, L Lat Na ἐδίδου, C ἐξόδου ἐδίδου, Destinon cj. ἐξιέναι; vgl. 6, 95.
[171] Dindorf liest mit cod. Lugd. ὅλην; so auch Na.
[172] A liest ἀπολιφθεῖσι, M ὑπολειφθεῖσι, Lat *clausis*, ἀποληφθεῖσι Destinon cj. Thack.
[173] PAMVRC lesen ἐξεώθησαν, L ἐξώσθησαν, Lat *ad extremum pulsi sunt*; ἐξεώσθησαν Dindorf cj. Niese Na Thack.
[174] PAM haben αὐτῶν.
[175] Nach Lat lautet die erste Satzhälfte: *propter bonos autem continebatur exitium*.

wie er wohl dazu in der Lage war, und unterließ es daher, die Bresche für einen mühelosen Rückzug genügend zu verbreitern; denn er wollte nicht annehmen, daß diejenigen einen Anschlag gegen ihn machen würden, denen er jetzt gerade sein Wohlwollen bewies. Er verbot daher gleich nach seinem Einzug, Gefangene zu töten und Feuer an die Häuser zu legen; er versprach sogar den Aufrührern, wenn sie – allerdings ohne Behelligung des Volkes – weiterkämpfen wollten, den gesicherten Auszug, dem Volk selbst aber Erhaltung des Besitzes. Es lag ihm nämlich ganz besonders viel daran, sich selbst die Stadt und der Stadt den Tempel zu erhalten. Titus hatte nun ja das Volk zwar auf seiner Seite, bereitwillig auf das einzugehen, was er schon lange vorgeschlagen hatte, den Anhängern der Kriegspartei aber erschien diese Menschenfreundlichkeit als Schwäche und sie dachten sich, weil Titus nicht mehr die Kraft habe, die übrige Stadt einzunehmen, mache er dies Angebot. Sie bedrohten die Bürgerschaft mit dem Tode, wenn jemand auch nur an Übergabe zu denken wage; diejenigen, die etwas von Frieden verlauten ließen, brachten sie um. Als die Römer einrückten, fielen sie sofort über sie her, die einen stürzten sich die Gassen hinab ihnen entgegen, andere kämpften von den Häusern aus, wieder andere sprangen durch die oberen Tore in das Gebiet außerhalb der Mauer vor, so daß die Wachen, die die Mauer besetzt hielten, fassungslos von den Türmen hinabsprangen und ins Lager zurückwichen. Es gab ein großes Geschrei innerhalb der Mauer bei denen, die sich plötzlich allerseits von Feinden eingeschlossen sahen, draußen bei denen, die schon das Schlimmste für die Abgeschnittenen befürchteten. Die Juden wurden immer zahlreicher und konnten, da sie sich in den Gassen weit besser auskannten, viele Gegner verwunden und im Angriff vor sich hertreiben. Die Römer konnten meistenteils nicht anders[135], als notgedrungen Widerstand zu leisten, denn er war unmöglich, in gedrängtem Haufen durch die enge Lücke in der Mauer zu entkommen. Wie es schien, wären wohl alle niedergehauen worden, die durch die Bresche eingedrungen waren, wenn ihnen nicht Titus Hilfe gebracht hätte. Schnell verteilte er die Bogenschützen auf die Enden der Gassen, stellte sich selbst dorthin, wo das Gedränge am dichtesten war, und trieb mit seinen Geschossen die Feinde zurück. Zur Seite stand ihm Domitius Sabinus[136], ein trefflicher Mann, der sich auch in dieser Schlacht glänzend bewährte. Indem der Caesar unaufhörlich seine Pfeile abschoß und so die Juden hinderte, näherzukommen, harrte er aus, bis alle Soldaten abgezogen waren[137].

2. 342. So wurden die Römer, nachdem sie die zweite Mauer schon genommen hatten, wieder hinausgedrängt, während die Kriegslustigen in der ganzen Stadt von Siegesstimmung ergriffen wurden. Auf diesen Erfolg hin hegten sie hochgespannte Erwartungen, denn nunmehr hielten sie es für unmöglich, daß die Römer sich nochmals in die Stadt wagen würden, oder daß sie selbst, sollten jene doch kommen, noch unterliegen könnten. Ja, Gott hatte ihren Verstand wegen ihrer Übertretungen verfinstert; daher beachteten sie weder die übrige Heeresmacht der Römer, die unvergleichlich stärker als die zurückgeworfene Abteilung war, noch die Hungersnot, die heimlich an sie heranschlich. Denn es war ja noch möglich, sich vom allgemeinen Elend zu sättigen und das Blut der Stadt zu trinken, während bittere Not schon längst die Anständigen

345 τὴν δὲ τοῦ λαοῦ φθορὰν ἑαυτῶν οἱ στασιασταὶ κουφισμὸν ὑπελάμβανον· μόνους γὰρ ἠξίουν σώζεσθαι τοὺς μὴ ζητοῦντας[176] εἰρήνην καὶ κατὰ Ῥωμαίων ζῆν προῃρημένους, τὸ δ' ἐναντίον πλῆθος ὥσπερ βάρβαρον[177]
346 ἥδοντο δαπανώμενον[178]. τοιοῦτοι μὲν δὴ πρὸς τοὺς ἔνδον ἦσαν· Ῥωμαίους δὲ πάλιν τῆς εἰσόδου πειρωμένους ἐκώλυον φραξάμενοι καὶ τὸ καταρριφθὲν ἀντιτειχίσαντες τοῖς σώμασι τρισὶ μὲν ἀντέσχον ἡμέραις καρτερῶς ἀμυνόμενοι, τῇ τετάρτῃ δὲ προσβαλόντα γενναίως Τίτον οὐκ ἤνεγ-
347 καν, ἀλλὰ βιασθέντες ᾗ καὶ πρότερον ἀναφεύγουσιν. ὁ δὲ πάλιν τοῦ τείχους κρατήσας τὸ προσάρκτιον μὲν εὐθέως κατέρριψε πᾶν, ἐπὶ δὲ τοῦ κατὰ μεσημβρίαν φρουρὰς τοῖς πύργοις ἐγκαταστήσας τῷ τρίτῳ προσβάλλειν ἐπενόει.

348 IX. 1. Δόξαν δ' ἐπανεῖναι πρὸς ὀλίγον τὴν πολιορκίαν καὶ διωρίαν βουλῆς τοῖς στασιασταῖς παρέχειν, εἴ τι πρὸς τὴν καθαίρεσιν ἐνδοῖεν τοῦ δευτέρου τείχους ἢ καὶ τὸν λιμὸν[179] ὑποδείσαντες, οὐ γὰρ εἰς πολὺ
349 τὰς ἁρπαγὰς αὐτοῖς ἐξαρκέσειν, εἰς δέον κατεχρῆτο τὴν ἄνεσιν· ἐνστάσης γὰρ τῆς προθεσμίας, καθ' ἣν ἔδει διαδοῦναι τοῖς στρατιώταις τροφάς, ἐν ἀπόπτῳ τοῖς πολεμίοις ἐκέλευσε τοὺς ἡγεμόνας ἐκτάξαντας τὴν
350 δύναμιν ἀπαριθμεῖν ἑκάστῳ τἀργύριον. οἱ δέ, ὥσπερ ἔθος, ἀποκαλύψαντες τὰ ὅπλα θήκαις ἐσκεπασμένα τέως κατάφρακτοι προῄεσαν[180] καὶ τοὺς
351 ἵππους ἄγοντες οἱ ἱππεῖς κεκοσμημένους. ἐπὶ πλεῖστον δὲ τὰ πρὸ τῆς πόλεως ἀργύρῳ καὶ χρυσῷ περιελάμπετο, καὶ τῆς ὄψεως ἐκείνης οὐδὲν οὔτε τοῖς σφετέροις ἐπιτερπέστερον οὔτε τοῖς πολεμίοις παρέστη φοβε-
352 ρώτερον. κατεπλήσθη γὰρ ἀφορώντων τό τε ἀρχαῖον τεῖχος ἅπαν καὶ τοῦ ἱεροῦ τὸ βόρειον κλίμα, τάς τε οἰκίας μεστὰς ἦν προκυπτόντων ἰδεῖν[181],
353 καὶ τῆς πόλεως οὐδὲν ὃ μὴ κεκάλυπτο πλήθει διεφαίνετο. κατάπληξις δὲ δεινὴ καὶ τοῖς τολμηροτάτοις ἐνέπεσε τήν τε δύναμιν ἐπὶ ταὐτὸ πᾶσαν
354 ὁρῶσι καὶ τὸ κάλλος τῶν ὅπλων καὶ τὴν εὐταξίαν τῶν ἀνδρῶν· δοκοῦσί τε ἄν μοι πρὸς ἐκείνην οἱ στασιασταὶ μεταβαλέσθαι τὴν ὄψιν, εἰ μὴ δι' ὑπερβολὴν ὧν τὸν δῆμον ἔδρασαν κακῶν συγγνώμην παρὰ Ῥωμαίοις
355 ἀπήλπιζον. ἀποκειμένου δὲ τοῦ μετὰ κολάσεως, εἰ παύσαιντο, πολὺ

---

[176] L liest ζηλοῦντας, Lat probarent.
[177] AM haben βαρβάρων, C βαρβάρων βάρος; VR lesen ὑπὸ βαρβάρων βάρος; Lat hat onus quoddam, Thack cj. βάρος, während Cardwell daraus auf βάρος ὂν schließt; Destinon cj. βάρος ἀργόν.
[178] τοῦ δ'ἐναντίου πλήθους ὥσπερ ὑπερβάλλοντος βάρους ἥδοντο δαπανωμένων cod. Lugd. (nach Haverkamp) Na.
[179] VRC lesen δῆμον.
[180] προσῄεσαν codd. Na; procedunt Lat, προῄεσαν Niese cj. Thack.
[181] M hat κατιδεῖν, ALVRC Na Thack lesen ὑπεριδεῖν, Lat liest cerneres.

im Volk erfaßt hatte und viele aus Mangel an Lebensmitteln verhungerten. Doch das Verderben des Volkes faßten die Aufständischen für sich als Erleichterung auf, denn nur die verdienten nach ihrer Ansicht gerettet zu werden, die nichts von Friedenswünschen wissen wollten und die entschlossen waren, nur noch dem Widerstand gegen die Römer zu leben. Wenn aber die Massen ihrer Gegner nur so dahinstarben, freuten sie sich, als wären es Untermenschen. So also gingen sie mit den Einwohnern der Stadt um. Gleichzeitig aber verschanzten sie sich an der Mauer gegen die Römer und brachten deren Angriff ins Stocken, als diese erneut den Durchbruch versuchten. Mit ihren Leibern deckten sie die Bresche und widerstanden so drei Tage lang in verbissener Gegenwehr, aber am vierten Tage konnten sie den heldenmütigen Sturmangriff des Titus nicht mehr aufhalten [138]. Sie wurden an der gleichen Stelle wie zuvor überwältigt und wichen zurück. Nachdem Titus also zum zweiten Mal die Mauer eingenommen hatte, ließ er sofort den ganzen nördlichen Teil niederreißen; auf dem nach Süden laufenden Mauerabschnitt legte er Besatzungen in die Türme und konnte dann an die Erstürmung der dritten Mauer denken.

9. Kapitel

1. 348. Zunächst beschloß man, mit der Belagerung etwas auszusetzen und den Aufrührern Bedenkzeit zu geben, ob sie vielleicht auf den Abbruch der zweiten Mauer hin oder auch aus Sorge vor dem Hunger nachgeben würden, weil ja die geraubten Vorräte ihnen nicht lange reichen könnten. Außerdem wußte Titus diese Pause noch in vorteilhafter Weise auszunutzen. Da der festgesetzte Tag, an dem man den Sold an die Soldaten auszahlen mußte, herangekommen war, befahl er den Offizieren, vor den Augen der Feinde das Heer in Reih und Glied aufmarschieren zu lassen und jedem Soldaten sein Geld abzuzählen. So rückten also die Truppen wie üblich in voller Rüstung aus, wobei sie die aus der Scheide gezogenen Schwerter sehen ließen, während die Reiter die prächtig aufgezäumten Pferde am Zügel führten. Weit und breit funkelte das ganze Gelände vor der Stadt nur so von Gold und Silber, und nichts gab es, was für die eigenen Kameraden erhebender und für die Feinde entsetzlicher als dies Schauspiel gewesen wäre. Sowohl die alte Mauer in ihrer ganzen Länge als auch die Nordseite des Tempels waren nämlich gedrängt voll von Zuschauern, deutlich konnte man erkennen, wie sie auch von den dicht besetzten Hausdächern die Köpfe hervorstreckten, und es gab keinen Platz in der Stadt, der nicht bedeckt war von der Menge der Menschen. Eine furchtbare Niedergeschlagenheit überfiel da auch die Verwegensten, als sie das gesamte Heer an einem Ort versammelt sahen, dazu den Glanz der Waffen und die tadellose Zucht seiner Mannschaften [139]. Mir scheint, auch die Aufrührer hätte dieser Anblick eigentlich zur Einsicht bringen müssen, aber wegen des übergroßen Unglücks, das sie über die Stadt gebracht hatten, war in ihnen alle Hoffnung erloschen, bei den Römern noch Gnade zu finden. Da ihnen doch wohl die Hinrichtung bevorstand, falls sie den Kampf aufgeben würden, zogen sie den Tod auf dem Schlachtfeld bei weitem vor. Zudem war es auch vom Schicksal

κρείττονα τὸν ἐν πολέμῳ θάνατον ἡγοῦντο. καὶ τὸ χρεὼν δ' ἐκράτει τούς τε ἀναιτίους τοῖς αἰτίοις συναπολέσθαι καὶ τῇ στάσει τὴν πόλιν.

356 2. Τέσσαρσιν μὲν οὖν ἡμέραις οἱ Ῥωμαῖοι καθ' ἕκαστον τάγμα διετέλεσαν τὰς τροφὰς κομιζόμενοι, τῇ πέμπτῃ δ' ὡς οὐδὲν ἀπήντα παρὰ τῶν Ἰουδαίων εἰρηνικόν, διχῇ διελὼν τὰ τάγματα Τίτος ἤρχετο τῶν χωμάτων κατά τε τὴν Ἀντωνίαν καὶ τὸ τοῦ Ἰωάννου μνημεῖον, ταύτῃ μὲν τὴν ἄνω πόλιν αἱρήσειν ἐπινοῶν, τὸ δ' ἱερὸν κατὰ τὴν Ἀντωνίαν·
357 τούτου γὰρ μὴ ληφθέντος οὐδὲ τὸ ἄστυ κατέχειν ἀκίνδυνον ἦν· πρὸς
358 ἑκατέρῳ δὲ μέρει δύο χώματα ἠγείρετο καθ' ἓν ἑκάστου τάγματος. καὶ τοὺς μὲν παρὰ τὸ μνημεῖον ἐργαζομένους οἵ τε Ἰδουμαῖοι καὶ τὸ μετὰ τοῦ Σίμωνος ὁπλιτικὸν εἶργον ἐπεκθέοντες, τοὺς δὲ πρὸ τῆς Ἀντωνίας
359 οἱ περὶ τὸν Ἰωάννην καὶ τὸ τῶν ζηλωτῶν πλῆθος. ἐπλεονέκτουν δὲ οὐ κατὰ χεῖρα μόνον ἀφ' ὑψηλοτέρων μαχόμενοι, καὶ τοῖς ὀργάνοις δὲ ἤδη χρῆσθαι μεμαθηκότες· ἡ γὰρ καθ' ἡμέραν τριβὴ κατὰ μικρὸν ἔθρεψε τὴν ἐμπειρίαν. εἶχον δ' ὀξυβελεῖς μὲν τριακοσίους, τεσσαράκοντα δὲ τῶν λιθοβόλων, δι' ὧν τὰ χώματα τοῖς Ῥωμαίοις ἐποίουν δυσέργαστα[182].
360 Τίτος δὲ σώζεσθαί τε τὴν πόλιν καὶ ἀπόλλυσθαι εἰδὼς ἑαυτῷ, ἅμα καὶ τῇ πολιορκίᾳ προσέκειτο καὶ τοῦ παραινεῖν Ἰουδαίοις μετάνοιαν οὐκ
361 ἠμέλει, τοῖς δ' ἔργοις ἀνέμισγε συμβουλίαν, καὶ πολλάκις γινώσκων ἀνυτικώτερον ὅπλων τὸν λόγον αὐτός[183] τε σώζεσθαι παρεκάλει παραδόντας τὴν πόλιν ἤδη παρειλημμένην[184] καὶ τὸν Ἰώσηπον καθίει τῇ πατρίῳ γλώσσῃ διαλέγεσθαι, τάχ' ἂν[185] ἐνδοῦναι πρὸς ὁμόφυλον δοκῶν αὐτούς.
362 3. Οὗτος περιιὼν τὸ τεῖχος καὶ πειρώμενος ἔξω τε[186] βέλους εἶναι καὶ ἐν ἐπηκόῳ, πολλὰ κατηντιβόλει φείσασθαι μὲν αὐτῶν καὶ τοῦ δήμου, φείσασθαι δὲ τῆς πατρίδος καὶ τοῦ ἱεροῦ μηδὲ γενέσθαι πρὸς ταῦτα
363 τῶν ἀλλοφύλων ἀπαθεστέρους[187]. Ῥωμαίους μέν γε τοὺς μὴ μετέχοντας ἐντρέπεσθαι τὰ τῶν πολεμίων ἅγια καὶ μέχρι νῦν τὰς χεῖρας ἐπέχειν[188], τοὺς δ' ἐντραφέντας αὐτοῖς κἂν περισωθῇ μόνους ἕξοντας ὡρμῆσθαι
364 πρὸς ἀπώλειαν αὐτῶν[189]. ἦ μὴν τὰ καρτερώτερα μὲν αὐτῶν ὁρᾶν τείχη πεπτωκότας, λειπόμενον δὲ τὸ τῶν ἑαλωκότων ἀσθενέστερον· γινώσκειν δὲ τὴν Ῥωμαίων ἰσχὺν ἀνυπόστατον καὶ τὸ δουλεύειν τούτοις οὐκ ἀπεί-
365 ρατον[190] αὐτοῖς. εἰ γὰρ δὴ καὶ πολεμεῖν ὑπὲρ ἐλευθερίας καλόν, χρῆναι τὸ πρῶτον· τὸ δ' ἅπαξ ὑποπεσόντας καὶ μακροῖς εἴξαντας χρόνοις ἔπειτα
366 ἀποσείεσθαι τὸν ζυγὸν δυσθανατούντων, οὐ φιλελευθέρων εἶναι. δεῖν

[182] δυσεργότερα LVRC Na; δυσεργέστερα Destinon cj.
[183] PAMCLat haben αὐτούς, LVR αὐτοῖς; αὐτός Destinon cj. Niese.
[184] Destinon ergänzt mit Hinweis auf § 369 παρ' ὀλίγον παρειλημμένην.
[185] Die Handschriften lesen τάχα; τάχ' ἂν Destinon cj. Niese Na Thack.
[186] PAM haben ἔξω, LVRC ἐξωτέρω; ἔξω τε Niese cj. (aufgrund von Lat *simulque extra*) Na Thack.
[187] L liest ἀναισθητοτέρους, Lat *duriores*, Naber cj. ἀπηνεστέρους.
[188] L liest ἀντέχοντας ἀπειλεῖν.
[189] αὐτοῦ PA. Dem Zusammenhang von κἂν bis αὐτῶν entspricht in Lat: *cum servare possent sponte ad eorum interitum ruere*. Destinon nimmt an, daß dieser Übersetzung καίπερ σωθησομένους und ἑκόντας als griechischer Text vorgelegen hat; vgl. dazu auch die Lesart von L περισωθησομένους. [190] ἀπείραστον PAVRC Thack.

so verhängt, daß die Unschuldigen mit samt den Schuldigen zugrunde gehen sollten, und mit den Aufrührern die ganze Stadt.
2. 356. Vier Tage brauchten die Römer, bis sie alle, eine Legion nach der anderen, den Sold empfangen hatten. Als aber am fünften Tage immer noch kein Friedensgesuch von seiten der Juden kommen wollte, teilte Titus die Legionen in zwei Abteilungen und begann, gegenüber der Antonia und beim Denkmal des Johannes Wälle aufzuwerfen. Sein Plan war dabei, an dieser Stelle die Oberstadt zu nehmen, den Tempel dagegen von der Antonia aus; denn solange dieser nicht erobert war, konnte auch die Stadt nicht ohne Gefahr besetzt werden. Auf jedem Abschnitt wurden zwei Wälle aufgeführt, einer von jeder Legion. Den Mannschaften, die in der Nähe des Denkmals arbeiteten, versuchten nun aber die Idumäer und die gutbewaffnete Heerschar Simons durch plötzliche Ausfälle zuzusetzen, während den Soldaten vor der Antonia die Leute des Johannes und der Haufe der Zeloten in gleicher Weise zu schaffen machten. Sie waren dabei nicht nur deswegen überlegen, weil sie mit ihren Handwaffen vom höheren Standort aus kämpften, sondern weil sie jetzt auch gelernt hatten, Maschinen zu verwenden. Durch den täglichen Umgang nämlich wuchs allmählich ihre Geschicklichkeit. Sie hatten 300 Katapulte und 40 Steinschleudermaschinen, mit denen sie den Römern die Arbeit an den Wällen schwer machten. Titus aber wußte wohl, was für ihn selbst die Erhaltung wie auch der Untergang der Stadt bedeuten würde. Darum versäumte er es nicht, während er die Belagerungsarbeiten eifrig weiter betrieb, die Juden zur Besinnung aufzurufen, und ließ seine militärischen Vorbereitungen von Friedensvorschlägen begleitet sein. Da er der Ansicht war, daß vielfach mit dem Wort mehr als mit Waffen auszurichten sei, ermahnte er sie wiederholt persönlich, doch die schon so gut wie eingenommene Stadt durch die Übergabe noch zu retten. Endlich entsandte er in der Hoffnung, sie würden vielleicht einem Landsmann gegenüber zugänglicher sein, auch Josephus, der sie in ihrer Muttersprache anreden sollte.
3. 362. Josephus ging nun an der Mauer entlang rings um die Stadt, wobei er versuchte, sich möglichst außerhalb des Schußbereiches zu halten, aber doch in Hörweite zu bleiben, und bat sie viele Male inständig, sie möchten doch Mitleid mit sich und dem Volk, wie auch mit der Vaterstadt und dem Tempel haben und gegen dies alles nicht gefühlloser als die Fremdstämmigen sein. Die Römer, die den Tempel nicht betreten dürften, empfänden Ehrfurcht vor dem Heiligtum ihrer Feinde und hätten bis jetzt ihre Hände von ihm zurückgehalten. Sie dagegen, die in ihm aufgewachsen seien und denen allein er auch gehören solle, falls er gerettet würde, brächten es dahin, ihn der Vernichtung preiszugeben. Tatsächlich seien nun einmal die stärksten Mauern, wie sie selbst sehen könnten, bereits gefallen und nur noch die von allen dreien schwächste übriggeblieben. Sie wüßten ja zudem, wie unwiderstehlich die Macht der Römer sei, und auch die Anerkennung ihrer Oberhoheit sei ihnen nicht fremd. Wenn es nämlich auch zweifellos recht und schön sei, für die Freiheit zu kämpfen, so hätten sie jedoch dies schon zu Anfang tun sollen. Wenn sie aber jetzt, nachdem sie sich einmal unterworfen und danach lange Zeit gefügt hätten, noch das Joch abschütteln wollten, so handelten sie in selbstmörderischer Verblendung und nicht wie ein

μέντοι καὶ δεσπότας ἀδοξεῖν[191] ταπεινοτέρους, οὐχ οἷς ὑποχείρια τὰ πάντα. τί γὰρ Ῥωμαίους διαπεφευγέναι, πλὴν εἰ μή τι διὰ θάλπος ἢ κρύος ἄχρηστον; μεταβῆναι γὰρ πρὸς αὐτοὺς πάντοθεν τὴν τύχην, καὶ κατὰ ἔθνος τὸν θεὸν ἐμπεριάγοντα τὴν ἀρχὴν νῦν ἐπὶ τῆς Ἰταλίας εἶναι[192] νόμον γε μὴν ὡρίσθαι καὶ παρὰ θηρσὶν ἰσχυρότατον καὶ παρὰ ἀνθρώποις, εἴκειν τοῖς δυνατωτέροις καὶ τὸ κρατεῖν παρ' οἷς ἀκμὴ τῶν ὅπλων εἶναι. διὰ τοῦτο καὶ τοὺς προγόνους αὐτῶν καὶ[193] ταῖς ψυχαῖς καὶ τοῖς σώμασιν ἔτι δὲ καὶ ταῖς ἄλλαις ἀφορμαῖς ἀμείνους ὄντας εἶξαι Ῥωμαίοις, οὐκ ἂν εἰ μὴ τὸν θεὸν ᾔδεσαν σὺν αὐτοῖς τοῦθ' ὑπομείναντας. αὐτοὺς δὲ τίνι καὶ πεποιθότας ἀντέχειν, ἑαλωκυίας μὲν ἐκ πλείστου τῆς πόλεως μέρους, τῶν δ' ἔνδον, εἰ καὶ τὰ τείχη παρέμενεν, ἁλώσεως χεῖρον διακειμένων; οὐ γὰρ λανθάνειν Ῥωμαίους τὸν ἐν τῇ πόλει λιμόν, ᾧ νῦν μὲν τὸν δῆμον, μετ' οὐ πολὺ δὲ διαφθαρήσεσθαι καὶ τοὺς μαχίμους. εἰ γὰρ δὴ καὶ παύσαιντο Ῥωμαῖοι τῆς πολιορκίας μηδ' ἐπιπίπτοιεν[194] τῇ πόλει ξιφήρεις, αὐτοῖς γε τὸν ἄμαχον πόλεμον[195] ἔνδον παρακαθῆσθαι καθ' ἑκάστην ὥραν τρεφόμενον, εἰ μὴ καὶ πρὸς τὸν λιμὸν ἆραι[196] τὰ ὅπλα καὶ μάχεσθαι δύνανται μόνοι τε καὶ παθῶν ἐπικρατεῖν. προσετίθει δὲ ὡς καλὸν πρὸ ἀνηκέστου συμφορᾶς μεταβαλέσθαι καὶ πρὸς τὸ σωτήριον ἕως ἔξεστι ῥέψαι· καὶ γὰρ οὐδὲ μνησικακήσειν αὐτοῖς Ῥωμαίους τῶν γεγενημένων, εἰ μὴ μέχρι τέλους ἀπαυθαδίσαιντο· φύσει τε γὰρ ἐν τῷ κρατεῖν ἡμέρους εἶναι καὶ πρὸ τῶν θυμῶν θήσεσθαι τὸ συμφέρον. τοῦτο δ' εἶναι μήτε τὴν πόλιν ἀνδρῶν κενὴν μήτε τὴν χώραν ἔρημον ἔχειν. διὸ καὶ νῦν Καίσαρα βούλεσθαι δεξιὰν αὐτοῖς παρασχεῖν· οὐ γὰρ ἂν σῶσαί τινα βίᾳ λαβόντα[197] τὴν πόλιν, καὶ μάλιστα μηδ' ἐν ἐσχάταις συμφοραῖς ὑπακούσαντας παρακαλοῦντι. τοῦ γε μὴν ταχέως τὸ τρίτον τεῖχος ἁλώσεσθαι τὰ προεαλωκότα πίστιν εἶναι· κἂν ἄρρηκτον δὲ ᾖ τὸ ἔρυμα, τὸν λιμὸν ὑπὲρ Ῥωμαίων αὐτοῖς μαχεῖσθαι[198].

4. Ταῦτα τὸν Ἰώσηπον παραινοῦντα πολλοὶ μὲν ἔσκωπτον ἀπὸ τοῦ τείχους, πολλοὶ δ' ἐβλασφήμουν, ἔνιοι δ' ἔβαλλον. ὁ δ' ὡς ταῖς φανεραῖς οὐκ ἔπειθε συμβουλίαις, ἐπὶ τὰς ὁμοφύλους μετέβαινεν ἱστορίας „ἃ δειλοί[199], βοῶν, καὶ τῶν ἰδίων ἀμνήμονες συμμάχων[200], ὅπλοις καὶ χερσὶ πολεμεῖτε Ῥωμαίοις; τίνα γὰρ ἄλλον οὕτως ἐνικήσαμεν; πότε δ' οὐ θεὸς ὁ κτίσας ἂν ἀδικῶνται Ἰουδαίων ἔκδικος; οὐκ ἐπιστραφέντες ὄψεσθε πόθεν ὁρμώμενοι μάχεσθε καὶ πηλίκον ἐμιάνατε σύμμαχον; οὐκ ἀναμνήσεσθε πατέρων ἔργα δαιμόνια, καὶ τὸν ἅγιον τόνδε χῶρον ἡλίκους ἡμῖν πάλαι πολέμους[201] καθεῖλεν; ἐγὼ μὲν φρίττω τὰ ἔργα τοῦ θεοῦ λέγων

[191] L hat ἀποδείξειν, Lat *dedignari*.
[192] Na cj. στῆναι und verweist dabei auf § 412.
[193] πολὺ καὶ L Lat Na Thack.   [194] ἐπίπτοιεν P¹A¹; ἐπεισπίπτοιεν LV Na.
[195] Die Handschriften lesen alle πόλεμον, außer C, der πολέμιος liest. Ebenso haben an der vergleichbaren Stelle § 377 alle Handschriften πολέμους, vgl. Anm. 142 S. 263 dieses Bandes.   [196] C liest ἆρα, R ἄρα.   [197] LVRC haben λαβὼν.
[198] μάχεσθαι codd.; *pugnaturam* Lat; μαχεῖσθαι Niese cj. Na Thack.
[199] δείλαιοι MLVRC; *miseri* Lat.
[200] L liest συμμάχων συμφορῶν.
[201] πολεμίους Hudson cj.; vgl, oben § 371.

Volk, das die Freiheit liebt[140]. Vernünftigerweise könne man allenfalls unbedeutende Herrscher mißachten, aber nicht solche, denen die ganze Welt untertan sei. Was sei denn bisher der Herrschaft der Römer entgangen, abgesehen von einigen Gebieten, die ihre Hitze oder Kälte unbewohnbar mache? Überall habe sich das Glück ihnen zugeneigt, und Gott, der unter den Völkern die Herrschaft von einem zum andern übergehen lasse, stehe jetzt zu Italien. Als mächtigstes Gesetz gelte eben tatsächlich bei den Tieren wie bei den Menschen, daß man dem Stärkeren weichen müsse und daß die Macht nur erlange, wer die schärfsten Waffen führe. Deswegen hätten sich auch ihre Vorfahren, die ihnen an Geist und Leib, dazu auch an sonstigen Hilfsmitteln überlegen gewesen seien, den Römern unterwerfen müssen, womit sie sich gewiß nicht hätten abfinden können, wenn sie nicht Gott auf der Seite Roms gewußt hätten. Und worauf wollten sie eigentlich selbst bei ihrem hartnäckigen Widerstand ihr Vertrauen setzen, da doch der größte Teil der Stadt schon eingenommen sei und es ihnen, wenn die Mauern überhaupt standhielten, innerhalb der Stadt noch schlimmer als bei ihrer Erstürmung ergehen würde? Es sei nämlich den Römern die Hungersnot in der Stadt nicht verborgen geblieben, an der zunächst nur das Volk, nach kurzer Zeit aber auch die kriegführende Mannschaft zugrunde gehen müßte[141]. Sollten also auch die Römer mit der Belagerung einhalten und nicht mehr mit gezogenem Schwert in die Stadt einbrechen, so warte doch auf die Belagerten immer noch dieser unbezwingbare Feind, der stündlich mächtiger werde, es sei denn, sie könnten auch gegen den Hunger mit erhobener Waffe kämpfen und als einzige über seine Qualen siegen[142]. Wenn sie nicht bis zum Schluß in ihrer Anmaßung verharrten, würden die Römer auch keinen Groll wegen des Geschehenen pflegen, denn deren Natur entspräche es, Milde im Sieg walten zu lassen und ihren Vorteil wichtiger zu nehmen als das Verlangen zorniger Erbitterung[143]. Es könnte aber weder eine menschenleere Stadt noch ein verödetes Land vorteilhaft für sie sein. Deshalb wolle auch jetzt wieder der Caesar ihnen die Übergabe anbieten, denn er werde wohl keiner mit dem Leben davonkommen, wenn er die Stadt mit Gewalt nehme, auf keinen Fall aber, wenn sie auch im schlimmsten Unglück nicht auf sein Angebot geachtet hätten. Daß er in Kürze auch die dritte Mauer bezwingen werde, könnten wahrlich die beiden schon genommenen bezeugen. Aber wenn auch dies Bollwerk unüberwindlich wäre, würde doch der Hunger für die Römer gegen sie kämpfen.

4. 375. Während Josephus sie mit diesen Worten verwarnte, beschimpften ihn viele von der Mauer herab, viele schmähten ihn, einige schossen sogar auf ihn. Da er sie mit diesen einleuchtenden Ratschlägen[144] nicht überzeugen konnte, ging er zu den Ereignissen aus der Geschichte seines Volkes über. Er rief: „O ihr Elenden, die ihr eure eigentlichen Bundesgenossen[145] vergeßt und mit Waffen und Fäusten gegen die Römer Krieg führen wollt! Wen haben wir denn jemals auf diese Weise besiegt? Wann aber ist Gott, unser Schöpfer, nicht zugleich auch unser Rächer gewesen, wenn den Juden Unrecht geschah? Seht ihr denn nicht, wenn ihr euch umschaut, von wo aus ihr die Kampfhandlungen unternehmt und welch machtvollen Verbündeten ihr schändlich beleidigt habt? Erinnert ihr euch nicht an die von Gott gewirkten Taten der Väter und welch starke Feinde einst dieser heilige Ort vor uns niedergeworfen hat? Mir schaudert

εἰς ἀναξίους ἀκοάς· ἀκούετε δ' ὅμως, ἵνα γνῶτε μὴ μόνον Ῥωμαίοις
379 πολεμοῦντες ἀλλὰ καὶ τῷ θεῷ. βασιλεὺς ὁ τότε Νεχαὼς Αἰγυπτίων, ὁ δ'
αὐτὸς ἐκαλεῖτο καὶ Φαραώ, μυρίᾳ χειρὶ καταβὰς ἥρπασε Σάρραν βασιλίδα,
380 τὴν μητέρα τοῦ γένους ἡμῶν. τί οὖν ὁ ταύτης ἀνὴρ Ἀβραάμ, προπάτωρ
δὲ ἡμέτερος; ἆρα τὸν ὑβριστὴν ἡμύνατο τοῖς ὅπλοις, καίτοι ὀκτωκαίδεκα
μὲν καὶ τριακοσίους ὑπάρχους ἔχων, δύναμιν δὲ ἐφ' ἑκάστῳ[202] τούτων
ἄπειρον; ἢ αὐτοὺς[203] μὲν ἐρημίαν[204] ἡγήσατο μὴ συμπαρόντος θεοῦ,
καθαρὰς δ' ἀνατείνας τὰς χεῖρας εἰς ὃν νῦν ἐμιάνατε χῶρον ὑμεῖς τὸν
381 ἀνίκητον αὐτῷ βοηθὸν ἐστρατολόγησεν; οὐ μετὰ μίαν ἑσπέραν ἄχραντος
μὲν ἡ βασίλισσα ἀνεπέμφθη πρὸς τὸν ἄνδρα, προσκυνῶν δὲ τὸν ὑφ'
ὑμῶν αἱμαχθέντα χῶρον ὁμοφύλῳ φόνῳ καὶ τρέμων ἀπὸ τῶν ἐν νυκτὶ
φαντασμάτων ἔφευγεν ὁ Αἰγύπτιος, ἀργύρῳ δὲ καὶ χρυσῷ τοὺς θεοφιλεῖς
382 Ἑβραίους ἐδωρεῖτο; εἴπω[205] τὴν εἰς Αἴγυπτον μετοικίαν τῶν πατέρων;
οὗ[206] τυραννούμενοι καὶ βασιλεῦσιν ἀλλοφύλοις ὑποπεπτωκότες τετρακοσίοις
ἔτεσι παρὸν ὅπλοις ἀμύνεσθαι καὶ χερσὶ σφᾶς αὐτοὺς ἐπέτρεψαν
383 τῷ θεῷ; τίς οὐκ οἶδεν τὴν παντὸς θηρίου καταπλησθεῖσαν Αἴγυπτον
καὶ πάσῃ φθαρεῖσαν νόσῳ, τὴν ἄκαρπον γῆν[207], τὸν ἐπιλείποντα Νεῖλον,
τὰς ἐπαλλήλους δέκα πληγάς, τοὺς διὰ ταῦτα μετὰ φρουρᾶς προπεμπομένους
πατέρας ἡμῶν ἀναιμάκτους ἀκινδύνους, οὓς ὁ θεὸς αὑτῷ νεωκό-
384 ρους ἦγεν; ἀλλὰ τὴν ὑπὸ Σύρων[208] ἁρπαγεῖσαν ἁγίαν ἡμῖν λάρνακα οὐκ
ἐστέναξε μὲν ἡ Παλαιστίνη καὶ Δαγὼν τὸ ξόανον, ἐστέναξε δὲ πᾶν τὸ
385 τῶν ἁρπασαμένων ἔθνος, σηπόμενοι δὲ τὰ κρυπτὰ τοῦ σώματος καὶ δι'
αὐτῶν τὰ σπλάγχνα μετὰ τῶν σιτίων καταφέροντες, χερσὶ ταῖς λῃσαμέναις[209]
ἀνεκόμισαν κυμβάλων καὶ τυμπάνων ἤχῳ καὶ πᾶσι μειλικτηρίοις
386 ἱλασκόμενοι τὸ ἅγιον; θεὸς ἦν ὁ ταῦτα πατράσιν ἡμετέροις στρατηγῶν,
ὅτι τὰς χεῖρας καὶ τὰ ὅπλα παρέντες αὐτῷ κρῖναι τὸ ἔργον ἐπέτρεψαν.
387 βασιλεὺς Ἀσσυρίων Σενναχηρεὶμ ὅτε πᾶσαν τὴν Ἀσίαν ἐπισυρόμενος
τήνδε περιεστρατοπεδεύσατο τὴν πόλιν, ἆρα χερσὶν ἀνθρωπίναις ἔπεσεν;
388 οὐχ αἱ μὲν ἀπὸ τῶν ὅπλων ἠρεμοῦσαι ἐν προσευχαῖς ἦσαν, ἄγγελος δὲ
τοῦ θεοῦ μιᾷ νυκτὶ τὴν ἄπειρον στρατιὰν ἐλυμήνατο, καὶ μεθ' ἡμέραν
ἀναστὰς ὁ Ἀσσύριος ὀκτωκαίδεκα μυριάδας ἐπὶ πεντακισχιλίοις νεκρῶν
εὗρε, μετὰ δὲ τῶν καταλειπομένων ἀνόπλους καὶ μὴ διώκοντας Ἑβραίους
389 ἔφυγεν; ἴστε καὶ τὴν ἐν Βαβυλῶνι δουλείαν, ἔνθα μετανάστης ὁ λαὸς
ὢν ἔτεσιν ἑβδομήκοντα οὐ πρότερον εἰς ἐλευθερίαν ἀνεχαίτισεν ἢ Κῦρον
τοῦτο χαρίσασθαι τῷ θεῷ· προυπέμφθησαν γοῦν ὑπ' αὐτοῦ, καὶ πάλιν
390 τὸν αὑτῶν σύμμαχον ἐνεωκόρουν. καθόλου δ' εἰπεῖν, οὐκ ἔστιν ὅ τι

[202] ὑφ' ἑκάστον PMV; ὑφ' ἑκάστῳ C Na Thack; ἐφ' ἑκάστου AR. Wir folgen L.
[203] LLat haben αὐτός.
[204] L hat ἠρεμῆσαι, C¹ ἠρεμίαν, Lat *quiescere* (vgl. dazu § 388).
[205] VRC Na lesen σιγῶ ἢ εἴπω; danach übersetzt Kohout.
[206] PLVRCLat Na lesen οἵ.
[207] PA¹ haben τίνα καρπόν; γῆν findet sich in PA nicht.
[208] MCLat lesen ὑπ' Ἀσσυρίων, L hat ὑπὸ Σύρων καὶ Ἀζωτίων (vgl. 1. Sam. 5,3 LXX; *ant.* 6, 3 ff.).
[209] P hat δῃσαμέναις (verderbt), A δῃσαμέναις (von δῃίω = δῃόω); MLVRC lesen λῃσαμέναις.

zwar, die Taten Gottes vor unwürdigen Ohren auszusprechen[146]. Trotzdem sollt ihr aber hören und somit wissen, daß ihr nicht nur gegen die Römer, sondern auch gegen Gott Krieg führt. Einst fiel der König Nechao von Ägypten, der auch Pharao genannt wird, mit gewaltigem Heer ins Land ein und raubte die Fürstin Sara[147], die Mutter unseres Geschlechtes. Was tat nun ihr Mann, unser Vater Abraham? Rächte er sich mit den Waffen an dem Frevler, da ihm doch 318 Vasallen zu Gebote standen und für jeden von ihnen wieder unzählige Streitkräfte? Nein, dies alles achtete er für nichts, wenn Gott ihm nicht beistand, und er hob seine reinen Hände zu diesem Ort empor, den ihr jetzt entweiht habt, damit er sich so die Hilfe des Allmächtigen erwerbe. Wurde dann nicht schon vor dem nächsten Abend die Fürstin unberührt zu ihrem Mann zurückgesandt, während der Ägypter an diesem Orte, den ihr mit dem Blut eurer Brüder besudelt habt, ehrfürchtig auf sein Angesicht fiel, um dann noch schaudernd vor den nächtlichen Erscheinungen in sein Land zurückzufliehen und die von Gott geliebten Hebräer mit Gold und Silber zu beschenken[148]? Soll ich auch noch ausdrücklich von der Übersiedlung unserer Väter nach Ägypten reden? Wurden sie nicht gewalttätig unterdrückt und für 400 Jahre fremden Königen unterworfen[149]? Obwohl es aber möglich war, sich mit Waffen und Fäusten zu wehren, vertrauten sie sich Gott an[150]. Wer weiß nicht, wie Ägypten von allerlei Getier wimmelte und von allen Seuchen heimgesucht wurde, wie das Land keine Frucht mehr trug, das Wasser des Nils versiegte, wie die zehn Plagen aufeinander folgten und daraufhin unsere Väter unter bewaffnetem Geleit ohne Blutvergießen und Gefahr hinausgeführt wurden, weil Gott ihnen, seinem zukünftigen Priestervolk, selbst voranzog. Mußte nicht vielmehr Palästina[151] und der Götze Dagon den Raub unserer heiligen Lade durch die Syrer schmerzlich beklagen? Da stöhnte das ganze Volk jener Räuber, weil ihnen der Unterleib[152] verfaulte und auf diesem Wege die Eingeweide zugleich mit den Speisen abgingen. Mit eigenen Händen brachten die Räuber die Lade wieder zurück und suchten mit dem Klang von Cymbeln und Pauken und Opfern[153] aller Art das Heiligtum zu versöhnen. Gottes Führung war es, die diesen Triumph unseren Vätern verschaffte, weil sie nicht die Waffen ergriffen, sondern Gott über ihre Sache entscheiden ließen. Fiel etwa Sennacherim, der König von Assyrien, in dessen Heer die Völker ganz Asiens heranzogen, durch Menschenhand, als er die Stadt umlagerte? Ließen diese Hände nicht die Waffen sinken, um sich zum Gebet zu erheben, während der Engel Gottes in einer einzigen Nacht dies unzählbare Kriegsheer schlug[154]? Als sich dann bei Tagesanbruch der Assyrer erhob und 185 000 Tote im Lager fand, wandte er sich mit dem Rest vor den Hebräern zur Flucht, die unbewaffnet waren und überhaupt nicht an Verfolgung dachten. Ihr wißt ja auch von der Gefangenschaft in Babylon, wo unser Volk 70 Jahre lang in der Fremde lebte, ohne sich zu sträuben, bis ihm Cyrus zu Gottes Ehre die Freiheit schenkte. So wurden sie von ihm entlassen und versahen erneut den Dienst am Tempel für den Gott ihres Bundes[155]. Kurz gesagt, es liegt kein Fall vor, in dem unsere Väter mit der Waffe in der Hand etwas ausgerichtet hätten oder waffenlos unterlegen wären, wenn sie ihre Sache Gott anheimstellten. Blieben sie wie Soldaten auf ihrem Posten[156], so siegten sie gemäß der Entscheidung des Richters, ließen sie sich aber auf

κατώρθωσαν οἱ πατέρες ἡμῶν τοῖς ὅπλοις ἢ δίχα τούτων διήμαρτον ἐπιτρέψαντες τῷ θεῷ· μένοντες μέν γε κατὰ χώραν ἐνίκων ὡς ἐδόκει τῷ κριτῇ, μαχόμενοι δὲ ἔπταισαν ἀεί. τοῦτο μέν, ἡνίκα βασιλεὺς Βαβυλωνίων ἐπολιόρκει ταύτην τὴν πόλιν, συμβαλὼν Σεδεκίας ὁ ἡμέτερος βασιλεὺς παρὰ τὰς Ἱερεμίου προφητείας αὐτός τε ἑάλω καὶ τὸ ἄστυ μετὰ τοῦ ναοῦ κατασκαπτόμενον εἶδε· καίτοι πόσῳ μετριώτερος ὁ μὲν βασιλεὺς ἐκεῖνος τῶν ὑμετέρων ἡγεμόνων ἦν, ὁ δ᾽ ὑπ᾽ αὐτῷ λαὸς ὑμῶν. βοῶντα γοῦν τὸν Ἱερεμίαν, ὡς ἀπέχθοιντο μὲν τῷ θεῷ διὰ τὰς εἰς αὐτὸν πλημμελείας, ἁλώσοιντο δ᾽ εἰ μὴ παραδοῖεν τὴν πόλιν, οὔθ᾽ ὁ βασιλεὺς οὔθ᾽ ὁ δῆμος ἀνεῖλεν. ἀλλ᾽ ὑμεῖς, ἵν᾽ ἐάσω τἄνδον, οὐ γὰρ ἂν[210] ἑρμηνεῦσαι δυναίμην τὰς παρανομίας ὑμῶν ἀξίως, ἐμὲ τὸν παρακαλοῦντα πρὸς σωτηρίαν ὑμᾶς βλασφημεῖτε καὶ βάλλετε, παροξυνόμενοι πρὸς τὰς ὑπομνήσεις τῶν ἁμαρτημάτων καὶ μηδὲ τοὺς λόγους φέροντες ὧν τἄργα δρᾶτε καθ᾽ ἡμέραν. τοῦτο δ᾽, ἡνίκα Ἀντιόχου τοῦ κληθέντος Ἐπιφανοῦς προσκαθεζομένου τῇ πόλει πολλὰ πρὸς τὸ θεῖον ἐξυβρικότος[211], οἱ πρόγονοι μετὰ τῶν ὅπλων προῆλθον, αὐτοὶ μὲν ἀπεσφάγησαν ἐν τῇ μάχῃ, διηρπάγη δὲ τὸ ἄστυ τοῖς πολεμίοις, ἠρημώθη δ᾽ ἔτη τρία καὶ μῆνας ἓξ τὸ ἅγιον. καὶ τί δεῖ τἆλλα λέγειν; ἀλλὰ Ῥωμαίους τίς ἐστρατολόγησε κατὰ τοῦ ἔθνους; οὐχ ἡ τῶν ἐπιχωρίων ἀσέβεια; πόθεν δ᾽ ἠρξάμεθα δουλείας; ἆρ᾽ οὐχὶ ἐκ στάσεως τῶν προγόνων, ὅτε ἡ Ἀριστοβούλου καὶ Ὑρκανοῦ μανία καὶ πρὸς ἀλλήλους ἔρις Πομπήιον ἐπήγαγεν τῇ πόλει καὶ Ῥωμαίοις ὑπέταξεν ὁ θεὸς τοὺς οὐκ ἀξίους ἐλευθερίας; τρισὶ γοῦν μησὶ πολιορκηθέντες ἑαυτοὺς παρέδοσαν, οὐδ᾽ ἁμαρτόντες εἰς τὰ ἅγια καὶ τοὺς νόμους ἡλίκα ὑμεῖς καὶ πολὺ μείζοσιν ἀφορμαῖς πρὸς τὸν πόλεμον χρώμενοι. τὸ δ᾽ Ἀντιγόνου τέλος τοῦ Ἀριστοβούλου παιδὸς οὐκ ἴσμεν, οὗ βασιλεύοντος ὁ θεὸς ἁλώσει πάλιν τὸν λαὸν ἡλωκε πλημμελοῦντα[212], καὶ Ἡρώδης μὲν ὁ Ἀντιπάτρου Σόσσιον, Σόσσιος δὲ Ῥωμαίων στρατιὰν ἤγαγεν, περισχεθέντες δ᾽ ἐπὶ μῆνας ἓξ ἐπολιορκοῦντο, μέχρι δίκας τῶν ἁμαρτιῶν δόντες ἑάλωσαν καὶ διηρπάγη τοῖς πολεμίοις ἡ πόλις; οὕτως οὐδέποτε τῷ ἔθνει τὰ ὅπλα δέδοται, τῷ δὲ πολεμεῖσθαι καὶ τὸ ἁλώσεσθαι πάντως πρόσεστι. δεῖ γάρ, οἶμαι, τοὺς χωρίον ἅγιον νεμομένους ἐπιτρέπειν πάντα τῷ θεῷ δικάζειν καὶ καταφρονεῖν τότε χειρὸς ἀνθρωπίνης, ὅταν αὐτοὶ πείθωσι[213] τὸν ἄνω δικαστήν. ὑμῖν δὲ τί τῶν εὐλογηθέντων ὑπὸ τοῦ νομοθέτου πέπρακται; τί δὲ τῶν ὑπ᾽ ἐκείνου κατηραμένων παραλέλειπται; πόσῳ δ᾽ ἐστὲ τῶν τάχιον ἁλόντων ἀσεβέστεροι; οὐ τὰ κρυπτὰ μὲν τῶν ἁμαρτημάτων ἠδοξήκατε, κλοπὰς λέγω καὶ ἐνέδρας καὶ μοιχείας, ἁρπαγαῖς δ᾽ ἐρίζετε καὶ

[210] ἄν Destinon cj.; es fehlt in den Handschriften.
[211] L liest ἐξυβρικότες.
[212] L liest πολεμοῦντα und trägt πλημμελοῦντα auf dem Rand ein; C hat πλημμελοῦντα τὸν λαὸν, aber τὸν λαὸν ist durchgestrichen.
[213] MVR lesen πείθουσι, C hat περιθέωσι, Destinon cj. περιέπωσι.

Kampf ein, so erlitten sie stets eine Niederlage. Dazu ein Beispiel: als der König der Babylonier diese Stadt belagerte, ließ sich unser König Sedekias gegen die Weissagungen des Jeremia auf einen Kampf ein; dabei wurde er selbst gefangengenommen und mußte es mit ansehen, wie die Stadt samt dem Tempel der Zerstörung anheimfiel[157]. Und doch — wieviel gemäßigter als eure Anführer war jener König und das ihm unterstellte Volk als ihr! Als Jeremia laut ausrief, das Volk mache sich Gott durch seine Verfehlungen gegen ihn zum Feinde und werde in Gefangenschaft geraten, wenn es die Stadt nicht übergäbe, da hat weder der König noch das Volk das Leben des Jeremia angetastet. Aber wie verhaltet denn ihr euch? Ich will nicht von dem reden, was bei euch drinnen in der Stadt geschieht, denn ich wäre nicht imstande, eure Verstöße gegen das Gesetz gebührend wiederzugeben; ihr schmäht und schießt auf mich, der ich euch Ratschläge zu eurer Rettung gebe, ihr geratet in Zorn, wenn ihr an eure Sünden erinnert werdet und ertragt es nicht einmal, wenn die Dinge mit Namen genannt werden, die ihr täglich tut. Ein anderes Beispiel: als Antiochus, mit dem Beinamen Epiphanes, sich frevelhaft gegen die Gottheit erhoben hatte und vor der Stadt lagerte, sind unsere Vorfahren mit der Waffe gegen ihn vorgegangen; sie wurden in der Schlacht niedergemacht, die Stadt wurde von den Feinden ausgeraubt, und das Heiligtum lag drei Jahre und sechs Monate verödet[158].

Warum soll ich die weiteren Ereignisse aufzählen? Aber wer hat die Römer nun eigentlich gegen unser Volk aufgeboten? Ist es nicht die Gottlosigkeit der Bewohner des Landes selbst? Wann fing denn für uns die Knechtschaft an? Begann sie nicht mit dem Bürgerkrieg unserer Vorfahren, als der Wahnsinn Aristobuls und Hyrkans und deren gegenseitige Eifersucht Pompejus zum Vorgehen gegen die Stadt trieben und Gott jene Menschen den Römern unterwarf, die der Freiheit nicht mehr wert waren? Diese mußten sich also nach einer Belagerung von drei Monaten übergeben, obwohl sie sich nicht derart wie ihr gegen Heiligtum und Gesetz versündigt hatten und über weit bedeutendere Mittel zur Kriegsführung verfügten[159]. Kennen wir nicht das Ende des Antigonos, des Sohnes Aristobuls, unter dessen Regierung Gott das sündige Volk von neuem mit der Einnahme der Stadt schlug? Herodes, der Sohn des Antipater, brachte Sossius, Sossius aber das römische Heer ins Land. So wurden die Juden eingeschlossen und sechs Monate belagert, bis sie zur Strafe für ihre Sünden niedergezwungen wurden und ihre Feinde die Stadt brandschatzten. Niemals also wurde unserem Volke die Waffe in die Hand gegeben, vielmehr folgte unmittelbar auf jeden Krieg die Unterjochung. Nach meiner Meinung haben die Hüter der heiligen Stätte alles dem Richtspruch Gottes anheimzustellen und stets, wenn sie gnädiges Gehör bei dem höchsten Richter erlangen wollen, Menschenarm und -kraft zu verachten. Aber welche von den Werken, die der Gesetzgeber gesegnet hat, habt ihr nun eigentlich getan? Oder besser: welche von ihm verfluchten habt ihr nicht getan[160]? Wieviel gottloser seid ihr doch als eure Väter, die vor euch überwunden wurden[161]. Die verborgenen Sünden, ich meine Diebstahl, Anschläge, Ehebruch, waren euch zwar auch nicht zu gering[162], jedoch Raub und Mord betreibt ihr um die Wette, ja, ihr beschreitet in eurer Ruchlosigkeit sogar ganz neue und ungewöhnliche Wege[163]. Zum Tum-

φόνοις καὶ ξένας καινοτομεῖτε κακίας ὁδούς, ἐκδοχεῖον δὲ πάντων τὸ ἱερὸν γέγονεν καὶ χερσὶν ἐμφυλίοις ὁ θεῖος μεμίανται χῶρος, ὃν καὶ Ῥωμαῖοι πόρρωθεν προσεκύνουν, πολλὰ τῶν ἰδίων ἐθῶν εἰς τὸν ὑμέτερον παραλύοντες νόμον[214]. εἶτ' ἐπὶ τούτοις τὸν ἀσεβηθέντα σύμμαχον προσδοκᾶτε; πάνυ γοῦν ἐστὲ δίκαιοι ἱκέται καὶ χερσὶ καθαραῖς τὸν βοηθὸν ὑμῶν παρακαλεῖτε. τοιαύταις ὁ βασιλεὺς ἡμῶν[215] ἱκέτευσεν ἐπὶ τὸν Ἀσσύριον, ὅτε τὸν μέγαν ἐκεῖνον στρατὸν μιᾷ νυκτὶ κατέστρωσεν ὁ θεός; ὅμοια δὲ τῷ Ἀσσυρίῳ Ῥωμαῖοι δρῶσιν, ἵνα καὶ ἄμυναν ὑμεῖς ὁμοίαν ἐλπίσητε; οὐχ ὁ μὲν χρήματα παρὰ τοῦ βασιλέως ἡμῶν λαβὼν ἐφ' ᾧ μὴ πορθήσει τὴν πόλιν κατέβη παρὰ τοὺς ὅρκους ἐμπρῆσαι τὸν ναόν, Ῥωμαῖοι δὲ τὸν συνήθη δασμὸν αἰτοῦσιν, ὃν οἱ πατέρες ἡμῶν τοῖς ἐκείνων πατράσι παρέσχον; καὶ τούτου τυχόντες οὔτε πορθοῦσι τὴν πόλιν οὔτε ψαύουσι τῶν ἁγίων, διδόασι δὲ ὑμῖν τὰ ἄλλα, γενεάς τ' ἐλευθέρας καὶ κτήσεις τὰς ἑαυτῶν νέμεσθαι καὶ τοὺς ἱεροὺς νόμους σώζουσι. μανία δὴ τὸν θεὸν προσδοκᾶν ἐπὶ δικαίοις οἷος ἐπ' ἀδίκοις ἐφάνη. καὶ παραχρῆμα δὲ ἀμύνειν οἶδεν ὅταν δέῃ· τοὺς γοῦν Ἀσσυρίους κατὰ νύκτα τὴν πρώτην παραστρατοπεδευσαμένους ἔκλασεν· ὥστ' εἰ καὶ τὴν ἡμετέραν γενεὰν ἐλευθερίας ἢ Ῥωμαίους κολάσεως ἀξίους ἔκρινε, κἂν παραχρῆμα καθάπερ τοῖς Ἀσσυρίοις ἐνέσκηψεν, ὅτε τοῦ ἔθνους ἥπτετο Πομπήιος, ὅτε μετ' αὐτὸν ἀνῄει[216] Σόσσιος, ὅτε Οὐεσπασιανὸς ἐπόρθει τὴν Γαλιλαίαν, τὰ τελευταῖα νῦν, ὅτε ἤγγιζε Τίτος τῇ πόλει. καίτοι Μάγνος μὲν καὶ Σόσσιος πρὸς τῷ μηδὲν παθεῖν καὶ ἀνὰ κράτος ἔλαβον τὴν πόλιν, Οὐεσπασιανὸς δ' ἐκ τοῦ πρὸς ἡμᾶς πολέμου καὶ βασιλείας ἤρξατο· Τίτῳ μὲν γὰρ[217] καὶ πηγαὶ πλουσιώτεραι ῥέουσιν αἱ ξηρανθεῖσαι πρότερον ὑμῖν· πρὸ γοῦν τῆς αὐτοῦ παρουσίας τήν τε Σιλωὰν ἐπιλείπουσαν ἴστε καὶ τὰς πρὸ τοῦ ἄστεος ἁπάσας, ὥστε πρὸς ἀμφορέας[218] ὠνεῖσθαι τὸ ὕδωρ· τὸ δὲ νῦν οὕτως πληθύουσι τοῖς πολεμίοις ὑμῶν, ὡς μὴ μόνον αὐτοῖς καὶ κτήνεσιν, ἀλλὰ καὶ κήποις διαρκεῖν. τό γε μὴν τέρας τοῦτο πεπείραται[219] καὶ πρότερον ἐφ' ἁλώσει τῆς πόλεως γεγενημένον, ὅτε ὁ προειρημένος Βαβυλώνιος ἐπεστράτευσεν, ὃς τήν τε πόλιν ἑλὼν ἐνέπρησε καὶ τὸν ναόν, οὐδὲν οἶμαι τῶν τότε ἠσεβηκότων τηλικοῦτον ἡλίκα ὑμεῖς· ὥστε ἐγὼ πεφευγέναι μὲν ἐκ τῶν ἁγίων οἶμαι τὸ θεῖον[220], ἑστάναι δὲ παρ' οἷς πολεμεῖτε[221] νῦν. ἀλλ' ἀνὴρ μὲν ἀγαθὸς οἰκίαν ἀσελγῆ φεύξεται καὶ τοὺς ἐν αὐτῇ στυγήσει, τὸν δὲ θεὸν ἔτι πείθεσθε τοῖς οἰκείοις κακοῖς παραμένειν, ὃς τά τε κρυπτὰ πάντα ἐφορᾷ καὶ

---

[214] PAMVR lesen παραλύοντες καὶ νόμων; παραλύοντες εἰς τὸν ἡμέτερον νόμον C Na; Lat hat *multa per legem nostram de suis moribus derogantes*.
[215] AMLVRLat haben ὑμῶν; im ganzen Zusammenhang findet sich noch häufig der Wechsel von ἡμεῖς und ὑμεῖς, ἡμέτερος und ὑμέτερος.
[216] P liest ἀνείη.
[217] Niese cj. μέντοι oder γε μήν.
[218] VRC Na haben ἀμφορεῖς, L ἀμφοτέραις, Lat *(ad) utrumque*.
[219] πεπείρασται PAMVR; πεπείρασθε L; πεπείρασθαι C; πεπείραται Niese cj. Na Thack.
[220] L hat τὸν θεόν.
[221] PA lesen πολεμεῖται.

melplatz für dies alles ist aber das Heiligtum geworden, und durch die Hände von Stammesgenossen wurde die gottgeweihte Stätte geschändet, der sogar die Römer von der Ferne ihre Ehrfurcht bezeigen, obwohl sie dabei viele Sitten ihres eigenen Volkes mit Rücksicht auf euer Gesetz außer acht lassen[164]. Und trotz alledem erwartet ihr nun wirklich Gott als Beistand, gegen den ihr derart gefrevelt habt? Aber natürlich, ihr seid sicherlich fromme Beter und ruft ›mit heiligen Händen‹ euren Helfer herbei. Nun, mit solchen Händen flehte jedenfalls damals unser König um Hilfe gegen den Assyrer, als Gott jenes große Heer in einer Nacht zu Boden streckte. Sind jetzt aber die Handlungen der Römer die gleichen wie die des Assyrers, so daß ihr auf eine ebensolche Vergeltung rechnen könnt? Nahm der Assyrer nicht Geld von unserem König mit dem Versprechen entgegen, die Stadt nicht zu verheeren und zog dann doch eidbrüchig heran, um den Tempel in Brand zu stecken[165]? Die Römer dagegen verlangen nichts als den gewöhnlichen Tribut, den unsere Väter ihren Vätern stets zahlten, und wenn sie diesen bekommen haben, wollen sie weder die Stadt verheeren noch das Heiligtum anrühren, vielmehr gewähren sie euch alles andere, was sonst noch in Frage kommt: die Freiheit eurer Familien und die uneingeschränkte Verfügung über den Besitz und den Schutz der heiligen Gesetze. Nun ist es aber bestimmt Wahnsinn, von Gott zu erwarten, er werde sich gegen die Gerechten so verhalten wie er sich gegen die Ungerechten geoffenbart hat[166]. Außerdem vermag er ja auf der Stelle Rache zu üben, wenn es nötig ist. Die Assyrer zum Beispiel hat er gleich in der ersten Nacht, nachdem sie sich um die Stadt gelagert hatten, vernichtet. Verdiente also unser Volk nach Gottes Urteilsspruch auch in seiner neueren Entwicklung[167] die Freiheit oder die Römer eine Bestrafung, dann wäre wohl sein Gericht wie über die Assyrer sofort hereingebrochen, schon als Pompejus in das Geschick unseres Volkes eingriff oder als nach ihm Sossius kam oder auch als Vespasian Galiläa verwüstete, spätestens aber, als Titus sich der Stadt näherte. Jedoch weder Magnus noch Sossius ist irgendein Unfall zugestoßen, ja sie durften dazu noch mit Gewalt die Stadt einnehmen, Vespasian trat sogar im Anschluß an den Krieg gegen uns das Kaisertum an und für Titus fließen tatsächlich auch noch die Quellen reichlicher, die euch zuvor vertrocknet waren[168]. Bevor er kam, versiegten ja, wie ihr wißt, die Siloahquelle und alle anderen Quellen vor der Stadt, so daß man das Wasser eimerweise kaufen mußte; jetzt aber geben sie euren Feinden soviel Wasser, daß es nicht für sie und ihr Vieh, sondern auch zum Begießen der Gärten ausreicht. Eben dies Zeichen hat man aber schon einmal bei einer früheren Einnahme der Stadt erlebt, als der schon erwähnte Babylonier zu Felde zog und Stadt und Tempel mit Feuer verbrannte, obwohl, wie ich meine, keiner von den damaligen Frevlern so ruchlos war wie ihr. Es ist daher meine Überzeugung, daß die Gottheit aus dem Heiligtum gewichen ist und sich auf die Seite derer gestellt hat, mit denen ihr Krieg führt[169]. Nein, wenn schon jeder anständige Mensch ein lasterhaftes Haus flieht und dessen Bewohner verabscheut, bildet ihr euch dann ein, daß Gott, der alles Verborgene schaut und jeden verschwiegenen Gedanken hört, in einem derart verkommenen Heiligtum noch bleiben könnte? Was wird denn bei euch überhaupt noch verschwiegen und verborgen? Oder was ist es denn, das euren Feinden nicht

414 τῶν σιγωμένων ἀκούει; τί δὲ σιγᾶται παρ' ὑμῖν ἢ τί κρύπτεται; τί δ' οὐχὶ καὶ τοῖς ἐχθροῖς φανερὸν γέγονε; πομπεύετε γὰρ παρανομοῦντες καὶ καθ' ἡμέραν ἐρίζετε, τίς χείρων γένηται, τῆς ἀδικίας ὥσπερ ἀρετῆς ἐπίδειξιν
415 ποιούμενοι. καταλείπεται δὲ ὅμως ἔτι σωτηρίας ὁδός[222], ἐὰν θέλητε, καὶ
416 τὸ θεῖον εὐδιάλλακτον ἐξομολογουμένοις καὶ μετανοοῦσιν. ὦ σιδήρειοι, ῥίψατε τὰς πανοπλίας, λάβετε ἤδη κατερειπομένης αἰδῶ πατρίδος, ἐπιστράφητε καὶ θεάσασθε τὸ κάλλος ἧς προδίδοτε, οἷον ἄστυ, οἷον ἱερόν,
417 ὅσων ἐθνῶν δῶρα. ἐπὶ ταῦτα τίς[223] ὁδηγεῖ φλόγα; ταῦτα τίς[223] μηκέτ' εἶναι θέλει; καὶ τί σώζεσθαι τούτων ἀξιώτερον, ἄτεγκτοι καὶ λίθων ἀπα-
418 θέστεροι. καὶ εἰ μὴ ταῦτα γνησίοις ὄμμασιν βλέπετε, γενεὰς γοῦν ὑμετέρας οἰκτείρατε, καὶ πρὸ ὀφθαλμῶν ἑκάστῳ γενέσθω τέκνα καὶ γυνὴ
419 καὶ γονεῖς, οὓς ἀναλώσει μετὰ μικρὸν ἢ λιμὸς ἢ πόλεμος. οἶδ' ὅτι μοι συγκινδυνεύει μήτηρ καὶ γυνὴ καὶ γένος οὐκ ἄσημον καὶ πάλαι λαμπρὸς οἶκος, καὶ τάχα δοκῶ διὰ ταῦτα συμβουλεύειν. ἀποκτείνατε αὐτούς, λάβετε μισθὸν τῆς ἑαυτῶν σωτηρίας τὸ ἐμὸν αἷμα· κἀγὼ θνήσκειν ἕτοιμος, εἰ μετ' ἐμὲ σωφρονεῖν μέλλετε."

420 X. 1. Τοιαῦτα τοῦ Ἰωσήπου μετὰ δακρύων ἐμβοῶντος οἱ στασιασταὶ μὲν οὔτε ἐνέδοσαν οὔτ' ἀσφαλῆ τὴν μεταβολὴν ἔκριναν, ὁ δὲ δῆμος
421 ἐκινήθη πρὸς αὐτομολίαν. καὶ οἱ μὲν τὰς κτήσεις ἐλαχίστου πωλοῦντες, οἱ δὲ τὰ πολυτελέστερα τῶν κειμηλίων, τοὺς μὲν χρυσοῦς, ὡς μὴ φωραθεῖεν ὑπὸ τῶν λῃστῶν, κατέπινον, ἔπειτα πρὸς τοὺς Ῥωμαίους δια-
422 διδράσκοντες, ὁπότε κατενέγκαιεν εὐπόρουν πρὸς ἃ δέοιντο. διηφίει γὰρ τοὺς πολλοὺς ὁ Τίτος εἰς τὴν χώραν ὅποι βούλοιτο ἕκαστος, καὶ τοῦτ' αὐτὸ[224] μᾶλλον πρὸς αὐτομολίαν[225] παρεκάλει τῶν μὲν εἴσω κακῶν
423 στερησομένους, μὴ δουλεύσοντας δὲ Ῥωμαίοις. οἱ δὲ περὶ τὸν Ἰωάννην καὶ τὸν Σίμωνα περιεφύλαττον[226] τὰς τούτων ἐξόδους πλέον ἢ τὰς Ῥωμαίων εἰσόδους, καὶ σκιάν τις ὑπονοίας παρασχὼν μόνον εὐθέως ἀπεσφάττετο.
424 2. Τοῖς γε μὴν εὐπόροις καὶ τὸ μένειν πρὸς ἀπώλειαν ἴσον ἦν· προφάσει γὰρ αὐτομολίας ἀνῃρεῖτό[227] τις διὰ τὴν οὐσίαν. τῷ λιμῷ δ' ἡ ἀπόνοια τῶν στασιαστῶν συνήκμαζε, καὶ καθ' ἡμέραν ἀμφότερα προσ-
425 εξεκαίετο τὰ δεινά. φανερὸς μὲν γὰρ οὐδαμοῦ σῖτος ἦν, ἐπεισπηδῶντες δὲ διηρεύνων τὰς οἰκίας, ἔπειθ' εὑρόντες μὲν ὡς ἀρνησαμένους ᾐκίζοντο,

---

[222] L hat ἐλπίς.
[223] ταῦτά τις Bekker cj. (aufgrund von Heg) Niese Na Thack.
[224] Lat liest eos, αὐτοὺς Hudson cj. Na.
[225] PA haben προσαυτομολεῖν, VR πρὸς αὐτομολεῖν, L liest πρὸς τὸ αὐτομολεῖν, Lat *ad perfugium*.
[226] περιεφύλαττων P; Lat liest *obstruebant;* Niese cj. παρεφύλαττον (vgl. § 493—96) Na Thack.
[227] PAML lesen ἀνήρητό („er war so gut wie verloren").

schon längst bekannt ist? Ihr brüstet euch ja mit euren Übertretungen des Gesetzes und wetteifert täglich darum, wer es am schlimmsten treibt, denn auf eine Gemeinheit seid ihr so stolz wie auf eine edle Tat[170]. Dennoch bleibt euch, wenn ihr wollt, noch ein Weg zur Rettung offen, und die Gottheit läßt sich durch Bekenntnis und Reue leicht versöhnen. Weh euch, ihr Männer, hart wie Eisen, werft die Rüstung weg! Habt Mitleid mit der schon jetzt verwüsteten Vaterstadt, wendet euch um und seht, welch eine Pracht ihr preisgeben wollt, was für eine herrliche Stadt, welch einen wunderbaren Tempel, was für reiche Geschenke von vielen Völkern! Wer wollte an dies alles den Feuerbrand legen, wer wünschte es vernichtet zu sehen? Was kann dann überhaupt noch der Erhaltung wert sein, ihr Unbarmherzigen? Die Steine haben ja mehr Gefühl als ihr[171]! Und wenn eure Augen schon zu trübe geworden sind, um das zu sehen, dann erbarmt euch doch wenigstens eurer Familien und stelle ein jeder sich Weib und Kind, Vater und Mutter vor, die gar bald dem Hunger oder dem Krieg zur Beute fallen müssen. Ich weiß, daß auch für mich das Leben der Mutter und der Frau, dazu eine hoch angesehene Familie und ein altberühmtes Geschlecht mit auf dem Spiele stehen, und vielleicht denkt mancher, ich riete solches aus diesem Grunde. Wohlan, tötet sie, nehmt mein eigenes Blut[172] als Preis für eure Rettung: auch ich bin bereit, mein Leben zu lassen, wenn ihr dadurch zur Vernunft kommen könntet."

10. Kapitel

1. 420. Obwohl Josephus solche Worte unter Tränen ausrief, blieben die Aufständischen bei ihrer Unnachgiebigkeit und hielten auch den Gesinnungswechsel in keiner Weise für einen sicheren Ausweg. Das Volk aber ließ sich zum Überlaufen bewegen. Die einen verkauften ihren Grundbesitz, andere die kostbarsten Wertsachen zu Spottpreisen und verschluckten die dafür erhaltenen Goldstücke, damit diese von den Räubern nicht entdeckt würden[173]. Wenn sie dann zu den Römern durchgekommen waren und das Gold ausgeschieden hatten, konnten sie sich ganz gut mit dem Notwendigsten versorgen. Titus entließ nämlich viele auf das Land, wohin jeder wollte, und schon dies allein veranlaßte immer mehr Juden zum Überlaufen, da sie auf diese Weise das Elend in der Stadt hinter sich bringen konnten, ohne Sklaven der Römer zu werden. Aber die Anhänger des Johannes und des Simon belauerten ringsum die Flucht der Überläufer mit noch größerem Argwohn als etwaige Annäherungen der Römer, und auf wen auch nur der Schatten eines Verdachtes fiel, der wurde sofort ermordet.

2. 424. Die Reichen ereilte ihr Verderben aber genauso auch, wenn sie bleiben wollten, denn jeder beliebige konnte unter dem Vorwand, er sei ein Überläufer, bloß um seines Vermögens willen umgebracht werden. Mit dem Hunger steigerte sich auch die Raserei der Aufrührer, und von Tag zu Tag wirkte sich diese doppelte Qual verzehrender aus. Da man öffentlich nirgends mehr Getreide zu sehen bekam, drangen sie plötzlich in die Häuser ein und durchsuchten sie[174]; fanden sie Eßwaren, dann mißhandelten sie die Bewohner, weil sie ge-

426 μὴ εὑρόντες δ' ὡς ἐπιμελέστερον κρύψαντας ἐβασάνιζον. τεκμήριον δὲ τοῦ τ' ἔχειν καὶ μὴ τὰ σώματα τῶν ἀθλίων, ὧν οἱ μὲν ἔτι συνεστῶτες εὐπορεῖν τροφῆς ἐδόκουν, οἱ τηκόμενοι δὲ ἤδη παρωδεύοντο, καὶ κτείνειν
427 ἄλογον ἐδόκει τοὺς²²⁸ ὑπ' ἐνδείας τεθνηξομένους αὐτίκα. πολλοὶ δὲ λάθρα τὰς κτήσεις ἑνὸς ἀντηλλάξαντο μέτρου πυρῶν μὲν εἰ πλουσιώτεροι τυγχάνοιεν ὄντες, οἱ δὲ πενέστεροι κριθῆς, ἔπειτα κατακλείοντες αὑτοὺς εἰς τὰ μυχαίτατα τῶν οἰκιῶν τινὲς μὲν ὑπ' ἄκρας ἐνδείας ἀνέργαστον τὸν
428 σῖτον ἤσθιον, οἱ δ' ἔπεσσον ὡς ἥ τε ἀνάγκη καὶ τὸ δέος παρῄνει. καὶ τράπεζα μὲν οὐδαμοῦ παρετίθετο, τοῦ δὲ πυρὸς ὑφέλκοντες ἔτ' ὠμὰ τὰ σιτία διήρπαζον.
429 3. Ἐλεεινὴ δὲ ἦν ἡ τροφὴ καὶ δακρύων ἄξιος ἡ θέα, τῶν μὲν δυνατωτέρων πλεονεκτούντων, τῶν δ' ἀσθενῶν ὀδυρομένων. πάντων μὲν δὴ παθῶν ὑπερίσταται λιμός, οὐδὲν δ' οὕτως ἀπόλλυσιν ὡς αἰδῶ²²⁹· τὸ γὰρ
430 ἄλλως ἐντροπῆς ἄξιον ἐν τούτῳ καταφρονεῖται. γυναῖκες γοῦν ἀνδρῶν καὶ παῖδες πατέρων, καὶ τὸ οἰκτρότατον, μητέρες νηπίων ἐξήρπαζον ἐξ αὐτῶν τῶν στομάτων τὰς τροφάς, καὶ τῶν φιλτάτων ἐν χερσὶ μαραινο-
431 μένων οὐκ ἦν φειδὼ τοὺς τοῦ ζῆν ἀφελέσθαι σταλαγμούς. τοιαῦτα δ' ἐσθίοντες ὅμως οὐ διελάνθανον, πανταχοῦ δ' ἐφίσταντο οἱ στασιασταὶ²³⁰
432 καὶ τούτων ταῖς ἁρπαγαῖς. ὁπότε γὰρ κατίδοιεν ἀποκεκλεισμένην οἰκίαν, σημεῖον ἦν τοῦτο τοὺς ἔνδον προσφέρεσθαι τροφῆς· εὐθέως δ' ἐξαράξαντες²³¹ τὰς θύρας εἰσεπήδων, καὶ μόνον οὐκ ἐκ τῶν φαρύγγων ἀναθλίβον-
433 τες τὰς ἀκόλους ἀνέφερον. ἐτύπτοντο δὲ γέροντες ἀντεχόμενοι τῶν σιτίων, καὶ κόμης²³² ἐσπαράττοντο γυναῖκες συγκαλύπτουσαι τὰ ἐν χερσίν. οὐδέ τις ἦν οἶκτος πολιᾶς ἢ νηπίων, ἀλλὰ συνεπαίροντες τὰ
434 παιδία τῶν ψωμῶν ἐκκρεμάμενα κατέσειον εἰς ἔδαφος. τοῖς δὲ φθάσασι τὴν εἰσδρομὴν αὐτῶν καὶ προκαταπιοῦσι τὸ ἁρπαγησόμενον ὡς ἀδικη-
435 θέντες ἦσαν ὠμότεροι. δεινὰς δὲ βασάνων ὁδοὺς ἐπενόουν πρὸς ἔρευναν τροφῆς, ὀρόβοις μὲν ἐμφράττοντες τοῖς ἀθλίοις τοὺς τῶν αἰδοίων πόρους, ῥάβδοις δ' ὀξείαις ἀναπείροντες τὰς ἔδρας, τὰ φρικτὰ δὲ καὶ ἀκοαῖς ἔπασχέ τις εἰς ἐξομολόγησιν ἑνὸς ἄρτου καὶ ἵνα μηνύσῃ δράκα μίαν
436 κεκρυμμένην²³³ ἀλφίτων. οἱ βασανισταὶ δ' οὐκ ἐπείνων, καὶ γὰρ ἧττον ἂν ὠμὸν ἦν τὸ μετ' ἀνάγκης, γυμνάζοντες δὲ τὴν ἀπόνοιαν καὶ προ-
437 παρασκευάζοντες αὑτοῖς εἰς τὰς ἑξῆς²³⁴ ἡμέρας ἐφόδια. τοῖς δ' ἐπὶ τὴν Ῥωμαίων φρουρὰν νύκτωρ ἐξερπύσασιν²³⁵ ἐπὶ λαχάνων συλλογὴν ἀγρίων καὶ πόας ὑπαντῶντες, ὅτ' ἤδη διαπεφευγέναι τοὺς πολεμίους ἐδόκουν,

---

²²⁸ PVR lesen τοῖς, VR entsprechend auch τεθνηξομένοις (wahrscheinlich *dativus incommodi*).
²²⁹ PAMLCLat Euseb haben αἰδώς.
²³⁰ οἱ στασιασταὶ fehlt bei PAMLVR Lat; entsprechend konjiziert Destinon im folgenden τινὲς ταῖς ἁρπαγαῖς. Unsere Lesart ist bezeugt von C Euseb Zonaras, wohl auch Heg *(ministri seditionum)*.
²³¹ L liest ῥήξαντες, einige Eusebhandschriften lesen εἰσαράξαντες, Zonaras ῥήσσοντες.
²³² MC A^corr lesen κόμας, V hat κομίσαι, R¹ κομίσην, R² κομίσειν.
²³³ Fehlt bei C Zonaras; PAMVR lesen κεκρυμμένων, L Lat und die besten Eusebhandschriften lesen κεκρυμμένην.
²³⁴ LLat lesen ἐξ.
²³⁵ C hat ἐξέρπυσαν.

leugnet hatten, noch etwas zu besitzen, fanden sie nichts, dann folterten sie dieselben, weil sie ihre Vorräte zu schlau versteckt hätten. Den Hinweis aber, ob noch etwas da sei oder nicht, gab der körperliche Zustand der Unglücklichen selbst. Wer noch einigermaßen bei Kräften war, mußte auch noch Nahrungsmittel vorrätig haben, nur die gänzlich Abgezehrten ließ man laufen, weil es keinen Sinn hatte, solche zu töten, die ja doch bald an den Entbehrungen sterben mußten. Viele tauschten ihren ganzen Besitz gegen ein Maß Weizen ein, wenn sie noch zu den Reicheren zählten, die Ärmeren bekamen gerade noch ein Maß Gerste dafür. Dann schlossen sie sich in die innerste Kammer des Hauses ein, wo manche in ihrer Gier die Körner, so roh wie sie waren, verzehrten, andere auch Brote buken, je nachdem es Not und Angst geboten. Ein Tisch wurde nirgends mehr gedeckt, halb roh holte man die Speisen aus dem Feuer und verschlang sie in großen Stücken.

3. 429. Zum Erbarmen war die Nahrung und zum Weinen der Anblick, wenn die Stärkeren sich ihr Teil sicherten, während die Schwächeren laut wehklagten. Das stärkste aller menschlichen Gefühle ist entschieden der Hunger, keines aber tötet er so vollständig ab wie das Empfinden für Anstand und Ehre. Worum sich sonst jeder voll Rücksicht kümmert, daran kehrt sich im Hunger kein Mensch mehr. Frauen rissen da den Männern, Kinder den Eltern und, was am entsetzlichsten ist, Mütter ihren Kleinen das Essen aus dem Mund. Ja, sie scheuten sich nicht einmal, ihren Lieblingen, wenn sie ihnen schon unter den Händen verschmachteten, den letzten Leben spendenden Tropfen[175] wegzunehmen. Bei diesem erbärmlichen Essen konnten sie dennoch nicht unbemerkt bleiben, denn überall lauerten die Aufständischen, um ihnen auch das noch zu rauben. Sobald diese nämlich ein Haus verschlossen fanden, war das für sie ein Zeichen, daß man drinnen etwas essen wollte. Sofort schlugen sie die Türen aus dem Rahmen, stürzten hinein und nahmen alles mit, wobei sie den Leuten die Brocken schier aus dem Schlund würgten. Greise wurden geschlagen, wenn sie die Speisen festhielten, Frauen an den Haaren herumgezerrt, wenn sie etwas in den Händen zu verbergen suchten. Kein Erbarmen gab es weder mit dem grauen Haar noch mit den kleinen Kindern. An ihren Bissen zogen sie die Kinder, so wie sie daran hingen, in die Höhe und schüttelten sie hin und her, bis sie auf den Boden fielen. Wenn aber die Hausbewohner schon vor einem solchen Überfall alles heruntergeschluckt hatten, was die Räuber erbeuten wollten, dann führten sie sich noch grausamer auf, als seien sie es, denen man Unrecht getan hatte. Martern schauderhafter Art dachten sie sich aus für das Aufspüren von Lebensmitteln: sie steckten den Unglücklichen Erbsen in die Harnröhre und stießen ihnen spitze Stäbe ins Gesäß. Das Grauen kommt einem schon beim Hören von diesen Dingen, die so mancher über sich ergehen lassen mußte, bloß damit er ein Brot anzeigen oder eine Hand voll Gerstenmehl verraten sollte. Die Folterknechte litten keine Not, denn solche Grausamkeiten wären in einer Notlage nicht vorgekommen[176], nein, wie einen täglichen Sport betrieben sie ihren Wahnsinn und versorgten sich für die kommenden Tage mit Vorräten. Hatte sich aber einmal jemand des Nachts bis in die Nähe der römischen Wachen geschlichen, um Wildgemüse und Kräuter zu sammeln, dann erwischten sie ihn gerade, wenn er meinte, jetzt den Feinden entkommen zu sein, und nah-

438 ἀφήρπαζον τὰ κομισθέντα, καὶ πολλάκις ἱκετευόντων καὶ τὸ φρικτὸν ἐπικαλουμένων ὄνομα τοῦ θεοῦ μεταδοῦναί τι μέρος αὐτοῖς ὧν κινδυνεύσαντες ἤνεγκαν, οὐδ' ὁτιοῦν μετέδοσαν· ἀγαπητὸν δ' ἦν τὸ μὴ καὶ προσαπολέσθαι σεσυλημένον.

439 4. Οἱ μὲν δὴ ταπεινότεροι τοιαῦτα πρὸς τῶν δορυφόρων ἔπασχον, οἱ δ' ἐν ἀξιώματι καὶ πλούτῳ πρὸς τοὺς τυράννους ἀνήγοντο. τούτων οἱ μὲν ἐπιρβυλὰς ψευδεῖς ἐπικαλούμενοι διεφθείροντο, οἱ δὲ ὡς προδιδοῖεν Ῥωμαίοις τὴν πόλιν, τὸ δ' ἑτοιμότατον ἦν μηνυτὴς[236] ὑπόβλητος ὡς
440 αὐτομολεῖν διεγνωκότων. ὁ δ' ὑπὸ Σίμωνος γυμνωθεὶς πρὸς Ἰωάννην ἀνεπέμπετο, καὶ τὸν ὑπὸ Ἰωάννου σεσυλημένον ὁ Σίμων μετελάμβανεν· ἀντιπροέπινον δὲ ἀλλήλοις τὸ αἷμα τῶν δημοτῶν[237] καὶ τὰ πτώματα[237]
441 τῶν ἀθλίων διεμερίζοντο. καὶ τοῦ μὲν κρατεῖν στάσις ἦν ἐν ἀμφοτέροις, τῶν δ' ἀσεβημάτων ὁμόνοια· καὶ γὰρ ὁ μὴ μεταδοὺς ἐκ τῶν ἀλλοτρίων κακῶν θατέρῳ μονοτρόπως ἐδόκει πονηρός, καὶ ὁ μὴ μεταλαβὼν ὡς ἀγαθοῦ τινος ἤλγει τὸν νοσφισμὸν τῆς ὠμότητος.

442 5. Καθ' ἕκαστον μὲν οὖν ἐπεξιέναι τὴν παρανομίαν αὐτῶν ἀδύνατον, συνελόντα[238] δὲ εἰπεῖν, μήτε πόλιν ἄλλην τοιαῦτα πεπονθέναι μήτε γενεὰν
443 ἐξ αἰῶνος γεγονέναι κακίας γονιμωτέραν, οἵ γε τελευταῖον καὶ τὸ γένος ἐφαύλιζον τῶν Ἑβραίων, ὡς ἧττον ἀσεβεῖς δοκοῖεν πρὸς ἀλλοτρίους, ἐξωμολογήσαντο δ' ὅπερ ἦσαν εἶναι δοῦλοι καὶ σύγκλυδες καὶ νόθα[239]
444 τοῦ ἔθνους φθάρματα. τὴν μὲν γε πόλιν ἀνέτρεψαν αὐτοί, Ῥωμαίους δ' ἄκοντας ἠνάγκασαν ἐπιγραφῆναι σκυθρωπῷ κατορθώματι καὶ μόνον οὐχ
445 εἵλκυσαν ἐπὶ τὸν ναὸν βραδῦνον τὸ πῦρ. ἀμέλει καιόμενον ἐκ τῆς ἄνω πόλεως[240] ἀφορῶντες οὔτ' ἤλγησαν οὔτ' ἐδάκρυσαν, ἀλλὰ ταῦτα τὰ πάθη παρὰ Ῥωμαίοις εὑρέθη. καὶ ταῦτα μὲν κατὰ χώραν ὕστερον μετ' ἀποδείξεως τῶν πραγμάτων ἐροῦμεν.

446 XI. 1. Τίτῳ δὲ τὰ μὲν χώματα προύκοπτεν καίτοι πολλὰ κακουμένων ἀπὸ τοῦ τείχους τῶν στρατιωτῶν, πέμψας δ' αὐτὸς μοῖραν τῶν ἱππέων ἐκέλευσεν τοὺς κατὰ τὰς φάραγγας ἐπὶ συγκομιδῇ τροφῆς ἐξιόντας
447 ἐνεδρεύειν. ἦσαν δέ τινες καὶ τῶν μαχίμων οὐκέτι διαρκούμενοι ταῖς ἁρπαγαῖς, τὸ δὲ πλέον ἐκ τοῦ δήμου πένητες, οὓς αὐτομολεῖν ἀπέτρεπε
448 τὸ περὶ τῶν οἰκείων δέος. οὔτε γὰρ λήσεσθαι τοὺς στασιαστὰς ἤλπιζον μετὰ γυναικῶν καὶ παιδίων διαδιδράσκοντες καὶ καταλιπεῖν τοῖς λῃσταῖς
449 ταῦτα οὐχ ὑπέμενον ὑπὲρ αὐτῶν σφαγησόμενα· τολμηροὺς δὲ πρὸς τὰς

[236] MVRC Na Thack haben μηνυτής τις.
[237] C liest ζηλωτῶν statt δημοτῶν, L κτήματα statt πτώματα. In beiden Fällen ist der ursprüngliche Sinn mißverstanden. [238] συνελόντι Niese cj. Na Thack.
[239] Statt καὶ νόθα hat L καινοτομοῦσι κατά, VR lesen καινοτομοῦσι θανάτους.
[240] Anstatt des Textes καιόμενον bis πόλεως hat Lat *ardere superiorem civitatem* (falsche Annahme, daß die Oberstadt brannte).

men ihm alles ab, was er mitbrachte. Nicht ein bißchen durfte er behalten, auch wenn er noch so sehr flehte und sie beim furchterregenden Namen Gottes beschwor, ihm doch wenigstens einen Teil von dem abzugeben, was er unter Lebensgefahr geholt hatte. Er konnte froh sein, daß sie ihn nur ausgeplündert und nicht gleich dabei umgebracht hatten.

4. 439. Solche Grausamkeiten waren es also, die das einfache Volk von den Waffenträgern[117] ausstehen mußte, die Angesehenen und Reichen dagegen wurden vor die Tyrannen selbst geschleppt; einige von ihnen mußten ihr Leben lassen, weil man sie fälschlich verschwörerischer Absichten beschuldigte, andere, weil sie angeblich die Stadt den Römern übergeben wollten. Das bewährteste Verfahren war aber, einen falschen Zeugen auftreten zu lassen, der behaupten mußte, sie wollten überlaufen. Wen Simon ausgeplündert hatte, den ließ er zu Johannes schicken, wer von Johannes ausgeraubt war, den nahm Simon in Empfang. So tranken sie sich gegenseitig das Blut der Bürger zu und verteilten unter sich die Leichen der Elenden[178]. So weit es um die Herrschaft ging, lagen die beiden mit einander im Streit, bei ihren Freveltaten aber waren sie ein Herz und eine Seele. Wenn nämlich einer von beiden den Genossen nicht an seinen Untaten gegen die Fremden[179] teilnehmen ließ, galt er als selbstsüchtiger Schuft, und wer bei irgendeiner Grausamkeit nicht beteiligt war, ärgerte sich, als wäre ihm ein Vergnügen entgangen.

5. 442. Bis ins einzelne ihre Gesetzlosigkeit darzulegen, ist unmöglich. Kurz gesagt, hat keine andere Stadt solches gelitten, und ist kein Geschlecht jemals zu solchen Untaten fähig gewesen. Zum Schluß beschimpften die Aufrührer auch noch das Volk der Hebräer, damit ihre Verruchtheit weniger groß erscheinen sollte, als hätten sie sich nur gegen Fremde vergangen. Damit gaben sie aber gerade zu, das zu sein, was sie in Wirklichkeit waren: Sklaven, Gesindel, Bastarde, der Abschaum des Volkes. Sie haben die Stadt zugrunde gerichtet, sie haben die Römer gegen deren eigenen Willen gezwungen, diesem düsteren Sieg ihren Namen zu leihen, sie haben das Feuer, das durchaus nicht brennen wollte, fast mit Gewalt bis an den Tempel gezerrt[180]. Als sie ihn dann von der Oberstadt aus brennen sahen, traten nicht ihnen vor Schmerz Tränen in die Augen, das ist ganz gewiß, sondern den Römern merkte man diese Gefühle an. Doch dies werden wir später noch an geeigneter Stelle ausführlich belegen.

11. Kapitel

1. 446. Die Wallarbeiten des Titus kamen dann schnell voran, obwohl die Soldaten von den Verteidigern der Mauer große Verluste erlitten. Titus selbst schickte überdies eine Reiterabteilung mit dem Befehl aus, den Juden aufzulauern, die aus der Stadt herauskamen, um in den Schluchten nach Nahrung zu suchen[181]. Es waren jetzt auch einige bewaffnete Aufständische dabei, die mit den geraubten Vorräten nicht mehr auskamen, meistens aber waren es arme Leute aus dem Volk, die nur die Angst um ihre Angehörigen vom Überlaufen zurückhielt. Sie konnten ja nicht hoffen, den Aufständischen zu entgehen, wenn sie sich mit Weib und Kind davonmachten; die Ihrigen aber

ἐξόδους ὁ λιμὸς ἐποίει, καὶ κατελείπετο λανθάνοντας εἰς²⁴¹ τοὺς πολεμίους ἁλίσκεσθαι. λαμβανόμενοι δὲ κατ' ἀνάγκην ἠμύνοντο²⁴², καὶ μετὰ μάχην ἱκετεύειν ἄωρον ἐδόκει. μαστιγούμενοι δὴ καὶ προβασανιζόμενοι τοῦ
450 θανάτου πᾶσαν αἰκίαν ἀνεσταυροῦντο τοῦ τείχους ἀντικρύ. Τίτῳ μὲν οὖν οἰκτρὸν τὸ πάθος κατεφαίνετο πεντακοσίων ἑκάστης ἡμέρας ἔστι δὲ ὅτε καὶ πλειόνων ἁλισκομένων, οὔτε δὲ τοὺς βίᾳ ληφθέντας ἀφεῖναι ἀσφαλὲς καὶ φυλάττειν τοσούτους φρουρὰν τῶν φυλαξόντων²⁴³ ἑώρα· τό γε μὴν πλέον οὐκ ἐκώλυεν τάχ'²⁴⁴ ἂν ἐνδοῦναι πρὸς τὴν ὄψιν ἐλπίσας
451 αὐτούς²⁴⁵, εἰ μὴ παραδοῖεν, ὅμοια πεισομένους. προσήλουν δὲ οἱ στρατιῶται δι' ὀργὴν καὶ μῖσος τοὺς ἁλόντας ἄλλον ἄλλῳ σχήματι πρὸς χλεύην, καὶ διὰ τὸ πλῆθος χώρα τε ἐνέλειπε τοῖς σταυροῖς καὶ σταυροὶ τοῖς σώμασιν.
452 2. Οἱ στασιασταὶ δὲ τοσοῦτον ἀπεδέησαν τοῦ μεταβαλέσθαι πρὸς τὸ πάθος, ὥστε καὶ τοὐναντίον αὐτοὶ σοφίσασθαι πρὸς τὸ λοιπὸν πλῆθος.
453 σύροντες γὰρ τοὺς τῶν αὐτομόλων²⁴⁶ οἰκείους ἐπὶ τὸ τεῖχος καὶ τῶν δημοτῶν τοὺς ἐπὶ πίστιν ὡρμημένους, οἷα πάσχουσιν οἱ Ῥωμαίοις προσφεύγοντες ἐπεδείκνυσαν καὶ τοὺς κεκρατημένους²⁴⁷ ἱκέτας ἔλεγον, οὐκ
454 αἰχμαλώτους. τοῦτο πολλοὺς τῶν αὐτομολεῖν ὡρμημένων μέχρι τἀληθὲς ἐγνώσθη κατέσχεν· εἰσὶ δ' οἳ²⁴⁸ καὶ παραχρῆμα διέδρασαν ὡς ἐπὶ βέβαιον τιμωρίαν, ἀνάπαυσιν ἡγούμενοι τὸν ἐκ τῶν πολεμίων θάνατον
455 ἐν λιμοῦ συγκρίσει. πολλοὺς δὲ καὶ χειροκοπῆσαι κελεύσας Τίτος τῶν ἑαλωκότων, ὡς μὴ δοκοῖεν αὐτόμολοι καὶ²⁴⁹ πιστεύοιντο διὰ τὴν συμ-
456 φοράν, εἰσέπεμψε πρὸς τὸν Σίμωνα καὶ τὸν Ἰωάννην, νῦν γε ἤδη παύσασθαι παραινῶν καὶ μὴ πρὸς ἀναίρεσιν τῆς πόλεως αὐτὸν βιάζεσθαι, κερδῆσαι δ' ἐκ τῆς ἐν ὑστάτοις μεταμελείας τάς τε αὐτῶν ψυχὰς καὶ τηλικαύτην
457 πατρίδα καὶ ναὸν ἀκοινώνητον ἄλλοις. περιιὼν δὲ τὰ χώματα τοὺς ἐργαζομένους ἅμα κατήπειγεν ὡς οὐκ εἰς μακρὰν ἀκολουθήσων²⁵⁰ ἔργοις τῷ
458 λόγῳ. πρὸς ταῦτα αὐτόν τε ἐβλασφήμουν ἀπὸ τοῦ τείχους Καίσαρα καὶ τὸν πατέρα αὐτοῦ, καὶ τοῦ μὲν θανάτου καταφρονεῖν ἐβόων, ᾑρῆσθαι²⁵¹ γὰρ αὐτὸν πρὸ δουλείας καλῶς, ἐργάσεσθαι²⁵² δὲ ὅσα ἂν δύνωνται κακὰ Ῥωμαίους ἕως ἐμπνέωσι, πατρίδος δὲ οὐ μέλειν τῆς ὡς αὐτός φησιν

---

²⁴¹ PA haben die Präposition εἰς nicht, was Niese Na als ursprünglichen Text annehmen. Lat gibt den Zusammenhang von λανθάνοντας bis ἁλίσκεσθαι wieder mit *restabatque iam latitantes egredi et ab hostibus capi;* Bekker liest μὴ λανθάνοντας ... ἁλίσκεσθαι, er stützt sich auf cod. Lugd., ihm folgt Na. Destinon vermutet λανθάνοντας ... μὴ ἁλίσκεσθαι oder etwas Ähnliches als ursprünglichen Text, Niese denkt an eine Textlücke vor ἁλίσκεσθαι.
²⁴² LLat Na lesen ἠμύνοντο δέει τῆς κολάσεως (vgl. die Übersetzung von Kohout).
²⁴³ PA¹LVRC haben φυλαξάντων.
²⁴⁴ P liest τάχα, M τάχα δέ, L ταχείαν, VRC haben τάχα δ' ἄν.
²⁴⁵ Destinon cj. αὐτοὺς ὡς und verweist dabei auf die Lesart von Lat *tamquam similia passuros.* ²⁴⁶ Destinon cj. αἰχμαλώτων aufgrund von § 447.
²⁴⁷ Destinon cj. κρεμαμένου, ihm folgen Na Kohout. ²⁴⁸ εἴσω, ἔνιοι δὲ VRC.
²⁴⁹ Lat liest *nec.* ²⁵⁰ PAMVR haben ἀκολουθήσειν.
²⁵¹ P hat εἰρῆσθαι, L ᾑρεῖσθαι. ²⁵² PALVRC lesen ἐργάσασθαι, Lat *facere.*

zurückzulassen, damit diese an ihrer Statt von den Räubern abgeschlachtet würden, das brachten sie auch nicht übers Herz. Nur der Hunger verlieh ihnen den Mut, sich hinauszuwagen, und hatten sie auch die Stadt unbemerkt verlassen, war es immer noch nicht sicher, ob sie nicht den Feinden in die Hände fielen. Wenn sie aber gefaßt wurden, wehrten sie sich gewöhnlich aus ihrer Notlage heraus. Da es ihnen nach einem Kampf schon zu spät zu sein schien, noch um Gnade zu flehen, wurden sie folglich gegeißelt und mit Mißhandlungen jeder Art vor ihrem Tod gefoltert, um dann schließlich der Mauer gegenüber gekreuzigt zu werden[182]. Freilich war Titus für dies jammervolle Schicksal nicht blind, zumal an jedem Tag 500 oder mehr Gefangene eingebracht wurden; doch andererseits erkannte er auch, daß man vorsichtigerweise diese mit Gewalt Ergriffenen nicht einfach freilassen könne. Eine solche Menge aber bewachen zu lassen, bedeute eigentlich, die Wächter bewachen zu lassen. Der Hauptgrund aber, warum er die Kreuzigungen nicht untersagte, war in Wirklichkeit noch ein anderer: er hoffte, daß dieser Anblick vielleicht die Juden zur Übergabe veranlassen könnte, da sie das gleiche Schicksal zu erwarten hätten, wenn sie sich nicht ergeben wollten. Die Soldaten aber trieben voller Wut und Haß ihren Spott mit den Gefangenen, indem sie jeden in einer anderen Stellung ans Kreuz nagelten, und bald fehlte es an Platz für die Kreuze und an Kreuzen für die Leiber, so viele waren es.

2. 452. Die Aufständischen aber dachten so wenig daran, ihre Gesinnung bei diesem Schreckensanblick zu ändern, daß sie es im Gegenteil verstanden, damit die übrige Menge noch zu überlisten[183]. Sie schleppten nämlich die Angehörigen der Überläufer auf die Mauer, gleichfalls auch die Bürger, die für die Annahme der römischen Friedensvorschläge waren, und zeigten ihnen von dort, was mit jedem geschehe, der bei den Römern seine Zuflucht nehme. Dabei erklärten sie, daß es sich bei diesen Opfern um Schutzflehende und nicht um Kriegsgefangene handle. Dies hielt viele, die schon drauf und dran waren, überzulaufen, wieder zurück, bis schließlich die Wahrheit herauskam. Es gab jedoch auch solche, die trotzdem nicht zögerten, davonzulaufen, auch wenn ihnen die Bestrafung sicher sein sollte, denn der Tod durch die Feinde kam ihnen wie eine Erleichterung im Vergleich zu den Qualen des Hungers vor. Vielen Gefangenen ließ Titus auch die Hände abhauen, damit man sie nicht für Überläufer halte, sondern ihnen wegen ihrer Verstümmelung Glauben schenke; dann schickte er sie wieder zu Simon und Johannes in die Stadt zurück. Auf diese Weise ließ er die beiden auffordern, nun endlich Schluß zu machen und ihn nicht zur gänzlichen Zerstörung der Stadt zu zwingen, sondern noch im letzten Augenblick ihren Sinn zu ändern und ihr Leben, ihre herrliche Vaterstadt wie auch den Tempel zu schonen, der ja nur ihnen und niemand anders auch in Zukunft gehören solle[184]. Gleichzeitig aber schritt er die Wälle ab und drängte die arbeitenden Soldaten zur Eile, damit er möglichst schnell die Tat dem Worte folgen lassen könne. Die Juden aber lästerten ihn daraufhin und seinen Vater von der Mauer aus und schrieen, sie verachteten den Tod, denn sie seien längst als Männer der Ehre entschlossen, ihn der Knechtschaft vorzuziehen, den Römern aber wollten sie allen nur möglichen Schaden zufügen, solange sie noch Atem in ihrer Brust hätten. Die Vaterstadt kümmere sie nicht im geringsten, sie

ἀπολουμένης²⁵³, καὶ ναοῦ²⁵⁴ ἀπολομένου²⁵⁵ ἀμείνω τούτου τῷ θεῷ τὸν
459 κόσμον εἶναι. σωθήσεσθαί γε μὴν καὶ τοῦτον ὑπὸ τοῦ κατοικοῦντος, ὃν
καὶ αὐτοὶ σύμμαχον ἔχοντες πᾶσαν χλευάσειν ἀπειλὴν ὑστεροῦσαν ἔργων·
τὸ γὰρ τέλος εἶναι τοῦ θεοῦ. τοιαῦτα ταῖς λοιδορίαις ἀναμίσγοντες
ἐκεκράγεσαν.
460 3. Ἐν δὲ τούτῳ καὶ ὁ Ἐπιφανὴς Ἀντίοχος παρῆν ἄλλους τε ὁπλίτας
συχνοὺς ἔχων καὶ περὶ αὐτὸν στῖφος Μακεδόνων καλούμενον, ἥλικας
πάντας, ὑψηλούς, ὀλίγον ὑπὲρ ἀντίπαιδας, τὸν Μακεδονικὸν τρόπον
ὡπλισμένους τε καὶ πεπαιδευμένους, ὅθεν καὶ τὴν ἐπίκλησιν εἶχον
461 ὑστεροῦντες οἱ πολλοὶ τοῦ γένους. εὐδαιμονῆσαι γὰρ δὴ μάλιστα τῶν
ὑπὸ Ῥωμαίοις βασιλέων τὸν Κομμαγηνὸν συνέβη πρὶν γεύσασθαι μεταβολῆς·
ἀπέφηνε δὲ κἀκεῖνος ἐπὶ γήρως, ὡς οὐδένα χρὴ λέγειν πρὸ θανά-
462 του μακάριον. ἀλλ' ὅ γε παῖς ἀκμάζοντος αὐτοῦ τηνικαῦτα παρὼν θαυμάζειν ἔφασκε, τί δήποτε Ῥωμαῖοι κατοκνοῖεν προσιέναι τῷ τείχει· πολε-
μιστὴς δέ τις αὐτὸς ἦν καὶ φύσει παράβολος κατά τε ἀλκὴν²⁵⁶ τοσοῦτος,
463 ὡς ὀλίγῳ τὰ τῆς τόλμης²⁵⁷ διαμαρτάνειν²⁵⁸. μειδιάσαντος δὲ τοῦ Τίτου
καὶ „κοινὸς ὁ πόνος" εἰπόντος, ὡς εἶχεν ὥρμησεν ὁ Ἀντίοχος μετὰ τῶν
464 Μακεδόνων πρὸς τὸ τεῖχος. αὐτὸς μὲν οὖν διά τε ἰσχὺν καὶ κατ' ἐμπειρίαν
ἐφυλάττετο τὰ τῶν Ἰουδαίων βέλη τοξεύων²⁵⁹ εἰς αὐτούς, τὰ μειράκια
δὲ αὐτῷ συνετρίβη πάντα πλὴν ὀλίγων· διὰ γὰρ αἰδῶ τῆς ὑποσχέσεως
465 προσεφιλονείκει μαχόμενα· καὶ τέλος ἀνεχώρουν τραυματίαι πολλοί,
συννοοῦντες ὅτι καὶ τοῖς ἀληθῶς Μακεδόσιν, εἰ μέλλοιεν κρατεῖν, δεῖ²⁶⁰
τῆς Ἀλεξάνδρου τύχης.
466 4. Τοῖς δὲ Ῥωμαίοις ἀρξαμένοις δωδεκάτῃ μηνὸς Ἀρτεμισίου συνετελέσθη
τὰ χώματα μόλις ἐνάτῃ καὶ εἰκάδι ταῖς δεχεπτὰ συνεχῶς πονου-
467 μένων ἡμέραις· μέγιστα γὰρ ἐχώσθη τὰ τέσσαρα, καὶ θάτερον μὲν τὸ
ἐπὶ τὴν Ἀντωνίαν ὑπὸ τοῦ πέμπτου τάγματος ἐβλήθη κατὰ μέσον τῆς
Στρουθίου²⁶¹ καλουμένης κολυμβήθρας, τὸ δ' ἕτερον ὑπὸ τοῦ δωδεκάτου
468 διεστῶτος²⁶² ὅσον εἰς πήχεις εἴκοσι. τῷ δεκάτῳ²⁶³ δὲ τάγματι διέχοντι
πολὺ τούτων κατὰ τὸ βόρειον κλίμα τὸ ἔργον ἦν καὶ κολυμβήθραν
Ἀμύγδαλον προσαγορευομένην· τούτου δὲ τὸ πεντεκαιδέκατον ἀπὸ
469 τριάκοντα πηχῶν ἔχου²⁶⁴ κατὰ τὸ τοῦ ἀρχιερέως μνημεῖον. προσαγο-

---

²⁵³ MVRLat haben τοῖς ... ἀπολουμένοις, dem folgen Na Thack Reinach; L liest τοῖς ... ἀποκαλουμένοις, C τοῖς ... ἀπολλουμένοις.
²⁵⁴ M hat τοῦ ναοῦ, Bekker cj. ναὸν (aufgrund von Lat *mundumque deo templum hoc melius esse*), dem folgen Na Thack Ricc.
²⁵⁵ AMVC lesen ἀπολουμένου, L hat πυρπολουμένου, bei Lat und in der *ed. pr.* fehlt ein entsprechendes Wort, ebenso bei Na Thack.
²⁵⁶ τὴν ἀλκήν (ἄλλην C) ALVRC Na Thack.
²⁵⁷ P liest ὀλιγοτάτης τόλμης, L ὀλιγωτάτης τόλμας, VRC haben ὀλίγῳ τὴν τόλμαν, Lat liest *(ut) non multum (peccaret) audacia*, Bekker cj. ὀλίγων τὴν τόλμαν, Destinon cj. ὀλίγα (oder ὀλίγον) τῆς τόλμης, Thack cj. ὀλίγων τὰ τῆς τόλμης.
²⁵⁸ L hat διαλανθάνειν. ²⁵⁹ Destinon cj. τοξευόντων. Ihm folgt Na.
²⁶⁰ VRC lesen διά; δέοι cod. Lugd. (nach Haverkamp) Bekker Na.
²⁶¹ PAMVR haben τοῦ θείου, L liest τοῦ Στρουθίου, Lat *Struthiu*, Heg *Strutiam*. Es ist überaus auffallend, daß die führenden Handschriften beider Textgruppen den Namen des Teiches mit τὸ θεῖον (= Schwefel) in Verbindung bringen.
²⁶² Destinon cj. διεστῶς, Na cj. διεστός. ²⁶³ PA lesen δωδεκάτῳ.

sei ja nach seinen eigenen Worten sowieso dem Untergang verfallen; und wenn auch dieser Tempel dem Untergang geweiht sei, so habe doch Gott noch einen besseren als diesen, nämlich die Welt[185]. Aber trotzdem werde auch der irdische Tempel von dem gerettet werden, der in ihm wohne. Und weil sie diesen zum Verbündeten hätten, könnten sie über alle Drohungen nur lachen, hinter denen ja doch die Tat zurückbleibe, denn die letzte Entscheidung stehe bei Gott. Solche Sätze stießen sie unter Beschimpfungen hervor.

3. 460. Inzwischen traf auch Antiochus Epiphanes ein, der abgesehen von einer starken Abteilung Schwerbewaffneter auch eine Truppe von sogenannten Makedoniern als Leibwache mitbrachte. Diese waren alle gleich alt, hochgewachsen, kaum über die Knabenjahre hinaus und auf makedonische Art bewaffnet und ausgebildet. Daher trugen sie auch diesen Namen, obwohl die wenigsten wirklich von diesem Volk abstammten. Der König von Kommagene[186] war nämlich unter allen römischen Vasallen zweifellos der vom Glück am meisten begünstigte, bis auch er die Laune des Schicksals erfahren mußte. So bewies er noch in seinem Alter, daß man niemand vor seinem Tode glücklich preisen darf[187]. Noch zu der Zeit jedoch, als er auf dem Gipfel seines Glückes stand, erschien also sein Sohn im Lager und fragte sehr erstaunt, warum in aller Welt die Römer zögerten, gegen die Mauer vorzurücken. Er war nämlich ein Kämpfer, ein geborener Draufgänger und dabei von solcher Körperkraft, daß kaum einmal seine Verwegenheit ohne Erfolg blieb. Lächelnd entgegnete Titus nur: „Solche Arbeit kommt allen zu!"[188], worauf Antiochus ohne einen Augenblick zu zögern mit seinen Makedonen gegen die Mauer losstürmte. Er selber wußte freilich dank seiner Kampfkraft und Kriegserfahrung den Geschossen der Juden auszuweichen und ging ihnen selber mit dem Bogen zuleibe, seine Jünglinge aber wurden ihm alle bis auf wenige übel zugerichtet, denn aus Treue zu ihrem Versprechen setzten sie ihren Ehrgeiz darein, weiterzukämpfen. Als sie sich schließlich zurückziehen mußten, bluteten die meisten aus vielen Wunden. Im Stillen mußten sie wohl zugeben, daß auch die richtigen Makedonier, wenn sie siegen wollen, Alexanders Glück haben müssen[189].

4. 466. Die Römer brachten die am 12. Artemisios (30. Mai) begonnenen Wallarbeiten mit Mühe und Not am 29. des Monats (16. Juni), also nach 17tägiger ununterbrochener Arbeit, zum Abschluß; denn alle 4 Wälle waren von ungewöhnlicher Höhe. Den einen, der gegenüber der Antonia lag, hatte die 5. Legion mitten im sogenannten Struthionteich[190] aufgeworfen, den anderen die 12. Legion in einem Abstand von ungefähr 20 Ellen. Weiter entfernt an der Nordseite und am sogenannten Amygdalosteich[191] hatte die 10. Legion ihre Arbeit getan und daneben in einem Abstand von 30 Ellen die 15. Legion ihren Wall beim Denkmal des Hohenpriesters[192] aufgeschüttet. Schon führten sie die Maschinen in die vorgesehene Stellung, doch Johannes hatte inzwischen schon von innen her das Gebiet vor der Antonia bis zu den Wällen unterhöhlt,

---

[264] PA lesen ἔχουσα, LR ἔχουσιν, cod. Lugd. Bekker Na ἐχώνυ, Destinon cj. ἔχου τά. — Unsere Übersetzung der Verben in den §§ 467 und 468 im Sinn der Vorzeitigkeit schließt sich an die Aussage von § 466 an. Thack und Reinach übersetzen unter dem Einfluß von § 473 perfektisch.

μένων δὲ ἤδη αὐτῶν²⁶⁵ ὁ μὲν Ἰωάννης ἔνδοθεν ὑπορύξας τὸ κατὰ τὴν Ἀντωνίαν μέχρι τῶν χωμάτων καὶ διαλαβὼν σταυροῖς τοὺς ὑπονόμους ἀνακρήμνησιν τὰ ἔργα, πίσσῃ δὲ καὶ ἀσφάλτῳ διακεχρισμένην τὴν ὕλην
470 εἰσκομίσας ἐνίησι πῦρ. καὶ τῶν σταυρῶν ὑποκαέντων ἥ τε διῶρυξ ἐνέδωκεν ἀθρόα, καὶ μετὰ μεγίστου ψόφου κατεσείσθη τὰ χώματα εἰς
471 αὐτήν. τὸ μὲν οὖν πρῶτον μετὰ τοῦ κονιορτοῦ καπνὸς ἠγείρετο βαθὺς πνιγομένου τῷ πταίσματι²⁶⁶ τοῦ πυρός, τῆς δὲ θλιβούσης ὕλης διαβι-
472 βρωσκομένης ἤδη φανερὰ φλὸξ ἐρρήγνυτο. καὶ τοῖς Ῥωμαίοις ἔκπληξις μὲν πρὸς τὸ αἰφνίδιον, ἀθυμία δὲ πρὸς τὴν ἐπίνοιαν ἐμπίπτει, καὶ κρατήσειν οἰομένοις ἤδη τὸ συμβὰν καὶ πρὸς τὸ μέλλον ἔψυξε τὴν ἐλπίδα· τὸ δὲ ἀμύνειν ἀχρεῖον ἐδόκει πρὸς τὸ πῦρ, καὶ εἰ σβεσθείη τῶν χωμάτων καταποθέντων.
473 5. Μετὰ δ' ἡμέρας δύο καὶ τοῖς ἄλλοις ἐπιτίθενται χώμασιν οἱ περὶ τὸν Σίμωνα· καὶ γὰρ δὴ προσαγαγόντες ταύτῃ τὰς ἑλεπόλεις οἱ Ῥωμαῖοι
474 διέσειον²⁶⁷ τὸ τεῖχος. Τεφθέος²⁶⁸ δέ τις ἀπὸ Γάρις πόλεως τῆς Γαλιλαίας, καὶ Μαγάσσαρος τῶν βασιλικῶν Μαριάμμης²⁶⁹ θεράπων, μεθ' ὧν Ἀδιαβηνός τις υἱὸς Ναβαταίου, τοὔνομα κληθεὶς ἀπὸ τῆς τύχης καὶ Ἀγίρας²⁷⁰, ὅπερ σημαίνει χωλός, ἁρπάσαντες λαμπάδας προεπήδησαν ἐπὶ τὰς μηχα-
475 νάς. τούτων τῶν ἀνδρῶν οὔτε τολμηρότεροι κατὰ τόνδε τὸν πόλεμον ἐκ
476 τῆς πόλεως ἐφάνησαν οὔτε φοβερώτεροι· καθάπερ γὰρ εἰς φίλους ἐκτρέχοντες οὐ πολεμίων στῖφος οὔτ' ἐμέλλησαν²⁷¹ οὔτ' ἀπέστησαν, ἀλλὰ διὰ
477 μέσων ἐνθορόντες τῶν ἐχθρῶν ὑφῆψαν τὰς μηχανάς. βαλλόμενοι δὲ καὶ τοῖς ξίφεσιν ἀνωθούμενοι πάντοθεν οὐ πρότερον ἐκ τοῦ κινδύνου μετε-
478 κινήθησαν ἢ δράξασθαι τῶν ὀργάνων τὸ πῦρ. αἰρομένης δὲ ἤδη τῆς φλογὸς Ῥωμαῖοι μὲν ἀπὸ τῶν στρατοπέδων συνθέοντες ἐβοήθουν, Ἰουδαῖοι δ' ἐκ τοῦ τείχους ἐκώλυον καὶ τοῖς σβεννύειν πειρωμένοις
479 συνεπλέκοντο κατὰ μηδὲν τῶν ἰδίων φειδόμενοι σωμάτων. καὶ οἱ μὲν εἷλκον ἐκ τοῦ πυρὸς τὰς ἑλεπόλεις τῶν ὑπὲρ αὐτὰς γέρρων φλεγομένων²⁷², οἱ δ' Ἰουδαῖοι καὶ διὰ τῆς φλογὸς ἀντελαμβάνοντο καὶ τοῦ σιδήρου ζέοντος δρασσόμενοι τοὺς κριοὺς οὐ μεθίεσαν· διέβαινε δ' ἀπὸ τούτων
480 ἐπὶ τὰ χώματα τὸ πῦρ καὶ τοὺς ἀμύνοντας προελάμβανεν²⁷³. ἐν τούτῳ δ' οἱ μὲν Ῥωμαῖοι κυκλούμενοι τῇ φλογὶ καὶ τὴν σωτηρίαν τῶν ἔργων
481 ἀπογνόντες ἀνεχώρουν ἐπὶ τὰ στρατόπεδα, Ἰουδαῖοι δὲ προσέκειντο πλείους ἀεὶ γινόμενοι τῶν ἔνδοθεν προσβοηθούντων καὶ τῷ κρατεῖν

---

²⁶⁵ MLVRC Na Thack und die Übersetzungen lesen τῶν ὀργάνων, Lat hat *iam vero admotis aggeribus*. Offenbar haben MLVRC den schwer verständlichen Text, wie ihn PA überliefern, sinngemäß richtig nach § 473 gedeutet, doch wird das Pronomen αὐτῶν auf die zuletzt genannten Truppen zu beziehen sein. Wer die Ergänzung eines Akkusativobjekts zu dem Medium προσάγομαι im Sinne von „heranführen" für unwahrscheinlich hält, wird προσαγομένων passivisch und αὐτῶν auf μέχρι τῶν χωμάτων beziehen.
²⁶⁶ LC Na lesen τῷ πτώματι, Lat hat *ruina*.
²⁶⁷ διέσειον ἤδη MLVRC (vielleicht auch Lat) Na Thack.
²⁶⁸ MLVRC Na lesen Τεφθαῖος; Lat hat *Testeus*; Heg liest *Teptaeus* oder *Tepteus*; Thack cj. auf Grund von 6, 148 Γεφθαῖος; vgl. auch 6, 92 Γυφθέος. A. Schlatter, Namen 39 hält Γεφθαῖος für die ursprüngliche Form, der das hebräische Wort gifti oder gifti (= ägyptisch) zugrunde liegt. Kohout liest in 6,92. 148 wie an unserer Stelle „Tephthäus". ²⁶⁹ καὶ Μαριάμμης Bekker cj. Na.

die Gänge abgestützt und auf diese Weise das ganze Werk auf Pfähle gestellt[193]. Jetzt brachte er mit Pech und Asphalt bestrichenes Holz hinein und legte Feuer daran. Als die Pfähle von unten anbrannten, gab das Erdreich auf einmal nach, und zugleich stürzten die Wälle mit Donnergetöse in den Graben hinab. Zunächst stieg eine dichte Wolke von Rauch und Staub auf, weil der Aufprall der Erdmassen das Feuer beinahe erstickte, kaum aber war das eingebrochene Holz verbrannt, brach auch schon die helle Flamme hervor. Die Römer standen bei diesem plötzlichen Zusammenbruch wie vom Donner gerührt da; als sie dann aber die List des Feindes durchschauten, verloren sie erst recht den Mut. Da ihnen außerdem der Sieg schon so gut wie gewiß zu sein schien, mußte gerade jetzt dies Geschehnis ihre Zukunftshoffnungen um so gewaltiger dämpfen. Das Feuer zu bekämpfen, hielten sie für wertlos, da die Wälle ja doch verloren waren, auch wenn sie es gelöscht hätten.

5. 473. Nach zwei Tagen griffen die Leute Simons auch die beiden anderen Wälle an, denn jetzt führten die Römer an dieser Stelle die Sturmböcke herauf und begann schon, die Mauer zu erschüttern. Ein gewisser Tephtheus aus der galiläischen Stadt Garis und Magassaros, ein königlicher Dienstmann der Mariamme, ferner ein Adiabener, Sohn des Nabatäus, den man aufgrund seines besonderen Schicksals auch Agiras, d. h. Krüppel nannte, diese drei sprangen mit Fackeln in den Fäusten auf die Maschinen los[194]. Während dieses Krieges hatte die Stadt niemanden aufzuweisen, der waghalsiger und gefürchteter gewesen wäre als diese Männer[195]. Denn wie befreundete Kameraden, so liefen sie dem feindlichen Heerhaufen entgegen, und ohne zu zögern oder auszuweichen, setzten sie mitten durch die Reihen der Gegner hindurch und steckten die Maschinen in Brand[196]. Mochten jene von allen Seiten auf sie schießen und mit dem Schwert dreinschlagen, sie wichen nicht von dem gefährlichen Platz, bis die Wurfmaschinen Feuer gefangen hatten. Erst als bereits die Flamme hochschlug, liefen die Römer aus den Lagern zur Hilfe herbei, aber die Juden versperrten ihnen von der Mauer aus den Weg und gerieten mit den Soldaten, die zu löschen versuchten, in ein wildes Handgemenge, ohne auch nur im geringsten Leib und Leben zu schonen. Versuchten die Römer, die Sturmböcke, über denen das Flechtwerk schon lichterloh brannte, aus dem Feuer zu ziehen, dann packten die Juden sogar in die Flammen hinein und umklammerten lieber das glühende Eisen, als daß sie von den Widdern abließen. Von den Maschinen sprang das Feuer dann auch schneller auf die Wälle über, als die Hilfstruppen es verhindern konnten. Da die Römer sich nun überall von den Flammen umgeben sahen, gaben sie die Hoffnung auf, die Werke zu retten, und zogen sich in Richtung auf ihre Lager zurück. Die Juden aber, zu denen aus der Stadt immer neue Verstärkungen stießen, blieben ihnen hart auf den Fersen; der eben

---

[270] AMLRC lesen καὶ ἀγήρας (MC haben ἀγείρας, R ἐγείρας); V hat καιαγειρας; Lat liest, wie es scheint, *Ceagiras*, dem folgt Thack (Κεαγίρας); Heg hat *Agiras* (cod. A *Adiras*); Hudson cj. Χαγείρας, dem folgt Na; A. Schlatter, Namen 45 liest 'Αγίρας entsprechend dem aramäischen chagira.
[271] MLVRC Na lesen οὔτ' ἔδεισαν οὔτ' ἐμέλλησαν, bei L fehlt das folgende οὔτ' ἀπέστησαν.   [272] PAMVRC lesen γέρρων ἐκ τοῦ πυρὸς φλεγομένων.
[273] AML haben προσελάμβανεν, Lat *praeveniebat*.

τεθαρρηκότες άταμιεύτοις έχρῶντο ταῖς ὁρμαῖς²⁷⁴, προελθόντες²⁷⁵ δὲ μέχρι τῶν ἐρυμάτων ἤδη συνεπλέκοντο τοῖς φρουροῖς. τάξις ἐστὶν ἐκ διαδοχῆς ἱσταμένη πρὸ τοῦ στρατοπέδου²⁷⁶, καὶ δεινὸς ἐπ' αὐτῇ Ῥωμαίων νόμος τὸν ὑποχωρήσαντα καθ' ἣν δήποτ' οὖν αἰτίαν θνῄσκειν. οὗτοι τοῦ μετὰ κολάσεως τὸν μετ' ἀρετῆς θάνατον προκρίναντες ἵστανται, καὶ πρὸς τὴν τούτων ἀνάγκην πολλοὶ τῶν τραπέντων ἐπεστράφησαν αἰδούμενοι. διαθέντες δὲ καὶ τοὺς ὀξυβελεῖς ἐπὶ τοῦ τείχους εἶργον τὸ προσγινόμενον πλῆθος ἐκ τῆς πόλεως οὐδὲν εἰς ἀσφάλειαν ἢ φυλακὴν τῶν σωμάτων προνοουμένους²⁷⁷· συνεπλέκοντο γὰρ Ἰουδαῖοι²⁷⁸ τοῖς προστυχοῦσι καὶ ταῖς αἰχμαῖς²⁷⁹ ἀφυλάκτως ἐμπίπτοντες αὐτοῖς τοῖς σώμασι τοὺς ἐχθροὺς ἔπαιον. οὔτε δὲ ἔργοις αὐτοὶ πλέον ἢ τῷ θαρρεῖν περιῆσαν καὶ Ῥωμαῖοι τῇ τόλμῃ πλέον εἶχον ἢ τῷ²⁸⁰ κακοῦσθαι.

6. Παρῆν δ' ἤδη Τίτος ἀπὸ τῆς Ἀντωνίας, ὅπου²⁸¹ κεχώριστο κατασκεπτόμενος τόπον ἄλλοις χώμασι, καὶ πολλὰ τοὺς στρατιώτας φαυλίσας, εἰ κρατοῦντες τῶν πολεμίων τειχῶν κινδυνεύουσι τοῖς ἰδίοις²⁸² καὶ πολιορκουμένων ὑπομένουσιν αὐτοὶ τύχην ὥσπερ ἐκ δεσμωτηρίου καθ' αὑτῶν Ἰουδαίους ἀνέντες, περιῄει μετὰ τῶν ἐπιλέκτων κατὰ πλευρὰ τοὺς πολεμίους αὐτός. οἱ δὲ κατὰ στόμα παιόμενοι καὶ πρὸς τοῦτον ἐπιστραφέντες ἐκαρτέρουν. μιγείσης δὲ τῆς παρατάξεως ὁ μὲν κονιορτὸς τῶν ὀμμάτων, ἡ κραυγὴ δὲ τῶν ἀκοῶν ἐπεκράτει²⁸³, καὶ οὐδετέρῳ παρῆν ἔτι τεκμήρασθαι τὸ ἐχθρὸν ἢ τὸ φίλιον. Ἰουδαίων δὲ οὐ τοσοῦτον ἔτι κατ' ἀλκὴν ὅσον ἀπογνώσει²⁸⁴ σωτηρίας παραμενόντων καὶ Ῥωμαίους ἐτόνωσεν αἰδὼς δόξης τε καὶ τῶν ὅπλων καὶ προκινδυνεύοντος Καίσαρος· ὥστε μοι δοκοῦσι τὰ τελευταῖα δι' ὑπερβολὴν θυμῶν κἂν ἁρπάσαι²⁸⁵ τὸ τῶν Ἰουδαίων πλῆθος, εἰ μὴ τὴν ῥοπὴν τῆς παρατάξεως φθάσαντες ἀνεχώρησαν εἰς τὴν πόλιν. διεφθαρμένων δὲ τῶν χωμάτων Ῥωμαῖοι μὲν ἦσαν ἐν ἀθυμίαις τὸν μακρὸν κάματον ἐπὶ μιᾶς ὥρας ἀπολέσαντες· καὶ πολλοὶ μὲν ταῖς συνήθεσι μηχαναῖς ἀπήλπιζον ἁλώσεσθαι τὴν πόλιν.

²⁷⁴ ὁρμαῖς MLVRC Na, auch Thack (mit Verweis auf 4,44; 6,171); PA Niese lesen ὀργαῖς, Lat hat *impetus*.
²⁷⁵ προσελθόντες codd.; προελθόντες Bekker cj. Niese Na Thack.
²⁷⁶ LCLat Suidas lesen στρατοπέδου μετὰ τῶν ὅπλων.
²⁷⁷ PAM lesen προνοούμενοι, Destinon cj. προνοούμενον.
²⁷⁸ οἱ Ἰουδαῖοι AMLVRC Na Thack.
²⁷⁹ PAMVRC haben ἀκμαῖς, Lat *spicula*.
²⁸⁰ PAM haben τοῦ.
²⁸¹ Lat liest *quo*, was auf ein griechisches ὅποι schließen läßt.
²⁸² PA haben Ἰουδαίοις.
²⁸³ M liest ἐπεκρότει.
²⁸⁴ L hat ἀπόγνωσις.
²⁸⁵ MLVRCLat Na Thack haben ὅλον ἁρπάσαι, Destinon cj. ἅπαν ἁρπάσαι, Niese cj. ἀναρπάσαι und verweist auf 2,550.

gewonnene Erfolg machte sie so kühn, daß sie in wilden Angriffen, bei denen sie auch das Letzte hergaben, bis zu den Befestigungen des Lagers vorstürmten und sofort den Nahkampf mit den Wachen aufnahmen. Vor dem römischen Lager hat nämlich ständig eine Abteilung Soldaten Wache zu stehen, die von Zeit zu Zeit abgelöst wird. Für sie gilt das strenge römische Kriegsgesetz, daß jeder, der aus irgendeinem Grund seinen Posten verläßt, mit dem Tode bestraft wird[197]. Da diese Männer natürlich den Soldatentod der Hinrichtung vorzogen, hielten sie stand, und viele Römer, die sich schon zur Flucht gewandt hatten, schämten sich, als sie den verzweifelten Kampf ihrer Kameraden sahen, und kehrten sich von neuem gegen den Feind. Nachdem die Soldaten dann noch die Katapulte auf dem Wall verteilt hatten, konnten sie sich schließlich der Massen erwehren, die aus den Toren der Stadt hervorbrachen, ohne an Deckung und eigene Sicherheit auch nur zu denken; denn die Juden wurden sofort mit dem ersten besten Gegner handgemein und stürzten sich ohne Zögern mitten in die Speere hinein, so daß sie mit dem Gewicht ihres Körpers die Feinde zu Boden warfen. Ihren Sieg verdankten sie auch weniger ihren tatsächlichen Erfolgen als vielmehr ihrer Unerschrockenheit, und die Römer wichen mehr vor ihrem Todesmut zurück als aufgrund wirklicher Verluste.

6. 486. Nunmehr kam der Titus von der Antonia herbei, wohin er sich entfernt hatte, um den Platz für neue Wälle auszusuchen. Zornig fuhr er die Soldaten an, ob sie jetzt, nachdem sie die Mauern der Feinde genommen hätten, noch ihre eigenen aufs Spiel setzen wollten und es sich gefallen ließen, selber die Belagerten zu sein, da sie ja die Juden geradezu aus ihrem Gefängnis auf sich losgelassen hätten. Dann ließ er seine Kerntruppe eine Schwenkung machen und fiel an ihrer Spitze in eigener Person den Feinden in die Flanke. Obwohl diese aber schon an der Front hart genug bedrängt wurden, wandten sie sich augenblicklich auch gegen ihn, ohne einen Schritt zurückzuweichen. In dem nunmehr entstehenden Schlachtgewühl war vor lauter Staub schließlich überhaupt nichts mehr zu sehen und bei dem wilden Geschrei der Kämpfenden kein Wort mehr zu verstehen. Weder hüben noch drüben war es möglich, Freund oder Feind zu unterscheiden. Die Juden hielten immer noch stand, aber schon weniger aus Heldenmut als aus Verzweiflung. Doch auch die Römer ließ der Gedanke an ihren Ruhm und an die Ehre ihrer Waffen, vor allem aber das leuchtende Beispiel des Caesar, der stets an vorderster Front kämpfte, nicht ermatten. Ja, sie steigerten sich dermaßen in ihre Kampfeswut hinein, daß sie, wie mir scheinen will, am Ende noch die ganze Masse der Juden dahingerafft hätten, wenn jene nicht der entscheidenden Wende der Schlacht durch einen schnellen Rückzug in die Stadt zuvorgekommen wären. Daß aber die Wälle zerstört worden waren, versetzte die Römer freilich in große Mutlosigkeit, da der Ertrag einer so langwierigen, mühevollen Arbeit in einer einzigen Stunde zugrunde gegangen war, und viele zweifelten allen Ernstes daran, ob mit gewöhnlichen Maschinen die Stadt überhaupt einzunehmen sei[198].

491 XII. 1. Τίτος δὲ μετὰ τῶν ἡγεμόνων ἐβουλεύετο, καὶ τοῖς μὲν θερμοτέροις πᾶσαν ἐδόκει προσφέρειν τὴν δύναμιν ἀποπειρᾶσθαί τε τοῦ τεί-
492 χους βίᾳ. μέχρι μὲν γὰρ νῦν κατὰ σπάσμα[286] Ἰουδαίοις συμπεπλέχθαι, προσιόντων δ' ἀθρόων οὐδὲ τὴν ἔφοδον οἴσειν· καταχωσθήσεσθαι γὰρ
493 ὑπὸ τῶν βελῶν. τῶν δ' ἀσφαλεστέρων οἱ μὲν καὶ τὰ χώματα ποιεῖν πάλιν, οἱ δὲ καὶ δίχα τούτων προσκαθέζεσθαι[287] μόνον παραφυλάττοντας τάς τε ἐξόδους αὐτῶν καὶ τὰς εἰσκομιδὰς τῶν ἐπιτηδείων παρῄνουν καὶ τῷ λιμῷ καταλείπειν[288] τὴν πόλιν, μηδὲ συμπλέκεσθαι κατὰ χεῖρα τοῖς
494 πολεμίοις· ἄμαχον γὰρ εἶναι τὴν ἀπόγνωσιν[289] οἷς εὐχὴ μὲν τῷ[290] σιδήρῳ
495 πεσεῖν, ἀπόκειται δὲ καὶ δίχα τούτου πάθος χαλεπώτερον. αὐτῷ δὲ τὸ μὲν ἀργεῖν καθόλου μετὰ τοσαύτης δυνάμεως οὐκ ἐδόκει πρέπειν καὶ τὸ
496 μάχεσθαι περιττὸν πρὸς ἀλλήλων φθαρησομένοις[291], βάλλεσθαι δὲ χώματα δύσεργον ἀπέφαινεν ὕλης ἀπορίᾳ καὶ τὸ παραφυλάττειν τὰς ἐξόδους δυσεργότερον· κυκλώσασθαί τε γὰρ τῇ στρατιᾷ τὴν πόλιν διὰ μέγεθος καὶ δυσχωρίαν οὐκ εὐμαρὲς εἶναι καὶ σφαλερὸν ἄλλως πρὸς
497 τὰς ἐπιθέσεις. τῶν δὲ φανερῶν φυλαττομένων ἀφανεῖς ἐπινοεῖσθαι[292] Ἰουδαίοις ὁδοὺς κατά τε ἀνάγκην καὶ δι' ἐμπειρίαν· εἰ δέ τι λάθρα παρ-
498 εισκομισθήσοιτο[293], τριβὴν ἔσεσθαι[294] πλείονα τῇ πολιορκίᾳ. δεδιέναι τε μὴ τὴν δόξαν τοῦ κατορθώματος αὐτῷ[295] τὸ μῆκος ἐλαττώσῃ τοῦ χρόνου· τούτῳ μὲν γὰρ εἶναι πᾶν ἀνύσιμον, πρὸς δὲ τῆς εὐκλείας τὸ τάχος.
499 δεῖν γε μήν, εἰ καὶ τῷ τάχει μετ' ἀσφαλείας βούλοιτο[296] χρήσασθαι, περιτειχίζειν ὅλην τὴν πόλιν· μόνως γὰρ οὕτως ἂν πάσας ἀποφράξαι τὰς ἐξόδους, καὶ Ἰουδαίους ἢ πρὸς ἅπαντα ἀπογνόντας τὴν σωτηρίαν παρα-
500 δώσειν τὴν πόλιν ἢ λιμώττοντας χειρωθήσεσθαι ῥᾳδίως· οὐδὲ γὰρ ἠρεμήσειν αὐτὸς[297] ἄλλως, ἀλλὰ καὶ τῶν χωμάτων ἐπιμελήσεσθαι πάλιν χρώμε-
501 νος τοῖς κωλύουσιν ἀτονωτέροις. εἰ δέ τῳ μέγα δοκεῖ καὶ δυσήνυτον τὸ

---

[286] Die Überlieferung schwankt hier stark. Bei P entstand möglicherweise durch Schreibfehler Ἰουδαίοις aus Ἰουδαίοις, und somit wurde das Subjekt des A. c. I. verändert. Vielleicht hängt es damit zusammen, daß man κατὰ σπάσμα zu κατάσπασμα (MLVRC) bzw. zu κατασπάσματι (C) zusammenzog und hinter Ἰουδαίοις bzw. Ἰουδαίους als erklärende Glosse τῆς στρατιᾶς hinzufügte (ML bzw. VRCLat). Wir folgen mit Niese A, Thack fügt τῆς στρατιᾶς in Klammern ein, Na cj. ἀπόσπασμα Ἰουδαίοις τῆς στρατιᾶς.
[287] Text nach LC Zonaras, PAMVR lesen παρακαθέζεσθαι.
[288] P hat ἐκλείπειν, A καταλείψειν, M κατασχεῖν, L καταλαβεῖν, VR Bekker καταλιπεῖν, C καταλειπεῖν, Lat liest *relinquere*; καταλείπειν (nach C) Niese Na Thack.
[289] Lat liest *confidentiam* und mit der gleichen Verkehrung des Sinnes weiter unten statt ἀπόκειται ... χαλεπώτερον *vel etiam sine hoc interficere quae saevior est cupiditas*.
[290] τὸ L Niese Thack.
[291] Text nach CLat, PAMLVR lesen φθαρησομένους.
[292] *excogitaturos* Lat; ἐπινοήσεσθαι Thack cj. (Niese: *fortasse recte*).
[293] P hat παρεισκομισθήσοιντο, A παρεισκομισθῇει, M παρεισκομισθείη, L παρεισκομισθείη τὸ; Dindorf Na lesen παρεισκομίζοιντο aufgrund von cod. Lugd.
[294] L hat τριβήσεσθαι δέοι, Lat *diutius (obsidionem) trahendam*.
[295] P hat αὐτό, bei Lat fehlt das Wort.
[296] L liest βούλοιντο, dem folgt Thack.

12. Kapitel

1. 491. Titus hielt dann mit den höheren Offizieren Kriegsrat. Die heißblütigeren unter ihnen waren der Meinung, daß man jetzt das ganze Heer aufbieten müsse, um zu versuchen, die Mauer durch einen Gewaltstreich zu nehmen; denn bis jetzt habe man nur mit einzelnen Abteilungen den Kampf gegen die Juden aufgenommen, ginge man aber mit der Gesamtmacht vor, dann könnten sie nicht einmal den ersten Ansturm aushalten, denn ein Hagel von Geschossen würde sie förmlich unter sich begraben. Von den vorsichtigeren dagegen rieten manche, neue Wälle zu bauen, andere wieder, einfach ohne Wälle die Stadt weiter zu belagern, wobei man nur die Verbindungswege nach außen und damit die Versuche einer Einfuhr von Lebensmitteln streng überwachen müsse. Man solle also die Stadt dem Hunger überlassen, ohne sich auf einen Nahkampf mit den Feinden einzulassen. Es sei fehl am Platze, den Kampf mit Verzweifelten aufzunehmen, die jede Lebenserwartung aufgegeben hätten und darum den Tod durch das Schwert geradezu wünschen müßten, weil ihnen anderenfalls nur ein noch schlimmeres Geschick übrig bleibe. Titus selbst aber hielt es einerseits für unrühmlich, mit einer solch starken Heeresmacht untätig dazusitzen, obwohl es eigentlich auch überflüssig sei, mit Gegnern zu kämpfen, die sich sowieso gegenseitig vernichten würden. Er erläuterte dann weiter, daß anderseits ein Neubau der Wälle wegen Holzmangel nur sehr schwer durchzuführen sei, noch schwieriger jedoch, alle geheimen Ausgänge zu bewachen; denn die Stadt mit dem Heere einzuschließen, sei schon wegen ihrer Ausdehnung und der Widerwärtigkeit des Geländes gar nicht so einfach und übrigens bei plötzlichen Ausfällen auch gefährlich. Wenn aber nur die bekannten Wege unter Bewachung ständen, würden die Juden eben in der Not und bei ihrer vorzüglichen Ortskenntnis Schleichwege ausfindig machen; könnten jedoch heimlich irgendwelche Vorräte in die Stadt geschmuggelt werden, dann dauerte wieder die Belagerung um so länger. Er fürchte überdies, daß ihm diese dauernde Verzögerung noch den Glanz des Sieges verdunkeln werde. Mit der Zeit lasse sich ja alles erreichen, der Ruhm aber setze Schnelligkeit des Handelns voraus. Es bleibe, wenn man so schnell wie sicher vorzugehen wünsche, wahrhaftig nichts anderes übrig, als die ganze Stadt mit einer Ringmauer einzuschließen; denn nur auf diese Weise könne man alle Ausgänge versperren, so daß den Juden nur noch die Wahl bliebe, die letzte Hoffnung aufzugeben und die Stadt zu überliefern oder völlig ausgehungert ihren Gegnern ganz von selbst in die Hände zu fallen. Er selbst werde, nebenbei bemerkt, auch nicht die Hände in den Schoß legen, sondern sich um den Bau neuer Wälle kümmern, um so das Nachlassen der Störungsmaßnahmen auszunutzen. Wenn aber jemand meine, die Arbeit sei zu gewaltig und schwerlich auszuführen, der müsse bedenken, daß es ja auch unter der Würde der Römer sei, sich mit Klei-

---

²⁹⁷ Text nach Destinon, PAMVRC lesen αὐτούς, L hat αὐτόν. Die Konjektur stützt sich auf L, muß sich aber im Kasus dem Partizip in der zweiten Satzhälfte angleichen. Dies heißt nach den meisten Zeugen χρώμενος, VR lesen χρώμενον, C χρώμενοι. Eine Form χρωμένους, die dem gut bezeugten αὐτούς entspräche, ist nirgends belegt.

ἔργον, χρῆναι σκοπεῖν, ὡς οὔτε Ῥωμαίοις τι μικρὸν ἐνεργεῖν πρέπει, καὶ δίχα πόνου κατορθοῦν τι τῶν μεγάλων οὐδὲ θεῷ ῥᾴδιον[298].

2. Τούτοις πείσας τοὺς ἡγεμόνας διανέμειν ἐκέλευσε τὰς δυνάμεις ἐπὶ τὸ ἔργον. ὁρμὴ δέ τις ἐμπίπτει δαιμόνιος τοῖς στρατιώταις[299], καὶ μερισαμένων τὸν περίβολον οὐ μόνον τῶν ταγμάτων[300] ἦν ἔρις, ἀλλὰ καὶ τῶν ἐν αὐτοῖς τάξεων πρὸς ἀλλήλας, καὶ στρατιώτης μὲν δεκαδάρχην, δεκαδάρχης δ' ἑκατοντάρχην, οὗτος δ' ἐσπούδαζεν ἀρέσασθαι χιλίαρχον[301], τῶν δὲ χιλιάρχων ἐπὶ τοὺς ἡγεμόνας ἔτεινεν ἡ φιλοτιμία καὶ τῶν ἡγεμόνων τὴν ἅμιλλαν ἐβράβευε Καῖσαρ· περιιὼν γὰρ αὐτὸς ἑκάστης ἡμέρας πολλάκις ἐπεσκόπει τὸ ἔργον. ἀρξάμενος δὲ ἀπὸ τῆς Ἀσσυρίων παρεμβολῆς, καθ' ἣν αὐτὸς ἐστρατοπεδεύσατο[302], ἐπὶ τὴν κατωτέρω Καινόπολιν ἦγε τὸ τεῖχος, ἔνθεν διὰ τοῦ Κεδρῶνος ἐπὶ τὸ Ἐλαιῶν ὄρος· εἶτ' ἀνακάμπτων κατὰ μεσημβρίαν περιλαμβάνει τὸ ὄρος[303] ἄχρι τῆς Περιστερεῶνος καλουμένης πέτρας τόν τε ἑξῆς λόφον, ὃς ἐπίκειται τῇ κατὰ τὴν Σιλωὰμ φάραγγι, κἀκεῖθεν ἐκκλίνας πρὸς δύσιν εἰς τὴν τῆς πηγῆς κατῄει φάραγγα. μεθ' ἣν ἀναβαίνων κατὰ τὸ Ἀνάνου τοῦ ἀρχιερέως μνημεῖον καὶ διαλαβὼν τὸ ὄρος, ἔνθα Πομπήιος ἐστρατοπεδεύσατο, πρὸς κλίμα βόρειον[304] ἐπέστρεφε, καὶ προελθὼν μέχρι κώμης τινός, Ἐρεβίνθων οἶκος καλεῖται, καὶ μετ' ἐκείνην τὸ Ἡρώδου μνημεῖον περισχὼν κατὰ ἀνατολὴν τῷ ἰδίῳ στρατοπέδῳ συνῆπτεν, ὅθεν ἤρξατο. τὸ μὲν οὖν τεῖχος ἑνὸς δέοντος τεσσαράκοντα σταδίων ἦν, ἔξωθεν δ' αὐτῷ προσῳκοδομήθη τρισκαίδεκα φρούρια, καὶ τούτων οἱ κύκλοι δέκα συνηριθμοῦντο σταδίων. τρισὶ δ' ᾠκοδομήθη τὸ πᾶν ἡμέραις, ὡς τὸ μὲν[305] ἔργον μηνῶν εἶναι[306] ἄξιον, τὸ τάχος δ' ἡττᾶσθαι πίστεως. περικλείσας δὲ τῷ τείχει[307] τὴν πόλιν καὶ δύναμιν τοῖς φρουρίοις ἐγκαταστήσας τὴν μὲν πρώτην φυλακὴν τῆς νυκτὸς περιιὼν αὐτὸς ἐπεσκέπτετο, τὴν δευτέραν δ' ἐπέτρεψεν Ἀλεξάνδρῳ, τὴν τρίτην δ' ἔλαχον οἱ τῶν ταγμάτων ἡγεμόνες. διεκληροῦντο δ' οἱ φύλακες τοὺς ὕπνους, καὶ δι' ὅλης νυκτὸς περιῄεσαν κατὰ[308] διαστήματα τῶν φρουρίων.

3. Ἰουδαίοις δὲ μετὰ τῶν ἐξόδων ἀπεκόπη πᾶσα σωτηρίας ἐλπίς, καὶ βαθύνας αὐτὸν ὁ λιμὸς κατ' οἴκους καὶ γενεὰς τὸν δῆμον ἐπεβόσκετο. καὶ τὰ μὲν τέγη πεπλήρωτο γυναικῶν καὶ βρεφῶν λελυμένων, οἱ στενωποὶ δὲ γερόντων νεκρῶν, παῖδες δὲ καὶ νεανίαι διοιδοῦντες ὥσπερ εἴδωλα κατὰ τὰς ἀγορὰς ἀνειλοῦντο καὶ κατέπιπτον ὅπῃ τινὰ τὸ πάθος καταλαμβάνοι. θάπτειν δὲ τοὺς προσήκοντας οὔτε ἴσχυον οἱ κάμνοντες καὶ

---

[298] Der Text (οὐδὲ θεῷ ῥᾴδιον) folgt L Lat; PA lesen οὐδενὶ ῥᾴδιον, so auch Niese, Thack, Reinach; MVRC haben οὐδενὶ ῥᾴδιον ἀλλ' ἢ θεῷ μόνῳ, dem folgen Na, Kohout, Clementz. — Wenn der Text von L Lat der ursprüngliche ist, dann haben PA den Hinweis auf Gott als anstößig beseitigt, während MVRC schon beide Textformen vorausgesetzt und dabei auch ihrerseits die Anstößigkeit beseitigt haben.
[299] R hat τοῖς στασιασταῖς.
[300] LVRC lesen προστάγματος, weswegen Holwerda πρὸς τάγμα τάγματος cj.
[301] PAML haben χιλιάρχῳ.
[302] ἐστρατοπεδεύετο L Na, Niese: *fortasse recte.*
[303] Der Zusammenhang εἶτα... ὄρος fehlt bei M und steht bei A hinter πέτρας. Da sein Platz innerhalb des Textes nicht gesichert zu sein scheint, ist zu erwägen, ob M nicht im Recht ist. Der Akkusativ τόν τε ἑξῆς λόφον wäre dann noch abhängig von dem

nigkeiten abzugeben, und daß ohne Mühe nicht einmal ein Gott so leicht etwas Großes zustande bringen könne[199].

2. 502. Nachdem er mit solchen Worten die Offiziere überzeugt hatte, befahl er, den Truppen ihre Arbeit zuzuteilen. Wie eine göttliche Begeisterung kam es da über die Soldaten, und sobald man sie auf den Umkreis der Stadt verteilt hatte, lagen nicht nur die Legionen, sondern sogar die Kohorten in jeder Legion miteinander im Wettstreit, und der einfache Soldat bemühte sich, dem Korporal, der Korporal dem Hauptmann und dieser wieder dem Obersten zu gefallen, während der Ehrgeiz der Obersten auf das Lob der Generäle abzielte und den Wettkampf der Generäle schließlich der Caesar entschied. Dieser machte nämlich persönlich an jedem Tage mehrere Male seinen Rundgang, um die Arbeit zu beaufsichtigen. Vom Assyrerlager, seinem eigenen Hauptquartier, führte er die Mauer zur unteren Neustadt hinab, von hier durch das Kidrontal auf den Ölberg, dann ließ er sie nach Süden abbiegen und umschloß den Berg bis zum sogenannten Taubenschlag-Felsen sowie auch den folgenden Hügel, der die Schlucht an der Siloahquelle überragt, von dort wandte er sie nach Westen und in die Quellschlucht hinab[200]. Dann führte die Mauer am Grabmal des Hohenpriesters Ananos wieder aufwärts und umfaßte den Berg, wo Pompejus gelagert hatte, wandte sich dem Nordhang zu bis hin zu einem Dorf mit Namen Erbsenhausen[201], umgab nach diesem das Grabmal des Herodes und erreichte nach Osten hin wieder das Lager des Feldherrn, von wo sie ausgegangen war. Die Mauer hatte eine Länge von 39 Stadien, von außen waren an sie 13 Kastelle angebaut, deren Umfang zusammengerechnet 10 Stadien betrug. In drei Tagen wurde die ganze Anlage gebaut, also ein Werk, das sonst einer monatelangen Arbeit entspricht, mit unglaublicher Geschwindigkeit fertiggestellt. Nachdem Titus nun die Stadt mit der Mauer eingeschlossen und Truppen in die Kastelle gelegt hatte, übernahm er selbst während der ersten Nachtwache den ständigen Rundgang, um alles in Augenschein zu nehmen, die zweite Nachtwache übertrug er Alexander, um die dritte warfen die Legaten der einzelnen Legionen das Los. Die Wachsoldaten aber verlosten ebenfalls die Schlafstunden untereinander und schritten dementsprechend die ganze Nacht hindurch die Zwischenräume zwischen den Kastellen ab[202].

3. 512. Den Juden aber war mit den Ausgängen zugleich jede Hoffnung auf Rettung abgeschnitten, und der Hunger fraß immer weiter um sich, indem er das Volk in ganzen Häusern und Sippen dahinraffte. Die Dächer lagen voll von entkräfteten Frauen und Kindern, die Gassen voller toter Greise; Knaben und Jünglinge, unförmig aufgedunsen, wankten Gespenstern gleich über die Straßen und sanken hin, wo sie das Unheil ereilte. Die eigenen Angehörigen noch zu begraben, vermochte niemand mehr vor Erschöpfung, doch auch wer noch Kraft hatte, unterließ es, weil die Masse der Toten zu groß war und es

---

ἐπὶ vor τὸ Ἐλαιῶν ὄρος (also wäre ἄχρι ... πέτρας Parenthese). Für Nieses Text spricht die starke textliche Bezeugung und die sachliche Notwendigkeit, die Wendung der Ringmauer nach Süden zu erwähnen.

[304] R¹ hat κόρειον. [305] L hat πᾶν μέν.
[306] εἶναι fehlt bei PA; Niese Thack setzen es in Klammern.
[307] VR haben τάχει. [308] κατὰ τὰ M Na Thack.

τὸ διευτονοῦν ὤκνει διά τε³⁰⁹ πλῆθος τῶν νεκρῶν καὶ διὰ³¹⁰ τὸ κατὰ σφᾶς ἄδηλον· πολλοὶ γοῦν τοῖς ὑπ' αὐτῶν θαπτομένοις ἐπαπέθνησκον, πολλοὶ
515 δὲ ἐπὶ τὰς θήκας πρὶν ἐπιστῆναι τὸ χρεὼν προῆλθον³¹¹. οὔτε δὲ θρῆνος ἐν ταῖς συμφοραῖς οὔτ' ὀλοφυρμὸς ἦν, ἀλλ' ὁ λιμὸς ἤλεγχε τὰ πάθη, ξηροῖς δὲ τοῖς ὄμμασι καὶ σεσηρόσι³¹² τοῖς στόμασιν οἱ δυσθανατοῦντες ἐφεώρων³¹³ τοὺς φθάσαντας ἀναπαύσασθαι, βαθεῖα δὲ περιεῖχεν τὴν πόλιν σιγὴ καὶ νὺξ θανάτου γέμουσα καὶ τούτων οἱ λῃσταὶ χαλεπώτεροι.
516 τυμβωρυχοῦντες γοῦν τὰς οἰκίας ἐσύλων τοὺς νεκροὺς καὶ τὰ καλύμματα τῶν σωμάτων περισπῶντες μετὰ γέλωτος ἐξῄεσαν, τάς τε αἰχμὰς³¹⁴ τῶν ξιφῶν ἐδοκίμαζον ἐν τοῖς πτώμασιν, καὶ τινας τῶν ἐρριμμένων ἔτι ζῶντας
517 διήλαυνον ἐπὶ πείρᾳ τοῦ σιδήρου· τοὺς δ' ἱκετεύοντας χρῆσαι σφίσι δεξιὰν καὶ ξίφος τῷ λιμῷ κατέλειπον ὑπερηφανοῦντες, καὶ τῶν ἐκπνεόντων ἕκαστος ἀτενίσας εἰς τὸν ναὸν ἀφεώρα τοὺς στασιαστὰς ζῶντας ἀπολιπών.
518 οἱ δὲ τὸ μὲν πρῶτον ἐκ τοῦ δημοσίου θησαυροῦ τοὺς νεκροὺς θάπτειν ἐκέλευον τὴν ὀσμὴν οὐ φέροντες, ἔπειθ' ὡς οὐ διήρκουν ἀπὸ τῶν τειχῶν ἔρριπτον εἰς τὰς φάραγγας.
519 4. Περιιὼν δὲ ταύτας ὁ Τίτος ὡς ἐθεάσατο πεπλησμένας τῶν νεκρῶν καὶ βαθὺν ἰχῶρα μυδώντων ὑπορρέοντα³¹⁵ τῶν σωμάτων, ἐστέναξέ τε καὶ τὰς χεῖρας ἀνατείνας κατεμαρτύρατο τὸν θεόν, ὡς οὐκ εἴη τὸ ἔργον
520 αὐτοῦ. τὰ μὲν δὴ κατὰ τὴν πόλιν εἶχεν οὕτως, Ῥωμαῖοι δὲ μηδενὸς ἔτι τῶν στασιαστῶν ἐκτρέχοντος, ἤδη γὰρ καὶ τούτων ἀθυμία καὶ λιμὸς ἐφήπτετο, ἐπ' εὐθυμίαις³¹⁶ ἦσαν σίτου τε ἀφθονίαν καὶ τῶν ἄλλων
521 ἐπιτηδείων ἐκ τῆς Συρίας καὶ τῶν πλησίον ἐπαρχιῶν ἔχοντες. ἱστάμενοι δὲ πολλοὶ τοῦ τείχους πλησίον καὶ πολὺ πλῆθος τῶν ἐδωδίμων ἐπιδει-
522 κνύμενοι τῷ κατὰ σφᾶς κόρῳ τὸν λιμὸν τῶν πολεμίων ἐξέκαιον. πρὸς δὲ τὸ πάθος τῶν στασιαστῶν μηδὲν ἐνδιδόντων Τίτος οἰκτείρων τὰ λείψανα τοῦ δήμου καὶ σπουδάζων τὸ γοῦν περιὸν ἐξαρπάσαι, πάλιν ἤρχετο
523 χωμάτων χαλεπῶς αὐτῷ τῆς ὕλης ποριζομένης· ἡ μὲν γὰρ περὶ τὴν πόλιν πᾶσα τοῖς προτέροις ἔργοις ἐκέκοπτο³¹⁷, συνεφόρουν δὲ ἄλλην ἀπ' ἐνενήκοντα σταδίων οἱ στρατιῶται. καὶ πρὸς μόνης ὕψουν τῆς Ἀντωνίας κατὰ
524 μέρη τέσσαρα πολὺ μείζονα τῶν προτέρων χώματα. περιιὼν δὲ ὁ Καῖσαρ τὰ τάγματα καὶ κατεπείγων τὸ ἔργον ἐπεδείκνυ τοῖς λῃσταῖς, ὡς ἐν

---

³⁰⁹ PAMVRC lesen διὰ τὸ, Text (διά τε) nach L und Handschrift E von Euseb, die übrigen Handschriften von Euseb lesen διά τε τὸ, dem folgt Na; Lat liest *et propter*.
³¹⁰ Text nach L und, wie es scheint, nach Lat; bei PAMVRC Euseb wird διὰ nicht wiederholt.
³¹¹ Niese urteilt über den Zusammenhang: *obscurius dicta*. Thack erklärt die Stelle in dem Sinn, daß sie eigenes Ende beschleunigten, indem sie sich um das Begräbnis der anderen kümmerten. Ähnlich urteilt auch Reinach („succombaient dans ce labeur"), wobei er θήκη offenbar gleichfalls als „Begräbnis" versteht. Lat übersetzt προῆλθον mit *et vivi properabant*, Herwerden cj. προυπήδων.
³¹² LVR haben σεσηπόσι, Lat *corruptis*.
³¹³ PA¹ lesen ἐφεώρουν, L ἐπαιώρουν, C und einige Handschriten von Euseb haben ἐθεώρων, Lat *intuebantur*.
³¹⁴ L Euseb lesen ἀκμὰς, so auch Niese Na; Lat hat *mucrones*, Heg *aciem*; αἰχμὰς PAMVRC Thack Reinach.
³¹⁵ Text nach Bekker, Zonaras liest ἐκρέοντα; die Handschriften und Euseb haben τὸν ὑπορρέοντα (PAR ὑπορέοντα).

zudem völlig im Ungewissen lag, was mit ihm selbst geschehen würde. Viele brachen zum Beispiel tot über den Leichen zusammen, die von ihnen begraben werden sollten, viele schleppten sich, schon ehe das Schicksal sie erreicht hatte, zu ihren Gräbern. Keine Träne wurde bei diesen Todesfällen vergossen, keine Klage erhoben, der Hunger brachte alle anderen Gefühle zum Schweigen. Mit trockenen Augen und schmerzverzerrtem Mund starrten die Sterbenden in ihrem Todeskampf auf die schon Erlösten. Tiefes Schweigen umfing die Stadt wie undurchdringliche Todesnacht, doch entsetzlicher noch als dieses Grauen waren die Räuber, welche gleich wie Grabschänder in die Häuser einbrachen, die Toten ausraubten und sich dann, wenn sie die Hüllen von den Toten gerissen hatten, lachend davonmachten. Die Schärfe ihrer Klinge pflegten sie an den Leichen zu prüfen, ja, sie durchbohrten manchmal auch einige von den Daliegenden, die noch Leben in sich hatten, um ihre Waffe zu versuchen. Andere aber die flehentlich baten, ihnen mit dem Schwert den Gnadenstoß zu geben, überließen sie verächtlich dem Hungertod, und wer immer in seinen letzten Zügen den starren Blick auf den Tempel richtete, sah dort auf die Aufständischen, die seinen Tod überlebten[203]. Diese befahlen zwar anfangs, die Toten auf Staatskosten zu begraben, weil sie den Geruch nicht mehr ertragen konnten, doch als dies später nicht mehr zu bewältigen war, ließen sie die Leichen von der Mauer herab in die Schluchten werfen.

4. 519. Als Titus dann auf seinem Rundgang diese Schluchten voller Toten und die tiefen Lachen von fauligen Ausflüssen sehen mußte, die unter den verwesenden Leibern hervorsickerten, seufzte er, hob seine Hände zum Himmel und rief Gott zum Zeugen an, daß dies nicht sein Werk sei. Während es also in der Stadt dermaßen schlimm aussah, waren die Römer guten Muts; denn jetzt, da keine Aufständischen mehr einen Ausfall zu machen versuchten, weil ja auch sie schon Mutlosigkeit und Hunger beschlichen, hatten die Römer Überfluß an Getreide und allen anderen Lebensmitteln, die sie aus Syrien und den benachbarten Provinzen bekommen hatten[204]. Viele Römer stellten sich nun nahe an die Mauer, zeigten die große Menge der Eßwaren, um damit erst recht die Gier der Feinde zu entzünden. Da aber die Aufständischen trotz ihrer Qual nicht nachgaben und Titus mit den letzten Trümmern des Volkes Erbarmen fühlte, setzte er alles daran, wenigstens den Überrest dem Verderben zu entreißen und machte sich zum zweiten Mal an den Bau von Wällen, wiewohl das Holz nur mit Mühe herbeigeschafft werden konnte[205]. Im Umkreis der Stadt hatte man nämlich schon alle Bäume für die früheren Belagerungswerke geschlagen, so mußten die Soldaten anderes Holz aus einer Entfernung von 90 Stadien (= 16,650 km) zusammentragen. Doch nur gegen die Antonia errichtete man Wälle, und zwar an vier Stellen; sie waren noch gewaltiger als die früheren. Der Caesar ging von einer Legion zur anderen und trieb die Ar-

[316] Statt ἐπ' εὐθυμίαις hat L den Text ἀεὶ δὲ οἱ Ῥωμαῖοι προσευθυμίαις, C hat ἐπευθείαις; Niese schlägt vor, entweder mit Bekker πρὸς εὐθυμίαις (so Na Thack) oder aber ἐν εὐθυμίαις zu lesen.
[317] Dindorf liest aufgrund von cod. Lugd. ἐκκέκοπτο, so auch Na.
[318] LVRCLat haben ἥμερον τῆς ψυχῆς (vgl. auch die Übersetzung Kohouts).

525 χερσὶν εἴησαν αὐτοῦ. μόνοις δὲ ἐκείνοις ἄρα κακῶν ἀπολώλει μεταμέλεια, καὶ τὰς ψυχὰς χωρίσαντες ἀπὸ τῶν σωμάτων ἀμφοτέροις ὡς ἀλλοτρίοις
526 ἐχρῶντο. οὔτε γὰρ πάθος αὐτῶν ἡμέρου τὴν ψυχὴν[318] οὔτ' ἀλγηδὼν ἥπτετο τοῦ σώματος, οἵ γε καὶ νεκρὸν τὸν δῆμον ὥσπερ κύνες ἐσπάραττον καὶ τὰ δεσμωτήρια τῶν ἀρρώστων ἐνεπίμπλασαν.

527 XIII. 1. Σίμων γοῦν οὐδὲ Ματθίαν, δι' ὃν κατέσχε τὴν πόλιν, ἀβασάνιστον ἀνεῖλε· Βοηθοῦ παῖς ἦν οὗτος ἐκ τῶν ἀρχιερέων ἐν τοῖς μάλιστα
528 τῷ δήμῳ πιστὸς καὶ τίμιος· ὃς ὑπὸ τοῖς ζηλωταῖς κακουμένου τοῦ πλήθους, οἷς ἤδη καὶ Ἰωάννης προσῆν, πείθει τὸν δῆμον εἰσαφεῖναι τὸν Σίμωνα βοηθόν, οὐδὲν οὔτε προσυνθέμενος οὔτε προσδοκήσας φαῦλον
529 ἐξ αὐτοῦ. παρελθὼν δ' ἐκεῖνος ὡς ἐκράτησε τῆς πόλεως, ἐχθρὸν ἐν ἴσῳ τοῖς ἄλλοις ἡγεῖτο καὶ τὸν ὑπὲρ αὐτοῦ σύμβουλον ὡς ἂν[319] ἐξ ἁπλότητος
530 γεγενημένον. ἀχθέντα δὲ τηνικαῦτα καὶ κατηγορούμενον τὰ τῶν Ῥωμαίων φρονεῖν κατακρίνει μὲν θανάτῳ μηδ' ἀπολογίας ἀξιώσας σὺν τρισὶν υἱοῖς· ὁ γὰρ τέταρτος ἔφθη διαδρὰς πρὸς Τίτον· ἱκετεύοντα δὲ ἀναιρεθῆναι πρὸ τῶν τέκνων καὶ ταύτην αἰτούμενον τὴν χάριν ἀνθ' ὧν
531 ἀνοίξειεν αὐτῷ τὴν πόλιν, τελευταῖον ἀνελεῖν ἐκέλευσεν. ὁ μὲν οὖν ἐν ὄψει φονευθεῖσιν[320] ἐπεσφάγη τοῖς παισὶν ἀντικρυς Ῥωμαίων προαχθείς· οὕτω γὰρ ὁ Σίμων Ἀνάνῳ τῷ Βαγαδάτου[321] προσέταξεν, ὃς ἦν ὠμότατος αὐτῷ τῶν δορυφόρων, ἐπειρωνευόμενος, εἴ τι βοηθήσουσιν αὐτῷ
532 πρὸς οὓς ἐξελθεῖν εἵλετο· θάπτειν τ' ἀπεῖπε τὰ σώματα. μετὰ τούτους ἱερεύς τις Ἀνανίας υἱὸς Μασβάλου[322] τῶν ἐπισήμων καὶ ὁ γραμματεὺς τῆς βουλῆς Ἀριστεύς[323], γένος ἐξ Ἀμμαοῦς, καὶ σὺν τούτοις πεντεκαί-
533 δεκα τῶν ἀπὸ τοῦ δήμου λαμπρῶν ἀναιροῦνται. τὸν δὲ τοῦ Ἰωσήπου πατέρα συγκλείσαντες ἐφύλαττον, κηρύττουσι δὲ μηδένα τῶν κατὰ τὴν πόλιν μήτε συνομιλεῖν μήτε ἐπὶ ταὐτὸ[324] συναθροίζεσθαι δέει προδοσίας, καὶ τοὺς συνολοφυρομένους πρὸ ἐξετάσεως ἀνήρουν.
534 2. Ταῦτα ὁρῶν Ἰούδης τις υἱὸς Ἰούδου[325], τῶν ὑπάρχων τοῦ[326] Σίμωνος εἷς ὢν καὶ πεπιστευμένος ὑπ' αὐτοῦ πύργον φυλάττειν, τάχα μέν τι[327]

---

[319] ἂν fehlt bei PA.
[320] Text nach Hudson, der sich auf cod. Lugd. und Lat stützt; die Handschriften haben φονευθείς.
[321] Text nach PAM, L hat Γαμαδάτου, VR lesen Βαμάδα, C M marg lesen Βαμάδου, so auch Na, Lat hat *Magadi* (vgl. 6,22).
[322] L Na haben Μασαμβάλου, Lat *Masambali*.
[323] C liest Ἀρισταῖος, Lat *vir fortis*.
[324] P liest τούτῳ (vgl. auch Clementz), MLVRC haben τὸ αὐτό.
[325] M liest υἱὸς []ούδου, C Ἰουδαῖος, Lat *filius Dudi*, was Niese für gleichbedeutend mit Tudi hält (vgl. den Namen Thoda = Thaddäus in b. Sanh. 43a).
[326] Statt ὑπάρχων τοῦ liest A¹ ὑπαρχόντων, M ὑπαρχόντων τοῦ.
[327] PA¹ haben μέντοι.

beit voran, um es den Räubern zu beweisen, daß sie in seiner Hand seien. Diese Räuber aber waren die einzigen, bei denen jede Reue über ihre Untaten erstorben war, ja, sie hatten Leib und Seele von einander getrennt und behandelten beides, als wäre es etwas ihnen Fremdes[206]: kein Leid konnte ihre Seele besänftigen, kein Schmerz auf ihren Körper wirken, zerrissen sie doch wie Hunde das leblose Volk und steckten die Gefängnisse voll mit gänzlich entkräfteten Menschen.

13. Kapitel

1. 527. Dies wenigstens ist sicher, daß Simon nicht einmal dem Matthias, mit dessen Hilfe er ja die Stadt erst in seine Gewalt bekommen hatte, Marter und Hinrichtung ersparte. Dieser Matthias, Sohn des Boethos, stammte aus hohepriesterlicher Familie[207] und genoß beim Volke größtes Vertrauen und Ansehen. Als die Volksmenge von den Zeloten mißhandelt wurde, auf deren Seite damals auch schon Johannes stand, war er es gewesen, der das Volk dazu bestimmte, Simon als Beistand einzulassen, und zwar ohne vorher irgendwelche Abmachungen festzusetzen oder eine Schlechtigkeit von ihm zu erwarten. Kaum aber war Simon eingezogen und hatte sich der Stadt bemächtigt, da zählte er diesen Matthias, der für ihn eingetreten war, genau wie alle anderen auch zu seinen Feinden, weil er seiner Meinung nach diesen Rat nur aus dummer Einfalt gegeben haben konnte. Als dann Matthias vor Gericht gestellt und der Römerfreundschaft angeklagt wurde, gestattete ihm Simon nicht einmal ein Wort der Verteidigung, sondern verurteilte ihn mit drei Söhnen sofort zum Tode, der vierte Sohn konnte gerade noch zu Titus entkommen[208]. Als aber der Verurteilte den Simon anflehte, doch vor seinen Kindern hingerichtet zu werden, und sich diese Vergünstigung gerade deshalb ausbat, weil er ihm einst die Stadt geöffnet habe, da gab der Machthaber den Befehl, ihn als letzten zu töten. Vor seinen Augen also wurden demnach zuerst seine Kinder ermordet, dann er selbst über ihren Leichen geschlachtet, und zwar nachdem er vorher noch an einen für die Römer sichtbaren Ort geführt worden war. So hatte Simon es nämlich Ananos, dem Sohn des Bagadates[209], dem grausamsten seiner Leibwächter, befohlen, indem er sich dabei spöttisch erkundigen ließ, ob die Römer, zu denen er habe übergehen wollen, ihm wohl jetzt zu Hilfe kommen würden. Außerdem verbot er, die Leichen zu bestatten. Als die nächsten Opfer wurden Ananias, der Sohn des Masbalos, ein sehr angesehener Mann, sowie der Ratsschreiber Aristeus, aus Emmaus gebürtig, und mit diesen noch 15 andere hervorragende Bürger umgebracht. Den Vater des Josephus aber sperrten sie ins Gefängnis und ließen ihn streng bewachen, dann gaben sie öffentlich bekannt, daß in der ganzen Stadt jeder Verkehr untereinander und alle Versammlungen an einem Ort verboten seien, und das alles aus Furcht vor Verrat. Wer mit anderen zusammen Klage anstimmte, den machten sie ohne weitere Untersuchung nieder[210].

2. 534. Dies alles sah Judas, der Sohn des Judas, einer von Simons Unterführern, dem dieser auch die Bewachung eines Turmes übertragen hatte. Ihn be-

καὶ οἴκτῳ τῶν ὠμῶς ἀπολλυμένων, τὸ δὲ πλέον αὐτοῦ προνοίᾳ, συγκαλέσας τοὺς πιστοτάτους τῶν ὑπ' αὐτὸν δέκα, ,,μέχρι τίνος ἀνθέξομεν, ἔφη, τοῖς κακοῖς; ἢ τίνα σωτηρίας ἔχομεν ἐλπίδα πιστοὶ πονηρῷ μένοντες; οὐχ ὁ μὲν λιμὸς ἤδη καθ' ἡμῶν, Ῥωμαῖοι δὲ παρὰ μικρὸν ἔνδον, Σίμων δὲ καὶ πρὸς εὐεργέτας ἄπιστος, καὶ δέος μὲν ἤδη παρ' αὐτοῦ[328] κολάσεως, ἡ δὲ παρὰ Ῥωμαίοις δεξιὰ βέβαιος; φέρε, παραδόντες τὸ[329] τεῖχος σώσωμεν ἑαυτοὺς καὶ τὴν πόλιν. πείσεται δὲ οὐδὲν δεινὸν Σίμων, ἐὰν ἀπεγνωκὼς ἑαυτὸν τάχιον δῷ[330] δίκην." τούτοις τῶν δέκα πεισθέντων ὑπὸ τὴν ἕω τοὺς λοιποὺς τῶν ὑποτεταγμένων ἄλλον ἀλλαχόσε διέπεμπεν[331], ὡς μὴ φωραθείη τι τῶν βεβουλευμένων, αὐτὸς δὲ περὶ τρίτην ὥραν ἀπὸ τοῦ πύργου τοὺς Ῥωμαίους ἐκάλει. τῶν δὲ οἱ μὲν ὑπερηφάνουν, οἱ δὲ ἠπίστουν, οἱ πολλοὶ δὲ ὤκνουν ὡς μετὰ μικρὸν ἀκινδύνως ληψόμενοι τὴν πόλιν. ἐν ὅσῳ δὲ Τίτος μεθ' ὁπλιτῶν παρῄει πρὸς τὸ τεῖχος, ἔφθη γνοὺς ὁ Σίμων, καὶ μετὰ τάχους τόν τε πύργον προκαταλαμβάνει καὶ τοὺς ἄνδρας συλλαβὼν ἐν ὄψει τῶν Ῥωμαίων ἀναιρεῖ καὶ πρὸ τοῦ τείχους λωβησάμενος ἔρριψε τὰ σώματα.

3. Κἂν τούτῳ περιὼν Ἰώσηπος, οὐ γὰρ ἀνίει παρακαλῶν, βάλλεται τὴν κεφαλὴν λίθῳ καὶ παραχρῆμα πίπτει καρωθείς. ἐκδρομὴ δὲ ἐπὶ τὸ πτῶμα[332] τῶν Ἰουδαίων γίνεται, κἂν ἔφθη συρεὶς εἰς τὴν πόλιν, εἰ μὴ ταχέως Καῖσαρ ἔπεμψε τοὺς ὑπερασπίζοντας[333]. μαχομένων δὲ τούτων ὁ Ἰώσηπος μὲν αἴρεται βραχύ τι τῶν πραττομένων ἐπαΐων, οἱ στασιασταὶ δ' ὡς ἀνελόντες ὃν ἐπεθύμουν μάλιστα μετὰ χαρᾶς ἀνεβόων. διαγγέλλεταί τε εἰς τὴν πόλιν, καὶ τὸ καταλειπόμενον πλῆθος ἐπέσχεν ἀθυμία πεπεισμένους οἴχεσθαι τῷ ὄντι δι' ὃν αὐτομολεῖν ἐθάρρουν. ἀκούσασα δὲ ἡ τοῦ Ἰωσήπου μήτηρ ἐν τῷ δεσμωτηρίῳ τεθνάναι τὸν υἱόν, πρὸς μὲν τοὺς φύλακας ἀπὸ Ἰωταπάτων τοῦτο ἔφη πεπεῖσθαι· καὶ γὰρ οὐδὲ ζῶντος ἀπολαύειν· ἰδίᾳ δὲ ὀλοφυρομένη πρὸς τὰς θεραπαινίδας τοῦτον εἰληφέναι τῆς εὐτεκνίας ἔλεγε καρπὸν τὸ μηδὲ θάψαι τὸν υἱόν, ὑφ' οὗ ταφήσεσθαι προσεδόκησεν. ἀλλὰ γὰρ οὔτε ταύτην ἐπὶ πλέον ὠδύνα τὸ[334] ψεῦδος οὔτε τοὺς λῃστὰς ἔθαλπε· ταχέως γὰρ ἐκ τῆς πληγῆς ἀνήνεγκεν ὁ Ἰώσηπος, καὶ προελθὼν τοὺς μὲν οὐκ εἰς μακρὰν ἐβόα δίκας αὐτῷ δώσειν τοῦ τραύματος, τὸν δὲ δῆμον ἐπὶ πίστιν πάλιν προυκαλεῖτο. θάρσος δὲ τῷ λαῷ καὶ τοῖς στασιασταῖς ἔκπληξις ἐμπίπτει πρὸς τὴν ὄψιν αὐτοῦ.

[328] PA lesen αὐτὸν, LVRC αὐτῷ, L fährt nach κολάσεως mit εἰ δὲ καὶ (statt ἡ δὲ) fort.
[329] PA haben τότε.
[330] Text (τάχιον δῷ) folgt LVC Lips, PAM lesen statt dessen nur δῷ, R¹ hat δῷ ταχὶ, R² δῷ ταχύ.
[331] Dindorf liest aufgrund von cod. Lugd. διέπεμψεν, so auch Na.
[332] MVRC Na haben τῷ πτώματι (Niese: *fortasse rectius*).
[333] Herwerden cj. ὑπερασπίσοντας (Na gibt die Konjektur irrtümlich mit ὑπερασπίσαντας an).
[334] P hat ὀδύνα τὸ, C ὠδύνατο, R ὠδύνατο τὸ.

wegte dabei wohl das jammervolle Geschick der grausam Umgebrachten, vor allem aber die Sorge um sein eigenes Leben; darum rief er die zehn zuverlässigsten unter seinen Leuten zu sich und sprach: „Wie lange sollen wir diese Untaten noch ertragen? Oder welche Hoffnung auf Rettung können wir uns eigentlich machen, wenn wir weiterhin einem Schurken Gehorsam leisten? Hat nicht auch uns der Hunger gepackt, und stehen nicht die Römer beinahe schon drinnen in der Stadt? Simon aber verrät treulos sogar seine Wohltäter; daher muß man sich nunmehr auf eine Bestrafung durch ihn gefaßt machen, während bei den Römern auf das Angebot Verlaß ist. Kommt, wir wollen die Mauer übergeben und uns wie auch die Stadt retten! Simon aber geschieht keineswegs ein Unrecht, wenn er, der sich ohnehin schon selbst aufgegeben hat, ein wenig früher die verdiente Strafe leiden muß." Nachdem er mit diesen Gründen die zehn überzeugt hatte, schickte er am nächsten Morgen in der Frühe die übrigen Leute unter seinem Befehl den einen hierhin, den anderen dorthin, damit von dem Anschlag nichts bemerkt werden könne; er selbst aber rief um die dritte Stunde vom Turm aus die Römer herbei. Doch von denen hatten die einen nichts als Verachtung für ihn, die anderen trauten ihm nicht, die meisten aber zögerten, etwas zu tun, weil sie ja doch in kürzester Zeit die Stadt ohne Gefahr einnehmen würden. Als dann aber Titus mit Schwerbewaffneten gegen die Mauer vorgehen wollte, hatte Simon schon etwas gemerkt; schleunigst besetzte er noch früh genug den Turm, ließ die Männer ergreifen, vor den Augen der Römer niedermachen und ihre verstümmelten Leiber vor die Mauer werfen.

3. 541. Um diese Zeit wurde auch Josephus, der nicht aufhörte, zum Frieden zu mahnen, mit einem Stein am Kopfe getroffen und fiel sofort betäubt zu Boden. Die Juden machten auf seinen Sturz hin einen Ausfall und hätten ihn auch in die Stadt geschleift, wenn der Caesar nicht unverzüglich Leute zu seinem Schutz hingeschickt hätte. Während sich diese mit den Juden schlugen, wurde Josephus, der von allem, was geschah, wenig merkte, davongetragen, die Aufständischen aber erhoben in der Meinung, sie hätten endlich den Mann unschädlich gemacht, auf den sie es ja so sehr abgesehen hatten, ein lautes Freudengeheul. Als sich in der Stadt die Nachricht davon verbreitete, befiel das noch übriggebliebene Volk eine große Mutlosigkeit, da sie überzeugt sein mußten, gerade den Mann verloren zu haben, der ihnen bisher den Mut zum Überlaufen gegeben hatte. Als aber die Mutter des Josephus im Gefängnis hörte, daß ihr Sohn getötet worden sei, sagte sie zu den Wachen, schon seit dem Fall von Jotapata habe sie sich damit abgefunden, denn auch, wenn er noch lebte, könnte sie sich doch nicht seiner freuen. Als sie aber mit ihren Dienerinnen allein war, rief sie unter Wehklagen aus, das habe sie also nun von ihrem Kindersegen, daß sie nicht einmal ihren Sohn begraben dürfe, von dem sie hoffte, einmal begraben zu werden. Jedoch lange sollte diese falsche Nachricht sie ja nicht quälen, noch die Räuber in Hochstimmung halten. Schnell erholte sich Josephus und trat wieder vor die Stadt hin, um seinen Feinden laut zu verkünden, daß es nicht mehr lange dauern werde, bis sie für diese Wunde zu büßen hätten. Die Bürger dagegen forderte er von neuem auf, die angebotenen Sicherheiten anzunehmen[211]. Da schöpfte das Volk wieder Mut, doch die Aufrührer waren über sein Erscheinen sehr bestürzt.

4. Τῶν δ' αὐτομόλων οἱ μὲν ὑπ' ἀνάγκης ἀπὸ τοῦ τείχους ἐπήδων[335] ταχέως[336], οἱ δὲ προϊόντες ὡς ἐπὶ μάχῃ μετὰ χερμάδων ἔπειτα πρὸς τοὺς Ῥωμαίους ἔφευγον. συνείπετο δὲ τούτοις τύχη τῶν εἴσω χαλεπωτέρα, καὶ τοῦ παρὰ σφίσι λιμοῦ συντονώτερον[337] εὕρισκον πρὸς ὄλεθρον τὸν παρὰ Ῥωμαίοις κόρον. παρεγίνοντο μὲν γὰρ ἀπὸ τῆς ἐνδείας πεφυσημένοι καὶ ὥσπερ ὑδρωπιῶντες, ἔπειτα ἀθρόως κενοῖς[338] ὑπερεμπιπλάμενοι τοῖς σώμασιν ἐρρήγνυντο πλὴν τῶν δι' ἐμπειρίαν ταμιευσαμένων τὰς ὀρέξεις καὶ κατ' ὀλίγον προσθέντων τροφὴν ἀπειθισμένῳ τῷ σώματι φέρειν. καὶ τοὺς οὕτω δὲ σωζομένους ἑτέρα πληγὴ μετελάμβανε· τῶν γὰρ παρὰ τοῖς Σύροις τις αὐτομόλων φωρᾶται τῶν τῆς γαστρὸς λυμάτων χρυσοῦς ἐκλέγων· καταπίνοντες[339] δέ, ὡς ἔφαμεν, αὐτοὺς προῄεσαν, ἐπειδὴ διηρεύνων[340] πάντας οἱ στασιασταί, καὶ πολὺ πλῆθος ἦν ἐν τῇ πόλει χρυσοῦ· δώδεκα γοῦν Ἀττικῶν ὠνοῦντο πρότερον ἰσχύοντας[341] πέντε καὶ εἴκοσιν. ἀλλά τοι τῆς ἐπινοίας ἐλεγχθείσης δι' ἑνὸς ἀναπίμπλαται μὲν φήμης[342] τὰ στρατόπεδα, ὡς μεστοὶ χρυσίου παρεῖεν οἱ αὐτόμολοι, τὸ δὲ τῶν Ἀράβων πλῆθος καὶ οἱ Σύροι τοὺς ἱκέτας ἀνατέμνοντες ἠρεύνων τὰς γαστέρας. καὶ τούτου τοῦ πάθους οὐδὲν ἔμοιγε δοκεῖ συμβῆναι Ἰουδαίοις χαλεπώτερον· μιᾷ γοῦν ἀνεσχίσθησαν νυκτὶ πρὸς δισχιλίους[343].

5. Καὶ γνοὺς τὴν παρανομίαν Τίτος[344] ὀλίγου μὲν ἐδέησε τὸ ἱππικὸν περιστήσας κατακοντίσαι τοὺς αἰτίους, εἰ μὴ πολὺ πλῆθος ἐνείχετο καὶ τῶν ἀνῃρημένων πολλαπλασίους[345] ἦσαν οἱ κολασθησόμενοι. συγκαλέσας δὲ τοὺς τῶν συμμάχων ἡγεμόνας καὶ τοὺς τῶν ταγμάτων, συνδιεβάλλοντο γὰρ καὶ τῶν στρατιωτῶν τινές, πρὸς ἑκατέρους ἀγανακτεῖν[346] ἔλεγεν, εἰ τῶν μὲν σὺν αὐτῷ στρατευομένων τινὲς τοιαῦτα δρῶσιν κέρδους ἕνεκεν ἀδήλου, μηδὲ τὰ ὅπλα σφῶν αὐτῶν αἰδούμενοι πεποιημένα ἀργύρου τε καὶ χρυσοῦ, τοῖς δὲ Ἀραψι καὶ τοῖς[347] Σύροις[348], εἰ πρῶτον μὲν ἐν ἀλλοτρίῳ πολέμῳ τοῖς πάθεσιν αὐτεξουσίως χρῶνται, ἔπειτα τῇ περὶ φόνους καὶ ὠμότητι καὶ τῷ πρὸς Ἰουδαίους μίσει Ῥωμαίους ἐπιγράφουσι· καὶ γὰρ νῦν ἐνίους αὐτῷ[349] τῶν στρατιωτῶν συναπολαύειν τῆς κακοδοξίας. τούτοις μὲν οὖν διηπείλησε θάνατον, εἴ τις εὑρεθείη πάλιν τὸ αὐτὸ τολμῶν[350], τοῖς δὲ ἀπὸ τῶν ταγμάτων ἐπέστελλεν ἐρευνήσαντας[351] τοὺς ὑπόπτους ἀνάγειν ἐπ' αὐτόν. κατεφρόνει[352] δ', ὡς ἔοικε,

[335] P hat ἐπήδουν, A¹ ἐπίδουν.
[336] L liest εὐθέως, V ἔπειταχέως (wobei ἔπει von zweiter Hand wieder gestrichen ist), Lat hat statim. [337] L Thack haben συντομώτερον, Lat velociorem.
[338] L liest καινῶς. [339] καταπιόντες Herwerden cj. Na Thack.
[340] Text (ἐπειδὴ διηρεύνων) nach Nieses Konjektur, die sich an den Vorschlag Destinons (ἐπεὶ διηρεύνων) anschließt. PAMC lesen ἐπειδὴ ἀνηρεύνων, LVR ἐπεὶ δ' (VR δὲ) ἀνηρεύνων, Lat hat quia ... scrutabantur, Heg quia ... perscrutabantur.
[341] Statt πρότερον ἰσχύοντας lesen MVR Na πρότερον ἰσχύοντα, C τὰ πρότερων (sic!) ἰσχύοντα. [342] Die Handschriften haben φήμῃ εἰς, Holwerda cj. φήμης.
[343] Zonaras hat ὑπὲρ τρισχιλίους.
[344] Καῖσαρ Dindorf nach cod. Lugd., so auch Na. [345] Exc lesen πολὺ πλείους.
[346] Text nach Bekker, die Handschriften sowie Lat und Exc haben ἀγανακτῶν.
[347] Bei P wird der Artikel τοῖς nicht wiederholt.
[348] Lat liest statt τοῖς δὲ Ἄραψι καὶ τοῖς Σύροις: Arabi autem ac Syri.
[349] PAMLExc Thack lesen αὐτῶν.

Josephus, Jüdischer Krieg, Buch 5

4. 548. Manche Überläufer sprangen jetzt, da ihnen keine andere Wahl blieb, unbedenklich von der Mauer herab, andere stellten sich, als wollten sie, mit Steinen bewaffnet, heraus in den Kampf stürmen und entflohen dann zu den Römern. Es verfolgte sie aber ein Schicksal, das noch viel schlimmer war als das Elend in der Stadt; sie mußten erfahren, daß ihnen noch furchtbarer als der Hunger in Jerusalem der Überfluß bei den Römern zum Verhängnis wurde. Sie kamen nämlich infolge ihrer Entbehrungen ganz aufgedunsen und wie wassersüchtig im Lager an, und wenn sie sich dann mit einer Menge Speisen ihren leeren Leib allzuvoll stopften, zerbarsten ihre Eingeweide. Nicht viele waren so gescheit, daß sie ihre Gier beherrschten und ganz allmählich Nahrung zu sich nahmen, denn ihr Körper konnte durch die Entwöhnung gar keine Speise mehr vertragen[212]. Waren sie aber glücklich dieser Gefahr entronnen, traf sie dafür ein neues Unglück. Bei den Syrern wurde nämlich ein Überläufer dabei ertappt, wie er gerade aus seinem Unrat Goldstücke herauslas. Wie wir schon sagten, schluckten die Juden das Geld hinunter, bevor sie sich davonmachten, weil die Aufständischen jeden untersuchten. In der Stadt befand sich ja eine solche Fülle von Gold, daß man jetzt für 12 attische Drachmen Goldstücke kaufen konnte, die früher 25 Drachmen wert gewesen waren[213]. Da man nun aber in einem Einzelfall hinter die List gekommen war, verbreitete sich alsbald das Gerücht von einem Lager zum anderen, daß die Überläufer, wenn sie ankämen, voller Gold steckten. Der Haufe der Araber und die Syrer schnitten daraufhin den Schutzflehenden den Leib auf und durchsuchten ihren Magen. Kein entsetzlicheres Unglück als dieses hat, wie mir scheinen will, die Juden getroffen. Wurde doch in einer einzigen Nacht gegen 2000 Menschen der Leib aufgeschlitzt.

5. 553. Als der Caesar dies gräßliche Verbrechen erfuhr, hätte nicht viel gefehlt, daß er die Frevler von der Reiterei umzingeln und niederschießen ließ. Es war jedoch eine zu große Menge in die Untat verwickelt, und die Zahl der zu Bestrafenden wäre um ein Vielfaches größer gewesen als die der Ermordeten. Er berief also die Befehlshaber der Hilfstruppen und der Legionen zu sich — denn auch einige von seinen Soldaten waren mit verdächtigt — und erklärte beiden Teilen des Heeres, er sei darüber empört, daß einige von den Soldaten, die unter seinem Befehl dienten, solche Greuel um eines zweifelhaften Gewinnes willen zu tun wagten, ohne sich ihrer aus Silber und Gold gefertigten Waffen zu schämen[214]. Über die Araber und Syrer aber sei er aufgebracht, erstens, weil sie sich in einem Kriege, dessen Gesetz sie nicht zu bestimmen hätten, ihren Leidenschaften hingäben, als kämpften sie in eigener Sache; zweitens, weil sie durch ihre grausamen Metzeleien und durch ihren Haß gegen die Juden den Namen der Römer in schlimmsten Verruf brächten. Denn es seien jetzt auch schon einige von seinen Soldaten mit der schlimmen Nachrede belastet. In schärfstem Tone drohte er deshalb den fremden Truppen mit der Todesstrafe, wenn sich nochmals jemand finden sollte, der es wagte, so etwas zu tun.

[250] L hat μολῶν.   [251] PAMVRC Exc lesen ἐρευνήσοντας.
[252] Lat liest contemnit, Destinon cj. καταφρονεῖ, dem folgen Thack und die Übersetzungen von Clementz, Kohout, Reinach, Williamson. Wir folgen dem Text Nieses (κατεφρόνει ist erzählendes Imperfekt). Lat hingegen versteht die Stelle, wie das Weglassen des folgendenden ὡς ἔοικε beweist, im Sinne einer allgemeinen Aussage.

φιλοχρηματία πάσης κολάσεως, καὶ δεινὸς ἐμπέφυκεν ἀνθρώποις τοῦ
559 κερδαίνειν ἔρως, οὐδέν τε οὕτως πάθος πλεονεξία παραβάλλεται³⁵³. ἢ³⁵⁴
ταῦτα μὲν ἄλλως καὶ μέτρον ἔχει καὶ φόβοις ὑποτάσσεται, θεὸς δὲ ἦν ὁ
τοῦ λαοῦ παντὸς κατακρίνας καὶ πᾶσαν αὐτοῖς σωτηρίας ὁδὸν εἰς ἀπώ-
560 λειαν ἀποστρέφων. ὁ γοῦν μετ' ἀπειλῆς ἀπεῖπεν ὁ Καῖσαρ λάθρα κατὰ
τῶν αὐτομόλων ἐτολμᾶτο, καὶ τοὺς διαδιδράσκοντας πρὶν πᾶσιν ὀφθῆναι
προαπαντῶντες ἔσφαττον³⁵⁵ οἱ βάρβαροι³⁵⁶, περισκοπούμενοι δὲ μή τις
ἐπίδοι³⁵⁷ Ῥωμαίων, ἀνέσχιζον κἀκ τῶν σπλάγχνων τὸ μιαρὸν κέρδος
561 εἷλκον. ὀλίγοις δ' ἐνευρίσκετο, καὶ τοὺς πολλοὺς παρανήλισκεν ἐλπὶς
μόνη. τοῦτο μὲν δὴ τὸ πάθος πολλοὺς τῶν αὐτομόλων ἐπανήγαγεν.
562 6. Ἰωάννης δ' ὡς ἐπέλειπον αἱ ἁρπαγαὶ παρὰ τοῦ δήμου, πρὸς ἱερο-
συλίαν ἐτρέπετο, καὶ πολλὰ μὲν ἐκ τῶν ἀναθημάτων κατεχώνευε³⁵⁸ τοῦ
ναοῦ, πολλὰ δὲ τῶν πρὸς τὰς λειτουργίας ἀναγκαίων σκεύη, κρατῆρας³⁵⁹
καὶ πίνακας καὶ τραπέζας· ἀπέσχετο δ' οὐδὲ τῶν ὑπὸ τοῦ Σεβαστοῦ καὶ
563 τῆς γυναικὸς αὐτοῦ πεμφθέντων ἀκρατοφόρων. οἱ³⁶⁰ μὲν γε Ῥωμαίων
βασιλεῖς ἐτίμησάν τε καὶ προσεκόσμησαν³⁶¹ τὸ ἱερὸν ἀεί, τότε δὲ ὁ Ἰου-
564 δαῖος καὶ τὰ τῶν ἀλλοφύλων κατέσπα. πρὸς δὲ τοὺς συνόντας ἔλεγεν,
ὡς δεῖ μετ' ἀδείας καταχρήσασθαι τοῖς θείοις ὑπὲρ τοῦ θείου καὶ τοὺς
565 τῷ ναῷ στρατευομένους ἐξ αὐτοῦ τρέφεσθαι. διὰ τοῦτο καὶ τὸν ἱερὸν
οἶνον καὶ τὸ ἔλαιον, ὃ τοῖς ὁλοκαυτώμασιν οἱ ἱερεῖς ἐφύλαττον ἐπιχεῖν³⁶²,
ἐκκενώσας, ἢν δ' ἐν τῷ ἔνδον³⁶³ ἱερῷ, διένεμε τῷ πλήθει, κἀκεῖνοι δίχα
566 φρίκης πλέον τοῦ ἕν³⁶⁴ ἠλείφοντο καὶ ἔπινον ἐξ αὐτῶν. οὐκ ἂν ὑποστ ι-
λαίμην εἰπεῖν ἅ μοι κελεύει τὸ πάθος· οἶμαι Ῥωμαίων βραδυνόντων
ἐπὶ τοὺς ἀλιτηρίους ἢ καταποθῆναι ἂν ὑπὸ χάσματος ἢ κατακλυσθῆναι
τὴν πόλιν ἢ τοὺς τῆς Σοδομηνῆς μεταλαβεῖν κεραυνούς³⁶⁵· πολὺ γὰρ
τῶν ταῦτα παθόντων ἤνεγκε γενεὰν ἀθεωτέραν· τῇ γοῦν τούτων ἀπονοίᾳ πᾶς ὁ λαὸς συναπώλετο.

---

[353] Schwierig ist in dem Zusammenhang οὐδέν... παραβάλλεται das Verhältnis der beiden Nominative πάθος und πλεονεξία; Niese vermutet, daß πλεονεξία ursprünglich nicht im Text gestanden hat; ein Gewährsmann bei Hudson konjiziert οὐδέν τε οὕτως πάθος ὡς πλεονεξία παραβάλλεται, dem folgen Na Thack. Destinon nimmt aufgrund der Lesart von Lat *(nullaque omnino calamitas plus habendi cupidini comparatur)* als ursprünglichen Text an: οὐδέν τε ὅλως πάθος πλεονεξία παραβάλλεται. Zu παραβάλλεται bemerkt Niese: „*audet*" esse videtur, non „*comparatur*". Exc lesen προβάλλεται.
[354] L Thack haben ἤ, Lat *immo vero*.
[355] A liest ἀπέσφαττον (Niese: *fortasse recte*).
[356] Bei Lat fehlt der Zusammenhang πρὶν... βάρβαροι.
[357] PAM haben ἐπίδῃ, VR ἐπείδοι.
[358] Text nach MC, PAR lesen κατέχων ἐκ, LVκατεχώνυεν ἐκ („er vergrub von..."), Exc κατεχόνυεν ἐκ, Lat hat *(donaria templi) retinens*.
[359] κρατῆρας τε LVRC Na Thack.
[360] Exc haben οἷς.
[361] PMC lesen προσεκόμισαν, A hat προσεκόμησαν, Lat *ornaverunt*.
[362] PA haben ἐπεῖχεν, M liest ἐπεισχεῖν, Exc lesen ἐπέχεεν, bei Lat fehlt ein entsprechendes Wort. Niese setzt darum ἐπιχεῖν in Klammern, ebenso Thack.
[363] Text nach PAMExc, LVR Na haben ἐνδοτέρῳ, C liest ἐνδωτέρῳ.
[364] Der Text πλέον τοῦ ἕν folgt MLVRC (ML haben ἐν), PA Exc Lat lassen πλέον τοῦ ἕν weg, so auch Niese (vgl. S. LVI seiner Ausgabe) Thack. Bei Lat fehlt außerdem

Den Offizieren der Legionen aber gab er den Befehl, ein Verfahren zu eröffnen und ihm die Verdächtigen vorzuführen. Jedoch die Geldgier mißachtete offensichtlich jegliche Strafe, und eine unheimliche Sucht nach Gewinn muß den Menschen angeboren sein, da keine andere Leidenschaft soviel wie die Habsucht aufs Spiel setzt. Freilich haben diese Leidenschaften sonst auch ihre Grenze und werden durch Drohungen niedergehalten, jedoch diesmal war es Gott selbst, der das ganze Volk verurteilt hatte und ihm jeden rettenden Ausweg ins Verderben verkehrte[215]. Was also der Caesar unter Strafandrohung verboten hatte, das erdreistete man sich trotzdem heimlich an den Überläufern auszuführen, und bevor die Flüchtlinge von allen gesehen worden waren, hatten die Barbaren sie schon abgefangen und geschlachtet. Vorsichtig schauten sie sich dabei nach allen Seiten um, ob sie auch ja kein Römer beobachte, schlitzten dann die Leichen auf und zogen den schauderhaften Gewinn aus den Eingeweiden hervor. Doch nur bei den wenigsten fanden sie etwas, die meisten wurden völlig nutzlos, bloß um einer trügerischen Hoffnung willen, hingemordet. Dies Geschick hielt denn auch viele davon ab, überzulaufen.

6. 562. Als dann die Vorräte, die Johannes dem Volk gewaltsam weggenommen hatte, zu Ende gingen, verlegte er sich auf Tempelraub und ließ eine Menge von den Weihgeschenken des Tempels, aber auch vieles von den gottesdienstlichen Geräten, z. B. Krüge, Schüsseln und Tische einschmelzen; nicht einmal von den Weingefäßen, die Augustus und seine Gemahlin gesandt hatten, hielt er seine Hand zurück[216]. Die römischen Kaiser hatten freilich das Heiligtum stets geehrt und seinen Schmuck vermehrt, doch der Jude riß damals sogar die Gaben der Fremden herunter. Dabei erklärte er seinen Genossen gegenüber, daß man sich nicht fürchten dürfe[217], Gottes Eigentum zu verwenden, wenn es im Kampf für die Gottheit geschehe, ebenso müßten die Verteidiger des Tempels auch aus dem Tempel verpflegt werden[218]. Aus diesem Grunde ließ er sogar den heiligen Wein und das Öl ausleeren, das die Priester in Verwahrung hielten, um es über die Brandopfer zu gießen; diese Vorräte befanden sich im Inneren des Tempelbezirks. Beides verteilte er dann an den Haufen seiner Leute, und diese salbten sich auch ohne Scheu mit mehr als einem Hin[219] und tranken davon. Ich brauche nicht mehr an mich zu halten, ich muß das Wort heraussagen, zu dem der Schmerz mich drängt. Wenn die Römer gezaudert hätten, gegen dieses verworfene Gesindel einzuschreiten, die Stadt hätte, davon bin ich überzeugt, vom Abgrund verschlungen oder durch eine Flut hinweggespült oder wie Sodom vom Blitz getroffen werden müssen, denn noch viel gottloser als die Menschen, welche diese furchtbaren Strafen erdulden mußten, war das Geschlecht, das unsere Stadt hervorgebracht hat. Durch dessen Wahnwitz ging dann auch das ganze Volk mit ins Verderben.

---

am Schluß des Satzes die nähere Bestimmung ἐξ αὐτῶν, welche Niese und Thack deshalb in Klammern setzen. Der ganze Zusammenhang διὰ τοῦτο ... αὐτῶν wird bei Lat wiedergegeben mit: *proptereaque sacrum vinum et oleum, quod sacerdotes sacrificiis reservabant, effudit totum* (so Niese cj., die Handschriften haben *efudisse totum*), *erat namque in templo, et multitudini distribuit* (die Handschriften haben *distribuisse*), *et illi sine horrore ungebantur et potabant.*

[365] Exc Na lesen τοῦ ... κεραυνοῦ.

567 7. Καὶ τί δεῖ κατὰ μέρος ἐκδιηγεῖσθαι τὰς συμφοράς; ἀλλὰ πρὸς Τίτον ἐν ταύταις³⁶⁶ ταῖς ἡμέραις Μαννέος³⁶⁷ ὁ Λαζάρου³⁶⁸ φυγὼν διὰ μιᾶς ἔλεγεν ἐκκεκομίσθαι³⁶⁹ πύλης, ἣν αὐτὸς ἐπεπίστευτο, μυριάδας ἕνδεκα νεκρῶν ἐπὶ πεντακισχιλίοις ὀκτακοσίοις ὀγδοήκοντα, ἀφ᾽ ἧς αὐτοῖς³⁷⁰ ἡμέρας παρεστρατοπεδεύσατο τεσσαρεσκαιδεκάτῃ Ξανθικοῦ μηνὸς ἄχρι
568 Πανέμου νουμηνίας. τοῦτο δ᾽ ἦν πλῆθος ἀπόρων³⁷¹· καὶ οὐδὲ αὐτὸς ἐφεστώς, ἀλλὰ δημοσίᾳ μισθὸν διδοὺς ἐξ ἀνάγκης ἠρίθμει. τοὺς δὲ λοιποὺς οἱ προσήκοντες ἔθαπτον· ταφὴ δ᾽ ἦν τὸ προκομίσαντας ἐκ τοῦ
569 ἄστεος ῥῖψαι. μετὰ δὲ τοῦτον διαδράντες πολλοὶ τῶν ἐπισήμων τὰς πάσας τῶν ἀπόρων νεκρῶν ἀπήγγελλον μυριάδας ἑξήκοντα διὰ τῶν πυλῶν ἐκριφῆναι, τῶν δ᾽ ἄλλων ἀνεξερεύνητον³⁷² εἶναι τὸν ἀριθμόν.
570 μηκέτι δ᾽ εὐτονούντων τοὺς πτωχοὺς ἐκφέρειν³⁷³ ἔλεγον³⁷⁴ συσσωρεύον-
571 τας εἰς τοὺς μεγίστους οἴκους τὰ πτώματα ἀποκλείειν. καὶ τοῦ μὲν σίτου τὸ μέτρον³⁷⁵ πραθῆναι ταλάντου, μετὰ ταῦτα᾽δ᾽ ὡς οὐδὲ πoηλογεῖν ἔθ᾽ οἷόν τ᾽ ἦν περιτειχισθείσης τῆς πόλεως, προελθεῖν τινας εἰς τοσοῦτον ἀνάγκης, ὥστε τὰς ἀμάρας ἐρευνῶντας καὶ παλαιὸν ὄνθον βοῶν προσφέρεσθαι τὰ ἐκ τούτων σκύβαλα, καὶ τὸ μηδ᾽ ὄψει φορητὸν πάλαι τότε
572 γενέσθαι τροφήν. ταῦτα Ῥωμαῖοι μὲν ἀκούοντες ἠλέησαν, οἱ στασιασταὶ δὲ καὶ βλέποντες οὐ μετενόουν, ἀλλ᾽ ἠνείχοντο μέχρις αὐτῶν προελθεῖν³⁷⁶· πεπήρωντο γὰρ ὑπὸ τοῦ χρεών, ὃ τῇ τε πόλει καὶ αὐτοῖς ἤδη παρῆν.

---

³⁶⁶ PAM haben αὐταῖς.
³⁶⁷ MLVRC Na Thack lesen Μανναῖος, Lat liest, wie es scheint, *Mannius*, Heg *Mannus* oder *Manneus*.
³⁶⁸ Lat hat *Eleazari*.
³⁶⁹ L hat ἐκκομίσθαι.
³⁷⁰ C liest αὐτῆς.
³⁷¹ Lat hat *immensa*, dementsprechend konjizieren Hudson ἄπειρον, Holwerda ἄπορον (vgl. auch die Übersetzung bei Clementz).
³⁷² LVRC Na lesen ἀνεξεύρετον.
³⁷³ Statt μηκέτι... ἐκφέρειν hat Lat: *cum autem pauperes ferendis non sufficerent*.
³⁷⁴ Bei P Lat fehlt ἔλεγον; Niese Thack setzen das Wort in Klammern.
³⁷⁵ Zonaras liest μέδιμνον.
³⁷⁶ VR haben προσελθεῖν.

7. 567. Jedoch was soll ich all die Unglücksfälle einzeln schildern? Bei Titus kam ja gerade in diesen Tagen Mannäus, der Sohn des Lazarus, als Flüchtling an und erzählte, daß durch das eine Tor, zu dessen Bewachung er bestellt gewesen war, 115 880 Tote hinausgeschafft worden seien, und zwar in dem Zeitraum vom 14. des Monats Xanthikus (= 1. Mai), also seit dem Tage, an dem Titus die Belagerung begann, bis zum Neumond des Panemus (= 20. Juli). Bei dieser ungeheuren Menge handelte es sich aber nur um Unbemittelte. Mannäus hatte sich übrigens nicht aus eigenem Entschluß hingestellt, um diese Zählung vorzunehmen, sondern er war dazu verpflichtet, weil er die Beerdigungskosten aus der Staatskasse zu bezahlen hatte. Für das Begräbnis der anderen mußten die Angehörigen sorgen. Die Bestattung aber bestand darin, daß man den Toten davontrug und ihn draußen vor der Stadt hinwarf[220]. Viele angesehene Bürger, die nach diesem Flüchtling entkommen waren, berichteten, daß insgesamt 600 000 Leichen von Unbemittelten außerhalb der Tore hingeworfen worden seien, die Zahl der übrigen seien nicht festzustellen gewesen. Als dann die Kraft nicht mehr ausreichte, die Leichen der Armen hinauszutragen, habe man diese in den geräumigsten Häusern aufgehäuft und die Türen abgeschlossen. Ein einziges Maß Weizen sei um ein Talent verkauft worden; hernach, als man nicht einmal mehr nach Kräutern suchen konnte, weil die Stadt von der Ringmauer eingeschlossen war, sei bei manchen die Bedrängnis so gestiegen, daß sie die Abzugskanäle und alten Rindermist durchsucht und den Unrat gegessen hätten, der dort zu finden war. Wovor man sich einst schon beim bloßen Anblick geekelt habe, das sei damals zur Nahrung geworden. Die Römer empfanden Mitleid, als sie nur davon hörten, jedoch die Aufständischen, welche die Not mit eigenen Augen ansahen, waren nicht umzustimmen, sondern ließen es dahin kommen, daß die gleiche Not auch sie selbst ergriff[221], denn sie waren mit Blindheit von dem Schicksal geschlagen, das bereits über der Stadt wie auch über ihnen lag.

ANHANG

Anmerkungen zu Buch 4

Anmerkungen zu Buch 4

[1] Über Itabyrion (= Berg Tabor) vgl. 1, 177; 2, 573 und 4, 54—61. Im Alten Testament wird vorausgesetzt, daß der Berg zeitweise besiedelt war (Josua 19, 22; 1. Chron. 6, 62). Jetzt dschebel eṭ-ṭur. Vgl. G. Dalman, Orte und Wege Jesu, 1924, 202ff.
[2] Zur Lage von Gamala vgl. G. Dalman PJB 7 (1911) 25ff.; 8 (1912) 52ff. G. Dalman identifiziert Gamala mit chirbet ehdeb im Rukkadtal östlich vom See Genezareth. Nach G. Dalman kommt das heutige dschamle im selben Rukkadtal für die Lage von Gamala nicht in Frage. Zur Geschichte des Aufstandes in Gamala vgl. § 10—83; vita 46ff., 114ff., 179ff.; Schürer I 593 Anm. 28. — Josephus leitet den Namen Gamala von dem Tiernamen Kamel ab. Vom Standpunkt des griechisch Sprechenden aus erklärt er das hebr. gamal bzw. das aramäische gamla als eine undeutlicheAussprache des griechischen κάμηλος (§ 5).
[3] Die beiden Orte Sogane und Seleukia (2, 574; vita 187) werden auch hier als zur Gaulanitis gehörig angesehen. Das von Josephus genannte Sogane ist also nicht mit dem in Galiläa gelegenen Sogane (= saknin) identisch. Seleukia ist das heutige seluqije nordöstlich von Bethsaida.
[4] Der See Semechonitis ist der heutige bahret el-hule (vgl. die Gegend von Ulatha in ant. 15, 360). Die hier angegebene Länge muß einen Teil des nördlich gelegenen Sumpfgebietes einschließen. Nach der mittelalterlichen Tradition wird der Hulesee mit den „Wassern von Merom" identifiziert (Josua 11, 5. 7), doch haben sich gegen diese von manchen Auslegern des Alten Testaments und des Josephus beibehaltene These beachtenswerte Einwände erhoben. In der Gegenwart denkt man vielfach bei den „Wassern von Merom" an die Quelle von meron nordwestlich von safed (vgl. M. Noth, Die Welt des Alten Testaments, 3. Aufl. 1957, 47; vgl. auch F. M. Abel, Géographie de la Palestine, Bd. 1 1933, 492—494.
[5] Es handelt sich beim Tempel der goldenen Kuh um das Heiligtum von Dan, in dem Jerobeam das Bild eines Stieres aufgestellt hat (1. Kön. 12, 25—33). Die Bezeichnung „Goldene Kuh" entspringt der Polemik gegen den Stierkult (vgl. ant. 8, 226). Dazu vgl. den Aufsatz der Tübinger Arbeitsgemeinschaft: „Der Tempel der goldenen Kuh" (Bemerkungen zur Polemik im Spätjudentum) ZNW 49 (1958), 197—212.
[6] Mit Ammathus sind die Bäder im Süden von Tiberias (das heutige hammam, talmudisch hamatha) gemeint. Über ihre Heilkraft vgl. 2, 614. Die Lesart ’Αμμαϑοῦς beruft sich allein auf L bzw. LLatHeg und besticht sich gegen andere Namensformen (’Αμμαοῦς AMVRC; ’Εμμαοῦς P), vgl. ant. 18, 36. Wir haben hier den nach Niese, Praefato XXXIV typischen Fall vor uns, daß L unter den Handschriften sich in einzigartiger Weise als gut herausstellt. Das Problem der weiteren Lesarten von L, die sich manchmal von allen anderen Textgruppen absetzen, muß an den einzelnen Stellen gesondert geprüft werden. L ist von bell. 2, 240 an besonders wichtig. Vgl. die Einleitung in Band I S. XXX unserer Ausgabe.
[7] C. Licinius Mucianus war Statthalter in Syrien, als Soldat, Diplomat und Schriftsteller (über Geographie und Naturgeschichte) in der damaligen Zeit bekannt (vgl. über ihn Tac. hist. 1, 10; 2, 5. 76; Agric. 7; dial. 37). — Der Einfluß des Titus stimmte den Statthalter für Vespasian günstig, so daß er die Kaiserproklamation des Vespasian befürwortete (§ 605; 621ff.).
[8] Der Decurio Aebutius hatte schon anfangs des Krieges in der Ebene Jesreel Gefechtsfühlung mit Josephus (vita 115—120). Er zeichnete sich auch bei der Belagerung Jotapatas aus (bell. 3, 144; vgl. dazu auch Anm. 49 Bd. I S. 458 unserer Ausgabe).
[9] Vgl. dazu Vegetius 4, 25: „Innumerabilibus declaratur exemplis, saepe caesos ad internecionem hostes, qui pervaserant civitatem. Quod sine dubio evenit, si oppidani altiora occupaverint loca".
[10] Andere Übersetzungsmöglichkeit (Thack): „und diesem Fehler sind in erster Linie die Niederlagen der Juden zuzuschreiben".
[11] Die Schilderung der Gemütsverfassung in § 49f. erläutert in feiner Weise die Kritik an dem Verhalten der „niedrig Gesinnten" (§ 42; vgl. auch die Bezeichnung Barbaren in § 45).
[12] Mit der „großen Ebene" ist bei Josephus gewöhnlich die Ebene Jesreel gemeint (2, 232. 595; 3, 39). Allerdings liegt der Berg nördlich der genannten Linie. Wenn dagegen wie in vita 207 die Ebene Asochis gemeint ist, trifft die Beschreibung genau zu.

Anmerkungen zu Buch 4

Josephus unterscheidet zwischen den Ansiedlern des Berges (§ 56. 61) und einer großen Menge, die sich die Fliehburg zunutze machte (§ 57). Vgl. Ricc. S. 11.

[13] Die von Josephus angegebenen Maße (Höhe 5,5 km, Ausdehnung der Hochfläche 4,8 km) sind stark übertrieben. Der Tabor erhebt sich am Nordostrand der Jesreel-Ebene 455 m über seine Umgebung; seine absolute Höhe beträgt 588 m (vgl. E. Kutsch, Tabor, RGG³ V Sp. 598; die geographischen Angaben bei Ricciotti zu § 55 sind demnach falsch). Die Hochfläche bildet ein Oval, dessen größte Länge 1200 m, die größte Breite 400 m mißt. Schon zur Zeit Antiochus III. muß die ursprüngliche Fliehburg eine feste Stadt gewesen sein (Polyb. hist. 5, 70). Nach ant. 13, 396 hat auch Alexander Jannäus den Tabor erobert. Reste der von Josephus errichteten Mauer sind noch heute erkennbar.

[14] Die Verhandlungsbereitschaft der Juden ist darauf zurückzuführen, daß sie, ohne über die Wasserquellen am Fuß des Berges zu verfügen, keine längere Belagerung hätten durchstehen können.

[15] Zur letzten Nachtwache vgl. 3, 319 Anm. 76 Bd. I S. 460 unserer Ausgabe. Sie ist für den Verteidiger die gefährlichste.

[16] Der Turm war offenbar aus lose zusammengefügten Steinen aufgeführt. So erklärt es sich, daß man ohne viel Geräusch Steine entfernen konnte und daraufhin der Turm einstürzte. Vgl. G. Dalman, Arbeit und Sitte VII (1942) 5 Anm. 3.

[17] Zu den hier (§ 66 und 68) genannten Josephus und Chares vgl. § 18. Der Name Chares findet sich schon 1 Chron 9, 15, dann auch in vita 177. 186 sowie in der Mischna („Matthias, Sohn des Chares" Aboth IV 15); vgl. Simchoni 458; Waddington, Inscriptions de Syrie 2112. Der in vita 177. 186 genannte Chares ist jedoch von dem hier in bell. 4 genannten zu unterscheiden.

[18] Im Unterschied zu dem Begriff φόβος meint der Begriff δέος nicht „Schrecken", wie die Übersetzer vielfach annehmen, sondern (länger andauernde) Angstzustände (vgl. Ammonius, De adfinium Vocabulorum Differentia, ed. R. Valckenaer (1822), S. 5).

[19] Vgl. 2, 421 Anm. 191 Bd. I S. 447 unserer Ausgabe. Simchoni 227 übersetzt nasik und denkt offenbar an den Bevollmächtigten des Fürsten, so daß die Lesart τετραρχήσαντος nicht ganz unverständlich ist. – Josephus nennt als Datum (§ 83) Tag und Monat, nicht aber die Jahreszahl. Er rechnet wahrscheinlich den Ausbruch der Feindseligkeiten in Gamala vom Oktober des Jahres 66 n. Chr. an. Der allgemeine Aufstand hatte schon im Frühjahr 66 begonnen (2, 284). Vgl. hierzu Kohout 645, Simchoni 459. – Die Verantwortlichkeit des Titus für die Härte beim Untergang der Stadt wird von Josephus zugestanden, aber diesmal nicht apologetisch verbrämt.

[20] *Giscbala* (Gusch Halab, arabisch ed-dschisch) war in alten Zeiten eine wichtige Stadt Obergaliläas. Der Ort war wegen seines Reichtums an Milch und Öl berühmt. Nach der Mischna war er schon seit der Zeit Josuas befestigt (Arachin 9, 6). Reste einer antiken Synagoge (Fassade, Fries) und alte Gräber (Schemaja, Abtalion) sind noch erhalten. – Der Charakter des *Johannes* von Gischala wird ähnlich wie hier in § 85f. auch 2, 585–594 geschildert; vgl. auch Anm. 250–252 Bd. I S. 451 sowie Einleitung Bd. I S. XIIf. unserer Ausgabe.

[21] Auch einige Monate früher hatte Vespasian seine Legionen für das Winterquartier auf die Städte Caesarea und Skythopolis verteilt; vgl. 3, 412, auch Anm. 99, 100 Bd. I S. 462 unserer Ausgabe.

[22] Ein ausdrückliches Verbot, am Sabbat einen Friedensvertrag abzuschließen, findet sich in der Mischna nicht. Dennoch braucht die Auskunft des Johannes von Gischala nicht nur eine bloße Finte zu sein, sie läßt sich vielmehr von der damaligen Sabbat-Gesetzgebung her begründen: Einerseits war die Empfindlichkeit gegenüber einem Verkehr mit Heiden an diesem Tage besonders groß. Wie das vermutlich aus dem 1. vorchristlichen Jahrh. stammende Sabbatgesetz der Damaskusgemeinde (CD 10, 14ff.) bestimmt, sollte man sich am Sabbat nicht in der Nähe eines Ortes aufhalten, an dem sich Heiden befinden (CD 11, 14f.). Anderseits mochte auch das strenge Arbeitsverbot (vgl. Jub. 2, 25ff.) ein Hinderungsgrund sein. Man sollte am Sabbat keine geschäftlichen Dinge bereden; nur göttliche Geschäfte waren erlaubt (CD 10, 17f.; b.Schab. 113ab; Jub. 50, 8ff.). Auch durfte man keinen Fremden dazu bestimmen, etwas zu tun, was einem selbst verboten war (CD 11, 2; Mekh. Pischa 9, 9b).

Anmerkungen zu Buch 4

[23] *Kydyssa* (heute tell qedesch) ist identisch mit dem 2, 459 Kadasa, ant. 13, 154 Kedasa genannten Ort. Ri. 4, 6 wird es Kedes in Naphtali, Josua 20, 7 Kedes in Galiläa genannt. Nach Ri. 4, 6. 9f. stammte Barak aus dieser Stadt. Kedes war eine der sechs Freistädte. Nach Euseb. Onomast. 116, 11 wäre Kedes 20 Meilen von Tyrus entfernt, bei Paneas gelegen. Die genaue Lage ist: 36 km südöstlich von Tyrus und 18 km nördlich von safed. Nach 2. Kön. 15, 29 wurde der Ort von Tiglat Pileser erobert, der dessen Einwohner ins Exil führte. Der Name der Stadt begegnet seit 295 v. Chr. in der hellenisierten Form Kydisos (Euseb: Kydissos, vgl. auch ant. 9, 235); dies weist darauf hin, daß der Ort inzwischen hellenistisch besiedelt wurde. In 1. Makk. 11, wird hier die Stadt im Zusammenhang mit dem Siege Jonathans über die Generale Demetrius II. 145 v. Chr. in der Asor-Ebene erwähnt. Nach ant. 13, 154 wäre Kedes als Grenzstadt zwischen dem tyrischen und dem galiläischen Gebiet zu bestimmen, nach unserer Stelle ist es tyrisch. Die Juden suchen an diesem Ort die Gräber von Barak und Debora. Burchard von Barby (um 1283) bewunderte hier Ruinen und Sarkophage. Weiteres bei F. M. Abel, Géographie de la Palestine, Bd. 2, 1938, 416.

Das Verhalten des *Titus* ist nach dem Bericht des Josephus befremdend. Es mag sein, daß er dem zunächst ehrlich gemeinten Anerbieten des Johannes Vertrauen schenkte und glaubte, seiner Truppe Ruhe gönnen zu können, wozu ihn vielleicht auch, wie Kohout 646 vermutet, die Notwendigkeit bewog, Verpflegung zu beschaffen und den Ort Kydyssa zu besetzen.

[24] Die Erwägungen, die Josephus den Titus hier anstellen läßt, entsprechen römischen Grundsätzen der Zeit. Häufig ist im Zusammenhang mit Kapitalverbrechen von der Milde (*clementia*) die Rede. Es liegt im Wesen der römischen Milde, daß sie am Leben erhält (*servat*); vgl. Cic. ep. V, 4, 2. Nach Seneca ep. 88, 30 schont die Milde fremdes Blut, als sei es das eigene. Vor allem war es römischer Grundsatz, dem Gegner, der die Waffen gestreckt hatte, Milde zu gewähren. Vgl. K. Winkler, Clementia A. RAC III 206—218.

[25] Es scheint, daß die heilige Stadt, besonders der Tempel, als uneinnehmbar galt. Diese Überzeugung stützte sich vor allem auf die Tatsache, daß im Jahre 701 v. Chr. Sanherib vor Jerusalem wieder hatte abziehen müssen. Welche Rolle dieser Vorgang für die Zeloten gespielt hat, geht aus der Rede vor der Mauer Jerusalems 5, 404ff. hervor, in der Josephus die Berechtigung des Vergleichs zwischen der damaligen Situation und dem Verhalten der Römer jetzt bestreitet. Er verweist vielmehr auf Nebukadnezar, Zedekia und die prophetischen Warnungen Jeremias. — In der Kriegsregel XI, 12ff. wird Jes. 31, 8 wörtlich angeführt; der Spruch, daß Assur durch die Hand eines Nicht-Menschen fallen wird, gilt dort als Unterpfand für den endzeitlichen und wunderbaren Sieg über die Kittim. — Johannes von Gischala gilt nach 2, 587. 590 als ehrgeizig; vielleicht hat er sich im Licht einer Messiaserwartung gesehen; 4, 121f. könnte dann als Einzug in Jerusalem im Sinne prophetischer Schriftstellen verstanden werden. Simchoni 460f. zieht in diesem Sinne die verschiedenen Traditionen über die Erlösung Jerusalems zum Verständnis dieses Zusammenhangs heran. Es ist aber bezeichnend, daß Josephus bell. 4, 121f. nur sehr vorsichtig von diesem Fragenkomplex spricht.

[26] Azotos, das nach 1, 166 (vgl. auch Anm. 85 Bd. I S. 410 unserer Ausgabe) zusammen mit anderen Küstenstädten von Gabinius wieder aufgebaut und dabei hellenistisch eingerichtet worden war, hat offenbar einen starken jüdischen Bevölkerungsteil besessen, den Vespasian unterworfen und deportiert hat. Dieses Unterfangen hatte wohl für die Einwohner Judäas eine alarmierende Wirkung: die Frage, Widerstand oder Ergebung, wurde jetzt besonders dringlich.

[27] Im AT und Spätjudentum gibt es zwei verschiedene Traditionen über den Zwist in der Familie. Die erste begegnet Micha 7, 6; sie beurteilt die Zwietracht innerhalb der Familie als ein Zeichen der äußersten Verderbnis des Volkes. Sie wird von der spätjüdischen Apokalyptik aufgenommen und als Merkmal der endzeitlichen Wehen betrachtet (äth. Hen. 100, 2; IV. Esra 6, 24; Jub. 23, 19; Mk. 13, 12; vgl. auch Billerbeck IV, 2, 30. Exkurs I). Daneben gibt es eine zweite, ebenfalls auf das AT zurückgehende Beurteilung des Zwistes in der Familie; nach ihr erfordert der unbedingte Einsatz für Gottes Sache, daß man unter Umständen sich von Vater und Mutter trennt, gegen

Anmerkungen zu Buch 4

die nächsten Angehörigen mit dem Schwert vorgeht (Ex. 32, 25 f.; Dt. 33, 9). Auch diese Tradition spielt in der essenischen und synoptischen Apokalyptik eine große Rolle. Der heilige Krieg führt dazu, daß man sich vom Volk und Familienverband löst auch gegenüber den ungetreuen Gliedern der eigenen Familie keine Rücksicht kennt (4 Q Test. Dt. 33, 8–11; Mt. 10, 35 f.). Es ist indessen auch möglich, daß Josephus unmittelbar oder mittelbar von den berühmten Erwägungen des Thukydides über den Bürgerkrieg abhängig ist, vgl. besonders Thuk. III 81, 5; 82, 5 f.

[28] Bei den sogenannten „Plünderungen" und „Raubzügen" handelt es sich in Wirklichkeit um wirtschaftliche Vorbereitungsmaßnahmen für den Krieg und für die bevorstehende Belagerung Jerusalems, ferner um Ausgleichsverfahren, die eine gerechte Verteilung des Besitzes zum Ziele hatten und somit vor allem gegen die kapitalistische Mißwirtschaft des Priesteradels gerichtet waren. Vgl. die Verbrennung der Schuldscheine 2, 427.

[29] Bei den Besatzungen der Städte handelt es sich um Auxiliartruppen, die von den Römern bzw. den Königen eingerichtet worden waren und bei einem Wechsel der Besatzungsmacht ohne weiteres vom neuen Oberbefehlshaber übernommen wurden. Da die Juden selbst nicht zum Militärdienst eingezogen werden durften (ant. 14, 204), mußten diese Einheiten aus Fremden, hauptsächlich wohl Syrern, gebildet werden. Daher erklärt sich deren Haß gegen die einheimische Bevölkerung, andererseits aber auch die Tatsache, daß diese nichtrömischen Polizeitruppen nach der Niederlage des Cestius von den Aufständischen nicht beseitigt worden waren.

[30] Nach 2, 418 f. gehörten Antipas, Saul und Kostobar, Glieder der königlichen Familie, einer Gesandtschaft an, die das Eingreifen des Agrippa erbitten sollten, um so den jüdischen Aufstand im Keim zu ersticken. Nach 2, 556 f. verließen Saul und Kostobar Jerusalem und schlossen sich Cestius an, während Antipas in der Stadt verblieb.

[31] Die Bezeichnung παῖς δορκάδος entspricht wohl, da gewöhnlich der Name des Vaters und nicht der Muttername genannt wird, einem aramäischen bar ṭabjā. In Apg. 9, 36 ist die weibliche Form Ταβιθά, aramäisch ṭebitā, Äquivalent für ἡ δορκάς. — Da Josephus an unserer Stelle das „Hinschlachten" besonders hervorhebt, ist es möglich, daß er auf ein allerdings nur im Aramäischen verständliches Wortspiel aufmerksam machen will: ṭabjā (Gazelle) und ṭabbachā (Schlächter). Deshalb auch der Hinweis auf die „einheimische" (aramäische) Sprache. Thack, Reinach und vor ihnen Kohout setzen bar ṭabitā (Muttername) voraus. Für den Fall, daß eine maskuline Namensform vorausgesetzt ist, vermutet Ricc., es könne ein Mißverständnis von bar ṭobjā vorliegen.

[32] Hinter der Wendung: ἡ κοινὴ ἐλευθερία steht wohl das hebräische ḥerut haḥābār. Einerseits war die politisch-nationale Freiheit Israels das Ziel der zelotischen Bewegung; vgl. hierzu den Ausdruck ḥerut ṣijon auf den Münzen der Aufstandszeit (siehe A. Reifenberg, Ancient Jewish Coins² 1947, 58; fälschlicherweise ist dort ḥerut mit „deliverance (= geūla) übersetzt). Andererseits bezeichnet der Begriff ḥābār jegliche Art von Bund und Gemeinschaft, vgl. so z. B. die Wendung ḥābār kohanim in Hosea 6, 9 oder den Ausdruck ḥābār hajjehudim auf den Münzen der Makkabäerzeit (siehe A. Reifenberg, a. a. O., 40 ff.; zur Diskussion um die Bedeutung von ḥābār vgl. Schürer I⁴ 269 Anm. 25). Eine Analogie zu der für unsere Stelle erschlossenen hebräischen Wendung ist der Ausdruck bēt ḥābār in Prov. 21, 9 und 25, 24, den die LXX mit οἶκος κοινός wiedergibt. ἡ κοινὴ ἐλευθερία darf somit angesprochen werden als griechische Wiedergabe einer typisch semitischen Genetivverbindung (genetivus qualitatis).

[33] Vgl. 3, 459 Anm. 110 Bd. I S. 462 unserer Ausgabe.

[34] Zu χειροτονία vgl. die Wahl der essenischen Vermögensverwalter 2, 123. — Der Begriff ἀρχιερεῖς bezeichnet nicht nur den Hohenpriester im engeren Sinne, sondern auch die Oberpriester, zu denen der Führer der Tempelwache (Tempeloberst), die Tempelaufseher, die drei Schatzmeister des Tempels und die Leiter der 24 Wochenabteilungen gehörten, vgl. dazu J. Jeremias, Jerusalem II, 1–40.

[35] Die Wendung κατὰ διαδοχάς kann die Amtsnachfolge kraft Verdienst und Würdigkeit oder aufgrund der Zugehörigkeit zu einer privilegierten Familie meinen. Schürer II⁴ 275 übersetzt: „abwechselnd", ihm folgen Kohout, Reinach, Ricciotti. Clementz hat: „nach bestimmter Reihenfolge", Thackeray in seiner Übersetzung (1928): „in turn"; in seinem Josephus-Lexikon (II 1934) bestimmt er die Wendung näher, indem er sie unter

Anmerkungen zu Buch 4

Ziffer 3: διαδοχή = „Nachfolge aufgrund der Abstammung, Erbfolge" aufführt (vgl. auch § 153).

³⁶ Diese Umwandlung des Heiligtums in eine Zwingburg geschah dadurch, daß der Tempelplatz von den Truppen besetzt wurde. Der Bericht des Josephus erinnert an das synoptische Wort Mk. 11, 17: „Ihr habt das Haus Gottes zu einer Räuberhöhle (σπήλαιον ληστῶν)gemacht" (vgl.Jer. 7, 11). Wahrscheinlich hat Markus mit an diese Ereignisse der Besetzung des Tempelplatzes gedacht, als er das Scheltwort Jesu anläßlich der Tempelreinigung formulierte. Der Sprachgebrauch des Markus (ληστής) ist wie der des Josephus vom römischen Recht her geprägt.

³⁷ Daß der Hohepriester durch das Los gewählt werden konnte, wird im AT nirgends bezeugt, doch wurde nach 1. Chron. 24, 5ff. die Reihenfolge der 24 Abteilungen für den Tempeldienst der Priester durch das Los bestimmt; ferner pflegte man auch am großen Versöhnungstag die beiden Böcke auszulosen (vgl. Lev. 16, 8ff.). Der Loswurf gehört grundsätzlich in die priesterliche und kultische Tradition. Voraussetzung ist die Geltung des gleichen Rechts und der grundsätzlichen Entscheidungsfreiheit Gottes. Bei den Essenern und den ersten Christen war es möglich, durch den Loswurf den Willen Gottes zu erfragen; allerdings gehörte der von Gott Erwählte einem vorher festgelegten Kreis von gleichberechtigten Bewerbern an (bell. 2, 123; Apg. 1, 15–26). Bei der Wahl des neuen Hohenpriesters war es ähnlich: er sollte einem bestimmten Geschlecht angehören und aus diesem Geschlecht von Gott selbst ausgewählt werden (vgl. die Salbung Davids 1. Sam. 16, 1–13). Zur religionsgeschichtlichen Bedeutung des Loswurfs vgl. Pauly-W. 13, Sp. 1451–1504.

Exkurs IV: Zur Auflösung des Rechts (παρανομία) durch die Zeloten.
Die Anklage, die Zeloten hätten die Gesetze mit Füßen getreten und aufgelöst (παρανομία), wird von Josephus oft erhoben (4, 348; 5, 393; 6, 122; 7, 268f. u. ö.). Beispiele sind: das Vorgehen gegen die Verwandten des Königshauses (4, 138ff.), die Wahl des Hohenpriesters (4, 155ff.) und die Befleckung des Heiligtums (4, 150ff.). Ungesetzlich ist, daß die Verwandten des Königshauses ohne Gerichtsurteil hingerichtet wurden. J. Klausner (Historia schel habbait hasscheni Bd. V, 1955, 207) sieht darin den Beginn des Zusammenbruchs der bis zur Ankunft des Johannes ben Gischala in Jerusalem bestehenden priesterlich geleiteten Zentralregierung und den Übergang zur völligen Anarchie. Hauptmotive seien die Abneigung gegen die Reichen, deren Geld man außerdem zur Kriegführung gebraucht habe, und Haß gegen die Adligen, die einen friedlichen Ausgleich mit den Römern erstrebt hätten. Ursprünglich war indessen die zelotische Bewegung ausgesprochen religiös begründet, und ihr Handeln muß zunächst von daher verstanden werden. Die Lehre des Judas aus Galiläa gipfelt selbst nach dem Zeugnis des zelotenfeindlichen Josephus in dem Satz, man dürfe Gott allein einen Herrn und Herrscher nennen (2, 118; vgl. ant. 18, 23). – Das AT berichtet von Fällen großer religiöser Gefahr, in denen die Eiferer für Gottes Sache, ohne ein Gerichtsurteil abzuwarten, mit dem Schwert gegen Gottlose vorgingen (vgl. Ex. 32, 27–29; Num. 25, 7f. 11; 1. Kön. 18, 40; ebenso 1. Makk. 2, 23–27); diese Fälle mochten das Vorgehen des Jochanan bar ṭabja als Rechtfertigung gedient haben.

Nach J. Klausner (a. a. O. 208f.) kam *in der Wahl des Pinehas* die demokratische Tendenz zum Durchbruch. Die adligen Priesterfamilien, die seit Herodes den Hohenpriester gestellt hatten, sollten ausgeschaltet werden; so wählte man die Sippe Enjachin, die J. Klausner mit Jakim, der zwölften Priesterabteilung (1. Chron. 24, 12), gleichsetzt, und damit ein Geschlecht, das mit den zu jener Zeit führenden Priestern in keiner Beziehung stand. Die Wahl des Hohenpriesters durch das Los war ungesetzlich, darin hat Josephus recht. Aber da nach dem Zeugnis von Tos. Joma 1, 6 Pinehas mit einem „fürstlichen Hause" verschwägert war, mußte es sich bei ihm um einen zwar einfachen und auf dem Lande lebenden, aber doch hoch geachteten Manne gehandelt haben.

Nach J. Jeremias, Jerusalem II 53f., handelt es sich bei dem priesterlichen Stamm Enjachin um eine Geschlecht, das dem einen legitimen sadokidischen, hochpriesterlichen Geschlechte stammte, das bis 172 v. Chr. in Jerusalem und seitdem in Leontopolis die Hohenpriester gestellt hatte. Pinehas war ein Steinmetz (Sifra 'emor par. 2), die Aussage, er sei ein „Pflüger", d. h. ein Bauer gewesen, ist auf 1. Kön. 19, 19 zurückzuführen und ungeschichtlich.

Anmerkungen zu Buch 4

Die wiederholte Klage, die Zeloten hätten das Heiligtum entweiht (4, 201. 242f. 5, 402f. u. ö.), könnte den Anschein erwecken, als hätten sich die Zeloten aus militärischen Gründen über die Bestimmungen zum Schutz des Tempels ganz hinweggesetzt. Auch dies Urteil mag durch die antizelotische Einstellung des Josephus veranlaßt sein. Sicherlich mögen Zwangslagen, wie ein Krieg sie hervorbringt, zur Durchbrechung einzelner gesetzlicher Ordnungen geführt haben. Aber die an das Gesetz gebundene Frömmigkeit der Zeloten (J. Klausner a. a. O. 135) wird sich nicht leicht über die priesterlichen Ordnungen hinweggesetzt haben, zumal ja auch levitische Reinheit der heiligen Miliz Voraussetzung für das erhoffte Eingreifen Jahwes und seiner himmlischen Heerscharen war (vgl. Dt. 23, 10–15; 1 QM 7, 3–7). Diese Annahme wird durch das Zeugnis des Dio Cassius (66, 6) bestätigt, nach dem selbst beim Endkampf, als die Römer von der Antonia her auf den Tempelplatz eindrangen, das gemeine Volk der Verteidiger in den Vorhöfen verblieb, während nur die Priester das Heiligtum schützten.

Bei alledem erhebt sich die Frage, inwieweit sich die zelotische Aufhebung der Tora mit den damals üblichen Auffassungen des Gesetzes im Widerspruch befand; eine schrankenlose, libertinistische Aufhebung, wie sie das Urteil des Josephus nahelegt, kommt keinesfalls in Betracht. Zeugnisse für die gesetzgeberische Kraft der Zeloten sind die Fastenrolle (vgl. G. Dalman, Aramäische Dialektproben, 1927, 1–3; 41–45) und die Einführung der 18 Halachoth (vgl. H. Grätz, Geschichte III[5] 559–576). Zum Ganzen vgl. die Darstellung von M. Hengel, Die Zeloten, 1961, 188ff.

[38] Die „Sippe" ist eine Untergruppe der mehrere Sippen umfassenden Priesterabteilung (ἐφημερίς, sonst ἐφημερία). Josephus rühmt sich in vit. 2, er stamme aus der ersten der 24 Priesterabteilungen und gehöre darüber hinaus der vornehmsten ihrer Sippen an. Von daher gesehen ist die Konjektur ἢ Ἰακίμ und die Gleichsetzung der Sippe Ἐνιάχιν mit der 1. Chron. 24, 12 erwähnten Priesterabteilung Jakim unwahrscheinlich.

[39] Das Dorf Aphthia wird als Chabta auch in der von Pinehas berichtenden Stelle Sifra 'emor par. 2 erwähnt; es wird mit chubbin identifiziert (vgl. Enc. Pal. II 247).

[40] Abgesehen von der polemischen Übertreibung ist die Darstellung des Josephus hellenistisch gefärbt: Hinter der Losentscheidung steht nicht mehr Gott, sondern die τύχη; desgleichen gilt der Bauer für griechisches Empfinden als ungebildeter Mensch, während er nach israelitischer Auffassung durchaus nicht zu den verachteten Berufen gehört (Qid. 4, 14; Sanh. 25b; 26a).

Die Feststellung, Pinehas stamme nicht von Hochpriestern ab (§ 155 Ende), steht im Widerspruch zu der Angabe, er gehöre zur hochpriesterlichen Sippe Enjachin (§ 155 Anfang; vgl. allerdings die Textkritik). Dieser Widerspruch läßt sich mit J. Jeremias (a. a. O. S. 53) wohl so auflösen, daß mit der hochpriesterlichen Sippe ein Geschlecht von Sadokiden gemeint ist, die nach der biblischen Tradition für das hohepriesterliche Amt allein in Frage kamen. Seit dem Jahre 172 v. Chr. jedoch waren die Sadokiden bei der Wahl des Hohenpriesters ausgeschaltet worden, und die Sippe Enjachin hatte darum auch keine Beziehungen zu den seit Herodes in Jerusalem maßgebenden hochpriesterlichen Familien, die nach der biblischen Tradition keinen Hohenpriester hätten stellen dürfen. Die Darstellung des Josephus sucht diese Tatsache zu verschleiern. Allerdings ist die sadokidische Herkunft des Pinehas in den von ihm berichteten Stellen der Tosefta und Sifra nicht ausdrücklich bezeugt. Der Umstand, daß die Rabbinen diese ungewöhnliche Hohepriesterwahl nicht kritisieren, spricht jedoch für die Annahme von J. Jeremias. Die in Sifra 'emor par. 2 erwähnte Verwandtschaft mit R. Gamliel II, dem „Fürsten", darf andererseits der Interpretation nicht überbewertet werden.

[41] Die genaue Kenntnis seiner Amtspflichten war gerade für den Hohenpriester besonders wichtig. So wurde in der Woche vor dem großen Versöhnungstag der amtierende Hohepriester von Mitgliedern des Sanhedrin über den Ritus dieses großen Feiertages belehrt und dabei in folgender Weise ermahnt: „Mein Herr Hoherpriester, rezitiere selbst mit deinem Mund, falls du etwas vergessen oder nicht gelernt hast" (Joma 1, 3).

[42] Nach 2, 563 ist Joseph, Sohn des Gorion, Stadtkommandant in Jerusalem. Der in 4, 159 genannte Gorion ist offenbar ein Sohn des in 2, 563 genannten Joseph. Diese Familie gehört also zwar zu den Aufständischen, aber nicht zu den Zeloten. In 4, 358 wird bezeugt, daß Gorion als Vertreter der Volkspartei und der von ihr vertretenen Freiheitsparole durch die Zeloten hingerichtet wird. — Simeon ist der Sohn Gamaliels I.

Anmerkungen zu Buch 4

und wird in vita 191f. als vornehmes und verständiges Glied der pharisäischen Gruppe in Jerusalem geschildert. — Zum Namen Gorion vgl. Gittin 56a: „Naqdimon, der Sohn Gorions".

[43] So wie die Zeloten Träger einer bestimmten Freiheitsparole sind, die gegen die römische Fremdherrschaft gerichtet ist (ant. 18, 4; vgl. auch Anm. 32), so schildert Josephus anderseits auch die Volkspartei und den Priesteradel als Träger einer hellenistisch beeinflußten „Freiheitsparole" im Sinne einer demokratischen Verfassung. Diese hellenistische Freiheitsparole ist somit gegen die zelotische Tyrannis gerichtet und kämpft gegen die Aufhebung des Bürgerrechtes durch die Gewaltpolitik einer einzelnen Gruppe (vgl. unten §§ 175, 358).

[44] „Jesus, Sohn des Gamala" (= Gamliel, mischnisch-talmudisch „Gamla"), war 63–65 n. Chr. Hoherpriester gewesen; vgl. Schürer II[4] 273. vit. 204 schildert ihn als einen dem Josephus besonders verbundenen Freund. Von ihm reden auch Joma 3, 9 und Jeb. 6, 4. Nach Baba batra 21a hat er angeordnet, man solle in jeder Provinz und Stadt Knabenlehrer anstellen und die Kinder im 6. bis 7. Jahre zu ihnen bringen. Neben Ananos wird er auch in vit. 193 erwähnt. Mit diesem zusammen wurde er nach 4, 315ff. von den Idumäern erschlagen. — Kohout 647 bezweifelt die Identität von Jesus, dem Sohn des Gamla, und Jesus, dem Sohn des Gamliel (ant. 20, 213. 223); vgl. dagegen Simchoni 463.

[45] Es fragt sich, ob die „Zeloten" sich selbst (ἑαυτούς L) als „Eiferer" (qannā'im) bezeichnen oder diesen Namen von Außenstehenden erhalten haben (αὐτούς PA); das letztere war wohl bei den Essenern der Fall (K. G. Kuhn, The Meal, in K. Stendhal, The Scrolls and the New Testament, 1957, 66) und ist auch bei den Pharisäern wahrscheinlich (Schürer II[4] 467f.). Dafür, daß sich diese Freiheitsbewegung wohl selbst den Namen „Zeloten" gegeben hat (M. Noth, Geschichte Israels[4] 1959, 386), spricht, daß wie die Makkabäer (1. Makk. 2, 50–68) vom Eifer für Gottes Sache beseelt war. Das chassidische Anliegen, das in 1. Makk. 2, 42 auch den Makkabäern zuerkannt wird, bildete den Mittelpunkt der späteren zelotischen Frömmigkeit.

Exkurs V: Die „Zeloten" bei Josephus bell. IV.

Der Begriff οἱ ζηλωταί wird von Josephus in bell. 2, 651 und 4, 160f. eingeführt und von da an im 4. und 5. Buch für die im Tempel eingeschlossene Gruppe unter der Führung des Priesters Eleazar, Sohn des Simon, gebraucht. In Antiquitates fehlt dieser Begriff als Parteibezeichnung völlig. Dieser begrenzte Sprachgebrauch ist wohl darauf zurückzuführen, daß der Name ζηλωταί (qannā'im) ein Ehrenname war, der seit der Makkabäerzeit (2. Makk. 4, 2; vgl. auch Jos. ant. 12, 271; ähnlich ist auch die Aufnahme der Pinehas-Tradition aus Nu. 25, 7ff. in 4. Makk. 18, 12 zu beurteilen) den Eiferern für das Gesetz Jahwes vorbehalten blieb. Josephus sucht aus polemischen Gründen diesen Namen zu vermeiden, kann jedoch auch in 4, 160f. den ursprünglich ehrenvollen Charakter nicht verhehlen. Er muß den Namen nunmehr einführen, weil er zur Kennzeichnung, der verschiedenen Gruppen, die sich nach der Besetzung Jerusalems unter den Aufständischen bilden, gebraucht wird. Wenn er ihn der Gruppe unter der Führung des Priesters Eleazar zuweist, so mag er damit einen historisch richtigen Sachverhalt treffen: gerade diese priesterliche Gruppe, die in dem Gesetzeseifer Pinehas ihr großes Vorbild sah (vgl. 1. Makk. 2, 54), hat wohl diesen Ehrennamen in erster Linie für sich beschlagnahmt. Offenbar sind die Gruppen aus dem Priestertum, die dergestalt radikal waren, im Grunde verarmte Landpriester, die mehr sozial dachten und in Opposition zu der reichen Boëthosgruppe standen. Solche sozialen Motive waren durchaus glaubensmäßig begründet. Dieser exakte Gebrauch des Begriffs „Zeloten" tritt besonders bei der Darstellung der Auseinandersetzungen innerhalb der jüdischen Aufstandsgruppen in bell. 5, 1–38. 98–105 und in der abschließenden Beurteilung dieser Gruppen und deren Führer in 7, 254–274 hervor; dort werden die Zeloten deutlich von den Sikariern, Johannes von Gischala, Simon bar Giora und den Idumäern abgegrenzt, wobei in §§ 268–270 ein in 4, 161 gegebene mißgünstige Erklärung des Begriffs „Zeloten" ausführlicher wiederholt wird. J. Klausner a. a. O. 240f. bezeichnet die Eleazargruppe als „religiöse", die Schar um Johannes von Gischala als „politische" Zeloten. Diese Unterscheidung beruht indessen auf einer unzutreffenden Ausweitung des Begriffs.

Zum Ganzen vgl. M. Hengel, Die Zeloten, 1961, 61–78.

Anmerkungen zu Buch 4

⁴⁶ Vielleicht hat ursprünglich der Blick des Hohenpriesters zum Tempel die Bedeutung eines Gebetsritus gehabt (vgl. Dan. 6, 10), doch tritt in der Schilderung des Josephus das Mitgefühl mit dem Schicksal des Tempels in den Vordergrund.

⁴⁷ Man könnte daran denken, Ananos spiele auf den Gottesnamen an, der auf der Stirnplatte der hohepriesterlichen Kopfbedeckung eingraviert war (Ex. 28, 36). Aber es ist doch wohl der Name „Hoherpriester" selbst gemeint. In 1 QpHab 8, 8f heißt es von dem hohepriesterlichen Gegner des „Lehrers der Gerechtigkeit", er sei „im Anfang seines Amtes unter dem wahren Namen berufen worden" (niqrā' = καλούμενος). H. E. del Medico, Deux manuscrits Hébreux de la mer Morte, 1951 identifiziert den im Habakukkommentar erwähnten Hohenpriester mit dem an unserer Stelle genannten Hohenpriester Ananos und sieht in 1 QpHab 8, 8f. ein Wortspiel mit dessen theophorem Namen. Mit dem „wahren Namen" wäre dann Gott selbst gemeint. Vgl. dazu K. Elliger, Studien zum Habakuk-Kommentar vom Toten Meer, 1953, 197.

Die Bemerkung, er trage das hohepriesterliche Kleid, ist nicht wörtlich zu nehmen, denn Ananos war nicht mehr amtierender Hoherpriester, und außerdem wurde das hohepriesterliche Prachtgewand nur an Festtagen getragen.

⁴⁸ Vielleicht spielt Ananos auf 1. Kön. 19 an: Elias, der allein übriggeblieben ist (V. 10. 14), geht in die Wüste und bittet Gott, sein Leben hinzunehmen (V. 4), weil sein Dienst für das Volk vergeblich war (V. 10). Es könnte hingegen auch an den Bock gedacht sein, der am großen Versöhnungstag, mit den Sünden des Volkes beladen, in die Wüste getrieben wird (Lev. 16, 10. 20—22). Der Hohepriester nähme dann gleichsam die Schuld des Volkes auf sich und brächte sich selbst als Opfer dar.

⁴⁹ Zum jüdischen Freiheitsbewußtsein vgl. Joh. 8, 33. Anders ist die Argumentation Agrippas II. in 2, 356f.: Die Ahnen hätten zur Zeit des Pompejus die Unterwerfung des jüdischen Volkes verhindern müssen; sie wären dazu besser imstande gewesen als die gegenwärtige Generation, der das Gehorchenmüssen nun schon als Erbe überkommen sei. — Wenn Josephus hier die Meder erwähnt, so hält er sich an das im apokalyptischen Schrifttum bezeugte Geschichtsbild, nach welchem auf das neubabylonische nicht das persische, sondern das medische Reich folgt (Dan. 2; 7). In Wahrheit hatte Kyros I. schon in der Mitte des 6. Jhdt. v. Chr., d. h. schon vor dem Fall Babylons, den Mederkönig gestürzt; das jüdische Volk hatte also nie direkt etwas mit den Medern zu tun gehabt.

⁵⁰ Vgl. 2, 409—416.

⁵¹ Mit der „Schranke für die Ungeweihten" ist das Geländer (δρύφακτος: 5, 193; 6, 124; soreg: Middoth 2, 3) gemeint, von dem die Tempelterrasse (hel: Kelim 1, 8) umschlossen wird. Es fällt auf, daß Josephus an unserer Stelle die unter das Verbot fallenden Menschen nicht als ἀλλόφυλοι (5, 194) oder wie auf den aufgefundenen Verbotstafeln als ἀλλογενεῖς sondern als βέβηλοι bezeichnet. Nun heißt es in Kelim 1, 8 von der Tempelterrasse, sie sei heiliger als der äußere Bezirk des Tempelbergs, weshalb auch kein Heide und kein durch Berührung von Leichen Verunreinigter sie betreten dürfe. Der Vorwurf gegen die Zeloten bezieht sich eben darauf, daß sie Mörder und damit durch Leichen Befleckte sind (vgl. 6, 124—127). Es könnte darum sein, daß der Terminus βέβηλοι dies Mischnaverbot widerspiegelt und somit die Zeloten den Heiden gleichgestellt werden. Vgl. das analoge Verfahren in Mt. 18, 17.

⁵² Man könnte zunächst daran denken, daß der Begriff ὁ τόπος deshalb gewählt wurde, weil er den „heiligen Ort" (Apg. 6, 13), d. h. den Tempel bezeichnen sollte (vgl. hammaqom Dt. 12, 5; 1. Kön. 8, 29 u. ö.). Aber § 188 zeigt, daß die militärische Stellung auf dem Tempelplatz gemeint ist.

⁵³ Die Rolle, die der Hohepriester Ananos im bevorstehenden Kampf einnehmen will, gleicht der des leitenden Priesters im eschatologischen Krieg der Qumransekte. Nach 1 QM 7, 12 wird der „erste Priester" an der Spitze aller Truppen einherziehen, um ihre Hände im Kampf zu stärken. Das geschieht durch Anfeuerungsreden, in denen er auf die wunderbaren Taten Jahwes im Heiligen Krieg des alten Israel hinweist (1 QM 10, 1ff.). Auch in diesen Reden findet sich der Übergang zur 1. Person Pluralis, weil sich der leitende Priester als Sprecher des Gottesvolkes betrachtet.

⁵⁴ Josephus hebt mit besonderem Gewicht hervor, daß nur die Zeloten mit ihrem Blut den Tempel verunreinigt hätten. Dieser Vorwurf steht im Zusammenhang mit dessen umfassender Polemik gegen den Zelotismus. In Wirklichkeit ist es jedoch denkbar, daß

214

Anmerkungen zu Buch 4

die Zeloten, die im Kampf für Gottes Sache ihr Blut vergossen, dieses ihr Blut als „Blut der Gerechten" (Mt. 23, 35) verstanden, das den Tempel nicht verunreinigt.

[55] Die von Josephus beschriebene Verräterrolle des Johannes von Gischala stimmt mit der historischen Situation zwischen den beiden sich bekämpfenden Gruppen nur sehr schwer überein. An sich erscheint Johannes von Gischala bei Josephus immer (2, 585ff.; 4, 85ff.; 208ff.) als entschiedener Zelot und Bandenführer, der von Anfang an den Krieg gegen die Römer energisch durchzuführen bemüht ist. Man könnte dagegen geltend machen, daß Johannes von Gischala als Freund des Simon ben Gamliel (vit. 193ff.) und und als angesehener Ratsherr (4, 212) innerlich mehr zur Volkspartei hätte gehören müssen und daher ein vertrauenswürdiger Unterhändler zwischen den beiden kämpfenden Gruppen gewesen sein könnte. In diesem Fall müßte das Bild, das Josephus von Johannes von Gischala entworfen hat, infolge seines Hasses gegen den großen Widersacher stark verzeichnet sein (J. Klausner a. a. O. 210f.). Außerdem ist mit der Möglichkeit zu rechnen, daß die von den Priestern und Pharisäern geführte Volkspartei bei weitem nicht so römerfreundlich war, wie Josephus sie darstellt. Die verschiedenen Schilderungen des Johannes von Gischala stehen übrigens bei Josephus ohne innere Beziehung nebeneinander.

[56] Unreinheit, die durch die Berührung einer Leiche entstanden war, galt als besonders schwerwiegend (Kelim 1, 1). Die vom Gesetz vorgeschriebene Reinigung nahm darum sieben Tage in Anspruch; am dritten und am siebenten Tage mußte der Verunreinigte mit dem Wasser, das mit der Asche der als Sündopfer verbrannten roten Kuh vermischt war, besprengt werden und danach seine Kleider waschen und ein Wasserbad nehmen (Nu. 19, 10b–20). Nach der Mischna (Middoth 1, 3; 2, 4) wurde die rote Kuh nicht im Tempel, sondern auf dem Ölberg, und zwar genau dem Eingang zum Tempelgebäude gegenüber, vom Hohenpriester geschlachtet; man hatte jedoch meist ein Vorrat an Reinigungsasche (Para 3, 1). Kohout 648 ist der Ansicht, Johannes von Gischala habe den Zeloten aus List statt dieser Reinigung ein am nächsten Tag im Tempel stattfindendes allgemeines Sühnopfer angesagt. Diese Deutung findet jedoch bei Josephus keinen Anhaltspunkt. Vielmehr sollte am nächsten Tag der siebentägige Reinigungsritus beginnen, nach dessen Abschluß das Betreten des Tempels möglich gewesen wäre. Dieser Zeitraum genügte alsdann auch, um die Idumäer zu verständigen und deren Hilfeleistung zu ermöglichen.

[57] Zur Möglichkeit des Gottesdienstbesuches während der Kämpfe vgl. 5, 15. Was Johannes von Gischala in seiner Rede als Vorhaben des Ananos schildert, hat er nach der Darstellung des Josephus später selbst in die Tat umgesetzt, indem er am Passafest mit seinen als Gottesdienstbesucher verkleideten Soldaten die Verteidiger der inneren Vorhöfe und des Tempelgebäudes überwältigte (5, 98–105).

[58] Mit dem Ausdruck „Idumäer" ist offenbar die zum Judentum zurückgeführte, früher von Idumäern beherrschte Bevölkerung des Südlandes (Negeb) gemeint.

Exkurs VI: Die „Idumäer" bei Josephus bell. IV.
Josephus schildert hier und in den folgenden Kapiteln die „Idumäer" einerseits als ein Volk, das sich von den Juden unterscheidet (§ 231), anderseits als einen Teil desjenigen Judentums, das in Jerusalem seinen Mittelpunkt sieht (§ 274). Dieser scheinbare Widerspruch erklärt sich aus der Geschichte der wechselvollen Beziehungen zwischen Edom und dem Südland Judäas. Schon nach der ersten Eroberung Jerusalems im Jahre 598 v. Chr. ging der Negeb dem Staat Juda verloren (vgl. Jer. 13, 19) und wurde den Edomitern überlassen. Nach M. Noth a. a. O. 256 mag damals schon die Grenze nördlich der Breite von Hebron verlaufen sein; jedenfalls was dies unter den Persern die Südgrenze der Provinz Juda. Gegen Ende des 4. Jhdt. v. Chr. setzten sich die Nabatäer auf der Ostseite des Toten Meeres und des wadi el 'araba fest und beschlagnahmten so den größten Teil des alten Edomiterlandes. Nach ant. 13. 257f. eroberte Johannes Hyrkanos die Provinz Idumäa und zwang deren Bewohner, die Beschneidung anzunehmen und sich dem Gesetz der Juden zu unterwerfen. Zur Zeit der römischen Ver-Verwaltung in Judäa war nach 3, 55 Idumäa eine der jüdischen Toparchien (vgl. Anm. 23 Bd. I S. 456 unserer Ausgabe; Schürer II⁴ 232–234). J. Klausner a. a. O. 211f. meint, die Mehrzahl der „idumäischen" Bevölkerung habe seit langer Zeit aus Juden bestanden, und betont, die Zeloten hätten mit den „Idumäern" keine „fremden Wildesel" herbeigerufen, sondern Männer, die große Patrioten und dem jüdischen Gesetz treu ergeben waren. Er

215

Anmerkungen zu Buch 4

weist auf den Sprachgebrauch des Talmud hin, der mit großer Anerkennung mehrfach die „Weisen" bzw. „Älteste" oder „Meister" des Südlandes erwähnt. J. N. Epstein, Einleitung in die tannaitische Literatur 1956, 746 nimmt an, daß die Idumäer stark durch die pharisäische Schule Schammais beeinflußt sind, wenn sie sich zur Sache des Zelotismus bekennen (Sifre zuta 17). Simchoni 464 betont, daß die Idumäer Proselyten sind und nun mit den Zeloten gemeinsame Sache machen.

Wenn man das Verhältnis der Idumäer zu den Zeloten in diesem Sinn als Problem empfindet, dann wird man auf die Durchschlagskraft der Freiheitsparole (§ 273) verweisen dürfen. Josephus unterscheidet grundsätzlich zwischen den Idumäern und ihren militärischen Gruppen einerseits, den übrigen jüdischen Aufständischen andererseits; er hält also die Differenzierung durch. Vielleicht wirken bei Josephus hier priesterliche Grundmotive mit, aus denen heraus er ein besonderes Gewicht auf die Abstammung legt. Umgekehrt schildert er auch die Erbitterung der Idumäer gegen die Priestergruppe. Auffallend ist, daß die Idumäer in der Darstellung des Josephus erst jetzt in Erscheinung treten.

Zu den neuesten Ausgrabungen im Negeb vgl. N. Glueck, Rivers in the Desert, 1959.

[59] Falls die Lesart: Ἐλεάζαρος υἱὸς Σίμωνος richtig wäre, könnte dieser Eleazar identisch sein mit dem 2, 564; 5, 5 ff. genannten Eleazar, Sohn des Simon. Diese Gleichsetzung wird von J. Klausner a. a. O. 210 durchgeführt. — Zacharias, der Sohn des Amphikallei, ist wohl identisch mit dem in Gittin 56a erwähnten Zacharja ben 'Abqolos. 'Abqolos dürfte ein Eigenschaftsname (= Εὔκολος „der Gutmütige") sein. Dieser zum Spott gegebene Name meint allerdings das Gegenteil und bezieht sich auf den blinden Eifer dieses priesterlichen Zeloten, der das kaiserliche Opfer im Tempel verweigert und damit nach Ansicht der Rabbinen „unser Haus zerstört, unseren Tempel verbrannt und uns aus dem Land verjagt hat".

[60] Johannes, der Führer der Idumäer, der von Josephus als ein tatkräftiger und verständiger Mann beurteilt wird, wurde durch einen arabischen Bogenschützen des römischen Heeres vor Jerusalem getötet (5, 290). Jakobus wird im folgenden noch öfter erwähnt (vgl. 4, 521; 5, 249; 6, 92. 148, 380). Simon, der Sprecher der Idumäer (4, 271), war nach 5, 249 gleichfalls einer der hervorragenden Heerführer der Idumäer; Pinehas wird nicht mehr erwähnt.

[61] Da der Opferdienst im Tempel fortgesetzt wurde, was eine völlige Überwachung der aus- und eingehenden Menschen nicht möglich.

[62] Die Idumäer lagerten sich wohl im Norden oder Nordwesten der Stadt; von dort griff auch Titus später an. Der Turm, von dem aus der Oberpriester Jesus seine Ansprache hielt, könnte dann der am weitesten nördlich gelegene Psephinusturm gewesen sein (vgl. 5, 147).

[63] Es liegt nahe, die Schilderung vom Treiben der im Tempel eingeschlossenen Zeloten auf das Konto des *griechisch-römischen Anklagestils* zu setzen, der diese ganze Rede weitgehend beherrscht (vgl. G. Ricciotti Bd. III, 35, Anm. 238). Aber die Rede spiegelt doch auch historisch richtige Tatsachen wider. Ein besonderes Problem besteht in dem Vorwurf, die Zeloten hätten die Beute der Hingerichteten sinnlos verpraßt. Nach J. Klausner könnte man dies auf die stark sozial-wirtschaftlichen Motive der Aufstandsbewegung zurückführen; er weist darauf hin, daß die Zeloten wie die Essener entschiedene Gegner des Reichtums gewesen seien (a. a. O. 135f.). Schon zu Beginn des Aufstandes hätten sie damit begonnen, die Reichen mit Gewalt auszurauben, einmal, weil sie Geld zur Kriegsführung brauchten, zum anderen, weil die Reichen zur Friedenspartei zählten. Die Sikarier als das radikale Element seien dabei auch nicht vor Bluttaten zurückgeschreckt (a. a. O. 207). Es darf indessen gerade das Rechtsdenken der Alten Testaments beim Verständnis dieser jüdischen Parteien nicht außer acht gelassen werden.

Es ist möglich, daß die Zeloten in Jerusalem zu einer *Rechtsordnung* zurückkehrten, die die sadduzäische bzw. pharisäische Mischna aufhob und durch eine „geistgewirkte" Auslegung bestimmter Rechtssätze des Alten Testaments Jerusalem in ein heiliges Heerlager verwandeln und damit die Voraussetzung für Gottes Eingreifen im Heiligen Krieg schaffen sollte. Der Vorwurf, die Zeloten hätten das Vermögen der ermordeten Herodianer beschlagnahmt und in den Tempel gebracht, ist sicherlich historisch zutreffend. Es ist allerdings weder im Alten Testament noch im Talmud bezeugt, daß das Vermögen

Anmerkungen zu Buch 4

Hingerichteter konfisziert wurde. Das Gut der Erschlagenen wurde „gebannt", d. h. in diesem Falle, für den Heiligen Krieg Jahwes geweiht (vgl. Dt. 13, 13—19; dagegen 1. Sam. 15, ferner Dt. 20, 13—15). Dagegen dürfte der Vorwurf eines zuchtlosen und ausschweifenden Lebens der priesterlichen Eleazargruppe der hellenistischen Rhetorik zuzuschreiben sein; die heiligen Krieger haben sich ganz im Gegenteil jeglicher berauschender Getränke enthalten.

[64] Es entsteht die exegetische Frage, ob die „Freunde" (= Parteigänger) und die „Sklaven" zwei voneinander verschiedene Möglichkeiten der Unterhandlung mit den Römern andeuten oder ob, was wahrscheinlicher ist, die offizielle Gesandtschaft von Sklaven begleitet war, die nach römischer Sitte als Hilfspersonal eingesetzt wurden (Pauly-W. 12, 1, Sp. 1134). Nicht ausgeschlossen ist auch die Annahme, daß im zweiten Begriff angedeutet werden soll, daß Menschen sich dazu bereit gefunden haben, entwürdigende Dienste sklavischer Art bei den Unterhandlungen mit den Römern zu übernehmen (vgl. § 249: θεραπεύειν). Die Übersetzungen lassen verschiedene Möglichkeiten offen.

[65] Offenbar gehört es wieder zum griechisch-römischen Anklagestil, den Gegner in jeder Hinsicht moralisch zu verdächtigen. Daß sich ausgerechnet die Zeloten auch noch des Verrats an die Römer schuldig machen könnten, erscheint in dieser Situation geradezu als grotesk. Allerdings könnte angesichts der drohenden Verwüstung der Stadt durch die Idumäer schon die Tatsache, daß man diese Truppe gegen Jerusalem aufgeboten hatte, als Beweis für verräterische Gesinnung angesehen worden sein.

Beachtenswert ist, daß im Stil des Josephus die Wortgruppe τολμᾶν—τόλμημα (§ 257) oft gerade dazu benutzt wird, um die Unternehmungen der Zeloten zu charakterisieren (vgl. § 158. 171. 188. 245. 261. 264 u. ö.). Daß sich im Selbstbewußtsein der Zeloten in besonderer Weise die Kraft zum Wagnis als charakteristisches Merkmal herausgebildet hat, ist anzunehmen. Des weiteren kann man daran denken, daß auch Paulus gelegentlich mit Menschen zu tun hatte, denen er ein waghalsiges Wort zumutete oder auch selbst zurief (vgl. 2. Kor. 11, 21).

[66] Während im Alten Testament als Ausdruck der Trauer das Anlegen des „Sacks" und das Scheren des Haupthaares vorgeschrieben war, trug man in rabbinischer Zeit zum Zeichen der Trauer schwarze Kleider. Außerdem wurden die Kleider eingerissen und während der siebentägigen Trauerzeit nicht gewechselt (S. Krauß, Talmudische Archäologie, 1910ff., Bd. I, 145; II, 71).

[67] Die Wendung, Jerusalem sei „Antlitz", ja „Haupt" des ganzen Volkes, ist zunächst befremdlich. Man könnte annehmen, daß hinter πρόσωπον der hebräische Begriff panim und hinter κεφαλή der entsprechende Ausdruck rosch stehen. Mit πρόσωπον ist wohl die äußereErscheinung, das Aushängeschild des ganzen Volkes, mit κεφαλή dessen Führungszentrum gemeint. Insofern ist der zweite Begriff eine Steigerung des ersten.

[68] Das „Zertreten" (= mit unreinen Füßen betreten) des Heiligtums durch die Heiden gilt seit der Zeit des Antiochus Epiphanes als größtes Unglück, das den Tempel treffen kann: Er wird dadurch entweiht und als Opferstätte und Wohnort der Schechina unmöglich gemacht (vgl. Dan. 8, 13f.). Die Zeloten werden in der Rede des Jesus demnach den Heiden gleichgestellt (vgl. die Ananosrede § 171f., ferner Anm. 51). Trotz des hellenistisch-römischen Anklagestils treten die priesterlichen Anschauungen der Sprecher Ananos und Jesus deutlich hervor.

[69] ἀνθ' ὧν könnte auch einen Gegensatz bedeuten und wäre dann zu übersetzen: „anstatt ihnen zu helfen" (vgl. Thack 79 Anm. a).

[70] Zur Verwendung von Kränzen beim Empfang eines heidnischen Feldherrn in jüdischen Städten vgl. Judith 3, 7.

[71] Kohout 649 und Grätz, Geschichte III⁵ 513 legen das hier geschilderte Unwetter auf den Ausgang des Winters 67/68, und zwar in den Monat Adar (Februar—März). Im Unterschied hierzu setzt J. Klausner a. a. O. 213, Anm. 42 eine etwas frühere Zeit an, nämlich den 10. oder 11. Monat (Dezember—Februar). Die Mitte hält Simchoni 464, der wohl richtig auf die Zeit zwischen dem 11. und 12. Monat kommt. Die Schilderung des Unwetters erinnert an das Bild, das man sich im Spätjudentum von den kosmischen Erschütterungen beim Einbruch des Eschaton machte (vgl. die Schilderung des Erdbebens als der Endzeitkatastrophe 1 QH 3, 13—18; zum Brüllen der Erde 1 QH 3, 32f.). —

Anmerkungen zu Buch 4

Beim Ausbruch des jüdisch-arabischen Krieges ereignete sich infolge eines Unwetters ein militärischer Zwischenfall, den man mit der von Josephus geschilderten Überwältigung der Besatzung Jerusalems vergleichen könnte. Eine zahlenmäßig unterlegene jüdische Truppe überraschte in einer regnerischen Sturmnacht die arabische Stellung auf der Zitadelle von Safed in Galiläa und eroberte so die die Stadt beherrschende Festung.

[72] „Sägen hatte man immer in der Holzkammer an der nordöstlichen Ecke des Heiligtums liegen, wie auch in einer zweiten Kammer an der Südseite des innersten Vorhofes" (Kohout 650). Zur Holzkammer an der nordöstlichen Ecke des Frauenvorhofes vgl. Middoth 2, 6 b.

[73] Das in Dt. 21, 22f. ausgesprochene Gebot, einen am Pfahl gehängten Verbrecher noch am gleichen Tag zu begraben, ist dort mit der Pflicht begründet, das Land nicht zu verunreinigen. Hingegen ist das Motiv der Pietät vorherrschend in der Geschichte 2. Sam. 21, 9 f., nach der Rizpa für die Leichen der gepfählten Saulssöhne Sorge trägt. Allerdings gab es in Judäa auch die Schändung des Leichnams als besonders schwere Strafe für Menschen, die sich dem Volk gegenüber versündigt hatten (2. Kön. 9, 10). Nach 2. Makk. 5, 10 war sie Vergeltung für das schonungslose Handeln des hellenisierten Hohenpriesters Jason, der selbst eine Menge von Juden umgebracht und unbestattet gelassen hatte. Von diesem Bericht her ist das an unserer Stelle genannte Urteil des Josephus zu berichtigen. Falls die hier erwähnte Untat von den Zeloten begangen oder gutgeheißen worden sein sollte, stellte sie vielmehr eine besondere Verunglimpfung der „Verräter" des Volkes dar. Josephus wirft den Zeloten des weiteren noch vor, sie hätten später die Beerdigung in Jerusalem überhaupt verboten (§ 381 f.). – In Dt. 21, 22f. ist die Strafe der Pfählung gemeint, jedoch zeigt die Massenhinrichtung von aufständischen Juden unter Alexander Jannäus, daß in der späteren Zeit auch von jüdischen Herrschern die Kreuzesstrafe verhängt wurde (vgl. 1, 97, dazu Anm. 53 Bd. I S. 408 unserer Ausgabe).

[74] Zum Begriff ἅλωσις als dem möglichen Titel dieses Werks vgl. Bd. I S. XIX unserer Ausgabe. – Die in § 318 aufgestellte These des Josephus, der Untergang der Stadt sei im Tod des Hohenpriesters begründet, könnte von der in Dan. 9, 26 gegebenen apokalyptischen Weissagung beeinflußt sein (vgl. Simchoni 465). Zum Ganzen der Schilderung wären als Vergleich auch die apokalyptischen Zusammenhänge von Mk. 13 heranzuziehen.

[75] Seit der Makkabäerzeit gilt der Hohepriester als Anführer (ἡγούμενος 1. Makk. 13, 42; 14, 41) der Juden. Das Heil, das der Hohepriester verbürgt, ist recht umfassend zu denken; dazu gehört der Friede im Lande, die Fruchtbarkeit von Feldern und Bäume und der Sieg über die auswärtigen Gegner (vgl. das Enkomion auf den Hohenpriester Simon 1. Makk. 14, 6–15). Das kultische Heil, das durch den Dienst des Hohenpriesters gewirkt wird, ist im „Preis der Väter" Sirach 50, 1–21 hervorgehoben. – Zu der Wendung ἡγεμὼν τῆς σωτηρίας vgl. die Bezeichnung des „wahren Hohenpriesters Christus" als ἀρχηγὸς τῆς σωτηρίας in Hebr. 2, 10 (ähnlich Hebr. 12, 2; Apg. 3, 15). Es ist durchaus wahrscheinlich, daß in solchen Würdebezeichnungen die Titulatur der hasmonäischen Zeit nachwirkt.

[76] Zu dieser Würdigung des Hohenpriesters vergleiche man die Lobrede auf Onias in 2. Makk. 15, 12, die gleichfalls die Würde und Leutseligkeit des Hohenpriesters hervorhebt. Solch eine Lobrede hat wohl ihren „Sitz im Leben" in dem rühmenden Preis, der von den Männern während des Leichenzugs auf den Toten angestimmt wurde und der als wohlgesetzte Rede abgefaßt war. Darüber hinaus gab es bei der Beerdigung großer Männer eine Leichenrede (dazu S. Krauss, TalmudischeArchäologie, Bd. II, 1911, 65–68. 482–484). – Das Motiv der Herablassung zum Menschen ist noch verstärkt in der Hohenpriestervorstellung des Hebräerbriefes (2, 5–18; 4, 14–5, 10).

[77] In der Makkabäerzeit war der Hohepriester gleichzeitig der oberste Feldherr der Juden, was bei seiner Ernennung zum Hohenpriesteramt offiziell zum Ausdruck kam (1. Makk. 14, 41f. 47). In Qumran besteht die Vorstellung, daß der endzeitliche Krieg von den Priestern geleitet wird (1 QM 7, 9 ff.). Der Hohepriester hält die Anfeuerungsrede (1 QM 7, 12), die ihm zur Seite stehenden Priester und Leviten leiten den Kampf durch Trompetensignale und rufen damit die Hilfe Gottes herbei (1 QM 7, 13–8, 17). Auf der anderen Seite wird allerdings betont, daß sich die Priester dem Kampf mit der Waffe fernzuhalten haben und das Öl, mit dem sie zu Priestern geweiht sind, nicht mir dem Blut der Erschlagenen beflecken dürfen (1 QM 9, 7 ff.). Josephus hebt hier in erster Linie

Anmerkungen zu Buch 4

die priesterlichen Funktionen des Ananos hervor, doch ist für ihn im Sinne der hier angegebenen Traditionen der Hohepriester kraft seines Amtes charismatischer Feldherr, dem der Beistand Gottes sicher ist. — In ant. 20, 199 wird Ananos als ein Mann von heftiger und verwegener Gemütsart kritisiert. Thack verweist als Vorbild für unsere Stelle auf das Enkomion, das Thukydides auf Perikles hält (2, 65).

[78] Das Feuer als ein von Gott angewandtes Reinigungsmittel findet sich schon im Alten Testament (Jes. 1, 25; 66, 15f.; Sach. 13, 9; Mal. 3, 2f.) und, wohl verstärkt durch persischen Einfluß, im Spätjudentum (Edujot 2, 10; j. Sanh. 29b) sowie im Neuen Testament (1. Petr. 1, 7; Offb. Joh. 3, 18). Vgl. dazu Fr. Lang, Art. πῦρ in Th. Wb. VI, 927—953, besonders 932—940. Für Josephus ist diese offenbar kultisch-rechtliche Anschauung wichtig: die Verbrennung des Heiligtums ist ein Reinigungsakt Gottes selbst. Damit wird vorlaufend der Untergang des Tempels theologisch motiviert. Diese Schlußfolgerung aus alttestamentlichen Zusammenhängen ist typisch für Josephus; sie ist sonst nicht nachzuweisen.

[79] Der Begriff περικόπτειν (wörtlich: abhauen) setzt das im Spätjudentum und im Neuen Testament mehrfach gebrauchte Bild von der „Pflanzung Gottes" voraus (vgl. Jub. 1, 16; 16, 26; 36, 6; 1 QH 8, 4—10; 10, 25f.; CD 1, 7; Mt. 15, 13; 1. Kor. 3, 6—8). An unserer Stelle wird der Gute hinweggenommen, damit er nicht aus dem Geschick des Bösen teilhabe (vgl. Jes. 57, 1f.).

[80] Der Ausdruck κοσμικὴ λατρεία wird von A. Schlatter, die Theologie des Judentums 242 auf den „für die Menschheit bestimmten" Gottesdienst im jerusalemischen Tempel gedeutet. Da aber Josephus in der Stiftshütte und ihren Geräten das ganze Weltall dargestellt sieht (ant. 2, 123, 180ff.) und auch der Tempelausrüstung kosmische Bedeutung beimißt (bell. 5, 212ff. 217f.), liegt es nahe, in der κοσικὴ λατρεία die Beziehung auf den ganzen Kosmos zu finden. — Außerdem findet sich im Spätjudentum der allgemein orientalische Gedanke von der Entsprechung des irdischen und himmlischen Gottesdienstes; schon in der sumerisch-babylonischen Weltenlehre ist der Stufenturm Darstellung des Kosmos.

[81] Die Wendung: τῶν εὐγενῶν νέων (§ 333; νέων fehlt in L Lat) legt nahe, daß die εὐγενεῖς καὶ νέοι an unserer Stelle eine einzige Gruppe, nämlich die jungen Adligen sind (vgl. Thack z. St.). Im Gegensatz dazu sieht J. Klausner a. a. O. 213—215 in den νέοι (= se'îrîm) extreme, von den Adligen der Mittelpartei zu unterscheidende Zeloten und identifiziert sie mit den 2000 Männern, die beim Abzug der Idumäer, aus den Gefängnissen befreit, zu Simon ben Giora übergehen (§ 353). Diese Deutung J. Klausners setzt freilich voraus, daß die Zelotenbewegung noch wesentlich vielgestaltiger war, als es nach dem Bericht des Josephus auf den ersten Blick erscheinen mag.

[82] Zur Terminologie des Martyriums vgl. 2, 152.

[83] Zur antiken Sitte, Staub auf die Toten zu werfen, vgl. Sophokles, Antigone 256. 409f. 429.

[84] J. Klausner a. a. O. 214 Anm. 45 rechnet von dieser Zahl die 8500 im Tempel erschlagenen Wachen (§ 313) ab, so daß nur 3500 in der Stadt umgebracht worden wären. Vielleicht sind diese Zahlen jedoch übertrieben.

[85] Bei der Einrichtung dieses Gerichtshofes handelt es sich wohl um die Aufstellung eines neuen Großen Sanhedrin (§ 336), der nach J. Klausner a. a. O. 214 im Gegensatz zu dem vorangehenden, mehr oder weniger aristokratischen, in der Mehrzahl von Zeloten besetzt war. Da die im folgenden geschilderte Verhandlung im Tempel stattfand (§ 343), so wird man an die „Quaderhalle" denken müssen, in der nach Sanh. 11, 2; Middoth 5, 4 der große Sanhedrin sich zu versammeln pflegte. Nach Middoth 5, 4 hätte die Quaderhalle an der Südseite des Tempelvorhofs gelegen; Schürer I⁴ 264 denkt daran, daß sie sich am Xystos befand (gäzit = Quader = Xystos).

[86] Es erscheint fraglich, ob als Äquivalent zu Bareis der hebräische Name Baruch (so MC Na Klausner) angenommen werden darf. J. Wellhausen (Einleitung in die drei ersten Evangelien ²1911, 118ff.) identifiziert nach Mt. 23, 35 im Tempel erschlagenen Sacharja, Sohn des Berechja, mit dem an unserer Stelle genannten Sacharja, Sohn des Bareis. J. Klausner a. a. O. 215 nimmt an, daß nicht nur diese Matthäusstelle, sondern auch die in Talmud und Midrasch erwähnten Berichte über die Ermordung des Sacharja

ben Jehojada 2. Chron. 24, 20ff. von unserer Stelle beeinflußt seien. Wahrscheinlich liegt aber im Evangelium nur eine Verwechslung des Vaternamens des Sacharja ben Jehojada mit dem Propheten Sacharja, dem Sohn des Berechja, vor (vgl. dazu Targum zu Klag. Jer. 2, 20).

[87] Die Zahl 70 ist durch das alttestamentliche Vorbild der Helfer des Moses (Ex. 24, 1; Num. 11, 16; vgl. R. Jehuda Sanh. I 6 b gegen die Tradition 71) bedingt. Diesem Vorbild folgte auch Josephus, als er in Galiläa aus 70 angesehenen Männern eine Zentralbehörde bildete (2, 570). Die von ihm geschilderte Einberufung dieser obersten Gerichtsbehörde durch die Zeloten erinnert an die in § 156f. berichtete Einsetzung des Hohenpriesters. Phanni. Mit dem Vergleich von Bühne und Schauspielern will Josephus wohl beides zum Ausdruck bringen: die Tatsache der Illegitimität, die nach seinem Urteil vorlag, und die konkrete Machtlosigkeit der von den Zeloten eingesetzten Beamten.

[88] Es liegt ein Wortspiel mit den beiden Bedeutungen von ἀπόλυσις vor: Freilassung und Entlassung aus dem Leben zum Tode. Dahinter könnte der aramäische Stamm sch^era' stehen, der die gleiche Doppelbedeutung besitzt. Falls der Tod des „Gerechten" im Sinne der Märtyrertradition als ein sühnewirkendes Opfer verstanden wird, könnte der Begriff ἀπόλυσις außerdem auch auf den Abzug der Idumäer bezogen sein: die „Entlassung" des „Gerechten" bewirkt die „Freilassung" der Stadt.

[89] Falls die Quaderhalle an der Südseite des Tempelvorhofes lag (vgl. Anm. 85), wäre mit der unterhalb des Tempels liegenden Schlucht der tiefe Absturz in das Hinnomtal gemeint.

[90] J. Klausner a. a. O. 215f. vermutet, dieser eine Zelot sei Johannes von Gischala gewesen, der, zwar ein glühender Patriot, dennoch die Freveltaten der radikalen Zeloten verurteilte. Josephus habe den Namen dieses einflußreichen Mannes sicherlich gewußt, ihn aber absichtlich verschwiegen, weil er dem ihm persönlich Verhaßten eine solche Tat nicht habe zubilligen wollen. Der Abzug der Idumäer wird so vor allem der Autorität des nicht genannten Zeloten und dem Umstand zugeschrieben, daß die Entwicklung in Jerusalem nach der Beseitigung der Zentralregierung anders verlaufen war, als es die Idumäer selbst beabsichtigt hatten. Hinzukommen wird jedoch auch die Bedrohung Idumäas durch die Truppen Vespasians (§ 446f.), ferner ein Konflikt mit den Zeloten, der in der Tatsache der Entlassung von 2000 Gefangenen beim Abzug der Idumäer (§ 353) zum Ausdruck kommt. Einer rhetorischen Bußpredigt allein wären die Idumäer wohl nicht zugängig gewesen (vgl. deren Schilderung § 231). Später findet sich auch noch die Angabe, 5000 Idumäer unter den Führern Jakobus und Simon seien bei der Verteidigung Jerusalems an hervorragender Stelle beteiligt gewesen (5, 249).

[91] Ein Vergleich mit der Rede des Jesus (§ 238–269) zeigt, daß Josephus seine moralischen Vorwürfe gegen die Zeloten wieder in der Form einer antiken Kunstrede, vermischt mit jüdischen Motiven (Gesetzesübertretung, Wagemut der Zeloten), vorträgt, wobei er sie diesmal einem Zeloten selbst in den Mund legt. Dazu gehört, daß die vorher als besonders kriegslustig und allen rationalen Argumenten abholden Idumäer nun zu moralisch ansprechbaren Menschen werden, die sich gegenüber der zelotischen Verkommenheit vorteilhaft abheben. Die wahren Motive ihres Abzugs werden dadurch verdunkelt. Kohouts Ansicht (651 f.), diese Rede sei historisch so gehalten worden, wolle jedoch nur mit erheuchelten Gründen den Abzug der länger nicht mehr willkommenen Idumäer herbeiführen, ist in dieser Form nicht haltbar.

[92] Falls J. Klausner mit seiner Darstellung (vgl. oben Anm. 81) recht hat, ist bei den δημόται an die Arbeitslosen, die ant. 20, 219f. erwähnt sind, oder an freigelassene Sklaven zu denken, schwerlich jedoch an die in die Stadt hineingeströmte verarmte Landbevölkerung. Die Tatsache, daß diese entlassenen „Bürger" sich zu Simon bar Giora wenden, berechtigt an sich noch nicht zu dem Schluß, daß es sich dabei um Sikarier handeln müsse, denn wohin hätten sich zu dieser Zeit verfolgte jüdische Bürger aus Jerusalem sonst wenden können?

[93] Clementz, Reinach und Thack beziehen τήν μέν auf die εὐγένεια und τὸ δὲ γενναῖον auf ἐπ' ἀνδρείαν. Kohout übersetzt: „das Eine ... das Andere", läßt so aber γενναῖον aus. Falls jedoch — was naheliegt — γενναῖον auf εὐγένεια bezogen werden muß, ist es seltsam, daß gerade die Tapferkeit Neid und der Adel Furcht erregen. Im folgenden ist Gurion das Beispiel der εὐγένεια und Niger das der ἀνδρεία.

Anmerkungen zu Buch 4

94 Zu Gurion vgl. Anm. 42; zu Niger 3, 11, Anm. 9; 3, 27f. Anm. 11 Bd. I S. 455 unserer Ausgabe. J. Klausner a. a. O. 216f. vermutet, nach dem Abzug der Idumäer sei in Jerusalem eine antizelotische Verschwörung zustande gekommen, an der sich Joseph ben Gurion und der Held Niger maßgeblich beteiligt hätten. Die Gefahr, die damit für die Freiheitsbewegung entstand, habe Johannes von Gischala dadurch gebannt, daß er sich in dieser Notlage zum Diktator in Jerusalem gemacht und nach der Unterdrückung der Verschwörung den zelotischen Terror so weit als möglich begrenzt hätte.

95 Dadurch daß Gott den Fluch des Hingerichteten bestätigt, erweist er diesen als einen Gerechten und straft das Urteil der Zeloten Lügen; damit wird gleichsam ein Zeichen gegen die Zeloten aufgerichtet, die auch sonst Gottes Weisung in den Wind schlagen (§ 386). Von gleicher Gerechtsprechung eines unschuldig Hingerichteten durch Gott berichtet Josephus in ant. 14, 19–28, in der in einem um Jerusalem tobenden Bürgerkrieg angesichts römischer Bedrohung die Ermordung des Juden Onias von Gott durch Hungersnot schwer bestraft wird. Auch dort spielt der Fluch gegen die eigenen Landsleute eine große Rolle, allerdings kommt es im Unterschied zu unserer Stelle nicht so weit, vielmehr weigert sich der dazu genötigte Onias, ähnlich wie Bileam Nu. 22–24, einen Gott nicht gefälligen Fluch auszusprechen.

96 Thack erinnert an die Betrachtung des Thukydides (3, 82) über die Umwertung der Werte bei bürgerlichen Parteikämpfen.

97 Die Wendung κύριον τῶν ὅλων kann hier auf verschiedene Weise übersetzt werden; entweder meint sie den Oberbefehlshaber des Heeres (Thack, ähnlich Ricciotti, vgl. § 605) oder den Herrn der Situation (Kohout, Reinach). Es ist jedoch auch denkbar, daß an den künftigen Kaiser gedacht wird, der in 3, 402 von Josephus als „Herr über Erde und Meer und das ganze Menschengeschlecht" angeredet wird. In 2, 36 heißt der Kaiser ὁ δεσπότης τῶν ὅλων („Weltherrscher").

98 Der gleiche Gedanke, Gott gebe den Römern die Juden in die Hand, findet sich schon in der Rede des Titus vor Tarichea (3, 494: ... ἐκδιδόντος ἡμῖν 'Ιουδαίους θεοῦ). Zur Unterstützung der Römer durch Gott vgl. auch 2, 390 Anm. 183 Bd. I S. 446f. unserer Ausgabe sowie 3, 354; 5, 367. 412.

99 Das Zögern Vespasians, Jerusalem direkt anzugreifen, läßt sich in der Tat vor allem aus seinem Bestreben erklären, die römischen Truppen vor Verlusten zu bewahren (vgl. auch 3, 107; 4, 44f.). Der gleiche Grundsatz bestimmte die Römer wohl auch zu dem unerwarteten Rückzug vor Gischala (4, 104). Die Festung Jerusalem einzunehmen, wäre trotz der vier Legionen kein leichtes Stück Arbeit gewesen, zumal der Westen und Süden Judäas noch nicht unterworfen waren.

100 Die Sonne ist hier als Manifestation Gottes empfunden, wie 2, 148 beweist, wo von den „Strahlen Gottes" gesprochen wird, die durch unreine Handlung „beleidigt" werden können; vgl. auch die „Sonnenverehrung" der Essener (2, 128; dazu Anm. 44 S. 432f. und Anm. 75 S. 437 Bd. I unserer Ausgabe).

Das Verbot der Zeloten, die Toten zu beerdigen, entspricht nicht etwa der Grausamkeit oder der Rücksichtslosigkeit gegenüber dem Gesetz, sondern ist wohl als Notmaßnahme zu verstehen. Sie sollten verhindern, daß bei Beerdigungen in den außerhalb der Stadt gelegenen Begräbnisstätten die Möglichkeit ausgenutzt würde, aus Jerusalem zu entfliehen oder gar zu den Römern überzugehen. Dazu gibt Midrasch Echa I, 5 § 31 ein anschauliches Beispiel. Dort wird berichtet, wie Jochanan ben Zakkai die völlig ausgehungerte und zum Untergang bestimmte Stadt verlassen will. Er wendet sich deshalb an seinen Neffen, den Zelotenführer Ben Battiach, der ihm erklärt, er könne ihn nur als einen Toten aus der Stadt herausbringen. Daraufhin legt sich Jochanan ben Zakkai in einen Sarg und läßt sich von seinen Schülern zum Begräbnisplatz tragen. Die scharfe Kontrolle am Tor wird darin sichtbar, daß die Wachen mit ihren Schwertern in den „Toten" stechen wollen und nur mit Mühe daran gehindert werden können.

101 Der von Josephus erhobene Vorwurf, die Zeloten hätten die „Aussprüche der Propheten" verspottet (§ 386), steht in scheinbarem Widerspruch zu der am Ende des Abschnitts gemachten Feststellung, sie hätten dem „alten Wort" den Glauben nicht verweigert (gegen Kohout und Reinach muß die doppelte Negation: οὐκ ἀπιστήσαντες erhalten bleiben). Dieser Widerspruch läßt sich dann auflösen, wenn Josephus mit dem

Anmerkungen zu Buch 4

„alten Wort" an das Orakel Dan. 9, 24–27 gedacht hat. Denn der Prophet Daniel war den Schriftpropheten (nebi'îm) nicht gleichgestellt und galt in Qumran wahrscheinlich nicht als „kanonisch", spielte aber andererseits für die eschatologischen Erwartungen des Spätjudentums eine große Rolle. Ein dem Text des Josephus genau entsprechendes Schriftwort gibt es nicht, aber das bei Daniel überlieferte Orakel wird einesteils ausdrücklich als daḇar = λόγος bezeichnet (V. 23) und spricht andererseits von der Vernichtung der Stadt und des Heiligtums, das durch den „Greuel der Verwüstung" entweiht ist. Freilich legt Josephus diese Entweihung den Juden selbst zur Last, während sie bei Daniel auf den fremden Unterdrücker bezogen werden muß; auch weiß das Danielbuch nicht von einer Entweihung durch die Juden. Doch ist es durchaus denkbar, daß Josephus in der in Dan. 9, 26 erwähnten ohne Richterspruch erfolgenden Ausrottung eines Gesalbten das durch den Bürgerkrieg verschuldete Ende des Hohenpriesters Ananos gesehen hat, zumal die unmittelbar folgende Drohung, die Stadt und das Heiligtum würden durch das Volk eines Fürsten, der kommen wird, verdorben werden, auf die Römer bezogen werden konnte.

In der rabbinischen Überlieferung sah man im Orakel Jes. 10, 34: „und der Libanon fällt durch einen Herrlichen" die Zerstörung des Tempels geweissagt. Jochanan ben Zakkai habe aus ihr seinen prophetischen Spruch, Vespasian werde zum Kaiser ausgerufen werden, gefolgert (Midr. Echa I, 5 § 31; pBer. 5a, 12; Gittin 56a). Schon in der Qumransekte wurde der Abschnitt Jes. 10, 28–34 auf den Zug der endzeitlichen Feinde (Kittim = Römer) gegen Jerusalem gedeutet.

Das von Thack erwähnte vaticinium ex eventu Or. Sib. IV 117ff. muß ausscheiden, da das Sibyllenbuch erst nach dem bellum verfaßt ist (80 n. Chr.).

¹⁰² Gemeint ist Johannes von Gischala, von dessen Herrschergelüsten schon in § 208 berichtet wurde. Das im Folgenden gegebene Bild von Johannes von Gischala ist sehr einseitig. Nach J. Klausner a. a. O. 225f. war dieser keinesfalls nur mit Raub, Mord und Erpressung beschäftigt, sondern bereitete Jerusalem mit großer Energie und Umsicht auf die Belagerung durch die Römer vor. Er verstärkte die Befestigungsanlagen, verproviantierte die Stadt mit Brot und Früchten und legte vor den Mauern Gärten an, die er mit schwer überwindlichen Hindernissen umgab (5, 57). Von den Lebensmittelvorräten im belagerten Jerusalem spricht vor allem der babylonische Talmud (Gittin 56a). Besondere Sorgfalt wurde der Wasserversorgung geschenkt. Vgl. dazu A. Büchler, Zur Verproviantierung Jerusalems im Jahre 69–70 n. Chr. im Gedenkbuch zur Erinnerung an D. Kaufmann, 1900, 30–43.

¹⁰³ Möglich ist auch die Übersetzung: „... und sie dachten, es würde ihnen selbst als Entschuldigung dienen, wenn sie ihm von Anfang an Widerstand geleistet hätten" (Thack).

¹⁰⁴ Josephus will mit dieser Schilderung den Eindruck erwecken, als habe in Jerusalem zu dieser Zeit eine reine Willkürherrschaft bestanden. Nach Gittin 56a hat es jedoch den Anschein, als hätten während der Belagerung drei besonders reiche Leute die Versorgung der Stadt freiwillig auf sich genommen. In Wirklichkeit werden die Zeloten ein Notrecht eingerichtet haben, das alle Bewohner Jerusalems und besonders die Reichen zur Teilnahme an den Abwehrmaßnahmen verpflichtete.

¹⁰⁵ Die Annahme ist nahe, daß sich in der spätjüdischen apokalyptischen Tradition ein Schema von vier Plagen ausgebildet hat, von dem Josephus hier bestimmt sein könnte. Man darf in diesem Fall an die vier Reiter im Nachtgesicht des Sacharja (1, 7–17), an die vier apokalyptischen Reiter (Offb. Joh. 6, 1–8) und besonders an die vier Tiere in dem Gesicht Dan. 7 denken. Die Bemerkung, das vierte Unheil sei „andersartig", könnte dann durch Dan. 7, 7 beeinflußt sein, wo es ausdrücklich heißt, das vierte Tier sei „anders" als die drei vorausgegangenen.

¹⁰⁶ Zu Masada, vgl. Bd. I unserer Ausgabe S. 413 Anm. 119. Der Feststellung, die Festung Masada sei „von den alten Königen" als ein Bergungsort für ihr Vermögen eingerichtet worden, steht in 7, 285 eine andere gegenüber, nach welcher der Hohepriester Jonathan als erster diese Festung erbaut und „Masada" (meṣudā = Bergfeste) genannt habe. Die Wendung von den „alten Königen" macht zunächst nicht den Eindruck, Josephus wolle damit den Hohenpriester Jonathan und den noch wesentlich späteren König Herodes den Großen als die Erbauer der Festung bezeichnen.

Anmerkungen zu Buch 4

Jedoch haben die bisher erfolgten Ausgrabungen in Masada keinerlei Spur von Besiedlung aus alttestamentlicher Zeit auffinden lassen (The Archaeological Survey of Masada, 1955—1956, Israel Exploration Journal 7 (1957) 1—65). F. M. Abel (Géographie de la Palestine, Bd. II, 1938, 380) hat versucht, Masada mit den in 1. Sam. 24, 1 erwähnten „Festungen von Engedi" zu verbinden; jedoch ist diese Annahme aufgrund der jetzt in der Nähe von Engedi entdeckten Befestigungsanlagen aus der Eisenzeit unhaltbar geworden. Somit dürfte die in 7, 285 gegebene Notiz von der Erbauung Masadas durch Jonathan am ehesten dem historischen Sachverhalt entsprechen.
    [107] Zu den Sikariern, vgl. 2, 254ff. und Anm. 145 in Bd. I, 444 unserer Ausgabe. Die Einnahme Masadas durch besonders radikale Aufständische ist in 2, 408ff. 433f. erwähnt, vgl. dazu Anm. 197 in Bd. I, 447 unserer Ausgabe.
    [108] Engedi (3, 55: ’Ενγαδδαί) am Westufer des Toten Meeres etwa 17 km nördlich von Masada gelegen, hieß nach 2. Chron. 20, 2 ursprünglich ḥaṣaṣon tamar, später ʻain gedi (Böckchenquelle Josua 15, 62; 1. Sam. 24, 1f.; Hes. 47, 10 u. a.); heute heißen die Ruinen ʻain djidi. Die warme Quelle (27 Grad Celsius) bewässerte einst Gärten, Weinberge und Palmenhaine. J. Klausner a. a. O. 228f. erinnert im Zusammenhang mit dem Angriff der Sikarier gegen Engedi an die Notiz des Plinius hist. nat. V 17 daran, daß unmittelbar nördlich von Engedi die Essener gewohnt hätten (gens aeterna, socia palmarum). Er glaubt, das kommunistische Ideal und die Abschaffung der Sklaverei seien ursprünglich essenisch, dann aber von den Sikariern übernommen.
    [109] J. Klausner a. a. O. 228f. ist der Ansicht, der Angriff auf Engedi hätte nicht die Plünderung und Verproviantierung, sondern ein Strafgericht an den Verrätern der Sache des Aufstandes zum Ziel gehabt. Denn die Festung Masada war nach 7, 296f. mit Getreide, Wein und Öl auf Jahre hinaus versorgt. Die Ansicht J. Klausners wird durch die von uns übernommene Lesart ἐκόλασαν gestützt. — Simchoni 466 nimmt an, daß die wehrfähige Mannschaft in Engedi auf das Fest nach Jerusalem gezogen sei, so daß der Überfall der Sikarier nur auf die wehrlosen Frauen und Kinder erfolgt sei.
    [110] Da die Juden nur *ein* Heiligtum im eigentlichen Sinne, den jerusalemer Tempel, kennen und Josephus das Adjektiv ἱερός in einem allgemeineren hellenistischen Sinn gebrauchen kann (vgl. die Wendung ἱερὰ φύσις 1, 465), sind mit den „Heiligtümern" an unserer Stelle wahrscheinlich Synagogen gemeint, vor allem solche, die wie etwa Hebron zugleich als Gedenkstätten an heilige Begebenheiten eingerichtet und von Herodes dem Großen prächtig ausgestattet waren. Dabei kann besonders auch die ausgesprochene Bilderfeindschaft der Zeloten (vgl. vita 65ff.) ein entscheidendes Motiv für die Überfälle gewesen sein. Schließlich kann man auch an heidnische, etwa nabatäische oder auch hellenistische Kultstätten denken.
    [111] Eine andere weniger gute Übersetzung wird von Clementz (ähnlich Reinach) vorgeschlagen: „Hier und da begab es sich wohl, daß sie von den Angegriffenen, wie es im Kriege denen zu geschehen pflegt, die unterlegen sind, übel zugerichtet wurden; dafür aber kamen sie in anderen Fällen der Rache der Gegner zuvor, indem sie nach Räuberart mit der Beute sich rasch davon machten." ἐφ’ οὕς ist jedoch als Ellipse anstelle von τούτους ἐφ’ οὕς und φθάνεσθαι als Passiv zu verstehen.
    [112] Das Mitleid Vespasians steht im Gegensatz zu seiner Rede an die Offiziere 366—376, während die folgenden Kriegshandlungen mit dem dort geäußerten Plan übereinstimmen: Vespasian hat auch jetzt keine Neigung, Jerusalem unmittelbar anzugreifen.
    [113] Das hier genannte Gadara (besser: Gadora) ist das südlich vom Jabbok nahe dem Gipfel des nebi odjaʻ gelegene gador in der Nähe des heutigen es-salṭ. Auf den Namen Gadora weist die Quelle ʻain djadur bei es-salṭ. Schon 218 v. Chr. war die von Antiochus dem Großen eroberte Stadt bedeutend, bei Polybius hist. V 71 mit dem Namen Gadara neben Rabbat-Amman erwähnt. Nach bell. 1, 170 hat Gabinius den Mittelpunkt eines Gerichtsbezirks nach Gadara verlegt, das jedoch nicht, wie G. Dalman meint, mit diesem Gadora, sondern mit Gezer identisch ist (vgl. Bd. I unserer Ausgabe S. 411 Anm. 90; zum Ganzen: G. Dalman, Orte und Wege Jesu³ 1924, 255).
    [114] Mit Bethennabris ist der zur Stadt Gad gehörige Ort bēt nimrā (Num. 32, 3. 36; Josua 13, 27) gemeint. Er lag da, wo der Bach von Gador in die Jordanebene eintritt, etwa 18 km südwestlich von Gadora. In j. Schebi. IX, 2(38 d) wird bēt nimrā zwischen bēt harām und sukkōt sowie nach Gador erwähnt. Die jüdischen Gadorener flohen demnach

Anmerkungen zu Buch 4

auf einer Römerstraße nach dem Ort bēt nimrā, von welchem der jetzige tell nimrin, ein sehr kleiner Hügel, wohl nur die Burg bedeutet, während die Ortschaft sich westwärts ausgebreitet zu haben scheint (G. Dalman, PJB 6, 1910, 22f.).

[115] Josephus gebraucht den Plural ὄχθαι (die Steilufer, die Uferränder), weil er an die Uferränder des terrassenförmig gegliederten Jordantales denkt, die gerade im Unterlauf besonders ausgeprägt sind. Das Haupttal der ersten Stufe heißt Ghor und ist zu Feldern und Weideland ausgenutzt; die nächste Terrasse, in der sich das Flußbett befindet, das von einem dichten Gebüsch umgeben ist (zor), heißt qattara. Im Frühjahr schwillt der Fluß so stark an, daß er in der Nähe von Jericho 50 m breit und bis 6 m tief sein kann und damit zu einer meist schwer und oft gar nicht zu überschreitenden Grenze wird. Vgl. N. Glueck, The River Jordan, 1945, 70f.; G. Dalman, Orte und Wege Jesu 93ff.

[116] Zu Abila vgl. 2, 252; zu Julias 2, 168. 252 und die Anmerkungen in Bd. I unserer Ausgabe. Das südliche von Julias gelegene, zum Stamm Ruben gehörige Bēthajeschimōt ist das heutige suweime (F. M. Abel, Géographie de la Palestine II 1938, 69; vgl. Jos. 12, 3; Num. 33, 49, wo Bēthajeschimōt neben Abelhaschittim als Lagerplatz Israels genannt wird).

[117] Bei dem in 4, 419—439 geschilderten Unternehmen des Placidus fällt die Ausführlichkeit und Anschaulichkeit auf, ferner die Tatsache, daß die Taktik dieses Führers mit der in § 57—61 gegen die Festung Tabor angewandten übereinstimmt.

[118] C. Julius Vindex, Proprätor in Gallien, war der Führer des ersten Aufstandes gegen Nero. Dieser Aufstand scheiterte freilich, da die aus Germanien von Nero entsandten Truppen unter Virginius infolge eines Mißverständnisses die Aufständischen niederschlugen und Vindex zum Selbstmord veranlaßten, obwohl Virginius selbst bereit gewesen war, sich dem Aufstand anzuschließen (Dio Cass. 63, 22; Plut. Galba 4ff.). Bei Sueton Nero 40 folgt nach der Erwähnung des Aufstandes in Gallien die eigenartige Bemerkung, dem Kaiser sei im Falle einer Absetzung die Herrschaft über den Orient, von einigen Wahrsagern sogar das Königreich Jerusalem verheißen worden.

[119] Wörtlich: „Dekurionen" und „Centurionen". Dekurionen gibt es im römischen Heer eigentlich nur bei der Reiterei (Pauly-W. 4 (1901) 2316f.), jedoch scheint Josephus sie in 2, 578; 5, 503 auch für das römische Fußvolk vorauszusetzen, wobei er vielleicht durch die Gliederung des jüdischen Heerbannes beeinflußt ist (vgl. Bd. I unserer Ausgabe S. 451 Anm. 248 zu 2, 580).

[120] Mit Thamna ist offenbar der an der Heerstraße von Caesarea nach Jerusalem liegende Ort timnat seraḥ (Jos. 19, 50; 24, 30) gemeint. Es gibt noch ein anderes Dorf mit ähnlichem Namen, das die Heimat der Frau des Simson ist und im Philisterland liegt (timnata Ri. 14, 1. 5, heute ḫirbet tibne). J. Klausner a. a. O. 219f. glaubt, daß der zweite Zug Vespasians gegen Jamnia durch einen erneuten Aufstand bedingt war (vgl. schon vorher § 130: Jamnia und Azotos). Es ist anzunehmen, daß die Ansiedlung von politisch zuverlässigen Juden in Jamnia und Lydda bedeutsam war im Hinblick auf die Tatsache, daß Jamnia mit Genehmigung Vespasians später zu einem Zentrum des Torastudiums gemacht wurde (Gittin 56b) und in Lydda sich bis zu dessen Zerstörung (351 n. Chr.) die „Weisen des Südlandes" aufhielten (vgl. dazu auch J. Klausner. a.a.O.).

[121] Die Wendung „ihre Hauptstadt" ist nicht auf die Hauptstadt des Bezirkes (gegen Thack vgl. § 449, wonach Emmaus = 'amwās von den Römern besetzt ist), sondern auf Jerusalem zu beziehen, das damit von Norden her isoliert wird. — In Emmaus wurden Inschriften der fünften römischen Legion aus dem Jahre 70 gefunden (J. Klausner a. a. O. 220).

[122] Eine Toparchie Bethleptepha gibt es nach 3, 55 nicht; jedoch ist dort mit dem Namen Pelle vielleicht Bethleptepha gemeint (= bēt nettif südwestlich von Jerusalem). Vgl. Bd. I unserer Ausgabe S. 456 Anm. 23. J. Klausner. a. a. O. 220 rechnet wie früher H. Graetz mit der Möglichkeit, es könne hier die Toparchie Betlehem gemeint sein.

[123] Andere Übersetzung: „... ferner die Umgebung von Idumäa, und richtete an geeigneten Stellen befestigte Stützpunkte ein" (Thack, Reinach, Ricciotti, die nach Ἰδουμαίας ein Komma setzen).

[124] Mit Betabris (Na: Betaris) ist bēt dschibrin (vgl. Lat: Begabris) gemeint, 15 km nordwestlich von Hebron. Die von Septimius Severus mit dem Vorrecht der Autonomie beschenkte und später sehr einflußreich gewordene Stadt nahm damals den Namen

Anmerkungen zu Buch 4

Eleutheropolis an. Sie bildete einen wichtigen Kreuzungspunkt im System der römischen Herrstraßen. Zum Namen Bēt-Gubrin und seiner Bedeutung in der talmudischen Zeit vgl. A. Neubauer, La Géographie du Talmud 1868, 122—125. — Kaphartoba ist das heutige kafr et-ṭaibe, 8 km südwestlich von Hebron.

[125] Neapolis ist das erst 72 n. Chr. von Vespasian gegründete und darum hier anachronistisch so genannte Flavia Neapolis, das in unmittelbarer Nähe des alten Sichem liegt (heute nablus). Der Name Mabartha (j. Taanit 68c) ist wohl am besten als „Durchgangsstelle" (aramäische Wortbildung) zu übersetzen, da die Stadt zwischen Ebal und Garizim an der Kreuzung der wichtigen Straßen vom Mittelmeer zum Jordan und von Galiläa nach Jerusalem liegt.

[126] Zu Korea (1, 134 und ant. 14, 49. 83 Koreai genannt) vgl. Bd. I unserer Ausgabe Anm. 74 und 75 S. 409. Der Name bedeutet „Stadt" (qirjā).

[127] Nach Plin. hist. nat. 12, 54, 113 fanden zwischen Juden und Römern Kämpfe um die Balsamstauden von Jericho statt, die die Juden zu zerstören, die Römer dagegen zu schützen suchten. Diese Kämpfe müßten sich damals abgespielt haben.

[128] Da Josephus die Grenzen dieser Gebirgszüge meist durch Ortschaften festgelegt hat, so wäre zu erwarten, daß dies auch bei Somorra der Fall ist. Somorra müßte dann das alte Gomorra sein, das allerdings bei dem Bericht über die Zerstörung Sodoms (ant. 1, 196—204) nicht erwähnt wird. Der Wechsel von G und S im Anlaut findet sich auch bei Ginnabris = Sennabris in § 455; 3, 447. F. M. Abel, Géographie I 384 denkt jedoch bei Somorra an den dschebel samra, einen Berg am Südostende des Toten Meeres zwischen dem wadi nemeira und dem sēl qeraḥi.

[129] Der „Eisenberg" muß nördlich des Arnon in der Gegend des zerqā ma'in liegen, die dort befindlichen dunklen Basaltberge mögen zu diesem Namen geführt haben. In Mischna Sukka 3, 1; bSukka 32b ist der Eisenberg (har habbarzel) im Zusammenhang mit der Besorgung des Feststraußes für das Laubhüttenfest erwähnt.

[130] Die Bezeichnung „große Ebene" ist bei Josephus kein eindeutig festgelegter geographischer Begriff. In § 54 nennt er die Ebene von Asochis so, in 2, 232. 595; 3, 39 die Ebene Jesreel. Hier ist das Ghor (Jordantal zwischen dem See Tiberias und dem Toten Meer) gemeint. Zu Ginnabris = Sennabris vgl. 3, 447, dazu Bd. I unserer Ausgabe S. 462 Anm. 108.

[131] Die von Josephus angegebene Länge, 1200 Stadien = 220 km, ist zu hoch; die Länge des Ghor beträgt heute 105 km. Nimmt man dagegen die beiden Seen von 21 bzw. 80 km Länge mit dazu, so läßt sich die Angabe des Josephus eher verstehen. Vgl. dazu Thack und Ricciotti gegen Kohout, der an eine Verwechslung der Zahlzeichen denkt. Die Breite des Ghor schwankt zwischen 3 km unmittelbar südlich des Sees Genezareth und 20 km am Nordende des Toten Meeres.

[132] Zur Vegetation des Ghor vgl. die ausführlichen Schilderungen bei G. Dalman, Orte und Wege Jesu, 1924,89—107 und F. M. Abel, Géographie I, 423—429.

[133] Die hier beschriebene Quelle heißt heute 'ain es-sulṭan und liegt unmittelbar am Fuß des tell es-sulṭan, des alttestamentlichen Jericho, dessen unterste Schicht aufgrund der neuesten Ausgrabungen als die älteste der bisher bekannten Stadtsiedlungen (jüngere Steinzeit) anzusprechen ist (K. Kenyon, Digging up Jericho 1957). — Josua, der Sohn des Nun, ist gemeint mit dem in der LXX verwendeten Namen Jesus, Sohn des Nave. Zur Eroberung von Jericho vgl. Josua 6; ant. 5, 22—30.

[134] Nach 2. Kön. 2, 20 ist es ein neues Gefäß, nach 2, 21 wird nur das Salz in die Quelle geworfen. Zum Erheben der „gerechten Rechten" als Gebetsgeste vgl. 1. Tim. 2, 8.

[135] Obwohl Josephus in den Antiquitates betont, er wolle auf die Taten Elisas besonders eingehen, da sie berühmt sein und wert, erzählt zu werden (9, 46), bleibt die wunderbare Heilung der Quelle von Jericho dort unerwähnt. Um so auffallender ist es, daß er sie an unserer Stelle viel ausführlicher darstellt, als sie in der alttestamentlichen Vorlage 2. Kön. 2, 19—22 gegeben ist. Hinzugefügt sind die moralisierenden Motive von der belohnten Gastfreundschaft (§ 461) und der an das Wohlverhalten der Bewohner gebundenen Dauer des Quellwunders (§ 463). Ferner ist der bedrohliche Charakter der Quelle und damit auch die Größe des Wunders gesteigert. Während nach 2. Kön. 2, 22 Elisa lediglich die ungesunde Quelle *heilt*, wird sie bei Josephus *verwandelt* (§ 460. 464).

225

Anmerkungen zu Buch 4

Damit schafft Josephus die Voraussetzung für die Schilderung der paradiesischen Landschaft Jerichos, die nach ihm eine „göttliche", d. h. eine von göttlicher Segenskraft gespeiste, ferner eine der fruchtbarsten und glücklichsten der ganzen Erde darstellt (§ 469f. 475).

Nicht nur die Wirkung, sondern auch der Vollzug des Wunders ist gesteigert, gleichzeitig aber auch verändert. Nach dem biblischen Bericht wird die Quelle vor allem durch das vom Propheten verkündigte Machtwort Gottes geheilt (2. Kön. 2, 21). Josephus nennt Gott überhaupt nicht ausdrücklich, sondern stellt die an Erde und Himmel gerichteten Bitten und die sachkundigen Handlungen Elisas in den Mittelpunkt. Die letzteren erinnern sowohl an altorientalische Fruchtbarkeitsriten, als auch an priesterliche Funktionen. Das besänftigende Trankopfer in das Herz der Erde bildete einen wichtigen Bestandteil eines im Baal-Epos von Ras Schamra mehrfach erwähnten Fruchtbarkeitszeremoniells (Baal VI, 2, 19; V, 4a, 9f. 29f., zitiert nach J. Aistleitner, Die mythologischen und kultischen Texte aus Ras Schamra 1959), desgleichen sollte die beim Laubhüttenfest von den Priestern dargebrachte Wasserspende zur Fruchtbarkeit des Landes beitragen (Tos. Sukka 3, 18). Der Targum gibt den biblischen Bericht genau wieder, im Talmud (Sota 47a) werden nur die Folgen dieser Erzählung spekulativ erweitert, so daß eine Verbindung mit der folgenden Geschichte hergestellt ist. Somit bleibt nur der Schluß, daß die hier gebotene Wiedergabe des Elisawunders etwas von der im Spätjudentum auch sonst zu beobachtenden *Rekanaanisierung* des Volksglaubens verrät, oder aber, daß Josephus die alttestamentliche Geschichte dem Geschmack seiner hellenistischen Erzähler angepaßt hat. — Die Hervorhebung des Gebets im heilschaffenden Prozeß entspricht einer synagogalen Tradition (vgl. Lk. 3, 21); dazu ausdrücklich Simchoni 469.

[136] Heute reicht das Wasser der Sultanquelle über 5 km Ausdehnung nicht hinaus, die Angabe des Josephus von 12,6 und 3,6 km wäre zu hoch, selbst wenn man die drei Quellen im Oberlauf des Wadi Qelt und die Quellen von Doq und Naaran hinzunimmt. Strabo 16, 2, 41 gibt sogar ein Gebiet von 100 Stadien Länge an, während die Rabbinen nur 500 Ellen im Geviert, die Maße des Tempelgeländes, dafür einsetzen (Sifre Num. 81, 21b).

[137] Jericho wird im AT „Palmenstadt" genannt (Dt. 34, 3; Ri. 1, 16). Die Güte dieser Dattelpalmen, die nur von den in Babylon und Engedi gezüchteten erreicht wurde, rühmt Josephus bell. 1, 361; ant. 15, 96, ferner Tac. hist. V 6; Plinius hist. nat. XIII 9, 44. In hist. nat. XIII 9 werden die verschiedenen Arten der Dattelpalmen ausführlich beschrieben, auch wird die Gewinnung von Honig bestätigt.

[138] Zu den Bienen vgl. Mt. 3, 4, ferner die Notiz Philos, unter den Essenern, deren Zentrum Khirbet Qumran sich ja südlich von Jericho befand, hätte es Bienenzüchter gegeben (Apologie bei Euseb praep. ev. VIII 11, 5 § 8).

[139] Während die Balsamstaude (biblisch: „baśam" Cant. 5, 1), deren saftreiche Spitzen den Balsamsaft liefern, einst auch in Engedi, bei Zoar und auch bei Skythopolis gedieh, wächst sie heute nur noch an der Küste Arabiens. Nach Josephus hat die Königin von Saba sie dem Salomo gebracht (ant. 8, 174). Die Gewinnung des Balsams wird 1, 138; ant. 14, 54 beschrieben. Plinius berichtet, die Balsampflanzungen Jerichos hätte der römische Fiskus in eigene Verwaltung genommen, ferner hätten Vespasian und Titus die Staude bei ihrem Triumphzug in Rom gezeigt (hist. nat. XII 54. 111ff.). Plinius erwähnt außerdem, die Juden hätten beim Kampf um Jericho die Pflanzungen zerstören wollen, so daß die Römer sie kämpfend schützen mußten. — Die Kyprosblume (Lawsonia inermis), eine bis zu 3 m hohe Staude, wurde wegen der ungewöhnlich stark duftenden weißen Blütenrispen geschätzt. Sie ist in Cant. 1, 14; 4, 13; Schebi. 7, 6 erwähnt. Heute wird von dieser Pflanze im Orient ein rotgelber Farbstoff gewonnen (G. Dalman, Arbeit und Sitte in Palästina Bd. I, 2, 1928, 383f.). — Myrobalanos (balanites aegyptiaca) ist der am toten Meer heimische, heute noch wild wachsende Behennußbaum. Unser Name „Mirabelle" geht auf Myrobalanos zurück (J. Löw, Die Flora der Juden Bd. II, 1924, 124).

[140] Dieser Bericht erinnert an die Schilderung der Landschaft am See Genezareth, deren üppige Fruchtbarkeit Josephus ebenfalls auf milde Luft und eine lebenschaffende Quelle zurückführt (3, 516. 519). Ähnlich berichtet er, das Wasser des Sees werde so kalt wie Schnee, wenn man es in den Sommernächten der freien Luft aussetze (3, 508).

Anmerkungen zu Buch 4

[141] Danach würde es sich um 27 bzw. 11 km handeln. Auf der heutigen Straße von Jericho nach Jerusalem, die wesentlich kurvenreicher ist, beträgt die Entfernung 37 km, von Jerusalem zum Jordan sind es rund 8 km.

[142] Im AT heißt das hier gemeinte Tote Meer „Salzsee" (Gen. 14, 3), „See der 'araba" (Dt. 3, 17) und „östlicher See" (Hes. 47, 18; Joel 2, 20; Sach. 14, 8). Der Talmud spricht vom „Salzsee" (Bekhoroth 13b) oder „See von Sodom" (Schab. 108b), Strabo vom „See Sirbonis" (XVI 763, 42). Erst Pausanias V 7, 4 und M. Junianus Justinus 36, 3 erwähnen das „Tote Meer". Bei den Arabern heißt es „baḥr Luṭ" (Meer des Lot).

[143] Vom Wasser des Aspaltsees hat Josephus schon in § 456 gesprochen. Er meint, die „Leichtigkeit" (κουφότης) verschaffe diesem den Auftrieb, während Strabo a. a. O. richtig von dem βαρύτατον ὕδωρ spricht. Die starke Verdunstung, die Mineralien des Seebeckens und die starke Zufuhr salzhaltiger Stoffe durch den Jordan bewirken den bis zu 20% betragenden Gehalt an Salzen. Mit Ausnahme mikroskopischer Protophyten kann nichts im Wasser des Toten Meeres leben; die vom Jordan hereingeführten Fische treiben oft in großer Zahl an der Oberfläche des Wassers. Die „Schwere" des Wassers ist auch in b. Schab. 108b erwähnt, dort gilt ein Bad im Toten Meer als heilsam für manche Krankheiten.

[144] Die Bildung des Asphalts ist auf den hohen Schwefelgehalt des Küstengesteins zurückzuführen. Besonders bei Erdbeben lösen sich solche Klumpen und treiben nach oben. Tacitus (hist. V 6) beschreibt diese Erscheinung ähnlich wie Josephus, ebenso Strabo (XVI 2, 42), der die Asphaltmassen Hügeln vergleicht. Die Beschreibung bei Tacitus geht wohl auf Angaben von Diodorus Siculus zurück, der drei Kapitel dem Asphalt des Toten Meeres gewidmet hat (2, 48; 19, 98–99). Bei Diodorus Siculus (2, 48; 19, 98) heißt es, die Barbaren dieser Gegend hießen die größeren Stücke „Stiere", die kleineren „Kälber".

[145] Tacitus hist. V 6 sagt ähnlich: „fugit cruorem vestemque infectam sanguine quo feminae per menses exsolvuntur. sic veteres auctores." Nach Strabo a. a. O. wäre einer dieser alten Gewährsmänner Posidonius. In 7, 180ff. nennt Josephus die gleichen Mittel bei der Gewinnung einer wunderbaren Wurzel. Auch Plinius erwähnt in einer Abhandlung über die Wirkung des Menstruationsblutes dessen Fähigkeit, den am Toten Meer gewonnenen Asphalt zu lösen (hist. nat. VII 65).

[146] Die Angaben des Josephus betragen umgerechnet 104 bzw. 27 km. Diodor (19, 98) gibt 500 auf 80 Stadien, Plinius (hist. nat. V 72) 100 auf 75 römische Meilen an. Tatsächlich ist das Tote Meer etwa 85 km lang und mißt an der breitesten Stelle 15,7 km. In prähistorischer Zeit dehnte es sich über seine heutige Küste hin aus 120 km weiter nach Norden und etwa 90 km weiter nach Süden aus. – Zoar, nach der Volksetymologie von Gen. 19, 20ff. die „Kleine", lag am Wege von Sodom nach Moab und gehörte nach Jes. 15, 5; Jer. 48, 34 zu Moab. Nach Gen. 13, 10 markierte dieser Ort den äußersten Süden des Jordankreises. Nachdem Alexander Jannäus Zoar mit den Städten Moabs erobert hatte (ant. 13, 397), fiel es später an die Nabatäer (vgl. ant. 14, 18). Die Madebakarte verzeichnet es an der Südostecke des Toten Meeres und verlegt es in einen Palmenhain (vgl. M. Avi-Yonah, The Madaba Mosaic Map, 1954, Tafel 4); die Fruchtbarkeit der Gegend war sprichwörtlich.

[147] Die Pentapolis besteht aus den Städten Sodom, Gomorra, Zeboim, Adma und Zoar. Schon in historischer Zeit, im letzten Stadium der Geschichte des Toten Meeres, senkte sich bei einem tektonischen Erdbeben der südliche Teil in die Tiefe, so daß das Tote Meer ihn von neuem überflutete. Der Name Sodom ist im Dschebel Usdum an der Südwestecke des Toten Meeres und in der modernen Siedlung Sodom erhalten, dort befinden sich noch heute mächtige Salzablagerungen. Neuerdings wird die Lage der fünf Städte auch an das Nordende des Toten Meeres verlegt (vgl. The Universal Jewish Encyclopedia, 1948, vol. 9, 586f.). Clementz übersetzt: „und es sind im See die schattenhaften Umrisse von fünf Städten zu sehen", doch ist an dieser Stelle im griechischen Text vom See nicht die Rede.

[148] Dieser sagenhafte Zug, der wohl die Fortdauer des göttlichen Strafgerichtes zeichenhaft bekunden soll, findet sich auch bei Tacitus (hist. V 7) und wird besonders bei Fulcher von Chartres, dem Geschichtsschreiber des ersten Kreuzzuges, breit ausgemalt (hist. Hierosol. II 4 Migne). Es gibt heute noch den sogenannten „Sodomsapfel"

Anmerkungen zu Buch 4

(calotropis procera), der zitronenähnlich aussieht und dessen Fruchtkörper mit der inneren Haut durch weiße, den größten Teil der Frucht ausfüllende Fasern verbunden ist, die in dürrem Zustand wollähnlich sind. Die Beduinen betrachten den Sodomsapfel heute noch als verhexte Zitrone. Kohout 659 denkt auch an eine in der Jordanebene gedeihende Solanum-Art, die gelbe, mit scharfem Saft gefüllte Früchte besitzt; diese Möglichkeit wird von G. Dalman, Arbeit und Sitte I (1928) 373 vgl. 79 abgelehnt. Thack verweist auf C. Geikie, The Holy Land and the Bible II 117, der auch das Aufplatzen des Sodomsapfels bei einer kräftigen Berührung bestätigt. Vgl. auch E. Geikie, Bildergrüße aus dem heiligen Lande, 1896, 610.

[149] Für Adida kommt in erster Linie das in der Schephela 5 km nördlich von Lydda gelegene ḥadid in Frage (Esra 2, 33; Neh 7, 37; 11, 34), das nach 1. Makk. 12, 38, vgl. 13, 13 von Simon Makkabäus befestigt wurde. Weniger wahrscheinlich ist das in Josua 15, 36 genannte in Eusebs Onomastikon 24, 23 identifizierte Adithaim, 4 km nördlich von Yalo und das nur durch Lat bezeugte Abila in der Dekapolis (heute tell abil), 8 km nördlich von bet-ras. A. Schlatter, ZDPV 19 (1896) 221, nimmt ein Abila = abel sittim bei Livias an.

[150] Zu Gerasa, dem heutigen dscherasch vgl. 1, 104, dazu Anm. 58, Bd. I S. 408 unserer Ausgabe; 2, 458. 480; 3, 47. Die Gründung der Stadt wird Alexander dem Großen zugeschrieben. Ihre höchste Blüte erreichte sie im 2. nachchr. Jhdt.; davon legen die stattlichen Reste großer hellenistischer Bauten Zeugnis ab. Unter den Trümmern einer christlichen Kirche befinden sich auch die einer Synagoge (M. Crowford, Churches at Jerash, 1931). — Der Angriff der Römer auf diese hellenistische Stadt und das harte Strafgericht an ihren Einwohnern befremdet angesichts der Tatsache, daß nach vita 341f. 2, 480 die Gerasener das bei ihnen wohnenden Juden gestattet hatten, die Stadt zu verlassen. Reland vermutet deshalb, es müsse Gezer (Γέζηρα) gelesen werden, das in der Nähe des eben erwähnten Adida liegt. Oft wird vorausgesetzt, daß die Relandsche Konjektur das Richtige trifft und daß schon bei Josephus ein Fehler vorliegt (vgl. Paret, Kohout, Simchoni, anders Thack, Ricc). Nicht ausgeschlossen ist allerdings, daß eine Siedlung Geresch westlich von Jerusalem gemeint ist (Enc. Pal. I, 2. Aufl. 174). Ganz entsprechend könnte Simon bar Giora aus diesem Geresch stammen (4, 503). Es ist fraglich, ob der hier genannte Lucius Annius mit dem Lucius Annius Bassus, Prokonsul von Cypern im Jahre 52 n. Chr. identisch ist (vgl. Pauly-W. Bd. I (1894) Sp. 2262. 2264; Prosopographia [2] Bd. I (1933) S. 106. 108).

[151] Die tatsächliche Dauer der Regierung Neros beträgt 13 Jahre, 7 Monate, 28 Tage, nach Dio Cass. 63, 29 13 Jahre und 8 Monate. Es könnte sein, daß Josephus nach die Angabe καὶ μῆνας ὀκτώ gesetzt hatte, die beim Abschreiben ausfiel, da das Auge des Schreibers vom ersten ὀκτώ zum zweiten überging. Dann hätte Josephus die Regierungszeit um 10 Tage zu lang angegeben; ähnliche Ungenauigkeiten finden sich auch in 2, 168. 180. 204, vgl. die dazu gehörigen Anmerkungen 93. 104. 114, Bd. I S. 440ff. unserer Ausgabe.

[152] Nymphidius Sabinus, der Präfekt der Prätorianer, der ein illegitimer Abkömmling von Gajus Caligula zu sein behauptete, hatte seine Soldaten dazu überredet, von Nero abzufallen. Als er aber selbst die Kaiserwürde anzustreben schien, wurde er von Freunden Galbas erschlagen (Tacitus ann. 15, 72; hist. 1, 5; Sueton, Galba 11). Sophonius Tigellinus, ein ehrgeiziger Sizilianer niederer Abkunft und schlechten Lebenswandels, wurde 63 n. Chr. Stadtpräfekt von Rom, hatte von da an großen Einfluß auf die Regierung und trug die Mitschuld an der Verbannung zahlreicher hoher Personen (Tacitus ann. 15, 72; Sueton Galba 15).

[153] Zum Ende Neros vgl. Sueton, Nero 47—49. Die vier treu gebliebenen Freigelassenen sind Phaon, Sporus, Epaphroditus und ein Unbekannter.

[154] Außer Galbas Grausamkeit machte ihn sein sprichwörtlicher Geiz (avaritia Sueton, Galba 12) in Rom und bei den Truppen unbeliebt. So weigerte er sich, die Prämien, die seine Offiziere den Prätorianern versprochen hatten, auszubezahlen, ferner die Truppen Germaniens, die gegen die Gallier und Vindex gekämpft hatten, zu belohnen (Sueton a. a. O. 14—16).

Anmerkungen zu Buch 4

¹⁵⁵ Von diesen Ereignissen berichtet Josephus ausführlich in § 545—549. 585ff. Dort wird deutlich, daß mit dem „Scheitern" (κατάλυσις) der Verlust der Kaisertums und des Lebens gemeint ist, vgl. § 655.

¹⁵⁶ Eine eingehende Schilderung von den Kämpfen um das Kapitol und dem Ende des Bürgerkrieges gibt Josephus in § 645—655.

¹⁵⁷ Uns sind diese Vorgänge durch die griechischen Historiker Plutarch und Dio Cassius sowie durch die Römer Tacitus und Sueton bekannt; diese alle sind jedoch jünger. Vermutlich benutzte Josephus Quellen, die auch ihnen vorgelegen haben. Über die Beziehungen des Bellum Judaicum zu zeitgenössischen griechischen und lateinischen Werken vgl. Ricciotti, Einleitung § 33—35.

¹⁵⁸ Nach Tacitus hist. 2, 1 erreichte die Nachricht vom Untergang Galbas den Titus in Korinth. Die in unserem Zusammenhang schwierige Wendung διὰ τῆς Ἀχαΐας könnte, von da her gesehen, besagen, daß Titus und Agrippa den Isthmus auf dem Landweg überquert hätten. Thack vermutet, hier könne eine Lücke im Text vorliegen und schlägt folgende Ergänzung vor: „Als sie [auf dem Landweg] durch Achaja [zogen] — denn es war Winterzeit — [und die anderen] (den Peloponnes) umsegelten..." Die Rekonstruktion eines glatten griechischen Textes ist nicht möglich. — Die Regierungszeit Galbas ist vom Tode Neros, dem 9. Juni 68 an gerechnet; da Galba am 15. Januar 69 ermordet wurde, ist die Angabe des Josephus richtig.

¹⁵⁹ Die Toparchie Akrabatene ist ein jüdischer Grenzbezirk südöstlich von Sichem (vgl. Anm. 130 zu 2, 235 und 242 zu 2, 568). — In Masada befanden sich die Anhänger des in Jerusalem ermordeten Menahem (2, 444—448) unter der Führung Eleazars, Sohn des Ari, eines Enkels des Judas aus Galiläa (vgl. auch 2, 652f.; 4, 399—405; 7, 275—406).

¹⁶⁰ Wie die noch heute sichtbaren Überreste der Festung zeigen, war diese nicht nur auf dem Gipfel des Berges, sondern auch auf zwei Terrassen unterhalb des Nordgipfels mit Bauten versehen. Vielleicht sind diese an unserer Stelle mit den Simon zugewiesenen Räumen gemeint. Vgl. M. Avi-Yonah u. a.: The Archaeological Survey of Masada 1955—56, Israel Exploration Journal 7 (1957) 1—68, besonders 29ff.; Abbildung 4. 6. 8-

¹⁶¹ Obgleich Josephus offensichtlich meint, es handle sich bei der Toparchie Akrabatene um das in § 504 von Simon bar Giora schon einmal durchstreifte Gebiet (2. 652—654) im Nordosten Judäas, hält J. N. Simchoni 470 dies für wenig wahrscheinlich. Denn dann hätte Simon zwischen dem von 'den Zeloten besetzten Jerusalem und dem von den Römern eroberten Jericho durchstoßen müssen. Simchoni denkt deshalb daran, es könne ursprünglich um das Gebiet bei der Skorpionensteige (maʿalē ʿaqrabbim Num. 34, 4; Ri. 1, 36), einen der Pässe westlich des Toten Meeres, handeln, der somit in der Nähe Masadas gelegen hätte. Die gleiche Vermutung hatte schon Kohout 662 geäußert. — Da das bei Luk. 7, 11—17 erwähnte Nain in Galiläa nicht in Frage kommt, ist vielleicht nach Niese ʿain zu lesen; solch ein Ort wird in Josua 15, 32; 19, 7 erwähnt und soll nach Eusebs Onomastikon in der Nähe von Hebron gelegen haben und würde heute ʿuwain entsprechen (J. Klausner a. a. O. 231 Anm. 46). J. N. Simchoni a. a. O. denkt dagegen an das in Josua 15, 55; 1. Sam. 25, 2 erwähnte maʿon südlich von Hebron, das der Steppe maʿon, in die sich David vor Saul zurückgezogen hatte (1. Sam. 23, 24. 25), den Namen gab. Diese Steppe maʿon wird in 1. Sam. 25, 1 Steppe Pharan genannt.

¹⁶² A. Schlatter, Die hebräischen Namen bei Josephus (BFchrTh 17, 1913, 92) hält die Lesart ΦαράνMVRC für die ursprüngliche; Φερετά PA sei aus dem bei Lat irrtümlicherweise doppelt erscheinenden *faragga* entstanden. Gemeint wäre das wadi fara, d. h. der Oberlauf des wadi kelt. Diese Ansicht vertritt auch J. Klausner a. a. O. 231 Anm. 47, der außerdem darauf hinweist, daß sich im wadi kelt die in 1. Makk. 9, 50 erwähnte Festung Pharaton befand.

Exkurs VII: Simon bar Giora.
Zu Simon bar Giora vgl. 2, 521. 652—654, ferner Anm. 227, Bd. I S. 449 unserer Ausgabe; zur Form Giora = der Proselyt vgl. j. Qidd. 44c ferner die Targume Onkelos und Jeruschalmi I zu Nu. 15, 14.

J. Klausner a. a. O. 229f. Anm. 41 erwägt, ob nicht Simon bar Giora mit ben Battiach gleichzusetzen sei, der in Koh. r. 7, 11; Echa r. 1, 5 als „Haupt der Sikarier" und in b. Gittin 56a als „Vater der Sikarier" (ʾabba siqara) erwähnt ist; er wird dort als Neffe

Anmerkungen zu Buch 4

Jochanan ben Zakkais bezeichnet. Diese These wird vor allem damit begründet, daß im ausgehungerten Jerusalem kurz vor der Eroberung, von dem alle diese Stellen sprechen, Simon bar Giora der Führer gewesen sei, ferner damit, daß in Kelim 17, 12 von der Faust des „ben Battiach" die Rede ist, was die Angabe des Josephus über die große Körperkraft Simons (§ 504) bestätigen würde. Deshalb vermutet J. Klausner, „bar Giora" müsse ein Schimpfname gewesen sein, der dem entarteten Zelotenführer wegen seiner unjüdischen Grausamkeit beigelegt wurde; „'abba siqara" sei etwa als „Väterchen Meuchelmörder" zu verstehen. In Wirklichkeit habe Simon den Vatersnamen „ben Battiach" geführt und sei als Neffe Jochanans einem vornehmen Geschlecht entstammt. Wäre er tatsächlich der Sohn eines Proselyten gewesen, so hätte Josephus diese Tatsache stärker betont. Zu dieser Auffassung ist eine Kritik notwendig. Wenn man den im rabbinischen Schrifttum erwähnten „ben Battiach" mit einem der obersten Zelotenführer gleichsetzen will, so käme dafür ebenso gut der Rabbi Gamliel befreundete Johannes von Gischala in Frage. Die Angabe, Simon sei gebürtiger Gerasener gewesen, wird in der Gegenwart manchmal nicht auf das hellenistische Gerasa, sondern auf einen am Rand der Schephela liegenden gleichnamigen Ort bezogen (Enc. Pal. I, 2. Aufl. 174).

Nach J. Klausner war Simon bar Giora der Führer der radikalen Zeloten, der Sikarier. Deren Wesensmerkmal sieht er, abgesehen von der rücksichtslosen Art ihres Vorgehens, in der kommunistisch – revolutionären Gesinnung, die sich im Angriff gegen die Reichen und in der Abschaffung der Sklaverei zeige. Er glaubt, das kommunistische Ideal habe Simon bar Giora von den Essenern erworben. Außerdem habe er in der vom besitzenden Bürgertum Jerusalems gebildeten Zentralregierung die Hauptschuldigen an den bisherigen Mißerfolgen des Aufstandes gesehen. Deshalb habe Simon die untersten Volksschichten der Bauern und Arbeiter begünstigt, vor allem aber denselben Schritt gewagt, den einst Zedekia beim Angriff eines übermächtigen Feindes unter Zustimmung des Propheten Jeremia tat (Jer. 34, 8–22): Simon befreite die Sklaven, die er damit für sich gewann (§ 508).

Wichtig sind die messianischen Züge im Bilde Simon bar Gioras. Obwohl sie Josephus auch sonst zu unterdrücken pflegt (vgl. R. Eisler, Jesus basileus 1929 Bd. I, 208ff.), treten sie schon bei Menachèm, der den Tempel in einem königlichen Gewande betrat, hervor (2, 444). Auf den messianischen Anspruch Simons weist die Tatsache, daß er als Bandenführer das Leben des vorköniglichen David nachzuahmen schien, um den sich bedrängte und verschuldete Menschen scharten (1. Sam. 22, 2), und in der Steppe von Engedi Streifzüge machte, die, wie der Fall Nabals zeigte, auch gegen die Reichen gerichtet waren (1. Sam. 23–25). In diesem Zusammenhang ist außerdem die Notiz des Josephus wichtig, man habe Simon wie einem Könige gehorcht (§ 510), ferner dessen Einzug in Jerusalem, bei dem er vom Volke als Retter und Beschützer begrüßt wurde (§ 575). B. Kanael BASOR 129 (1953) 18ff. hält es für möglich, daß die Bronzeschekel mit der Aufschrift: „Jahr 4" und: „Für die Erlösung Zions" von Simon bar Giora geprägt wurden, und daß sich jener als Bürge dieser Erlösung betrachtet hat. Schließlich sollte sein Auftreten vor den Römern, denen er in weißen Gewändern und in einem Purpurmantel entgegenkam (7, 26–31), den Anspruch königlicher Würde zum Ausdruck bringen (vgl. Mk. 15, 17ff.; Offb. Joh. 19, 13ff.). Simons gewaltsamer Tod in Rom (6, 434; 7, 154f.) beweist, daß die Römer nicht etwa in dem in der Gefangenschaft endenden Johannes von Gischala den eigentlichen Führer des Aufstandes sahen. Freilich wäre die Tatsache, daß Simon bar Giora einen Proselyten zum Vater hatte, für einen Messiasprätendenten ein Hemmnis gewesen, doch konnte solch einem Mangel abgeholfen werden (vgl. ant. 14, 9).

[163] Der Rückzug in die Höhlen ist in der Geschichte Israels kennzeichnend für viele Aufstandsbewegungen; er wird von den chassidischen Gruppen der Makkabäerzeit (1. Makk. 1, 52; 2, 31ff.) berichtet, später zur herodianischen Zeit von galiläischen Freiheitskämpfern, und in der Zeit Simon bar Kozbas scheint er vorausgesetzt zu sein, wie die im wadi el habra aufgefundenen Dokumente beweisen.

[164] Zu den Idumäern vgl. Exkurs VI.

[165] Zu Nain vgl. Anm. 161.

[166] Thekoa, heute ḫirbet tequ', die Heimatstadt des Propheten Amos, liegt 16 km südlich von Jerusalem auf einem flachen, 850 m hohen Hügel, auf dessen südlicher Hälfte

sich heute noch Ruinen der ehemaligen Stadt befinden. Die ausgezeichnete Lage des Hügels auf einer Wasserscheide nahe bei günstigen Verkehrslinien und inmitten eines fruchtbaren Landes ließ Thekoa als Stützpunkt besonders geeignet erscheinen (vgl. W. Sütterlin, Thekoa, PJB 17 (1921) 31–46).

¹⁶⁷ Zum Herodeion, das 5 km nordöstlich von Thekoa liegt, vgl. 1, 265. 419–421. 673, Anm. 200. φάραγξ (§ 519) darf auf Grund der geographischen Beschaffenheit des Herodeion, eines in der Wüste Juda steil aufragenden, aber nach allen Seiten gleichmäßig abfallenden Bergkegel, nicht mit „Schlucht" (Clementz, Kohout) oder „Tal" (Thack, Reinach, Ricc) übersetzt werden.

¹⁶⁸ Jakobus ist wohl identisch mit dem in § 235 erwähnten gleichnamigen Sohn des Sosa; vgl. Anm. 60.

¹⁶⁹ Mit Alurus ist das heutige Dorf Halḥul gemeint, das an der Straße von Jerusalem nach Hebron in der Nähe Bethṣurs, etwa 7 km nördlich von Hebron liegt.

¹⁷⁰ Nach Nu. 13, 22; vgl. ant. 1, 170 war Hebron sieben Jahre vor Zoan (= Tanis LXX und Josephus) gegründet worden; Tanis, das heutige ṣān (ṣān el-hagar) im Ostteil des Nildeltas, war die Hauptstadt Ramses II., der sie auf den Trümmern der ehemaligen Hyksosstadt Auaris erbaut hatte. Nach E. Mader, Mambre Textband (1957) 200 Anm. 1 hat Josephus den Vergleich Hebrons mit Memphis, der Hauptstadt des Alten Reichs, wohl dem Werk des M. Antonius Julianus entnommen, mit dem er im Lager vor Jerusalem zusammentraf. Die 2300 Jahre stammen dagegen aus der Chronologie des palästinischen Juden Eupolemos (2. Jhdt. v. Chr.). Das genaue Datum der Gründung Hebrons, des alten qirjat 'arba' (Gen. 23, 2; 35, 27 u. a.) läßt sich nicht näher bestimmen. Althebron befand sich auf dem heutigen dschebel er-rūmēde, der 939 m hoch ist und 67 m über der Talsohle liegt (E. Mader a. a. O. 189). Diese westlich vom heutigen Hebron strategisch sehr günstig gelegene Ortschaft wurde von David als Residenz erwählt (2. Sam. 2, 1–3; 5, 1–5) und dann von Rahabeam (2. Chron. 11, 5. 10) befestigt. Heute befinden sich dort die Ruinen des alten dēr el-'arba'īn, die wahrscheinlich aus römisch-byzantinischer Zeit stammen Vgl. E. Mader a. a. O. 196–200.

¹⁷¹ Abraham wohnte nach Gen. 13, 18 unter den Terebinthen von Mamre, ebenfalls Jakob nach Gen. 35, 27; 37, 14. Daß Jakob mit seinen Söhnen von dort nach Ägypten gewandert sei, findet sich nicht in der Schrift. Jedoch hat die spätjüdische Exegese die Bedeutung Hebrons und Mamres für die Patriarchen stark betont (1 Q Gen. Ap. 21, 19f.; 22, 2f.; Jub. 16, 10; 19, 1ff.; 22, 3; 36, 20; 44, 1). μυθεύουσι hat in § 531 keinen absprechenden Klang.

¹⁷² Wahrscheinlich ist bei den Grabmälern (μνημεῖα) an eine über der Doppelhöhle errichtete Anlage zu denken, wie sie die heute dort befindlichen Kenotaphe darstellen. Das Gebäude über der Höhle wird von einem Ḥaram umschlossen, dessen Umfassung ähnlich wie die Tempelmauer zu Jerusalem Kennzeichen der herodianischen Bauweise trägt (E. Mader a. a. O. Tafelband, Tafel 37. 38). Durch eine Öffnung im Fußboden der heutigen Moschee erblickt man eine etwa 4 mal 5 m große Kammer, die als Vorraum der Doppelhöhle gilt. Zum Verständnis des „Marmors" vgl. die Schilderung des Tempels in Baba batra 4a. Es handelt sich hierbei um weißglänzenden Kalkstein, der poliert ist (Jastrow, Dictionary Bd. II 1950, 844).

¹⁷³ Gemeint ist das 3 km nördlich von Hebron befindliche Mamre (dschebel errāme). In Gen. 13, 18; 14, 13; 18, 1 werden die Terebinthen Mamres ('elōnē mamrē) erwähnt; Josephus spricht in ant. 1, 186 von der „Eiche Ogyges". Wahrscheinlich aber handelt es sich, wie Josephus an unserer Stelle sagt, um eine Terebinthe (pistacia terebinthus); die Begriffe 'elōn (Eiche) und 'ēlā (Terebinthe) werden schon im AT im Wechsel gebraucht. Vgl. E. Mader a. a. O. Textband 285 ff. – Herodes hatte in Mamre einen Temenos errichtet, der den Brunnen, den Baum und den Altar Abrahams umschloß; von ihm sind vor allem im nördlichen Mauerabschnitt große Quadern zu sehen. Auf eine vorherodianische Bauperiode weisen vor allem Reste eines Plattenbodens, der am Brunnen eine Lücke aufweist; dort stand wahrscheinlich die Abrahamsterebinthe. Mamre war schon in der Mitte des 3. Jahrtausends als ein kanaanäisches Baum- und Wasserheiligtum besucht und bewohnt. Vor allem wurde es von Hadrian ausgebaut und in einen „Markt der Heiden" verwandelt; aus dieser Zeit stammen die meisten der heute noch sichtbaren Reste des 65,10 auf 49,35 m

Anmerkungen zu Buch 4

großen Temenos. Vgl. E. Mader a. a. O. 32—35. 285—297. Bei der von der Weltschöpfung an stehenden Terebinthe scheint das mythische Motiv vom Weltenbaum anzuklingen (Hes. 31; Dan. 4).

[174] Der Zug des Simon, bei dem außer den Truppen auch eine große Volksmenge beteiligt ist, erinnert an die messianischen Bewegungen, die sich nach der idealen Zeit der israelischen Geschichte unter Moses ausrichten. So fordert der Messiasprätendent Theudas das Volk auf, seine Habe aufzunehmen und mit ihm zum Jordan zu ziehen, den er wie einst Josua spalten werde (ant. 20, 97); ähnlich zieht der samaritische Prophet mit der bewaffneten Menge auf den Garizim (ant. 18, 85—87); auch der Wüstenzug des Sikariers Jonathan wäre zu erwähnen (bell. 7, 438). Im Gegensatz dazu wirkt der Bericht des Josephus von den verheerenden Folgen des Marsches Simons durch Idumäa antimessianisch: den Spuren eines „Messias" hätten Heil und Fruchtbarkeit auch für das Land auf dem Fuße folgen müssen.

[175] Die gleiche Übertreibung findet sich in 6, 373.

[176] Die Überzeugung, daß Gott bei allen Handlungen des Menschen gegenwärtig sei und eine Aufsicht über das Weltgeschehen führe, hebt Josephus vor allem in ant. 8, 108 vgl. 2, 129 hervor. Im c. Apion. 2, 160 sagt er, wer an die „Aufsicht Gottes" über sein Leben glaube, ertrage es nicht, zu sündigen (A. Schlatter, Die Theologie des Judentums 26). Im Gegensatz zum Prädestinationsglauben des apokalyptischen Spätjudentums gehört der Gedanke an die Aufsicht Gottes in den Bereich der hellenistisch-jüdischen Theologie und Liturgie.

[177] Vgl. § 494. 499.

[178] Zur Schlacht bei Bedriacum, einem Dorf bei Cremona in Gallia Cisalpina, und dem Selbstmord Othos vgl. Tacitus hist. II 41—49; Sueton Otho 9—11. Die Truppe Othos war dabei einer Täuschung zum Opfer gefallen; der Kaiser, dessen Lage dennoch nicht aussichtslos war, scheute den Bürgerkrieg.

[179] Brixellum, heute Brescello, liegt etwa 18 km nordöstlich von Parma. Nach Sueton, Otho 11 starb Otho am 95. Tag seines Kaisertums, am 17. April 69.

[180] Josephus nimmt hier den in § 449 (20. Juni 68) und 491—502 abgerissenen Faden vom Bericht über die Unterwerfung Judäas wieder auf.

[181] Nach Midrasch Echa I, 5 § 31 erreichte die Nachricht, man habe ihn in Rom zum Kaiser ausgerufen, den Vespasian beim Bad in Gophna (heute Dschifna, 22 km nördlich von Jerusalem).

[182] Bethel, das heutige bētīn, 19 km nördlich von Jerusalem, wurde schon von Bakchides 160 v. Chr. als Festung ausgebaut (1. Makk. 9, 50). — Ephraim, das biblische Ophra (Josua 18, 23; 1. Sam. 13, 17 vgl. Euseb Onomastikon 29, 4) ist das heutige eṭ-ṭaijibē, nordöstlich von Bethel. Es war schon zur Zeit der Makkabäer der Vorort eines ursprünglich zu Samaria gehörigen Bezirks (1. Makk. 11, 34). Nach Joh. 11, 54 hielt Jesus sich mit seinen Jüngern vor der Passion in Ephraim auf.

[183] Zu Cerealius vgl. Anm. 75 zu 3, 310 Bd. I S. 460 unserer Ausgabe.

[184] Kaphethra (nach PAMVRC Chaphethramin) läßt sich nicht mit einer uns bekannten Ortschaft identifizieren. — Nach A. Schlatter, die hebräischen Namen bei Josephus, BFchrTh 17, 3 (1913) 68 ist Kapharabin die in Midr. Echa II 2 § 4; j. Taan. 69a erwähnte kfar bisch, das zusammen mit dem bei Socho gelegenen kfar dikrin und einem unbekannten schiḥlaim erwähnt wird. Der Name kfar bisch = „böses Dorf" wird dort damit erklärt, daß seine Einwohner keine Gäste aufgenommen hätten. Nach Ricciotti wäre kapharabin das heutige ḥirbet el-biṣ, 5 km östlich von bet-dschibrin.

[185] Die Entfernung Jerusalem—Hebron beträgt etwa 35 km; zum Alter Hebrons vgl. § 529f.

[186] Simon hätte von Idumäa aus mit seinen großen Haufen nur unter großen Schwierigkeiten nach Jerusalem gelangen können, falls die Unternehmungen des Ceralius im Gebiet von Hebron zu eben dieser Zeit stattgefunden hätten. Es fragt sich jedoch, ob die in § 550—555 geschilderten Kampfhandlungen der Römer von 23. Juni 68 ab (§ 550), d. h. im unmittelbaren Anschluß an die Unterwerfung des Ostjordanlandes und Jerichos (vgl. § 451—490) stattgefunden haben oder aber erst vom 23. Juni 69 ab. Im ersten Fall überrascht die Stellung des Abschnitts § 550—555, im letzteren ist schwer denkbar, wie sich

Anmerkungen zu Buch 4

die darin und in § 588ff. beschriebenen Vorgänge in der kurzen Spanne vom 23. Juni 69 bis Anfang Juli 69, der Ausrufung Vespasians zum Kaiser, hätten abspielen können. So spricht mehr für die Ansetzung im Jahre 68; die Streifzüge des Simon bar Giora hätten dann vom Sommer 68 bis Frühjahr 69 (§577) stattgefunden, während Vespasian mit seinen Truppen im Ruhequartier lag. Nach Kohout 664 und Klausner wäre der in § 550—555 beschriebene Feldzug erst nach den Unternehmungen Simon bar Gioras § 514ff.; 556ff. erfolgt.

[187] Nach 2. Kön. 9, 30 vgl. Hi. 42, 14 pflegten sich die hebräischen Frauen durch eine aus schwarz gebranntem, zerstoßenem Antimon gewonnene Schminke (puk) die Augenlider zu bemalen.

[188] J. Klausner a. a. O. 232f. wendet gegen H. Grätz und E. Schürer mit Recht ein, daß es sich bei dieser Schilderung über die Ausschreitungen der Zeloten nicht nur um Lüge und Verleumdung von seiten des Josephus handeln dürfte, vielmehr sei es gut denkbar, daß die Auflösung der Ordnung in der jüdischen Aufstandsbewegung auch den Zusammenbruch der natürlichen und gesetzlichen Bindungen nach sich gezogen habe (vgl. § 382). Er glaubt, in Midr. Echa 1, 4 § 30 wo Ratsherren erwähnt sind, die „liebenswert wie Jungfrauen geworden, dann aber in Jammernde verkehrt worden sind", eine Erinnerung an die Perversion in zelotischen Kreisen gefunden zu haben. Josephus will mit dieser Darstellung den Aufweis dafür erbringen, daß die Stadt durch das Treiben der Zeloten *gänzlich* verunreinigt worden sei und damit das göttliche Strafgericht verdient habe (vgl. 5, 380. 401. 412—414). Die sexuelle Perversion stellt dabei den Gipfel in den die Stadt befleckenden Ausschreitungen dar (vgl. Dt. 22, 5, wo das Anziehen der Frauenkleider durch einen Mann als Greuel vor Gott gilt). In der Damaskusschrift (12, 1f.) wird sogar der natürliche Geschlechtsverkehr „in der Stadt, in der das Heiligtum steht", streng verboten, damit diese nicht durch Unreinheit befleckt wird. Ähnliche Erscheinungen geschlechtlicher Verkehrung werden in den „Hetärengesprächen" Lucians berichtet und von Paulus in Röm. 1, 25—27 gegeißelt; in der Gnosis forderte man die Ablegung des Schamgefühls und die Aufhebung des geschlechtlichen Unterschiedes als Ziel für eine zur ursprünglichen Einheit zurückkehrenden engelgleiche Menschheit (vgl. Thomas Evgl. Logia 22. 37. 114). — Über die Verwilderung der Sexualität während des Krieges spricht ausdrücklich die rabbinische Überlieferung. In Mischna Sota 9, 9 heißt es, daß man auf Veranlassung Jochanan ben Zakkais während des Krieges die Erprobung der des Ehebruchs verdächtigen Frauen deshalb aussetzen mußte, weil viele Männer öffentlich Ehebruch trieben. Vgl. auch Tos. Sota 14, 2: Man trieb öffentlich Ehebruch. Vgl. dazu A. Schlatter, Jochanan ben Zakkai, der Zeitgenosse der Apostel, BFchTh 3, 3 (1899) 29. Schlatter sieht in dem Verzicht auf die Durchführung des Gesetzes ein tiefes Verzagen Jochanans: Gott straft die Sünde nicht mehr; dies ist aber nicht Gnade, sondern selbst das schwerste Gericht.

[189] Es liegt das Schema vor, das auch Amos. 5, 19 bei der Schilderung vom „Tage Jahwes" verwendet wird.

[190] Es zeigt sich, daß nicht alle Idumäer aus Jerusalem abgezogen waren, vgl. § 353 Anm. 90.

[191] Der Name Grapte ist hellenistische Bildung und findet sich auch in Herm. vis. 2, 4, 3, ferner in kleinasiatischen Inschriften, vgl. W. Bauer, Wörterbuch s. v. Josephus berichtet in ant. 20, 17ff. über die Bekehrung der Helena, der Königin von Adiabene, und ihres Sohnes Izates (so ist der Name nach ant. 20 zu lesen; vgl. bell. 5, 147; 6, 356). Er erwähnt in bell. 5, 253 den königlichen Palast der Helena in Jerusalem, in 5, 252 den ihres zweiten Sohnes Monobazos, außerdem in 5, 55. 119 die Grabmäler der Helena.

[192] Es handelt sich nach J. Klausner a. a. O. 235 um die zur Kriegführung notwendigen Mittel.

[193] J. Klausner a. a. O. 234 ist mit Recht der Ansicht, die unter der Führung des Priesteradels stehende Mittelpartei habe die Ermüdung der jerusalemischen Bevölkerung und die Sehnsucht nach einem Wechsel dazu ausgenutzt, sich mit Hilfe der Idumäer wieder an die Spitze zu bringen. Sie wäre dann die treibende Kraft bei der Empörung gegen Johannes gewesen.

[194] Matthias war nach 5, 527 ein Sohn des Boethos und gehörte zu einer besonders angesehenen und einflußreichen Priesterfamilie. H. Grätz, Geschichte des Judentums

Anmerkungen zu Buch 4

Bd. III⁵, 752f. vermutet, der Vatername des Matthias könne Theophilus gewesen sein. Demnach würde es sich bei ihm um den letzten Hohenpriester vor dem vom Volk eingesetzten Pinehas handeln (vgl. ant. 20, 223).

¹⁹⁵ Um wen es sich bei diesen Geflüchteten gehandelt hat, ist schwer festzustellen. Kohout 666 denkt an die 2000 zu Simon übergegangenen Bürger (§ 353); die Reichen konnten sich nach § 379 die Genehmigung erkaufen, die Stadt zu verlassen, jedoch ist unbekannt, wohin sie sich damals gewandt haben.

¹⁹⁶ Nach der Mischna (Middoth 1, 4. 6; 2, 5; 5, 3f.) befanden sich im inneren Tempelbezirk, vor allem um den Vorhof der Frauen, zahlreiche Kammern zur Aufbewahrung von Holz, Öl, Wein, Musikinstrumenten u. ä. Diese Kammern waren allerdings vielfach ohne Dach. Da man außerdem kaum annehmen kann, daß die Zeloten auf den am Tempelgebäude befindlichen, dort in drei Stockwerken angeordneten Kammern einen Turm errichtet hätten, ist die genaue Lage dieses letzten Turmes nicht auszumachen. H. Vincent, Jérusalem de l'Ancient Testament, 1956, 732 vermutet die Nordwestecke der Umfassungsmauer des inneren Tempelbezirks als Standort dieses Turms. — Nach Mischna Sukka 5, 5 wurden zusätzlich zu den 21 Trompetenstößen des gewöhnlichen Tages am Vorabend des Sabbats hinzugefügt: 3, damit das Volk die Arbeit einstelle, und 3, um später den Übergang zum heiligen Tag anzuzeigen. Dagegen fehlt dort das von Josephus hier erwähnte Trompetensignal bei der Beendigung des Sabbats.

¹⁹⁷ Es handelt sich wohl um die Belagerungsmaschinen, die bei der Niederlage des Cestius von den Juden erbeutet worden waren (vgl. 2, 553; Anm. 235).

¹⁹⁸ Den Einzug des Vitellius in Rom schildern Sueton, Vitellius 11 und Tacitus hist. 2, 89; der letztere bestätigt die Überfüllung Roms durch die aus Germanien und Gallien gekommenen Soldaten in hist. 2, 93.

¹⁹⁹ Mit den Soldaten in Rom sind nach Ricc die Prätorianer gemeint, die schon bei der Wahl Galbas und Othos den Ausschlag gegeben hatten; vgl. jedoch § 595, außerdem M. Durry in Pauly-W. 22, 2 (1954), Art. Praetoriae Cohortes, insbes. 1609.

²⁰⁰ Vor allem Sueton schildert den Vitellius als einen unmäßigen Verschwender und Zecher (Vitellius 13), ferner als grausamen Tyrannen (a. a. O. 14). Die Gegenüberstellung macht es trotz der fehlenden textlichen Bezeugung wahrscheinlich, daß die Kinderlosigkeit (ἄπαιδα) des Vitellius gemeint ist, desgleichen ist wohl von der rechtmäßigen Thronfolge (διαδοχάς) die Rede. Allerdings hatte Vitellius nach Tacitus hist. 3, 67; 4, 80 einen damals noch lebenden Sohn, der aber zu jung und wegen eines schweren Sprachfehlers als Thronfolger nicht geeignet war (Sueton, Vitellius 6).

²⁰¹ Die drei Legionen, die dem Vespasian unterstehen, sind die fünfte, zehnte und fünfzehnte (vgl. bell. 3, 65 und Anm. 28 S. 456 unserer Ausgabe).

²⁰² Flavius Sabinus, der mit Vespasian in Britannien gedient hatte und sieben Jahre lang Statthalter in Moesien war (Tacitus, hist. 3, 75), hatte zu dieser Zeit das Amt des Stadtpräfekten von Rom inne. Er wurde bei den Wirren, die dort im Zusammenhang mit der Absetzung des Vitellius entstanden, im Kapitol von den Vitellianern erschlagen. Vgl. § 645–649; Sueton, Vitellius 15; Tacitus hist. 3, 69–71. — Der zweite Sohn Vespasians ist Domitian, der spätere Kaiser.

²⁰³ Die Konjekturen συγγεγραχότων (Destinon) und συνηργηκότων (Herwerden) sollen wohl die in diesem Paragraphen zum Abschluß kommenden Erwägungen der Soldaten und damit die ganze Konstruktion des Josephus besser verstehen lassen: die erstere würde die Soldaten als die unter Vespasians Kommando Ergrauten, die letztere als seine treuersten Mitarbeiter bezeichnen, von denen man darum die Initiative zur Ausrufung Vespasians erwarten würde. Das kommt in der von allen Handschriften bezeugten Lesart nicht zum Ausdruck, vor allem, weil sie auch mit „von denen, die scharf acht geben", übersetzt werden könnte. Dann wäre Vitellius das Objekt der scharfen Beobachtung, aufgrund deren die Soldaten ihm die τιμή absprechen (ἀτιμούμενον), während andererseits vom Senat zu befürchten wäre, daß er sich unter dem Druck der derzeitigen militärischen Lage doch zur Wahl eines anderen entschließen und damit eine militärische Gegenaktion (ἐπιβολή § 599) der Anhänger Vespasians nötig machen würde. Um eine Fiktion des Josephus handelt es sich in jedem Falle. Im Widerspruch zur Datierung bei Sueton (Vespasian 6) und Tacitus (hist. 2, 79f.) sucht Josephus den Anschein zu erwecken, als ob die in Palästina unter Vespasians Kommando stehenden Legionen aus dem Motiv

Anmerkungen zu Buch 4

der Dankbarkeit heraus die Ausrufung Vespasians zum Kaiser als erste planmäßig überlegt und auch durchgeführt hätten. In Wirklichkeit hat Tiberius Alexander nach dem einhelligen Zeugnis bei Sueton und Tacitus als erster seine Legionen auf Vespasian vereidigt, während die palästinischen Legionen nach Tacitus 3, nach Sueton 11 Tage später folgten. Es ist möglich, daß Josephus bei der hier gegebenen Schilderung das Beispiel der von Moesien nach Italien verlegten Truppen zur Vorlage genommen hat, von denen Sueton berichtet, sie hätten aus Furcht vor Bestrafung beschlossen, als neuen Kaiser Vespasian auszurufen (Vespasian 6).

204 Nach Sueton, Vespasian 5 hätte Vespasian nach dem Tode Neros und Galbas die Hoffnung auf den Thron, die außerdem schon früher durch verschiedene Vorzeichen in ihm erweckt worden war, in sich genährt. Dagegen berichtet Tacitus hist. 2, 74 ganz ähnlich wie Josephus von den Bedenken Vespasians, die Führung des Staates zu übernehmen.

205 Wenn Josephus entgegen der offensichtlich zutreffenden Darstellung bei Sueton und Tacitus den Vespasian zuerst von den in Palästina stehenden Legionen zum Kaiser ausgerufen werden läßt, so beabsichtigt er sicherlich nicht nur, die enge Verbundenheit des Generals mit seiner Truppe zum Ausdruck zu bringen, sondern vor allem die Übereinstimmung mit der in den heiligen Schriften gegebenen Weissagung, aus Judäa werde zu dieser Zeit der Herrscher der Welt hervorgehen (vgl. 6, 312: ἀπὸ τῆς χώρας αὐτῶν; Sueton Vespasian 4; Tacitus hist. 5, 13: profecti Judaea).

206 Zu Mucianus vgl. § 32 Anm. 7. — Nach 2, 386 wurde von Alexandrien soviel Getreide ausgeführt, daß Rom 4 Monate im Jahr davon leben konnte.

207 Syene ist das heutige Assuan; es bildete die Südgrenze Ägyptens, vgl. Hes. 29, 10; 30, 6. Auf der bei Syene gelegenen Nilinsel Elephantine befand sich die Grenzfestung (Herodot 2, 30), in der seit 7. Jhdt. v. Chr. auch Juden eingesetzt waren. — Josephus nennt denNil ὁ ποταμός, weil er hebräisch denkt: das Wort je'ōr bedeutet „Strom" und vor allem „Nil" als Eigennamen. — Das etwa 40 km nördlich von Theben gelegene Koptos (heute qoft) ist derjenige Punkt des Niltals, der dem Roten Meer am nächsten liegt und von dem aus gewöhnlich die Karawanen entlang dem wadi hammamat zum Osten zogen. In Wirklichkeit reicht das Rote Meer viel weiter nach Norden.

208 Die von Josephus angegebene Entfernung von Pelusium, dem heutigen tell farama am östlichen Nilarm, bis nach Syene beträgt in Wirklichkeit nicht 370, sondern rund 1000 km. Plinthine ist ein unbekannter Ort an der Grenze nach Libyen westlich von Alexandria; der Seeweg um das heute weiter vorgeschobene Delta beträgt etwa 360 km. Strabo 17, 1, 6 berechnet die Entfernung von Pelusium bis Pharos mit 1350 Stadien = 251 km, Eratosthenes die von Pelusium bis zum kanopischen Nilarm mit 3000 Stadien = rund 550 km (Strabo 17, 1, 2).

209 Josephus schildert in § 613f. den östlich gelegenen Hafenteil, den heute nicht mehr benutzten „Großen Hafen"; westlich davon lag, durch die Mole Heptastadion getrennt, der Hafen Eunostos. Da der „Große Hafen" nur etwa 2,5 km maß, muß Josephus bei seiner Angabe von 30 Stadien (= 5,4 km) auch den Hafen Eunostos hinzugerechnet haben. Eine ausführliche Beschreibung des gesamten Hafens findet sich bei Strabo 17, 1, 6ff.

210 Zu Tiberius Alexander vgl. 2, 220 und Anm. 123 Bd. I, 443 unserer Ausgabe.

211 Die beiden Provinzen lagen südlich der Donau, Pannonien im Westen, Moesien im Osten. In Moesien befand sich die dritte, siebente (Claudia) und achte Legion, in Pannonien die siebente (Galbiana) und dreizehnte. Den Anstoß zur Erhebung gab die in Moesien stehende dritte Legion (vgl. § 633; Tacitus hist. 2, 85f.).

212 Nach Tacitus hist. 2, 80—82 hatte Mucianus nach der Erhebung Vespasians durch die in Judäa stehenden Legionen die syrischen Legionen und die Bevölkerung seiner Provinz mit einer Rede im Theater von Antiochia für Vespasian gewonnen und sie den Treueid schwören lassen. Darauf kam es zu der von Josephus erwähnten Zusammenkunft in Berytus, wo die entscheidenden Beschlüsse zum Sturz des Vitellius gefaßt wurden.

213 Tacitus hist. 2, 78; Sueton Vesp. 5 und Dio Cassius 66, 1 berichten zahlreiche solcher Vorzeichen; bemerkenswert ist das von den Priestern des Gottes Karmel für Vespasian gegebene Orakel, das ihm die Verwirklichung seiner höchsten Bestrebungen zugesichert hat (Sueton a. a. O.). Zu den Weissagungen des Josephus vgl. 3, 400ff., Anm. 96 Bd. I, S. 461 unserer Ausgabe.

235

Anmerkungen zu Buch 4

[214] Josephus hat mit der Zerschlagung der Ketten einen rechtlichen Akt der restitutio in integrum im Auge, für den sich allerdings in den uns bekannten römischen Rechtsakten keine Belege finden (Th. Mommsen, Römisches Strafrecht, 1899, 478–487; F. Klingmüller, Art. restitutio, Pauly-W., 2. Reihe Bd. I, 1920, 676–685). Es ist sicher kein Zufall, daß dieser Akt unmittelbar nach der Ausrufung Vespasians zum Kaiser und dem Beginn des kaiserlichen Handelns erfolgt, denn in der Kaiserzeit konnte die restitutio nur vom Senat oder vom Kaiser persönlich gewährt werden. Da die Römer den Aufstand der Juden rechtlich nicht als einen Krieg, sondern als eine kriminelle Handlung betrachteten, war Josephus unter das römische Kriminalrecht gestellt (vgl. K. H. Rengstorf Th. Wb. IV 264; Th. Mommsen a. a. O. 629–632). Das römische Bürgerrecht wurde dem Josephus erst nach Beendigung des Feldzugs in Rom verliehen (vit. 423).

[215] ἐπιτιμία meint hier die Stellung des freien Mannes (ἐπίτιμος), der alle Rechte des Bürgers genießen darf (Thuk. 5, 34; Xenoph. Hell. 2, 2, 11).

[216] Zur Zeit, als Mucianus abmarschierte, war es noch Sommer; jedoch fürchtete er, mit der Seereise in den Winter zu geraten. Er traf am 20. Dezember in Rom ein (§ 654).

[217] M. Antonius Primus war damals der Befehlshaber der siebten Legion (Galbiana) in Pannonien (Tac. hist. 2, 86). Der Fehler des Josephus erklärt sich daraus, daß die dritte, in Moesien stehende Legion beim Aufstand gegen Vitellius die führende Rolle gespielt hat.

[218] Gemeint ist die Provinz Gallia Cisalpina; Cremona liegt am Nordufer des Po.

[219] Über die Schlacht bei Cremona gibt Tacitus einen ausführlichen Bericht in hist. 2, 99; 3, 13ff., der die meisten der von Josephus erwähnten Tatsachen durchaus bestätigt, so z. B. die Übertreibungen in der Rede des Caecina (3, 13), dann die Erwähnung der Handelsleute in Cremona, wo gerade ein Markt abgehalten wurde (3, 32f.). Dagegen ist der Aufstand der Soldaten gegen Caecina im Bericht des Josephus dramatisch gesteigert (vgl. 3, 14).

[220] Gemeint ist der in § 598 erwähnte Bruder Vespasians und Präfekt der Prätorianer (vgl. Anm. 202). Nach Suet. Augustus 30 und Dio Cass. 55, 26 hatte Augustus sieben Abteilungen zur nächtlichen Bewachung Roms eingerichtet, die dem Präfekten unterstellt waren.

[221] Domitian hatte sich unter das Tempelpersonal gemischt und am nächsten Morgen in Priesterkleidung den Hügel unbemerkt verlassen (Suet. Domitian 1; Tac. hist. 3, 74). – Auf dem Kapitol befand sich der Tempel des Juppiter Capitolinus, dessen Zerstörung Tacitus als das schändlichste Verbrechen seit der Gründung der Stadt bezeichnet (a. a. O. 3, 72).

[222] Nach Tac. hist. 3, 82 rückte das Heer des Antonius in drei Marschsäulen ein: auf der via Flaminia, den Tiber entlang und auf der via Salaria. Deshalb war es für die Vitellianer notwendig, sich an drei verschiedenen Punkten der Stadt zum Kampf zu stellen.

[223] Das in § 654 angegebene Datum des 3. Apellaios trifft deshalb auf Schwierigkeiten, weil die berichteten Ereignisse, die zum Tod des Vitellius führen, auf jeden Fall über den 20. Dezember hinausgehen (vgl. Tac. hist. 3, 67). Man nimmt daher an, daß Josephus sich um einen ganzen Monat geirrt hat und schlägt statt des Kislev (= Apellaios) den Tebeth (= Audynaios) vor, vgl. dazu Kohout und Simchoni z. St. – Die hier von Josephus gegebene Darstellung der Vorgänge in Rom weicht von der ausführlicheren des Tacitus insofern ab, als in ihr die Stellung des Vitellius wohl absichtlich in einem ungünstigeren Licht erscheint. Sabinus hatte nämlich mit dem Kaiser zu verhandeln begonnen, da dieser bereit war, abzudanken, jedoch widersetzten sich die Truppen des Vitellius, gingen gegen Sabinus vor und zwangen ihn, sich mit seinem Anhang auf das Kapitol zu flüchten (hist. 3, 64–69). Der Sturm auf das Kapitol erfolgte ohne Genehmigung des Kaisers, der die Schuld auf die Truppe schob, die ihn seiner Handlungsfreiheit beraubt hatte (a. a. O. 3, 70). Desgleichen wollte Vitellius das Leben des in Ketten vor ihn geführten Sabinus schonen, wurde jedoch durch die Drohungen der Sieger daran gehindert (a. a. O. 3, 74). Schließlich fehlt die Erwähnung des letzten Gelages; Vitellius versuchte vergeblich zu fliehen und wurde dann aus seinem Versteck im Palast gezerrt (a. a. O. 3, 84).

Anmerkungen zu Buch 4

224 Die Wendung τὰ λείψανα τῆς Ἰουδαίας findet sich im gleichen Zusammenhang in Tac. hist. 4, 51: dem Titus wird in Alexandria eine Truppe übergegen mit dem Auftrag „ad reliqua Judaici belli perpetranda". Man könnte annehmen, daß die beiden Schriftsteller aus einer gemeinsamen Quelle geschöpft haben. Allerdings bringt Josephus die gleiche Wendung schon in 2, 90 und spricht in § 556 von den „Resten Idumäas". Der Sprachgebrauch an den beiden zuletzt genannten Stellen schließt die Übersetzung: „die in Judäa noch erforderlichen Maßregeln" (Clementz) aus. Ein Grund für die rasche Abreise Vespasians war nach Tac. hist. 4, 51f. die Nachricht von dem anstößigen Lebenswandel seines als Stellvertreter eingesetzten Sohnes Domitian.

225 Nach Sueton Vesp. 7; Tac. hist. 4, 81; Dio Cass. 66, 8 hat Vespasian einen Blinden und einen Lahmen, die von dem Gott Serapis an den Kaiser gewiesen worden waren, geheilt. — Zu dem im Folgenden gegebenen Itinerar vgl. die Beschreibung des Nildeltas Strabo 17, 1, 16. Nach Ricciotti (Einleitung 62) hat Josephus hier einen Marschplan des Generalstabs des Titus benutzt, der in dessen Tagebüchern eingearbeitet war.

226 Nikopolis lag nach Strabo 17, 1, 10 30 Stadien = 5,4 km (nicht 20 Stadien = 3,7 km) östlich von Alexandrien. Die Stadt war von Augustus an der Stelle seines letzten entscheidenden Sieges über Antonius als Vorort von Alexandria gegründet worden. Der Mendesische Bezirk lag im Nordosten des Deltas und war nach seiner Hauptstadt Mendes (tell er-rub), südwestlich des Sees Mensale, genannt. — Thmuis, heute tell ibn es-salam, liegt unmittelbar südlich von Mendes.

227 Tanis ist das biblische șoʻan, dessen Ruinenhügel beim Dorfe șän el-hagar, etwa 35 km nördlich von Thmuis liegt (vgl. Anm. 170). — Im Unterschied zur altägyptischen Stadt Herakleopolis magna, etwa 130 km südlich von Kairo, ist hier der Ort Herakleopolis parva gemeint; er war wie das erstere ein Kultort des widderköpfigen Gottes Herischef. Die Lage ist nicht mehr näher bestimmbar.

228 Der bei Herodot 3, 5 erwähnte Tempel des Zeus Kasios lag auf einem 13 m hohen Sandhügel, 15 km östlich von Pelusium am Westende der Landzunge, die das Mittelmeer vom sirbonischen See trennt. Dort befand sich auch das Grab des Pompejus (Plin. hist. nat. 5, 68; Dio Cass. 69, 11), der in dieser Gegend im Jahre 48 v. Chr. den Tod gefunden hatte (Dio Cass. 42, 5; vgl. Ps. Sal. 2, 29–36). Nach O. Eissfeldt, Baal Zaphon, Zeus Kasios und der Durchzug der Israeliten durchs Meer, 1932, wurde der Kult des Zeus Kasios bei Pelusium von dem gleichnamigen Gottes übernommen, der auf dem dschebel ʻel-ʼaqraʻ in Nordsyrien verehrt wurde. Da ferner die Stelle des ägyptischen Heiligtums mit dem in Ex. 14, 2. 9; Nu. 33, 7 erwähnten Kultort Baal Zaphon identisch zu sein scheint und das nordsyrische Heiligtum nach den Ras schamra-Texten Baal Zaphon hieß, ist anzunehmen, daß das ägyptische Heiligtum schon im zweiten Jahrtausend von phönizischen Seefahrern begründet und ihrem Gott Baal geweiht worden ist; dieser war wie in Nordsyrien als Vorgebirgsgott ein Gott der Schiffahrt und der Seeleute. Auch das in Ex. 14f. berichtete Schilfmeerwunder hat sich wohl an dieser Stelle zugetragen. — Ostrakine lag nach Plin. hist. nat. 5, 68 97 km östlich von Pelusium und bildete die Grenze nach Arabien.

229 Zu Rhinokorura, dem heutigen el-arisch vgl. 1, 277 Anm. 136 S. 414 unserer Ausgabe. — Raphia lag 45 km nordöstlich von Rhinokorura; vgl. 1, 87. 166 Anm. 45 S. 407 unserer Ausgabe.

237

Anmerkungen zu Buch 5

Anmerkungen zu Buch 5

¹ Wörtlich: „Einnahme" (ἅλωσις); zu diesem Begriff vgl. Bd. I, Einleitung S. XIX unserer Ausgabe. Zur Beschuldigung der Zeloten als der eigentlichen Urheber des Untergangs der Nation vgl. 1, 9–12. Die Schilderung der Unterdrückung des Volks durch die Zeloten beginnt 4, 128 ff.

² Hudson konjiziert Chelkia; wahrscheinlich ist der recht häufige Name Ḥilqia gemeint, der von Josephus in recht verschiedener Weise in das Griechische übertragen wird, vgl. ant. 13, 284f.; 18, 273; 19, 355.

³ Gemeint sind die 10 Tore, die in die inneren Vorhöfe führten (§ 201–206). Nach Josephus hätten die Zeloten ihre Waffen auf die Fassade des Tempelgebäudes gestellt, die nach § 207 und Mischna Middoth 4, 6 50 m breit und ebenso hoch waren. In Wirklichkeit aber haben die Zeloten lediglich die Mauern des inneren Vorhofes mit Waffen besetzt (vgl. Simchoni 474). Da der innere Tempelbezirk beträchtlich höher lag als der von Johannes besetzte äußere, konnte er ihn in diesem Falle leicht verteidigt werden.

⁴ J. Klausner a. a. O. 240 verweist darauf, daß in § 11 zum erstenmal die Anhänger des Johannes von Gischala von den Zeloten begrifflich klar unterschieden werden. Unter der Führung des Eleazar hatte sich die priesterliche Gruppe innerhalb der Aufstandsbewegung wieder abgesondert; ihr war es möglich, die Innenräume des Tempelbezirks zu betreten und in legitimer Weise von den Abgaben an den Tempel zu leben. Dagegen gefährdet der Kampf mit der Waffe die Heiligkeit des Priesterstandes. So befiehlt die Kriegsrolle von Qumran, die Priester sollten sich vom Kampfgetümmel fernhalten, damit sie nicht durch die Leichen befleckt würden (1 QM 9, 7f.; vgl. Lev. 21, 11). Es könnte jedoch sein, daß die Notlage die priesterlichen Zeloten zur zeitweiligen Aufhebung dieser Bestimmung geführt hat, ähnlich wie es im Makkabäerkrieg mit dem Sabbatgebot geschah (1. Makk. 2, 39–41).

⁵ Die drei Gruppen waren in Jerusalem wie folgt verteilt: Den inneren Vorhof hatte Eleazar besetzt, Johannes von Gischala den äußeren Vorhof und den restlichen Tempelberg mit Ausnahme des südlichen, am tiefsten gelegenen Teils, den Josephus als „Unterstadt" bezeichnet (die ehemalige Davidsstadt); dieser Teil sowie die westlich des Käsemachertals gelegene Oberstadt befand sich in den Händen Simon bar Gioras. Dieser Aufteilung und Stellung der drei Gruppen wird auch durch Tacitus hist. 5, 12 bestätigt.

⁶ Johannes benutzte die von Cestius erbauten Kriegsmaschinen (2, 553). Zu der Art dieser Kriegsmaschinen vgl. 3, 80, ferner in Bd. I Anm. 235 zu Buch 2 (S. 450) unserer Ausgabe.

⁷ Nach dem Text der wichtigsten Zeugen läßt es sich nicht genau entscheiden, welche der beiden Gruppen, die Einheimischen oder die aus der Diaspora kommenden Besucher des Tempels, schärfer überwacht wurden; die Auskunft ἀδεέστερον LC Exc Na sucht diese Unklarheit zu beheben. Nach § 99f. gelang es waffentragenden Anhängern des Johannes von Gischala, beim Passafest 70 unbemerkt in den inneren Vorhof zu gelangen; das spräche dafür, daß man die Einheimischen gegenüber auf eine Leibesvisitation (διερευνᾶν) verzichtet hätte. Allerdings war bei diesem Fest eine Sonderregelung vorgesehen: Die Tore wurden geöffnet.

⁸ Josephus stimmt, wie schon die parallelen Aussagen zeigen, ein Klagelied auf Jerusalem an, das formal und inhaltlich an die Klagelieder Jeremias (Threni) erinnert.

⁹ Vgl. die Einleitung des Josephus 1, 11 f.

¹⁰ Inmitten der sehr allgemein gehaltenen und § 11–14 wiederholenden Darstellung wird mit der Vernichtung der Lebensmittellager durch die Zeloten eine historisch zutreffende und wichtige Tatsache berichtet, die sowohl von Tacitus (hist. 5, 12) als auch von den Rabbinen (Gittin 56a; Aboth R. Nathan Abschnitt 6) bestätigt wird.

¹¹ Das Bild der Bevölkerung als einem zerrissenen Leib ist nicht etwa stoischen oder gnostischen Einflüssen zuzuschreiben, sondern durch den Vergleich der Zelotenführer mit unersättlichen wilden Tieren bedingt (vgl. § 4).

¹² Bei dieser Schilderung hält sich Josephus wohl an ein rhetorisches Schema, wie der Vergleich mit der ganz ähnlichen Darstellung 4, 331. 383f. zeigt.

¹³ Nach ant. 15, 391 hatte Herodes damit begonnen, die alten Fundamente des Tempels auszuheben, neue zu legen und darauf den Tempel bis zu einer Höhe von 120 Ellen auszubauen. Da die Fundamente sich mit der Zeit gesenkt hatten, mußte wohl das

Anmerkungen zu Buch 5

Tempelgebäude etwas abgetragen werden, worauf man dann nach Josephus zur Zeit Neros beschloß, durch Verstärkung der Fundamente die Möglichkeit eines Ausbaus bis zur ursprünglichen Höhe wieder zu gewinnen. Der hier gemeinte König ist Agrippa II.

[14] Nach der von Josephus in § 203 gegebenen Beschreibung müssen diese Torhallen an der Innenseite der Eingänge gelegen haben. In der Mischna Middoth 1, 5 wird eine Exedra bei dem im Norden gelegenen Funkentor erwähnt, über der ein Obergemach für die Priester gebaut war.

[15] Eine genaue Aufgliederung der Streitkräfte des Titus findet sich in Tacitus hist. 5, 1: außer der 5. und 10. Legion befehligte er die 15. (vgl. bell. 3, 65); neu hinzu kamen die 12. Legion aus Syrien und die 22. und die dritte aus Alexandrien. Bei den Hilfstruppen der Könige handelt es sich um die von Agrippa, Sohaemus (Soemos, Fürst von Emesa) und Antiochus gestellten Kontingente.

[16] Mit dieser Schilderung ist die ausführlicher gehaltene Darstellung der Marschordnung des römischen Heeres unter Vespasian zu vergleichen (3, 115–126, dazu Anm. 42 und 43 Bd. I, 458 unserer Ausgabe). Im Unterschied zu Vespasian hatte Titus anstelle der Reiterei die Truppen der Verbündeten an die Spitze des Zuges gestellt und das Offiziersgepäck durch Schwerbewaffnete schützen lassen. Im Unterschied zu jenem wird er wohl nicht über eine so starke Reiterei verfügt haben. Der Ausdruck τὸ ἱππικὸν τοῦ τάγματος in § 47 ist als „Legionsreiterei" zu verstehen.

[17] Vespasian hatte die Toparchie Gophna im Sommer 68 n. Chr. erobert (4, 551; dazu Anm. 181).

[18] Mit dem „Dornental" ist vermutlich ein Seitental des wādi ṣuweiniṭ, östlich von Gibea Sauls, gemeint; Ricciotti denkt an ein westlich von diesem Ort gelegenes Tal. Gibea Sauls ist identisch mit dem heutigen tell el-fūl. Die dort befindliche Festung Sauls wurde in den Jahren 1922 und 1933 von W. F. Albright ausgegraben. Die rechteckige Anlage war von einer doppelschaligen Mauer und dazwischenliegenden Kammern umgeben und durch 4 Ecktürme geschützt (W. F. Albright, The Archeology of Palestine, 1949, 120–122).

[19] Die auch in § 110 erwähnten Frauentürme gehören zu den vielen Türmen der dritten Mauer (vgl. § 158). Der Psephinusturm lag in der Nordwestecke der Stadt (vgl. § 159f.), seine Reste wurden am qaṣr dschālūd entdeckt (H. Vincent, Jérusalem de l'Ancient testament Bd. I, 1954, 122–126). Zu den Grabdenkmälern der Helena, die mit den sogenannten „Königsgräbern" identisch sind, vgl. § 147. Falls der Verlauf der dritten Mauer sich ungefähr mit dem heutigen Stadtmauer decken sollte, müßte das Tor, aus dem heraus die Juden ihren Ausfall machten, in der Nähe des heutigen Damaskustores zu suchen sein.

[20] Josephus nennt den zur Nachfolge des regierenden Kaisers designierten Titus „Caesar" oder auch, wie oben in § 58, „König" (= Kronprinz). Vgl. dazu den Sprachgebrauch des Tacitus, der in hist. 5, 1. 13 den in Judäa kämpfenden Titus ebenfalls „Caesar" nennt.

[21] Der Kamm des Skopus stellt die nördliche Verlängerung des Ölbergs dar und bildet den ganzen nördlichen Horizont der Stadt. Nach ant. 11, 329 fand die Begegnung zwischen Alexander dem Gr. und dem jüdischen Hohenpriester an einem Ort sapha statt. Dieser Name entspräche dem ṣophim des Talmud (Ber. 49b; 61b; Makkoth 24b), wie das griechische σκοπός bezeichnet er einen natürlichen Aussichtspunkt. Nach der Mischna (Pesachim 3, 8) bildet der Skopus die Grenze des Bereichs der heiligen Stadt. Beim Skopus hat man vor allem an den ras el-meschārif, 2 km nördlich des Damaskustores an der Straße nach nablus zu denken (F. M. Abel, Géographie, Bd. I, 375); schon Cestius hatte dort sein Lager aufgeschlagen (2, 528. 542).

[22] Wahrscheinlich lag die Besatzungstruppe auf den beiden festungsartig ausgebauten Bergspitzen, die den Eingang des wadi kelt beschützten (vgl. Exkurs II, „Die herodianischen Bauten in Jericho", Bd. I unserer Ausgabe 418).

[23] Man kann § 73a auch anders verstehen: „Was haben wir erlitten, daß wir es ruhig hinter den drei bloß als Schutzwall für unsere Kampfpausen instandgehaltenen Mauern aushalten?" Diese Übersetzung hätte den Vorzug, daß sie das Verbum πάσχειν in vollem Gewicht wiedergibt und sich außerdem auf die *drei Mauern Jerusalems* bezieht. Eine gewisse Parallele findet sich in 1 QH 6, 23ff.: Außerhalb der einer Festung ver-

Anmerkungen zu Buch 5

glichenen Gemeinde ist der Fromme dem Ansturm des Bösen ausgesetzt, der ihn kaum Atem schöpfen läßt; im Schutz ihrer Mauern findet er Sicherheit. Die im Text aufgeführte von allen Übersetzern gewählte Wiedergabe ist insofern zunächst schwierig, als nach ihr die drei römischen Lager mit drei Mauern verglichen werden. Diese Schwierigkeit ist damit zu erklären, daß Josephus die römischen Vorbereitungen *im Bild einer Gegenfestung* zur heiligen, von drei Mauern geschützten Stadt zusammenfaßt.

²⁴ Hier könnte ein Hinweis auf die bei den Zeloten und sonst im Spätjudentum verbreitete Anschauung vorliegen, die himmlischen Heerscharen unterstützten die irdischen Kämpfer beim heiligen Krieg im entscheidenden Augenblick (vgl. 2. Kön. 6, 15 ff. 1 QH 6, 29 ff. 1 QM 17, 6 ff.; vgl. M. Hengel, Die Zeloten, 1961, 279 f.).

²⁵ Der Ausdruck: „panischer Schreck" ist eine hellenistische Umschreibung für den „Schrecken Jahwes", der im heiligen Krieg die Feinde Israels lähmt (1. Sam. 14, 15; Dt. 11, 23 ff.; 2. Chron. 17, 10 u. a.; Jub. 30, 26). Die Zeloten hatten sich gerade damals, als vor Jerusalem der Entscheidungskampf ausgetragen wurde, besonders stark an die Vorstellungen vom Kriege Jahwes gehalten, der zwar die Heere der Feinde bis zur heiligen Stadt führt und dort ihr Lager aufschlagen läßt, sie aber dann auf wunderbare Weise vernichtet (vgl. Jes. 10, 24—34, dazu den Kommentar aus der Höhle 4 von Qumran; Jes. 29, 1—8; 31, 1—4; Dan. 11, 40—45). Auch in der Kriegsrolle der Qumransekte bildet Jerusalem das Zentrum des endzeitlichen Krieges (1, 3; 3, 11; 7, 4; 12, 13 par. 19, 5 f.).

²⁶ Nach J. Klausner a. a. O. 240 besteht Grund zu der Annahme, daß auch Titus zusammen mit den Soldaten der 10. Legion floh und nur durch das Eingreifen anderer Truppenteile vor der Katastrophe bewahrt wurde. Zurückhaltender ist die Kritik Ricciottis a. a. O. 127.

²⁷ Der makedonische Monat Xanthikus entspricht dem hebräischen Monat Nisan (März—April). Die jüdischen Männer wurden in den inneren Bezirk des Tempels eingelassen, um ihr Passahlamm schlachten und das Hallel beten zu können. Es war dies das letzte Passah des zweiten Tempels.

²⁸ Es finden sich mancherlei Hinweise auf unterirdische Gänge im Tempelgelände. Nach ant. 15, 424 wurde für Herodes ein geheimer Gang von der Burg Antonia zum östlichen Tempeltor angelegt. Die Mischna erwähnt in Tamid 1, 1 einen Gang, der unter dem Tempelgebäude zum Baderaum führte und bringt in Para 3, 3 die spekulative Notiz, unter dem ganzen Tempelberg sei eine große Höhlung gewesen, so daß sich kein Grab in der Tiefe befinden und die Reinheit dieses Ortes verletzen konnte. Tacitus hist. 5, 12 spricht im Hinblick auf den Tempelberg von „cavati sub terra montes". Vor allem aber muß man an die Wasserleitungen und Zisternen denken, die den Tempel mit Wasser versorgen, und nicht zuletzt an die gewaltigen Substruktionen, die Herodes bei der Erweiterung des Tempelplatzes vor allem im Süden hatte aufführen lassen (vgl. H. Vincent a. a. O. 566 f. 712 f. 736).

²⁹ Der Begriff „Zelot" bezeichnet hier den Angehörigen der Eleazargruppe (vgl. den Exkurs V S. 213).

³⁰ Nach Tacitus hist. 5, 12 hätten der Überfall auf den Tempel, die Umformung auf die beiden alten Parteien und das letzte Passahfest schon vor dem Anmarsch des Titus stattgefunden. Das scheint historisch wahrscheinlicher zu sein, da sich auf diese Weise der Besuch des Festes besser erklären läßt. J. Klausner a. a. O. 240 sieht ferner in der von Johannes gewährten Amnestie einen erneuten Beweis dafür, daß dieser nicht der blutdürstige Tyrann gewesen sein kann, als ihn Josephus darstellt; auch vermutet er, Eleazar sei als Führer der „Zeloten" belassen worden. Das Urteil „schuldig" in § 104 ist auf die Schau des Johannes von Gischala einzuschränken: Nach § 5 f. hatte Eleazars Eigenmächtigkeit die Spaltung verschuldet.

³¹ Auch in § 507 wird ein „Grabdenkmal des Herodes" (dort im Singular) erwähnt. Seit 1891 kennt man eine westlich vom ehemaligen Herodespalast, auf dem Hügel nikephurië auf der anderen Seite des wadi el-ennäb, gelegene Anlage, die den Namen „Grab des Herodes" trägt. Eine ausführliche Beschreibung findet sich bei H. Vincent a. a. O. 342—346. Da Herodes d. Gr. nach 1, 673 am Herodeion bestattet wurde, könnte nach H. Vincent a. a. O. 710 die Tatsache, daß Herodes seinen Bruder Pheroras nach Jerusalem überführen ließ, um ihn dort zu begraben, darauf hinweisen, daß dies Grabmal tatsächlich von Herodes errichtet worden ist. Auch seine Mutter Kypros und die

Anmerkungen zu Buch 5

Hasmonäerin Mariamme könnten darin bestattet worden sein. J. Klausner a. a. O. 241 denkt allerdings an das Grabmal Alexander Jannais. — Der „Schlangenteich" ist wohl identisch mit dem heutigen birket es-sultan. H. Vincent a. a.O. 298f. weist auf die in Neh. 2, 13 erwähnte „Drachenquelle" hin und hält den Schlangenteich für ein Auffangbecken der mäanderartig geführten Wasserleitung, die von den salomonischen Teichen bis nach Jerusalem ging.

[32] Ausführung und Gelingen dieses Hinterhalts entsprechen sicherlich den historischen Tatsachen (vgl. Klausner a. a. O. 241). Der Hinterhalt ist eine legitime Kampfform auch des heiligen Krieges, wie vor allem aus Josua 8 und 1 QM 3, 1f. hervorgeht. — Josephus spricht stets im Plural, wenn er auf die Grabanlage (J. Klausner: qäbär) der Königin Helena eingeht. Gemeint sind wie in 4, 532 die über dem Hypogeion befindlichen Grabdenkmäler.

[33] Josephus entstellt hier absichtlich den begreiflichen Jubel der Juden, bei dem sicher Gott als der eigentliche Sieger und Beschützer der heiligen Stadt gefeiert wurde (vgl. dazu Ex. 15, 20f.; 1. Makk. 4, 33 und vor allem das Freudenlied nach dem Sieg über die Feinde der Endzeit in 1 QM 14, 4ff.).

[34] Die Rede des Titus enthält Wendungen antiker Rhetorik. Das „Seufzen" der Gesetzes" wird auch in 3, 356 erwähnt; der Schlußsatz der Titusrede erinnert an das in Liv. 8, 7 berichtete Urteil des T. Manlius, der seinen von der Schlacht als Sieger heimkehrenden Sohn wegen eines Verstoßes gegen die Kriegsgesetze enthaupten ließ.

[35] Auch nach der Kriegsrolle hat die Schlachtreihe 7 Linien (1 QM 5, 3), allerdings steht die Reiterei in gleicher Weise gestaffelt auf den beiden Flügeln (6, 8f.). Im Normalfall war das römische Heer in der acies triplex aufgestellt (Pauly-W., Supplementband IV, 1924, Sp. 1082—1086).

Exkurs VIII: Die Lage Jerusalems nach Josephus.

Josephus hatte zwar, wie er in § 237 und 247 versichert, vor, über Stadt und Tempel eine eigene, ausführliche Darstellung zu geben, jedoch ist dieser Plan nie verwirklicht worden. Wenn er in § 135 in seinem Bericht über den Feldzug plötzlich abbricht, um dann die Mauern und den Tempel zu schildern, so verfolgt er dabei die Absicht, die Wehrhaftigkeit und Heiligkeit der Stadt Jerusalem eindrücklich vor Augen zu stellen. Gerade im Augenblick, in dem der Leser erfährt, wie Titus zum entscheidenden Schlage ausholen will, soll er den Eindruck gewinnen, als sei die von der Natur und künstlichen Befestigungsanlagen gleichermaßen geschützte und darüber hinaus vom heiligen Tempel gekrönte Stadt eigentlich unbezwingbar. Josephus nimmt damit eine religiöse Überzeugung auf, die den Kampf der Zeloten bestimmte und ähnlich bei den Essenern galt, für die Wehrhaftigkeit und Heiligkeit Wesensmerkmale sowohl ihrer Festung Qumran als auch des geistlichen Tempels der Gemeinde bilden. Bei Josephus dient diese Vorstellung einer entgegengesetzten Tendenz, die mit dem Doppelthema seines ganzen Werkes übereinstimmt: Das Bild der starken Stadt hebt die militärische Leistung der Römer und vor allem des Titus hervor, das ihrer Heiligkeit unterstreicht die Schuld der Aufstandspartei, die den Tempel Gottes unaufhörlich befleckte und damit das Strafgericht für alle heraufbeschwor. Gott selbst mußte seine Stadt dem reinigenden Feuer übergeben. Vgl. 4, 328 und dazu Anm. 78, S. 219.

Abgesehen von dieser fragwürdigen Gesamttendenz entstehen bei der Beschreibung Jerusalems durch Josephus mancherlei Einzelprobleme. Die Wehrhaftigkeit der Stadt wird in drei Hauptabschnitten dargelegt: Der Schilderung der Stadthügel, der Mauern und schließlich der Türme. Bei den Hügeln Jerusalems ist einmal die Tatsache schwierig, daß Josephus in § 137f. von drei Hügeln spricht, auf denen die Stadt erbaut sein soll, ja in § 149 einen vierten erwähnt, während man heute nur noch zwei solcher Hügel entdecken kann, zum anderen aber, daß er die Davidsstadt auf dem großen Westhügel ansetzt, während sie in Wahrheit auf dem kleinen Südosthügel bei dem Tempel gelegen haben muß. Ja, es hat den Anschein, als fehle die Einsicht in eine geschichtliche Entwicklung des Stadtbildes ganz: Ein Vergleich mit ant. 7, 62—66 beweist, daß für Josephus schon das Jerusalem der Jebusiter aus den Teilen bestand, die es zu seiner Zeit besaß, einer Oberstadt und einer Unterstadt mit Akra.

Dieser Irrtum kennzeichnet auch die Darstellung der drei Mauern. Die von Josephus als älteste bezeichnete erste Mauer dürfte, abgesehen von einem kurzen Stück auf dem

Anmerkungen zu Buch 5

Südosthügel, wesentlich jünger sein als die zweite, mit der die in der Königszeit gegründete „Zweitstadt" (mischnä 2. Kön. 22, 14; Zeph. 1, 10) umschlossen war. Während der ungefähre Verlauf dieser beiden Mauern mit Rücksicht auf das Gelände und mit Hilfe einiger Mauerreste nach den Angaben des Josephus einigermaßen genau festgelegt werden kann, stellt die dritte, von Agrippa erbaute Mauer ein fast unlösbares Probelm dar. Es läßt sich nämlich nicht eindeutig entscheiden, ob sie im wesentlichen mit dem Verlauf der heutigen Stadtmauer übereingestimmt hat, oder ob sie aufgrund der von E. L. Sukenik aufgefundenen Reste viel weiter nördlich anzusetzen ist. Vgl. E. L. Sukenik und L. A. Mayer, The Third Wall of Jerusalem, 1930.

Was die Festungswerke und Türme anlangt, so ist zunächst fraglich, was Josephus mit den Begriffen ἄκρα und φρούριον im einzelnen bezeichnen will; außerdem überraschen die große Zahl, die beträchtliche Höhe und die prächtige Ausstattung der auf den Mauern befindlichen Türme.

[36] Der Rücken des Westhügels, der die Oberstadt trägt, ist 760 m hoch, der Südosthügel mit der Unterstadt 680—700 m. Wenn Josephus angibt, der Stadtteil auf dem Westhügel habe zu Davids Zeiten φρούριον geheißen, so bezieht er sich auf die Angabe 2. Sam. 5, 7, nach der David die „Burg Zion (meṣudat ṣijōn), das ist die Davidsstadt", eroberte. Als φρούριον der Oberstadt im engeren Sinne bezeichnet Josephus den Palast des Herodes (§ 245); daß an dessen Stelle der Palast Davids gestanden habe, bezieht sich auf eine Tradition, die sich in dem Namen „Davidsturm" der Zitadelle erhalten hat. In Wirklichkeit hat der Zion, die alte Jebusiterstadt, jedoch auf dem 3 ha großen Südosthügel gelegen, wie die dort ausgegrabenen Mauerreste beweisen; ferner spricht dafür die Tatsache, daß der Gihon, die einzige Quelle Jerusalems, in unmittelbarer Nähe dieses Hügels liegt. Die Stadt hat sich während der Königszeit nach Norden (Tempelberg) und Nordwesten („Zweitstadt", das von der zweiten Mauer des Josephus umschlossene, 9 ha große Gebiet) und erst in der hellenistischen Zeit auf den Westhügel (52 ha) hinüber ausgedehnt; dieser Wachstumsprozeß entspricht dem anderer palästinischer Städte (vgl. K. Galling, Biblisches Reallexikon, 1937; 299ff.). — Der Name „Oberer Markt" läßt nicht etwa auf einen zentral gelegenen, mit Säulen geschmückten Platz schließen, wie ihn die hellenistischen Städte in Palästina aufwiesen, vielmehr ist der Begriff ἀγορά im Sinne der orientalischen Marktstraße (Sūq) zu verstehen. Der Name „Oberer Markt" (schūq ha'eljōn) findet sich schon in der Mischna (Scheq. 8, 1); der Reichtum an solchen Marktstraßen gab der Oberstadt ihren Namen (vgl. 1, 251; 2, 305. 530; 5, 331, dazu H. Vincent a. a. O. Bd. I, 5f.). — In gleicher Weise ist zwischen der Akra als der — anders als bei Jos. ant. 13, 215ff. — auf dem nordöstlichen Vorsprung des Westhügels gelegenen Zwingburg und der Akra als der Unterstadt des Südosthügels zu unterscheiden (vgl. dazu den Exkurs I: *Akra* in Bd. I, 404 unserer Ausgabe). Der Übergang des Namens „Davidsstadt" vom Südosthügel auf den Westhügel muß in herodianischer Zeit erfolgt sein; in 1. Makk. 1, 33 wird die Akra noch richtig mit der Davidsstadt gleichgesetzt. Die Tatsache, daß mit der Errichtung dieser Zwingburg die heilige Stadt gleichsam zu einer Karawanserei für unreine Heiden herabgewürdigt worden war (1. Makk. 3, 45; 7, 32; ant. 12, 252), ferner die Errichtung der mächtigen Herodesburg auf dem Westhügel mögen diesen Wechsel begünstigt haben.

[37] Mit dem dritten Hügel meint Josephus das Gelände des Tempelplatzes, obwohl dieses heute vom Südosthügel nicht etwa durch eine breite Schlucht getrennt ist, sondern mit ihm ein zusammenhängendes Ganzes bildet. Außerdem ist schwer vorstellbar, daß der Tempelberg jemals von Natur niedriger als der Südosthügel gewesen sein soll. H. Guthe glaubte zwar, bei Ausgrabungen eine südlich vom Tempelplatz von Nordwesten nach Südosten verlaufende Schlucht entdeckt zu haben, die früher einmal das Stadttal mit dem Kidrontal verband (ZDPV 5 (1882) 317); jedoch blieb diese Annahme bisher unbestätigt (H. Vincent a. a. O. I, 22—25).

[38] Das Jerusalem in zwei ungleiche Teile zerlegende Stadttal ist heute größtenteils nur noch eine flache, el-wäd = „das Wadi" genannte Mulde, die in der Gegend des Damaskustores beginnt und in das Kidrontal einmündet. Die Bedeutung des Namens „Tal der Käsemacher" ist unbekannt; Josephus spielt mit dem Wort Τυροποιῶν wahrscheinlich auf einen volkstümlichen aramäischen Namen an. Ansprechend ist die Annahme, er ersetze euphemistisch das Wort aschpōt = Mist durch schephōt = Käse;

Anmerkungen zu Buch 5

denn das Tor, das am Ende des Stadttales lag, trägt nach Neh. 2, 13; 3, 13f.; 12, 31 den Namen „Misttor". G. Dalman „Orte und Wege Jesu"³ 1924, 287 denkt an „das Tal der Blöße" (gē hattōreph) Jerusalems. Zum Siloahteich vgl. 2, 340, dazu Anm. 171 in Bd. I, 446 unserer Ausgabe.

[39] Im Nordosten wird Jerusalem durch das wädi ed-dschōz, im Osten durch dessen Fortsetzung, das tiefere Kidrontal begrenzt. Im Westen umschließt zunächst das wädi el-mēṣ die Oberstadt, das sich im Süden im Hinnomtal (wadi er-rabābi) fortsetzt. Vgl. K. Galling a. a. O. 298.

[40] Auf den Verlauf des Nordteils der ersten Mauer weisen einmal der 1867–1870 freigelegte Wilsonbogen (aus dem 5.–6. Jahrh. n. Chr.), der als großer Viadukt an der Mauer entlang über das Stadttal führte und so die Weststadt mit dem Tempel verband, ferner die heutige bāb-el-silsile-Straße und das gleichnamige Tor an der Westseite des Tempelplatzes (vgl. H. Vincent a. a. O. I, 51–64). Der Ostteil dieses Mauerabschnittes führte mitten durch einen Stadtteil hindurch. Diese befremdlich erscheinende Tatsache läßt sich nach K. Galling a. a. O. 306 damit erklären, daß ein in die Zweitstadt einbrechender Feind vor den wichtigen Punkten Ophel, Akra und Tempelplatz noch auf ein zweites Hindernis stoßen sollte. – Zum Xystos vgl. 2, 344, dazu Anm. 172 in Bd. I unserer Ausgabe 446. Die Gegend des Stadttals bot sich zur Errichtung einer solchen Sportstätte, die auch öffentliche Versammlungenn diente, an. – Mit der βουλή ist nicht etwa die in Midd. 5, 4 erwähnte innerhalb des Tempelbezirks befindliche Halle gemeint, in der das Synhedrium tagte; das hier erwähnte Rathaus muß vielmehr innerhalb des Tempelplatzes bei der zur Oberstadt führenden Brücke gelegen haben. Nach 6, 354 wurde es zusammen mit anderen, an der Südwestecke des Tempelplatzes befindlichen Gebäuden verbrannt. Die jüdische Tradition weiß von drei verschiedenen Gerichtshöfen, deren Tagungsorte sich in der Nähe des Tempels befanden (G. Dalman a. a. O. 350).

[41] Der West- und Südteil der ersten Mauer verlief in Anlehnung an das wädi el-mēṣ und das Hinnomtal. Reste von Toren und Türmen aus hellenistischer Zeit traten bei Ausgrabungen 1894–97 zu Tage (vgl. H. Vincent a. a. O. I, 65–80). – Der Begriff Bethso, der textlich nicht ganz sicher ist, muß vielleicht als Kontraktion eines aramäischen bēt-ṣō'ā = Ort des Mistes verstanden und mit dem „Misttor" Nehemias (vgl. Anm. 38) in Verbindung gebracht werden; auch an bissū'a = Abschnitt könnte man denken. – Das Essenertor hat seinen Namen vielleicht auf Grund der Tatsache erhalten, daß in seiner Nähe das jerusalemische Essenerquartier lag, wahrscheinlich aber deshalb, weil man durch dieses in der Nähe der Südwestecke der Mauer befindliche in das Hinnomtal hinabführende Tor zum Zentrum der Essenergemeinde Ḫirbet Qumran gelangte (vgl. dazu den Namen des in Richtung Jesana führenden Jesanatores). – Der Salomonsteich ist ein im Kidrontal aufgestautes, in Neh. 2, 14 „Königsteich" benanntes Becken (K. Galling a. a. O. 305). – Als „Ophel" = Schwellung bezeichnet Josephus das Stück zwischen der Südmauer des Tempels und der Davidstadt, das nach 1. Kö. 11, 27 von Salomo aufgefüllt wurde (vgl. 2, 448, dazu Anm. 200 in Bd. I unserer Ausgabe 448).

[42] Der Verlauf der zweiten Mauer ist nicht eindeutig auszumachen. Das Verbum κυκλοῦσθαι, mit dem Josephus ihn beschreibt, braucht nicht notwendig eine Bogenlinie zu meinen (vgl. § 133. 136), vielmehr bestand diese Mauer aus einer West- und inneren Nordflanke, wobei sich die Ecke in der Nähe der heutigen deutschen Erlöserkirche befunden haben muß. Das bestätigen Reste eines antiken Ausfalltores im russischen Alexanderhospiz und herodianische Quadern in einem Suq von ḥan-ez-zeit. Sie sprechen dafür, daß diese von Hiskia um die Zweitstadt herum erbaute Mauer (2. Chron. 32, 5) südlich und östlich an Golgatha vorbeiführte, so daß dieser Hügel zur Zeit Jesu unmittelbar außerhalb der Stadt lag. – Das Gennath-Tor, nach H. Vincent a. a. O. Bd. I, 91 unmittelbar bei der Herodesburg, nach K. Galling a. a. O. 306 etwa in der Mitte zwischen Herodesburg und westlicher Tempelmauer in der ersten Mauer gelegen, hat seinen Namen wohl von Gärten, zu denen man durch dieses Tor gelangte (vgl. dazu Joh. 19, 41). H. Vincent a. a. O. denkt speziell an einen Garten, der zu dem § 259. 468 erwähnten Grabmal des Hohenpriesters Johannes (wohl Hyrkan), das etwa in dieser Gegend gelegen hat, gehört haben muß.

[43] Der Hippikusturm wird in § 163–165, der Psephinusturm in § 159f. beschrieben. – Nach ant. 20, 95 lagen die Grabmäler der Helena 3 Stadien = 555 m von der Stadt ent-

Anmerkungen zu Buch 5

fernt. In einer der 7 Kammern dieser Anlage — sie wird fälschlicherweise „Königsgräber" genannt, da ihr erster Erforscher, F. Saulcy, dort die Gräber der judäischen Könige entdeckt zu haben glaubte — fand sich ein Sarkophag mit der in Estrangelo und Quadratschrift ausgeführten Inschrift „Die Königin Saddan". Damit ist sicherlich die Königin Helena von Adiabene gemeint. Sie hatte, wie es in dieser Zeit vielfach üblich war, einen semitischen und einen griechischen Namen; Josephus nennt stets den letzteren. Helena kam wohl um 44 n. Chr. nach Jerusalem und starb kurz nach dem Tode ihres Sohnes, des Königs Izates, um 65 in ihrer Heimat; die Leichen von beiden wurden dann nach Jerusalem gebracht und dort bestattet (vgl. ant. a. a. O.). — Mit den „königlichen Höhlen" kann Josephus keine Grabanlage meinen, vielmehr hat man an die in der Nähe des heutigen Damaskustores befindlichen Steinbrüche zu denken, in denen ein sehr geschätzter Baustein („malaki" = der königliche) genannt, gewonnen wurde. — Das zur Bestimmung der Nordostbiegung der Mauer angegebene Walkergrabmal erinnert zwar an das in Jes. 7, 3 erwähnte „Walkerfeld", jedoch ist die Lage dieses Grabmals, das ähnlich wie das Grab der Helena, des Herodes oder des Hohenpriesters Johannes ein wohlbekanntes Bauwerk gewesen sein muß, nicht mehr zu bestimmen. Nach H. Vincent a. a. O. Bd. I, 144 muß es in der Nähe des heutigen Museums gelegen haben.

⁴⁴ Thack zieht die Wendung πρὸς τῷ λόφῳ zum Folgenden und deutet λόγος auf den Hügel, auf dem die Oberstadt lag: „Die Einwohnerschaft, die den Bezirk nördlich des Tempels mit dem Hügel (Oberstadt) vereinigte, hatte sich so weit ausgedehnt, daß auch noch ein vierter Hügel mit Häusern umgeben wurde." Unsere Übersetzung folgt der bei Kohout, Clementz und Paret vorausgesetzten Textauffassung. — Der sogenannte vierte Hügel ist lediglich die nördliche Verlängerung der Anhöhe, auf welcher der Tempel liegt. Die von Josephus angegebene Deutung des Namens Βεζεθά (vgl. Βηζέθ 1. Makk. 7, 19 A Βηθζαθά Joh. 5, 2) ließe sich als eine Anpassung eines hebräischen bēṯ ḥadaschā oder eines aramäischen bēṯ ḥadetā an die griechische Aussprache verstehen. Doch befriedigt diese Auskunft nicht. G. Dalman hat zunächst bēṯ zaitā = Ölbaumort vorgeschlagen (Grammatik des jüdisch-palästinischen Aramäisch, Neudruck 1960, 147), später aber an beṣ ʿathā, hebräisch habbiṣ'ā = der Abschnitt gedacht (Orte und Wege Jesu, ³1924, 325). Vgl. auch zur Ableitung Simchoni 478.

⁴⁵ Die Beendigung des Mauerbaus wird von Josephus an anderen Stellen etwas abweichend begründet. Nach 2, 218f. hätte der plötzliche Tod Agrippas sie veranlaßt. Dabei muß der Bau der Mauer nach den dort gemachten Angaben weiter vorangeschritten sein, als es nach unserer Stelle den Anschein hat (vgl. auch 2, 563). Nach der ausführlichen Darstellung in ant. 19, 326f. meldete der Statthalter von Syrien, C. Vibius Marsus, das Vorhaben des Königs an den Kaiser Claudius, der aus Furcht vor einem Aufstand den Bau einstellen ließ; dieser selbst wird aber als Verbreiterung und Erhöhung einer schon vorhandenen Mauer dargestellt. Tacitus weiß dagegen zu berichten, die zunächst verweigerte Erlaubnis zum Mauerbau sei durch Geld erkauft worden (hist. 5, 12). Daß das Unternehmen des Königs nicht allzuweit gediehen sein kann, beweist die Tatsache, daß die dritte Mauer für Cestius offensichtlich noch kein ernsthaftes Hindernis dargestellt hat (2, 529f.).

⁴⁶ Gemeint sind die aufständischen Juden, die nach dem Siege über Cestius volle Handlungsfreiheit gegenüber den Römern erlangt hatten und die Stadt in Verteidigungszustand setzten (2, 563).

⁴⁷ Die Angaben des Josephus über die Stärke und Ausdehnung der dritten Mauer sind schwer mit den Ergebnissen der Ausgrabungen von E. L. Sukenik und S. A. Mayer, The Third Wall of Jerusalem. An account of excavations (1930), in Einklang zu bringen. Bei Ausbesserungsarbeiten an der Kreuzung der Straße nach Nablus mit der Richard Löwenherz-Straße wurde 1925 ein Steinblock herodianischer Art entdeckt, und bei Ausgrabungen rechts und links davon je drei Mauerstücke freigelegt. Die Mauer, von der etwa 1200 m, dabei 5—6 Türme, in Lage und Verlauf bestimmt sind, lief bis zum Kidrontal, wo sie wohl nach Süden bog und an die zweite Mauer anschloß. Zweifellos handelt es sich um eine zur Verteidigung Jerusalems behelfsmäßig errichtete Mauer, aber wohl kaum um eine in ruhiger Zeit angelegte, mit der Stadt organisch verbundene Befestigung. Das sehr verschiedenartige Material kann niemals die hohen und schweren Aufbauten getragen haben, von denen der Bericht des Josephus spricht; auch der Hinweis auf zwei ver-

247

schiedene Bauperioden, eine unter Agrippa und eine zweite unter den Aufständischen (von 66—69), gibt keine befriedigende Erklärung (H. Vincent a. a. O. Bd. I, 114—174; J. Simons, Jerusalem in the Old Testament, 1952, 459—503). Andererseits ist zu bedenken, daß der Bericht des Josephus in sich selbst uneinheitlich ist und darum nur mit Vorbehalt zur Entscheidung dieses schwierigen Problems dienen kann. Übertrieben ist einmal der Umfang der Mauer: Nach der Anzahl und den Zwischenräumen der Türme müßte sie allein 9—10 km lang gewesen sein, während Josephus in § 159 den Gesamtumfang aller Stadtmauern mit 33 Stadien (= rund 6 km) angibt. Es mag sein, daß Josephus bei der Beschreibung Jerusalems von volksmäßig novellistischen Vorstellungen sowie von idealen Mustern (vgl. Priesterschrift, Hesekiel, Offb. Joh.) bestimmt ist; dafür sprechen z. B. die Zahl der Türme und die Maße der Mauern. Kohout 691 und ähnlich Simchoni 478 rechnen bei dem Abstand der Türme mit einem alten Schreibfehler: die Zahlzeichen σ' = 200 und ο' = 70 seien verwechselt worden.

⁴⁸ In c. Apion. 1, 197 wird in einem von Hekatäus stammenden Bericht über Volk und Land der Juden der Umfang Jerusalems mit 50 Stadien = 9 km angegeben. Nach ep. Arist. 105 und Euseb praep. ev. IX 35 betrug er 40 Stadien, nach Euseb a. a. O. IX 36 habe er im zweiten Jahrhundert v. Chr., geschätzt vom „Landaufseher Syriens", 27 Stadien gemessen. Diese letztere Angabe = 5 km dürfte wohl am ehesten den Tatsachen entsprechen.

⁴⁹ Eine Fernsicht über das Gebiet bis hin zum Mittelmeer — ϑάλαττα darf nicht etwa auf das Tote Meer bezogen werden — ist nach J. Simons a. a. O. 477f. nicht möglich. Wahrscheinlich ist die Angabe des Josephus von nationalen und theologischen Traditionen mitbestimmt; vgl. die Fernsicht über das Erbland des Volkes Israel, die Abraham nach dem Genesisapokryphon der Qumransekte von Ramath Hazor aus geschenkt wird (21, 8ff.). Die West-Ostausdehnung wird dort durch das „Große Meer" (= Mittelmeer) und den Hauran festgelegt. Der Psephinusturm stand wahrscheinlich an der Stelle des qaṣr dschālūd (= Goliathsburg) an der Nordwestecke der heutigen Stadtmauer. Dort wurden die Unterbauten eines in der Kreuzfahrerzeit noch stehenden Turmes („Tankredturm") entdeckt, deren große mit breiten Bossen versehene Steinquader nach H. Vincent, RB X 1913, 88—96, XXXVI 1927, 527—32 herodianische Herkunft verraten; desgleichen gehen 6 Mauerstützen, die nur durch eine dünne Schicht makkabäischer Besiedlungsreste vom gewachsenen Fels getrennt sind, in diese Zeit zurück. Ferner fand man Reste eines Pflasters mit Mosaiken von Blumen, Früchten und Vögeln, wie sie ähnlich in der Gegend des Herodespalastes entdeckt wurden. Allerdings verräte das Mauerwerk dieser Anlage nichts von einem achteckigen Turm. Da es sich dabei jedoch nur um die Fundamente handelt, ist dies kein entscheidender Einwand gegen die These, der Psephinusturm habe an der Stelle des heutigen qaṣr dschālūd gestanden (vgl. H. Vincent a. a. O. Bd. I, 122—126; J. Simons a. a. O. 486—491).

⁵⁰ Die Hinrichtung Mariammes wird in 1, 443 erwähnt. Phasael beging als Gefangener der Parther Selbstmord (1, 271f.); von einem Hippikus ist in dem ausführlichen Bericht über Herodes den Gr. nirgends die Rede.

⁵¹ Auch nach ant. 16, 144 vgl. 17, 257 war Phasael der höchste Turm der Festung, keineswegs kleiner als der Pharosturm. Zu letzterem vgl. 4, 613. — Mit Simon ist hier Simon bar Giora gemeint, der die Oberstadt besetzt hielt, vgl. 5, 11.

⁵² Gemeint ist der weißlich-gelbe Kalkstein, wie man ihn etwa in den sogenannten „Königshöhlen" gewann, vgl. § 147, Anm. 43.

⁵³ In b. Chulin 139b werden bei einer Aufzählung verschiedenartiger Tauben „hardesi'ōt" erwähnt, die nach einer Erklärung von Namens des Herodes abgeleitet werden; eine zweite Erklärung bringt diese Tauben mit dem Herkunftsort in Verbindung, der jedoch unsicher ist. S. Krauss (Talmudische Archäologie Bd. 2, 1911, Anm. 975, S. 525) verweist auf Sifre Dt. 96, wonach die „hardesi'ōt" in einem „sobaḥ" (= Taubenturm) wohnen und bringt diese Stelle mit der unsrigen in Verbindung.

Exkurs IX: Die Herodesburg.

Die 3 starken Türme der Herodesburg deckten einmal die von Natur ungeschützte Nordseite Jerusalems und dann den Palast selbst. Sie ermöglichten es, Oberstadt, Vorstadt und Tempelgebäude unter Kontrolle zu halten. Titus ließ sie nach der Eroberung

Anmerkungen zu Buch 5

der Stadt zusammen mit einem Teil der Nordwestmauer stehen, nicht nur, weil er, wie Josephus angibt, mit ihnen ein Denkmal seines Sieges übriglassen (7, 2), sondern weil er an diesem strategisch wichtigen Punkt seine Truppe unterbringen wollte. Bei Ausgrabungen stieß man auf Spuren des Lagers der 10. Legion (J. Simons a. a. O. 266f.). Vorher hatte der Palast des Herodes den Prokuratoren während ihrer zeitweiligen Aufenthalte in Jerusalem als Residenz gedient; außerdem lag in ihm für dauernd der Großteil der römischen Besatzungstruppe, gewöhnlich eine Kohorte, die in kritischen Lagen verstärkt werden konnte (vgl. 2, 318 ff.). Der einheimische Name der Herodesburg war wohl qaṣṭrā demalkā (= das Lager der Königs) Tos. Ed. 3; noch heute heißt der nördliche Stadtteil Jerusalems im Volksmund el qala' ah (= die Zitadelle). Ein eindrucksvoller Zeuge von der Stärke der Herodesburg ist der sogenannte Davidsturm in der nordöstlichen Ecke der heutigen Zitadelle. Nach M. C. N. Johns, der in der Zeit von 1935—1948 mehrfach unterbrochene Untersuchungen und Ausgrabungen im Bereich der Zitadelle durchführte, ist der „Davidsturm" identisch mit dem Phasaelturm des Josephus; dieser Ansicht schließt sich auch H. Vincent a. a. O. Bd. I, 231 an. Der Unterbau dieses Turmes besteht aus 16 Lagen großer Steinblöcke herodianischer Art, die insgesamt 19,70 m (= 37,50 Ellen) hoch sind und damit an die von Josephus für den Phasaelturm angegebenen 40 Ellen nahe herankommen; die Grundfläche beträgt 22 auf 17 m gegen rund 20 auf 20 bei Josephus. Bei den Ausgrabungen in einem 90 auf 40 m großen Gelände im Inneren der Zitadelle wurde ein am Davidsturm beginnendes und in südwestlicher Richtung verlaufendes Mauerstück mit 2 Türmen von je 18 auf 10 m Grundfläche freigelegt. Nach H. Vincent sind 4 Bauphasen erkennbar, eine 1. unter dem Hohenpriester Jonathan, eine 2. unter Johannes Hyrkan und Alexander Jounai, eine 3. unter Herodes d. Gr. und eine 4. in der späten jüdischen und römischen Zeit (a. a. O. 228). Der Mariammeturm hat nach Johns wenig östlich vom Phasael-Davidsturm gestanden, während der Hippikusturm nicht mehr bestimmbar sei. Kohout 692 identifiziert den letzteren mit dem Ofenturm von Neh. 3, 11. H. Vincent verlegt ihn an die Stelle des südlicheren der von Johns freigelegten Türme (a. a. O. 231). Vgl. dazu Simchoni 478, der auf den Hananel Jer. 31, 39; Sach. 14, 10 hinweist. Gegen die Gleichsetzung Davidsturm = Phasaelturm wendet sich J. Simons: der Davidsturm befinde sich auf der schmalen Schulter zwischen Nordwest- und Südwesthügel und damit an der Stelle, wo der Eckturm von erster und zweiter Mauer, nach Josephus der Hippikusturm, gestanden haben muß (a. a. O. 269).

Der von Herodes im 15. Jahr seiner Regierung erbaute Palast (1, 401f. vgl. Anm. 184, Bd. I unserer Ausgabe S. 417, und ant. 15, 318) wurde deshalb gleich zu Beginn des ersten Aufstandes von den Zeloten zerstört (2, 430—440), weil die prächtige Ausstattung seiner Räume gegen das streng verstandene Bilderverbot verstieß; außerdem war es, wie auch die Antonia, durch den Aufenthalt der heidnischen Besatzungstruppen dauernd unrein und mußte deshalb bei der gewaltsam durchgeführten Heiligung Jerusalems durch Feuer beseitigt werden.

⁵⁴ Die folgende Beschreibung des herodianischen Tempels und der Burg Antonia § 184—247 ist mit der Schilderung des salomonischen Tempels in ant. 8, 63—98, dem Bericht von den Erweiterungsarbeiten und Neubauten des Herodes in ant. 15, 380—423 und vor allem mit dem Mischnatraktat Middoth („Maße" sc. des Tempels) zu vergleichen. Der letztere ist etwa um 150 n. Chr. entstanden; das in ihm gegebene Bild des Tempels ist idealisiert und bisweilen von dem Verfassungsentwurf Ezechiels bestimmt, vgl. O. Holtzmann, Middot 1913 (Gießener Mischna V 10), Einleitung S. 3—6. Josephus hingegen zeichnet den salomonischen Tempel vielfach nach der ihm aus eigener Anschauung bekannten herodianischen Anlage. Der Tempelhügel, die nördliche Fortsetzung des Südosthügels mit der Davidstadt, wurde in § 138 erwähnt; vgl. dazu Anm. 37. Nach 2. Sam. 24, 18 war die Tenne Araunas (Ornans) für den Platz des Altars und damit auch für den Tempel bestimmt; nach 2. Chron. 3, 1 baute Salomo das Gotteshaus auf dem Berg „Morija", den die jüdische Tradition mit dem Land „Morija" und Isaaks Opferung verband (Gen. 22, 2; vgl. Gen. r. 55).

⁵⁵ ναός meint bei Josephus in der Regel wie in den Evangelien das eigentliche Tempelgebäude im Gegensatz zum ἱερόν, der Gesamtanlage des Heiligtums innerhalb der äußeren Umfassungsmauer. In Middoth 1, 1 wird außerdem das „Haus des Heiligtums" (bēṯ hammiqdasch = ἱερόν) vom „Tempelberg" (har habbajiṯ = äußerer Vorhof) unter-

Anmerkungen zu Buch 5

schieden. Vgl. G. Dalman, Orte und Wege, Jesu, 3. Aufl. 1924, 301; O. Michel, Art. ναός Th. Wb. IV 884—895.

⁵⁶ Auch in ant. 8, 63 und 15, 398 schildert Josephus die in den biblischen Berichten 1. Kön. 6—7 und 2. Chron. 3—4 nicht erwähnte Erweiterung und Befestigung des Tempelhügels durch Salomo, wobei große Steine tief in der Erde versenkt und riesige Stützmauern am Fuß des Hügels aufgeführt worden seien; auch wird in ant. 15, 401 die von Salomo erbaute Säulenhalle an der Ostseite der Umfassungsmauer genannt (vgl. die „Halle Salomos" Joh. 10, 23; Apg. 3, 11; 5, 12). Dagegen hat es nach ant. 15, 398 den Anschein, als hätte schon Salomo den Tempel in seinem ganzen Umfang durch eine Mauer geschützt, was sicher auch den Tatsachen entspricht (vgl. die Erwähnung einer nördlichen Mauer in § 186). Während in den Antiquitates Salomo und Herodes als die großen Erbauer des Tempels erscheinen, ist es an unserer Stelle vor allem das jüdische Volk, das viele Generationen hindurch an dieser Arbeit beteiligt ist. In Wahrheit geht aber die Erweiterung des Tempelbäudes durch große Stützmauern und Substruktionen auf Herodes zurück, der nach dem Zeugnis des Josephus den Tempel bei der Instandsetzung des Tempels „ein Gebiet ummauern ließ, das doppelt so groß war wie das bis dahin bestehende" (bell. 1, 401; J. Simons. a. a. O. 394 vermutet, in ant. 15, 398f. müsse das Subjekt Herodes irrtümlich ausgefallen sein). Herodes begann mit dieser Arbeit im 18. Jahr seiner Regierung (ant. 15, 380 gegen bell. 1, 401), d. h. 20/19 v. Chr. Das Anlegen der Vorhöfe und ihre Ummauerung dauernte 8 Jahre (ant. 15, 420), der Neubau des Tempelgebäudes ein Jahr und 5 Monate (ant. 15, 421), jedoch wird schon in den vorangehenden Jahren daran gearbeitet worden sein. Tatsächlich wurden die Bauarbeiten am Tempel nach ant. 20, 219 erst unter Agrippa II. und unter dem Prokurator Albinus (62—64 n. Chr.) abgeschlossen.

⁵⁷ Die Feststellung, daß nach der teilweisen Niederlegung der Nordmauer und der dadurch gewonnenen Fläche das Tempelgebäude sich verdoppelt habe, wird nur dann einigermaßen verständlich sein, wenn sich die in ant. 15, 400 erwähnten 4 Stadien auf den Umfang der vorherodianischen Mauer beziehen und die in bell. 5, 192 genannten 6 Stadien den Umfang des von Herodes erweiterten Tempelplatzes beschreiben. Im Norden mußte im Gegensatz zu den anderen Seiten das Felsgestein abgetragen werden, damit man das Durchschnittsniveau des Hügels erreichen konnte.

⁵⁸ Die im Osten, Süden und Westen — das sind die hier angebauten 3 Seiten — um den Tempel herumgeführten Stützmauern — stellen in der Tat eine beachtliche Leistung dar, da große Geländeschwierigkeiten zu überwinden waren. Im Westen reicht das Käsemachertal, im Nordosten das St. Annental in das erweiterte Tempelgelände hinein, und nach Süden fällt der Tempelberg stark ab. An der Südostseite ruht der Templeplatz auf Substruktionen von 13 Reihen 9 m hoher Gewölbe mit 88 Pfeilern, den sog. „Ställen Salomos". Sondierungen, die hauptsächlich von C. H. Warren durchgeführt wurden, ergaben beispielsweise, daß sich die Tempelmauer an der Südostecke etwa 60 m über dem gewachsenen Fels erhebt, an der Südwestecke noch 50 m, wovon 20 m durch die Erdmassen bedeckt sind; unter den 5—6 sichtbaren Lagern herodianischer Steinblöcke in der im Westen gelegenen Klagemauer befinden sich weitere 22 Lagen mit einer Höhe von 21 m (vgl. J. Simons. a. a. O. 347. 356. 361). — Mit dem „unteren Teil des Heiligtums" meint Josephus den äußeren Vorhof im Unterschied zum „zweiten" (§ 193 bzw. „inneren" 6, 248) Heiligtum, der 'azārā des Alten Testaments (2. Chron. 4, 9; 6, 13).

⁵⁹ Die größten Steine, die man heute in der Tempelmauer sieht, messen nur 11, 81 bzw. 9, 84 auf 1 m und 7 auf 1,85 m (G. Dalman a. a. O. 301).

⁶⁰ Die Säulenhallen umgaben den Tempelplatz auf allen Seiten und fehlten nur an der Stelle der Antonia. In ihnen waren nach ant. 15, 402 Rüstungen aufgehängt, die im Krieg erbeutet worden waren und wohl als Weihegaben für den von Gott geschenkten Sieg geschenkt waren, von Josephus aber als Schmuck der Hallen dargestellt werden. Es ist eigenartig, daß Josephus an unserer Stelle nicht von der weithin sichtbaren dreischiffigen Basilika längs der südlichen Tempelmauer am Ort der heutigen aqṣā-Moschee spricht, die in der Mitte erhöht war, herrlichen Schmuck und gewaltige, mit korinthischen Kapitellen versehene Säulen besaß und den Namen „königliche Halle" trug (ant. 15, 393. 411—416). Nach G. Dalman a. a. O. 309f. war sie vielleicht identisch mit der Kaufhalle, in welcher 40 Jahre vor der Zerstörung Jerusalems das Synhedrium tagte (bSanh. 41a; A. Z. 8b), und aus der Jesus die Händler und Wechsler ausgetrieben hatte.

Anmerkungen zu Buch 5

Im Mischnatraktat Middoth werden weder die Säulenhallen noch die Burg Antonia erwähnt. O. Holtzmann, Middot, 1913, 17 vermutet, solche Hallen seien wohl von den Rabbinen als Zierde heidnischer Tempel empfunden und daher im Bild des idealen Heiligtums weggelassen worden; in dieses Bild gehörte auch keine Burg hinein.

[61] 6 Stadien = 1130 m. In ant. 15, 400 sind für den (vorherodianischen?) Mauerring 4 Stadien = 760 m angegeben; jede Seite maß 1 Stadion. Nach einer in c. Apion. 1, 198 dem Hecatäus von Abdera zugeschriebenen Notiz war die Steinmauer des Tempels damals ungefähr 5 Plethren = 500 griechische Fuß lang (etwas mehr als 150 m) und 100 Ellen (= 50 m) breit. Herodes hätte demnach den Platz um ein vielfaches vergrößert, falls dieser nicht in der Zwischenzeit etwa durch den Hohenpriester Simon (vgl. Sir. 50, 1) weiter ausgebaut worden ist. In Middoth 2, 1 erscheint der Tempelplatz als ein Quadrat von 500 Ellen = 262,50 m Seitenlänge, wobei das in Hes. 42, 15–20 genannte Maß als Vorbild dient. Der heutige Tempelplatz ist beträchtlich größer: die Südseite mißt 280 m, die Nordseite 315, die Ostseite 470, die Westseite 485 m, vgl. J. Simons a. a. O. 346. Der Tempelplatz hat also heute nicht die Form eines Quadrats, sondern die eines Trapezes, dessen Umfang nach antikem Maß 8 Stadien beträgt. J. Simons a. a. O. 405–417 sucht diesen Unterschied durch den Nachweis zu erklären, der Tempelplatz habe sich zur Zeit des Herodes nicht bis hin zur Burg Antonia erstreckt und sei darum kleiner gewesen als der heutige haram, der bis an den Felsen heranreicht, auf dem die Antonia stand. Für den Zwischenraum zwischen nördlicher Tempelmauer und Antonia spreche auch der in bell. 6, 74ff. 149ff. gegebene Bericht über die Kämpfe um die Antonia und den Nordwestteil des Tempelbezirks.

[62] Zum „zweiten Heiligtum" vgl. Anm. 58.

[63] In Middoth 2, 3a wird die Höhe der steinernen Schranke (sōreg) mit 10 Handbreiten = 87,5 cm angegeben.

[64] Der Traktat Middoth sagt nichts von den Warnungstafeln, wahrscheinlich deshalb, weil zu dem idealen Heiligtum die Heiden überhaupt keinen Zutritt haben sollten; dagegen findet sich in Kelim 1, 8 die Bestimmung, kein Götzendiener noch ein an einer Leiche unrein Gewordener dürfe den Ḥēl, den „Zwinger" zwischen Steingitter und Mauer des zweiten Bezirks, betreten. (Vgl. Anm. 58.)
Josephus spricht auch in bell. 6, 124–126 und in ant. 15, 417 von der Schranke und den Verbotstafeln (vgl. auch Philo leg. ad Gajum § 212). Eine dieser Tafeln, die in die Umfassungsmauer eingemauert war, wurde 1871 von Ch. Clermont-Ganneau, eine zweite 1936 bei den Grabungen der palästinischen Altertümer-Verwaltung entdeckt. Der Inhalt des Textes der ersteren ist: „Daß kein Fremder eintrete innerhalb der Schranke und Einfriedigung des Heiligtums! Wer ergriffen wird, ist für den Tod, der darauf folgen wird, selbst verantwortlich!" (vgl. J. Finegan, Light from the Ancient Past, Princeton 1946, 246). Damit ist kein gerichtliches Verfahren, sondern die spontane Tötung durch das für die Heiligkeit des Tempels eifernde Volk angedroht. Beispiele solcher Volksjustiz finden sich in Apg. 21, 28 und b. Pes. 3b (G. Dalman a. a. O. 306f.).

[65] Von der 40 Ellen hohen Mauer um den inneren Vorhof waren von außen gesehen 15 Ellen durch die auf 3 Seiten heraufführende Treppe, von innen her durch die höher gelegene Plattform des inneren Vorhofs, auf der der Beschauer stand, verdeckt (vgl. O. Holtzmann, Middot, 1913, 23). Josephus liebt es auch sonst, neben der absoluten auf die relative Höhe eines Bauwerks hinzuweisen, vgl. § 173. – Nach Middoth 2, 3 führten nur 12 Stufen von je einer halben Elle Höhe und Breite auf den Ḥēl, die auch nach dieser Stelle 10 Ellen breite Terrasse um die Mauer des inneren Vorhofs. Zu den Treppen, die mit Ausnahme der Westseite den ganzen inneren Tempelbezirk umgaben, vergleiche § 38.

[66] Das erste der beiden zuletzt genannten Tore führte vom äußeren Vorhof in den Frauenvorhof, das zweite ihm nach Westen gegenüberliegende von dort in den Vorhof Israels (Männervorhof); das zweite Tor gewährte den Männern den Zutritt zu dem für sie bestimmten Vorhof und den Frauen den Blick auf den Altar und den Eingang des Tempelgebäudes. Der Traktat Middoth nennt in 2, 7 (vgl. Scheq. 6, 3) 4 Tore des inneren Tempelbezirks im Norden, 4 im Süden, ein dreiteiliges Osttor und 2 Westtore. Bis auf die Westtore stimmt diese Angabe mit unserer Stelle überein; im Westen können, da dort die Treppe fehlte, keine Tore gewesen sein (bell. 5, 38. 200). Dagegen hatte nach Middoth 1, 4 der innere Vorhof nur 3 im Norden, 3 im Süden und eines im Osten. Dabei ist wohl

Anmerkungen zu Buch 5

der Vorhof der Frauen nicht mit berücksichtigt; in Middoth 5, 1—3 wird der Begriff 'azarā tatsächlich in diesem engeren Sinne gebraucht. Merkwürdigerweise sagt er in unserem Abschnitt nichts von den Toren, die in den äußeren Vorhof führten (Josephus weiß nach O. Holtzmann a. a. O. 19 von mindestens 7 Toren, vgl. ant. 15, 410f.; bell. 5, 222. Middoth 1, 3 nennt nur 5).

[67] Die 4 Tore, die sich sowohl auf der Nord- als auch auf der Südseite des inneren Vorhofs befanden, waren so verteilt, daß jeweis eines, das nordöstliche und das südöstliche, zu dem im Osten gelegenen Vorhof der Frauen führte. Das den Frauen „eigene" Tor ist das in Anm. 66 genannte Tor zwischen Frauenvorhof und Vorhof Israels.

[68] Bei den Schatzkammern handelt es sich um die in der Innenseite der Mauer angelegten Vorratsräume für Wein, Holz und Öl; in einigen von ihnen befand sich nach 6, 282 auch viel Geld. Zwischen ihnen standen 13 Opferstöcke (vgl. Mk 12, 41) die umgekehrten Trompeten glichen; vgl. Kohout 700.

[69] O. Holtzmann a. a. O. 29 schlägt vor, ἔωθεν = östlich statt ἔξωθεν zu lesen; in der Tat liegt dies aus korinthischem Erz gearbeitete Tor östlich von dem Tempelgebäude. Zum „korinthischen Erz", einem Bronzeguß in besonderer Mischung, vgl. Plinius hist. nat. 34, 3 ff.

[70] Nach c. Apion. 2, 119 hatten die Tore des „Tempels" (ναός meint dort den Tempelbezirk) eine Höhe von 60 und eine Breite von 20 Ellen. Diese Angabe ist aus apologetischen Gründen übertrieben, besonders gegenüber der Mischna, die in Middoth 2, 3d allen Eingängen zum inneren Vorhof eine Höhe von 20 und eine Breite von 10 Ellen gibt. Das scheint indessen zu wenig gerechnet, denn die Torhallen wären dann niedriger gewesen als die Mauer, in die sie eingesetzt waren. Nach O. Holtzmann a. a. O. 30 hätten die beiden Türen, durch eine dazwischenliegende Halle getrennt, einander gegenübergelegen; dabei wird auf die Beschreibung des Funkentores in Middoth 1, 5 verwiesen.

[71] Die turmähnlichen Seitenhallen haben somit eine Höhe von 21 m und eine Grundfläche von 248 qm. Nach Middoth 1, 4 hatte das Nikanortor 2 Gemächer (leschakōt), während das Funkentor eine Art Halle (aksadrā = ἐξέδρα) mit Obergemach darstellte (1,5).

[72] Alexander ist der in ant. 18, 159 f. 259; 19, 276 erwähnte Alabarch von Alexandria, der Bruder des Philosophen Philo und Vater des Titus jetzt an der Seite des Titus stehenden Statthalters. Nach Schürer III, 132 f. war der Alabarch der ägyptische Zollaufsichtsbeamte auf der arabischen Seite des Nils. Dieses Amt, das gelegentlich von einem angesehenen Juden verwaltet wurde, darf nicht mit dem des Ethnarchen, des Vorstehers der alexandrinischen Judenschaft, identifiziert werden. Der Alabarch ist vielmehr identisch mit dem in Inschriften und Urkunden erwähnten Arabarchen.

[73] Mit den 5 Stufen sind die in § 198 erwähnten Aufgänge von der Terrasse („Ḥēl") zu den Toren des inneren Vorhofs gemeint. Die hier gemachte Angabe darf nicht wie O. Holtzmann a. a. O. 25. 65 so verstanden werden, als entspräche die Treppe zu dem „größeren Tor" den Treppen vom äußeren Vorhof zum Ḥēl, die um die von dort weiterführenden 5 Stufen niedriger gewesen sei, weil das größere Tor nicht oberhalb des Ḥēl, sondern unmittelbar auf diesem selbst gestanden hätte. Aber nach § 195. 197 besaßen die Treppen zum Ḥēl 14, nicht 15 Stufen; die Treppe zum größeren Tor kann schon deshalb nicht vom äußeren Vorhof heraufführen. Das größere Tor wäre nach dieser Beschreibung (anders als 2, 411) das im Osten gelegene Zugangstor vom äußeren Vorhof in den Vorhof der Frauen, und die in § 206 erwähnte Trennmauer nicht die Ostmauer des inneren Tempelbezirks, vielmehr verbände das größere Tor den Vorhof der Frauen mit dem Vorhof Israels. Denn nach § 204 liegt es dem Eingangstor des Tempelgebäudes gegenüber, außerdem wird auch in Middoth 2, 6e eine Treppe von 15 Stufen genannt, die sicherlich mit der an unserer Stelle erwähnten identisch ist; sie führte jedoch vom Vorhof der Frauen zum Vorhof Israels hinauf. Nach Sukka 5, 4 hätten die Leviten auf ihr bei der Feier des Wasserholens am Laubhüttenfest die 15 Stufenpsalmen gesungen. Das östliche Eingangstor in den Frauenvorhof müßte hingegen das aus korinthischem Erz gefertigte Nikanortor (Middoth 2, 3. 7) sein; sehr wahrscheinlich ist es das „schöne Tor" von Apg. 3, 2. Dessen Stifter wurde nach Tos. Joma 2, 4 mit dem aus Alexandria auf dem Seeweg herangeführten Tor bei einer Sturmflut auf wunderbare

Anmerkungen zu Buch 5

Weise gerettet. Am Ölberg fand man eine unterirdische Grabanlage der Familie Nikanor, wobei ein Ossuar laut seiner Inschrift: „Die Gebeine der Söhne Nikanors aus Alexandria, der die Tore machte" enthielt (A. Parrot, Der Tempel von Jerusalem, 1956, 74). Zur Lage des Nikanortores vgl. den Exkurs zu 6, 293.

⁷⁴ Das Tempelgebäude kann nicht genau in der Mitte des Tempelplatzes gestanden haben. Die Plattform, auf der sich heute der Felsendom erhebt, an dessen Stelle sich auch der herodianische Tempel befand, liegt etwa 100 m näher an der nördlichen Mauer als an der südlichen und etwa 50 m näher an der westlichen als an der östlichen (J. Simons a. a. O. 352). Herodes hatte sich beim Neubau des Tempels an die Dreigliederung des salomonischen Baues: 'ulām (Vorhalle), hēḳāl (Heiliges) und debīr (Allerheiligstes) gehalten. In Middoth 4, 6 werden 100 Ellen als Höhe, Breite und Länge des Tempelgebäudes angegeben, jedoch war nach 4, 7 nur dessen Vorderfront so breit. Sie ragte rechts und links über den eigentlichen Bau um je 15 Ellen hinaus; das Aussehen des vorn breiten und hinten schmäleren Gebäudes wird an dieser Stelle einem Löwen ('arī) verglichen, wobei auf Jes. 29, 1, das Wort vom 'arī'ēl hingewiesen wird. Nach § 36f. hatte Agrippa II. Vorkehrungen getroffen, das Tempelgebäude auf 120 Ellen zu erhöhen, vgl. Anm. 13 und ant. 15, 391.

⁷⁵ Nach Middoth 3, 7 wäre die Eingangsöffnung in die Vorhalle nur 40 Ellen hoch und 20 Ellen breit gewesen; diese Angabe ist offensichtlich zu niedrig (gegen A. Parrot a. a. O. 78), vgl. Anm. 78. Vielleicht befand sich über dem Portal ein dreiteiliger Giebel, wie ihn hellenistische Bauten besaßen, und vor der Vorderfront eine Säulenreihe, auf der eine Attika (giebelartiges Dach) ruhte (A. Parrot a. a. O.). Auch nach Middoth 4, 1 war die dem Eingang der Vorhalle gegenüberliegende Wand vergoldet. Josephus beschreibt hier in § 208 die Vorderfront des Tempelgebäudes, wobei er sich besonders angelegen sein läßt, die einzelnen Teile in ihrer Gleichnishaftigkeit herauszustellen. Innerhalb des NT findet sich ein ähnlich charakteristischer Zug im Hebräerbrief (vgl. insbes. K. 8ff.). Das äußere Tempeltor, das keine Flügeltüren eingesetzt waren, wird so für Josephus zum Hinweis darauf, daß die wahrhaftige himmlische Wohnung Gottes unanschaulich und nicht umgrenzt ist. Daß dieses Tor keine Flügeltüren hatte, sagt auch Middoth 2, 3e. Aufgrund unserer Stelle ist entgegen der talmudischen Überlieferung (vgl. Ketuboth 106a; Joma 54a, Lesart bei Raschi) anzunehmen, daß sich am äußeren Tempeltor auch kein Vorhang befand. (Zu den Verhältnissen im salomonischen Tempel vgl. ant. 8, 75.) Indirekt wird dieser Befund dadurch unterstützt, daß nach Joma 44b dem Raum zwischen Vorhalle und Altar dieselbe Heiligkeit eignete wie der Vorhalle selbst. Die beiden Bereiche brauchten somit nicht durch einen Vorhang voneinander getrennt zu sein.

⁷⁶ Die beiden Stockwerke (nicht: hinter einander liegende Räume, wie Clementz 498; Thack 264; Ricc Bd. 3, 152 annehmen) des Tempelgebäudes werden durch Middoth 4, 5b bestätigt, wo vom „Obergemach" ('alijjā) des Tempelhauses gehandelt wird; in Middoth 4, 7 wird die Tiefe der Vorhalle mit 11, nach Einrechnung der Vormauer mit 16 Ellen angegeben. Hier ist die Mischna genauer als Josephus, der schematisch für die Vorhalle 20, für das Heilige 40 (5, 215f.) und für das Allerheiligste 20 Ellen (5, 219) nennt. Die 50 Ellen Breite der Vorhalle gewinnt man, wenn man von den 100 Ellen der Vorderfront die beiden „Schultern" mit je 20 Ellen und eine Mauerdecke von je 5 Ellen (Middoth 4, 7) abzieht (vgl. O. Holtzmann a. a. O. 39, 97f.).

⁷⁷ Demnach hat sich der Weinstock über dem Tor, das von der Vorhalle in den eigentlichen Tempelraum (hēḳāl) hineinführte, befunden. Über dem Eingang zur Vorhalle war dagegen der goldene Adler angebracht, den eifernde Jünglinge herabschlugen (1, 651; Anm. 17, 149—167). Von einem goldenen Weinstock (Singular!) im Tempel spricht Josephus in ant. 15, 395; ebenfalls erwähnt ihn Tacitus in hist. 5, 5, wobei er die von einigen gezogene Folgerung, die Juden hätten Bacchus verehrt, zurückweist. Auch nach Middoth 3, 8c war es nur ein einziger goldener Weinstock, dessen Teile von Stangen gestützt waren und an dem als Weihgaben dargebrachte Blätter, Beeren oder Trauben aufgehängt wurden. Die Größe des Weinstocks wird dort in übertriebener Weise dadurch angedeutet, daß einmal 300 Priester an ihm getragen hätten.

Weinstock, Weintraube und Kelch zählten zu den ältesten von den Juden verwendeten Symbolen. In der neutestamentlichen Zeit wurden sie vielfach in Grabanlagen, an

253

Anmerkungen zu Buch 5

Ossuaren und auf Münzen angebracht; sie fehlten selbst nicht auf den Münzen der Prokuratoren, die sich dabei den jüdischen Vorstellungen anpaßten, und auf den Münzen aus dem ersten und zweiten Aufstand. Später erscheinnen diese Symbole vor allem in den Synagogen. Nach O. Holtzmann a. a. O. 87f. wäre die Wahl des Weinstocks im Tempel durch Schriftstellen wie Ps. 80, 9–12; Jer. 2, 21 und Hes. 17, 5–8 veranlaßt gewesen. Der Weinstock ist dort Bild für das von Gott behütete Israel. E. R. Goodenough, Jewish Symbols V, 1956, 103 denkt dagegen an eine Beziehung zum rituellen Trinken des Weins. Er vermutet ferner, der Weinstock im herodianischen Tempel sei ein Ersatz für den in ant. 14, 34–36 erwähnten Weinstock bzw. Garten, der von Aristobul II. dem Pompejus übersandt und später im Tempel des Juppiter Capitolinus aufgestellt worden war. Dieser trug die Inschrift: „Von Alexander, dem König der Juden" Wahrscheinlich hatte ihn Alexander als Weihgabe im Tempel von Jerusalem anbringen lassen. Zum Ganzen vgl. E. R. Goodenough a. a. O. 99ff. und K. Galling, Die Terpole des Alexanders Jannäus in der Festschrift für O. Eissfeldt, BZAW 77 (1958), 49–62.

[78] Thackeray und Ricciotti z. St. sehen in diesem Satz eine Glosse, die den Zusammenhang stört und außerdem den Begriff δίστεγος in der Bedeutung von 2 übereinanderliegenden Stockwerken verwendet, während er in § 209 2 hintereinanderliegende Räume bezeichnet. Aber dies Urteil ist unberechtigt, zumal δίστεγος an beiden Stellen im gleichen Sinn verwendet ist. — In Middoth 4, 1a wird die Höhe der zum „Heiligen" führenden Tür mit 20, die Breite mit 10 Ellen angegeben; die Zahlen des Josephus passen jedoch besser zu den sonstigen Maßen des Tempelgebäudes; vgl. auch die Beschreibung der Tempeltüren in ant. 15, 394.

[79] Die babylonische Webarbeit war in der Antike berühmt. Nach Plinius hist. nat. 8, § 196 wurde die Kunst, Bilder in die Kleider zu weben, besonders rühmlich in Babylon betrieben, woher sie auch ihren Namen erhielt. Das farbige Material ist nicht, wie Josephus angibt, mit Rücksicht auf eine symbolische Darstellung des Weltalls gewählt, sondern ist zunächst einfach durch die biblische Tradition bestimmt, wo eine derartige Interpretation nicht ausdrücklich erfolgt. In Ex. 25, 4; 26, 1 ist es für die Stoffbahnen des heiligen Zeltes, in Ex. 26, 36 für die Decke am Eingang dieses Zeltes und in Ex. 26, 31 für den Vorhang zwischen Heiligem und Allerheiligstem vorgesehen, vgl. ant. 3, 102. 113 und besonders 3, 124–133. Auch bei den Priestergewändern spielten diese Stoffe und Farben eine wichtige Rolle (Ex. 28, 6ff.; ant. 3, 154).

[80] Auch Philo behauptet, die für den Vorhang der Stiftshütte gewählten 4 Webstoffe stellten die 4 Elemente dar und begründet dies damit, man hätte beim Bau des mit Händen gemachten Heiligtums die gleichen Materialien verwenden müssen, aus denen Gott das Weltall geschaffen habe (vita Mosis 2, 88). Zusätzlich zum biblischen Bericht betont Josephus in ant. 3, 126 (vgl. 3, 113), der Vorhang zwischen Heiligem und Allerheiligstem sei mit Bildern von jeder Art Blumen und mit anderen Figuren, nicht aber mit Darstellungen lebender Wesen bestickt gewesen. Dabei sollte an die Fülle des Kosmos erinnert werden, jedoch ist das Bilderverbot im Blick auf lebende Wesen so streng eingehalten, daß sogar die in der Schrift erwähnten Cheruben von Josephus absichtlich weggelassen werden. Dieser will, wie auch an unserer Stelle, dem Vorwurf begegnen, die Juden hätten Tiere verehrt. Dagegen erscheinen die Bilder des Tierkreises auf Mosaiken der Synagogen des 4.–7. Jahrh. Besonders bekannt ist deren Darstellung in der Synagoge Beth Alpha (B. Kanael, Die Kunst der antiken Synagoge 1961, 80; Abbildung 61).

[81] Nach Middoth 4, 6 hatten das Erdgeschoß und das Obergemach die gleiche Höhe von je 40 Ellen; doch ist wohl die Angabe des Josephus richtiger, da das Obergemach, dessen kultischer Zweck nirgends klar in Erscheinung tritt, sicherlich niedriger war als der wichtige Raum im Erdgeschoß. Der Tempel Salomos war nur 30 Ellen hoch (1. Kön. 6, 2), desgleichen der von Serubabel erbaute (Esra, 6, 3; zum Text vgl. W. Rudolph, Esra und Nehemia, 1949, Handbuch z. AT I, 20, S. 54f.). Dagegen maßen Länge und Breite des „Heiligen" im salomonischen Tempel genau so viel wie im herodianischen (vgl. 1. Kön. 6, 16f.); auch in Middoth 4, 7 werden sie mit 40 bzw. 20 Ellen angegeben.

[82] Das Modell des siebenarmigen Leuchters wird in Ex. 25, 31–40 beschrieben, vgl. dazu ant. 3, 144–146. Salomo hatte 10 solcher Leuchter im Tempel aufgestellt (1. Kön. 7, 49), der Tempel Serubabels besaß dagegen nur einen, der von Antiochus Epiphanes

Anmerkungen zu Buch 5

geraubt und von Judas Makkabäus wieder ersetzt wurde (1. Makk. 1, 21; 4, 49). Der Leuchter stand an der Südseite des „Heiligen" (Ex. 40, 24; ant. 3, 144). Aus bell. 6, 388 möchte Kohout schließen, daß auch der herodianische Tempel mehrere Leuchter besaß. Der aus goldüberzogenem Akazienholz gefertigte Schaubrottisch (Ex. 25, 23—30; ant. 3, 139—142) stand an der Nordseite des „Heiligen" (Ex. 40, 22), nach Philo deshalb, weil die Nordwinde die fruchtbarsten sind (vita Mosis 2, 104). Denn der Tisch, der mit den in zwei Reihen aufgelegten Schaubroten und einigen größeren und kleineren Gefäßen mit Wein bedeckt war (ant. 3, 139—142), stellte nach Philo a. a. O. 2, 105 die Erde dar; eine ins einzelne gehende symbolische Deutung gibt Philo in quaestiones in Exodum 2, 71 ff. Nach 2. Chron. 4, 8 hätten sich im salomonischen Tempel 10 solcher Tische befunden; jedoch wird in 1. Kön. 7, 48 nur einer erwähnt. Der Tisch im herodianischen Tempel stammte wohl von Judas Makkabäus (1. Makk. 4, 49); nach bell. 7, 148 wog er mehrere Talente. Er ist auf dem Titusbogen deutlich sichtbar abgebildet und wird dort von 8 Soldaten getragen (vgl. W. Eltester, Der siebenarmige Leuchter und der Titusbogen, in der Festschrift für J. Jeremias, Beiheft ZNW 26 (1960) 62—76, bes. 69—71). Der Schaubrottisch und die Schaubrote werden auch in einer fragmentarisch erhaltenen Beschreibung des endzeitlichen Gottesdienstes im neuen Jerusalem erwähnt (M. Baillet, Fragments araméens de Qumran 2, RB 62, 1955, 222—245).

Der ebenfalls aus übergoldetem Akazienholz gefertigte Räucheraltar (Ex. 30, 1—10; ant. 3, 147 f.) stand in der Mitte des „Heiligen" in nächster Nähe des Vorhangs zum Allerheiligsten (Ex. 40, 5; 30, 6); in 1. Kön. 6, 22 wird er geradezu „Altar, der zum Allerheiligsten gehört" genannt. Von daher ist wohl die falsche Angabe in Hebr. 9, 4 zu erklären. Nach Philo vita Mosis 2, 101 versinnbildlicht der Räucheraltar die Dankbarkeit für die Gabe von Erde und Wasser und für das, was an Wohltaten durch dies Elemente geschieht. Zum Ganzen vgl. O. Michel, Der Brief an die Hebräer, 1957 zu Hebr. 9, 4, 194—197.

[83] Auch in ant. 3, 145 wird der Leuchter auf das Planetensystem gedeutet. Dagegen werden in bell. 7, 148 f., wo Josephus den von Titus im Triumph gezeigten Leuchter schildert, die sieben Arme mit der Wertschätzung der Zahl 7 bei den Juden erklärt. Nach Philo vita Mosis 2, 105 stellt der Leuchter den Himmel dar; in quaestiones in Exodum 2, 73—79 wird diese Deutung im einzelnen aufgeführt, vgl. auch Quis rerum divinarum heres, 216—229. Wahrscheinlich geht der Leuchter auf das im alten Orient weit verbreitete Symbol des Lebensbaumes zurück, was vor allem an den Knospen der einzelnen Arme noch sichtbar wird (E. R. Goodenough, Jewish Symbols Bd. IV, 1954, 73). Auch der siebenarmige Leuchter ist auf dem Titusbogen dargestellt, wo er einen eigenartigen, mit Tierbildern geschmückten Sockel besitzt, vgl. Goodenough a. a. O. 72. Wahrscheinlich stammt dieser Leuchter von Alexander Jannäus. Normalerweise hat der in den Synagogen dargestellte siebenarmige Leuchter einen Dreifuß als Ständer (vgl. W. Eltester a. a. O.). Nach b. Menachoth 28b; A. Z. 43a; Rosch hasch. 24 ab war es verboten, ein Haus wie den Tempel, einen Tisch wie den Schaubrottisch und einen Leuchter wie den im Tempel anzufertigen.

[84] In Ex. 30, 34 werden wohlriechendes Harz, Räucherklaue (der klauenförmige Deckel der Schale von verschiedenen Schnecken des indischen Ozeans), Galbanum (ein persisches Harz von bitterem Geschmack) und reiner Weihrauch als Bestandteile des Rauchopfers vorgeschrieben. Nach Philo, Quis rerum divinarum heres 197 stellen sie die vier Elemente symbolisch dar. Sieben Arten von Räucherstoffen sind in Sir. 24, 15 und Jub. 16, 24 erwähnt. In b. Kerithoth 6a werden noch weitere genannt, deren Gesamtgewicht nach erfolgter vorgeschriebener Mischung 368 Minen beträgt, die auf die 365 Tage des Sonnenjahres bezogen werden; die restlichen 3 Minen sind für den Dienst des Hohenpriesters am großen Versöhnungstag bestimmt. — Die Wendung „alles ist von Gott und für Gott" stellt eine der Allmachtsformeln dar, wie sie häufig in der Stoa und gelegentlich auch im NT zu finden sind; vgl. Röm. 11, 36; 1. Kor. 8, 6; Eph. 4, 6 und vor allem Kol. 1, 16 und Hebr. 2, 10. Dazu E. Norden, Agnostos Theos, 4. Aufl. 1956, 240—250.

[85] Auch nach Middoth 4, 7 maß das Allerheiligste 20 Ellen. Den Vorhang vor dem Allerheiligsten (vgl. Mt. 27, 51) erwähnt dieser Traktat ebensowenig wie den vor dem „Heiligen", vielmehr war das Allerheiligste vom „Heiligen" durch ein 1 Elle breites

Anmerkungen zu Buch 5

Gesims (?) geschieden. Eine Angabe über die Höhe des Allerheiligsten fehlt bei Josephus. Während dieser Raum nach 1. Kön. 6, 20 ein Würfel von 20 Ellen Seitenlänge war, müßte er im herodianischen Tempel wie das „Heilige" 60 Ellen hoch gewesen sein. Vgl. Anm. 81. - Das Verbot, das Allerheiligste zu betreten, wurde bei notwendigen Instandsetzungen so umgangen, daß man die Arbeiter vom Obergemach aus in Kästen herunterließ, damit sie ihre Augen nicht am Anblick dieser Stätte weiden konnten (Middoth 4, 5 c).

[86] Die Kammern des Tempelhauses werden in Middoth 4, 3 beschrieben. An den Längsseiten des Tempelgebäudes im Norden und Süden lagen jeweils 3 Reihen von je 5 Kammern übereinander (vgl. Hes. 41, 5–11), im Westen waren es 2 Reihen von je 3 und darüber 1 Reihe mit 2 Kammern; der Tempel hatte also insgesamt 38 Kammern. In Middoth 4, 3 wird ferner bestätigt, daß die Kammern durchlaufend miteinander verbunden waren. Sie verbreiterten sich nach oben hin von 5 zu 6 und 7 Ellen Weite, da die Mauer des sie innen begrenzenden Tempelgebäudes je Stockwerk um 1 Elle schmaler wurde (vgl. 1. Kön. 6, 6). Die vom Eingangstor her zu den Kammern führenden Zugänge sind in Middoth 4, 2 f. erwähnt; allerdings war die südliche stets verschlossen, was mit dem Verbot Hes. 44, 1 f. begründet wird.

[87] In ant. 15, 393 vergleicht Josephus das Tempelgebäude mit der „königlichen Halle, bei der die beiden seitlichen Teile niedriger sind und der Mittelteil höher ist"; dabei denkt er nicht nur an die große Säulenhalle im Süden des Tempelplatzes (ant. 15, 411–416), sondern auch an die im Altertum weit verbreitete Form der Basilika überhaupt (dazu S. Krauss, Talmudische Archäologie Bd. 2, 1911, 366).

[88] Der vom Tempelgebäude ausgehende Lichtglanz läßt dessen Heiligkeit sichtbar in Erscheinung treten; Josephus mag bei seiner Schilderung auch an den Glanz denken, der bei der Theophanie Jahwes bezeugt wird (Ps. 50, 2: Gott strahlt auf aus Zion, der Krone der Schönheit). Die Verbindung von Gottes Lichtglanz mit der Morgensonne wird in der Qumranhymne 1 QH 4, 5ff. hergestellt: dem Frommen ist der Sieg des Morgenlichtes über die Finsternis Abbild des sieghaften Durchbruchs der Wahrheit in der Endzeit (1 Q 27, 5–7, dazu bell. 2, 128. 148 und Anm. 44 in Bd. I unserer Ausgabe, S. 432 f.).

[89] In Middoth 4, 6 wird eine „Rabenscheuche" (kōlē 'ōrēb) genannt; wahrscheinlich sind damit die auf das 3 Ellen hohe Dachgitter aufgesetzten Spitzen gemeint. Kohout 706 vermutet nach den Angaben C. Schicks, das Tempeldach sei stark abschüssig gewesen, weil sonst die Spitzen gegen Vögel nichts genützt hätten und weil außerdem das Tempelgebäude gegen Regengüsse geschützt werden mußte. Die Vogelscheuche hätte sich dann auf dem First des Daches befunden, was mit dem von Josephus gebrauchten Ausdruck κορυφή am besten übereinstimmen würde. Die Angabe der Mischna spricht eher dafür, daß die Vogelscheuche ein Teil des um das Dach herumlaufenden Schutzgitters war und zunächst weniger das Dach selbst, als vor allem das vergoldete Gitter vor Verschmutzung bewahrt hat.

[90] Die Stelle, an der der Brandopferaltar gestanden hat, ist umstritten. J. Benzinger, Hebräische Archäologie³, 1927, 212 und J. Jeremias, Golgotha, 1926, 65 nennen dafür den großen Felsen unter der Kuppe des heutigen Felsendoms. Jedoch muß sich nach H. Schmidt, Der heilige Fels in Jerusalem, 1933 das Allerheiligste auf diesem Felsen befunden haben, da sonst der Raum auf der heute noch sichtbaren Terrasse des Tempelplatzes für die ganze vom inneren Vorhof eingeschlossene Anlage nicht ausgereicht hätte. Die ausführliche Beschreibung des Brandopferaltars in Middoth 3, 1–4 stimmt mit der des Josephus im wesentlichen überein; nur werden in der Mischna kleinere Maße angegeben. Der Altar ist auch dort im Grundriß quadratisch, hat jedoch unten eine Seitenlänge von 32, in der Mitte 30, 28 und 26 Ellen und oben, wo das von Feigen-, Nußbaum- und Kiefernholz unterhaltene Feuer brannte (Tamid 2, 3), von 24 Ellen; seine Höhe beträgt 8 Ellen. Solche quaderförmige Altäre fand man vor allem in Petra. Der Verfassungsentwurf des Hesekiel (43, 13–17) schreibt einen Altar vor, der an einen babylonischen Stufenbau erinnert; dieser kann ebenfalls Hörner an den Ecken tragen. Die Hörner des Altars (vgl. auch Middoth 3, 1) stellen wohl ursprünglich auf die Ecken verteilte Masseben, die Gottheit versinnbildlichende Steinsäulen dar, wie sie sich auch einzeln in der Mitte eines altorientalischen Altars befinden konnten. Im salomonischen

Anmerkungen zu Buch 5

Tempel, desgleichen auch im Tempel Serubbabels, befand sich ein „eherner", d. h. mit Bronzeblech verkleideter Altar (1. Kön. 8, 64; Esra 3, 3). Der Traktat Middoth erwähnt auch die von Süden heraufführende Rampe (3, 3), dazu die Tatsache, daß für den Altar nur Steine verwendet worden waren, die kein Eisen berührt hatte. Auch beim häufigen Tünchen des Altars wurde keine Kelle aus Eisen benutzt (3, 4). Das in Ex. 20, 25 angeführte Verbot wird in Middoth 3, 4 damit begründet, das Eisen sei dazu geschaffen, das Leben des Menschen zu verkürzen, der Altar hingegen dazu, es zu verlängern. Vgl. zum Ganzen K. Galling BR 13—22.

[91] Nach ant. 13, 373 hatte Alexander Jannäus zuerst ein hölzernes Gitter um den Altar und den Tempel gezogen, das offenbar Herodes durch eine steinerne Schranke — wahrscheinlich auf dem Boden hervorragende Steine oder eine querlaufende niedrige Mauer — ersetzt haben muß. Diese Schranke wird auch in Middoth 2, 7 erwähnt, wo ferner angegeben ist, der Vorhof der Priester sei um 2½ Ellen höher gelegen als der Vorhof Israels. Nach Kelim 1, 8 war allerdings den Israeliten bei der Darbringung des Opfers der Zutritt zum Raum vor dem Tempelhaus gestattet.

[92] Josephus erwähnt hier einen Teil der Bestimmungen zum Schutz der heiligen Stadt und des Tempels, wie sie ausführlicher in Kelim 1, 7—9 gegeben sind (vgl. auch c. Apion. 2, 103): Maßgebend dafür war das biblische Gesetz für die Reinhaltung des Lagers in der Wüste (Num. 5, 2f.), nach dem jeder Aussätzige und Samenflüssige (zāb) entfernt werden mußte. Dieses Gesetz wird in Kelim 1, 7 auf jede israelitische Stadt insoweit angewandt, als sich in ihr kein Aussätziger befinden darf. Dagegen ist dort dem Samenflüssigen erst das Betreten des Tempelberges, d. h. des äußeren Vorhofes, ausdrücklich untersagt (1, 8 vgl. b. Pes. 67a, wo eine Übertretung dieses Gebotes mit der Strafe der 40 Stockschläge bedroht wird). Der Tempelberg besitzt dabei einen höheren Reinheitsgrad als Jerusalem, das seinerseits der gewöhnlichen israelitischen Stadt hinsichtlich der Reinheit übergeordnet ist (Kelim 1, 8). Josephus hat an unserer Stelle beide Bestimmungen, die für den Aussätzigen und die den Samenflüssigen, einander gleichgestellt und damit vielleicht eine schärfere (sadduzäische oder zelotische) Auslegung des Reinheitsgebotes wiedergegeben. Daß vor der Zerstörung des zweiten Tempels in gewissen jüdischen Kreisen die Neigung zu einer Verschärfung der Reinheitsvorschriften bestand, geht aus den Qumrantexten hervor: in der Damaskusschrift wird sogar der geschlechtliche Verkehr in der heiligen Stadt verboten (12, 1f.), und das Heerlager der Gemeinde am Toten Meer ist durch Gesetze geschützt, die von der Lagerordnung im heiligen Krieg (Dt. 23) und der Vorschrift für die Dienst ausübenden Priester (Lev. 21, 16—23) abgeleitet sind (vgl. 1 QSa 2, 5—7; 1QM 7, 4 f. und einen fragmentarisch erhaltenen Zusatz zu CD 15, 15—17).
Mit dem „Samenflüssigen" ist, wie besonders aus dem Mischnatraktat Zābim hervorgeht, nicht etwa der durch Pollution befleckte gesunde Mann (vgl. dazu Lev. 15, 16—18 und Dt. 23, 10f.), sondern der an γονόρροια Erkrankte (zāb) gemeint, von dem in Lev. 15, 1—15 gehandelt wird. Dieser stellt eine Quelle der Unreinheit dar und muß deshalb ausgesondert werden. Sekretionen aus den Genitalien waren im alten Orient weit verbreitete Krankheiten. Zum Ganzen vgl. W. Bunte, Zabim 1958 (Gießener Mischna VI, 9). — Der Priester ist an dem Tag, an dem er ein Reinigungsbad vornimmt, noch unrein (Lev. 22, 7; Kelim 1, 5).
Über die Verbreitung der Gonorrhoe gibt die Schrift des Rufus medicus περὶ σατυριασμοῦ καὶ γονορροίας Auskunft (Ausgabe von Ch. E. Ruelle 1879, 64—84).

[93] Josephus bezieht sich auf die in Lev. 21, 16—23 gegebenen Gebote, die er auch in ant. 3, 278f. anführt.

[94] Zum Verbot des Weingebotes für den amtierenden Priester vgl. Lev. 10, 8—11.

[95] Der Hohepriester war zur Leitung des Gottesdienstes nur am großen Versöhnungstag und den sieben voraufgehenden Tagen verpflichtet. Es stand ihm jedoch zu, auch an allen anderen Tagen des Jahres diesen Dienst zu verrichten, da er über das Opfer und dessen Verteilung das erste Wort hatte (Joma 1, 1 f.). Nach der hier gemachten Angabe des Josephus war es offenbar Sitte, daß der Hohepriester besonders an Festtagen von diesem Recht Gebrauch machte und sich dabei dem Volke zeigte.

[96] Das Lendentuch (miknesē bad Ex. 28, 42) war ein linnener Doppelschurz, der die ganzen Beine umschloß (vgl. ant. 3, 152). Das Unterkleid (ketōnät), aus Byssus gewebt

Anmerkungen zu Buch 5

und würfelförmig gemustert (Ex. 28, 39), wird von Josephus in ant. 3, 153 als ein auf die Füße reichender χιτών beschrieben, wobei er wohl eine sprachliche Verbindung mit dem aramäischen kittan = Flachs, Linnen herstellen will. Das Obergewand, das zum Ephod gehörte (me'îl ha'ēphōd), wird in Ex. 28, 31–34 beschrieben; die Glöckchen sollten ursprünglich die Dämonen abwehren, dann aber den Hohenpriester vor der Gefahr bringenden Heiligkeit Gottes beschützen. Neben dem Ephod gehörte das Obergewand zu der nur den Hohenpriester auszeichnenden Amtstracht vgl. ant. 3, 159–161, wo es außerdem als ein ungenähtes, aus einem einzigen Stück bestehendes Gewand dargestellt ist. Nach ant. 3, 184 versinnbildlichten Untergewand und Obergewand das Universum.

[97] Das buntgewirkte Band ('abnēṭ Ex. 28, 39) wird besonders ausführlich in ant. 3, 154–156 geschildert. Es wurde zunächst um die Brust geschlungen und hing dann lang herunter; beim Opferdienst warf man diesen Teil über die linke Schulter.

[98] Das Schulterkleid ('ēphōd) mit Brustschild (ḥoschen mischpāṭ) ist der wichtigste Teil der hohepriesterlichen Amtstracht, was schon aus den auffallend langen Darstellungen Ex. 28, 6–30 vgl. 39, 6–21 und ant. 3, 162–171 hervorgeht. Der Ephod war eine Art von Schulterstück, das über dem Obergewand getragen wurde; auch in ant. 3, 162 vergleicht ihn Josephus mit der griechischen ἐπωμίς, einem ärmellosen halblangen Schulterkleid der Frauen. Die beiden Steine, nach Ex. 28, 9 schoham-Steine, befanden sich an dem ursprünglich selbständigen Ephod an der Vorderseite. Die Tatsache, daß diese ebenso wie das später in ihn eingesetzte Brustschild die Namen der 12 Stämme trug, beweist, daß Ephod und Brustschild ursprünglich dieselbe Funktion besaßen: sie hatten mit dem Priester als einem Orakelgeber zu tun. Nach Ex. 28, 30 sollten in das Brustschild die Losorakel Urim und Tummim hineingelegt werden, vgl. Num. 27, 21. Später wurde das Brustschild ein reines Schmuckstück; da der Priester in nachexilischer Zeit nur noch zum Opferdienst und nicht auch zum Orakelgeben eingesetzt war, fehlt der Ephod in Hes. 44, 17 ff.

Die 12 Steine, deren zwei letzte Reihen in ant. 3, 168 in anderer Ordnung aufgeführt sind, wiesen wohl tatsächlich, wie Josephus in ant. 3, 186 meint, auf den Tierkreis, ehe sie auf die 12 Stämme bezogen wurden. Josephus gibt darüber hinaus an, das Brustschild bedeute die Erde, die in der Mitte des Universums liege, das Band weise auf den die Erde umfassenden Ozean hin und die beiden Sardonyxsteine seien Sonne und Mond (ant. 3, 185 vgl. Clem. Alex. strom. V 668).

In Palästina konnte man keine Edelsteine finden. Sie wurden, wie die Listen Ex. 28, 17 ff.; 39, 10 ff. vgl. Hes. 28, 13 zeigen, vor allem in der Eisenzeit eingeführt, und zwar besonders in Ägypten, Medien und Indien. Der Sardonyx ist eine Chalcedonart, der Sarder, ein kastanienbrauner Halbedelstein, hat nach Plinius hist. nat. 37, 31 seinen Namen von der Stadt Sardes, in deren Nähe er häufig gefunden wurde. Der Topas, ein gelber Stein, kam nach Hiob 28, 19 vor allem aus Äthiopien; der Smaragd erscheint lichtgrün, der Karfunkel, unser Rubin, bot den feurigen Glanz einer glühenden Kohle. Der Jaspis ist eine besonders in rot, braun, gelb und grün schimmernde Quarzart, der Saphir bläulich durchsichtig (vgl. Ex. 24, 10). Der Achat stellt ebenfalls eine Quarzart dar, der Amethyst ist ein violettblauer oder purpurner Stein; der Liguder läßt sich nicht genau bestimmen (Plinius a. a. O. 37, 13; lyncurius). Der Onyx verdankt seinen Namen den verschiedenen hellen Farben, die den Tönen der Fingernägel gleichen. Der bei Plinius a. a. O. 37, 20 erwähnte Beryll ist gelblich oder meergrün, der Chrysolith goldgelb.

[99] Der Turban des Hohenpriesters (ṣānîph) unterschied sich seiner Form nach nicht von der kegelförmigen weißen Mütze (migbāʻā Ex. 28, 40; 29, 9) der übrigen Priester. In ant. 3, 172–178 sagt Josephus, auf dem den Unterteil des Turbans bildenden Goldkranz seien Knospen aus Gold aufgesetzt gewesen, die man der Sakcharos-Pflanze (Hyoscyamus niger) nachgebildet hatte (Halbkugel, die nach oben zu becherförmig gestaltet ist und in Blätter ausläuft). Die Aufschrift auf dem Goldkranz lautete: „heilig für Jahwe" (Ex. 28, 36, vgl. ant. 3, 178; 8, 93; Aristeasbrief 98. Nach den letztgenannten Stellen war der Name Gottes in „heiligen Buchstaben", d. h. wohl in althebräischen Lettern, nicht in Quadratschrift eingraviert; vgl. die Schreibung des Gottesnamens in 1 QpHab und die Verwendung der althebräischen Schrift auf den Aufstandsmünzen). Mit der Aufschrift: „heilig für Jahwe" soll das sühnende Eintreten des Hohenpriesters

Anmerkungen zu Buch 5

für das opfernde Israel zum Ausdruck gebracht werden (Ex. 28, 38). — Wenn Josephus von vier Vokalen des Gottesnamens spricht, so denkt er vielleicht an die griechische Form 'Ιαυέ; außerdem wurden in hebräischen Texten die Konsonanten jod und waw gerade in seiner Zeit besonders häufig als Stützen für die Vokale i (e) und u (o) verwendet, während der Laryngal he damals bei der Aussprache kaum zu hören war und darum nicht als Konsonant empfunden wurde. Schließlich ist im Targum der Gottesname durch vier jod angezeigt.

100 Die hohepriesterlichen Gewänder wurden nämlich von Herodes und später von den Prokuratoren in der Antonia unter Verschluß gehalten (vgl. ant. 18, 90—95: 20, 5—16). Der Hohepriester betrat das Allerheiligste am größten Versöhnungstag. — Clementz, Thack und Ricc verstehen unsere Stelle so, daß der Hohepriester seine hier beschriebene Amtstracht nur trug, wenn er ins Allerheiligste ging. Indessen: Diese Deutung stimmt mit dem Kontext nicht überein; denn wie § 231 ausdrücklich sagt, trug der Hohepriester seine Tracht jedesmal, wenn er Dienst tat. Josephus denkt hierbei, wie § 230 zeigt, besonders an den Sabbat und die Neumonde. Nach unserer Stelle nun war diese Amtstracht nicht die gewöhnliche Kleidung des Hohenpriesters, vor allem trug er „einfachere Kleidung" bei seinem Dienst im Allerheiligsten am großen Versöhnungstag. Wir fassen also die Konstruktion des Satzes so auf, daß das μέν ... δέ durch ein zweites δέ ergänzend weitergeführt wird (Nach Kohout 710 wäre dieses zweite δέ zu streichen). Diese Darstellung stimmt auch mit der kultischen Vorschrift überein, daß der Hohepriester bei seinem Gang ins Allerheiligste eine Tracht aus (weißem) Leintuch zu tragen hatte (vgl. Lev. 16, 3ff. 23; Joma 3, 6; 7, 4). — Auch in 1 QpHab 11, 7f. wird der Versöhnungstag als Fasttag gekennzeichnet.

101 Josephus bezieht sich hier auf das in ant. 4, 198 erwähnte Werk περὶ ἐθῶν καὶ αἰτιῶν, das er nach der Abfassung der Antiquitates schrieben wollte und das nach ant. 20, 268 4 Bücher umfassen sollte. Vgl. ant. 1, 25.

102 Offensichtlich hat Josephus ein Werk beabsichtigt, das zu dem in § 237 genannten in Verbindung stehen sollte (vgl. Ricciotti).

Exkurs X: Die Burg Antonia.

Zur Vorläuferin der Burg Antonia, der nach ant. 18, 91 von Hyrkan I. erwähnten „Baris", vgl. Anm. 37 in Bd. I unserer Ausgabe S. 406. —

Die Burg Antonia muß aufgrund der in bell. 6, 311 gemachten Angabe, nach der Zerstörung dieser Festung sei das Heiligtum viereckig geworden, in den äußeren Tempelvorhof hereingeragt, d. h. dessen Nordecke gebildet haben. J. Simons a. a. O. 414—418 bestreitet dies freilich mit dem Hinweis auf ant. 14, 60—63 und Strabo 16, 40, wonach der Tempel im Norden durch einen Graben geschützt gewesen sei, der nicht etwa die Baris und Bezetha, sondern die Burg und den Tempelplatz von einander getrennt haben müsse. Auf jeden Fall war die Antonia eine selbständige Größe. Das Felsplateau, auf dem sie nach Josephus errichtet worden sein soll, ist noch heute in beträchtlichem Umfang zu erkennen. Es hat in West-Ost-Richtung eine Ausdehnung von 120 m, in Nord-Süd-Richtung von 45 m und ist, abgesehen von der Westseite, künstlich abgeböscht, wobei es vor allem nach dem Tempelplatz zu bis zu 10 m Höhe aufragen kann. Nach H. Vincent hätte die Festung insgesamt ein Gelände von 150 zu 180 m eingenommen. Diese Maße werden durch die Tatsache bestätigt, daß Titus allein gegen die Nordflanke der Burg 4 Belagerungswälle aufwerfen ließ (§ 523).

Da die Antonia von den Zeloten in Brand gesetzt (2, 430) und dann von Titus völlig zerstört wurde (6, 93. 149), und ihr ehemaliger Standort vollständig überbaut wurde, ist es schwierig, die von Josephus gegebene Schilderung archäologisch genau nachzuprüfen. Dennoch weisen vor allem im Kloster der Schwestern von Notre Dame de Sion Reste von Mauern, Treppen und Säulen, ferner Münzen aus herodianischer und römischer Zeit auf Pracht und Größe dieses Bauwerkes hin. Besonders eindrucksvoll ist ein 1900 qm großes Pflaster aus monumentalen Steinen, das spätestens aus der Zeit Agrippas II., wahrscheinlich aber aus der Zeit Herodes des Gr. stammt und zum Innenhof der Antonia gehört hat (H. Vincent a. a. O. 208). Ebenfalls in die herodianische Zeit rechnet H. Vincent den in der Nordwestecke, unter dem Pflaster gelegenen Zwillingsteich, eine von zwei langen, schmalen und tunnelartigen Wölbungen gedeckte Zisterne mit Doppelbecken, die der Wasserversorgung der Besatzung gedient haben muß. Nach H. Vincent

Anmerkungen zu Buch 5

wäre er identisch mit dem in § 467 erwähnten Struthion-(= Spatzen-)Teich, desgleichen nach J. M. Allegro, The Treasure of the Copper Scroll, 1960, 82f. 166f., der die in Kolumne 11, 12–15 der Kupferrolle genannte Stelle: „Haus der Teiche" auf den Struthionteich bezieht.

Dagegen glaubt J. Simons a. a. O. 434, diese Zisterne müsse schon vor dem Ausbau der Burg Antonia bestanden haben und macht gegen die Gleichsetzung mit dem Struthionteich geltend, eine unterirdisch gelegene Zisterne könne nicht gut, wie das in § 467 geschieht, als Orientierungspunkt für zwei der Belagerungswälle gedient haben.

Die Antonia war mit dem Tempel nicht nur durch die beiden von Josephus in § 243 erwähnten Treppen, sondern auch durch zwei unterirdische Gänge verbunden: einen Durchgang zum Osttor (ant. 15, 424) und den im bell. 1, 77 vgl. ant. 13, 309 erwähnten „Stratonsturm".

Die von Herodes ausgebaute Festung war Schutz- und Zwingburg des Tempels zugleich, vgl. ant. 15, 403. 409. Durch die römischen Besatzungstruppen war sie in den Augen der strenggläubigen Juden stets unrein (vgl. Billerbeck Bd. II, 838f.; Ohal. 18, 7). Von daher ist es wohl zu erklären, daß diese Festung gleich zu Beginn des Aufstandes dem reinigenden Feuer der Zeloten zum Opfer fiel (2, 430). Zum Ganzen vgl. H. Vincent, Jérusalem de l'Ancien Testament, Bd. I, 1954, 193–216.

[103] Nach 4, 515 hätte Simon bei seinem Angriff gegen die Idumäer ein Heer von 20 000 Mann besessen. Der Unterschied zu der an unserer Stelle genannten Zahl ist wohl in erster Linie den inzwischen erlittenen Verlusten zuzuschreiben.

[104] Vgl. dazu 4, 235. Dort werden für die ursprünglich 20 000 Idumäer 4 Befehlshaber genannt, unter ihnen Jakobus, Sohn des Sosa, und Simon, der dort nach den besseren Handschriften als Sohn des Thakeas gilt (vgl. dazu den textkritischen Apparat). An unserer Stelle wird die in 4, 353 gemachte Angabe, das Idumäerheer sei aus Enttäuschung über das Verhalten der Zeloten abgezogen, korrigiert: offensichtlich galt das nur für die Hälfte des Heeres, zu der auch die an unserer Stelle nicht erwähnten Befehlshaber gehört haben werden.

[105] Nach § 98–105 wurden die im inneren Tempelbezirk befindlichen Zeloten unter der Führung Eleazars durch List überwältigt, jedoch deutet Josephus mit der am Schluß berichteten unerwarteten Schonung der Besiegten die friedliche Beilegung des Zwistes an. Es könnte jedoch an unserer Stelle auch eine Darstellung über die Einigung der beiden Parteien verwendet sein, die von der dort berichteten abweicht. In 6, 92. 148 wird Simon ein Sohn des Ari genannt, an der ersten Stelle ist sein Bruder Judas erwähnt, an der zuletzt genannten hat Lat die Form Tariginae. Nach A. Schlatter, Die hebräischen Namen bei Josephus (B. F. chr. Th. 17, 3) 1913, 115 stammt das T aus I; dort wird die Verbindung dieses Namens mit 'arī = Löwe erwogen. – Die Stärke der römischen Truppe einschließlich der Hilfsverbände betrug etwa das Dreifache der jüdischen Streitkräfte, nämlich 60 000 Mann (3, 69), nach Th. Mommsen (Römische Geschichte V[5], 1904, 534) 52240 Mann. Vgl. dazu J. Klausner a. a. O. Bd. V, 239.

[106] ἄθλα sind in Plato Leg. IX 868a; XI 935b = Kampfplätze. Versteht man den Singular ἄθλον hier ebenso wie in § 254 πολέμῳ χώραν, dann würde Josephus in § 251 sagen, daß der Kampf auf dem Rücken des δῆμος ausgetragen und der innerlich neutrale Teil des λαός ausgeplündert wurde; in § 254 käme dazu noch die Verbrennung der geographisch zwischen den Fronten liegenden Wohnplätze.

[107] Mit der „großen Mauer" ist die in § 147–157 beschriebene Mauer des Agrippa gemeint, die „alte Mauer" ist die im Westen und Süden der Stadt verlaufende „erste Mauer" (§ 142–145). Vgl. die Anm. 40. 41. 47. Der Siloah ist hier nicht etwa wie in § 410 der Gichonquell, sondern der am Ende des von Hiskia angelegten Tunnels befindliche Teich, der auch in der Siloahinschrift erwähnt ist. Er lag an der Stelle des schmalen Beckens des heutigen birket silwān, war aber wohl beträchtlich größer. Nur an dieser Stelle wird erwähnt, der König Monobazos habe wie seine Mutter Helena in Jerusalem einen Wohnsitz gehabt, in dem er sich wohl bei seinen gelegentlichen Besuchen aufhielt. Der zum Judentum übergetretene König wird in Joma 3, 10 als Stifter goldener Geräte für den großen Versöhnungstag erwähnt. Die genaue Lage seines Jerusalemer Wohnsitzes ist ebenso wie die des in § 253 genannten Palastes seiner Mutter unbekannt.

Anmerkungen zu Buch 5

[108] Thackeray macht an dieser Stelle auf ähnliche Wendungen in ant. 1, 108; 2, 348; 3, 81 u. a. aufmerksam, die vielleicht von Dionysius v. Halikarnassus stammen (vgl. dort I, 48, 1; III, 35, 6).

[109] In § 259 wird die große Nordmauer anders als sonst die „erste Mauer" genannt. Das auch in § 304. 356. 468. 6, 169 erwähnte Grabmal des Hohenpriesters Johannes Hyrkanus muß nach J. Klausner a. a. O. Bd. V, 241 an der Stelle bzw. in der Nähe des heutigen Grabes „Simons des Gerechten" im Norden der Stadt gelegen haben; Thackeray vermutet seine Lage nordwestlich des Jafatores, Ricciotti unweit des Gartentores nordwestlich des Herodespalastes. Vgl. H. Vincent a. a. O. 91.

[110] Der Tribun Nikanor war auch mit dem Josephus befreundet und hatte ihn vor Jotapata im Auftrag Vespasians dazu bewogen, sich den Römern zu ergeben (3, 346ff. 392). — Dio Cassius 66, 5 läßt irrtümlicherweise Titus selbst an der linken Schulter getroffen werden.

[111] Die hier geschilderte Szene erinnert an die Unterredung des Beauftragten Sanheribs mit den auf der Mauer stehenden Juden Jes. 36; 2. Kön. 18, 13—37.

[112] Zu den römischen Schleudermaschinen vgl. § 14 und 2, 553, dazu Anm. 235 in Bd. I unserer Ausgabe S. 450.

[113] Zur Erbeutung der römischen Kriegsmaschinen vgl. 2, 553, zur Überwältigung der Antonia 2, 430. Die Bedienung der Kriegsmaschinen beschreibt Vegetius in Epitoma rei militaris 4, 22.

[114] Die Überläufer kamen wohl hauptsächlich aus den Reihen der syrischen Hilfstruppen. Von römischen Überläufern spricht ausdrücklich Dio Cass. 66, 5.

[115] Da die 10. Legion nach § 135 auf dem Ölberg eingesetzt war und sich von dort aus schwerlich an der unmittelbaren Belagerung der Stadt hätte beteiligen können, vermutet Ricciotti, die in cod. Lugd. erscheinende Lesart: „12. Legion" könnte ursprünglich sein. Denn nach § 41 war die 12. Legion nach ihrer Niederlage unter Cestius neu aufgestellt und ausgerüstet worden und hätte deshalb über modernere Maschinen verfügen können. Freilich wird man annehmen müssen, daß Titus zum mindesten die technischen Truppen und die Maschinen auch der 10. Legion für den von Nordwesten her geführten Sturm auf die Stadt mit eingesetzt hat.

[116] Der hier erwähnte Ausruf könnte sich zunächst darauf beziehen, daß in den semitischen Sprachen die enge Zugehörigkeit von zwei Begriffen durch das Vater-Sohn-Verhältnis beschrieben werden kann, vgl. etwa die Wendung: „Sohn des Bogens" = Pfeil (Hiob 41, 20). An unserer Stelle könnte man vor allem an ein Wortspiel zwischen dem hebr. hā' ābän = der Stein und habbēn = der Sohn denken (Reland, Thack). Da aber die „einheimische Sprache" wie in 1, 3; 5, 361 wohl das Aramäische bezeichnet, so legt sich eher ein Wortspiel mit den verschiedenen Bedeutungen des aramäischen Begriffs bar = 1. Sohn, 2. hell, rein (auf das helle Weiß des Steines bezogen) und 3. draußen befindlich nahe. Andere vermuten ein Wortspiel zwischen dem griech. υἱός = Sohn und ἰός = Geschoß. Naber denkt ferner an den Ausruf ἰού = weh, ach. Im Übrigen sind Spitznamen für Geschütze und Geschosse auch bei modernen militärischen Verbänden üblich.

[117] Der Sturmbock wird in 3, 213—217 ausführlich beschrieben, vgl. auch Anm. 60 in Bd. I unserer Ausgabe S. 459.

[118] In ant. 7, 66 verwendet Josephus das Bild vom σῶμα, um damit die Einheitlichkeit von Oberstadt und Akra nach ihrem Zusammenschluß durch David auszudrücken, in § 27 bezeichnet es die den Zeloten als ihren Peinigern gegenüber einheitliche Bevölkerung Jerusalems.

[119] C. Schick, Das Taltor im alten Jerusalem, ZDPV 13 (1890) 33 setzt das hier erwähnte verdeckte Tor mit dem in 2. Chron 26, 9; Neh. 2, 13ff. erwähnten Taltor gleich, das in der Nordwestecke Jerusalems lag und als Stadttor außer Gebrauch kam, als Herodes dort seinen Palast aufführte. Nach Ricciotti hätte es unweit des Gennath-Tores gelegen, das sich jedoch unmittelbar westlich von den drei Türmen des Herodespalastes in der zweiten Mauer befunden haben muß (K. Galling, BRL 1937, 306).

[120] Wahrscheinlich ist κραυγή auf die Juden zu beziehen, die bei Ausfällen die Gegner durch das Kampfgeschrei (teru'ā) zu erschrecken suchten, vgl. § 75.

Anmerkungen zu Buch 5

[121] Der in 4, 235 erwähnte Johannes befand sich in der Annahme, es würde nach dem Gefecht zu keinen Kampfhandlungen mehr kommen, offensichtlich vor der Mauer; der Soldat, mit dem er sich unterhielt, kann ein Römer oder ein Angehöriger der Hilfstruppen gewesen sein. Ein Gespräch vor der Mauer mit einem ähnlich tragischen Ausgang wird in 7, 198ff. berichtet; es ist also nicht notwendig, mit Kohout und Clementz die Gesprächssituation vor der Mauer anzuzweifeln. Es ist möglich, daß der Bericht des Josephus eine Falle der Römer zu verschleiern sucht, außerdem spiegelt er den Gegensatz zwischen Idumäern und Arabern wider.

[122] Vom Einsinken eines auf Räder gesetzten und bei Nacht von den Belagerten unterminierten Turmes wird durch Vegetius 4, 20 bei der Belagerung von Rhodos berichtet. Zur Wirkung der Belagerungstürme vgl. 3, 284f.

[123] Die Wendung πανικῷ δείματι κυκλοῦσθαι findet sich auch in § 93, vgl. dazu Anm. 25 und ant. 20, 78.

[124] J. Klausner a. a. O. V. 243 vermutet ein Wortspiel zwischen menaṣṣēaḥ = Sieger und menaggēaḥ = Stößer. Dazu könnte man an die Stelle Dan. 8, 4 erinnern, wo die vernichtende Macht des siegenden Perserreichs durch das Bild eines „stoßenden Widders (ʾajil menaggēaḥ) dargestellt wird; gerade die letzten Kapitel des Danielbuchs waren für die apokalyptisch denkenden Zeloten besonders wichtig. Zum „Sieger" (ὁ νικῶν) vgl. Apk. Joh. 2, 7. 11; 3, 5ff. Die Verschiebung des Akzents erklärt sich wohl durch den Anklang an den häufig gebrauchten griechischen Namen Νίκων (vgl. W. Pape, Wörterbuch der griech. Eigennamen Bd. II³, 1911, 1009, wo allerdings fälschlicherweise Νίκων in bell. 5, 299 als römischer Eigenname bezeichnet wird; ferner Pauly-W. 17, 1, 1936, 505—508).

[125] Der 7. Tag des Monats Artemisios ist der 25. Mai des Jahres 70. — Zur Niederlegung des nördlichen Stadtgebietes durch Cestius vgl. 2, 530. — J. Klausner a. a. O. Bd. V, 241f. verweist im Zusammenhang mit der Eroberung der ersten Mauer auf b. Schebuoth 16a, wo die „Blöße Jerusalems" erwähnt ist, von der her es leicht niedergetreten werden konnte. Er kritisiert ferner die Darstellungsweise des Josephus, nach der auch jetzt noch nur ein Teil des Volkes, die Aufständischen, den Kampf geführt hätte. Nach Tacitus hist. V, 13 beteiligten sich sogar die Frauen an der Verteidigung.

[126] Für den Platz des Assyrerlagers beruft man sich gewöhnlich auf die Angabe in 2. Kön. 18, 17, wonach die nach Jerusalem entsandten assyrischen Feldherren sich mit ihrem Heere „bei der Wasserleitung des oberen Teiches an der Walkerfeldstraße" befunden hätten. Für den „oberen Teich" ergäbe sich dann als wahrscheinlich, daß er mit dem Mamillateich, der dem Jafator gegenüberliegt, zu identifizieren wäre (so Kohout, Klausner, Simchoni). Dagegen ist einzuwenden, daß der at.liche „obere Teich" er at.licher Stelle doch wohl mit dem Vorläufer des Siloahteichs an der Südostecke Jerusalems gleichgesetzt werden muß; dort wäre die Unterredung mit den auf der Mauer befindlichen Juden nach den at.lichen Angaben gut möglich gewesen, zumal auch die Assyrer von Lachisch, d. h. von Süden nach Jerusalem kamen. Das von Josephus gemeinte Assyrerlager muß sich jedoch im Nordwesten der Stadt befunden haben, so daß er tatsächlich an den Mamillateich gedacht haben könnte. Es ist durchaus möglich, daß das für den eigentlichen Angriff auf Jerusalem geschlagene Lager der Assyrer, in dem dann die große Katastrophe stattfand (2. Kön. 19, 35), sich auch im Norden der Stadt befunden hat.

[127] Mit dem jüdischen König Alexander ist Alexander Jannäus gemeint. Da er nach ant. 13, 406 ein glänzenderes Begräbnis als irgendeiner der vorangehenden Herrscher erhalten hatte, kann sein Grabmal sehr wohl als wichtiger Orientierungspunkt gedient haben. Allerdings ist seine Lage heute unbekannt; nach den Angaben an unserer Stelle muß es sich nördlich von der zweiten Mauer, etwa in deren Mitte, befunden haben. Zum Grabmal des Johannes (= Johannes Hyrkan) vgl. § 259 und dazu Anm. 109.

[128] Die Hoffnung auf Rettung richtet sich sicherlich auf das Eingreifen Gottes. Diese Erwartung der Zeloten, die besonders auf den göttlichen Schutz des Heiligtums vertraute und durch Prophetensprüche geschützt war, wird auch von Josephus hervorgehoben (6, 283—287), allerdings auch durch entgegengesetzte Weissagung (6, 288—309) oder auch durch bewußte Umdeutung eschatologisch verstandener Schriftworte bekämpft (6, 311—315).

Anmerkungen zu Buch 5

[129] Mit dem griechischen Text des Josephus scheint eine lateinische Wendung: *semper.. ubique.. ab omnibus..* zusammenzuhängen, die durch Vinzenz von Lerinum bekannt ist. Vgl. Thackeray z. St.

[130] J. N. Simchoni, Josephus, Jüdischer Krieg, 1957, 483 vermutet, gestützt auf Tacitus hist. 5, 11, Titus habe das Aufwerfen von Wällen vor der zweiten Mauer unterlassen, um möglichst bald nach Rom zu kommen.

[131] Vielleicht war Castor ein zelotischer Nabi, der durch eine Kriegslist imstande war, die Römer vorübergehend irrezuführen (vgl. den Sprachgebrauch von γόης bei Josephus bell. 2, 261. 264; ant. 20, 97. 160); so würde sich die polemische Schilderung bei Josephus am besten erklären.

[132] Auch nach Dio Cass. 66, 5 haben jüdische Gefangene und Überläufer den römischen Truppen großen Schaden zugefügt, Wasser verdorben und Einzelgänger getötet. Titus habe deshalb keine Gefangenen und Überläufer mehr angenommen.

[133] Vgl. den ähnlichen Vorfall 3, 27.

[134] Wenn Josephus an dieser Stelle von den Märkten der „Neustadt" spricht, dann scheint er einem weiteren Sprachgebrauch zu folgen, der das eigentliche Gebiet der „Neustadt" mit der älteren Besiedlung der „Vorstadt" (προάστειον 1, 253) zusammenfaßt. Jedenfalls sollte grundsätzlich das Gebiet der „Neustadt" zwischen der zweiten und dritten Mauer und das der eigentlichen „Vorstadt", *innerhalb* der zweiten Mauer, in der sich nach unserer Stelle die Märkte und Werkstätten befunden haben, unterschieden werden. Die jüdische Überlieferung (Tos.Sanh. 3, 4; b. Schebuoth 16a; j. Sanh. 19 b) unterscheidet zwischen unterer und oberer biş'ä (G. Dalman: „Abschnitt"). Es wäre gut möglich, daß die untere biş 'ä mit der „unteren Neustadt", von der Josephus in 5, 504 spricht, identisch wäre (vgl. dazu G. Dalman, Jerusalem und sein Gelände, 1930, 110).

[135] Anders Kohout, Simchoni: „Die Römer leisteten freilich ziemlich lange Widerstand".

[136] Vgl. 3, 324.

[137] Dio Cass. 66, 6 spricht von dem erbitterten Widerstand der Juden beim Kampf um die zweite Mauer und von der Verbrennung der Festungswerke um den Tempel. Einen Rückzug der Römer erwähnt er nicht.

[138] Nach § 302 fiel die erste Mauer am 7. Artemisios (= Ijjar). Der erste Durchbruch durch die zweite Mauer erfolgte nach § 331 am 12. Artemisios, endgültig fiel diese Mauer nach § 346 am 16. Artemisios.

[139] Eine ähnliche Darstellung des Glanzes und der Ordnung der aufgestellten Armee findet sich in 1. Makk. 6, 39–41. Tacitus hist. V 10 bestätigt, daß Titus tatsächlich — allerdings am Anfang der Belagerung — vor den Mauern Jerusalems eine Musterung abgehalten hat. Vielleicht ist die Schilderung des Josephus diesmal vorzuziehen.

[140] Der Hinweis auf die anfangs nicht genügend verteidigte und damit unwiderbringlich verlorene Freiheit findet sich auch in der Rede Agrippas II. 2, 355f. Vgl. auch 6, 42.

[141] Die Römer haben offenbar durch Überläufer und bei der Eroberung der Vorstadt die Hungersnot der Belagerten erkannt (vgl. Klausner a. a. O. V 243).

[142] Wir sind den modernen Übersetzungen gefolgt, die hier und in § 377 von „Feind" bzw. „Feinden" sprechen, obwohl im ursprünglichen Text personifiziert von „Krieg" bzw. „Kriegen" die Rede ist.

[143] Die *clementia* (Adelstugend, Eigenschaft Caesars und des römischen Volkes) ist ein auch bei Jos. 3, 347 genannter Charakterzug der Römer, der für das Gesamtverständnis unseres Buches ganz entscheidend ist. Auf diese *clementia* könnten sich die Juden bei der Kapitulation berufen. Ursprünglich wird die kaiserliche Milde durch die *patria potestas* bestimmt; sie tritt besonders im römischen Bürgerkrieg auf und wird zum besonderen Merkmal Caesars. Sie bewahrt das Volk vor der völligen Vernichtung, die Möglichkeit der *severitas* wird überwunden. Als richterliche Tugend tritt die *clementia* beim Strafprozeß in Erscheinung (*venia*), bleibt aber außerhalb des Gesetzes. Die *clementia* ist geradezu stetiger Ausdruck für die kaiserliche Vollmacht (Anrede an den *princeps*: tua clementia). Voraussetzung für die *clementia* ist die völlige Übergabe auf Gnade oder Ungnade. Es gab Altäre, Tempel und bildliche Darstellungen der Göttin Clementia, auch auf römischen Münzen. Eine ausführliche Darstellung der *clementia* des *princeps* findet sich in Senecas

263

Anmerkungen zu Buch 5

Schrift *de clementia*. Vgl. außerdem Pauly-W. 4, 20f. Bei Josephus ist der Zusatz, daß keine Verödung des Landes und der Stadt entstehen soll, eine rationale Begründung der römischen *clementia*, die sich auch sonst dem Gesamtbild einfügt (Tac. hist. 4, 63).

[144] Josephus unterscheidet in § 375 deutlich zwischen φανεραὶ συμβουλίαι und den ὁμόφυλοι ἱστορίαι, wobei diese beiden Teile im Aufbau deutlich voneinander geschieden sind. Die φανεραὶ συμβουλίαι argumentieren rational, die ὁμόφυλοι ἱστορίαι geschichtlich, und zwar im Stil der antiken Summarien. Offenbar liegt ein altes formgeschichtliches Schema vor, das vielleicht aus der hellenistisch-jüdischen Beweisführung stammt. Außerdem dürfte die jüdische und urchristliche Literatur manche Parallelen zu dem hier gegebenen Stoff beibringen: Man könnte an 2. Kön. 18, 17ff. 28ff. denken (vielleicht war die Sanheribgeschichte im anderen Sinn von den Zeloten schon verwandt worden): Sanherib ist nicht ohne Zutun Gottes, ja auf dessen ausdrücklichen Auftrag gegen diesen Ort herangezogen. Aus dem Urchristentum bieten sich Apg. 7; Hebr. 11 und 1. Clem. 4ff. als Parallelen an (historische Beweisführung aufgrund eines bestimmten Gesichtspunktes).

[145] Die eigentlichen „Bundesgenossen", die Josephus hier meint, sind nichts anderes als die geschichtlichen Heilstaten Gottes (ṣiḏqōt adonai), durch die Gott sich zu Israel bekannt hat. Dementsprechend liest Lσυμμάχων συμφορῶν. Ebenso wie die Zeloten verwendet Josephus das Motiv des „heiligen Ortes" (der Tempel 1. Kön. 8, 29) als Epiphanie- und Kraftzentrum Gottes, allerdings wieder im anderen Sinn: die Zeloten werden selbst von Gott bedroht, weil sie den Tempel mißbraucht haben.

[146] Offenbar liegt hier wieder ein bekanntes Motiv hellenistischer Beweisführung vor: eigentlich darf man das Geheimnis Gottes vor unwürdigen Ohren nicht preisgeben (Vergil Aen. 2, 204); daraus wird oft ein paränetisches Gerichts- und Scheltwort (vgl. Hebr. 5, 11–6, 20).

[147] Josephus verwendet hier einen Midrasch, der einzelne aus verschiedenen Zusammenhängen des AT's (grundlegend Gen. 12, dazu 14 und 20) verarbeitet hat. Der König Nechao aus Ägypten stammt aus 2. Kön. 23, 29ff.; 2. Chron. 35, 20, ebenfalls dort der im Text genannte Kriegszug (der nach Jer. 46 erfolglos war). Im Genesisapokryphon 20, 14 heißt der Pharao parʿō ṣoʿan (= Pharao von Tanis), in Jer. 46, 17 dagegen schāʾōn (= Toben, Vernichtung); – offenbar ist zwischen ṣoʿan und schāʾōn im Midrasch eine Verbindung hergestellt, aus der bei Josephus die Namensform Nechao entstanden ist. Bei Josephus erscheint außerdem Abraham wie ein Fürst, der über Unterfürsten und unendliche Streitkräfte verfügt, Sara entsprechend ihrem Namen als „Fürstin" (βασιλίς, βασίλισσα). Auch sonst ist in der spätjüdischen Überlieferung der Zug erkennbar, aus den 318 Knechten Abrahams „Obmänner" (schōṭerīm) zu machen (Gen. r. 43 zu 14, 14).

[148] Es entspricht der midraschartigen Erzählung, daß die Rettung der Sara aus der Hand des mächtigen Pharao mit manchen haggadischen Einzelzügen ausgeschmückt wurde. In anderen Überlieferungen desselben Midrasch finden sich parallele bzw. ähnliche Züge: das Gebet Abrahams Genesisapokryphon 20, 12 (anderswo das Gebet der Sara Philo de Abr. 95; Gen. r. 41 zu 12, 17) die nächtlichen Erscheinungen vor Pharao (rūaḥ beʿīschā Genesisapokryphon 20, 16f.; Engel mit Knute Gen. r. 41 a. a. O.) und schließlich die Schenkung von Gold und Silber an Abraham und die Seinen (Genesisapokryphon 20, 31ff. vgl. Ex. 12, 35). Der Midrasch arbeitet stark mit der exegetischen Verknüpfung der Bibelstellen: vgl. dazu Gen. 13, 2 („Abraham war sehr reich an Herden, Silber und Gold") mit Ex. 12, 35 („sie hatten sich silberne und goldene Wertsachen sowie Kleider von den Ägyptern erbeten"). Also hat nach exegetischem Schlußverfahren Abraham Gold und Silber von Pharao erhalten. Vgl. ähnlich Gen. r. 40 zu 12, 20.

[149] An unserer Stelle wird wie in ant. 2, 204 der Aufenthalt der Israeliten in Ägypten mit 400 Jahren wiedergegeben (vgl. dazu Gen. 15, 13). Von dieser Zahl weicht Josephus in ant. 2, 318 ab, wenn er von 215 Jahren spricht. Vgl. Billerbeck II, 668ff.

[150] Nach Pseud. Philo Ant. 10, 3 haben einige israelitische Stämme am Roten Meer erwogen, gegen die Ägypter zu den Waffen zu greifen; nach Joseph und Asenath 27 haben die Israeliten sogar untereinander und gegen die Mannschaft des ägyptischen Prinzen gekämpft. Josephus dagegen betont, daß die Israeliten ohne Schwertstreich

Anmerkungen zu Buch 5

unter militärischem Geleit aus Ägypten geführt wurden, weil sie zu Gottes Tempelvolk bestimmt waren. Zum Motiv des Geleites vgl. Gen. r. 40 zu 12, 20; Sap. 19, 2.

Die ganze Darstellung des Josephus ist beherrscht von einer bestimmten Form der *Anschauung des heiligen Krieges:* Israel ist Gottes Tempelvolk und besitzt im Tempel selbst die Wohnstätte der Heiligkeit Gottes. Diesem Grundmotiv entspricht eigentlich die Gewaltlosigkeit gegenüber dem äußeren Feind: man hat nicht die Möglichkeit, ihn anzugreifen, sondern muß an Ort und Stelle (§ 390: κατὰ χώραν) das Eingreifen Gottes erwarten. Versucht man darüber hinaus den Gegner vernichtend zu schlagen, wird man selbst von Gott bedroht, überläßt man dagegen das notwendige Gericht Gott selbst, dann greift er gemäß seinen Verheißungen den Gegner an und vernichtet ihn. Nach diesen Grundsätzen erscheint Gott als κριτής und als σύμμαχος (Bundesgott) Israels.

Diese ganze Konstruktion des Josephus ist antizelotisch — auch die Zeloten gingen von der Besonderheit Israels und dem Besitz des Tempels als Heilsgegenwart Gottes aus, betonten Gottes Eingreifen als des κριτής und des σύμμαχος Israels gegenüber den heidnisch-römischen Übergriffen, wußten sich auch als die Erben des makkabäischen Freiheitsparole. Josephus will aber sagen, daß diese zelotische Auffassung schon an den Sünden und Gesetzlosigkeiten der Zeloten scheitert.

Die Tradition von der heiligen Gewaltlosigkeit knüpft an ältere Vorlagen an. Man denke an 2. Chron. 20, 14—30: Der Kampf ist nicht Sache Israels, sondern Sache Gottes; Israel soll lediglich Aufstellung nehmen und die Rettung ansehen, die Gott ihm widerfahren läßt; die Gegner Israels vernichten sich selbst. Simchoni a. a. O. 484f. verweist auf verwandte Züge des Pharisäismus und des Galuthjudentums. Philo quod omnis probus 78 schildert die Essener als Vertreter der heiligen Gewaltlosigkeit: sie stellen keine Waffen her und haben niemand, der das Handwerk, Waffen herzustellen, ausübt. Offenbar handelt es sich hier um das Weiterwirken der auch bei Josephus auftauchenden priesterlich-chronistischen Tradition.

[151] An unserer Stelle liegt es nahe, Palästina mit dem Philisterland und die Syrer mit den Philistern gleichzusetzen. Dieser Sprachgebrauch könnte sich schon auf Herodot 3, 91 berufen. Zu der andersartigen Verwendung des Namens Palästina vgl. ant. 20, 259 und Ricciotti, Einleitung S. 119.

[152] In ant. 6, 3 berichtet Josephus, daß die Philister an der Ruhr starben (δυσεντερία), indem die zerfressenen Eingeweide von ihnen gingen. Ähnliches sagt die Peschitta zu 1. Sam. 5, 12.

[153] Nach Pseud. Philo ant. 55, 9 brachten die Philister (allophili) die Lade mit Pauken, Flöten und Reigen nach Silo zurück. Hier liegt offenbar eine ähnliche Tradition wie bei Josephus vor.

[154] Nach Herodot 2, 141 wäre eine Mäuseplage, die Sanherib bei der Belagerung von Pelusium getroffen haben soll, der Anlaß für den plötzlichen Rückzug gewesen. Josephus gibt diese Herodotstelle in ant. 10, 18ff. wieder, berichtet aber anschließend in ant. 10, 21ff. ebenfalls die Katastrophe vor Jerusalem nach 2. Kön. 19, 35ff. und 2. Chron. 32, 20ff. Tatsächlich konkurrieren aber beide Berichte miteinander. Die Rettung Jerusalems vor Sanherib war den Zeloten gleich wichtig wie den Makkabäern (vgl. 1. Makk. 7, 41; 2. Makk. 15, 22, ähnlich 8, 19).

[155] Auch 2. Makk. 8, 23f.; 10, 16; 11, 10; 12, 36 nennen Gott den σύμμαχος Israels. Daß Gott der eigentliche Bundesgenosse Israels ist, betonte schon § 377 und ist auch für die Anschauung der Zeloten nach § 459 wichtig. Dahinter steht die at.liche Vorstellung des Bundesgottes (Simchoni). Für Josephus ist der Tempeldienst Israels (νεωκόρος § 383, νεωκορεῖν an unserer Stelle) eine grundsätzliche Bezeichnung der Eigenart Israels und Richtlinie seines Verhaltens. Damit wird Ex. 19, 5—6 in die hellenistische Kategorie übertragen (vgl. dazu den orientalisch-kleinasiatischen Sprachgebrauch und Apg. 19, 35).

[156] Meistens übersetzt man: „blieben sie ruhig", doch handelt es sich wohl um eine militärische Ausdrucksweise (Ricciotti): auf dem Posten verharren statt auszuziehen zum Kampf. Vgl. dazu 2. Chron. 20, 17.

[157] Nach 2. Kön. 25, 4f. hat Zedekia die Zerstörung Jerusalems nicht im eigentlichen Sinne „gesehen", sondern wurde schon vorher fortgeführt.

[158] Es ist nicht deutlich, auf welche Ereignisse Josephus hier anspielt. Wahrscheinlich meint er den Überfall der Syrer auf Jerusalem im Jahre 168 v. Chr. nach dem zweiten

Anmerkungen zu Buch 5

ägyptischen Feldzug (1. Makk. 1, 29ff.). Daß das Heiligtum verödet wurde, stimmt mit der Schilderung von 1. Makk. 1, 39 überein; die Entweihung des Heiligtums durch den Greuel der Verwüstung lag drei Jahre vor der Tempelweihe. Es wäre also durchaus möglich, daß der Termin von $3^1/_2$ Jahren nicht apokalyptisch, sondern durchaus chronologisch gemeint ist und die Zeitspanne zwischen der Plünderung durch Apollonius und der Tempelweihe umfaßt. Die Darstellung: „sie wurden in der Schlacht niedergemacht" bleibt allerdings rätselhaft (vgl. 2. Makk. 5, 26). Diese ganze Darstellung des Josephus verschweigt das Vorgehen der Makkabäer aus antizelotischem Interesse und ist daher antimakkabäisch.

[159] Vgl. die ähnliche Schilderung in § 368.

[160] Offenbar wird hier bei Josephus die Gegenüberstellung von Segen und Fluch vorausgesetzt, die nach Dt. 11, 26 ff. an die Proklamation der Gebote Gottes geknüpft wird.

[161] Die Übersetzung: „die vor euch überwunden wurden" folgt Thackeray und kann sich darauf berufen, daß in 1, 284 ebenfalls τάχιον steht, in der Parallelstelle ant. 14, 384 dagegen τὸ πρῶτον. Die Übersetzung: „die schneller als ihr überwunden wurden" kann deshalb kaum gemeint sein, weil die bisherige Belagerung durch Titus nur zwei Monate gedauert hat, die Belagerung Jerusalems durch Sosius dagegen sechs Monate (doch vgl. dazu ant. 14, 476).

[162] Kohout versteht unseren Satz als Frage: „Sind euch denn nicht die geheimen Vergehen noch viel zu geringfügig gewesen?" Vgl. dazu Thackeray Anm. z. St. und die Übersetzung von Clementz.

[163] Der Vorwurf, daß die Zeloten in ihrer Ruchlosigkeit ganz neue und ungewöhnliche Wege beschreiten, ist vielleicht auf die sozialen Anliegen der Aufständischen zu beziehen (1, 4; 2, 427). Vgl. dazu Klausner V 244f.

[164] Vgl. die Verehrung Gottes durch Neapolitanus im äußeren Tempelbezirk 2, 341 und die Aufstellung der Schranken an der Grenze des Vorhofs der Heiden 5, 193f., außerdem Philo legatio ad Gajum 38.

[165] Die Tirbutzahlung Hiskias wird auch in 2. Kön. 18, 14f. erzählt, wobei jedoch keine eidlichen Versicherungen Sanheribs erwähnt werden. Die von Josephus genannte Absicht, den Tempel zu verbrennen, bezieht sich vielleicht auf 18, 25: „Ich bin gegen diesen Ort heraufgezogen (Ort = māqōm), um ihn zu verheeren".

[166] Hier tritt ein bestimmtes polemisches Schema des Josephus hervor: die Römer erscheinen im Unterschied zu den Assyrern als gerechte Heiden, die deshalb von Gott nicht bestraft, sondern sogar geschützt werden, die Zeloten dagegen als ungerechte Juden, die das Strafgericht Gottes nur allzusehr verdient haben (vgl. dazu als einzige Parallele Röm. 2, 14).

[167] Mit der Wendung ἡ ἡμετέρα γενεά ist nicht schlechthin „unsere Nation" gemeint (Kohout), sondern „die Geschichte des jüdischen Volkes seit Pompejus". Die Übersetzung: „unsere Generation" ist dagegen zu eng.

[168] Mit „Magnus" ist Pompejus gemeint (1, 127). Wenn Josephus behauptet, die Römer hätten reichlich Wasser gehabt, steht er im Widerspruch zu Dio Cass. 66, 4: „am meisten aber litten die Römer durch Mangel an Wasser, das nur schlecht war und aus der Ferne herbeigeschafft werden mußte". Tatsächlich kam der Wasserreichtum der Siloahquelle den Aufständischen zugute (Tac. hist. 5, 12). Josephus spricht von einem für die Römer günstigen Quellwunder, während die Aufständischen vorher unter dem Ausbleiben der Wasserquellen hätten leiden müssen (§ 410). Es ist möglich, daß es sich bei Josephus um die Umprägung eines ganz anderen historischen Sachverhaltes handelt. Vielleicht haben die Zeloten das für sie günstige Zeichen reicher Wasserversorgung nach eschatologischer Tradition (Jes. 12, 3) als göttliche Gnade und Heilsgabe gerühmt, und Josephus bildet dies Geschehen nach Analogie at.licher Geschichtsangaben um. Nach Jer. 14 erlebte Israel in der Zeit vor der Belagerung durch Nebukadnezar eine große Dürre, in Jer. 40, 12 dagegen findet sich ein Hinweis auf reichliche Niederschläge im Jahre der Zerstörung.

[169] Daß die Gottheit aus dem Heiligtum gewichen ist, ehe es selbst vernichtet wurde, ist eine theologische Grundüberzeugung des Josephus (auch 6, 127. 299), die auch außerhalb seines Textes nachwirkt (Tac. hist. 5, 13). Sie ist eine exegetische Folgerung aus

Anmerkungen zu Buch 5

Ez. 11, 23, wo der Auszug der Gottheit aus dem Tempel zur Zeit Nebukadnezars erlebt wird. Die Zeit Nebukadnezars ist für Josephus offenbar der geschichtliche Typos, der ihm die Gegenwart erschließt.

170 Die normalen Gesetzesbestimmungen werden von den Zeloten aufgehoben (Exkurs IV). Der Begriff der Zeloten wird auch hier durch Josephus polemisch verkehrt: ihr „Eifer" geht dahin, sich gegenseitig in Schurkereien zu überbieten (vgl. auch § 402).

171 Das Motiv der Verstockung Israels, das Josephus aus der Gerichtsrede des AT's entlehnt, hat Berührungen mit entsprechenden nt.lichen Gedanken (z. B. Lk. 19, 40).

172 Josephus hat Vater, Mutter und sein erstes Weib in der Stadt (vgl. § 533. 544); an unserer Stelle wird der Vater nicht ausdrücklich erwähnt, weil die Frauen besonders schutzbedürftig sind. Die Übersetzung: „nehmt mein eigenes Blut als Preis für eure Rettung" könnte zusammenfassend auf die Blutsverwandten bezogen sein (= mein eigenes Fleisch und Blut), könnte aber auch vorgreifend auf die eigene Opferbereitschaft des Josephus hinweisen.

173 Es gab persische, syrische und seit Nero auch römische Goldmünzen, die ungefähr 8 Gramm wogen (der römische aureus 7,82). Die einheimischen jüdischen Münzen waren aus Bronze und Silber geprägt.

174 Wenn Josephus behauptet, daß man öffentlich kein Getreide zu sehen bekam, dann denkt er wohl an die Verkaufsstände, die sonst Getreide anboten, nicht an öffentliche Speicher, die die Vorräte verteilten. Das entspricht auch der talmudischen Tradition Gittin 56a, wo zunächst von dem Verbrennen der Vorräte in den Speichern die Rede ist (vgl. Josephus 5, 25), und dann von der anschließenden Hungersnot, bei der es kein Getreide zu kaufen gab (Tod der Martha, der reichsten Frau in Jerusalem). Vgl. Klausner a. a. O. V 246.

175 „Der Leben spendende Tropfen" ist hier vielleicht im Zusammenhang mit ähnlichen Wendungen der at.lichen Tradition (Klag. Jer. 4, 3f.) die Milch als Nahrung, nicht die „letzten Tröpflein verrinnenden Lebens" (Kohout). Der Text will bewußt die Verkehrung aller natürlichen Ordnung in der Not schildern. Bei der Beschreibung der Hungersnot lehnt er sich besonders an die verwandten Darstellungen über die Zeit der Belagerung Jerusalems durch Nebukadnezar an, die als Vorbild und Antitypon zur gegenwärtigen Belagerung dient (vgl. § 411). Diese Verwendung der *Klagelieder Jeremias* hat wahrscheinlich ihre Herkunft in der Verlesung dieser Texte am 9. Ab, dem Tag der Trauer um Jerusalem. So findet sich in ihnen der Zug, daß die Bewohner Jerusalems ihre Kostbarkeiten um Brot verkaufen (1, 11), daß die kleinen Kinder an der Brust der Mutter verschmachten (2, 12) und daß die Knaben auf den Straßen der Stadt sterben (2, 11. 19 vgl. § 512f.). Daß Mütter ihre Kinder verzehren, findet sich sowohl in 2, 20; 4, 10 wie auch im Drohstil der Tora Lev. 26, 29; Dt. 28, 56–57. Auch diese exilischen Drohungen könnten auf die Belagerung Jerusalems in der Zeit Nebukadnezars bezogen sein. Ferner sind mit der Beschreibung des Josephus die Szenen zu vergleichen, in denen die *rabbinische Literatur* von der Belagerung Jerusalems durch Nebukadnezar erzählt: reiche Frauen und ihre Säuglinge sterben auf der Suche nach Nahrung in den Straßen der Stadt (Pesikta rabbati 26; Gittin 56a). Der ältere Bruder will dem jüngeren das Essen wegnehmen (Jalkut Schimeoni II § 1014–1016 zu Klag. Jer. 1). Eine Frau kocht ihr Kind (ebd.).

176 ἦν könnte hier im Sinn von „bedeuten" verstanden werden: „ihr Verfahren wäre nicht als so grausam zu beurteilen, hätten sie die Entschuldigung der Not gehabt" (Thack, Reinach). Die Haussuchungen der Zeloten hatten den Sinn, Lebensmittel aufzuspeichern, sei es für die Bevölkerung, sei es für die Truppen; für Josephus waren sie nach § 436 Konfiskationen für die Zeloten selbst. So waren auch schon früher zur Zeit Nebukadnezars während der Belagerung Speise und Trank abgewogen und verteilt worden (Hes. 4, 16f.). Von den Haussuchungen waren zunächst die Reichen betroffen (§ 424), doch nahm man später auch gegen die unteren Volksschichten keine Rücksicht mehr (obwohl gerade die „Armen" von den Zeloten besonders hätten geschützt werden sollen). Anscheinend waren jetzt auch die Truppen nicht mehr zu zügeln, und die Spannungen zwischen der nach Jerusalem geflohenen Landbevölkerung und der einheimischen Bewohnern sowie zwischen den Idumäern und den „Hebräern" (§ 443) verschärften sich. Für Josephus waren die Zeloten selbst einschließlich ihrer Führer „Räuber" und „Gesindel", während ursprünglich wohl einzelne Gruppen innerhalb der Bewegung dies

267

Anmerkungen zu Buch 5

abschätzige Urteil verdienen. Vgl. dazu die Darstellung von J. Klausner a. a. O. V, 233f. 247.

[177] Mit den „Lanzenträgern" ist die Leibwache der Messiasprätendenten gemeint (vgl. den Anschlag des Ägypters auf Jerusalem mit seiner bewaffneten Begleitung 2, 262). Sie galt geradezu als Zeichen für messianische Ansprüche (vgl. Menahem 2, 434. 444). Aus diesem Grunde wollte man Eleazar, dem Sohn des Simon, auch kein öffentliches Amt anvertrauen (2, 564). Der Ausdruck „Lanzenträger" weist auf die Makkabäerbücher zurück (2. Makk. 3, 24. 28; bes. 4. Makk.). Auch im AT findet sich eine besonders dem König stets zur Verfügung stehende Truppe (1. Sam. 10, 26; 22, 14; 2. Sam. 23, 23). Die Frage des Hohenpriesters nach den Jüngern Jesu Joh. 18, 19 beruht ebenfalls auf dem Verdacht, diese seien eine messianische Leibwache.

[178] Bei der von Josephus so genannten Einmütigkeit der Tyrannen in ihren Freveltaten könnte es sich um ein Kontrollrecht handeln, das sich Simon und Johannes gegenseitig in Kapitalprozessen zugestanden hatten: war der andere mit dem gesprochenen Urteil einverstanden, dann ließ dieser es gleich selbst vollstrecken. Bei den Wendungen: „sie tranken sich gegenseitig das Blut der Bürger zu" und „sie verteilten unter sich die Leichen der Elenden" handelt es sich um die orientalische Bildsprache, die andersartige geschichtliche Prozesse zuspitzend und vorlaufend darstellt: man teilt die Vollzugsgewalt, die Menschen zu Leichen macht. Ähnlich schon § 343.

[179] Der Sprachgebrauch von ἀλλότριος in § 441 und 443 nötigt zu einer einheitlichen Übersetzung beider Stellen. Es sieht so aus, als ob auswärtige zelotische Gruppen unter Führung von Simon bar Giora und Johannes von Gischala ein neues Selbstbewußtsein entwickelt hätten, das gegen die einheimische Jerusalemer Bevölkerung, die „Hebräer" gerichtet war. Das würde mit § 345 (πλῆθος ὥσπερ βάρβαρον) übereinstimmen (vgl. Anm. 176). Seltsamerweise stimmt das alte chabiru in seiner Bedeutung (jemand, der sich zur Selbstversklavung entschließt, vgl. A. Alt, Die Ursprünge des israelitischen Rechts 1934, 21) mit dieser abwertenden Verwendung des Begriffes im Munde der Zeloten gut überein. Es handelt sich bei den Zeloten um die Umkehrung der früheren Jerusalemer Anschauung, wonach die Auswärtigen keine Führungsansprüche zu erheben hätten (vgl. Joh. 1, 46; 7, 52).

[180] Die Vorstellung, daß das Feuer den Tempel nicht anzünden will, findet sich auch in Echa r. 1, 41 zu 1, 13: Die glühenden Kohlen, die den salomischen Tempel anzünden sollten, brannten sechs Jahre lang in der Hand Gabriels, weil Gott auf Israels Umkehr wartete. Josephus aber denkt bei der Wendung vom Feuer, das nicht brennen will, an die Absicht des Titus, den Tempel zu retten (§ 334. 363; 6, 254ff.). Auch in Dio Cass. 66, 6 heißt es, daß die Römer nur zögernd in den Tempel vordrangen. Die Darstellung des Josephus will die Römer entlasten, die Zeloten anklagen. — Der Abschnitt § 442–445 hat seine eigene dialogische Formung, wie die Einleitung 442 und der Schluß 445 deutlich zeigen. In dieser summarienartigen Geschichtsdarbietung spitzt sich bei Josephus einerseits das jüdische Schicksal zu (§ 442), andererseits nimmt er das folgende Geschehen, die Verbrennung des Tempels, voraus. Eine derartige Zusammenfassung hat den Sinn, das Verständnis des Geschichtsverlaufs festzulegen.

[181] Es ist zu vermuten, daß auch in nachexilischer Zeit Jerusalem von ausgedehnten Wäldern, Gärten und Feldern umgeben war; darauf läßt die Vorschrift für das Laubhüttenfest Neh. 8, 15 und der Bericht über den Obst- und Gemüsemarkt in Jerusalem Neh. 13, 15 schließen. Ep. Arist. 112 schildert im Stil des Lobpreises den Reichtum Judäas: „Ihr Land ist dicht bepflanzt mit Ölbäumen, Halm- und Hülsenfrüchten, dazu reich an Weinreben und Honig, die anderen Fruchtbäume und die Datteln gar nicht zu rechnen". Der Reisebericht äth. Hen. 26f. beschreibt die Umgebung Jerusalems als reich an Bäumen, allerdings auch durchzogen von tiefen und trockenen Schluchten. Auch in neutest. Zeit dürfen wir auf Bepflanzung des Ölbergs, des Kidrontals, des Geländes im Nordwesten der Stadt (Gartengelände, Genathtor), aber auch des Südwestens („Erbsenhausen" vgl. § 507) schließen. Zum Ganzen vgl. J. Jeremias, Jerusalem zur Zeit Jesu, Bd. 1, 2. Aufl. 1958, 43–50.

[182] Auch Seneca ad Marciam 20, 3 berichtet von Geißelung, Foltern und Kreuzigung; die Kreuze haben nicht alle die gleiche Form, sondern sind auch nach ihm von verschiedener Art. Dem Bericht des Josephus entspricht auch die Passionsgeschichte der

Anmerkungen zu Buch 5

Evangelien, nach welcher der Verurteilte vor der Kreuzigung gegeißelt und mißhandelt wurde (Mk. 15, 15ff.). Vgl. außerdem Cicero Verr. V, 162ff.; bell. 2, 308. Die Nagelung des Gekreuzigten findet sich auch in Joh. 20, 25 (vgl. Lk. 24, 39). Vgl. Ricciotti III, 201.

[183] σοφίζεσθαι setzt hier wie auch in 3, 222; 4, 103; c. Apion. 2, 292 den negativen Sinn: „jemand überlisten" voraus. Damit ist eine ursprüngliche Wortbedeutung aufgenommen, die schon vorphilosophisch ist. Die Wortgruppe bekommt allerdings durch die Auseinandersetzung mit der Sophistik eine besondere Färbung, die sich gelegentlich bei Josephus auswirkt. Vgl. dazu A. Schlatter, Die Theologie des Judentums nach dem Bericht des Josephus, 1932, 200f.

[184] Die Betonung des jüdischen Alleinrechts auf den Tempel soll doch wohl den Abstand der römischen Absichten von den syrisch-hellenistischen Maßnahmen der früheren Zeit herausstellen. Antiochus IV. hatte in Jerusalem einen neuen Kult eingerichtet.

[185] Die Auffassung, daß der Tempel mit seiner gesamten Einrichtung Abbild des Kosmos sei, begegnet bei Josephus in § 212f. 217ff.; ant. 3, 122ff. 179ff.; Philo vit. Mos. 2, 87ff. 98ff. 102ff. 117ff.; Hebr. 9, 1. Diese Deutung scheint besonders für das hellenistische Judentum bezeichnend zu sein (vgl. die sumerische Tempelform). Daß die Zeloten diese kosmische Auffassung vom Urbild und Abbild so verwenden, daß das Abbild entbehrlich wird, ist auffallend. Man könnte daran denken, der eigentliche Gegensatz sei apokalyptisch (zukünftige Welt – irdischer Tempel) vgl. Simchoni Anm. S. 485, oder es handelt sich bei den Zeloten um eine kritische Infragestellung der engen Verbundenheit von Irdischem und Himmlischem im Sinn von 1. Kön. 8, 23; Jes. 66, 1f.

[186] Die Landschaft Kommagene liegt im Nordosten von Syrien zwischen Cilicien und Kappadocien; die Hauptstadt ist seit der ersten Hälfte des 3. vorchr. Jahrh. Samosata am Euphrat. Das Königsgeschlecht von Kommagene stammt von der Satrapenfamilie der Orontiden ab, welche ursprünglich die persische Satrapie Ostarmenien verwalteten. Seit der Seleucidenzeit gehörte ihnen auch die Kommagene, doch standen sie zeitweise unter seleucidischer Oberherrschaft. Im Jahre 66 v. Chr. machte Pompejus das Seleucidenreich zur Provinz Syrien, mit der dann die Kommagene im Jahre 18 n. Chr. durch Germanicus vereinigt wurde. Kaiser Caligula gab aber im Jahre 38 n. Chr. seinem Freund und Vertrauten Antiochus IV. das väterliche Erbe zurück, erweiterte sein Königreich um das cilicische Küstengebiet und zählte ihm sogar eine beträchtliche Entschädigung. Später wurde Antiochus zwar wieder abgesetzt, erhielt jedoch nach dem Tode Caligulas (41 n. Cr.) sein Reich von Claudius zurück. Zur Belohnung für seine Hilfe im Feldzug gegen die Parther konnte Antiochus im Jahre 60 n. Chr. sein Reich durch einen Teil Armeniens vergrößern. Als der reichste aller Vasallenkönige trat er im Jahre 69 n. Chr. auf die Seite Vespasians, als dieser zum Kaiser ausgerufen wurde, und unterstützte im jüdischen Krieg Titus mit Hilfstruppen. Welch bevorzugte Stellung der König von Kommagene einnahm, bezeugt auch die Tatsache, daß er Münzen mit seinem Bild und der Aufschrift: Βασιλεὺς μέγας Ἀντίοχος Ἐπιφανής prägen durfte. Auch seine Söhne trugen den Königstitel, wie einige seltene Münzen vermutlich aus den letzten Jahren des Reiches bezeugen. Auf anderen Münzen werden sie βασιλέως υἱοί genannt. Aus den Münzen des Königs Antiochus IV. geht weiter hervor, daß auch Lykaonien besessen hat. Zu dem hier bei Josephus angedeuteten unglücklichen Ende seiner Herrschaft vgl. 7, 219ff.

[187] Bekannter Ausspruch Solons Herodot 1, 32.

[188] Titus spielt wahrscheinlich auf die sprichwörtliche Wendung κοινὸς Ἑρμῆς oder Ἕρμειον κοινόν (Corpus paroemiographorum Graecorum I, 1839, 259 Nr. 38; II, 1851, 420 Nr. 49; 483 Nr. 1) an. Wo sich ein Ἕρμειον bietet, ist das Recht, zuzugreifen, allen gemeinsam. Für Antiochus wäre ein Ἕρμειον, ein unverhoffter Gewinn, wenn er mit seinen Makedoniern durch einen raschen Sturmangriff erreichen könnte, was hervorragende römische Legionen bisher in langer Belagerung nicht erreicht haben. Titus bietet diese Gelegenheit bereitwillig an, macht den jungen Verbündeten aber durch die Variation des Sprichwortes zugleich darauf aufmerksam, daß der ersehnte Lorbeer Mühe (πόνος) erfordern wird.

[189] Die wichtigste Waffe der makedonischen Phalanx war die *sarisa*, ein 10–14 Ellen langer Speer, der beim Fällen mit beiden Händen gefaßt und gegen den Feind gerichtet wurde. Auch bei Aufstellung mehrerer hintereinander folgender Glieder ragten alle

Anmerkungen zu Buch 5

Speerspitzen über die vorderste Reihe hinaus. Sturmangriffe einer solchen Phalanx waren daher für jeden Gegner besonders gefährlich. Durch die römische Manipulartaktik wurde jedoch die makedonische Phalanx überholt, so daß sie zur Zeit des jüdischen Krieges nur noch eine militärische Spielerei reicher Fürsten war. Vgl. Herodian 4, 8f. (Kohout 723).

[190] Die Lage des Struthionteiches ist umstritten. H. Vincent, Jérusalem de l'Ancien Testament, Bd. I (1954) 300 nimmt an, daß damit der heutige Zwillingsteich gemeint ist, der als Doppelzisterne unter dem gepflasterten Hof (Lithostroton) liegt. Dieser Annahme folgt auch J. M. Allegro, The Treasure of the Copper Scroll, 1960, 82f. Schon G. Dalman, Jerusalem und sein Gelände, 1930, 112ff. hatte den Struthionteich mit der heutigen Doppelzisterne gleichgesetzt, unter der Voraussetzung, daß die Steinpflasterung damals noch nicht lag.

Falls Josephus sich korrekt ausgedrückt hat („mitten im sogenannten Struthionteich") und die Datierung des Steinpflasters in unserem Exkurs X zutreffend ist, muß es sich um einen Teich außerhalb der Antonia handeln.

G. Dalman a. a. O. 114 leitet den Namen des Teiches vom Stratonsturm, dem Eckturm der alten Baris, ab.

[191] Der Amygdalos- oder Amygdalonteich (Mandelbaum- oder Mandelteich) ist das heutige Patriarchenbad, das auch Hiskiateich genannt wird und nördlich vom Herodespalast liegt. Nach G. Dalman a. a. O. S. 69 ist der Name von dem aramäischen magdala abzuleiten und mit „Turmteich" zu übersetzen (vgl. die Nähe der Festung).

[192] Zur Lage des Denkmals des Hohenpriesters vgl. Anm. 109.

[193] Die Unterminierkunst der Juden wird schon in 1, 350; 2, 435; Dio Cass. 66, 4 hervorgehoben. Offenbar hat Josephus das mit der Doppelzisterne zusammenhängende Kanalsystem in den Dienst dieser militärischen Arbeiten gestellt. Vgl. dazu J. M. Allegro, The Treasure of the Copper Scroll, 1960, 84.

[194] Zu Garis östlich von Sepphoris vgl. Anm. 44, Bd. I, 458 unserer Ausgabe. Die hier erwähnte Mariamme ist wahrscheinlich die schon in 2, 220 genannte Tochter Agrippas I. und Schwester Agrippas II. Sie war zuerst mit Julius Archelaus dem Sohne Hilkias, danach mit Demetrius von Alexandrien verheiratet (ant. 19, 355; 20, 140. 147). Andere Möglichkeiten finden sich bei Kohout z. St. — Magassar ist wohl ohne Zustimmung des Königshauses zu den Zeloten übergegangen. — Agiras (Ageras, Ceagiras) deutet auf das aramäische ḥagīrā („Lahmer") und kann auf ein überwundenes Leiden oder auf eine scherzhafte Anerkennung seiner Behendigkeit (Klausner a. a. O. V, 249) hinweisen. Dementsprechend würde die Wendung ἀπὸ τῆς τύχης auf ein erfahrenes Mißgeschick oder auf eine unbekannte Ursache zu beziehen sein (vgl. die verschiedenen Übersetzungen).

[195] Ähnliche Geschichten von außerordentlich tapferen Helden finden sich in der Literatur Midrasch (Jalkut Schimeoni 2, 1010 zu Klag. Jer. 1; Pesikta rabbati 29 Schluß), doch werden sie in die Zeit Nebukadnezars verlegt. Es ist aber möglich, daß wir es in solchen Fällen mit Übertragungen aus der Zeit des Titus zu tun haben.

[196] Ebenso erbitterte Kämpfe um die Wurfmaschinen fanden schon bei der Belagerung der ersten Mauer statt (§ 279ff. 286f.). Der Hinweis auf das Verbrennen der Maschinen in Dio Cass. 66, 4 steht in einer Zusammenfassung und kann deshalb schwer auf eine bestimmte Zeit der Belagerung bezogen werden.

[197] Es handelt sich hier um die Abteilungen, welche die Torwache vor dem Lager hielten (stationes ante portas Livius 3, 5, 4 und stationes pro portis Livius 9, 45, 15). Daß es größere Abteilungen und nicht einzelne Vorposten waren, ist aus Caesar bellum Gallicum 6, 37 zu ersehen, wo von einer cohors in statione die Rede ist (vgl. Tacitus ann. 2, 13: crebras pro munimentis cohortes). Die Ablösung erfolgte nach Livius 44, 33, 10ff. um die Mittagszeit. Daß auf Verlassen des Postens Todesstrafe stand, bestätigt Livius 24, 37, 9 und Sueton, Augustus 24. Zur Aufstellung der Geschütze auf dem Lagerwall vgl. 3, 80.

[198] Von römischen Überläufern berichtet Dio Cass. 66, 5. Wahrscheinlich bezieht sich diese Notiz auf die hier dargestellte Situation. An beiden Stellen wird der aufkommende Glaube an die Unbezwingbarkeit der Stadt hervorgehoben.

[199] Zum letzten Teil der Rede des Titus (§ 498–501) finden sich bemerkenswerte Parallelen bei Curtius Rufus. Der Zusammenhang von militärischer Schnelligkeit mit

Anmerkungen zu Buch 5

der Sorge, daß die lange Verzögerung den Ruhm schmälert, kommt auch bei Curtius 4, 4, 1f. zum Ausdruck. „Schon war der König der Belagerung müde geworden und hatte sich entschlossen, nach Ägypten zu ziehen; denn während er Asien mit unglaublicher Schnelligkeit durcheilt hatte, klebte er nun an den Mauern einer einzigen Stadt (Tyrus) und mußte sich die Gelegenheit zu so vielen bedeutsamen Unternehmungen entgehen lassen. Aber die Schmach blieb sich gleich, ob er nun ergebnislos abzog oder sich aufhalten ließ; mußte er doch glauben, auch der Ruf seines Namens, durch den er ja mehr erreicht hatte als durch seine kriegerischen Erfolge, werde sich verringern, wenn er Tyrus als Zeugen seiner Besiegbarkeit hinter sich ließe." (Übersetzung nach H. Schönfeld.)

Unsere Abweichung vom Text Nieses findet eine Bestätigung in § 501 in Curtius Rufus, 4, 2, 16: „Vorher galt es, den Damm aufzuwerfen, der die Stadt mit dem Festland verbinden sollte. Da befiel nun die Soldaten eine maßlose Verzweiflung, wenn sie auf das tiefe Meer schauten, das zu füllen kaum eines Gottes Hilfe ihnen ermöglichen könne." Mit dem Gott könnte hier Herakles gemeint sein, der Alexander im Traum erschien, um ihm dadurch kundzutun, daß Tyrus nur mit schweren Mühen, die seinen eigenen zwölf Arbeiten vergleichbar seien, erobert werden könne (Arrian, Anabasis 2, 18, 1).

²⁰⁰ Zum Assyrerlager vgl. Anm. 126. Bei dem „Taubenschlagfelsen" wäre vielleicht an die sogenannten „Prophetengräber" am Südwesthang des Ölbergs zu denken, deren Anblick an einen Taubenschlag erinnern könnte. Nach L. H. Vincent, Jérusalem de l'Ancien Testament, 1956, 741 Anm. 4 stammen diese aus dem 1. Jahrh. v. Chr. Doch handelt es sich hier nicht um Grabkolumbarien (= Grabgewölbe mit Nischen für Aschenkrüge), sondern um Schiebegräber. Außerdem hat das griechische Wort περιστερεών nicht die Bedeutung „Grabgewölbe" wie das lateinische „columbarium". Unter diesen Umständen wäre vielleicht doch ein wirklicher in den Felsen gehauener Taubenschlag in dieser Gegend anzunehmen (so G. Dalman, Jerusalem und sein Gelände, 1930, S. 49f.). L. H. Vincent a. a. O. verweist auch auf den priesterlichen Taubenmarkt auf dem Ölberg, der nach j. Taanith 4, 8 ganz Israel mit Opfertauben versorgen konnte. Der Hügel, der die Schlucht am Siloah überragt, ist der heutige Berg des Ärgernisses, auf dem Salomo Abgötterei getrieben haben soll (vgl. 1. Kön. 11, 7; 2. Kön. 22, 13). Unter der Quellschlucht versteht Josephus den südlichen Teil des Kidrontales. Er nennt auch sonst den Siloah eine Quelle (5, 140, 145. 409f.), obwohl das Wasser eigentlich vom Gichon kommt.

²⁰¹ Das Grab des Ananos, des Sohnes Sethis, hat östlich vom traditionellen Acker Hakeldama gelegen. G. Dalman, Orte und Wege Jesu, 1924, 353 möchte es mit einem der zahlreichen Felsengräber in der Nähe des dort liegenden St. Onuphriosklosters gleichsetzen. Ananos, der Sohn des Sethi, ist der Hannas des NT's (ant. 18, 26; 20, 197f.). Erbsenhausen hat nach G. Dalmans Vermutung vielleicht im Südwesten Jerusalems, also in der Nähe des Bahnhofs, gelegen; andere setzen den Ort nördlich des Schlangenteiches an (5, 108). Vgl. dazu G. Dalman, Jerusalem und sein Gelände, 1930, 146; H. Vincent a. a. O. 741f. und Anm. 31. Zum Herodesgrab vgl. ebenfalls 5, 108 und Anm. 31 zu § 108.

Zum Pompejuslager wäre zu bemerken, daß in ant. 14, 60; bell. 1, 145 (vgl. ant. 14, 466 und bell. 1, 343) nur von einem Lager nördlich des Tempels, aber nicht südlich der Stadt, die Rede ist. Dennoch wäre es möglich, daß Pompejus auch an dieser Stelle gelagert hat, als er das Ergebnis der Beratungen in der Stadt abwartete.

²⁰² Auffallend ist, daß an unserer Stelle offenbar mit einer Einteilung der Nacht in drei Nachtwachen gerechnet wird. Nach altisraelitischer Ordnung zählt man grundsätzlich drei Nachtwachen (Ri. 7, 19), während die Römer durchweg vier Nachtwachen zählen (Vegetius 3, 8; Plinius hist. nat. 10, 21, 46). Es ist möglich, daß unter besonderen Voraussetzungen auch im römischen Lager eine Dreiteilung durchgeführt wurde, womit A. Schlatter, Der Evangelist Matthäus, 1929, 469 offenbar rechnet. Auch die Rabbinen kennen beide Einteilungen. Das NT folgt gewöhnlich der römischen Vierteilung (Mk. 6, 48; 13, 35; vgl. Apg. 12, 4). Von Inspektionsrunden wird in Polyb. 6, 35f. und Vegetius 3, 8 ausdrücklich gesprochen. Diese Inspektionsrunden werden von den „geeignetsten" und „bewährtesten" Offizieren durchgeführt (Vegetius); damit könnte die Dreiteilung an unserer Stelle zu sammenhängen.

Anmerkungen zu Buch 5

[203] Die Übersetzung schwankt zwischen zwei Möglichkeiten: Das Auge des Sterbenden richtet sich auf den Tempel und wendet sich von den Rebellen ab, die man lebendig zurückläßt (Thack, Reinach), oder: Der Sterbende blickt auf den Tempel und sieht auch dort die Rebellen, die seinen Tod überleben (Kohout, Clementz). Im ersteren Fall handelt es sich um Züge, die mit der Märtyrertradition zusammenhängen können, im letzteren wird die äußerste Hoffnungslosigkeit geschildert. Da ἀφορᾶν mit Akkusativobjekt im Sinne von Thackeray und Reinach sonst nicht zu belegen ist, wird hier die andere Übersetzung vorgezogen.

[204] Nach Polyb. 6, 39, 13–15 erhielt der römische Fußsoldat monatlich $^2/_3$ attische Medimnen = 4 modii Weizen (ungefähr 30 kg). Die Ritter erhielten das Dreifache für sich und ihre Burschen, dazu Gerste für die Pferde. Wenn an unserer Stelle neben dem Getreide noch von anderen Lebensmitteln gesprochen wird, dann sind Zulagen gemeint, die einerseits in Vergrößerung der Getreiderationen, andererseits auch in der Lieferung von Zutaten wie Fett, Salz, Gemüse und Fleisch bestehen konnten. Das Getreide wurde von den Soldaten auf Handmühlen gemahlen und mit den Zutaten zu einer warmen Mehlspeise, der sogenannten *puls* (italienisch polenta) verarbeitet, die als Hauptmahlzeit diente. Einen Teil des Getreides konnte man auch zum Backen von Zwieback verwenden. Das Getreidefassen fand alle 16 Tage, also in Rationen von 15 kg statt; den Proviant für 3 Tage mußte nach bell. 3, 95 der Soldat stets bei sich tragen.

[205] Jerusalem liegt auf der Grenze zwischen der weichen Senon-Schicht im Osten (Wüste Juda) und dem eigentlichen „Gebirge Juda" im Westen, das aus dem harten Turon und Cenoman besteht. Dieser harte Kalk ist für den Wald besser geeignet. Aus diesem Grunde wird auch in neutestamentlicher Zeit die Waldgrenze selten über die Gebiete des harten Kalksteins hinausgereicht haben (vgl. b. Pes. 53a). Es liegt nahe, zu vermuten, daß bei den verschiedenen Belagerungen (Pompejus, Herodes, Titus) das für die Dämme erforderliche Holz aus den Wäldern westlich der Stadt geholt wurde. Restliche Waldgebiete werden in späterer Zeit bei Nebi Samwil, bei En Karim und Betlehem bezeugt. Vgl. dazu ZDPV 7 (1884) 63; 41 (1918) 158; G. Dalman, Orte und Wege Jesu, 1924, 35.

[206] J. Klausner a. a. O. V, 250 versteht diese Schilderung so, daß Josephus die Zeloten anklagen will, ihnen aber wider seinen Willen höchstes Lob spendet. Die Trennung von Leib und Seele erscheint hier als ein Zustand, der das natürliche Menschsein weit hinter sich läßt. Ähnlich schildert man, allerdings in positivem Sinn, das Martyrium (7, 418).

[207] Matthias, Sohn des Boethos, aus hochpriesterlicher Familie, begegnet auch in 4, 574; 6, 114; man hat daran gedacht, ihn mit dem letzten Hohenpriester Matthias, Sohn des Theophilus (ant. 20, 223) gleichzusetzen. Vgl. dazu J. Klausner a. a. O. V, 250; anders Kohout z. St. und A. Schlatter, Die hebräischen Namen bei Josephus, 1913, 78.

[208] Die Schilderung 6, 114 setzt voraus, daß der vierte Sohn erst nach dem Tode des Vaters floh. In diesem Fall würde Josephus die Rechtswidrigkeit der Maßnahmen Simons stark herausgestellt haben. J. Klausner a. a. O. V, 250 vermutet dagegen, daß in Wirklichkeit die Flucht des Sohnes zu den Römern der eigentliche Anlaß war, gegen die Familie des Matthias einzuschreiten. Vielleicht ist diese sogar an einer Verschwörung beteiligt gewesen. Dann wäre das Handeln Simon ben Gioras ein Strafverfahren, das der beabsichtigten Flucht der hochpriesterlichen Familie zuvorkam.

[209] Der Eigenname „Bagadates" ist textkritisch nicht gesichert. A. Schlatter, Die hebräischen Namen bei Josephus, 1913, 24 versteht ihn als Beinamen und beruft sich auf b. Jeb. 67a und Ket. 10b; er verweist auf 6, 229, wo allerdings „Bagadates" nicht belegt ist. „Daß der Ort Bagadatha babylonisch ist, erschwert die Lesung nicht; denn gerade der fremde Ort wurde leicht zum Beinamen und kennzeichnete den Mann sicher." Zur Verspottung durch die verurteilende Behörde vgl. Mk. 15, 31, zur Hilflosigkeit des Verurteilten, der vergeblich fremde Hilfe erwartet, Mk. 15, 36.

[210] Clements deutet den ganzen Paragraphen (§ 533) auf die Behandlung des Vaters des Josephus, Kohout Thack Ricc denken bei συνολοφυρομένους an Trauerversammlung bei Todesfällen. Josephus meint vielleicht ein Verbot, über die politische Lage zu sprechen und Versammlungen abzuhalten.

[211] Kohout übersetzt: „sich auf Gnade zu ergeben", Reinach: „ihr Vertrauen auf ihn zu setzen", ähnlich Thack, Williamson.

Anmerkungen zu Buch 5

[212] Vgl. dazu Gitt. 56b: Die Ärzte Vespasians behandelten den gänzlich abgezehrten R. Zadok mit einer bestimmten Schonkost, damit sich seine Eingeweide nach und nach ausdehnten. Dieselbe Überlieferung findet sich in Echa r. 31 zu Klag. Jer. 1, 5.
Ganz ähnliche Ereignisse trugen sich bei der Auflösung des Konzentrationslagers Bergen Belsen zu: „Aber auch viele der Robusten starben in diesen Tagen dahin, denn gerade die stürmische Befreiungsfeier forderte zahlreiche Menschenleben: Der ausgehungerte Körper wurde durch die plötzliche Aufnahme schwerer Kost überfordert und konnte sie nicht verdauen, da die Verdauungssäfte völlig ausgetrocknet waren, so daß in den auf die Befreiungsstunde folgenden Tagen mehrere tausend Lagerinsassen — meist wegen zu schweren Essens — den Tod fanden." (E. Kolb, Bergen Belsen, 1962, 167). Diese auf zuverlässigem Quellenmaterial sorgfältig aufgebaute Darstellung fällt deshalb besonders auf, weil sie, ganz ähnlich wie die antiken Texte, den Tatbestand medizinisch ungenau, aber phänomenologisch eindrucksvoll wiedergibt. Die antiken Berichte werden ebenso wenig auf einem vorgegebenen Schema beruhen wie die bei E. Kolb verwerteten Protokolle.

[213] Unser Text läßt zwei Möglichkeiten offen. Entweder befand sich in der Stadt soviel Gold, daß dort der Goldpreis um die Hälfte sank. In diesem Fall wäre es aber schwer verständlich, daß Johannes nach § 562 viele Weihgeschenke und Tempelgeräte einschmelzen mußte. Oder aber das Gold verlor seinen Wert im römischen Lager, wie Parallelen nahelegen (6, 317; Sueton, Caesar 54; Strabo 4, 6, 12). Damit steht aber die Behauptung § 561 im Widerspruch, daß die Araber und Syrer bei den Überläufern nur wenig Gold fanden. Daß der normale Wert des Goldstücks 25 Drachmen betrug, wird durch Dio Cass. 55, 12 bestätigt. In der Stadt selbst sind, soviel wir wissen, nur Silber- und Bronzemünzen im gewöhnlichen Umlauf gewesen. Die Goldmünze beherrschte nur den Großverkehr. Auch der Talmud setzt voraus, daß der römische aureus keine Kurrentmünze war (Baba Mezia 44 ab). Maßgebend für das jüdische Geld war bekanntlich die tyrische Währung, wie ältere und neuere Funde (Qumran, Aufstandsmünzen) beweisen (vgl. 2, 592; Bekhorot 8, 7; Tos. Kethuboth 13. 3; Schürer [4] II, 76; J. M. Allegro, The Treasure of the Copper Scroll, 1960, 60). Die Umrechnung in attische Drachmen findet sich auch sonst bei Josephus (ant. 3, 194; bell. 2, 592), da in der Kaiserzeit die attische Währung neben der römischen eine bedeutende Rolle hatte (Polyb. 6, 39, 12). Der Mangel an Edelmetall, den § 562 voraussetzt, erklärt sich wahrscheinlich daraus, daß die an unserer Stelle genannten Schätze gehortet wurden (6, 282. 431f.; Gittin 56a). Es wird durch die Tatsache bestätigt, daß die Zeloten im 4. Jahr des Aufstandes statt der bisherigen Silberschekel entsprechende Bronzemünzen als Notgeld in Umlauf setzten (L. Kadman, The Coins of the Jewish War, 1960, 79).

[214] Man denkt zunächst an Waffen, die mit Silber und Gold ausgelegt sind (Kohout, Reinach). In Wirklichkeit handelt es sich wohl um die Dekorationen, die von den Soldaten bei feierlichen Gelegenheiten getragen wurden (Halsketten, Armspangen, Brustschmuck aus Gold und Silber). Vgl. bell. 5, 351.

Exkurs XI: Die Bronzeschekel aus dem „4. Jahr der Erlösung".

Die Datierung der Bronzemünzen mit der Aufschrift: „Jahr 4 der Erlösung Zions" (und der Wertbezeichnung: „Ein Halb" oder „Ein Viertel") stellte für die Numismatik bis vor kurzem noch ein schweres Problem dar (vgl. E. Schürer Bd. I [4] 772). Gewöhnlich schrieb man die Münzen Simon Makkabäus zu (vgl. 1. Makk. 15, 6), so zuletzt A. Reifenberg, Ancient Jewish Coins, [2] 1947, 39 Nr. 4—6. Gegen diese Theses spricht aber, daß zwischen ihnen und dem Geld der späteren Hasmonäer wie Johannes Hyrkan I. und Alexander Jannäus im Hinblick auf Beschriftung, Münzbild und die gesamte handwerkliche Ausfertigung ein beträchtlicher Unterschied besteht (L. Kadman, Israel Exploration Journal 7, 1957, 63f.). Dazu kommt, daß sie nie zusammen mit hasmonäischen Geldstücken gefunden wurden. Heute steht es fest, daß diese Münzen aus der Zeit des ersten jüdischen Aufstandes stammen, denn im Jahre 1949 wurde auf Masada ein Exemplar zusammen mit anderen kleinen Bronzegeldstücken (sogenannten perūṭōt) gefunden. Da aber die perūṭōt, wie aus zwei Überprägungen (Pontius Pilatus, Herodes Agrippa I.) hervorgeht, in die Zeit des ersten jüdischen Aufstandes gehören, ist somit die Datierung der fraglichen Bronzemünzen sichergestellt.

Anmerkungen zu Buch 5

B. Kanael, BASOR Nr. 129, 1953, S. 18ff. versucht die Entstehung dieses Bronzegeldes aus der Situation des Bürgerkrieges in Jerusalem zu erklären. Im 4. Jahr des Aufstandes (69 n. Chr.) gewann Simon bar Giora die Herrschaft über die Stadt mit Ausnahme des Tempels, den Johannes von Gischala gegen ihn verteidigte. Da der Tempelschatz deshalb für Simon unerreichbar blieb, war er gezwungen, Bronzeschekel zu prägen. Die Aufschrift derselben bezeugt die messianische Hochstimmung, die im Jahre nach Neros Tod in Jerusalem herrschte. Mit dem Beginn der Belagerung hörte man auf, Bronzeschekel zu prägen, da sich beide Parteien ausgesöhnt hatten. B. Kanaels Hypothese hat den Vorzug, daß sie erklären kann, warum bis jetzt nur Bronzeschekel aus dem 4. Jahr des Aufstandes gefunden werden konnten. L. Kadman, The Coins of the Jewish War of 66–73 C. E., 1960, 100 Anm. 95, wendet dagegen ein, daß es für Simon wenig sinnvoll gewesen wäre, geringwertigeres Geld als sein Rivale auszugeben. Vgl. dazu M. Hengel, Die Zeloten, 1961, 120ff.

[215] Der Satz, daß das ganze Volk von Gott verurteilt und jeder Ausweg ins Verderben verkehrt wurde, ist offenbar gegen die zelotische Heilshoffnung gerichtet.

[216] Es handelt sich nicht um die Opfergeräte, die für das tägliche Tamidopfer gebraucht wurden, sondern um Ersatzgeräte und Weihgaben. Weihgeschenke durften nach Scheq. 5, 6 verkauft werden. Der Erlös wurde für Reparaturen des Tempels verwendet. Mit κρατῆρες sind wahrscheinlich nicht Mischkrüge gemeint, sondern Gefäße, welche die Form von κρατῆρες besaßen. Nach ant. 8, 91 wurden solche Gefäße benutzt, um in ihnen Mehl und Öl zu mischen; vgl. auch die als κρατῆρες bezeichneten großen Krüge, die Ptolemäus Philadelphus dem Tempel schenkte (ant. 12, 78ff.) und die Amphoren auf den Aufstandmünzen. Philo leg. ad Gajum 157. 319 bestätigt, daß Augustus und Julia den Tempel mit kostbaren Weihgaben, darunter goldenen Schalen und Trankopfergefäßen, geschmückt haben.

[217] Die Entgegensetzung: οἱ Ῥωμαίων βασιλεῖς – ὁ Ἰουδαῖος fällt auf; mit dieser charakteristischen Kennzeichnung: „der Jude" (= dieser Jude) ist in unserem Zusammenhang Johannes von Gischala gemeint, dessen Handeln im Gegensatz zum Nichtjuden die Heiligkeit des Tempels antastet. Vor allem in der Diaspora ist diese selbstverschuldete Auflösung des Judentums leicht möglich (vgl. den Sprachgebrauch: „die Juden" 1. Thess. 2, 14; Joh. 2, 13).

[218] In § 564 wird μετ' ἀδείας von uns im Sinn von „ohne Furcht" verstanden; eine andere Möglichkeit: „unter Zusicherung von Straferlaß" (Thuk. 6, 60) kommt hier wohl nicht in Betracht. Die These, daß die Verteidiger des Tempels aus dem Tempel verpflegt werden können, erinnert an Num. 18, 8; Dt. 18, 1ff.; 1. Kor. 9, 13. Johannes nimmt messianisches Recht in Anspruch (vgl. 1. Sam. 21, 7; Mk. 2, 25f.; vgl. auch bell. 5, 36). Die antizelotische Tendenz des Josephus ist an unserer Stelle besonders deutlich zu erkennen. Bezeichnend ist auch, daß er in ant. 6, 243f. nur von einem Mundvorrat, nicht von den Schaubroten spricht. Eine ähnliche Einstellung des Johannes wird auch in bell. 5, 36 erwähnt. In 7, 264 setzt er sich über Speisegebote hinweg. Offenbar schreibt er sich selbst als dem Schutzherrn des Tempels ein Sonderrecht zu.

[219] Nach Middoth 2, 5 befand sich die Kammer für Öl und Wein in der Südwestecke des Frauenvorhofes (Josephus: „im Inneren des Tempelbezirks"). Ein Hin ist der sechste Teil eines Bath und faßt etwa 6 l.

[220] Die Toten, die in die Schluchten hinabgeworfen wurden (5, 518), sind von den staatlichen Behörden gezählt worden, soweit sie öffentlich bestattet wurden. Also wird vorausgesetzt, daß die staatliche Verwaltung selbst jetzt noch arbeiten konnte. Als Ort der „Bestattung" kommt vor allem das Hinnomtal in Frage. Die von Josephus angegebenen Zahlen erschienen als außergewöhnlich hoch. Nach 6, 425 sucht er aufgrund der Passaopfer die Zahl der Festteilnehmer in Jerusalem festzulegen. Auf demselben Wege will auch J. Jeremias, Jerusalems z. Zt. Jesu, 2. Aufl. 1958, I, 96 die Zahl der Festpilger in Jerusalem ermitteln. Tac. hist. 5, 13 gibt die Zahl der Belagerten mit 600000 an, was nach J. Jeremias und J. N. Simchoni immer noch zu hoch gegriffen ist.

[221] Thack übersetzt μέχρι αὐτῶν: „sie brachten es über sich, bis zu diesem Äußersten zu gehen." (mit Verweis auf ant. 15, 182) Eine Episode, in der Gerstenkörner unter dem Mist von Arabertieren gesucht werden, findet sich in Kethuboth 66b.

INHALTSVERZEICHNIS

Vorwort	VII
Buch 6	2–77
Buch 7	78–157
Anmerkungen zu Buch 6	159–217
Anmerkungen zu Buch 7	219–287

VORWORT

Der Band II,2, der jetzt abgeschlossen ist, soll nicht nur analog den ersten Bänden I und II,1 eine Fortsetzung sein, sondern als Abschlußband eine Zusammenfassung der Ergebnisse, die im Laufe dieser Josephusarbeit gewonnen worden sind. In diesem Sinn ist auch der kurze Aufriß der Josephusforschung gedacht, der die Einleitung von Band I vom Inhalt her abrunden soll. Das Problem der Eigennamen bei Josephus, das neuerdings von A. Schalit aufgenommen wurde und in eine ganz neue Richtung führt, ist, abgesehen von einzelnen Anmerkungen, bewußt zurückgestellt, da das wichtigste Hilfsmittel, die Konkordanz zu Josephus, noch nicht erreichbar war. Durch die Zusammenarbeitung von Textkritik und Erklärung, die eigentlich das Normale sein sollte und bei H. St. J. Thackeray auch schon fruchtbar wurde, ist die Tatsache zu erklären, daß der neue Band in Abweichung von den vorhergehenden Bänden entscheidendes Gewicht auf die Darstellung der Textzeugen legt. Das Sachregister will nicht eine deutsche Parallele zu dem Generalindex in Band IX Josephus Antiquitates Ausgabe L. H. Feldman sein, sondern zielt vor allem darauf ab, unsere Anmerkungen auch über den jeweils dazugehörigen Text hinaus aufzuschlüsseln. Es soll dem Leser ermöglicht werden, ein einzelnes Problem durch das ganze Bellum hindurch von Text und Anmerkung her verfolgen zu können.

Unter den Mitarbeitern soll zuerst Frau K. Holfelder genannt werden, die drei Jahre unermüdlich an der Fertigstellung dieses Bandes gearbeitet hat. Sie hat sich damit um ihn besonders verdient gemacht. Im Laufe der Zeit wechselten die Mitarbeiter, doch möchten wir ausdrücklich die Namen M. Schmidt, Frau R. Rosenzweig, W. Fehlhauer und W. Lange nennen. Die Register verdanken wir Th. Hirth. Die Deutsche Forschungsgemeinschaft hat von Anfang an ihr besonderes Interesse an diesem Josephustext zum Ausdruck gebracht und unsere Arbeit durch Anstellung der Hilfskräfte entscheidend gefördert. Ihr sei auch an dieser Stelle ausdrücklich gedankt.

Tübingen, den 25. Mai 1968   O. Michel   O. Bauernfeind

VI.

Φλαυίου Ἰωσήπου ἱστορία Ἰουδαϊκοῦ πολέμου πρὸς Ῥωμαίους βιβλίον ςʹ.

1 I. 1. Τὰ μὲν οὖν τῶν Ἱεροσολύμων[1]) πάθη προύκοπτεν καθ᾽ ἡμέραν ἐπὶ τὸ χεῖρον τῶν τε[2]) στασιαστῶν μᾶλλον παροξυνομένων ἐν[3]) ταῖς συμ-
2 φοραῖς καὶ τοῦ λιμοῦ μετὰ τὸν δῆμον ἤδη κἀκείνους νεμομένου. τό γε μὴν πλῆθος τῶν σεσωρευμένων ἀνὰ τὴν πόλιν πτωμάτων ὄψει τε φρικῶδες ἦν καὶ λοιμώδη προσέβαλλεν ὀσμὴν πρός τε τὰς ἐκδρομὰς ἐμπόδιον τοῖς μαχομένοις· ὥσπερ γὰρ διὰ παρατάξεως φόνῳ μυρίῳ
3 γεγυμνασμένους[4]) χωροῦντας ἔδει τὰ σώματα πατεῖν. οἱ δ᾽ ἐπιβαίνοντες οὔτ᾽ ἔφριττον οὔτ᾽ ἠλέουν οὔτε κληδόνα κακὴν σφῶν αὐτῶν ὑπελάμ-
4 βανον τὴν εἰς τοὺς κατοιχομένους ὕβριν, πεφυρμένοι δ᾽ ὁμοφύλῳ φόνῳ τὰς δεξιὰς ἐπὶ τὸν πρὸς τοὺς ἀλλοφύλους πόλεμον ἐξέθεον, ὀνειδίζοντες, ἔμοιγε δοκεῖν, τὸ θεῖον εἰς βραδυτῆτα τῆς ἐπ᾽ αὐτῶν κολάσεως· οὐ γὰρ
5 ἐλπίδι νίκης ὁ πόλεμος[5]), ἤδη δὲ ἀπογνώσει σωτηρίας ἐθρασύνετο. Ῥωμαῖοι δὲ καίτοι πολλὰ περὶ τὴν τῆς ὕλης συγκομιδὴν ταλαιπωρούμενοι τὰ χώματα διήγειραν μιᾷ καὶ εἴκοσιν ἡμέραις, κείραντες, ὡς προείρηται, τὴν περὶ τὸ ἄστυ χώραν ἐπ᾽ ἐνενήκοντα σταδίους ἐν[6]) κύκλῳ πᾶσαν. ἦν
6 δ᾽ ἐλεεινὴ καὶ τῆς γῆς ἡ θέα. τὰ γὰρ πάλαι δένδρεσι καὶ παραδείσοις
7 κεκοσμημένα τότε πανταχόθεν ἠρήμωτο καὶ περικέκοπτο τὴν ὕλην, οὐδείς τε τὴν πάλαι Ἰουδαίαν καὶ τὰ περικαλλῆ προάστεια τῆς πόλεως ἑωρακὼς ἀλλόφυλος, ἔπειτα τὴν τότε βλέπων ἐρημίαν οὐκ ὠλοφύρατο καὶ κατεστέναξεν τὴν μεταβολὴν παρ᾽ ὅσον γένοιτο· πάντα γὰρ ἐλυμήνατο τὰ
8 σημεῖα τοῦ κάλλους ὁ πόλεμος, καὶ οὐκ ἄν τις ἐξαπίνης ἐπιστὰς τῶν προεγνωκότων ἐγνώρισε τὸν τόπον, ἀλλὰ παρὼν ἐζήτει τὴν πόλιν.
9 2. Ῥωμαίοις δὲ καὶ Ἰουδαίοις τὸ τέλος τῶν χωμάτων ἴσην ἐνεποίει
10 δέους ἀρχήν· οἱ μὲν γάρ, εἰ μὴ καὶ ταῦτα καύσειαν, ἁλώσεσθαι τὴν πόλιν προσεδόκων, Ῥωμαῖοι δ᾽ οὐκ ἄν[7]) ἔθ᾽ αἱρήσειν κἀκείνων
11 διαφθαρέντων. ὕλης τε γὰρ ἦν ἀπορία, καὶ τῶν μὲν πόνων ἤδη τὸ σῶμα[8]), τῶν δὲ ἐπαλλήλων πταισμάτων αἱ ψυχαὶ τοῖς στρατιώταις ἐλείποντο.

Zu Buch 6 ist eine syrische Übersetzung einzusehen, vgl. Einleitung S. XXXI.
[1] τῶν Ἱεροσολυμιτῶν Syr.
[2] τε L Lat Exc und wahrscheinlich auch Syr, auch bei Niese Na Thack, es fehlt bei PAMVRC.   [3] ἐν fehlt bei L Lat Exc.
[4] γεγυμνασμένους PALC Na Thack Kohout; γεγυμνασμένης MVR Niese, Reinach Clementz, Simch., Williamson und wahrscheinlich auch Lat.; μεμολυσμένη oder μεμιασμένης Na App. cj. – Nach der zweiten Lesart werden die Toten als Schlachtreihe, die sich Bahn bricht, bezeichnet. Ein so unanschaulicher Vergleich ist von Josephus kaum zu erwarten. Außerdem geht dadurch, daß man das Verb mit διὰ παρατάξεως verbindet, die Dreigliedrigkeit des Prädikates verloren: γυμνάζεσθαι (sich Bahn brechen) – χωρεῖν (vorandrängen) – τὰ σώματα πατεῖν (über Leichen hinwegschreiten). Nabers Vorschlag ließe bei Josephus ein priesterlich-kultisches Motiv zum Ausdruck bringen, doch kann sich dieser Vorschlag leider auf keinen Textzeugen stützen.
[5] Statt ὁ πόλεμος hat Lat *maior pars eorum*.   [6] ἐν fehlt bei L (Niese: *fortasse recte*).
[7] οὐκ ἔθ᾽ ohne ἄν Herwerden cj. Na Thack, Niese setzt ἄν in Klammern.
[8] τὰ σώματα M Lat Na.

BUCH 6

1. Kapitel

1. 1. Die Leiden Jerusalems steigerten sich so und wurden von Tag zu Tag entsetzlicher, da die Aufständischen in all dem Unheil immer erbitterter wurden, und die Hungersnot, die zunächst im Volk gewütet hatte, nunmehr auch sie ergriff. Die Massen der in der ganzen Stadt aufgehäuften Leichen boten einen wahrhaft grauenvollen Anblick, zudem verpesteten sie die Luft mit ihrem Gestank und behinderten die Kämpfenden bei den Ausfällen. Denn wie Soldaten durch eine (feindliche) Schlachtreihe hindurchstoßend und an tausendfaches Morden gewöhnt, mußten sie auf Leichen herumtreten. Sie aber verspürten weder Schauder noch Erbarmen, wenn sie über die Toten hinwegschritten, sie kamen auch nicht auf den Gedanken, daß dieser Frevel an den Verstorbenen ein böses Vorzeichen für sie selbst sein könnte. Während das Blut der eigenen gemordeten Brüder noch von ihren Händen tropfte, stürzten sie hinaus in den Kampf gegen die Fremdstämmigen, gerade als wollten sie, so kommt es mir jedenfalls vor, der Gottheit noch dafür Vorhaltungen machen, daß sie die Strafe nicht schneller über ihr Haupt hereinbrechen ließ. Denn nicht mehr die Hoffnung auf den Sieg, sondern nur die Verzweiflung an jeglicher Rettung gab ihnen jetzt noch den Mut zum Kampf. Die Römer indessen stellten die Dämme, obwohl sie das Holz unter vieler Mühe herbeischleppen mußten, in 21 Tagen fertig, wobei sie, wie schon gesagt, das Gelände vor der Stadt im Umkreis von 90 Stadien vollständig abholzten.[1] Zum Erbarmen war dann auch der Anblick, den das Land bot; denn die Gegenden, die einst mit Bäumen und schönen Gärten geschmückt gewesen waren, lagen jetzt allenthalben wüst und kahl geschlagen da,[2] und kein Fremder,[3] der früher einmal Judäa und die wunderschönen Vororte der Stadt gesehen hatte, konnte jetzt beim Anblick dieser Einöde anders als darüber klagen und seufzen, wie sehr sich alles verändert habe. Denn alle Wahrzeichen von Jerusalems Schönheit hatte der Krieg zugrunde gerichtet, und wenn jemand, der mit der Gegend noch von früher her bekannt war, sich plötzlich hierher versetzt sähe, würde er bestimmt nicht wissen, wo er sei, sondern sich immer noch suchend nach der Stadt umschauen, auch wenn er gerade vor ihr stände.

2. 9. Die Vollendung der Wälle gab übrigens den Römern in gleicher Weise wie den Juden Anlaß zur Besorgnis. Letztere mußten nämlich für den Fall, daß sie nicht auch diese Wälle verbrennen könnten, dessen gewärtig sein, daß die Stadt erobert würde; die Römer aber konnten nicht mehr auf die Einnahme hoffen, wenn die Wälle wiederum zerstört würden. Denn einesteils gab es kein Holz mehr, anderseits waren die Soldaten körperlich den Anstrengungen nicht mehr gewachsen, ihre seelische Kraft aber war durch die aufeinander folgenden Fehlschläge erschöpft. Es kam tatsächlich so, daß die katastrophalen Ereignisse in der Stadt die Römer mehr entmutigten als die Belagerten; denn sie trafen auf Gegner, die ungeachtet derartiger Leiden im Kampf durchaus nicht weicher wurden, dagegen zerbrachen ihre eigenen

3

12 τάς γε μὴν κατὰ τὴν πόλιν συμφορὰς Ῥωμαίοις πλέον εἶναι συνέβαινε πρὸς ἀθυμίας ἢ τοῖς ἐν αὐτῇ· παρὰ γὰρ τὰ τηλικαῦτα πάθη τοῖς
13 μαχομένοις οὐδὲν ἐχρῶντο μαλακωτέροις, ἀλλ' ἐθραύοντο πάντοτε τὰς ἐλπίδας, τῶν μὲν χωμάτων ταῖς ἐπιβουλαῖς, τῶν δ' ὀργάνων στερρότητι τοῦ τείχους, τῆς δὲ κατὰ χεῖρα μάχης ταῖς τῶν συμπλεκομένων τόλμαις πλεονεκτούμενοι, τὸ δὲ μέγιστον, στάσεώς τε καὶ λιμοῦ καὶ πολέμου καὶ τοσούτων κακῶν εὑρίσκοντες ἐπάνω τὸ παράστημα τῆς ψυχῆς Ἰουδαίους
14 ἔχοντας. ὑπελάμβανόν τε τῶν ἀνδρῶν ἀμάχους μὲν τὰς ὁρμάς, ἀνάλωτον δὲ τὴν ἐπὶ συμφοραῖς εὐθυμίαν εἶναι· τί γὰρ ἂν μὴ ὑποστῆναι δεξιᾷ τύχῃ χρωμένους τοὺς ὑπὸ κακῶν πρὸς ἀλκήν[9]) τρεπομένους; οἱ μὲν οὖν ἐρρωμενεστέρας διὰ ταῦτα τῶν χωμάτων ἐποιοῦντο τὰς φυλακάς.
15 3. Οἱ δὲ περὶ τὸν Ἰωάννην κατὰ τὴν Ἀντωνίαν ἅμα καὶ πρὸς τὸ μέλλον, εἰ καταρριφθείη τὸ τεῖχος, ἠσφαλίζοντο καὶ πρὶν ἐμιστῆναι τοὺς
16 κριοὺς ἐπέθεντο τοῖς ἔργοις. οὐ μὴν ἐκράτησάν γε τῆς ἐπιχειρήσεως, ἀλλὰ προελθόντες [10])μετὰ λαμπάδων πρὶν ἐγγίσαι τοῖς χώμασι ψυχρότεροι
17 τῆς ἐλπίδος ὑπέστρεψαν. πρῶτον μὲν γὰρ οὐδ' ὁμονοεῖν ἡ σκέψις αὐτῶν ἐῴκει[11])κατὰ μέρος ἐκπηδώντων κἀκ διαλειμμάτων καὶ μεμελλημένως μετρ δέους καθόλου τε εἰπεῖν οὐκ Ἰουδαϊκῶς· τὰ γὰρ ἴδια τοῦ ἔθνους ὑστέρητο ἅμα ἡ τόλμα καὶ ὁρμὴ καὶ δρόμος ὁμοῦ πάντων καὶ τὸ μηδὲ πταίοντας[12])
18 ἀναστρέφειν. ἀτονώτεροι δ' ἑαυτῶν προελθόντες καὶ τοὺς Ῥωμαίους
19 εὗρον ἐρρωμενέστερον τοῦ συνήθους παρατεταγμένους· τοῖς μέν γε σώμασι καὶ ταῖς πανοπλίαις οὕτως ἐφράξαντο τὰ χώματα πάντοθεν ὡς τῷ πυρὶ μηδαμόθεν καταλιπεῖν παράδυσιν, τὴν δὲ ψυχὴν ἐτόνωσαν
20 ἕκαστος μὴ μετακινηθῆναι τῆς τάξεως πρὸ θανάτου. πρὸς γὰρ τῷ πάσας αὐτῶν ὑποκόπτεσθαι τὰς ἐλπίδας, εἰ κἀκεῖνα καταφλεγείη τὰ ἔργα, δεινὴ τοὺς στρατιώτας εἶχεν αἰδώς, εἰ πάντα κρατήσειαν πανουργία μὲν ἀρετῆς, ἀπόνοια δ' ὅπλων, πλῆθος δ' ἐμπειρίας, Ἰουδαῖοι δὲ Ῥωμαίων.
21 ἅμα δὲ ταφετήρια συνῆγε τῶν προπηδώντων ἐφικνούμενα, καὶ πεσών τις τῷ μεθ' αὑτὸν ἐμπόδιον ἦν, ὅ τε κίνδυνος τοῦ[13]) πρόσω χωρεῖν ἐποίει
22 μαλακωτέρους. τῶν δ' ἐνδοτέρω βέλους ὑποδραμόντων οἱ μὲν πρὶν εἰς χεῖρας ἐλθεῖν τὴν εὐταξίαν καὶ τὸ πύκνωμα τῶν πολεμίων καταπλαγέντες, οἱ δὲ νυττόμενοι τοῖς ξυστοῖς ἐπαλινδρόμουν· καὶ τέλος ἀλλήλους κακίζοντες εἰς δειλίαν ἀνεχώρουν ἄπρακτοι. νουμηνίᾳ Πανέμου μηνὸς ἡ
23 ἐπιχείρησις ἦν. ἀναχωρησάντων δὲ τῶν Ἰουδαίων προσῆγον οἱ Ῥωμαῖοι τὰς ἑλεπόλεις, βαλλόμενοι πέτραις τε ἀπὸ τῆς Ἀντωνίας καὶ πυρὶ καὶ σιδήρῳ καὶ παντὶ τῷ χορεγουμένῳ Ἰουδαίοις ὑπὸ τῆς ἀνάγκης βέλει·

[9] ἀλλήλους C.
[10] προσελθόντες alle Handschriften; *aggressi* Lat. *processere* Heg; προελθόντες *ed. pr.* Vgl. προελθόντες § 18.
[11] ἐῴκει PAML Niese Thack; ἐδόκει VC cod. Lips. Na; ἔχει R^1; ἐχεῖ R^2.
[12] μηδὲ πταίοντας PAMVRC Niese Na Thack; *sine offensione* Lat und ähnlich Syr; παίοντας L.   [13] τοῦ PAL Lat Na Niese Thack; τοῦ μὴ MVRC.

Hoffnungen immer wieder: Bei den Wällen zogen sie den kürzeren infolge der listigen Anschläge der Juden, bei den Sturmmaschinen wegen der Festigkeit der Mauer,[4] im Nahkampf durch den Wagemut der Männer, mit denen sie handgemein wurden. Das Schlimmste aber war die Wahrnehmung, welch unerschütterlichen Mut die Juden hatten und wie sie dadurch über Aufruhr, Hunger, Krieg und so viele andere unheilvolle Dinge überlegen waren. So kamen sie zu der Ansicht, daß die Angriffskraft dieser Männer in keinem Kampf zu überwinden und ihnen die Freudigkeit bei allen Schicksalsschlägen nicht zu nehmen sei. Denn was könnten die Juden unter einem günstigen Geschick nicht alles leisten, die selbst von Unheilsschlägen zu solcher Gegenwehr veranlaßt wurden! Aus diesen Gründen nun verstärkten die Römer die Wachtposten an den Wällen.

3. 15. Indessen trafen die Männer um Johannes bei der Antonia ihrerseits Sicherheitsvorkehrungen für die Zukunft, falls die Mauer zerstört würde; und noch bevor die Widder aufgestellt wurden, griffen sie die Belagerungswerke an. Bei dieser Unternehmung jedoch gewannen sie nicht die Oberhand, sondern nachdem sie mit Fackeln bewaffnet hervorgebrochen waren, kehrten sie, noch ehe sie an die Wälle herangekommen waren, in ihrer Hoffnung abgekühlt wieder zurück. Denn vor allem schien es, daß sie in ihrer Planung nicht aufeinander abgestimmt waren, da sie in einzelnen Haufen, mit Abständen und in furchtsamem Zaudern ihren Ausfall machten – ganz und gar unjüdisch. Alle Eigentümlichkeiten dieses Volkes waren auf einmal nicht mehr da, das Wagestück, der Sturmangriff, der geschlossene Anlauf aller und die Kunst, einen Rückzug ohne militärischen Fehler durchzuführen.[5] Bei ihrem verhältnismäßig schlaffen Vorgehen fanden sie auch noch die Römer stärker als gewöhnlich auf den Kampf eingestellt. Mit ihren Leibern und ihren Rüstungen hatten diese die Wälle allenthalben so verschanzt, daß sie von keiner Seite dem Feuer einen Einschlupf ließen, und auch im Herzen hatte sich ein jeder mit dem festen Entschluß gewappnet, lieber zu sterben als sich von seinem Posten wegdrängen zu lassen. In dem Fall nämlich, daß auch diese Befestigungswerke in Flammen aufgingen, wären ihnen alle Hoffnungen abgeschnitten. Ganz abgesehen davon empfanden es die Soldaten aber als eine gewaltige Schande, wenn auf der ganzen Linie List über Tapferkeit, Tollkühnheit über Waffen, Masse über Erfahrung, Juden über Römer den Sieg gewinnen sollten.[6] Gleichzeitig taten die Geschütze das ihrige, die die Voranstürmenden erreichten. Wenn einer fiel, so lag er seinem Hintermann im Weg, und die mit einem Vordringen verbundene Gefahr lähmte den Kampfgeist. Von denen aber, die innerhalb Schußweite herangekommen waren, liefen die einen, noch bevor sie handgemein wurden, wieder zurück, bestürzt von der glänzenden, geschlossenen Aufstellung der Feinde, von Wurfspeeren getroffen die anderen. Endlich mußten sie sich ganz unverrichteter Dinge wieder zurückziehen, wobei einer den anderen als Feigling schlechtmachte. Dieser Angriff erfolgte am Neumond des Monats Panemus (20. Juli).[7] Nach dem Rückzug der Juden suchten die Römer die Mauerbrecher heranzuführen, wurden aber von der Antonia her mit Steinbrocken, Feuerbränden, Eisen und allen möglichen Geschossen, die die Not den Juden

24 καίπερ γὰρ πολὺ τῷ τείχει πεποιθότες καὶ τῶν ὀργάνων καταφρονοῦντες
25 ὅμως ἐκώλυον τοὺς Ῥωμαίους προσάγειν. οἱ δὲ τὴν σπουδὴν τῶν Ἰουδαίων τοῦ μὴ πληγῆναι τὴν Ἀντωνίαν ὑπολαμβάνοντες γίνεσθει δι' ἀσθένειαν τοῦ τείχους καὶ σαθροὺς ἐλπίσαντες εἶναι τοὺς θεμελίους
26 ἀντεφιλονείκουν. οὐ μὴν ὑπήκουε τὸ τυπτόμενον, ἀλλ' οἱ μὲν συνεχῶς βαλλόμενοι καὶ πρὸς μηδένα τῶν καθύπερθεν κινδύνων ἐνδιδόντες
27 ἐνεργοὺς παρεῖχον τὰς ἑλεπόλεις· ὡς δ' ἦσαν ἐλάττους καὶ περιεθραύοντο ταῖς πέτραις, ἕτεροι τοὺς θυρεοὺς ὀροφώσαντες ὑπὲρ τῶν σωμάτων χερσὶ καὶ μοχλοῖς ὑπώρυττον τοὺς θεμελίους, καὶ τέσσαράς γε λίθους
28 προσκαρτερήσαντες ἐξέσεισαν. ἀνέπαυσε δὲ νὺξ ἑκατέρους, κἂν ταύτῃ τὸ τεῖχος ὑπὸ τῶν ὑκριῶν σεσαλευμένον, καὶ καθ' ὃ τοῖς προτέροις ἐπιβουλεύων χώμασιν ὁ Ἰωάννης ὑπώρυξεν ἐνδούσης τῆς διώρυχος, ἐξαπίνης κατερείπεται.
29 4. Τούτου συμβάντος παραδόξως ἑκατέροις διετέθη τὰ φρονήματα·
30 Ἰουδαίους μὲν γάρ, οὓς ἀθυμεῖν εἰκὸς ἦν, τῷ[14]) παρ' ἐλπίδα γενέσθαι τὸ πτῶμα καὶ μὴ[15]) προησφαλίσθαι πρὸς αὐτὸ θαρρεῖν ὡς μενούσης συνέβαινε
31 τῆς Ἀντωνίας· Ῥωμαίων δέ γε τὴν παρ' ἐλπίδα χαρὰν ἐπὶ τῷ καταρριφθέντι ταχέως ἔσβεσεν ὄψις ἑτέρου τείχους, ὅπερ ἔνδοθεν οἱ περὶ τὸν
32 Ἰωάννην ἀντῳκοδομήκεσαν. εὐμαρεστέρα γε μὴν τῆς πρότερον ἡ προσβολὴ κατεφαίνετο. τό τε γὰρ ἀναβῆναι διὰ τῶν καταρριφθέντων ῥᾷον[16]) ἐδόκει, καὶ τὸ τεῖχος ἀσθενέστερόν τε πολλῷ τῆς Ἀντωνίας[17]) καὶ ταχέως τῷ πρόσκαιρον εἶναι λύειν[18]) ὑπελάμβανον. οὐ μὴν ἐτόλμα τις ἀναβῆναι· προῦπτος γὰρ τοῖς ἀρξαμένοις ἦν ἀπώλεια.
33 5. Νομίζων δὲ ὁ Τίτος ἐγείρεσθαι μάλιστα τὰς τῶν πολεμούντων προθυμίας ἐλπίδι καὶ λόγῳ, τάς τε προτροπὰς καὶ τὰς ὑποσχέσεις πολλάκις μὲν λήθην ἐνεργάζεσθαι τῶν κινδύνων, ἔστι δ' ὅτε καὶ θανάτου καταφρόνησιν, συναγαγὼν ἐπὶ ταὐτὸ τοὺς ἀλκίμους ἐπειρᾶτο τῶν ἀνδρῶν.
34 «ὦ συστρατιῶται, λέγων, τὸ μὲν παρακελεύειν ἐπὶ τὰ μὴ φέροντα κίνδυνον αὐτόθεν τοῖς παρακελευομένοις ἀκλεές, ἀμέλει δὲ καὶ τῷ παρα-
35 κελεύοντι φέρει κατάγνωσιν ἀνανδρίας. δεῖ δέ, οἶμαι, προτροπῆς εἰς μόνα τὰ σφαλερὰ τῶν πραγμάτων, ὡς ἐκεῖνά γε καθ' αὑτοὺς πράττειν
36 ἄξιον[19]). ὥστ' ἔγωγε τὸ μὲν ὑπάρχειν χαλεπὴν τὴν ἐπὶ τὸ τεῖχος ἄνοδον αὐτὸς ὑμῖν προτίθημι· τὸ δ' ὅτι μάλιστα προσήκει μάχεσθαι τοῖς δυσκόλοις τοὺς ἀρετῆς ἐφιεμένους καὶ ὅτι καλὸν ἐν εὐκλείᾳ τελευτῇ

[14] τῷ VR Na; τὸ MC; τὸ μὴ P; τῷ μὴ AL Niese Thack.
[15] καὶ μὴ PAMVRC Na; καὶ L Niese Thack. Niese Thack setzen entsprechend ihrer Deutung dieses Satzes: „weil der Einsturz nicht gegen die Erwartung erfolgte und sie sich auch darauf vorbereitet hatten, waren die Juden getrost..." das Komma schon hinter εἰκὸς ἦν und nicht nach πρὸς αὐτό. Lat: *nam iudaei quidem, quibus idem memoria esse oportebat, quia ruina praeter spem non acciderat et aduersus eam praecautum fuerat, tamquam mansura esset antonia confidebant.*
[16] ῥᾴδιον L.   [17] *et antoniam satis esse infirmiorem* Lat.
[18] λύσιν L; λύσειν Bekker cj. Na Thack.   [19] ἄξιον ὄν Destinon cj.

in die Hand gab, beworfen. Denn wiewohl sie der Mauer viel zutrauten und keine Angst vor den Maschinen hatten, suchten sie doch eine weitere Annäherung der Römer zu verhindern. Diese aber verstärkten ihre entgegengesetzten Bemühungen, weil sie annahmen, der Einsatz, mit dem die Juden die Antonia vor den Stößen der Maschinen bewahren wollten, erfolge wegen der Schwäche der Mauer und hofften daher, die Grundlagen der Mauer seien schon mürbe. Die getroffene Stelle wollte freilich den Schlägen nicht nachgeben, aber die Römer, zwar unter dauerndem Beschuß, jedoch in keiner Weise beeindruckt von den Gefahren von oben, brachten die Mauerbrecher zum Einsatz. Da sie aber immer noch im Nachteil waren und durch die Steinwürfe überall Verluste hinnehmen mußten, suchte eine andere Gruppe unter ihren Schilden als Schutzdach,[8] mit Händen und Hebeln die Fundamente zu untergraben und rüttelten in ausdauernder Arbeit sogar vier Steinblöcke heraus. Der Einbruch der Nacht ließ beide Seiten zur Ruhe kommen. Und gerade in dieser Nacht stürzte plötzlich die von den Widdern schon erschütterte Mauer ein, genau an der Stelle, an der Johannes sie bei seinem Anschlag auf die früheren Wälle untergraben hatte, in dem Augenblick als der unterirdische Gang zusammensank.[9]

4. 29. Dies Ereignis machte auf die Kämpfer beiderseits einen verschiedenen und von niemand erwarteten Eindruck. Es zeigte sich, daß die Juden, die aller Wahrscheinlichkeit nach den Mut hätten sinken lassen müssen, weil der Einsturz wider alle Erwartung erfolgte und sie für diesen Fall keine besonderen Sicherheitsvorkehrungen getroffen hatten, dennoch zuversichtlich waren, da ja die Antonia noch stand. Die ebenso unerwartete Freude der Römer über den Einsturz aber wurde durch den Anblick einer weiteren Mauer gedämpft, welche die Leute um Johannes von innen her als Ersatz für die vorige aufgebaut hatten.[10] Der Angriff allerdings war jetzt offenbar leichter möglich als vorher; denn der Aufstieg schien jetzt wegen der heruntergebrochenen Teile der Mauer leichter zu sein, auch nahmen sie an, die Mauer sei viel schwächer als die Antonia und werde, eben als eine bloß für eine Übergangszeit geschaffene Notwehr, schnell bersten.[11] Freilich wagte keiner den Aufstieg, denn denen, die hiermit den Anfang machen würden, war das Verderben sicher.

5. 33. Titus aber war der Meinung, der Eifer der Kämpfenden könne am besten durch eine Hoffnung erweckende Rede entfacht werden, und Aufmunterungen und Versprechungen würden oftmals die Gefahren vergessen lassen, ja manchmal sogar Todesverachtung bewirken. Er versammelte daher seine Tapfersten und stellte diese Männer mit folgenden Worten auf die Probe: „Kampfgenossen![12] Zu einer ungefährlichen Unternehmung aufzurufen ist an sich schon ein Schimpf für die Aufgerufenen, bringt gewiß aber auch dem Aufrufer den Tadel unmännlicher Gesinnung ein. Ich meine, eine Ermunterung ist allein dort an der richtigen Stelle, wo es sich um gefahrvollere Aufgaben handelt, während man die anderen Dinge ganz von sich aus tun sollte. So will ich es auch selbst offen zugeben: die Ersteigung der Mauer ist schwer. Davon aber, daß der Kampf unter widrigen Umständen gerade denen ansteht, die nach dem Ruhm der Tapferkeit streben, daß es gut ist, in Ehren zu

καὶ ὡς οὐκ ἄκαρπον ἔσται τοῖς καταρξαμένοις τὸ γενναῖον, διέξειμι.
37 πρῶτον μὲν οὖν ὑμῶν γενέσθω προτροπὴ τό τινας ἴσως ἀποτρέπον, ἡ
38 Ἰουδαίων μακροθυμία καὶ τὸ καρτερικὸν ἐν οἷς κακοπαθοῦσιν· αἰσχρὸν γὰρ Ῥωμαίους τε ὄντας καὶ στρατιώτας ἐμούς, καὶ διδακτὸν μὲν ἐν εἰρήνῃ τὸ πολεμεῖν, ἔθιμον δὲ ἐν πολέμῳ τὸ κρατεῖν ἔχοντας, ἡττᾶσθαι κατὰ χεῖρα Ἰουδαίων ἢ κατὰ ψυχήν, καὶ ταῦτα πρὸς τῷ τέλει τῆς νίκης
39 καὶ συνεργουμένους ὑπὸ τοῦ θεοῦ. τὰ γὰρ[20]) ἡμέτερα πταίσματα τῆς Ἰουδαίων ἐστὶν ἀπονοίας, τὰ δ' ἐκείνων πάθη ταῖς τε ὑμετέραις ἀρεταῖς
40 καὶ ταῖς τοῦ θεοῦ συνεργίαις αὔξεται. στάσις γὰρ καὶ λιμὸς καὶ πολιορκία καὶ δίχα μηχανημάτων πίπτοντα τείχη τί ἂν ἀλλ' ἢ θεοῦ μὲν
41 εἴη μῆνις ἐκείνοις, βοήθεια δὲ ἡμετέρα; τὸ τοίνυν μὴ μόνον ἐλαττοῦσθαι χειρόνων, ἀλλὰ καὶ τὴν θείαν συμμαχίαν προδιδόναι πρὸς ἡμῶν οὐκ ἂν
42 εἴη. πῶς δ' οὐκ αἰσχρὸν Ἰουδαίους[21]) μέν, οἷς οὐ[22]) πολλὴν αἰσχύνην φέρει τὸ λείπεσθαι μαθοῦσι δουλεύειν, ὑπὲρ τοῦ μηκέτι τοῦτο πάσχειν θανάτου καταφρονεῖν καὶ πολλάκις εἰς μέσους ἡμᾶς ἐκτρέχειν, οὐκ ἐλπίδι τοῦ
43 κρατήσειν ἀλλὰ διὰ ψιλὴν[23]) ἐπίδειξιν ἀνδρείας· ὑμᾶς δὲ τοὺς γῆς ὀλίγου δεῖν ἁπάσης καὶ θαλάσσης κρατοῦντας, οἷς καὶ τὸ μὴ νικᾶν ὄνειδος,
44 μηδ' ἅπαξ εἰς τοὺς πολεμίους παραβάλλεσθαι, περιμένειν δὲ τὸν λιμὸν κατ' αὐτῶν καὶ τὴν τύχην ἀργοὺς καθεζομένους μετὰ τοιούτων ὅπλων, καὶ ταῦτα δι' ὀλίγου τοῦ παραβόλου τὸ πᾶν κατορθῶσαι δυναμένους;
45 ἀναβάντες γοῦν ἐπὶ τὴν Ἀντωνίαν ἔχομεν τὴν πόλιν· καὶ γὰρ ἂν γίνηταί τις ἔτι πρὸς τοὺς ἔνδον, ὅπερ οὐκ οἶμαι, μάχη, τό γε κατὰ κορυφὴν εἶναι καὶ ταῖς ἀναπνοαῖς ἐπικαθῆσθαι τῶν πολεμίων ταχέως
46 τὴν ὁλοσχερῆ νίκην ἐγγυᾶται. καὶ ἔγωγε τὸ μὲν ὑμνεῖν ἄρτι τὴν ἐν πολέμῳ τελευτὴν καὶ τὴν ἐπὶ τοῖς ἀρειμανίοις πεσοῦσιν ἀθανασίαν παραλιπὼν ἐπαρασαίμην ἂν τοῖς ἄλλως ἔχουσι τὸν κατ' εἰρήνην ἐκ νόσου θάνατον, οἷς μετὰ τοῦ σώματος καὶ ἡ ψυχὴ τάφῳ κατακρίνεται.
47 τίς γὰρ οὐκ οἶδε τῶν ἀγαθῶν ἀνδρῶν ὅτι τὰς μὲν ἐν παρατάξει ψυχὰς σιδήρῳ τῶν σαρκῶν ἀπολυθείσας τὸ καθαρώτατον στοιχεῖον αἰθὴρ ξενοδοχῶν ἄστροις ἐγκαθιδρύει, δαίμονες δ' ἀγαθοὶ καὶ ἥρωες εὐμενεῖς
48 ἰδίοις ἐγγόνοις ἐμφανίζονται, τὰς δὲ ἐν νοσοῦσι τοῖς σώμασι συντακείσας, κἂν τὰ μάλιστα κηλίδων ἢ μιασμάτων ὦσι καθαραί, νὺξ ὑπόγειος ἀφανίζει καὶ λήθη βαθεῖα δέχεται, λαμβανούσας ἅμα τοῦ τε βίου καὶ τῶν
49 σωμάτων ἔτι δὲ τῆς μνήμης περιγραφήν; εἰ δὲ κέκλωσται μὲν ἀνθρώποις ἀναγκαία τελευτή, κουφότερον[24]) δὲ εἰς αὐτὴν νόσου πάσης σίδηρος

[20] μὲν γὰρ L (Niese: *fortasse recte*) Na Thack.
[21] Ἰουδαίους L Hudson, Bekkèr, Na, Niese, Thack; Ἰουδαίοις PAMVRC; Ἰουδαίους μὲν εἰς πολλὴν αἰσχύνην φέρειν Dest. cj. – Destinon muß bei seiner Konjektur ein zu großes Opfer bringen. Für den Akkusativ spricht die Satzkonstruktion, der μέν (§ 42) – δέ (§ 43) zugrunde liegt. Dem Akkussativ ὑμᾶς (§ 43) entspricht also der Akkusativ Ἰουδαίους (§ 42). Der in einer Rede naheliegende antithetische Stil – vgl. 7, 421 Exkurs XXV, 1 – unterstützt unsere Entscheidung.
[22] οὐ fehlt bei PA; οἷς πολλὴν αἰσχύνην οὐ φέρει MVRC Na.
[23] Statt διὰ ψιλὴν liest L δαψιλήν. [24] κουφότερος L Na.

sterben und wie der Heldenmut derer, die jetzt den Anfang wagen, herrliche Früchte tragen wird, – davon will ich ausführlich reden. So soll euch zunächst dies ein Ansporn sein, was einige vielleicht zurückschreckt: die Beharrlichkeit der Juden und ihr Durchhalten in allem Unheil, das sie erleiden. Es muß doch eine Schande sein für Römer, noch dazu für meine Soldaten, die im Frieden schon im Kriegführen geübt, im Kriege aber zu siegen gewohnt sind, an Kraft oder Mut den Juden zu unterliegen, und dies, wo der Sieg fast errungen ist und Gott unsere Sache unterstützt. Denn unsere Verluste sind nur auf die Verzweiflung der Juden zurückzuführen, die Leiden jener aber werden sowohl von euren tapferen Taten als auch durch Gottes mannigfaches Einschreiten gesteigert. Denn Bürgerkrieg, Hunger, Belagerung, Einsturz der Mauer ohne Einsatz von Maschinen, was ist das alles anders als Ausdruck des Zornes Gottes gegen sie und Hilfe für uns? Nun wäre es aber doch ganz und gar nicht unsere Sache, den Schwächeren zu unterliegen und dazu noch Gottes Hilfe im Kampf von der Hand zu weisen. Ist es nicht eine Schande: die Juden, für die es nicht so sehr schimpflich ist zu unterliegen, weil sie es ohnehin gelernt haben Knechte zu sein, verachten den Tod, bloß um dies Schicksal nicht noch einmal zu erleiden, und brechen wieder und wieder mitten in unsere Scharen vor, gar nicht in der Hoffnung zu gewinnen, sondern bloß zum Erweis ihrer Tapferkeit; ihr dagegen, die ihr nahezu über die ganze Erde und über das Meer herrscht, für die selbst ein nicht vollständig errungener Sieg schon ein Schandfleck ist, werft nicht ein einziges Mal auf die Feinde, sondern erwartet den Hunger und das Schicksal gegen sie und sitzt dabei mit solch vorzüglichen Waffen müßig da? Und dies, wo ihr doch durch ein geringes Wagestück die ganze Unternehmung glücklich zu Ende bringen könntet? Ist erst einmal der Aufstieg auf die Antonia gewonnen, so haben wir die Stadt. Denn wenn es auch noch zu einem Kampf mit den Juden innerhalb der Stadt selbst kommen sollte, was ich freilich nicht annehme, so bürgt dann doch die Gipfelstellung und die Tatsache, daß wir von dort unsere Feinde nicht zum Atemholen kommen lassen, dafür, daß wir schnell zum vollständigen Sieg kommen werden. Ich will es jetzt auch lassen, ein Loblied auf das Sterben im Kriege zu singen und auf die Unsterblichkeit, die denen zuteil wird, die von kriegerischem Mut erfüllt fallen; denen, die anders denken, möchte ich aber wünschen, daß sie in Friedenszeit an einer Krankheit sterben, wobei mit dem Leibe zugleich auch die Seele zum Begräbnis verurteilt wird. Wer von den braven Männern weiß denn nicht, daß die Seelen, die in offener Feldschlacht durch den Stahl vom Fleisch gelöst worden sind, vom reinsten Element, dem Äther, aufgenommen und zu den Gestirnen versetzt werden und als gute Geister und freundliche Heroen ihren Nachfahren erscheinen; daß jene Seelen aber, die in dahinwankenden Leibern sich verzehren, mögen sie auch noch so rein von Flecken und schmutzigen Taten sein, von der unterirdischen Nacht vertilgt und von tiefem Vergessen aufgenommen werden, wobei sie zugleich mit dem Ende von Leben und Leib auch das des Andenkens hinnehmen müssen.[13] Wenn denn nun einmal für die Menschen das unausweichliche Ende beschlossen ist und der Stahl dabei ein recht geschickter Helfer ist, was anders entspräche da unserer Würde, als zu unserem eigenen Nut-

VI 49—63.

ὑπηρέτης,πῶς οὐκ ἀγεννὲς μὴ διδόναι ταῖς χρείαις ὃ τῷ χρεὼν ἀποδώσομεν;
50 καὶ ταῦτα μὲν ὡς οὐ δυναμένων σωθῆναι τῶν ἐπιχειρησόντων διεξ-
51 ῆλθον· ἔνεστι δὲ σώζεσθαι τοῖς ἀνδριζομένοις κἀκ τῶν σφαλερω-
τάτων. πρῶτον μὲν γὰρ τὸ καταρριφθὲν εὐεπίβατον, ἔπειτα πᾶν τὸ
οἰκοδομηθὲν εὐδιάλυτον, ὑμεῖς τε πλείους θαρσήσαντες ἐπὶ τὴν πρᾶξιν
ἀλλήλοις προτροπὴ καὶ βοήθεια γίνεσθε, καὶ τοῖς πολεμίοις τὸ ὑμέτερον
52 παράστημα ταχέως²⁵) κλάσει τὰ φρονήματα. καὶ τάχα ἂν ὑμῖν ἀναίμακτον
τὸ κατόρθωμα γένοιτο μόνον καταρξαμένοις· ἀναβαίνοντας μὲν γὰρ
κωλύειν πειράσονται κατὰ τὸ εἰκὸς, λαθόντας²⁶) δὲ καὶ βιασαμένους ἅπαξ
53 οὐκ ἂν ὑποσταῖεν ἔτι, κἂν ὀλίγοι φθάσητε. τὸν δὲ καταρξάμενον
αἰσχυνοίμην ἂν εἰ μὴ ποιήσαιμι ζηλωτὸν ἐν ταῖς ἐπικαρπίαις, καὶ ὁ μὲν
ζῶν ἄρξει τῶν νῦν ὁμοίων, μακαριστὰ δ' ἀκολουθήσει καὶ τοῖς πεσοῦσι
τὰ ἀριστεῖα.»
54 6. Τοιαῦτα τοῦ Τίτου διεξιόντος τὸ μὲν ἄλλο πλῆθος ἔδεισε τοῦ
κινδύνου τὸ μέγεθος, τῶν δ' ἐν ταῖς σπείραις στρατευομένων Σαβῖνος
τοὔνομα, γένος ἀπὸ Συρίας, ἀνὴρ καὶ κατὰ χεῖρα καὶ κατὰ ψυχὴν ἄριστος
55 ἐφάνη. καίτοι πρoϊδὼν ἄν τις αὐτὸν ἀπό γε τῆς σωματικῆς ἕξεως οὐδ'
εἰκαῖον²⁷) εἶναι στρατιώτην ἔδοξε· μέλας μὲν γὰρ ἦν τὴν χροίαν, ἰσχνός,
τὴν σάρκα πεπιλημένος, ἀλλ' ἐνῴκει τις ἡρωικὴ ψυχὴ λεπτῷ σώματι
56 καὶ πολὺ τῆς ἰδίας ἀλκῆς στενοτέρῳ²⁸). πρῶτος γοῦν ἀναστὰς «ἐπιδίδωμί
57 σοι, Καῖσαρ, ἔφη, προθύμως ἐμαυτόν. πρῶτος ἀναβαίνω τὸ τεῖχος. καὶ
εὔχομαι μέν μου τῇ τε ἰσχύι καὶ τῇ γνώμῃ τὴν σὴν ἀκολουθῆσαι τύχην²⁹),
εἰ δὲ νεμεσηθείην τῆς ἐπιβολῆς, ἴσθι μή με³⁰) πταίσαντα παρ' ἐλπίδας,
58 ἀλλ' ὑπὲρ σοῦ κρίσει τὸν θάνατον ᾑρημένον.» ταῦτα εἰπὼν καὶ τῇ μὲν
ἀριστερᾷ χειρὶ τὸν θυρεὸν ὑπὲρ τῆς κεφαλῆς ἀνατείνας³¹), τῇ δεξιᾷ δὲ
τὸ ξίφος σπασάμενος ἐχώρει πρὸς τὸ τεῖχος περὶ ὥραν μάλιστα³²) τῆς
59 ἡμέρας ἕκτην. εἵποντο δ' αὐτῷ καὶ τῶν ἄλλων ἕνδεκα μόνοι ζηλωταὶ
τῆς ἀνδρείας γενόμενοι· προῆγε δὲ πολὺ πάντων³³) ὁ ἀνὴρ ὁρμῇ τινι
60 δαιμονίῳ χρώμενος. οἱ φρουροὶ δὲ ἀπὸ τοῦ τείχους κατηκόντιζόν τε
αὐτοὺς καὶ βέλεσι πάντοθεν ἀπείροις ἔβαλλον καὶ πέτρας ἐξαισίους
61 κατεκύλιον, αἳ ἐκ τῶν μὲν ἕνδεκα παρέσυραν ἐνίους, ὁ δὲ Σαβῖνος
ἀπαντῶν τοῖς ἀφιεμένοις καὶ καταχωννύμενος ὑπὸ τῶν βελῶν οὐ πρότερον
ἐπέσχε τὴν ὁρμὴν ἢ γενέσθαι τε ἐπ' ἄκρῳ καὶ τρέψασθαι τοὺς πολεμίους.
62 καταπλαγέντες γὰρ αὐτοῦ τήν τε δύναμιν οἱ Ἰουδαῖοι καὶ τὸ παράστημα
63 τῆς ψυχῆς, ἅμα δὲ καὶ πλείους ἀναβεβηκέναι δόξαντες ἐτράπησαν. ἔνθα

²⁵ ταχέως fehlt bei P. ²⁶ παρελθόντας Holwerda cj.
²⁷ οὐ δίκαιον PAMVRC; οὐδὲ εἰκαῖον L und anscheinend auch Syr; *despicabilem*
Heg.
²⁸ γενναιοτέρῳ PAML (etwa: „die Seele eines Helden wohnte in diesem mageren
Körper, der viel tüchtiger war als seine eigene Kampfkraft") γενναιοτέρᾳ („in diesem
mageren Leibe wohnte eine heldische und im Vergleich zu ihrer Kampfkraft viel zu edle
Seele") VRNa; στενοτέρῳ C Niese, Thack; *angustiore* Lat.
²⁹ ψυχὴν VR und C in seiner ursprünglichen Lesart.
³⁰ με μὴ L C Na, Thack.
³¹ προανατείνας LVRC Na, Thack; ἐπανατεινάμενος Zonaras.
³² περὶ ὥραν μάλιστα nur L Niese, Thack; μάλιστα περὶ ὥραν ordnen PAMVRC Na.
³³ πάντας AMLVRC.

Josephus, Jüdischer Krieg, Buch 6

zen das hinzugeben, was wir dem Schicksal auch sonst bezahlen müssen? Und dies habe ich bisher so vorgetragen, als könnten die Männer, die den Angriff wagen werden, nicht auch am Leben bleiben: es ist jedoch für diejenigen, die sich mannhaft zeigen, durchaus möglich, sich noch aus den schwierigsten Lagen zu retten. Denn zunächst sind die Trümmer leicht zu besteigen, dann ist auch all das, was noch aufgebaut worden ist, leicht zu zerstören. Wenn ihr in größerer Zahl kühn an die Sache herangeht, werdet ihr euch gegenseitig Antrieb und Hilfe sein, und den Gegnern wird euer entschlossenes Handeln schnell das Selbstvertrauen zerbrechen. Vielleicht wird euch sogar ein ganz unblutiges Gelingen zuteil, wenn ihr nur einmal richtig angefangen habt. Sie werden euch zwar wie gewöhnlich am Aufstieg zu hindern versuchen; wenn ihr aber unbemerkt herangekommen und einmal mit Gewalt vorgebrochen seid, so wird man euch wohl nicht weiter standhalten, auch wenn ihr nur mit wenigen so weit vorgestoßen seid. Der aber, der als erster voranstürmt – ich müßte mich schämen, wenn ich ihn durch Belohnungen nicht zu einem beneideten Mann machte. Bleibt er am Leben, so soll er die Führung über seine jetzigen Kameraden erhalten. Aber auch den Gefallenen werden hoch zu preisende Ehrungen zuteil werden."

6. 54. Bei diesen Ausführungen des Titus fürchtete die Masse der Truppen immer noch die Größe der Gefahr, aber einer von denen, die in den Kohorten kämpften,[14] er hieß Sabinus und war gebürtig aus Syrien, erwies sich in Kraft und Mut als ein ganz hervorragender Krieger, obwohl man, wenn man ihn vorher angesehen hätte, ihn nach seiner körperlichen Beschaffenheit nicht einmal für einen durchschnittlichen Soldaten gehalten hätte. Denn er war von schwarzer Hautfarbe, schmächtig und ausgezehrt: doch es wohnte die Seele eines Helden in dem mageren Leibe, der für seine eigene Kampfkraft viel zu eng war.[15] Er also erhob sich als erster und sprach: „Für dich, Caesar, gebe ich mich willig hin. Ich steige zuerst auf die Mauer, und ich wünsche, daß dein Glück meine Stärke und Bereitschaft begleiten möge. Sollte mir aber der erfolgreiche Ausgang des Anschlages vom Schicksal mißgönnt sein, so wisse, daß ich nicht gegen meine Erwartungen untergegangen bin, sondern aus eigenem Entschluß den Tod für dich gewählt habe."[16] So sprach er, hielt mit der linken Hand den Schild über den Kopf empor, zog mit der rechten das Schwert, und ging dann – fast um die sechste Stunde des Tages – in Richtung auf die Mauer vor. Ihm folgten von den anderen Soldaten noch elf, die einzigen, die seiner Tapferkeit nacheifern wollten. Der Mann aber stürmte allen weit voran, getrieben von einer übermenschlichen Macht. Die feindlichen Posten schleuderten ihnen von der Mauer aus Speere entgegen, bewarfen sie von allen Seiten mit einer Unzahl von Wurfgeschossen und wälzten ungeheuer große Felsblöcke auf sie herab, die auch einige von den elf mit sich wegrissen. Aber Sabinus warf sich mutig all dem entgegen, was ihm entgegengeschleudert wurde, und hielt, obwohl von Geschossen überschüttet, nicht eher im Anlauf inne, als bis er auf die Zinne der Mauer gelangt war und die Gegner zurückgeschlagen hatte. Bestürzt über seine Kraft und Kühnheit, hatten die Juden sich zur Flucht gewandt, zumal sie auch meinten, es seien gleichzeitig noch mehr Feinde heraufgestiegen. In diesem Falle könnte man

δὴ καταμέμψαιτ' ἄν τις ὡς φθονερὰν ἐπὶ ταῖς ἀρεταῖς τὴν τύχην καὶ
64 κωλύουσαν³⁴) ἀεὶ τὰ παράδοξα τῶν κατορθωμάτων. ὁ γοῦν ἀνὴρ οὗτος ὅτ'
ἐκράτησε τῆς ἐπιβολῆς, ἐσφάλη καὶ πταίσας πρός τινι πέτρα πρηνὴς ἐπ'
αὐτὴν μετὰ μεγίστου ψόφου κατέπεσεν. ἐπιτσραφέντες δὲ οἱ Ἰουδαῖοι
65 καὶ κατιδόντες μόνον τε αὐτὸν καὶ πεπτωκότα, πάντοθεν ἔβαλλον. ὁ δ'
ἐς γόνυ διαναστὰς καὶ προκαλυψάμενος τὸν θυρεὸν τὸ μὲν πρῶτον
66 ἠμύνετο καὶ πολλοὺς τῶν πλησιασάντων ἔτρωσεν· αὖθις δ' ὑπὸ πλήθους
τραυμάτων παρῆκε τὴν δεξιὰν καὶ τέλος πρὶν ἀποδοῦναι τὴν ψυχὴν
κατεχώσθη τοῖς βέλεσιν, ἀνὴρ ἄξιος μὲν ἀμείνονι χρῆσθαι δι' ἀνδρείαν
67 καὶ τύχῃ, πεσὼν δὲ τῆς ἐπιβολῆς ἀναλόγως. τῶν δὲ ἄλλων τρεῖς μὲν
τοὺς ἤδη πρὸς τοῖς ἄκροις ὄντας συντρίψαντες ἀπέκτειναν τοῖς λίθοις,
οἱ δὲ ὀκτὼ τραυματίαι κατασυρέντες ἀνεκομίσθησαν εἰς τὸ στρατόπεδον.
ταῦτα μὲν οὖν τρίτῃ μηνὸς Πανέμου ἐπράχθη.
68 7. Μετὰ δ' ἡμέρας δύο τῶν προκοιτούντων τινὲς ἐπὶ τοῖς χώμασι
φυλάκων εἴκοσι συνελθόντες προσποιοῦνται ³⁵) μὲν τὸν τοῦ πέμπτου τάγματος σημαιαφόρον καὶ δύο τινὰς τῶν ἐν ταῖς ἴλαις ἱππέων καὶ σαλπικτὴν
ἕνα, κατὰ δὲ ὥραν τῆς νυκτὸς ἐνάτην³⁶) προσβαίνουσι³⁷) μὲν ἡσυχῇ διὰ τῶν
ἐρειπίων ἐπὶ τὴν Ἀντωνίαν, ἀποσφάξαντες δὲ τοὺς πρώτους τῶν
φρουρῶν κοιμωμένους κρατοῦσι τοῦ τείχους καὶ τῷ σαλπικτῇ σημαίνειν
69 ἐκέλευσαν. πρὸς ὃ τῶν μὲν ἄλλων φυλάκων ἐξανάστασις αἰφνίδιος ἦν
καὶ φυγὴ πρίν τινα τὸ πλῆθος³⁸) ἐπιδεῖν τῶν ἐπιβεβηκότων. ὅ τε γὰρ
φόβος καὶ ἡ σάλπιγξ φαντασίαν αὐτοῖς τοῦ πλῆθος ἀναβεβηκέναι πολε-
70 μίων παρεῖχε. Καῖσαρ δὲ τοῦ σημείου κατακούσας ἐξοπλίζει τήν τε
δύναμιν διὰ τάχους³⁹) καὶ μετὰ τῶν ἡγεμόνων πρῶτος ἀναβαίνει τοὺς
71 ἐπιλέκτους ἔχων. καταπεφευγότων⁴⁰) δὲ Ἰουδαίων εἰς τὸ ἱερὸν καὶ αὐτοὶ
διὰ τῆς διώρυγος εἰσέπιπτον, ἣν ὁ Ἰωάννης ἐπὶ τὰ χώματα τῶν Ῥω-
72 μαίων ὑπώρυξε. καὶ διαστάντες⁴¹) ἀπ'⁴²) ἀμφοτέρων οἱ στασιασταὶ τῶν
ταγμάτων, τοῦ τε Ἰωάννου καὶ τοῦ Σίμωνος, εἶργον αὐτοὺς οὐδεμίαν
73 οὔτε ἰσχύος οὔτε προθυμίας ἐλλείποντες ὑπερβολήν· πέρας γὰρ ἁλώσεως
ὑπελάμβανον τὸ Ῥωμαίους παρελθεῖν εἰς τὸ ἅγιον, ὃ δὴ κἀκεῖνοι τοῦ
74 κρατεῖν ἀρχήν. συρρήγνυται δὲ περὶ τὰς εἰσόδους μάχη καρτερά, τῶν
μὲν καταλαβέσθαι καὶ τὸ ἱερὸν εἰσβιαζομένων, τῶν δὲ Ἰουδαίων ἐξωθούν-
75 των αὐτοὺς ἐπὶ τὴν Ἀντωνίαν. καὶ τὰ βέλη μὲν ἦν ἀμφοτέροις ἄχρηστα
καὶ τὰ δόρατα, σπασάμενοι δὲ τὰ ξίφη συνεπλέκοντο, καὶ περὶ τὴν
συμβολὴν ἄκριτον ἦν ὁποτέρωθεν ἕκαστοι μάχοιντο, πεφυρμένων μὲν τῶν
ἀνδρῶν καὶ περὶ τὴν στενοχωρίαν διηλλαγμένων, τῆς δὲ βοῆς ἀσημάτου
76 προσπιπτούσης διὰ τὸ μέγεθος. φόνος τε ἦν ἑκατέρωθεν πολύς, καὶ τῶν

³⁴ κολούουσαν Dest. cj., Na.
³⁵ προσποιοῦνται PA Syr Niese, Thack; προσκαλοῦνται MLVRC Lat. Heg. Na.
³⁶ *quintam* Heg. ³⁷ *procedunt* Lat; προβαίνουσι Na cj.
³⁸ πλήθους PA¹LRC. ³⁹ κατὰ τάχος L.
⁴⁰ καταπεφευγότων PAM L Lat Zonaras; καταφευγόντων VRC Na.
⁴¹ διαναστάντες L Na.
⁴² ἐπ' PAMVRC und wohl auch Syr, auch Thack; ὑπ' L; ἀπ' *ed. pr.* cod. Rost (nach Haverkamp) Niese, Na.

wohl das Schicksal schelten, daß es neidisch auf tapfere Taten ist und immer wieder den glücklichen Ausgang außergewöhnlicher Handlungen verhindert. So auch dieser Mann: als er mit seinem Ansturm Erfolg gehabt hatte, strauchelte er, stieß gegen einen Felsen und stürzte mit lautem Krachen vornüber auf ihn hin. Als die Juden sich umwandten und nur ihn, noch dazu am Boden, erblickten, schossen sie wieder von allen Seiten. Er richtete sich auf in eine kniende Stellung und konnte sich anfangs noch mit seinem zur Deckung vorgehaltenen Schild verteidigen. Dabei verwundete er noch viele, die ihm zu nahe kamen. Dann aber ließ er infolge seiner vielen Wunden seine Rechte sinken und war schließlich, bevor er die Seele aufgab, von Geschossen ganz und gar begraben: ein Mann, der um seiner Tapferkeit willen wohl eines besseren Schicksals würdig gewesen wäre, der aber auch so fiel, wie es seinem Unternehmen entsprach.[17] Von den anderen, die schon vor der Zinne standen, töteten die Juden noch drei durch Steinwürfe, während die übrigen acht als Verwundete fortgeschleppt und ins Lager zurückgebracht werden konnten. Diese Dinge ereigneten sich am dritten Tage des Monats Panemus. (22. Juli).

7. 68. Nach zwei Tagen taten sich von den Posten, die auf den Wällen Wache hielten, zwanzig zusammen und gewannen auch noch den Adlerträger der 5. Legion, zwei Mann aus den Reiterschwadronen und einen Trompeter zu ihrem Vorhaben hinzu.[18] Um die neunte Nachtstunde rückten sie in aller Stille über die Trümmer gegen die Antonia vor, stachen der vordersten Wachtposten im Schlafe nieder, bemächtigten sich der Mauer und ließen den Trompeter das Signal blasen. Hierauf schnellten auch die anderen Posten plötzlich in die Höhe und ergriffen, noch ehe überhaupt einer die Zahl der Eindringlinge überblickt hatte, die Flucht. Denn der Schrecken und der Trompetenstoß hatten die Vorstellung in ihnen erweckt, eine Menge Feinde sei heraufgestiegen. Als der Caesar das Signal vernommen hatte, machte er in Eile die Heeresmacht gefechtsbereit und rückte selbst hinauf, zusammen mit den Anführern und gefolgt von einer Schar von Auserlesenen. Da die Juden in den Tempel geflüchtet waren, konnten die Römer jetzt ihrerseits durch den unterirdischen Gang, den Johannes gegen die Wälle der Römer gegraben hatte, eindringen.[19] Aber obwohl die Aufständischen, nach den beiden Abteilungen – die des Johannes und die des Simon – getrennt voneinander aufgestellt waren, suchten sie doch die Römer abzuwehren, indem sie an Kraft und an Mut das Äußerste einsetzten. Denn sie konnten sich denken, daß das Eindringen der Römer in das Heiligtum die Einnahme der Stadt besiegeln würde, so wie jene es für den Anfang des Sieges hielten.[20] So brach um die Tore ein harter Kampf los, zwischen den einen, die mit Gewalt herzudrängten, um auch den Tempelbezirk in Besitz zu nehmen, und den anderen, den Juden, die ihre Gegner in Richtung auf die Antonia hinauszudrängen suchten. Geschosse und Speere waren hierbei für beide Parteien nicht zu gebrauchen, vielmehr ging man mit gezücktem Schwert aufeinander los, und bei dem Gefecht war nicht zu beurteilen, auf welcher Seite der einzelne kämpfte, da die Männer ein einziges Durcheinander bildeten, auf dem engen Raum den Platz wechselten, das Rufen aber wegen des Getöses nur unver-

πεσόντων τά τε σώματα καὶ τὰς πανοπλίας πατοῦντες ἔθραυον οἱ
77 μαχόμενοι. ἀεὶ δ' ἐφ' ὁπότερον βρίσειεν ῥέων⁴³) ὁ πόλεμος, παρακέλευσις
μὲν ἦν τῶν πλεονεκτούντων, οἰμωγαὶ δὲ τῶν τρεπομένων. οὔτε δὲ αἱ
φυγαὶ τόπον εἶχον οὔτε αἱ διώξεις, ἀλλ' ἀγχώμαλοι⁴⁴) ῥοπαὶ καὶ μετακλί-
78 σεις⁴⁵) μεμιγμένης ἐγίνοντο τῆς παρατάξεως. τοῖς δ' ἔμπροσθεν γινομένοις
ἢ τοῦ θνήσκειν ἢ τοῦ κτείνειν⁴⁶) ἀνάγκη παρῆν οὐκ οὔσης ἀναφυγῆς· οἱ
γὰρ κατὰ νώτου πρόσω βιαζόμενοι τοὺς σφετέρους παρ' ἀμφοῖν οὐδὲ τῇ
79 μάχῃ μεταίχμιον κατέλειπον. πλεονεκτούντων δὲ τῶν Ἰουδαίων τοῖς
θυμοῖς τὴν Ῥωμαίων ἐμπειρίαν καὶ κλινομένης καθάπαν ἤδη τῆς
παρατάξεως, ἀπὸ γὰρ ἐνάτης ὥρας τῆς νυκτὸς εἰς ἑβδόμην τῆς ἡμέρας
80 ἐπολέμουν, οἱ μὲν ἀθρόοι καὶ τὸν τῆς ἁλώσεως κίνδυνον ἔχοντες ἀνδρείας
ἐφόδιον Ῥωμαῖοι δὲ μέρει τῆς δυνάμεως, οὔπω γὰρ ἐπαναβεβήκει τὰ
τάγματα, κἀκείνοις ἐπανεῖχον οἱ μαχόμενοι τότε, κρατεῖν τῆς Ἀντωνίας
ἀποχρῆν ἐπὶ τοῦ παρόντος ἐδόκει.
81 8. Ἰουλιανὸς δέ τις ἑκατοντάρχης τῶν ἀπὸ τῆς Βιθυνίας, οὐκ ἄσημος
ὢν ἀνήρ, ὧν⁴⁷) ἐγὼ κατ' ἐκεῖνον ἱστόρησα τὸν πόλεμον ὅπλων τε ἐμπειρίᾳ
82 καὶ ἀλκῇ σώματος καὶ ψυχῆς παραστήματι πάντων ἄριστος⁴⁸), ὁρῶν τοὺς
Ῥωμαίους ἐνδιδόντας ἤδη καὶ κακῶς ἀμυνομένους, παρειστήκει δὲ Τίτῳ
κατὰ τὴν Ἀντωνίαν, προπηδᾷ καὶ νικῶντας ἤδη τοὺς Ἰουδαίους τρέπεται
μόνος μέχρι τῆς τοῦ ἐνδοτέρω ἱεροῦ γωνίας. ἔφευγε δὲ τὸ πλῆθος ἄθρουν,
83 οὔτε τὴν ἰσχὺν οὔτε τὴν τόλμαν ἀνθρωπίνην ὑπολαμβάνοντες. ὁ δὲ διὰ
μέσων τῶν σκεδαννυμένων ἄλλοτε ἄλλῃ διάττων ἐφόνευε τοὺς καταλαμβανομένους, καὶ τῆς ὄψεως ἐκείνης οὐδὲν οὔτε τῷ Καίσαρι θαυμα-
84 σιώτερον οὔτε τοῖς ἄλλοις παρέστη φρικωδέστερον. ἐδιώκετο δὲ ἄρα καὶ
85 αὐτὸς ὑπὸ τῆς εἱμαρμένης, ἣν ἀμήχανον διαφυγεῖν θνητὸν ὄντα. τὰ γὰρ
ὑποδήματα πεπαρμένα⁴⁹) πυκνοῖς καὶ ὀξέσιν ἥλοις ἔχων, ὥσπερ τῶν ἄλλων
στρατιωτῶν ἕκαστος, καὶ κατὰ λιθοστρώτου τρέχων ὑπολισθάνει, πεσὼν
δὲ ὕπτιος μετὰ μεγίστου τῆς πανοπλίας ἤχου τοὺς φεύγοντας ἐπιστρέφει.
86 καὶ τῶν μὲν ἀπὸ τῆς Ἀντωνίας Ῥωμαίων ἤρθη βοὴ περὶ τἀνδρὶ δεισάν-
των, οἱ δὲ Ἰουδαῖοι περιστάντες αὐτὸν ἀθρόοι τοῖς τε ξυστοῖς καὶ ταῖς
87 ῥομφαίαις πάντοθεν ἔπαιον. ὁ δὲ πολὺν μὲν τῷ θυρεῷ σίδηρον ἐξεδέχετο,
πολλάκις δὲ ἀναστῆναι πειράσας ὑπὸ τοῦ πλήθους τῶν τυπτόντων
88 ἀνετράπη, καὶ κείμενος δ' ὅμως ἔνυττε τῷ ξίφει πολλούς· οὐδὲ γὰρ
ἀνῃρέθη ταχέως τῷ τε κράνει καὶ τῷ θώρακι πεφραγμένος πάντα τὰ
καίρια πρὸς σφαγὴν καὶ τὸν αὐχένα συνέλκων· μέχρι κοπτομένων αὐτῷ
89 τῶν ἄλλων μελῶν καὶ μηδενὸς προσαμῦναι τολμῶντος ἐνέδωκε. δεινὸν

---

⁴³ ῥέον P; ῥέπων Bosius Na.   ⁴⁴ ἀνώμαλοι VRC; propinquae Lat.
⁴⁵ μετακλήσεις Na cj.
⁴⁶ L Lat Na ordnen ἢ τοῦ κτείνειν ἢ τοῦ θνήσκειν.
⁴⁷ ὧν AC Niese Na Thack; ὃν PMLVR Lat Syr.
⁴⁸ ἄριστον scheint bei Lat und Syr vorausgesetzt zu seir.   ⁴⁹ σεσωρευμένα P.

ständlich zu Ohren drang. Auf beiden Seiten gab es ein gewaltiges Blutvergießen, und die Kämpfenden zertraten den Gefallenen Leiber und Rüstungen. Immer aber, je nachdem die Last des Kampfes sich mehr auf die eine oder auf die andere Seite legte, gab es anfeuernde Rufe der Überlegenen und Weherufe der Zurückgeschlagenen. Aber weder zur Flucht noch zur Verfolgung war Raum da, vielmehr waren Vordringen und Nachgeben bei der durcheinandergeratenen Kampflinie ziemlich gleichmäßig verteilt. Diejenigen, die einmal nach vorn gekommen waren, mußten sterben oder töten, ein Zurückweichen gab es nicht; denn auf beiden Seiten stießen die Hintermänner ihre eigenen Leute gewaltsam nach vorn und ließen noch nicht einmal den für das Gefecht nötigen Zwischenraum. Aber die Wut der Juden behielt schließlich die Oberhand über die Erfahrung der Römer, und die Schlachtlinie gab allenthalben nach,[21] nachdem man von der neunten Nachtstunde bis zur siebenten Stunde des Tages gekämpft hatte. Die Juden hatten ihre ganze Macht ins Treffen geführt und wurden um so tapferer, je drohender ihnen die Einnahme der Stadt vor Augen stand; die Römer dagegen waren nur mit einem Teil des Heeres angetreten – noch waren nämlich die Legionen nicht heraufgestiegen, auf die die Kämpfenden damals ihre Hoffnung gesetzt hatten.[22] Man beschloß daher, sich für den gegenwärtigen Zeitpunkt mit der Eroberung der Antonia zu begnügen.

8. 81. Julianus aber, Centurio aus Bithynien und ein nicht unbedeutender Mann, einer von denen, die ich in jenem Kriege kennengelernt habe,[23] sowohl an Waffenerfahrung als auch an Körperkraft und Seelenstärke der hervorragendste, hatte bis dahin an der Seite des Titus bei der Antonia gestanden: als er die Römer schon nachgeben und nur noch mangelhaften Widerstand leisten sah, sprang er hinzu und trieb die schon siegreichen Juden bis zur Ecke des inneren Tempelhofes.[24] Die Menge der Juden floh geschlossen; diese Stärke und Kühnheit kamen ihnen nicht mehr menschlich vor. Er aber schoß mitten in die Zersprengten hinein, bald hierhin, bald dorthin, und mordete, wen er traf; dem Caesar hätte sich kein Anblick noch wunderbarer und den anderen keiner noch grauenhafter bieten können. Aber auch ihn verfolgte das Schicksal, dem kein Sterblicher zu entfliehen vermag. Er trug nämlich wie jeder andere Soldat Schuhe, die mit spitzen Nägeln dicht beschlagen waren,[25] und bei seinem Lauf über das Steinpflaster glitt er aus und fiel hintenüber, wobei seine Rüstung ungeheuer laut krachte. Dadurch veranlaßte er die Fliehenden wieder umzukehren. Nun erhob sich von der Antonia her ein Schrei der Römer, die um den Mann bangten, während die Juden schon in Scharen um ihn her waren und mit Speeren und Schwertern von allen Seiten auf ihn einhieben. Manchen Stoß konnte er mit dem Schilde auffangen, doch wurde er bei seinen häufigen Versuchen, sich aufzurichten, immer wieder von der Menge der auf ihn einschlagenden Feinde zu Boden geworfen, konnte aber auch im Liegen noch viele mit der Klinge treffen. Denn er wurde nicht so schnell getötet, da er mit Helm und Brustharnisch an allen gefährdeten Stellen gegen einen tödlichen Stoß gepanzert war und dazu noch seinen Hals einzog. Erst als ihm die Gliedmaßen zerhackt waren und ihm niemand zu Hilfe zu kommen wagte, mußte er aufgeben. Den Caesar erfaßte heftiger

δὲ πάθος εἰσῄει Καίσαρα ἀνδρὸς οὕτως ἐναρέτου καὶ ἐν ὄψει τοσούτων φονευομένου⁵⁰)· καὶ αὐτὸν μὲν ὁ τόπος διέκλειε βοηθεῖν θέλοντα, τοὺς
90 δυναμένους δὲ κατάπληξις. Ἰουλιανὸς μὲν οὖν πολλὰ δυσθανατήσας καὶ τῶν κτεινόντων ὀλίγους ἀπλῆγας καταλιπὼν μόλις ἀποσφάττεται, μέγιστον οὐ παρὰ Ῥωμαίοις καὶ Καίσαρι μόνον ἀλλὰ καὶ παρὰ τοῖς
91 πολεμίοις κλέος καταλιπών· Ἰουδαῖοι δὲ καὶ τὸν νεκρὸν ἁρπασάμενοι πάλιν τοὺς Ῥωμαίους τρέπονται καὶ κατακλείουσιν εἰς τὴν Ἀντωνίαν.
92 ἠγωνίσαντο δὲ ἐξ αὐτῶν ἐπισήμως κατὰ ταύτην τὴν μάχην Ἀλεξᾶς μέν τις καὶ Γυφθέος⁵¹) τοῦ Ἰωάννου τάγματος, ἐκ δὲ τῶν περὶ Σίμωνα Μαλαχίας⁵²) τε καὶ ὁ τοῦ Μέρτωνος⁵³) Ἰούδας, καὶ Σωσᾶ⁵⁴ υἱὸς Ἰάκωβος⁵⁵) τῶν Ἰδουμαίων ἡγεμών, τῶν δὲ ζηλωτῶν ἀδελφοὶ δύο, παῖδες Ἀρί, Σίμων⁵⁶) τε καὶ Ἰούδης⁵⁷.)

93 II. 1. Τίτος δὲ τοῖς μὲν σὺν αὐτῷ στρατιώταις κατασκάπτειν προσέταξε τοὺς θεμελίους τῆς Ἀντωνίας καὶ τῇ δυνάμει πάσῃ ῥᾳδίαν τὴν
94 ἄνοδον εὐτρεπίζειν, αὐτὸς δὲ τὸν Ἰώσηπον παραστησάμενος· ἐπέπυστο γὰρ ἐπ' ἐκείνης τῆς ἡμέρας, Πανέμου δ' ἦν ἑπτακαιδεκάτη, τὸν ἐνδελεχισμὸν καλούμενον ἀνδρῶν ἀπορίᾳ διαλελοιπέναι τῷ θεῷ⁵⁸) καὶ τὸν
95 δῆμον ἐπὶ τούτῳ δεινῶς ἀθυμεῖν· λέγειν τῷ Ἰωάννῃ πάλιν ἐκέλευσεν ἃ καὶ πρότερον, ὡς εἰ καί τις αὐτὸν ἔρως κακὸς ἔχοι τοῦ μάχεσθαι, προελθόντι μεθ' ὅσων βούλεται πολεμεῖν ἐξείη⁵⁹) δίχα τοῦ συναπολέσθαι τήν τε πόλιν καὶ τὸν ναὸν αὐτῷ, μηκέτι μέντοι μιαίνειν τὸ ἅγιον μηδὲ εἰς τὸν θεὸν πλημμελεῖν, παρεῖναι δ' αὐτῷ τὰς ἐπιλελοιπυίας θυσίας
96 ἐκτελεῖν δι' ὧν ἂν ἐπιλέξηται Ἰουδαίων. καὶ ὁ Ἰώσηπος, ὡς ἂν εἴη⁶⁰) μὴ τῷ Ἰωάννῃ μόνον ἀλλὰ καὶ τοῖς πολλοῖς ἐν ἐπηκόῳ, τά τε⁶¹) τοῦ Καίσαρος
97 διήγγελλεν ἑβραΐζων, καὶ πολλὰ προσηντιβόλει φείσασθαι τῆς πατρίδος καὶ διασκεδάσαι τοῦ ναοῦ γευόμενον ἤδη τὸ πῦρ, τοὺς τ' ἐναγισμοὺς
98 ἀποδοῦναι τῷ θεῷ. πρὸς ταῦτα τοῦ δήμου μὲν ἦν καλήφεια καὶ σιγή, πολλὰ δ' ὁ τύραννος λοιδορηθείς τε τῷ Ἰωσήπῳ καὶ καταρασάμενος τὸ τελευταῖον προσέθηκεν, ὡς οὐκ ἄν ποτε δείσειεν ἅλωσιν. θεοῦ γὰρ

---

⁵⁰ φαινομένων C.
⁵¹ γυφθέος PA Niese; γυφθαῖος MLVRC Na, Thack; *zephtaeus* Syr; *gypteus* Lat; *gypteo* Heg. Vgl. auch 5, 474 textkrit. Anm. 268; ferner § 148 textkrit. Anm. 105.
⁵² μαλχίας AMV; *malchius* Lat; *melchio* (abl.) Heg. Vgl. hebr. mal'aki.
⁵³ μέρτωνος PAMVRC Niese, Na, Thack, μελίτωνος L Lat; *metronis* Syr. vgl. § 148 (textkrit. Anm. 101) Μαρεώτου, ferner Schlatter, Namen 76.
⁵⁴ σωσῶ R; *iosae* Cat. Bei Heg fehlt ein entsprechender Name.
⁵⁵ Ἰάκωβος MLC Heg, Niese, Na, Thack, ἰακώβου PAVR Lat Syr. Vgl. 4, 235 und 6, 148.
⁵⁶ ἀρισίμων PAMV; ἀρί / σιμων L; ἀρισίμω R; ἰαείρου σίμων C; *arsimon* Lat Syr; *arisimone* (abl.) Heg. Vgl. § 148 textkrit. Anm. 106; Schlatter, Namen 110f.
⁵⁷ Die gleiche Form des Namens auch in § 148, vgl. Schlatter, Namen 54f., ferner Hengel, Zeloten 388f.
⁵⁸ Der wichtige Zusammenhang τὸν ἐνδελεχισμὸν bis θεῷ fehlt bei Syr.

Schmerz, als dieser so vortreffliche Mann umgebracht wurde, und noch dazu vor den Augen so vieler. Ihn hielt die örtliche Lage ab, den Wunsch zur Hilfe in die Tat umzusetzen, diejenigen, die dazu in der Lage gewesen wären, die Bestürzung. Nachdem Julianus lange mit dem Tode gerungen und von denen, die ihn töteten, nur wenige unverwundet gelassen hatte, wurde er mit Mühe getötet und hinterließ nicht nur bei den Römern und dem Caesar, sondern auch bei seinen Feinden den höchsten Ruhm. Die Juden rissen den Toten mit sich fort, und es gelang ihnen, die Römer zurückzuschlagen und auf die Antonia zu beschränken. Auf ihrer Seite hatten in diesem Kampf hervorragend gefochten: Alexas und Gyphtheos von der Mannschaft des Johannes, von den Männern um Simon: Malachias und Juda, der Sohn des Merton, ferner Jakobus, der Sohn des Sosa, der Anführer der Idumäer, schließlich von den Zeloten zwei Brüder, Söhne des Ari, Simon und Judes.[26]

2. Kapitel

1. 93. Titus gab nun den Soldaten, die bei ihm waren, den Auftrag, die Fundamente der Antonia zu schleifen und für das ganze Heer einen leichten Aufstieg herzustellen. Er selbst ließ sich Josephus kommen; denn er hatte erfahren, daß man an diesem Tag, den 17. des Panemus, den Brauch, das sogenannte „immerwährende Opfer" Gott darzubringen, aus Mangel[27] an Männern[28] eingestellt hatte, und daß das Volk darüber in eine tiefe Entmutigung geraten war. Dem Johannes sei mitzuteilen, gebot Titus, was man ihm schon früher gesagt hatte[29]: es stände ihm frei, wenn er selbst schon nicht von seiner bösen Kampfesgier lassen könne, mit so vielen wie er wolle zum Streit herauszukommen, um nicht beide, die Stadt und den Tempel, mit sich ins Verderben zu ziehen, und auch nicht länger das Heiligtum zu beflecken und sich gegen Gott zu versündigen. Ebenso läge es ganz in seiner Hand, die unterbrochenen Opfer von solchen Juden weiter durchführen zu lassen, die er sich dafür auswählen wollte. Josephus hatte sich so aufgestellt, daß er nicht nur für Johannes, sondern auch für die Menge in Hörweite war, und übermittelte die Botschaft des Caesars auf Hebräisch.[30] Er flehte die Juden dazu noch mit vielen Worten inständig an, sie möchten doch die Vaterstadt schonen und den schon den Tempel beleckenden Brand zerstreuen und auch Gott wieder die Opfer darbringen.[31] Das Volk nahm diese Worte mit Niedergeschlagenheit und Stille auf, der Tyrann aber erging sich in einer Fülle von Schmähungen und Verwünschungen gegen Josephus und fügte abschließend noch hinzu, er fürchte die Eroberung niemals, denn die Stadt sei

---

[59] ἐξῆν PAML; ἐξείη R und C aus Korrektur; ἐξήει V; ἐξίει C¹; *liceret* Lat; ἐξεῖναι Dest. cj.

[60] Für den Zusammenhang ὡς ἂν εἴη bis ἐβράτζων hat Lat: *ne soli iohanni sed etiam pluribus intimarentur, unde exaudiri poterat constitit et mandata caesaris hebraico sermone disseruit.* Vgl. § 94ff. Anm. 28. 30.

[61] ἐπηκόῳ τά τε P Niese, Na; ἐπηκώς τάς τε A¹; ἐπηκόῳ στὰς τά A aus Korrektur; ἐπηκόῳ στὰς τά τε MLVRC Thack (mit Hinweis auf 3, 471).

99 ὑπάρχειν τὴν πόλιν. καὶ ὁ Ἰώσηπος πρὸς ταῦτα ἀνέκραγεν «πάνυ γοῦν καθαρὰν τῷ θεῷ τετήρηκας αὐτήν, ἀμίαντον δὲ μένει τὸ ἅγιον, εἰς ὅν τ'[62]). ἐλπίζεις σύμμαχον οὐδὲν ἠσέβησας, τὰς δ' ἐθίμους θυσίας ἀπολαμβάνει
100 κἂν μὲν σοῦ τις ἀφέλῃ τὴν καθ' ἡμέραν τροφήν, ἀσεβέστατε, τοῦτον ἡγῆσαι[63]) πολέμιον, αὐτὸν δ' ὃν τῆς αἰωνίου θρησκείας ἐστέρησας θεὸν
101 ἐλπίζεις σύμμαχον ἔχειν ἐν τῷ πολέμῳ; καὶ Ῥωμαίοις τὰς ἁμαρτίας ἀνατίθης[64]), οἳ μέχρι νῦν κήδονται τῶν ἡμετέρων νόμων καὶ τὰς ὑπὸ σοῦ
102 διακοπείσας θυσίας ἀποδίδοσθαι τῷ θεῷ βιάζονται; τίς οὐκ ἂν στενάξειε καὶ κατολοφύραιτο τῆς παραδόξου μεταβολῆς τὴν πόλιν, εἴ γε ἀλλόφυλοι μὲν καὶ πολέμιοι τὴν σὴν ἀσέβειαν ἐπανορθοῦνται, σὺ δ' ὁ Ἰουδαῖος,
103 ὁ τοῖς νόμοις ἐντραφείς, κἀκείνων πρὸς αὐτοὺς γίνῃ χαλεπώτερος; ἀλλά τοι, Ἰωάννη, καὶ μετανοῆσαι μὲν ἐκ κακῶν οὐκ αἰσχρὸν ἐν ἐσχάτοις καὶ καλὸν ὑπόδειγμα βουλομένῳ σώζειν τὴν πατρίδα σοι πρόκειται βασιλεὺς
104 Ἰουδαίων Ἰεχονίας, ὅς ποτε στρατεύσαντι τῷ Βαβυλωνίῳ δι' αὐτὸν ἑκὼν ἐξέστη πρὶν ἁλῶναι τῆς πόλεως καὶ μετὰ γενεᾶς αἰχμαλωσίαν ὑπέμεινεν ἐθελούσιον ὑπὲρ τοῦ μὴ παραδοῦναι ταῦτα πολεμίοις τὰ ἅγια καὶ τὸν
105 οἶκον τοῦ θεοῦ περιιδεῖν φλεγόμενον. διὰ τοῦτο λόγος τε αὐτὸν πρὸς ἁπάντων Ἰουδαίων ἱερὸς ὑμνεῖ[65]) καὶ μνήμη ῥέουσα δι' αἰῶνος ἀεὶ νέα
106 τοῖς ἐπιγινομένοις παραδίδωσιν ἀθάνατον. καλόν, ὦ Ἰωάννη, ὑπόδειγμα, κἂν προσῇ κίνδυνος· ἐγὼ δέ σοι καὶ τὴν ἀπὸ Ῥωμαίων συγγνώμην
107 ἐγγυῶμαι. μέμνησο δ' ὡς ὁμόφυλος ὢν παραινῶ καὶ Ἰουδαῖος ὢν ἐπαγγέλλομαι, καὶ χρὴ σκοπεῖν τίς ὁ συμβουλεύων καὶ πόθεν. μὴ γάρ ἔγωγέ ποτε γενοίμην ζῶν οὕτως αἰχμάλωτος, ἵνα παύσωμαι[66]) τοῦ γένους ἢ τῶν
108 πατρίων ἐπιλάθωμαι. πάλιν ἀγανακτεῖς καὶ κέκραγάς μοι λοιδορούμενος, ἀξίῳ[67]) γε καὶ χαλεπωτέρων, ὃς ἄντικρυς[68]) εἱμαρμένης τι παραινῶ καὶ τοὺς
109 ὑπὸ τοῦ θεοῦ βιάζομαι κατακρίτους σώζειν. τίς οὐκ οἶδεν τὰς τῶν παλαιῶν προφητῶν ἀναγραφὰς καὶ τὸν ἐπιρρέποντα τῇ τλήμονι πόλει χρησμὸν ἤδη ἐνεστῶτα; τότε γὰρ ἅλωσιν αὐτῆς προεῖπον, ὅταν ὁμοφύλου
110 τις ἄρξῃ φόνου. τῶν ὑμετέρων δέ πτωμάτων οὐχ ἡ πόλις καὶ τὸ ἱερὸν δὲ πᾶν πεπλήρωται; θεὸς ἄρα, θεὸς αὐτὸς ἐπάγει μετὰ Ῥωμαίων κάθαρσιν[69]) αὐτῷ πῦρ[70]) καὶ τὴν τοσούτων μιασμάτων γέμουσαν πόλιν ἀναρπάζει.»
111 2. Ταῦτα λέγων ὁ Ἰώσηπος μετ' ὀδυρμοῦ καὶ δακρύων λυγμῷ τὴν
112 φωνὴν ἐνεκόμη. καὶ Ῥωμαῖοι μὲν ᾤκτειράν τε τοῦ πάθους καὶ τῆς προαιρέσεως αὐτὸν ἐθαύμασαν, οἱ δὲ περὶ τὸν Ἰωάννην παρωξύνοντο μᾶλλον ἐπὶ τοὺς Ῥωμαίους ἐπιθυμοῦντες ἐγκρατεῖς γενέσθαι κἀκείνου.

---

[62] ὃν δ' PM; ὃν A; ὅν τ' L; ὃν δὲ VRC.
[63] ἡγήσῃ VR; ἡγήσει C Na; *putabis* Lat.
[64] ἀνατιθεὶς PA¹MLVR Na; ἀνατίθης C Lat Syr A aus Korrektur, Niese, Thack.
[65] ἀνυμνεῖ L Na.
[66] παύσωμαι fehlt bei Lat, Destinon hält es für verderbt; παύσωμαι κηδόμενος Herwerden cj, was auch Na in Erwägung zieht.
[67] ἀξιῶ PA¹LVR; ἄξιος C; *mereor* Lat, ähnlich Syr.
[68] ἄντικρυς codd.; ἀντικρὺς Niese cj. Na, Thack; Vgl. § 150 textkrit. Anm. 108.
[69] καθάρσιον C Na; (*ignem*) *lustrationis* Lat.   [70] τὸ πῦρ Dest. cj.

Gottes. Daraufhin rief Josephus aus: „Ja, ganz gewiß hast du sie rein gehalten für Gott. Unbefleckt ist immer noch das Heiligtum. Gegen ihn, den du dir als Mitstreiter erhoffst, hast du dich ja in keinem Stück vergangen, und seine althergebrachten Opfer erhält er ja. Wenn dir jemand dein täglich Brot wegnimmt, du greulicher Frevler, dann hältst du ihn für einen Feind; ihn aber, den Gott, dem du den uralten Dienst entzogen hast, hoffst du als Mitstreiter im Kampf zu haben? Und deine Sünden bürdest du den Römern auf, die bis zur Stunde um unsere Gesetze besorgt sind und Gewalt anwenden wollen, damit die von dir abgebrochenen Opfer Gott wieder dargebracht werden? Wer sollte nicht wegen einer solch widersinnigen Umkehrung über die Stadt seufzen und klagen, wenn schon Männer eines fremden Volkes, und dazu noch Feinde, die Gottlosigkeit wiedergutmachen möchten, du aber, der Jude, der unter den Gesetzen erzogen worden ist, dich schlimmer gegen sie benimmst als selbst jene? Und dennoch, Johannes, es ist keine Schande, sich von seinen bösen Taten abzukehren,[32] und sei es in der letzten Stunde, – und für deine Absicht, die Vaterstadt zu erhalten, stände als leuchtendes Beispiel der König der Juden Jechonjas vor dir. Dieser ging einst von sich aus zu dem Babylonier, der seinetwegen mit einem Heere heranzog, aus der Stadt hinaus, ehe sie eingenommen wurde, und nahm mit seiner Familie die freiwillige Gefangenschaft auf sich, um diese heiligen Stätten nicht den Feinden preiszugeben und mit anzusehen, daß das Haus Gottes in Flammen aufging. Darum rühmt ihn auch eine heilige Überlieferung aller Juden, und ein durch die Zeit dahinfließendes immer neues Gedenken gibt ihn unsterblich an die Nachgeborenen weiter.[33] Ein leuchtendes Beispiel, Johannes, auch wenn Gefahr damit verbunden sein sollte. Aber ich kann mich dir auch noch für die Begnadigung von seiten der Römer verbürgen. Denke doch daran, daß ich dir als ein Volksgenosse zurede und als Jude dies verspreche. Man muß doch berücksichtigen, wer der Ratgeber ist und woher er kommt. Denn ich möchte gewiß niemals ein Gefangener sein und unter solchen Umständen leben, daß ich dabei meine Abstammung aufgeben und das Erbe der Väter vergessen müßte. Schon wieder bist du ganz außer dir und hast mir Schmähungen zugeschrien. Ja, ich habe noch viel schlimmere verdient, weil ich nämlich da noch zurede, wo vom Schicksal schon etwas anderes verhängt ist, und weil ich die von Gott Verurteilten noch mit Gewalt retten will. Wer kennt nicht die Aufzeichnungen der alten Propheten und weiß nicht, daß der Spruch, der über diese leidgeprüfte Stadt ergangen ist, jetzt eintreffen wird?[34] Denn damals haben sie ihre Eroberung vorausgesagt für die Zeit, in der jemand den Brudermord beginnt. Sind aber die Stadt und der ganze Tempel nicht voll von Leichen eurer eigenen Leute? Gott selbst führt nun zugleich mit den Römern ein Feuer zur Reinigung herbei und rafft die von unzähligen Greueln strotzende Stadt dahin."

2. 111. Dies hatte Josephus unter Klagen und Tränen gesprochen, jetzt wurde er durch sein Schluchzen überhaupt verhindert, weiter zu reden. Auch die Römer empfanden Mitleid mit seinem Schmerz und bewunderten sein Wollen, die Leute um Johannes jedoch gerieten nur noch in heftigere Erbitterung gegen die Römer, von dem Verlangen erfüllt, auch den Josephus in ihre

113 τῶν γε μὴν εὐγενῶν πολλοὺς ἐκίνησεν ὁ λόγος, καὶ τινὲς μὲν ὀρρωδοῦντες τὰς φυλακὰς τῶν στασιαστῶν κατὰ χώραν, ἔμενον, ἀπώλειαν μέντοι σφῶν τε αὐτῶν καὶ τῆς πόλεως κατεγνώκεσαν, εἰσὶ δὲ οἳ καιροφυλακή-
114 σαντες ἄδειαν ἀναχωρήσεως πρὸς τοὺς Ῥωμαίους κατέφυγον. ὧν ἦσαν ἀρχιερεῖς μὲν Ἰώσηπός τε καὶ Ἰησοῦς, υἱοὶ δὲ ἀρχιερέων τρεῖς μὲν Ἰσμαήλου τοῦ καρατομηθέντος ἐν Κυρήνῃ, καὶ τέσσαρες Ματθίου καὶ εἷς ἑτέρου Ματθίου[71]), διαδρὰς μετὰ τὴν τοῦ πατρὸς ἀπώλειαν, ὃν ὁ τοῦ Γιώρα Σίμων ἀπέκτεινεν σὺν τρισὶν υἱοῖς, ὡς προείρηται. πολλοὶ δὲ καὶ τῶν
115 ἄλλων[72]) εὐγενῶν τοῖς ἀρχιερεῦσι συμμετεβάλοντο. Καῖσαρ δὲ αὐτοὺς τά τε ἄλλα φιλοφρόνως ἐδέξατο καὶ γινώσκων ἀλλοφύλοις ἤθεσιν ἀηδῆ τὴν διατριβὴν ἕξειν ἀπέπεμψεν αὐτοὺς εἰς Γόφναν[73]), τέως ἐκεῖ παραινῶν μένειν· ἀποδώσειν γὰρ ἑκάστῳ τὰς κτήσεις κατὰ σχολὴν ἀπὸ τοῦ πολέμου
116 γενόμενος. οἱ μὲν οὖν εἰς τὸ δοθὲν πολίχνιον μετὰ πάσης ἀσφαλείας ἀνεχώρουν ἄσμενοι· μὴ φαινομένων δὲ αὐτῶν διεφήμισαν οἱ στασιασταὶ πάλιν ὡς ἀποσφαγεῖεν ὑπὸ Ῥωμαίων οἱ αὐτόμολοι, δηλονότι τοὺς λοιποὺς
117 ἀποτρέποντες τῷ φόβῳ διαδιδράσκειν. ἤνυστο δ᾽ ὡς καὶ πρότερον αὐτοῖς τὸ πανοῦργον[74]) πρὸς καιρόν. ἐπεσχέθησαν γὰρ ὑπὸ τοῦ δέους αὐτομολεῖν.
118 3. Αὖθις δέ, ὡς ἀνακαλέσας τοὺς ἄνδρας ἀπὸ τῆς Γοφνὰ[75]) Τίτος ἐκέλευσε μετὰ τοῦ Ἰωσήπου περιελθόντας τὸ τεῖχος ὀφθῆναι τῷ δήμῳ,
119 πλεῖστοι πρὸς τοὺς Ῥωμαίους ἔφευγον. γινόμενοι[76]) δὲ ἀθρόοι καὶ πρὸ τῶν Ῥωμαίων ἱστάμενοι μετ᾽ οἰμωγῆς καὶ δακρύων ἱκέτευον τοὺς στασιαστὰς τὸ μὲν πρῶτον ὅλῃ τοὺς Ῥωμαίους δέξασθαι τῇ πόλει καὶ
120 τὴν πατρίδα σῶσαι πάλιν[77]), εἰ δὲ μή, τοῦ γε ἱεροῦ πάντως ὑπεξεθεῖν καὶ ῥύσασθαι τὸν ναὸν αὐτοῖς· οὐ γὰρ ἂν τολμῆσαι[78]) Ῥωμαίους μὴ μετὰ
121 μεγίστης ἀνάγκης καταφλέξαι τὰ ἅγια. τούτοις μᾶλλον ἀντεφιλενείκουν, καὶ πολλὰ βλάσφημα τοῖς αὐτομόλοις ἀντικεκραγότες ἐπὶ τῶν ἱερῶν πυλῶν τούς τε ὀξυβελεῖς καὶ καταπέλτας καὶ λιθοβόλους μηχανὰς διέστησαν, ὡς τὸ κύκλῳ μὲν ἱερὸν ἀπὸ[79]) πλήθους νεκρῶν προσεοικέναι
122 πολυανδρίῳ, τὸν δὲ ναὸν αὐτὸν φρουρίῳ. τοῖς δὲ ἁγίοις καὶ ἀβάτοις μετὰ τῶν ὅπλων εἰσεπήδων θερμὰς ἔτι τὰς χεῖρας ἐξ ὁμοφύλων ἔχοντες φόνων, καὶ προὔκοψαν εἰς τοσοῦτον παρανομίας, ὥσθ᾽ ἣν ἂν εἰκὸς[80]) ἀγανάκτησιν γενέσθαι Ἰουδαίων, εἰ Ῥωμαῖοι ταῦτ᾽[81]) ἐξυβρίζοιεν[82] εἰς αὐτούς, ταύτην εἶναι παρὰ Ῥωμαίων τότε πρὸς Ἰουδαίους ἀσεβοῦντας εἰς

---

[71] Von καὶ τέσσαρες bis ἑτέρου Ματθίου haben VRC bloß καὶ τέταρτος Ματθίου παῖς. Lat.: *aliusque filius alius Matthiae*. Naber liest καὶ τοῦ Ματθίου τέτταρες, καὶ εἷς ἑτέρου Ματθίου παῖς.   [72] ἄλλων fehlt bei C Lat.
[73] γουφνάν P, ähnlich A, dessen o jedoch aus der Korrektur eines ursprünglichen ν oder ρ entstanden ist; γνόφναν L[1]; *gnopham* Lat.
[74] πανούργημα L C Na, Thack (mit Berufung auf § 230. 321).
[75] γόφνης L; γόφνα VRC; *gnofa* (abl.) Lat; Γόφνας Na cj.
[76] γινόμενοι AMLVRC Na, Thack; γενόμενοι P Niese.
[77] πάλιν fehlt bei Lat, auch Niese und Thack haben Bedenken. Ersterer versucht, es als eine den Zusammenhang gliedernde Partikel (wie vorher πρῶτον) zum Folgenden zu ziehen, während Thack vermutet, daß es ursprünglich eine Glosse zu πατρίδα gewesen sei: πόλιν, die man später in πάλιν, korrigiert habe.
[78] Statt ἂν τολμῆσαι hat P αὐτομολῆσαι.   [79] ἀπὸ codd. Thack; ὑπὸ Niese cj., Na.
[80] εἰκὸς ἦν MVRC Na.   [81] ταῦτα MVRC.
[82] ἐξυβρίζοιεν AMLVR Na, Thack; ἐξύβριζον P Niese; ἐξυβρίζειεν C; *committerent* Lat.

Gewalt zu bekommen. Dennoch bewegte die Rede viele Vornehme – zwar blieben die einen nur deshalb an Ort und Stelle, weil sie vor den Wachen der Aufrührer zurückschreckten, obwohl sie ihren eigenen Untergang und den der Stadt klar erkannten. Es gab aber auch solche, die den rechten Zeitpunkt abpaßten, um sich ohne Gefahr abzusetzen, und die dann zu den Römern flüchteten. Unter ihnen waren die Hohenpriester Josephus und Jesus,[35] von Hohepriestersöhnen drei des in Kyrene enthaupteten Ismael, vier des Matthias und einer eines anderen Matthias. Dieser Sohn war nach dem gewaltsamen Ende seines Vaters entkommen, den Simon bar Giora, wie schon berichtet,[36] zusammen mit drei Söhnen umgebracht hatte. Gemeinsam mit den Hohenpriestern gingen auch viele der übrigen Vornehmen zu den Römern über. Der Caesar nahm sie durchaus freundlich auf, ja er tat noch ein übriges: da er wußte, daß sie den Aufenthalt bei den Römern wegen der fremden Sitten anstößig finden würden, schickte er sie nach Gophna[37] und empfahl ihnen, dort einstweilen zu bleiben: er werde einem jedem seinen Besitz zurückgeben, sobald er vom Krieg Ruhe habe. Sie aber waren froh, daß sie sich in aller Sicherheit in das ihnen angewiesene Städtchen zurückziehen konnten. Da sie aber nicht mehr zu sehen waren, brachten die Aufrührer abermals[38] das Gerücht auf, die Überläufer seien von den Römern niedergemacht worden – offenbar um die noch Verbliebenen davon abzuschrecken, sich auch davonzumachen. Eine Zeitlang brachte ihnen diese List wie auch schon früher Erfolg, denn man ließ sich durch dies Schreckbild davon abhalten, zum Feind überzulaufen.

3. 118. Dann aber, als Titus die Männer aus Gophna hatte zurückrufen lassen und ihnen befohlen hatte, mit Josephus rings um die Mauer herumzugehen und sich dem Volke zu zeigen, flohen große Scharen zu den Römern. Gemeinsam standen sie nun vor den römischen Linien und flehten unter Wehklagen und Tränen die Aufrührer an, sie möchten doch – so lautete ihr erster Vorschlag – die Römer in die ganze Stadt hineinlassen und die Vaterstadt noch einmal bewahren, oder wenn sie schon hierzu nicht bereit wären, doch wenigstens vom heiligen Bezirk ganz abziehen und dadurch den Tempel selbst für sie zu retten; denn die Römer würden es nur im Falle allergrößter Not wagen, das Heiligtum in Brand zu setzen. Von diesen Vorhaltungen ließen sich die Aufrüher aber nur zu vermehrtem Widerstand aufreizen, und nachdem sie den Überläufern eine Menge Schmähungen entgegengeschrien hatten, stellten sie über den heiligen Toren die Schnellwurfmaschinen, die Flachschußmaschinen und die schweren Steinwerfer auf.[39] So glich der Tempelbezirk ringsum wegen der Unzahl von Leichen einem Totenfeld, das Tempelgebäude selbst einer Festung. In die heiligen und jedem Zutritt verwehrten Räume[40] sprangen diese Männer hinein mit Waffen in den Händen, die noch warm waren von dem Mord an den Brüdern;[41] ja, sie verstiegen sich in ihrer Gesetzwidrigkeit soweit, daß sich die Empörung, die bei den Juden jedenfalls aufkäme, wenn die Römer solche Frevel gegen sie verübten, jetzt von seiten der Römer gegen die Juden erhob, die sich so gottlos an ihrem eigenen Heiligtum vergingen. Unter den Soldaten gab es keinen, der nicht mit ehrfurchtsvollem Schauder zum Tempel aufgeblickt und gehuldigt hätte, von dem in-

123 τὰ ἴδια. τῶν μέν γε στρατιωτῶν οὐκ ἔστιν ὅστις οὐ μετὰ φρίκης εἰς τὸν ναὸν ἀφεώρα καὶ προσεκύνει τούς τε λῃστὰς ηὔχετο πρὶν ἀνηκέστου πάθους μετανοῆσαι.
124 4. Τίτος δὲ ὑπερπαθήσας πάλιν ἐξωνείδιζε τοὺς περὶ τὸν Ἰωάννην, λέγων, «ἆρ' οὐχ ὑμεῖς, ὦ μιαρώτατοι, τὸν δρύφακτον τοῦτον προεβάλεσθε
125 τῶν ἁγίων; οὐχ ὑμεῖς δὲ τὰς ἐν αὐτῷ στήλας διεστήσατε, γράμμασιν Ἑλληνικοῖς καὶ ἡμετέροις καχαραγμένας, μηδένα[83]) τὸ γείσιον ὑπερβαίνειν
126 παραγγέλλειν[84]); οὐχ ἡμεῖς δὲ τοὺς ὑπερβάντας ὑμῖν ἀναιρεῖν ἐπετρέψαμεν, κἂν Ῥωμαῖός τις ᾖ; τί οὖν νῦν, ἀλιτήριοι, καὶ νεκροὺς ἐν αὐτῷ κατα-
127 πατεῖτε; τί δὲ τὸν ναὸν αἵματι ξένῳ καὶ ἐγχωρίῳ φύρετε; μαρτύρομαι θεοὺς ἐγὼ πατρίους καὶ εἴ τις ἐφεώρα ποτὲ τόνδε τὸν χῶρον, νῦν μὲν γὰρ οὐκ οἴομαι, μαρτύρομαι δὲ καὶ στρατιὰν τὴν[85]) ἐμὴν καὶ τοὺς παρ' ἐμοὶ Ἰουδαίους καὶ ὑμᾶς αὐτούς, ὡς οὐκ ἐγὼ ταῦθ' ὑμᾶς ἀναγκάζω
128 μιαίνειν. κἂν ἀλλάξητε τῆς παρατάξεως τὸν τόπον, οὔτε προσελεύσεταί τις Ῥωμαίων τοῖς ἁγίοις οὔτε ἐνυβρίσει, τηρήσω δὲ τὸν ναὸν ὑμῖν καὶ μὴ θέλουσι.»
129 5. Ταῦτα τοῦ Ἰωσήπου διαγγέλλοντος ἐκ τοῦ Καίσαρος, οἱ λῃσταὶ καὶ ὁ τύρραννος οὐκ ἀπ' εὐνοίας ἀλλὰ κατὰ δειλίαν γίνεσθαι τὰς
130 παρακλήσεις δοκοῦντες ὑπερηφάνουν. Τίτος δὲ ὡς οὔτε οἶκτον ἑαυτῶν τοὺς ἄνδρας οὔτε φειδὼ[86]) τοῦ ναοῦ ποιουμένους ἑώρα, πάλιν πρὸς πόλε-
131 μον ἄκων ἐχώρει. πᾶσαν μὲν οὖν τὴν δύναμιν ἐπάγειν αὐτοῖς οὐχ οἷόν τε ἦν μὴ χωρουμένην τῷ τόπῳ, τριάκοντα δ' ἐπιλέξας ἀφ' ἑκάστης ἑκατονταρχίας τοὺς ἀρίστους καὶ τοῖς χιλιάρχοις ἀνὰ χιλίους παραδούς, τούτων δ' ἐπιτάξας ἡγεμόνα Κερεάλιον, ἐπιθέσθαι προσέταξε ταῖς φυλακαῖς περὶ
132 ὥραν τῆς νυκτὸς ἐνάτην. ὄντα δὲ καὶ αὐτὸν ἐν τοῖς ὅπλοις καὶ συγκαταβαίνειν παρεσκευασμένον οἵ τε φίλοι διὰ τὸ μέγεθος τοῦ κινδύνου
133 κατέσχον καὶ τὰ παρὰ τῶν ἡγεμόνων λεγόμενα. πλεῖον[87]) γὰρ αὐτὸν ἀνύσειν ἔφασαν ἐπὶ τῆς Ἀντωνίας καθεζόμενον καὶ τὴν μάχην ἀγωνοθετοῦντα τοῖς στρατιώταις ἢ εἰ καταβὰς προκινδυνεύοι· πάντας γὰρ ὁρῶντος Καί-
134 σαρος ἀγαθοὺς πολεμιστὰς ἔσεσθαι. τούτοις πεισθεὶς Καῖσαρ[88]) καὶ δι' ἓν τοῦτο τοῖς στρατιώταις ὑπομένειν εἰπών, ἵνα κρίνῃ τὰς ἀρετὰς αὐτῶν καὶ μήτε τῶν ἀγαθῶν τις ἀγέραστος μήτε τῶν ἐναντίων ἀτιμώρητος διαλάθῃ, γένηται δὲ αὐτόπτης[89]) καὶ μάρτυς ἁπάντων ὁ καὶ τοῦ κολάζειν
135 καὶ τοῦ τιμᾶν κύριος, τοὺς μὲν ἐπὶ τὴν πρᾶξιν ἔπεμπε καθ' ἣν ὥραν προείρηται, προελθὼν δὲ αὐτὸς εἰς τὸ εὐκάτοπτον ἀπὸ τῆς Ἀντωνίας ἐκαραδόκει τὸ μέλλον.
136 6. Οὐ μὴν οἵ γε πεμφθέντες τοὺς φύλακας εὗρον κοιμωμένους, ὡς ἤλπισαν, ἀλλ' ἀναπηδήσασι[90]) μετὰ κραυγῆς εὐθέως συνεπλέκοντο· πρὸς

---

[83] ἃ μηδένα MV aus Korrektur Na; πρῶτον μηδένα VRC.
[84] παραγγέλλει MVRC Na; ἀλλογενῆ παραγγέλλειν Dest. cj. (vgl. 5, 194).
[85] τὴν fehlt bei PAMVRC; Thack setzt es in Klammern.
[86] φειδώ τινα LVRC Na.   [87] πλέον MLVRC Na.
[88] ὁ καῖσαρ VRC Na; bei L fehlt das Wort überhaupt.
[89] ἀπτότης V; ἀπτόπτης C.   [90] ἀναπηδήσαντες MVR.

nersten Wunsche erfüllt, die Räuber möchten doch noch anderen Sinnes werden, bevor das Schicksal endgültig besiegelt wäre.⁴²

4. 124. Titus jedoch ließ in tiefer Betrübnis den Männern um Johannes noch einmal seine Vorwürfe zurufen: „O ihr schmutzigen Frevler! Seid ihr selbst es denn nicht gewesen, die diese Schranke vor dem Heiligtum aufgerichtet haben?⁴³ Habt nicht ihr auf dieser Schranke an verschiedenen Stellen die mit griechischen und mit unseren eigenen Buchstaben beschriebene Warntafeln aufgestellt, um darauf hinzuweisen, daß niemand über die Brüstung steigen dürfe? Haben nicht wir euch gestattet, diejenigen zu töten, die dennoch hinüberstiegen, selbst wenn der Betreffende ein Römer wäre? Und jetzt, verworfene Schurken, tretet ihr eben in diesem Bezirk auf Leichen herum? Ihr besudelt den Tempel mit dem Blute von Juden und Nichtjuden? Zu Zeugen rufe ich die Götter meiner Väter an, und auch den, der vielleicht einmal auf diese Gegend herabgeblickt hat; jetzt, glaube ich, tut er es gewiß nicht mehr;⁴⁴ zu Zeugen rufe ich auch mein Heer an, die bei mir befindlichen Juden und auch euch selbst, daß ich euch nicht zwinge, dies Heiligtum zu besudeln. Und wenn ihr einen anderen Kampfplatz bezieht, so wird gewiß kein Römer ins Heiligtum einbrechen und sich dagegen vergehen; ich will den Tempel für euch bewahren, auch wenn ihr euch dagegen sträubt."⁴⁵

5. 129. Als Josephus im Auftrage des Caesars diese Worte übermittelte, zeigten die Räuber und der Tyrann nur Hohn und Verachtung, da sie die Ermahnungen nicht als ein Zeichen des guten Willens, sondern als Ausdruck von Feigheit auffaßten. Als Titus nun einsah, daß diese Männer weder Mitleid mit sich selbst kannten noch Schonung gegen den Tempel übten, da schritt er, schweren Herzens, wieder zu kriegerischen Maßnahmen. Nun war es ihm zwar nicht möglich, die gesamte Streitmacht heraufzuführen, da der Platz nicht ausgereicht hätte, doch wählte Titus aus jeder Centurie die 30 besten Soldaten aus und teilte den Obersten je 1000 zu, an deren Spitze aber stellte er als Befehlshaber den Cerealius und gab den Befehl, die jüdischen Wachmannschaften um die neunte Stunde der Nacht zu überfallen.⁴⁶ Als er aber auch selbst in Waffen dastand und schon entschlossen war, mit ihnen hinabzugehen, da hielten ihn die Freunde⁴⁷ wegen der großen Gefahr zurück und auch die Befehlshaber: er werde mehr ausrichten – so sagten sie – wenn er auf seinem Platz auf der Antonia bliebe und bei der Schlacht der Kampfrichter für die Soldaten wäre, als wenn er herunterkäme und sich an ihrer Spitze der Gefahr aussetzte. Denn alle würden unter den Augen des Caesars tapfere Krieger sein. Von diesen Gedanken ließ sich der Caesar gewinnen und erklärte den Soldaten, daß er nur aus dem einen Grunde zurückbleibe, um ihre tapferen Taten zu beurteilen, und damit keiner der Edlen unbelohnt und keiner der Feiglinge unbestraft übersehen werde. Er werde mit eigenen Augen Zeuge des ganzen Geschehens sein, er, der Herr sei, zu strafen und zu ehren. So sandte er die für das Unternehmen bestimmten Leute um die schon genannte Stunde ab, trat selbst hervor auf die Warte und erwartete von der Antonia aus gespannt die bevorstehenden Ereignisse.⁴⁸

6. 136. Freilich fanden die ausgesandten Kämpfer die Wachen durchaus nicht schlafend vor, wie sie gehofft hatten; vielmehr sprangen diese mit Ge-

δὲ τὴν βοὴν τῶν ἐκκοιτούντων⁹¹) ἔνδοθεν οἱ λοιποὶ κατὰ στῖφος ἐξέθεον.
137 τῶν μὲν δὴ πρώτων τὰς ὁρμὰς ἐξεδέχοντο Ῥωμαῖοι· περιέπιπτον δ' οἱ μετ' ἐκείνους τῷ σφετέρῳ τάγματι, καὶ πολλοὶ τοῖς οἰκείοις ὡς πολεμίοις
138 ἐχρῶντο. τὴν μὲν γὰρ διὰ βοῆς ἐπίγνωσιν ἡ κραυγὴ συγχυθεῖσα παρ' ἀμφοῖν, τὴν δὲ δι' ὀμμάτων ἡ νὺξ ἕκαστον ἀφείλετο, καὶ τυφλώττειν ἄλλως οὓς μὲν οἱ θυμοὶ παρεσκεύαζον οὓς δ' οἱ φόβοι· διὰ τοῦτο τὸν
139 προστυχόντα πλήττειν ἦν ἄκριτον. Ῥωμαίους μὲν οὖν συνησπικότας καὶ κατὰ συντάξεις προπηδῶντας ἧττον ἔβλαπτεν ἡ⁹²) ἄγνοια· καὶ γὰρ ἦν
140 παρ' ἑκάτσῳ μνήμη τοῦ συνθήματος· Ἰουδαῖοι δ' ἀεὶ σκεδαννύμενοι καὶ τάς τε προσβολὰς καὶ τὰς ὑποχωρήσεις ἀνέδην ποιούμενοι πολλάκις φαντασίαν παρεῖχον ἀλλήλοις πολεμίων· τὸν ὑποστρέφοντα γὰρ ἕκαστος
141 οἰκεῖον διὰ σκότους ὡς ἐπιόντα Ῥωμαῖον ἐξεδέχετο. πλείους γοῦν ὑπὸ τῶν ἰδίων ἢ τῶν πολεμίων ἐτρώθησαν, ἕως ἡμέρας γενομένης ὄψει τὸ λοιπὸν ἡ μάχη διεκρίνετο, καὶ κατὰ φάλαγγα διαστάντες τοῖς τε βέλεσιν
142 εὐτάκτοις ἐχρῶντο καὶ ταῖς ἀμύναις. οὐδέτεροι δὲ οὔτ' εἶχον οὔτ' ἐκοπίων, ἀλλ' οἱ μὲν ὡς ἐφορῶντος Καίσαρος⁹³) κατ' ἄνδρα καὶ κατὰ συντάξεις ἤριζον ἀλλήλοις, καὶ προκοπῆς ἕκαστος ἐκείνην αὐτῷ τὴν ἡμέραν ἄρξειν ὑπελάμ-
143 βανεν, εἰ γενναίως ἀγωνίσαιτο· Ἰουδαίοις δ' ἐβράβευε τὰς τόλμας ὅ τε περὶ σφῶν αὐτῶν καὶ τοῦ ἱεροῦ φόβος καὶ ὁ τύραννος ἐφεστὼς καὶ τοὺς
144 μὲν παρακαλῶν, τοὺς δὲ μαστιγῶν καὶ διεγείρων ἀπειλαῖς. συνέβαινε δὲ τὸ μὲν πλεῖστον σταδιαίαν⁹⁴) εἶναι τὴν μάχην, ἐν ὀλίγῳ δὲ καὶ ταχέως ἀντιστρέφεσθαι τὰς ῥοπάς· οὐδέτεροι γὰρ οὔτε φυγῆς οὔτε διώξεως
145 μῆκος⁹⁵) εἶχον. ἀεὶ δὲ πρὸς τὸ συμβαῖνον οἰκεῖος⁹⁶) ἀπὸ τῆς Ἀντωνίας ὁ θόρυβος ἦν, θαρρεῖν δὲ καὶ κρατοῦσι τοῖς σφετέροις ἐπεβόων καὶ μένειν
146 τρεπομένοις⁹⁷). ἦν δὲ ὥσπερ τι πολέμου θέατρον· οὐδὲν γὰρ οὔτε Τίτον
147 οὔτε τοὺς περὶ αὐτὸν ἐλάνθανε τῶν κατὰ τὴν μάχην. τὸ δὲ πέρας ἀρξάμενοι τῆς νυκτὸς ἐνάτης ὥρας ὑπὲρ⁹⁸) πέμπτην τῆς ἡμέρας διελύθησαν ἀφ' οὗπερ ἤρξαντο τόπου τῆς συμβολῆς, μηδέτεροι βεβαίως κλίναντες
148 τοὺς ἑτέρους, ἀλλὰ τὴν νίκην μέσην ἐν ἀγχωμάλῳ καταλιπόντες⁹⁹). καὶ Ῥωμαίων μὲν ἐπισήμως ἠγωνίσαντο πολλοί, Ἰουδαίων δ' ἐκ μὲν τῶν περὶ Σίμωνα Ἰούδης¹⁰⁰) ὁ τοῦ Μαρεώτου¹⁰¹) καὶ Σίμων ὁ τοῦ Ὁσαΐα¹⁰²), τῶν δὲ Ἰδουμαίων Ἰάκωβος καὶ Σίμων, Ἀκατελᾶ¹⁰³) μὲν οὗτος παῖς,

⁹¹ τὴν τῶν ἐκκοιτούντων (προ-M) βοὴν MLVRC Na.
⁹² ἡ fehlt bei LVRC Na. ⁹³ τίτου AMLVRC Syr; *imperatoris* Lat.
⁹⁴ σταδιαίαν Thack cj., Lidell Scott 1631, Ricc. ⁹⁵ μῆκος τόπον P; vgl. § 77.
⁹⁶ οἰκείοις PAVR; τοῖς οἰκείοις M. Bei L fehlt überhaupt ein entsprechendes Wort. ⁹⁷ προτρεπομένοις PM.
⁹⁸ περὶ Niese cj (App.) Na, Thack. Wir rechnen ὑπέρ von der neunten Nachtstunde aus (ἀρξάμενοι).
⁹⁹ Anstelle von καταλιπόντες haben P καταλείποντες, A τῇ παρατάξει καταλείποντες, MLVRC τῇ παρατάξει καταλιπόντες; (*in*) *ancipite proelio* Lat.
¹⁰⁰ Ἰούδας C Na; *iudas* oder *iudaeus* Lat. Schlatter, Namen 55 hält die Form 'Ἰούδης für sekundär; doch finden sich in § 92 beide Formen im ursprünglichen Text nebeneinander.
¹⁰¹ μαραιώτου L; μέρτωνος C; *martheoti* Lat. Der Name Μαραιῶθος erscheint *ant.* 8, 12 in einer Priesterliste. Gegenüber *bell.* 6, 148 und *ant.* 8, 12 hat *bell.* 6, 92 (textkrit. Anm. 53) die stärker hellenisierte Form.
¹⁰² ὁσαΐα P; ὀσαΐα M; ἡσαΐα A; ἰωσία L; οσαια (sic) V; ὀσαΐα R; ἰωσίου C; *osaiae* und *iosiae* Lat. Schlatter, Namen 43: „Die Varianten Ἠσαΐα und Ἰωσία sind Mißverständnisse". Ὁσαΐα findet sich so in Neh 12, 32.

schrei auf, und so wurden die Römer gleich in einen Nahkampf verwickelt. Auf das Schlachtgeschrei der Nachtwachen hin brachen dann von innen her die übrigen in dichter Kolonne hervor. Die Römer hatten die Anläufe der Vordersten aufgefangen, die diesen folgenden stießen auf ihre eigene Truppe, und viele behandelten ihre Kampfgefährten als Feinde. Keiner konnte mehr den anderen erkennen, weder durch Zuruf, denn das Geschrei von beiden Seiten ging durcheinander, noch mit den Augen, weil es Nacht war. Die Wut tat bei den einen, und die Furcht bei den anderen noch das ihrige, um die Kämpfer blind zu machen. Man schlug deshalb ohne Unterschied auf jeden ein, der einem in den Weg kam. Der Umstand, daß man einander nicht erkennen konnte, schadete nun den Römern weit weniger, da sie ihre Schilde dicht aneinander schlossen und in wohlgeordneten Abteilungen vorstießen. Auch wußte jeder das Losungswort. Die Juden aber, die sich immerzu voneinander trennten und ganz aufs Geratewohl vordrangen und zurückwichen, hielten sich gegenseitig häufig für Feinde. Denn wer von den eigenen Leuten umkehrte, den empfing man wegen der Finsternis wie einen angreifenden Römer. Auf diese Weise wurden mehr Juden von ihren eigenen Leuten als von den Gegnern verwundet, bis sich bei Tagesanbruch, als man wieder sehen konnte, die Kampfsituation nach und nach entwirrte und man, als man sich in Reih und Glied gegenüberstand, den Einsatz der Wurfgeschosse und die Abwehrmaßnahmen wohlgeordnet vornehmen konnte. Aber keine der beiden Seiten wich oder erlahmte. Die Römer vielmehr, die sich vom Caesar beobachtet wußten, wetteiferten miteinander, Mann mit Mann und Abteilung mit Abteilung – und ein jeder glaubte, dieser Tag werde ihm die Beförderung bringen, wenn er nur tapfer stritte. Was hingegen die Juden zu ihren Wagestücken bestimmte, war einmal die Furcht für sich selbst und den Tempel und dann die Gegenwart des Tyrannen, der die einen ermunterte, andere aber mit Geißelhieben und Drohungen antrieb. So kam es, daß die Schlacht in der Hauptsache in ein und derselben Stellung blieb,[49] Vorstöße nur in geringem Ausmaß erfolgten und auch schnell wieder eine entgegengesetzte Wendung nahmen. Denn beide hatten weder zur Flucht noch zur Verfolgung Raum. Bei jeder Veränderung der Lage gab es von der Antonia her ein lautes Geschrei der eigenen Leute, das die Kameraden aufrief, Mut zu beweisen wenn sie im Vorteil waren, und standzuhalten, wenn sie sich rückwärts wandten. Das Ganze war wie eine Schlacht auf der Bühne; denn weder dem Caesar noch den Männern um ihn herum konnte irgend etwas vom Kampfgeschehen verborgen bleiben. Endlich trennten sich die schon seit der 9. Nachtstunde miteinander ringenden Parteien und zwar nach der 5. Tagesstunde, in der gleichen Stellung, von der aus sie das Treffen begonnen hatten. Keine Partei hatte die andere nachhaltig zum Weichen gebracht, sondern beide hatten den Sieg unentschieden in der Schwebe lassen müssen. Von den Römern hatte eine große Zahl ganz hervorragend gekämpft; von den Juden aus der Schar um

---

[103] ἀκατελᾶ PA; νακατελᾶ MV; νακάτελα R; κατθαία L; καθλᾶ C Na; *mathiae* und *cathiae* Lat. Der Anlaut klingt semitisch; doch will Schlatter, Namen 98 ihn streichen. Er unterscheidet κααθα (vgl. 5, 249 textkrit. Anm. 122) und κατελα (vgl. auch κοτυλις *ant.* 13, 235 und *bell.* 1, 60).

Σωσᾶ¹⁰⁴) δὲ ὁ Ἰάκωβος, τῶν δὲ μετὰ Ἰωάννου Γεφθέος¹⁰⁵) καὶ Ἀλεξᾶς, τῶν δὲ ζηλωτῶν Σίμων υἱὸς Ἀρί¹⁰⁶).

149 7. Ἐν τούτῳ δ' ἡ λοιπὴ τῶν Ῥωμαίων δύναμις ἡμέραις ἑπτὰ καταστρεψαμένη τοὺς τῆς Ἀντωνίας θεμελίους μέχρι τοῦ ἱεροῦ πλατεῖαν
150 ὁδὸν¹⁰⁷) εὐτρεπίσαντο. πλησιάσαντα δὲ τῷ πρώτῳ περιβόλῳ τὰ τάγματα κατήρχετο χωμάτων, τὸ μὲν ἄντικρυς¹⁰⁸) τῆς τοῦ εἴσω ἱεροῦ γωνίας, ἥτις ἦν κατ' ἄρκτον καὶ δύσιν, τὸ δὲ κατὰ τὴν βόρειον ἐξέδραν, ἣ μεταξὺ
151 τῶν δύο πυλῶν ἦν· τῶν δὲ λοιπῶν δύο θάτερον μὲν κατὰ τὴν ἑσπέριον στοὰν τοῦ ἔξωθεν ἱεροῦ, τὸ δ' ἕτερον ἔξω¹⁰⁹) κατὰ τὴν βόρειον. προύκοπτεν μέντοι μετὰ πολλοῦ καμάτου καὶ ταλαιπωρίας αὐτοῖς τὰ ἔργα καὶ¹¹⁰) τὴν
152 ὕλην ἀφ' ἑκατὸν σταδίων συγκομίζουσιν, ἐκακοῦντο δ' ἔσθ' ὅπῃ καὶ κατ' ἐπιβουλάς¹¹¹), αὐτοὶ διὰ περιουσίαν τοῦ κρατεῖν ὄντες ἀδεέστεροι¹¹²) καὶ δι'
153 ἀπόγνωσιν ἤδη σωτηρίας χρώμενοι τολμηροτέροις τοῖς Ἰουδαίοις. τῶν γὰρ ἱππέων τινὲς ὁπότε προέλθοιεν¹¹³) ἐπὶ ξυλείαν ἢ χόρτου συλλογήν, τὸν τῆς συγκομιδῆς¹¹⁴) χρόνον ἀνίεσαν βόσκεσθαι τοὺς ἵππους ἀποχαλινοῦντες,
154 οὓς οἱ Ἰουδαῖοι¹¹⁵) κατὰ στῖφος ἐκπηδῶντες ἥρπαζον. καὶ τούτου συνεχῶς γινομένου νομίσας Καῖσαρ, ὅπερ ἦν, ἀμελείᾳ τῶν σφετέρων πλέον ἢ τῇ Ἰουδαίων ἀνδρείᾳ γίνεσθαι τὰς ἁρπαγάς, ἔγνω σκυθρωπότερον τοὺς
155 λοιποὺς πρὸς φυλακὴν τῶν ἵππων¹¹⁶) ἐπιστρέψαι. καὶ κελεύσας ἀπαχθῆναι τὴν ἐπὶ θανάτῳ τῶν ἀπολεσάντων στρατιωτῶν ἕνα, φόβῳ¹¹⁷) τοῖς ἄλλοις ἐτήρησε τοὺς ἵππους· οὐκέτι γὰρ εἴων νέμεσθαι, καθάπερ δὲ συμ-
156 πεφυκότες αὐτοῖς ἐπὶ τὰς χρείας ἐξῄεσαν. οἱ μὲν οὖν προσεπολέμουν τῷ ἱερῷ καὶ τὰ χώματα διήγειρον¹¹⁸).
157 8. Μετὰ δὲ μίαν ἡμέραν αὐτῶν τῆς ἀνόδου πολλοὶ τῶν στασιαστῶν, οἷς¹¹⁹) ἁρπαγαί τε ἐπέλειπον ἤδη καὶ ὁ λιμὸς ἤπειγε, συνελθόντες ταῖς κατὰ τὸ Ἐλαιῶν ὄρος Ῥωμαίων φυλακαῖς ἐπιτίθενται περὶ ὥραν ἑνδεκάτην τῆς ἡμέρας, οἰόμενοι πρῶτον μὲν ἀδοκήτων, ἔπειτα πρὸς θεραπείαις¹²⁰) ἤδη
158 τοῦ σώματος ὄντων ῥᾳδίως διεκπαίσειν¹²¹). προαισθόμενοι δὲ τὴν ἔφοδον αὐτῶν οἱ Ῥωμαῖοι καὶ ταχέως ἐκ τῶν πλησίον φρουρίων συνδραμόντες
159 εἶργον ὑπερπηδᾶν καὶ διακόπτειν τὸ περιτείχισμα¹²²) βιαζομένους. γενο-

¹⁰⁴ σωσὰ P.
¹⁰⁵ γεφθαῖος MLVR Syr Thack, Ricc; γυφθαῖος C Na; *gestheus* und *testheus (geptheus)* Lat.; vgl. 5, 474 und 6, 92 textkrit. Anm. 57.
¹⁰⁶ ἀρεῖ MR; ἄρει V; ἀρεῖ καὶ ἀλέξας L; ἰαείρου C; *tariginae* Lat. Vgl. zuletzt 6, 92 textkrit. Anm. 56; ferner 5, 250 textkrit. Anm. 123; 7, 215 textkrit. Anm. 312; Schlatter, Namen 110f.
¹⁰⁷ ἄνοδον ALVRC Syr Zonaras Thack (mit Hinweis auf 6, 93); *viam* Lat Heg.
¹⁰⁸ ἄντικρυς PA aus Korrektur MLVRC und Thack Lex 5, 52f.; ἀντικρὺς A Niese, Na, Thack. Eine Unterscheidung der Bedeutung – ἄντικρυς = geradeaus; ἀντικρύ(ς) = entgegen –, wie sie Niese Na Thack auch in § 108 durchführen wollen, stößt besonders für das spätere Griechisch auf Schwierigkeiten, vgl. Liddell-Scott 157.
¹⁰⁹ ἔξοῦ L; das Wort fehlt bei Lat, Thack setzt es in Klammern.
¹¹⁰ καὶ fehlt bei C Lat. Na, Niese, Thack setzen es in Klammern.
¹¹¹ Na (im Apparat) zieht auch ἐπιβολάς in Erwägung. ¹¹² ἀηδέστεροι M.
¹¹³ προσέλθοιεν R. ¹¹⁴ κομιδῆς MLVRC Na. ¹¹⁵ ἰδαῖοι C; *idumaei* Syr.
¹¹⁶ ἵππων A Lat Niese, Na, Thack; ἱππέων PMLVRC.
¹¹⁷ Von ἐπὶ θανάτῳ bis φόβῳ folgen wir C Lat Syr Niese, Na, Thack; ἐπὶ θανάτῳ τινὰς τῶν ἀπολεσάντων τῶν στρατιωτῶν ἐν ἀφόβῳ P; ἐπὶ θανάτῳ τινὰς τῶν ἀπολεσάντων στρατιωτῶν ἐν ἀφόβῳ AMVR; ἐπὶ θανάτῳ τῶν ἀπολεσάτων στρα-

Simon Judes, der Sohn des Mareotos, und Simon, der Sohn des Osaja, von den Idumäern Jakobus und Simon – letzterer ein Sohn des Akatela – und des Sosa Sohn, Jakobus; von den mit Johannes Kämpfenden Gephteos und Alexas, von den Zeloten Simon, der Sohn des Ari.[50]

7. 149. Inzwischen hatte der übrige Teil des römischen Heeres in sieben Tagen die Fundamente der Antonia zerstört und so einen breiten Zugang zum Tempel geschaffen. Da die Legionen nun schon bis an die erste Umfassungsmauer herangekommen waren, begannen sie mit dem Aufwerfen von Dämmen: der eine sollte in Richtung auf die Ecke des inneren Tempelhofes, die nach Nordwesten ging, verlaufen, ein anderer auf die nördliche Halle zu, die zwischen den beiden Toren lag; außerdem noch einer gegen die westliche Säulenhalle des äußeren Tempelhofes und ein weiterer außen gegen die nördliche.[51] Doch schritten die Arbeiten bei den Römern nur unter viel Mühsal und Beschwerden voran, zumal sie das Holz aus einem Umkreis von 100 Stadien Entfernung zusammenzubringen hatten.[52] Auch geschah es zuweilen, daß sie durch Anschläge zu Schaden kamen, da sie in ihrer Übermacht etwas sorglos waren und in den Juden, die die Hoffnung auf eine Rettung schon aufgegeben hatten,[53] nur um so verwegenere Feinde antrafen. Denn von den Reitern pflegten einige, immer wenn sie auszogen, um Holz zu beschaffen oder Grasfutter einzuholen, für die Zeit, in der sie mit dieser Arbeit beschäftigt waren, ihre Pferde abzuzäumen und weiden zu lassen. Die Juden schnellten dann in einem geschlossenen Haufen hervor und nahmen sie weg. Da sich dieser Vorgang mehrfach wiederholte, gewann der Caesar die Überzeugung – und dies war auch tatsächlich der Fall –, daß diese Raubüberfälle[54] mehr durch die Nachlässigkeit seiner eigenen Leute als durch den Mut der Juden verursacht wurden, und er entschloß sich, durch zorniges Einschreiten die übrigen zu einer besseren Bewachung ihrer Pferde anzuhalten. So befahl er, einen der Soldaten, der sein Pferd verloren hatte, zum Tod abzuführen, eine Schreckenstat, durch die er den anderen ihre Pferde bewahrte: denn jetzt ließen sie sie nicht mehr weiden, sondern zogen gleichsam mit ihnen verwachsen hinaus, wenn sie den Materialbedarf zu decken hatten. Wie schon gesagt, die Römer trugen den Kampf gegen den Tempel vor und warfen die Dämme[55] auf.

8. 157. Einen Tag nach dem Aufmarsch der Römer[56] fanden sich die Aufrührer in großer Zahl zusammen, da ihnen die geraubten Vorräte schon ausgingen und der Hunger sie hart bedrängte, und unternahmen um die elfte Tagesstunde einen Angriff auf die römischen Wachen am Ölberg. Sie glaubten, die Wachmannschaften seien ahnungslos und noch dazu um diese Zeit mit der Pflege ihres Körpers beschäftigt, so daß sie leicht bei ihnen durchbrechen könnten.[57] Aber die Römer hatten ihr Anrücken schon vorher be-

---

τιωτῶν ἐν ἀφόβῳ L.   [118] διήγειραν PAMVRC.   [119] οὕς L; οἷς αἱ PM.
[120] θεραπείας codd.; θεραπείᾳ Bekker cj.; θεραπείαις Niese cj., Na, Thack.
[121] διεκπαίσειν Dest. cj. Niese, Na, Thack; διεκπαίειν PAMLVR; διεκπεσεῖν C; *decipi posse* Lat.
[122] Statt τὸ περιτείχισμα hat L τὸ ὑπὲρ τὸ τείχισμα. In diesem Abschnitt fällt überhaupt die Häufigkeit der abweichenden Lesarten von L auf.

μένης δὲ καρτερᾶς τῆς συμβολῆς ἄλλα τε πολλὰ παρ' ἑκατέρων γενναίως ἐπράχθη, Ῥωμαίων μὲν μετὰ τῆς ἰσχύος ἐμπειρίᾳ τοῦ πολεμεῖν χρωμένων,
160 Ἰουδαίων δὲ ἀφειδέσι ταῖς ὁρμαῖς καὶ τοῖς θυμοῖς ἀκατασχέτοις. ἐστρατήγει δὲ τῶν μὲν αἰδώς, τῶν δὲ ἀνάγκη· τό τε γὰρ ἐξαφεῖναι Ἰουδαίους[123]) ὥσπερ ἄρκυσιν ἐνειλημμένους[124]) Ῥωμαίοις αἴσχιστον ἐδόκει, κἀκεῖνοι
161 μίαν ἐλπίδα σωτηρίας εἶχον, εἰ βιασάμενοι ῥήξειαν τὸ τεῖχος· καὶ τῶν ἀπὸ σπείρας τις ἱππέων, Πεδάνιος τοὔνομα, τρεπομένων ἤδη τῶν Ἰουδαίων καὶ κατὰ τῆς φάραγγος συνωθουμένων ῥόθιον ἐκ πλαγίου παρελαύνων τὸν ἵππον ἁρπάζει τινὰ φεύγοντα τῶν πολεμίων, νεανίαν στιβαρόν τε
162 ἄλλως τὸ σῶμα καὶ καθωπλεσμένον, δραξάμενος ἐκ τοῦ σφυροῦ· τοσοῦτον μὲν ἑαυτὸν τρέχοντος ἐπέκλινε τοῦ ἵππου, τοσοῦτον δὲ ἐπεδείξατο τῆς[125])
163 δεξιᾶς τὸν τόνον καὶ τοῦ λοιποῦ σώματος ἔτι δ' ἐμπειρίας[126]) ἱππικῆς. ὁ μὲν οὖν ὥσπερ τι κειμήλιον ἁρπασάμενος ἧκε φέρων Καίσαρι τὸν αἰχμάλωτον. Τίτος δὲ τὸν μὲν λαβόντα τῆς δυνάμεως θαυμάσας, τὸν δὲ ληφθέντα τῆς περὶ τὸ τεῖχος ἐπιχειρήσεως κολάσαι κελεύσας, αὐτὸς ἐν ταῖς περὶ τὸ ἱερὸν διαμάχαις ἦν καὶ τὰ χώματα κατήπειγεν.
164 9. Ἐν ᾧ Ἰουδαῖοι κακούμενοι ταῖς συμβολαῖς ἀεὶ κατ' ὀλίγον κορυφουμένου τοῦ πολέμου καὶ τῷ ναῷ προσέρποντος, καθάπερ σηπομένου σώματος ἀπέκοπτον τὰ προειλημμένα μέλη φθάνοντες τὴν εἰς τὸ πρόσω
165 νομήν. τῆς γὰρ βορείου καὶ κατὰ δύσιν στοᾶς τὸ συνεχὲς πρὸς τὴν Ἀντωνίαν ἐμπρήσαντες ἔπειτα ἀπέρρηξαν ὅσον πήχεις εἴκοσι, ταῖς ἰδίαις
166 χερσὶν ἀρξάμενοι καίειν τὰ ἅγια. μετὰ δ' ἡμέρας δύο, τετράδι καὶ εἰκάδι τοῦ προειρημένου μηνός, τὴν πλησίον στοὰν ὑποπιμπρᾶσι Ῥωμαῖοι, καὶ μέχρι πεντεκαίδεκα πηχῶν προκόψαντος τοῦ πυρὸς ἀποκόπτουσιν ὁμοίως Ἰουδαῖοι τὴν ὀροφήν, μήτε καθάπαξ[127]) ἐξιστάμενοι τῶν ἔργων
167 καὶ τὸ πρὸς τὴν Ἀντωνίαν συναφὲς αὐτῶν διαιροῦντες. διὸ καὶ παρὸν κωλύειν ὑποπιμπράντας, οἱ δὲ πρὸς τὴν ἐμβολὴν τοῦ πυρὸς ἠρεμήσαντες
168 τὴν νομὴν ἐμέτρησαν[128]) αὐτῷ σφίσι χρησίως[129]). περὶ μὲν δὴ ἱερὸν οὐ διέλειπον αἱ συμβολαί, συνεχὴς δ' ἦν κατὰ μέρος ἐκθεόντων ἐπ' ἀλλήλους ὁ πόλεμος.
169 10. Τῶν Ἰουδαίων δέ τις κατὰ ταύτας τὰς ἡμέρας ἀνὴρ τό τε σῶμα βραχὺς καὶ τὴν ὄψιν εὐκαταφρόνητος γένους θ' ἕνεκα καὶ τῶν ἄλλων

---

[123] Statt Ἰουδαίους hat L τοῦ δέους.
[124] ἐνειλημένους Dest. cj. Thack. Die Konjektur Destinons hat viel für sich, vgl. Lat inretitos („zusammengedrängt"). [125] τῆς τε AVRC Na.
[126] ἐμπειρίαν Thack, wahrscheinlich bei Syr und Suidas vorausgesetzt, Niese fortasse recte.
[127] καθάπαν LVRC Na, Thack; omnino Lat. [128] ἐνέμησαν VRC.
[129] ἐμέτρησαν τῷ σφίσι χρησίμῳ Niese cj. (App.) Thack.

merkt und waren von den benachbarten Befestigungen zusammengelaufen, um sie davon abzuhalten, die Ummauerung zu überspringen und mit Gewalt zu durchstoßen. Es entstand ein hartes Gefecht, und von beiden Seiten wurde manch tüchtige Tat vollbracht. Dabei brachten die Römer außer ihrer Stärke noch die Kriegserfahrung zur Geltung, die Juden dagegen ihre Sturmangriffe, bei denen sie keine Schonung kannten, und ihre unbezähmbare Kampfeswut. Der Gedanke an die Ehre bestimmte die einen, die Notlage die anderen. Denn die Juden auch nur entkommen zu lassen, wo sie sich jetzt wie in Netzen gefangen hatten, erschien den Römern als eine große Schande, und jene hatten nur in dem einen Fall Aussicht auf Rettung, wenn es ihnen gelänge, mit Gewalt die Mauer einzureißen.[58] Es ereignete sich noch, als die Juden schon in die Flucht geschlagen waren und die Schlucht hinabgedrängt wurden, daß ein Reiter aus einer Kohorte mit dem Namen Pedanius[59] sein Pferd in rasendem Galopp von der Flanke her an die fliehenden Feinde herantrieb und einen von ihnen zu sich emporriß, einen Jüngling übrigens von starkem Körperbau und in voller Rüstung, indem er ihn am Knöchel packte! So weit hatte er sich in vollem Lauf vom Pferd herabgebeugt, und eine solche Spannkraft seines Armes sowie seines übrigen Körpers erwiesen, und dazu noch ein so ungewöhnliches Maß reiterischer Gewandtheit. Nun kam er mit dem Gefangenen, gerade so, als hätte er ein geraubtes Kleinod in der Hand, zu dem Caesar. Titus aber zeigte dem, der diesen Fang getan hatte, seine Bewunderung wegen seiner Kraft, den Gefangenen ließ er wegen seiner Beteiligung am Angriff auf die Mauer bestrafen.[60] Doch seine besondere Aufmerksamkeit galt jetzt den Kämpfen um den Tempel, und bei den Dämmen drängte er zur Eile.

9. 164. Unterdessen erlitten die Juden in den Gefechten ständig Verluste. Der Krieg näherte sich allmählich seinem Höhepunkt, und das Kampfgeschehen bewegte sich stetig auf das Tempelgebäude zu. Da schnitten die Juden, wie man es bei einem sich zersetzenden Körper tut, die schon in Mitleidenschaft gezogenen Glieder ab, um einem weiteren Umsichgreifen des Übels zuvorzukommen. Sie legten Feuer an die Verbindung der nordwestlichen Säulenhalle mit der Antonia und rissen dann die Halle selbst noch weitere 20 Ellen ein. So machten sie mit eigenen Händen den Anfang mit dem Niederbrennen des Heiligtums.[61] Nach zwei Tagen, am 24. des genannten Monats (12. August), steckten dann die Römer von unten her die daran anschließende Säulenhalle in Brand. Als das Feuer 15 Ellen weit gekommen war, brachen die Juden wieder das Dach ab; damit gaben sie diese Bauwerke nicht auf ein Mal auf und zerstörten doch deren Verbindung mit der Antonia. Aus diesem Grunde verhielten sie sich den eindringenden Flammen gegenüber ruhig, obwohl es ihnen möglich gewesen wäre, den Brandstiftern zu wehren, und gaben dem Feuer Nahrung, soweit es ihnen zunutze kam. Dabei gab es bei den Gefechten um den Tempel keine Unterbrechung, sondern es fanden fortwährend Kampfhandlungen statt, bei denen kleinere Gruppen Ausfälle gegeneinander unternahmen.

10. 169. In diesen Tagen ereignete es sich, daß ein Jude, klein und unansehnlich und auch hinsichtlich seiner Abkunft und sonstiger Eigenschaften un-

ἄσημος, Ἰωνάθης ἐκαλεῖτο, προελθὼν κατὰ τὸ τοῦ ἀρχιερέως Ἰωάννου μνημεῖον ἄλλα τε πολλὰ πρὸς τοὺς Ῥωμαίους ὑπερηφάνως ἐφθέγγετο
170 καὶ τὸν ἄριστον αὐτῶν εἰς μονομαχίαν προυκαλεῖτο. τῶν δὲ ταύτῃ παρατεταγμένων οἱ πολλοὶ μὲν ὑπερηφάνουν, ἦσαν δ' οἳ κατὰ τὸ εἰκὸς ἐδεδοίκεσαν, ἥπτετό γε μὴν τινῶν καὶ λογισμὸς οὐκ ἀσύνετος θανατῶντι
171 μὴ συμπλέκεσθαι· τοὺς γὰρ ἀπεγνωκότας τὴν σωτηρίαν ἅμα[130]) καὶ τὰς ὁρμὰς ἀταμιεύτους ἔχειν καὶ τὸ θεῖον εὐδυσώπητον[131]), τό τε παραβάλλεσθαι πρὸς οὓς καὶ τὸ νικᾶν οὐ μέγα καὶ μετ' αἰσχύνης τὸ λειφθῆναι σφα-
172 λερόν[132]), οὐκ ἀνδρείας ἀλλὰ θρασύτητος εἶναι. μηδενὸς δ' ἐπὶ πολὺ προϊόντος καὶ τοῦ Ἰουδαίου πολλὰ κατακερτομοῦντος αὐτοὺς εἰς δειλίαν, ἀλαζὼν γάρ τις ἦν αὐτῷ σφόδρα[133]) καὶ ὑπερήφανος, τῶν Ῥωμαίων τις Πούδης[134]) ὄνομα[135]) τῶν ἐξ ἴλης ἱππέων βδελυξάμενος αὐτοῦ τά τε
173 ῥήματα καὶ τὸ αὔθαδες, εἰκὸς[136]) δὲ καὶ πρὸς τὴν βραχύτητα τοῦ σώματος αὐτὸν ἀσκέπτως ἐπαρθῆναι, προπηδᾷ, καὶ τὰ μὲν ἄλλα περιῆν συμβαλών, προεδόθη δὲ ὑπὸ τῆς τύχης· πεσόντα γὰρ αὐτὸν ὁ Ἰωνάθης ἀποσφάττει
174 προσδραμών. ἔπειτα ἐπιβὰς τῷ νεκρῷ τό τε ξίφος ᾑμαγμένον ἀνέσειε καὶ τῇ λαιᾷ τὸν θυρεὸν ἐπηλάλαξέ τε τῇ στρατιᾷ πολλὰ καὶ πρὸς τὸν πεσόντα
175 κομπάζων καὶ τοὺς ὁρῶντας Ῥωμαίους ἐπισκώπτων, ἕως αὐτὸν ἀνασκιρτῶντα καὶ ματαΐζοντα Πρῖσκός τις ἑκατοντάρχης τοξεύσας διήλασε βέλει· πρὸς ὃ τῶν τε Ἰουδαίων καὶ τῶν Ῥωμαίων κραυγὴ συνεξήρθη διάφορος.
176 ὁ δὲ δινηθεὶς ἐκ τῶν ἀλγηδόνων ἐπὶ τὸ σῶμα τοῦ πολεμίου κατέπεσεν, ὠκυτάτην ἀποφήνας ἐν πολέμῳ τὴν ἐπὶ τῷ ἀλόγως εὐτυχοῦντι[137]) νέμεσιν.

177 III. 1. Οἱ δὲ ἀνὰ τὸ ἱερὸν στασιασταὶ φανερῶς τε οὐκ ἀνίεσαν τοὺς ἐπὶ τῶν χωμάτων στρατιώτας ἀμυνόμενοι καθ' ἑκάστην ἡμέραν, καὶ τοῦ
178 προειρημένου μηνὸς ἑβδόμῃ καὶ εἰκάδι δόλον ἐνσκευάζονται τοιόνδε. τῆς ἑσπερίου στοᾶς τὸ μεταξὺ τῶν δοκῶν καὶ τῆς ὑπ' αὐτῆς[138]) ὀροφῆς ὕλης ἀναπιμπλᾶσιν αὔης[139]), πρὸς δὲ ἀσφάλτου τε καὶ πίσσης· ἔπειθ' ὡς κατα-
179 πονούμενοι δῆθεν ὑπεχώρουν. πρὸς ὃ τῶν μὲν ἀσκέπτων πολλοὶ ταῖς ὁρμαῖς φερόμενοι προσέκειντο τοῖς ὑποχωροῦσιν ἐπί τε τὴν στοὰν ἀνεπήδων προσθέμενοι κλίμακας, οἱ δὲ συνετώτεροι τὴν ἄλογον τροπὴν τῶν Ἰουδαίων ὑπονοήσαντες ἔμενον. κατεπλήσθη μέντοι τῶν ἀναπηδη-
180 σάντων ἡ στοά, κἂν τούτῳ Ἰουδαῖοι[140]) πᾶσαν ὑποπιμπρᾶσιν αὐτήν. αἰρο-

[130] ἀλλὰ PAL, was Thack für vielleicht richtig hält; τά τε ἄλλα MVR; ταῦτ' ἄλλα C; ἅμα Destinon cj. Niese, Na, Thack.
[131] ἀδυσώπητον VR Na; *placabilem (deum)* Lat. [132] βλαβηρόν C.
[133] αὐτῷ σφόδρα PAVR; αὐτῷ σφόδρα M Thack; σφόδρα ἑαυτοῦ L; αὐτὸς σφόδρα C Na.
[134] Der Text folgt C Lat, Heg, Niese; τῶν ῥωμαίων ὑπερήφανος πούδης τίς PAMLVR Syr Na, Thack. [135] τοὔνομα L. [136] εἰκάσας Na cj.
[137] τῷ (τὸ A) ἀλόγως εὐτυχοῦντι PA Niese; τοῖς ἀλόγως εὐτυχοῦσι MLVRC Na, Thack.
[138] Der Text folgt der ed. pr. Thack, Ricc, *spatium quod inter culmina ac trabes erat uacuum;* ὑπ' αὐτῆς PAL Niese; ἀπ' αὐτῆς MVRC; ἐπ' αὐτῆς cod. Lugd. (nach Haverkamp); ἐπ' αὐταῖς Holwerda cj., Na. [139] στύπτης („Werg") L. [140] οἱ ἰουδαῖοι AMVRC Na.

bedeutend, – Jonathan hieß er, bei dem Grabmal des Hohenpriesters Johannes[62] auftrat und unter mannigfachen hochfahrenden Reden gegen die Römer den Tapfersten unter ihnen zum Zweikampf herausforderte. Die Mehrzahl der an dieser Stelle aufgestellten Soldaten aber zeigte ihm nichts als Verachtung, doch fürchteten sich gewiß manche vor ihm; immerhin stellten einige die nicht unvernünftige Überlegung an, mit einem Mann, der nur den Tod suche, solle man sich nicht herumschlagen. Denn solche Menschen, die die Hoffnung auf Rettung schon aufgegeben hätten, würden in ihren Angriffen doch noch das Letzte hergeben und hätten auch leicht Einfluß auf die Gottheit;[63] dabei wäre selbst ein Sieg über sie keine Großtat und eine Niederlage nicht nur schändlich, sondern mit besonderer Gefahr verbunden, so daß es eigentlich nicht Mut, sondern Waghalsigkeit sei, sich ihnen auszusetzen. Eine ganze Weile trat niemand hervor, und der Jude verspottete sie wortreich als Feiglinge, denn er war ein grober und dreister Aufschneider, bis einer von den Römern aus der Reiterschwadron, ein gewisser Pudens,[64] voller Abscheu gegen dessen Reden und Anmaßung hervorsprang. Aber er hatte sich wohl unvorsichtigerweise von der kleinen Gestalt seines Gegners verleiten lassen, und wenn er auch aufs Ganze gesehen bei dem Treffen der Überlegene war, so gab doch das Schicksal ihn preis. Er stürzte nämlich hin, Jonathan lief herzu und erstach ihn. Dann stieg er auf den Leichnam, schwang sein bluttriefendes Schwert in die Höhe sowie mit der Linken den Schild und jubelte immer wieder dem römischen Heer seinen Sieg zu, indem er mit dem Gefallenen prahlte und die zuschauenden Römer verhöhnte, bis ihn mitten in seinem albernen Siegestanz der Centurio Priscus mit einem Pfeilschuß durchbohrte.[65] Daraufhin erhob sich von seiten der Juden und auch der Römer gleichzeitig ein lautes Geschrei, freilich verschiedener Art. Jonathan wand sich vor Schmerzen und fiel auf den Leichnam seines Gegners nieder; er gab damit ein Beispiel, wie rasch im Kriege die vom Schicksal ohne Sinn Begünstigten die gerechte Strafe ereilt.

3. Kapitel

1. 177. Die Aufrührer im Tempelgebiet ließen indessen nicht nach, die feindlichen Soldaten auf den Dämmen in offenem Kampf Tag für Tag abzuwehren; am 27. des genannten Monats (15. August) aber schmiedeten sie einen Anschlag, und zwar folgenden: In der westlichen Säulenhalle füllten sie den Raum zwischen dem Gebälk und der darunter gelegenen Decke[66] mit trockenem Holz, dazu noch mit Asphalt und Pech. Daraufhin zogen sie sich, scheinbar vollkommen erschöpft, zurück. Dies veranlaßte viele Unvorsichtige in ihrem Ungestüm, den zurückweichenden Juden nachzusetzen, Leitern an die Halle zu legen und hinaufzuklettern; die Klügeren aber mißtrauten der unerklärlichen Kehrtwendung der Juden und blieben zurück. Immerhin wurde das Dach der Halle voll besetzt von solchen, die hinaufgeklettert waren, und in diesem Augenblick steckten Juden den ganzen Bau von unten her in Brand. Als die Flamme nun plötzlich von allen Seiten em-

μένης δ' αἰφνιδίως πάντοθεν τῆς φλογὸς τούς τε ἔξω τοῦ κινδύνου Ῥωμαίους ἔκπληξις ἐπέσχε δεινὴ καὶ τοὺς περισχεθέντας ἀμηχανία.
181 κυκλούμενοι δὲ ὑπὸ τῆς φλογὸς οἱ μὲν εἰς τὴν πόλιν ὀπίσω[141]) κατεκρήμνιζον[142]) ἑαυτούς[143]),οἱ δ' εἰς τοὺς πολεμίους, πολλοὶ δ' ἐλπίδι σωτηρίας εἰς τοὺς σφετέρους[144]) καταπηδῶντες ἐκλῶντο τὰ μέλη, πλείστων δ' ἔφθανε
182 τὰς ὁρμὰς τὸ πῦρ καί τινες τὴν φλόγα σιδήρῳ. περιεῖχε δ' εὐθέως καὶ τοὺς ἄλλως[145]) φθειρομένους[146]) τὸ πῦρ ἐπὶ πλεῖστον ἐκφερόμενον. Καίσαρα δὲ καίπερ χαλεπαίνοντα τοῖς ἀπολλυμένοις, ἐπειδὴ δίχα παραγγέλματος
183 ἀναβεβήκεσαν, ὅμως οἶκτος τῶν ἀνδρῶν· καὶ μηδενὸς προσαμύνειν δυναμένου, τοῦτο γοῦν παραμύθιον ἦν τοῖς φθειρομένοις τὸ βλέπειν ὑπὲρ οὗ τις ἡφίει τὴν ψυχὴν ὀδυνώμενον· βοῶν τε γὰρ αὐτοῖς καὶ προπηδῶν καὶ τοῖς [147])περὶ αὐτὸν ἐκ τῶν ἐνόντων ἐπαμύνειν παρακαλῶν
184 δῆλος ἦν. τὰς δὲ φωνὰς ἕκαστος καὶ τὴν διάθεσιν ὥσπερ τι λαμπρὸν
185 ἀποφέρων[148]) ἐντάφιον εὔθυμος ἀπέθνησκεν. ἔνιοί γε μὴν ἐπὶ τὸν τοῖχον τῆς στοᾶς ὄντα πλατὺν ἀναχωρήσαντες ἐκ μὲν τοῦ πυρὸς διεσώθησαν, ὑπὸ δὲ τῶν Ἰουδαίων περισχεθέντες ἐπὶ πολὺ μὲν ἀντέσχον διατιτρω-
186 σκόμενοι, τέλος δὲ πάντες ἔπεσον, 2. καὶ τελευταῖός[149]) τις αὐτῶν νεανίας, ὀνόματι Λόγγος[150]), ὅλον ἐπικοσμήσας τὸ πάθος καὶ κατ' ἄνδρα μνήμης
187 ἀξίων[151]) ὄντων πάντων[152]) τῶν ἀπολωλότων ἄριστος φανείς. ὃν οἱ Ἰουδαῖοι τῆς τε ἀλκῆς ἀγάμενοι καὶ ἄλλως ἀνελεῖν ἀσθενοῦντες[153]) καταβῆναι πρὸς αὐτοὺς ἐπὶ δεξιᾷ παρεκάλουν, ὁ δὲ ἀδελφὸς Κορνήλιος ἐκ θατέρου μὴ καταισχῦναι τὸ σφέτερον κλέος καὶ τὴν Ῥωμαίων στρατιάν. τούτῳ πεισθεὶς καὶ διαράμενος φανερὸν ἑκατέροις τοῖς τάγμασι τὸ ξίφον αὐτὸν[154])
188 ἀναιρεῖ. τῶν δὲ τῷ πυρὶ περισχεθέντων Ἀρτώριός[155]) τις πανουργίᾳ διασώζεται· προσκαλεσάμενος γάρ τινα τῶν στρατιωτῶν[156]) Λούκιον, ᾧ συνεσκήνει, μεγάλῃ τῇ φωνῇ «κληρονόμον, ἔφη, καταλείπω σε τῶν
189 ἐμαυτοῦ κτημάτων, εἰ προσελθών με δέξαιο». τοῦ δὲ ἑτοίμως προσδραμόντος ὁ μὲν ἐπ' αὐτὸν κατενεχθεὶς ἔζησεν, ὁ δὲ δεξάμενος ὑπὸ τοῦ βάρους
190 τῷ λιθοστρώτῳ προσαραχθεὶς παραχρῆμα θνήσκει. τοῦτο τὸ πάθος πρὸς καιρὸν μὲν Ῥωμαίοις ἐνεποίησεν ἀθυμίαν, πρὸς δὲ τὸ μέλλον ὅπως ἀπαρακλήτους[157]) κατεσκεύασεν[158])φυλακτικωτέρους τε πρὸς τὰς Ἰουδαίων ἀπάτας ὠφέλησεν, ἐν αἷς τὰ πολλὰ δι' ἄγνοιαν τῶν τόπων καὶ τὸ ἦθος

[141] ὀπίσω fehlt bei C Lat.   [142] καταχρημνίζοντες Dest. cj.
[143] αὐτούς AV; αὑτούς MR. Zum Wechsel zwischen Demonstrativ- und Reflexivpronomen vgl. § 172 Anm. 64.
[144] Statt εἰς τοὺς σφετέρους hat Lat *in puteos* (in Gruben, Zisternen).
[145] ἄλλους M Lat Syr.   [146] *fugientes* Lat.   [147] τοὺς C.
[148] ἀποφαίνων C.   [149] τελευταῖον MVRC.   [150] *Longinus* Heg Syr.
[151] ἄξιον PAM, bei denen dann auch das folgende ὄντων fehlt.
[152] πάντων fehlt bei L.   [153] θέλοντες L Lat.
[154] αὐτὸν AV; ἑαυτὸν LC. Die Unsicherheit in der Verwendung des einfachen Demonstrativpronomens und des Reflexivpronomens ist durchgehend in den codd. zu beobachten.
[155] σερτώριός C Bekker, Na, Clementz; *argorius* Lat; *artorius* Heg. Artorius ist ein geläufiger Name, vgl. Pros. Imp. Rom s. v.
[156] τῶν συστρατιωτῶν ML Na, Thack; *commilitone* Lat.
[157] ἀπαρακλήτους fehlt bei MVRC Lat Na. Dieselben Zeugen haben hinter φυλακτικωτέρους statt des τε ein καί.

porschoß, erfaßte die Römer außerhalb der Gefahrenzone ein ungeheures Entsetzen und die Eingeschlossenen völlige Ratlosigkeit. Da sie sich von den Flammen rings umgeben sahen, stürzten sich manche von der Rückwand der Halle in die Stadt hinab, andere wieder unter die Feinde, viele sprangen auch in der Hoffnung auf Rettung zu ihren Kameraden hinab und brachen sich die Glieder; die meisten aber ereilte das Feuer, dem einige wiederum mit ihrem eigenen Schwerte zuvorkamen. Bald erreichte das weithin lodernde Feuer auch diejenigen, die schon auf eine andere Weise den Tod gefunden hatten. Der Caesar war zwar aufgebracht über die Männer, die ums Leben kamen, sie waren ja ohne Befehl auf das Dach gestiegen, aber dennoch erfaßte ihn Mitleid mit ihnen.[67] Und da niemand zur Hilfe herbeikommen konnte, hatten sie wenigstens diesen einen Trost bei ihrem Untergang: ihn vom Schmerz bewegt zu sehen, für den ein jeder von ihnen das Leben ließ. Sie konnten nämlich deutlich wahrnehmen, wie er zu ihnen hinaufschrie, wie er hervorsprang und die Männer um sich herum aufforderte, zu Hilfe zu eilen, soweit man helfen konnte. Und mit diesem Rufen und dieser Einstellung des Caesar nahm ein jeder den Eindruck einer glänzenden Totenfeier mit sich und starb getrost.[68] Einige übrigens, die auf die breite Mauer der Säulenhalle ausgewichen waren, retteten sich zwar vor dem Feuer, wurden dann aber von den Juden eingeschlossen. Längere Zeit leisteten sie, mit Wunden über und über bedeckt, noch Widerstand, aber zum Schluß fielen alle.

2. 186. Unter ihnen fiel als letzter ein Jüngling mit dem Namen Longus. Er brachte in die ganze Schreckenszene noch einen lichten Zug hinein und erwies sich von den Männern, die hier den Untergang fanden und von denen jeder einzelne besonderer Erwähnung wert gewesen wäre, als der Tapferste. Die Juden, die ihn wegen seiner Kampfkraft bewunderten, im übrigen aber zu schwach waren, ihn zu vernichten, forderten ihn nämlich auf, zu ihnen herabzusteigen; man würde ihm dann nichts antun. Von der anderen Seite aber rief sein Bruder Cornelius ihm zu, er solle doch den ehrenvollen Ruf der Seinigen und das Römerheer nicht der Schande preisgeben. Hiervon ließ er sich bestimmen, riß sein Schwert für beide Heere sichtbar empor und gab sich selbst den Tod. Von den durch das Feuer Eingeschlossenen rettete sich ein gewisser Artorius durch eine List.[69] Er rief nämlich Lucius, einen Soldaten, der mit ihm im gleichen Zelte wohnte, so laut er konnte, zur Hilfe herbei. „Du sollst mein Vermögen erben,[70] wenn du herkommst und mich auffängst!" schrie er. Jener lief bereitwillig herbei, Artorius sprang auf ihn herab und blieb am Leben,[71] der aber, der ihn aufgefangen hatte, wurde von der Wucht auf das Steinpflaster geschmettert und starb auf der Stelle. – Diese schlimme Erfahrung machte die Römer zunächst mutlos, für die Folgezeit trug sie aber dazu bei, daß die Römer sich nicht mehr so leicht herausfordern ließen und brachte so die jetzt vorsichtiger gewordenen Römer in eine vorteilhaftere Lage gegenüber den Tücken der Juden, durch die sie sonst meist aus Unkenntnis der örtlichen Verhältnisse und infolge der Gesinnung dieser Männer[72] zu Schaden kamen. Die Halle brannte nieder bis zum Turm

---

[158] προκατεσκεύασεν L; κατασκεύασαν Dest. cj., Thack (Partizip zum Prädikat ὠφέλησεν).

191 τῶν ἀνδρῶν ἐβλάπτοντο. κατεκάη δ' ἡ στοὰ μέχρι τοῦ Ἰωάννου πύργου, ὃν ἐκεῖνος ἐν τῷ πρὸς Σίμωνα πολέμῳ κατεσκεύασεν ὑπὲρ τὰς ἐξαγούσας ὑπὲρ τὸν ξυστὸν πύλας[159]) τὸ δὲ λοιπὸν ἐπὶ διεφθαρμένοις ἤδη Ἰουδαίοι[160])
192 τοῖς ἀναβᾶσιν ἀπέκοψαν. τῇ δ' ὑστεραίᾳ καὶ Ῥωμαῖοι τὴν βόρειον στοὰν ἐνέπρησαν μέχρι τῆς ἀνατολικῆς ὅλην, ὧν ἡ συνάπτουσα γωνία τῆς Κεδρῶνος καλουένης φάραγγος ὑπερδεδόμητο, παρ' ὃ καὶ φοβερὸν ἦν τὸ βάθος. καὶ τὰ μὲν περὶ τὸ ἱερὸν ἐν τούτοις ἦν.
193 3. Τῶν δὲ ὑπὸ τοῦ λιμοῦ φθειρομένων κατὰ τὴν πόλιν ἄπειρον μὲν
194 ἔπιπτε τὸ πλῆθος, ἀδιήγητα δὲ συνέβαινε τὰ πάθη. καθ' ἑκάστην γὰρ οἰκίαν, εἴ που τροφῆς παραφανείη σκιά, πόλεμος ἦν, καὶ διὰ χειρῶν ἐχώρουν οἱ φίλτατοι πρὸς ἀλλήλους ἐξαρπάζοντες τὰ ταλαίπωρα τῆς
195 ψυχῆς ἐφόδια. πίστις δ' ἀπορίας οὐδὲ τοῖς θνήσκουσιν ἦν, ἀλλὰ καὶ τοὺς ἐκπνέοντας οἱ λῃσταὶ διηρεύνων, μή τις ὑπὸ κόλπον ἔχων τροφὴν
196 σκήπτοιτο τὸν θάνατον αὐτῷ[161]). οἱ δ' ὑπ' ἐνδείας κεχηνότες ὥσπερ λυσσῶντες κύνες ἐσφάλλοντο, καὶ παρεφέροντο ταῖς τε θύραις ἐνσειόμενοι μεθυόντων τρόπον καὶ[162]) ὑπ' ἀμηχανίας εἰς τοὺς αὐτοὺς
197 οἴκους εἰσπηδῶντες[163]) δὶς ἢ τρὶς ὥρᾳ μιᾷ. πάντα δὲ ὑπ' ὀδόντας ἦγεν ἡ ἀνάγκη, καὶ τὰ μηδὲ τοῖς ῥυπαρωτάτοις τῶν ἀλόγων ζῴων πρόσφορα συλλέγοντες ἐσθίειν ὑπέφερον· ζωστήρων γοῦν καὶ ὑποδημάτων τὸ τελευταῖον
198 οὐκ ἀπέσχοντο καὶ τὰ δέρματα τῶν θυρεῶν ἀποδέροντες ἐμασῶντο. τροφὴ δ' ἦν καὶ χόρτου τισὶ παλαιοῦ σπάραγμα[164])· τὰς γὰρ ἶνας ἔνιοι συλλέγοντες
199 ἐλάχιστον σταθμὸν ἐπώλουν Ἀττικῶν τεσσάρων. καὶ τί δεῖ τὴν ἐπ' ἀψύχοις ἀναίδειαν τοῦ λιμοῦ λέγειν; εἶμι γὰρ αὐτοῦ δηλώσων ἔργον οἷον μήτε παρ' Ἕλλησιν μήτε παρὰ βαρβάροις ἱστόρηται, φρικτὸν μὲν
200 εἰπεῖν, ἄπιστον δὲ ἀκοῦσαι. καὶ ἔγωγε μὴ δόξαιμι τερατεύεσθαι τοῖς αὖθις ἀνθρώποις, κἂν παρέλειπον τὴν συμφορὰν ἡδέως, εἰ μὴ τῶν κατ' ἐμαυτὸν εἶχον ἀπείρους μάρτυρας. ἄλλως τε καὶ ψυχρὰν[165]) ἂν καταθείμην τῇ πατρίδι χάριν καθυφέμενος τὸν λόγον ὧν πέπονθεν τὰ ἔργα.
201 4. Γυνή τις τῶν ὑπὲρ τὸν Ἰορδάνην κατοικούντων, Μαρία τοὔνομα, πατρὸς Ἐλεαζάρου, κώμης Βηθεζουβᾶ[166]), σημαίνει δὲ τοῦτο οἶκος ὑσσώπου, διὰ γένος καὶ πλοῦτον, ἐπίσημος, μετὰ τοῦ λοιποῦ πλήθους εἰς
202 τὰ Ἱεροσόλυμα καταφυγοῦσα συνεπολιορκεῖτο. ταύτης τὴν μὲν ἄλλην κτῆσιν οἱ τύραννοι διήρπασαν, ὅσην ἐκ τῆς Περαίας ἀνασκευασαμένη·

---

[159] *supra portas quae in xystum ducerent* Lat.
[160] Ἰουδαίοι nach Lat, Heg, Hudson, Niese, Na, Thack; ἰουδαίοις codd.
[161] αὐτῷ PALVC; ἑαυτῷ M; αὐτοῦ Euseb.
[162] καί fehlt bei Joh. Chrysostomus.
[163] εἰσεπήδων LVRC Lat Euseb Chrysostomus.
[164] σπαράγματα LC Euseb, Na, Thack; *laceramenta* Lat.   [165] *aliquam* Lat.
[166] βηθηζουβᾶ L Niese, Thack; βαθεχώρ PAVRC; βηθεζώρ M; *uatezoba* und *uatezobra* Lat; Βαθεζώρ Euseb; Βηθεζώβ Hudson cj. Na. E. Nestle gewinnt aus M Euseb die hebräische Form bēṯ ḥazōr. Zum Ganzen vgl. 6, 201, Anm. 83.

Josephus, Jüdischer Krieg, Buch 6

des Johannes,[73] den dieser Kampf gegen Simon über den Toren errichtet hatte, die über den Xystos[74] nach außerhalb führten. Den übrigen Teil brachen die Juden ab, nachdem die hinaufgestiegenen Römer bereits den Tod gefunden hatten. Am nächsten Tage ließen die Römer ihrerseits die Nordhalle bis ganz zur Osthalle hin in Flammen aufgehen.[75] Dort stießen beide Hallen zusammen und bildeten einen Winkel, der sich über der sogenannten Kidronschlucht erhob, wo das Gelände in eine schwindelnde Tiefe abfiel. So war die Lage im Tempelgebiet.

3. 193. Die Menschen in der Stadt gingen dem Hungertode entgegen.[76] In unzählbarer Menge kamen sie um, und es widerfuhr ihnen unbeschreibliches Elend. In jedem Hause gab es nämlich einen Kampf, wenn irgendwo noch etwas zum Vorschein kam, das auch nur von ferne wie etwas Eßbares aussah, und mit den Fäusten gingen die engsten Freunde aufeinander los und rissen dem anderen die erbärmlichen Reste weg, mit denen er noch sein Leben fristete. Selbst den Sterbenden glaubte man nicht, daß sie nichts mehr hätten, vielmehr durchsuchten die Räuber auch die Menschen, die in den letzten Zügen lagen, ob nicht das Sterben nur ein Vorwand sei und einer dabei noch Nahrungsmittel in der Busenfalte[77] trug. Vor Hunger sperrten sie den Mund weit auf, wie tollwütige Hunde; sie irrten umher, begaben sich hierhin und dorthin, stürmten wie Betrunkene in die Türen und drangen in ihrer Hilflosigkeit in dieselben Häuser zwei oder drei Mal in einer Stunde ein.[78] Alles brachte die Not ihnen zwischen die Zähne, und sogar solche Dinge, die nicht einmal den unreinsten der unvernünftigen Tiere zuträglich sind, lasen sie zusammen und brachten es fertig, sie zu verzehren. So verschmähten sie schließlich nicht einmal Leibgurte und Schuhwerk, und von ihren Schilden zogen sie die Lederhäute ab und kauten darauf herum. Als Nahrung diente einigen auch ein Büschel altes Heu; manche sammelten nämlich Fasern und verkauften das kleinste Gewicht um vier attische Drachmen.[79] Und wozu muß ich von der Schamlosigkeit berichten, zu der der Hunger die Menschen gegenüber leblosen Dingen trieb? Ich möchte vielmehr dazu übergehen, ein Werk des Hungers zu berichten, wie es weder bei Griechen noch bei Barbaren je bezeugt worden ist. Schauder erfaßt einen beim Erzählen und wer es hört, kann es nicht glauben.[80] Und ich für meinen Teil hätte gern diesen Vorfall übergangen, um nicht den späteren Geschlechtern als Erzähler von unglaubhaften Geschichten zu erscheinen, wenn ich nicht unter meinen eigenen Zeitgenossen unzählige Zeugen hätte. Anderseits könnte ich meiner Vaterstadt wohl nur einen recht kühlen Dank abstatten,[81] wenn ich nicht einmal in der Erzählung dem getreu bliebe, was sie in Wirklichkeit hat erleiden müssen.

4. 201. Es handelt sich um eine Frau von den Bewohnern des Gebietes jenseits des Jordan mit dem Namen Maria;[82] ihr Vater hieß Eleazar, sie stammte aus dem Dorfe Bethezuba[83] (dies bedeutet: „Haus des Ysops") und genoß wegen ihrer Abstammung und wegen ihres Reichtums besonderes Ansehen. Mit der übrigen Menge hatte sie sich nach Jerusalem geflüchtet und die Belagerung miterlebt. Einen Teil ihres Besitzes, soweit sie ihn hatte zusammenpacken und aus Peräa in die Stadt mitbringen können, hatten ihr die

μετήνεγκεν εἰς τὴν πόλιν, τὰ δὲ λείψανα τῶν κειμηλίων καὶ εἴ τι τροφῆς ἐπινοηθείη καθ' ἡμέραν εἰσπηδῶντες ἥρπαζον οἱ δορυφόροι. δεινὴ δὲ τὸ γύναιον ἀγανάκησις εἰσῄει, καὶ πολλάκις λοιδοροῦσα καὶ καταρωμένη τοὺς ἅρπαγας ἐφ' αὐτὴν¹⁶⁷), ἠρέθιζεν. ὡς δ' οὔτε παροξυνόμενός τις οὔτ' ἐλεῶν αὐτὴν ἀνῄρει, καὶ τὸ μὲν εὑρεῖν τι σιτίον ἄλλοις ἐκοπία, πανταχόθεν δὲ ἄπορον ἦν ἤδη καὶ τὸ εὑρεῖν, ὁ λιμὸς δὲ διὰ σπλάγχνων καὶ μυελῶν ἐχώρει καὶ τοῦ λιμοῦ μᾶλλον ἐξέκαιον οἱ θυμοί, σύμβουλον λαβοῦσα τὴν ὀργὴν μετὰ τῆς ἀνάγκης ἐπὶ τὴν φύσιν ἐχώρει, καὶ τὸ τέκνον, ἦν δὲ αὐτῇ παῖς ὑπομάστιος, ἁρπασαμένη¹⁶⁸) «βρέφος, εἶπεν, ἄθλιον, ἐν πολέμῳ καὶ λιμῷ καὶ στάσει τίνι σε τηρήσω; τὰ μὲν παρὰ Ῥωμαίοις δουλεία, κἄν ζήσωμεν ἐπ' αὐτούς¹⁶⁹), φθάνει δὲ καὶ δουλείαν ὁ λιμός, οἱ στασιασταὶ δὲ ἀμφοτέρων χαλεπώτεροι. ἴθι, γενοῦ μοι τροφὴ καὶ τοῖς στασιασταῖς ἐρινὺς καὶ τῷ βίῳ μῦθος ὁ μόνος ἐλλείπων ταῖς Ἰουδαίων συμφοραῖς.» καὶ ταῦθ' ἅμα λέγουσα κτείνει τὸν υἱὸν, ἔπειτ' ὀπτήσασα τὸ μὲν ἥμισυ κατεσθίει, τὸ δὲ λοιπὸν κατακαλύψασα ἐφύλαττεν. εὐθέως δ' οἱ στασιασταὶ παρῆσαν, καὶ τῆς ἀθεμίτου κνίσης σπάσαντες ἠπείλουν, εἰ μὴ δείξειεν τὸ παρασκευασθέν, ἀποσφάξειν αὐτὴν εὐθέως. ἡ δὲ καὶ μοῖραν αὐτοῖς εἰποῦσα καλὴν τετηρηκέναι τὰ λείψανα τοῦ τέκνου διεκάλυψεν¹⁷⁰). τοὺς δ' εὐθέως φρίκη καὶ παρέκστασις¹⁷¹) ᾕρει καὶ παρὰ τὴν ὄψιν ἐπεπήγεσαν. ἡ δ' «ἐμόν, ἔφη, τοῦτε τέκνον¹⁷²) γνήσιον καὶ τὸ ἔργον ἐμόν. φάγετε, καὶ γὰρ ἐγὼ βέβρωκα. μὴ γένησθε μήτε μαλακώτεροι γυναικὸς μήτε συμπαθέστεροι μητρός. εἰ δ' ὑμεῖς εὐσεβεῖς καὶ τὴν ἐμὴν ἀποστρέφεσθε θυσίαν, ἐγὼ μὲν ὑμῖν¹⁷³) βέβρωκα, καὶ τὸ λοιπὸν δὲ ἐμοὶ μεινάτω». μετὰ ταῦθ' οἱ μὲν τρέμοντες ἐξῇεσαν, πρὸς ἓν τοῦτο δειλοί¹⁷⁴) μόλις ταύτης τῆς τροφῆς τῇ μητρὶ παραχωρήσαντες, ἀνεπλήσθη δ' καὶ εὐθέως ὅλη τοῦ μύσους ἡ πόλις, καὶ πρὸ ὀμμάτων ἕκαστος τὸ πάθος λαμβάνων ὥσπερ¹⁷⁵) αὐτῷ¹⁷⁶) τολμηθὴν¹⁷⁷) ἔφριττε. σπουδὴ δὲ τῶν λιμωττόντων ἐπὶ τὸν θάνατον ἦν, καὶ μακαρισμὸς τῶν φθασάντων πρὶν ἀκοῦσαι καὶ θεάσασθαι κακὰ τηλικαῦτα.

5. Ταχέως δὲ καὶ Ῥωμαίοις διηγγέλθη τὸ πάθος. τῶν δ' οἱ μὲν ἠπίστουν, οἱ δὲ ᾤκτειρον¹⁷⁸), τοὺς δὲ πολλοὺς εἰς μῖσος τοῦ ἔθνους σφοδρότερον συνέβη προελθεῖν. Καῖσαρ δὲ ἀπελογεῖτο καὶ περὶ τούτου τῷ θεῷ, φάσκων παρὰ μὲν αὐτοῦ Ἰουδαίοις εἰρήνην καὶ αὐτονομίαν προ-

---

¹⁶⁷ ἐπαυτὴν P; ἐφ' ἑαυτὴν MLC Euseb Chrysostomus Na.
¹⁶⁸ ὃν ἁρπασαμένη PA¹VR; ohne ὃν MLC A aus Korrektur, Lat; ἀναρπασαμένη Holwerda cj., Na.
¹⁶⁹ ἐπ' αὐτούς PA¹MLVRC Niese, Thack, Williamson Ricc („wenn wir ihre Herrschaft überhaupt noch erleben"); ὑπ' αὐτούς A aus Korrektur; ἐπ' αὐτοῖς Hudson nach den Eusebhandschriften AT^corr marg B¹ zu hist. eccl. III 6, 24, so auch Na, Kohout, Clementz, Simch.
¹⁷⁰ ἀπεκάλυψεν PM; διανεκάλυψε einige Eusebhandschriften; ἀνεκάλυψε Zonaras.
¹⁷¹ παρέκστασις A Niese, Thack; παρέκτασις P; φρενῶν ἔκστασις MLVRC Euseb Chrysostomus Syr Na. Wegen der guten Bezeugung ernsthaft zu beachten.
¹⁷² τὸ τέκνον AMLVRC Euseb Chrysostomus Na, Thack.
¹⁷³ ἥμισυ Chrysostomus Na, Kohout (vgl. aber § 208); bei L Lat fehlt ein Wort an dieser Stelle. Vgl. die Lesart bei Heg: *ego consummabo sacrificium meum, manducabo quod reliquum est.*   ¹⁷⁴ δηλοῖ C.   ¹⁷⁵ ὡς παρ' PAMVRC Euseb.
¹⁷⁶ αὐτῷ R Na.   ¹⁷⁷ καινοτομηθὲν VRC.   ¹⁷⁸ ᾤκτειραν LVRC.

Tyrannen geraubt; die noch übriggebliebenen Kostbarkeiten und was überhaupt noch an Nahrung entdeckt wurde, nahmen die Lanzenträger[84] ihr weg, die Tag für Tag bei ihr eindrangen. Eine furchtbare Erregung bemächtigte sich der Frau; oft genug beschimpfte und verfluchte sie die Plünderer und versuchte, sie so gegen sich aufzureizen. Aber niemand wollte, weder aus Zorn noch aus Mitleid, ihrem Leben ein Ende machen. Sie selber wurde es überdrüssig, das bißchen Nahrung nur für andere ausfindig zu machen, und tatsächlich war auch nirgends mehr etwas zu finden. Der Hunger drang ihr dabei in Herz und Hirn, und mehr noch als der Hunger entflammte sie die Wut. Zu ihrer Not nahm sie noch den Zorn als Ratgeber hinzu und wandte sich gegen die Natur. Sie packte ihr Kind, sie hatte nämlich einen Knaben, der noch nicht entwöhnt war, und rief: „Du unglückliches Kind: auf welches Schicksal hin soll ich dich noch erhalten, wo doch Krieg und Hunger und Aufruhr herrschen? Bei den Römern ist Sklaverei unser Los, wenn wir überhaupt unter ihrer Herrschaft am Leben bleiben. Doch schneller als die Knechtschaft ist der Hunger, und die Aufrührer sind noch schlimmer als beide. Auf denn, werde zu einer Speise für mich, für die Aufrührer zu einem Rachegeist, zu einer Kunde für die Lebenden, die allein noch fehlt, wenn man all das Unglück der Juden recht schildern wollte."[85] Mit diesen Worten tötete sie ihren Sohn, dann briet sie ihn und aß ihn zur Hälfte auf, deckte das übrige zu und verwahrte es. Sogleich waren die Aufrührer zur Stelle, und als sie den fluchwürdigen Bratendunst[86] rochen, drohten sie der Frau, falls sie ihnen nicht zeigte, was sie da zubereitet hätte, sie augenblicklich niederzustechen. Darauf sagt sie, sie habe ihnen noch ein gutes Stück aufbewahrt und nahm die Decke von den Resten ihres Kindes. Da packte jene doch Schauer und Entsetzen; bei diesem Anblick standen sie wie zu Eis erstarrt. Aber sie sprach: „Mein leibliches Kind ist dies, und meine Tat!"[87] Eßt nur, ich habe doch auch gegessen. Seid nicht weicher als eine Frau und habt nicht noch mehr Mitgefühl als eine Mutter! Wenn ihr aber so fromm seid und vor meinem Opfer zurückschreckt, nun, dann habe ich eben schon für euch gegessen,[88] und der Rest soll mir auch noch bleiben!" Daraufhin verließen jene zitternd das Haus. Dies eine Mal wurden sie doch etwas ängstlich und überließen der Mutter diese Speise, wenn auch nur ungern. Sehr bald war die ganze Stadt voll von der Nachricht über diesen Greuel. Ein jeder zitterte, da er sich die Schreckenstat so vor Augen stellte, als hätte er sie selbst verübt. Die Hungernden hatten es jetzt eilig mit dem Sterben, und glücklich pries man die Menschen, die schon zu einem früheren Zeitpunkt dahingegangen waren: bevor sie solche schlimmen Dinge gehört und gesehen hatten.[89]

5. 214. Schnell war die Nachricht von diesem schrecklichen Ereignis auch zu den Römern durchgedrungen. Einige von ihnen wollten es nicht glauben, andere empfanden Mitleid, die allermeisten jedoch haßten dies Volk nun um so entschiedener.[90] Der Caesar rechtfertigte sich auch in dieser Sache vor Gott.[91] Er erklärte, daß von seiner Seite den Juden Frieden und Unabhängigkeit angeboten werde, ebenso Straffreiheit für all ihre Freveltaten. „Doch sie ziehen der Einigkeit den Aufruhr vor, dem Frieden den Krieg, der Sättigung und dem Wohlergehen den Hunger, und haben auch noch mit

τείνεσθαι καὶ πάντων ἀμνηστίαν τῶν τετολμημένων, τοὺς δὲ ἀντὶ μὲν ὁμονοίας στάσιν, ἀντὶ δὲ εἰρήνης πόλεμον, πρὸ κόρου δὲ καὶ εὐθηνίας λιμὸν αἱρουμένους, ἰδίαις δὲ χερσὶν ἀρξαμένους καίειν τὸ συντηρούμενον ὑφ' ἡμῶν ἱερὸν αὐτοῖς[179]), εἶναι καὶ τοιαύτης τροφῆς ἀξίους. καλύψειν μέντοι[180]) τὸ τῆς τεκνοφαγίας μύσος αὐτῷ τῷ τῆς πατρίδος πτώματι καὶ οὐ καταλείψειν ἐπὶ τῆς οἰκουμένης ἡλίῳ καθορᾶν πόλιν, ἐν ᾗ μητέρες οὕτω τρέφονται. προσήκειν μέντοι πρὸ μητέρων πατράσιν τὴν τοιαύτην τροφήν, οἳ καὶ μετὰ τηλικαῦτα πάθη μένουσιν ἐν τοῖς ὅπλοις. ταῦθ' ἅμα διεξιὼν ἐνενόει καὶ τὴν ἀπόγνωσιν τῶν ἀνδρῶν· οὐ γὰρ ἂν ἔτι σωφρονῆσαι τοὺς πάντα προπεπονθότας ἐφ' οἷς εἰκὸς ἦν μεταβαλέσθαι μὴ παθοῦσιν[181]).

IV. 1. Ἤδη δὲ τῶν δύο ταγμάτων συντετελεκότων τὰ χώματα Λώου μηνὸς ὀγδόῃ προσάγειν ἐκέλευσε τοὺς κριοὺς κατὰ[182]) τὴν ἑσπέριον ἐξέδραν τοῦ ἔσωθεν[183]) ἱεροῦ. πρὸ δὲ τούτων ἐξ ἡμέρας[184]) ἀδιαλείπτως ἡ στερροτάτη πασῶν ἑλέπολις τύπτουσα τὸν τοῖχον οὐδὲν ἤνυσεν, ἀλλὰ καὶ ταύτης καὶ τῶν ἄλλων τὸ μέγεθος καὶ ἡ ἁρμονία τῶν λίθων ἦν ἀμείνων[185]). τῆς δὲ βορείου πύλης ὑπώρυττον ἕτεροι τοὺς θεμελίους καὶ πολλὰ ταλαιπωρήσαντες τοὺς ἔμπροσθεν λίθους ἐξεκύλισαν. ἀνείοντο[186]) δ' ὑπὸ τῶν ἐνδοτέρω καὶ διέμεινεν ἡ πύλη, μέχρι τὰς δι' ὀργάνων[187]) καὶ τῶν μοχλῶν ἐπιχειρήσεις ἀπογνόντες κλίμακας ταῖς στοαῖς προσέφερον. οἱ δὲ Ἰουδαῖοι κωλῦσαι μὲν οὐκ ἔφθασαν, ἀναβᾶσι δὲ συμπεσόντες ἐμάχοντο, καὶ τοὺς μὲν ἀνωθοῦντες εἰς τοὐπίσω κατεκρήμνιζον, τοὺς δ' ὑπαντιάζοντας[188]) ἀνῄρουν· πολλοὺς δὲ τῶν κλιμάκων ἀποβαίνοντας πρὶν φράξασθαι τοῖς θυρεοῖς παίοντες ταῖς ῥομφαίαις ἔφθανον, ἐνίας δὲ γεμούσας ὁπλιτῶν κλίμακας παρακλίνοντες ἄνωθεν κατέσειον· ἦν δ' οὐκ ὀλίγος καὶ αὐτῶν[189]) φόνος. οἱ δὲ ἀνενεγκόντες τὰς σημαίας περὶ αὐτῶν ἐπολέμουν, δεινὴν ἡγούμενοι καὶ πρὸς αἰσχύνης τούτων τὴν ἁρπαγήν. τέλος δὲ καὶ τῶν σημαιῶν οἱ Ἰουδαῖοι κρατοῦσιν καὶ τοὺς ἀναβάντας διαφθείρουσιν. οἱ δὲ λοιποὶ πρὸς τὸ τῶν ἀπολωλότων πάθος ὀρρωδοῦντες ἀνεχώρουν. τῶν μὲν οὖν Ῥωμαίων ἄπρακτος οὐδεὶς ἀπέθανεν, τῶν δὲ στασιαστῶν οἱ κατὰ τὰς προτέρας μάχας ἠγωνίσαντο γενναίως καὶ τότε καὶ Ἐλεάζαρος ἀδελφιδοῦς τοῦ τυράννου Σίμωνος. ὁ δὲ Τίτος ὡς ἑώρα τὴν ἐπὶ τοῖς ἀλλο-

---

[179] αὐτοῖς PAL Lat; αὐτούς MVRC.   [180] μὲν P.
[181] Statt μὴ παθοῦσιν hat C πεπονθότας; μὴ πάθωσιν Holwerda cj., Na.
[182] καὶ κατὰ P.
[183] ἔωθεν PA¹; ἔσωθεν A^corrMLVRC Clementz, Simch.; exterioris Lat; ἔξωθεν Niese cj., Na, Thack; εἴσω ἱεροῦ Kohout cj. mit Hinweis auf 5, 150.
[184] ἐξ ἡμέραις AMVRC Na; ἐξ ἡμέρας Kohout cj.   [185] ἄμεινον P; ἀμείνω L.
[186] ἀνείχοντο PA Niese, Simch (mit Beziehung auf die ἕτεροι des vorangehenden Satzes: „sie wurden aber aufgehalten..."); ἀνείχετο MLVRC Na, Thack, Kohout, Clementz, Ricc.   [187] διὰ τῶν ὀργάνων ALVRC Na.   [188] ὑπαντιάζοντες L.
[189] Romanorum Lat; entsprechend deuten Kohout, Simch die Stelle.

eigenen Händen angefangen, das Heiligtum zu verbrennen, das wir ihnen noch bewahren wollten. Nun haben sie auch solch eine Speise verdient." Er werde die abscheuliche Tat, ein Kind zu verzehren, mit den Trümmern ihrer Stätte bedecken und nicht zulassen, daß die Sonne weiterhin eine solche Stadt auf der Erde erblicke, in der Mütter sich auf diese Weise nährten.[92] Mehr als die Mütter freilich verdienten wohl die Väter diese gräßliche Nahrung, die auch nach so erschütternden Erfahrungen noch unter den Waffen blieben. Während der Caesar diese Sätze sprach, trat ihm zugleich auch die ganze Verzweiflung der Juden vor Augen. Denn diese Menschen würden wohl nicht mehr zur Vernunft kommen, wo sie schon all die Schrecknisse durchgemacht hatten, von denen man sich eine Sinnesänderung hätte versprechen können.[93]

4. Kapitel

1. 220. Als nun die beiden Legionen die Dämme vollendet hatten – es war am 8. Loos –, befahl Titus, die Widder gegen die westliche Halle des inneren Tempelhofes heranzuführen.[94] Schon ehe dies geschah, hatte der stärkste Sturmbock, den die Römer besaßen, sechs Tage[95] lang ununterbrochen gegen die Mauer gehämmert und nichts ausgerichtet, denn sie war durch ihre Mächtigkeit wie auch durch ihren gut gefügten Bau diesem sowie den anderen Sturmböcken überlegen. Indessen untergruben[96] andere die Fundamente des nördlichen Tores und konnten endlich nach vielen mühseligen Anstrengungen die vordersten Steine herauswälzen. Doch wurden die Fundamente noch von den weiter innen liegenden Steinen gehalten, und das Tor blieb stehen. Da gaben die Römer ihre Bemühungen mit Kriegsmaschinen und mit den Brechstangen auf und legten Leitern[97] an die Hallen. Die Juden beeilten sich nun keineswegs, sie daran zu hindern, doch als jene erst einmal hinaufgestiegen waren, stießen sie zum Kampf gegen sie vor, trieben die einen zurück und stürzten sie rücklings hinab, andere, die sich ihnen entgegenstellten, machten sie nieder. Dazu erschlugen sie mit dem Schwert noch viele Römer, die gerade von den Leitern stiegen. Sie überfielen sie, noch ehe jene sich mit ihren Schilden decken konnten. Außerdem gelang es ihnen, einige Leitern, die mit schwer bewaffneten Römern voll besetzt waren, von oben her auf die Seite zu neigen und hinabzuschmettern. Doch war auch in ihren eigenen Reihen die Zahl der Erschlagenen nicht gering.[98] Diejenigen römischen Soldaten, die die Feldzeichen heraufgebracht hatten, kämpften um sie, da sie ihren Verlust an die Feinde als ein furchtbares Unglück ansahen, das ihnen dazu noch Schande bringen würde.[99] Endlich aber bekamen die Juden auch die Feldzeichen in ihre Gewalt und vernichteten diejenigen, die hinaufgestiegen waren. Alle übrigen aber wichen zurück mit Schauder über das schreckliche Schicksal ihrer erschlagenen Kameraden. Von den Römern starb niemand ohne eine tapfere Tat, von den Aufrührern zeichneten sich auch diesmal diejenigen durch edle Kampfesweise aus, die schon in den früheren Schlachten kühne Taten vollbracht hatten, und außerdem noch Eleazar, der Neffe des Tyrannen Simon.[100] Als Titus nun einsah, daß die Schonung fremder Heiligtümer nur

τρίοις ἱεροῖς φειδὼ πρὸς βλάβης τοῖς στρατιώταις γινομένην καὶ φόνου, τὰς πύλας προσέταξεν ὑφάπτειν.

229 2. Ἐν δὲ τούτῳ πρὸς αὐτὸν αὐτομολοῦσιν Ἀνανός τε ὁ ἀφ' Ἀμμαοῦς[190]), τῶν Σίμωνος δορυφόρων ὁ φονικώτατος, καὶ Ἀρχέλαος υἱὸς[191]) Μαγαδ-δάτου, συγγνώμην ἐλπίσαντες ἐπειδὴ κρατούντων Ἰουδαίων ἀπεχώ-
230 ρουν[192]). Τίτος δὲ καὶ τοῦτο πανούργημα[193]) προβάλλεται[194]) τῶν ἀνδρῶν, καὶ τὴν ἄλλην περὶ τοὺς ἰδίους[195]) ὠμότητα πεπυσμένος ὥρμητο κτείνειν ἑκατέρους, ὑπ' ἀνάγκης ἦχθαι λέγων αὐτούς, οὐκ ἐκ προαιρέσως παρεῖναι, καὶ σωτηρίας οὐκ ἀξίους εἶναι τοὺς φλεγομένης ἤδη δι' αὐτοὺς τῆς πατρίδος
231 ἐξαλλομένους. ἐκράτει δ' ὅμως τοῦ θυμοῦ ἡ πίστις, καὶ ἀφίησι τοὺς
232 ἄνδρας, οὐ μὴν ἐν ἴσῃ μοίρᾳ κατέτασσε τοῖς ἄλλοις. ἤδη δὲ ταῖς πύλαις οἱ στρατιῶται προσῆγον τὸ πῦρ, καὶ περιτηκόμενος ὁ ἄργυρος διεγίδου ταχέως εἰς τὴν ξυλείαν[196]) τὴν φλόγα[197]), ἔνθεν ἀθρόως ἐκφερομένη τῶν
233 στοῶν ἐπελαμβάνετο. τοῖς δὲ Ἰουδαίοις ὁρῶσι τὸ πῦρ ἐν κύκλῳ μετὰ τῶν σωμάτων παρείθησαν αἱ ψυχαί, καὶ διὰ τὴν κατάπληξιν ἀμύνειν
234 μὲν ἢ σβεννύειν ὥρμησεν οὐδείς, αὖοι δ' ἑστῶτες ἀφεώρων. οὐ μὴν πρὸς τὸ δαπανώμενον ἀθυμοῦντες εἰς γοῦν τὸ λοιπὸν ἀσωφρόνουν, ἀλλ' ὡς
235 ἤδη καὶ τοῦ ναοῦ καιομένου τοὺς θυμοὺς ἐπὶ Ῥωμαίους ἔθηγον. ἐκείνην μὲν οὖν τὴν ἡμέραν καὶ τὴν ἐπιοῦσαν νύκτα τὸ πῦρ ἐπεκράτει· κατὰ μέρος γάρ, οὐχ ὁμοῦ πάντοθεν ἴσχυσαν ὑφάψαι τὰς στοάς.
236 3. Τῇ δ' ἐπιούσῃ Τίτος μέρει τῆς δυνάμεως σβεννύειν τε καὶ τὰ[198]) παρὰ τὰς πύλας ὁδοποιεῖν εἰς εὐμαρεστέραν τῶν ταγμάτων ἄνοδον κελεύσας
237 αὐτὸς συνῆγε τοὺς ἡγεμόνας. καὶ συνελθόντων ἐξ[199]) τῶν κορυφαιοτάτων, Τιβερίου τε Ἀλεξάνδρου τοῦ πάντων τῶν στρατευμάτων ἐπάρχοντος, καὶ Σέξτου Κερεαλίου[200]) τὸ πέμπτον ἄγοντος τάγμα, καὶ Λαρχίου Λεπίδου
238 τὸ δέκατον, καὶ Τίτου[201]) Φρυγίου τὸ πεντεκαιδέκατον, πρὸς οἷς Φρόντων ἦν Ἐτέριος[202]) στρατοπεδάρχης τῶν ἀπὸ Ἀλεξανδρείας δύο ταγμάτων, καὶ Μᾶρκος Ἀντώνιος Ἰουλιανὸς ὁ τῆς Ἰουδαίας ἐπίτροπος, καὶ μετὰ τούτους ἐπιτρόπων καὶ χιλιάρχων ἀθροιθέντων, βουλὴν περὶ τοῦ ναοῦ προυτίθει.
239 τοῖς μὲν οὖν ἐδόκει χρῆσθαι τῷ τοῦ πολέμου νόμῳ. μὴ γὰρ ἄν ποτε Ἰουδαίους παύσασθαι νεωτερίζοντας τοῦ ναοῦ μένοντος, ἐφ' ὃν οἱ
240 πανταχόθεν συλλέγονται. τινὲς δὲ παρῄνουν, εἰ μὲν καταλίποιεν[203]) αὐτὸν

[190] ὁ ἀφαμμαούς PA Niese; ὁ ἀφ' ἀμμαοῦς MR; ὁ ἀφ' αμμαοῦς V Schlatter; καὶ σαπαμμαοῦς L; ὁ ἀπ' ἀμμαούς C Na, Thack; *ex amau* Lat. In der Textdarbietung von Destinon und Niese ὁ ἀφαμμαοῦς ist daran gedacht, daß hinter diesem Wort möglicherweise ein Name des Vaters des Ananos sich verbirgt. Doch ist es schwer, auf dieser Spur weiterzugehen. Zum Ganzen vgl. § 229, Anm. 101.
[191] υἱοί Niese cj., vgl. § 229, Anm. 101.
[192] ὑπεχώρουν PAM Thack; ἀνεχώρουν L; *reliquerant* Lat.
[193] τοῦτο τὸ πανούργημα L Niese (Verdoppelung des τό).
[194] προυβάλλετο MVRC Na, Thack; προυβάλετο L.
[195] ἰουδαίους L C Lat Na.   [196] ξυλίαν PALVR.
[197] LVR (ähnlich C) Na haben τὰς φλόγας und entsprechend im Folgenden ἐκφερόμεναι... ἐπελαμβάνουν.   [198] τὰ nur L, es fehlt bei PAMVRC.
[199] L. Renier (vgl. § 238, Anm. 105) vermutet, daß mit den κορυφαιότατοι nur die ersten vier der genannten Offiziere bezeichnet werden sollen, und streicht dem entsprechend die Angabe ἓξ („ἓξ zerstört den Sinn").
[200] Κερεαλίου τοῦ nur M Niese, Thack.

Nachteil und Verderben für die eigenen Soldaten bringe, ordnete er an, Feuer an die Tore zu legen.

2. 229. Unterdessen liefen zu ihm Ananos aus Emmaus, der mordgierigste von den Leibwächtern des Simon, und Archelaus, der Sohn des Magaddates, über.[101] Sie hofften auf Begnadigung, da sie ja zu einem Zeitpunkt weggingen, in dem die Juden im Vorteil waren. Aber Titus stellte dies von vornherein als eine böse List der Männer heraus, und als er noch dazu von ihrer Roheit gegenüber den Leuten ihres eigenen Volkes erfahren hatte, war er schon drauf und dran beide hinzurichten. Allein aus Not seien sie gekommen, nicht aus freiem Entschluß befänden sie sich jetzt bei ihm; zudem seien solche Menschen der Rettung nicht wert, die erst dann aus ihrer Vaterstadt weglaufen, wenn diese schon in dem von ihnen selbst gelegten Brand steht. Aber beim Caesar siegte dann doch die einmal gegebene Zusicherung über seinen Zorn und er entließ[102] die Männer, freilich stellte er sie in ihrem Geschick nicht den übrigen gleich. Unterdessen legten die Soldaten schon Feuer an die Tore. Das Silber[103] schmolz überall und gewährte der Flamme ein rasches Eindringen in das Holzwerk; von dort brach sie in mächtigem Stoß hervor und erfaßte die Halle. Als die Juden ringsherum das Feuer wahrnahmen, entschwand ihnen mit der Körperkraft auch der Mut, und in der allgemeinen Bestürzung eilte niemand herbei, das Feuer abzuwehren oder zu löschen. Starr standen sie da und sahen zu. Doch keineswegs wirkte sich dieser Verlust und die entstandene Entmutigung bei ihnen so aus, daß sie nun wenigstens für die noch übrigen Teile des Tempels mehr Sorge getragen hätten. Sie steigerten sich vielmehr absichtlich in solchen Zorn gegen die Römer hinein, wie wenn das Tempelhaus selbst schon in Flammen stünde. An diesem Tag und in der darauffolgenden Nacht[104] hatte das Feuer die Oberhand. Denn die Römer mußten ein Stück nach dem anderen anzünden, da sie nicht gleichzeitig von allen Seiten Feuer an die Hallen legen konnten.

3. 236. Am nächsten Tag (9. Loos, 9. Ab) befahl Titus einem Teil des Heeres, an die Löscharbeiten zu gehen und an den Toren einen Weg zum leichteren Aufmarsch seiner Legionen zu ebnen. Er selbst berief die Offiziere zu sich. Sechs der obersten römischen Führer kamen zusammen, Tiberius Alexander, der die gesamten Streitkräfte befehligte, Sextus Cerealius, der Anführer der 5. Legion, Larcius Lepidus, der Anführer der 10., Titus Phrygius, der Anführer der 15.; ferner Fronto Heterius, der Befehlshaber der beiden Legionen aus Alexandria, und Marcus Antonius Julianus, der Statthalter von Judäa; außer diesen wurden noch weitere Statthalter und Obersten hinzugezogen.[105] Ihnen legte Titus nun die Frage des Tempels zur Beratung vor. Einige waren der Auffassung, daß das Kriegsrecht zur Anwendung kommen solle. Denn niemals würden die Juden davon ablassen, Aufruhr zu stiften, solange der Tempel noch stehe, der ja einen Sammlungspunkt für die Juden aus aller Welt bilde. Andere rieten dazu, man solle den Tempel, falls

---

[201] Τίτου codd. Niese, Na, Thack; Τιττίου L. Renier cj. (vgl. § 238, Anm. 105).
[202] ἑτέρως PA Niese; ἑτέρνιος M; ἑτέρνιος L; ἑτέρνιος VR; λιτέρνιος C Na; aeternius Lat; ʽΑτέριος L. Renier 314 cj. (vgl. § 238, Anm. 105) ihm folgt Thack.
[203] καταλείποιεν PALV¹R.

Ἰουδαῖοι καὶ μηδεὶς ἐπ' αὐτοῦ τὰ ὅπλα θείη, σώζειν, εἰ δὲ πολεμοῖεν[204]) ἐπιβάντες[205]), καταφλέγειν. φρούριον γάρ, οὐκέτι ναὸν εἶναι, καὶ τὸ λοιπὸν
241 ἔσεσθαι τῶν ἀναγκασάντων τὴν[206]) ἀσέβειαν, οὐκ αὐτῶν. ὁ δὲ Τίτος οὐδ' ἂν ἐπιβάντες ἐπ' αὐτοῦ πολεμῶσιν[207]) Ἰουδαῖοι φήσας ἀντὶ[208]) τῶν ἀνδρῶν ἀμυνεῖσθαι[209]) τὰ ἄψυχα οὐδὲ καταφλέξειν ποτὲ τηλικοῦτον ἔργον. Ῥωμαίων γὰρ ἔσεσθαι τὴν βλάβην, ὥσπερ καὶ κόσμον τῆς ἡγεμονίας αὐτοῦ
242 μένοντος. θαρροῦντες δὲ ἤδη προσετίθεντο τῇ γνώμῃ Φρόντων τε καὶ
243 Ἀλέξανδρος καὶ Κερεάλιος. τότε μὲν οὖν διαλύει τὸ συνέδριον καὶ τὰς ἄλλας δυνάμεις διαναπαῦσαι κελεύσας τοῖς[210]) ἡγεμόσιν, ὅπως ἐρρωμενεστέροις[211]) ἐν τῇ παρατάξει χρήσαιτο[212]), τοῖς ἀπὸ τῶν σπειρῶν ἐπιλέκτοις ὁδοποιεῖν διὰ τῶν ἐρειπίων προσέταξε καὶ τὸ πῦρ σβεννύειν.
244 4. Κατ' ἐκείνην μὲν δὴ τὴν ἡμέραν τῶν[213]) Ἰουδαίων κάματός τε καὶ κατάπληξις ἐκράτησε τὰς ὁρμάς· τῇ δ' ἐπιούσῃ συλλεξάμενοί τε τὴν ἰσχὺν[214]) καὶ ἀναθαρσήσαντες ἐπεκθέουσι διὰ τῆς ἀνατολικῆς πύλης τοῖς
245 φύλαξι τοῦ ἔξωθεν ἱεροῦ περὶ δευτέραν ὥραν. οἱ δὲ καρτερῶς μὲν ἐδέξαντο αὐτῶν τὴν ἐμβολὴν καὶ φραξάμενοι τοῖς θυρεοῖς κατὰ μέτωπον ὥσπερ τεῖχος ἐπύκνωσαν τὴν φάλαγγα, δῆλοι δ' ἦσαν οὐκ ἐπὶ πολὺ συμμενοῦντες[215]) πλήθει τε τῶν ἐκτρεχόντων καὶ θυμοῖς ἡττώμενοι.
246 φθάσας δὲ τῆς παρατάξεως τὴν ῥοπὴν Καῖσαρ, καθεώρα γὰρ ἀπὸ τῆς
247 Ἀντωνίας, ἐπήμυνε μετὰ τῶν ἐπιλέκτων ἱππέων. Ἰουδαῖοι δὲ τὴν ἔφοδον
248 οὐκ ὑπέμειναν, ἀλλὰ τῶν πρώτων πεσόντων ἐτράπησαν οἱ πολλοί. καὶ ὑποχωροῦσι μὲν τοῖς Ῥωμαίοις ἐπιστρεφόμενοι προσέκειντο, μεταβαλλομένων δὲ ἀνέφευγον πάλιν, ἕως περὶ πέμπτην τῆς ἡμέρας ὥραν οἱ μὲν βιασθέντες εἰς τὸ ἔνδον συνεκλείσθησαν ἱερόν.
249 5. Τίτος δὲ ἀνεχώρησεν εἰς τὴν Ἀντωνίαν διεγνωκὼς τῆς ἐπιούσης ἡμέρας[216]) ὑπὸ τὴν ἕω μετὰ πάσης ἐμβαλεῖν τῆς δυνάμεως καὶ τὸν ναὸν
250 περικατασχεῖν. τοῦ δ' ἄρα καταψήφιστο μὲν τὸ πῦρ[217]) ὁ θεὸς πάλαι, παρῆν δ' ἡ εἱμαρμένη χρόνων περιόδοις[218]) ἡμέρα δεκάτη Λώου μηνός, καθ' ἣν καὶ
251 πρότερον ὑπὸ τοῦ τῶν Βαβυλωνίων βασιλέως ἐνεπρήσθη. λαμβάνουσι δ' αἱ φλόγες ἐκ τῶν οἰκείων τὴν ἀρχὴν καὶ τὴν αἰτίαν· ὑποχωρήσαντος γάρ τοῦ Τίτου πρὸς ὀλίγον λωφήσαντες οἱ στασιασταὶ πάλιν τοῖς Ῥω-

---

[204] πολεμοῖεν Dindorf cj. Niese, Na, Thack; πολεμῶεν codd. Zonaras.
[205] ἐπιβάντας PAMVRC; ἐπιβαίνοντας Dest. cj.
[206] τὴν fehlt bei PAMVRC. Niese stützt sich hier wie auch schon vorher (§ 230. 236) ausschließlich auf L. Zu L vgl. zuletzt § 158 textkrit. Anm. 122, ferner 4, 13, Anm. 6.
[207] πολεμῶεν PAMVRC; πολεμῶσιν L Zonaras Niese, Thack; πολεμοῖεν (und im folgenden entsprechend ἀμύναθαι) Dest. cj. Na.
[208] φήσας ἀντὶ PAMV Niese, Thack; φήσαντι L; φείσας ἀντὶ R; ἔφη ἀντὶ C cod. Berol (Syr?) Na; ἔφησεν ἀντὶ Zonaras.
[209] ἀμύνεσθαι PAMVRC; ἀμύνασθαι L Dest., Na; ἀμυνεῖσθαι Niese cj., Thack.
[210] τοῖς τε L Lat.
[211] ἐρρωμενέστερον PAMVRC; ἐρρωμένοις L; ἐρρωμενεστέροις Dest. cj. (auf Grund von Lat) Niese, Thack; ἐρρωμενεστέραις Na cj.   [212] χρήσαιτο AMVRC Na.
[213] τῶν fehlt bei AL Na; τῶν Ἰουδαίων fehlt bei VRC.
[214] Für τὴν ἰσχὺν hat L τὸν λαὸν (τὴν ἰσχὺν am Rand).
[215] συμμένοντες codd.; duraturos Lat; συμμενοῦντες Bekker cj. Na, Niese, Thack.
[216] τῇ ἐπιούσῃ ἡμέρᾳ MVRC.
[217] φθορὰν Zonaras. Niese hält es für fraglich, ob τὸ πῦρ ursprünglich ist.
[218] περίοδος Hudson cj., Na.

die Juden ihn räumten, und niemand auf ihm Waffen in Bereitschaft legte,[106] verschonen; falls sie ihn aber zum Kampf beträten, solle man ihn niederbrennen. Er sei dann nämlich eine Festung und kein Heiligtum mehr. Daraus ergebe sich,[107] daß sie selber dann nicht mehr für den Frevel verantwortlich zu machen seien, sondern diejenigen, die sie zu einem solchen Vorgehen gezwungen hätten. Demgegenüber erklärte Titus, man solle sich, auch wenn Juden den Tempel bestiegen, um von dort aus zu kämpfen, nicht an den leblosen Dingen anstelle der Menschen rächen und jemals ein so herrliches Bauwerk den Flammen preisgeben. Denn der Schaden würde doch die Römer treffen, ebenso wie der Tempel ein Schmuck ihres Reiches wäre, wenn er noch erhalten bliebe. Freudig schlossen sich dieser Meinung nun auch Fronto, Alexander und Cerealius an.[108] Daraufhin hob Titus die Sitzung auf und wies seine Offiziere an, für die gesamten Streitkräfte eine Ruhepause eintreten zu lassen, damit er dann eine um so kampfkräftigere Truppe in die Schlacht werfen könne; nur den für diesen Zweck von den Kohorten bestimmten Soldaten gab er den Befehl, einen Zugang durch die Trümmer zu bahnen und das Feuer zu löschen.

4. 244. An jenem Tag (9. Loos, 9. Ab) lähmten Ermattung und Bestürzung die Angriffskraft der Juden. Aber am folgenden (10. Loos, 10. Ab) sammelten sie ihre Streitmacht, faßten neuen Mut und machten um die zweite Stunde durch das östliche Tor einen Ausfall auf die römischen Wachen im äußeren Tempelbezirk. Jene hielten dem Vorstoß der Juden tapfer stand; indem sie sich von vorn mit ihren Schilden deckten, schlossen sie ihre Schlachtreihe so fest wie eine Mauer zusammen. Es zeigte sich jedoch, daß sie nicht über längere Zeit hätten standhalten können, da sie an Zahl und Ungestüm den Angreifern unterlegen waren. Doch kam der Caesar der Wende des Gefechts zuvor; er hatte nämlich von der Antonia aus herabgeschaut und eilte jetzt mit seinen auserlesenen Reitern zur Hilfe herbei. Diesem Ansturm konnten die Juden keinen Widerstand entgegensetzen, vielmehr wandten sie sich, als erst einmal die ersten gefallen waren, insgesamt zur Flucht. Freilich, als die Römer sich zurückzogen, machten sie noch einmal kehrt und setzten ihnen nach; als jene sich aber wieder umwandten, flohen auch sie wieder zurück, bis sie schließlich um die fünfte Stunde des Tages mit aller Gewalt auf dem Umkreis des inneren Tempelbezirks zurückgedrängt und dort eingeschlossen wurden.

5. 249. (249–266 insgesamt 10. Loos, 10. Ab): Titus zog indessen wieder auf die Antonia zurück. Er war entschlossen, sich bei Anbruch des nächsten Tages (11. Ab) mit seiner gesamten Heeresmacht auf die Feinde zu werfen und den Tempel ringsherum einzuschließen. Diesen hatte Gott jedoch schon längst zum Feuer verurteilt, und in den Umläufen der Zeiten war jetzt der schicksalhaft bestimmte Tag herbeigekommen, nämlich der 10. des Monats Loos,[109] an welchem der Tempel auch schon ehemals vom König der Babylonier in Brand gesteckt worden war. Daß der Tempel in Flammen aufging, war diesmal freilich von den Juden selbst veranlaßt und verschuldet. Als Titus nämlich zurückgewichen war und die Aufrührer ein wenig ausgeruht hatten, fielen sie wieder über die Römer her (10. Ab), und es kam zu einem Gefecht zwi-

μαίοις ἐπιτίθενται, καὶ τῶν τοῦ ναοῦ φρουρῶν γίνεται συμβολὴ πρὸς τοὺς σβεννύντας τὸ πῦρ τοῦ ἔνδοθεν ἱεροῦ²¹⁹), οἳ τρεψάμενοι τοὺς Ἰουδαίους μέχρι τοῦ ναοῦ²²⁰) παρηκολούθουν²²¹). ἔνθα δὴ τῶν στρατιωτῶν τις οὔτε παράγγελμα περιμείνας οὔτ' ἐπὶ τηλικούτῳ δείσας ἐγχειρήματι, δαιμονίῳ ὁρμῇ²²²) τινι χρώμενος ἁρπάζει μὲν ἐκ τῆς φλεγομένης φλογός²²³), φισθεὶς δὲ ὑπὸ συστρατιώτου²²⁴) τὸ πῦρ ἐνίησι θυρίδι χρυσῇ, καθ' ἣν εἰς τοὺς περὶ τὸν ναὸν οἴκους εἰσιτὸν ἦν ἐκ τοῦ βορείου κλίματος. αἰρομένης δὲ τῆς φλογὸς Ἰουδαίων μὲν ἐγείρεται κραυγὴ τοῦ πάθους ἀξία, καὶ πρὸς τὴν ἄμυναν συνέθεον, οὔτε τοῦ ζῆν ἔτι φειδὼ λαμβάνοντες οὔτε ταμιευόμενοι τὴν ἰσχύν, δι' ὃ²²⁵) φυλακτικοὶ πρότερον ἦσαν οἰχομένου.

6. Δραμὼν δέ τις ἀγγέλλει Τίτῳ· κἀκεῖνος, ἔτυχεν δὲ κατὰ σκηνὴν ἀναπαυόμενος ἐκ τῆς μάχης, ὡς εἶχεν ἀναπηδήσας ἔθει πρὸς τὸν ναὸν εἴρξων τὸ πῦρ. κατόπιν δὲ οἵ τε ἡγεμόνες εἵποντο πάντες, καὶ πτοηθέντα τούτοις ἠκολούθει τὰ τάγματα. βοὴ δὲ ἦν καὶ θόρυβος ἅτε τηλικαύτης δυνάμεως ἀτάκτως κεκινημένης. ὁ μὲν οὖν Καῖσαρ τῇ τε φωνῇ¹²⁶) καὶ τῇ δεξιᾷ διεσήμαινε τοῖς μαχομένοις τὸ πῦρ σβεννύειν, οὔτε δὲ βοῶντος ἤκουον μείζονι κραυγῇ τὰς ἀκοὰς προκατειλημμένοι καὶ τοῖς νεύμασι¹²⁷) τῆς χειρὸς οὐ προσεῖχον, οἱ μὲν τῷ πολεμεῖν, οἱ δὲ ὀργῇ περισπώμενοι. τῶν δὲ ταγμάτων εἰσθεόντων οὔτε παραίνεσις οὔτ' ἀπειλὴ κατεῖχεν τὰς ὁρμάς, ἀλλ' ὁ θυμὸς ἁπάντων ἐστρατήγει· καὶ περὶ τὰς εἰσόδους συνωθούμενοι πολλοὶ μὲν ὑπ' ἀλλήλων κατεπατοῦντο, πολλοὶ δὲ θερμοῖς ἔτι καὶ τυφομένοις τοῖς ἐρειπίοις τῶν στοῶν ἐμπίπτοντες ἡττωμένων συμφοραῖς ἐχρῶντο. πλησίον δὲ τοῦ ναοῦ γινόμενοι τῶν μὲν τοῦ Καίσαρος παραγγελμάτων προσεποιοῦντο μηδὲ κατακούειν, τοῖς πρὸ αὐτῶν δὲ τὸ πῦρ ἐνιέναι παρεκελεύοντο. τῶν δὲ στασιαστῶν ἀμηχανία μὲν ἦν ἤδη τοῦ βοηθεῖν, φόνος δὲ πανταχοῦ καὶ τροπή. τὸ δὲ πλέον ἀπὸ τοῦ δήμου λαὸς ἀσθενὴς καὶ ἄνοπλος ὅπου καταληφθείη²²⁸) τις ἀπεσφάττετο, καὶ περὶ μὲν²²⁹) τὸν βωμὸν πλῆθος ἐσωρεύετο νεκρῶν κατὰ δὲ τῶν τοῦ ναοῦ²³⁰) βάθρων αἷμά τ' ἔρρει πολὺ καὶ τὰ τῶν ἄνω φονευομένων σώματα κατωλίσθανε.

7. Καῖσαρ δ' ὡς οὔτε τὰς ὁρμὰς ἐνθουσιώντων τῶν στρατιωτῶν κατασχεῖν οἷός τε ἦν καὶ τὸ πῦρ ἐπεκράτει, παρελθὼν μετὰ τῶν ἡγεμόνων

---

²¹⁹ Das Attribut τοῦ ἔνδοθεν ἱεροῦ fehlt bei Syr (Niese: *fortasse recte*; Thack setzt es in Klammern); τοῦ ἔνδον ἱεροῦ L; *interioris (templi)* Lat; ἔξωθεν Hudson cj. Na. Die Lesart τοῦ ἔνδοθεν ἱεροῦ braucht keine Schwierigkeiten zu machen. Gelöscht wird bereits am inneren Vorhof. Vgl. auch 2, 411, Anm. 187; 6, 293.
²²⁰ τοῦ ἔνδοθεν ναοῦ A Syr.
²²¹ παρῆλθον MLVRC Na; *transierunt* Lat; bei P findet sich nach den Buchstaben παρη... eine längere Textlücke. ²²² δ'ὁρμῇ Dest. cj. Na.
²²³ φλογός PA Syr (?) Niese Clementz Sunch.; στοᾶς A am Rand; ὕλης MLVRC Na Thack; ὕλης μέρος Zonaras. Niese vermutet eine Textverderbnis. Heg übersetzt interpretierend: *semiustam nanctus materiam, quae de fastigio deciderat, adulto igne portae admovit...*
²²⁴ στρατιώτου codd.; συστρατιώτου Bekker cj. (auf Grund von Lat *contubernali*) Na, Niese, Thack.
²²⁵ δι'ὃ Niese cj.; δι' οὗ PAL; δι' ὁ καὶ MVRC Na; *cuius gratia* Lat; δι' ὃν Dest. cj., Thack (vgl. 3, 196; 5, 543; 6, 322). ²²⁶ φωνῇ L Lat, Niese, Thack βοῇ PAMVRC Na.
²²⁷ τῷ νεύματι VRC Na; *nutum* Lat. ²²⁸ καταλειφθείη PAL.
²²⁹ μὲν fehlt bei PAMVR. ²³⁰ βωμοῦ VRC.

schen den Tempelwachen und den im inneren Tempelbezirk mit Löscharbeiten beschäftigten Römern. Dabei schlugen diese die Juden in die Flucht und blieben ihnen bis ans Tempelgebäude auf den Fersen. Hier geschah es nun, daß einer von den Soldaten, ohne einen Befehl abzuwarten und ohne vor solch einem Unternehmen zurückzuschrecken, aus einem übermenschlichen Antrieb heraus ein Stück aus dem lodernden Brande ergriff: er ließ sich von einem anderen Soldaten emporheben und schleuderte das Feuer zum goldenen Fenster hinein, durch welches man von der Nordseite her in die Räume rings um das Tempelhaus gelangen konnte.[110] Als nun die Flamme emporschoß, erhoben die Juden ein Geschrei, das diesem schrecklichen Unglück durchaus entsprach. Sie liefen zusammen, um dem Feuer zu wehren, und nahmen dabei weder Rücksicht auf ihr eigenes Leben noch sparten sie ihre Kräfte, schwand doch jetzt gerade das dahin, wofür sie vorher all ihre Wachsamkeit aufgeboten hatten.[111]

6. 254. Ein Soldat lief zu Titus und brachte ihm die Nachricht. Jener wollte sich gerade in seinem Zelt vom Kampf ausruhen; nun sprang er auf und lief, so wie er war, zum Tempel, um dem Feuer zu wehren. Gleich hinter ihm folgten auch sämtliche Offiziere, und nach diesen wiederum die aufgescheuchten Legionen. Dabei entstand ein Schreien und Lärmen, wie es eben die ungeordnete Bewegung einer solchen Truppenmasse mit sich brachte. Zwar versuchte der Caesar jetzt mit Rufen und Gebärden, den kämpfenden Soldaten anzuzeigen, daß sie das Feuer löschen sollten, jedoch vernahmen sie sein Rufen nicht, weil ihre Ohren von einem noch lauteren Geschrei voll waren, und auf seine Handbewegungen achteten sie nicht, da die einen vom Kämpfen, die anderen aber von ihrer Erbitterung ganz und gar eingenommen waren.[112] Die Angriffswut der hereinbrechenden Legionen war weder durch Ermahnungen noch durch Drohungen aufzuhalten; den Oberbefehl führte bei allen jetzt die Wut. Dabei stießen sie an den Eingängen[113] so hart aufeinander, daß viele von ihren eigenen Leuten niedergetreten wurden, viele stürzten auch in die noch heißen und rauchenden Trümmer der Hallen und erlitten das Schicksal der unterliegenden Feinde. Die Soldaten, die in die Nähe des Tempels kamen, stellten sich so, als ob sie die Befehle des Caesars nicht einmal hörten, und riefen noch dazu ihre Vordermänner auf, den Brand in den Tempel zu werfen. Für die Aufrührer gab es jetzt keine Möglichkeit mehr, das Unglück abzuwenden; allenthalben wurden die Juden niedergemetzelt und in die Flucht geschlagen. Zum größten Teil aber waren es schwache Leute aus dem Volk, die überhaupt keine Waffen trugen, die jetzt in die Hand der Feinde gerieten und auf der Stelle abgeschlachtet wurden. In großer Menge häuften sich die Toten um den Brandopferaltar, Blut floß in Strömen von den Stufen des Tempels, gefolgt von den hinabgleitenden Leibern der weiter oberhalb Getöteten.

7. 260. Als der Caesar aber die Angriffswut seiner Soldaten, die von leidenschaftlicher Raserei erfüllt waren, nicht mehr zurückzuhalten imstande war, und nun auch das Feuer die Oberhand bekam, da trat er zusammen mit seinen Offizieren ins Innere; er beschaute sich das Heilige des Tempels und was sich in ihm befand,[114] – alles war noch viel erhabener als sein Ruf bei den

ἔνδον ἐθεάσατο τοῦ ναοῦ τὸ ἅγιον καὶ τὰ ἐν αὐτῷ, πολὺ μὲν τῆς παρὰ τοῖς ἀλλοφύλοις φήμης ἀμείνω, τοῦ δὲ κόμπου καὶ τῆς παρὰ τοῖς οἰκείοις
261 δόξης οὐκ ἐλάττω. τῆς φλογὸς δὲ οὐδέπω διικνουμένης οὐδαμόθεν εἴσω, τοὺς δὲ περὶ τὸν ναὸν οἴκους νεμομένης, νομίσας, ὅπερ ἦν, ἔτι σώζεσθαι
262 τὸ ἔργον δύνασθαι προπηδᾷ, καὶ αὐτός τε παρακαλεῖν τοὺς στρατιώτας ἐπειρᾶτο τὸ πῦρ σβεννύειν καὶ Λιβεράλιον[231]) ἑκατοντάρχην τῶν περὶ αὐτὸν
263 λογχοφόρων ξύλοις παίοντα τοὺς ἀπειθοῦντας ἐκέλευσεν εἴργειν. τῶν δὲ καὶ τὴν πρὸς τὸν Καίσαρα αἰδῶ καὶ τὸν ἀπὸ τοῦ κωλύοντος φόβον ἐνίκων οἱ θυμοὶ καὶ τὸ πρὸς Ἰουδαίους μῖσος, καὶ πολεμική τις ὁρμὴ
264 λαβροτέρα· τοὺς δὲ πολλοὺς ἐνῆγεν[232]) ἁρπαγῆς ἐλπίς, δόξαν τε[233]) ἔχοντας ὡς τὰ ἔνδον ἅπαντα χρημάτων μεστὰ εἴη, καὶ τὰ πέριξ ὁρῶντας χρυσοῦ
265 πεποιημένα. φθάνει δέ τις καὶ τῶν εἴσω παρεληλυθότων ἐκπηδήσαντος τοῦ Καίσαρος πρὸς ἐποχὴν τῶν στρατιωτῶν πῦρ εἰς τοὺς στροφέας
266 ἐμβαλὼν τῆς πύλης ἐν σκότῳ[234])· τότε γὰρ ἐξαπίνης ἔνδοθεν ἐκφανείσης φλογὸς οἵ τε ἡγεμόνες μετὰ τοῦ Καίσαρος ἀνεχώρουν, καὶ τοὺς ἔξωθεν οὐδεὶς ὑφάπτειν[235]) ἐκώλυεν. ὁ μὲν οὖν ναὸς οὕτως ἄκοντος Καίσαρος ἐμπίπραται.
267 8. Πολλὰ δ' ἄν τις ἐπολοφυράμενος ἔργῳ πάντων ὧν ὄψει καὶ ἀκοῇ παρειλήφαμεν θαυμασιωτάτῳ κατασκευῆς τε ἕνεκα καὶ μεγέθους ἔτι τε τῆς καθ' ἕκαστον πολυτελείας καὶ τῆς περὶ τὰ ἅγια δόξης, μεγίστην λάβοι παραμυθίαν τὴν εἱμαρμένην ἄφυκτον οὖσαν ὥσπερ ἐμψύχοις
268 οὕτω καὶ ἔργοις καὶ τόποις. θαυμάσαι[236]) δ' ἄν τις ἐν αὐτῇ τῆς περιόδου τὴν ἀκρίβειαν. καὶ μῆνα γοῦν, ὡς ἔφην, καὶ ἡμέραν ἐτήρησεν τὴν
269 αὐτήν, ἐν ᾗ πρότερον ὑπὸ Βαβυλωνίων ὁ ναὸς ἐνεπρήσθη. καὶ ἀπὸ μὲν τῆς πρώτης αὐτοῦ κτίσεως, ἣν κατεβάλετο Σολομῶν ὁ βασιλεύς, μέχρι τῆς νῦν ἀναιρέσεως, ἣ γέγονεν ἔτει δευτέρῳ τῆς Οὐεσπασιανοῦ ἡγεμονίας, ἔτη συνάγεται χίλια ἑκατὸν τριάκοντα, πρὸς δὲ μῆνες ἑπτὰ καὶ πεντε-
270 καίδεκα ἡμέραι· ἀπὸ δὲ τῆς ὕστερον, ἣν ἔτει δευτέρῳ Κύρου βασιλεύοντος ἐποιήσατο Ἀγγαῖος, ἔτη μέχρι τῆς ὑπὸ Οὐεσπασιανοῦ ἁλώσεως τριακονταεννέα πρὸς ἑξακοσίοις καὶ ἡμέραι [237]) τεσσαρακονταπέντε.

271 V. 1. Καιομένου δὲ τοῦ ναοῦ τῶν μὲν προσπιπτόντων ἦν ἁρπαγή, φόνος δὲ τῶν καταλαμβανομένων μυρίος καὶ οὔτε ἡλικίας ἦν ἔλεος οὔτ' ἐντροπὴ σεμνότητος, ἀλλὰ καὶ παιδία καὶ γέροντες καὶ βέβηλοι καὶ ἱερεῖς

---

[231] Λιβεράλιον Hudson. cj., Niese, Na, Thack; *liberalem* Lat, Kohout, Clementz; λιβεράριον codd., *liberos* Syr.   [232] παρέθηγεν (reizte ... an) Zonaras.
[233] τε fehlt bei P Lat; Niese: *fortasse recte*, Thack setzt es in Klammern.
[234] ἐν σκότῳ codd. Syr Niese, Na, bei Thack in Klammern; καὶ ἐν κοντῷ (mit einer Stange) M am Rand; bei Lat, Zonaras fehlt eine entsprechende Wendung.
[235] ὑφάπτων L; ἐφάπτειν PAC.   [236] θαυμάσειε L Zonaras Na.
[237] ἡμέραις PAL.

Fremden, und doch stand es dem nicht nach, was ihm die Einheimischen an Ruhm und Glanz zusprachen. Da nun die Flammen noch an keiner Stelle nach innen gedrungen waren, sondern erst die ringsum das Tempelgebäude liegenden Gemächer verheerten, glaubte Titus – was ja auch der tatsächlichen Lage entsprach – man könne das Bauwerk noch vor den Flammen retten. Er eilte also nach draußen, versuchte, durch persönliche Ermahnungen die Soldaten zum Löschen des Feuers zu veranlassen, und befahl dann noch dem Liberalius, einem Centurio von den ihn umgebenden Speerträgern,[115] mit Stockschlägen diejenigen in Schach zu halten, die den Anordnungen des Caesars nicht gehorchten. Aber mächtiger als die Scheu vor dem Caesar und die Furcht vor dem Centurio, der sich ihnen in den Weg stellte, lebten in ihnen jetzt die Wut, der Haß gegen die Juden[116] und eine überwallende Kampfesgier. Den großen Haufen jedoch trieb die Aussicht auf Raub; waren diese Soldaten doch fest davon überzeugt, daß das Tempelinnere ganz voll sein müsse von Schätzen, da sie ihn ja schon von außen mit Goldarbeiten eingefaßt sahen. Als der Caesar nun gerade nach draußen geeilt war, um die Soldaten aufzuhalten, legte einer von den Römern, die schon ins Innere vorgedrungen waren, in der Dunkelheit in aller Eile Feuer an die Angeln des Tores. Als dann plötzlich vom Tempelinneren her die Flamme aufleuchtete, mußten sich auch die Offiziere zusammen mit dem Caesar zurückziehen; jetzt machte auch niemand mehr den Versuch, die Soldaten draußen an der weiteren Brandstiftung zu hindern. Auf diese Weise ging also das Tempelgebäude wider den Willen des Caesars in Flammen auf.

8. 267. Man muß gewiß um ein solches Bauwerk sehr trauern; es war ja von allen Bauten, von denen wir aus Berichten oder eigener Anschauung Kenntnis haben, das Wunderbarste; zunächst wegen seiner Bauart und Größe, dann aber auch wegen seiner Kostbarkeit in jeder Einzelheit und wegen der Erhabenheit seiner heiligen Räume. Doch wird man überreichen Trost finden in dem Gedanken, daß Werke und Stätten der Menschen dem Verhängnis ebensowenig entrinnen können wie lebende Wesen.[117] Man muß sich jedoch sehr über die Genauigkeit im Umlauf der Zeiten wundern,[118] die in diesem Schicksal zu erkennen ist: Paßte es doch, wie ich schon erwähnt habe, den Monat und sogar den gleichen Tag ab, an welchem der Tempel einstmals von den Babyloniern in Brand gesetzt worden war. Von seiner ersten Gründung, die durch den König Salomo erfolgt war, bis zu seiner jetzigen Zerstörung, die in das zweite Regierungsjahr Vespasians fiel, ergeben sich 1130 Jahre, 7 Monate und 15 Tage, von der zweiten Gründung, die Haggai im 2. Jahre des Königs Kyros vollzog, bis zur Eroberung unter Vespasian 639 Jahre und 45 Tage.[119]

5. Kapitel

1. 271. Während der Tempel brannte, raubten die Soldaten alles, was ihnen gerade in die Hände fiel, und mordeten sie die Juden, deren sie habhaft wurden, in ungezählter Menge. Dabei kannten sie kein Erbarmen mit dem Alter und keine Scheu vor dem Heiligen, sondern Kinder und Greise, Laien

ὁμοίως ἀνῃροῦντο, καὶ πᾶν γένος ἐπεξῄει περισχὼν ὁ πόλεμος, ὁμοῦ 272 τούς τε ἱκετεύοντας καὶ τοὺς ἀμυνομένους. συνήχει δέ ἡ φλὸξ ἐπὶ πλεῖστον ἐκφερομένη[238]) τοῖς τῶν πιπτόντων στεναγμοῖς, καὶ διὰ μὲν τὸ ὕψος τοῦ λόφου καὶ τὸ τοῦ φλεγομένου μέγεθος ἔργου πᾶσαν ἄν[239]) τις ἔδοξε καίεσθαι τὴν πόλιν, τῆς δὲ βοῆς ἐκείνης οὐδὲν ἐπινοηθῆναι δύναιτ' 273 ἂν ἢ μεῖζον ἢ φοβερώτερον. τῶν τε γὰρ Ῥωμαϊκῶν ταγμάτων ἀλαλαγμὸς ἦν συμφερομένων[240]), καὶ τῶν στασιαστῶν πυρὶ καὶ σιδήρῳ κεκυκλωμένων κραυγή, τοῦ τε ἀποληφθέντος[241]) ἄνω λαοῦ τροπή τε μετ' ἐκπλήξεως εἰς 274 τοὺς πολεμίους καὶ πρὸς τὸ πάθος οἰμωγαί. συνεβόα δὲ τοῖς ἐπὶ τοῦ λόφου τὸ κατὰ τὴν πόλιν πλῆθος· ἤδη δὲ πολλοὶ τῷ λιμῷ μαραινόμενοι καὶ μεμυκότες ὡς εἶδον τὸ τοῦ ναοῦ πῦρ, εἰς ὀδυρμοὺς πάλιν καὶ κραυγὴν εὐτόνησαν· συνήχει δὲ ἥ τε Περαία[242]) καὶ τὰ πέριξ ὄρη βαρυτέραν ποιοῦντα 275 τὴν βοήν[243]). ἦν δὲ τοῦ θορύβου τὰ πάθη φοβερώτερα· τὸν μέν γε τοῦ ἱεροῦ λόφον ἐκ ῥιζῶν ἄν τις ἔδοξε βράττεσθαι[244]) πάντοθεν τοῦ πυρὸς καταγέμοντα, δαψιλέστερον δὲ τὸ αἷμα τοῦ πυρὸς εἶναι καὶ τῶν φονευόν- 276 των πλείους τοὺς φονευομένους· οὐδαμοῦ γὰρ ἡ γῆ διεφαίνετο τῶν νεκρῶν, ἀλλὰ[245]) σωροῖς ἐπιβαίνοντες[246]) οἱ στρατιῶται σωμάτων ἐπὶ τοὺς 277 διαφεύγοντας ἔθεον. τὸ μὲν οὖν λῃστρικὸν πλῆθος ὠσάμενοι τοὺς Ῥωμαίους μόλις εἰς τὸ ἔξω διεκπίπτουσιν ἱερὸν κἀκεῖθεν εἰς τὴν πόλιν, τοῦ 278 δημοτικοῦ δὲ τὸ λειφθὲν[247]) ἐπὶ τὴν ἔξω στοὰν κατέφυγε. τῶν δὲ ἱερέων τινὲς τὸ μὲν πρῶτον ἀπὸ τοῦ ναοῦ τούς τε ὀβελοὺς καὶ τὰς ἕδρας αὐτῶν 279 μολίβου πεποιημένας ἀνασπῶντες εἰς τοὺς Ῥωμαίους ἠφίεσαν, αὖθις δὲ ὡς οὔτε ἤνυόν τι καὶ τὸ πῦρ ἐπ' αὐτοὺς ἀνερρήγνυτο, ἐπὶ τὸν τοῖχον 280 ἀναχωρήσαντες ὄντα ὀκτάπηχυν τὸ εὖρος ἔμενον. δύο γε μὴν τῶν ἐπισήμων, παρὸν σωθῆναι[248]) πρὸς Ῥωμαίους μεταστᾶσιν ἢ διακαρτερεῖν πρὸς τὴν μετὰ τῶν ἄλλων τύχην, ἑαυτοὺς ἔρριψαν εἰς τὸ πῦρ καὶ τῷ ναῷ συγκατεφλέγησαν, Μηΐρός τε υἱὸς Βελγᾶ καὶ Ἰώσηπος Δαλαίου[249]). 281 2. Ῥομαῖοι δὲ μάταιον ἤδη ἐπὶ τοῖς πέριξ φειδὼ κρίναντες τοῦ ναοῦ φλεγομένου πάντα συνεπίμπρασαν[250]), τά τε λείψανα τῶν στοῶν καὶ τὰς πύλας πλὴν δύο, τῆς μὲν ἐκ τῶν ἀνατολικῶν τῆς δὲ μεσημβρινῆς[251])· καὶ 282 ταύτας ὕστερον κατέσκαψαν. ἔκαιον δὲ καὶ τὰ γαζοφυλάκια, ἐν οἷς ἄπειρον μὲν χρημάτων πλῆθος ἄπειροι δ' ἐσθῆτες καὶ ἄλλα κειμήλια, συνελόντι δ' εἰπεῖν, πᾶς ὁ Ἰουδαίων σεσώρευτο πλοῦτος, ἀνεσκευασμένων[252]) ἐκεῖ τοὺς οἴκους[253]) τῶν εὐπόρων. ἦκον δὲ καὶ ἐπὶ τὴν λοιπὴν στοὰν τοῦ

[238] εἰσφερομένη VR.   [239] ἂν fehlt bei L.   [240] συμφερομένων fehlt bei Lat.
[241] ἀπολειφθέντος ML; *deprehensi* Lat.
[242] Περαία Niese, Na, Thack; πέτρα Herwerden cj.; Dest. hält die Stelle für verderbt.   [243] ὁρμήν LVRC Lat; καὶ ὁρμήν M am Rand.
[244] διάττεσθαι (= in verschiedene Richtungen sprühen) VRC¹M am Rand; διάγεσθαι C aus Korrektur; *evelli* Lat.
[245] ἀλλὰ καὶ PAMVR; ohne καὶ LC Zonaras Niese, Na, bei Thack steht es in Klammern.   [246] ἐπεμβαίνοντες MLVRC Zonaras Na, Thack.
[247] τὸ ληφθὲν PA; τὸ περιλειφθὲν Zonaras.
[248] ἢ σωθῆναι Niese cj. (App.)   [249] *Dareae* Lat.
[250] συνεμπίμπρασαν V; συνεπίπρασαν C; συνενεπίμπρασαν Dindorf cj., Na.
[251] δ'ἐκ μεσημβρίας L; δ'ἐκ μεσημβρινῆς Na cj.   [252] ἀνασκευασμένων L.
[253] τῶν οἴκων MVRC Na.

und Priester wurden ohne Unterschied umgebracht. Der Krieg wütete ohne Ausnahme gegen jede Sippe, gleich ob die Menschen um Gnade baten oder sich noch zur Wehr setzten. Das Prasseln der weit aufschießenden Flamme begleitete das Stöhnen der Fallenden: Wegen der Höhe des Tempelberges und der Größe des im Feuer flammenden Bauwerkes hätte man meinen können, die ganze Stadt stehe in Brand, aber man hätte sich auch wohl nichts Gewaltigeres und nichts Schrecklicheres vorstellen können als das Geschrei, das sich dort erhob. Bei den römischen Legionen erhob sich der Kampfruf, wenn sie auf die Feinde stießen, und Klagegeheul bei den durch Feuer und Schwert ringsum eingeschlossenen Aufrührern; das Volk, das sich oberhalb[120] befand und jetzt abgeschnitten war, wandte sich voller Schrecken zur Flucht – gerade den Feinden in die Hände! Und zu dieser Schreckensszene kam das Jammergestöhn. In das Geschrei der Menschen auf dem Tempelberg stimmte die Menge von der Stadt her ein. Selbst viele von denen, die schon vor Hunger am Verschmachten waren und kein Wort mehr hervorbringen konnten, fanden wieder Kraft zu Jammer und Klage, als sie den Tempel brennen sahen. Die gegenüberliegende Landschaft[121] sowie die Berge ringsum hallten wider und machten das Getöse noch stärker. Doch weit fürchterlicher als dies schreckliche Geschrei waren die Leidensszenen selber.[122] Dem Betrachter schien es, als wenn der Tempelberg von seinem Fuße ab nur noch eine brodelnde Masse sei, allenthalben vom Feuer überflutet, als ergieße sich das Blut in noch mächtigeren Strömen als das Feuer, und als seien die Ermordeten noch zahlreicher als die Mörder. Vor lauter Leichen war nirgends mehr der Erdboden[123] zu sehen; vielmehr mußten die Soldaten auf Haufen von Leibern treten, um den Fliehenden nachzusetzen. Der Haufe der Räuber brachte allerdings die Römer zum Weichen, schlug sich mit Mühe in den äußeren Tempelhof durch und entkam von dort aus; doch was von der Volksmenge noch übrig war, mußte sich auf die äußere Säulenhalle[124] flüchten. Einige Priester rissen zunächst die spitzen Stangen[125] vom Tempeldach samt dem Blei, in das sie eingesetzt waren, herunter und warfen sie auf die Römer; später aber, als sie damit nichts ausrichteten und das Feuer bis zu ihnen emporschlug, zogen sie sich auf die 8 Ellen breite Mauer[126] zurück und verharrten dort. Zwei der angesehensten indessen, denen es freigestanden hatte, durch Übergang zu den Römern ihr Leben zu retten, oder zusammen mit den anderen das Unheil abzuwarten, stürzten sich selbst in das Feuer hinab und verbrannten mit dem Tempel. Es waren Meir, der Sohn des Belgas, und Josephus, der Sohn des Daläus.[127]

2. 281. Da die Römer es für sinnlos hielten, nun, da der Tempel brannte, gegen die um ihn liegenden Gebäude schonend zu verfahren, setzten sie alles miteinander in Flammen, sowohl die restlichen Hallen, wie auch die Tore außer zweien, einem von den Osttoren und dem Südtor;[128] auch diese machten sie später der Erde gleich. Sie zündeten auch die Schatzkammer an, in denen eine zahllose Menge Geld, Gewänder und andere Kostbarkeiten, kurz der ganze Reichtum der Juden aufgehäuft war, da dorthin die Wohlhabenden ihren Besitz geschafft hatten.[129] Die Römer kamen auch zu der noch übriggebliebenen Halle des äußeren Tempelbezirks; dorthin aber hatten sich

283 ἔξωθεν ἱεροῦ· καταφεύγει²⁵⁴) δ' ἐπ' αὐτὴν ἀπὸ τοῦ δήμου γύναια καὶ
284 παιδία καὶ σύμμικτος ὄχλος²⁵⁵) εἰς ἑξακισχιλίους. πρὶν δὲ Καίσαρα κρῖναί τι περὶ αὐτῶν ἢ κελεῦσαι²⁵⁶) τοὺς ἡγεμόνας, φερόμενοι τοῖς θυμοῖς οἱ στρατιῶται τὴν στοὰν ὑφάπτουσι, καὶ συνέβη τοὺς μὲν ῥιπτοῦντας αὐτοὺς²⁵⁷)· ἐκ τῆς φλογὸς διαφθαρῆναι, τοὺς δὲ ἐν αὐτῇ· περνεσώθη δὲ ἐκ
285 τοσούτων οὐδείς. τούτοις αἴτιος τῆς ἀπωλείας ψευδοπροφήτης τις κατέστη κατ'ἐκείνην κηρύξας τὴν ἡμέραν τοῖς ἐπὶ τῆς πόλεως, ὡς ὁ θεὸς ἐπὶ τὸ
286 ἱερὸν ἀναβῆναι κελεύει δεξομένους τὰ σημεῖα τῆς σωτηρίας. πολλοὶ δ' ἦσαν ἐγκάθετοι παρὰ τῶν τυράννων τότε πρὸς τὸν δῆμον προφῆται προσμένειν τὴν ἀπὸ τοῦ θεοῦ βοήθειαν καταγγέλλοντες, ὡς ἧττον αὐτομολοῖεν καὶ τοὺς ἐπάνω δέους καὶ φυλακῆς²⁵⁸) γενομένους²⁵⁹) ἐλπὶς παρακροτοίη²⁶⁰).
287 πείθεται δὲ ταχέως ἄνθρωπος ἐν συμφοραῖς, ὅταν δὲ δὴ²⁶¹) καὶ τῶν κατεχόντων δεινῶν ἀπαλλαγὴν ὁ ἐξαπατῶν ὑπογράφῃ, τόθ' ὁ πάσχων ὅλος γίνεται τῆς ἐλπίδος.
288 3. Τὸν γοῦν ἄθλιον δῆμον οἱ μὲν ἀπατεῶνες καὶ καταψευδόμενοι τοῦ θεοῦ τηνικαῦτα παρέπειθον, τοῖς δ' ἐναργέσι καὶ προσημαίνουσι τὴν μέλλουσαν ἐρημίαν τέρασιν οὔτε προσεῖχον οὔτ' ἐπίστευον, ἀλλ' ὡς ἐμβεβροντημένοι καὶ μήτε ὄμματα μήτε ψυχὴν ἔχοντες τῶν τοῦ θεοῦ
289 κηρυγμάτων παρήκουσαν, τοῦτο μὲν ὅτε²⁶²) ὑπὲρ τὴν πόλιν ἄστρον ἔστη
290 ῥομφαίᾳ παραπλήσιον καὶ παρατείνας ἐπ' ἐνιαυτὸν κομήτης, τοῦτο δ' ἡνίκα πρὸ τῆς ἀποστάσεως καὶ τοῦ πρὸς τὸν πόλεμον κινήματος ἀθροιζομένου τοῦ λαοῦ πρὸς τὴν τῶν ἀζύμων ἑορτήν, ὀγδόῃ²⁶³) δ' ἦν Ξανθικοῦ μηνός, κατὰ νυκτὸς ἐνάτην ὥραν τοσοῦτο φῶς περιέλαμψε τὸν βωμὸν καὶ τὸν ναόν²⁶⁴), ὡς δοκεῖν ἡμέραν εἶναι λαμπράν, καὶ τοῦτο παρέτεινεν
291 ἐφ' ἡμίσειαν ὥραν· ὃ τοῖς μὲν ἀπείροις ἀγαθὸν ἐδόκει, τοῖς δὲ ἱερογραμ-
292 ματεῦσι πρὸς²⁶⁵) τῶν ἀποβεβηκότων εὐθέως ἐκρίθη. καὶ κατὰ τὴν αὐτὴν ἑορτὴν²⁶⁶) βοῦς μὲν ἀχθεῖσα ὑπὸ τοῦ²⁶⁷) πρὸς τὴν θυσίαν ἔτεκεν ἄρνα ἐν τῷ
293 ἱερῷ μέσῳ, ἡ δ' ἀνατολικὴ πύλη τοῦ ἐνδοτέρω²⁶⁸) ναοῦ²⁶⁹) χαλκῆ μὲν οὖσα καὶ στιβαρωτάτη, κλειομένη δὲ περὶ δείλην μόλις ὑπ' ἀνθρώπων²⁷⁰) εἴκοσι, καὶ μοχλοῖς μὲν ἐπερειδομένη σιδηροδέτοις, κατάπηγας δὲ ἔχουσα βαθυτάτους εἰς τὸν οὐδὸν ὄντα διηνεκοῦς λίθου καθιεμένους, ὤφθη κατὰ νυκτὸς
294 ὥραν ἕκτην αὐτομάτως ἠνοιγμένη²⁷¹). δραμόντες δὲ οἱ τοῦ ἱεροῦ φύλακες ἤγγειλαν²⁷²) τῷ στρατηγῷ, κἀκεῖνος ἀναβὰς μόλις αὐτὴν ἴσχυσεν κλεῖσαι.
295 πάλιν τοῦτο τοῖς μὲν ἰδιώταις κάλλιστον ἐδόκει τέρας· ἀνοῖξαι γὰρ τὸν θεὸν αὐτοῖς τὴν τῶν ἀγαθῶν πύλην· οἱ λόγιοι²⁷³) δὲ λυομένην αὐτομάτως

---

²⁵⁴ καταπεφεύγει Bekker cj. nach cod. Lugd., Na, Thack; *confugerant* Lat.
²⁵⁵ ὄχλος πλῆθος L; ὄχλος πλεῖστος C Na.   ²⁵⁶ κελεύσειν L.
²⁵⁷ αὐτοὺς PAMVC; ἑαυτοὺς L; vgl. § 187 textkrit. Anm. 154.
²⁵⁸ κατὰ φυλακῆς C.   ²⁵⁹ γινομένους AMLVRC.
²⁶⁰ παρακρατῶ v L; παρακρατοίη (= zurückhalten) VR; *retineret* Lat.Vgl. auchKohout.
²⁶¹ δὲ δὴ PAMVC Na; δὲ ἤδη L (danach δ' ἤδη Niese Thack); δὲ R.   ²⁶² οὖν L.
²⁶³ Statt ὀγδόῃ hat L nur ἡ. L hat offenbar gegen die Wiedergabe der Zahl Bedenken gehabt. Zu L vgl. zuletzt § 240 textkrit. Anm. 206, ferner 4, 13 Anm. 6.
²⁶⁴ L ordnet anders: τὸν ναὸν καὶ τὸν βωμόν vgl. § 290 Anm. 138.
²⁶⁵ πρὸ PAML Lat und die meisten Einzelhandschriften.
²⁶⁶ Syr. liest νυκτά, vgl. § 299 Anm. 142.
²⁶⁷ ὑπὸ τοῦ fehlt bei Lat; ὑπὸ τοῦ A¹LR; ὑπὸ τοῦ ἀρχιερέως einige Eusebhand-

Josephus, Jüdischer Krieg, Buch 6

Frauen, Kinder und sonst allerlei Volk,[130] an die 6000, geflüchtet. Ehe jedoch der Caesar über diese Leute eine Entscheidung getroffen hatte und ehe die Offiziere[131] Befehle ausgegeben hatten, legten die Soldaten, von ihrer Raserei fortgerissen, Feuer an die Halle; so kam es, daß die einen zugrunde gingen,[132] als sie sich aus der Glut herausstürzten, die anderen aber in ihr selbst. Gerettet aber wurde von so vielen kein einziger. Schuld an ihrem Verderben war ein falscher Prophet, der an jenem Tag auftrat und dem Volk in der Stadt verkündete, Gott befehle, zu dem Heiligtum hinaufzusteigen und die Zeichen der Rettung zu erwarten.[133] Es gab damals überhaupt viele Propheten, die von den Tyrannen beim Volk eingesetzt wurden und verkündeten, daß man auf die Hilfe von Gott warten solle, damit weniger Leute überliefen und diejenigen, die über Furcht und Gefängnis[134] schon hinaus waren, durch Hoffnung ermuntert würden. Wie schnell läßt sich der Mensch im Unglück bereden! Wenn ihm aber der Betrüger gar die Errettung aus der furchtbaren Not, die ihn niederhält, vorspiegelt, dann gibt sich der Leidende völlig der Hoffnung hin.

3. 288. So ließ sich das elende Volk damals von Verführern und Betrügern, die sich fälschlich als Gesandte Gottes ausgaben,[135] beschwatzen, den deutlichen Zeichen[136] aber, die die kommende Verwüstung im voraus anzeigten, schenkten sie weder Beachtung noch Glauben, sondern als ob sie vom Donner gerührt wären und weder Augen noch Sinn hätten, überhörten sie die Warnrufe Gotes. So war es, als über der Stadt ein schwertähnliches Gestirn erschien und ein Komet ein ganzes Jahr lang am Himmel blieb,[137] oder als vor dem Aufstand und der Bewegung, die zum Kriege führte, sich das Volk zum Fest der ungesäuerten Brote versammelte – es war am 8. des Monats Xanthikos (25. April 66 n. Chr.) – und nachts zur neunten Stunde ein so großes Licht den Altar und den Tempel umstrahlte, daß es schien, als wäre es heller Tag, was eine halbe Stunde anhielt.[138] Den Unerfahrenen schien das zwar etwas Gutes zu bedeuten, die Gelehrten der heiligen Schrift aber deuteten es sofort auf das, was dann gekommen ist. Bei demselben Fest warf eine Kuh, als man sie zur Schlachtstätte führte, mitten im Tempel ein Lamm.[139] Das Osttor des inneren Tempelbezirks, das von Erz und außerordentlich schwer war und am Abend von zwanzig Mann nur mit Mühe geschlossen werden konnte, das außerdem durch eisenbeschlagene Querbalken versperrt wurde und senkrechte Riegel hatte, die tief in die aus einem einzigen Stein bestehende Schwelle eingelassen wurden – dieses Tor sah man nachts zur 6. Stunde sich von selbst öffnen. Die Tempelwächter liefen zum Tempelhauptmann; als der aber heraufkam, vermochte er kaum das Tor zu schließen. Wiederum schien das den Unkundigen ein sehr gutes Omen dafür zu

schriften, doch vgl. Kohout z. St.: „Indes ist diese Lesart bei Josephus selbst nicht bezeugt und als die bequemere verdächtig".
[268] ἐνδοτέρου PAMVRC Zonaras; ἐνδοτέρῳ L Euseb.; ἐξωτέρου Grotius. Auffallenderweise wird L hier von allen Herausgebern bevorzugt.
[269] ναοῦ fehlt bei VRC Euseb. [270] ἀνδρῶν LC Zonaras Na.
[271] ἠνοιγμένη PA Euseb, Niese, Thack; ἠνεῳγμένη MLVRC; ἀνεῳγμένη Dindorf, Na. [272] ἀνήγγειλαν M. [273] οἱ λοιποί L.

τοῦ ναοῦ τὴν ἀσφάλειαν ἐνενόουν, καὶ πολεμίοις δῶρον ἀνοίγεσθαι τὴν πύλην, δηλωτικόν τε ἐρημίας ἀπέφαινον ἐν αὐτοῖς[274]) τὸ σημεῖον. μετὰ δὲ τὴν ἑορτὴν οὐ πολλαῖς ἡμέραις ὕστερον[275]), μιᾷ καὶ εἰκάδι[276]) Ἀρτεμισίου μηνός, φάσμα τι δαιμόνιον ὤφθη μεῖζον πίστεως· τερατεία[277]) δὲ ἂν ἔδοξεν οἶμαι[278]) τὸ ῥηθησόμενον, εἰ μὴ καὶ παρὰ τοῖς θεασαμένοις ἱστόρητο[279]) καὶ τὰ ἐπακολουθήσαντα πάθη τῶν σημείων ἦν ἄξια· πρὸ γὰρ ἡλίου δύσεως ὤφθη μετέωρα περὶ[280]) πᾶσαν τὴν χώραν ἅρματα καὶ φάλαγγες ἔνοπλοι διᾴττουσαι τῶν νεφῶν καὶ κυκλούμεναι τὰς πόλεις. κατὰ δὲ τὴν ἑορτήν, ἣ πεντηκοστὴ καλεῖται, νύκτωρ οἱ ἱερεῖς παρελθόντες εἰς τὸ ἔνδον ἱερόν, ὥσπερ αὐτοῖς ἔθος ἦν[281]) πρὸς[282]) τὰς λειτουργίας, πρῶτον μὲν κινήσεως ἔφασαν ἀντιλαβέσθαι καὶ κτύπου, μετὰ δὲ ταῦτα φωνῆς[283]) ἀθρόας «μεταβαίνομεν[284]) ἐντεῦθεν». τὸ δὲ τούτων φοβερώτερον, Ἰησοῦς γάρ τις υἱὸς Ἀνανίου[285]) τῶν ἰδιωτῶν ἄγροικος πρὸ τεσσάρων ἐτῶν τοῦ πολέμου τὰ μάλιστα τῆς πόλεως εἰρηνευομένης καὶ εὐθηνούσης, ἐλθὼν εἰς[286]) τὴν ἑορτήν, ἐν ᾗ[287]) σκηνοποιεῖσθαι πάντας ἔθος τῷ θεῷ, κατὰ[288]) τὸ ἱερὸν ἐξαπίνης ἀναβοᾶν ἤρξατο «φωνὴ ἀπὸ ἀνατολῆς[289]), φωνὴ ἀπὸ δύσεως, φωνὴ ἀπὸ τῶν τεσσάρων ἀνέμων, φωνὴ ἐπὶ Ἱεροσόλυμα καὶ τὸν ναόν, φωνὴ ἐπὶ νυμφίους καὶ νύμφας, φωνὴ ἐπὶ τὸν λαὸν πάντα.» τοῦτο μεθ᾿ ἡμέραν καὶ νύκτωρ κατὰ πάντας τοὺς στενωποὺς περιῄει κεκραγώς. τῶν δὲ ἐπισήμων τινὲς δημοτῶν ἀγανακτήσαντες πρὸς τὸ κακόφημον συλλαμβάνουσι τὸν ἄνθρωπον καὶ πολλαῖς αἰκίζονται πληγαῖς. ὁ δὲ οὔθ᾿ ὑπὲρ αὑτοῦ[290]) φθεγξάμενος οὔτε ἰδίᾳ πρὸς τοὺς παίοντας[291]), ἃς καὶ πρότερον φωνὰς βοῶν διετέλει. νομίσαντες δὲ οἱ ἄρχοντες, ὅπερ ἦν, δαιμονιώτερον[292]) τὸ κίνημα τἀνδρὸς ἀνάγουσιν αὐτὸν ἐπὶ τὸν παρὰ Ῥωμαίοις[293]) ἔπαρχον. ἔνθα μάστιξι μέχρι ὀστέων ξαινόμενος[294]) οὔθ᾿ ἱκέτευσεν οὔτ᾿ ἐδάκρυσεν, ἀλλ᾿ ὡς ἐνῆν μάλιστα τὴν φωνὴν ὀλοφυρτικῶς παρεγκλίνων πρὸς ἑκάστην ἀπεκρίνατο πληγήν «αἰαὶ[295]) Ἱεροσολύμοις». τοῦ δ᾿ Ἀλβίνου διερωτῶντος, οὗτος γὰρ ἔπαρχος ἦν, τίς[296]) εἴη καὶ πόθεν, καὶ διὰ τί ταῦτα φθέγγοιτο, πρὸς ταῦτα μὲν οὐδ᾿ ὁτιοῦν ἀπεκρίνατο, τὸν δὲ ἐπὶ τῇ πόλει θρῆνον εἴρων οὐ διέλειπεν, μέχρι καταγνοὺς μανίαν ὁ Ἀλβῖνος ἀπέλυσεν αὐτόν. ὁ δὲ τὸν μέχρι τοῦ πολέμου χρόνον οὔτε προσῄει τινὶ τῶν πολιτῶν οὔτε ὤφθη λαλῶν, ἀλλὰ καθ᾿ ἡμέραν ὥσπερ εὐχὴν μεμελετηκώς «αἰαὶ[297]) Ἱεροσολύμοις» ἐθρήνει. οὔτε δέ τινι τῶν τυπτόντων αὐτὸν ὁσημέραι κατηρᾶτο οὔτε τοὺς τροφῆς

---

[274] ἐν αὐτοῖς (sic!) PA; ἑαυτοῖς L. ἐν ἑαυτοῖς MVRC Na; *inter se* Lat. Vgl. § 187 textkrit. Anm. 154. (Niese App. z. St. ist 5 ὕστερον statt 11 ὕστερον zu lesen.)
[275] *post multos dies* Heg.   [276] πρώτηι καὶ εἰκοστῆι L.
[277] τερατείαν (Subst.) L; τέρας Euseb. Lat: *monstrum autem, quod dicturus sum, fortasse etiam his est cognitum qui viderunt*. Vgl. τερατεύεσθαι § 200.   [278] εἶναι Euseb.
[279] ἱστόρειτο PA; ἱστορεῖτο LVR Bekker.   [280] περὶ ist bei P getilgt; κατὰ L.
[281] ἔθος ἦν AMLVRC Euseb, Bekker, Na; ἔθος P Niese, Thack (unter Hinweis auf § 300). Niese mißt hier P einen zu großen Wert bei.   [282] εἰς L.   [283] καὶ φωνῆς MC.
[284] μεταβαίνομεν codd. Niese, Thack; μεταβαίνωμεν Lat., Zonaras, Bekker, Na. Vgl. § 299 Anm. 142.
[285] ἀνάνου MLVRC Lat. Na, Kohout.   [286] ἐπὶ Euseb (Niese: *fortasse recte*).
[287] Statt ἐν ᾗ (L Niese, Na, Thack) haben PMVRC und einige Eusebhandschriften ἐπεί; ἐφ᾿ ᾗ A aus Korrektur.   [288] εἰς L.   [289] φωνὴ ἀπὸ ἀνατολῆς fehlt bei P.
[290] αὐτοῦ PAML; ἑαυτοῦ VRC Euseb Na. (vgl. wiederum § 187 textkrit. Anm. 154.)

Josephus, Jüdischer Krieg, Buch 6

sein, daß Gott ihnen das Tor zum Guten öffne. Die Einsichtigen aber glaubten, daß die Sicherheit des Tempels sich von selbst auflöse und das Tor den Feinden zum Geschenk geöffnet würde, und erklärten es untereinander[140] als offenbares Zeichen der Verwüstung. Nach dem Fest, gar nicht viele Tage später, am 21. des Monats Artemisios (8. Juni), zeigte sich eine unheimliche, kaum glaubliche Erscheinung. Das, was ich zu berichten habe, könnte, so glaube ich, wohl als Aufschneiderei erscheinen, wenn es nicht auch durch Augenzeugen berichtet worden wäre und die nachfolgenden Leiden den Zeichen angemessen gewesen wären. Vor Sonnenaufgang nämlich zeigten sich im ganzen Lande Lufterscheinungen, Wagen und bewaffnete Heerscharen, die durch die Wolken stoben und die Städte umzingelten.[141] Als an dem Fest, das Pfingsten genannt wird, die Priester nachts in den inneren Tempelbezirk kamen, um nach ihrer Gewohnheit ihren heiligen Dienst zu verrichten, hätten sie, wie sie sagen, zuerst eine Bewegung und ein Getöse wahrgenommen, danach aber einen vielfältigen Ruf[142]: „Laßt uns von hier fortziehen!"[143] Furchtbarer aber als diese Dinge war folgendes: Vier Jahre vor dem Krieg, als die Stadt noch im höchsten Maße Frieden und Wohlstand genoß, kam nämlich ein gewisser Jesus, Sohn des Ananias, ein ungebildeter Mann vom Lande zu dem Fest, bei dem es Sitte ist, daß alle Gott eine Hütte bauen, in das Heiligtum und begann unvermittelt zu rufen: „Eine Stimme vom Aufgang, eine Stimme vom Niedergang, eine Stimme von den vier Winden, eine Stimme über Jerusalem und den Tempel, eine Stimme über Bräutigam und Braut, eine Stimme über das ganze Volk!"[144] So ging er in allen Gassen umher und schrie Tag und Nacht. Einige angesehene Bürger, die sich über das Unglücksgeschrei ärgerten, nahmen ihn fest und mißhandelten ihn mit vielen Schlägen. Er aber gab keinen Laut von sich, weder zu seiner Verteidigung noch eigens[145] gegen die, die ihn schlugen, sondern stieß beharrlich weiter dieselben Rufe aus wie zuvor. Da glaubten die Obersten, was ja auch zutraf, daß den Mann eine übermenschliche Macht treibe und führten ihn zu dem Landpfleger, den die Römer damals eingesetzt hatten. Dort wurde er bis auf die Knochen durch Peitschenhiebe zerfleischt, aber er flehte nicht und weinte auch nicht, sondern mit dem jammervollsten Ton, den er seiner Stimme geben konnte, antwortete er auf jeden Schlag: „Wehe dir, Jerusalem!" Als aber Albinus[146] – denn das war der Landpfleger – fragte, wer er sei, woher er komme und weshalb er ein solches Geschrei vollführe, antwortete er darauf nicht das geringste, sondern fuhr fort, über die Stadt zu klagen und ließ nicht ab, bis Albinus urteilte, daß er wahnsinnig sei und ihn laufenließ. In der Zeit bis zum Kriege aber näherte er sich keinem der Bürger, noch sah man ihn mit jemandem sprechen, sondern Tag für Tag rief er, als ob er ein Gebet eingelernt hätte, seine Klage: „Wehe, wehe dir Jerusalem!" Er aber fluchte keinem von denen, die ihn schlugen, obwohl es täg-

[291] παρόντας Euseb. [292] δαιμωνιώτερον εἶναι LVRC Euseb, Na.
[293] ῥωμαίων VR, wahrscheinlich Heg., Niese *fortasse recte*.
[294] ξενόμενος P; ξεόμενος (ξέω = schaben) L.
[295] αἰαῖ PA; αἲ αἲ MLVRC. [296] τίς τε L Niese minor, Na, Thack.
[297] αἰ αἰ (sic) PL; αἲ αἲ A; αἴ αἴ MVRC; ähnlich auch die Textbezeugung in § 309.

μεταδιδόντας εὐλόγει, μία δὲ πρὸς πάντας ἦν ἡ σκυθρωπὴ κληδὼν ἀπόκρισις. μάλιστα δ' ἐν ταῖς ἑορταῖς ἐκεκράγει· καὶ τοῦτ' ἐφ' ἑπτὰ ἔτη καὶ μῆνας πέντε εἴρων οὔτ' ἤμβλυνεν[298]) τὴν φωνὴν οὔτ' ἔκαμεν, μέχρις οὗ[299]) κατὰ τὴν πολιορκίαν ἔργα[300]) τῆς κληδόνος[301]) ἰδὼν ἀνεπαύσατο. περιιὼν γὰρ ἀπὸ[302]) τοῦ τείχους «αἰαὶ πάλιν τῇ πόλει καὶ τῷ λαῷ καὶ τῷ ναῷ»[303]) διαπρύσιον ἐβόα, ὡς δὲ τελευταῖον προσέθηκεν «αἰαὶ δὲ κἀμοί», λίθος ἐκ τοῦ πετροβόλου σχασθεὶς καὶ πλήξας αὐτὸν παραχρῆμα κτείνει, φθεγγομένην[304]) δ' ἔτι[305]) τὰς κληδόνας ἐκείνας τὴν ψυχὴν ἀφῆκε.

4. Ταῦτά τις ἐννοῶν εὑρήσει τὸν μὲν θεὸν ἀνθρώπων κηδόμενον καὶ παντοίως προσημαίνοντα τῷ σφετέρῳ γένει τὰ σωτήρια, τοὺς δ' ὑπ' ἀνοίας καὶ κακῶν αὐθαιρέτων[306]) ἀπολλυμένους, ὅπου γε Ἰουδαῖοι καὶ τὸ ἱερὸν μετὰ τὴν καθαίρεσιν τῆς Ἀντωνίας τετράγωνον ἐποίησαν, ἀναγεγραμμένον ἐν τοῖς λογίοις ἔχοντες[307]) ἁλώσεσθαι τὴν πόλιν καὶ τὸν ναόν,[308]) ἐπειδὰν τὸ ἱερὸν γένηται τετράγωνον. τὸ δ' ἐπᾶραν αὐτοὺς μάλιστα πρὸς τὸν πόλεμον ἦν χρησμὸς ἀμφίβολος ὁμοίως ἐν τοῖς ἱεροῖς εὑρημένος γράμμασιν, ὡς κατὰ τὸν καιρὸν ἐκεῖνον ἀπὸ τῆς χώρας αὐτῶν τις[309]) ἄρξει τῆς οἰκουμένης. τοῦθ' οἱ μὲν ὡς οἰκεῖον ἐξέλαβον καὶ πολλοὶ τῶν σοφῶν[310]) ἐπλανήθησαν περὶ τὴν κρίσιν, ἐδήλου δ' ἄρα[311]) τὴν[312]) Οὐεσπασιανοῦ τὸ λόγιον ἡγεμονίαν ἀποδειχθέντος ἐπὶ Ἰουδαίας αὐτοκράτορος. ἀλλὰ γὰρ οὐ δυνατὸν ἀνθρώποις τὸ χρεὼν διαφυγεῖν οὐδὲ προορωμένοις. οἱ δὲ καὶ τῶν σημείων ἃ μὲν ἔκριναν πρὸς ἡδονὴν ἃ δὲ ἐξουθένησαν, μέχρις οὗ τῇ τε ἁλώσει τῆς πατρίδος καὶ τῷ σφῶν αὐτῶν ὀλέθρῳ διηλέγχθησαν τὴν ἄνοιαν.

VI. 1. Ῥομαῖοι δὲ τῶν μὲν στασιαστῶν καταπεφευγότων εἰς τὴν πόλιν, καιομένου δὲ αὐτοῦ τε τοῦ ναοῦ καὶ τῶν πέριξ ἁπάντων, κομίσαντες τὰς σημαίας εἰς τὸ ἱερὸν καὶ θέμενοι τῆς ἀνατολικῆς πύλης ἄντικρυς ἔθυσάν τε αὐταῖς αὐτόθι καὶ τὸν Τίτον μετὰ μεγίστων εὐφημιῶν ἀπέφηναν αὐτοκράτορα. ταῖς δὲ ἁρπαγαῖς οὕτως ἐνεπλήσθησαν οἱ στρατιῶται πάντες, ὥστε κατὰ τὴν Συρίαν πρὸς ἥμισυ τῆς πάλαι τιμῆς τὸν σταθμὸν τοῦ χρυσίου πιπράσκεσθαι. τῶν δ' ἀνὰ τὸν τοῖχον τοῦ ναοῦ

[298] ἠμβλύνθη LVC Na; ἠμβλύθη R.
[299] Dindorf und Na lesen μέχρι statt μέχρις οὗ. [300] ἔργον L; ἔργῳ RC.
[301] Statt τῆς κληδόνος haben LVR Na τὰς κληδόνας; τὰς κληδῶνας C. Κληδών ohne Iota subscriptum auf Grund von F. Passow, Handwörterbuch der griech. Sprache [5]1841, 1749. [302] ἐπὶ MLVRC Zonaras, Na; *supra* Lat.
[303] καὶ τῷ ναῷ καὶ τῷ λαῷ L Lat, Zonaras
[304] φθεγγόμενος L Na; *lugentem* Lat. [305] ἐπὶ PA L.
[306] ὑπ' ἀνοίας κακῷ αὐθαιρέτῳ Dest. cj. auf Grund einer lateinischen Übersetzung (vgl. Niese App. z. St.): *ob dementiam suam malis voluntariis* und C, wo καὶ fehlt.
[307] ἔχοντες verwirft Herwerden. [308] λαόν C.
[309] Für αὐτῶν τις (P) hat A bloß αὐτῶν; τις αὐτῶν MLVRC und die meisten Eusebhandschriften. [310] σφῶν P. [311] ἅμα C.
[312] τὴν Οὐεσπασιανοῦ L, alle Herausgeber, τὴν περὶ Οὐεσπασιανοῦ PAMVRC.

lich vorkam, noch segnete er die, die ihm Nahrung gaben – eine einzige Antwort nur hatte er für alle, jenes unselige Rufen. Am meisten aber schrie er an den Festtagen, und das tat er sieben Jahre und fünf Monate lang[147] ohne Unterbrechung – seine Stimme stumpfte nicht ab, noch wurde er müde, bis er zur Zeit der Belagerung zur Ruhe kam, als er seinen Ruf zur Tat werden sah. Denn als er auf seinem Rundgang von der Mauer herab gellend rief: „und noch einmal wehe der Stadt und dem Volk und dem Tempel!", da setzte er zum Schluß hinzu: „und wehe auch mir!", denn ein Stein schnellte aus der Wurfmaschine und traf ihn, so daß er auf der Stelle tot war und, noch jene Weherufe auf den Lippen, seinen Geist aufgab.

4. 310. Wenn man das bedenkt, so findet man, daß Gott zwar für die Menschen[148] sorgt und ihrem Geschlecht auf mannigfaltige Weise die Rettung vorher bezeichnet, sie aber infolge von Unverstand und selbst verschuldetem Elend zugrunde gehen. So haben ja die Juden auch das Heiligtum nach der Zerstörung der Antonia viereckig gemacht, obwohl sie in den Gottessprüchen eine Aufzeichnung hatten, daß die Stadt und der Tempel erobert würden, wenn das Heiligtum die Form eines Vierecks bekäme.[149] Was sie aber am meisten zum Krieg aufstachelte, war eine zweideutige Weissagung, die sich ebenfalls in den heiligen Schriften fand, daß in jener Zeit einer aus ihrem Land über die bewohnte Erde herrschen werde. Dies bezogen sie auf einen aus ihrem Volk, und viele Weise täuschten sich in ihrem Urteil. Der Gottesspruch zeigt vielmehr die Herrscherwürde des Vespasian an, der in Judäa zum Kaiser ausgerufen wurde. Aber es ist ja den Menschen nicht möglich, dem Verhängnis zu entrinnen, auch wenn sie es voraussehen. Die Juden aber deuteten manche Vorzeichen auf eine freudige Erfüllung ihrer Wünsche, andere mißachteten sie, bis sie durch die Eroberung der Vaterstadt und ihr eigenes Verderben des Unverstandes überführt wurden.[150]

6. Kapitel

1. 316. Als die Aufrührer in die Stadt hinunter geflohen waren und der Tempel selbst sowie alle umliegenden Gebäude in Flammen standen, trugen die Römer ihre Feldzeichen in den heiligen Bezirk und stellten sie dem östlichen Tor gegenüber auf. Eben an dieser Stelle brachten sie ihnen dann Opfer dar[151] und riefen den Titus unter begeisterten Glückwünschen zum Imperator aus.[152] Mit den geraubten Schätzen waren die Soldaten alle so beladen, daß in Syrien das Gold im Vergleich zu vorher im Handel um die Hälfte seines Preises sank. Bei den Priestern, die noch immer auf der Mauer des Tempels ausharrten,[153] befand sich auch ein Knabe. Vom Durst gequält, bat er die römischen Wachen inständig, ihm doch Schonung zuzusichern und klagte ihnen, wie sehr er unter dem Durst litt. Da bekamen sie Mitleid mit seiner Jugend und seiner Qual und versprachen, ihm nichts zuleide zu tun, so daß er hinuntersteigen konnte. Dann trank er selbst und füllte auch noch ein Gefäß, das er mitgebracht hatte, mit Wasser,[154] entfernte sich dann aber wieder fluchtartig nach oben zu seinen Leuten. Von den Wachen konnte ihn

ἱερέων διακαρτερούντων παῖς διψήσας ἱκέτευε τοὺς φύλακας τῶν Ῥω-
319 μαίων δοῦναι δεξιὰν αὐτῷ καὶ τὸ δίψος ἐξωμολογεῖτο³¹³). τῶν δὲ τῆς
ἡλικίας καὶ τῆς ἀνάγκης οἶκτον λαβόντων καὶ δόντων δεξιὰς³¹⁴) καταβὰς
αὐτός τε πίνει καὶ ὃ φέρων ἧκεν ἀγγεῖον πλήσας ὕδατος ᾤχετο φεύγων
320 ἄνω πρὸς τοὺς σφετέρους· τῶν δὲ φυλάκων καταλαβεῖν μὲν οὐδεὶς
ἴσχυσε, πρὸς δὲ τὴν ἀπιστίαν ἐβλασφήμουν. κἀκεῖνος οὐδὲν ἔφη παρα-
βεβηκέναι τῶν συνθηκῶν· λαβεῖν γὰρ δεξιὰν οὐ τοῦ μένειν παρ' αὐτοῖς
ἀλλὰ τοῦ καταβῆναι μόνον καὶ λαβεῖν ὕδωρ, ἅπερ ἀμφότερα πεποιηκὼς
321 πιστὸς ἔδοξεν εἶναι. τὸ μὲν δὴ πανούργημα διὰ τὴν ἡλικίαν μάλιστα τοῦ
παιδὸς ἀπεθαύμαζον οἱ πλανηθέντες· πέμπτῃ δ' ἡμέρᾳ λιμώττοντες
οἱ ἱερεῖς καταβαίνουσι καὶ πρὸς Τίτον ἀναχθέντες ὑπὸ τῶν φυλάκων
322 ἱκέτευον τυχεῖν σωτηρίας. ὁ δὲ τὸν μὲν τῆς συγγνώμης³¹⁵) καιρὸν αὐτοῖς
παρῳχηκέναι φήσας, οἴχεσθαι δὲ δι' ὃν εὐλόγως ἂν αὐτοὺς ἔσωζε,
πρέπειν δὲ τοῖς ἱερεῦσι τῷ ναῷ συναπολέσθαι, κελεύει κολάσαι τοὺς ἄνδρας.
323 2. Οἱ δὲ περὶ τοὺς τυράννους ὡς τῷ τε³¹⁶) πολέμῳ πάντοθεν ἐκρατοῦντο
καὶ περιτετειχισμένοις διαφυγεῖν οὐδαμόθεν ἦν, προσκαλοῦνται³¹⁷) τὸν
324 Τίτον εἰς λόγους. ὁ δὲ καὶ διὰ τὸ φιλάνθρωπον φύσει τὸ γοῦν ἄστυ περισῶσαι προαιρούμενος καὶ τῶν φίλων ἐναγόντων, ἤδη γὰρ μετριάζειν τοὺς
λῃστὰς ὑπελάμβανεν³¹⁸), ἵσταται κατὰ τὸ πρὸς δύσιν μέρος τοῦ ἔξωθεν
325 ἱεροῦ· ταύτῃ γὰρ ὑπὲρ τὸν ξυστὸν ἦσαν πύλαι, καὶ γέφυρα συνάπτουσα
τῷ ἱερῷ τὴν ἄνω πόλιν· αὕτη³¹⁹) τότε μέση τῶν τυράννων ἦν καὶ τοῦ
326 Καίσαρος. τὸ δὲ πλῆθος ἑκατέροις βύζην³²⁰) ἐφεστήκει, Ἰουδαῖοι μὲν
περὶ³²¹) Σίμωνα καὶ Ἰωάννην μετέωροι συγγνώμης ἐλπίδι, Ῥωμαῖοι δὲ
327 Καίσαρι καραδοκοῦντες αὐτῶν³²²) τὴν ἀξίωσιν. παραγγείλας δὲ τοῖς
στρατιώταις Τίτος θυμοῦ τε καὶ βελῶν μένειν ἐγκρατεῖς, καὶ τὸν ἑρμηνέα
παραστησάμενος, ὅπερ ἦν τεκμήριον τοῦ κρατεῖν, πρῶτος ἤρξατο λέγειν·
328 «ἆρά³²³) γε ἤδη κεκόρεσθε τῶν τῆς πατρίδος κακῶν, ὦ³²⁴) ἄνδρες, οἳ μήτε
τῆς ἡμετέρας δυνάμεως μήτε τῆς ἑαυτῶν ³²⁵)ἀσθενείας ἔννοιαν λαβόντες,
ὁρμῇ δὲ ἀσκέπτῳ καὶ μανίᾳ τόν τε δῆμον καὶ τὴν πόλιν καὶ τὸν ναὸν
329 ἀπολωλεκότες, ἀπολούμενοι δὲ καὶ αὐτοὶ δικαίως, οἳ πρῶτον μὲν ἀφ'
οὗ Πομπήιος εἷλεν ὑμᾶς κατὰ κράτος οὐκ ἐπαύσασθε νεωτεροποιίας,
330 ἔπειτα καὶ φανερὸν ἐξηνέγκατε πρὸς Ῥωμαίους πόλεμον; ἆρά γε πλήθει
πεποιθότες; καὶ μὴν ἐλάχιστον ὑμῖν μέρος ἀντήρκεσεν τοῦ Ῥωμαίων
στρατιωτικοῦ. πίστει τοιγαροῦν συμμάχων; καὶ τί τῶν ἔξω τῆς ἡμετέρας
331 ἡγεμονίας ἐθνῶν ἔμελλεν αἱρήσεσθαι Ἰουδαίους πρὸ Ῥωμαίων; ἀλλ'
ἀλκῇ σωμάτων; καὶ μὴν ἴστε Γερμανοὺς δουλεύοντας ἡμῖν. ὀχυρότητι

---

³¹³ ἐξομολογεῖτο PA¹M.   ³¹⁴ δεξιὰν L Na.   ³¹⁵ γνώμης C.
³¹⁶ Statt τῷ τε hat P τότε, L τῷ; τῷ τότε VR.
³¹⁷ προσκαλοῦνται codd. Zonaras; *provocant* Lat; προκαλοῦνται Na cj., Niese,
Thack.   ³¹⁸ *arbitrabantur* Lat; ὑπελάμβανον Hudson cj., Na, Thack, Ricc.
³¹⁹ αὕτη (sic) L.   ³²⁰ βύσδην PAVRC; βύζειν M.
³²¹ τοῖς περὶ Niese cj. (App.), vgl. folgende Anm.
³²² αὐτῷ L. Danach übersetzen Paret und Clementz: „begierig, seinen Spruch zu hören". Lat gibt den Zusammenhang mit *qualiter eos reciperet* wieder. – Grundsätzlich muß
man sich entscheiden, ob man Καίσαρι zu ἐφεστήκει zieht („die Römer umstanden den
Cäsar") so offenbar Niese (vgl. textkrit. Anm. 321) und die meisten Übersetzer, oder zu
καραδοκοῦντες („die Römer harrten gespannt auf den Cäsar"), so Williamson. Der

niemand mehr festhalten; dafür beschimpften sie ihn wegen seiner Falschheit. Er aber behauptete, die Übereinkunft in keinem Stück gebrochen zu haben: habe er doch nicht dazu von ihnen die Schonung zugesichert bekommen, um bei ihnen zu bleiben, sondern bloß, um hinabzusteigen und Wasser zu schöpfen; beides habe er getan und also auch Wort gehalten. Dies schlaue Stückchen mußte man nun auf römischer Seite zumal bei der Jugend des Knaben doch bewundern, obwohl man dabei überlistet worden war. In der fünften Stunde stiegen die Priester dann, vom Hunger gepeinigt, herab. Sie wurden von den Wachen zu Titus geführt und baten ihn flehentlich, sie am Leben zu lassen. Doch er erklärte, die Zeit der Gnade sei für sie abgelaufen, dahin sei auch das, was ihm eine gewisse Berechtigung hätte geben können, sie am Leben zu erhalten, und es sei für Priester auch das Gegebene, zusammen mit dem Tempel unterzugehen. Darauf ordnete er ihre Hinrichtung an.[155]

2. 323. Als die Gruppe um die Tyrannen nun im Kampfe auf allen Seiten geschlagen war und wegen der Umwallung[156] auch keine Möglichkeit hatte, durch die Flucht zu entkommen, lud man den Titus zu einer Unterredung herbei. Da dieser schon aus der ihm angeborenen freundlichen Grundeinstellung gegen alle Menschen[157] wenigstens die Stadt erhalten wollte, seine Freunde ihm ebenfalls zuredeten und er nun vermutete, die Räuber seien vernünftiger geworden, stellte er sich im westlichen Teil des äußeren Tempelbezirks auf. Hier befanden sich nämlich Tore oberhalb des Xystos, und eine Brücke verband die Oberstadt mit dem Tempel. Diese lag nun gerade in der Mitte zwischen den Tyrannen und dem Caesar.[158] Auf jeder der beiden Seiten stand eine Menge Menschen in dichtem Gedränge: die Juden um Simon und Johannes, von der Hoffnung auf Begnadigung in banger Erwartung gespannt, die Römer um den Caesar voller Aufmerksamkeit, das Verlangen der Juden zu hören. Titus gebot nun seinen Soldaten, ihren Zorn zurückzuhalten und keinen Schuß auf den Feind zu tun; darauf ließ er den Dolmetscher[159] neben sich treten und nahm dann – zum Zeichen, daß er der Sieger sei – als erster[160] das Wort: „Habt ihr euch nun endlich gesättigt an dem Elend eurer Vaterstadt,[161] ihr Männer? Ihr habt ja, ohne überhaupt unsere Macht oder eure eigene Schwäche zu bedenken, in blindem Draufgängertum und in Wahnsinn das Volk, die Stadt und den Tempel in den Untergang getrieben, so daß ihr jetzt auch ganz zu Recht der Vernichtung entgegengeht. Ihr habt ja schon früher, seitdem Pompejus euch bezwungen hat, nicht aufgehört, Umsturzversuche zu unternehmen und dann auch ganz offen Krieg mit den Römern angefangen.[162] War es nun die große Zahl, auf die ihr euch dabei verlassen konntet? Tatsächlich hat ein ganz geringer Bruchteil des römischen Heeres gegen euch ausgereicht. Oder etwa das Vertrauen auf Bundesgenossen? Aber welches außerhalb unseres Reiches stehende Volk möchte sich wohl lieber auf die Seite der Juden als auf die der Römer stellen? War es dann die Körperkraft? Nun, ihr wißt selbst, daß auch die Germanen uns

---

Dativ Καίσαρι ist beide Male stilistisch schwierig zu verstehen, da sich im ersten Falle eine Inkongruenz zu περὶ Σίμωνα καὶ Ἰωάννην ergibt, für den anderen Fall aber ein neben dem Akkusativobjekt stehender Dativ zu καραδοκεῖν nicht belegt ist.

δὲ τειχῶν; καὶ τί μεῖζον ὠκεανοῦ τεῖχος³²⁶) κώλυμα, ὃν περιβεβλημένοι Βρεττανοὶ τὰ Ῥωμαίων ὅπλα προσκυνοῦσιν; καρτερίᾳ ψυχῆς καὶ πανουργίᾳ στρατηγῶν; ἀλλὰ μὴν ᾔδειτε καὶ Καρχηδονίους ἁλόντας. τοιγαροῦν ὑμᾶς ἐπήγειρε κατὰ Ῥωμαίων ἡ Ῥωμαίων φιλανθρωπία, οἳ πρῶτον μὲν ὑμῖν τήν τε χώραν ἔδομεν νέμεσθαι καὶ βασιλεῖς ὁμοφύλους ἐπεστήσαμεν, ἔπειτα τοὺς πατρίους νόμους ἐτηρήσαμεν, καὶ ζῆν οὐ μόνον καθ' ἑαυτοὺς³²⁷) ἀλλὰ καὶ πρὸς³²⁸) τοὺς ἄλλους ἐπετρέψαμεν ὡς ἐβούλεσθε· τὸ δὲ μέγιστον, δασμολογεῖν τε ὑμῖν ἐπὶ τῷ θεῷ καὶ ἀναθήματα συλλέγειν ἐπετρέψαμεν, καὶ τοὺς ταῦτα φέροντας οὔτε ἐνουθετήσαμεν οὔτε ἐκωλύσαμεν³²⁹), ἵν' ἡμῖν³³⁰) γένησθε πλουσιώτεροι³³¹) καὶ παρασκευάσησθε³³²) τοῖς ἡμετέροις χρήμασιν καθ' ἡμῶν. ἔπειτα τηλικούτων ἀγαθῶν ἀπολαύοντες ἐπὶ τοὺς παρασχόντας ἠνέγκατε τὸν κόρον καὶ δίκην τῶν ἀτιθασεύτων ἑρπετῶν τοῖς σαίνουσι τὸν ἰὸν ἐναφήκατε. ἔστω γοῦν, κατεφρονήσατε τῆς Νέρωνος ῥᾳθυμίας, καὶ καθάπερ ῥήγματα ἢ σπάσματα τὸν ἄλλον χρόνον κακοήθως ἠρεμοῦντες ἐν τῇ μείζονι νόσῳ διεφάνητε καὶ πρός ἐλπίδας ἀναιδεῖς³³³) ἀμέτρους ἐξετείνατε τὰς ἐπιθυμίας. ἧκεν ὁ πατὴρ οὑμὸς εἰς τὴν χώραν, οὐ τιμωρησόμενος ὑμᾶς τῶν³³⁴) κατὰ Κέστιον, ἀλλὰ νουθετήσων· δέον γοῦν, εἴπερ ἐπ' ἀναστάσει³³⁵) τοῦ ἔθνους παρῆν, ἐπὶ τὴν ῥίζαν ὑμῶν δραμεῖν καὶ ταύτην ἐκπορθεῖν τὴν πόλιν εὐθέως, ὁ³³⁶) δὲ Γαλιλαίαν ἐδῄου καὶ τὰ πέριξ ἐπιδιδοὺς ὑμῖν χρόνον εἰς μεταμέλειαν. ἀλλ' ὑμῖν ἀσθένεια τὸ φιλάνθρωπον ἐδόκει κἀκ τῆς ἡμετέρας πρᾳότητος τὴν τόλμαν ἐπεθρέψατε. Νέρωνος οἰχομένου τοῦθ' ὅπερ ἐχρῆν τοὺς πονηροτάτους ἐποιήσατε, ταῖς ἐμφυλίοις ἡμῶν³³⁷) ταραχαῖς ἐπεθαρρήσατε καὶ χωρισθέντων εἰς τὴν Αἴγυπτον ἐμοῦ τε καὶ τοῦ πατρὸς εἰς παρασκευὰς τοῦ πολέμου κατεχρήσασθε τοῖς καιροῖς, καὶ οὐκ ᾐδέσθητε ταράσσειν αὐτοκράτορας γεγενημένους οὓς καὶ στρατηγοὺς φιλανθρώπους ἐπειράσατε. προσφυγούσης γοῦν ἡμῖν³³⁸) τῆς ἡγεμονίας, καὶ τῶν μὲν κατὰ ταύτην ἠρεμούντων πάντων, πρεσβευομένων δὲ καὶ συνηδομένων τῶν ἔξωθεν ἐθνῶν, πάλιν οἱ³³⁹) Ἰουδαῖοι πολέμιοι, καὶ πρεσβεῖαί μὲν ὑμῶν πρὸς τοὺς ὑπὲρ Εὐφράτην ἐπὶ νεωτερισμῷ, περίβολοι δὲ τειχῶν ἀνοικοδομούμενοι καινοί, στάσεις δὲ καὶ τυράννων φιλονεικίαι καὶ πόλεμος ἐμφύλιος, μόνα τοῖς οὕτω πονηροῖς πρέποντα. ἧκον ἐπὶ τὴν πόλιν ἐγὼ

³²³ ἄρα LR. ³²⁴ ὣ fehlt bei AMLVRC Thack. ³²⁵ αὐτῶν AV; αὐτῶν MR Na.
³²⁶ τείχους ALVRC. Für τεῖχος κώλυμα hat Lat *murus atque obstaculum*.
³²⁷ καθ' αὐτοὺς L.
³²⁸ πρὸς L Niese, Na, Thack; πρὸς fehlt in den übrigen Handschriften; *cum* Lat.
³²⁹ οὔτε ἐκωλύσαμεν P (nur in einer Randlesart) AMVR; es fehlt bei L; οὔτε τε ἐκωλύσαμεν C.   ³³⁰ ἡμῶν L.
³³¹ πλουσιώτεροι πολέμιοι L Lat, Na, Clementz („daß ihr, die Feinde, reicher würdet als wir selbst"); *ut hostes nobis efficeremini ditiores* Lat, dementsprechend Na cj. ἵν' ἡμῖν γένησθε πλουσιώτεροι πολέμιοι; πλουσιώτεροι καὶ πολέμιοι cod. Lugd. Die Lesarten von L Lat, cod. Lugd. bieten offensichtlich sinnvolle Korrekturen.
³³² παρεσκευάσασθε P.   ³³³ ἀναιδείας P; ἀναιδεῖς καὶ MLC Na.   ³³⁴ τὸν C.
³³⁵ ἐπ' ἀναστάσει P (ἐπὶ L) Niese, Na, Thack; ἐπὶ ἐπαναστάσει (= anläßlich des Umsturzes) AMVRC.
³³⁶ οὐ P (vielleicht Korrektur im Hinblick auf das folgende φιλάνθρωπον).
³³⁷ ὑμῶν AMLC Lat.
³³⁸ προστυχόντων γοῦν ἡμῶν Herwerden cj.; προσπεσούσης γοῦν ἡμῖν Na cj. (App.)   ³³⁹ οἱ fehlt bei L (Milderung).

dienen müssen. Oder vielleicht die mächtigen Mauern? Ja, gibt es denn überhaupt ein größeres Hindernis als die Größe des Ozeans? Die Britannier sind von ihm umschlossen und huldigen doch den Waffen der Römer. War es wohl die Härte eurer Gesinnung und die Schlauheit eurer Führer? Doch sind, wie ihr wußtet, auch die Karthager in unsere Hände gefallen.[163] Demnach hat nichts anderes euch gegen die Römer antreten lassen als deren Güte.[164] Zunächst einmal: wir gaben euch das Land zum Besitz und setzten Könige aus eurem eigenen Stamme ein; sodann achteten wir eure väterlichen Gesetze und gestatteten euch, nicht nur unter euren Stammesgenossen, sondern auch im Umgang mit den Nichtjuden so zu leben, wie ihr es wünschtet. Die größte Gunst aber war die, daß wir euch gestatteten, Abgaben für Gott zu erheben und Weihgeschenke zu sammeln.[165] Wer dafür spendete, den haben wir weder gescholten noch auch davon abgehalten – nur damit ihr reicher würdet auf unsere Kosten und euch mit unserem Gelde gegen uns rüsten könntet.[166] Und als ihr dann im Genuß solcher Vergünstigungen lebtet, habt ihr denen, die sie euch gewährten, euren satten Übermut entgegengekehrt und nach Art unzähmbarer Schlangen euer Gift denen eingespritzt, die euch freundlich entgegenkamen.[167] Es sei zugegeben, daß ihr Neros Leichtsinn[168] verachten konntet. In der Zeit vorher habt ihr euch ruhig verhalten, aber eben in der Heimtücke von Brüchen oder Zerrungen im Körper, die erst, wenn die Krankheit ernster wird,[169] deutlich erkennbar werden. Als dieser Zustand erreicht war, kam auch eure wahre Einstellung ans Licht: Auf unverschämte Ziele habt ihr maßlos eure Wünsche gerichtet.[170] Mein Vater kam in das Land, nicht um euch für die Vorfälle mit Cestius zu bestrafen, sondern um euch an eure Pflicht zu erinnern. Er hätte jedenfalls, wäre er mit der Absicht da gewesen, das Volk zu vernichten, sogleich zu eurer Wurzel eilen und diese Stadt verheeren müssen. Indessen verwüstete er Galiläa und das umliegende Gebiet und gab euch so noch eine zusätzliche Frist, in der ihr euch hättet besinnen können.[171] Doch erschien euch unsere Güte als Schwäche, und auf Grund unserer Sanftmut habt ihr eure Dreistigkeit genährt.[172] Nach dem Hinscheiden des Nero habt ihr getan, was nur die allerschlimmsten Schurken tun können: ihr rechnetet auf die Erschütterungen unseres Reiches, und als ich und mein Vater nach Ägypten abgereist waren, habt ihr die Lage der Dinge zu Kriegsvorbereitungen ausgenutzt. Ja, ihr schämtet euch nicht, den Männern, die jetzt zur kaiserlichen Würde gelangt sind, Unruhe zu bereiten, nachdem ihr sie als großherzige Feldherren kennengelernt hattet.[173] Und als das Reich dann zu uns seine Zuflucht nahm, als es in jeder Hinsicht wieder Ruhe hatte, als die auswärtigen Völkerschaften Gesandte zu uns schickten und ihre Mitfreude bezeugten, da waren es wieder die Juden, die uns feindlich entgegentreten mußten. Eure Gesandtschaften gingen zu den Leuten jenseits des Euphrat, um Aufruhr anzuzetteln,[174] Ringmauern wurden neu aufgebaut,[175] Unruhen brachen aus, ehrgeizige Tyrannen stritten miteinander, und das Land stand im Bürgerkrieg[176] – alles Vorkommnisse, die nur zu so schlechten Menschen passen. Ich kam dann selber vor die Stadt mit schicksalsschweren Befehlen,[177] die mein Vater mir nur ungern gegeben hatte. Als ich hörte, daß das Volk friedlich gesinnt war, wurde ich froh.[178]

παρὰ τοῦ πατρὸς ἄκοντος λαβὼν σκυθρωπὰ παραγγέλματα. τὸν δῆμον
345 ἀκούσας εἰρηνικὰ φρονεῖν ἤσθην ³⁴⁰). ὑμᾶς παύσασθαι³⁴¹) πρὸ πολέμου
παρεκάλουν, μέχρι πολλοῦ πολεμούντων ἐφειδόμην, δεξιὰς αὐτομόλοις
ἔδωκα³⁴²), καταφυγοῦσι πίστεις ἐτήρησα, πολλοὺς αἰχμαλώτους ἠλέησα
τοὺς ἐπείγοντας βασανίσας³⁴³)ἐκόλασα³⁴⁴), τείχεσιν ὑμετέροις μηχανὰς
ἄκων προσήγαγον, ἀεὶ φονῶντας τοὺς στρατιώτας ἐφ' ὑμῖν κατέσχον,
καθ'³⁴⁵) ἑκάστην νίκην ὡς ἡττώμενος ὑμᾶς εἰς εἰρήνην προυκαλεσάμην.
346 τοῦ ἱεροῦ πλησίον γενόμενος πάλιν ἑκὼν ἐξελαθόμην τῶν τοῦ πολέμου
νόμων, φείσασθαι³⁴⁶) δὲ παρεκάλουν τῶν ἰδίων ὑμᾶς ἁγίων καὶ σῶσαι τὸν
ναὸν ἑαυτοῖς, διδοὺς ἄδειάν τε ἐξόδου καὶ πίστιν σωτηρίας, εἰ δ' ἐβούλεσ-
347 θε³⁴⁷), καὶ μάχης καιρὸν ἐν ἄλλῳ τόπῳ· πάντων ὑπερείδετε καὶ τὸν ναὸν
ἰδίαις χερσὶν ἐνεπρήσατε. ἔπειτα, μιαρώτατοι, προσκαλεῖσθέ³⁴⁸) με πρὸς
λόγους νῦν; ἵνα τί σώσητε τοιοῦτον οἷον ἀπόλωλεν; ποίας³⁴⁹) ὑμᾶς αὐτοὺς
348 ἀξιοῦτε μετὰ τὸν ναὸν σωτηρίας; ἀλλὰ καὶ νῦν μετὰ τῶν ὅπλων ἐστήκατε
καὶ οὐδ' ἐν ἐσχάτοις ὑποκρίνεσθε γοῦν ἱκέτας, ὦ ταλαίπωροι, τίνι πεποι-
349 θότες; οὐ νεκρὸς μὲν ὑμῶν ὁ δῆμος, οἴχεται δ' ὁ ναός, ὑπ' ἐμοὶ δὲ ἡ πόλις,
ἐν χερσὶ δὲ ταῖς ἐμαῖς ἔπετε τὰς ψυχάς; εἶτα ὑπολαμβάνετε δόξαν
350 ἀνδρείας τὸ δυσθανατᾶν³⁵⁰); οὐ μὴν ἐγὼ φιλονεικήσω πρὸς τὴν ἀπόνοιαν
ὑμῶν, ῥίψασι δὲ τὰ ὅπλα καὶ παραδοῦσι τὰ σώματα χαρίζομαι τὸ ζῆν,
ὥσπερ ἐν οἰκίᾳ πρᾷος δεσπότης τὰ μὲν ἀνήκεστα κολάσας, τὰ δὲ λοιπὰ
σῴζων ἐμαυτῷ.»
351 3. Πρὸς ταῦτα ἀποκρίνονται³⁵¹) δεξιὰν μὲν μὴ δύνασθαι³⁵²) παρ' αὐτοῦ
λαβεῖν, ὀμωμοκέναι γὰρ μήποτε τοῦτο ποιήσειν, ἔξοδον δ' ᾐτοῦντο διὰ
τοῦ περιτειχίσματος μετὰ γυναικῶν καὶ τέκνων· ἀπελεύσεσθαι³⁵³) γὰρ εἰς
352 τὴν ἔρημον καὶ καταλείψειν αὐτῷ τὴν πόλιν. πρὸς ταῦτα ἀγανακτήσας
Τίτος, εἰ τύχην ἑαλωκότων ἔχοντες αἱρέσεις αὐτῷ προτείνουσι νενικηκό-
των, κηρῦξαι μὲν ἐκέλευσεν εἰς αὐτοὺς μήτε αὐτομολεῖν ἔτι μήτε δεξιὰν³⁵⁴)
353 ἐλπίζειν, φείσεσθαι³⁵⁵) γὰρ οὐδενός, ἀλλὰ πάσῃ δυνάμει μάχεσθαι καὶ
σῴζειν ἑαυτοὺς ὅπως ἂν δύνωνται· πάντα γὰρ αὐτὸς ἤδη πράξειν πολέμου
νόμῳ· τοῖς δὲ στρατιώταις ἐμπιπράναι καὶ διαρπάζειν ἐπέτρεψεν³⁵⁶) τὴν
354 πόλιν. οἱ δὲ ἐκείνην μὲν ἐπέσχον τὴν ἡμέραν, τῇ δὲ ὑστεραίᾳ τό τε
ἀρχεῖον καὶ τὴν ἄκραν καὶ τὸ ³⁵⁷) βουλευτήριον καὶ τὸν Ὀφλᾶν³⁵⁸) καλού-

---

³⁴⁰ ἤσθην PALVC.   ³⁴¹ παύσασθε PC (direkte Rede? vgl. § 346. 351).
³⁴² ἔδωκα L Niese, Na, Thack; δέδωκα PMVRC; δέδωκα A.
³⁴³ Niese hält das von codd. gebotene βασανίσας für sehr verwunderlich (satis mirum); βασανίσαι Holwerda cj., Dest., Na, Thack.
³⁴⁴ βασανίσας ἐκόλασα PAMVRC Niese, Clementz, Simch, ferner Williamson, der τοὺς ἐπείγοντας jedoch nach Lat als „Kriegstreiber" deutet; ἐκώλυσα L Na, Thack; verberibus urgentes bellum coërcui Lat., Ricc, Whiston-Marg., letzterer aber wieder mit der Deutung von ἐπείγοντας im Sinne von Lat: „I tortured those that were eager for war in order to restrain them". – Die Konjektur Holwerdas und Destinons (vgl. textkrit. Anm. 343) wird von den neueren Herausgebern (Na, Thack) in Verbindung mit L ἐκώλυσα aufgenommen. Dementsprechend übersetzt Kohout: „(indem ich) ihre Mißhandlung durch das wütende Kriegsvolk verhütet habe". Zum Ganzen vgl. § 345 Anm. 182.   ³⁴⁵ μεθ' Dest. cj.   ³⁴⁶ φείσασθε PL.   ³⁴⁷ εἰ δὲ βούλεσθε PAMLVR.
³⁴⁸ προσκαλεῖσθε codd.; provocatis Lat; προκαλεῖσθε ed. pr. Niese, Na, Thack, vgl. § 323.   ³⁴⁹ οἵας codd.; qua Lat; ποίας Bekker cj., Na, Niese, Thack.
³⁵⁰ τὸ θανατᾶν LVRC.   ³⁵¹ ὑποκρίνονται M.   ³⁵² δύνασθε P.

Josephus, Jüdischer Krieg, Buch 6

Schon bevor es zum Kampfe kam, versuchte ich euch zu bewegen, ihr möchtet doch die Waffen ruhen lassen;[179] als ihr mir im Kampf gegenüberstandet, ging ich auf lange Zeit hin[180] schonend mit euch um: den Überläufern bot ich Gnade an,[181] denen gegenüber, die dann ihre Zuflucht zu mir nahmen, hielt ich meine Zusicherungen, vielen Gefangenen bewies ich Mitleid, und diejenigen, die sie bedrängten, bestrafte ich nach scharfem Verhör;[182] nur ungern führte ich meine Maschinen gegen eure Mauern heran, immer wieder mußte ich meine Soldaten, die voll von Mordgier gegen euch waren, zurückhalten, nach jedem Sieg habe ich, gerade so, als wäre ich der Besiegte, euch zu Friedensverhandlungen aufgefordert.[183] Als ich schon nahe an den Tempelbezirk herangekommen war, ließ ich wiederum ganz von mir aus die Gesetze des Krieges außer acht, bat euch, eure heiligen Stätten doch zu schonen und im eigenen Interesse den Tempel zu erhalten.[184] Ich bot euch freien Abzug an und versprach euch die Erhaltung eures Lebens, ja wenn ihr gewollt hättet, auch die Gelegenheit, an einem anderen Ort zu kämpfen.[185] An all diese Vorschläge habt ihr euch nicht gekehrt und habt mit euren eigenen Händen den Tempel in Brand gesteckt.[186] Mit Schandtaten über und über besudelt, kommt ihr nun und wollt mich zu einer Unterredung bitten? Gibt es denn noch etwas zu retten, das dem, was schon untergegangen ist, an die Seite zu stellen wäre? Was kann euch noch an eurer eigenen Erhaltung liegen, nachdem der Tempel gefallen ist? Ja, auch jetzt steht ihr noch mit den Waffen da, ihr Unseligen, und ändert nicht einmal in der alleräußersten Notlage eure Haltung und bittet um Schonung! Worauf vertraut ihr noch? Sind nicht eure Leute tot, ist nicht euer Tempel dahin, liegt nicht die Stadt mir zu Füßen, und in meiner Hand euer Leben? Seht ihr es denn als Heldenruhm an, den Tod zu suchen?[187] Aber ganz gewiß will ich nicht mit eurer tollen Verblendung in Wettstreit treten[188]: wer die Waffen streckt[189] und sich ergibt, dem schenke ich das Leben; ich mache es wie ein wohlwollender Herr in seinem Hause tut: wo es nichts zu bessern gibt, da wird ausgemerzt, aber was übrig ist, das erhalte ich mir."
3. 351. Die Aufständischen gaben darauf zur Antwort, daß sie sein Angebot keinesfalls annehmen könnten; denn sie hätten geschworen, niemals so zu handeln.[190] Dagegen bäten sie um freien Abzug mit Frauen und Kindern durch den Belagerungsring. Sie würden sich dann in die Wüste[191] zurückziehen und ihnen die Stadt überlassen. Titus, darüber aufgebracht, daß sie, die das Schicksal von Gefangenen zu tragen hätten,[192] ihm, als ob sie die Sieger wären, noch Forderungen stellten, befahl,[193] ihnen bekannt zu geben, daß sie künftig nicht überlaufen und noch auf irgendeine Abmachung mit ihm rechnen könnten; denn er werde keinen schonen.[194] Sie sollten vielmehr mit aller ihnen zur Verfügung stehenden Macht kämpfen und sich retten, so gut sie es vermöchten, denn in allen Maßnahmen würde er von nun an nach Kriegsrecht verfahren. Den Soldaten übergab er die Stadt, sie anzuzünden und zu plündern.[195] Diese hielten sich an jenem Tage noch zurück. Aber am folgenden steckten sie das Archiv, die Akra, das Rathaus und den sogenann-

[353] ἀπελεύσεσθε P (vgl. § 345 textkrit. Anm. 341).   [354] δεξιὰς L.
[355] φείσασθαι PL Zonaras.   [356] ἐπέτρεπε C; ἐκέλευσε L Zonaras, *permisit* Lat.

355 μενον ὑφῆψαν³⁵⁹)· καὶ προύκοψε τὸ πῦρ μέχρι τῶν Ἑλένης βασιλείων, ἃ δὴ κατὰ μέσην τὴν ἄκραν ἦν, ἐκαίοντο δὲ οἱ στενωποὶ καὶ αἱ οἰκίαι νεκρῶν ὑπὸ τοῦ λιμοῦ διεφθαρμένων πλήρεις.
356 4. Κατὰ ταύτην τὴν ἡμέραν οἵ τε Ἰζᾶ τοῦ βασιλέως υἱοὶ³⁶⁰) καὶ ἀδελφοί, πρὸς οἷς πολλοὶ τῶν ἐπισήμων δημοτῶν ἐκεῖ συνελθόντες³⁶¹), ἱκέτευσαν Καίσαρα δοῦναι δεξιὰν αὐτοῖς. ὁ δὲ καίτοι πρὸς πάντας τοὺς ὑπολοίπους
357 διωργισμένος οὐκ ἤλλαξε τὸ ἦθος, δέχεται δὲ τοὺς ἄνδρας. καὶ τότε μὲν ἐν φρουρᾷ πάντας εἶχε, τοὺς δὲ τοῦ βασιλέως παῖδας καὶ συγγενεῖς δήσας ὕστερον εἰς Ῥώμην ἀνήγαγεν πίστιν ὁμήρων παρέξοντας.

358 VII. 1. Οἱ στασιασταὶ δὲ ἐπὶ τὴν βασιλικὴν ὁρμήσαντες αὐλήν³⁶²), εἰς ἣν δι' ὀχυρότητα πολλοὶ τὰς κτήσεις ἀπέθεντο, τούς τε Ῥωμαίους ἀπ' αὐτῆς τρέπονται καὶ τὸ συνηθροισμένον αὐτόθι τοῦ δήμου πᾶν φονεύσαντες, ὄντας εἰς ὀκτακισχιλίους καὶ τετρακοσίους, τὰ χρήματα
359 διήρπασαν· ἐζώγρησαν δὲ καὶ Ῥωμαίων δύο, τὸν μὲν ἱππέα τὸν δὲ πεζόν, καὶ τὸν μὲν πεζὸν ἀποσφάξαντες εὐθέως ἔσυραν³⁶³) περὶ³⁶⁴) τὴν
360 πόλιν³⁶⁵),ὥσπερ ἑνὶ σώματι πάντας Ῥωμαίους ἀμυνόμενοι, ὁ δὲ ἱππεὺς ὠφέλιμόν τι αὐτοῖς πρὸς σωτηρίαν ὑποθήσεσθαι³⁶⁶) λέγων ἀνάγεται πρὸς Σίμωνα· παρ' ᾧ μηδὲν εἰπεῖν ἔχων Ἀρδάλᾳ τινὶ τῶν ἡγεμόνων παραδίδο-
361 ται κολασθησόμενος. ὁ δὲ αὐτοῦ³⁶⁷) ὀπίσω τὼ χεῖρε δήσας καὶ ταινίᾳ τοὺς ὀφθαλμοὺς ἀντικρὺ τῶν Ῥωμαίων προήγαγεν ὡς καρατομήσων· φθάνει δ' ἐκεῖνος εἰς τοὺς Ῥωμαίους διαφυγὼν ἐν ὅσῳ τὸ ξίφος ἐσπάσατο ὁ
362 Ἰουδαῖος. τοῦτον διαφυγόντα ἐκ τῶν πολεμίων ἀνελεῖν μὲν οὐχ ὑπέμεινεν Τίτος, ἀνάξιον δὲ Ῥωμαίων εἶναι στρατιώτην κρίνας, ὅτι ζῶν ἐλήφθη, τά τε ὅπλα ἀφείλετο καὶ τοῦ τάγματος ἐξέβαλεν, ἅπερ ἦν αἰσχυνομένῳ θανάτου χαλεπώτερα.
363 2. Τῇ δ' ἑξῆς Ῥωμαῖοι τρεψάμενοι τοὺς λῃστὰς ἐκ τῆς κάτω πόλεως τὰ μέχρι τοῦ Σιλωᾶ³⁶⁸) πάντα³⁶⁹) ἐνέπρησαν, καὶ τοῦ μὲν ἄστεος ᾔδοντο δαπανωμένου,τῶνδὲ³⁷⁰)ἁρπαγῶνδιημάρτανον,ἐπειδὴπάνθ' οἱ στασιασταὶ

---

³⁵⁷ Statt καὶ τὸ hat L τό, τε, wobei das Komma sicher fälschlich so gesetzt ist.
³⁵⁸ *eflam* Lat.   ³⁵⁹ ἐφῆψαν PA.
³⁶⁰ ἰζᾶ (ιεζά P, ιαζά A) τοῦ βασιλέως υἱοὶ PAMVRC Lips., υἱοὶ τοῦ βασιλέως ἰεζὰν L vgl. 4, 568 textkrit. Anm. 251, *oí – uíoí geiaza regis filii* Lat., *iaza regis filii* Heg.; *izat (azat) filii* Syr., Ἰζάτου βασιλέως υἱοὶ Lips. aus Korrektur und alle Herausgeber (vgl. 5, 147 textkrit. Anm. 73). Ursprünglich wird im bell. an allen Stellen die orientalische Form Ἰζά gestanden haben, nachträglich drang die hellenistische Langform Ἰζάτης (aus den ant?) in codd. des bell. ein; 5, 147 kann aber durch Schreibfehler entstanden sein, d.h. daß der ursprünglich zu βασιλέως gehörende Artikel τοῦ als Genetivendung an Ἰζά angefügt wurde. Zu dem für die Josephusforschung grundsätzlich entscheidenden Problem der Eigennamen bei Josephus vgl. 7, 217 Anm. 109, Exkurs XXII.
³⁶¹ ἐκεῖ ist bei Lat nicht übersetzt, Thack setzt es in Klammern; ἐκείνοις συνεξελθόντες Dest. cj.
³⁶² οἰκίαν L Lat, Zonaras. Offenbar ist οἰκία Ersatz für αὐλή. Vielleicht liegt hier die Überlegung zugrunde, daß nicht wie in § 376 der Herodespalast gemeint ist.
³⁶³ ἔσυρον L.

ten Ophel in Brand.¹⁹⁶ Das Feuer drang vor bis zum Palast der Helena, der mitten im Gebiet der Akra lag.¹⁹⁷ Es brannten die Straßenzüge und die Häuser, die mit den Leichen der durch Hunger Umgekommenen gefüllt waren.

4. 356. An diesem Tage baten die Söhne und Brüder des Königs Izates, außerdem viele angesehene Bürger, die sich dort versammelt hatten, den Caesar um Gnade.¹⁹⁸ Und so erzürnt dieser gegen den Rest der Bevölkerung war, so wich er doch nicht von seinem ursprünglichen Verhalten ab, sondern nahm die Unterwerfung der Männer an.¹⁹⁹ Zunächst nahm er sie alle gefangen; später ließ er die Söhne und Verwandten des Königs gebunden nach Rom bringen, um an diesen Geiseln ein Unterpfand zu haben.

7. Kapitel

1. 358. Die Aufständischen jedoch griffen den königlichen Palast an°, in den wegen seiner Festigkeit viele ihren Besitz gebracht hatten. Sie vertrieben die Römer aus ihm, ermordeten alle Angehörigen des Volkes, die hierher zusammengekommen waren, an die 8400 Menschen, und plünderten die Wertgegenstände.²⁰⁰ Sie nahmen dabei zwei Römer lebendig gefangen, einen Reiter und einen Fußsoldaten. Den Fußsoldaten töteten sie sofort und schleiften ihn durch die Stadt, als wollten sie sich mit einem Leichnam an allen Römern rächen.²⁰¹ Der Reiter aber wurde vor Simon geführt, da er vorgab, ihnen eine für die Rettung nützliche Mitteilung zu machen. Da er aber vor ihm nichts zu sagen hatte, wurde er Ardalas, einem der Anführer, zur Bestrafung übergeben. Dieser band ihm die Hände auf dem Rücken zusammen und legte ihm eine Binde vor die Augen, dann führte er ihn ins Blickfeld der Römer, um ihn zu enthaupten. Ehe es soweit kam, gelang es ihm jedoch, zu den Römern zu entfliehen, als der Jude gerade das Schwert zog. Titus brachte es zwar nicht über sich, einen Mann, dem die Flucht aus Feindeshand gelungen war, zu töten, erklärte ihn aber für unwürdig, ein römischer Soldat zu sein, weil er lebendig in Gefangenschaft geraten sei. Er nahm ihm die Waffen ab und verstieß ihn aus der Legion, was für einen Soldaten, der sich noch zu schämen vermag, schlimmer ist als der Tod.²⁰²

2. 363. Am nächsten Tag²⁰³ vertrieben die Römer die Räuber aus der unteren Stadt und steckten bis zum Siloahteich alles in Brand. Wenn sie auch die Freude hatten zu sehen, wie die Stadt von Flammen verzehrt wurde, so entging ihnen doch die Beute, weil die Aufständischen alles vorher ausge-

---

³⁶⁴ ἐπὶ PAM Simch. Diese Lesart setzt wohl voraus, daß der Königshof als Ort der Gefangennahme außerhalb der Oberstadt (πόλις) gelegen hat.
³⁶⁵ πόλιν ὅλην (Schreibfehler) L; (*per*)*omnem... civitatem* Lat.
³⁶⁶ ὑποθέσθαι ML; *suadere* Lat.
³⁶⁷ αὐτὸν Niese cj. (App.), Na, Thack auf Grund von Lat.
³⁶⁸ Σιλοάμ L Zonaras, Na; *siloam Lat.*
³⁶⁹ πάντα fehlt bei PAM; bei Niese, Thack steht es in Klammern.
³⁷⁰ δ' P Niese, Na, Thack.

364 προκενοῦντες ἀνεχώρουν εἰς τὴν ἄνω πόλιν. ἦν γὰρ αὐτοῖς μετάνοια μὲν οὐδεμία τῶν κακῶν, ἀλαζονεία δὲ ὡς ἐπ' ἀγαθοῖς· καιομένην γοῦν ἀφορῶντες τὴν πόλιν ἱλαροῖς τοῖς προσώποις εὔθυμοι προσδέχεσθαι τὴν τελευτὴν ἔλεγον, πεφονευμένου μὲν τοῦ δήμου, κεκαυμένου δὲ τοῦ ναοῦ,
365 φλεγομένου δὲ τοῦ ἄστεος μηδὲν καταλιπόντες³⁷¹) τοῖς πολεμίοις. οὐ μὴν ὅ γε Ἰώσηπος ἐν ἐσχάτοις ἱκετεύων αὐτοὺς ὑπὲρ τῶν λειψάνων τῆς πόλεως ἔκαμνεν, ἀλλὰ πολλὰ μὲν πρὸς τὴν ὠμότητα καὶ τὴν ἀσέβειαν εἰπών, πολλὰ δὲ συμβουλεύσας πρὸς σωτηρίαν οὐδὲν τοῦ χλευασθῆναι
366 πλέον ἀπηνέγκατο. ἐπεὶ δὲ οὔτε παραδοῦναι διὰ τὸν ὅρκον ἑαυτοὺς ὑπέμενον οὔτε πολεμεῖν ἐξ ἴσου Ῥωμαίοις ἔθ' οἷοί τε ἦσαν ὥσπερ εἱρκτῇ περιειλημμένοι, τό τε τοῦ φονεύειν ἔθος ἐκίνει τὰς δεξιάς, σκιδνάμενοι κατὰ τὰ ἔμπροσθεν τῆς πόλεως³⁷²) τοῖς ἐρειπίοις ὑπελόχων τοὺς αὐτομολεῖν
367 ὡρμημένους. ἡλίσκοντο δὲ πολλοί, καὶ πάντας ἀποσφάττοντες, ὑπὸ γὰρ
368 ἐνδείας οὐδὲ φεύγειν³⁷³) ἴσχυον, ἐρρίπτουν αὐτῶν κυσὶ τοὺς νεκρούς. ἐδόκει δὲ πᾶς τρόπος ἀπωλείας τοῦ λιμοῦ κουφότερος, ὥστε καὶ Ῥωμαίοις ἀπηλπικότες ἤδη τὸν ἔλεον³⁷⁴) ὅμως προσέφευγον καὶ φονεύουσι³⁷⁵) τοῖς
369 στασιασταῖς ἑκόντες ἐνέπιπτον, τόπος τ' ἐπὶ τῆς πόλεως οὐδεὶς γυμνὸς ἦν, ἀλλὰ πᾶς λιμοῦ νεκρὸν εἶχεν ἢ στάσεως καὶ³⁷⁶) πεπλήρωτο νεκρῶν ἢ διὰ στάσιν ἢ διὰ λιμὸν ἀπολωλότων.
370 3. Ἔθαλπε δὲ τούς τε τυράννους καὶ τὸ σὺν αὐτοῖς ληστρικὸν ἐλπὶς ἐσχάτη περὶ τῶν ὑπονόμων, εἰς οὓς καταφεύγοντες οὐ προσεδόκων ἐρευνηθήσεσθαι, μετὰ δὲ τὴν παντελῆ τῆς πόλεως ἅλωσιν ἀναζευξάντων
371 Ῥωμαίων προελθόντες³⁷⁷) ἀποδράσεσθαι ἐπεχείρουν. τὸ δὲ ἦν ἄρα
372 ὄνειρος αὐτοῖς· οὔτε γὰρ τὸν θεὸν οὔτε Ῥωμαίους λήσειν ἔμελλον. τηνικαῦτά γε μὴν τοῖς ὑπογείοις πεποιθότες αὐτοὶ πλείονα τῶν Ῥωμαίων ἐνεπίμπρασαν, καὶ τοὺς ἐκ τῶν καιομένων καταφεύγοντας εἰς τὰς διώρυχας ἔκτεινόν τε ἀνέδην καὶ ἐσύλων καὶ εἰ³⁷⁸) τινος εὕροιεν τροφὴν ἁρπάζοντες
373 αἵματι πεφυρμένην κατέπινον. ἦν δὲ καὶ πρὸς ἀλλήλους ἐν ταῖς ἁρπαγαῖς ἤδη πόλεμος αὐτοῖς, δοκοῦσί τε ἄν μοι μὴ φθασθέντες³⁷⁹) ὑπὸ τῆς ἁλώσεως δι' ὑπερβολὴν ὠμότητος γεύσασθαι καὶ τῶν νεκρῶν.

374 VIII. 1. Καῖσαρ δέ, ὡς ἀμήχανον ἦν ἐξελεῖν δίχα χωμάτων τὴν ἄνω πόλιν περίκρημνον οὖσαν, διανέμει τοῖς ἔργοις τὴν δύναμιν Λώου³⁸⁰)

---

³⁷¹ καταλειπόντες PA; καταλείποντες Thack mit Berufung auf PA.
³⁷² Für κατὰ – πόλεως per civitatem Lat.   ³⁷³ φυγεῖν VRC Na.
³⁷⁴ Bei C ursprünglich πόλεμον statt ἔλεον.
³⁷⁵ φωλεύουσι (= den sich versteckt haltenden) Dest. cj.; φονῶσι (= den blutgierigen) Herwerden cj.
³⁷⁶ καὶ - ἀπολωλότων ist bei cod. Lugd von zweiter Hand gestrichen. Auch Cardwell, Bekker, Na scheiden diesen Nachsatz aus; Niese, Thack klammern ihn ein. Wahrscheinlich handelt es sich um eine Dublette aus früher Zeit.
³⁷⁷ προσελθόντες VRC.   ³⁷⁸ κἂν εἴ PAMLC.
³⁷⁹ φθασθέντες cod. Berol., Syr. Lat, Niese, Na, Thack sowie die Übersetzungen; φθαρθέντες PAMVR; φθαρέντες LC (= wenn sie nicht vernichtet worden wären).
³⁸⁰ augusti Lat.

räumt und in die Oberstadt gebracht hatten.[204] Diese kannten nun keine Reue über die Übeltaten, ja sie waren sogar noch stolz darauf, als handle es sich um Glanzleistungen.[205] So blickten sie auf die brennende Stadt mit strahlendem Gesicht und sagten sich, sie seien nun bereit, ihr Ende zu empfangen, da ja das Volk ermordet, der Tempel verbrannt, die Stadt angezündet sei, und sie den Feinden gar nichts mehr gelasssen hätten. Dessenungeachtet wurde Josephus an diesem Tiefpunkt der Lage nicht müde, flehend für den Rest der Stadt einzutreten; aber so ernst er auch über ihre Grausamkeit und Gottlosigkeit sprach, so anhaltend er zur Rettung riet, nichts als größeren Spott trug er davon.[206] Weil sie nun ihres Eides wegen[207] sich nicht übergeben, aber auch mit den Römern nicht ebenbürtig zu kämpfen vermochten, da sie schon in einem Gefängnis[208] umschlossen waren, andererseits aber die Gewohnheit zu töten ihre Hände nicht ruhen ließ, verteilten sie sich auf das Gelände vor der Stadt[209] und lauerten in den Trümmern denen auf, die beabsichtigten, überzulaufen. Tatsächlich fielen ihnen viele in die Hände, und die Zeloten schlachteten sie ausnahmslos ab, zumal die aus Hunger Geschwächten nicht mehr zu entfliehen vermochten; ihre Leichen warf man den Hunden vor.[210] Doch jede Todesart schien den Unglücklichen leichter zu ertragen als der Hungertod, so daß sie, obwohl sie nun kein Erbarmen mehr erhoffen durften, immer noch zu den Römern flohen und dabei den mordenden Aufständischen freiwillig in die Hände liefen. In der Stadt gab es keinen leeren Platz mehr, auf jedem lag ein Verhungerter oder im Parteikampf Gefallener; ja, jeder Platz war voll von Opfern des Parteikampfes und der Hungersnot.

3. 370. Die Tyrannen und ihre Räuberbande aber hegten noch eine letzte Hoffnung, nämlich auf die unterirdischen Gänge,[211] in die sie fliehen wollten, und wo sie nach ihrer Annahme nicht aufgespürt werden konnten. Nach der gänzlichen Einnahme der Stadt und nach dem Abzug der Römer beabsichtigten sie hervorzukommen und zu entweichen. Das war aber freilich nur ein Traum für sie, denn sie sollten in der Folgezeit weder vor Gott noch vor den Römern verborgen bleiben. Gerade in dieser Zeit aber steckten sie im Vertrauen auf die unterirdischen Gänge selbst noch mehr in Brand als die Römer. Ohne Scheu töteten und beraubten die Aufständischen diejenigen, die aus den brennenden Trümmern in die Gänge flohen; und wenn sie bei irgend jemandem Nahrung fanden, sei sie auch mit Blut besudelt, rissen sie diese an sich und verschlangen sie. Auch gegenseitig entstand ein Streit unter ihnen um die Beutestücke. Ich glaube fest, daß sie aus übermäßiger Roheit das Fleisch von Leichen verzehrt hätten,[212] wenn die Stadt nicht vorher eingenommen worden wäre.

8. Kapitel

1. 374. Da es unmöglich war, die ringsum abschüssige Oberstadt ohne Dämme einzunehmen, teilte der Caesar am 20. des Monats Loos (8. September)[213] die Streitmacht für die Arbeiten ein. Mühselig war allerdings das Heranschaffen des Holzes, nachdem die ganze Umgebung der Stadt 100 Sta-

375 μηνὸς εἰκάδι. χαλεπὴ δὲ ἦν τῆς ὕλης ἡ κομιδὴ πάντων, ὡς ἔφην, τῶν περὶ
376 τὴν πόλιν ἐφ' ἑκατὸν σταδίους ἐψιλωμένων εἰς τὰ πρότερον χώματα. τῶν μὲν οὖν τεσσάρων ταγμάτων ἠγείρετο τὰ ἔργα κατὰ τὸ πρὸς δύσιν
377 κλίμα τῆς πόλεως ἀντικρὺ τῆς βασιλικῆς αὐλῆς, τὸ δὲ συμμαχικὸν πλῆθος καὶ ὁ λοιπὸς ὄχλος κατὰ τὸν ξυστὸν[381]) ἔχου[382]) καὶ τὴν γέφυραν καὶ τὸν Σίμωνος πύργον, ὃν ᾠκοδόμησε[383]) πρὸς Ἰωάννην πολεμῶν ἑαυτῷ φρούριον.
378 2. Κατὰ ταύτας τὰς ἡμέρας οἱ τῶν Ἰδουμαίων[384]) ἡγεμόνες κρύφα συνελθόντες ἐβουλεύσαντο περὶ παραδόσεως σφῶν αὐτῶν, καὶ πέμψαντες
379 ἄνδρας πέντε πρὸς Τίτον ἱκέτευον δοῦναι δεξιὰν αὐτοῖς. ὁ δὲ καὶ τοὺς τυράννους ἐνδώσειν ἐλπίσας ἀποσπασθέντων τῶν Ἰδουμαίων, οἳ πολὺ τοῦ πολέμου μέρος ἦσαν, βραδέως μέν, ἀλλ' οὖν κατανεύει τε τὴν
380 σωτηρίαν αὐτοῖς καὶ τοὺς ἄνδρας ἀνέπεμψε. παρασκευαζομένων δὲ ἀποχωρεῖν αἰσθάνεται Σίμων, καὶ πέντε μὲν τοὺς ἀπελθόντας πρὸς Τίτον εὐθέως ἀναιρεῖ, τοὺς δὲ ἡγεμόνας, ὧν ἐπισημότατος ἦν ὁ τοῦ
381 Σωσᾶ Ἰάκωβος, συλλαβὼν εἴργνυσι· τὸ δὲ πλῆθος τῶν Ἰδουμαίων[385]) ἀμηχανοῦν διὰ τὴν ἀφαίρεσιν τῶν ἡγεμόνων οὐκ ἀφύλακτον εἶχε καὶ
382 τὸ τεῖχος φρουραῖς ἐπιμελεστέραις διελάμβανεν. οὐ μὴν ἀντέχειν οἱ φρουροὶ πρὸς τὰς αὐτομολίας[386]) ἴσχυον, ἀλλὰ καίτοι πλείστων φονευο-
383 μένων πολὺ πλείους οἱ διαφεύγοντες ἦσαν. ἐδέχοντο δὲ Ῥωμαῖοι πάντας, τοῦ τε Τίτου διὰ πραότητα τῶν προτέρων ἀμελήσαντος παραγγελμάτων,
384 καὶ αὐτοὶ κόρῳ τοῦ κτείνειν ἀπεχόμενοι καὶ κέρδους ἐλπίδι· τοὺς γὰρ δημοτικοὺς καταλιπόντες μόνους τὸν ἄλλον ὄχλον ἐπώλουν σὺν γυναιξὶ καὶ τέκνοις, ἐλαχίστης τιμῆς ἕκαστον πλήθει τε τῶν πιπρασκομένων καὶ
385 ὀλιγότητι τῶν ὠνουμένων. καίπερ δὲ προκηρύξας μηδένα μόνον αὐτομολεῖν, ὅπως καὶ τὰς[387]) γενεὰς ἐξαγάγοιεν, ὅμως καὶ τούτους ἐδέχετο· ἐπέστησε μέντοι τοὺς διακρινοῦντας ἀπ' αὐτῶν, εἴ τις εἴη κολάσεως
386 ἄξιος. καὶ τῶν μὲν ἀπεμποληθέντων ἄπειρον ἦν τὸ πλῆθος, οἱ δημοτικοὶ δὲ διεσώθησαν ὑπὲρ τετρακισμυρίους, οὓς διαφῆκεν Καῖσαρ ᾗ φίλον ἦν ἑκάστῳ.
387 3. Ἐν δὲ ταῖς αὐταῖς ἡμέραις καὶ τῶν ἱερέων τις Θεβουθεῖ[388]) παῖς, Ἰησοῦς ὄνομα, λαβὼν περὶ σωτηρίας ὅρκους[389]) παρὰ Καίσαρος ἐφ' ᾧ
388 παραδώσει τινὰ τῶν ἱερῶν κειμηλίων, ἔξεισι καὶ παραδίδωσιν ἀπὸ τοῦ τοίχου τοῦ ναοῦ λυχνίας δύο τῶν[390]) κατὰ τὸν ναὸν κειμένων[391]) παραπλησίας τραπέζας τε καὶ κρατῆρας καὶ φιάλας, πάντα ὁλόχρυσα καὶ στιβα-
389 ρώτατα, παραδίδωσι δὲ καὶ τὰ καταπετάσματα καὶ τὰ ἐνδύματα τῶν ἀρχιερέων σὺν τοῖς λίθοις καὶ πολλὰ τῶν πρὸς τὰς ἱερουργίας σκευῶν ἄλλα.
390 συλληφθεὶς δὲ καὶ ὁ γαζοφύλαξ τοῦ ἱεροῦ Φινέας[392]) ὄνομα τούς τε χιτῶνας

[381] τὸ ξυστὸν PA.
[382] ἔχου Dest. cj., Niese, Na, Thack; ἔχου P; ἐξοῦ AL; ἐξ οὗ MVR; fehlt bei C Lat.
[383] ἀνωκοδόμησε PAM; ὃν ἀνῳκοδόμησε Dest. cj.
[384] Ἰουδαίων R. [385] Ἰουδαίων C.
[386] τὰς αὐτομολίας PAMVRC Niese, Na, Thack, Clementz, Ricc, Whiston-Marg.; τοὺς αὐτομολητὰς L; *profugientibus* Lat.; „Flut von Überläufern" Kohout, „die vielen Flüchtlinge" Simch., „Deserteure" Williamson.
[387] τὰς fehlt bei VRC.
[388] θεβουθεῖ PA; θεβουθὶ L Na; θεβουτεὶ VR; θεβουτὶ C; *nebuthi* Lat.; *thebuti* Heg.

Josephus, Jüdischer Krieg, Buch 6

dien weit für die früheren Wälle kahlgeschlagen war, wie ich schon berichtet habe.[214] Von den vier Legionen nun wurden die Schanzwerke am westlichen Abhang der Stadt gegenüber dem Königspalast errichtet. Die Hilfstruppen und die übrige Menge schütteten ihre Wälle gegen den Xystos, an der Brücke und am Simonsturm auf, den dieser sich als Bollwerk im Kampf gegen Johannes erbaut hatte.[215]

2. 378. Nach diesen Tagen kamen die Führer der Idumäer heimlich zusammen und berieten über ihre eigene Übergabe; sie schickten fünf Männer zu Titus und flehten ihn an, ihnen Gnade zu gewähren.[216] Dieser hoffte nun, auch die Tyrannen würden sich ergeben, wenn sich die Idumäer von ihnen losrissen, denn diese fielen für die Kriegführung sehr ins Gewicht; nach einigem Zögern sagte ihnen Titus schließlich die Schonung zu und schickte die Männer zurück. Als sie sich gerade zum Abmarsch vorbereiteten, erfuhr es Simon. Die fünf Männer, die zu Titus gegangen waren, ließ er sofort hinrichten, die Führer – unter ihnen der vornehmste, Jakobus, der Sohn des Sosa[217] – nahm er fest und kerkerte sie ein. Die Menge der Idumäer aber, die, ihrer Führer beraubt, ratlos war, ließ er nicht unbewacht und besetzte die Mauer nur mit Wachen, die besonders sorgfältig beobachteten. Die Wachen waren in der Tat gar nicht in der Lage, dem häufigen Überlaufen Einhalt zu gebieten; so viele auch niedergestreckt wurden, noch mehr vermochten zu fliehen. Die Römer aber nahmen alle auf, da Titus selbst aus Milde die früheren Befehle[218] außer acht ließ, und weil auch die Soldaten, des Mordens überdrüssig und in der Hoffnung auf Gewinn sich zurückhielten. Sie ließen die Bürger Jerusalems als einzige ungeschoren, die übrige Menge verkauften sie mit Frauen und Kindern, einen jeden zum geringsten Preis wegen des großen Angebots der zu verkaufenden Menschen und der geringen Zahl der Käufer.[219] Wenn auch Titus befohlen hatte, keiner solle allein überlaufen, so nahm er es doch auch Leute dieser Art auf, sooft sie herauskamen. Jedoch ordnete Titus an, die Straffälligen von ihnen abzusondern.[220] Die Zahl der Leute, die in die Sklaverei verkauft wurden, war unermeßlich hoch, die Zahl der Bürger aber, die sich hatten retten können, belief sich auf über 40 000;[221] diese entließ der Caesar dorthin, wohin ein jeder wollte.

3. 387. In diesen Tagen nun kam auch einer von den Priestern hervor, ein Sohn des Thebuti, mit Namen Jesus, dem der Caesar eidlich Schonung zugesichert hatte unter der Bedingung, daß er einige von den heiligen Schätzen übergebe.[222] Er lieferte – aus der Wand des Tempels – zwei Leuchter aus, die die im Tempel befindlichen ähnlich waren, dazu auch Tische, Mischgefäße und Schalen, alle ganz aus Gold und massiv gearbeitet.[223] Zugleich übergab er die Vorhänge, die Gewänder der Hohenpriester, die mit Edelsteinen besetzt waren, und viele andere zum Priesterdienst benötigten Geräte.[224] Es wurde auch der Tempelschatzmeister Phineas gefangengenommen; dieser zeigte nun die Gewänder und Gürtel der Priester, außerdem viel Purpur und

---

[389] ὅρκους bis 7, 45 πλῆθος fehlt bei P.
[391] κειμέναις C Na; τράπεζάν τε Zonaras.
[390] ταῖς C.
[392] *fineas* Lat, Heg; Φινεὲς Zonaras.

καὶ τὰς ζώνας ὑπέδειξε³⁹³) τῶν ἱερέων πορφύραν τε πολλὴν καὶ κόκκον, ἃ πρὸς τὰς χρείας ἀπέκειτο τοῦ καταπετάσματος, σὺν οἷς κιννάμωμόν τε πολὺ καὶ κασσίαν καὶ πλῆθος ἑτέρων ἀρωμάτων, ἃ συμμίσγοντες ἐθυμίων
391 ὁσημέραι τῷ θεῷ. παρεδόθη δὲ ὑπ' αὐτοῦ πολλὰ καὶ τῶν ἄλλων κειμηλίων κόσμος τε ἱερὸς οὐκ ὀλίγος, ἅπερ αὐτῷ βίᾳ ληφθέντι τὴν τῶν αὐτομόλων συγγνώμην ἔδωκε.
392 4. Συντετελεσμένων δ' ἤδη καὶ τῶν χωμάτων ἐν ὀκτωκαίδεκα ἡμέραις ἑβδόμῃ Γορπιαίου μηνὸς Ῥωμαῖοι μὲν προσῆγον τὰς μηχανάς, τῶν δὲ στασιαστῶν οἱ μὲν ἀπεγνωκότες ἤδη τὴν πόλιν ἀνεχώρουν τοῦ τείχους
393 εἰς τὴν ἄκραν, οἱ δὲ ἐγκατεδύοντο τοῖς ὑπονόμοις· πολλοὶ δὲ διαστάντες ἡμύνοντο τοὺς προσάγοντας τὰς ἑλεπόλεις. ἐκράτουν δὲ καὶ τούτων Ῥωμαῖοι πλήθει τε καὶ βίᾳ καὶ τὸ μέγιστον, εὐθυμοῦντες ἀθύμων ἤδη
394 καὶ παρειμένων. ὡς δὲ παρερράγη³⁹⁴) μέρος τι τοῦ τείχους, καί τινες τῶν πύργων τυπτόμενοι τοῖς κριοῖς ἐνέδοσαν, φυγὴ μὲν ἦν εὐθέως τῶν ἀμυνομένων, δέος δὲ καὶ τοῖς τυράννοις ἐμπίπτει σφοδρότερον τῆς
395 ἀνάγκης· πρὶν γὰρ ὑπερβῆναι τοὺς πολεμίους ἐνάρκων τε καὶ μετέωροι πρὸς φυγὴν ἦσαν, ἦν δὲ ἰδεῖν τοὺς πάλαι σοβαροὺς καὶ τοῖς ἀσεβήμασιν ἀλαζόνας τότε ταπεινοὺς καὶ τρέμοντας, ὡς ἐλεεινὴν εἶναι καίπερ ἐν
396 πονηροτάτοις τὴν μεταβολήν. ὥρμησαν μὲν οὖν ἐπὶ τὸ περιτείχισμα
397 δραμόντες ὤσασθαί τε τοὺς φρουροὺς καὶ διακόψαντες ἐξελθεῖν· ὡς δὲ τοὺς μὲν πάλαι πιστοὺς ἑώρων οὐδαμοῦ, διέφυγον γὰρ ὅπῃ τινὶ συνεβούλευεν ἡ ἀνάγκη, προσθέοντες δὲ οἱ μὲν ὅλον ἀνατετράφθαι τὸ πρὸς δύσιν τεῖχος ἤγγελλον, οἱ δ' ἐμβεβληκέναι τοὺς Ῥωμαίους οἱ δ' ἤδη τε³⁹⁵)
398 πλησίον εἶναι ζητοῦντας αὐτούς, ἕτεροι δὲ καὶ ἀφορᾶν ἐπὶ³⁹⁶) τῶν πύργων πολεμίους ἔλεγον πλάζοντος τὰς ὄψεις τοῦ δέους, ἐπὶ στόμα πεσόντες ἀνώμωζον³⁹⁷) τὴν ἑαυτῶν φρενοβλάβειαν καὶ καθάπερ ὑποκεκομμένοι τὰ
399 νεῦρα τῆς φυγῆς ἠπόρουν. ἔνθα δὴ μάλιστ' ἄν τις καταμάθοι τήν τε τοῦ θεοῦ δύναμιν ἐπὶ τοῖς ἀνοσίοις καὶ τὴν Ῥωμαίων τύχην· οἱ μέν γε τύραννοι τῆς ἀσφαλείας ἐγύμνωσαν αὑτοὺς κἀκ τῶν πύργων κατέβησαν ἑκόντες,
400 ἐφ'³⁹⁸ ὧν βίᾳ μὲν οὐδέποθ' ἁλῶναι, μόνῳ δ' ἐδύναντο λιμῷ. Ῥωμαῖοι δὲ τοσαῦτα περὶ τοῖς ἀσθενεστέροις τείχεσι³⁹⁹) καμόντες παρέλαβον τύχῃ τὰ μὴ δυνατὰ τοῖς ὀργάνοις· παντὸς γὰρ ἰσχυρότεροι μηχανήματος ἦσαν οἱ τρεῖς πύργοι, περὶ ὧν ἀνωτέρω⁴⁰⁰) δεδηλώκαμεν.
401 5. Καταλιπόντες δὴ τούτους, μᾶλλον δὲ ὑπὸ τοῦ θεοῦ καταβληθέντες ἀπ' αὐτῶν, παραχρῆμα μὲν εἰς τὴν ὑπὸ τῇ Σιλωᾶ φάραγγα καταφεύγουσιν, αὖθις δὲ ὀλίγον ἀνακύψαντες ἐκ τοῦ δέους ὥρμησαν ἐπὶ τὸ
402 τῇδε περιτείχισμα. χρησάμενοι δὲ ταῖς τόλμαις ἀγενεστέραις τῆς

---

³⁹³ ὑπέδειξε A Niese, Thack; ἐπέδειξε MVRC Na. – L wird nur irrtümlich von Niese genannt, denn L hat eine Lücke von στιβαρώτατα § 388 bis τύχῃ § 400; P wird irrtümlich von Thack genannt (vgl. textkrit. Anm. 389).
³⁹⁴ παρερράγη Herwerden cj., Niese, Na, Thack; περιερράγη codd., Zonaras.
³⁹⁵ οἱ δ' ἤδη τε codd.; οἱ δ' ἤδη Bekker cj., Na; ἤδη τε Dest. cj. aus Lat. (*alii subisse romanos ac iam propinquare se quaerentes*), ebenso Niese, Thack.
³⁹⁶ ἐπί codd.; *in* Lat; ἀπό Herwerden cj. Niese, Na, Thack; *de* Heg.
³⁹⁷ ἀνοίμωζον AVR; ὀνόμαζον C; ἀνώμωξαν Zonaras.
³⁹⁸ ὑφ' AM; ἀφ' Zonaras.   ³⁹⁹ τείχεσι fehlt bei VR.   ⁴⁰⁰ ἀμφοτέρων AM.

Scharlach, was zur Ausbesserung des Vorhanges benötigt und aufbewahrt wurde. Dazu lieferte er viel Zimt, Kasia und eine Menge anderer Gewürze aus, welche vermischt täglich Gott als Rauchopfer dargebracht wurden.[225] Von ihm wurden nun noch viele andere Kostbarkeiten übergeben und nicht wenig heiliger Schmuck. Titus gewährte ihm dafür die gleiche Nachsicht wie den Überläufern, obwohl er mit Gewalt gefangengenommen war.[226]

4. 392. Nachdem nun die Römer die Wälle in achtzehn Tagen vollendet hatten – es war am 7. des Monats Gorpiaeus (25. September) – führten die Römer die Belagerungsmaschinen heran.[227] Von den Aufständischen aber gaben die einen schon die Hoffnung auf die Rettung der Stadt auf und wichen von der Mauer in die Burg[228] zurück, die anderen verkrochen sich in den unterirdischen Gängen.[229] Viele verteilten sich dennoch auf die Stellungen und versuchten diejenigen zu hindern, die die Sturmböcke heranbrachten. Die Römer waren diesen aber an Menge und Kraft überlegen und, was das wichtigste ist, Truppen frischen Mutes hatten die Oberhand über mutlose und abgespannte. Als nun die Mauer an einer Stelle aufgebrochen war und manche Türme unter den Widderschlägen erzitterten, da flohen die Verteidiger sofort, denn Furcht hatte die Tyrannen befallen, die heftiger war, als es die Notlage geboten hätte.[230] Bevor die Feinde nämlich die Mauer überstiegen hatten, erstarrten die Zeloten und wußten nicht, ob sie fliehen oder bleiben sollten. Hier war zu sehen, wie die einst so hochfahrenden und ihrer Gottlosigkeit sich rühmenden Menschen niedergeschlagen und zitternd dastanden, so daß dieser Wechsel Mitleid erregte, auch wenn es sich um die lasterhaftesten Leute handelte.[231] Sie beabsichtigten nun, die römischen Umfassungswälle zu berennen,[232] die Wachen zurückzustoßen, durchzubrechen und so herauszukommen. Als sie aber ihre alten Getreuen nirgends sahen – diese waren nämlich geflohen, ein jeder dorthin, wohin die Notlage es ihm eingab –, als dann einige hinzueilten und meldeten, die ganze Westmauer sei zerstört, wieder aber erzählten, die Römer seien schon eingefallen, andere, sie seien bereits in der Nähe und suchten sie, und wieder andere sagten, sie sähen die Feinde auf den Türmen,[233] wobei ihnen die Furcht Trugbilder vorhielt – da fielen sie auf ihr Angesicht, erhoben ein Wehgeschrei über ihre Verblendung und waren außerstande zu fliehen, als seien ihre Sehnen durchschnitten. Hier kann man nun am besten die Macht Gottes über die Frevler und das Glück der Römer kennenlernen, denn die Tyrannen gaben ihre Sicherheit selbst preis und stiegen freiwillig von den Türmen herab, wo sie niemals durch Gewalt, sondern allein durch Hunger hätten bezwungen werden können. Die Römer, die sich bei den schwächeren Mauern so abgemüht hatten, bekamen auf diese Weise durch ein glückliches Geschick die Mauern in ihre Hände, die durch Belagerungswerkzeuge uneinnehmbar waren, denn die drei Türme, über welche wir oben berichtet haben,[234] waren jeder für sich stärker als die Belagerungsmaschinen.

5. 401. Nachdem die Aufständischen die Türme verlassen hatten, besser gesagt: nachdem sie durch Gott von ihnen heruntergeworfen waren, flohen sie sofort in die Schlucht unterhalb des Siloahteiches; hier erholten sie sich ein wenig von der ersten Angst und griffen den Umfassungswall der Römer

ἀνάγκης, κατεάγησαν γὰρ ἤδη τὴν ἰσχὺν ἅμα τῷ δέει καὶ ταῖς συμφοραῖς⁴⁰¹), ὑπὸ τῶν φρουρῶν ἀνωθοῦνται καὶ σκεδασθέντες ὑπ' ἀλλήλων⁴⁰²) κατέδυσαν εἰς τοὺς ὑπονόμους. Ῥωμαῖοι δὲ τῶν τειχῶν κρατήσαντες τάς τε σημαίας ἔστησαν ἐπὶ τῶν πύργων καὶ μετὰ κρότου καὶ χαρᾶς ἐπαιάνιζον ἐπὶ τῇ νίκῃ, πολὺ τῆς ἀρχῆς κουφότερον τοῦ πολέμου τὸ τέλος εὑρηκότες· ἀναιμωτὶ γοῦν τοῦ τελευταίου τείχους ἐπιβάντες ἠπίστουν, καὶ μηδένα βλέποντες ἀντίπαλον ἀήθως⁴⁰³) ἠπόρητο. εἰσχυθέντες δὲ τοῖς στενωποῖς ξιφήρεις τούς τε καταλαμβανομένους ἐφόνευον ἀνέδην καὶ τῶν συμφευγόντων τὰς οἰκίας αὐτάνδρους ὑπεπίμπρασαν. πολλὰς⁴⁰⁴) δὲ κεραΐζοντες ὁπότ' ἔνδον παρέλθοιεν ἐφ' ἁρπαγήν, γενεὰς ὅλας νεκρῶν κατελάμβανον καὶ τὰ δωμάτια πλήρη τῶν τοῦ λιμοῦ πτωμάτων, ἔπειτα πρὸς τὴν ὄψιν πεφρικότες κεναῖς χερσὶν ἐξῄεσαν. οὐ μὴν οἰκτείροντες τοὺς οὕτως ἀπολωλότας ταὐτὸ καὶ πρὸς τοὺς ζῶντας ἔπασχον, ἀλλὰ τὸν ἐντυγχάνοντα διελαύνοντες ἀπέφραξαν μὲν τοὺς στενωποὺς νεκροῖς, αἵματι δὲ ὅλην τὴν πόλιν κατέκλυσαν, ὡς πολλὰ καὶ⁴⁰⁵) τῶν φλεγομένων σβεσθῆναι τῷ φόνῳ. καὶ οἱ μὲν κτείνοντες ἐπαύσαντο πρὸς ἑσπέραν, ἐν δὲ τῇ νυκτὶ τὸ πῦρ ἐπεκράτει, φλεγομένοις δ' ἐπανέτειλεν Ἱεροσολύμοις ἡμέρα Γορπιαίου μηνὸς ὀγδόῃ, πόλει τοσαύταις χρησαμένῃ συμφοραῖς κατὰ τὴν πολιορκίαν, ὅσοις ἀπὸ⁴⁰⁶) κτίσεως ἀγαθοῖς κεχρημένη πάντως ἂν ἐπίφθονος ἔδοξεν, οὐ μὴν ἀξίᾳ κατ' ἄλλο τι τῶν τηλικούτων ἀτυχημάτων ἢ τῷ⁴⁰⁷) γενεὰν τοιαύτην ἐνεγκεῖν, ὑφ' ἧς ἀνετράπη.

IX. 1. Παρελθὼν δὲ Τίτος εἴσω τά τε ἄλλα τῆς ὀχυρότητος τὴν πόλιν καὶ τῶν πύργων ἀπεθαύμασεν, οὓς οἱ τύραννοι κατὰ φρενοβλάβειαν ἀπέλιπον. κατιδὼν γοῦν τό τε ναστὸν αὐτῶν ὕψος καὶ τὸ μέγεθος ἑκάστης πέτρας τήν τε ἀκρίβειαν τῆς ἁρμονίας, καὶ ὅσοι μὲν εὖρος ἡλίκοι δὲ ἦσαν τὴν ἀνάστασιν⁴⁰⁸), «σὺν θεῷ γε ἐπολεμήσαμεν, ἔφη, καὶ θεὸς ἦν ὁ τῶνδε τῶν ἐρυμάτων Ἰουδαίους καθελών, ἐπεὶ χεῖρες ἀνθρώπων ἢ μηχαναὶ τί πρὸς τούτους τοὺς πύργους δύνανται;» τότε μὲν οὖν πολλὰ⁴⁰⁹) τοιαῦτα διελέχθη πρὸς τοὺς φίλους, τοὺς δὲ τῶν τυράννων δεσμώτας, ὅσοι κατελήφθησαν ἐν τοῖς φρουρίοις, ἀνῆκεν. αὖθις δὲ τὴν ἄλλην ἀφανίζων πόλιν καὶ τὰ τείχη κατασκάπτων τούτους τοὺς πύργους κατέλιπε μνημεῖον εἶναι τῆς αὐτοῦ τύχης, ᾗ συστρατιώτιδι χρησάμενος ἐκράτησε τῶν ἁλῶναι μὴ δυναμένων.

---

⁴⁰¹ Von κατεάγησαν bis συμφοραῖς: *iam enim vires eorum labor metus et calamitas fregerant* Lat; Destinon vermutet, daß *labor* auf eine Lesart καμάτῳ (statt ἅμα τῷ) = Anstrengung, Ermüdung zurückgeht. ⁴⁰² ἀπ' ἀλλήλων cod. Lugd; *per diversa* Lat.
⁴⁰³ ἀληθῶς AM Niese, Thack; ἀήθως LRC Niese *minor*, Na; ἀηθῶς V; *pro certo*. Lat.
⁴⁰⁴ πολλὰ VRC. ⁴⁰⁵ καὶ fehlt bei MLVRC Lat, Na; Thack setzt es in Klammern.
⁴⁰⁶ ἀπὸ τῆς MLVRC; bei Thack in Klammern.
⁴⁰⁷ τῷ Niese *minor* cj., Thack; τὸ codd. Bekker, Na.
⁴⁰⁸ ἀνάτασιν (Aufrichtung) MRC Na, Liddell-Scott sv. ⁴⁰⁹ πολλὰ fehlt bei L.

an.²³⁵ Allerdings brachten sie geringeren Mut auf, als ihn die Notlage erfordert hätte, denn durch die Furcht und die Mißgeschicke war ihre Kraft geschwunden; so wurden sie von den Wachen zurückgeschlagen und voneinander getrennt, worauf sie in den unterirdischen Gängen²³⁶ untertauchten. Nachdem nun die Römer die Mauern erobert hatten, pflanzten sie ihre Standarten auf den Türmen auf und stimmten mit viel Lärm und Freude ihre Siegesgesänge an,²³⁷ wobei sie das Ende des Krieges viel leichter fanden als seinen Anfang. Als sie tatsächlich ohne Blutvergießen die letzte Mauer erstiegen hatten, wollten sie es nicht glauben, und als sie keinen Gegner sahen, waren sie, gegen ihre Gewohnheit, ratlos. Dann ergossen sie sich aber schwerterschwingend in die engen Gassen und erschlugen hemmungslos alle, die sie ergriffen; die Häuser, in die sich noch Flüchtlinge gerettet hatten, steckten sie mit allen darin befindlichen Menschen in Brand. Als sie nun viele Häuser plünderten,²³⁸ da geschah es oft, daß sie ins Innere eindrangen, um rauben zu können, und dabei auf die Leichen ganzer Familien und auf Gemächer voll von Verhungerten²³⁹ stießen. – Dann stürzten sie, schaudernd bei diesem Anblick, mit leeren Händen hinaus. Wenn sie auch die auf so schreckliche Weise Umgekommenen bedauerten, so empfanden sie doch nicht das gleiche Mitgefühl für die Lebenden, sondern durchbohrten jeden, der ihnen in die Hände fiel, und versperrten die Gassen mit Leichen, so daß sogar vieles, das schon in Brand geraten war, durch das Blut der Ermordeten gelöscht wurde. Gegen Abend stellte man das Morden ein, in der Nacht dagegen konnte sich der Brand voll entfalten, und der 8. Tag des Monats Gorpiäus (= 26. September)²⁴⁰ brach über einem brennenden Jerusalem an. Eine Stadt verbrannte, die soviel Unglück während der Belagerung erlitten hatte, daß sie, wenn sie genausoviel Glück seit ihrer Gründung erlebt hätten, gewiß beneidenswert erschienen wäre. Aber durch nichts anderes hatte sie diese große Katastrophe verdient, als daß sie jenes Geschlecht hervorbrachte, durch welches sie zugrunde gerichtet wurde.²⁴¹

9. Kapitel

1. 409. Nach seinem Einzug bewunderte Titus nicht nur die Festigkeit der Stadt, sondern vor allem die der Türme, die die Tyrannen in ihrem Wahnsinn verlassen hatten. Indem er nun die Höhe der massiven Bauten, die Größe der einzelnen Steine und die genaue Übereinstimmung der Fugen betrachtete – ihm fiel bei der Betrachtung der Türme ihre Breite und Höhe auf – rief er aus: „In der Tat, mit Gottes Hilfe haben wir gekämpft, und Gott war es, der die Juden von solchen Festungswerken vertrieb, denn was vermögen Menschenhände und Maschinen gegen diese Türme?"²⁴² Damals unterhielt er sich noch über viel Derartiges mit seinen Freunden; die Gefangenen der Tyrannen aber, die in den Verliesen der Türme vorgefunden wurden, ließ er frei.²⁴³ Als er später die restliche Stadt vollends zerstörte und die Mauern niederriß, ließ er diese Türme als Wahrzeichen seines Glückes²⁴⁴ stehen, mit dessen Hilfe er bezwang, was uneinnehmbar war.

414 2. Ἐπεὶ δ' οἱ στρατιῶται μὲν ἔκαμνον ἤδη φονεύοντες, πολὺ δέ τι⁴¹⁰) πλῆθος τῶν περιόντων ἀνεφαίνετο, κελεύει Καῖσαρ μόνους μὲν τοὺς ἐνόπλους καὶ χεῖρας ἀντίσχοντας κτείνειν, τὸ δὲ λοιπὸν πλῆθος ζωγρεῖν⁴¹¹).
415 οἱ δὲ μετὰ τῶν παρηγγελμένων τό τε γηραιὸν καὶ τοὺς ἀσθενεῖς ἀνήρουν, τὸ δ' ἀκμάζον καὶ χρήσιμον εἰς τὸ ἱερὸν συνελάσαντες ἐγκατέκλεισαν τῷ τῶν γυναικῶν περιτειχίσματι. καὶ φρουρὸν⁴¹²) μὲν ἐπέστησε Καῖσαρ ἕνα
416 τῶν ἀπελευθέρων, Φρόντωνα δὲ τῶν φίλων ἐπικρινοῦντα τὴν ἀξίαν
417 ἑκάστῳ τύχην. ὁ δὲ τοὺς μὲν στασιώδεις καὶ λῃστρικοὺς πάντας ὑπ' ἀλλήλων ἐνδεικνυμένους ἀπέκτεινε, τῶν δὲ νέων τοὺς ὑψηλοτάτους καὶ
418 καλοὺς ἐπιλέξας ἐτήρει τῷ θριάμβῳ. τοῦ δὲ λοιποῦ πλήθους τοὺς ὑπὲρ ἑπτακαίδεκα ἔτη δήσας ἔπεμψεν εἰς τὰ κατ' Αἴγυπτον ἔργα, πλείστους δ' εἰς τὰς ἐπαρχίας διεδωρήσατο Τίτος φθαρησομένους ἐν τοῖς θεάτροις
419 σιδήρῳ καὶ θηρίοις· οἱ δ' ἐντὸς ἑπτακαίδεκα ἐτῶν ἐπράθησαν⁴¹³). ἐφθάρησαν δὲ αὐτῶν ἐν αἷς διέκρινεν ὁ Φρόντων ἡμέραις ὑπ' ἐνδείας χίλιοι πρὸς τοῖς μυρίοις⁴¹⁴) οἱ μὲν ὑπὸ μίσους τῶν φυλάκων μὴ μεταλαμβάνοντες τροφῆς, οἱ δ' οὐ προσιέμενοι διδομένην· πρὸς δὲ τὸ πλῆθος ἦν ἔνδεια καὶ⁴¹⁵) σίτου.
420 3. Τῶν μὲν οὖν αἰχμαλώτων πάντων, ὅσα καθ' ὅλον ἐλήφθη τὸν πόλεμον, ἀριθμὸς ἐννέα μυριάδες καὶ ἑπτακισχίλιοι συνήχθη, τῶν δὲ ἀπολομένων⁴¹⁶) κατὰ πᾶσαν τὴν πολιορκίαν μυριάδες ἑκατὸν καὶ δέκα. τούτων
421 τὸ πλέον ὁμόφυλον μὲν ἀλλ' οὐκ ἐπιχώριον· ἀπὸ γὰρ τῆς χώρας ὅλης ἐπὶ τὴν τῶν ἀζύμων ἑορτὴν συνεληλυθότες ἐξαπίνης τῷ πολέμῳ περιεσχέθησαν, ὥστε τὸ μὲν πρῶτον αὐτοῖς τὴν στενοχωρίαν γενέσθαι λοιμώδη
422 φθοράν, αὖθις δὲ καὶ λιμὸν ὠκύτερον. ὅτι δ' ἐχώρει τοσούτους ἡ πόλις, δῆλον ἐκ τῶν ἐπὶ Κεστίου συναριθμηθέντων, ὃς τὴν ἀκμὴν τῆς πόλεως διαδηλῶσαι Νέρωνι βουλόμενος καταφρονοῦντι τοῦ ἔθνους παρεκάλεσεν
423 τοὺς ἀρχιερεῖς, εἴ πως δυνατὸν εἴη τὴν πληθὺν ἐξαριθμήσασθαι· οἱ δ' ἐνστάσης ἑορτῆς⁴¹⁷), πάσχα καλεῖται, καθ' ἣν θύουσιν μὲν ἀπὸ ἐνάτης ὥρας μέχρις ἑνδεκάτης, ὥσπερ δὲ φατρία⁴¹⁸) περὶ ἑκάστην γίνεται θυσίαν οὐκ ἐλάσσων ἀνδρῶν δέκα, μόνον γὰρ οὐκ ἔξεστιν δαίνυσθαι⁴¹⁹),
424 πολλοὶ δὲ καὶ συνείκοσιν ἀθροίζονται, τῶν μὲν θυμάτων εἰκοσιπέντε⁴²⁰)
425 μυριάδας ἠρίθμησαν, πρὸς δὲ πεντακισχίλια ἑξακόσια⁴²¹). γίνονται ἀνδρῶν⁴²²), ἵν' ἑκάστου δέκα δαιτυμόνας θῶμεν, μυριάδες ἑβδομήκοντα καὶ
426 διακόσιαι καθαρῶν ἁπάντων καὶ ἁγίων· οὔτε γὰρ λεπροῖς οὔτε γονορροϊκοῖς οὔτε γυναιξὶν ἐπεμμήνοις οὔτε τοῖς ἄλλως μεμιασμένοις ἐξὸν ἦν
427 τῆσδε τῆς θυσίας μεταλαμβάνειν, ἀλλ' οὐδὲ τοῖς ἀλλοφύλοις, ὅσοι⁴²³) κατὰ θρησκείαν παρῆσαν, 4. πολὺ δὲ τούτων⁴²⁴) πλῆθος ἔξωθεν συλλέγεται.
428 τότε γε μὴν ὥσπερ εἰς εἱρκτὴν ὑπὸ τῆς εἱμαρμένης πᾶν συνεκλείσθη τὸ
429 ἔθνος, καὶ ναστὴν ὁ πόλεμος τὴν πόλιν ἀνδρῶν ἐκυκλώσατο. πᾶσαν

---

⁴¹⁰ δ'ἔτι L Lat, Thack. ⁴¹¹ ζωγρῶν C. ⁴¹² φρουρὰν A; φρουρῶν C; *custodes* Lat.
⁴¹³ ἐπράχθησαν L. ⁴¹⁴ *duodecim milia* Lat. ⁴¹⁵ καὶ fehlt bei C Lat.
⁴¹⁶ ἀπολωμένων AVC; ἀπολλυμένων L Zonaras; die Lesart *hostium* bei Lat geht offenbar auf eine bewußte Korrektur zurück. Dabei tritt an die Stelle der 1100000 Umgekommenen die Gesamtzahl der Feinde.
⁴¹⁷ τῆς ἑορτῆς Dindorf cj. nach cod. Lugd.
⁴¹⁸ φρατρία Hudson. ⁴¹⁹ δύνασθαι L. ⁴²⁰ εἴκοσι πάντως Hudson.

2. 414. Da die Soldaten inzwischen des Mordens müde waren, eine Vielzahl überlebender Juden aber noch zum Vorschein kam, befahl der Caesar, nur noch die Bewaffneten und diejenigen, die Widerstand leisteten, zu töten, die restliche Menge aber lebend gefangenzunehmen. Außer den im Befehl des Titus bezeichneten Gruppen machten die Soldaten jedoch auch die Alten und Schwachen nieder; diejenigen aber, die im blühenden Alter standen und noch verwendbar waren, trieb man auf den Tempelplatz und schloß sie innerhalb der Mauern des Frauenvorhofes ein. Als Wächter setzte der Caesar einen Freigelassenen ein, während sein Freund Fronto jedem das verdiente Geschick zusprechen sollte.²⁴⁵ Der ließ nun alle Aufrührer und Räuber, die sich gegenseitig anzeigten, hinrichten; die hochgewachsenen und schönsten Jünglinge las er dagegen aus, um sie für den Triumphzug aufzusparen. Von der übrigen Menge schickte Titus die über siebzehn Jahre alten Gefangenen nach Ägypten in die Bergwerke,²⁴⁶ die meisten aber verschenkte er in die verschiedenen Provinzen, wo sie in den Theatern durch das Schwert oder wilde Tiere umkommen sollten. Die noch nicht Siebzehnjährigen wurden verkauft. Während der Tage, in denen Fronto seine Auswahl traf, starben noch 11 000 Gefangene den Hungertod, teils weil die Wächter aus Haß ihnen keine Lebensmittel verteilten, teils weil sie selbst das, was man ihnen darbot, verschmähten.²⁴⁷ Zudem mangelte es auch für eine solche Menge Menschen an Getreide.

3. 420. Die Gesamtzahl aller Gefangenen, die während des ganzen Krieges gemacht wurde, belief sich auf 97 000, die Zahl derer, die bei der ganzen Belagerung umkamen, auf 1 100 000 Menschen. Die Mehrzahl derer waren zwar geborene Juden, aber nicht ortsansässige Jerusalemer.²⁴⁸ Denn aus dem ganzen Lande war das Volk zum Fest der ungesäuerten Brote zusammengeströmt und unerwartet durch den Verlauf des Krieges umzingelt worden, so daß zunächst auf Grund der räumlichen Beengtheit Seuchen sie vernichteten, später aber die noch schneller zupackende Hungersnot.²⁴⁹ Daß aber die Stadt so viele Leute fassen konnte, geht klar aus der Volkszählung des Cestius²⁵⁰ hervor; da er dem Nero, der das jüdische Volk gering achtete, die Blüte der Stadt beweisen wollte, beauftragte er die Hohenpriester, falls möglich, die Menge zu zählen. Da nun gerade das sogenannte Passahfest begann, an dem von der neunten bis zur elften Stunde geopfert wird – um jedes Opfer sind nicht weniger als zehn Männer wie eine Bruderschaft versammelt, denn einer allein darf nicht essen, oft versammeln sich auch zwanzig – und so zählte man 255 600 Opfertiere.²⁵¹ Das macht, um nur zehn für jedes Opfer anzusetzen, 2 700 000 Teilnehmer, alles reine und geweihte Personen; denn Aussätzige, Samenflüssige, in der monatlichen Reinigung befindliche Frauen sowie anderweitig Unreine durften nicht an diesem Opfer teilnehmen, ebensowenig Nichtjuden, die sich zum Gottesdienst eingefunden hatten.²⁵² 4. Die Hauptmasse der Teilnehmer war so von außen zusammengekom-

---
⁴²¹ ἑξακισχίλια καὶ πεντακόσια L Lat; Niese *fortasse recte*, Clementz, Williamson; πεντακισχίλιαι V.
⁴²² ἀνδρῶν fehlt bei Lat; ἀνθρώπων Dest. cj. ⁴²³ ὅσον A; οἳ L; *nisi qui* Lat;
⁴²⁴ τούτων L (vgl. zu L bes. 4, 13 Anm. 6) Niese, Na, Thack; τοῦτο AMVRC Lat.

γοῦν ἀνθρωπίνην καὶ δαιμονίαν φθορὰν ὑπερβάλλει τὸ πλῆθος τῶν ἀπολωλότων· ἐπεὶ[425]) γοῦν τῶν φανερῶν οὓς μὲν ἀνεῖλον οὓς δ' ἠχμαλωτίσαντο. Ῥωμαῖοι, τοὺς[426]) ἐν τοῖς ὑπονόμοις ἀνηρεύνων καὶ τοὔδαφος ἀναρρηγνύντες ὅσοις μὲν ἐνετύγχανον ἔκτεινον, εὑρέθησαν δὲ κἀκεῖ νεκροὶ πλείους δισχιλίων, οἱ μὲν ὑπὸ σφῶν αὐτῶν οἱ δὲ ὑπ' ἀλλήλων, τὸ πλέον[427]) δ' ὑπὸ τοῦ λιμοῦ διεφθαρμένοι. δεινὴ δ' ὑπήντα τοῖς ἐπεισπίπτουσιν[428]) ὀδμὴ τῶν σωμάτων, ὡς πολλοὺς μὲν ἀναχωρεῖν εὐθέως, τοὺς δὲ ὑπὸ πλεονεξίας εἰσδύεσθαι νεκροὺς σεσωρευμένους ἐμπατοῦντας· πολλὰ γὰρ τῶν κειμηλίων ἐν ταῖς διώρυξιν εὑρίσκετο, καὶ πᾶσαν θεμιτὴν ὁδὸν ἐποίει τὸ κέρδος[429])· ἀνήγοντο δὲ καὶ δεσμῶται πολλοὶ τῶν τυράννων· οὐδὲ γὰρ ἐν ἐσχάτοις ἐπαύσαντο τῆς ὠμότητος. ἀπετίσατό γε μὴν ὁ θεὸς ἀμφοτέρους ἀξίως, καὶ Ἰωάννης μὲν λιμώττων μετὰ τῶν ἀδελφῶν ἐν τοῖς ὑπονόμοις ἦν[430]) πολλάκις ὑπερηφάνησε[431]) παρὰ Ῥωμαίων δεξιὰν λαβεῖν ἱκέτευσε, Σίμων δὲ πολλὰ διαμαχήσας πρὸς τὴν ἀνάγκην, ὡς διὰ τῶν ἑξῆς δηλώσομεν, αὐτὸν παραδίδωσιν. ἐφυλάχθη δὲ ὁ μὲν τῷ θριάμβῳ σφάγιον, ὁ δ' Ἰωάννης δεσμοῖς αἰωνίοις. Ῥωμαῖοι δὲ τάς τ' ἐσχατιὰς τοῦ ἄστεος ἐνέπρησαν καὶ τὰ τείχη κατέσκαψαν.

X. 1. Ἑάλω μὲν οὕτως Ἱεροσόλυμα ἔτει δευτέρῳ τῆς Οὐεσπασιανοῦ ἡγεμονίας Γορπιαίου μηνὸς ὀγδόῃ, ἁλοῦσα δὲ καὶ πρότερον πεντάκις τοῦτο δεύτερον ἠρημώθη. Ἀσωχαῖος μὲν γάρ[432]) ὁ τῶν Αἰγυπτίων βασιλεὺς καὶ μετ' αὐτὸν Ἀντίοχος, ἔπειτα Πομπήιος καὶ ἐπὶ τούτοις σὺν Ἡρώδῃ Σόσσιος ἑλόντες ἐτήρησαν τὴν πόλιν. πρὸ δὲ τούτων ὁ τῶν Βαβυλωνίων βασιλεὺς κρατήσας ἠρήμωσεν αὐτὴν μετὰ ἔτη τῆς κτίσεως χίλια τετρακόσια ἑξηκονταοκτὼ μῆνας ἕξ[433]). ὁ δὲ πρῶτος κτίσας ἦν Χαναναίων δυνάστης ὁ τῇ πατρίῳ γλώσσῃ κληθεὶς βασιλεὺς δίκαιος· ἦν γὰρ δὴ τοιοῦτος. διὰ τοῦτο ἱεράσατό τε τῷ θεῷ πρῶτος καὶ τὸ ἱερὸν πρῶτος[434]) δειμάμενος Ἱεροσόλυμα τὴν πόλιν προσηγόρευσεν Σόλυμα καλουμένην πρότερον. τὸν μὲν δὴ τῶν Χαναναίων λαὸν ἐκβαλὼν ὁ τῶν Ἰουδαίων βασιλεὺς Δαυίδης[435]) κατοικίζει τὸν ἴδιον, καὶ μετὰ τοῦτον ἔτεσι τετρακοσίοις ἑβδομήκοντα καὶ ἑπτὰ μησὶν ἐξ ὑπὸ Βαβυλωνίων κατασκάπτεται. ἀπὸ δὲ Δαυίδου[436]) τοῦ βασιλέως, ὃς πρῶτος αὐτῆς ἐβασίλευσεν Ἰουδαῖος, μέχρι τῆς ὑπὸ Τίτου γενομένης κατασκαφῆς ἔτη χίλια καὶ ἑκατὸν ἑβδομήκοντα καὶ ἐννέα[437]). ἀπὸ δὲ τῆς πρώτης κτίσεως ἔτη μέχρι τῆς ἐσχάτης ἁλώσεως δισχίλια[438]) ἑκατὸν ἑβδομήκοντα καὶ ἑπτά. ἀλλὰ γὰρ

[425] ἐπὶ VRC; ἐπεὶ AML Zonaras.
[426] τοὺς ML Zonaras, Niese; οὓς δ' (δὲ VR) AVRC Na; τοὺς Thack cj.
[427] πλέον δὲ VR; πλέον, οἱ δ' L Lat.
[428] ὑποσκήπτουσιν L; introeuntibus Lat; ἐπικύπτουσιν Zonaras; ἐπεισκύπτουσιν Dest. cj.
[429] καὶ – κέρδος hat Lat nefasque omnem viam lucri faciebat.
[430] ἦν M Lat, Niese, Na, Thack; ἦν ALVR; ἦν καὶ C.
[431] ὑπερηφανίσας A; ὑπερηφανήσας VRC. Die Partizipialkonstruktion ist von dem von ALVRC gelesenen ἦν (textkrit. Anm. 430) abhängig.

Josephus, Jüdischer Krieg, Buch 6

men. Damals wurde durch das Schicksal das ganze Volk wie in ein Gefängnis eingeschlossen, und der Krieg legte einen feindlichen Ring um die mit Menschen vollgestopfte Stadt. Die Menge der Umgekommenen übertraf daher jede von Menschen oder vom Himmel heraufbeschworene Vernichtung. Von denen, die sich blicken ließen,²⁵³ hatten die Römer einen Teil niedergemacht und den anderen gefangengenommen. Die in den unterirdischen Gängen aber spürten sie auf, rissen dabei sogar den Boden auf und töteten alle, die sie antrafen. Sie fanden darin auch noch mehr als 2000 Tote, die sich teils selbst, teils gegenseitig das Leben genommen hatten; die Mehrzahl von ihnen aber war vor Hunger gestorben. Entsetzlich wehte den Soldaten, die eindrangen, der Geruch der Leichen entgegen, so daß viele sich schleunigst zurückzogen; andere aber traten, von der Habgier getrieben, auf angehäufte Leichen. Denn viele Kostbarkeiten wurden in den Gängen aufgefunden, und der Gewinn rechtfertigte jeden Weg. Ja, auch noch viele Gefangene der Tyrannen zog man heraus; denn nicht einmal in der äußersten Situation²⁵⁴ hatten diese von ihrer Grausamkeit abgelassen. Dafür strafte Gott beide nach Gebühr: Johannes, der mit seinen Brüdern in den unterirdischen Gängen Hunger litt, bat bei den Römern um die Gnade, die er so oft verachtet hatte; Simon ergab sich nach langem Ringen mit der Not, wie wir im folgenden zeigen werden.²⁵⁵ Beide wurden in Haft genommen: Simon, um als Schlachtopfer im Triumphzug aufgeführt zu werden, Johannes, um lebenslänglich Gefangener zu bleiben. Die Römer steckten auch die entlegensten Teile der Stadt in Brand und schleiften die Mauern.

10. Kapitel

1. 435. So fiel Jerusalem im zweiten Jahr der Regierung Vespasians, am 8. des Monats Gorpiäus; fünfmal war die Stadt früher auch schon eingenommen worden, aber jetzt wurde sie zum zweiten Mal zerstört. Asochäus, der König von Ägypten, dann nach ihm Antiochus, darauf Pompejus, auf diese folgend Sossius gemeinsam mit Herodes ließen die Stadt nach der Eroberung nämlich stehen. Vor diesen hatte aber der König der Babylonier sich ihrer bemächtigt und sie zerstört, 1468 Jahre und 6 Monate nach ihrer Gründung. Der erste Erbauer war ein kanaanäischer Fürst, der in der Landessprache „gerechter König" genannt wurde; das war er auch in der Tat. Dieser diente Gott als erster Priester, wie er auch als erster das Heiligtum gründete und die Stadt „Hierosolyma" nannte, die vorher „Solyma" hieß. Der jüdische König David vertrieb die kanaanäische Bevölkerung und siedelte Stammesgenossen an; 477 Jahre und 6 Monate nach ihm wurde die Stadt von den Babyloniern zerstört. Von König David an, der als erster

---

⁴³² μὲν fehlt bei AMVR; *quidem* Lat.
⁴³³ *mille trecentos sexaginta et menses octo et dies sex* Lat; ἑξήκοντα fehlt bei C.
⁴³⁴ πρῶτος fehlt bei VRC.   ⁴³⁵ δᾶδ AMLVR; *leobius* Lat.
⁴³⁶ vgl. 435.   ⁴³⁷ ἐννέα C; *duo* Lat.   ⁴³⁸ *mille* Lat.

οὔθ' ἡ ἀρχαιότης οὔθ' ὁ πλοῦτος ὁ βαθὺς οὔτε τὸ διαπεφοιτηκὸς ὅλης τῆς οἰκουμένης ἔθνος οὔθ' ἡ μεγάλη δόξα τῆς θρησκείας ἤρκεσέ τι πρὸς ἀπώλειαν αὐτῇ. τοιοῦτο μὲν δὴ τὸ τέλος τῆς Ἱεροσολύμων πολιορκίας.

Jude über die Stadt herrschte, bis zur Zerstörung durch Titus liegen 1179 Jahre, von der ersten Gründung bis zur letzten Eroberung 2177 Jahre.[256] So sollte denn weder das hohe Alter noch ihr unerschöpflicher Reichtum, weder die Verbreitung ihres Volkes über die ganze Erde, noch der große Ruhm ihres Gottesdienstes die Stadt vor dem Untergang bewahren. Dies war das Ende der Belagerung Jerusalems.

VII.

Φλαυίου 'Ιωσήπου ιστορία 'Ιουδαϊκού πολέμου προς 'Ρωμαίους βιβλίον ζ'.

1 I. 1. Ἐπεί δ' ούτε φονεύειν ούτε διαρπάζειν είχεν ή στρατιά πάντων τοις θυμοίς επιλειπόντων, ού γάρ δή γε φειδοί τινος έμελλον[1]) άφέξεσθαι δράν έχοντες, κελεύει Καίσαρ ήδη τήν τε πόλιν άπασαν καί τον νεών κατασκάπτειν, πύργους μεν όσοι τών άλλων ύπερανειστήκεσαν[2]) κατα-
2 λιπόντας, Φασάηλον 'Ιππικόν Μαριάμμην, τείχος[3]) δ' όσον ήν έξ έσπέρας τήν πόλιν περιέχον, τοϋτο μέν, όπως είη τοίς ύπολειφθησομένοις φρουροίς[4])στρατόπεδον, τούς πύργους δέ, ίνα τοίς έπειτα[5]) σημαίνωσιν οίας πόλεως καί τίνα τρόπον όχυράς[6]) ούτως[7]) έκράτησεν ή 'Ρωμαίων άνδραγα-
3 θία. τον δ' άλλον άπαντα τής πόλεως περίβολον ούτως έξωμάλισαν οί κατασκάπτοντες, ώς μηδεπώποτ' οίκηθήναι πίστιν άν έτι παρασχείς τοίς
4 προσελθούσι. τούτο μέν ούν τό τέλος έκ τής τών νεωτερισάντων άνοίας 'Ιεροσολύμοις έγένετο, λαμπρά τε πόλει καί παρά πάσιν άνθρώποις διαβοηθείση.
5 2. Καίσαρ δέ φυλακήν μέν αύτόθι καταλιπείν έγνω τών ταγμάτων τό δέκατον καί τινας ίλας ιππέων καί λόχους πεζών, πάντα δ' ήδη τά τού πολέμου διωκηώς έπαινέσαι τε σύμπασαν έπόθει τήν στρατιάν έπί τοίς κατορθώμασιν καί τα προσήκοντα γέρα τοίς αριστεύσασιν άποδούναι.
6 ποιηθέντος ούν αύτώ μεγάλου κατά μέσην[8]) τήν πρότερον παρεμβολήν βήματος, καταστάς έπί τούτο[9]) μετά τών ηγεμόνων[10]) εις έπήκοον άπάση τή στρατιά έλεγε χάριν μέν[11]) πολλήν έχειν αυτοίς τής προς αύτόν εύνοίας,
7 ή χρώμενοι διατελούσιν· έπήνει δέ τής έν παντί πολέμω[12]) πειθαρχίας, ήν έν πολλοίς καί μεγάλοις κινδύνοις άμα τή κατά σφάς[13]) ανδρεία παρέσχον, τή μέν πατρίδι καί δι' αύτών τό κράτος αύξοντες, φανερόν δέ πάσιν άνθρώποις καθιστάντες, ότι μήτε πλήθος πολεμίων μήτε χωρίων όχυρότητες ή μεγέθη πόλεων ή τών άντιτεταγμένων άλόγιστοι τόλμαι[14]) καί θηριώδεις αγριότητες δύναιντ' άν ποτε τήν 'Ρωμαίων άρετήν διαφυγείν, κάν είς[15]) πολλά τινες τήν τύχην εύρωνται συναγωνιζομένην.
8 καλόν μέν ούν έφη καί τώ πολέμω τέλος αυτούς έπιθείναι πολλώ χρόνω[16]) γενομένω. μηδέ γάρ εύξασθαί τι τούτων άμεινον, ότ' εις αυτόν καθίσ-
9 ταντο· τούτου δέ κάλλιον αυτοίς καί λαμπρότερον ύπάρχειν, ότι τούς ήγησομένους καί τής 'Ρωμαίων άρχής[17]) έπιτροπεύσοντας αύτών[18]) χειροτονησάντων είς τε τήν πατρίδα προπεμψάντων άσμενοι πάντες προσίενται καί τοίς ύπ' αυτών έγνωσμένοις έμμένουσι, χάριν έχοντες

---
[1] τονός ήμελλον L.   [2] ύπερανεστήκεσαν LC; προανειστήκεσαν M.
[3] τείχους L Lat.   [4] φρουρείν L.   [5] τούς μετέπειτα L.   [6] έχυράς VR.
[7] ούτως fehlt bei L; όμως Holwerda cj., Dest., Niese *minor*, Thack.
[8] μέσον L.   [9] τούτω VRC Na.   [10] ήγεμονικωτάτων L Lat.
[11] χάριν μέν έφη L (zu L vgl. bs. 4, 13 Anm. 6) Thack, Niese *minor*.
[12] παντί τώ πολέμω Herwerden setzt hier den Artikel hinzu.
[13] κατά τάς μάχας L.   [14] τόλμαι L Niese, Na, Thack; *audacia* Lat; όρμαί AMVRC
[15] εις fehlt bei L.   [16] πολυχρονίω Bekker cj.
[17] τήν ρωμαίων άρχήν L Niese *fortasse recte*.   [18] αύτόν M.

BUCH 7

1. Kapitel

1. Als aber das Heer weder etwas zu morden noch zu rauben fand, war doch nichts mehr übrig, woran die Soldaten ihren Zorn hätten auslassen können, – denn aus Schonung wollten sie gewiß weder von Menschen noch Dingen ablassen, die ihrer Zerstörungswut hätten entgehen können – da befahl der Caesar, die gesamte Stadt und den Tempel zu schleifen. Die Türme Phasael, Hippikus und Mariamme, die die anderen überragten, sollten sie stehen lassen, ebenso die Mauer, soweit sie im Westen die Stadt umgab. Die Mauer sollte der Besatzung, die zurückgelassen werden mußte, zur Anlage eines Lagers dienen, die Türme dagegen sollten erhalten bleiben, um hinfort zu bezeugen, wie herrlich und wie stark befestigt die Stadt gewesen war, die der Heldenmut der Römer überwunden hatte.[1] Die gesamte übrige Ringmauer machten die Soldaten bei ihrem Zerstörungswerk so gründlich dem Erdboden gleich, daß künftigen Besuchern dieser Gegend keine Anhaltspunkte für die Annahme gegeben werden sollten, hier hätten jemals Menschen gewohnt. Das war also das Ende dieser prächtigen und bei allen Menschen berühmten Stadt Jerusalem, das durch die Verblendung der Aufrührer herbeigeführt wurde.

2. *5.* Der Caesar beschloß, an diesem Platz als Besatzung die 10. Legion, einige Schwadronen Reiter und Abteilungen des Fußvolks zurückzulassen.[2] Da er nun alle Aufgaben des Krieges bereits gelöst hatte, wollte er das Heer in seiner Gesamtheit für seine hervorragenden Leistungen loben und denjenigen, die sich hervorgetan hatten, die verdienten Auszeichnungen überreichen. Nachdem man ihm nun in der Mitte des früheren Lagers[3] eine große Tribüne errichtet hatte, betrat er diese mit den Offizieren und sagte, dem ganzen Heer vernehmbar: Er danke für die Gefolgschaftstreue, die sie ihm erwiesen und bis ans Ende bewahrt hätten. Auch lobe er sie wegen des Gehorsams[4] während des ganzen Krieges, den sie in vielen großen Gefahren zugleich mit persönlicher Tapferkeit bewiesen hätten. Sie hätten dem Vaterland das Ansehen der römischen Stärke gemehrt und allen Menschen klar bewiesen, daß weder die Zahl der Feinde noch starke Festungen, auch nicht die Größe der Städte oder unsinnige Tollkühnheit und tierische Wildheit der römischen Tüchtigkeit entgehen könnten, wenn auch oft einzelne Gegner ein glückliches Schicksal als Bundesgenossen gefunden hätten. Ein rühmliches Ende hätten sie – so fuhr er fort – dem langwierigen Krieg gemacht; denn sie hätten sich nichts Besseres als dies Ende gewünscht, als sie in diesen Krieg gezogen seien. Noch rühmlicher und glanzvoller sei aber für sie die Tatsache, daß man überall die künftigen Führer und Herrscher des römischen Reiches freudig annehme, die sie gewählt und in das Vaterland vorausgeschickt hätten.[5] Man bleibe auch bei den gesetzmäßigen Anordnungen, die sie erlassen hätten und man danke ihnen als den Wählern.[6] Darum bewundere er – fuhr er fort – sie alle und liebe sie, da er wisse, daß jeder von ihnen bereit-

10 τοῖς ἑλομένοις. θαυμάζειν μὲν οὖν ἔφη πάντας καὶ ἀγαπᾶν, εἰδὼς ὅτι
11 τοῦ δυνατοῦ τὴν προθυμίαν οὐδεὶς ἔσχε βραδυτέραν· τοῖς μέντοι διαπρεπέστερον ἀγωνισαμένοις ὑπὸ ῥώμης πλείονος καὶ τὸν μὲν αὐτῶν βίον ἀριστείαις κεκοσμηκόσι, τὴν δ' αὐτοῦ στρατείαν[19]) ἐπιφανεστέραν διὰ τῶν κατορθωμάτων πεποιηκόσιν ἔφη τὰ γέρα καὶ τὰς τιμὰς εὐθὺς ἀποδώσειν, καὶ μηδένα τῶν πλέον πονεῖν[20]) ἑτέρου θελησάντων τῆς δικαίας
12 ἀμοιβῆς ἁμαρτήσεσθαι. πλείστην γὰρ αὐτῷ τούτου γενήσεσθαι τὴν ἐπιμέλειαν, ἐπεὶ καὶ μᾶλλον ἐθέλειν τὰς ἀρετὰς τιμᾶν τῶν συστρατευομένων ἢ κολάζειν τοὺς ἁμαρτάνοντας.
13 3. Εὐθέως [21])οὖν ἐκέλευσεν ἀναγινώσκειν τοῖς ἐπὶ τοῦτο τεταγμένοις
14 ὅσοι τι λαμπρὸν ἦσαν ἐν τῷ[22]) πολέμῳ κατωρθωκότες. καὶ κατ' ὄνομα καλῶν ἐπῄνει τε παριόντας ὡς ἂν ὑπερευφραινόμενός τις ἐπ' οἰκείοις κατορθώμασι καὶ στεφάνους ἐπετίθει χρυσοῦς, περιαυχένιά τε χρυσᾶ[23]) καὶ δόρατα μικρὰ[24]) χρυσᾶ καὶ[25]) σημαίας ἐδίδου πεποιημένας ἐξ ἀργύρου,
15 καὶ τὴν ἑκάστου τάξιν ἤλλαττεν εἰς τὸ κρεῖττον, οὐ μὴν ἀλλὰ κἀκ τῶν λαφύρων ἄργυρον καὶ χρυσὸν ἐσθῆτάς τε καὶ τῆς ἄλλης αὐτοῖς λείας
16 δαψιλῶς ἀπένειμε. πάντων δὲ τετιμημένων ὅπως[26]) αὐτὸς ἕκαστον ἠξίωσε, τῇ συμπάσῃ στρατιᾷ ποιησάμενος εὐχὰς ἐπὶ πολλῇ κατέβαινεν εὐφημίᾳ τρέπεταί τε πρὸς θυσίας ἐπινικίους, καὶ πολλοῦ βοῶν πλήθους τοῖς βωμοῖς παρεστηκότος[27]) καταθύσας πάντας τῇ στρατιᾷ διαδίδωσιν εἰς
17 εὐωχίαν. αὐτὸς δὲ τοῖς ἐν τέλει τρεῖς ἡμέρας συνεορτάσας τὴν μὲν ἄλλην στρατιὰν διαφίησιν ᾗ καλῶς εἶχεν ἑκάστους[28]) ἀπιέναι, τῷ δεκάτῳ δὲ τάγματι τὴν τῶν Ἱεροσολύμων ἐπέτρεψε φυλακὴν οὐκέτι αὐτοὺς ἐπὶ[29])
18 τὸν Εὐφράτην ἀποστείλας, ἔνθα πρότερον ἦσαν. μεμνημένος δὲ τοῦ δωδεκάτου τάγματος, ὅτι Κεστίου στρατηγοῦντος ἐνέδωκαν τοῖς Ἰουδαίοις, τῆς μὲν Συρίας αὐτὸ παντάπασιν ἐξήλασεν, ἦν γὰρ τὸ παλαιὸν ἐν Ῥαφαναίαις[30]), εἰς δὲ τὴν Μελιτηνὴν[31]) καλουμένην ἀπέστειλε· παρὰ τὸν
19 Εὐφράτην ἐν μεθορίοις τῆς Ἀρμενίας ἐστὶ καὶ Καππαδοκίας. δύο δὲ ἠξίωσεν αὐτῷ μέχρι τῆς εἰς Αἴγυπτον ἀφίξεως, τὸ πέμπτον καὶ τὸ πεντε-
20 καιδέκατον[32]), παραμένειν. καὶ καταβὰς ἅμα τῷ στρατῷ πρὸς τὴν ἐπὶ τῇ θαλάττῃ Καισάρειαν εἰς ταύτην τό τε πλῆθος τῶν λαφύρων ἀπέθετο καὶ τοὺς αἰχμαλώτους προσέταξεν ἐν αὐτῇ φυλάττεσθαι· τὸν γὰρ εἰς τὴν Ἰταλίαν πλοῦν ὁ χειμὼν ἐκώλυε.

21 II. 1. Καθ' ὃ δὲ καιροῦ[33]) Τίτος Καῖσαρ τοῖς Ἱεροσολύμοις πολιορκῶν προσήδρευεν, ἐν τούτῳ νεὼς φορτίδος Οὐεσπασιανὸς ἐπιβὰς ἀπὸ[34]) τῆς
22 Ἀλεξανδρείας εἰς Ῥόδον διέβαινεν[35]). ἐντεῦθεν δὲ πλέων ἐπὶ τριήρων καὶ

[19] στρατιὰν MLVRC; militiam Lat. [20] ποιεῖν C. [21] εὐθὺς L.
[22] τῷ L Niese, Na, Thack; τῷ fehlt bei AMVRC. [23] χρυσᾶ fehlt bei Lat.
[24] μικρὰ A Niese, Thack, Ricc., Williamson; μακρὰ MLVRC Lat, Na, Kohout, Clementz, Simch. [25] καὶ χρυσᾶ L, fehlt bei Lat.
[26] ὅπως Dindorf cj., Niese, Na, Thack; ὅπως ἂν codd.
[27] πολὺ βοῶν πλῆθος τοῖς βωμοῖς περιεστηκότων L.

willig und ohne Zögern sich bis zum Äußersten eingesetzt habe. Einige hätten sich mit größerer Körperstärke im Kampf ausgezeichnet, ihr ganzes Leben durch Heldentaten mit edlem Schmuck versehen und sein Heer durch gelungene Unternehmungen besonders berühmt gemacht. Diesen werde er sofort die verdienten Auszeichnungen und Ehren zuteil werden lassen, und keiner von denen, die mehr als andere tun wollten, solle ohne Belohnung ausgehen. Denn ihm sei dies das größte Anliegen, da er lieber die Tüchtigkeit der Kriegsgefährten ehren als ihre Verstöße bestrafen wolle.
3. 13. Sogleich ließ er einige Beauftragte die Namen derer vorlesen, die irgend etwas Hervorragendes im Krieg geleistet hatten. Als sie nun herantraten, zeichnete er sie öffentlich aus, indem er sie bei Namen nannte, und freute sich, als ob es seine eigenen Erfolge gewesen wären. Er setzte ihnen goldene Kränze auf, verlieh ihnen goldene Halsketten, kleine goldene Speere, aus Silber gefertigte Feldzeichen und ließ jeden einen Rang aufrücken.[7] Abgesehen davon verteilte er ihnen aus der Siegesbeute Silber, Gold und Kleider, aber auch einen reichlichen Anteil aus dem übrigen Plünderungsgut.[8] Als alle ausgezeichnet waren, so wie er es für richtig hielt,[9] erflehte er den Segen der Götter über das gesamte Heer, stieg unter stürmischer Beglückwünschung von der Tribüne herab und wandte sich den Siegesopfern zu. Eine Menge von Stieren stand schon bei den Altären; diese ließ er alle schlachten und das Fleisch dem Heer zum Siegesmahl verteilen.[10] Er selbst feierte das Siegesfest mit den Offizieren drei Tage lang und entließ dann die fremden Truppen, wohin es ihnen beliebte.[11] Der 10. Legion übergab er die Bewachung Jerusalems, anstatt sie zum Euphrat zu schicken, wo sie früher stationiert war.[12] Da Titus es der 12. Legion nicht vergessen konnte, daß sie einst unter Cestius vor den Juden zurückgewichen war, verwies er sie gänzlich aus Syrien – sie lag nämlich früher in Raphanää – und schickte sie nach Melitene; dies liegt am Euphrat im Grenzgebiet von Armenien und Kappadozien.[13] Zwei Legionen, der 5. und der 15., tat er besondere Ehre an: sie durften ihm bis zur Ankunft in Ägypten das Geleit geben.[14] Dann zog er mit dem Heer hinab nach Caesarea am Meer, wo er auch die Masse der Beute unterbrachte und die Gefangenen bewachen ließ; die Überfahrt nach Italien verhinderte nämlich der Winter.[15]

2. Kapitel

1. 21. Um die Zeit, als der Caesar Titus Jerusalem belagerte, setzte Vespasian an Bord eines Handelsschiffes von Alexandria nach Rhodos über.[16] Von hier fuhr er auf Dreiruderern weiter und besuchte alle Städte auf seiner Durchreise; dort wurde er überall mit Ehren empfangen. Von Ionien setzte

---

[28] ἑκάστου L.   [29] ὑπὸ VRC.
[30] Ῥαφαναίαις MLVRC Na, Thack; ῥαφανεαῖς A Niese.
[31] Μελιτηνὴν Niese, Na, Thack; μαλιτινην (sic) C; μελίτην AMLVR Lat.
[32] *decimam* Lat.   [33] Καθ' ὃν δὲ καιρὸν L.   [34] ἐπὶ L.
[35] διέβαλεν L, Niese *fortasse recte*.

VII 22—36

πάσας τὰς ἐν τῷ παράπλῳ πόλεις ἐπελθὼν εὐκταίως αὐτὸν δεχομένας, ἀπὸ[36]) τῆς Ἰωνίας εἰς τὴν Ἑλλάδα περαιοῦται κἀκεῖθεν ἀπὸ Κερκύρας ἐπ'
23 ἄκραν Ἰαπυγίαν, ὅθεν ἤδη κατὰ γῆν ἐποιεῖτο τὴν πορείαν. Τίτος δὲ ἀπὸ τῆς ἐπὶ θαλάττῃ Καισαρείας ἀναζεύξας εἰς τὴν Φιλίππου καλουμένην Καισάρειαν ἧκε συχνόν τ' ἐν αὐτῇ χρόνον ἐπέμεινεν παντοίας θεωρίας
24 ἐπιτελῶν καὶ πολλοὶ τῶν αἰχμαλώτων ἐνταῦθα διεφθάρησαν, οἱ μὲν θηρίοις παραβληθέντες, οἱ δὲ κατὰ πληθὺν ἀλλήλοις[37]) ἀναγκαζόμενοι
25 χρήσασθαι πολεμίοις. ἐνταῦθα καὶ τὴν Σίμωνος τοῦ Γιώρα[38]) σύλληψιν ἐπύθετο τοῦτον γενομένην τὸν τρόπον.
26 2. Σίμων οὗτος Ἱεροσολύμων πολιορκουμένων ἐπὶ τῆς ἄνω πόλεως ὤν, ἐπεὶ τῶν τειχῶν ἐντὸς ἡ Ῥωμαίων στρατιὰ γενομένη πᾶσαν ἐπόρθει τὴν πόλιν, τότε τῶν φίλων τοὺς πιστοτάτους παραλαβὼν καὶ σὺν αὐτοῖς λιθοτόμους τε καὶ τὸν πρὸς τὴν ἐργασίαν ἐπιτήδειον τούτοις σίδηρον τροφήν τε διαρκεῖν εἰς πολλὰς ἡμέρας δυναμένην[39]), σὺν ἐκείνοις ἅπασι
27 καθίησιν αὐτὸν εἴς τινα τῶν ἀφανῶν[40]) ὑπονόμων. καὶ μέχρι μὲν ἦν τὸ παλαιὸν ὄρυγμα, προυχώρουν δι' αὐτοῦ, τῆς στερεᾶς δὲ γῆς ὑπαντώσης ταύτην ὑπενόμευον, ἐλπίδι τοῦ πορρωτέρω δυνήσεσθαι προελθόντες ἐν
28 ἀσφαλεῖ ποιησάμενοι τὴν ἀνάδυσιν ἀποσῴζεσθαι. ψευδῆ δὲ τὴν ἐλπίδα διήλεγχεν ἡ πεῖρα τῶν ἔργων· ὀλίγον τε γὰρ μόλις[41]) προύβαινον οἱ μεταλ-
29 λεύοντες, ἥ τε τροφὴ καίτοι ταμιευομένοις ἔμελλε ἐπιλείψειν[42]). τότε δὴ τοίνυν ὡς δι' ἐκπλήξεως ἀπατῆσαι τοὺς Ῥωμαίους δυνησόμενος λευκοὺς ἐνδιδύσκει χιτωνίσκους καὶ πορφυρᾶν ἐμπερονησάμενος χλανίδα[43]) κατ' αὐτὸν ἐκεῖνον τὸν τόπον, ἐν ᾧ τὸ ἱερὸν ἦν πρόσθεν, ἐκ τῆς γῆς ἀνεφάνη.
30 τὸ μὲν οὖν πρῶτον τοῖς ἰδοῦσι θάμβος προσέπεσε καὶ κατὰ χώραν ἔμενον,
31 ἔπειτα δ' ἐγ ὑτέρῳ προσελθόντες ὅστις ἐστὶν ἤροντο. καὶ τοῦτο μὲν οὐκ ἐδήλου Σίμων αὐτοῖς, καλεῖν δὲ τὸν ἡγεμόνα προσέταττεν. καὶ ταχέως πρὸς αὐτὸν δραμόντων ἧκεν Τερέντιος Ῥοῦφος· οὗτος γὰρ ἄρχων τῆς στρατιᾶς κατελέλειπτο· πυθόμενός τε παρ' αὐτοῦ πᾶσαν τὴν ἀλήθειαν τὸν μὲν ἐφύλαττε δεδεμένον, Καίσαρι δ' ὅπως εἴη συνειλημμένος ἐδήλου.
32 Σίμωνα μὲν οὖν εἰς δίκην τῆς κατὰ τῶν πολιτῶν ὠμότητος, ὧν πικρῶς αὐτὸς ἐτυράννησεν, ὑπὸ[44]) τοῖς μάλιστα μισοῦσι πολεμίοις ἐποίησεν ὁ
33 θεός, οὐ βίᾳ γενόμενον αὐτοῖς ὑποχείριον, ἀλλ' αὐτὸν ἑκουσίως εἰς τὴν τιμωρίαν παραβαλόντα, δι' δ[45]) πολλοὺς αὐτὸς ὠμῶς ἀπέκτεινε ψευδεῖς
34 αἰτίας ἐπιφέρων τῆς πρὸς Ῥωμαίους· μεταβολῆς. οὐδὲ γὰρ διαφεύγει πονηρία θεοῦ χόλον, οὐδὲ ἀσθενὴς ἡ δίκη, χρόνῳ δὲ μέτεισι τοὺς εἰς αὐτὴν παρανομήσαντας καὶ χείρω τὴν τιμωρίαν ἐπιφέρει τοῖς πονηροῖς, ὅτι καὶ[46]) προσεδόκησαν αὐτῆς ἀπηλλάχθαι μὴ παραυτίκα κολασθέντες.
35 ἔγνω τοῦτο καὶ Σίμων εἰς τὰς Ῥωμαίων ὀργὰς[47]) ἐμπεσών. ἡ δ' ἐκείνου γῆθεν ἄνοδος[48]) πολὺ καὶ τῶν ἄλλων στασιαστῶν πλῆθος ὑπ' ἐκείνας τὰς
36 ἡμέρας ἐν τοῖς ὑπονόμοις[49]) φωραθῆναι παρεσκεύασε. Καίσαρι δὲ εἰς τὴν

---

[36] ἐπὶ L (vgl. Xenophon, Anabasis 3, 5, 15).
[37] ἀλλήλους V¹RC. [38] *simonem gorgiae filium* Lat. [39] ἔτι δυναμένην L.
[40] ἀφανῶν fehlt bei L Zonaras. [41] μόλις fehlt bei L.
[42] ἐπιλείψειν C Niese, Na, Thack; ἀπολείψειν AMLVR.
[43] χλαμύδα L Zonaras, *chlamide* Lat. [44] ἐπὶ C Na.

er nach Griechenland über und weiter von Kerkyra zum Vorgebirge Japygia,[17] von wo er zu Land weiterreiste. Titus aber brach von Caesarea am Meer auf und begab sich nach Caesarea Philippi; dort blieb er eine Zeitlang und ließ Spiele aller Art veranstalten.[18] Viele Gefangene wurden hier umgebracht, indem man sie entweder wilden Tieren vorwarf oder in Massen gegeneinander Krieg führen ließ. Hier erfuhr Titus auch die Gefangennahme von Simon bar Giora, die sich folgendermaßen abgespielt hatte:

2. 26. Simon hatte während der Belagerung Jerusalems die Oberstadt inne. Als aber das römische Heer innerhalb der Mauern war und die ganze Stadt verwüstete, zog er den engsten Kreis seiner Freunde zu sich und mit ihnen Steinhauer – sie waren mit den für die Steinhauer wichtigen eisernen Werkzeugen ausgerüstet und mit Proviant versehen, der für viele Tage hinreichen konnte – mit ihnen allen ließ er sich in einen der finsteren unterirdischen Gänge hinunter. Soweit der alte Tunnel verlief, gingen sie durch ihn vorwärts; als sie auf festes Erdreich stießen, gruben sie weiter, in der Hoffnung, vorwärts kommen zu können, um an einer sicheren Stelle aufzutauchen und sich in Sicherheit zu bringen.[19] Der Versuch mit diesen Arbeiten erwies aber die Hoffnung als trügerisch; denn die Arbeiter waren nur wenig vorwärts gekommen, als die Lebensmittel, obwohl sie eingeteilt waren, auszugehen drohten. Da zog nun Simon, um durch panischen Schrecken die Römer hintergehen zu können, weiße Unterkleider an, befestigte an diesen ein purpurnes Obergewand und erschien an dem Platz, an dem früher der Tempel stand, aus der Erde.[20] Zuerst fielen diejenigen, die ihn sahen, in Schrecken und blieben stehen, dann gingen sie näher und fragten, wer er sei. Simon gab sich nicht zu erkennen, sondern ließ den Befehlshaber rufen. Schnell liefen sie zu Terentius Rufus und dieser kam, denn er war als Oberst der Truppe zurückgelassen worden; als er nun von Simon die ganze Wahrheit erfuhr, ließ er ihn fesseln und bewachen und teilte dem Caesar mit, wie er gefangen worden sei. So gab Gott den Simon zur Strafe für die Grausamkeit gegen seine Mitbürger, über die er tyrannisch geherrscht hatte, unter seine Todfeinde. Sie bezwangen ihn nicht mit Gewalt, sondern er übergab sich freiwillig zur Bestrafung; um derselben Sache willen hatte er früher andere töten lassen, indem er falsche Anklage führte, sie seien zu den Römern übergelaufen. Denn die Bosheit entkommt dem Zorn Gottes nicht, noch ist seine Vergeltung kraftlos. Die Vergeltung ereilt nämlich mit der Zeit diejenigen, die sich gegen das Recht vergangen haben, und bringt den Bösen eine um so schlimmere Strafe, da sie ihr schon entflohen zu sein glauben; denn die Vergeltung züchtigt nicht auf der Stelle. Dies erfuhr auch Simon, als er dem Zorn der Römer anheimfiel.[21] Sein Auftauchen aus der Erde war der Anlaß, daß in jenen Tagen auch eine große Menge der anderen Aufrührer in den unterirdischen Gängen aufgespürt wurde. Als der Caesar nach Caesarea

---

[45] δι' ὧν AC; δι' ὄν MLVR; *propterea quod* Lat; δι' ὅ ed. pr.
[46] *cum iam* Lat; ὅτε καὶ Niese *minor* cj.
[47] ἀρχὰς C.   [48] ἀνάδυσις Zonaras.
[49] ἐν τοῖς ὑπονόμοις fehlt bei M.

παράλιον ἐπανελθόντι⁵⁰) Καισάρειαν Σίμων προσήχθη δεδεμένος. κἀκεῖνον μὲν εἰς ὃν ἐπιτελεῖν ἐν Ῥώμῃ παρεσκευάζετο θρίαμβον προσέταξε φυλάττειν.

37 III. 1. Διατρίβων δ' αὐτόθι τὴν τἀδελφοῦ⁵¹) γενέθλιον ἡμέραν ἐπιφανῶς ἑώρταζε, πολὺ καὶ τῆς τῶν Ἰουδαίων κολάσεως εἰς τὴν ἐκείνου τιμὴν
38 ἀνατιθείς. ὁ γὰρ ἀριθμὸς τῶν ἔν τε ταῖς⁵²) πρὸς τὰ θηρία μάχαις⁵²) καὶ τῶν καταπιμπραμένων⁵³) ἔν τε ταῖς ἀλληλοκτονίαις ἀναιρουμένων πεντακοσίους ἐπὶ τοῖς δισχιλίοις ὑπερέβαλε. πάντα μέντοι Ῥωμαίοις ἐδόκει
39 ταῦτα μυρίοις αὐτῶν ἀπολλυμένων τρόποις ἐλάττων κόλασις εἶναι. μετὰ τοῦτο Καῖσαρ εἰς Βηρυτὸν ἧκεν· ἡ δ' ἐστὶν ἐν τῇ Φοινίκῃ πόλις Ῥωμαίων ἄποικος· κἀνταῦθα χρονιωτέραν ἐποιήσατο τὴν ἐπιδημίαν πλείονι χρώμενος τῇ λαμπρότητι περὶ τὴν τοῦ πατρὸς ἡμέραν γενέθλιον ἔν τε ταῖς τῶν θεωριῶν πολυτελείαις καὶ κατὰ τὴν ἄλλην ἐπίνοιαν τῶν ἄλλων
40 ἀναλωμάτων⁵⁴). τὸ δὲ τῶν αἰχμαλώτων πλῆθος τὸν αὐτὸν τρόπον ὡς πρόσθεν ἀπώλλυτο.
41 2. Γενέσθαι δὲ συνέβη περὶ τὸν καιρὸν τοῦτον καὶ τοῖς ἐν Ἀντιοχείᾳ τῶν Ἰουδαίων ὑπολειπομένοις ἐγκλήματα καὶ κίνδυνον ὀλέθρου τῆς πόλεως ἐπ' αὐτοὺς τῶν Ἀντιοχέων ἐκταραχθείσης διά τε τὰς ἐν τῷ παρόντι διαβολὰς αὐτοῖς ἐπενεχθείσας καὶ διὰ τὰ ὑπηργμένα⁵⁵) χρόνῳ
42 πρόσθεν οὐ πολλῷ, περὶ ὧν ἀναγκαῖόν ἐστι διὰ συντόμων προειπεῖν, ἵνα καὶ τῶν μετὰ ταῦτα πραχθέντων εὐπαρακολούθητον ποιήσωμαι τὴν διήγησιν.
43 3. Τὸ γὰρ Ἰουδαίων γένος πολὺ μὲν κατὰ πᾶσαν τὴν οἰκουμένην παρέσπαρται τοῖς ἐπιχωρίοις, πλεῖστον δὲ τῇ Συρίᾳ κατὰ τὴν γειτνίασιν ἀναμεμιγμένον ἐξαιρέτως ἐπὶ τῆς Ἀντιοχείας ἦν πολὺ διὰ τὸ τῆς πόλεως μέγεθος· μάλιστα δ' αὐτοῖς ἀδεᾶ τὴν ἐκεῖ κατοίκησιν οἱ μετ' Ἀντίοχον
44 βασιλεῖς παρέσχον· Ἀντίοχος μὲν γὰρ ὁ κληθεὶς Ἐπιφανὴς Ἱεροσόλυμα πορθήσας τὸν νεὼν ἐσύλησεν, οἱ δὲ μετ' αὐτὸν τὴν βασιλείαν παραλαβόντες τῶν ἀναθημάτων ὅσα χαλκᾶ πεποίητο πάντα τοῖς ἐπ' Ἀντιοχείας Ἰουδαίοις ἀπέδοσαν εἰς τὴν συναγωγὴν αὐτῶν ἀναθέντες⁵⁶), καὶ συν-
45 εχώρησαν αὐτοῖς ἐξ ἴσου τῆς πόλεως τοῖς Ἕλλησι μετέχειν. τὸν αὐτὸν δὲ τρόπον καὶ τῶν μετὰ ταῦτα βασιλέων αὐτοῖς προσφερομένων εἴς τε πλῆθος⁵⁷) ἐπέδωκαν καὶ τῇ κατασκευῇ καὶ τῇ πολυτελείᾳ τῶν ἀναθημάτων τὸ ἱερὸν ἐξελάμπρυναν, ἀεί τε προσαγόμενοι ταῖς θρησκείαις πολὺ
46 πλῆθος Ἑλλήνων, κἀκείνους τρόπῳ τινὶ μοῖραν αὐτῶν πεποίηντο. καθ'

⁵⁰ ἐπανήκοντι A; παρελθόντι LC; *reverso* Lat.
⁵¹ τοῦ ἀδελφοῦ ALVR.   ⁵² τῆς-μάχης MVRC.
⁵³ Das Glied καὶ τῶν καταπιμπραμένων ist nach Niese, Na vielleicht hinter ἀναιρουμένων umzustellen. Nach Ricc, Thack, Williamson muß der Text in diesem Sinne revidiert werden. Durch diese Umstellung entsteht eine Textform, die stilistisch vieles für sich hat. Die Frage ist nur, wie dann der gestörte Text so zur Norm geworden ist. Hier hilft vielleicht die Beobachtung weiter, daß in § 24 zwei Todesarten nebeneinander genannt werden: Tierkämpfe und Kämpfe untereinander. An unserer Stelle tritt das Element der Verbrennung hinzu, verursacht aber stilistisch eine so große Störung, daß man

am Meer zurückkehrte, wurde Simon ihm gefesselt vorgeführt; und er befahl, ihn in Gewahrsam zu halten und für den Triumph aufzubewahren, den er in Rom abzuhalten gedachte.

3. Kapitel

1. 37. Während seines Aufenthaltes in Caesarea feierte Titus den Geburtstag seines Bruders mit großer Pracht und ließ zu seinen Ehren wieder einen großen Teil der Strafe an den Juden vollstrecken.[22] Denn die Zahl derer, die bei Tierkämpfen umkamen, verbrannt wurden oder in Kämpfen gegeneinander fielen, überstieg 2500. Freilich schien dies alles, die unzähligen Todesarten, den Römern als Strafe zu gering. Darauf zog der Caesar nach Berytos, einer römischen Kolonie in Phönizien. Dort verwandte er längere Zeit zu noch größerem Pomp für den Geburtstag seines Vaters, sowohl was die Ausgaben für die Schauspiele als auch was den Einfallsreichtum für die übrigen kostspieligen Aufwendungen anging. Eine Menge der Gefangenen mußte auf die gleiche Weise wie früher das Leben lassen.[23]

2. 41. Es geschah aber in dieser Zeit, daß die noch in Antiochien lebenden Juden beschuldigt wurden und in Todesgefahr kamen. Die Bürgerschaft der Antiochener war gegen sie in Aufruhr geraten, und zwar sowohl wegen neuerlich gegen sie aufgebrachter Verleumdungen als auch wegen gewisser noch nicht lange zurückliegender Vorfälle.[24] Diese Vorfälle muß ich kurz vorausschicken, damit man der Erzählung der späteren Ereignisse besser folgen kann.

3. 43. Das jüdische Volk ist nämlich stark unter die eingeborene Bevölkerung auf dem ganzen Erdkreis zerstreut;[25] am meisten aber war es in Syrien wegen der Nachbarschaft zu Palästina vertreten und hier besonders in Antiochien wegen der Größe der Stadt;[26] vor allem hatten die Nachfolger des Antiochus ihnen dort ein sorgloses Wohnen ermöglicht. Antiochus Epiphanes hatte nämlich Jerusalem zerstört und den Tempel geplündert; die Nachfolger auf seinem Thron erstatteten alle ehernen Weihegeschenke den Juden Antiochias zurück und ließen sie in der Synagoge aufstellen. Dazu bewilligten sie ihnen die gleichen Rechte wie den Griechen.[27] Da auch die späteren Könige die Juden ebenso behandelten, vermehrte sich ihre Zahl; sie schmückten ihr Heiligtum mit kunstvollen und prächtigen Weihgeschenken,[28] veranlaßten ständig eine Menge Griechen, zu ihren Gottesdiensten zu kommen, und machten diese gewissermaßen zu einem Teil der ihren. Zu der Zeit aber, als der

die Frage aufstellen kann, ob es überhaupt ursprünglich ist. Da wir in diesem Punkt aus sachlichen Gründen sehr unsicher sind, bleiben wir bei der auch von Niese, Na doch letztlich bewahrten Textform.

[54] Von κατὰ bis ἀναλωμάτων: *sumptibus aliis excogitatis* Lat. Demnach scheint Lat ἄλλην nicht gelesen zu haben, Niese hält aber eher ἄλλων für unecht, Thack zieht im Text ἄλλων, in der Anmerkung ἄλλην in Frage.

[55] τὰ προϋπηργμένα LC Na, Thack (letzterer mit Verweis auf § 56. 269).

[56] ἀναχθέντες L.

[57] Mit § 45 πλῆθος endet die (in 6, 387 ὅρκους beginnende) Lücke in P.

ὃν δὲ καιρὸν ὁ πόλεμος ἀνακεκήρυκτο, νεωστὶ δ' εἰς τὴν Συρίαν Οὐεσπασιανὸς καταπεπλεύκει, τὸ δὲ κατὰ τῶν Ἰουδαίων παρὰ πᾶσιν ἤκμαζε μῖσος, τότε δή τις Ἀντίοχος εἷς ἐξ αὐτῶν τὰ μάλιστα διὰ τὸν πατέρα
47 τιμώμενος,ἦν γὰρ ἀρχῶν τῶν ἐπ' Ἀντιοχείας Ἰουδαίων, τοῦ δήμου τῶν Ἀντιοχέων ἐκκλησιάζοντος⁵⁸) εἰς τὸ θέατρον παρελθὼν τόν τε πατέρα τὸν αὐτοῦ καὶ τοὺς ἄλλους ἐνεδείκνυτο κατηγορῶν, ὅτι νυκτὶ μιᾷ καταπρῆσαι τὴν πόλιν ἅπασαν διεγνώκεισαν, καὶ παρεδίδου ξένους Ἰουδαίους τινὰς
48 ὡς κεκοινωνηκότας τῶν βεβουλευμένων. ταῦτα ἀκούων ὁ δῆμος τὴν ὀργὴν οὐ κατεῖχεν, ἀλλ' ἐπὶ μὲν τοὺς παραδοθέντας πῦρ εὐθὺς ἐκέλευον
49 κομίζειν, καὶ παραχρῆμα πάντες ἐπὶ τοῦ θεάτρου κατεφλέγησαν, ἐπὶ⁵⁹) δὲ τὸ πλῆθος ὥρμητο τῶν Ἰουδαίων ἐν τῷ τάχιον ἐκείνους τιμωρίᾳ
50 περιβαλεῖν τὴν αὐτῶν⁶⁰) πατρίδα σώζειν νομίζοντες. Ἀντίοχος δὲ προσεπέτεινε τὴν ὀργήν, περὶ μὲν τῆς αὐτοῦ μεταβολῆς καὶ τοῦ μεμισηκέναι τὰ τῶν Ἰουδαίων ἔθη τεκμήριον ἐμπαρέχειν⁶¹) οἰόμενος τὸ ἐπιθύειν
51 ὥσπερ νόμος ἐστὶ τοῖς "Ελλησιν· ἐκέλευε δὲ καὶ τοὺς ἄλλους τὸ αὐτὸ ποιεῖν ἀναγκάζειν. φανεροὺς γὰρ γενήσεσθαι τῷ μὴ θέλειν τοὺς ἐπιβεβουλευκότας. χρωμένων δὲ τῇ πείρᾳ τῶν Ἀντιοχέων ὀλίγοι μὲν ὑπέμειναν, οἱ
52 δὲ μὴ βουληθέντες ἀνῃρέθησαν. Ἀντίοχος δὲ στρατιώτας παρὰ τοῦ Ῥωμαίων ἡγεμόνος λαβὼν χαλεπὸς ἐφειστήκει τοῖς αὐτοῦ⁶²) πολίταις⁶³), ἀργεῖν τὴν⁶⁴) ἑβδόμην οὐκ ἐπιτρέπων⁶⁵), ἀλλὰ βιαζόμενος πάντα πράττειν
53 ὅσα δὴ καὶ ταῖς ἄλλαις ἡμέραις. οὕτως τε τὴν ἀνάγκην ἰσχυρὰν ἐποίησεν, ὡς μὴ μόνον ἐπ' Ἀντιοχείας καταλυθῆναι τὴν ἑβδομάδα ἀργὴν⁶⁶) ἡμέραν, ἀλλ' ἐκεῖθεν ἀρξαμένου τοῦ πράγματος κἂν ταῖς ἄλλαις πόλεσιν ὁμοίως βραχύν τινα χρόνον.
54 4. Τοιούτων δὴ τοῖς ἐπ' Ἀντιοχείας Ἰουδαίοις τῶν κατ' ἐκεῖνον τὸν καιρὸν κακῶν γεγενημένων δευτέρα πάλιν συμφορὰ προσέπεσε, περὶ ἧς
55 ἐπιχειρήσαντες ἀφηγεῖσθαι καὶ ταῦτα διεξήλθομεν. ἐπεὶ γὰρ συνέβη καταπρησθῆναι τὴν τετράγωνον ἀγορὰν ἀρχεῖά τε καὶ γραμματοφυλάκιον⁶⁷) καὶ τὰς βασιλικάς⁶⁸), μόλις τε τὸ πῦρ ἐκωλύθη μετὰ πολλῆς βίας ἐπὶ πᾶσαν τὴν πόλιν περιφερόμενον, ταύτην Ἀντίοχος τὴν πρᾶξιν
56 Ἰουδαίων κατηγόρει. καὶ τοὺς Ἀντιοχεῖς, εἰ καὶ μὴ πρότερον εἶχον πρὸς αὐτοὺς ἀπεχθῶς,τάχιστα⁶⁹) τῇ διαβολῇ παρὰ τὴν ἐκ⁷⁰) τοῦ συμβεβηκότος ταραχὴν ὑπαχθέντας πολὺ μᾶλλον ἐκ τῶν προϋπηργμένων τοῖς ὑπ' αὐτοῦ λεγομένοις πιστεύειν παρεσκεύασεν, ὡς μόνον οὐκ αὐτοὺς⁷¹) τὸ
57 πῦρ ἐνιέμενον ὑπὸ τῶν Ἰουδαίων ἑωρακότας, καὶ καθάπερ ἐμμανεῖς γεγενημένοι μετὰ πολλοῦ τινος οἴστρου πάντες ἐπὶ τοὺς διαβεβλημένους
58 ὥρμηντο. μόλις δ' αὐτῶν ἐδυνήθη τὰς ὁρμὰς ἐπισχεῖν Ναῖος⁷²) Κολλήγας τις πρεσβευτής, ἀξιῶν ἐπιτρέψαι Καίσαρι δηλωθῆναι περὶ τῶν γεγονότων·

⁵⁸ ἐκκλησιαζόντων P; ἐκκλησιασθέντων L.   ⁵⁹ C korrigiert ἐπὶ in ἐπεί.
⁶⁰ ἑαυτῶν A; δ'αὐτῶν C; αὐτῶν Bekker cj., Na, Thack.
⁶¹ ἐμπαρέχειν VRC Niese, Thack; μὲν παρέχειν PA; παρέχειν ML Na.
⁶² αὐτοῦ Bekker cj., Na, Thack.
⁶³ C hat πολεμίοις statt πολίταις. Liegt hier eine projüdische Textbearbeitung vor? Vgl. bereits die Korrektur durch C in § 49 textkrit. Anm. 59.
⁶⁴ ἀργεῖν τὴν MLVRC Lat Zonaras, Niese, Na, Thack; ἀργὴν PA.
⁶⁵ C ändert offensichtlich οὐκ ἐπιτρέπων in οὐκέτι πρέπων ab und will demnach betonen, daß ein solches Verhalten einem Juden nicht geziemt, vgl. textkrit. Anm. 63.

Krieg erklärt worden und Vespasian kurz zuvor in Syrien gelandet war, als der Haß gegen die Juden überall den Höhepunkt erreichte, trat einer von ihnen, namens Antiochus, der wegen seines Vaters hohes Ansehen genoß, – denn dieser war Vorsteher der Juden Antiochias[29] – vor die im Theater versammelte antiochenische Bürgerschaft und zeigte seinen Vater und die anderen Juden an, indem er sie anklagte, sie hätten beschlossen, in einer Nacht die ganze Stadt anzuzünden. Zugleich lieferte er ihnen einige fremde Juden aus, die an den Plänen teilgenommen haben sollten. Als die Menge dies hörte, konnte sie ihren Zorn nicht beherrschen, sondern ließ schnell für die Ausgelieferten einen Scheiterhaufen errichten und sofort alle im Theater verbrennen. Danach fielen sie über die Mehrheit der Juden[30] her, da sie glaubten, sie könnten um so besser ihre Vaterstadt retten, je schneller sie die Juden bestraften. Antiochus steigerte aber ihren Zorn noch mehr; und weil er glaubte, er müsse einen Beweis seiner Sinnesänderung und seines Hasses gegen die jüdischen Gebräuche erbringen, opferte er nach griechischer Sitte. Dann forderte er die Griechen auf, die anderen Juden zu zwingen, dasselbe zu tun; an der Weigerung würden nämlich die Verschwörer erkannt. Als die Antiochener dies auch wirklich versuchten, ließen sich nur wenige Juden darauf ein; die Widerspenstigen wurden hingerichtet. Antiochus bekam nun vom römischen Statthalter Soldaten, mit denen er seine Mitbürger noch schlimmer bedrängte: er ließ sie am siebten Tage nicht ruhen, sondern zwang sie, genau dasselbe zu arbeiten wie an den anderen Tagen.[31] Ja, er setzte sie unter so harten Druck, daß nicht nur in Antiochien die Ruhe des siebten Tages abgeschafft wurde, sondern auch, nachdem man dort den Anfang gemacht hatte, in anderen Städten – jedenfalls für eine kurze Zeit.

4. 54. Nachdem die Juden Antiochiens zu jener Zeit ein solches Unheil erfahren hatten, traf sie ein zweites Mißgeschick, zu dessen Verständnis wir das Vorhergehende erzählt haben. Es geschah nämlich, daß ein Brand das viereckige Forum, das Rathaus, das Archiv und die Basiliken[32] ergriff; kaum konnte man verhindern, daß das Feuer mit großer Gewalt auf die ganze Stadt übergriff, da beschuldigte Antiochus die Juden der Brandstiftung. Selbst wenn die Antiochener nicht schon früher gegen sie erbittert gewesen wären, hätten sie sich dennoch rasch durch die Verleumdung in der Aufregung, die durch das Unglück hervorgerufen wurde, hinreißen lassen; um so leichter konnten sie das aber jetzt glauben wegen der früheren Anschuldigungen, so daß sie beinahe schon sahen, wie das Feuer von den Juden angelegt worden war. Als ob sie wahnsinnig geworden wären, stürzten sich darum alle in großer Wut auf die Verleumdeten. Nur mit Mühe konnte der Legat Gn. Collega[33] ihre Aufregung beschwichtigen, indem er verlangte, dem Kaiser über die Vorfälle Bericht zu erstatten. Vespasian hatte nämlich schon

[66] ἀργὴν PAMVR Niese; ἀργεῖν LC Na, Thack (vgl. textkrit. Anm. 64).
[67] τὸ γραμματοφυλάκιον M; χαρτοφυλάκιον L Zonaras; γραμματοφυλακεῖον VR.
[68] C hat φυλακάς statt βασιλικάς.
[69] τάχισταν P; τάχιστὰν A; τάχιστα ἂν L. Thack liest τάχιστ' ἂν mit nicht ganz korrekter Berufung auf PAL. [70] τὴν ἐκ fehlt in C. [71] αὐτοὺς PAM Lat; ἐπ'αὐτοὺς LVRC.
[72] Ναῖος Niese cj. (mit Verweis auf ant 19, 166) Simch; νέος ὢν PA; νέος MLVC; νεὸς R; Κνέος Hudson cj.; Γναῖος Bekker cj., Na, Thack und die übrigen Übersetzer.

59 τὸν γὰρ ἡγεμονεύοντα τῆς Συρίας Καισέννιον[73]) Παῖτον[74]) ἤδη μὲν
60 Οὐεσπασιανὸς ἐξαπεστάλκει, συνέβαινε δὲ παρεῖναι μηδέπω. ποιούμενος δὲ ἐπιμελῆ τὴν ἀναζήτησιν[75]) ὁ Κολλήγας ἐξεῦρε τὴν ἀλήθειαν, καὶ τῶν
61 μὲν τὴν αἰτίαν ὑπ' Ἀντιόχου λαβόντων Ἰουδαίων οὐδεὶς οὐδ' ἐκοινώνησεν, ἄπαν δὲ τοὔργον ἔπραξαν ἄνθρωποί τινες ἀλιτήριοι διὰ χρεῶν ἀνάγκας νομίζοντες, εἰ τὴν ἀγορὰν καὶ τὰ δημόσια καταπρήσειαν
62 γράμματα, τῆς ἀπαιτήσεως ἀπαλλαγὴν ἕξειν. Ἰουδαῖοι μὲν οὖν ἐπὶ μετεώροις ταῖς αἰτίαις τὸ μέλλον ἔτι καραδοκοῦντες ἐν φόβοις χαλεποῖς ἀπεσάλευον.

63 IV. 1. Τίτος δὲ Καῖσαρ τῆς περὶ τοῦ πατρὸς ἀγγελίας αὐτῷ κομισθείσης, ὅτι πάσαις μὲν ποθεινὸς ταῖς κατὰ τὴν Ἰταλίαν πόλεσιν ἐπῆλθεν, μάλιστα δ' ἡ Ῥώμη[76]) μετὰ πολλῆς αὐτὸν ἐδέξατο προθυμίας καὶ λαμπρότητος, εἰς πολλὴν χαρὰν καὶ θυμηδίαν ἐτράπετο, τῶν περὶ αὐτοῦ
64 φροντίδων ὡς ἥδιστον ἦν ἀπηλλαγμένος. Οὐεσπασιανὸν γὰρ ἔτι μὲν καὶ μακρὰν ἀπόντα πάντες οἱ κατὰ τὴν Ἰταλίαν ἄνθρωποι ταῖς γνώμαις περιεῖπον ὡς ἥκοντα, τὴν προσδοκίαν ἐκ τοῦ πάνυ θέλειν ἄφιξιν αὐτοῦ νομίζοντες καὶ πάσης ἀνάγκης ἐλευθέραν τὴν πρὸς αὐτὸν ἔχοντες εὔνοιαν.
65 τῇ τε γὰρ βουλῇ κατὰ μνήμην τῶν γεγενημένων ἐν ταῖς τῶν ἡγεμόνων μεταβολαῖς συμφορῶν εὐκταῖον ἦν ἀπολαβεῖν ἡγεμόνα γήρως σεμνότητι καὶ πράξεων ἀκμῇ πολεμικῶν[77]) κεκοσμημένον, ᾧ τὴν ὑπεροχὴν πρὸς
66 μόνην ἠπίσταντο τὴν τῶν ἀρχομένων σωτηρίαν ἐσομένην. καὶ μὴν ὁ δῆμος ὑπὸ τῶν ἐμφυλίων κακῶν τετρυχωμένος[78]) ἔτι μᾶλλον ἐλθεῖν αὐτὸν ἔσπευδε, τότε δὴ βεβαίως μὲν ἀπαλλαγήσεσθαι τῶν συμφορῶν ὑπολαμβάνων[79]), ἀπολήψεσθαι δὲ τὴν ἄδειαν[80]) μετὰ τῆς εὐετηρίας πεπιστευκώς.
67 ἐξαιρέτως δὲ τὸ στρατιωτικὸν εἰς αὐτὸν ἀφεώρα· μάλιστα γὰρ οὗτοι τῶν κατωρθωμένων αὐτῷ πολέμων ἐγίνωσκον τὸ μέγεθος, τῆς ἀπειρίας δὲ τῶν ἄλλων ἡγεμόνων καὶ τῆς ἀνανδρίας πεπειραμένοι πολλῆς μὲν αἰσχύνης αὐτοὺς[81]) ἐπεθύμουν ἀπηλλάχθαι, τὸν μόνον δὲ καὶ σώζειν αὐτοὺς καὶ
68 κοσμεῖν δυναμένους ἀπολαβεῖν ηὔχοντο. τοιαύτης δὲ εὐνοίας ἐξ ἁπάντων ὑπαρχούσης τοῖς μὲν κατὰ τὰς ἀξιώσεις προύχουσι τῶν ἀνδρῶν οὐκέτ' ἀνεκτὸν ἦν ἀναμένειν, ἀλλὰ πορρωτάτω τῆς Ῥώμης αὐτῷ προεντυχεῖν
69 ἔσπευδον. οὐ μὴν οὐδὲ τῶν ἄλλων τις ἠνείχετο τῆς ἐντεύξεως τὴν ἀναβολήν, ἀλλ' οὕτως ἐξεχέοντο πάντες ἀθρόοι καὶ πᾶσιν εὐπορώτερον καὶ ῥᾷον ἐδόκει τοῦ μένειν τὸ ἀπιέναι, ὡς καὶ τὴν πόλιν αὐτὴν τότε πρῶτον ἐν ἑαυτῇ λαβεῖν ὀλιγανθρωπίας αἴσθησιν ἰδίαν[82])· ἦσαν γὰρ ἐλάττους τῶν

---

[73] Καισσένιον PA; Κεσσένιον ML; Κεσέννιον VR; Κεσένιον C; *Cesennium* Lat. (vgl. Pros. Imp. Rom II, 2. Aufl. S. 33).
[74] Παῖτον Hudson cj., Niese, Na, Thack und die Übersetzungen; Πέτον PAML(V) R; Πέττον C; *Priscum* Lat.
[75] ἀναζήτησιν P Niese, Na, Thack; ζήτησιν AMLVRC Zonaras.
[76] ῥωμαίων M, Niese bemerkt dazu: sehr schlecht.
[77] πολεμικῶς VRC.   [78] τετρυμένος Dindorf cj.

den Caesennius Paetus[84] als Statthalter nach Syrien geschickt; in diesem Augenblick aber war er noch nicht eingetroffen. Durch sorgfältige Untersuchung fand dann Collega die Wahrheit: von den von Antiochus beschuldigten Juden war auch nicht einer daran beteiligt. Das ganze Unternehmen hatten einige üble Leute angestiftet, die verschuldet waren und glaubten, wenn sie das Rathaus und die öffentlichen Urkunden verbrannten, würden sie von der Rückforderung frei. Solange die Anschuldigungen über ihnen schwebten, blickten die Juden gespannt in die Zukunft und verharrten in großer Angst.

4. Kapitel

1. 63. Als der Caesar Titus die Nachricht über seinen Vater erhielt, daß er in allen Städten Italiens willkommen geheißen wurde, und besonders die Stadt Rom ihn mit großer Begeisterung und Pracht empfangen habe, wurde er von großer Freude und Genugtuung erfüllt, da er nun von der Sorge um seinen Vater so glücklich befreit war. Denn als Vespasian sogar noch weit weg war, huldigten ihm bereits die Menschen Italiens, als sei er schon gekommen; ihrem heißen Wunsch entsprechend hielten sie die Erwartung bereits für seine Ankunft, wobei das Wohlwollen von jeder Nötigung frei war.[35] Für den Senat, der sich an die Geschehnisse bei dem häufigen Thronwechsel erinnerte, war nichts wünschenswerter als ein Führer von würdigem Alter, geschmückt mit dem Glanz kriegerischer Leistungen, von dem man überzeugt war, daß er die hohe Stellung allein zum Wohl seiner Untertanen nutzen würde. Das Volk, das wahrhaftig durch die Wirren arg aufgerieben war, war begierig auf seine Ankunft, da es fest glaubte, nun von seinem Unglück befreit zu sein, und darauf vertraute, daß es jetzt Sicherheit und Glück zurückerhalten werde. Besonders aber schaute das Heer auf ihn; kannten die Soldaten doch am besten die Bedeutung der von Vespasian erfolgreich beendeten Kriege. Da sie die Unfähigkeit und Feigheit der anderen Kaiser erfahren hatten, begehrten sie die große Schmach zu tilgen und glaubten, er allein könne ihnen Heil und Ruhm bringen. Angesichts der Begeisterung aus allen Schichten der Bevölkerung konnten diejenigen, die durch Würden hervorragten, nicht länger warten, sondern beeilten sich, ihn so weit wie möglich vor der Stadt zu empfangen.[36] Aber auch die anderen Bürger konnten einen Aufschub der Begegnung nicht mehr ertragen, sondern strömten in Massen aus der Stadt; denn es erschien allen bequemer und müheloser, wegzugehen als zu bleiben, so daß die Stadt erstmalig innerhalb ihres Bereiches das eigenartige Gefühl der Menschenleere empfand.[37] Die Zahl der Zurückgebliebe-

---

[79] ὑπολαμβάνων fehlt in Lat; ὑπελάμβανεν PLVR.
[80] Für ἄδειαν liest Lat *antiquam – libertatem*.   [81] ἑαυτοὺς M.
[82] ἰδίαν codd. Niese; *iucundam* Lat; daher ἡδεῖαν Hudson cj., Na, Thack und die meisten Übersetzungen; Cardwell hält das Wort für unecht, dem folgt offenbar Whiston-Marg. Wir schließen uns an Niese an, weil sie die letztlich schwerere und sicher ursprünglichere Lesart hat, die auch von den codd. bezeugt wird. ἡδεῖαν ist allerdings schon alt, weil es von Lat vorausgesetzt wird, kann aber vielleicht Hörfehler sein.

70 ἀπιόντων οἱ μένοντες. ἐπεὶ δὲ προσιὼν ἠγγέλλετο, καὶ τὴν ἡμερότητα τῆς ἐντεύξεως αὐτοῦ τὴν πρὸς ἑκάτους ἐδήλουν οἱ προελθόντες[83]), ἅπαν ἤδη τὸ λοιπὸν πλῆθος ἅμα γυναιξὶ καὶ παισὶν ἐπὶ ταῖς[84]) παρόδοις[85])
71 ἐξεδέχετο[86]), καὶ καθ' οὓς γένοιτο παριὼν οὗτοι[87]) πρὸς τὴν ἡδονὴν τῆς θέας καὶ τὸ μειλίχιον αὐτοῦ τῆς ὄψεως παντοίας ἠφίεσαν φωνάς, τὸν εὐεργέτην καὶ σωτῆρα καὶ μόνον ἄξιον ἡγεμόνα τῆς Ῥώμης ἀνακαλοῦντες[88])· ἅπασα δ' ἡ πόλις ὡς νεὼς ἦν στεφανωμάτων καὶ θυμιαμάτων ἀνάπλεως.
72 μόλις δ' ὑπὸ πλήθους τῶν περὶ αὐτὸν ἱσταμένων δυνηθεὶς εἰς τὸ βασίλειον ἐλθεῖν αὐτὸς μὲν τοῖς ἔνδον θεοῖς θυσίας τῆς ἀφίξεως χαριστηρίους
73 ἐπετέλει, προτρέπεται[89]) δὲ τὰ πλήθη πρὸς εὐωχίαν καὶ κατὰ φυλὰς καὶ γένη καὶ γειτονίας ποιούμενοι τὰς ἑστιάσεις ηὔχοντο τῷ θεῷ σπένδοντες αὐτόν τ' ἐπὶ πλεῖστον χρόνον Οὐεσπασιανὸν ἐπιμεῖναι τῇ Ῥωμαίων ἡγεμονίᾳ, καὶ παισὶν αὐτοῦ καὶ τοῖς ἐξ ἐκείνων[90]) ἀεὶ γινομένοις φυλαχθῆναι
74 τὸ κράτος ἀνανταγώνιστον[91]). ἡ μὲν οὖν Ῥωμαίων πόλις οὕτως Οὐεσπασιανὸν ἐκδεξαμένη προθύμως εὐθὺς εἰς πολλὴν εὐδαιμονίαν ἐπεδίδου.
75 2. Πρὸ δὲ τούτων τῶν χρόνων, ἐν οἷς Οὐεσπασιανὸς μὲν περὶ Ἀλεξάνδρειαν ἦν, Τίτος δὲ τῇ τῶν Ἱεροσολύμων προσήδρευε πολιορκίᾳ, πολὺ
76 μέρος Γερμανῶν ἐκινήθη πρὸς ἀπόστασιν, οἷς καὶ Γαλατῶν οἱ πλησίον[92]) συμφρονήσαντες[93]) κοινῇ μεγάλας ἐλπίδας αὑτοῖς[94]) συνέθεσαν ὡς καὶ τῆς
77 Ῥωμαίων ἀπαλλαξόμενοι δεσποτείας. ἐπῆρε δὲ τοὺς Γερμανοὺς[95]) ἅψασθαι τῆς ἀποστάσεως καὶ τὸν πόλεμον ἐξενεγκεῖν πρώτη μὲν ἡ φύσις οὖσα λογισμῶν ἔρημος ἀγαθῶν καὶ μετὰ μικρᾶς ἐλπίδος ἑτοίμως ῥιψοκίνδυνος·
78 ἔπειτα δὲ καὶ μῖσος τὸ πρὸς τοὺς κρατοῦντας, ἐπεὶ μόνοις ἴσασι Ῥωμαίοις τὸ γένος αὐτῶν δουλεύειν βεβιασμένον[96]). οὐ μὴν ἀλλὰ μάλιστά γε
79 πάντων ὁ καιρὸς[97]) αὐτοῖς θάρσος ἐνεποίησεν· ὁρῶντες γὰρ τὴν Ῥωμαίων ἀρχὴν ταῖς συνεχέσι τῶν αὐτοκρατόρων ἀλλαγαῖς ἐν ἑαυτῇ τεταραγμένην, πᾶν τε μέρος τῆς[98]) ὑπ' αὐτοῖς[99]) οἰκουμένης πυνθανόμενοι μετέωρον εἶναι καὶ κραδαίνεσθαι, τοῦτον σφίσιν αὐτοῖς ἄριστον ὑπὸ τῆς ἐκείνων
80 κακοπραγίας καὶ στάσεως καιρὸν ᾠήθησαν παραδεδόσθαι. ἐνῆγον δὲ τὸ βούλευμα καὶ ταύταις αὐτοὺς ταῖς ἐλπίσιν ἐτύφουν Κλασσικός τις καὶ
81 Οὐίτιλλος[100]) τῶν παρ' αὐτοῖς[101]) ἡγεμόνων, οἳ δῆλον μὲν ὡς ἐκ μακροῦ ταύτης ἐφίεντο τῆς νεωτεροποιίας, ὑπὸ τοῦ καιροῦ δὲ θαρσῆσαι προαχθέντες τὴν αὐτῶν γνώμην ἐξέφηναν· ἔμελλον δὲ προθύμως

---

[83] προελθόντες L Lat Na, Thack und die Übersetzungen, denen wir gegen Niese folgen; προσελθόντες die übrigen Handschriften, Niese. [84] PL haben τοῖς statt ταῖς.
[85] L hat παραδόξοις statt παρόδοις. Die παράδοξα von L sind offenbar die Heilstaten, die die Wahrheit der hellenistischen Heilsbotschaft verbürgen.
[86] ἐξεδέχοντο Dindorf cj. aufgrund von cod. Lugd. [87] οὗτοι fehlt in LVRC.
[88] ἀποκαλοῦντες ed. pr. Zum Sprachgebrauch des Josephus vgl. für ἀνακαλεῖν: bell 3, 459; 2, 294 und ant 20, 89; für ἀποκαλεῖν: ant 6, 240; 7, 380; 14, 444.
[89] προτρέπεται PAM Niese, τρέπεται LVRC Niese minor, Na, Thack; vertunt – se Lat. [90] C hat αὐτοῦ statt ἐκείνων. [91] ἀκαταγώνιστον Dindorf cj.
[92] πλησίον LVRC Lat (proximi) Na, Thack und die meisten Übersetzungen; πλεῖστοι PAM Niese; καὶ πλησίον fügt M am Rande hinzu. Zur Lesart πλεῖστοι vgl. Tac. hist. 4, 25, der hier vielleicht einwirkt. Wir folgen daher der ersteren Textform gegen Niese.
[93] συμφωνήσαντες AL. [94] αὑτοῖς fehlt in Lat; αὐτοῖς Bekker cj., so Na, Thack.
[95] δὲ τοὺς Γερμανούς PAM Lat, Niese, Thack; δ'αὐτοὺς Γερμανοὺς L¹C; δ'αὐτοὺς

nen war nämlich geringer als die Zahl der Weggegangenen. Als aber sein Nahen gemeldet und sein sanftes Wesen jedem einzelnen gegenüber von den Vorausgeeilten gerühmt wurde, da wollte ihn die übrige Bevölkerung, Frauen und Kinder, empfangen, wo er vorüber kam. Die Milde seines Angesichtes und sein sanfter Ausdruck begeisterte alle, an denen er vorüber kam, zu den verschiedensten Zurufen: „Wohltäter", „Heilbringer" und „einzig würdiger Herrscher Roms"; die ganze Stadt war übrigens wie ein Tempel angefüllt mit Kränzen und Räucherwerk.[38] Nur mit Mühe konnte er in der Menge, die sich um ihn drängte, zu seinem Palast gelangen, wo er den Hausgöttern[39] Dankopfer für seine Ankunft brachte. Unterdessen hatte sich das Volk den Festgelagen zugewandt: Nach Stämmen, Geschlechtern und Nachbarschaften[40] ließen sie sich zu dem öffentlichen Festmahl nieder, bei dem man mit Trankopfern die Götter anflehte, daß Vespasian dem römischen Reich noch eine lange Zeit erhalten und seinen Kindern und seiner ferneren Nachkommenschaft die Herrschaft unbestritten bewahrt bliebe.[41] Nach diesem begeisterten Empfang Vespasians durch die Stadt Rom nahm der Wohlstand sofort einen großen Aufschwung.

2. 75. Einige Zeit vorher, als Vespasian noch im Bereich Alexandriens weilte und Titus Jerusalem belagerte, wurde ein großer Teil der Germanen von einer Aufstandsbewegung ergriffen.[42] Mit ihnen machten auch die benachbarten Gallier gemeinsame Sache; sie gaben sich den größten Hoffnungen hin, die römische Zwingherrschaft von sich abschütteln zu können. Der Grund dafür, daß die Germanen sich auf den Abfall einließen und den Krieg begannen, liegt zunächst in ihrer Natur, daß sie sich, vernünftigen Ratschlägen unzugänglich, mit dem kleinsten Hoffnungsschimmer in die größten Gefahren stürzen. Dazu kam noch der Haß gegen ihre Unterdrücker, da sie wußten, daß ihr Volk allein durch die Römer zur Knechtschaft gezwungen worden war. Am meisten machte ihnen aber die allgemeine Lage Mut. Sie sahen, daß das römische Reich durch den ständigen Wechsel der Herrscher innerlich erschüttert war, und erfuhren, daß jeder Teil der römischen Welt unsicher und schwankend sei. Darum glaubten sie, daß wegen des Unglücks und der Uneinigkeit der Römer dieser Augenblick für sie der günstigste sei.[43] Zwei Männer betrieben den Plan und verblendeten mit diesen Hoffnungen die Germanen, ein gewisser Classicus und ein Vitillus,[44] die bei ihnen Anführer waren. Sie arbeiteten offenbar schon eine ganze Zeit auf diesen Umsturz hin; die Gelegenheit gab ihnen größere Zuversicht, und sie ließen ihren Plan verlauten. Sie hatten vor, mit den ihnen wohlgesonnenen Völkern den Versuch

τοὺς Γερμανούς L²; δὲ αὖ τοὺς Γερμανούς VR; δ'αὐτούς (ohne Γερμανούς) Herwerden cj. aufgrund von L¹C, dem folgt Na und setzt Γερμανούς in Klammern.
[96] βεβιασαμένων L¹; βιασαμένοις VRC. [97] VR lesen καῖσαρ statt καιρὸς.
[98] PA¹ haben τοῖς statt τῆς. [99] L² hat αὐτὴν statt αὐτοῖς.
[100] Οὐίτιλλος PAMVRC Niese, Na; Οὐίτιλιος L; *Bailis* Lat (nur cod. Berol.); *Civilis* Gelen cj., daher Κιουίλιος Niese *minor*, Na (App.), Thack, Ricc., Simch, Williamson. Zum Ganzen vgl. § 82 textkrit. Anm. 102.
[101] Text folgt P Niese *minor*; alle Handschriften außer P lesen παρ' αὐτοῖς ὄντες; Thack setzt ὄντες in Klammern.

82 διακειμένοις τὴν πεῖραν τοῖς πλήθεσι προσφέρειν¹⁰²). πολλοῦ δὲ μέρους ἤδη τῶν Γερμανῶν τὴν ἀποστασίαν ἀνωμολογηκότος καὶ τῶν ἄλλων οὐκ ἄναιχα¹⁰³) φρονησάντων, ὥσπερ ἐκ δαιμονίου προνοίας Οὐεσπασιανὸς πέμπει γράμματα¹⁰⁴) Βεντιδίῳ¹⁰⁵) Κερεαλίῳ τὸ¹⁰⁶) πρότερον ἡγεμόνι Γερμανίας γενομένῳ, τὴν ὕπατον διδοὺς τιμὴν καὶ κελεύων ἄρξοντα
83 Βρεττανίας ἀπιέναι. πορευόμενος οὖν ἐκεῖνος ὅποι προσετέτακτο καὶ τὰ περὶ τὴν ἀπόστασιν τῶν Γερμανῶν πυθόμενος, ἤδη συνειλεγμένοις αὐτοῖς ἐπιπεσὼν καὶ παραταξάμενος πολύ τε πλῆθος αὐτῶν ἀναιρεῖ κατὰ τὴν
84 μάχην καὶ τῆς ἀνοίας παυσαμένους ἠνάγκασε σωφρονεῖν. ἔμελλον δὲ κἀκείνου μὴ θᾶττον εἰς τοὺς τόπους παραβαλόντος δίκην οὐκ εἰς μακρὰν
85 ὑφέξειν· ἡνίκα γὰρ πρῶτον¹⁰⁷) ἡ τῆς ἀποστάσεως αὐτῶν ἀγγελία τῇ Ῥώμῃ προσέπεσε, Δομετιανὸς Καῖσαρ πυθόμενος οὐχ ὡς ἂν ἕτερος ἐν τούτῳ τῆς ἡλικίας, νέος γὰρ ἦν ἔτι παντάπασιν, τηλικοῦτον ἄρασθαι
86 μέγεθος πραγμάτων ὤκνησεν, ἔχων δὲ πατρόθεν ἔμφυτον τὴν ἀνδραγαθίαν καὶ τελειοτέραν τὴν ἄσκησιν τῆς ἡλικίας πεποιημένος ἐπὶ τοὺς
87 βαρβάρους εὐθὺς ἤλαυνεν. οἱ δὲ πρὸς τὴν φήμην τῆς ἐφόδου καταπεσόντες ἐπ' αὐτῷ¹⁰⁸) σφᾶς αὐτοὺς ἐποιήσαντο μέγα τοῦ φόβου κέρδος εὑράμενοι
88 τὸ χωρὶς συμφορῶν ὑπὸ τὸν αὐτὸν πάλιν ζυγὸν ὑπαχθῆναι. πᾶσιν οὖν ἐπιθεὶς τοῖς περὶ τὴν Γαλατίαν τάξιν τὴν προσήκουσαν Δομετιανός, ὡς μηδ' αὖθις ἄν ποτε ῥᾳδίως ἔτι τἀκεῖ ταραχθῆναι, λαμπρὸς καὶ περίβλεπτος ἐπὶ κρείττοσι μὲν τῆς ἡλικίας, πρέπουσι δὲ τῷ πατρὶ κατορθώμασιν εἰς τὴν Ῥώμην ἀνέζευξε.
89 3. Τῇ δὲ προειρημένῃ Γερμανῶν ἀποστάσει κατὰ τὰς αὐτὰς ἡμέρας
90 καὶ Σκυθικὸν¹¹⁰) τόλμημα πρὸς Ῥωμαίους¹¹¹) συνέδραμεν. οἱ γὰρ καλούμενοι Σκυθῶν Σαρμάται, πολὺ πλῆθος ὄντες, ἄδηλοι¹¹²) μὲν τὸν Ἴστρον ἐπεραιώθησαν εἰς τὴν ἐπιτάδε¹¹³), πολλῇ δὲ βίᾳ καὶ χαλεποὶ διὰ τὸ παντάπασιν ἀνέλπιστον¹¹⁴) τῆς ἐφόδου προσπεσόντες πολλοὺς μὲν τῶν ἐπὶ
91 τῆς φρουρᾶς Ῥωμαίων ἀναιροῦσι, καὶ τὸν πρεσβευτὴν τὸν ὑπατικὸν Φροντήιον¹¹⁵) Ἀγρίππαν ὑπαντιάσαντα καρτερῶς μαχόμενον κτείνουσι, τὴν δ' ὑποκειμένην χώραν ἅπασαν κατέτρεχον ἄγοντες καὶ φέροντες ὅτῳ
92 περιπέσοιεν. Οὐεσπασιανὸς δὲ τὰ γεγενημένα καὶ τὴν πόρθησιν τῆς Μυσίας πυθόμενος Γούβριον¹¹⁶) Γάλλον ἐκπέμπει δίκην ἐπιθήσοντα τοῖς
93 Σαρμάταις¹¹⁷). ὑφ' οὗ πολλοὶ μὲν αὐτῶν ἐν ταῖς μάχαις ἀπέθανον, τὸ δὲ
94 περισωθὲν¹¹⁸) μετὰ δέους εἰς τὴν οἰκείαν διέφυγεν. τοῦτο¹¹⁹) δὲ τῷ πολέμῳ

---

¹⁰² Der Satz ἔμελλον bis προσφέρειν ist nach Dest. hinter νεωτεροποιίας (§ 80) umzustellen.
¹⁰³ ἄνδιχα M Niese, Na, Thack; ἀνδιχα P; ἂν δίχα ALVRC.   ¹⁰⁴ γράμμα V.
¹⁰⁵ Βεντιδίῳ PAML (πρὸς Βεντιδίῳ) VRC; Πετιλίῳ Lat. Niese, Na, Thack und alle Übersetzungen. Wenn wir mit den codd. gegen Niese und alle Übersetzer den falschen Namen im Text behalten, dann in Konsequenz zu dem ebenfalls falschen Namen Vitillus in § 80. Es ist schwer einzusehen, warum man (wie Niese) die beiden analogen Fälle entgegengesetzt entscheiden sollte. Denn die lateinische Bezeugung *Petilius* wird sicherlich schon Korrektur sein, offenbar aufgrund einer richtigen Erinnerung an den in Tac. hist. 4 mehrfach genannten Feldherrn, vgl. § 79 Anm. 43; § 82 Anm. 45.
¹⁰⁶ τὸ PM Niese, Thack; τῷ ALVRC Na.
¹⁰⁷ πρῶτον MLVRC Lat Niese, Na, Thack; fehlt bei P.
¹⁰⁸ ἐπ' αὐτούς P (wohl Angleichung an σφᾶς αὐτούς); fehlt bei M.
¹⁰⁹ μέγα M Lat (*lucrum hoc ex timore maximum nancti*). Niese, Na (mit Berufung auch

zu wagen. Ein großer Teil der Germanen hatte sich bereits dem Abfall angeschlossen, und die übrigen hatten es kaum anders im Sinn, da schickte Vespasian wie auf einen Wink der Vorsehung hin dem früheren Statthalter Germaniens, Ventidius Cerealius, ein Schreiben, worin er ihm die Konsulwürde[45] gab und ihn die Verwaltung Britanniens übernehmen ließ. Unterwegs zu seinem Bestimmungsort erfuhr dieser vom Abfall der Germanen, und da diese sich bereits gesammelt hatten, überfiel er sie, vernichtete eine große Menge von ihnen auf dem Schlachtfeld und zwang sie, mit ihrem Wahnsinn aufzuhören und Vernunft anzunehmen. Aber selbst wenn Cerealius nicht so schnell an Ort und Stelle erschienen wäre, wären die Aufständischen nicht viel später bestraft worden. Denn als die erste Kunde von ihrem Aufstand nach Rom kam und der Caesar Domitian davon hörte, da zögerte er nicht, wie ein anderer seiner Altersstufe – denn er war noch ziemlich jung – eine solche Aufgabe auf sich zu nehmen.[46] Mit dem von seinem Vater ererbten Mut und entsprechend der für sein Alter überragenden soldatischen Erfahrung brach er sofort gegen die Barbaren auf. Schon auf das Gerücht seines Anmarsches hin wurden die Aufständischen veranlaßt, sich ihm zu unterwerfen; dank ihrer Furcht hielten sie es noch für einen großen Gewinn, ohne weiteres Unheil wieder unter das alte Joch gebeugt zu werden. Nachdem nun Domitian in Gallien alles wieder in Ordnung gebracht hatte, so daß das Land nicht noch einmal so leicht in Unruhe geraten konnte, kehrte er nach Rom zurück, glänzend und allgemein bewundert wegen der Leistungen, die man in seinem Alter noch nicht erwartet hätte und die eines so großen Vaters würdig waren.

3. 89. Zur gleichen Zeit wie der oben erwähnte Abfall der Germanen ereignete sich auch ein verwegener Skythenaufstand gegen die Römer.[47] Denn ein volkreicher Skythenstamm, Sarmaten genannt, war unbemerkt über den Ister auf das diesseitige Ufer herübergekommen; mit großer Gewalt und dadurch besonders gefährlich, daß sie so gänzlich unerwartet kamen, griffen sie an und machten viele dort Wache haltenden Römer nieder.[48] Auch töteten sie den Konsularlegaten Frontejus Agrippa, der sich hartnäckig zur Wehr gesetzt hatte, und durchstreiften das ganze offen vor ihnen liegende Land, raubten und plünderten, wo ihnen etwas begegnete.[49] Als Vespasian von den Ereignissen und von der Verwüstung Mösiens erfuhr, schickte er den

---

[110] auf cod. Lugd); μετὰ PALVRC.   [110] VR lesen σκυθρωπὸν statt Σκυθικόν.
[111] πρὸς Ῥωμαίους fehlt in Lat.   [112] ἄδηλον C.
[113] εἰς τὴν ἐπιτάδε PA Niese, Thack; εἰς τὴν ἐπίτάδε L; εἰς τὴν Μυσίαν, ἔπειτα δὲ MVRC Na, Kohout, Clementz; bei Lat fehlt eine Ortsbestimmung.
[114] P liest ἄπιστον statt ἀνέλπιστον.
[115] Φροντήϊον PMLVRC; Φροντίϊον A; *Pompeium* Lat; Φοντήϊον ed. pr. Niese, Na, Thack und die Übersetzungen. Die Namensform der codd. scheint auf eine Ungenauigkeit schon bei Josephus hinzuweisen. Wir folgen den codd. gegen Niese, vgl. textkrit. Anm. 105.
[116] Γούβριον PAMVRC; Γρούβριον L; Ῥούβριον Lat, Niese, Na, Thack und die Übersetzungen. Auch hier scheint der lateinische Name in den codd. von Anfang an falsch überliefert worden zu sein. Wir folgen daher wieder (vgl. textkrit. Anm. 105. 115) den codd. gegen Niese.
[117] δίκην – Σαρμάταις fehlt bei Lat.   [118] περαιωθὲν A.   [119] τούτῳ AMLVRC Lat.

τέλος ἐπιθεὶς ὁ στρατηγὸς καὶ τῆς εἰς τὸ μέλλον ἀσφαλείας προυνόησε· πλείοσι γὰρ καὶ μείζοσι φυλακαῖς τὸν τόπον[120]) διέλαβεν, ὡς εἶναι τοῖς 95 βαρβάροις τὴν διάβασιν τελέως ἀδύνατον. ὁ μὲν οὖν περὶ τὴν Μυσίαν πόλεμος ταχεῖαν οὕτως ἔλαβε τὴν κρίσιν.

96 V. 1. Τίτος δὲ Καῖσαρ χρόνον μέν τινα διέτριβεν[121]) ἐν Βηρυτῷ, καθὰ προειρήκαμεν, ἐκεῖθεν δὲ ἀναζεύξας καὶ δι' ὧν ᾔει πόλεων τῆς Συρίας ἐν πάσαις θεωρίας τε συντελῶν πολυτελεῖς καὶ τῶν Ἰουδαίων τοὺς αἰχμαλώτους[122]) εἰς ἐπίδειξιν τῆς ἑαυτῶν ἀπωλείας ἀποχρώμενος, θεᾶται 97 κατὰ τὴν πορείαν ποταμοῦ φύσιν ἀξίαν ἱστορηθῆναι. ῥεῖ μὲν γὰρ μέσος Ἀρκέας[123]) τῆς Ἀγρίππα[124]) βασιλείας καὶ Ῥαφαναίας[125]), ἔχει δὲ θαυμασ- 98 τὴν ἰδιότητα· πολὺς γὰρ ὤν, ὅτε ῥεῖ, καὶ κατὰ τὴν φορὰν οὐ σχολαῖος ἔπειτα δὲ πᾶς ἐκ τῶν πηγῶν ἐπιλείπων ἐξ ἡμερῶν ἀριθμὸν[126]) 99 ξηρὸν[127]) παραδίδωσιν ὁρᾶν τὸν τόπον· εἶθ' ὥσπερ οὐδεμιᾶς γενομένης μεταβολῆς ὅμοιος κατὰ[128]) τὴν ἑβδόμην ἐκδίδωσι[129]), καὶ ταύτην ἀεὶ τὴν τάξιν ἀκριβῶς τετήρηται διαφυλάττων· ὅθεν δὴ καὶ Σαββατικὸν αὐτὸν κεκλήκασιν ἀπὸ τῆς ἱερᾶς τῶν Ἰουδαίων ἑβδόμης οὕτως ὀνομάσαντες. 100 2. Ὁ δὲ τῶν Ἀντιοχέων δῆμος ἐπεὶ πλησίον ὄντα Τίτον ἐπυνθάνοντο, μένειν μὲν ἐντὸς τειχῶν ὑπὸ χαρᾶς οὐχ ὑπέμενον, ἔσπευδον δὲ ἐπὶ τὴν 101 ὑπάντησιν· καὶ τριάκοντα σταδίων ἐπὶ πλέον προῆλθον[130]) οὐκ ἄνδρες μόνον ἀλλὰ καὶ γυναικῶν[131]) πλῆθος ἅμα παισὶ τῆς πόλεως ἐκχεόμενοι. 102 κἀπειδήπερ ἐθεάσαντο προσιόντα, παρὰ[132]) τὴν ὁδὸν ἑκατέρωθεν καταστάντες[133]) τάς τε δεξιὰς προύτεινον προσαγορεύοντες καὶ παντοίοις ἐπι- 103 φημίσμασι χρώμενοι συνυπέστρεφον. συνεχὴς ἦν αὐτῶν παρὰ πάσας ἅμα[134]) 104 τὰς εὐφημίας δέησις ἐκβαλεῖν τῆς πόλεως τοὺς Ἰουδαίους. Τίτος μὲν οὖν οὐδὲν ἐνέδωκεν πρὸς ταύτην τὴν δέησιν, ἀλλ' ἡσυχῇ τῶν λεγομένων ἐπήκουεν· ἐπ'ἀδήλῳ δὲ τῷ τί φρονεῖ καὶ τί ποιήσει πολὺς καὶ χαλεπὸς 105 τοῖς Ἰουδαίοις ὁ φόβος ἦν. οὐδὲ γὰρ ὑπέμεινεν[135]) ἐν Ἀντιοχείᾳ Τίτος, ἀλλ' εὐθὺς ἐπὶ τὸ Ζεῦγμα τὸ κατὰ τὸν Εὐφράτην συνέτεινε τὴν πορείαν, ἔνθα δὴ καὶ παρὰ τοῦ Πάρθων βασιλέως Βολογέσου[136]) πρὸς αὐτὸν ἦκον 106 στέφανον χρυσοῦν ἐπὶ τῇ κατὰ τῶν Ἰουδαίων νίκῃ κομίζοντες. ὃν δεξά-

[120] ποταμὸν Dest. cj.   [121] διέτριψεν MLVRC Na.
[122] τοὺς αἰχμαλώτους P Niese, Na, Thack; τοῖς αἰχμαλώτοις AMLVRC.
[123] Ἀρκέας die meisten Handschriften Niese, Thack; Ἀρκαίας C Na vgl. Clementz, Kohout; Σαρκαίας L.   [124] Ἀγρίππου AVRC.
[125] Ῥαφαναίας codd., Na, Thack, Kohout, Clementz, Williamson; Ῥαφανέας Lat. Niese, vgl. § 18 textkrit. Anm. 30.   [126] ἐξημεροῖ τὸ ῥεῖθρον καὶ Dest. cj.
[127] Für ξηρὸν: κατὰ τὴν ἑβδόμην ξηρὸν oder μετὰ ἓξ ἡμερῶν ἀριθμὸν Hudson cj.
[128] μετὰ (statt κατὰ) Casanbonus cj.
[129] Von πολὺς bis ἐκδίδωσι liest Lat: *nam cum sit quando fluit plurimus neque meatu segnis, tamen interpositis sex diebus a fontibus deficiens siccum exhibet locum videre. deinde quasi nulla mutatione facta septimo die similis exoritur.*
[130] διῆλθον C.   [131] γυναίων VRC Na (vgl. § 404).   [132] κατὰ P.
[133] στάντες M, παραστάντες L, παρακαταστάντες VRC.
[134] ἅμα fehlt in L und wahrscheinlich auch in Lat.

Gubrius Gallus⁵⁰ ab, um die Sarmaten zu bestrafen. Dieser tötete viele von ihnen in den Schlachten, während diejenigen, die sich retten konnten, erschreckt in ihre Heimat flohen. So setzte der Feldherr dem Krieg ein Ende und sorgte auch für die künftige Sicherheit; denn er teilte die Wachen in dieser Gegend dichter und stärker ein, damit den Barbaren künftig ein Überschreiten des Flusses unmöglich würde. So nahm der Krieg in Mösien eine schnelle Wende.

5. Kapitel

1. 96. Der Caesar Titus hielt sich nun eine Zeitlang in Berytus auf, wie bereits erwähnt wurde. Von dort brach er auf und veranstaltete in allen Städten Syriens, durch die er kam, prächtige Spiele, bei denen auch jüdische Gefangene zur Schaustellung ihres eigenen Sterbens verwendet wurden. Auf dieser Reise besichtigte er auch einen Fluß, der wegen seiner Eigenart erwähnenswert ist. Dieser fließt nämlich mitten zwischen Arkea⁵¹ im Königreich Agrippas und Raphanää⁵² hindurch und hat eine wunderbare Eigenschaft. Denn solange er fließt, führt er reichlich Wasser und seine Strömung ist stark; dann aber versiegt er vollständig für volle sechs Tage von seinen Quellen her und läßt das trockene Flußbett sehen. Als wäre aber gar keine Veränderung geschehen, ergießt er sich dann am siebten Tage wie zuvor; und diese Ordnung hält er stets genau ein. Daher hat man ihn denn auch nach dem siebten Tag, der den Juden heilig ist, den „Sabbatfluß" genannt.⁵³

2. 100. Als aber die Einwohner von Antiochien erfuhren, daß Titus in der Nähe sei, hielt es sie vor Freude nicht mehr hinter den Mauern, und sie eilten ihm mehr als 30 Stadien weit entgegen. Dabei strömten nicht nur die Männer, sondern auch Scharen von Frauen mit Kindern aus der Stadt heraus. Sobald sie aber Titus kommen sahen, stellten sie sich auf beiden Seiten des Weges auf, streckten ihm zur Begrüßung die Hände entgegen und geleiteten ihn dann unter dem Zuruf aller erdenklichen Segenswünsche in die Stadt zurück. Unaufhörlich waren aber alle ihre Glückwünsche von der Bitte begleitet, doch die Juden aus der Stadt zu vertreiben. Nun ging Titus zwar auf diese Bitte überhaupt nicht ein, sondern hörte nur stillschweigend an, was sie sagten; aber da es völlig ungewiß war, was für Gedanken und Absichten er wohl hegen mochte, schwebten die Juden darüber in großer Angst und Pein.⁵⁴ Dazu kam, daß Titus sich nicht lange in Antiochien aufhielt, sondern alsbald seinen Marsch nach Zeugma am Euphrat⁵⁵ fortsetzte, wo ihn auch schon Abgesandte des Partherkönigs Vologeses⁵⁶ erwarteten, die ihm anläßlich seines Sieges über die Juden einen goldenen Kranz als Geschenk überbrachten. Titus nahm diesen entgegen, veranstaltete ein Festmahl für die königlichen Gesandten und kehrte von dort nach Antiochien zurück. Da nun der Rat und die Bürgerschaft von Antiochien ihn vielmals baten, in

---

¹³⁵ ὑπέμεινεν PA Niese, Na, Thack; ἐπέμεινεν MLVRC.
¹³⁶ Βουλογέσου C, fehlt in Lat.

μενος εἰστία τοὺς βασιλικούς, κἀκεῖθεν εἰς τὴν Ἀντιόχειαν ἐπανέρχεται.
107 τῆς δὲ βουλῆς καὶ τοῦ δήμου τῶν Ἀντιοχέων πολλὰς ποιησαμένων δεήσεις ἐλθεῖν[137]) εἰς τὸ θέατρον αὐτὸν[138]), ἐν ᾧ πᾶν τὸ πλῆθος ἠθροισ-
108 μένον ἐξεδέχετο, φιλανθρώπως ὑπήκουσε. πάλιν δ' αὐτῶν σφόδρα λιπαρῶς ἐγκειμένων καὶ συνεχῶς δεομένων ἐξελάσαι τῆς πόλεως τοὺς
109 Ἰουδαίους, εὔστοχον ἐποιήσατο τὴν ἀπόκρισιν[139]), εἰπὼν «ἀλλ' ἥ γε πατρὶς αὐτῶν, εἰς ἣν ἐκβαλεῖν[140]) ἐχρῆν ὄντας Ἰουδαίους[141]), ἀνήρηται,
110 καὶ δέξαιτ' ἂν οὐδεὶς αὐτοὺς ἔτι τόπος». ἐπὶ δευτέραν οὖν Ἀντιοχεῖς τρέπονται δέησιν τῆς προτέρας ἀποστάντες[142]) · τὰς γὰρ χαλκᾶς ἠξίουν δέλτους ἀνελεῖν αὐτόν, ἐν αἷς γέγραπται τὰ δικαιώματα τῶν Ἰουδαίων.
111 οὐ μὴν οὐδὲ τοῦτο Τίτος ἐπένευσεν αὐτοῖς, ἀλλ' ἐάσας πάντα κατὰ χώραν τοῖς ἐπ' Ἀντιοχείας Ἰουδαίοις ὡς πρότερον εἶχον[143]) εἰς Αἴγυπτον
112 ἀπηλλάττετο. καὶ κατὰ τὴν πορείαν τοῖς Ἱεροσολύμοις προσελθὼν καὶ τὴν λυπρὰν ἐρημίαν βλεπομένην ἀντιτιθεὶς τῇ ποτε τῆς πόλεως λαμπρότητι, καὶ τὸ μέγεθος τῶν ἐρρηγμένων κατασκευασμάτων καὶ τὸ πάλαι
113 κάλλος εἰς μνήμην βαλλόμενος[144]), ᾤκτειρε τῆς πόλεως τὸν ὄλεθρον, οὐχ ὥσπερ ἄν τις[145]) αὐχῶν ὅτι τηλικαύτην οὖσαν καὶ τοσαύτην εἷλε κατὰ κράτος, ἀλλὰ πολλάκις ἐπαρώμενος τοῖς αἰτίοις τῆς ἀποστάσεως ὑπάρξασι καὶ ταύτην ἐπὶ τῇ πόλει τὴν τιμωρίαν γενέσθαι παρασκευάσασιν· οὕτως ἔκδηλος ἦν οὐκ ἂν θελήσας ἐκ τῆς συμφορᾶς τῶν κολασθέντων
114 γενέσθαι τῆς ἀρετῆς τὴν ἐπιφάνειαν. τοῦ[146]) δὲ πολλοῦ πλούτου τῆς
115 πόλεως ἔτι κἂν τοῖς ἐρειπίοις οὐκ ὀλίγον μέρος ἀνηυρίσκετο · τὰ μὲν γὰρ πολλὰ ἀνέσκαπτον οἱ Ῥωμαῖοι, τὰ πλείω δὲ ἐκ μηνύσεως τῶν αἰχμαλώτων ἀνηροῦντο[147]), χρυσόν τε καὶ ἄργυρον καὶ τῆς ἄλλης τὰ τιμιώτατα κατασκευῆς, ἅπερ οἱ κεκτημένοι πρὸς τὰς ἀδήλους τοῦ πολέμου τύχας κατὰ τῆς ἀποτεθησαυρίκεσαν.
116 3. Τίτος δὲ τὴν προκειμένην ποιούμενος πορείαν ἐπ' Αἴγυπτον[148]) καὶ
117 τὴν ἔρημον ᾗ τάχιστα διανύσας ἧκεν εἰς Ἀλεξάνδρειαν, καὶ πλεῖν ἐπὶ τῆς Ἰταλίας διεγνωκὼς δυοῖν αὐτῷ ταγμάτων συνηκολουθηκότων ἑκάτερον ὅθεν περ ἀφῖκτο πάλιν ἀπέστειλεν, εἰς μὲν τὴν Μυσίαν τὸ πέμπτον[149]),
118 εἰς Παννονίαν δὲ τὸ πεντεκαιδέκατον. τῶν αἰχμαλώτων δὲ τοὺς μὲν[150]) ἡγεμόνας Σίμωνα καὶ Ἰωάννην, τόν τ'[151]) ἄλλον ἀριθμὸν ἑπτακοσίους[152]) ἄνδρας ἐπιλέξας μεγέθει τε καὶ κάλλει σωμάτων ὑπερβάλλοντας, προσέταξεν εἰς τὴν Ἰταλίαν αὐτίκα μάλα κομίζεσθαι βουλόμενος αὐτοὺς ἐν τῷ
119 θριάμβῳ παραγαγεῖν. τοῦ πλοῦ δὲ αὐτῷ κατὰ νοῦν ἀνυσθέντος ὁμοίως μὲν ἡ Ῥώμη περὶ τὴν ὑποδοχὴν εἶχε καὶ τὰς ὑπαντήσεις ὥσπερ ἐπὶ τοῦ

[137] ἐλθεῖν αὐτὸν A Na; εἰσελθεῖν αὐτὸν L. [138] αὐτὸν fehlt in AL; αὐτῶν VRC.
[139] ἀπολογίαν L; ἀπόκρησιν C. [140] ἐκβάλλειν P; εἰ βαλεῖν M; ἐμβαλεῖν RC.
[141] ὄντας Ἰουδαίους PAM Niese, Thack; ἂν τοὺς Ἰουδαίους L; τοὺς Ἰουδαίους VRC Na. Die Stelle fehlt ganz bei Lat und Simch; Zonaras setzt statt dessen αὐτούς.
[142] ἁμαρτόντες L und wahrscheinlich auch Lat; ἀποτυχόντες Zonaras.
[143] εἶχον PAML Zonaras, Niese, Na, Thack; ἔχειν VRC; quae habebant Lat.
[144] βαλλόμενος PAMLC Niese, Thack; βαλόμενος VR Na.
[145] ἄν τις PA Niese; ἄλλος ἄν τις MLVRC Lat Na, Thack setzt ἄλλος in Klammern; ὥσπερ – τις fehlt bei Simch. [146] τοῦτο PA.
[147] ἀνηύρισκον PAM; auferebant Lat; ἀνήροντο Holwerda.
[148] ἐπ' Αἴγυπτον codd. Niese, Na; ἐπ' Αἰγύπτου Niese minor cj., Thack.

das Theater zu kommen, wo die ganze versammelte Volksmenge schon auf ihn wartete, nahm er die Einladung huldvoll an. Als sie ihn aber wiederum auf das eindringlichste bestürmten und unaufhörlich immer nur die eine Bitte vorbrachten, er möge die Juden aus der Stadt vertreiben, gab er ihnen schlagfertig zur Antwort: „Gut, aber ihre Vaterstadt, wohin man sie als Juden doch vertreiben müßte, ist zerstört, und sonst gibt es keinen Ort mehr, der sie aufnehmen würde."[57] Doch sogleich brachten die Antiochener, da sie von ihrer ersten Bitte abstehen mußten, eine neue vor. Sie hielten es nämlich für angemessen, daß er wenigstens die Erztafeln,[58] auf denen die Rechte der Juden eingegraben waren, vernichten lasse. Aber auch dazu gab ihnen Titus freilich keinerlei Genehmigung, sondern beließ für die Juden Antiochiens alles in demselben Stand wie zuvor und brach dann nach Ägypten auf. Auf seinem Wege kam er auch nach Jerusalem. Als er nun die trostlose Wüstenei vor seinen Augen mit dem einstigen Glanz der Stadt verglich und die erhabene Größe der nun zertrümmerten Bauwerke und die ganze vergangene Pracht in seinem Gedächtnis bewegte, da überkam ihn das Erbarmen mit dem Verderben der Stadt. Anders als vielleicht mancher an seiner Stelle empfand er keinerlei Stolz darüber, daß er solch eine starke und ausgedehnte Stadt mit Waffengewalt genommen habe, sondern verfluchte immer wieder aufs neue die Anstifter des Aufstandes, die es dahin gebracht hatten, daß diese Heimsuchung über die Stadt gekommen war. So bewies er aufs deutlichste, daß es nicht in seiner Absicht gelegen hatte, dem bösen Geschick der so gezüchtigten Menschen den strahlenden Glanz seines Heldenruhms zu verdanken. Ein beträchtlicher Teil von den gewaltigen Reichtümern der Stadt wurde jetzt auch unter Trümmern noch aufgefunden. Viel davon gruben die Römer selbst aus, das meiste aber erbeuteten sie auf Grund der Angaben der Gefangenen: Gold und Silber und das Kostbarste an sonstigem Gerät, das die früheren Eigentümer in der Erde vergraben hatten, weil sie nicht wußten, was die Wirren des Krieges ihnen bringen würden.

3. 116. Titus setzte dann, wie vorhergesehen, den Marsch nach Ägypten fort, durchquerte auf schnellstem Wege die Wüste und kam nach Alexandria. Da er nun beschlossen hatte, nach Italien zu fahren, entließ er die beiden Legionen, die seinem Befehl bisher unterstellt waren, jede an ihren Standort, von dem sie zu ihm gestoßen war: die fünfte nach Mösien und die fünfzehnte nach Pannonien.[59] Aus den Gefangenen aber wählte er zunächst einmal die Anführer Simon und Johannes sowie eine Zahl von weiteren 700 Männern aus, die sich durch besonders hohen Wuchs und körperliche Schönheit auszeichneten, und befahl, diese unverzüglich nach Italien zu schaffen, da er sie in seinem Triumphzuge vorzuführen gedachte. Nachdem die Fahrt für ihn ganz nach Wunsch verlaufen war, holte ihn die Stadt Rom zum Empfang mit den gleichen Ehren ein, wie damals seinen Vater. Insofern war freilich der Einzug für Titus noch besonders glorreich, als der Vater selbst ihm entgegenkam und ihn willkommen hieß. Der Menge der römischen Bür-

---

[149] καὶ τὴν – πέμπτον fehlt in C.   [150] μὲν fehlt in L.
[151] τε MLVRC; δ' Niese *minor*, Thack.
[152] Von τὸν bis ἑπτακοσίους: *et alios numero septingentos* Lat, daher τῶν τ' ἄλλων Dest. cj.

πατρός, λαμπρότερον δ' ἦν Τίτῳ καὶ αὐτὸς ὁ πατὴρ ὑπαντῶν καὶ δεχό-
120 μενος. τῷ δὲ πλήθει τῶν πολιτῶν δαιμόνιόν τινα τὴν χαρὰν παρεῖχε τὸ
121 βλέπειν αὐτοὺς ἤδη τοὺς τρεῖς¹⁵³) ἐν ταὐτῷ γεγονότας. οὐ πολλῶν δὲ
ἡμερῶν διελθουσῶν ἕνα καὶ κοινὸν ἔγνωσαν τὸν ἐπὶ τοῖς κατωρθωμένοις
ποιήσασθαι θρίαμβον, καίπερ ἑκατέρῳ τῆς βουλῆς ἴδιον ψηφισαμένης.
122 προδιασαφηθείσης δὲ τῆς ἡμέρας ἐφ' ἧς ἔμελλεν ἡ πομπὴ γενήσεσθαι τῶν
ἐπινικίων, οὐδεὶς οἴκοι καταλέλειπτο τῆς ἀμέτρου πληθύος ἐν τῇ πόλει,
πάντες δὲ ὅπη καὶ στῆναι μόνον ἦν οἷον¹⁵⁴) προεληλυθότες τοὺς τόπους¹⁵⁵)
κατειλήφεσαν, ὅσον τοῖς ὀφθησομένοις¹⁵⁶) μόνον εἰς πάροδον ἀναγκαίαν
καταλιπόντες.
123 4. Τοῦ δὲ στρατιωτικοῦ παντὸς ἔτι νύκτωρ κατὰ λόχους καὶ τάξεις
ὑπὸ τοῖς ἡγεμόσι διεξωδευκότος¹⁵⁷) καὶ περὶ θύρας ὄντος οὐ τῶν ἄνω
124 βασιλείων ἀλλὰ¹⁵⁸) πλησίον τοῦ τῆς Ἴσιδος ἱεροῦ, ἐκεῖ γὰρ ἀνεπαύοντο
τῆς νυκτὸς ἐκείνης οἱ αὐτοκράτορες, περὶ¹⁵⁹) αὐτὴν ἀρχομένην¹⁶⁰) ἤδη τὴν
ἕω προΐασιν Οὐεσπασιανὸς καὶ Τίτος δάφνῃ μὲν ἐστεφανωμένοι, πορφυρᾶς
δ' ἐσθῆτας πατρίους ἀμπεχόμενοι, καὶ παρίασιν¹⁶¹) εἰς τοὺς Ὀκταουίας
125 περιπάτους· ἐνταῦθα γὰρ ἥ τε βουλὴ καὶ τὰ τέλη τῶν ἀρχόντων οἵ τε
126 ἀπὸ τῶν τιμημάτων ἱππεῖς τὴν ἄφιξιν αὐτῶν ἀνέμενον. πεποίητο δὲ
βῆμα πρὸ¹⁶²) τῶν στοῶν δίφρων αὐτοῖς ἐλεφαντίνων ἐπ' αὐτοῦ κειμένων,
ἐφ' οὓς παρελθόντες ἐκαθέσθησαν, καὶ τὸ σρατιωτικὸν εὐθέως ἐπευ-
φήμει πολλὰς αὐτοῖς τῆς ἀρετῆς μαρτυρίας ἀποδιδόντες ἅπαντες· κἀκεῖνοι
χωρὶς ὅπλων ἦσαν ἐν¹⁶³) ἐσθήσεσιν¹⁶⁴) σηρικαῖς¹⁶⁵) ἐστεφανωμένοι δάφ-
127 ναις. δεξάμενος δ' αὐτῶν τὴν εὐφημίαν Οὐεσπασιανὸς ἔτι¹⁶⁶) βουλομένων
128 λέγειν τὸ τῆς σιγῆς ἐποιήσατο σύμβολον, καὶ πολλῆς ἐκ πάντων ἡσυχίας
γενομένης ἀναστὰς καὶ τῷ περιβλήματι τὸ πλέον τῆς κεφαλῆς μέρος
ἐπικαλυψάμενος¹⁶⁷) εὐχὰς ἐποιήσατο τὰς νενομισμένας· ὁμοίως δὲ καὶ
129 Τίτος ηὔξατο. μετὰ δὲ τὰς εὐχὰς εἰς κοινὸν ἅπασιν Οὐεσπασιανὸς βραχέα
διαλεχθεὶς τοὺς μὲν στρατιώτας ἀπέλυσεν¹⁶⁸) ἐπὶ τὸ¹⁶⁹) νενομισμένον
130 ἄριστον αὐτοῖς ὑπὸ τῶν αὐτοκρατόρων εὐτρεπίζεσθαι¹⁷⁰), πρὸς δὲ τὴν
πύλην αὐτὸς ἀνεχώρει τὴν ἀπὸ τοῦ πέμπεσθαι δι' αὐτῆς αἰεὶ τοὺς
131 θριάμβους τῆς προσηγορίας ἀπ' αὐτῶν¹⁷¹) τετυχυῖαν¹⁷²). ἐνταῦθα τροφῆς
τε¹⁷³) προαπογεύονται¹⁷⁴) καὶ τὰς θριαμβικὰς ἐσθῆτας ἀμφιασάμενοι τοῖς
τε παριδρυμένοις τῇ πύλῃ¹⁷⁵)· θύσαντες θεοῖς ἔπεμπον τὸν θρίαμβον διὰ
τῶν θεάτρων διεξελαύνοντες¹⁷⁶), ὅπως εἴη τοῖς πλήθεσιν ἡ θέα ῥᾴων.

---

¹⁵³ Simch: die zwei Herrscher.
¹⁵⁴ οἶν R; οἷόν τε Herwerden cj. Na, Thack setzt τε in Klammern.
¹⁵⁵ ποταμούς A.   ¹⁵⁶ τοῖς φθησομένοις PA.
¹⁵⁷ διεξοδευκότος L¹; προεξωδευκότος VRC Na; *praegressa* bzw. *progressa* Lat.
¹⁵⁸ ἀλλὰ καί AMLC.   ¹⁵⁹ περὶ δέ VRC.
¹⁶⁰ περιερχομένην αὐτήν L; *prima C aurora incipiente* Lat.
¹⁶¹ προΐασιν P; πρόσίασιν (sic) L.   ¹⁶² πρὸς R.
¹⁶³ ἐν fehlt bei PAMLVR, Thack setzt ἐν in Klammern.
¹⁶⁴ αἰσθήσεσιν R; ἐσθῆσιν Niese *minor* cj., Na, Thack.
¹⁶⁵ σιρικαῖς PA; σειρικαῖς V; εἰρηνικαῖς R.   ¹⁶⁶ ἔτι fehlt bei VR.
¹⁶⁷ ἐπικαλυψάμενος Hudson cj., Niese, Na, Thack; ἀποκαλυψάμενος codd., *adopertus* Lat.   ¹⁶⁸ ἀπέστειλεν L; *dimittit* Lat.
¹⁶⁹ τὸν PALRC, die Lesart geht vermutlich auf einen Hörfehler zurück.

ger aber wurde es dabei beschert, mit geradezu gottbegeistertem Entzücken den Anblick der drei[60] nun miteinander Vereinten zu erleben. Nur wenige Tage vergingen, da faßten sie den Beschluß, nur einen einzigen gemeinsamen Triumph ihrer siegreich vollbrachten Taten zu feiern, obwohl der Senat einem jeden der beiden seinen eigenen Triumph zugebilligt hatte. Da der Tag, an dem der Festzug für den Sieg stattfinden sollte, schon vorher öffentlich angekündigt worden war, blieb an ihm kein einziger von dieser unermeßlichen Menschenmenge in der Stadt zu Hause. Alle rannten auf die Straßen hinaus und besetzten jedes Fleckchen, auf dem man irgendwie noch stehen konnte, so daß gerade nur noch soviel Platz übrig blieb, als zu dem mit soviel Schaulust erwarteten Durchzug unbedingt erforderlich war.

4. 123. Es war noch dunkle Nacht, als bereits das ganze Heer in Reih und Glied unter seinen Offizieren ausgerückt war und um die Tore stand, und zwar nicht um die des oberen Palastes, sondern um die in der Nähe des Isistempels,[61] denn dort hatten die Feldherren während jener Nacht geruht. Als die Morgenröte gerade aufging, traten Vespasian und Titus heraus. Sie waren schon mit Lorbeer bekränzt, aber noch mit den herkömmlichen Purpurgewändern[62] angetan und begaben sich so zu den Hallen der Octavia.[63] Dort erwarteten nämlich der Senat, die Spitzen der Behörden und die Vornehmsten aus dem ritterlichen Stand ihre Ankunft. Vor den Säulenhallen aber war eine Bühne aufgebaut, auf der elfenbeinerne Sessel[64] für sie bereitstanden. Auf diese schritten sie zu und setzten sich nieder, worauf das Heer sofort in jauchzenden Beifall ausbrach und ihnen alle Soldaten in vielstimmigem Chor ihr Heldentum rühmend bezeugten. Auch die Soldaten trugen übrigens keine Waffen, sondern waren mit Seidengewändern bekleidet und mit Lorbeer bekränzt. Nachdem nun Vespasian ihre Huldigungen entgegengenommen hatte und sie immer noch nicht mit dem Beifall aufhören wollten, gab er ihnen das Zeichen zu schweigen. Da trat dann allerseits eine tiefe Stille ein, und Vespasian erhob sich, verhüllte sich mit dem Überwurf seines Gewandes das Haupt fast ganz und verrichtete die vorgeschriebenen Gebete; ebenso betete auch Titus.[65] Nach dem Gebet wandte sich nun Vespasian mit einer kurzen Ansprache an die ganze Versammlung und entließ dann die Soldaten zu dem Morgenimbiß, der ihnen bei dieser Gelegenheit herkömmlicherweise von den Imperatoren bereitgestellt wurde. Er selbst entfernte sich zu dem Tore, durch das schon seit alten Zeiten die Triumphzüge geleitet wurden,[66] woher es auch seinen Namen bekommen hat. Hier nahmen die Fürsten noch vorher eine Stärkung zu sich. Danach legten sie die Gewänder des Triumphes an, opferten den Göttern, deren Standbilder neben dem Tore errichtet waren, und gaben endlich den Befehl zum Aufbruch für den Triumphzug; und zwar ließen sie ihn seinen Weg durch die Theater nehmen, um den Volksscharen die Sicht zu erleichtern.

[170] ηὐτρεπίσθαι L; εὐτρεπισθὲν MVRC Na.   [171] ἀπ' αὐτῶν fehlt bei Lat.
[172] τετυχυίας PAR; τετυχυίας LV; τετυχηκυῖαν C, Na; τετευχυῖαν Niese minor cj., Thack.   [173] τε fehlt bei PAMLVR Na, Thack setzt τε in Klammern.
[174] προσαπογεύονται PAM
[175] τῇ πύλῃ fehlt bei A, Niese: *fortasse recte*.   [176] συνεξελαύνοντες PL.

132 5. Ἀμήχανον δὲ κατὰ τὴν ἀξίαν εἰπεῖν τῶν θεαμάτων ἐκείνων τὸ πλῆθος καὶ τὴν μεγαλοπρέπειαν ἐν ἅπασιν οἷς ἄν τις ἐπινοήσειεν ἢ τεχνῶν
133 ἔργοις ἢ πλούτου μέρεσιν ἢ φύσεως σπανιότησιν· σχεδὸν γὰρ ὅσα τοῖς πώποτε ἀνθρώποις εὐδαιμονήσασιν ἐκτήθη κατὰ μέρος ἄλλα παρ' ἄλλοις θαυμαστὰ καὶ πολυτελῆ, ταῦτα ἐπὶ τῆς ἡμέρας ἐκείνης ἀθρόα τῆς
134 Ῥωμαίων ἡγεμονίας ἔδειξε τὸ μέγεθος. ἀργύρου γὰρ[177]) καὶ χρυσοῦ καὶ ἐλέφαντος ἐν παντοίαις ἰδέαις κατασκευασμάτων ἦν ὁρᾶν οὐν ὥσπερ ἐν πομπῇ κομιζόμενον πλῆθος, ἀλλ' ὡς ἂν εἴποι τις ῥέοντα ποταμόν, καὶ τὰ μὲν ἐκ πορφύρας ὑφάσματα τῆς σπανιωτάτης φερόμενα, τὰ δ' εἰς ἀκριβῆ
135 ζωγραφίαν πεποικιλμένα τῇ Βαβυλωνίων τέχνῃ· λίθοι τε διαφανεῖς, οἱ μὲν χρυσοῖς ἐμπεπλεγμένοι στεφάνοις, οἱ δὲ κατ' ἄλλας ποιήσεις, τοσοῦτοι παρηνέχθησαν, ὥστε μαθεῖν ὅτι μάτην εἶναί τι τούτων σπάνιον
136 ὑπειλήφαμεν. ἐφέρετο δὲ καὶ θεῶν ἀγάλματα τῶν παρ' αὐτοῖς μεγέθεσι θαυμαστὰ καὶ κατὰ τὴν τέχνην οὐ παέργως πεποιημένα, καὶ τούτων οὐδέν, ὅ τι μὴ τῆς ὕλης τῆς πολυτελοῦς[178]), ζῴων τε πολλαὶ φύσεις
137 παρήγοντο κόσμον οἰκεῖον ἁπάντων περικειμένων. ἦν δὲ καὶ τὸ κομίζον ἕκαστα τούτων πλῆθος ἀνθρώπων ἀλουργαῖς[179]) ἐσθῆσι καὶ διαχρύσοις κεκοσμημένον, οἵ τ' εἰς αὐτὸ[180]) τὸ πομπεύειν διακριθέντες ἐξαίρετον εἶχον καὶ καταπληκτικὴν περὶ αὐτοὺς[181]) τοῦ κόσμου τὴν πολυτέλειαν.
138 ἐπὶ τούτοις οὐδὲ τῶν αἰχμαλώτων[182]) ἦν ἰδεῖν ὄχλον[183]) ἀκόσμητον, ἀλλ' ἡ τῶν ἐσθήτων ποικιλία καὶ τὸ κάλλος αὐτοῖς[184]) τὴν ἀπὸ τῆς κακώσεως
139 τῶν σωμάτων ἀηδίαν ἔκλεπτε τῆς ὄψεως. θαῦμα δ' ἐν τοῖς[185]) μάλιστα
140 παρεῖχεν ἡ τῶν φερομένων πηγμάτων κατασκευή· καὶ[186]) γὰρ διὰ μέγεθος ἦν δεῖσαι τῷ βεβαίῳ τῆς φορᾶς ἀπιστήσαντα[187]), τριώροφα γὰρ αὐτῶν πολλὰ καὶ τετρώροφα πεποίητο, καὶ τῇ πολυτελείᾳ τῇ περὶ τὴν κατασ-
141 κευὴν ἦν[188]) ἡσθῆναι μετ' ἐκπλήξεως. καὶ γὰρ ὑφάσματα πολλοῖς διάχρυσα περιβέβλητο[189]), καὶ χρυσὸς καὶ ἐλέφας οὐκ ἀποίητος πᾶσι περιεπεπήγει.
142 διὰ πολλῶν δὲ[190]) μιμημάτων ὁ πόλεμος ἄλλος[191]) εἰς ἄλλα μεμερισμένος
143 ἐναργεστάτην ὄψιν αὐτοῦ[192]) παρεῖχεν· ἦν γὰρ ὁρᾶν χώραν μὲν εὐδαίμονα[193]) δῃουμένην, ὅλας δὲ φάλαγγας κτεινομένας[194]) πολεμίων, καὶ τοὺς μὲν φεύγοντας τοὺς δ' εἰς αἰχμαλωσίαν ἀγομένους, τείχη δ' ὑπερβάλλοντα μεγέθει μηχαναῖς ἐρειπόμενα καὶ φρουρίων ἁλισκομένας ὀχυρότητας καὶ

---

[177] γὰρ fehlt bei A; μὲν γὰρ M; τε γὰρ C.   [178] καὶ – πολυτελοῦς fehlt in VR.
[179] ἀλουργαῖς PA; ἀλουργέσιν Na.   [180] ταὐτὸ P; τὸ fehlt in VR.
[181] περιαυτοὺς P; περὶ αὐτοὺς Bekker cj., Na, Thack.
[182] τῶν αἰχμαλώτων VRC *captivorum* Lat. Hudson, Bekker, Na; τὸν αἰχμάλωτον PAML Niese, Thack; gegenüber dem Kollektiv ὁ ὄχλος liegt – abgesehen von der doppelten Bezeugung des Genitivs durch VRC und Lat. – der Genitiv τῶν αἰχμαλώτων näher. Vgl. auch 7, 118; 6, 417.   [183] ὄχλον μόνον AM; κόσμον VR.
[184] αὐτοῖς Dest. cj., Niese, Na, Thack, αὐτῆς codd.   [185] ἐν αὐτοῖς PA.
[186] καὶ – ἀπιστήσαντα liest Lat: *pro cuius magnitudine timendum viribus portantium occurrentes putabant.*
[187] ἀπιστήσαντα Niese, Na, Thack; ἀπαντήσαντα VR ἅπαν ἀπιστήσαντα C.
[188] ἦν fehlt in A; ᾖ C.   [189] περιεβέβλητο AMVRC.   [190] δὲ fehlt in R.
[191] ἄλλως VRC, Na; *aliter* Lat.
[192] αὐτοῦ Niese, Thack; αὑτοῦ PAML; ἑαυτοῦ VRC, Na
[193] εὔδαιμον VR.   [194] κτηνομένας P; κτεινομένων C.

§. 132. Man ist außerstande, die Vielzahl jener Sehenswürdigkeiten und die Pracht aller jener nur erdenklichen Gegenstände nach Gebühr zu schildern, seien es nun Kunstwerke, Luxusgegenstände oder Naturseltenheiten. Fast alles Staunenswerte und Kostbare nämlich, was begüterte Menschen jeweils nur zum Teil in ihren Besitz gebracht hatten und was bei jedem Volke verschiedenartig war, wurde an jenem Tage zusammengetragen, um die Größe des römischen Reiches[67] zu veranschaulichen. Denn die vielen Geräte aus Silber, Gold und Elfenbein in den mannigfaltigsten Formen nahmen sich nicht sosehr als Teile eines Festzuges aus, sondern flossen, so möchte man sagen, einem ununterbrochenen Strome gleich dahin: es folgten Gewebe vom seltensten Purpur und solche, die nach babylonischer Art mit bis ins Einzelne durchgearbeiteten Darstellungen bestickt waren.[68] Auch funkelnde Edelsteine, teils in goldene Kronen eingelassen,[69] teils andersartig verarbeitet, wurden in einer solchen Menge vorübergetragen, daß jeder die bisherige Annahme, es handle sich dabei doch um seltene Kostbarkeiten, als Irrtum erklären mußte. Auch Statuen der bei ihnen verehrten Götter[70] von erstaunlicher Größe, künstlerisch hervorragend gearbeitet und alle ohne Ausnahme aus kostbarem Material, wurden vorbeigetragen. Außerdem wurden Tiere der verschiedensten Gattungen im Zuge mitgeführt, jedes mit dem ihm zukommenden Schmuck versehen. Selbst die vielen Träger all der Kostbarkeiten waren mit purpurnen, golddurchwirkten Gewändern bekleidet; die zum Geleit des Festzuges Auserwählten[71] aber trugen einen besonders erlesenen und überwältigenden Schmuck. Sogar an der Schar der Gefangenen vermißte das Auge nicht den Schmuck; denn hier sollte die Pracht und Schönheit der Kleidung die unangenehmen Eindrücke körperlicher Mißhandlung dem Blick der Zuschauer entziehen.[72] Das meiste Staunen aber erregte der Aufbau der getragenen Schaugerüste;[73] ihre Größe rief nämlich für die Sicherheit der Ladung die Befürchtung wach, sie könnten zusammenstürzen. Unter ihnen gab es nämlich viele von drei und vier Stockwerken; dabei konnte sich der Zuschauer über die Pracht der Ausstattung nur mit Erschütterung freuen. Es waren nämlich viele Gerüste mit golddurchwirkten Geweben umwickelt und an allen waren goldene und elfenbeinerne Kunstwerke befestigt. Vom Krieg selbst aber wurde durch viele Nachbildungen ein eindrückliches Bild seiner immer wieder wechselnden Gestalt gegeben. Da konnte man sehen, wie gesegnete Landstriche verwüstet wurden, wie sämtliche Schlachtreihen der Feinde dahinsanken; man sah die einen auf der Flucht, die anderen auf dem Weg in die Gefangenschaft, das Zusammenbrechen gewaltig hoher Mauern unter dem Ansturm der Belagerungsmaschinen, die Zerstörung der Widerstandskraft der Festungen und die Einnahme starkbemannter Stadtmauern von oben her. Weiter konnte man sehen, wie sich das Heer in die Stadt ergoß, überall Tod verbreitend; dargestellt waren auch Gruppen wehrloser Menschen, die mit erhobenen Händen um Gnade flehten, Heiligtümer,[74] die man gerade in Brand gesteckt hatte, und Häuser, die über ihren Bewohnern zusammenstürzten. Dann, nach vielen Bildern der Verwüstung und Trostlosigkeit, folgten Darstellungen von Flüssen.[75] Diese durchzogen aber nicht bebaute Felder, auch spendeten sie keine Labsal für

πόλεων πολυανθρώπους[195]) περιβόλους κατ' ἄκρας ἐχομένους[196]), καὶ
144 στρατιὰν ἔνδον τειχῶν εἰσχεομένην, καὶ πάντα φόνου πλήθοντα τόπον,
καὶ τῶν ἀδυνάτων χεῖρας ἀνταίρειν ἱκεσίας[107]), πῦρ τε ἐνιέμενον[198]) ἱεροῖς
145 καὶ κατασκαφὰς οἴκων ἐπὶ τοῖς δεσπόταις, καὶ μετὰ πολλὴν ἐρημίαν καὶ
κατήφειαν[199]) ποταμοὺς ῥέοντας οὐκ ἐπὶ γῆν γεωργουμένην, οὐδὲ ποτὸν[200])
ἀνθρώποις ἢ βοσκήμασιν, ἀλλὰ διὰ τῆς ἔτι πανταχόθεν[201]) φλεγομένης[202]) ·
146 ταῦτα γὰρ Ἰουδαῖοι πεισομένους αὐτοὺς τῷ πολέμῳ παρέδοσαν. ἡ τέχνη
δὲ καὶ τῶν κατασκευασμάτων[203])ἡ μεγαλουργία τοῖς οὐκ ἰδοῦσι γινό-
147 μενα[204]) τότ' ἐδείκνυεν[205]) ὡς παροῦσι. τέτακτο δ' ἐφ' ἑκάστῳ τῶν πηγμάτων ὁ τῆς[206]) ἁλισκομένης πόλεως στρατηγὸς ὃν τρόπον ἐλήφθη.
148 πολλαὶ δὲ καὶ νῆες εἵποντο. λάφυρα δὲ τὰ μὲν ἄλλα χύδην ἐφέρετο,
διέπρεπε δὲ πάντων τὰ ἐγκαταληφθέντα[207]) τῷ ἐν Ἱεροσολύμοις ἱερῷ,
χρυσῆ τε τράπεζα τὴν ὁλκὴν πολυτάλαντος καὶ λυχνία χρυσῆ[208]) μὲν ὁμοίως πεποιημένη, τὸ δ' ἔργον ἐξήλλακτο τῆς κατὰ τὴν ἡμετέραν χρῆσιν[209])
149 συνηθείας. ὁ μὲν γὰρ μέσος ἦν κίων ἐκ τῆς βάσεως πεπηγώς[210]), λεπτοὶ[211])
δ' ἀπ' αὐτοῦ μεμήκυντο καυλίσκοι τριαίνης σχήματι παραπλησίαν τὴν
θέσιν ἔχοντες, λύχνον ἕκαστος αὐτῶν ἐπ' ἄκρον[212])κεχαλκευμένος[213]). ἑπτὰ
δ' ἦσαν οὗτοι τῆς παρὰ τοῖς Ἰουδαίοις ἑβδομάδος τὴν τιμὴν ἐμφανίζοντες.
150 ὅ[214]) τε νόμος ὁ τῶν Ἰουδαίων ἐπὶ τούτοις ἐφέρετο τῶν λαφύρων τελευ-
151 ταῖος. ἐπὶ τούτοις παρῆεσαν πολλοὶ Νίκης ἀγάλματα κομίζοντες · ἐξ
152 ἐλέφαντος δ' ἦν πάντων καὶ χρυσοῦ ἡ κατασκευή. μεθ' ἅ[215]) Οὐεσπασιανὸς
ἤλαυνε πρῶτος καὶ Τίτος εἵπετο, Δομετιανὸς δὲ παρίππευεν[216]), αὐτός τε
διαπρεπῶς[217]) κεκοσμημένος καὶ τὸν ἵππον παρέχων θέας ἄξιον.
153 6. Ἦν δὲ τῆς πομπῆς τὸ τέλος ἐπὶ τὸν νεὼ[218]) τοῦ Καπετωλίου Διός,
ἐφ' ὃν ἐλθόντες ἔστησαν· ἦν γὰρ παλαιὸν πάτριον περιμένειν, μέχρις
154 ἂν τὸν τοῦ στρατηγοῦ τῶν πολεμίων θάνατον ἀπαγγείλῃ τις. Σίμων
οὗτος ἦν ὁ Γιώρα, τότε πεπομπευκὼς ἐν τοῖς αἰχμαλώτοις, βρόχῳ δὲ
περιβληθεὶς εἰς τὸν ἐπὶ τῆς ἀγορᾶς ἐσύρετο τόπον αἰκιζομένων αὐτὸν

[195] πολυανθρώπους PAML, Niese, Thack; πολυανθρώπων VRC Lat Hudson, Bekker, Na, Paret, Clementz, Kohout, Ricc., Whiston-Marg. Die Lesart von VRC ist offenbar eine Texterleichterung.
[196] ἐρχομένους L; statt κατ' ἄκρας ἐχομένους schreibt Lat *disturbari*. Thack: completely mastered. Zu κατ' ἄκρας vgl. 7, 284.
[197] ἱκεσίαις PL¹M; ebenso wahrscheinlich A; R bietet neben der Hauptlesart ἱκεσίας -ους, als über die Zeile geschriebene Variante. [198] ἐνιόμενον P.
[199] κατήφειαν P, Niese, Na, Thack, κατηφῇ AMLVRC, κατειφῇ L¹.
[200] πατητὴν Dest. cj.
[201] ἔτι πανταχόθεν MLVR Na, Thack; ἐπιπανταχόθεν PAC Niese; *ex omni parte* Lat. Wir folgen mit Na und Thack MLVR gegen PAC und Niese, da ἐπιπανταχόθεν an anderer Stelle nicht belegt ist.
[202] statt φλεγομένης: φλεγμονῆς A; L hat φλεγομένης γῆς, wobei γῆς als Texterleichterung hinzugefügt zu sein scheint. Niese hält den griechischen Text von καὶ μετὰ bis φλεγομένης für verderbt und schlägt als möglicherweise ursprünglichen Text vor: καὶ μετὰ ταῦτα πολλὴν ἐρημίαν καὶ κατήφειαν ποταμούς τε ῥέοντας οὐκ ἐπὶ γῆν γεωργουμένην, οὐδὲ ποτὸν ἀνθρώποις ἢ βοσκήμασιν ὕδωρ φέροντας, ἀλλ' αἵματι πεφυρμένους διὰ γῆς κατιόντας πανταχόθεν φλεγομένης. Bei dem Textvorschlag Nieses fällt die besondere Einfügung von ὕδωρ φέροντας, ἀλλ' αἵματι πεφυρμένους auf. Wir weisen auf den Vorschlag Nieses hin, bemerken aber, daß er nirgends in den neueren Textausgaben und Übersetzungen berücksichtigt ist. Wir bleiben ebenfalls bei der

Menschen oder Vieh, sie strömten vielmehr durch noch ringsum brennendes Land – denn alle diese Leiden hatten sich die Juden, als sie sich auf diesen Krieg einließen, zugezogen. Die künstlerische Ausgestaltung und die Großartigkeit der Gerüste führte die Ereignisse denen, die sie nicht gesehen hatten, so lebendig vor Augen, als wären sie selbst dabeigewesen. Auf jedem Gerüst hatte man dem Befehlshaber der jeweiligen eroberten Stadt in derselben Verfassung, in der er in Gefangenschaft geraten war, seinen Platz angewiesen.[76] Es folgte eine Reihe von Schiffen.[77] Als Beute[78] nunmehr wurde das übrige haufenweise vorbeigetragen; unter allem zeichnete sich das am meisten aus, was man im Tempel in Jerusalem genommen hatte: ein viele Talente schwerer goldener Tisch[79] und ein ebenfalls aus Gold gefertigter Leuchter, in seiner Ausführung aber ganz verschieden von der Art, wie sie bei uns gewohnt ist. Mitten aus dem Sockel ragte nämlich ein Schaft empor, der nach Art des Dreizacks in dünne, nebeneinanderstehende Äste verlief; jeder dieser Äste trug an seiner Spitze eine aus Erz getriebene Lampe. Es waren deren sieben, um die von den Juden der Siebenzahl entgegengebrachte Hochschätzung zu veranschaulichen.[80] Als Abschluß der Beutestücke wurde das Gesetz (= die Torarolle) der Juden vorbeigetragen.[81] Außerdem zogen viele Männer mit Statuen der Siegesgöttin[82] vorüber, die alle aus Gold und Elfenbein angefertigt waren. Danach zog als erster Vespasian vorbei, und Titus folgte ihm, während Domitian daneben ritt – er selbst mit glänzendem Schmuck ausgestattet – auf einem Roß, das der Bewunderung wert war.[83]

6. 153. Das Ziel des Festzuges war der Platz beim Tempel des Juppiter Capitolinus; dort angelangt, hielt man an. Es war nämlich eine alte, von den Vätern ererbte Sitte, an dieser Stelle zu warten, bis ein Bote den Tod des feindlichen Feldherrn meldete.[84] In diesem Fall war es Simon, der Sohn des Giora, der soeben den Triumphzug als Gefangener hatte mitmachen müssen; jetzt wurde er, einen Strick um den Hals, unter ständigen Mißhandlungen von seinen Henkern auf den Platz oberhalb des Forums geschleift, wo nach römi-

---

allgemein angenommenen Textkonstruktion stehen. Von καὶ μετὰ bis φλεγομένης hat der Lat.: *et post multam vastaronem aversionem atque amnes tristitiam (atque amnes tristitiam* vermutet Niese) *defluentes non in arva culta neque ad hominum vel pecorum potum, sed per terram ex omni parte flagrantem.*

[203] σκευασμάτων L; τῶν κατασκευασμάτων καί Holwerda cj.
[204] γιγνόμενα L; τὰ γενόμενα C, Na.
[205] τότ' ἐδείκνυεν aus Korr. A; τότε δεικνύει P; τότε δεικνύειν A¹; τότε ἐδείκνυεν (ἐδείκνυε C) MLVRC. [206] statt ὁ τῆς :: ὅλης τῆς VR.
[207] ἐγκαταληφθέντα ed. pr.; καταληφθέντα codd.; *reperta sunt* Lat.
[208] χρυσοῦ MC. [209] χρυσῆν C.
[210] πεπηγὼς fehlt in L. [211] λευκοί P.
[212] ἐπ' ἄκρον PAML, Niese, Thack; ἐπ' ἄκρων V¹RC, Na.
[213] Statt κεχαλκευμένος hat A als Texterleichterung κεχαλκευμένον.
[214] ὅ τε νόμος – κομίζοντες fehlt in C. C springt vermutlich von ἐμφανίζοντες auf κομίζοντες. [215] ἇς L.
[216] παρίππευεν C, Niese, Na, Thack; περιίππευεν PAMLVR. Ist es denkbar, daß der Großteil der codd. παρίππευεν nachträglich zu ehrenvoll fand? *adequitabat* Lat.
[217] διὰ πρέπων PAVR.
[218] τὸν νεῴ AL, Niese, Thack; τῷ νεῴ P, Niese *minor*, τὸν νεών MVRC, Na.

ἅμα τῶν ἀγόντων· νόμος δ' ἐστὶ Ῥωμαίοις ἐκεῖ κτείνειν τοὺς ἐπὶ
155 κακουργίᾳ θάνατον κατεγνωσμένους. ἐπεὶ δ' ἀπηγγέλθη τέλος ἔχων καὶ
πάντες εὐφήμησαν, ἤρχοντο τῶν θυσιῶν, ἃς ἐπὶ ταῖς νομιζομέναις καλ-
156 λιερήσαντες εὐχαῖς ἀπῄεσαν²¹⁹) εἰς τὸ βασίλειον²²⁰). καὶ τοὺς μὲν αὐτοὶ πρὸς
εὐωχίαν ὑπεδέχοντο, τοῖς δ' ἄλλοις ἅπασιν εὐπρεπεῖς²²¹) κατὰ τὸ οἰκεῖον αἱ
157 τῆς ἑστιάσεως ἦσαν παρασκευαί. ταύτην γὰρ τὴν ἡμέραν ἡ Ῥωμαίων
πόλις ἑώρταζεν²²²) ἐπινίκιον μὲν τῆς κατὰ τῶν πολεμίων στρατιᾶς²²³),
πέρας δὲ τῶν ἐμφυλίων κακῶν ἀρχήν, δὲ τῶν ὑπὲρ τῆς εὐδαιμονίας
ἐλπίδων.
158 7. Μετὰ δὲ τοὺς θριάμβους καὶ τὴν βεβαιοτάτην²²⁴) τῆς Ῥωμαίων
ἡγεμονίας κατάστασιν Οὐεσπασιανὸς ἔγνω τέμενος Εἰρήνης κατα
σκευάσαι· ταχὺ δὲ δὴ μάλα καὶ πάσης ἀνθρωπίνης κρεῖττον ἐπινοίας
159 ἐτετελείωτο²²⁵). τῇ γὰρ ἐκ τοῦ πλούτου χορηγίᾳ δαιμονίῳ χρησάμενος ἔτι
καὶ τοῖς ἔκπαλαι κατωρθωμένοις γραφῆς²²⁶) τε καὶ πλαστικῆς²²⁷) ἔργοις
160 αὐτὸ κατεκόσμησεν· πάντα γὰρ εἰς ἐκεῖνον τὸν νεὼ συνήχθη καὶ κατε
τέθη, δι' ὧν τὴν θέαν ἄνθρωποι πρότερον²²⁸) περὶ πᾶσαν ἐπλανῶντο τὴν
161 οἰκουμένην, ἕως²²⁹) ἄλλο παρ' ἄλλοις ἦν κείμενον ἰδεῖν ποθοῦντες. ἀνέθηκε
δὲ ἐνταῦθα καὶ τὰ ἐκ τοῦ ἱεροῦ τῶν Ἰουδαίων χρυσᾶ κατασκευάσματα²³⁰)
162 σεμνυνόμενος ἐπ' αὐτοῖς²³¹). τὸν δὲ νόμον αὐτῶν καὶ τὰ πορφυρᾶ τοῦ
σηκοῦ καταπετάσματα²³²) προσέταξεν ἐν τοῖς βασιλείοις ἀποθεμένους
φυλάττειν.

163 VI. 1. Εἰς δὲ τὴν Ἰουδαίαν πρεσβευτὴς Λούκιος²³³) Βάσσος ἐκπεμφθεὶς

²¹⁹ ἐπηέσαν VR; ἀπῇσαν Na.
²²⁰ τὰ βασίλεια A. Die Vorlage von A scheint mit Rücksicht auf § 123 (τῶν ἄνω βασιλείων) τὰ βασίλεια geschrieben zu haben.
²²¹ εὐπρεπεῖς codd, εὐτρεπεῖς Niese, Na, Thack; *instructi* Lat. Die von allen Herausgebern angenommene Lesart εὐτρεπεῖς lehnt sich an den Lateiner an, während die von den codd. überlieferte Lesart εὐπρεπεῖς mehr das visuelle Element betont, das in der ganzen Darstellung des Triumphzugs vorherrscht. ²²² ἑόρταζεν PAV¹RC.
²²³ στρατιᾶς PAMVRC, Whiston-Marg., Simch; στρατείας L, sowie alle übrigen neueren Ausgaben und Übersetzungen; dazu vgl. 4, 495, wo wir Niese folgen, da dort der Sinn von στρατεία näher liegt. Zur Vertauschung der Begriffe von στρατιά und στρατεία vgl. Th. Wb. VII, 702, Zeile 30 ff.
²²⁴ τὴν βεβαιότητα τήν PA¹ Niese *minor* nimmt als wahrscheinlichen ursprünglichen Text an: Μετὰ δὲ τοὺς θριάμβους καὶ τὴν τῆς Ῥωμαίων κατάστασιν. Die Lesart von PA¹ fügt Niese *minor* zwischen καί und τήν in Klammern ein. Nach Niese *major* wäre die Lesart von PA¹ ein Interpretamentum, das später zu κατάστασιν hinzugesetzt ist. Von den neueren Herausgebern und Übersetzern folgt Simch. als einziger Niese *minor*. Immerhin ist der Vorschlag von Niese bis auf den heutigen Tag sehr beachtenswert.
²²⁵ ἐτελείωτο C. Das Imperfekt ist vielleicht in diesem Fall vorsichtiger als das besser bezeugte Plusquamperfekt.
²²⁶ γραφῇ Hudson und vermutlich Whiston-Marg. Der Dativ γραφῇ würde eine andere Satzkonstruktion nach sich ziehen. Vgl. § 159 Anm. 87.
²²⁷ πλαστικῆς C, A aus Korrektur, Bekker, Na, Niese, Thack, die Übersetzungen πλαστικοῖς PA¹ MLVR, Whiston-Marg.

schem Recht die zum Tode verurteilten Verbrecher hingerichtet wurden. Als nun sein Tod gemeldet wurde, brachen alle in lauten Jubel aus, und die Triumphatoren begannen mit den Opfern. Nachdem sie diese mit den vorgeschriebenen Gebeten unter günstigen Vorzeichen vollendet hatten, begaben sie sich in den Palast. Sie baten ihrerseits einige Festteilnehmer zur Tafel, während für alle übrigen zu Hause Festmahlzeiten zubereitet waren. Denn diesen Tag feierte die Stadt Rom als Siegesfest für den Feldzug gegen die Feinde, darüber hinaus als Ende ihrer inneren Wirren und als Anfang der Hoffnungen, die man auf eine glückliche Zukunft setzte.[85]

7. 158. Nachdem die Feierlichkeiten des Triumphs vorüber waren, und Vespasian die Lage im römischen Imperium vollkommen gesichert hatte, beschloß er, der Friedensgöttin einen Tempelbezirk auszubauen; überraschend schnell war er vollendet, und seine Ausführung übertraf alle[86] menschlichen Erwartungen. Er setzte einen phantastischen Aufwand von Reichtum ein und schmückte außerdem den Bau mit Werken der Malerei und Bildhauerkunst aus, die in alter Zeit geschaffen worden waren.[87] In diesem Tempel wurde alles gesammelt und aufgestellt: früher mußten die Leute zu dessen Besichtigung durch die ganze Welt reisen, wenn sie sehen wollten, was bis dahin an diesem und jenem Ort verstreut lag.[88] Hierhin ließ er auch die goldenen Weihegeräte aus dem Heiligtum der Juden bringen, auf die er stolz war. Ihre Torarolle und die purpurnen Vorhänge des Allerheiligsten befahl er im Palast niederzulegen und zu bewachen.[89]

6. Kapitel

1. 163. Inzwischen war Lucius Bassus als Legat nach Judäa gesandt worden. Er übernahm das Heer von Cerealius Vetilianus und unterwarf die Festung auf dem Herodeion und ihre Besatzung.[90] Danach sammelte er die ganze, vielfach in kleine Abteilungen verstreute Streitmacht und verband sie

---

[228] Für ἄνθρωποι πρότερον hat Lat *qui ante nos fuerunt homines* (überraschende Einführung des Wir-Stiles in Lat).

[229] Für ἕως *quomodo* Lat. Hudson korrigiert nach Lat und schreibt ὡς.

[230] statt τὰ - κατασκευάσματα *quae iudaeorum fuerant instrumenta* Lat.

[231] σεμνυνόμενος ἐπ' αὐτὸν δὲ νόμον VR. Beruht die Veränderung nicht nur auf einer Verschreibung, bedeutet sie eine Umwandlung der ganzen Satzkonstruktion. Statt nach αὐτοῖς würde die Interpunktion bereits nach κατασκευάσματα gesetzt. Ausdrücklich wird die Aufbewahrung von Torarolle und Purpurvorhängen damit auf eine ganz bestimmte, ehrfurchtsvolle Haltung des Vespasian zurückgeführt. So ist die Verschiebung von σεμνυνόμενος nach νόμος und καταπετάσματα vielleicht tatsächlich bewußt bei VR erfolgt (vgl. § 162 Anm. 89).

[232] statt καταπετάσματα σκεύη L.

[233] Λούκιος codd. Zonaras; Λουκίλιος Lat, ed. pr., Bekker, Niese, Na, Thack, Kohout, Clementz, Whiston-Marg., Ricc., Smich. Da die Form Λουκίλιος im hellenistischen Sprachgebrauch schwach – nach W. Pape (Griechische Eigennamen Bd. II, S. 813) gar nicht – belegt ist, wir aber Λούκιος als griechische Transcription häufig haben (vor allem bei Dio Cass., vgl. dazu Pape a.a.O. S. 814) folgen wir im Text den codd. und Zonaras.

καὶ τὴν στρατιὰν[234]) παρὰ Κερεαλίου[235]) Οὐετιλιανοῦ[236]) παραλαβὼν τὸ
164 μὲν ἐν τῷ Ἡρωδείῳ[237]) φρούριον προσηγάγετο μετὰ τῶν ἐχόντων, μετὰ
ταῦτα δὲ πᾶν ὅσον ἦν στρατιωτικὸν συναγαγών, πολὺ δ' ἦν κατὰ μέρη
διῃρημένον, καὶ τῶν ταγμάτων τὸ δέκατον, ἔγνω στρατεύειν ἐπὶ Μαχαι-
ροῦντα· πάνυ γὰρ ἦν ἀναγκαῖον ἐξαιρεθῆναι τὸ φρούριον, μὴ διὰ τὴν
165 ὀχυρότητα πολλοὺς εἰς ἀποστασίαν[238]) ἐπαγάγηται. καὶ γὰρ τοῖς κατέ-
χουσι βεβαίαν ἐλπίδα σωτηρίας καὶ τοῖς ἐπιοῦσιν ὄκνον καὶ δέος ἡ τοῦ
166 χωρίου φύσις ἦν παρασχεῖν ἱκανωτάτη. αὐτὸ μὲν γὰρ τὸ τετειχισμένον
πετρώδης ὄχθος ἐστὶν εἰς μήκιστον ὕψος ἐγηγερμένος, ὡς εἶναι καὶ διὰ
τοῦτο δυσχείρωτος, μεμηχάνηται δ' ὑπὸ τῆς φύσεως εἶναι μηδὲ προσιτός·
167 φάραγξιν γὰρ πάντοθεν ἀσύνοπτον ἐχούσαις τὸ βάθος περιτετάφρευται,
μήτε περαθῆναι ῥᾳδίως δυναμέναις καὶ χωσθῆναι παντάπασιν ἀμηχάνοις.
168 ἡ μὲν γὰρ ἀπὸ τῆς ἑσπέρας περιτέμνουσα παρατείνει σταδίους ἑξήκοντα
πέρας αὐτῆς[239]) τὴν Ἀσφαλτῖτιν ποιουμένη λίμνην· κατὰ τοῦτο δέ πῃ καὶ
169 αὐτὸς ὁ Μαχαιροῦς τὴν ὑψηλοτάτην ἔχει κορυφὴν ὑπερανίσχουσαν· αἱ δ'
ἀπὸ τῆς ἄρκτου καὶ μεσημβρίας φάραγγες μεγέθει μὲν ἀπολείπονται τῆς
170 προειρημένης, ὁμοίως δ' εἰσὶν ἀμήχανοι πρὸς ἐπιχείρησιν. τῆς δὲ πρὸς
ἀνατολὴν φάραγγος τὸ μὲν βάθος οὐκ ἔλαττον ἑκατὸν εὑρίσκεται πήχεων,
τέρμα δὲ γίνεται πρὸς ὄρος ἀπαντικρὺ κείμενον Μαχαιροῦντος.
171 2. Ταύτην τοῦ τόπου κατιδὼν τὴν φύσιν βασιλεὺς Ἰουδαίων Ἀλέξανδρος πρῶτος ἐπ' αὐτοῦ τειχίζει φρούριον, ὃ μετὰ ταῦτα Γαβίνιος Ἀρι-
172 στοβούλῳ πολεμῶν καθεῖλεν. Ἡρώδῃ δὲ βασιλεύοντι παντὸς ἔδοξε μᾶλλον ἐπιμελείας ἄξιον[240]) εἶναι καὶ κατασκευῆς ὀχυρωτάτης μάλιστα καὶ
διὰ τὴν Ἀράβων γειτνίασιν· κεῖται γὰρ ἐν ἐπικαίρῳ πρὸς τὴν ἐκείνων γῆν
173 ἀποβλέπον[241]). μέγαν μὲν οὖν τόπον τείχεσιν καὶ πύργοις περιβαλὼν
πόλιν ἐνταῦθα κατῴκισεν, ἐξ ἧς ἄνοδος εἰς αὐτὴν ἔφερε τὴν ἀκρώρειαν.
174 οὐ μὴν ἀλλὰ καὶ περὶ αὐτὴν ἄνω τὴν κορυφὴν τεῖχος ἐδείματο καὶ πύρ-
175 γους ἐπὶ ταῖς γωνίαις ἕκαστον[242]) ἑξήκοντα πηχῶν ἀνέστησεν. μέσον δὲ
τοῦ περιβόλου βασίλειον ᾠκοδομήσατο μεγέθει τε καὶ κάλλει τῶν οἰκή-
176 σεων πολυτελές, πολλὰς δὲ καὶ δεξαμενὰς εἰς ὑποδοχὴν ὕδατος καὶ χορηγίαν ἄφθονον ἐν τοῖς ἐπιτηδειοτάτοις τῶν τόπων κατεσκεύασεν, ὥσπερ
πρὸς τὴν φύσιν ἁμιλληθείς, ἵν' αὐτὸς τὸ κατ' ἐκείνην τοῦ τόπου δυσάλω-
177 τον ὑπερβάληται ταῖς χειροποιήτοις ὀχυρώσεσιν· ἔτι γὰρ καὶ βελῶν
πλῆθος καὶ μηχανημάτων ἐγκατέθετο καὶ πᾶν ἐπενόησεν ἑτοιμάσασθαι
τὸ παρασχεῖν δυνάμενον τοῖς ἐνοικοῦσιν μηκίστης πολιορκίας καταφρόνησιν.

[234] στρατίαν MVRC Niese, Na, Clementz, Whiston-Marg., Smich. στρατηγίαν PAL Lat, Thack, Kohout, Ricc.; πεμφθεὶς στρατηγὸς εἰς Ἰουδαίαν Λούκιος Βάσσος Zonaras.
Die beachtliche Lesart στρατηγίαν kann bedeuten: a) Heerführung, Amt des στρατηγός. b) Amt, Verwaltung (Thack: command nicht commando). Wenn wir στρατιὰν beibehalten, dann klingt der Text weniger geschickt, στρατιωτικόν wäre Umschreibung; στρατηγίαν ist die stilistisch bessere Lesart, aber wohl nicht die ursprünglichere.
[235] A hat κεραλίου mit übergesetztem ε; κερελλίου L; *oreali* Lat.
[236] Οὐετιλιανοῦ PAMVC, Niese, Thack, Ricc; οὐεστιλιανοῦ L; οὐετιλλιανοῦ R; *nitelliano* oder *nitellieno* Lat. Vittelianus Bekker, Na, Kohout, Clementz, Whiston-Marg., Simch., Niese (App) schlägt Οὐεττιληνοῦ vor. Zum Ganzen vgl. § 163 Anm. 90.

mit der 10. Legion, um gegen Machärus zu ziehen.[91] Es war nämlich auf jeden Fall notwendig, diese Festung zu zerstören, da sie sonst um ihrer Stärke willen viele zum Abfall hätte verleiten können, zumal die Beschaffenheit des Ortes[92] sehr geeignet war, den Verteidigern feste Hoffnung auf Rettung, den Angreifern dagegen Zaudern und Furcht einzuflößen. Denn das ummauerte Gebiet selbst besteht aus einem felsigen Berg, der eine beträchtliche Höhe mißt, so daß das Ganze schon deswegen sehr schwer einzunehmen ist. Überdies ist es von der Natur so eingerichtet, daß es keinerlei Zugang gibt. Der Berg ist nämlich von allen Seiten von unübersehbar tiefen Schluchten eingeschlossen, die nicht leicht zu durchqueren sind, geschweige denn sich mit Erde auffüllen lassen. Der westliche Taleinschnitt erstreckt sich über 60 Stadien und reicht bis zum Asphaltsee; außerdem wird Machärus selbst gerade nach dieser Seite hin von dem höchsten Gipfel überragt. Die Schluchten im Norden und Süden sind zwar gegenüber der erstgenannten nicht so breit, doch machen sie gleichfalls einen Angriff unmöglich. Die Tiefe der nach Osten weisenden Schlucht erlangt nicht weniger als 100 Ellen. Das Ende der Schlucht stößt gerade auf den Machärus gegenüberliegenden Höhenzug.

2. 171. Da schon der jüdische König Alexander (Jannai) diese vorteilhafte Lage des Ortes erkannt hatte, ummauerte er dort oben als erster einen Stützpunkt, den jedoch bald darauf Gabinius im Kriege gegen Aristobul schleifte.[93] Während seiner Regierung schien dem König Herodes dieser Ort mehr als jeder andere der Beachtung und einer besonders starken Befestigung wert, vor allem auch wegen der Nachbarschaft der Araber; denn der Ort ist im Blick auf deren Land hin sehr günstig gelegen. Deswegen umgab Herodes einen weiten Raum mit Mauern und Türmen und gründete in diesem eine Stadt, aus der heraus ein Weg hinauf zum eigentlichen Gipfel führte. Dazu befestigte er den Gipfel oben noch mit einer eigenen Mauer und errichtete an den Eckpunkten Türme je 60 Ellen hoch. Inmitten dieses befestigten Raumes ließ er sich in verschwenderischer Pracht einen Palast mit weitläufigen und herrlichen Gemächern bauen. Auch legte er an den geeigneten Stellen so viele Zisternen zur Speicherung des Wassers an, daß jederzeit reichlicher Vorrat gegeben war. So überbot er, gleichsam mit der Natur wetteifernd, diese noch in der von ihr geschaffenen Uneinnehmbarkeit des Ortes durch künstliche Befestigungen. Ferner rüstete er sogar die Festung mit einer Menge von Geschossen und Wurfmaschinen aus, und war überhaupt in jeder Hinsicht darauf bedacht, den Bewohnern zu ermöglichen, der längsten Belagerung zu trotzen.[94]

[237] ἡρωδίῳ AVRC Zonaras. Offenbar hat sich die lateinische Lesart „Herodium" an allen Stellen im bellum neben der griechischen Form behaupten können.
[238] ἀποστασίαν PA Bekker, Niese, Thack; ἀπόστασαν MLVRC Na.
[239] αὐτῆς Bekker, Niese, Na, Thack; αὑτῆς codd.
[240] ἄξιον codd. Bekker, Niese, Na, Thack; *dignior* Lat, woraus Dest. cj. ἄξιος.
[241] ἀποβλέπον MR Niese, Na, Thack; ἀποβλέπων PALV¹ Bekker; ἐπιβλέπων C.
[242] ἕκαστον R Bekker, Niese, Na, Thack und die Übersetzungen; ἑκατὸν PAMLVC Lat. vgl. Niese Praefatio S. XXXVI und L. Haefeli, Samaria und Peräa bei Flavius Josephus, 115.

3. Ἐπεφύκει²⁴³) δ' ἐν τοῖς βασιλείοις πήγανον ἄξιον τοῦ μεγέθους θαυμάσαι· συκῆς γὰρ οὐδεμιᾶς ὕψους καὶ πάχους ἐλείπετο. λόγος δὲ²⁴⁴) ἦν ἀπὸ τῶν Ἡρώδου χρόνων αὐτὸ διαρκέσαι, κἂν ἐπὶ πλεῖστον ἴσως ἔμεινεν, ἐξεκόπη δὲ ὑπὸ²⁴⁵) τῶν παραλαβόντων τὸν τόπον Ἰουδαίων. τῆς φάραγγος δὲ τῆς κατὰ τὴν ἄρκτον περιεχούσης τὴν πόλιν Βαάρας²⁴⁶) ὀνομάζεταί τις τόπος, φύει²⁴⁷) ῥίζαν ὁμωνύμως λεγομένην αὐτῷ. αὕτη²⁴⁸) φλογὶ μὲν τὴν χροίαν²⁴⁹) ἔοικε, περὶ δὲ τὰς ἑσπέρας σέλας ἀπαστράπτουσα τοῖς ἐπιοῦσι καὶ βουλομένοις λαβεῖν αὐτὴν οὐκ ἔστιν εὐχείρωτος²⁵⁰), ἀλλ' ὑποφεύγει καὶ οὐ πρότερον ἵσταται, πρὶν ἄν τις οὖρον γυναικὸς ἢ τὸ ἔμμηνον αἷμα χέῃ κατ' αὐτῆς. οὐ μὴν ἀλλὰ καὶ τότε τοῖς ἁψαμένοις πρόδηλός ἐστι θάνατος, εἰ μὴ τύχοι²⁵¹) τις αὐτὴν ἐκείνην ἐπενεγκάμενος τὴν ῥίζαν ἐκ τῆς χειρὸς ἀπηρτημένην· ἁλίσκεται δὲ καὶ καθ' ἕτερον τρόπον ἀκινδύνως, ὅς ἐστι τοιόσδε· κύκλῳ πᾶσαν αὐτὴν περιορύσσουσιν, ὡς εἶναι τὸ κρυπτόμενον τῆς ῥίζης βραχύτατον. εἶτ' ἐξ αὐτῆς ἀποδοῦσι κύνα, κἀκείνου τῷ δήσαντι συνακολουθεῖν ὁρμήσαντος ἡ μὲν ἀνασπᾶται ῥᾳδίως, θνήσκει δ' εὐθὺς ὁ κύων ὥσπερ ἀντιδοθεὶς τοῦ μέλλοντος τὴν βοτάνην ἀναιρήσεσθαι²⁵²). φόβος γὰρ οὐδεὶς τοῖς μετὰ ταῦτα λαμβάνουσιν. ἔστι δὲ μετὰ τοσούτων κινδύνων διὰ μίαν ἰσχὺν περισπούδαστος· τὰ γὰρ καλούμενα δαιμόνια, ταῦτα δὲ πονηρῶν ἐστιν ἀνθρώπων πνεύματα τοῖς ζῶσιν εἰσδυόμενα καὶ κτείνοντα τοὺς βοηθείας μὴ τυγχάνοντας²⁵³), αὕτη ταχέως ἐξελαύνει, κἂν προσενεχθῇ μόνον τοῖς νοσοῦσι. ῥέουσι δὲ καὶ θερμῶν ὑδάτων πηγαὶ κατὰ τὸν τόπον πολὺ τὴν γεῦσιν ἀλλήλων διαφέρουσαι· πικραὶ μὲν γὰρ αὐτῶν τινές εἰσιν, αἱ δὲ γλυκύτητος οὐδὲν ἀπολείπουσαι²⁵⁴). πολλαὶ δὲ καὶ ψυχρῶν ὑδάτων ἀναδόσεις οὐ μόνον ἐν τῷ χθαμαλωτέρῳ τὰς πηγὰς παραλλήλους²⁵⁵) ἔχουσαι²⁵⁶), ἀλλ' ὡς ²⁵⁷)ἂν καὶ μᾶλλόν τις θαυμάσειε, σπήλαιον γάρ τι πλησίον ὁρᾶται κοιλότητι μὲν οὐ βαθύ, τῇ πέτρᾳ δὲ προυχούσῃ σκεπόμενον· ταύτης ἄνωθεν ὡσανεὶ μαστοὶ δύο ἀνέχουσιν ἀλλήλων ὀλίγῳ διεστῶτες, καὶ ψυχροτάτην μὲν ἅτερος πηγήν, ἅτερος δὲ θερμοτάτην ἐκδίδωσιν, αἳ μισγόμεναι ποιοῦσι λουτρὸν ἥδιστον παιώνιόν τε²⁵⁸) νοσημάτων, πολλῷ δὲ μάλιστα νεύρων ἄκεσιν. ἔχει δὲ ὁ τόπος καὶ θείου καὶ στυπτηρίας μέταλλα.

²⁴³ ἐπεφύη L.
²⁴⁴ δὲ ἦν PAMVR Niese; δ' ἦν LC Zonaras, Bekker, Niese *minor*, Na, Thack.
²⁴⁵ δὲ ὑπὸ PAMLVR Niese; δ' ὑπὸ C Bekker, Niese *minor*, Na, Thack.
²⁴⁶ Βαάρος PAMRC, Bekker, Niese, Na, Thack und alle Übersetzungen. Βαὰρ L Zonaras, vgl. den hebräischen Stamm bā-'ār. Der Textprozeß zeigt die Fremdartigkeit des Stammes. V hat Βαρας mit zweitem übergeschriebenem α. *babras* oder *brabas* Lat. Vielleicht war *babras* oder *brabas* als geheimnisvolles Heilmittel bei den Römern bekannt.
²⁴⁷ ὅς φύει Dest., Niese *minor*, Thack setzt ὅς in Klammern; Niese *major* (App.) schlägt als bessere Textform vor: τις τόπος Βαάρας ὀνομάζεται, φύει ῥίζαν.
²⁴⁸ αὐτῇ PA¹ (nach Niese App. ohne ι-subscriptum).
²⁴⁹ χροίαν P Niese, Thack; χρόαν L, A in Korrektur, Na; χροιάν MVRC Zonaras, Bekker; zu der Form χροίαν vgl. Thesaurus Sp. 1694.   ²⁵⁰ ἀχείρωτος R¹.
²⁵¹ τύχῃ LVRC Zonaras. Der Nominativ ist auffällig, der Dativ wäre eine mögliche Textverbesserung.
²⁵² Zonaras verkürzt den vorliegenden Text und liest: θνῆσκεν δ'εὐθὺς ὁ κύων, φόβος δ'οὐδεὶς τοῖς μετὰ ταῦτα λαμβάνουσιν.

Josephus, Jüdischer Krieg, Buch 7

3. 178. Innerhalb des Königspalastes wuchs eine Raute von erstaunlicher Größe, denn sie stand einem Feigenbaum an Höhe und Umfang keineswegs nach.[95] Es hieß aber, daß sie sich seit Herodes' Zeiten erhalten habe, und sie vielleicht noch sehr lange stehengeblieben wäre, wenn die Juden sie nicht bei der Einnahme des Ortes umgehauen hätten.[96] Ferner gibt es in dem Tale, das die Stadt im Norden umgibt, einen Ort, der Baaras genannt wird.[97] Hier wächst eine Pflanze mit gleichem Namen. Diese hat eine feuerrote Farbe und wirft gegen Abend ein strahlendes Licht aus. Es ist nicht leicht, sich ihr zu nähern und sie zu berühren, da sie sich stets dem Zugriff entzieht und nicht eher still steht, als bis man Urin einer Frau oder deren monatliches Blut über sie gießt. Doch sind auch dann noch diejenigen, die sie berühren, des Todes, gelingt es ihnen nicht, die Pflanze so zu fassen, daß die Wurzel von der Hand herabhängt. Sie läßt sich aber auch auf eine andere, ungefährliche Weise gewinnen, und zwar so: man lockert die Erde rings um die Pflanze, so daß nur noch ein sehr geringer Teil der Wurzel verborgen ist. Dann bindet man einen Hund daran. Indem dieser nun sogleich strebt, dem, der ihn angebunden hat, zu folgen, wird die Pflanze mühelos vollends herausgezogen. Der Hund aber stirbt auf der Stelle, gleichsam in Stellvertretung für den, der die Pflanze fortnehmen wollte; denn wer nun die Pflanze ergreift, braucht nichts mehr zu fürchten. Es ist aber eine einzigartige Kraft, um deretwillen die Pflanze trotz aller oben genannten Gefahren so sehr begehrt wird. Denn die Wurzel vertreibt, sobald sie nur an den Kranken herangetragen wird, die sogenannten Dämonen, das heißt die Geister böser Menschen, die in die Lebenden fahren und diese töten, wenn nicht früh genug Hilfe kommt.[98] An diesem Ort fließen auch warme Wasserquellen, die im Geschmack stark voneinander unterschieden sind. Einige von ihnen schmecken bitter, während andere einen milden Wohlgeschmack haben. Es sind aber auch viele Kaltwasserquellen zu finden, die nicht nur an tiefer gelegenen Stellen dicht nebeneinander hervorsprudeln, sondern – und damit kommen wir noch zu etwas weit Erstaunlicherem – auch weiter oberhalb. Man sieht nämlich ganz in der Nähe eine nicht sehr tiefe Höhle, die von einem überstehenden Felsen geschützt wird. Über diesen Felsen ragen dicht beieinander zwei Hügel wie weibliche Brüste heraus. So hoch oben nun bringt der eine eine sehr kalte Quelle hervor, der andere eine sehr heiße. Beide zusammen bewirken ein besonders angenehmes Bad. Es ist ein Heilmittel für viele Krankheiten und gilt vor allem als nervenstärkend.[99] Außerdem hat der Ort auch Schwefel- und Alaungruben.[100]

---

[253] τυχόντας ML.
[254] ἀπολείπουσαι PV Niese, Thack; ἀπολείπουσι AMR Bekker, Na; ἀπολείπουσιν LV.
[255] παραλλήλως PALVC; παραλλήλων R; alternos Lat.
[256] ἔχουσαι PM Niese, Thack; ἔχουσιν ALVRC vermutlich auch Lat., Bekker, Na (ἔχουσιν Erleichterungsvariante?).
[257] ἀλλ' ὃν ἄν Holwerda cj.; vgl. auch den Zusatz in unserer Übersetzung.
[258] παιώνιον δὲ L.

190 4. Βάσσος δὲ περισκεψάμενος[259]) τὸ χωρίον ἔγνω ποιεῖσθαι τὴν πρόσοδον χωννὺς τὴν φάραγγα τὴν πρὸς ταῖς ἀνατολαῖς καὶ τῶν ἔργων[260]) εἴχετο, σπουδὴν ποιούμενος ᾗ τάχος[261]) ἐξᾶραι τὸ χῶμα[262]) καὶ δι' αὐτοῦ ῥᾳδίαν
191 ποιῆσαι τὴν πολιορκίαν. οἱ δ' ἔνδον ἀπειλημμένοι τῶν Ἰουδαίων αὐτοὶ καθ' ἑαυτοὺς ἀπὸ τῶν ξένων διακριθέντες ἐκείνους μὲν ἠνάγκασαν, ὄχλον ἄλλως εἶναι νομίζοντες, ἐν τῇ κάτω πόλει παραμένειν καὶ τοὺς κινδύνους
192 προεκδέχεσθαι, τὸ δ' ἄνω φρούριον αὐτοὶ καταλαβόντες[263]) εἶχον καὶ[264]) διὰ τὴν ἰσχὺν τῆς ὀχυρότητος καὶ προνοίᾳ τῆς σωτηρίας αὐτῶν[265]). τεύξεσθαι γὰρ ἀφέσεως ὑπελάμβανον, εἰ τὸ χωρίον Ῥωμαίοις ἐγχειρίσειαν[266]).
193 πείρᾳ δὲ πρότερον ἐβούλοντο[267]) τὰς ὑπὲρ τοῦ διαφεύξεσθαι[268]) τὴν πολιορκίαν ἐλπίδας ἐλέγξαι. διὰ τοῦτο καὶ προθύμως[269]) ἐποιοῦντο τὰς ἐξόδους ἀνὰ πᾶσαν ἡμέραν, καὶ τοῖς τυχοῦσι[270]) συμπλεκόμενοι πολλοὶ μὲν
194 ἔθνησκον, πολλοὺς δὲ τῶν Ῥωμαίων ἀνῄρουν. ἀεὶ δὲ τὸ κρατεῖν ὁ καιρὸς ἐβράβευεν ἑκατέροις τὸ πλέον, τοῖς μὲν Ἰουδαίοις, εἰ πρὸς ἀφυλακτοτέρους προσπέσοιεν, τοῖς[271]) δὲ ἐπὶ τῶν χωμάτων προϊδομένοις[272]), εἰ τὴν
195 ἐκδρομὴν αὐτῶν δέχοιντο πεφραγμένως. ἀλλ' οὐκ ἐν τούτοις ἔμελλεν γενήσεσθαι τὸ πέρας τῆς πολιορκίας, ἔργον δέ τι πραχθὲν ἐκ συντυχίας παράλογον τῆς παραδόσεως τοῦ φρουρίου τὴν ἀνάγκην ἐπέστησε τοῖς
196 Ἰουδαίοις. ἦν ἐν τοῖς πολιορκουμένοις νεανίας τολμῆσαί[273]) τε θρασὺς καὶ
197 κατὰ χεῖρα δραστήριος, Ἐλεάζαρος ὄνομα· γεγόνει δὲ οὗτος ἐν ταῖς ἐκδρομαῖς ἐπιφανὴς τοὺς πολλοὺς ἐξιέναι καὶ κωλύειν τὴν χῶσιν παρακαλῶν καὶ κατὰ τὰς μάχας πολλὰ καὶ δεινὰ τοὺς Ῥωμαίους διατιθείς, τοῖς δὲ σὺν αὐτῷ τολμῶσιν ἐπεκτρέχειν ῥᾳδίαν μὲν τὴν προσβολὴν τιθέμενος, ἀκίνδυνον δὲ παρέχων τὴν ἀναχώρησιν τῷ τελευταῖος ἀπιέναι[274]).
198 καὶ δή ποτε τῆς μάχης διακριθείσης καὶ γεγονυίας ἀμφοτέρων ἀναχωρήσεως αὐτὸς ἅτε δὴ περιφρονῶν καὶ νομίζων οὐκ ἂν ἔτι τῶν πολεμίων οὐδένα τότε μάχης ἄρξειν, μείνας τῶν πυλῶν ἔξω τοῖς ἐπὶ τοῦ τείχους
199 διελάλει καὶ πᾶς πρὸς ἐκείνοις[275]) τὴν διάνοιαν ἦν. ὁρᾷ δὲ τὸν καιρὸν[276]) τοῦ Ῥωμαϊκοῦ τις στρατοπέδου Ῥοῦφος, γένος Αἰγύπτιος, καὶ μηδενὸς ἂν προσδοκήσαντος ἐξαίφνης ἐπιδραμὼν σὺν αὐτοῖς ἀράμενος αὐτὸν τοῖς ὅπλοις, ἕως[277]) κατεῖχε τοὺς ἀπὸ τῶν τειχῶν ἰδόντας ἔκπληξις, φθάνει

---

[259] Zwischen δὲ und περισκεψάμενος fügt C. πάντῃ ein; *contemplatus undique* Lat, Bekker, Na. Bei der Entscheidung gegen Bekker, Na wird πάντῃ bzw. *undique* als Zusatz angesehen. Lat. könnte allerdings das *undique* aus der Vorsilbe περι - gezogen haben.
[260] ἄλλων ἔργων L   [261] für ᾗ τάχος *quam plurimum* Lat.
[262] τὸ χῶμα – δι' αὐτοῦ PA L Lat., Niese, Thack; τὰ χώματα – δι' αὐτῶν MVRC Bekker, Na.
[263] καταλαμβάνοντες L.   [264] καὶ läßt P aus.   [265] αὐτῶν Bekker, Na, Thack.
[266] ἐγχειρίσειαν VC Bekker, Niese, Na, Thack; ἐγχειρήσειαν PAMLR.
[267] ἐβουλεύοντο L.   [268] διαφεύξασθαι LVRC.   [269] προθύμως VRC.
[270] τυχοῦσι codd., Lat., Zonaras, Bekker, Clementz; χοῦσι Dest. cj., Niese, Na, Thack, Kohout, Whiston-Marg., Ricc., Simch. Da der durch die codd. überlieferte Text durchaus möglich ist und eine Umwandlung von χοῦσι in τυχοῦσι seitens der codd. schwerlich verständlich, schließen wir uns an die allein bezeugte Überlieferung an. Niese hat allerdings die Beziehung zwischen χοῦσι und § 194 ἐπὶ τῶν χωμάτων sowie § 197 κωλύειν τὴν χῶσιν herstellen wollen, aber die Beweiskraft einer derartigen Verbindung ist doch nicht überzeugend.
[271] Für den Text von τοῖς – πεφραγμένως schreibt Lat.: *in aggere autem positis, si*

Josephus, Jüdischer Krieg, Buch 7

4. 190. Nachdem Bassus das Kastell von allen Seiten in Augenschein genommen hatte, beschloß er, sich durch das Aufschütten der östlichen Talschlucht einen Zugang zu verschaffen. Er ging sofort ans Werk, um so schnell wie möglich den Damm aufzuwerfen und durch ihn die Belagerung zu erleichtern. Die Juden, die nun eingeschlossen waren, trennten sich von den Fremden,[101] da sie diese ohnehin für Pöbel hielten, zwangen sie jedoch, unten in der Stadt auszuharren und die ersten Gefahren abzufangen. Die Juden selbst besetzten die höher gelegene Festung, nicht bloß weil diese an sich eine weit größere Sicherheit bot, sondern auch in Vorsorge für ihre Rettung in noch anderer Weise; sie meinten nämlich, Freilassung zu erlangen, falls sie den Römern das Kastell übergäben. Zuvor aber wollten sie die Hoffnung, sie könnten der Belagerung überhaupt entgehen, versuchsweise verwirklichen. Deswegen unternahmen sie verwegen Tag für Tag Ausfälle. Da sie dabei mit den jeweiligen Gegnern ins Handgemenge gerieten, kamen zwar viele ihrer Leute um, doch töteten sie auch viele Römer. Die Entscheidung zum Siege auf der einen oder der anderen Seite aber gab in den meisten Fällen allein der geschickt gewählte Augenblick, bei den Juden, wenn sie die Römer ganz unerwartet überfielen, bei den Römern, wenn sie von den Dämmen aus die Absicht der Juden schon bemerkt hatten und sich dem Angriff in geschlossenen Reihen entgegenstellen konnten. Doch sollte sich schließlich das Ende der Belagerung nicht hieraus ergeben. Vielmehr wurde es das Werk des Zufalls, das den Juden die unvermutete Notwendigkeit der Übergabe der Festung aufzwang.[102] Unter den Belagerten war ein Jüngling mit Namen Eleazar; tapfer und draufgängerisch genug wagte er viele Unternehmungen. Bei den Angriffen hatte er sich vor allen ausgezeichnet. Er feuerte die Menge an, sich in den Kampf zu stürzen und die Schanzarbeiten zu hintertreiben. Er selbst verwickelte die Römer in ebenso viele wie gefährliche Kämpfe. Denen, die gemeinsam mit ihm wagten, einen Ausfall zu machen, erleichterte er den Angriff; während des Rückzuges schützte er sie, indem er als letzter das Kampffeld verließ. Eines Tages nun – der Kampf war schon entschieden und man zog sich bereits auf beiden Seiten zurück – blieb Eleazar allein vor den Toren. Denn er wollte den Feinden seine Geringschätzung zeigen und glaubte zudem, daß wohl keiner der Feinde erneut den Kampf aufnehmen würde. Er begann, mit den Juden auf der Mauer zu plaudern und war bald ganz im Gespräch vertieft. Diese günstige Gelegenheit erkannte einer aus dem römischen Heere, ein Ägypter namens Rufus. In einem Augenblick, als es keiner erwarten konnte, stürzte er plötzlich herbei und hob den Mann mitsamt seiner Rüstung empor. Während die Zuschauer auf der Mauer noch von Entsetzen gelähmt waren, hatte er ihn bereits in das römische Zeltlager getragen. Der Feldherr befahl, den Jüngling nackt auszuziehen, ihn an einem

---

provisum excursum eorum bene septi armis exciperent. (Der Text ist eine gute lateinische Transposition des griechischen Wortlautes).
[272] προειδομένοις εἰ PAC; εἰ προειδομένοις ML.
[273] τόλμῃ L Zonaras (Niese App. hat τόλμη ohne ι-subscriptum, Na App. mit ι-subscriptum.) [274] ἀπεῖναι MVRC. [275] ἐκείνους MVRC Bekker.
[276] Für τὸν καιρόν hat C αὐτὸν τίς. [277] Für ἕως ὡς Na cj.

200 τὸν ἄνδρα μεταθεὶς[278]) πρὸς τὸ Ῥωμαίων[279]) στρατόπεδον. τοῦ δὲ στρατηγοῦ κελεύσαντος γυμνὸν διαλαβεῖν αὐτὸν καὶ καταστήσαντας[280]) εἰς τὸ φανερώτατον τοῖς ἐκ τῆς πόλεως ἀποβλέπουσι μάστιξιν αἰκίζεσθαι, σφόδρα[281]) τοὺς Ἰουδαίους τὸ περὶ τὸν νεανίαν πάθος συνέχεεν, ἀθρόα τε ἡ πόλις ἀνώμωξε[282]), καὶ θρῆνος ἦν μείζων ἢ καθ᾽ ἑνὸς ἀνδρὸς συμφοράν.
201 τοῦτο συνιδὼν ὁ Βάσσος κατὰ τῶν πολεμίων ἀρχὴν ἐποιήσατο στρατηγήματος, καὶ βουληθεὶς αὐτῶν ἐπιτεῖναι τὸ περιαλγές, ἵνα βιασθῶσιν ἀντὶ τῆς σωτηρίας τἀνδρὸς ποιήσασθαι τοῦ φρουρίου παράδοσιν, τῆς ἐλπίδος
202 οὐ διήμαρτεν. ὁ μὲν γὰρ προσέταξε καταπηγνύναι[283]) σταυρὸν ὡς αὐτίκα κρεμῶν[284]) τὸν Ἐλεάζαρον, τοῖς[285]) δὲ ἀπὸ τοῦ φρουρίου τοῦτο θεασαμένοις ὀδύνη τε πλείων προσέπεσε, καὶ διωλύγιον ἀνώμωζον[286]) οὐκ ἀνα-
203 σχετὸν εἶναι τὸ πάθος βοῶντες. ἐνταῦθα δὴ τοίνυν Ἐλεάζαρος ἱκέτευεν αὐτοὺς μήτε αὐτὸν περιιδεῖν ὑπομείναντα θανάτων τὸν οἴκτιστον καὶ σφίσιν αὐτοῖς τὴν σωτηρίαν παρασχεῖν τῇ Ῥωμαίων εἴξαντας ἰσχύι καὶ
204 τύχῃ μετὰ πάντας ἤδη κεχειρωμένους. οἱ δὲ καὶ πρὸς τοὺς ἐκείνου λόγους κατακλώμενοι καὶ πολλῶν ἔνδον ὑπὲρ αὐτοῦ δεομένων, ἦν γὰρ ἐκ μεγάλης καὶ σφόδρα πολυανθρώπου συγγενείας, παρὰ τὴν αὐτῶν[287]) φύσιν εἰς
205 οἶκτον[288]) ἐνέδωκαν· καί τινας[289]) ἐξαποστείλαντες κατὰ τάχος διελέγοντο ποιεῖσθαι τὴν παράδοσιν τοῦ φρουρίου ἀξιοῦντες, ἵν᾽[290]) ἀδεεῖς ἀπαλλάτ-
206 τωνται κομισάμενοι τὸν Ἐλεάζαρον. δεξαμένων δὲ τῶν[291]) Ῥωμαίων καὶ τοῦ στρατηγοῦ ταῦτα, τὸ πλῆθος τῶν ἐν τῇ κάτω πόλει τὴν γεγενημένην ἰδίᾳ τοῖς Ἰουδαίοις πυθόμενοι σύμβασιν αὐτοὶ κατὰ νύκτα λαθόντες[292])
207 ἔγνωσαν ἀποδρᾶναι. τὰς πύλας δὲ αὐτῶν ἀνοιξάντων παρὰ τῶν τὴν ὁμολογίαν πεποιημένων πρὸς τὸν Βάσσον ἦκεν μήνυσις, εἴτ᾽ οὖν τῆς σωτηρίας αὐτοῖς[293]) φθονησάντων εἴτε καὶ[294]) διὰ δέος, μὴ τὴν αἰτίαν
208 αὐτοὶ λάβωσι τῆς ἐκείνων ἀποδράσεως. οἱ[295]) μὲν οὖν ἀνδρειότατοι τῶν ἐξιόντων ἔφθασαν[296]) διεκπαίσασθαι[297]) καὶ διαφυγεῖν, τῶν δ᾽ ἔνδον καταλειφθέντων[298]) ἄνδρες μὲν ἀνῃρέθησαν ἐπὶ τοῖς χιλίοις ἑπτακόσιοι, γύναια
209 δὲ καὶ παῖδες ἠνδραποδίσθησαν. τὰς δὲ πρὸς τοὺς παραδόντας τὸ φρούριον ὁμολογίας οἰόμενος δεῖν[299]) ὁ Βάσσος διαφυλάττειν αὐτούς τε ἀφίησιν καὶ τὸν Ἐλεάζαρον ἀπέδωκε.
210 5. Ταῦτα δὲ διοικησάμενος ἠπείγετο τὴν στρατιὰν ἄγων ἐπὶ τὸν προσαγορευόμενον Ἰάρδην δρυμόν· πολλοὶ γὰρ εἰς αὐτὸν ἠγγέλθησαν ἠθροῖσθαι τῶν κατὰ τὰς πολιορκίας πρότερον ἔκ τε Ἱεροσολύμων καὶ
211 Μαχαιροῦντος ἀποδράντων. ἐλθὼν οὖν ἐπὶ τὸν τόπον καὶ γνοὺς τὴν ἀγγελίαν οὐκ ἐψευσμένην πρῶτον μὲν τοῖς ἱππεῦσιν ἅπαν κυκλοῦται τὸ

---

[278] μετατιθεὶς PA. [279] ῥωμαῖον C; ῥωμαϊκόν P. [280] καταστήσαντος PAC.
[281] σφόδρα δέ P; σφόδρα τε Dest. cj. [282] ἀνώμοξε PAVR.
[283] καταπήγνυσθαι L. [284] κρεμῶν PAL; κρεμῶν VRC, κρεμάσων Zonaras.
[285] τοὺς – θεασαμένους PA¹ L. [286] ἀνώμοζον PAL VRC vgl. § 200.
[287] αὐτὴν VR αὐτῶν Bekker, Na, Thack. [288] εἰς οἶκτον fehlt bei C.
[289] τινες P. [290] ἵνα LVRC, Zonaras, Bekker.
[291] τῶν – στρατηγοῦ *dux romanorum* Lat. [292] VR μαθόντες.
[293] αὐτοῖς MVR und A aus Korrektur, Bekker, Niese, Na, Thack; αὐτῶν PA¹ LC.
[294] καὶ MLC Bekker, Niese *minor*; Niese *major* und Thack setzen es in eckige Klammern; καὶ fehlt bei PAVR Na.
[295] οἱ – διαφυγεῖν *sed fortissimi quidem fugientium, qui praecesserant, evaserunt* Lat.

Ort aufzustellen, von wo er für alle, die von der Stadt herüberblickten, möglichst gut sichtbar war, und ihn mit Geißeln auszupeitschen. Heftig packte die Juden das Mitleid mit dem Jüngling. Die ganze Stadt begann zu wehklagen, und die Trauer war weit größer, als es der Verlust eines einzigen Mannes eigentlich erlaubt hätte. Als Bassus diese Stimmung unter den Feinden erkannte, nahm er sie zum Anlaß einer Kriegslist. Er beschloß, ihren Schmerz so sehr zu steigern, daß sie sich schließlich gezwungen fühlen sollten, um der Rettung des Mannes willen die Festung zu übergeben. Bassus täuschte sich in seiner Hoffnung nicht. Er befahl nämlich, ein Kreuz aufzurichten, als wolle er Eleazar sogleich hängen lassen.[103] Da wurde der Schmerz bei den Zuschauern auf der Mauer noch größer. Laut jammernd schrien sie, daß solches Leiden nicht zu ertragen sei. Obendrein flehte nun auch noch Eleazar sie an, es nicht mit anzusehen, daß er die erbarmungswürdigste Todesart erleiden müsse. Sie sollten vielmehr sich selbst retten, indem sie sich der Macht und dem Geschick der Römer beugten, da diese ohnehin bereits alle in ihren Händen hätten. Durch seine Worte waren die Juden zutiefst erschüttert. Als aber auch noch viele innerhalb der Mauer sich für ihn einsetzten – er stammte nämlich aus einem berühmten und weitverzweigten Geschlecht – ließen sie sich entgegen ihrer eigentlichen Natur zum Mitleid hinreißen. Und so verhandelten sie eiligst durch abgesandte Männer mit den Römern über die Übergabe der Festung. Sie forderten für sich, unbehelligt gemeinsam mit Eleazar abziehen zu dürfen. Die Römer aber und der Befehlshaber nahmen den Vorschlag an. Als die Menge derer, die unten in der Stadt waren, von der Abschließung des nur für die Juden gültigen Vertrages hörte, beschloß man, bei Nacht heimlich davonzulaufen. Als die Stadtbewohner aber die Tore öffneten, erhielt Bassus eine Anzeige und zwar durch die Männer, die das Übereinkommen gemacht hatten, sei es aus Neid, weil man ihnen die Rettung mißgönnte, sei es aus Furcht, sie selbst müßten die Schuld für deren Davonlaufen auf sich nehmen. Den Tapfersten unter der abziehenden Bevölkerung glückte es übrigens, sich durchzuschlagen und zu entkommen. Von den Männern aber, die innerhalb der Stadt geblieben waren, wurden ungefähr 1700 umgebracht, die Frauen und Kinder aber in die Sklaverei verkauft.[104] Da Bassus glaubte, denen gegenüber, die die Festung übergeben hatten, den Vertrag einhalten zu müssen, ließ er diese abziehen und gab auch den Eleazar wieder frei.

5. 210: Als Bassus diesen Auftrag ausgeführt hatte, brachte er das Heer in Eilmärschen zu dem Wald mit Namen Jardes.[105] Es war nämlich gemeldet worden, daß sich hier schon früher viele Juden, die während der Belagerung von Jerusalem und Machärus entkommen waren, gesammelt hatten. Da er bei seiner Ankunft die Nachricht in der Tat bestätigt fand, ließ er als erstes das ganze Gelände von der Reiterei umstellen. Damit wollte er den Juden,

---

[296] Statt ἔφθασαν hat C ἔφυγον; entsprechend hat C für das folgende διαφυγεῖν die Form διέφυγοι, in letzterem folgen Bekker, Na.
[297] διεκπέσασθαι VR; διεκπεσεῖν Zonaras.
[298] καταλειφθέντων PAML Niese, Thack; καταληφθέντων VRC Zonaras, Bekker, Na, *reliquorum* Lat.   [299] δεῖν fehlt bei VR.

χωρίον, όπως τοις διεκπαίεσθαι τολμώσιν των Ἰουδαίων άπορος ἡ φυγὴ γίνηται³⁰⁰) διὰ τοὺς ἱππέας³⁰¹). τοὺς δὲ πεζοὺς ἐκέλευσεν³⁰²) δενδροτομεῖν τὴν ὕλην, εἰς ἣν καταπεφεύγεσαν. καθίστανται δὲ διὰ τοῦτο πρὸς ἀνάγκην οἱ Ἰουδαῖοι τοῦ δρᾶν τι γενναῖον ὡς³⁰³) ἐκ παραβόλου³⁰⁴) ἀγωνίσασθαι τάχα ἂν καὶ διαφυγόντες, ἀθρόοι δὲ³⁰⁵) καὶ μετὰ βοῆς ἄξαντες³⁰⁶) ἐνέπιπτον τοῖς κεκυκλωμένοις. οἱ δ᾽ αὐτοὺς ἐδέχοντο καρτερῶς, καὶ πολλῇ τῶν μὲν ἀπονοίᾳ τῶν δὲ φιλονεικίᾳ χρωμένων χρόνος μὲν οὐκ ὀλίγος διὰ τοῦτο τῇ μάχῃ προύβη³⁰⁷), τέλος δ᾽ αὐτῆς³⁰⁸) οὐχ ὅμοιον ἀπέβη τοῖς ἀγωνισμένοις. Ῥωμαίων μὲν γὰρ δώδεκα τοὺς πάντας συνέβη πεσεῖν ὀλίγους τε τρωθῆναι, τῶν Ἰουδαίων δὲ³⁰⁹) ἐκ τῆς μάχης ταύτης οὐδεὶς διέφυγεν, ἀλλ᾽ ὄντες³¹⁰) οὐκ ἐλάττους τρισχιλίων πάντες ἀπέθανον, καὶ ὁ³¹¹) στρατηγὸς αὐτῶν Ἰούδας ὁ τοῦ Ἀρεῖ³¹²) παῖς, περὶ οὗ πρότερον εἰρήκαμεν ὅτι τάξεως ἡγούμενός τινος ἐν τῇ πολιορκίᾳ τῶν Ἱεροσολύμων κατά τινας διαδὺς τῶν ὑπονόμων ἔλαθεν ἀποδράς³¹³).

6. Περὶ δὲ τὸν αὐτὸν καιρὸν ἐπέστειλε Καῖσαρ Βάσσῳ³¹⁴) καὶ Λαβερίῳ³¹⁵) Μαξίμῳ, οὗτος δὲ ἦν ἐπίτροπος, κελεύων πᾶσαν γῆν ἀποδόσθαι τῶν Ἰουδαίων. οὐ γὰρ κατῴκισεν ἐκεῖ πόλιν ἰδίαν αὐτῷ³¹⁶) τὴν χώραν φυλάττων, ὀκτακοσίοις δὲ μόνοις ἀπὸ τῆς στρατιᾶς διαφειμένοις χωρίον ἔδωκεν³¹⁷) εἰς κατοίκησιν, ὃ καλεῖται μὲν Ἀμμαοῦς³¹⁸), ἀπέχει δὲ τῶν Ἱεροσολύμων σταδίους τριάκοντα³¹⁹). φόρον δὲ τοῖς ὁπουδηποτοῦν³²⁰) οὖσιν Ἰουδαίοις ἐπέβαλεν δύο δραχμὰς ἕκαστον κελεύσας ἀνὰ πᾶν ἔτος εἰς τὸ Καπετώλιον φέρειν, ὥσπερ πρότερον εἰς τὸν ἐν Ἱεροσολύμοις νεὼν συνετέλουν. καὶ³²¹) τὰ μὲν Ἰουδαίων τότε τοιαύτην εἶχε κατάστασιν.

VII. 1. Ἤδη δὲ ἔτος τέταρτον Οὐεσπασιανοῦ διέποντος τὴν ἡγεμονίαν συνέβη τὸν βασιλέα τῆς Κομμαγηνῆς³²²) Ἀντίοχον μεγάλαις συμφοραῖς πανοικεσίᾳ περιπεσεῖν ἀπὸ τοιαύτης αἰτίας· Καισέννιος Παῖ-

---
³⁰⁰ γίνηται PAML Bekker, Niese, Thack; γίγνηται VRC Na.
³⁰¹ διὰ τοὺς ἱππέας hält Dest. für einen Zusatz.
³⁰² ἐκέλευσεν PLC Niese, Thack; ἐκέλευε AMVR; ἐκέλευσε Bekker, Na.
³⁰³ statt ὡς: καί Dest. cj.
³⁰⁴ ἐκ παραβόλου A¹MLVRC Niese, Thack folgt Niese, hält den Text aber für zweifelhaft; ἐκ παραβόλου P; ἐκ τοῦ παραβόλου A aus Korrektur, Hudson, Bekker, Na; von ὡς – διαφυγόντες velut ex audaci certamine fortasse fugam etiam reperturi Lat.; ὡς ἐκπαραβόλως ἀγωνισάμενοι τάχα ἂν καὶ διαφύγοιεν Hudson.
³⁰⁵ ἀθρόοι δὲ fehlt bei P; statt δὲ δὴ VR Bekker, Na; τε Niese minor.
³⁰⁶ ἄξαντες codd.   ³⁰⁷ statt προύβη ἐτρίβη Zonaras.
³⁰⁸ αὑτοῖς PA¹; pugnae Lat; αὐτῇ Zonaras.
³⁰⁹ τῶν ἰουδαίων δέ AMVR, Thack setzt τῶν in eckige Klammern; τῶν ἰουδαίων δ' LC; τῶν Ἰουδαίων δ' Bekker, Na; Ἰουδαίων δέ P, Niese; τῶν δὲ Ἰουδαίων Zonaras.
³¹⁰ ἀλλ᾽ ὄντες MC Bekker, Niese, Na, Thack; ἀλλὰ ὄντες VR; ἁλόντες PL; ἁλόντες δ' A; ἁλόντες δὲ καὶ („sie wurden ergriffen") Zonaras.
³¹¹ ὁ fehlt bei LVRC Bekker.
³¹² Für τοῦ Ἀρεῖ gyari Lat.; ἀρὶ L (vgl. L in 6, 92); entsprechend führt Schlatter, Namen 115. 53 'Αρεῖ auf 'Ιαίρ zurück und erklärt das γ bzw. g in gyari von Lat mit einem ursprünglichen ι. Hudson nimmt aus 6, 92 die Form 'Ιαείρου.

Josephus, Jüdischer Krieg, Buch 7

die es wagen würden, sich durchzuschlagen, die Flucht wegen der Reiter unmöglich machen. Die Fußsoldaten aber wies Bassus an, das Gehölz, in dem man Zuflucht genommen hatte, umzuhauen. Hierdurch wurden die Juden zu einer verwegenen Tat gezwungen. Sie beschlossen, einen tollkühnen Kampf zu führen, bei dem sie vielleicht sogar noch entkommen könnten. Sie stürzten sich gemeinsam, wilde Schreie ausstoßend, auf die sie umzingelnden Römer. Diese empfingen sie unnachgiebig. Da man auf der einen Seite mit verzweifelten Wagemut auf der anderen Seite dagegen mit soldatischem Ehrgeiz sich schlug, zog sich der Kampf über eine beträchtliche Zeit hin. Sein Ende freilich erwies sich für beide Seiten sehr ungleich. Von den Römern nämlich fielen im ganzen nur 12 Mann, einige wenige wurden verwundet, wogegen von den Juden keiner aus dem Kampfe entkommen konnte; vielmehr verloren alle das Leben, in der Gesamtzahl nicht weniger als 3000 Mann.[106] Auch ihr Befehlshaber, Judas, der Sohn des Ari, war darunter. Von ihm hieß es weiter oben, daß er während der Belagerung Jerusalems eine Kampfgruppe befehligt habe und unbemerkt entkommen konnte, nachdem er durch die unterirdischen Gänge hindurchgefunden hatte.[107]

6. 216. Um diese Zeit erteilte der Kaiser dem Bassus und dem Liberius Maximus, letzterer war der derzeitige Schatzmeister, den schriftlichen Befehl, das ganze Land der Juden zu verpachten. Denn die Gründung einer eigenen Stadt unternahm der Kaiser dort nicht, er behielt sich also das Land persönlich vor.[108] Nur 800 verabschiedeten Angehörigen des Heeres gab er einen Siedlungsraum, der Emmaus hieß und 30 Stadien von Jerusalem entfernt war.[109] Außerdem legte er den Juden, wo immer sie sich aufhalten mochten, eine Kopfsteuer auf. Jährlich hatten sie zwei Drachmen an das Kapitol zu entrichten, entsprechend der Steuer, die sie vorher an den Jerusalemer Tempel zahlten.[110] Das war die damalige Lage der Juden.

7. Kapitel

1. 219. Als Vespasian bereits vier Jahre die Führung des Reiches innehatte, geschah es, daß Antiochus, der König von Kommagene,[111] mit seinem ganzen Hause in großes Unglück stürzte. Der Grund war folgender: Caesennius Paetus, der zu der Zeit eingesetzte Statthalter Syriens, hatte schriftliche

---

[313] ὑποδράς LVR¹ [314] Βάσσῳ fehlt bei Lat.
[315] Λιβερίῳ PAMVRC Bekker, Clementz, Simch; λεβερίῳ L Zonaras; Λαβερίῳ Lat, Niese, Na, Thack, Kohout, Whiston-Marg., Ricc. vgl. § 217 Anm. 108.
[316] αὐτῷ Dindorf, Bekker, Na, Niese, Thack; αὐτῶ L, dazu vgl. ei Lat.; αὐτῶν PAMVRC. [317] ἔδωκαν AVR.
[318] ἀμμαοῦς M R²; amassada Lat. (vgl. das ursprüngliche ‚Moza', s. § 217 Anm. 109).
[319] statt τριάκοντα ἑξήκοντα C.
[320] ὁποδηποτοῦν P Niese, Thack; ὁπουδηποτοῦν M; ὁπουδήποτ' A in Korrektur aus ὑπὸ δὴ ποτ', Bekker, Na; ὅπου δήποτε LVR Zonaras, ὅπου δήποτ' C.
[321] καὶ – κατάστασιν fehlt bei M, eine absichtliche Streichung wäre möglich.
[322] κομμαγινῆς P; κομμαγενῆς A. Derartige Varianten dieses Ortsnamens in den codd. häufig. Vgl. § 224.

τος³²³), ὁ τῆς Συρίας ἡγεμὼν τότε καθεστηκώς, εἴτ' οὖν ἀληθεύων εἴτε καὶ διὰ τὴν πρὸς Ἀντίοχον ἔχθραν, οὐ σφόδρα γὰρ τὸ σαφὲς ἠλέγχθη, γράμματα πρὸς Καίσαρα διεπέμψατο, λέγων τὸν Ἀντίοχον μετὰ τοῦ παιδὸς Ἐπιφανοῦς διεγνωκέναι Ῥωμαίων ἀφίστασθαι συνθήκας πρὸς τὸν βασιλέα τῶν Πάρθων πεποιημένον· δεῖν οὖν προκαταλαβεῖν αὐτούς, μὴ φθάσαντες τῶν πραγμάτων ἄρξασθαι³²⁴) πᾶσαν τὴν Ῥωμαίων ἀρχὴν πολέμῳ συνταράξωσιν. ἔμελλε δὲ³²⁵) Καῖσαρ τοιούτου μηνύματος αὐτῷ προσπεσόντος μὴ περιορᾶν· καὶ γὰρ ἡ γειτνίασις τῶν βασιλέων ἐποίει τὸ πρᾶγμα μείζονος ἄξιον προνοίας· τὰ γὰρ Σαμόσατα³²⁶) τῆς Κομμαγηνῆς μεγίστη³²⁷) πόλις κεῖται παρὰ τὸν Εὐφράτην, ὥστ' εἶναι τοῖς Πάρθοις, εἴ τι τοιοῦτον διενενόηντο³²⁸), ῥάστην μὲν τὴν διάβασιν βεβαίαν δὲ τὴν ὑποδοχήν. πιστευθεὶς οὖν Παῖτος καὶ λαβὼν ἐξουσίαν πράττειν ἃ δοκεῖ συμφέρειν οὐκ ἐμέλλησεν, ἐξαίφνης δὲ τῶν περὶ τὸν Ἀντίοχον οὐδὲν προσδοκώντων εἰς τὴν Κομμαγηνὴν ἐνέβαλεν, τῶν μὲν ταγμάτων ἄγων τὸ ἕκτον καὶ πρὸς τούτῳ³²⁹) λόχους καί τινας ἴλας³³⁰) ἱππέων· συνεμάχουν δὲ καὶ βασιλεῖς αὐτῷ τῆς μὲν Χαλκιδικῆς³³¹) λεγομένης³³²) Ἀριστόβουλος, τῆς Ἐμέσης δὲ καλουμένης Σόαιμος³³³). ἦν δ' αὐτοῖς τὰ περὶ τὴν εἰσβολὴν ἀνταγώνιστα· τῶν γὰρ κατὰ τὴν χώραν οὐδεὶς ἤθελε χεῖρας ἀνταίρειν. Ἀντίοχος δὲ τῆς ἀγγελίας ἀδοκήτως προσπεσούσης πολέμου μὲν οὐδὲ ἐπίνοιαν πρὸς Ῥωμαίους ἔσπασεν, ἔγνω δὲ πᾶσαν τὴν βασιλείαν ὡς εἶχεν ἐπὶ σχήματος³³⁴) καταλιπὼν μετὰ γυναικὸς καὶ τέκνων ὑπεξελθεῖν, οὕτως ἂν οἰόμενος καθαρὸν Ῥωμαίοις αὐτὸν³³⁵) ἀποδεῖξαι τῆς ἐπενηνεγμένης αἰτίας. καὶ προελθὼν ἀπὸ τῆς πόλεως ἑκατὸν σταδίους πρὸς τοῖς εἴκοσιν εἰς τὸ πεδίον ἐν αὐτῷ καταυλίζεται.

2. Παῖτος δὲ ἐπὶ μὲν τὰ Σαμόσατα τοὺς καταληψομένους ἀποστέλλει καὶ δι' ἐκείνων εἶχε τὴν πόλιν, αὐτὸς δὲ μετὰ τῆς ἄλλης δυνάμεως ἐπ' Ἀντίοχον ἐποιεῖτο τὴν ὁρμήν. οὐ μὴν ὁ βασιλεὺς οὐδ' ὑπὸ τῆς ἀνάγκης προήχθη πρᾶξαί τι πρὸς Ῥωμαίους πολεμικόν, ἀλλὰ τὴν αὑτοῦ³³⁶) τύχην ὀδυρόμενος ὅ τι δέοι παθεῖν ὑπέμενε· νέοις δὲ καὶ πολέμων ἐμπείροις καὶ ῥώμῃ σωμάτων διαφέρουσιν οὐ ῥᾴδιον ἦν τοῖς παισὶν αὐτοῦ τὴν συμφορὰν ἀμαχεὶ καρτερεῖν· τρέπονται οὖν πρὸς ἀλκὴν Ἐπιφανής τε καὶ Καλλίνικος³³⁷). σφοδρᾶς δὲ τῆς μάχης καὶ παρ' ὅλην τὴν ἡμέραν γενομέ-

---

³²³ καισέννιος Hudson cj., Bekker, Niese, Na, Thack, κεσσένιος PAL; κεσσέννιος M; κεσέννιος VRC; *cissennius* Lat. vgl. § 59 textkrit. Anm. 73. 74; Παῖτος Hudson cj. Bekker, Niese, Na, Thack; πέτος codd. Lat. Auch für das folgende Auftreten des Eigennamens ergibt sich jeweils der gleiche textkritische Befund.
³²⁴ μὴ – ἄρξασθαι: *ne si priores novas res adorti essent* Lat; ἄρξασθαι fehlt bei PAM; Niese *major* und *minor* setzen ἄρξασθαι in Klammern; ἅψασθαι Herwerden cj.
³²⁵ ἔμελλε δὲ AMLVRC Lat, Bekker, Na, Thack; ἔμελλε P Niese.
³²⁶ σαμοσάτα PALVR, so die Handschriften auch weiterhin beim Auftreten dieses Ortsnamens.
³²⁷ Statt μεγίστη hat PA μετέστη; ἡ μεγίστη L.
³²⁸ εἴ – διενενόηντο: *namque id cogitaverunt* Lat.
³²⁹ τοῦτο PALVR.   ³³⁰ εἴλας ALVᴸ εἰλὰς R.
³³¹ Χαλκιδικῆς MLVRC Bekker, Niese, Na, Thack. χαλκίδης PA; *chaldaica* Lat.
³³² Statt λεγομένης hat C καλουμένης.
³³³ Σόαιμος L Niese, Na, Thack; σόεμος MVR Bekker; σόλιμος PA; vgl. 2, 481 Σοαίμῳ PA; σοέμῳ, σόεμο MVRC. Die Namensform ist im bell. weithin so geregelt, daß MVRC Σόεμος lesen. Niese, Na, Thack dagegen lesen Σόαιμος.

Botschaft an den Kaiser gesandt. Ob es ihm dabei allein um die Wahrheit zu tun war oder auch die Feinschaft gegen Antiochus dahinter stand, ist niemals ganz klar herausgestellt worden.[112] Sie besagte jedenfalls, daß Antiochus gemeinsam mit dem Sohne Epiphanes die Entscheidung getroffen habe, von den Römern abzufallen und einen Vertrag mit dem König der Parther abgeschlossen habe. Darum müsse man sich ihrer sogleich versichern, damit sie ihnen nicht im Handeln zuvorkämen, losschlügen und das ganze römische Reich in Kriegswirren stürzten. Eine derartige ihm zugesandte Anzeige wollte der Kaiser nicht unbeachtet lassen; überdies empfahl die Nachbarschaft der beiden Könige noch besondere Vorsicht in dieser Angelegenheit. Samosata nämlich, die Hauptstadt Kommagenes, liegt unmittelbar am Euphrat. So wäre sie den Parthern im Falle, daß jene etwas Derartiges beabsichtigt hätten, ein sehr günstiger Übergangspunkt und ein zuverlässiger Rückhalt gewesen. Tatsächlich erweckte Paetus Vertrauen und empfing Vollmacht, zu tun, was ihm notwendig dünkte. So zögerte er nicht, sondern fiel ganz plötzlich, für Antiochus und seinen ganzen Hof völlig unerwartet, in Kommagene ein. Er führte die sechste Legion[113], dazu Fußtruppen und einige Reiterschwadronen an. Außerdem zogen als Bundesgenossen mit ihm Aristobul, König der Chalkidike und Soemus, König von Emesa.[114] Sie stießen indessen beim Einfall auf keinerlei Widerstand; denn niemand von den Bewohnern des Landes mochte die Hände zur Gegenwehr erheben. Als aber die unvermutete Nachricht Antiochus erreichte, gab er sich nicht einen Augenblick dem Gedanken eines Krieges gegen Rom hin. Vielmehr entschloß er sich, das ganze Königreich, so wie es eben war, zurückzulassen und mit seiner Frau und den Kindern heimlich zu fliehen. Er glaubte, auf diese Weise den Römern zeigen zu können, daß er seinerseits von der ihm zur Last gelegten Schuld frei sei. So zog er 120 Stadien von der Stadt fort in die Ebene und lagerte hier.[115]

2. 230. Paetus schickte Leute aus, die Samosata einnehmen sollten und hatte dann durch sie die Stadt im Besitz, während er seinerseits mit der übrigen Streitmacht gegen Antiochus den Angriff richtete.[116] Aber selbst diese Zwangslage konnte den König nicht dazu bestimmen, irgendwelche kriegerische Maßnahmen gegen die Römer zu unternehmen, sondern er beklagte sein Schicksal und fügte sich in das, was immer er ertragen müsse.[117] Seinen Söhnen dagegen, die sich durch Jugend, Erfahrungen in Kriegen und körperlicher Kraft auszeichneten, fiel es nicht leicht, das Unglück kampflos hinzunehmen. Epiphanes und auch Kallinikos griffen daher zur Gewalt. Einen ganzen Tag lang wurde ein heftiger Kampf ausgetragen, bei dem die beiden

---

[334] ἐπὶ σχήματος codd. Lat, Hudson Bekker, Niese ἐπὶ ὀχήματος Na cj., Thack; Ricc. ἐπὶ σχήματος als Ausdruck auch bei Lucian, *Bis accusatus* 33 (Handschriftengruppe β): ἐπὶ τῶν οἰκτίου σχήματος ἐπιμένων. Die Konjektur von Naber setzt voraus, daß die gut bezeugte Lesart ἐπὶ σχήματος keinen vernünftigen Text ergibt; Lucian, *Bis accusatus* 33 zeigt jedoch, daß die Lesart ἐπὶ σχήματος nicht ohne zwingende Notwendigkeit aufgegeben werden sollte.
[335] αὐτὸν PAM Lat, Niese, Thack; ἑαυτὸν C Hudson, Bekker, Na; αὐτὸν LVR.
[336] αὑτοῦ codd. Hudson, Niese; αὐτοῦ Dindorf cj. Bekker, Na, Thack.
[337] *Callenicus* Lat.

νης αὐτοὶ τὴν ἀνδρείαν διαπρεπῆ παρέσχον³³⁸) καὶ μηδὲν ἐλαττωθείση
234 τῇ σφετέρᾳ δυνάμει ἑσπέρᾳ³³⁹) διελύθησαν. Ἀντιόχῳ δ' οὐδ' ἐπὶ τῇ μάχῃ
τοῦτον κεχωρηκυίᾳ τὸν τρόπον μένειν³⁴⁰) ἀνεκτὸν ἐδόκει, λαβὼν δὲ τὴν
γυναῖκα καὶ τὰς θυγατέρας μετ' ἐκείνων ἐποιεῖτο τὴν φυγὴν³⁴¹) εἰς
Κιλικίαν, καὶ τοῦτο πράξας τὰ φρονήματα τῶν οἰκείων στρατιωτῶν κατέ-
235 κλασεν· ὡς γὰρ κατεγνωσμένης³⁴²) ὑπ' αὐτοῦ τῆς βασιλείας ἀπέστησαν
καὶ πρὸς τοὺς Ῥωμαίους μετεβάλοντο, καὶ πάντων³⁴³) πρόδηλος³⁴⁴) ἦν
236 ἀπόγνωσις. πρὶν οὖν τελέως ἐρημωθῆναι τῶν συμμάχων τοῖς περὶ τὸν
Ἐπιφανῆ σῴζειν αὐτοὺς ἐκ τῶν πολεμίων ἦν ἀναγκαῖον, καὶ γίνονται
δέκα σύμπαντες ἱππεῖς οἱ μετ' αὐτῶν³⁴⁵) τὸν Εὐφράτην διαβαλόντες³⁴⁶),
237 ἔνθεν ἤδη μετ' ἀδείας πρὸς τὸν βασιλέα τῶν Πάρθων Βολογέσην³⁴⁷)
κομισθέντες οὐχ ὡς φυγάδες ὑπερηφανήθησαν, ἀλλ' ὡς ἔτι τὴν παλαιὰν
ἔχοντες εὐδαιμονίαν πάσης τιμῆς ἠξιώθησαν.
238   3. Ἀντιόχῳ δ' εἰς Ταρσὸν ἀφιγμένῳ τῆς Κιλικίας ἑκατοντάρχην Παῖτος
239 ἐπιπέμψας³⁴⁸) δεδεμένον αὐτὸν εἰς Ῥώμην ἀπέστειλεν. Οὐεσπασιανὸς δ'
οὕτως οὐχ ὑπέμεινεν³⁴⁹) πρὸς αὐτὸν ἀναχθῆναι τὸν βασιλέα, τῆς παλαιᾶς
ἀξιῶν φιλίας μᾶλλον αἰδῶ λαβεῖν ἢ διὰ τοῦ πολέμου πρόφασιν ἀπα-
240 ραίτητον ὀργὴν³⁵⁰) διαφυλάττειν. κελεύει δὴ καθ' ὁδὸν ἔτ' ὄντος αὐτοῦ
τῶν δεσμῶν³⁵¹) ἀφαιρεθῆναι³⁵²) καὶ παρέντα τὴν εἰς τὴν³⁵³) Ῥώμην ἄφιξιν
τὸ νῦν ἐν Λακεδαίμονι διάγειν, δίδωσί τε μεγάλας αὐτῷ προσόδους
χρημάτων, ὅπως μὴ μόνον ἄφθονον ἀλλὰ καὶ βασιλικὴν ἔχοι τὴν³⁵⁴) δίαι-
241 ταν. ταῦτα τοῖς περὶ τὸν Ἐπιφανῆ πυθομένοις, πρότερον σφόδρα³⁵⁵) περὶ
τοῦ πατρὸς δεδιόσιν ἀνείθησαν αἱ ψυχαὶ μεγάλης καὶ δυσδιαθέτου φρον-
242 τίδος. ἐλπὶς δὲ καὶ αὐτοῖς τῶν παρὰ Καίσαρος διαλλαγῶν ἐγένετο Βολο-
γέσου³⁵⁶) περὶ αὐτῶν ἐπιστείλαντος³⁵⁷)· οὐδὲ γὰρ εὐδαιμονοῦντες ὑπέ-
243 μενον ἔξω τῆς Ῥωμαίων ζῆν ἡγεμονίας. δόντος δὲ Καίσαρος ἡμέρως αὐτοῖς τὴν ἄδειαν εἰς Ῥώμην παρεγένοντο, τοῦ τε πατρὸς ὡς αὐτοὺς ἐκ τῆς
Λακεδαίμονος εὐθὺς ἐλθόντος πάσης ἀξιούμενοι τιμῆς κατέμενον ἐνταῦθα.
244   4. Τὸ δὲ τῶν Ἀλανῶν ἔθνος ὅτι μέν εἰσι Σκύθαι περὶ τὸν Τάναϊν καὶ
245 τὴν Μαιῶτιν λίμνην κατοικοῦντες, πρότερόν που³⁵⁸) δεδηλώκαμεν, κατὰ
τούτους δὲ τοὺς χρόνους διανοηθέντες εἰς τὴν Μηδίαν³⁵⁹) καὶ προσωτέρω
ταύτης ἔτι καθ' ἁρπαγὴν ἐμβαλεῖν³⁶⁰) τῷ βασιλεῖ τῶν Ὑρκανῶν διαλέ-
γονται· τῆς παρόδου γὰρ οὗτος δεσπότης ἐστίν, ἣν ὁ βασιλεὺς Ἀλέξαν-

---

³³⁸ παρεῖχον L.
³³⁹ ἑσπέρα PAMLV Thack; Niese setzt ἑσπέρα in eckige Klammern; Kohout, Clementz, Whiston-Marg., Ricc., Simch haben es im Text. ἑσπέρας RC Hudson, Bekker, Na. Bei Lat. fehlt ἑσπέρα; ἅμ' ἑσπέρᾳ Dest. cj.   ³⁴⁰ Statt μένειν *manere domi* Lat.
³⁴¹ Statt τὴν φυγὴν hat P φυγεῖν; φυγὴν MVRC Hudson, Bekker.
³⁴² κατεγνωσμένης PAMVR Niese, Thack; ἀπαγνωσμένης LC Hudson, Bekker, Na; *desperato* Lat.   ³⁴³ Statt πάντων hat VR τούτων (vgl. die Übersetzung).
³⁴⁴ πρόδηλος fehlt bei Lat.   ³⁴⁵ αὐτῶν L; αὐτοῦ *ed. pr.*, Hudson, Bekker, Na.
³⁴⁶ διαβαλόντες Holwerda cj. Niese, Na, Thack. διαλαβόντες PAMVR; διαβάντες LC Hudson, Bekker.
³⁴⁷ Βολογέσην Hudson, Bekker, Niese, Thack; βουλογέσην P; βολογέσιν A; Βολογαίσην Na vgl. dazu ant. 20, 74. 81 Οὐολογέσης, dazu M: οὐλιγαίσης und W οὐολιγαίσης. Im hebr. Text. 7, 105 hat Na Βολογέσου.
³⁴⁸ ἀποπέμψας L.
³⁴⁹ οὐχ ὑπέμεινεν οὕτω LVRC Bekker, Na (L statt οὕτω οὕτως).

Josephus, Jüdischer Krieg, Buch 7

höchste Tapferkeit zeigten, so daß sie sich am Abend vom Gegner lösten, ohne daß ihre Truppen den geringsten Nachteil hätten einstecken müssen.[118] Doch selbst nach dieser so günstig verlaufenen Schlacht schien es Antiochus nicht mehr erträglich, dazubleiben. Er nahm seine Frau und die Töchter und begab sich mit ihnen auf die Flucht nach Cilicien.[119] Mit diesem Schritt zerbrach er den Kampfesmut seiner eigenen Soldaten, so daß sie in der Meinung, er selbst habe bereits das Urteil über das Reich gesprochen, von ihm abfielen und zu den Römern übergingen. Aller Verzweiflung war offenbar. Bevor sie also von den Kampfgefährten vollständig verlassen waren, galt es für Epiphanes und seine Leute, sich vor dem Feinde zu retten; insgesamt zehn Reiter waren es, die mit ihnen den Euphrat überschritten.[120] Von nun an in Sicherheit, begaben sie sich zu Vologeses, dem König der Parther. Sie wurden nicht als Flüchtlinge verächtlich behandelt, vielmehr erwies man ihnen alle Ehre, so als seien sie noch im Vollbesitz ihres vergangenen Glückes.

3. 238. Als Antiochus nach Tarsus in Cilicien gekommen war, schickte Paetus einen Centurio zu ihm und sandte ihn in Fesseln nach Rom.[121] Vespasian aber duldete es nicht, daß man den König auf eine solche Weise vor ihn bringen wollte. Er hielt es für angemessener, mit Achtung der ehemaligen Freundschaft zu gedenken, als jetzt wegen einer angeblichen Kriegsabsicht unerbittlichen Zorn zu bewahren. Demgemäß ordnete er an, daß man ihm noch auf dem Wege die Ketten abnahm und darüber hinaus die Reise nach Rom erspare; statt dessen solle er sich zunächst einmal in Lakedämon[122] niederlassen. Er ließ ihm auch reichliche Einkünfte in Geldern zukommen, damit er nicht allein einen sorglosen, sondern sogar einen königlichen Haushalt führen könnte. Als dies Epiphanes und seine Leute erfuhren, wurden sie einer schweren und bedrückenden Sorge enthoben, da sie zuvor bei dem Gedanken an den Vater stets in großer Furcht gewesen waren; schließlich erwuchs ihnen sogar für sich selbst Hoffnung auf Versöhnung mit dem Kaiser, nachdem Vologeses sich schriftlich bei diesem für sie eingesetzt hatte. Denn wenn es ihnen auch wohl ergehen mochte, so ertrugen sie es doch nicht, außerhalb des römischen Machtbereiches[123] zu leben. Da der Kaiser ihnen gnädig[124] Straffreiheit zugesichert hatte, kamen sie nach Rom. Nachdem dann auch der Vater aus Lakedaimon sogleich zu ihnen geeilt war, blieben sie dort und empfingen alle gebührende Ehre.[125]

4. 244. Das Volk der Alanen dagegen – ein zu den Skythen gehörender Volksstamm, der in der Gegend des Tanais und des Maionitischen Sees seßhaft war, wie ich irgendwo zuvor berichtet habe[126] – plante zu ebendieser Zeit, nach Medien und noch weiter darüber hinaus einen Raubzug zu unternehmen. Zu diesem Zweck traten sie mit dem Könige der Hyrkanier[127] in Verbindung. Dieser war nämlich der derzeitige Herr über den Paß, den der

---

[350] τὴν ὀργὴν Dest. cj.   [351] τὸν δεσμὸν VR.   [352] ἀφαιρεθέντα MVRC.
[353] τὴν fehlt bei ML Bekker, Na; Thack in Klammern.
[354] τὴν fehlt bei PAML, Thack in Klammern.   [355] σφόδρα fehlt bei Lat.
[356] βουλογέσου PR; *bologessus* (Nominativ) Lat. Βολογαίσου Na s. Anm. 347.
[357] ἀποστείλαντος M.   [358] δήπου C.   [359] τὴν μήδειαν PA; *terram mediam* Lat.
[360] ἐμβάλλειν L.

246 δρος πύλαις σιδηραῖς κλειστὴν ἐποίησε. κἀκείνου τὴν εἴσοδον αὐτοῖς παρασχόντος ἀθρόοι καὶ μηδὲν προϋποπτεύσασι τοῖς Μήδοις ἐπιπεσόντες χώραν πολυάνθρωπον καὶ παντοίων ἀνάμεστον[361]) βοσκημάτων διήρπα-
247 ζον μηδενὸς αὐτοῖς τολμῶντος ἀνθίστασθαι. καὶ γὰρ ὁ βασιλεύων[362]) τῆς χώρας Πάκορος ὑπὸ δέους εἰς τὰς δυσχωρίας ἀναφεύγων[363]) τῶν μὲν ἄλλων ἁπάντων παρακεχωρήκει, μόλις δὲ παρ' αὐτῶν ἐρρύσατο τήν τε γυναῖκα καὶ τὰς παλλακὰς αἰχμαλώτους γενομένας ἑκατὸν δοὺς τάλαντα.
248 μετὰ πολλῆς οὖν ῥᾳστώνης ἀμαχεὶ ποιούμενοι τὰς ἁρπαγὰς μέχρι τῆς
249 Ἀρμενίας προῆλθον πάντα λεηλατοῦντες. Τιριδάτης[364]) δ' αὐτῆς ἐβασίλευεν, ὃς ὑπαντιάσας αὐτοῖς καὶ ποιησάμενος μάχην παρὰ μικρὸν ἦλθεν
250 ἐπ' αὐτῆς ζωὸς ἁλῶναι τῆς παρατάξεως· βρόχον γὰρ αὐτῷ τις πόρρωθεν περιβαλὼν[365]) ἔμελλεν ἐπισπάσειν, εἰ μὴ τῷ ξίφει θᾶττον ἐκεῖνος τὸν
251 τόνον κόψας ἔφθη διαφυγεῖν. οἱ δὲ καὶ διὰ τὴν μάχην ἔτι μᾶλλον ἀγριωθέντες τὴν μὲν[366]) χώραν ἐλυμήναντο, πολὺ δὲ πλῆθος ἀνθρώπων καὶ τῆς ἄλλης λείας ἄγοντες ἐξ ἀμφοῖν τῶν βασιλειῶν[367]) πάλιν εἰς τὴν οἰκείαν ἐκομίσθησαν[368]).

252 VIII. 1. Ἐπὶ δὲ τῆς Ἰουδαίας Βάσσου τελευτήσαντος Φλαύιος[369]) Σίλβας διαδέχεται τὴν ἡγεμονίαν, καὶ τὴν μὲν ἄλλην ὁρῶν ἅπασαν τῷ πολέμῳ κεχειρωμένην, ἓν δὲ μόνον ἔτι φρούριον ἀφεστηκός, ἐστράτευσεν ἐπὶ τοῦτο πᾶσαν τὴν ἐν τοῖς τόποις δύναμιν συναγαγών· καλεῖται δὲ τὸ
253 φρούριον Μασάδα. προειστήκει δὲ τῶν κατειληφότων αὐτὸ σικαρίων δυνατὸς ἀνὴρ Ἐλεάζαρος[370]), ἀπόγονος Ἰούδα τοῦ πείσαντος Ἰουδαίους[371]) οὐκ ὀλίγους, ὡς πρότερον δεδηλώκαμεν, μὴ ποιεῖσθαι τὰς ἀπογραφάς,
254 ὅτε Κυρίνιος[372]) τιμητὴς εἰς τὴν Ἰουδαίαν ἐπέμφθη. τότε γὰρ οἱ σικάριοι συνέστησαν ἐπὶ τοὺς ὑπακούειν Ῥωμαίων θέλοντας καὶ πάντα τρόπον ὡς πολεμίοις προσεφέροντο, τὰς μὲν κτήσεις ἁρπάζοντες καὶ περιελαύνον-
255 τες, ταῖς δ' οἰκήσεσιν αὐτῶν πῦρ ἐνιέντες· οὐδὲν γὰρ ἀλλοφύλων αὐτοὺς ἔφασκον διαφέρειν οὕτως ἀγεννῶς τὴν περιμάχητον Ἰουδαίοις ἐλευθερίαν προεμένους[373]) καὶ δουλείαν αἱρεῖσθαι τὴν ὑπὸ Ῥωμαίοις ἀνωμολογηκό-

---

[361] ἀνάμεστον L. [362] βασιλεὺς P.
[363] ἀναφυγὼν MLVRC Hudson, Bekker, Na; *refugiens* Lat.
[364] τηριδάτης MLV²R² und A aus Korrektur, Hudson. Hier Lat Heg. *tyridatis*, doch vgl. Lat in ant. 20, 74 Τιριδάτῃ.
[365] τις (τίς VR) πόρρωθεν περιβαλὼν VRC Bekker, Na; περιβαλών τις πόρρωθεν M, Thack; τίς πόρρωθεν ἐπιβαλὼν L; *procul enim quidam misso eum laqueo circumdatum* Lat, Clementz, Whiston-Marg., Ricc. Der Text will mit πόρρωθεν die besondere Kampfweise der Alanen hervorheben. Πόρρωθεν fehlt bei PA, Niese, Kohout, Simch.
[366] μὲν C. Lat; es fehlt bei PAMLVR.
[367] βασιλείων PA¹; βασιλέων MVRC.
[368] ἐκομίσθησαν AMLVRC Hudson, Bekker, Na; *redierunt* Lat. ἀνεκομίσθησαν P Niese, Thack. Die Wendung εἰς τὴν οἰκείαν ἀνακομίζεσθαι begegnet in ant. 14, 233, sie sollte aber die Entscheidung für κομίζεσθαι aufgrund der durchgängigen Bezeugung nicht in Frage stellen.

König Alexander mit eisernen Toren verschließbar gemacht hatte.[128] Jener gewährte ihnen den Durchmarsch, und so fielen sie in Scharen über die nichts ahnenden Meder her. Sie plünderten das dicht besiedelte und an aller Art Vieh reiche Land, wobei niemand es wagte, ihnen Widerstand zu leisten. Selbst der zur Zeit herrschende König des Landes, Pakorus,[129] ergriff aus Furcht unter Preisgabe allen Besitzes die Flucht in unzugängliche Wildnis. Nur mit Mühe konnte er seine Gemahlin und die Nebenfrauen, die in Gefangenschaft geraten waren, aus den Händen der Feinde lösen, indem er 100 Talente bezahlte. Da sie also mit großer Leichtigkeit und ohne kämpfen zu müssen die Raubzüge ausführten, drangen sie bis nach Armenien vor und schleppten unterwegs alles als Beute mit fort. Dort herrschte in der Zeit Tiridates[130] als König. Er stellte sich ihnen entgegen und lieferte eine Schlacht. Beinahe wäre er während des Kampfes lebendig in Gefangenschaft geraten. Irgend jemand hatte nämlich von ferne eine Schlinge um ihn geworfen und hätte ihn auch fortgeschleppt, wenn es ihm nicht gerade noch schnell genug gelungen wäre, mit dem Schwert das Seil zu durchhauen und zu fliehen. Durch die Schlacht aber noch wilder geworden, verwüsteten sie nun das ganze Land. Dann kehrten sie – eine große Menge Gefangener und sonstiger Beute aus den beiden Königreichen mit sich führend – wieder in ihr Heimatland zurück.

8. Kapitel

1. 252. Inzwischen war Bassus in Judäa gestorben und Flavius Silva[131] hatte die Befehlsgewalt[132] übernommen. Als er sah, daß das ganze Land durch den Krieg unterworfen worden war und nur eine einzige Festung noch im Abfall beharrte, sammelte er die an den verschiedenen Plätzen[133] gelegene Streitmacht und zog gegen diese Festung. Ihr Name war Masada.[134] An der Spitze der Sikarier, die die Festung besetzt hielten, stand Eleazar, ein machtvoller Mann.[135] Er war ein Nachkomme jenes Judas, von dem bereits weiter oben berichtet wurde,[136] daß er zu der Zeit, als Quirinius zur Festsetzung der Steuer nach Judäa gesandt worden war, eine nicht geringe Zahl von Juden dazu verleitet hatte, sich der Schätzung zu widersetzen.[137] Damals hatten sich nämlich die Sikarier geschlossen gegen diejenigen gestellt, die bereit waren, sich den Römern zu unterwerfen. Sie verfuhren mit ihnen ganz in der Weise, als seien sie Feinde, indem sie ihren Besitz raubten und davonschleppten und ihre Häuser in Brand steckten. Dabei behaupteten sie, daß sich diese Volksgenossen nicht von den Heiden unterschieden in der Weise, wie sie unwürdig die von den Juden so heftig umkämpfte Freiheit fahrenließen und eingestandenermaßen die Knechtschaft unter den Römern hin-

---

[369] *flavius* Lat, Hudson, Bekker, Na, Niese, Thack; φλάβιος Zonaras; φλαούϊος L; φλούϊος PAMVR; φουλβιος C.
[370] Ἐλεάζαρ Zonaras.   [371] Ιουδαίων MLVRC Hudson, Bekker, Na.
[372] *cyrinius* Lat, Niese, Na, Thack; κυρήνιος MLVRC Zonaras, Hudson, Bekker.
[373] προϊεμένους VRC; προειμένους Na.

256 τας. ἦν δ' ἄρα τοῦτο πρόφασις³⁷⁴) εἰς παρακάλυμμα³⁷⁵) τῆς ὠμότητος καὶ τῆς πλεονεξίας ὑπ' αὐτῶν λεγόμενον³⁷⁶) σαφὲς δὲ διὰ τῶν ἔργων ἐποί-
257 ησαν³⁷⁷). οἱ μὲν γὰρ αὐτοῖς τῆς ἀποστάσεως ἐκοινώνησαν καὶ τοῦ πρὸς Ῥωμαίους συνήραντο πολέμου* καὶ παρ' ἐκείνων δὲ τολμήματα χείρω
258 πρὸς αὐτοὺς ἐγένετο, κἀπὶ τῷ ψεύδεσθαι πάλιν τὴν πρόφασιν ἐξελεγχόμενοι μᾶλλον ἐκάκουν τοὺς τὴν πονηρίαν αὐτῶν διὰ τῆς δικαιολογίας
259 ὀνειδίζοντας³⁷⁸). ἐγένετο γάρ πως ὁ χρόνος ἐκεῖνος παντοδαπῆς ἐν τοῖς Ἰουδαίοις πονηρίας πολύφορος, ὡς μηδὲν κακίας ἔργον ἄπρακτον παραλιπεῖν³⁷⁹), μηδ' εἴ τις ἐπινοίᾳ³⁸⁰) διαπλάττειν ἐθελήσειεν, ἔχειν ἄν τι
260 καινότερον ἐξευρεῖν. οὕτως ἰδίᾳ τε καὶ κοινῇ πάντες ἐνόσησαν³⁸¹), καὶ πρὸς ὑπερβαλεῖν³⁸²) ἀλλήλους ἔν τε ταῖς πρὸς τὸν θεὸν³⁸³) ἀσεβείαις καὶ³⁸⁴) ταῖς εἰς τοὺς πλησίον ἀδικίαις ἐφιλονείκησαν, οἱ μὲν δυνατοὶ τὰ πλήθη
261 κακοῦντες, οἱ πολλοὶ δὲ τοὺς δυνατοὺς ἀπολλύναι σπεύδοντες· ἦν γὰρ ἐκείνοις μὲν ἐπιθυμία τοῦ τυραννεῖν, τοῖς δὲ τοῦ βιάζεσθαι καὶ τὰ τῶν
262 εὐπόρων διαρπάζειν. πρῶτοι μὲν οὖν³⁸⁵) οἱ σικάριοι τῆς παρανομίας καὶ τῆς πρὸς τοὺς συγγενεῖς ἦρξαν³⁸⁶) ὠμότητος, μήτε λόγον ἄρρητον εἰς ὕβριν μήτ' ἔργον ἀπείραστον³⁸⁷) εἰς ὄλεθρον τῶν ἐπιβουλευθέντων παρα-
263 λιπόντες³⁸⁸). ἀλλὰ καὶ τούτους Ἰωάννης ἀπέδειξεν αὐτοῦ³⁸⁹) μετριωτέρους· οὐ γὰρ μόνον ἀνῄρει πάντας ὅσοι τὰ δίκαια καὶ συμφέροντα συνεβούλευον, καθάπερ ἐχθίστοις μάλιστα δὴ τῶν πολιτῶν τοῖς τοιούτοις προσφερόμενος, ἀλλὰ καὶ κοινῇ τὴν πατρίδα μυρίων ἐνέπλησε κακῶν, οἷα πράξειν ἔμελλεν ἄνθρωπος³⁹⁰) ἤδη καὶ τὸν θεὸν ἀσεβεῖν τετολμηκώς·
264 τράπεζάν τε γὰρ ἄθεσμον παρετίθετο καὶ τὴν νενομισμένην καὶ πάτριον ἐξεδιῄτησεν ἁγνείαν, ἵν' ᾖ μηκέτι θαυμαστόν, εἰ τὴν πρὸς ἀνθρώπους ἡμερότητα καὶ κοινωνίαν οὐκ ἐτήρησεν ὁ τῆς πρὸς θεὸν εὐσεβείας³⁹¹)

---

³⁷⁴ πρόφασις τοῦτο stellen L, Excerpta Peiresc. um. Niese: *fortasse recte*.
³⁷⁵ προκάλυμμα A; παρακάλυμα Excerpta Peiresc.
³⁷⁶ ἦν – λεγόμενον *erat autem id plane causatio et crudelitatis atque amaritiae dicebatur obtentum* Lat.
³⁷⁷ σαφὲς – ἐποίησαν *manifesto autem rebus effectum est* Lat. Vielleicht erklärt sich der lat. Text aus einer interlinearen Übersetzung.
³⁷⁸ οἱ – ὀνειδίζοντας *nam idem illi et defectionis socii fuerunt et bellum cum Romanis communiter susceperunt causa vero peior illorum in eos facta est et cum mentita eorum pridem refelleretur occasio, peius tractabant eos, qui nequitiae suae iustis assertionibus exprobrarent* Lat. Der grammatische Bruch in § 257 οἱ gegenüber πρὸς αὐτοὺς, der im lat. Text durch eine auffallend schwierige Konstruktion aufgenommen wird, läßt Niese vermuten, daß der Text verstümmelt sein könnte.
³⁷⁹ παραλιπεῖν MLVRC Bekker, Na; παραλειπεῖν AR; καταλειπεῖν P; καταλιπεῖν Excerpta Peiresc., Hudson, Niese, Thack.
³⁸⁰ τις ἐπινοίᾳ M(L)VRC und A aus Korrektur, Excerpta Peiresc., Hudson, Bekker, Na, Thack in der Textausgabe von 1928 (Neudruck 1957); *nec siquis excogitando fingere voluisset* Lat; τι ἐπίνοια P Niese, Thack im Lexikon zu Josephus (2 Teillieferung 1934 s. v. διαπλάττω), Liddell-Scott s. v., bell 7, 259 wird zitiert, als Beispiel für den metaphorischen Gebrauch von ἐπίνοια.
³⁸¹ ἐνενόησαν L, Excerpta Peiresc. ἐνόησαν R¹C, *unum erant* Lat.
³⁸² πρὸς ὑπερβαλεῖν VRC Hudson; πρὸς ὑπερβάλλειν A Excerpta Peiresc., Bekker, Na, der allerdings nach einer Konjektur von Holwerda τό vor ὑπερβάλλειν setzt, Thack mit einem Verweis auf ant. 19, 110, wo wir einen entsprechenden adverbialen Gebrauch von πρός haben: καὶ πρὸς ἔρις αὐτοῖς ἦν; προσυπερβαλεῖν M; προσυπερ-

nahmen.¹³⁸ Tatsächlich aber wurde solches von ihnen nur als Vorwand gesagt zur Verhüllung ihrer Grausamkeit und Habsucht; das erwiesen sie deutlich in ihren Handlungen. Denn gerade gegen diejenigen Mitbürger, die sich ihnen beim Abfall angeschlossen und sie im Kriege gegen die Römer unterstützt hatten, richteten sich von seiten der Sikarier besonders schlimme Schandtaten. Und wiederum, wenn sie darin überführt wurden, daß der Vorwand erlogen war, behandelten sie die Volksgenossen, die ihnen um ihrer Schlechtigkeit willen nur allzu gerechte Vorwürfe machten, noch schändlicher.¹³⁹ Überhaupt war jene Periode der jüdischen Geschichte recht reich an Bosheit aller Art, so daß kein niederträchtiges Werk ungetan blieb; niemand, selbst wenn er vorsätzlich etwas hätte anstellen wollen, würde es fertiggebracht haben, noch etwas ganz Neues ausfindig zu machen.¹⁴⁰ So waren alle in einem Krankheitszustand, der einzelne ebenso wie die Gemeinschaft. Man wetteiferte geradezu untereinander, sich gegenseitig in Beweisen der Ruchlosigkeit gegen Gott und der Ungerechtigkeit gegen die Nächsten zu überbieten. Während die Mächtigen die Volksmenge mißhandelten, war die Masse ihrerseits mit Eifer darauf aus, die Mächtigen zu vernichten; die einen drängten leidenschaftlich danach, die Herrschaft in die Hand zu bekommen, die anderen, Gewalt zu brauchen und die Güter der Reichen an sich zu raffen. Als erste nun begannen die Sikarier mit Gesetzlosigkeit und Grausamkeit den Volksgenossen gegenüber; kein Wort, das der Beleidigung dienen konnte, blieb unausgesprochen, und kein Werk, das zum Verderben der Verfolgten führte, blieb unversucht. Indes bewies Johannes, daß sogar die Sikarier noch gemäßigter waren als etwa er selbst; denn nicht genug war es, daß er alle diejenigen, welche stets zu dem rechten und vorteilhaften Weg geraten hatten, ermordete – sie gleichsam als die ärgsten Feinde unter allen Bürgern behandelnd – sondern er stürzte darüber hinaus durch seine öffentliche Wirksamkeit das Vaterland in unendliche Leiden. Er verhielt sich in einer Weise, wie es nur ein Mensch konnte, der bereits gewagt hatte, selbst Gott entgegenzutreten. Auf den Tisch ließ er nämlich verbotene Speisen bringen und wich überhaupt in seiner Lebensführung von den väterlichen Reinheitsvorschriften ab.¹⁴¹ So konnte es nicht weiter verwundern, daß jemand, der so wahnwitzig der Ehrfurcht vor Gott zuwidergehandelt hatte, auch gegenüber

βάλλειν P Niese, diese Lesart ist nur noch einmal bei Philo belegt. προσυπερβάλλειν L; exsuperare Lat.
³⁸³ πρὸς τὸν θεὸν MLVRC, Excerpta Peiresc., A aus Korrektur, Hudson, Bekker, Na. Vgl. auch § 263. 267; πρὸς θεὸν P Niese, Thack. ³⁸⁴ κἂν L.
³⁸⁵ πρῶτοι μὲν οὖν MLVRC Excerpta Peiresc., Hudson, Bekker, Na, Thack; πρῶτον οὖν PA, Niese; primo quidem Lat.
³⁸⁶ ἦρξαν AMLVRC Excerpta Peiresc., Na, Thack; ἤρξαντο P, ed. pr., Hudson, Bekker, Niese.
³⁸⁷ ἀπείραστον codd., Excerpta Peiresc., Bekker, Thack. Lex. s. v., vgl. auch Liddell-Scott s. v., wo als dritte Bedeutung „untried" = „unversucht" angegeben ist. ἀπείρατον Dindorf cj., Na, Niese, Thack in der Textausgabe 1928.
³⁸⁸ παραλειπόντες PA; παραλείποντες L Hudson, Bekker.
³⁸⁹ αὑτοῦ R Bekker, Na, Thack; ἑαυτοῦ C Hudson; fehlt bei Lat.
³⁹⁰ ἀνθρώπους Excerpta Peiresc., Thack.
³⁹¹ statt εὐσεβείας hat M ἀσεβείας, Hudson.

265 οὕτω καταμανείς. πάλιν τοίνυν ὁ Γιώρα Σίμων³⁹²) τί κακὸν οὐκ ἔδρασεν; ἢ ποίας ὕβρεως ἐλευθέρων ἀπέσχετο³⁹³) σωμάτων οἳ τοῦτον ἀνέδειξαν
266 τύραννον; ποία δὲ αὐτοὺς φιλία, ποία δὲ συγγένεια³⁹⁴) πρὸς τοὺς ἐφ' ἑκάστης ἡμέρας φόνους οὐχὶ θρασυτέρους ἐποίησε; τὸ μὲν γὰρ τοὺς ἀλλοτρίους κακῶς ποιεῖν ἀγεννοῦς ἔργον πονηρίας εἶναι³⁹⁵) ὑπελάμβανον, λαμπρὰν δὲ φέρειν ἐπίδειξιν ἡγοῦντο τὴν ἐν τοῖς οἰκειοτάτοις ὠμότητα.
267 παρημιλλήσατο δὲ καὶ τὴν τούτων ἀπόνοιαν ἡ τῶν Ἰδουμαίων³⁹⁶) μανία³⁹⁷)· ἐκεῖνοι γὰρ οἱ μιαρώτατοι τοὺς ἀρχιερέας κατασφάξαντες, ὅπως μηδὲ μέρος τι³⁹⁸) τῆς πρὸς τὸν³⁹⁹) θεὸν εὐσεβείας διαφυλάττηται,
268 πᾶν ὅσον ἦν λείψανον, ἔτι πολιτικοῦ σχήματος ἐξέκοψαν, καὶ τὴν τελεωτάτην εἰσήγαγον διὰ πάντων ἀνομίαν, ἐν ᾗ τὸ τῶν ζηλωτῶν κληθέντων
269 γένος ἤκμασεν⁴⁰⁰), οἳ τὴν προσηγορίαν τοῖς ἔργοις ἐπηλήθευσαν· πᾶν γὰρ κακίας ἔργον ἐξεμιμήσαντο, μηδ' εἴ τι⁴⁰¹) πρότερον προϋπάρχον⁴⁰²) ἡ
270 μνήμη⁴⁰³) παραδέδωκεν αὐτοὶ παραλιπόντες ἀζήλωτον⁴⁰⁴). καίτοι τὴν προσηγορίαν αὐτοῖς⁴⁰⁵) ἀπὸ τῶν ἐπ' ἀγαθῷ ζηλουμένων ἐπέθεσαν, ἢ κατειρωνευόμενοι τῶν ἀδικουμένων διὰ τὴν αὐτῶν θηριώδη φύσιν ἢ τὰ
271 μέγιστα τῶν κακῶν ἀγαθὰ νομίζοντες⁴⁰⁶). τοιγαροῦν προσῆκον ἕκαστοι τὸ τέλος εὕροντο τοῦ θεοῦ τὴν ἀξίαν ἐπὶ πᾶσιν αὐτοῖς τιμωρίαν βραβεύ-
272 σαντος· ὅσας γὰρ ἀνθρώπου δύναται φύσις κολάσεις ὑπομεῖναι, πᾶσαι κατέσκηψαν εἰς αὐτοὺς μέχρι καὶ τῆς ἐσχάτης τοῦ βίου τελευτῆς, ἣν
273 ὑπέμειναν ἐν πολυτρόποις αἰκίαις ἀποθανόντες. οὐ μὴν ἀλλὰ φαίη τις ἄν⁴⁰⁷) αὐτοὺς ἐλάττω παθεῖν ὧν ἔδρασαν· τὸ γὰρ δικαίως ἐπ' αὐτῶν οὐ
274 προσῆν. τοὺς δὲ ταῖς ἐκείνων ὠμότησι περιπεσόντας οὐ τοῦ παρόντος ἂν εἴη καιροῦ κατὰ τὴν ἀξίαν ὀδύρεσθαι· πάλιν οὖν ἐπάνειμι πρὸς τὸ καταλειπόμενον μέρος τῆς διηγήσεως.
275 2. Ἐπὶ γὰρ τὸν Ἐλεάζαρον καὶ τοὺς κατέχοντας σὺν αὐτῷ τὴν Μασάδαν σικαρίους ὁ τῶν Ῥωμαίων στρατηγὸς ἧκε⁴⁰⁸) τὰς δυνάμεις ἄγων, καὶ τῆς μὲν χώρας ἁπάσης εὐθὺς ἐκράτει φρουρὰς ἐν τοῖς ἐπικαιροτάτοις
276 αὐτῆς μέρεσιν ἐγκαταστήσας, τεῖχος δὲ περιέβαλε κύκλῳ περὶ πᾶν τὸ φρούριον, ὅπως μηδενὶ τῶν πολιορκουμένων ᾖ ῥᾴδιον διαφυγεῖν, καὶ
277 διανέμει⁴⁰⁹) τοὺς φυλάξοντας. αὐτὸς δὲ καταστρατοπεδεύει τόπον ὡς μὲν

---

³⁹² ὁ τοῦ γιώρα σίμων L; ὁ σίμων του γιωρα (sic) Excerpta Peiresc.
³⁹³ ἀπέσχετο PALVRC Excerpta Peiresc., Hudson, Bekker, Thack; ἀπέσχοντο M Niese, Na. ³⁹⁴ δὲ εὐγένεια PA; δ'εὐγένεια L; δ'εὐμένεια Excerpta Peiresc.
³⁹⁵ ἔργον πονηρίας εἶναι PAMLVR; ἔργον εἶναι πονηρίας C Hudson, Bekker, Na; ἔργον πονηρίας Excerpta Peiresc. Thack, Niese setzt εἶναι in Klammern. Seit § 259 berücksichtigt Thack mit Vorliebe die Excerpta Peiresc.
³⁹⁶ statt Ἰδουμαίων haben Excerpta Peiresc. Ιουδαίων.
³⁹⁷ μανία fehlt bei VRC Lat, Hudson, Thack setzt es in Klammern.
³⁹⁸ ἔτι PAML Excerpta Peiresc.
³⁹⁹ τὸν fehlt bei M, Hudson. ⁴⁰⁰ ἤκμαζεν C Hudson, Bekker, Na.
⁴⁰¹ μηδ'εἴ τι AM Hudson, Bekker, Na, Niese, Thack; μηδὲ εἴ τι VRC; μηδέ τι PA¹; μηδ'ὅτι L Excerpta Peiresc.
⁴⁰² προϋπάρχον PAL Niese, Thack; προυπαρχθὲν MVRC Hudson, Bekker, Na; προυπῆρχον Excerpta Peiresc. ⁴⁰³ μνήμη μὴ Dest. cj.
⁴⁰⁴ μηδ' - ἀζήλωτον *nullo inaemulato ante quod commissum memoria tradidit praetermisso* Lat (vgl. § 257).
⁴⁰⁵ αὐτοῖς PALVRC *sibi* Lat, Hudson; αὐτοῖς M Excerpta Peiresc., Bekker, Na, Niese, Thack.

den Menschen Mäßigung und rechten Umgang nicht beachtete. Und nun endlich Simon, der Sohn des Giora, welche Greueltat beging er nicht? Oder welcher Zügellosigkeit enthielt er sich jenen freien Menschen gegenüber, die ihn zum Machthaber bestimmt hatten?[142] Gab es denn irgendeine Freundschaft oder Verwandtschaft, die ihn und seine Leute nicht Tag für Tag zu noch brutaleren Mordtaten trieb? Sie meinten doch, daß es nur die Leistung landläufiger Schurkerei sei, allein Fremde schändlich zu behandeln; einen besonders glänzenden Ausweis dagegen brachte nach ihrer Überzeugung die Grausamkeit gegen die nächsten Angehörigen. Und im Wettkampf übertraf die Raserei der Idumäer noch den Wahnsinn dieser Männer. Diese wirklich übelsten Scheusale schlachteten die Hohenpriester ab, damit auch nicht der geringste Rest von Ehrfurcht gegen Gott gewahrt bliebe.[143] Alles, was an staatlicher Ordnung übrig war, beseitigten sie gewaltsam und führten die in allen Stükken vollendete Gesetzlosigkeit ein, auf Grund derer sich die Gruppe der sogenannten Zeloten zu voller Kraft entfaltete. Die Zeloten waren Männer, die die Berechtigung ihres Beinamens in entsprechenden Handlungen erwiesen.[144] Denn sie ahmten ausnahmslos jede Greueltat aufs getreueste nach; nicht einmal solche, die in längst vergangener Zeit geschehen waren und nur die Erinnerung noch zu berichten wußte, übergingen sie; und so bewiesen sie auch hier ihren leidenschaftlichen Eifer. Indes legten sie sich den Beinamen zu um des erstrebten Gutes willen – sei es, daß sie es taten, um derer zu spotten, die wegen der tierischen Natur der Zeloten Unrecht erlitten hatten, sei es, daß sie tatsächlich die größten Greuel für gute Werke hielten. Auf jeden Fall fand ein jeder von ihnen das verdiente Ende, da Gott über sie alle die gerechte Strafe verhängte.[145] Alles nämlich, was nur immer die menschliche Natur an Züchtigungen ertragen kann, brach über sie herein, selbst bis zum letzten Augenblick ihres Sterbens, das sie unter vielfachen Qualen durchzustehen hatten. Und trotzdem könnte man sagen, daß sie im Verhältnis zu ihren Taten noch zu wenig gelitten haben; denn das Leiden, das ihnen angemessen gewesen wäre, gab es überhaupt nicht. Diejenigen aber, die der Grausamkeit jener Zeloten zum Opfer fielen, gebührend zu beklagen, möchte gegenwärtig nicht der geeignete Augenblick sein. Also kehre ich wieder zu dem noch verbliebenen Teile der Erzählung zurück.

2. 275. Gegen Eleazar also und die Sikarier, die gemeinsam mit ihm Masada besetzt hielten, zog der römische Feldherr mit seiner Streitmacht. Rasch hatte er das gesamte Land in seiner Gewalt; in die am günstigsten gelegenen Orte legte er Besatzungen.[146] Die ganze Festung hingegen umgab er mit einer Ringmauer, damit es niemandem unter den Belagerten so leicht wäre, zu entfliehen; dazu teilte er Männer zur Bewachung ein. Er selbst wählte

---

[406] ἢ κατειρωνευόμενοι – νομίζοντες *qui eos quos laederent propter efferam sui naturam canillaudo fallebant, qui mallorum quae maxima essent bona duabant* Lat. Offenbar hat Lat. in § 256-258, 270 Mühe gehabt, den Text in einen Stil zu übertragen, der seinen Vorlagen entsprach. Es ist durchaus möglich, daß dabei Verstehensschwierigkeiten zu überwinden waren. § 270 scheint gegenüber den früheren Paragraphen sprachlich die tragbarste Form zu haben.
[407] ἄν fehlt bei PAM.   [408] ἦκτο PAL; ἴκτο M.   [409] διαμένειν VRC Lat.

πρὸς τὴν πολιορκίαν ἐπιτηδειότατον ἐκλαβών, καθ' ὃν αἱ τοῦ φρουρίου πέτραι τῷ πλησίον ὄρει συνήγγιζον, ἄλλως δὲ πρὸς ἀφθονίαν τῶν ἐπι-
278 τηδείων δύσκολον· οὐ γὰρ ἡ τροφὴ μόνον πόρρωθεν ἐκομίζετο καὶ σὺν μεγάλῃ ταλαιπωρίᾳ τῶν ἐπὶ τοῦτο τεταγμένων Ἰουδαίων, ἀλλὰ καὶ τὸ ποτὸν ἦν ἀγώγιμον εἰς τὸ στρατόπεδον[410]) τοῦ τόπου μηδεμίαν ἐγγὺς
279 πηγὴν ἀναδιδόντος. ταῦτ' οὖν προοικονομησάμενος ὁ Σίλβας ἐπὶ τὴν πολιορκίαν ἐτράπετο πολλῆς ἐπιτεχνήσεως καὶ ταλαιπωρίας δεομένην διὰ τὴν ὀχυρότητα τοῦ φρουρίου τοιοῦδε τὴν φύσιν ὑπάρχοντος·
280 3. Πέτραν οὐκ ὀλίγην τῇ περιόδῳ καὶ μῆκος ὑψηλὴν πανταχόθεν περιερρώγασι βαθεῖαι φάραγγες κάτωθεν[411]) ἐξ ἀοράτου τέρματος κρημνώδεις[412]) καὶ πάσῃ βάσει ζῴων ἀπρόσιτοι, πλὴν ὅσον κατὰ δύο τόπους
281 τῆς πέτρας εἰς ἄνοδον οὐκ εὐμαρῆ παρεικούσης. ἔστι δὲ τῶν ὁδῶν ἡ μὲν ἀπὸ τῆς Ἀσφαλτίτιδος λίμνης πρὸς ἥλιον ἀνίσχοντα, καὶ πάλιν ἀπὸ τῆς
282 δύσεως ᾗ ῥᾷον[413]) πορευθῆναι[414]). καλοῦσι δὲ τὴν ἑτέραν ὄφιν, τῇ στενότητι προσεικάσαντες[415]) καὶ τοῖς συνεχέσιν ἑλιγμοῖς· κλᾶται γὰρ περὶ τὰς τῶν κρημνῶν ἐξοχὰς καὶ πολλάκις εἰς αὐτὴν ἀνατρέχουσα[416]) καὶ κατὰ
283 μικρὸν αὖθις ἐκμηκυνομένη μόλις ψαύει τοῦ πρόσω. δεῖ δὲ παραλλὰξ τὸν δι' αὐτῆς βαδίζοντα τὸν ἕτερον τῶν ποδῶν[417]) ἐρείδεσθαι[418]). ἔστι δὲ πρόδηλος[419]) ὄλεθρος· ἑκατέρωθεν γὰρ βάθος κρημνῶν ὑποκέχηνε τῇ
284 φοβερότητι πᾶσαν εὐτολμίαν ἐκπλῆξαι δυνάμενον. διὰ τοιαύτης οὖν ἐλθόντι σταδίους τριάκοντα κορυφὴ τὸ λοιπόν ἐστιν οὐκ εἰς ὀξὺ τέρμα
285 συνηγμένη, ἀλλ' ὥστ' εἶναι κατ' ἄκρας ἐπίπεδον. ἐπὶ ταύτῃ πρῶτον[420]) μὲν ὁ ἀρχιερεὺς ᾠκοδομήσατο φρούριον Ἰωνάθης καὶ προσηγόρευσε Μασάδαν, ὕστερον δ' Ἡρώδῃ τῷ βασιλεῖ διὰ πολλῆς ἐγένετο σπουδῆς ἡ
286 τοῦ χωρίου κατασκευή. τεῖχός τε γὰρ ἤγειρε περὶ πάντα τὸν κύκλον τῆς κορυφῆς ἑπτὰ σταδίων[421]) ὄντα λευκοῦ μὲν λίθου πεποιημένον, ὕψος δὲ
287 δώδεκα καὶ πλάτος ὀκτὼ πήχεις ἔχον, τριάκοντα[422]) δὲ αὐτῷ καὶ ἑπτὰ πύργοι πεντηκονταπήχεις ἀνειστήκεσαν, ἐξ ὧν ἦν εἰς οἰκήματα διελθεῖν
288 περὶ πᾶν τὸ τεῖχος ἔνδον ᾠκοδομημένα. τὴν γὰρ κορυφὴν πίονα[423]) καὶ πεδίου παντὸς οὖσαν μαλακωτέραν ἀνῆκεν εἰς γεωργίαν ὁ βασιλεύς, ἵν' εἴ ποτε τῆς ἔξωθεν[424]) τροφῆς ἀπορία γένοιτο, μηδὲ ταύτῃ κάμοιεν οἱ τὴν
289 αὐτῶν σωτηρίαν τῷ φρουρίῳ πεπιστευκότες. καὶ βασίλειον δὲ κατεσκεύασεν ἑαυτῷ[425]) κατὰ τὴν ἀπὸ τῆς ἑσπέρας ἀνάβασιν, ὑποκάτω μὲν τῶν

---

[410] εἰς τὸ στρατόπεδον fehlt bei P Simch; Niese, Thack in Klammern.
[411] καὶ κάτωθεν P Lat.   [412] κρημνώδεις δ' ὁδοὶ C.
[413] ῥᾷων VR; ἡ ῥᾴων Niese *minor.*
[414] καὶ – πορευθῆναι: *et alterum ab occidente facilius ambulari* Lat.
[415] παρεικάσαντες L, L verändert gern in diesem Abschnitt bei Komposita die Präpositionen. Vgl. § 282, 295, 300, ferner 4, 13 Anm. 6.
[416] ἀναστρέφουσα PAMVRC Hudson, Bekker, Na; *revertens* Lat.
[417] τοῖν ποδοῖν C Hudson, Bekker, Na.
[418] δεῖ – ἐρείδεσθαι *namque mutanti vestigium necesse est pede altero niti* Lat.
[419] δὲ πρόδηλος: δὲ καὶ τῷ παρολισθάνειν πρόδηλος C.
[420] πρῶτος VRC Lat Hudson, Bekker.
[421] ἑπτὰ στάδιον P; ἑπταστάδιον Dest. cj.; statt ἑπτὰ *sexaginta* Lat.
[422] Für τριάκοντα *viginti* Lat.   [423] πλείονα L; ποιουμενα (sic) C.
[424] ἔξω LVRC Hudson, Bekker, Na; ἔξωθεν = Textglättung durch PAM?

Josephus, Jüdischer Krieg, Buch 7

einen zur Belagerung möglichst geeigneten Platz aus und schlug ein Lager auf. Es war die Stelle, wo die Felsen der Festung dicht an den nahe gelegenen Berg reichten. Allerdings lag dieser Platz für die Beschaffung eines reichlichen Vorrats an Lebensmitteln ungünstig.[147] Denn nicht allein mußte der Speisevorrat von fern und unter großen Schwierigkeiten durch die dazu beorderten Juden herbeigeschafft werden, auch das Trinkwasser mußte eigens ins Lager gebracht werden, da der Platz selbst keine nahe Quelle heraustreten ließ.[148] Nachdem nun Silva diese Vorbereitungen getroffen hatte, wandte er sich der eigentlichen Belagerung zu. Diese verlangte auf Grund der Stärke der Festung, wie sie im folgenden beschrieben werden soll, viel Kriegskunst und körperliche Anstrengung.

3. 280. Einen Felsen, nicht gering an Umfang und beträchtlich hoch, umgeben von allen Seiten tiefe Schluchten. Schroffe Felsabhänge reichen in unabsehbare Tiefen, so daß sie für den Zutritt von Mensch und Tier verschlossen bleiben. Eine Ausnahme machen zwei Stellen, wo der Felsen einen wenn auch nur mühevollen Aufstieg zuläßt. Der eine der beiden Wege im Osten führt vom Asphaltsee herauf, der andere hingegen kommt vom Westen; auf ihm ist es etwas leichter zu marschieren. Man nennt den ersten Weg „die Schlange", da er mit seiner äußersten Enge und den fortwährenden Windungen einer solchen verglichen werden kann. Denn an den Vorsprüngen der Felsen bricht er um; da er dann häufig in die alte Richtung zurückweist und auch nur um ein weniges weiterführt, ist das Vorwärtskommen sehr mühsam. Geht man auf dem Weg, so gilt es, sich jeweils mit einem Fuß fest abzustützen. Dabei aber steht fortwährend der Tod vor Augen; denn beiderseits des Weges gähnt die Tiefe der Abgründe herauf und versetzt selbst den, der mit größtem Mut ausgerüstet ist, in unheimlichen Schrecken. Ist man dann etwa 30 Stadien in dieser Weise auf dem Wege aufgestiegen, gelangt man zum Gipfel, der nunmehr aber nicht in eine Spitze zuläuft, sondern sozusagen eine Hochfläche darstellt.[149] Und eben hier baute zuerst der Hohepriester Jonathan eine Festung und nannte sie Masada. Später unternahm Herodes mit allem Eifer die Ausrüstung der Festung.[150] Er errichtete nämlich ringsherum am Rande der Gipfelfläche, welcher im ganzen 7 Stadien mißt, zunächst eine Mauer aus weißem Gestein, 12 Ellen hoch und 8 Ellen dick. Auf der Mauer aber standen zudem noch 37 Türme jeweils 50 Ellen hoch, von denen aus man zu den Innenräumen gelangen konnte, die innerhalb entlang der ganzen Mauer gebaut waren.[151] Die Gipfelfläche nämlich, die fruchtbarer und lockerer war als irgendeine andere Ebene, gab der König zur Bebauung frei, damit für den Fall, daß die Lebensmittelversorgung von außen unterbrochen werden sollte, die Menschen, die ihre Rettung der Festung anvertraut hatten, nicht darunter zu leiden hätten. Auch einen Königspalast ließ er sich bauen, und zwar am westlichen Aufstieg unterhalb der Mauer um den Gipfel und mit der Ausrichtung nach Norden.[152] Die Mauer des Palastes

---

[425] ἑαυτῷ mit Lat. *sibi*; ἐν αὐτῷ codd. und die Herausgeber. ἐν vor αὐτῷ vielleicht aus Dittographie. ἐν αὐτῷ ließe sich nur schwer auf τῷ φρουρίῳ beziehen, ein anderes Beziehungswort aber fehlt. Dementsprechend hält Niese (App) Lat. für möglicherweise richtig.

τῆς ἄκρας τειχῶν, πρὸς δὲ⁴²⁶) τὴν ἄρκτον ἐκκλίνον⁴²⁷). τοῦ δὲ βασιλείου τὸ τεῖχος ἦν ὕψει μέγα καὶ καρτερόν, πύργους ἔχον ἑξηκονταπήχεις ἐγγω-
290 νίους τέτταρας. ἥ τε τῶν οἰκημάτων ἔνδον καὶ στοῶν καὶ βαλανείων κατασκευὴ παντοία καὶ πολυτελὴς ἦν, κιόνων μὲν ἁπανταχοῦ μονολίθων ὑφεστηκότων, τοίχων δὲ καὶ τῶν ἐν τοῖς οἰκήμασιν ἐδάφων⁴²⁸) λίθου
291 στρώσει πεποικιλμένων. πρὸς ἕκαστον δὲ τῶν οἰκουμένων τόπων ἄνω τε καὶ περὶ τὸ βασίλειον καὶ πρὸ τοῦ τείχους⁴²⁹) πολλοὺς καὶ μεγάλους ἐτετμήκει λάκκους ἐν ταῖς πέτραις φυλακτῆρας ὑδάτων, μηχανώμενος εἶναι
292 χορηγίαν ὅση τῷ⁴³⁰) ἐκ πηγῶν ἐστι χρωμένοις⁴³¹). ὀρυκτὴ δ' ὁδὸς ἐκ τοῦ βασιλείου πρὸς ἄκραν τὴν κορυφὴν ἀνέφερε⁴³²) τοῖς ἔξωθεν ἀφανής. οὐ μὴν οὐδὲ ταῖς φανεραῖς ὁδοῖς ἦν οἷόν τε χρήσασθαι ῥᾳδίως πολεμίους⁴³³)·
293 ἡ μὲν γὰρ ἑῴα διὰ τὴν φύσιν, ὡς προείπαμεν, ἐστὶν ἄβατος, τὴν δ' ἀπὸ τῆς ἑσπέρας μεγάλῳ κατὰ τὸ στενότατον πύργῳ διετείχισεν ἀπέχοντι τῆς ἄκρας πήχεων οὐκ ἔλαττον διάστημα χιλίων, ὃν οὔτε παρελθεῖν δυνατὸν ἦν οὔτε ῥᾴδιον ἑλεῖν· δυσέξοδος δὲ καὶ τοῖς μετὰ ἀδείας βαδίζου-
294 σιν ἐπεποίητο. οὕτως⁴³⁴) μὲν οὖν πρὸς τὰς τῶν πολεμίων ἐφόδους φύσει τε καὶ χειροποιήτως τὸ φρούριον ὠχύρωτο.
295 4. Τῶν δ' ἔνδον ἀποκειμένων παρασκευῶν⁴³⁵) ἔτι μᾶλλον ἄν τις ἐθαύ-
296 μασε τὴν λαμπρότητα καὶ τὴν διαμονήν· σῖτός τε γὰρ ἀπέκειτο πολὺς καὶ πολὺν χρόνον ἀρκεῖν ἱκανώτατος οἶνός τε πολὺς ἦν καὶ ἔλαιον, ἔτι
297 δὲ παντοῖος ὀσπρίων καρπὸς καὶ φοίνικες ἐσεσώρευντο. πάντα δὲ εὗρεν ὁ Ἐλεάζαρος τοῦ φρουρίου μετὰ τῶν σικαρίων ἐγκρατὴς δόλῳ γενόμενος ἀκμαῖα καὶ μηδὲν τῶν νεωστὶ κειμένων ἀποδέοντα· καίτοι σχεδὸν ἀπὸ τῆς παρασκευῆς εἰς τὴν ὑπὸ Ῥωμαίοις ἅλωσιν ἑκατὸν ἦν χρόνος ἐτῶν· ἀλλὰ καὶ Ῥωμαῖοι τοὺς περιλειφθέντας τῶν καρπῶν εὗρον ἀδιαφθόρους.
298 αἴτιον δ' οὐκ ἂν ἁμάρτοι τις ὑπολαμβάνων εἶναι τὸν ἀέρα τῆς διαμονῆς ὕψει τῷ⁴³⁶) περὶ τὴν ἄκραν πάσης ὄντα γεώδους καὶ θολερᾶς ἀμιγῆ
299 κράσεως. εὑρέθη δὲ καὶ παντοίων πλῆθος ὅπλων ὑπὸ τοῦ βασιλέως ἀποτεθησαυρισμένων⁴³⁷), ὡς ἀνδράσιν ἀρκεῖν μυρίοις, ἀργός τε σίδηρος καὶ χαλκὸς ἔτι δὲ καὶ μόλιβος⁴³⁸), ἅτε δὴ τῆς παρασκευῆς ἐπὶ μεγάλαις
300 αἰτίαις γενομένης· λέγεται γὰρ αὐτῷ⁴³⁹) τὸν Ἡρώδην τοῦτο τὸ φρούριον εἰς ὑποφυγὴν⁴⁴⁰) ἑτοιμάζειν διπλοῦν ὑφορώμενον κίνδυνον, τὸν μὲν παρὰ τοῦ πλήθους τῶν Ἰουδαίων, μὴ καταλύσαντες ἐκεῖνον τοὺς πρὸ αὐτοῦ βασιλέας ἐπὶ τὴν ἀρχὴν καταγάγωσι, τὸν μείζω⁴⁴¹) δὲ καὶ χαλεπώτερον ἐκ

⁴²⁶ δὲ fehlt bei MVRC (Lat. ?).
⁴²⁷ ἐκκλίνων P; ἐγκλίνον MLVRC Hudson, Bekker, Na.
⁴²⁸ ἐδαφῶν MLVRC aus Korrektur A, Hudson, Bekker, Na.
⁴²⁹ Für πρὸ τοῦ τείχους ante turres Lat.
⁴³⁰ τῷ Niese cj., Thack; τῶν codd. Hudson, Bekker, Na; ἐκ τῶν πηγῶν L.
⁴³¹ χρωμένων C; μηχανώμενος – χρωμένοις *tantam molitus abundantiam, quantam qui fontibus veterentur haberent.*
⁴³² ἀνεφέρετο VRC Hudson, Bekker, Na.   ⁴³³ τοὺς πολεμίους M Na.
⁴³⁴ οὕτω PVRC Hudson, Bekker, Na.   ⁴³⁵ παρακειμένων L.
⁴³⁶ τῷ aus Korrektur A, Niese; τῶν PA¹MLVRC Hudson, Bekker, Na, Thack.
⁴³⁷ ἀποτεθησαυρισμένων PAMLVR Niese; ἀποτεθησαυρισμένον C Lat. Hudson, Bekker, Na, Thack.
⁴³⁸ μόλιβος PAMLVR Niese, Thack; μόλυβδος C Hudson; μόλιβδος Dindorf cj., Bekker, Na.

Josephus, Jüdischer Krieg, Buch 7

war sehr hoch und stark und hatte 4 Ecktürme je 60 Ellen hoch. Innerhalb der Ummauerung war die Ausstattung der Wohnräume ebenso wie der Säulenhallen und Bäder verschiedenartig und verschwenderisch. Die überall anzutreffenden Säulen waren jeweils aus einem einzigen Stein, die Wände und Fußböden in den Wohnungen zeigten kunstvolle bunte Steinpflasterung.[153] Unmittelbar in der Nähe einer jeden Ansiedlung oberhalb des Palastes und um ihn herum wie auch vor der Ringmauer ließ er als Wasserbehälter zahlreiche und große Vertiefungen in die Felsen schlagen. Auf diese Weise nämlich schaffte er eine Wasserversorgung, wie sie sonst nur Menschen hatten, denen Quellen zur Verfügung standen.[154] Für außerhalb Stehende unsichtbar, führte ein ausgehauener Gang vom Palast herauf zur Gipfelfläche. Den Feinden freilich war es ohnehin nicht einmal recht möglich, sich der offen sichtbaren Wege zu bedienen. Denn jener von Osten heraufführende Weg ist – wie wir bereits oben sagten – um seiner natürlichen Beschaffenheit willen ungangbar; den Weg von Westen her ließ Herodes an dem engsten Punkt durch einen großen Turm versperren, dessen Abstand von der Höhe nicht weniger als 1000 Ellen maß. Diesen Turm zu umgehen war nicht möglich, doch war es auch nicht einfach, ihn einzunehmen. Ja, sogar denen, die mit dem Gefühl der Sicherheit kommen konnten,[155] war hierdurch der Weg noch erschwert worden. So war also die Festung sowohl durch Natur wie durch künstliche Anlage gegen feindliche Angriffe gesichert.

4. 295. Doch mag man vielleicht noch mehr staunen über die ansehnliche Fülle und die Haltbarkeit der in der Festung aufgespeicherten Vorräte. Denn es war eine Menge Korn gelagert worden, die über eine sehr lange Zeit hin ausgereicht hätte, dazu viel Wein und Öl. Außerdem waren noch allerhand Hülsenfrüchte und Datteln angehäuft worden. All dies fand Eleazar vor, als er gemeinsam mit den Sikariern die Festung in seine Gewalt bekam, und zwar in unverdorbenem Zustande und zudem in nichts hinter den erst jüngst eingelagerten Vorräten zurückstehend. Und doch lag zwischen der Vorratsspeicherung und der Einnahme der Festung durch die Römer ein Zeitraum von beinahe 100 Jahren. Aber selbst letztere fanden noch das, was von den Früchten übriggeblieben war, in unverminderter Güte vor.[156] Man wird wohl kaum fehlgehen in der Annahme, daß der Grund für die Haltbarkeit in der Beschaffenheit der Luft liegt. Bedingt durch die Höhenlage war sie um den Gipfel vollkommen frei von erdigen und unreinen Stoffen. Daneben wurde eine Menge Waffen verschiedenster Art gefunden. Sie waren vom König aufgespeichert worden und hätten wohl für 10 000 Mann gereicht. Ebenso waren da – noch unverarbeitet – Eisen, Erz und selbst Blei, war doch die Vorbereitung auf die Möglichkeiten eines Ernstfalles ausgerichtet. Es hieß nämlich allgemein, Herodes habe sich diese Festung als persönliche Zuflucht ausgebaut, da ihn sein Argwohn eine doppelte Gefahr sehen ließ: einmal von seiten des jüdischen Volkes, es möchte ihn selbst absetzen und das ehemalige Königsgeschlecht zur Herrschaft zurückholen; zum andern – und

---

[439] αὐτό P; αὐτῷ AL; ἑαυτῷ VRC Hudson.   [440] ἀποφυγὴν L.
[441] τὸν μείζω C und alle Herausgeber; τὸ μείζω PAVR; τὸν μεῖζον ML.

301 τῆς βασιλευούσης Αἰγύπτου Κλεοπάτρας. αὕτη γὰρ τὴν αὐτῆς[442]) γνώμην οὐκ ἐπεῖχεν, ἀλλὰ πολλάκις Ἀντωνίῳ λόγους προσέφερε τὸν μὲν Ἡρώδην ἀνελεῖν ἀξιοῦσα, χαρίσασθαι δ' αὐτῇ[443]) τὴν βασιλείαν τῶν Ἰουδαίων
302 δεομένη. καὶ μᾶλλον ἄν τις ἐθαύμασεν, ὅτι μηδέπω τοῖς προστάγμασιν Ἀντώνιος ὑπακηκόει κακῶς ὑπὸ τοῦ πρὸς αὐτὴν ἔρωτος δεδουλωμένος,
303 οὐχ ὅτι περὶ τοῦ μὴ χαρίσασθαι προσεδόκησεν[444]). διὰ τοιούτους μὲν φόβους Ἡρώδης Μασάδαν κατεσκευασμένος[445]) ἔμελλεν Ῥωμαίοις ἀπολείψειν ἔργον τοῦ πρὸς Ἰουδαίους πολέμου τελευταῖον.
304 5. Ἐπεὶ γὰρ ἔξωθεν ἤδη περιτετειχίκει πάντα τὸν τόπον ὁ τῶν Ῥωμαίων, ὡς προείπαμεν, ἡγεμών, καὶ τοῦ μή τινα ἀποδρᾶναι πρόνοιαν ἐπεποίητο τὴν ἀκριβεστάτην, ἐνεχείρει τῇ πολιορκίᾳ μόνον[446]) εὑρὼν ἕνα
305 τόπον ἐπιβολὴν χωμάτων δέξασθαι δυνάμενον. μετὰ γὰρ τὸν διατειχίζοντα πύργον τὴν ἀπὸ τῆς δύσεως ὁδὸν ἄγουσαν εἴς τε τὸ βασίλειον καὶ τὴν ἀκρώρειαν ἦν τις ἐξοχὴ πέτρας εὐμεγέθης τῷ πλάτει καὶ πολὺ προκύπτουσα, τοῦ δὲ ὕψους τῆς Μασάδας τριακοσίους πήχεις ὑποκάτω·
306 Λευκὴν δ' αὐτὴν ὠνόμαζον. ἐπὶ ταύτην οὖν ἀναβὰς καὶ κατασχὼν αὐτὴν ὁ Σίλβας ἐκέλευε τὸν στρατὸν χοῦν ἐπιφέρειν. τῶν δὲ προθύμως καὶ μετὰ πολλῆς χειρὸς ἐργαζομένων στερεὸν εἰς διακοσίους πήχεις ὑψώθη
307 τὸ χῶμα. οὐ μὴν οὔτε βέβαιον οὔτε αὔταρκες ἐδόκει τοῦτο τὸ μέτρον εἶναι τοῖς μηχανήμασιν εἰς ἐπιβάθραν, ἀλλ' ἐπ' αὐτοῦ βῆμα λίθων μεγά-
308 λων συνηρμοσμένων ἐποιήθη πεντήκοντα πήχεων εὖρός τε καὶ ὕψος. ἦν δὲ τῶν ἄλλων τε μηχανημάτων ἡ κατασκευὴ παραπλησία τοῖς ὑπὸ μὲν Οὐεσπασιανοῦ πρότερον, μετὰ ταῦτα δ' ὑπὸ Τίτου πρὸς τὰς πολιορκίας
309 ἐπινοηθεῖσι[447]), καὶ πύργος ἑξηκοντάπηχυς[448]) συνετελέσθη σιδήρῳ καταπεφραγμένος ἅπας, ἐξ οὗ πολλοῖς ὀξυβελέσι καὶ πετροβόλοις βάλλοντες οἱ Ῥωμαῖοι τοὺς ἀπὸ τοῦ τείχους μαχομένους ταχέως ἀνέστειλαν καὶ
310 προκύπτειν ἐκώλυσαν. ἐν ταὐτῷ δὲ καὶ κριὸν ὁ Σίλβας μέγαν κατασκευασάμενος, συνεχεῖς κελεύσας ποιεῖσθαι τῷ τείχει τὰς ἐμβολὰς μόλις
311 μὲν ἀλλ' οὖν ἀναρρήξας τι μέρος[449]) κατήρειψε[450]). φθάνουσι δ' οἱ σικάριοι ταχέως ἔνδοθεν οἰκοδομησάμενοι τεῖχος ἕτερον, ὃ μηδὲ ὑπὸ τῶν μηχανημάτων ἔμελλεν ὅμοιόν τι πείσεσθαι· μαλακὸν γὰρ αὐτὸ καὶ τὴν σφοδρότητα τῆς ἐμβολῆς ὑπεκλύειν δυνάμενον τοιῷδε τρόπῳ κατεσκεύασαν.
312 δοκοὺς μεγάλας ἐπὶ μῆκος προσεχεῖς ἀλλήλαις κατὰ τὴν τομὴν συνέθεσαν. δύο δὲ ἦσαν τούτων στίχοι παράλληλοι τοσοῦτον διεστῶτες ὅσον εἶναι
313 πλάτος τείχους, καὶ μέσον ἀμφοῖν τὸν χοῦν ἐνεφόρουν. ὅπως δὲ μηδὲ

[442] αὐτῆς Bekker cj., Na, Niese, Thack; αὑτῆς codd. Hudson.
[443] αὐτὴ L; αὐτῇ Bekker, Na.
[444] οὐχ – προσεδόκησεν *quam non dominaturam speraret* Lat.
[445] οὐχ (§ 302) – κατεσκευασμένος fehlt bei P. Da es sich um einen schwierigen Textzusammenhang handelt, hat P vielleicht um der Vereinfachung willen eine Verkürzung des Textes vorgenommen. Allerdings ist die Möglichkeit eines Überspringens von δεδουλωμένος (§ 302) auf κατεσκευασμένος nicht ausgeschlossen.
[446] Niese (App.) stellt μόλις gegen die codd. (μόνον) zur Diskussion.
[447] ἐπινοηθεῖσα VRC.
[448] ἑξηκοντάπηχυς wird seit Hudson von allen Herausgebern bevorzugt gegenüber den verschiedenen orthographischen Varianten der codd.
[449] μέρος PA Niese, Thack; μέρος αὐτοῦ MLVRC Lat., Hudson, Bekker, Na.
[450] κατήριψε PA; κατέρριψε L.

diese Gefahr war weit größer und schwieriger – von seiten der ägyptischen Königin Kleopatra. Dieselbe hielt nämlich mit ihrer Absicht keineswegs hinterm Berge, sondern wandte sich häufig an Antonius und bedrängte ihn mit der Bitte, Herodes aus dem Wege zu räumen und ihr das Königreich der Juden zu schenken. Nicht daß Herodes erwartet hätte, daß Antonius ihr in dieser Sache keine Gunst erwies – aber es war doch noch weit erstaunlicher, daß dieser noch nicht auf ihre Anordnungen eingegangen war, obgleich er durch die Leidenschaft zu ihr so übel versklavt war.[157] Derart waren die Befürchtungen, die Herodes bewogen hatten, Masada so auszurüsten, die Festung, die nun den Römern als letzte Aufgabe im Krieg gegen die Juden blieb.

5. 304. Wie zuvor gesagt, hatte der römische Feldherr alsdann bereits den ganzen Platz von außen her mit einem Wall umgeben und peinlichste Sorgfalt darauf verwandt, daß niemand mehr entfliehen konnte. Jetzt erst begann er mit der eigentlichen Belagerung. Nur eine einzige Stelle fand er, die das Aufwerfen von Erdwällen zuließ. Hinter jenem Turm nämlich, der den Weg versperrte, welcher vom Westen herauf zunächst zum Palast und dann zur Bergspitze führte, war ein Felsenvorsprung, recht breit und auch weit hervorragend. Er lag indes noch 300 Ellen unterhalb der Höhe von Masada und trug den Namen „Leuke" (= der „Weiße").[158] Zu diesem Felsen stieg Silva also hinaus, besetzte ihn und befahl dem Heer, Schutterde herbeizuschaffen. Da mit großer Bereitschaft und unter allem Krafteinsatz gearbeitet wurde, war der massive Wall bald zu 200 Ellen erhöht. Doch schien selbst dies Maß weder fest noch tragfähig genug zu sein, um den Belagerungsmaschinen als Plattform zu dienen. Folglich wurde auf dem Wall noch eine Schicht von großen, gut zusammengesetzten Steinen gebaut, sowohl 50 Ellen breit wie hoch. Im allgemeinen ähnelten die Kriegsmaschinen in ihrer Ausstattung jenen, die zunächst von Vespasian, danach auch von Titus für die Belagerungen ersonnen worden waren. Dazu war ein 60 Ellen hoher Turm errichtet worden und ganz und gar mit Eisen beschlagen. Von diesem Turm aus schossen die Römer mit Katapulten und Steinwerfern; so drängten sie die von der Mauer aus Kämpfenden rasch ab, ja hinderten sie sogar, sich vorzubeugen.[159] In gleicher Weise befahl Silva auch einen Sturmbock aufzustellen. Daraufhin ordnete er an, ununterbrochen die Stöße gegen die Mauer zu führen. Als es endlich nach großer Anstrengung gelang, ein Stück aus der Mauer zu brechen, ließ er sie niederreißen. Inzwischen hatten aber die Sikarier von innen schnell eine zweite Mauer bauen können, die nun nicht mehr durch die Belagerungsmaschinen ein ähnliches Schicksal erleiden sollte. Damit sie nachgiebig war und so selbst den heftigsten Ansturm aushalten könnte, hatten die Sikarier sie folgendermaßen ausgebaut: Sie schichteten große Balken der Länge nach aufeinander und fügten sie an den Schnittenden zusammen.[160] Und zwar bauten sie zwei einander parallele Reihen in einem der Breite der Mauer entsprechenden Abstand. Den Zwischenraum füllten sie durch Schutterde auf. Damit aber die Erde nicht durch weiteres Schuttaufwerfen nach unten nachgab, waren die Längsbalken ihrerseits noch mit Querbalken verbunden. Den Römern nun erschien das Werk einem Hausbau ver-

ὑψουμένου⁴⁵¹) τοῦ χώματος ἡ γῆ διαχέοιτο, πάλιν ἑτέραις δοκοῖς ἐπικαρσίαις τὰς κατὰ μῆκος κειμένας διέδεον⁴⁵²). ἣν οὖν ἐκείνοις μὲν οἰκοδομίᾳ τὸ ἔργον⁴⁵³) παραπλήσιον⁴⁵⁴), τῶν μηχανημάτων δ' αἱ πληγαὶ φερόμεναι πρὸς εἶκον⁴⁵⁵) ἐξελύοντο καὶ τῷ σάλῳ συνιζάνον ἐποίουν αὐτὸ στεριφώτερον⁴⁵⁶). τοῦτο συνιδὼν ὁ Σίλβας πυρὶ μᾶλλον αἱρήσειν ἐνόμιζεν τὸ τεῖχος, καὶ τοῖς στρατιώταις προσέταττε λαμπάδας αἰθομένας ἀθρόους ἐσακοντίζειν⁴⁵⁷). τὸ δὲ οἷα δὴ ξύλων τὸ πλέον πεποιημένον ταχὺ τοῦ πυρὸς ἀντελάβετο καὶ τῇ χαυνότητι πυρωθὲν διὰ βάθους φλόγα πολλὴν ἐξεπύρσευσεν⁴⁵⁸). ἀρχομένου μὲν οὖν⁴⁵⁹) ἔτι⁴⁶⁰) τοῦ πυρὸς βορρᾶς ἐμπνέων τοῖς Ῥωμαίοις φοβερὸς ἦν· ἄνωθεν γὰρ ἀποστρέφων ἐπ' ἐκείνους ἤλαυνε τὴν φλόγα, καὶ σχεδὸν ἤδη τῶν μηχανημάτων ὡς συμφλεγησομένων ἀπέγνωσαν⁴⁶¹)· ἔπειτα δ' αἰφνίδιον νότος μεταβαλὼν καθάπερ ἐκ δαιμονίου προνοίας καὶ πολὺς ἐναντίον⁴⁶²) πνεύσας τῷ τείχει φέρων αὐτὴν προσέβαλε, καὶ πᾶν ἤδη διὰ βάθους ἐφλέγετο. Ῥωμαῖοι μὲν οὖν τῇ παρὰ τοῦ θεοῦ συμμαχίᾳ κεχρημένοι χαίροντες εἰς τὸ στρατόπεδον ἀπηλλάττοντο μεθ' ἡμέραν ἐπιχειρεῖν⁴⁶³) τοῖς πολεμίοις διεγνωκότες καὶ τὰς φυλακὰς νύκτωρ ἐπιμελεστέρας ἐποιήσαντο, μή τινες αὐτῶν λάθωσιν ἀποδράντες.

6. Οὐ μὴν οὔτε αὐτὸς Ἐλεάζαρος ἐν νῷ δρασμὸν ἔλαβεν οὔτε ἄλλῳ τινὶ τοῦτο ποιεῖν ἔμελλεν ἐπιτρέψειν. ὁρῶν δὲ τὸ μὲν τεῖχος ὑπὸ τοῦ πυρὸς ἀναλούμενον⁴⁶⁴), ἄλλον δὲ οὐδένα σωτηρίας τρόπον οὐδ' ἀλκῆς ἐπινοῶν, ἃ δὲ ἔμελλον Ῥωμαῖοι δράσειν αὐτοὺς καὶ τέκνα καὶ γυναῖκας αὐτῶν⁴⁶⁵), εἰ κρατήσειαν, ὑπ' ὀφθαλμοὺς αὐτῷ⁴⁶⁶) τιθέμενος, θάνατον κατὰ πάντων ἐβουλεύσατο. καὶ τοῦτο κρίνας ἐκ τῶν παρόντων ἄριστον, τοὺς ἀνδρωδεστάτους τῶν ἑταίρων συναγαγὼν⁴⁶⁷) τοιούτοις ἐπὶ τὴν πρᾶξιν λόγοις παρεκάλει· «πάλαι διεγνωκότας ἡμᾶς⁴⁶⁸), ἄνδρες ἀγαθοί, μήτε Ῥωμαίοις μήτ' ἄλλῳ τινὶ δουλεύειν ἢ θεῷ, μόνος γὰρ οὗτος ἀληθής ἐστι καὶ δίκαιος ἀνθρώπων δεσπότης⁴⁶⁹), ἥκει⁴⁷⁰) νῦν καιρὸς ἐπαληθεῦσαι κελεύων τὸ φρόνημα τοῖς ἔργοις. πρὸς ὃν αὐτοὺς⁴⁷¹) μὴ καταισχύνωμεν πρότερον μηδὲ δουλείαν ἀκίνδυνον ὑπομείναντες, νῦν⁴⁷²) δὲ μετὰ δουλείας

---

⁴⁵¹ Statt μηδὲ ὑψουμένου μὴ τυπτομένου Dest. cj.
⁴⁵² διέδουν Dindorf cj., Na.   ⁴⁵³ τῶν ἔργων L; τῷ ἔργῳ Dest. cj.
⁴⁵⁴ παραπλήσιον L Lat., Hudson, Bekker, Na, Niese, Thack; παραπλησία PALVRC, τῷ ἔργῳ παραπλησία Dest.
⁴⁵⁵ πρὸς εἶκον Hudson (App.), Bekker, Na, Niese, Thack; πρὸς εἰκὸς MC Hudson; προσεικὸς PLVR; προσεικῶς A.
⁴⁵⁶ τῶν – στεριφώτερον: *sed quia cedenti inferebantur machinarum ictus evanescebant lutoque subsidente strictiorem fabricam faciebant* Lat.
⁴⁵⁷ εἰσακοντίζειν LVRC Hudson, Bekker, Na; ἀκοντίζειν Zonaras.
⁴⁵⁸ ἐξεπόρευσεν L.   ⁴⁵⁹ οὖν fehlt bei PAML.   ⁴⁶⁰ Statt ἔτι ἤδη M.
⁴⁶¹ ἀπεγνώκεσαν LVRC Hudson, Bekker, Na.
⁴⁶² ἐναντίος LVRC Hudson, Bekker, Na.
⁴⁶³ ἐπιχειρεῖν τοῖς πολεμίοις MLVRC Lat., Zonaras und alle Herausgeber; ἐπέχειν τοὺς πολεμίους PA. In diesem Falle ist die Lesart von PA zwar sprachlich weniger geschickt, jedoch in ihrer Bezeugung und Selbständigkeit (ἐπέχω + Akk.) beachtlich.
⁴⁶⁴ ἀνακαιόμενον VRC Hudson, Bekker.
⁴⁶⁵ αὐτῶν fehlt bei P, Niese *major* in Klammern.
⁴⁶⁶ αὐτῷ Dindorf cj. Bekker, Na, Niese, Thack; αὐτῶ PAMVRC; αὐτῶν L Hudson.
⁴⁶⁷ Für συναγαγὼν *vesperi congregatos* Lat.   ⁴⁶⁸ Statt ἡμᾶς *vobis* Lat.

gleichbar, aber die gewaltigen Schläge der Kriegsmaschinen gegen die nachgebende Masse blieben völlig wirkungslos; im Gegenteil, da sich die Erde durch die Erschütterung noch setzte, machten die Angriffe die Mauer noch widerstandsfähiger. Als Silva dies beobachtete, hielt er es für einfacher, die Mauer durch Feuer zu zerstören. Daher wies er die Soldaten an, brennende Fackeln in Menge gegen die Mauer zu schleudern. Da aber die Mauer tatsächlich zum größten Teil aus Holz gebaut war, wurde sie schnell vom Feuer ergriffen; wegen des lockeren Gefüges der Mauer erhob sich bald ein Flammenstoß aus dem Feuer in die Höhe. Doch noch war das Feuer erst gerade ausgebrochen, als ein Nordwind aufkam und die Römer in Furcht versetzte. Er drehte nämlich die Flammenlohe von oben ab und trieb sie gegen die Römer selbst. Und schon gaben diese beinahe alle Hoffnung auf, da es so aussah, als sollten die Kriegsmaschinen in den Flammen aufgehen. Da aber sprang der Wind ganz plötzlich – wie aus göttlicher Vorsehung – nach Süden um. Mit voller Kraft blies er in die entgegengesetzte Richtung gegen die Mauer, brachte die Flammen auf sie zu und setzte so das Ganze schnell bis in die Tiefe in Brand. Nach diesem Erweis göttlichen Beistandes[161] eilten die Römer hocherfreut ins Lager und nahmen sich fest vor, am nächsten Tag die Feinde anzugreifen. Für die Nacht stellten sie mit besonderer Sorgfalt Wachposten auf, damit keiner von den Sikariern heimlich entkommen konnte.[162]

6. 320. Indessen zog Eleazar weder für sich selbst ein Davonlaufen in Erwägung, noch wollte er irgendeinem anderen es gestatten, so zu handeln. Er sah, wie die Mauer vom Feuer aufgezehrt wurde und wußte keinerlei Rettung oder Hilfe mehr. Als er sich zudem noch vor Augen führte, was die Römer im Augenblick ihres Sieges ihnen, den Kindern und Frauen antun würden, beschloß er für alle den Tod.[163] Da er diesen Entschluß angesichts der gegenwärtigen Lage wirklich für den besten erachtete, versammelte er alsdann die mannhaftesten unter seinen Kampfgefährten und suchte sie durch ungefähr folgende Worte zur Tat anzutreiben: „Vor Zeiten haben wir uns dafür entschieden, wackere Männer, daß wir weder den Römern noch irgend jemand anderem dienen außer Gott; denn dieser allein ist der wahre und gerechte Herr über die Menschen. Jetzt aber ist die Stunde gekommen, die uns befiehlt, diese Gesinnung in Taten zu erweisen. Angesichts dieser Stunde sollten wir uns selbst nicht Schande bereiten. Vormals wollten wir uns nicht einmal unter eine Knechtschaft beugen, die ohne jede Lebensgefahr war. Nun aber sollten wir freiwillig eine Knechtschaft hinnehmen, die von unerbittlicher Rache sein wird, sobald wir lebend in die Gewalt der Römer geraten? Denn so wie wir als erste von allen uns gegen sie aufgelehnt haben, so kämpfen wir auch als letzte gegen sie.[164] Ich glaube aber auch, daß uns von Gott

---

[469] μόνος – δεσπότης Bekker und Na in Klammern. Sie vermuten offenbar einen Einschub.
[470] ἥκει L Na, Niese, Thack; ἧκε AMVRC Hudson, Bekker; ἧκεν P; *adest* Lat.
[471] αὑτοὺς PV¹RA; ἑαυτοὺς C Hudson.
[472] νῦν PAML Niese; νυνὶ VRC Hudson, Bekker, Na, Thack. Thack weist darauf hin, daß νυνὶ in den Redestoffen bei Jos. gebräuchlich ist.

ἑλόμενοι τιμωρίας ἀνηκέστους, εἰ ζῶντες ὑπὸ[473]) Ῥωμαίοις ἐσόμεθα· πρῶτοί τε γὰρ πάντων ἀπέστημεν καὶ πολεμοῦμεν αὐτοῖς τελευταῖοι.
325 νομίζω δὲ καὶ παρὰ θεοῦ ταύτην δεδόσθαι[474]) χάριν τοῦ δύνασθαι καλῶς καὶ[475]) ἐλευθέρως ἀποθανεῖν, ὅπερ ἄλλοις οὐκ ἐγένετο παρ' ἐλπίδα κρατη-
326 θεῖσιν. ἡμῖν δὲ πρόδηλος μέν ἐστιν ἡ γενησομένη μεθ' ἡμέραν ἅλωσις, ἐλευθέρα δὲ ἡ τοῦ γενναίου θανάτου μετὰ τῶν φιλτάτων αἵρεσις. οὔτε γὰρ τοῦτ' ἀποκωλύειν οἱ πολέμιοι δύνανται πάντως εὐχόμενοι ζῶντας
327 ἡμᾶς παραλαβεῖν, οὔθ' ἡμεῖς ἐκείνους ἔτι νικᾶν μαχόμενοι. ἔδει μὲν γὰρ εὐθὺς ἴσως ἐξ ἀρχῆς, ὅτε τῆς ἐλευθερίας ἡμῖν ἀντιποιεῖσθαι θελήσασι πάντα καὶ παρ' ἀλλήλων ἀπέβαινε χαλεπὰ καὶ παρὰ τῶν πολεμίων χείρω, τῆς τοῦ θεοῦ γνώμης στοχάζεσθαι καὶ γινώσκειν, ὅτι τὸ πάλαι φίλον[476])
328 αὐτῷ φῦλον Ἰουδαίων κατέγνωστο[477])· μένων γὰρ εὐμενὴς ἢ μετρίως γοῦν ἡμῖν ἀπηχθημένος[478]), οὐκ ἂν τοσούτων μὲν ἀνθρώπων περιεῖδεν ὄλεθρον, προήκατο δὲ τὴν ἱερωτάτην αὐτοῦ πόλιν πυρὶ καὶ κατασκαφαῖς
329 πολεμίων. ἡμεῖς δ' ἄρα καὶ μόνοι τοῦ παντὸς Ἰουδαίων γένους ἠλπίσαμεν περιέσεσθαι[479]) τὴν ἐλευθερίαν φυλάξαντες, ὥσπερ ἀναμάρτητοι πρὸς τὸν θεὸν γενόμενοι καὶ μηδεμιᾶς μετασχόντες παρανομίας[480]), οἳ καὶ τοὺς
330 ἄλλους ἐδιδάξαμεν; τοιγαροῦν ὁρᾶτε, πῶς ἡμᾶς ἐλέγχει μάταια προσδοκήσαντας κρείττονα τῶν ἐλπίδων τὴν ἐν τοῖς δεινοῖς ἀνάγκην ἐπαγαγών·
331 οὐδὲ[481]) γὰρ[482]) ἡ τοῦ φρουρίου φύσις ἀνάλωτος οὖσα πρὸς σωτηρίαν ὠφέληκεν[483]), ἀλλὰ καὶ τροφῆς ἀφθονίαν καὶ πλῆθος ὅπλων καὶ τὴν ἄλλην ἔχοντες παρασκευὴν περιττεύουσαν ὑπ' αὐτοῦ περιφανῶς τοῦ θεοῦ τὴν
332 ἐλπίδα τῆς σωτηρίας ἀφῃρήμεθα. τὸ γὰρ πῦρ εἰς τοὺς πολεμίους φερόμενον οὐκ αὐτομάτως ἐπὶ τὸ κατασκευασθὲν τεῖχος ὑφ' ἡμῶν ἀνέστρεψεν, ἀλλ' ἔστι ταῦτα χόλος πολλῶν ἀδικημάτων, ἃ μανέντες εἰς τοὺς ὁμοφύ-
333 λους ἐτολμήσαμεν. ὑπὲρ ὧν μὴ τοῖς ἐχθίστοις Ῥωμαίοις δίκας ἀλλὰ τῷ θεῷ δι' ἡμῶν[484]) αὐτῶν ὑπόσχωμεν· αὗται δέ εἰσιν ἐκείνων μετριώτεραι·
334 θνῃσκέτωσαν γὰρ γυναῖκες ἀνύβριστοι καὶ παῖδες δουλείας ἀπείρατοι, μετὰ δ' αὐτοὺς ἡμεῖς εὐγενῆ[485]) χάριν ἀλλήλοις παράσχωμεν καλὸν
335 ἐντάφιον τὴν ἐλευθερίαν φυλάξαντες. πρότερον δὲ καὶ τὰ χρήματα καὶ τὸ φρούριον πυρὶ διαφθείρωμεν· λυπηθήσονται[486]) γὰρ Ῥωμαῖοι, σαφῶς οἶδα, μήτε[487]) τῶν ἡμετέρων σωμάτων κρατήσαντες καὶ τοῦ κέρδους ἁμαρτόν-
336 τες. τὰς τροφὰς μόνας ἐάσωμεν· αὗται γὰρ ἡμῖν τεθνηκόσι μαρτυρήσουσιν ὅτι μὴ κατ' ἔνδειαν[488]) ἐκρατήθημεν, ἀλλ' ὥσπερ ἐξ ἀρχῆς διέγνωμεν, θάνατον ἑλόμενοι[489]) πρὸ δουλείας.»·

[473] ἐπὶ Na cj.   [474] ἡμῖν δεδόσθαι C Lat, Hudson, Bekker, Na.
[475] καὶ fehlt bei PMLVR.   [476] φιλούμενον A Niese minor.
[477] Stattκατέγνωστο: ἀπωλείαν κατέγνωστο LLat.; ἀπωλεία κατέγνωστο CHudson.
[478] γοῦν ἡμῖν ἀπηχθημένος AMLVRC Lat., Hudson, Bekker, Na; ἡμῖν fehlt bei P Niese, Thack setzt ἡμῖν in Klammern.   [479] περιελέσθαι PA; superare Lat.
[480] μεδεμιᾶς μετασχόντες παρανομίας M, Niese minor, Thack, Clementz, Ricc, Simch (ᶜawal), Endrös, Bekker und Na in Klammern; nullius culpae participes fuissemus Lat.; παρανομίας fehlt bei PALVRC Niese major, (Whiston-Marg.); μηδενὸς μιάσματος μετασχόντες Dest. cj., Kohout; μηδεμίας μετασχόντες ἁμαρτίας Hudson.
[481] οὐδὲ Bekker cj., Na, Niese, Thack; οὔτε codd. Hudson.
[482] γὰρ ἡμᾶς LVRC Lat., Hudson, Bekker, Na.
[483] ὠφέληκεν LVRC, alle Herausgeber; ὠφέλησεν PAM (Verschreibung?)
[484] δι' fehlt bei V.   [485] συγγενῆ L.   [486] λυπήσονται Dindorf cj., Na.

diese Gunst geschenkt wurde, eines schönen und freien Todes sterben zu dürfen. Ist doch anderen, die wider Erwarten überwältigt wurden, solches nicht gewährt. Wir haben die für morgen bevorstehende Einnahme der Festung offen vor Augen; frei aber bleibt uns die Wahl eines edlen Todes gemeinsam mit unseren liebsten Menschen. Denn sowenig die Feinde diesen verhindern können, wenngleich sie auch inbrünstig wünschen, uns lebend in die Hände zu bekommen, sowenig können wir jene noch im Kampfe besiegen. Es wäre nämlich vielleicht sogleich von Anfang an notwendig gewesen, daß wir unser Augenmerk auf Gottes Vorhaben richteten und erkannten, daß er das von ihm einst geliebte Volk der Juden längst zum Untergang bestimmt hatte; denn von jenem Augenblick an, als wir Anspruch auf die Freiheit erheben wollten, begann alles sich schwierig für uns zu gestalten, von seiten der Volksgenossen und schlimmer noch von seiten der Feinde. Wäre Gott nämlich noch gnädig gesonnen oder wenigstens nur in geringem Maße gegen uns erzürnt, hätte er nicht das Verderben so vieler Menschen mit ansehen können, noch hätte er seine heilige Stadt Feuer und feindlichen Verwüstungen preisgegeben. Sollten wir tatsächlich gehofft haben, als einzige von dem ganzen jüdischen Volke übrigzubleiben und die Freiheit bewahren zu können? Etwa so, als seien wir schuldlos Gott gegenüber und hätten keinerlei Anteil an jeglichem Unrecht? Wir, die wir die anderen darin belehrt haben?[165] Seht also ein, wie uns Gott beweist, daß wir Wahngebilde erwarteten, indem er uns nämlich in eine furchtbare Zwangslage drängt, die stärker ist als alle Hoffnung.[166] Denn nicht einmal die Unzerstörbarkeit der Festung hatte zur Rettung beigetragen, ebensowenig konnte es uns nützen, daß wir einen Überfluß an Nahrungsmitteln, eine Menge von Waffen und die übrige reichlich vorhandene Zurüstung besaßen. Ganz deutlich wurden wir von Gott selbst aller Hoffnungen auf Rettung beraubt. Wandte sich doch das Feuer, das zunächst zu den Feinden getragen wurde, nicht von selbst gegen die von uns errichtete Mauer. Vielmehr ist der Grund Gottes Zorn über alle Untaten, die wir in unserer Raserei sogar gegen die eigenen Stammesgenossen wagten. Die Strafen dafür wollen wir nicht von unseren erbittertsten Feinden, den Römern, erleiden, sondern von Gott, und zwar durch unsere eigene Hand. Sie werden aber erträglicher sein als die der Römer. Denn die Frauen sollen ungeschändet sterben und die Kinder ohne die Knechtschaft kennengelernt zu haben. Und nach ihnen wollen wir selbst uns einander den edlen Dienst erweisen, wobei wir die Freiheit als schönstes Sterbekleid bewahren werden. Doch laßt uns vorher die Schätze und die Festung mit Feuer zerstören, denn ich weiß sicher, daß sich die Römer ärgern werden, wenn sie neben der Tatsache, uns nicht lebend überwältigt zu haben, auch noch um die Beute kommen. Einzig die Lebensmittel wollen wir unversehrt lassen; denn sie sollen uns nach unserem Tode Zeuge dafür sein, daß wir nicht durch Hunger bezwungen wurden, sondern weil wir – so wie es von Anfang an beschlossen war – den Tod der Knechtschaft vorziehen wollten."

[487] μηδὲ PAM. [488] δι' ἔνδειαν VRC Hudson, Bekker, Na.
[489] ἑλόμενοι M Bekker, Na, Niese, Thack; εἱλάμενοι PA¹; εἱλόμεθα R und aus Korr. AV; εἱλάμεθα V¹C Lipsiana, Hudson.

7. Ταῦτα Ἐλεάζαρος ἔλεγεν. οὐ μὴν κατ' αὐτὸ[490]) ταῖς γνώμαις προσέπιπτε τῶν παρόντων, ἀλλ' οἱ μὲν ἔσπευδον ὑπακούειν καὶ μόνον οὐχ ἡδονῆς ἐνεπίμπλαντο καλὸν εἶναι τὸν θάνατον νομίζοντες, τοὺς δ' αὐτῶν μαλακωτέρους γυναικῶν καὶ γενεᾶς οἶκτος εἰσῄει, πάντως δὲ καὶ τῆς ἑαυτῶν προδήλου τελευτῆς εἰς[491]) ἀλλήλους ἀποβλέποντες τοῖς δακρύοις τὸ μὴ βουλόμενον τῆς γνώμης ἐσήμαινον. τούτους ἰδὼν Ἐλεάζαρος ἀποδειλιῶντας καὶ πρὸς τὸ μέγεθος τοῦ βουλεύματος τὰς ψυχὰς ὑποκλωμένους ἔδεισε, μή ποτε καὶ τοὺς ἐρρωμένως τῶν λόγων ἀκούσαντας αὐτοὶ συνεκθηλύνωσι ποτνιώμενοι καὶ δακρύοντες. οὔκουν ἀνῆκε τὴν παρακέλευσιν, ἀλλ' αὐτὸν[492]) ἐπεγείρας καὶ πολλοῦ λήματος[493]) πλήρης γενόμενος λαμπροτέροις ἐνεχείρει λόγοις περὶ ψυχῆς ἀθανασίας, μέγα τε σχετλιάσας καὶ τοῖς δακρύουσιν[494]) ἀτενὲς ἐμβλέψας «ἦ πλεῖστον, εἶπεν, ἐψεύσθην νομίζων ἀνδράσιν ἀγαθοῖς τῶν[495]) ὑπὲρ τῆς ἐλευθερίας ἀγώνων συναρεῖσθαι[496]), ζῆν καλῶς ἢ τεθνάναι[497]) διεγνωκόσιν. ὑμεῖς δὲ ἦτε[498]) τῶν τυχόντων οὐδὲν εἰς ἀρετὴν οὐδ' εὐτολμίαν[499]) διαφέροντες, οἵ γε καὶ τὸν[500]) ἐπὶ μεγίστων ἀπαλλαγῇ κακῶν φοβεῖσθε θάνατον δέον ὑπὲρ τούτου μήτε μελλῆσαι μήτε σύμβουλον ἀναμεῖναι. πάλαι γὰρ εὐθὺς ἀπὸ τῆς πρώτης αἰσθήσεως παιδεύοντες ἡμᾶς οἱ πάτριοι καὶ θεῖοι λόγοι διετέλουν ἔργοις τε καὶ φρονήμασι τῶν ἡμετέρων προγόνων αὐτοὺς βεβαιούντων, ὅτι συμφορὰ τὸ ζῆν ἐστιν ἀνθρώποις, οὐχὶ[501]) θάνατος. οὗτος μὲν γὰρ ἐλευθερίαν διδοὺς ψυχαῖς εἰς τὸν οἰκεῖον καὶ καθαρὸν ἀφίησι τόπον ἀπαλλάσσεσθαι[502]) πάσης συμφορᾶς ἀπαθεῖς ἐσομένας, ἕως δέ εἰσιν ἐν σώματι θνητῷ δεδεμέναι καὶ τῶν τούτου κακῶν συναναπίμπλανται, τἀληθέστατον[503]) εἰπεῖν, τεθνήκασι· κοινωνία γὰρ θείῳ πρὸς θνητὸν ἀπρεπής ἐστι. μέγα μὲν οὖν δύναται ψυχὴ καὶ σώματι συνδεδεμένη· ποιεῖ γὰρ αὐτῆς[504]) ὄργανον αἰσθανόμενον ἀοράτως αὐτὸ κινοῦσα καὶ θνητῆς φύσεως περαιτέρω προάγουσα ταῖς πράξεσιν[505])· οὐ μὴν ἀλλ' ἐπειδὰν ἀπολυθεῖσα τοῦ καθέλκοντος[506]) αὐτὴν βάρους ἐπὶ γῆν καὶ προσκρεμαμένου χῶρον ἀπολάβῃ τὸν οἰκεῖον, τότε δὴ μακαρίας ἰσχύος καὶ πανταχόθεν ἀκωλύτου μετέχει δυνάμεως, ἀόρατος μένουσα[507]) τοῖς ἀνθρωπίνοις ὄμμασιν ὥσπερ αὐτὸς ὁ θεός· οὐδὲ γὰρ ἕως[508]) ἐστὶν ἐν

[490] κατὰ ταὐτὸ Niese *minor* cj., Thack.
[491] εἰς γὰρ aus Korr. A; εἴς τε MC Lat. Niese *minor*, Thack.
[492] αὑτὸν LVR; ἑαυτὸν C Hudson, Bekker, Na.
[493] λήματος Richter cj. und alle Herausgeber, λήμματος codd.; *spiritu* Lat.
[494] δάκρυσιν PLR Hudson; δάκρασιν C.   [495] τὸν ... ἀγῶνα Μ.
[496] συναρεῖσθαι Hudson (App.), Niese, Thack; συναιρεῖσθαι codd.; συναίρεσθαι Berolinensis (vgl. Niese Praef. XI, LIII) Hudson, Bekker, Na.
[497] ζῆν καλῶς ἢ τεθνάναι: *mori bene malle quam vivere* Lat.
[498] ἦτε A¹L; οὔτε P; *praestatis* Lat.
[499] εἰς εὐτολμίαν MVRC Hudson, Bekker, Na; εὐτολμίᾳ Dest. cj.
[500] Statt τὸν ... θάνατον: τῶν ... θάνατον PA¹VC.
[501] Statt οὐχὶ οὐχ ὁ Bekker cj., Na.
[502] Der Infinitiv ἀπαλλάσσεσθαι macht für die Konstruktion Schwierigkeiten. Lat., Hudson, Bekker, Na, Thack versuchen diese durch ein Komma nach ἀπαλλάσσεσθαι zu lösen.
[503] τἀληθὲς εἰπεῖν Μ (vgl. auch unsere Übersetzung: eine Steigerung von τἀληθὲς läßt sich im Deutschen so nicht nach vollziehen).
[504] αὐτῆς codd. Hudson, Niese; αὐτῆς Bekker cj., Na, Thack.

7. 337. Das waren Eleazars Worte. Doch traf er nicht auf die Zustimmung aller Anwesenden.[167] Wenn sich auch ein Teil danach drängte, dem Gehörten Folge zu leisten und sich beinahe von Freude erfüllen ließ bei dem Gedanken, daß der Tod die angemessene Lösung sei, so überkam die Weicheren unter den Männern doch Wehmut im Blick auf ihre Frauen und Kinder und zweifellos auch auf ihr eigenes so nahe gerücktes Ende. Sie schauten unter Tränen einander an und ließen damit den Widerstand ihres Empfindens deutlich werden. Als Eleazar diese Männer sah, wie sie verzagten und ihr Mut angesichts der Größe des Entschlusses allmählich zerbrach, fürchtete er, daß sie am Ende mit ihren Klagen und Tränen auch die noch schwach machen würde, die zuvor mannhaft seine Worte aufgenommen hatten. Daher ließ er keineswegs von der Ermahnung ab, vielmehr raffte er sich zusammen und begann, von zähem Willen gestärkt, mit noch glänzenderer Redegabe über die Unsterblichkeit der Seele[168] zu sprechen. Recht unwillig und den Blick unverwandt auf die Weinenden gerichtet, hob er an: „Fürwahr, erheblich habe ich mich getäuscht, als ich glaubte, im Kampf für die Freiheit mit tapferen Männern verbunden zu sein, die entschlossen sind, entweder ehrenvoll zu leben oder aber zu sterben. Was Tapferkeit und Heldenmut angeht, so unterscheidet ihr euch in nichts von allen anderen; denn ihr fürchtet euch sogar vor dem Tod, der euch zur Befreiung von den schlimmsten Übeln führt, obgleich ihr in diesem Falle doch weder zögern noch auf einen Rat warten solltet. Seit langer Zeit schon, sogleich vom ersten Erkenntnisvermögen an, lehrten uns nämlich ununterbrochen die väterlichen und göttlichen Gebote – und sie wurden durch Werke und Gesinnung seitens unserer Vorfahren darin unterstützt – daß das Leben, nicht der Tod, das Unglück für die Menschen ist.[169] Der Tod nämlich schenkt den Seelen Freiheit und entläßt sie in die heimatlichen und reinen Gefilde.[170] Erlöst von allem Unglück können sie dann ohne Leid sein. Solange die Seelen aber in sterbliche Körper gefesselt sind und auch von allem Übel mit erfüllt werden, sind sie in Wahrheit tot, ist doch die Gemeinschaft mit Göttlichem dem Sterblichen unziemlich. Nun vermag die Seele zwar auch schon viel,[171] solange sie noch im Körper gefesselt ist. Denn sie macht sich diesen zu einem wahrnehmenden Werkzeug: Unsichtbar bewegt sie ihn und treibt ihn zu Taten an, die weit über die sterbliche Natur hinausgehen. Aber sobald die Seele sich gelöst hat von allem, was sie schwer zur Erde hinabzieht und an ihr lastet, erhält sie ihren heimatlichen Ort zurück. Dann endlich hat sie teil an glückseliger Kraft und allseits ungehinderter Macht, unsichtbar für die menschlichen Augen wie Gott selbst. Wird sie doch nicht einmal geschaut, solange sie im Körper weilt; denn unsichtbar kommt sie herein und ungesehen entfernt sie sich wieder. Sie hat nur eine Natur und zwar die unvergängliche, um deretwillen sich der Körper verändert. Denn was auch immer die Seele berühren mag, das lebt und blüht, alles aber, von dem sie sich trennt, welkt dahin und stirbt.[172] So überreich

---

[505] Statt πράξεσιν schlägt Na ὀρέξεσιν als Konjektur vor.   [506] καθελκτός R.
[507] μὲν οὖσα PAL.
[508] ὡς AL, nach Niese vielleicht richtig. (ἕως als Verbesserung des schwerer Verständlichen ὡς?).

σώματι θεωρεῖται· πρόσεισι γὰρ ἀφανῶς καὶ μὴ βλεπομένη πάλιν ἀπαλλάττεται, μίαν μὲν αὐτὴ⁵⁰⁹) φύσιν ἔχουσα τὴν ἄφθαρτον, αἰτία δὲ σώματι
348 γινομένη μεταβολῆς. ὅτου γὰρ ἂν ψυχὴ προσψαύσῃ⁵¹⁰), τοῦτο ζῇ καὶ τέθηλεν, ὅτου δ' ἂν ἀπαλλαγῇ, μαρανθὲν ἀποθνῄσκει· τοσοῦτοι αὐτῇ
349 περίεστιν ἀθανασίας. ὕπνος δὲ τεκμήριον ὑμῖν ἔστω τῶν λόγων ἐναργέστατον, ἐν ᾧ ψυχαὶ τοῦ σώματος αὐτὰς περισπῶντος⁵¹¹) ἡδίστην μὲν ἔχουσιν ἀνάπαυσιν ἐφ' αὐτῶν⁵¹²) γενόμεναι⁵¹³), θεῷ δ' ὁμιλοῦσαι κατὰ συγγένειαν πάντῃ μὲν ἐπιφοιτῶσι, πολλὰ δὲ τῶν ἐσομένων προθεσπί-
350 ζουσι. τί δὴ δεῖ⁵¹⁴) δεδιέναι θάνατον τὴν ἐν ὕπνῳ γινομένην ἀνάπαυσιν ἀγαπῶντας; πῶς δ' οὐκ ἀνόητόν ἐστιν τὴν ἐν τῷ ζῆν ἐλευθερίαν διώ-
351 κοντας τῆς ἀιδίου φθονεῖν αὐτοῖς⁵¹⁵); ἔδει μὲν οὖν ἡμᾶς⁵¹⁶) οἴκοθεν πεπαιδευμένους ἄλλοις εἶναι παράδειγμα τῆς πρὸς θάνατον ἑτοιμότητος· οὐ μὴν ἀλλ' εἰ καὶ τῆς παρὰ τῶν ἀλλοφύλων δεόμεθα πίστεως, βλέψωμεν
352 εἰς Ἰνδοὺς τοὺς σοφίαν ἀσκεῖν ὑπισχνουμένους. ἐκεῖνοί τε γὰρ ὄντες ἄνδρες ἀγαθοὶ τὸν μὲν τοῦ ζῆν χρόνον ὥσπερ ἀναγκαίαν τινὰ τῇ φύσει
353 λειτουργίαν ἀκουσίως ὑπομένουσι, σπεύδουσι δὲ τὰς ψυχὰς⁵¹⁷) ἀπολῦσαι τῶν σωμάτων, καὶ μηδενὸς αὐτοὺς ἐπείγοντος⁵¹⁸) κακοῦ μηδ' ἐξελαύνοντος πόθῳ τῆς ἀθανάτου διαίτης προλέγουσι μὲν τοῖς ἄλλοις ὅτι μέλλουσιν ἀπιέναι⁵¹⁹), καὶ ἔστιν ὁ κωλύσων οὐδείς, ἀλλὰ πάντες αὐτοὺς εὐδαι-
354 μονίζοντες πρὸς τοὺς οἰκείους ἕκαστοι διδόασιν ἐπιστολάς· οὕτως βεβαίαν καὶ ἀληθεστάτην ταῖς ψυχαῖς τὴν μετ' ἀλλήλων εἶναι δίαιταν πεπιστεύκα-
355 σιν. οἱ δ' ἐπειδὰν ἐπακούσωσι⁵²⁰) τῶν ἐντεταλμένων αὐτοῖς, πυρὶ τὸ σῶμα παραδόντες, ὅπως δὴ καὶ καθαρωτάτην⁵²¹) ἀποκρίνωσι τοῦ σώματος τὴν
356 ψυχήν, ὑμνούμενοι τελευτῶσιν· ῥᾷον γὰρ ἐκείνους εἰς τὸν θάνατον οἱ φίλτατοι προπέμπουσιν ἢ τῶν ἄλλων ἀνθρώπων ἕκαστος⁵²²) τοὺς πολίτας εἰς μηκίστην ἀποδημίαν, καὶ σφᾶς μὲν αὐτοὺς δακρύουσιν, ἐκείνους δὲ
357 μακαρίζουσιν ἤδη τὴν ἀθάνατον τάξιν ἀπολαμβάνοντας. ἆρ' οὖν οὐκ αἰδούμεθα χεῖρον Ἰνδῶν φρονοῦντες καὶ διὰ τῆς αὐτῶν⁵²³) ἀτολμίας τοὺς πατρίους νόμους, οἳ πᾶσιν ἀνθρώποις εἰς ζῆλον ἥκουσιν, αἰσχρῶς ὑβρί-
358 ζοντες; ἀλλ' εἴ γε καὶ τοὺς ἐναντίους ἐξ ἀρχῆς λόγους ἐπαιδεύθημεν, ὡς

---

⁵⁰⁹ αὐτὴ Bekker cj., Na, Niese, Thack; αὕτη codd. Hudson; *ipsa* Lat. Bekkers Konjektur entspricht sachgemäß dem, was Josephus zweifellos ausdrücken will. Das Schwergewicht liegt auf μίαν. Rätselhaft bleibt die Einheitlichkeit in der textlichen Überlieferung; sie zeigt, daß sich eine andersartige Textgestaltung schon früh durchsetzen konnte.
⁵¹⁰ προσψαύσῃ P Niese, Thack. Thack weist darauf hin, daß es sich um einen sophokleischen Begriff handelt, wie auch der folgende Satz sophokleischen Ursprungs sei. προσάψηται MLVRC Hudson, Bekker, Na. πρὸς σάψηται A; zum Ganzen vgl. Niese Praef. S. XXX, insbes. Anm. 4.
⁵¹¹ Wir lesen mit PAL τοῦ σώματος αὐτὰς περισπῶντος, einen Genitiv, der von ἀνάπαυσιν hier abhängig ist. Wenn die andere Textgruppe MVRC Lat. (*nusquam eas distrahente corpore*) und alle Herausgeber τοῦ σώματος αὐτὰς μὴ περισπῶντος lesen und dementsprechend einen Gen. abs. konstruieren, ist der Satzbau stilistisch vereinfacht.
⁵¹² ἐφ' ἑαυτῶν MLVRC Hudson, Bekker, Na.   ⁵¹³ γινόμεναι P.
⁵¹⁴ δὴ δεῖ VR Lat., Niese, Thack; δὲ δεῖ LC Hudson, Bekker, Na; δὴ PA¹; δεῖ aus Korr. A.   ⁵¹⁵ αὐτοῖς ALVR; ἑαυτοῖς C Hudson, Bekker, Na.
⁵¹⁶ ὑμᾶς PL, ähnlich vgl. § 323, 360, 364.   ⁵¹⁷ Für τὰς ψυχὰς *homines* Lat.
⁵¹⁸ κατεπείγοντος C Hudson, Bekker, Na.   ⁵¹⁹ ἀπεῖναι PMVRC.

wirkt die Kraft ihrer Unsterblichkeit. Der Schlaf indes soll euch nachdrücklichster Beweis meiner Worte sein. In ihm haben die Seelen angenehmste Ruhe vor dem sie fortwährend beanspruchenden Körper und finden so zu sich selbst. Jedoch gemäß ihrer Verwandtschaft zu Gott treten sie mit ihm in Verbindung, kommen überall herum und sagen vieles voraus von dem, was kommen wird. Warum sollten wir also den Tod fürchten, obgleich wir die im Schlaf gewonnene Ruhe lieben? Wie töricht ist es, daß wir der Freiheit in diesem Leben nachjagen und uns dabei die der Ewigkeit nicht gönnen. Tatsächlich sollten wir, da wir von Hause aus so erzogen sind, den anderen in der Bereitschaft zum Tode ein Beispiel sein. Wenn wir jedoch statt dessen des Glaubens heidnischer Völker bedürfen, so laßt uns auf die Inder schauen: sie rühmen sich, die Weisheit zu üben. Als tapfere Männer ertragen jene die Zeit ihres Lebens doch nur widerwillig, gleichsam als eine Art notwendige Dienstleistung für die Natur. Sie beeilen sich aber, die Seelen von den Körpern zu lösen. Obgleich sie keinerlei Übel dazu drängt oder treibt, verkünden sie doch den anderen, allein aus Sehnsucht nach dem unsterblichen Leben, daß sie beabsichtigen, fortzugehen. Und da ist nicht einer, der sie davon abhalten wollte, sondern alle schätzen sie glücklich, und jeder einzelne gibt ihnen sogar noch Botschaften für die Verwandten mit.[173] Es ist ihr Glaube, daß das gemeinsame Leben der Seelen so feststehend und unwiderleglich wahr ist. Alsdann, sobald sie ihre Aufträge vernommen haben, übergeben sie ihre Körper dem Feuer, um auf diese Weise die Seele so rein als möglich vom Körper zu scheiden und sterben unter den Lobgesängen der anderen.[174] So geleiten auch die liebsten Freunde sie leichter in den Tod als ein jeglicher unter den anderen Menschen die Mitbürger auf eine sehr lange Reise. Sie weinen über sich selbst, während sie die Sterbenden glücklich preisen, da diese schon jetzt den unsterblichen Rang empfangen.[175] Sollten wir uns nun nicht schämen, daß wir schlechterer Gesinnung sind als die Inder und zudem durch unsere Mutlosigkeit die väterlichen Gesetze, die bei allen Menschen höchste Bewunderung erwecken, derart schändlich entehren?[176] Selbst dann noch, wenn wir von Anfang an in entgegengesetzten Lehren erzogen worden wären – daß nämlich das Leben höchstes Gut für den Menschen sei, der Tod hingegen das Unglück – selbst dann würde uns wenigstens diese Stunde jetzt ermahnen, den Tod standhaft zu ertragen. Sollen wir doch auf Gottes Ratschluß hin und infolge der gegenwärtigen Zwangslage sterben.[177] Denn, wie es scheint, fällte Gott schon lange über das ganze jüdische Volk dies Urteil, so daß wir aus dem Leben zu scheiden haben, da wir nicht in der Lage sind, in der rechten Weise mit ihm umzugehen.[178] Seht also nicht bei euch selbst die Gründe und erkennt es ebensowenig den Römern zu, daß der Krieg gegen sie uns alle zugrunde richtete; denn nicht durch der Römer Kraft konnte sich alles so zutragen, sondern eine höhere Gewalt griff ein und gewährte

---

[520] ἀκούσωσι L Bekker, Na.
[521] ὅπως - καθαρωτάτην: *ut immaculata puraque* Lat.
[522] ἕκαστος LC Hudson, Bekker; ἕκαστοι PAMVR Na, Niese, Thack; die besser bezeugte Lesart ἕκαστοι klingt wie eine Angleichung an den Plural οἱ φίλτατοι.
[523] αὐτῶν Niese, Thack; αὐτῶν PAMLVR; ἑαυτῶν C Hudson, Bekker, Na.

ἄρα μέγιστον ἀγαθὸν ἀνθρώποις⁵²⁴) ἐστὶ τὸ ζῆν συμφορὰ δ' ὁ θάνατος, ὁ γοῦν καιρὸς ἡμᾶς παρακαλεῖ φέρειν εὐκαρδίως αὐτὸν θεοῦ γνώμῃ καὶ
359 κατ' ἀνάγκας τελευτήσοντας⁵²⁵). πάλαι γάρ, ὡς ἔοικε, κατὰ τοῦ παντὸς Ἰουδαίων γένους⁵²⁶) ταύτην ἔθετο τὴν ψῆφον ὁ θεός, ὥσθ' ἡμᾶς τοῦ
360 ζῆν⁵²⁷) ἀπηλλάχθαι μὴ μέλλοντας αὐτῷ⁵²⁸) χρῆσθαι κατὰ τρόπον. μὴ γὰρ αὐτοῖς ὑμῖν⁵²⁹) ἀνάπτετε τὰς αἰτίας μηδὲ χαρίζεσθε τοῖς Ῥωμαίοις, ὅτι πάντας ἡμᾶς ὁ πρὸς αὐτοὺς πόλεμος διέφθειρεν· οὐ γὰρ ἐκείνων ἰσχύι ταῦτα συμβέβηκεν, ἀλλὰ κρείττων αἰτία γενομένη τὸ δοκεῖν ἐκείνοις
361 νικᾶν παρέσχηκε. ποίοις γὰρ ὅπλοις Ῥωμαίων τεθνήκασιν οἱ Καισάρειαν
362 Ἰουδαῖοι κατοικοῦντες; ἀλλ' οὐδὲ μελλήσαντας⁵³⁰) αὐτοὺς ἐκείνων ἀφίστασθαι, μεταξὺ δὲ τὴν ἑβδόμην ἑορτάζοντας τὸ πλῆθος τῶν Καισαρέων ἐπιδραμὸν⁵³¹) μηδὲ χεῖρας ἀνταίροντας ἅμα γυναιξὶ καὶ τέκνοις κατέσφαξαν, οὐδ' αὐτοὺς Ῥωμαίους ἐντραπέντες, οἳ μόνους ἡμᾶς⁵³²) ἡγοῦντο
363 πολεμίους τοὺς ἀφεστηκότας. ἀλλὰ φήσει τις, ὅτι Καισαρεῦσιν ἦν ἀεὶ διαφορὰ πρὸς τοὺς παρ' αὐτοῖς⁵³³), καὶ τοῦ καιροῦ λαβόμενοι τὸ παλαιὸν μῖ-
364 σος ἀπεπλήρωσαν. τί οὖν τοὺς ἐν Σκυθοπόλει φῶμεν; ἡμῖν γὰρ ἐκεῖνοι διὰ τοὺς Ἕλληνας πολεμεῖν ἐτόλμησαν, ἀλλ' οὐ μετὰ τῶν συγγενῶν ἡμῶν
365 Ῥωμαίους ἀμύνεσθαι. πολὺ τοίνυν ὤνησεν αὐτοὺς ἡ πρὸς ἐκείνους εὔνοια καὶ πίστις· ὑπ' αὐτῶν μέντοι⁵³⁴) πανοικεσίᾳ πικρῶς κατεφονεύθησαν
366 ταύτην⁵³⁵) τῆς συμμαχίας ἀπολαβόντες ἀμοιβήν⁵³⁶)· ἃ γὰρ ἐκείνους ὑφ' ἡμῶν ἐκώλυσαν⁵³⁷) ταῦθ' ὑπέμειναν ὡς αὐτοὶ δρᾶσαι θελήσαντες. μακρὸν
367 ἂν εἴη νῦν ἰδίᾳ περὶ ἑκάστων λέγειν· ἴστε γὰρ ὅτι τῶν ἐν Συρίᾳ πόλεων οὐκ ἔστιν ἥτις τοὺς παρ' αὐτῇ κατοικοῦντας Ἰουδαίους οὐκ ἀνῄρηκεν⁵³⁸),
368 ἡμῖν πλέον ἢ Ῥωμαίοις⁵³⁹) ὄντας πολεμίους. ὅπου γε Δαμασκηνοὶ μηδὲ πρόφασιν εὔλογον πλάσαι δυνηθέντες φόνου μιαρωτάτου τὴν αὐτῶν πόλιν ἐνέπλησαν ὀκτακισχιλίους πρὸς τοῖς μυρίοις⁵⁴⁰) Ἰουδαίους ἅμα γυναιξὶ
369 καὶ γενεαῖς⁵⁴¹) ἀποσφάξαντες. τὸ δ' ἐν Αἰγύπτῳ πλῆθος τῶν μετ' αἰκίας ἀνῃρημένων ἓξ που μυριάδας ὑπερβάλλειν⁵⁴²) ἐπυνθανόμεθα. κἀκεῖνοι μὲν ἴσως ἐπ' ἀλλοτρίας γῆς οὐδὲν ἀντίπαλον εὐράμενοι τοῖς πολεμίοις οὕτως ἀπέθανον, τοῖς δ' ἐπὶ τῆς οἰκείας τὸν πρὸς Ῥωμαίους πόλεμον ἀραμένοις ἅπασι τί⁵⁴³) τῶν⁵⁴⁴) ἐλπίδα νίκης ἐχυρᾶς⁵⁴⁵) παρασχεῖν δυναμέ-

---

⁵²⁴ ἀνθρώποις fehlt bei C (formal nicht ungeschickt).
⁵²⁵ τελευτήσοντας *morituros* Lat., Dest., Na, Niese *minor*, Thack. τελευτήσαντας codd. Hudson, Bekker, Niese *major*. *morituros* gibt ein deutliches Beispiel dafür, daß die griechische Vorlage für Lat. besser sein kann als die Überlieferung der vorliegenden codd.
⁵²⁶ Mit Lat. streichen wir κοινοῦ vor παντὸς gegen codd. und alle Herausgeber. κοινοῦ sieht wie ein später eingedrungenes Interpretament zu παντὸς aus. Zudem klingt der überlieferte griechische Text stark plerophorisch.
⁵²⁷ τοῦ ζῆν fehlt bei L.   ⁵²⁸ αὐτῷ fehlt bei C.   ⁵²⁹ ἡμῖν M.
⁵³⁰ μελλήσαντας aus Korr. A, Bekker, Na, Niese, Thack; μελλήσοντας PA¹MLVRC Hudson; μελλήσαντας ἴσμεν aus Korr. A, vgl. Niese Praef. S. XXXI.
⁵³¹ ἐπιδραμὼν PL.   ⁵³² ὡς ἡμᾶς PLVRC Hudson, Bekker.
⁵³³ πρὸς – αὐτοῖς *cum suae civitatis indaeis* Lat. (sinngemäße Erweiterung).
⁵³⁴ ὑπ' αὐτῶν μέντοι *ac non ab ipsis* Lat.; ἀπατώμενοι Dest. cj. (eine rein auf Hörfehler aufbauende Konjektur bei Dest.?).
⁵³⁵ ταύτην MC Lat., Bekker, Na, Niese, Thack; ταύτης PALVR Hudson.
⁵³⁶ ἀμοιβὴν ἀπολαβόντες LVRC Hudson, Bekker, Na.
⁵³⁷ παθεῖν ἐκώλυσαν Holwerda cj., Na παθεῖν in Klammern.

jenen den äußeren Glanz, Sieger zu sein. Denn was für Waffen der Römer wären es gewesen, durch die die jüdischen Einwohner von Caesarea starben? Hatten doch diese nicht einmal die Absicht gehabt, von den Römern abzufallen. Dennoch stürmte eines Tages, gerade während sie Sabbat feierten, der Pöbel von Caesarea auf sie los und ermordete sie alle gemeinsam mit ihren Frauen und Kindern, ohne daß auch nur einer die Hand zur Gegenwehr zu erheben vermocht hätte. Dabei kümmerte man sich überhaupt nicht um die Römer selbst, die doch allein uns, die wir die Abtrünnigen gewesen waren, als Feinde ansahen. Es könnte freilich in diesem Fall jemand einwenden, daß schon immer ein Zwiespalt bestanden hatte zwischen den eigentlichen Einwohnern von Caesarea und den unter ihnen wohnenden Juden, und daß erstere nur einen günstigen Augenblick zum Anlaß genommen hatten, ihrem lange gehegten Haß einmal nachzugeben. Was aber soll man dann zu den Juden in Scythopolis sagen? Jene brachten es nämlich sogar über sich, den griechischen Städten zuliebe gegen uns Krieg zu führen, nicht aber mit uns, ihren Stammesgenossen, die Römer abzuwehren.[179] Doch großen Gewinn brachte ihnen die wohlwollende Gesinnung und das Vertrauen gegen jene: sie wurden nämlich von ihnen mitsamt ihren Angehörigen grausam ermordet und empfingen damit die Gegenleistung für ihre treue Gefolgschaft. Das, was sie jenen erspart hatten, von uns zu leiden, eben das mußten sie nun ihrerseits erdulden, so als hätten sie selbst etwas derartiges im Schilde geführt. Es würde jetzt zu weit führen, über jedes im einzelnen zu sprechen; denn ihr wißt, da ist auch nicht eine der Städte in Syrien, die nicht die in ihr wohnenden Juden ermordet hätte, obgleich sich diese uns gegenüber feindlicher verhalten hatten als den Römern gegenüber.[180] Zu einer Zeit, als sie nicht einmal einen gut erdichteten Vorwand zur Hand hatten, erfüllten die Damaszener ihre Stadt mit einem abscheulichen Morden, wobei sie 18 000 Juden gemeinsam mit Frauen und Kindern abschlachteten.[181] Die Menge derer aber, die in Ägypten unter Mißhandlungen ermordet wurden, überstieg, wie wir erfuhren, gar 60 000.[182] Zwar ist es möglich, daß jene so starben, weil sie im fremden Land zu keinerlei angemessener Abwehr den Feinden gegenüber gelangen konnten, doch was ist mit denen, die sich auf heimatlichem Boden zum Krieg gegen die Römer erhoben? Stand ihnen nicht allen eine Machtfülle zu Gebote, die Hoffnung auf einen dauernden Sieg gewähren konnte? Denn da waren Waffen, Bollwerke, Burgen – letztere in ihrer Ausrüstung geradezu uneinnehmbar – und schließlich ein Geist, der sich im Kampfe

[538] ἀνείρηκεν C; ἀνήρη P, ἀήρει Dest. cj.
[539] Statt ἢ Ῥωμαίοις: Ῥωμαῖοι Lowthio cj., Hudson, Bekker, Na, Kohout, Endrös.
[540] ὀκτακισχιλίους – μυρίοις: *VIII milia* Heg. vgl. § 399 Anm. 187.
[541] Statt γενεαῖς παισὶν C. Erleichterung als Angleichung an γυναιξὶ innerhalb des Begriffspaares: Frau und Kind. [542] ὑπερβαλεῖν MVRC Hudson, Bekker, Na.
[543] ἅπασι τί Holwerda cj., Bekker, Na, Niese *minor*, Thack; ἅπασί τε PAMLVR Hudson, Niese *major*; ἅπασι C; ἅπαντα τὰ Hudson (App.); ἐκοῦσι τί Holwerda cj.
[544] τῶν ... δυναμένων: τοῖς ... δυναμένοις MVRC; Dindorf gleichfalls Dativ, aber unter Auslassung des Artikels; τῶν ... δυνάμενων Hudson; τῶν ... δυνάμενα Hudson (App.).
[545] ἐχυρᾶς AMVRC Hudson, Niese, Thack; ἐχυράς P ὀχυράς L; ἐχυράν Bekker cj., Na; ἐλπίδας ... ἐχυράς schlägt Dest. vor.

370 νων οὐχ ὑπῆρξε⁵⁴⁶); καὶ γὰρ ὅπλα καὶ τείχη καὶ φρουρίων δυσάλωτοι κατασκευαὶ καὶ φρόνημα πρὸς τοὺς ὑπὲρ τῆς ἐλευθερίας κινδύνους ἄτρεπ-
371 τον⁵⁴⁷) πάντας πρὸς τὴν ἀπόστασιν ἐπέρρωσεν. ἀλλὰ ταῦτα πρὸς βραχὺν χρόνον ἀρκέσαντα καὶ ταῖς ἐλπίσιν ἡμᾶς ἐπάραντα μειζόνων ἀρχὴ κακῶν ἀνεφάνη⁵⁴⁸). πάντα γὰρ ἥλω, καὶ πάντα τοῖς πολεμίοις ὑπέπεσεν, ὥσπερ εἰς τὴν ἐκείνων εὐκλεεστέραν νίκην, οὐκ εἰς τὴν τῶν παρασκευασαμένων
372 σωτηρίαν εὐτρεπισθέντα. καὶ τοὺς μὲν ἐν ταῖς μάχαις ἀποθνήσκοντας εὐδαιμονίζειν προσῆκον⁵⁴⁹)· ἀμυνόμενοι γὰρ καὶ τὴν ἐλευθερίαν οὐ προέμενοι τεθνήκασι⁵⁵⁰)· τὸ δὲ πλῆθος τῶν ὑπὸ Ῥωμαίοις γενομένων τίς οὐκ ἂν ἐλεήσειε; τίς⁵⁵¹) οὐκ ἂν ἐπειχθείη πρὸ τοῦ ταὐτὰ παθεῖν ἐκείνοις
373 ἀποθανεῖν; ὧν οἱ μὲν στρεβλούμενοι καὶ πυρὶ καὶ μάστιξιν αἰκιζόμενοι τεθνήκασιν, οἱ δ' ἀπὸ⁵⁵²) θηρίων ἡμίβρωτοι πρὸς δευτέραν αὐτοῖς τροφὴν ζῶντες ἐφυλάχθησαν, γέλωτα καὶ παίγνιον⁵⁵³) τοῖς πολεμίοις παρασχόν-
374 τες. ἐκείνων μὲν οὖν ἀθλιωτάτους ὑποληπτέον τοὺς ἔτι ζῶντας, οἳ πολ-
375 λάκις εὐχόμενοι τὸν θάνατον λαβεῖν οὐκ ἔχουσιν. ποῦ δ' ἡ μεγάλη πόλις, ἡ⁵⁵⁴) τοῦ παντὸς Ἰουδαίων γένους μητρόπολις, ἡ τοσούτοις μὲν ἐρυμνὴ τειχῶν περιβόλοις, τοσαῦτα δ' αὐτῆς⁵⁵⁵) φρούρια καὶ μεγέθη πύργων προβεβλημένη, μόλις δὲ χωροῦσα τὰς εἰς τὸν πόλεμον παρασκευάς,
376 τοσαύτας δὲ μυριάδας ἀνδρῶν ἔχουσα τῶν ὑπὲρ αὐτῆς μαχομένων; ποῦ γέγονεν ἡμῖν ἡ τὸν θεὸν ἔχειν οἰκιστὴν πεπιστευμένη; πρόρριζος ἐκ βάθρων ἀνήρπασται, καὶ μόνον αὐτῆς μνημεῖον ἀπολείπεται⁵⁵⁶) τὸ τῶν
377 ἀνῃρημένων⁵⁵⁷) ἔτι⁵⁵⁸) τοῖς λειψάνοις ἐποικοῦν. πρεσβῦται δὲ⁵⁵⁹) δύστηνοι τῇ σποδῷ τοῦ τεμένους παρακάθηνται⁵⁶⁰) καὶ γυναῖκες ὀλίγαι πρὸς ὕβριν
378 αἰσχίστην ὑπὸ τῶν πολεμίων τετηρημέναι. ταῦτα τίς ἐν νῷ βαλλόμενος ἡμῶν⁵⁶¹) καρτερήσει τὸν ἥλιον ὁρᾶν, κἂν⁵⁶²) δύναται ζῆν ἀκινδύνως; τίς οὕτω⁵⁶³) τῆς πατρίδος ἐχθρός, ἢ τίς οὕτως ἄνανδρος καὶ φιλόψυχος, ὡς
379 μὴ⁵⁶⁴) καὶ⁵⁶⁵) περὶ τοῦ μέχρι νῦν ζῆσαι μετανοεῖν; ἀλλ' εἴθε πάντες ἐτεθνήκειμεν πρὶν τὴν ἱερὰν ἐκείνην πόλιν χερσὶν ἰδεῖν κατασκαπτομένην πολεμίων⁵⁶⁶), πρὶν τὸν ναὸν τὸν ἅγιον οὕτως ἀνοσίως ἐξορωρυγμένον⁵⁶⁷).

---

⁵⁴⁶ ὑπῆρχε L; τοῖς – ὑπῆρξε: *omnibus autem qui domi cum romanis bellum suscepere nihil aderat eorum quae spem tutam possent praebere victoriae* Lat.
⁵⁴⁷ ἄτρευτον P; ἄτρεστον VRC Hudson, Bekker, Na; *interriti* Lat., vgl. § 396 MLVRC ἄτρεπτος statt ἀτρέπτως und § 406. ἄτρεπτον codd.
⁵⁴⁸ ἀνεφάνη PAMVRC Na, Thack; *extitere* Lat. ἐφάνη L Hudson, Niese. Das Simplex, das L in diesem Fall bietet, hat sein eigenes Gewicht.
⁵⁴⁹ προσῆκεν LC Hudson, Bekker.
⁵⁵⁰ ἀμυνόμενοι – τεθνήκασι Bekker und Na in Klammern, vgl. § 323.
⁵⁵¹ ἐλεήσειε ἢ τίς C Lat.
⁵⁵² ὑπὸ Niese (App.), Na.
⁵⁵³ παιδιὰν MLVRC Hudson, Bekker, Na.
⁵⁵⁴ ἡ – μητρόπολις fehlt bei PMC Heg. Es bleibt offen, ob die Weglassung lediglich als Homoioteleuton anzusehen ist. *aut ubi quae totius gentis iudaeae metropolis fuit* Lat.
⁵⁵⁵ αὐτῆς Bekker cj., Na, Niese, Thack; αὑτῆς codd. Hudson.
⁵⁵⁶ ὑπολέληπται C; ὑπολέλειπται Hudson, Bekker, Na.
⁵⁵⁷ a) μόνον... μνημεῖον... τὸ τῶν ἀνῃρημένων PA, Niese, Na, Thack. Dazu vgl. Niese Praef. S. XXIII, Klag. Jerem. 2, 21 und § 376 Anm. 184; b) μόνον... μνημεῖον ... τὸ τῶν ἀνῃρηκότων αὐτὴν (αὑτὴ C) στρατόπεδον MVRC Lat., Hudson, Bekker, Kohout, Ricc., Simch, Endrös. c) Heg. hat offenbar sowohl Lesart b) als auch a) ver-

Josephus, Jüdischer Krieg, Buch 7

um die Freiheit von keiner Gefahr abschrecken ließ; alles das ermutigte einen jeden zum Abfall. Indes reichte dies ganze nur für eine kurze Zeit und erhob uns zu den bekannten Hoffnungen; dann aber erwies es sich als der Anfang noch größerer Übel. Denn alles wurde genommen, alles geriet in die Macht der Feinde, so als sei es nur dazu so sorgsam geschaffen, damit jene einen um so glänzenderen Sieg errangen, nicht aber daß es denen, die alles so bereitet hatten, zur Rettung diente. Denen aber, die in den Kämpfen gefallen sind, kommt es zu, daß man sie glücklich preise; denn im Einsatz für die Freiheit, und nicht im Verzicht auf sie, sind jene gestorben. Hingegen die Menge derer, die in die Hände der Römer geraten sind – wer möchte nicht mit ihr Mitleid haben? Ja, wer möchte nicht lieber darauf drängen, zu sterben, anstatt mit jenen solches Leid zu teilen? Die einen von ihnen starben, nachdem sie gefoltert oder mit Feuer und Geißeln mißhandelt worden waren; die anderen dagegen wurden von Tieren halb angefressen und dann lebend noch für einen zweiten Fraß vorbehalten, um so den Feinden zu Gelächter und Spiel zu dienen. Dennoch muß man wohl für die Elendesten von allen jene halten, die immer noch leben, da ihnen der Tod, obschon sie vielfach darum flehen, nicht vergönnt wird. Wohin aber ist die große Stadt, die Mutterstadt des ganzen jüdischen Geschlechtes?[183] Sie, die befestigt war mit so zahlreichen Ummauerungen, sich geschützt hatte durch viele Burgen und mächtig hohe Türme und kaum genug Raum bot für die ganze Kriegsrüstung? Wohin ist die Stadt, die viele tausend Männer hatte, die für sie kämpften? Wo ist sie geblieben, die nach unserem Glauben Gott als Wohnstatt diente? Aus ihrem Fundament gehoben, wurde sie hinweggetan. Nur ein einziges Andenken, nämlich das an die Ermordeten, ist von ihr übriggeblieben und wohnt noch in den Trümmern.[184] Alte und jammervolle Männer sitzen an der Asche des Heiligtums, und dazu wenige Frauen, die von den Feinden aufgespart werden, um an ihnen ihren schimpflichsten Übermut auszulassen. Wer von uns hielte es aus, das Sonnenlicht zu schauen, wenn er sich solches durch den Sinn gehen läßt, selbst wenn er den Rest seines Lebens ohne Gefahr verbringen könnte? Wer ist ein solcher Feind des Vaterlandes, oder wer wäre so unmännlich und hinge so stark an seinem Leben, daß es ihn nicht überhaupt schon gereute, noch bis zur Stunde am Leben geblieben zu sein? Wären wir doch alle gestorben, bevor wir sehen mußten, wie jene heilige Stadt unter den Händen der Feinde verwüstet wurde, und das Heiligtum, der Tempelbau selbst, in solch ruchloser Weise aus dem Boden gegraben wurde! Nachdem uns also eine – freilich nicht unehrenhafte – Hoffnung hingehalten hatte, daß wir uns vielleicht doch irgendwie für die Stadt

arbeitet: *habitant in reliquiis urbis qui eam destruxerunt...*, aber weiter unten: *miseri seniores cinerulenta canitie et scisso amictu supra reliquias mortuorum sedent nuda tegentes ossa.*
[558] ἐπὶ PA¹.   [559] τε Niese (App.).   [560] παρακαθήμενοι Niese (App.).
[561] ἥττων VR.   [562] καὶ VRC.   [563] οὕτως fehlt bei C.
[564] μὴ fehlt bei P.   [565] καὶ fehlt bei Lat.
[566] κατασκαπτομένην τῶν πολεμίων VRCLat., Heg., Hudson, Bekker, Na, Niese, Thack; κατασκαπτομένην τῶν πολεμίων M; κατασκαπτομένην ὑπὸ τῶν πολεμίων PA.
[567] ἐξωρυγμένον PA; *flammis cremari* Heg.; Herwerden vermutet Textverderbnis.

380 ἐπεὶ δὲ ἡμᾶς οὐκ ἀγεννὴς ἐλπὶς ἐβουκόλησεν⁵⁶⁸), ὡς τάχα που δυνήσεσθαι⁵⁶⁹) τοὺς πολεμίους ὑπὲρ αὐτῆς ἀμύνασθαι⁵⁷⁰), φρούδη δὲ γέγονε νῦν καὶ μόνους ἡμᾶς ἐπὶ τῆς ἀνάγκης καταλέλοιπεν, σπεύσωμεν καλῶς ἀποθανεῖν, ἐλεήσωμεν ἡμᾶς αὐτοὺς καὶ τὰ τέκνα καὶ τὰς γυναῖκας, ἕως ἡμῖν
381 ἔξεστιν παρ' ἡμῶν αὐτῶν λαβεῖν τὸν ἔλεον. ἐπὶ μὲν γὰρ θάνατον ἐγεννήθημεν⁵⁷¹) καὶ τοὺς ἐξ αὑτῶν ἐγεννήσαμεν, καὶ τοῦτον οὐδὲ τοῖς εὐδαι-
382 μονοῦσιν ἔστι διαφυγεῖν· ὕβρις δὲ καὶ δουλεία καὶ τὸ βλέπειν γυναῖκας εἰς αἰσχύνην ἀγομένας μετὰ τέκνων οὐκ ἔστιν ἀνθρώποις κακὸν ἐκ φύσεως ἀναγκαῖον, ἀλλὰ ταῦτα διὰ τὴν αὐτῶν δειλίαν ὑπομένουσιν οἱ
383 παρὸν πρὸ αὐτῶν ἀποθανεῖν μὴ θελήσαντες. ἡμεῖς δὲ ἐπ' ἀνδρείᾳ⁵⁷²) μέγα φρονοῦντες Ῥωμαίων ἀπέστημεν καὶ τὰ τελευταῖα νῦν ἐπὶ σωτηρίᾳ
384 προκαλουμένων ἡμᾶς οὐχ ὑπηκούσαμεν. τίνι τοίνυν οὐκ ἔστιν ὁ θυμὸς αὐτῶν πρόδηλος, εἰ ζώντων ἡμῶν κρατήσουσιν; ἄθλιοι μὲν οἱ νέοι τῆς ῥώμης τῶν σωμάτων εἰς πολλὰς αἰκίας ἀρκέσοντες, ἄθλιοι δὲ οἱ παρηβη-
385 κότες φέρειν τῆς ἡλικίας τὰς συμφορὰς οὐ δυναμένης. ὄψεταί τις γυναῖκα πρὸς βίαν ἀγομένην, φωνῆς ἐπακούσεται τέκνου πατέρα βοῶντος χεῖρας
386 δεδεμένος. ἀλλ' ἕως εἰσὶν ἐλεύθεραι καὶ ξίφος ἔχουσιν, καλὴν ὑπουργίαν ὑπουργησάτωσαν⁵⁷³)· ἀδούλωτοι μὲν ὑπὸ τῶν πολεμίων ἀποθάνωμεν,
387 ἐλεύθεροι δὲ μετὰ τέκνων καὶ γυναικῶν τοῦ ζῆν συνεξέλθωμεν. ταῦθ' ἡμᾶς οἱ νόμοι κελεύουσι, ταῦθ' ἡμᾶς γυναῖκες καὶ παῖδες ἱκετεύουσι· τούτων τὴν ἀνάγκην θεὸς ἀπέσταλκε⁵⁷⁴), τούτων Ῥωμαῖοι τἀναντία
388 θέλουσι, καὶ μή τις ἡμῶν πρὸ τῆς ἁλώσεως ἀποθάνῃ δεδοίκασι. σπεύσωμεν οὖν ἀντὶ τῆς ἐλπιζομένης αὐτοῖς καθ' ἡμῶν ἀπολαύσεως ἔκπληξιν τοῦ θανάτου καὶ⁵⁷⁵) θαῦμα τῆς τόλμης καταλιπεῖν.»

389 IX. 1. Ἔτι βουλόμενον αὐτὸν παρακαλεῖν πάντες ὑπετέμνοντο καὶ πρὸς τὴν πρᾶξιν ἠπείγοντο ἀνεπισχέτου τινὸς ὁρμῆς πεπληρωμένοι, καὶ δαιμονῶντες ἀπῄεσαν ἄλλος πρὸ ἄλλου φθάσαι γλιχόμενος καὶ ταύτην ἐπίδειξιν εἶναι τῆς ἀνδρείας⁵⁷⁶) καὶ τῆς εὐβουλίας νομίζοντες, τὸ μή τις ἐν ὑστάτοις γενόμενος ὀφθῆναι· τοσοῦτος αὐτοῖς γυναικῶν καὶ παιδίων
390 καὶ τῆς αὐτῶν σφαγῆς ἔρως ἐνέπεσεν. καὶ μὴν οὐδ' ὅπερ ἄν τις ᾠήθη τῇ πράξει προσιόντες ἠμβλύνθησαν, ἀλλ' ἀτενῆ τὴν γνώμην διεφύλαξαν οἵαν ἔσχον τῶν λόγων ἀκροώμενοι, τοῦ μὲν οἰκείου καὶ φιλοστόργου πάθους ἅπασι παραμένοντος, τοῦ λογισμοῦ δὲ ὡς τὰ κράτιστα βεβουλευ-

---

⁵⁶⁸ ἀπεβουκόλησεν C. ⁵⁶⁹ δυνησομένους Herwerden cj.
⁵⁷⁰ ἀμύνασθαι PM Bekker, Na, Niese, Thack; ἀμύνεσθαι AVRC Hudson.
⁵⁷¹ Für ἐγεννήθημεν: ipsi nati sumus Lat.
⁵⁷² ἀνδρίᾳ AC und aus Korr. V. Zum Wechsel zwischen ἀνδρεία und ἀνδρίᾳ vgl. auch § 389.
⁵⁷³ ἡμῖν ὑπουργησάτωσαν MVRC Lat., Hudson, Bekker, Na.
⁵⁷⁴ ἐκέλευσε C. Thack (App.) weist auf ἐπέσταλκε als vielleicht richtig.
⁵⁷⁵ καὶ fehlt bei VR.
⁵⁷⁶ ἀνδρίας AVªC und ursprünglich wahrscheinlich auch P.

an den Feinden zu rächen vermöchten, sich jene Hoffnung jetzt aber als vergeblich herausstellte und uns vor dieser Zwangslage allein zurückgelassen hat, wollen wir uns beeilen, ehrenhaft zu sterben. Haben wir doch Erbarmen mit uns selbst, den Kindern und den Frauen, solange es uns noch möglich ist, aus der eigenen Hand den Gnadenstoß zu empfangen. Denn auf den Tod hin wurden wir geboren, wir und auch die Kinder, die wir zeugten. Und nicht einmal den Glücklichsten unter uns ist es beschieden, dem Tode zu entkommen. Indes sind Gewalttätigkeit, Sklaverei und das Mit-ansehen-Müssen dessen, wie die Frauen gemeinsam mit den Kindern zur schandbaren Behandlung abgeführt werden, nicht ein von der Natur her notwendig gegebenes Übel, sondern dies alles müssen eben jene Menschen erdulden, die um ihrer Feigheit willen trotz der Möglichkeit, durch die eigene Hand zu sterben, nicht zum Tode bereit sind. Wir dagegen fielen von den Römern ab, da wir stolz unserer Tapferkeit vertrauten, und haben, als man uns zum letzten Mal aufforderte, um unserer eigenen Rettung willen nachzugeben, erneut den Gehorsam verweigert. Wem nun ist das Wüten der Römer nicht deutlich vor Augen, wenn sie uns lebend in die Gewalt bekommen? Elend dann die Jünglinge, die um ihrer großen Körperkraft willen lange Zeit den Mißhandlungen ausgesetzt sein werden! Elend aber auch die, die schon über Manneskraft hinaus sind – um ihres Alters willen werden sie die Unglücksschläge nicht tragen können! Man wird sehen, wie die Feinde die Frau zur Schändung fortschleppen und die Stimme des Kindes vernehmen, wie es nach dem Vater ruft, aber seine Hände werden gebunden sein. Doch jetzt, solange diese Hände noch frei sind und das Schwert noch halten, sollen sie einen edlen Dienst leisten; nicht als Sklaven der Feinde laßt uns sterben, sondern in Freiheit wollen wir gemeinsam mit Frauen und Kindern aus dem Leben scheiden. Das ist es, was die Gesetze uns befehlen, und um das uns Frauen und Kinder anflehen. Die Notwendigkeit dessen führte Gott selbst herbei, während die Römer ihrerseits gerade das Gegenteil erstreben, ja, sie fürchten sogar, es möchte einer von uns vor der Gefangennahme sterben. Eilen wir also, ihnen anstelle der erhofften Lust an uns das Entsetzen angesichts des Todes und die Bewunderung für solche Kühnheit zu hinterlassen!"

9. Kapitel

1. 389. Als Eleazar noch fortfahren wollte, die Männer anzuspornen, schnitten ihm alle das Wort ab. Erfüllt von einer stürmischen Begeisterung drängten sie nunmehr zur Tat. Wie besessen liefen sie auseinander, und ein jeder trachtete danach, dem anderen zuvorzukommen. Ja, sie glaubten, dies sei die Probe ihrer Tapferkeit und ihres rechten Wollens, daß man nicht noch als einer unter den letzten gesehen werde. Eine so starke Freude hatte sie überkommen, Frauen, Kinder und sich selbst dahinzugeben. Und nicht einmal in dem Augenblick wurden sie entmutigt – was man doch durchaus hätte erwarten können –, als sie der Tat unmittelbar gegenüberstanden. Im Gegenteil, sie wahrten ungeschwächt den Sinn, wie er ihnen innegewohnt

391 κότος τοῖς φιλτάτοις⁵⁷⁷) ἐπικρατοῦντος. ὁμοῦ γὰρ ἠσπάζοντο γυναῖκας περιπτυσσόμενοι καὶ τέκνα προσηγκαλίζοντο τοῖς ὑστάτοις φιλήμασιν
392 ἐμφυόμενοι καὶ δακρύοντες, ὁμοῦ δὲ καθάπερ ἀλλοτρίαις χερσὶν ὑπουργούμενοι συνετέλουν τὸ βούλευμα, τὴν ἐπίνοιαν ὧν πείσονται κακῶν ὑπὸ τοῖς πολεμίοις γενόμενοι παραμύθιον τῆς ἐν τῷ κτείνειν ἀνάγκης ἔχοντες.
393 καὶ πέρας οὐδεὶς τηλικούτου τολμήματος⁵⁷⁸) ἥττων⁵⁷⁹) εὑρέθη, πάντες δὲ διὰ τῶν οἰκειοτάτων διεξῆλθον⁵⁸⁰), ἄθλιοι τῆς ἀνάγκης, οἷς αὐτοχειρὶ⁵⁸¹) γυναῖκας τὰς⁵⁸²) αὑτῶν καὶ τέκνα κτεῖναι κακῶν ἔδοξεν εἶναι τὸ κουφό-
394 τατον. οὔτε⁵⁸³) δὴ τοίνυν τὴν ἐπὶ τοῖς πεπραγμένοις ὀδύνην ἔτι φέροντες⁵⁸⁴) καὶ τοὺς ἀνηρημένους νομίζοντες ἀδικεῖν εἰ καὶ βραχὺν αὐτοῖς ἔτι χρόνον ἐπιζήσουσι, ταχὺ μὲν τὴν κτῆσιν ἅπασαν εἰς ταὐτὸ σωρεύσαντες
395 πῦρ εἰς αὐτὴν ἐνέβαλον, κλήρῳ δ' ἐξ αὐτῶν ἑλόμενοι δέκα τοὺς ἁπάντων σφαγεῖς ἐσομένους, καὶ γυναικί τις αὑτὸν⁵⁸⁵) καὶ παισὶ κειμένοις παραστρώσας καὶ τὰς χεῖρας περιβαλών⁵⁸⁶), παρεῖχον ἑτοίμους τὰς σφα-
396 γὰς τοῖς τὴν δύστηνον ὑπουργίαν ἐκτελοῦσιν. οἱ δ' ἀτρέπτως⁵⁸⁷) πάντας φονεύσαντες τὸν αὐτὸν ἐπ' ἀλλήλοις τοῦ κλήρου νόμον ὥρισαν, ἵν' ὁ λαχὼν τοὺς ἐννέα κτείνας ἑαυτὸν ἐπὶ πᾶσιν ἀνέλῃ· πάντες οὕτως αὑτοῖς ἐθάρρουν⁵⁸⁸) μήτ' εἰς τὸ δρᾶν μήτ' εἰς τὸ παθεῖν ἄλλος ἄλλου διαφέρειν.
397 καὶ τέλος οἱ μὲν τὰς σφαγὰς ὑπέθεσαν, ὁ δ' εἷς καὶ τελευταῖος τὸ πλῆθος τῶν κειμένων περιαθρήσας, μή πού τις ἔτ' ἐν πολλῷ φόνῳ τῆς αὐτοῦ λείπεται χειρὸς δεόμενος, ὡς ἔγνω πάντας ἀνῃρημένους, πῦρ μὲν πολὺ⁵⁸⁹) τοῖς βασιλείοις ἐνίησιν, ἀθρόᾳ δὲ τῇ χειρὶ δι' αὑτοῦ πᾶν ἐλάσας τὸ ξίφος
398 πλησίον τῶν οἰκείων κατέπεσε. καὶ οἱ μὲν ἐτεθνήκεσαν ὑπειληφότες
399 οὐδὲν ἔχον ψυχὴν ὑποχείριον ἐξ αὑτῶν Ῥωμαίοις καταλιπεῖν, ἔλαθεν δὲ γυνὴ πρεσβῦτις καὶ συγγενὴς ἑτέρα⁵⁹⁰) τις Ἐλεαζάρου, φρονήσει καὶ παιδείᾳ πλεῖστον⁵⁹¹) γυναικῶν διαφέρουσα, καὶ πέντε παιδία τοῖς ὑπονόμοις, οἳ ποτὸν ἦγον ὕδωρ διὰ γῆς, ἐγκατακρυβῆναι⁵⁹²) τῶν ἄλλων πρὸς
400 τῇ σφαγῇ τὰς διανοίας ἐχόντων, οἳ τὸν ἀριθμὸν ἦσαν ἑξήκοντα⁵⁹³) πρὸς τοῖς ἐνακοσίοις⁵⁹⁴) γυναικῶν ἅμα καὶ παίδων αὐτοῖς συναριθμουμένων.
401 καὶ τὸ πάθος⁵⁹⁵) ἐπράχθη πεντεκαιδεκάτῃ Ξανθικοῦ μηνός.
402 2. Οἱ δὲ Ῥωμαῖοι μάχην ἔτι προσδοκῶντες, ὑπὸ τὴν ἕω διασκευασάμενοι καὶ τὰς ἀπὸ τῶν χωμάτων ἐφόδους ταῖς ἐπιβάθραις γεφυρώσαντες

---

⁵⁷⁷ Für τοῖς φιλτάτοις: *filiis* Lat.   ⁵⁷⁸ Statt τολμήματος: φρονήματος P.
⁵⁷⁹ ἥττον PAL.   ⁵⁸⁰ ἐξῆλθον PA
⁵⁸¹ αὐτοχειρὶ fehlt bei Lat   ⁵⁸² τίς P; τε aus Korr. A.
⁵⁸³ οὔτε Dest. cj. aus Lat. igitur; οὕτοι codd.
⁵⁸⁴ Statt ἔτι φέροντες: ἐπιφέροντες PA; οὐκέτι φέροντες Hudson.
⁵⁸⁵ αὑτὸν aus Korr. A, Hudson, Bekker, Na, Niese, Thack; αὐτὸν LVRC; αὑτῶν P.
⁵⁸⁶ ἐπιβαλών L. vgl. § 282.
⁵⁸⁷ ἀτρέπτως PA Hudson, Niese, Thack; ἀτρέστως MLVRC Bekker, Na, vgl. § 370.
⁵⁸⁸ αὐτοῖς (ἑαυτοῖς M) ἐθάρρουν PAML; ἐθάρρουν ἑαυτοῖς VRC Hudson, Bekker, Na.   ⁵⁸⁹ πολὺ fehlt bei L Lat., Zonaras.
⁵⁹⁰ Statt ἑτέρα: ἑταίρα ML. Niese hält die Lesart von ML für wahrscheinlich richtig unter Verweis auf § 404.
⁵⁹¹ πλεῖστον VR Lat, Na, Niese; πλείστων PAMLC Hudson, Bekker, Thack.
⁵⁹² Für ἐγκατακρυβῆναι: *abditi* Lat.; τῷ ἐγκατακρυβῆναι Hudson (App.); ἐγκατακρυβεῖσαι Dest. cj.   ⁵⁹³ ἑξήκοντα – ἐνακοσίοις: διακόσιοι πρὸς ἑξήκοντα Zonaras.
⁵⁹⁴ ἐννακοσίοις PAVR Hudson; πεντακοσίοις L; *nongenti* Lat., Heg.
⁵⁹⁵ Statt τὸ πάθος: τὸ μὲν πάθος Niese (App.), Na.

hatte, als sie den Worten Eleazars gelauscht hatten. Obgleich sie alle ein leidenschaftliches Mitgefühl mit ihren vertrauten und geliebten Menschen erfaßte, siegte dennoch das Urteil der Vernunft, daß sie nämlich für ihre Lieben das Beste beschlossen hatten. Und alsbald nahmen sie Abschied; sie umarmten ihre Frauen und zogen noch einmal ihre Kinder an sich, unter Tränen bedeckten sie sie mit den letzten Küssen. Im selben Augenblick aber, gleichsam als bedienten sie sich fremder Hände, führten sie ihren Beschluß aus. In dem Gedanken an die Übel, die sie unter den Feinden zu leiden hätten, fanden sie Trost in der grausamen Pflicht, töten zu müssen. So sah man zuletzt niemand, der in der Kraft seines Wagemutes einem anderen nachstand, vielmehr töteten sie alle zusammen der Reihe nach ihre nächsten Angehörigen. Unglücklich waren sie, zudem in einer Zwangslage, in der ihnen das Töten der eigenen Frauen und Kinder als das noch geringere Übel erschien. Danach freilich vermochten sie den Schmerz über alles, was geschehen war, kaum noch zu tragen. Sie glaubten, daß sie an den Ermordeten Unrecht begingen, wenn sie diese auch nur um eine kurze Zeit noch überlebten. So warfen sie schnell den gesamten Besitz zu einem Haufen zusammen und legten Feuer an ihn. Durchs Los wählten sie darauf zehn Männer aus ihrer Mitte; sie sollten die Mörder aller anderen sein.[185] Dann legte sich ein jeder neben die schon dahingestreckten Seinen, die Frau und die Kinder, schlang die Arme um sie und bot schließlich den Männern, die den unseligen Dienst auszuführen hatten, bereitwillig die Kehle. Ohne Wanken mordeten jene alle insgesamt; darauf bestimmten sie dasselbe Gesetz des Loses auch für sich untereinander. Der ausgeloste Mann hatte die neun zu töten und endlich, nach allen anderen, sollte er auch sich selbst den Todesstoß geben. So sehr verließen sie sich alle aufeinander, daß sich weder im Handeln noch im Erleiden der eine vom anderen unterscheide, und so hielten sie am Ende die Kehlen bereit. Der einsame Letzte aber überschaute ringsum die Menge der Dahingestreckten, ob womöglich jemand bei dem unendlichen Morden am Leben geblieben war und deshalb noch seiner Hand bedürfe. Als er erkannte, daß alle getötet seien, legte er an vielen Stellen Feuer in den Palast. Dann stieß er mit geballter Kraft das Schwert ganz durch seinen Körper und brach neben den Seinen zusammen.[186] Und so starben sie alle in der Meinung, nichts, was aus Seele habe und aus ihrer Mitte stamme, der Gewalt der Römer zurückgelassen zu haben. Es hatte sich aber in den unterirdischen Gängen, die das Trinkwasser durch die Erde leiteten, eine alte Frau versteckt und außerdem eine Verwandte des Eleazar, die an Feingefühl und Bildung weit über den anderen Frauen stand, und schließlich noch fünf Kinder.[187] Sie hatten sich in dem Augenblick versteckt, als die anderen ihre ganze Aufmerksamkeit auf das Morden gerichtet hielten. Die Zahl der Toten aber belief sich auf 960, Frauen und Kinder miteingerechnet. Dies leidvolle Geschehen ereignete sich am 15. Tag des Monats Xanthikos.[188]

2. 402. Die Römer hingegen erwarteten immer noch einen Kampf. Bei Tagesanbruch setzten sie sich in Bereitschaft. Nachdem sie die Zugänge von den Wällen aus durch Brücken mit den Sturmleitern verbunden hatten, gingen sie zum Angriff über. Sie erblickten aber nicht einen einzigen von den

403 προσβολήν ἐποιοῦντο[596]). βλέποντες δ' οὐδένα τῶν πολεμίων, ἀλλὰ δεινὴν πανταχόθεν ἐρημίαν καὶ πῦρ ἔνδον καὶ σιωπήν, ἀπόρως εἶχον τὸ γεγονὸς συμβαλεῖν, καὶ τέλος ὡς εἰς ἄφεσιν βολῆς ἠλάλαξαν, εἴ τινα τῶν
404 ἔνδον προκαλέσαιντο. τῆς δὲ βοῆς αἴσθησις γίνεται τοῖς γυναίοις, κἀκ τῶν ὑπονόμων ἀναδῦσαι τὸ πραχθὲν ὡς εἶχε πρὸς τοὺς Ῥωμαίους ἐμήνυον, πάντα τῆς ἑτέρας[597]) ὡς ἐλέχθη τε καὶ τίνα τρόπον ἐπράχθη σαφῶς
405 ἐκδιηγουμένης. οὐ μὴν ῥᾳδίως αὐτῇ προσεῖχον τῷ μεγέθει[598]) τοῦ τολμήματος ἀπιστοῦντες, ἐπεχείρουν τε τὸ πῦρ σβεννύναι καὶ ταχέως ὁδὸν δι'
406 αὐτοῦ τεμόντες τῶν βασιλείων ἐντὸς ἐγένοντο. καὶ τῷ πλήθει[599]) τῶν πεφονευμένων ἐπιτυχόντες οὐχ ὡς ἐπὶ πολεμίοις ἥσθησαν, τὴν δὲ γενναιότητα τοῦ βουλεύματος καὶ τὴν ἐν τοσούτοις ἄτρεπτον ἐπὶ τῶν ἔργων ἐθαύμασαν τοῦ θανάτου καταφρόνησιν.

407 X. 1. Τοιαύτης δὲ τῆς ἁλώσεως γενομένης ἐπὶ μὲν τοῦ φρουρίου καταλείπει φυλακὴν ὁ στρατηγός, αὐτὸς δὲ μετὰ τῆς δυνάμεως ἀπῆλθεν εἰς
408 Καισάρειαν. οὐδὲ γὰρ ὑπελείπετό τις τῶν κατὰ τὴν χώραν πολεμίων, ἀλλ' ἤδη πᾶσα[600]) διὰ μακροῦ τοῦ πολέμου κατέστραπτο πολλοῖς καὶ τῶν ἀπωτάτω κατοικούντων αἴσθησιν καὶ κίνδυνον ταραχῆς παρασχόντος.
409 ἔτι δὲ καὶ περὶ Ἀλεξάνδρειαν τὴν ἐν Αἰγύπτῳ μετὰ ταῦτα συνέβη πολ-
410 λοὺς Ἰουδαίων ἀποθανεῖν· τοῖς γὰρ ἐκ τῆς στάσεως τῶν σικαρίων ἐκεῖ διαφυγεῖν δυνηθεῖσιν οὐκ ἀπέχρη τὸ σώζεσθαι, πάλιν δὲ καινοτέροις ἐνεχείρουν πράγμασι καὶ πολλοὺς τῶν ὑποδεξαμένων ἔπειθον[601]) τῆς ἐλευθερίας ἀντιποιεῖσθαι, καὶ Ῥωμαίους μὲν μηδὲν κρείττους αὐτῶν[602])
411 ὑπολαμβάνειν, θεὸν δὲ μόνον ἡγεῖσθαι δεσπότην. ἐπεὶ δὲ αὐτοῖς τῶν οὐκ ἀφανῶν τινες Ἰουδαίων[603]) ἀντέβαινον, τοὺς μὲν ἀπέσφαξαν, τοῖς δ'
412 ἄλλοις ἐνέκειντο πρὸς τὴν ἀπόστασιν παρακαλοῦντες. ὁρῶντες δ' αὐτῶν τὴν ἀπόνοιαν οἱ πρωτεύοντες τῆς γερουσίας οὐκέτ' ἀσφαλὲς αὐτοῖς ἐνόμιζον περιορᾶν, ἀλλὰ πάντας ἀθροίσαντες εἰς ἐκκλησίαν τοὺς Ἰουδαίους ἤλεγχον τὴν ἀπόνοιαν τῶν σικαρίων πάντων αἰτίους ἀποφαίνοντες ἐκεί-
413 νους τῶν κακῶν· καὶ νῦν ἔφασαν αὐτούς, ἐπείπερ οὐδὲ πεφευγότες τῆς σωτηρίας ἐλπίδα βεβαίαν ἔχουσιν, γνωσθέντας γὰρ[604]) ὑπὸ Ῥωμαίων εὐθὺς ἀπολεῖσθαι, τῆς αὐτοῖς προσηκούσης συμφορᾶς ἀναπιμπλάναι
414 τοὺς[605]) μηδενὸς τῶν ἁμαρτημάτων μετασχόντας. φυλάξασθαι τοίνυν τὸν ἐξ αὐτῶν ὄλεθρον τὸ πλῆθος παρεκάλουν[606]) καὶ περὶ αὐτῶν πρὸς

[596] ἐποιοῦντο L Zonaras, Na, Niese, Thack; ἐποίουν PAMVRC Hudson, Bekker.
[597] ἑταίρας ML.   [598] τὸ μεγέθει A, vgl. § 406.   [599] τὸ πλήθει A.
[600] Statt πᾶσα: tota iudaea Lat.   [601] Für ἔτι δὲ καὶ: nam etiam Lat.; ἐπειδὴ καὶ Dest. cj.
[602] αὐτῶν Bekker, Na, Niese, Thack; ἑαυτῶν C Hudson; αὐτῶν PAMLVR.
[603] Ἰουδαίων VRC Lat., Zonaras; ἰουδαῖοι AML; οἱ ἰουδαῖοι P.
[604] γὰρ fehlt bei C, vgl. Niese App. z. St.; γνωσθέντας – ἀπολεῖσθαι Bekker, Na in Klammern.   [605] ἀναπιμπλᾶν auch PML, A aus Korr.; ἀναπιπλᾶναι τοὺς C.
[606] τῆς αὐτοῖς προσηκούσης – παρεκάλουν: *proprias calamitates explere ipsis autem, qui nullius fuissent eorum delicti participes, cavendum esse ab eorum exitio; et multitudinem precabantur* Lat.; explere ist eine wörtliche, aber in diesem Falle unsachgemäße Übertragung von ἀναπιμπλάναι.

Feinden, statt dessen jedoch überall schaurige Öde und im Innern nur Feuer und Schweigen. Ratlos darüber, was sich ereignet haben mochte, stießen sie schließlich – wie zum Beginn des Schießens – laute Rufe aus, sie dachten, daß sie auf diese Weise vielleicht jemanden von denen, die sich eingeschlossen hatten, herauslocken möchten. Das Geschrei aber gelangte bis zu den Ohren der Frauen. Sogleich krochen sie aus den Gängen hervor und deckten den Römern den Hergang des Geschehenen auf. Dabei wußte die eine unter ihnen ganz genau darzulegen, wie man gesprochen und gehandelt hatte. Es fiel den Römern nicht leicht, der Frau Aufmerksamkeit zu schenken, da sie an die Größe eines solchen Einsatzes nicht glauben konnten; sie begannen aber sogleich, das Feuer zu löschen und gelangten, indem sie sich schnell einen Weg durch die Flammen bahnten, in das Innere des Palastes. Als sie aber auf die Menge der Ermordeten trafen, freuten sie sich keineswegs wie über den Tod von Feinden; vielmehr bewunderten sie den Edelmut des Entschlusses und die Todesverachtung, die in so vielen Männern unbeugsam zur Tat umgesetzt hatte.

10. Kapitel

1. 407. Als sich so die Einnahme Masadas vollzogen hatte, ließ der Feldherr eine Besatzung auf der Burg zurück und zog selbst mit der Streitmacht ab nach Caesarea.[189] Denn im ganzen Lande war auch nicht ein einziger der Feinde übriggeblieben, sondern insgesamt war durch den langen Krieg das Land unterworfen worden, wobei der Krieg vielen, selbst den ganz entfernt Wohnenden, spürbar wurde und Gefahr von Unruhe brachte. Sogar noch danach mußten in Alexandrien, also Ägypten, viele unter den Juden ihr Leben lassen. Es hatten sich nämlich einige aus dem Aufstand der Sikarier dorthin retten können.[190] Jedoch wollten sie sich nicht mit der Rettung allein begnügen, vielmehr unternahmen sie sogleich neue Taten und überredeten viele von denen, die ihnen Unterschlupf gegeben hatten, sich für die Freiheit zu erheben, die Römer für nicht stärker als sich selbst zu erachten und nur Gott allein als Herrn anzuerkennen. Als ihnen daraufhin einige der angesehensten Männer unter den Juden entgegentraten, töteten sie diese, während sie die anderen weiterhin bedrängten und mit Nachdruck auf den Abfall hin bearbeiteten.[191] Da nun aber die Ältesten des Rates das wahnsinnige Treiben jener erkannten, meinten sie schließlich, es mit Rücksicht auf die eigene Sicherheit nicht mehr übersehen zu dürfen.[192] So beriefen sie dann die gesamte jüdische Bevölkerung zu einer Versammlung, bei der sie den Wahnsinn aller Sikarier aufdeckten und jene zudem als Ursache aller Übel hinstellten. Und nun, so sagten sie, verwickelten jene, da sie als Flüchtlinge ohnehin keine sichere Hoffnung auf Rettung hätten – denn sie wären verloren, sobald sie von den Römern erkannt würden – in das ihnen selbst mit Recht zukommende Unheil auch die Menschen, die keinerlei Anteil an den Verfehlungen hätten. So ermahnten sie die Menge, sich vor dem Unheil zu hüten, das jene brachten, und die eigene Person durch die Auslieferung jener vor den Römern zu rechtfertigen.[193] Da die Menge die Größe der Gefahr erkannte, ließ sie

415 Ῥωμαίους ἀπολεγήσασθαι τῇ τούτων παραδόσει. συνιδόντες⁶⁰⁷) τοῦ κινδύνου τὸ μέγεθος ἐπείσθησαν τοῖς λεγομένοις, καὶ μετὰ πολλῆς ὁρμῆς
416 ἐπὶ τοὺς σικαρίους ᾄξαντες συνήρπαζον αὐτούς. τῶν δ' ἑξακόσιοι μὲν εὐθὺς ἑάλωσαν, ὅσοι δ' εἰς τὴν Αἴγυπτον καὶ τὰς ἐκεῖ Θήβας⁶⁰⁸) διέφυγον,
417 οὐκ εἰς μακρὰν συλληφθέντες ἐπανήχθησαν. ἐφ' ὧν⁶⁰⁹) οὐκ ἔστιν ὃς οὐ τὴν καρτερίαν καὶ τὴν εἴτε ἀπόνοιαν εἴτε τῆς γνώμης ἰσχὺν⁶¹⁰) χρὴ λέγειν
418 οὐ κατεπλάγη· πάσης γὰρ ἐπ' αὐτοὺς βασάνου καὶ λύμης τῶν σωμάτων ἐπινοηθείσης ἐφ' ἓν τοῦτο μόνον, ὅπως αὐτῶν⁶¹¹) Καίσαρα δεσπότην ὁμολογήσωσιν, οὐδεὶς ἐνέδωκεν οὐδὲ ἐμέλλησεν εἰπεῖν, ἀλλὰ πάντες ὑπερτέραν τῆς ἀνάγκης τὴν αὐτῶν⁶¹²) γνώμην διεφύλαξαν, ὥσπερ ἀναισθήτοις σώμασι χαιρούσῃ⁶¹³) μόνον οὐχὶ τῇ ψυχῇ τὰς βασάνους καὶ τὸ
419 πῦρ δεχόμενοι⁶¹⁴). μάλιστα δ' ἡ τῶν παίδων ἡλικία τοὺς θεωμένους ἐξέπληξεν· οὐδὲ γὰρ ἐκείνων τις ἐξενικήθη Καίσαρα δεσπότην ἐξονομάσαι. τοσοῦτον ἄρα τῆς τῶν σωμάτων ἀσθενείας ἡ τῆς τόλμης ἰσχὺς ἐπεκράτει.
420 2. Λοῦπος⁶¹⁵) τότε διώκει τὴν Ἀλεξάνδρειαν καὶ περὶ τοῦ κινήματος
421 τούτου Καίσαρι κατὰ τάχος ἐπέστειλεν. ὁ δὲ τῶν Ἰουδαίων τὴν ἀκατάπαυστον ὑφορώμενος νεωτεροποιίαν καὶ δείσας, μὴ πάλιν εἰς ἓν ἀθρόοι συλλεγῶσι καί τινας αὐτοῖς⁶¹⁶) συνεπισπάσωνται, προσέταξε τῷ Λούπῳ⁶¹⁷) τὸν ἐν τῇ Ὀνίου καλουμένῃ⁶¹⁸) νεών⁶¹⁹) καθελεῖν τῶν Ἰουδαίων.
422 ἥ⁶²⁰ δ' ἐστὶν ἐν Αἰγύπτῳ καὶ διὰ τοιαύτην αἰτίαν ᾠκίσθη τε καὶ τὴν ἐπί-
423 κλησιν⁶²¹) ἔλαβεν· Ὀνίας Σίμωνος⁶²²) υἱός, εἷς τῶν ἐν Ἱεροσολύμοις ἀρχιερέων, φεύγων Ἀντίοχον τὸν⁶²³) Συρίας βασιλέα πολεμοῦντα τοῖς Ἰουδαίοις ἧκεν εἰς Ἀλεξάνδρειαν, καὶ δεξαμένου Πτολεμαίου φιλοφρόνως αὐτὸν διὰ τὴν πρὸς Ἀντίοχον ἀπέχθειαν ἔφη σύμμαχον αὐτῷ ποιήσειν τὸ τῶν Ἰουδαίων ἔθνος, εἰ πεισθείη τοῖς ὑπ' αὐτοῦ λεγομένοις.
424 ποιήσειν δὲ τὰ δυνατὰ τοῦ βασιλέως ὁμολογήσαντος ἠξίωσεν ἐπιτρέπειν αὐτῷ νεών τε που τῆς Αἰγύπτου κατασκευάσασθαι καὶ τοῖς πατρίοις
425 ἔθεσι θεραπεύειν τὸν θεόν· οὕτως γὰρ Ἀντιόχῳ μὲν ἔτι μᾶλλον ἐκπολεμώσεσθαι τοὺς Ἰουδαίους τὸν ἐν Ἱεροσολύμοις νεὼν πεπορθηκότι, πρὸς αὐτὸν δ' εὐνοϊκωτέρως ἕξειν καὶ πολλοὺς ἐπ' ἀδείᾳ τῆς εὐσεβείας ἐπ' αὐτὸν⁶²⁴) συλλεγήσεσθαι.
426 3. Πεισθεὶς Πτολεμαῖος τοῖς λεγομένοις δίδωσιν αὐτῷ χώραν ἑκατὸν

---

⁶⁰⁷ συνιδόντες οὖν M, ed. pr., Hudson, Bekker, Na; συνιδόντες δὲ L; οἱ δὲ συνιδόντες C.
⁶⁰⁸ Statt Θήβας liest R θήκας. Vgl. Wörterbücher s. v.
⁶⁰⁹ ἐφ' ὧν *quorum* Lat. Zu ἐφ' ὧν... τὴν καρτερίαν... οὐ κατεπλάγη vgl. Thuk. 2,65. Der griechische Text wird von Lat. bis hinein in die Stilistik – relativischer Anschluß und Hyperbaton – nachgeahmt: *quorum non est qui duritiam ... non obstupescat.*
⁶¹⁰ ἰσχὺν P und aus Korrektur V; τὴν ἰσχὺν AMLVRC.
⁶¹¹ αὐτῷ (so Niese App.) PA; αὐτὸν C; αὐτῶν fehlt bei Lat., Zonaras.
⁶¹² αὐτῶν Bekker, Na.   ⁶¹³ χαίρουσι PALR.
⁶¹⁴ ὥσπερ – δεχόμενοι: *tamquam brutis corporibus non animis etiam cruciatus ignemque susciperent* Lat. Lat. schwächt durch Auslassung des χαιρούσῃ die Aussage stark ab.
⁶¹⁵ λοῦππος LVC vgl. § 421. 433f. Die Namensform von ant. 19, 190f. 194 λοῦππος wirkt vielleicht auf verschiedene Handschriften in bellum.
⁶¹⁶ αὐτοῖς codd., Hudson.   ⁶¹⁷ λούππῳ PLV Niese.
⁶¹⁸ καλουμένῃ Hudson cj.; καλούμενον codd. vgl. bell. 1, 190; ant. 14, 131 und Exkurs XXV.

sich von den Worten überzeugen. Mit stürmischer Gewalt ging man gegen die Sikarier vor und nahm sie fest. Von ihnen ergriff man 600 sogleich, während diejenigen, die nach Ägypten hinein und besonders nach dem dortigen Theben entkommen waren, nicht lange danach gefangengenommen und zurückgeführt wurden.[194] Es gab niemanden, der nicht in Erstaunen gesetzt worden wäre über die Standhaftigkeit der Gefangenen, sei sie nun Tollkühnheit[195] oder auch unverbrüchliche Entschlossenheit zu nennen. Denn obschon man gegen sie Folterung und Verstümmelung ersann, nur um sie dazu zu bringen, die Anerkennung des Kaisers als ihres Herrn auszusprechen, gab doch niemand von ihnen nach. Sie verweigerten diese Aussage und bewahrten trotz des Zwangs standhaft ihre Gesinnung, so als ob der Körper im Erleiden der Folterung und des Feuers keinerlei Empfindung habe und die Seele sich beinahe erfreut zeige. Am stärksten wurden die Zuschauer freilich von dem jugendlichen Alter der Knaben ergriffen;[196] ließ sich doch nicht einer unter diesen dazu überwinden, der Würde des Kaisers als der ihres Herrn Ausdruck zu verleihen.[197] So sehr vermochte die Kraft des Einsatzes die Schwäche der Körper zu beherrschen.

2. 420. Damals verwaltete Lupus Alexandrien.[198] Er gab so schnell als möglich dem Kaiser Nachricht über diese Unruhen. Der Kaiser freilich hegte den Verdacht, daß die umstürzlerische Gesinnung unter den Juden niemals aufhören werde. Er fürchtete, daß sie sich erneut zu einer einheitlichen Bewegung zusammenschließen und dabei auch andere noch für sich gewinnen würden. Daher befahl er dem Lupus, den Tempel der Juden in dem sogenannten Oniasbezirk zu zerstören.[199] Das Tempelgebiet aber liegt in Ägypten.[200] Aus folgendem Grunde wurde es angelegt und erhielt auch deshalb seinen besonderen Beinamen[201]: Onias, Sohn des Simon, war einer der Hohenpriester zu Jerusalem.[202] Als er vor dem syrischen Könige Antiochus, der mit den Juden Krieg führte, auf der Flucht war, kam er nach Alexandrien. Da ihn Ptolemäus – um dessen eigener Verfeindung mit Antiochus willen – freundlich empfing, bot ihm Onias an, ihm die Bundesgenossenschaft mit dem jüdischen Volke zu erwirken, für den Fall, daß er, Ptolemäus, seinen folgenden Worten Gehör schenke. Der König versprach zu tun, was in seiner Macht stehe, worauf ihn Onias bat, ihm zu gestatten, an irgendeinem Ort in Ägypten einen Tempel zu bauen und dort nach den väterlichen Gesetzen Gott zu verehren. Er sagte außerdem, die Juden würden sich auf diese Weise noch stärker mit Antiochus, der den Tempel zu Jerusalem verwüstet hatte, verfeinden, andererseits sich ihm, dem König, gegenüber noch entgegenkommender verhalten und sich in großer Zahl wegen des Schutzes für ihre Gottesverehrung um ihn sammeln.

3. 426. Ptolemäus ging auf diese Worte ein und gab Onias 180 Stadien von Memphis entfernt Land; der Bezirk aber wird der von Heliopolis ge-

[619] τὸν – νεὼν *templum iudaeorum quod erat apud oniae quae sic appellatur civitatem* Lat.
[620] ἣ LVR Thack, Ricc, Williamson; ἢ A; *haec* Lat, Bekker, Na; ὁ PMC Hudson, Niese, Kohout, Clementz, Whiston-Marg., Simch. [621] ἐκκλησίαν C.
[622] Statt Ὀνίας Σίμωνος: Ὀνίας τοῦ Ὀνίου τοῦ Σίμωνος. Reland cj. Vgl. § 423 Anm. 202. [623] τῆς VRC. [624] ὡς αὐτὸν C Hudson, Bekker, Na.

ἐπὶ τοῖς ὀγδοήκοντα σταδίους[625]) ἀπέχουσαν Μέμφεως· νομὸς δ' οὗτος
427 Ἡλιοπολίτης[326]) καλεῖται. φρούριον ἔνθα[627]) κατασκευασάμενος Ὀνίας
τὸν μὲν ναὸν οὐχ ὅμοιον ᾠκοδόμησε τῷ ἐν Ἱεροσολύμοις, ἀλλὰ πύργῳ
428 παραπλήσιον λίθων μεγάλων εἰς ἑξήκοντα πήχεις ἀνεστηκότα[628])· τοῦ
βωμοῦ δὲ τὴν κατασκευὴν πρὸς τὸν οἰκεῖον[629]) ἐξεμιμήσατο καὶ τοῖς
ἀναθήμασιν ὁμοίως ἐκόσμησεν χωρὶς τῆς περὶ τὴν λυχνίαν κατασκευῆς·
429 οὐ γὰρ ἐποίησε λυχνίαν, αὐτὸν δὲ χαλκευσάμενος λύχνον[630]) χρυσοῦν
ἐπιφαίνοντα σέλας χρυσῆς ἁλύσεως ἐξεκρέμασε. τὸ δὲ τέμενος πᾶν ὀπτῇ
430 πλίνθῳ περιετετείχιστο πύλας ἔχον[631]) λιθίνας. ἀνῆκε δὲ καὶ χώραν πολλὴν
ὁ βασιλεὺς εἰς χρημάτων πρόσοδον, ὅπως εἴη καὶ τοῖς ἱερεῦσιν ἀφθονία
431 καὶ τῷ θεῷ πολλὰ τὰ πρὸς τὴν εὐσέβειαν. οὐ μὴν Ὀνίας ἐξ ὑγιοῦς
γνώμης ταῦτα ἔπραττεν, ἀλλ' ἦν αὐτῷ φιλονεικία πρὸς τοὺς ἐν τοῖς
Ἱεροσολύμοις Ἰουδαίους ὀργὴν τῆς φυγῆς ἀπομνημονεύοντι, καὶ τοῦτο[632])
τὸ ἱερὸν ἐνόμιζε κατασκευάσας εἰς αὐτὸ περισπάσειν ἀπ' ἐκείνων τὸ
432 πλῆθος. ἐγεγόνει δέ τις καὶ παλαιὰ πρόρρησις ἔτεσί που πρόσθεν ἑξακοσίοις[633])· Ἡσαΐας ὄνομα τῷ προαγορεύσαντι τοῦδε τοῦ ναοῦ τὴν ἐν
Αἰγύπτῳ γενησομένην ἐπ' ἀνδρὸς Ἰουδαίου κατασκευήν[634]). τὸ μὲν οὖν
ἱερὸν οὕτως ἐπεποίητο.
433 4. Λοῦπος[635]) δ' ὁ τῆς Ἀλεξανδρείας ἡγεμὼν τὰ παρὰ Καίσαρος λαβὼν
γράμματα καὶ παραγενόμενος εἰς τὸ ἱερὸν καί τινα τῶν ἀναθημάτων
434 ἐκφορήσας τὸν ναὸν ἀπέκλεισε. Λούπου[636]) δὲ μετὰ βραχὺ τελευτήσαντος Παυλῖνος διαδεξάμενος τὴν ἡγεμονίαν οὔτε τῶν ἀναθημάτων οὐδὲν
κατέλιπε[637]), πολλὰ γὰρ διηπείλησε τοῖς ἱερεῦσιν[638]) εἰ μὴ πάντα προκο-
435 μίσειαν, οὔτε προσιέναι τῷ τεμένει τοὺς θρησκεύειν βουλομένους ἀφῆκεν[639]), ἀλλ' ἀποκλείσας τὰς πύλας ἀπρόσιτον αὐτὸ παντελῶς ἐποίησεν,
ὡς μηδ' ἴχνος ἔτι τῆς εἰς τὸν θεὸν θεραπείας ἐν τῷ τόπῳ καταλιπεῖν.
436 χρόνος ἦν εἰς τὴν ἀπόκλεισιν τοῦ ναοῦ γεγονὼς ἀπὸ τῆς κατασκευῆς ἔτη
τρία καὶ τεσσαράκοντα καὶ τριακόσια[640]).

437 XI. 1. Ἥψατο δὲ καὶ τῶν περὶ Κυρήνην πόλεων ἡ τῶν σικαρίων ἀπόνοια καθάπερ νόσος. διαπεσὼν[641]) γὰρ εἰς αὐτὴν Ἰωνάθης, πονηρότατος
438 ἄνθρωπος καὶ τὴν τέχνην ὑφάντης[642]), οὐκ ὀλίγους τῶν ἀπόρων[643]) ἀνέ-

---

[625] σταδίους L Bekker, Na, Niese, Thack; σταδίοις C Hudson; σταδίον PAMVR.
[626] Ἡλιοπολίτης Dindorf cj., Niese, Na, Thack (vgl. CPJ II, 417, 4); ἡλιουπολίτης codd. Hudson, Bekker. [627] ἔνθα φρούριον stellt LVRC um Hudson, Bekker, Na.
[628] πύργῳ – ἀνεστηκότα *turrim autem similem instruxit ingentibus saxis sexaginta cubitis erectam* Lat.
[629] οἰκεῖον L Niese, Thack; οἶκον P(?); οἶκον A; οἶκοι MVRC Hudson, Bekker, Na; πρὸς τὸν οἰκεῖον *secundum patriam (aram)* Lat. [630] τὸν λύχνον VRC Hudson.
[631] ἔχον A aus Korrektur von ἔχοντι, Bekker, Na, Niese, Thack; ἔχοντι MVR Hudson, vielleicht Lat.; ἔχοντα P; ἔχων LC. [632] Statt καὶ τοῦτο: καίτοι MVRC.
[633] *nongentis septuaginta* Lat., vgl. aber ant. 18, 64. [634] τὴν κατασκευὴν PAL.
[635] Λοῦππος PLVC Niese. [636] Λούππου LRC Niese; Λούππῳ V.
[637] κατελείπετο PAMLV; κατελίπετο R. [638] ἀρχιερεῦσιν M.

nannt. Zunächst legte Onias dort eine Festung an. Erst dann baute er den Tempel, der nicht dem in Jerusalem angeglichen war, sondern einem Turme ähnlich, aus großen Steinen bis zu 60 Ellen hoch.[203] Die Ausstattung des Altars hingegen gestaltete er ganz und gar nach der des heimatlichen Altars, und entsprechend erfolgte auch die Ausschmückung mit Weihgeschenken. Eine Ausnahme machte nur die Art, wie er den Leuchterstock ausstattete.[204] Onias fertigte nämlich überhaupt keinen Leuchterstock an, vielmehr ließ er eigens eine goldene Lampe schmieden, die ein Licht ausstrahlte und an einer goldenen Kette hing. Insgesamt wurde das Tempelgebiet mit einer Mauer aus Ziegelsteinen umgeben; die Tore wurden aus Steinblöcken gebaut. Außerdem überließ der König auch viel Land zur wirtschaftlichen Versorgung, damit es einerseits den Priestern an nichts fehle und andererseits dem Gott viele Gaben zur Verehrung dargebracht werden könnten. Freilich unternahm Onias das alles nicht aus reiner Gesinnung. Es ging ihm vielmehr um einen Machtkampf mit den Juden in Jerusalem. Wegen seiner Flucht, die ihm ununterbrochen vor Augen stand, war er von Haß gegen sie erfüllt. Indem er das Heiligtum errichtete, glaubte er, die Menge von Jerusalem weg hierher abziehen zu können.[205] Es hatte allerdings auch einmal vor ungefähr 600 Jahren eine alte Prophezeiung gegeben. Es war Jesaja, der vorausgesagt hatte, daß einst ein Tempel in Ägypten entstehen werde, und zwar als Bau eines jüdischen Mannes.[206] Und dies nun war der Tempel, und so war er fertiggestellt worden.

4. 433. Nach Erhalt des kaiserlichen Schreibens begab sich Lupus zu dem Heiligtum und ließ den Tempel, nachdem er einige Weihgeschenke fortgeschafft hatte, schließen. Bald darauf aber starb Lupus, und Paulinus erhielt die Statthalterschaft. Dieser ließ nun nichts von den Weihgeschenken zurück, sondern er drohte den Priestern Strafen an, falls sie nicht alles herausgäben. Desgleichen untersagte er denen, die zur Andachtsübung kommen wollten, den Zugang zum Heiligtum. Als er dann sogar die Tore noch schließen ließ, hatte er das Tempelgebiet ganz und gar unzugänglich gemacht. So blieb auch nicht das geringste Zeichen der einstigen Gottesverehrung an dieser Stelle zurück.[207] Damit zählte die Zeit von der Erbauung des Tempels bis zu seiner Schließung 343 Jahre.[208]

11. Kapitel

1. 437. Indessen griff der Wahnsinn der Sikarier geradezu wie eine Krankheit auch auf die Städte in Kyrene über. Es war nämlich ein gewisser Jonathan, ein sehr übler Mensch, von Beruf Weber, dorthin gekommen. Er ver-

---

[639] ἀφῆκεν codd. Hudson, Bekker, Thack (vgl. Thack. Lex. s. v.) *admisit* Lat.; ἐφῆκεν Niese cj., Na.   [640] τριακόσια Dest. vermutet Textverderbnis; vgl. § 436 Anm. 208.
[641] διεκπεσὼν Zonaras; zu διαπίπτειν, διεκπίπτειν vgl. Thack., Lex. s. v.
[642] Für ὑφάντης *gyaeciarius* Lat. Zu ὑφάντης vgl. Apg. 18, 3 σκηνοποιός und § 438 Anm. 209.
[643] Für ἀπόρων *imperitorum* Lat. Zur Ambivalenz von ἀπόρων vgl. § 438 Anm. 209.

πεισε⁶⁴⁴) προσέχειν αὐτῷ καὶ προήγαγεν εἰς τὴν ἔρημον σημεῖα καὶ
439 φάσματα δείξειν ὑπισχνούμενος. καὶ τοὺς μὲν ἄλλους⁶⁴⁵) ἐλάνθανε ταῦτα
διαπραττόμενος⁶⁴⁶) καὶ φενακίζων, οἱ δὲ τοῖς ἀξιώμασι προύχοντες τῶν
ἐπὶ τῆς Κυρήνης Ἰουδαίων τὴν ἔξοδον αὐτοῦ καὶ παρασκευὴν⁶⁴⁷) τῷ τῆς
440 πενταπόλεως Λιβύης ἡγεμόνι Κατύλλῳ⁶⁴⁸) προσαγγέλλουσιν⁶⁴⁹). ὁ δ᾽
ἱππέας τε καὶ πεζοὺς ἀποστείλας ῥᾳδίως⁶⁵⁰) ἐκράτησεν ἀνόπλων, καὶ τὸ
μὲν πλέον ἐν χερσὶν ἀπώλετο, τινὲς δὲ καὶ ζωγρηθέντες ἀνήχθησαν πρὸς
τὸν Κάτυλλον⁶⁵¹). ὁ δ᾽ ἡγεμὼν τοῦ βουλεύματος Ἰωνάθης τότε μὲν
441 διέφυγε, πολλῆς δὲ καὶ λίαν ἐπιμελοῦς ἀνὰ πᾶσαν τὴν χώραν ζητήσεως
γενομένης ἥλω, καὶ πρὸς τὸν ἡγεμόνα⁶⁵²) ἀναχθεὶς αὐτῷ⁶⁵³) μὲν ἐμηχα-
νᾶτο τῆς τιμωρίας ἀπαλλαγήν, τῷ Κατύλλῳ δ᾽ ἔδωκεν ἀφορμὴν ἀδικη-
442 μάτων. ὁ μὲν γὰρ τοὺς πλουσιωτάτους τῶν Ἰουδαίων ἔλεγε κατα-
ψευδόμενος διδασκάλους αὐτῷ τοῦ βουλεύματος γεγονέναι, 2. προ-
443 θύμως δὲ τὰς διαβολὰς ἐκεῖνος ἐξεδέχετο καὶ τῷ πράγματι
πολὺν ὄγκον περιετίθει μεγάλα προστραγῳδῶν, ἵνα δόξειε καὐτὸς
444 Ἰουδαϊκόν τινα πόλεμον κατωρθωκέναι. τὸ δὲ δὴ τούτου χαλεπώτερον⁶⁵⁴),
πρὸς γὰρ τῷ πιστεύειν ῥᾳδίως ἔτι καὶ διδάσκαλος ἦν τῶν σικαρίων τῆς
445 ψευδολογίας⁶⁵⁵). κελεύσας γοῦν αὐτὸν ὀνομάσαι τινὰ τῶν Ἰουδαίων
Ἀλέξανδρον, ᾧ πάλαι προσκεκρουκὼς φανερὸν ἐξενηνόχει τὸ μῖσος, τήν
τε γυναῖκα τὴν ἐκείνου Βερενίκην⁶⁵⁶) ταῖς αἰτίαις⁶⁵⁷) συνεμπλέξας⁶⁵⁸),
τούτους μὲν πρῶτον ἀνεῖλεν, ἐπὶ δ᾽ αὐτοῖς ἅπαντας τοὺς εὐπορίᾳ χρημά-
446 των διαφέροντας ὁμοῦ τι χιλίους⁶⁵⁹) ἐφόνευσεν ἄνδρας· καὶ ταῦτα πράττειν ἐνόμιζεν ἀσφαλῶς, ὅτι τὰς οὐσίας αὐτῶν εἰς τὰς τοῦ Καίσαρος
προσόδους ἀνελάμβανεν.
447 3. Ὅπως δὲ μηδὲ ἀλλαχοῦ τινες τῶν Ἰουδαίων ἐλέγξωσιν αὐτοῦ τὴν
ἀδικίαν, πορρωτέρω τὸ ψεῦδος ἐξέτεινε καὶ πείθει τὸν Ἰωνάθην καὶ
τινας τῶν ἅμ᾽ ἐκείνῳ συνειλημμένων νεωτερισμοῦ κατηγορίαν ἐπιφέρειν
448 τοῖς ἐν Ἀλεξανδρείᾳ τε καὶ Ῥώμῃ τῶν Ἰουδαίων δοκιμωτάτοις. τούτων
εἷς τῶν ἐξ ἐπιβουλῆς αἰτιαθέντων ἦν Ἰώσηπος ὁ ταῦτα συγγραψάμενος.
449 οὐ μὴν κατ᾽ ἐλπίδα τῷ Κατύλλῳ τὸ σκευώρημα προεχώρησεν⁶⁶⁰)· ἧκε
μὲν γὰρ εἰς τὴν Ῥώμην τοὺς περὶ τὸν Ἰωνάθην ἄγων δεδεμένους καὶ
πέρας ᾤετο τῆς ἐξετάσεως εἶναι τὴν ἐπ᾽ αὐτοῦ καὶ δι᾽ αὐτοῦ γενομένην
450 ψευδολογίαν. Οὐεσπασιανὸς δὲ τὸ πρᾶγμα ὑποπτεύσας ἀναζητεῖ τὴν

---

⁶⁴⁴ ἔπεισε M. ⁶⁴⁵ Statt μὲν ἄλλους: μεγάλους P.
⁶⁴⁶ Hinter διαπραττόμενος bricht R ab.
⁶⁴⁷ apparatum eius et profectionem stellt Lat. offenbar bewußt um.
⁶⁴⁸ κατύλλῳ codd.; Lat. cod. Vaticanus, cod. Berolinensis hier und im Folgenden: „catulo". Catulus ist der lat. Eigenname in einer bestimmten Familie, vgl. Georges II, 733. Damit erweitert sich die Unsicherheit in der Bestimmung des „historischen Katull" (vgl. § 439 Anm. 210) um eine dritte Möglichkeit.
⁶⁴⁹ προσαγορεύουσιν C. ⁶⁵⁰ Statt ῥᾳδίως: τούτων Excerpta Peiresc.
⁶⁵¹ ἀνόπλων – κάτυλλον fehlt bei Excerpta Peiresc.
⁶⁵² Statt ἡγεμόνα: ἡγεμόνα κάτυλλον C Hudson; catulum Lat.
⁶⁵³ αὐτῷ (so Niese App.) PALV; ἑαυτῷ (so Niese App.) C Zonaras, aus Korrektur Lipsiana; ἑαυτῷ Hudson, Bekker, M. ⁶⁵⁴ χαλεπώτερον PAM.
⁶⁵⁵ Von § 444 bis Schluß ist der Text von C partienweise verkürzt oder verdorben. Ab § 446 wird C vom Cod. Parisienis (1427) ersetzt. Vgl. Niese Praef. S. XV, 18.
⁶⁵⁶ Βερενίκην fehlt bei P Excerpta Peiresc.; Niese major, Thack in eckigen Klammern;

leitete nicht wenige unter den Armen, ihm anzuhängen. Mit dem Versprechen, ihnen Wunder und Erscheinungen zu zeigen, führte er sie hinaus in die Wüste.[209] Noch war den meisten diese Unternehmung und der Schwindel verborgen, als bereits die dem Ansehen nach hervorragendsten Juden in Kyrene seinen Auszug und sein Vorhaben dem Statthalter der libyschen Pentapolis, Catull, meldeten.[210] Der aber schickte Reiterei und Fußvolk aus und bemächtigte sich leicht der wehrlosen Menge. Ein großer Teil kam sogleich unter den Händen der Römer um, während einige lebendig gefangengenommen und zu Catull abgeführt wurden. Der Führer des Anschlags, Jonathan, entkam damals. Aber nach langem und sehr sorgfältigem Suchen im ganzen Lande wurde er gefaßt. Vor den Statthalter geführt, schaffte er es jedoch, sich der Strafe zu entziehen. Er gab aber dabei dem Catull Anstoß zu rechtlosem Handeln. Verleumderisch behauptete Jonathan nämlich, daß gerade die reichsten Juden ihn in dem Anschlag unterwiesen hätten.[211]

2. 443. Der Statthalter ging auf die Verleumdungen nur allzugern ein; er spielte sich maßlos auf und übertrieb die Angelegenheit in jeder Hinsicht, um den Anschein zu erwecken, daß auch er eine Art jüdischen Krieg[212] glücklich ausgeführt habe. Noch verhängnisvoller als dies war jedoch der Umstand, daß er nicht nur für seine eigene Person dem Ganzen so leicht Glauben schenkte, sondern darüber hinaus auch noch den Sikariern beibrachte, falsche Aussagen zu machen. So befahl er dem Jonathan, unter den Juden ihm einen gewissen Alexander zu nennen. Der Statthalter hegte seit langem Unwillen gegen ihn und hatte seinen Haß auch offen zutage treten lassen. Nachdem er auch noch dessen Weib, Berenike,[213] in die Anschuldigungen mit hineingezogen hatte, ließ er zunächst diese beiden hinrichten. Nach ihnen aber befahl er, insgesamt alle Juden umzubringen, die sich durch besonders großen Reichtum auszeichneten, ungefähr tausend Männer an der Zahl. Er glaubte aber, dies alles ungehindert tun zu können, da er ihr Vermögen den kaiserlichen Einkünften[214] zuwies.

3. 447. Damit aber nicht anderwärts einige Juden ihn seines rechtlosen Handelns überführen möchten, dehnte er das Lügengewebe noch weiter aus. Er überredete Jonathan sowie einige unter dessen Mitgefangenen, auch gegen die angesehensten Juden in Alexandrien und sogar Rom Anschuldigungen wegen umstürzlerischer Tätigkeit vorzubringen.[215] Zu diesen Männern, die derart hinterhältig bezichtigt wurden, gehörte auch Josephus, der Verfasser des vorliegenden Werkes. Indes sollte dem Catull der tückische Plan nicht gelingen. Er kam zwar nach Rom und führte auch Jonathan und dessen Leute gebunden mit sich, in der Meinung, daß die Untersuchung als abgeschlossen betrachtet würde, da die falsche Angabe ja vor ihm selbst und auch

βερνίκην MLVC Lips. Hudson *bernice* oder *beronice* Lat. Vgl. hierzu und zu Folgendem § 445 Anm. 213.

[657] ταῖς αἰτίαις fehlt bei PA; Niese *major*, Thack in eckigen Klammern.
[658] Zu συνεμπλέξας VC vgl. Liddell-Scott s. v.; συμπλέξας PAML Thack.
[659] ὁμοῦ τι χιλίους P Niese, Whiston-Marg., Simch; ὁμοῦ τρισχιλίους AMLVC Lipsiana, Lat., Excerpta Peiresc. und alle übrigen Herausgeber und Übersetzer.
[660] προσεχώρησεν P Excerpta Peiresc., *accessit* Lat.

ἀλήθειαν καὶ γνοὺς ἄδικον τὴν αἰτίαν τοῖς ἀνδράσιν ἐπενηνεγμένην τοὺς μὲν ἀφίησι τῶν ἐγκλημάτων Τίτου σπουδάσαντος⁶⁶¹), δίκην δ' ἐπέθηκεν Ἰωνάθῃ τὴν προσήκουσαν· ζῶν γὰρ κατεκαύθη πρότερον αἰκισθείς.
451 4. Κατύλλῳ δὲ τότε μὲν ὑπῆρξε διὰ τὴν πρᾳότητα τῶν αὐτοκρατόρων μηδὲν πλεῖον ὑπομεῖναι καταγνώσεως, οὐκ εἰς μακρὰν δὲ νόσῳ καταληφθεὶς πολυτρόπῳ καὶ δυσιάτῳ χαλεπῶς ἀπήλλαττεν⁶⁶²), οὐ τὸ σῶμα
452 μόνον κολαζόμενος, ἀλλ' ἦν ἡ τῆς ψυχῆς αὐτῷ νόσος βαρυτέρα. δείμασι γὰρ ἐξεταράττετο καὶ συνεχῶς ἐβόα βλέπειν εἴδωλα τῶν ὑπ' αὐτοῦ πεφονευμένων ἐφεστηκότα⁶⁶³). καὶ κατέχειν αὐτὸν οὐ δυνάμενος ἐξήλ-
453 λετο τῆς εὐνῆς ὡς βασάνων αὐτῷ καὶ πυρὸς προσφερομένων. τοῦ δὲ κακοῦ πολλὴν ἀεὶ τὴν ἐπίδοσιν λαμβάνοντος καὶ τῶν ἐντέρων αὐτῷ κατὰ διάβρωσιν ἐκπεσόντων, οὕτως ἀπέθανεν, οὐδενὸς ἧττον ἑτέρου τῆς προνοίας τοῦ θεοῦ τεκμήριον γενόμενος, ὅτι τοῖς πονηροῖς δίκην ἐπιτίθησιν.
454 5. Ἐνταῦθα τῆς ἱστορίας ἡμῖν τὸ πέρας ἐστίν, ἣν ἐπηγγειλάμεθα μετὰ πάσης ἀκριβείας παραδώσειν τοῖς βουλομένοις μαθεῖν, τίνα τρόπον
455 οὗτος ὁ πόλεμος Ῥωμαίοις πρὸς Ἰουδαίους ἐπολεμήθη. καὶ πῶς μὲν ἡρμήνευται, τοῖς ἀναγνωσομένοις κρίνειν ἀπολελείφθω, περὶ τῆς ἀληθείας δὲ οὐκ ἂν ὀκνήσαιμι θαρρῶν λέγειν, ὅτι μόνης ταύτης παρὰ πᾶσαν τὴν ἀναγραφὴν⁶⁶⁴) ἐστοχασάμην.

Ende.

⁶⁶¹ Τίτου σπουδάσαντος fehlt bei Excerpta Peiresc.; Τίτου συσπουδάσαντος schlägt Na. (App.) vor.
⁶⁶² ἀπαλλάττεται LVC Lipsiana, Hudson, Bekker; ἀπήλλακται Excerpta Peiresc.
⁶⁶³ καὶ συνεχῶς - ἐφεστηκότα *et crebro videbat sibi instantes umbras eorum, quos peremerat, et clamitabat* Lat.
⁶⁶⁴ γραφὴν ed. pr., Hudson, Bekker; παρὰ - ἀναγραφὴν *per omnia quae scripsi* Lat.
Alle Bücher des Bellum haben - jeweils durch verschiedene Handschriften belegt - Über- und Unterschriften (vgl. dazu Niese App.), deren Inhalt aber nicht einheitlich ist. - Auffallend ist hier zunächst die doxologische Fassung der Subscriptio von A. Sie bezieht sich auf das ganze Werk, klingt altertümlich und dürfte dem Stil nach zur Sprache des Josephus (s. ant. 4, 316) passen. Zur Doxologie vgl. 3. Makk. 17, 23. Die Hinzufügung von ant. 18, 63ff. bei MV setzt voraus, daß das Bellum in christlichen Kreisen mehr gelesen wurde als Antiquitates.

durch ihn selbst erfolgt war. Vespasian hingegen mißtraute der Angelegenheit und untersuchte den Tatbestand. Er erkannte die vorgebrachten Anschuldigungen gegen jene Männer als ungerechtfertigt und sprach sie unter eifrigem Zureden von Titus von den Vorwürfen frei. Dem Jonathan indes wurde die verdiente Strafe zuteil; er wurde nämlich zunächst gegeißelt und sodann bei lebendigem Leib verbrannt.[216]

4. 451. Catull aber widerfuhr damals dank der großen Milde der Herrscher[217] nicht mehr, als daß er die Feststellung seines Unrechts hinnehmen mußte. Doch nicht lange darauf wurde er von einer schwierigen und unheilbaren Krankheit ergriffen und starb unter gräßlichen Umständen. Es wurde nämlich nicht allein der Körper gepeinigt, vielmehr befiel die Krankheit schwerer noch seine Seele. Er wurde durch Wahnvorstellungen umgetrieben und schrie ununterbrochen, er sähe die Schatten der von ihm ermordeten Menschen vor sich stehen. Da er sich nicht mehr in der Gewalt zu haben vermochte, sprang er vom Lager auf, so als ob man ihn foltere und Feuer auf ihn zutrage. Das Übel nahm immer schneller zu, bis ihm infolge von Fäulniserscheinungen die Eingeweide aus dem Leib brachen, und so schließlich sein Tod eintrat – ein Beweis wie kaum ein anderer, daß die Vorsehung Gottes den Übeltätern gerechte Strafe auferlegt.[218]

5. 454. Hier sind wir am Ende der Geschichte, die wir versprachen, mit aller Sorgfalt für jene aufzuschreiben, die erfahren wollten, in welcher Weise der Krieg zwischen den Römern und den Juden geführt wurde.[219] Das Urteil darüber, wie der Stoff dargelegt worden ist, bleibe den Lesern überlassen; was dagegen die Wahrheit anlangt, so möchte ich nicht zögern, mit Entschiedenheit zu behaupten, daß ich auf sie allein die ganze Schrift hindurch mein Augenmerk gerichtet hielt.[220]

ANHANG

Anmerkungen zu Buch 6

Anmerkungen zu Buch 6

¹ Vgl. 5, 523.

² Es liegt also nahe, daß auch das Gebiet um Gethsemane von dieser Abholzungsaktion des römischen Heeres betroffen wurde. Mit der Diskussion darüber beschäftigt sich Kohout z. St.

³ Zum Sprachgebrauch von ἀλλόφυλος bei Jos. vgl. Thackeray, Lexikon s. v. Gedacht ist an Nichtjuden, die nach Palästina kommen (gegen C. Schneider, ThLZ 86, 1961, 920f.). Dabei kann es sich um Proselyten im weiteren Sinn handeln (Apg. 8, 27), aber auch um reisende Kaufleute, deren Besuch die Weltgeltung Jerusalems bestätigt. Vgl. J. Jeremias, Jerusalem zur Zeit Jesu, 2. Aufl. 1958, 66–82.

⁴ Der Abschluß von Buch 5 legt den Eindruck nahe, daß die Not der Belagerten nicht mehr gesteigert werden kann, und daß das Verhängnis Jerusalems unaufhaltsam ist (§ 567–572). Um so überraschender ist der Versuch von Buch 6 Anfang, den jüdischen Mut trotz des sich steigernden Elends hervorzuheben und einen gewissen Erfolg der Belagerten auch nach römischer Auffassung zuzugestehen. Besonders eindrücklich wird der Abstand dieser beiden Schilderungen, wenn in 6, 13 die unbezwingliche Festigkeit der Mauer hervorgehoben wird, während Josephus in 5, 364 betont, daß die stärksten Mauern bereits gefallen sind und die nicht eroberte letzte Mauer schwächer ist (vgl. auch Simchoni 484). Es handelt sich um die rhetorische Eigenart des Josephus, nicht um sachliche Differenzen in den Aussagen. Zum Mauerbau vgl. 5, 130ff. Exkurs VIII; 6, 151, Anm. 51.

⁵ Nach unserer Übersetzung ist μηδὲ zu πταίοντας zu ziehen und πταίοντας im Sinn des militärischen Fehlers zu verstehen (ähnlich Kohout, Clementz). Zieht man dagegen μηδὲ zu ἀναστρέφειν, dann gewinnt man mit Thackeray und Reinach die Deutung, daß die Juden auch unterliegend sich nicht zur Flucht wenden. Die lat. und syr. Übersetzung fassen πταίοντας offenbar transitiv: unter Verzicht auf den geplanten Angriff (= sine offensione). L (die leichteste Lesart) denkt an einen Rückzug unter starker Abwehr.

⁶ Der neue Einsatz von Buch 6 hebt die Schwierigkeit und Dauer des jüdischen Krieges hervor und entspricht damit einer grundsätzlichen Tendenz des vorliegenden Geschichtswerkes (vgl. Ricciotti zu § 13f.). Simchoni 486 stellt mit Recht die historische Frage, ob nicht in Wirklichkeit der neue Ausfall der Juden schon deshalb mißlingen muß, weil er mit schwächeren Kräften der römischen Überlegenheit angreift.

⁷ Der Neumond des Panemus wird ebenfalls in 5, 567 erwähnt.

⁸ Zum Schutzdach unter den Schilden vgl. 2, 537, Anm. 230.

⁹ Zum unterirdischen Gang vgl. 5, 469.

¹⁰ Zum Bau einer Ersatzmauer vgl. 2, 436; Polyb. hist. 16, 30 und die Schilderung Vegetius 4, 24: „Ist die Mauer einmal unter den Widderschlägen erschüttert, was oft genug eintritt, so beruht die einzige Hoffnung darauf, daß rasch von drinnen her mit dem Schutte zusammengerissener Häuser eine zweite Mauer um die bedrohte Stelle erbaut werde, in welchem Falle sogar die Feinde zwischen zwei Wälle geraten und vernichtet werden können".

¹¹ Wörtlich λύειν trans.: „sie könnten sie schnell aufbrechen".

¹² Wahrscheinlich war Caesar der erste, der einfache Legionäre mit συστρατιῶται (= commilitones) anredete; unter Augustus durfte das nicht geschehen, da er die Bezeichnung commilitones für zu schmeichelhaft hielt (vgl. Sueton, Caesar 67; Augustus 52).

¹³ Es handelt sich hier nicht um altrömische Anschauungen, sondern um Elemente griechischer Volksreligiosität, z. T. sehr alten Ursprungs, deren spätere Ausprägung Verbindung vor allem zur Stoa hat. Voraussetzung dieser Volksreligiosität ist das allgemeine Hadesschicksal (νὺξ ὑπόγειος § 48) ohne eine grundsätzlich durchgezogene Unsterblichkeitslehre. Seelen besonders verdienter Männer haben aber die Hoffnung, vom Hades aus zu einem besonderen Ort der Seligen zu gelangen oder gleich nach dem Tode in diesen leuchtenden Äther und in die Sternenwelt versetzt zu werden. Hierbei ist wesentlich, daß die Seele im Tode vom Leib geschieden wird. Das Monument, das für die bei Potidäa gefallenen Athener errichtet wurde (CIA I 442; Thuk. I 63), nennt ausdrücklich den Äther als den Ort der Seelen. Die Gestirne als Ort der Seligen weisen auf platonisch-pythagoräischen Einfluß. In der Stoa ist der Äther zwar als das Reich der Seelen besonders hervorgehoben, die hier bei Josephus vertretene Hadesauffassung

Anmerkungen zu Buch 6

dagegen wird dort abgelehnt. Der Äther nimmt alle Seelen auf. Die Erhebung zum Heros entspricht ebenfalls alter griechischer Volksreligiosität und setzt voraus, daß bestimmte Menschen nach dem Tode zu übermenschlicher Macht und Würde kommen und zugunsten ihrer Nachfahren auf irdische Verhältnisse einwirken können. Im allgemeinen war jedoch die Macht des Heros an sein Grab und an seine körperlichen Überreste gebunden. Nach Athenäus VI 266d nannten die Chier einen gewissen Nymphodorus von Syrakus ausdrücklich ἥρως εὐμενής.

Daß die Verehrung der Eltern und die Verdienste um das Vaterland für die Aufnahme in den Himmel maßgebend seien, wird auch in Cicero, de re publica VI 15. 26 (somnium Scipionis) hervorgehoben. Offenbar tritt damit eine griechische Tradition in die römische Religionsgeschichte ein.

Exkurs XII: Die Seelenlehre des Josephus.

Literatur: E. Rohde, Psyche, Seelenkult und Unsterblichkeitsglaube der Griechen 9. u. 10. Aufl. 1925, Bd. II 254–267. 320 Anm. 1. 381–385; Schlatter, Theologie 252–263; M. P. Nilsson, Geschichte der griechischen Religion, Bd. I, 1941, 170ff. 651–662; Bd. II, 1950, 245ff. 541; Schürer II, 678ff.; Fr. Cumont, Esseniens et Pythagoriciens d'après un passage de Josèphe, in: Comptes rendus de l'Académie des Inscriptions et Belles-Lettres, 1930, 99–112; ders., Die orientalischen Religionen im römischen Heidentum, 4. Aufl. 1959, 94–123. 272 Anm. 91 (Erwähnung unserer Stelle); P. Grelot, L'Eschatologie des Essenes et le Livre d'Hénoch, Revue de Qumran 1, 1958/59, 113–131; ferner bell. 7, 321 Exkurs XXIV, Abschnitt 2 und ZNW 58 (1967) 267–172. Die Seelenlehre des Josephus gehört zwar in den allgemeinen Rahmen des jüdischen Hellenismus, doch läßt sich das Problem, ob sie neupythagoräisch bestimmt ist (Fr. Cumont, E. Schürer und bell 2, 154ff., Anm. 82), oder teilweise eine pädagogische Umformung ursprünglich apokalyptischer Traditionen sein kann (so P. Grelot für die Schilderung der Essener), schwer lösen. Josephus schildert jeweils die Anschauungen von Juden und Nichtjuden, ohne ausdrücklich sein eigenes Urteil dazu zu geben. So unterscheidet er einen Tod, den man aus besonderen Motiven freiwillig auf sich nimmt, von dem notvollen Sterben derer, die am Leben hängen (1, 650). – Tiefer geht die Unterscheidung zwischen den Schicksalen der verschiedenen Seelen in der Darstellung der Essener 2, 154–157: hier wird das Ergehen der guten und bösen Seelen hervorgehoben: Die reinen Seelen schweben, vom Körper befreit, in die Höhe empor, während die bösen an einen finsteren Strafort versetzt und unablässig gezüchtigt werden. Josephus will zwar zwischen der essenischen und hellenistischen Vorstellung unterscheiden, doch setzt er sie im Grunde inhaltlich gleich. Dementsprechend wird auch ausdrücklich der Hinweis auf „Heroen" und „Halbgötter" gegeben, d.h. auf bestimmte Formen der griechischen Volksreligiosität. Das stoisch-philosophische Erbe (Unsterblichkeit der Seelen, Seelensubstanz) verbindet sich also bei Josephus mit dem ausdrücklichen Rückweis auf die griechische Volksreligiosität. Andererseits hat er apokalyptische Motive, die selbst schon hellenistisches Gut in sich tragen, in hellenistische Form umgegossen. In 3, 374 findet sich die Vorstellung der Wiederverkörperung der Seelen nach dem Ablauf der Zeiten, was einerseits auf apokalyptisch-jüdische Prämissen zurückzuführen ist (Auferstehung), andererseits auf orphisch-pythagoräische (Seelenwanderung). Die Vorstellung der „Seelenwanderung" begegnet auch bei der Schilderung der Pharisäer in 2, 163. P. Grelot weist fast alle für die – nach Josephus – typischen Züge der essenischen Seelenlehre in den Schichten des aeth. Henoch nach, die den Jubiläen und der Literatur von Qumran nahe stehen (aeth. Henoch c. 6–11, 65–69, 25; 17–36, bes. 22; 101–104, Anh. zu 108) nach. Bei beiden tritt die Auferstehungslehre zurück. Die Züge, die Grelot dort nicht nachweisen kann (radikaler metaphysischer Dualismus, Präexistenz der Seelen, Leib als Gefängnis der Seele), sowie die starke Betonung des Moralischen gehen auf Josephus zurück. Er paßt sich an seine hellenistischen Leser an und gebraucht für die ihm vorliegenden semitischen Vorstellungen gängige hellenistische Begriffe.

Der Abschnitt 6, 47ff. steht im Gegensatz zu den eben genannten Vorstellungen innerhalb einer hellenistischen Frömmigkeit: Die Seelen, welche der Stahl auf dem Schlachtfeld vom Fleisch gelöst hat, steigen in den Äther und zu den Sternen auf, um als Schutzgeister und Heroen ihren Nachfahren zu erscheinen, während der Tod auf dem Krankenbett den Menschen, auch dann, wenn er sich von Befleckung und Makel rein erhalten

Anmerkungen zu Buch 6

hat, zur Nacht des Hades und tiefer Vergessenheit verdammt. Die Besonderheit des Soldatentodes tritt damit in Gegensatz zur ethischen Reinheit, auf die bei den Orphikern großes Gewicht fällt. Man könnte die Eigenständigkeit dieses Textes mit der späteren Entwicklung des Islam vergleichen (Fr. Cumont). Hat Josephus die Lehre von der allein seligmachenden Kraft des Soldatentodes selbst entworfen oder aus einer bestimmten Auffassung übernommen (ἀγαθοὶ ἄνδρες § 47)? Diese ἀγαθοὶ ἄνδρες könnten römische Elitesoldaten sein, aus deren Mund ähnliche Äußerungen gefallen sind. Josephus steht jedenfalls hier nicht unter dem Zwang, Jüdisches umzuformen. Vielmehr wird mit dieser Lehre vom Vorrecht des Soldatentodes ein Axiom erfüllt, das latent in jeder Kriegstheologie enthalten ist.

In der Eleazarrede 7, 344 ff. (Exkurs XXIV, Abschnitt 2) spitzt sich diese Seelenlehre nach einer anderen Richtung zu: Solange die Vereinigung von Göttlichem und Sterblichem in der leiblichen Existenz andauert, ist die Seele eigentlich tot. Wird sie vom Leibe gelöst, dann steigt sie in die himmlische Heimat empor. Durch die Auslieferung des Leibes an das Element des Feuers ist es möglich, die Seele in größter Reinheit vom Körper zu trennen. Damit wird die zelotische Handlungsweise vom Verdacht des verwerflichen Selbstmordes befreit und mit der Sehnsucht nach dem ewigen Leben begründet. Vgl. 7, 323–388 Exkurs XXIV; 7, 355, Anm. 174, 185.

[14] Sabinus kämpfte als Syrer vermutlich in den Auxiliarkohorten, während in § 68 ausdrücklich Angehörige der Legion genannt werden.

[15] Ricciotti z. St. vermutet, daß diese ins einzelne gehende Beschreibung auf einen Augenzeugen zurückgeht.

[16] Der Zusammenhang legt den Gedanken nahe, in den Worten des Sabinus ein feierliches Gelöbnis zu sehen; einzelne Begriffe haben sogar sakralen Klang (ἐπιδίδωμι, εὔχομαι). Dahin gehört auch die Anrufung der τύχη des Titus, die an die Formelsprache in 5, 88 erinnert.

[17] Der Ausgang der Unternehmung des Sabinus bringt Josephus in eine größere Distanz zur τύχη als dies im Verhältnis zur πρόνοια Gottes möglich wäre (vgl. 3, 391 Anm. 84; 6, 413 Exkurs XIX). In § 66 scheint der Gegensatz zwischen dem Ablauf der Ereignisse und der menschlichen Erwartung wieder aufgehoben zu sein, und zwar auf Grund der schon in § 47 ausgesprochenen Bewertung des Soldatentodes. – In der Textauffassung (§ 66 Schluß) schließen wir uns Kohout an; anders Clementz: „Freilich war sein Beginnen derart, daß er dabei fallen mußte".

[18] Es könnte sein, daß nach dem Unternehmen der auxiliares jetzt Angehörige der Legionen der Aufforderung des Titus Folge leisten und die Entscheidung um die Antonia erzwingen. Dem Heldentod des Sabinus entspricht dann das Auftreten und Sterben des Julian (vgl. § 81 ff.).

[19] Zum Einsturz des unterirdischen Ganges vgl. 6, 28. Die Römer konnten jetzt durch den von den Juden verlassenen Gang weiter vordringen. Vielleicht ist zwischen der eingestürzten Mauer und der Notmauer eine Öffnung des Ganges entstanden, die den Römern das Übersteigen der letzteren ersparte (Kohout z. St.). Ricciotti z. St. glaubt, daß den Römern mit dem Zurückweichen der Juden auch der Zugang zum Tempelbezirk selbst eröffnet ist. In diesem Fall hätte der von Johannes angelegte Gang noch eine Fortsetzung nach Süden über die Antonia hinaus gehabt und wäre mit einem ganzen Netz von unterirdischen Gängen im Gebiet zwischen Antonia und dem Tempel in Verbindung gestanden. Nach 5, 469 reichte der von Johannes gegrabene Gang jedoch nur von den Wällen bis zur Antonia.

[20] Nach 6, 45 ist die Antonia das Ziel der römischen Planung: Hat man die Burg erobert, dann ist auch das Schicksal der Stadt entschieden, und es gibt höchstens noch Nachgefechte. Diese Aussagen sind sicher nicht nur rhetorisch zu verstehen (etwa entsprechend 7, 13 Anm. 4). Die Hervorhebung des Besitzes des Tempels in 6, 73 stimmt zunächst mit der grundsätzlichen Überzeugung des Josephus überein, daß das Schicksal der Stadt am Besitz des Tempels hängt, kann aber auch Meinung des Titus sein (vgl. 5, 357). Militärisch ist doch wohl die Eroberung der Antonia für die Römer wichtiger als der Besitz des Tempels (zur Antonia vgl. 5, 246f. Exkurs X); dagegen liegt im Tempel das eigentliche Rückgrat der jüdischen Widerstandskraft. Daß auch die Eroberung des Tempels noch nicht das Ende des jüdischen Widerstandes bedeutet, ist in § 73

Anmerkungen zu Buch 6

angedeutet (ἀρχή). Diese Differenzierung wird bei Weber, 240ff. nicht genügend deutlich.

[21] Andere Übersetzung: „und der Kampf neigte sich auf allen Punkten dem Ende zu" (Clementz).

[22] Es bleibt in der Darstellung des Josephus völlig offen, warum es im Verlauf eines 10stündigen Kampfes nicht zum Einsatz der Legionen gekommen ist. Etwaige Vermutungen der Ausleger, der eigentliche Kampfraum zwischen der Antonia und dem Tempel sei zu diesem Einsatz zu eng gewesen (§ 75–78), oder Titus habe nur die Gardetruppen aufgeboten, können als zureichende Erklärungen nicht ernst genommen werden (vgl. dagegen Kohout und Ricciotti z. St.).

[23] Der Bericht § 68ff. kann gut auf Augenzeugenschaft zurückgehen (vgl. Anm. 15). Ricciotti zu § 74 vermutet auf Grund der in § 82. 89 mitgeteilten Einzelzüge, daß Josephus selbst an der Seite des Titus von der Antonia aus das Geschehen verfolgen konnte.

[24] Der begrenzte Kampfraum, auf den Josephus ausdrücklich hinweist (§ 75–78), liegt zwischen der Antonia und der äußeren Umgrenzung des Tempels (πρῶτος περίβολος 6, 150). Julian muß über diese Umgrenzung hinaus auf den „Vorhof der Heiden" gekommen sein und trifft sogar auf die nordwestliche Ecke des Männervorhofs („inneres Heiligtum" vgl. auch 6, 150). Zum Ganzen J. Simons, Jerusalem in the Old Testament, 1952, 415–417.

[25] Der Schuh des römischen Soldaten (caliga) konnte verschiedene Formen haben, war aber immer eine Art Sandale, d.h. der Fuß blieb mehr oder weniger unbedeckt, da er nur mit Riemen überspannt war, im Unterschied zum vollständig geschlossenen calceus (Dio Cass. 57, 5, 6 Pauly-W 3, 1335; Daremberg-Saglio Bd. I 2, S. 850).

[26] Eine ähnliche Aufzählung jüdischer Helden, die aber auf § 92 nicht Bezug nimmt, findet sich in § 148.

[27] Das Aufhören des „immerwährenden Opfers" (ἐνδελεχισμός LXX für hebr. tamid) fiel auch nach der Talmudüberlieferung auf den 17. Tammuz (= Panemus des mazedonisch-tyrischen Kalenders): M. Taanit 4, 6 (b. Taanit 26b. 28b); Tos. Taanit 4, 10 (Zuckermandel I 220). Man wird hierbei mit einer von Josephus unabhängigen Tradition rechnen dürfen (Klausner V 255; Simchoni 488). Mit dem Neuansatz beim 17. Tammuz überspringt der Bericht einen Zeitraum von mehr als 10 Tagen (vgl. § 67f.). Simchoni 488 nimmt an, daß Ereignisse dieser Zwischenzeit im Bericht des Josephus in § 149–156 nachgeholt werden. Zur Chronologie bei Josephus vgl. unten Anm. 95 und 109; zum jüdisch-makedonischen, tyrischen und römischen Kalender vgl. Schürer I 743ff. insbes. 756.

[28] H. Graetz, Geschichte 3, 400 Anm. 6 und A. Schlatter, Der Bericht über das Ende Jerusalems, BFchrTh 28, 1, S. 63, Anm. 2 vermuten, daß das Tamidopfer nicht aus Mangel an geeigneten Männern, sondern aus Mangel an Lämmern (ἀμνῶν bzw. ἀρνῶν statt ἀνδρῶν) eingestellt worden ist. „Josephus verdreht die Tatsache, als wenn der Mangel an Priestern das Einstellen des Opfers herbeigeführt hätte. Menschen gab es noch genug, aber Tiere fehlten" (H. Graetz a.a.O.). Aber diese Vermutung hat keinen Rückhalt an der textlichen Überlieferung. Die unverletzten Priester, die allein für den Tempeldienst in Frage gekommen wären, wurden im Kampf gebraucht oder gingen zu den Römern über (§ 113–114). Vgl. dazu Klausner V 254; Simchoni 488f. Das Aufhören des Tamidopfers bedeutet den Wegfall des Rahmens, in dem der gesamte Opferdienst am Tempel überhaupt durchgeführt werden konnte. Zum Tamidopfer und seiner Bedeutung für den Opferkult vgl. Schürer II 345ff. 351ff.

[29] Vgl. 3, 362–419.

[30] Vgl. 2. Kön. 18, 26ff.; 2. Chron. 32, 18f.

[31] Es ist auffällig, daß Josephus den Ausdruck ἐναγισμός, der sonst ausschließlich für Totenopfer gebräuchlich ist, hier zur Bezeichnung des Gott dargebrachten Tamidopfers verwendet (vgl. auch Anm. 27).

[32] Hinter der grundlegenden Bedeutung von μετάνοια steht die altbiblische Tradition der tešuba, die positiv orientiert ist. Das folgende Beispiel des Jechonja zeigt die midraschartige Ausmalung eines Handelns, das zur Rettung der Stadt führt (vgl. 2. Kön. 24, 12 und den Ausgleich von Jer. 22, 28ff. und 1. Chron. 3, 17 in der rabbinischen Tradition

Anmerkungen zu Buch 6

Pesikta 162b). Zur Buße Jechonjas vgl. Str. B. I 33ff. Zum Ganzen vgl. E. K. Dietrich, Die Umkehr, 1936, 306–313.

[33] Die Gestalt Jechonjas verbindet sich in der jüdischen Überlieferung zunächst mit dem Gedanken an die Umkehr (Pesikta 162b), zum andern taucht sie als Beispiel dafür auf, daß ein einzelner sich selbst an den Feind preisgibt, um die ganze Stadt vor dem Untergang zu bewahren (j. Scheq VI, 3 [50a]; ähnlich schon 2. Sam. 20, 21). Nach M. Middot 2, 6, wo die Tempeltore des zweiten Tempels aufgezählt werden, gab es an der Nordseite des Tempels ein Jechonjator, durch das Jechonja in die Verbannung ging. Vielleicht nahm man an, daß dies Tor auf der Stelle eines entsprechenden Tores des ersten Tempels stand.

[34] In § 109 wird auf einen Orakelspruch hingewiesen, der die Eroberung der Stadt für den Zeitpunkt voraussagt, da man mit dem Brudermord anfängt. Man könnte dabei an Sib. IV 115ff. denken, wo ein Kriegssturm von Italien und eine Plünderung des Tempels angekündigt wird für die Zeit, da die Juden dem Torheit vertrauen, die Frömmigkeit von sich werfen und schreckliche Morde vor dem Tempelgebäude begehen. Diese Gerichtsweissagung hat ihren Hintergrund in Traditionen wie 2. Chron. 24, 20ff. und Lk. 11, 51 (Mt. 23, 35).

[35] Joseph Kabi, Sohn des Hohenpriesters Simon (ant. 20, 196f.), und Jesus, Sohn des Damnaios (ant. 20, 203. 213), sind als Hohepriester beide von Herodes Agrippa II. sowohl eingesetzt als auch abgesetzt worden. Vgl. dazu Schürer II 220 und G. Hölscher, Die Hohepriesterliste bei Josephus und die evangelische Chronologie SBHA 1940, 18. Vgl. außerdem Schlatter, Namen 60 (= Nr. 7) und 59 (= Nr. 9).

[36] Vgl. 5, 527–531 Anm. 207. Zu Matthias, Sohn des Boethos s. 4, 574; 5, 527 (vgl. Schlatter Namen 78 Nr. 5). Der zuerst genannte Matthias könnte mit dem Matthias, Sohn des Theophilos (ant. 20, 223) identisch sein (Schürer II 220). Nicht ausgeschlossen ist auch der von Herodes Agrippa I. eingesetzte Hohepriester Matthias, Sohn des Ananos (ant. 19, 316. 342). Unrichtig ist die Angabe G. Hölschers a.a.O. 18f., nach der nicht die Söhne, sondern Matthias und Ismael selbst zu den Römern übergegangen sein sollen. Der genannte Ismael ist wohl identisch mit dem ersten der von Herodes Agrippa II. eingesetzten Hohenpriester Ismael, Sohn des Phiabi (ant. 3, 320; 20, 179. 194f.). M. Sota 9, 15 sagt von diesem Hohenpriester: ,,Nachdem Ismael, Sohn des Phiabi, gestorben war, hörte der Glanz des Priestertums auf". Nach b. Pesachim 57a waren gerade die Glieder der Familie des Ismael ben Phiabi in ihrer Amtsführung rücksichtslos. In 7, 445 werden Hinrichtungen und Metzeleien im Gebiet von Kyrene erwähnt. Zum Ganzen vgl. Schürer II 219; G. Hölscher a.a.O. 16ff. (der allerdings unsere Stelle nicht berücksichtigt); H. Bietenhard, Sota (Die Mischna III 6) 1956, 159f.

[37] In der talmudischen Überlieferung scheint Gophna ein bevorzugter Aufenthalt priesterlicher Familien gewesen zu sein. Nach j. Taanit IV, 8 (69a) heirateten dort 24 junge Priester, alle Brüder, die gleiche Anzahl Schwestern in einer Nacht. Vgl. dazu A. Neubauer, La Géographie du Talmud, 1868, 157.

[38] Vgl. 5, 453.

[39] Vgl. 2, 553; 3, 80; 5, 14 Anm. 6.

[40] Andere Übersetzung: ,,in das Heilige und auch in den jedem Zutritt verwehrten Raum" (ähnlich Kohout, Clementz). Ein Artikel vor ἀβάτοις fehlt jedoch.

[41] Daß auch jetzt noch Bruderblut vergossen wird, erscheint eigenartig. Es entsteht die Frage, inwieweit Josephus hier bloß ein polemisches Schema durchführt, für das der in § 109 erwähnte Prophetenspruch das Stichwort ὁμόφυλος φόνος gegeben haben kann. Dies polemische Schema könnte jedoch auch vom kultisch-priesterlichen Reinheitsmotiv bestimmt. Der Sache nach könnte jedoch auch ein innerer Widerstand durch die Unterlassung des täglichen Opfers aufgekommen sein und durch die Rede des Josephus noch verstärkt worden sein; nach 5, 423 hat man auch solche Stammesgenossen getötet, die man des geplanten Überlaufens verdächtigte.

[42] Die römischen Soldaten sowie auch besonders Titus (6, 124–128) erscheinen nach dem Bericht des Josephus als die Vertreter der rechten Gottesverehrung; sie übernehmen hier geradezu die Sache Israels, die von den Juden selbst im Stich gelassen worden ist. Zugrunde liegt ein älteres Schema, nach dem die Heiden Gott besser verstehen können als Israel selbst (vgl. das Jonabuch und Mt. 12, 41; Röm. 2, 25–27). Dem entspricht bei

Anmerkungen zu Buch 6

Josephus die Absicht des Titus, den Tempel zu bewahren. Das ganze Bild jedoch, das von den römischen Soldaten und von Titus gezeichnet wird, steht in Spannung zu dem späteren Ablauf der Ereignisse: Titus gibt nach § 228 selbst den Befehl, Feuer an die Tempeltore zu legen, und ein Soldat wirft nach § 252 Feuer in den Tempel. Die apologetische Tendenz des Josephus liegt zutage: er will die Römer soweit wie möglich auf Kosten der Zeloten entlasten.

⁴³ Vgl. 5, 193 Anm. 64. στήλη bedeutet (Liddell-Scott 1643) zunächst „Steinblock" z. B. Hom. Il. 12, 259; Herodot 3, 24. Vielfach wird ein Steinblock zur Aufzeichnung von Siegen, Widmungen, Dankgelübden, Verträgen, Gesetzen und Verordnungen verwandt (Herodot 2, 102. 106; 4, 87). Vgl. neuerdings M. Hengel, Die Zeloten, 1961, 219 f.

⁴⁴ Vgl. 5, 412 Anm. 169.

⁴⁵ Eine andere Übersetzung wäre: „Nur werde ich den Tempel für euch verwahren, auch gegen euren Willen". Diese Übersetzung entspricht mehr dem sprachlich engen Anschluß des Satzes an den vorhergehenden Konditionalsatz. Nach der üblichen Auffassung unseres Textes würde Titus den Versuch machen, den Tempel vor jeden Fall vor der Zerstörung zu bewahren; das wäre ein bezeichnender Schlußsatz für die ganze Rede (Kohout, Clementz, Thackeray). Betont man dagegen die geschlossene Einheit des ganzen Satzgefüges, dann wird Titus für den Fall der Verlegung des Kampfplatzes vorübergehend den Schutz des Tempels wahrnehmen. Die Juden müßten sich dies rechtliche Interim notgedrungen gefallen lassen (καὶ μὴ θέλουσι).

⁴⁶ Vgl. 3, 310 Anm. 75. Der Kampf um die Antonia dauert nach § 79 von der 9. Nachtstunde bis zur 7. Tagesstunde, wogegen der ab § 131 beschriebene Vorstoß zum Tempel von der 9. Nachtstunde bis zur 5. Tagesstunde währte.

⁴⁷ Vgl. § 416, Anm. 245.

⁴⁸ Ricciotti z. St. schließt auf Grund von § 134 f. 146 wieder auf Augenzeugenschaft des Josephus (vgl. § 55 Anm. 15 und § 81 Anm. 23). Damit ist aber die Frage unausweichlich gestellt, wieweit sich die historischen Vorgänge kalendarisch festlegen lassen, und wieweit sie militärisch und taktisch rekonstruierbar sind (vgl. B. Niese, Zur Chronologie des Josephus, Hermes 28 (1893) 194–229, bes. 197 ff.; Weber 202 ff.). Allgemein wird angenommen, daß die beiden ähnlichen Kampfschilderungen § 68–92 und § 131–148 keine Dubletten sind, sondern zwei verschiedene historische Abläufe meinen. Man könnte dagegen einwenden, daß die beiden Berichte mehrere parallele Züge aufweisen (vgl. die Zeitangaben § 68 und 79 mit § 131 und 147; den Überfall auf die Wachen § 68 mit § 136; die Beobachterhaltung des Titus § 89 mit § 133–135. 141 f. 146; die Behinderung durch den engen Raum § 75. 77 mit § 144; die das Kampfgeschehen begleitenden Zurufe § 77 mit § 145; die Tatsache, daß der Kampf lange in der Schwebe bleibt § 77 mit § 147; besonders die beiden jüdischen Heldenlisten § 92 mit § 148). Andererseits sind diese Parallelen nur bis zu einem gewissen Grade beweiskräftig, da der zweite Bericht im Einzelnen seine Besonderheiten aufweist: der Kampf dauert nicht bis zur 7., sondern nur bis zur 5. Tagesstunde; die jüdischen Wachen können diesmal nicht im Schlaf überrascht werden; das Durcheinander und das nächtliche Dunkel behindern die Römer weniger als die Juden; durch Zurufe werden nur die Römer ermuntert (Johannes von Gischala ist eigentlich mehr das dunkle Gegenbild des Titus); der Kampf endet hier – anders als in § 79 – mit einem völligen Unentschieden, wobei die Stellung der Römer im Ganzen vorteilhafter erscheint. – Nachdem die Beobachterhaltung des Titus in § 133–135 ausführlich geschildert worden ist und auch in ihren psychologischen Konsequenzen durchaus zum Tragen kommt, ist es sehr merkwürdig, daß die gesamte Schilderung dieser Schlacht nicht mit einer Belohnung der römischen, sondern mit einer Aufzählung der jüdischen Helden abschließt. Diese Liste bildet nun deutlich eine Dublette zu § 92, da der Bericht selber die Übereinstimmungen (von 8 Namen sind 5 die gleichen) nicht durch einen Rückverweis kenntlich macht. Folglich entsteht der Verdacht, daß die gesamten Berichte Dubletten seien, immer aufs neue.

Die Schilderung der Beobachterrolle des Titus („Schiedsrichter eurer Tapferkeit" § 134) wirkt propagandistisch, läßt aber die Frage offen, ob sie der eigentlichen Haltung eines römischen Feldherrn in dieser Situation gerecht wird. Grundsätzlich wird man darauf hinweisen müssen, daß Josephus militärisch das Erbe des alten jüdischen Guerillakrieges übernommen hat, also von eigentlicher römischer Taktik in schwierigen Situationen nur

Anmerkungen zu Buch 6

ein begrenztes Bild haben kann. Vgl. J. Goldin, The Period of the Talmud, in L. Finkelstein, The Jew Bd. I (1955), 143.

⁴⁹ Wörtlich wäre zu übersetzen: „auf die Länge eines Stadions beschränkt blieb (σταδιαῖος)". Die Länge eines Stadions ist für die örtlichen Verhältnisse nicht ein geringes, sondern ein viel zu großes Maß. So dürfte hier hinter dem Adjektiv σταδιαῖος die Bedeutung von σταδαῖος zu vermuten sein („feststehend").

⁵⁰ Beide Listen (§ 92 und 148) setzen die gleiche militärische Gliederung der Juden voraus, die schon in 5, 249ff. zu erkennen war: die 4 Gruppen des Simon, der Idumäer, des Johannes und der Zeloten. In allen Aufzählungen gehören Simon (vgl. 4, 512f. Exkurs VII) und die Idumäer (vgl. 4, 244 Exkurs VI) eng zusammen, während die Zeloten am Schluß eine eigene Gruppe bilden (vgl. 4, 161 Exkurs V). In der Liste 6, 92 wird die Gruppe des Johannes zuerst genannt, in den anderen die des Simon. Die erste Liste zählt 7, die zweite 8 Namen auf. Ein Grundstock von 5 Namen ist in beiden Fällen der gleiche. In den beiden Heldenlisten von Buch 6 können zwei verschiedene Formen einer älteren Tradition vorliegen, die historisches Material enthält. Es fällt auf, daß Josephus diese jüdischen Listen an Berichte anfügt, die in sich stärker an den Leistungen der Römer interessiert sind. Vermutlich hat ihn die Rücksicht auf das Diasporajudentum hierzu veranlaßt: er möchte auch der jüdischen Seite Gerechtigkeit widerfahren lassen. Die Gegner Roms waren nicht nur Aufrührer und Räuber, sondern auch Männer, deren Einsatz im Kampf eine ehrenvolle Erwähnung erforderte.

Von den hier in 6, 148 und 6, 92 genannten Helden erwähnt Josephus einige noch öfter: Simon, Sohn des Akatela, ist schon in 4, 235 als einer der 4 Idumäerführer genannt; in 4, 271 erscheint er als Sprecher der Idumäer vor den Hohenpriestern. Nach 5, 249 sind die idumäischen Truppen 10 Führern unterstellt, von denen neben Jakobus, Sohn des Sosa, Simon das größte Ansehen hat. Auffällig ist, daß die Liste 6, 92 den Simon nicht nennt. Jakobus, Sohn des Sosa, ist wohl auch mit dem in 4, 521 genannten Anführer gemeint; ferner begegnet er wie Simon, Sohn des Akatela, auch in 5, 249. Schließlich erscheint er noch einmal in 6, 380, wo er zusammen mit anderen Idumäerführern von Simon bar Giora in den Kerker geworfen wird, weil die Idumäer ein Überlaufen zu den Römern geplant hatten. Zu den Söhnen des Ari, Simon und Judes, vgl. 5, 250, Anm. 105 und 7, 215, Anm. 107.

⁵¹ Kohout versteht unter dem πρῶτος περίβολος die „innere Umfassungsmauer" des Tempels und sieht in der ἐξέδρα eine „Ausbuchtung" (zwischen Toren). In unserer Übersetzung ist bei ἐξέδρα dagegen eine „Halle" gemeint (O. Holtzmann, Middoth 1913, 52). Simchoni 489f. weist darauf hin, daß das Einreißen der äußeren Mauer nicht ausdrücklich bei Josephus erwähnt wird und vermutet, daß alle vier Dämme gegen diese äußere Mauer gerichtet waren, wobei die Bezugnahme auf den inneren Tempelhof nur die Stoßrichtung der Dämme angeben soll. Daß Josephus den Einsturz der Mauer nicht eigens nennt, braucht aber nicht zu verwundern, wenn vorher die Schleifung der Antonia berichtet wird. Die inneren Dämme dienen jedenfalls dem Frontalangriff auf den Tempel, während die äußeren die bedrohten Flanken entlasten sollen.

⁵² Vom akuten Holzmangel sprach Josephus schon in 5, 523 und 6, 5 (vgl. Anm. 2); jetzt wird der Umkreis der Abholzung gegenüber den früheren Angaben von 90 Stadien auf 100 Stadien erweitert.

⁵³ Clementz 575 läßt in seiner Übersetzung die griechischen Worte: δι' ἀπόγνωσιν ἤδη σωτηρίας unberücksichtigt.

⁵⁴ Die anekdotische Einfügung der „Raubüberfälle" § 152–155 bringt die Schwierigkeit mit sich, daß ein derartiger Pferderaub innerhalb der circumvallatio schwer vorstellbar ist. Kohout zu § 155 erwägt auch Überfälle außerhalb des Jerusalemer Gebietes durch herumschweifende Flüchtlinge oder jüdische Besatzungen anderer Plätze (z. B. Herodium), entscheidet sich aber für Zusammenstöße zwischen römischen Reitern und Jerusalemer Juden im Vorgelände der circumvallatio.

⁵⁵ § 156 nimmt den Erzählungszusammenhang des durch die Schleifung der Antonia (§ 149) gangbar gewordenen Geländes durch die nachrückenden römischen Truppen.

⁵⁶ Gemeint ist die Besetzung des durch die Schleifung der Antonia (§ 149) gangbar gewordenen Geländes durch die nachrückenden römischen Truppen.

⁵⁷ Die Schleifung der Antonia (§ 93 und § 149) war frühestens am 15. Panemus beendet, der Ausfall der Juden muß kurz hinterher erfolgt sein (vgl. Anm. 27). Es kann

Anmerkungen zu Buch 6

also durchaus möglich sein, daß er zeitlich mit dem Aufhören des Tamidopfers am 17. Panemus zusammengehört (Kohout z. St.). – Die „Pflege des Körpers" umschließt das Bad, die Abendmahlzeit und den Beginn der Nachtruhe (vgl. 1, 340).

[58] Entweder haben die Juden den Belagerungswall (circumvallatio) durchbrochen und suchen jetzt den Rückzug über die Mauer (τὸ τεῖχος) zu sichern, oder aber die circumvallatio war noch nicht überwunden (§ 158: εἶργον), und man sucht über sie hinaus das freie Gelände zu erreichen. Simchoni 490 ist der Auffassung, daß die Juden zunächst den Belagerungswall durchbrochen haben und nun zwischen diesem und der römischen Lagerbefestigung eingeschlossen sind. Ihr Fluchtversuch ins freie Gelände wurde abgewehrt, und sie mußten über den Belagerungswall zurückweichen.

[59] Der Name Pedanius begegnet auch in 1, 538; Liv. 25, 14. Vgl. weiter: Prosopogr. Imp. Rom. III 1898, 19ff. Nr. 140–146.

[60] Alle Ausleger fassen die Bestrafung des Gefangenen als Hinrichtung im Sinn von 5, 449–451 auf.

[61] Nach Kohout z. St. war das Dach der Hallen schon früher durchbrochen; jetzt versuchen die Juden das bereits isolierte Stück gegen den Hügel der Antonia in Brand zu stecken. Sie beginnen mit der Nordhalle, die schwer zu verteidigen war, während die Römer an die Westhalle den Brand legen. Simchoni 490 nimmt dagegen an, daß die Juden sowohl im Norden wie auch im Westen die Hallen verbrennen, weil die Dämme der Römer näherrücken; die Römer setzen dann im Norden zwei Tage später den Brand der Halle fort. Nach J. Klausner V 259 begannen die Juden am 22. Tammuz, die Halle einzureißen, die Römer antworteten dann mit der Brandlegung. – Auf jeden Fall spielt die durch die Juden begonnene Brandlegung in der Geschichtsdarstellung des Josephus eine grundlegende Rolle: 5, 445; 6, 167. 216. 251. 364.

[62] Zum Grabmal des Hohenpriesters Johannes vgl. 5, 259, Anm. 109.

[63] Thackeray übersetzt: „sie hatten das bereitwillige Mitleid der Gottheit"; er gibt außerdem im Anschluß an Liddell-Scott eine wörtlichere Übertragung: „es war ihnen leicht möglich, die Gottheit aus der Fassung zu bringen". Reinach übersetzt dagegen: „und scheuen sich vor nichts", erklärt aber S. 181, Anm. 1 den Text der Handschriften εὐδυσώπητον für unverständlich und findet auch in Thackerays Übersetzung kaum einen Sinn. Clementz, Ricciotti und Simchoni zeigen ein ähnliches Verständnis wie Reinach; von ihnen nimmt deutlich nur Simchoni die Lesart ἀδυσώπητον (VC) auf. Ricciotti rechnet mit der Möglichkeit, daß εὐδυσώπητος hier soviel wie „leicht zu verstimmen" bedeutet.

[64] Das Pronomen αὐτῷ ist an dieser Stelle stilistisch schwierig. Es ist die Frage, ob es schon im ursprünglichen Text im Sinne von ἑαυτῷ verstanden worden ist: „er war ein großer Aufschneider im Hinblick auf sich selbst". Hieran würde sich gut die Gegenüberstellung: τῶν Ῥωμαίων ὑπερήφανος anschließen. τις müßte dann auf Πούδης folgen, wobei freilich ὄνομα isoliert stünde.

[65] Der Zweikampf war von dem Juden offenbar zeichenhaft verstanden worden, so daß mit seinem Sieg das Schicksal der beiden Heere mitbetroffen sein sollte. Daher erscheint Jonathes in den Augen des Josephus als Prahler und Aufschneider. Josephus muß die unritterliche Tötung dieses Siegers durch seine Darstellung legitimieren.

[66] Unsere Übersetzung setzt voraus, daß die Hallen über ihrer Zederndecke ein Dach hatten, so daß ein Zwischenboden entstand, der mit Brennstoffen angefüllt werden konnte.

[67] Josephus liebt es, das Mitleid des Caesars mit seinen zugrunde gehenden Soldaten ausdrücklich hervorzuheben (vgl. § 89 δεινὸν δὲ πάθος εἰσῄει). Vielleicht handelt es sich um eine hellenistische, von der Stoa (συμπάθεια) mit beeinflußte Darstellung des Herrschers.

[68] Der Text setzt voraus, daß die Soldaten durch das Feuer vernichtet werden, so daß die Zurufe des Caesars ein Ersatz für die letzten militärischen Ehren (ὥσπερ τι λαμπρὸν... ἐντάφιον) sind, die die sterbenden Soldaten getrost machen (vgl. die Vorwegnahme der Salbung in Mk 14, 8).

[69] Wir haben zwei Anekdoten vor uns, die unter einem ganz bestimmten Gesichtspunkt nebeneinander gestellt werden: die erste unter dem des ruhmvollen Namens (κλέος § 187), die zweite unter der der List (πανουργία § 188). Josephus kann das

Anmerkungen zu Buch 6

Heroische nur dann anerkennen, wenn es mit der Vernunft und der Überlegung gepaart ist, στρατήγημα, nicht aber mit πανουργία.

[70] κληρονόμον ... καταλείπω ist rechtliche, vor Zeugen abgegebene Erklärung (vgl. Arist. Pol. 1270 A 28; Liddell-Scott 959).

[71] ἔζησεν eigentlich: „er lebte wieder auf, er kam wieder zum Leben" entsprechend dem antiken Empfinden, daß eigentlich das Leben verspielt war (bell. 3, 354; Lk 15, 24. 32).

[72] Die Übersetzung Kohouts: „infolge mangelhafter Orts- und Menschenkenntnis" ist falsch. Josephus ordnet nebeneinander: „infolge der Unkenntnis der Orte und der Gesinnung (τὸ ἦθος) der Männer" (vgl. Thackeray, Ricciotti, Williamson).

[73] In 4, 580 ff. werden 4 Türme erwähnt, die Johannes zur Verteidigung gebaut hat; an unserer Stelle dürfte der zweite gemeint sein.

[74] Zum Xystos vgl. 2, 344 Anm. 172. Bei dem Plural πύλας ist entweder an verschiedene „Tore" oder an die beiden „Torflügel" eines Tores gedacht (vgl. 6, 325, Anm. 158; 7, 123, Anm. 61).

[75] Auch dieser Zug erinnert an die Tendenz des Josephus, den Brand im Tempel zunächst den Juden zur Last zu legen (vgl. Anm. 61).

[76] Die früheren Schilderungen vom Hunger in der Stadt (5, 424–438; 512–518) sind an sich nicht zu überbieten. Die Verstärkung liegt in der Wiederholung und in der Neufassung des gleichen Stoffes unter Veränderung der Einzelmotive; dennoch bildet in diesem Zusammenhang die zum Schluß der drei Schilderungen angefügte Anekdote (§ 201–213) den dramatischen Höhepunkt. Die grauenerregende Tat (τὸ μύσος § 212), daß eine Mutter ihr eigenes Kind verzehrt, schließt geradezu eine Periode ab, in der noch eine Rettung der Stadt denkbar gewesen wäre.

[77] Gürtel und Gewandbausch sind Möglichkeiten, Geld oder Besitz aufzubewahren; der Gewandbausch kann daher dazu dienen, Eigentum zu verstecken bzw. zu schützen; vgl. 5, 327; Prov. 17, 23; 21, 14; Lk 6, 38; M. Schab. 10, 3; M. Joma 7, 1.

[78] Andere Übersetzung: „mit vor Hunger aufgesperrtem Mund irrten sie umher wie tollwütige Hunde" (Clementz).

[79] Josephus rechnet auch hier wie sonst in attische Währung um: 2, 592; 5, 550 Anm. 213.

[80] Wir haben es hier mit einer alttestamentlichen Tradition zu tun, nach der in Zeiten besonderer Not und Preisgabe durch Gott die natürlichen Ordnungen des Lebens in ihr Gegenteil verkehrt werden (Lev 26, 29; Dt 28, 53; Jer. 19, 9; Ez. 5, 10). Tatsächlich werden derartige Vorkommnisse bei der Belagerung Samarias (2. Kön. 6, 28), Jerusalems (Klag. Jer. 4, 10; Apk. Bar. 2, 3) wie auch Alesias (Caesar, bell. Gall. 7, 77 f.) berichtet. Das Motiv – Israel wird zum Abscheu vor den Heiden, und seine Greuel kommen nicht einmal bei diesen vor (Baruch 2, 1–4) – gehört eigentlich in die prophetische Scheltrede und wendet sich an das Erwählungsbewußtsein Israels (vgl. auch 7, 341–342 Exkurs XXV). Aus dieser Scheltrede darf nicht geschlossen werden, daß derartige Ereignisse im heidnischen Umkreis niemals aufgetaucht wären. Ganz entsprechend wird dieser Teil der Scheltrede auch in die paulinische Diskussion aufgenommen (1. Kor. 5, 1 ff.). Die Zusammenstellung: Ἕλληνες ... βάρβαροι ist griechisch und hellenistisch (Röm. 1, 14).

[81] Andere Übersetzung: „Mein Vaterland hätte wenig Anlaß, mir zu danken, wenn ich über die Leiden einen Schleier zöge, die eine solche Wirklichkeit für sie hatten" (Williamson). χάριν κατατιθέναι wäre dann zu verstehen wie in Herodot 6, 41; 7, 178: Thuk. 1, 33; Xenoph. Cyr. 8, 3, 26. Beide Übersetzungen sind also an sich möglich (vgl. die Lexika s. v. κατατίθημι).

[82] Gewöhnlich gebraucht Josephus für Mirjam die Namensform Mariame oder Mariamme; die im NT durchgängige Namensform Maria (bzw. Mariam) findet sich bei ihm nur hier.

[83] Die textkritische Frage nach Βηθεζουβᾶ (vgl. die textkritische Anm. 166 z. St.) bleibt ungeklärt: E. Nestle ZNW 14 (1913) 263–265 schlägt „Bethchasor" vor. Von der Namensform „Bethezuba" (Haus des Ysop) ausgehend will F. M. Abel, Géographie de la Palestine Bd. II (1938) 271 den Ort mit Zubya östlich von Pella am Beginn des Wadi Siqlab identifizieren.

[84] Zum Begriff des „Lanzenträgers" (nicht: „Banden" wie Kohout übersetzt) vgl. 5, 439 Anm. 177.

Anmerkungen zu Buch 6

85 Die hier in anekdotischer Form berichtete Erzählung spielt für Josephus eine besondere Rolle (vgl. Anm. 76). Der Begriff des μῦθος will ein Geschehnis zum Ausdruck bringen, dessen Inhalt das sonst übliche Maß des Menschlichen sprengt (vgl. μύσος 212 und πάθος 214). In der Begriffsgeschichte von μῦθος will unser Zusammenhang ein beglaubigtes Geschehen, nicht aber eine unglaubwürdige Kunde weitergeben (vgl. Hom Od. 4, 744; Eur. El. 346). Auch der Sprachgebrauch von μυθεύειν in 4, 531 braucht keinen Zweifel des Josephus an der Kunde zum Ausdruck zu bringen. Grundsätzlich wird man in der Begriffsgeschichte von μῦθος von der Bedeutung „Wort, Rede" ausgehen müssen, nicht vom „Gedanken" (gegen G. Stählin Th. Wb. IV 773). In § 214 (διηγγέλθη) liegt das Motiv, daß das Geschehen sich in der Verbreitung, in der Kunde fortsetzt und wirksam bleibt. Vgl. J. Schniewind Th. Wb. I 66.

86 An sich kennt weder das AT noch die talmudische Überlieferung das Verbot des Genusses von Menschenfleisch. Unsere Anekdote steht jedoch unmittelbar in der Tradition Klag. Jer. 2, 20; die liturgische Verwendung von Klag. Jer. 2 ist eine wichtige Voraussetzung für die Schilderung des Bellum überhaupt (vgl. insbes. 7, 341–388 Exkurs XXV.) ἀθέμιτος geht hier wohl auf das allgemeine hellenistische Empfinden, daß eine Handlung sowohl dem Gesetz und Brauchtum als auch der menschlichen Natur widerspricht.

87 Unrichtig Simchoni 346: „Dies ist mein Kind, es ist Fleisch von meinem Fleisch, die Frucht meines Leibes" mit der Deutung von ἔργον als Geburt.

88 Es liegt in der Absicht der Frau (und des Josephus), die Mitbeteiligung der Aufrührer bei der Mahlzeit hervorzuheben; dabei kann diese sowohl kultisch als auch profan verstanden werden. Die Opfergemeinschaft ist ein kultisches Element, während das Anrecht der Soldaten von dem zelotischen Kriegsrecht ausgeht. Die Wortwahl (εὐσεβής, θυσία) legt jedoch die kultische Deutung näher.

89 Josephus liebt es, an entscheidenden Punkten der Geschichte eine Anekdote einzufügen; die hier erzählte ist nach ihm besonders folgenreich: Die Bevölkerung von Jerusalem will nun sterben, weil sie auf dem Tiefpunkt ihrer Leiden angekommen ist (§ 213). Der Caesar dagegen übernimmt in einer ἀπολογία (vgl. § 215ff.) vor Gott eine Richterrolle: Er erklärt, daß Jerusalem zerstört werden muß. Damit wird aus der jüdischen Beschuldigung des Titus als des Zerstörers der heiligen Stadt eine von Josephus behauptete Vertretung des göttlichen Rechtes (vgl. weiter Anm. 91).

90 Die Erzählung eines Greuels, der innerhalb des jüdischen Volkes geschieht und der (nach dem rhetorischen Muster) keine Parallelen unter den Heiden hat, kann grundsätzlich zur Nahrung für den Antisemitismus werden. Daß dies in diesem Fall in starkem Maße geschehen ist, sagt § 214 ausdrücklich. Eine derartige Erzählung zu veröffentlichen, ist für den Juden ein Wagnis, das ihn von seinem Volke entfernen kann. Josephus hat den Bericht eingefügt, um die Leiden seiner Vaterstadt hervorzuheben, nicht um sein Volk anzuklagen (vgl. § 200). Es entsteht notwendig eine Spannung zwischen πέπονθεν § 200 und μύσος § 212. Die παθήματα gehören grundsätzlich in die ἀπολογία, das μύσος in die Anklage. Im Bellum des Josephus steht beides nebeneinander, doch ist die Anklage letztlich in die ἀπολογία eingeordnet.

91 Josephus denkt wohl an eine feierliche appellatio des Titus an den höchsten Richter; eine Erklärung vor seinen Offizieren, bei der auch Josephus zugegen gewesen sein könnte, braucht nicht angenommen zu werden. Für den Zusammenhang des Josephusberichtes ist unser Abschnitt von entscheidender Bedeutung. Hatte Titus sich früher noch (in § 128) dafür einsetzen können, den Tempel zu erhalten, übernimmt er hier die Rolle des Richters, der das göttliche Strafgericht an der Stadt vollzieht (vgl. Anm. 89). Zu dieser Rolle des Titus gehört die Reinheitserklärung, die an dem Untergang der Stadt wegen seiner früheren Angebote unschuldig ist. Es muß für jüdisches Empfinden doppelt anstößig sein, daß die hellenistische Funktion des Caesar als eines Schutzherrn (προστάτης) an diesem entscheidenden Punkt des Schicksals Jerusalems von einem Juden ausdrücklich bestätigt wird. Wenn Josephus ein solches Titusbild sogar mit religiösen Farben ausstattet, muß er in den Augen der Juden noch einmal (vgl. 3, 399–404) – und zwar endgültig – vom Judentum abgefallen sein. Josephus sucht die Flavier gegen die jüdische Tradition zu entlasten; dies ist bei Titus erheblich schwieriger als bei Vespasian. Die talmudische Tradition (b. Gittin 56b) kann von Titus nur als „dem Bösen" reden: er ist Frevler am Heiligtum und kämpft gegen Gott selbst. Josephus setzt bei seiner Apologie

Anmerkungen zu Buch 6

des Titus wahrscheinlich schon solche jüdischen Vorwürfe voraus (vgl. auch 7, 162 Anm. 89).

⁹² Objekt zu καταλείψειν könnte πόλιν oder der Inf. καθοραν πόλιν sein. In beiden Fällen kann der Satz entweder so verstanden werden, daß die Stadt nicht mehr wert ist, von der Sonne beschienen zu werden, oder so, daß die Sonne nicht durch den Anblick einer solchen Stadt beleidigt werden soll (vgl. 2, 148; 4, 382 Anm. 100).

⁹³ Gemeint ist, daß bestimmte Erfahrungen des Bösen den Menschen die Entscheidungsfreiheit nehmen, so daß sie sich nicht mehr der Vernunft öffnen können (vgl. ähnlich Röm. 1, 28).

⁹⁴ Die folgenden Ereignisse und die dazugehörigen Zeitangaben (§ 221. 235f. 244. 249f.) lassen sich nur schwer in den Zeitraum vom 8. (= 27. August) bis zum 10. Loos einordnen. Man müßte annehmen, daß der in § 236 genannte „folgende Tag" noch der 9. Loos ist, an dem dann der Löschbefehl, die Ruhepause der Soldaten und auch der Kriegsrat anzusetzen sind. (Vgl. Schürer I 630f.). – Kohout z. St. hat schwere Bedenken gegen den überlieferten Text und übersetzt: „gegen die westliche und nördliche Ausbuchtung des inneren Heiligtums" (τοῦ εἴσω ἱεροῦ) unter Hinweis auf 6, 150. Zum Ganzen vgl. Anm. 51. 95. 109.

⁹⁵ Die Zeitbestimmung ἐξ ἡμέρας bezieht sich auf den 2. bis 7. Loos (nach jüdischem Kalender Ab) wie das vorangehende πρὸ δὲ τούτων deutlich sagt. Schlatter, Topographie 365ff. erhebt gegen diese Bestimmung Einwände. Er meint vielmehr, daß die 6 Tage ursprünglich, d.h. in der römischen Vorlage, zum 8. Loos hinzugezählt waren als Zeitraum für die Arbeit der an diesem Tage aufgestellten Rammböcke. Da jedoch Josephus so in der Chronologie über den 10. Loos bzw. Ab als Tag des Tempelbrandes weit hinausgekommen wäre, verschob er die 6 Tage nach vorn. Die Bestätigung für die Richtigkeit seiner Annahme sieht Schlatter darin gegeben, daß man im Weiteren von den aufgestellten Rammböcken nichts mehr hört, vielmehr sogleich der römische Angriff über Leitern berichtet wird. Für Schlatter beweist Josephus gerade in der Kalenderfrage seine Abhängigkeit von den fremden Quellen und sein geringes Geschick, deren Angaben mit den jüdischen Erinnerungen auszugleichen.

Umgekehrt bezweifelt Weber 197–210 nicht die Genauigkeit der josephinischen Chronologie, vielmehr sieht er gerade in ihr wieder einen Beweis für die römische Vorlage, an die sich Josephus in allen Einzelheiten hält. Auch für das πρὸ δὲ τούτων ἐξ ἡμέρας und das Schweigen über das Schicksal der Rammböcke sieht er keine Schwierigkeit. Kohout z. St. löst das Problem Schlatters dadurch, daß er πρὸ δὲ τούτων nicht zeitlich sondern räumlich erklärt und ἐξ statt ἓξ liest: „Vor diesen zwei Punkten ... vom frühen Morgen an...".

Mit Weber sehen wir jedoch keinen Grund, die Zeitangaben des Josephus zu bezweifeln. Daß einerseits die stärkste Belagerungsmaschine der Römer πρὸ δὲ τούτων ἐξ ἡμέρας gearbeitet hat, während die am 8. Loos aufgestellten Widder gar nicht oder nur sehr kurz verwandt wurden, ist durchaus vorstellbar. Als Titus bald nach der Aufstellung der Widder die Erfolglosigkeit ihrer Arbeit erkennt, beschließt er den sofortigen Angriff über die Mauern. Gegen Schlatters Vorwurf, Josephus habe die ursprünglich richtigen Angaben der römischen Quelle mit den jüdischen Daten der Synagoge auszugleichen versucht, ist ferner zu fragen, warum Josephus in dem Fall dann nicht gleich vollends korrigiert hat, d.h. statt des 10. nicht den 9. Loos bzw. Ab als Beginn des Tempelbrandes nannte (vgl. Anm. 109)?

⁹⁶ Kohout setzt verdeutlichend hinzu: „und zwar nicht durch die Maschinen, sondern durch die Mineure".

⁹⁷ Über das Wagnis, Leitern bei der Erstürmung von Festungen anzusetzen, vgl. ausführlich Kohout zu § 223. Schon bei der Erstürmung von Dapur durch Ramses II. (13. Jahrh. v. Chr.) ist eine Leiter verwandt worden (vgl. die Darstellung bei H. Gressmann, Altorientalische Bilder zum AT, 2. Aufl. 1927, Abbildung 105).

⁹⁸ Eine andere Möglichkeit besteht darin, die Verluste auf die von den Leitern stürzenden Römer zu beziehen. So nach der lat. Übersetzung Kohout und Simchoni.

⁹⁹ Der Verlust eines Feldzeichens konnte Bestrafung nach sich ziehen (Kohout z. St.).

¹⁰⁰ Wie auch in § 92 und § 148 ist Josephus in der Lage, einen jüdischen Kämpfer, der sich ausgezeichnet hat, mit Namen zu erwähnen und damit seine Erinnerung festzuhalten.

Anmerkungen zu Buch 6

Die Bezeichnung Simons als Tyrann ist polemische Ausdrucksweise des Josephus; zur Frage, welche militärischen Titel den jüdischen Führern ursprünglich zukamen vgl. 2, 447; 7, 253 Anm. 135, Exkurs XXII; 7, 216 Anm. 107.

[101] Der hier genannte Ananos stammt von Emmaus. Die Namensform klingt hellenistisch und begegnet ähnlich auch im Talmud (b. Keritot 15a; j. Scheb. IX 2 [38d]). Es liegt nahe, daß der von Josephus genannte Ort mit dem Emmaus der Makkabäerbücher (z. B. 1. Makk. 3, 40ff. 9, 50) identisch ist. Er befindet sich in der Schephela, wo die Berge der Provinz Judaea sich zu erheben beginnen (Hieronymus zu Dan. 11, 45). Der Ort liegt 30 km von Jerusalem entfernt (Pilger v. Bordeaux: 22 römische Meilen). Ein anderes Emmaus (12 km westlich von Jerusalem) erscheint in bell. 7, 217. Vgl. Anm. 109 z. St., ferner Abel, Geographie Bd. II 1938, 314–316; K. Elliger, Biblisch-historisches Handwörterbuch 1962, 404. – Ananos hatte nach 5, 531 den Matthias aus dem Hause des Boethos mit drei Söhnen hinrichten lassen, was nach Josephus ein besonders schwerwiegender Frevel war. Dort wird Ananos als Sohn des Bagadates bezeichnet; Nieses Konjektur υἱοί zu 6, 229 setzt voraus, daß der hier genannte Magaddates mit Bagadates gleichzusetzen ist. Vgl. Schlatter, Namen, S. 24; bell. 5, 531 Anm. 209.

[102] Zum Angebot des Kaisers vgl. 5, 318–320 und vor allem 5, 372f. (Rede des Josephus). Die Unterdrückung des θυμός entspricht der stoischen Ethik. ἀφίησι beschreibt die Entlassung aus dem Verhör; über das weitere Schicksal dieser Überläufer ist im Unterschied zu den in § 115f. genannten nichts bekannt.

[103] Die Tempeltore waren nach 5, 201 mit Gold und Silber überkleidet; daß das Silber zuerst schmilzt, ist richtig beobachtet.

[104] Nach dem Zusammenhang ist hier noch an den Nachmittag des 8. Loos und an die darauf folgende Nacht zu denken (vgl. Anm. 94).

[105] Von den hier genannten römischen Offizieren sind die beiden ersten schon früher erwähnt. Zu Tiberius Alexander vgl. 2, 220 Anm. 123 und zu Sextus Cerealius 3, 310 Anm. 75; 7, 163 Anm. 90. Über die Offiziere, die an dem Kriegsrat des Titus beteiligt waren, handelt umfassend L. Renier, Mémoire sur les officiers qui assistèrent au conseil de guerre tenu par Titus, in Mémoires de l'Institut Impérial de France, Académie des Inscriptions XXVI 1 1867, 269–321. Nach einer bei L. Renier genannten Inschrift aus Antium war Larcius Lepidus Quaestor propraetore der Provinz Creta und Cyrenaica (vgl. dazu Th. Mommsen, Römisches Staatsrecht II 1, 246f.), unter Vespasian legatus leg. X Fretensis, und wurde im Krieg gegen die Juden mit kaiserlichen Schenkungen (donis militaribus) und weiteren hohen Ämtern bedacht. Die Familie der Larcier ist schon aus Liv. 2, 18 bekannt. Der Name des Legaten der 15. Legion, bei Josephus Titus Phrygius, lautete wahrscheinlich: M. Tittius Frugi, wie Renier 313f. annimmt. Die Namensform Heterios (C: Liternius, Lat: Aeternius) ist nach Renier 320 anderweitig nicht belegt, er schlägt daher auf Grund einer ägyptischen Inschrift und anderer Belege Haterius vor. Dagegen entscheidet sich die Prosopogr. Imp. Rom. II (1897) 289 Nr. 197 für die Namensform Liternius (ebenso Clementz, Kohout, Simchoni). Der „Befehlshaber" (praefectus castrorum § 238) bezeichnet bei den ägyptischen Legionen den höchsten Rang, da die Truppen dieser kaiserlichen Provinz nicht von Legaten senatorischen Rangs befehligt werden konnten.

M. Antonius Julianus (Prosopogr. Imp. Rom. I ²(1933), 164 Nr. 846) heißt in unserm Text: ὁ τῆς Ἰουδαίας ἐπίτροπος. Dieser Titel kann bei Josephus volle politische Bedeutung haben (= procurator), kann aber auch, wie Kohout z. St. annimmt, einen hohen Finanzbeamten im Dienste des Titus bezeichnen. Zum Ganzen vgl. Schürer I 455f.; Th. Mommsen, Römisches Staatsrecht II 1, 245f. 267. Ein römischer Schriftsteller Antonius Julianus wird von Minucius Felix Octavius 33, 4 genannt, der ähnlich wie Josephus über die Juden (de Judaeis) geschrieben hat. Über den Text des Minucius Felix vgl. G. Rauschen, Florilegium Patristicum, 2. Aufl. 1913, 54f.; E. Hertlein, Antonius Julianus, ein römischer Geschichtsschreiber? (Philologus 77, 1921, 174ff.); Schürer I 58. Mit dem gleichen Namen Antonius Julianus ist uns auch ein spanischer Rhetor aus dem 2. Jahrh. n. Chr. bekannt (Aulus Gellius 19, 9, 2 vgl. Prosopogr. Imp. Rom. I ²[1933] 164 Nr. 844). Es entsteht die Frage, ob der zuerst genannte Römer mit dem von Josephus erwähnten ἐπίτροπος identisch ist.

Diese Vermutung findet sich schon bei dem Kirchenhistoriker Tillemont (Histoire

Anmerkungen zu Buch 6

des empéreurs I 1732, 587) und J. Bernays (Über die Chronik des Sulpicius Severus, Ges. Abhandlungen 2, 1885, 172f.). Schlatter, Topographie 97–119, geht so weit, daß er den gesamten Bericht des Josephus über den jüdischen Krieg auf eine Darstellung einer Universalgeschichte Roms durch Antonius zurückführt. Jedenfalls legt er darauf Gewicht, daß im bellum eine nichtjüdische, den Standpunkt der Römer zum Ausdruck bringende erstrangige Quelle verarbeitet ist. Auf diese Weise kann er in der chronologischen Fixierung der Tage zwischen dem 5. Juli und dem 15. August (Kriegsrat des Titus) auf Grund der Verschiedenheit des römischen und des jüdischen Kalenders zu einer historischen Lösung kommen (S. 360–367).

E. Hertlein (a.a.O. 174–193) deutet den Text der Handschrift des Dialogs Octavius von Minucius Felix dahin, daß er in den Schriften des Josephus und des Antonius Julianus über die Juden Darstellungen von römischen Juden über die altbiblische Geschichte Israels wiederfindet. Antonius Julianus hätte demnach ein den Antiquitates des Josephus ähnliches Werk verfaßt. Tatsächlich setzt der Text der einzigen Handschrift voraus, daß die genannten Schriftsteller beide Römer sind: „scripta eorum (sc. Judaeorum) relege, vel, si Romanis magis gaudes, ut transeamus veteres, Flavi Josepi vel Antonii (Antonini?) Juliani de Judaeis require: iam scies, nequiti sua hanc eos meruisse fortunam...". In den meisten Ausgaben ist die Konjektur Lindners 1760 vorausgesetzt: „scripta eorum relege, vel, ut transeamus veteres, Flavi Josephi, vel, si Romanis magis gaudes, Antonii Juliani de Judaeis require...". Es gilt hier als unwahrscheinlich, daß Minucius Felix den Josephus als „Römer" bezeichnet hätte. Auf dieser Konjektur beruht auch das Verständnis Schlatters und Schürers.

Auffallend ist, daß der Befehlshaber der 12. Legion (Fulminata) nicht genannt wird. Nach Tac. ann. 15, 7 stand in früheren Jahren Calavius Sabinus an deren Spitze. Die Nennung der ἐπίτροποι in § 238 hat vielleicht – ob es sich nun dabei um „Prokuratoren" oder Finanz- und Steuerbeamte im speziellen Sinn handelt – mit dem Tempel als Aufbewahrung von Geldern und Vermögenswerten zu tun.

[106] Die Wendung: τὰ ὅπλα τιθέναι ist an sich vieldeutig, wie das Sprachmaterial bei Lidell-Scott zeigt. Ricciotti 260 denkt an die Aufstellung schwerer Wurfmaschinen nach 5, 7; 6, 121.

[107] τὸ λοιπόν könnte hier zeitlich (Thackeray) oder, wie unsere Übersetzung vorzieht, logisch verstanden werden.

[108] Die Darstellung des Josephus setzt voraus, daß in einem entscheidenden Augenblick der Kriegsführung ein römischer Kriegsrat stattfand, auf dem Titus sich ausdrücklich für die Bewahrung des Tempels einsetzte. Der vorher geschilderte Gang der Ereignisse drängte allerdings mit militärischer Logik dazu, den zelotischen Widerstand im Tempelbezirk mit allen Mitteln zu brechen; der von Titus befürwortete Vorschlag, den Tempel zu erhalten, soll aus finanziellen und allgemein politischen Erwägungen entstanden sein.

Ein christlicher Schriftsteller des 4. Jahrh., Sulpicius Severus, bei dem vielleicht Abhängigkeit von einem verlorenen Bericht des Tacitus in Frage kommt, schreibt über diesen römischen Kriegsrat in Chron. II 30: „At contra alii et Titus ipse evertendum in primis templum censebant, quo plenius Judaeorum et Christianorum religio tolleretur: quippe has religiones, licet contrarias sibi, isdem tamen ab auctoribus profectas; Christianos ex Judaeis extitisse: radice sublata stirpem facile perituram". Nach diesem Text gab es zunächst die Meinung, man könne den Tempel erhalten, wie es dem Maßhalten (modestia) der Römer entsprechen würde; dann aber hatten andere, darunter Titus selbst sich dafür entschieden, daß der Tempel zerstört werden sollte, um sowohl das Judentum wie das Christentum völlig auszurotten.

Die Abhängigkeit des Sulpicius Severus von Tacitus wird zunächst von J. Bernays (Über die Chronik des Sulpicius Severus, Ges. Abhandlungen 2, 1885, 172f.) behauptet; der Text des Josephus ist nach ihm aus dem Versuch entstanden, den Titus von der „nota crudelitatis" zu entlasten. H. Graetz (Geschichte 3, 403) dagegen ist gegen den Text des Sulpicius Severus deshalb bedenklich, weil der Widerstand gegen die jüdische und christliche religio als Grund für die Zerstörung des Tempels dem Denken eines christlichen Mönchtums entspreche. E. Schürer (I 631f. Anm. 115;) hält den Bericht des Josephus nicht für unglaubwürdig, wohl aber für unvollständig. Der Kriegsrat habe be-

Anmerkungen zu Buch 6

schlossen, den Tempel mit Gewalt zu nehmen, aber nicht zu zerstören. Josephus verschweigt auch die Absicht der Juden, den Tempel auf jeden Fall bis zum Äußersten zu verteidigen (Dio Cass. 66, 6, 3). Ricciotti (Bd. I, 75-77) versucht, dem Text des Josephus stärker Gehör zu geben. Auch er sieht in der Darstellung des Sulpicius Severus die Tendenz der frühchristlichen Kirche, in Titus und den Römern die typischen Verfolger zu erkennen. Die Bernaysche These der Abhängigkeit des Sulpicius von Tacitus sei abzulehnen, in Wirklichkeit sei der Text eine Weiterbildung des Josephus. J. Klausner (V 261-263) bleibt in der Quellenfrage vorsichtig, nimmt aber eine heidnische Vorlage bei Sulpicius an: Titus kennt den festen Glauben der Juden an den Tempel aus den Berichten der Flüchtlinge und will nunmehr den Kern des Judentums treffen. Die Zerstörung des Kultzentrums entspricht im übrigen einem auch sonst geübten römischen Verfahren. Simchoni hält wieder den Bericht des Josephus für zuverlässig. Die Absicht des Titus, den Tempel zu erhalten, steht im Widerspruch zu der tatsächlichen Zerstörung durch die Soldaten. Diese Diskrepanz ist für den römischen Feldherrn beschämend und kann nicht aus einer für Titus freundlichen Tendenz entsprungen sein.

In der Geschichte der Forschung zeigt sich in der Kritik gegenüber dem Bericht des Josephus weithin Vorsicht; schärfer wird das Urteil nur bei Weber (72-74). Er unterscheidet bei Sulpicius Severus zwischen einer späteren christlichen Bearbeitung und einer ursprünglichen römischen Tradition. In der Darstellung des Titus sind offenbar bewußt die Rollen vertauscht: er wird bei Josephus zum Fürsprecher für die Erhaltung des Tempels, während sein sonstiges Verhalten während der Eroberung der Stadt diesem Bild widerspricht. Die Darstellung des Josephus ist also gefälscht und aus praktischen Gründen übermalt. Die Milde (clementia) des Titus einerseits und das Strafgericht Gottes am jüdischen Volk andererseits sind die Motive, aus denen die Verzeichnung des Josephus erwächst.

Bei der Kritik der gesamten Tradition erheben sich demnach folgende beiden Fragen: a) Können wir den Geschichtsbericht des Josephus abgesehen von seinem sonstigen Titusbild auswerten? b) Ist der Text des Sulpicius Severus auf eine ältere Überlieferung zurückzuführen oder hat er eine Umarbeitung des Josephus zur Grundlage?

Historisch ergibt sich eine kritische Überlegung der Situation: a) Es hat in diesem Augenblick tatsächlich ein römischer Kriegsrat stattgefunden, der das Schicksal des Tempels zur Diskussion stellte. b) Auf ihm hat sich unter Beteiligung des Titus die Meinung durchgesetzt, daß die Römer nicht von sich aus den Tempel verbrennen sollten. c) Schwierig bleibt die Frage, wie jetzt die römische Truppe angesichts der Wahrscheinlichkeit, daß die Zeloten ihren Widerstand im Tempel aufs äußerste zuspitzen würden, eine Absicht des Titus, den Tempel zu erhalten, durchführen kann. d) Also ist die Darstellung des Sulpicius Severus, nach welcher der Tempel im Kampf gegen Judentum und Christentum absichtlich angezündet werden soll, die Vereinfachung eines komplizierteren Sachverhaltes. Allerdings ist auch die Darstellung des Josephus eine Herausstellung von Einzelmomenten ohne das dazugehörige Gesamtbild. Zum Ganzen vgl. auch noch Simchoni, Einleitung S. 19-23.

[109] Das hellenistische Motiv des „Umlaufs der Zeiten" (περίοδοι χρόνων) setzt eigentlich das zyklische Denken der Griechen voraus. Vgl. Schlatter, Theologie 16; I. Hahn, Josephus und die Eschatologie von Qumran, in Qumranprobleme, 1963, 167ff. Das Judentum kann dies zyklische Denken nur als Periodenbildung verstehen, d. h. entweder im Sinne der Apokalyptik von Daniel her, am deutlichsten in den Jubiläen, oder im rabbinischen Sinne des Entsprechungsdenken (b. Taanit 29a zu M. Taanit 4, 6). An unserer Stelle legt Josephus nach rabbinischem Denken ein entsprechendes Ereignis auf den gleichen Zeitpunkt in eine andere „Periode". In Bell. 6, 435-442 dagegen gibt Josephus deutlich eine Periodisierung der Geschichte Jerusalems, die sogar mit der Siebenzahl verbunden wird, aber im Gegensatz zur Apokalyptik nicht die Zukunft, sondern die Geschichte der Vergangenheit ordnet. Mt. 1, 17 nennt 3 Perioden der Geschichte bis zum Kommen des Messias, wobei die Periodisierung jedoch frei ist von apokalyptischen Vorstellungen bzw. Nebenmotiven. Es ist denkbar, daß hier eine Umbildung von ursprünglich priesterlich-apokalyptischem Denken in das rabbinische Lehrverfahren erfolgte. Gegenüber Bellum findet sich in Antiquitates keine solche Periodisierung.

Anmerkungen zu Buch 6

Das AT hat zwei Angaben für den Tag der Zerstörung des ersten Tempels: 2. Kön. 25, 8-9 und Jer. 52, 12 (10. Ab). Wenn Josephus dem Datum Jer. 52, 12 entspricht, so mag das zunächst einfach auf die historische Faktizität zurückzuführen sein: Heraufführen der Belagerungsmaschinen, für die die Dämme gebaut waren; erfolgloses Ersteigen der westlichen Halle durch die Römer, Anzünden der Hallen = 8. Loos/Ab (bell. 6, 220-235); Löscharbeiten, Kriegsrat = 9. Loos/Ab (6, 236-244); mißglückter Ausfallsversuch durch das Osttor, erneuter Angriff der Juden auf die mit Löscharbeiten beschäftigten Römer, wobei die Juden in die Flucht geschlagen werden und die Römer in das Tempelhaus eindringen und es anzünden = 10. Loos/Ab (bell. 6, 244-266). Es bleibt aber bemerkenswert, daß Josephus, wenn er schon über die historische Berichterstattung hinaus von περίοδοι χρόνων im obigen Sinne spricht, das zweite biblische Datum schweigend übergeht, während die Mischna hier auszugleichen versucht und dadurch für den Beginn der Zerstörung des ersten Tempels den 9. Ab erhält und an diesem Tage dann auch der Zerstörung des zweiten Tempels gedenkt (b. Taanith 29a, parallel b. Arachin 11 b und Seder Olam 30). Sollte Josephus die mischnische Tradition noch nicht gekannt haben?

[110] Die Schilderung des Josephus ist an dieser entscheidenden Stelle konkret und anschaulich: Der Soldat wirft einen Feuerbrand in eine Kammer des eigentlichen Tempelgebäudes (vgl. 5, 220; M. Middoth 4, 3ff.). Es ist wahrscheinlich, daß diese Kammern zur Aufbewahrung von Vorräten bzw. Kleidern dienten. An eine Öffnung in der Nähe des „goldenen Fensters" ist schwerlich zu denken (gegen Kohout, Clementz). Josephus nimmt vielmehr an, daß das Fenster selbst es ist, durch das (καθ' ἥν) das Feuer den Weg in den Tempel findet. Es sieht so aus, als sei das ganze Geschehen von einem unglücklichen Zufall ausgelöst: Der Tempel wird an der verwundbarsten Stelle getroffen (Simchoni 493). Allerdings legt Josephus auf die „übernatürliche" Seite des Geschehens besonderes Gewicht.

[111] Obwohl die Juden bereit sind, den Tempel als Kampfplatz preiszugeben, ist ihnen doch die Möglichkeit, daß das eigentliche Tempelgebäude von den Römern zerstört werden kann, fremd und überraschend. Josephus schildert, daß die zelotischen Propheten einen starken Glauben an die göttliche Hilfe in diesem Endkampf wachriefen (5, 459; 6, 285); vgl. außerdem Dio Cass. 66, 6, 2. Eine entsprechende Tradition zelotischer Prophetie, die zwischen der Preisgabe des Tempelplatzes und der Erhaltung des Tempelgebäudes durch Gott grundsätzlich scheidet, findet sich in Offb. Joh. 11, 1-2.

[112] Ganz entsprechend dem historischen Grundproblem, ob und inwieweit der Tempelbrand auf die Veranlassung des Titus hin erfolgte, muß jetzt das von Josephus gezeichnete Titusbild beurteilt werden: Anstößig ist die Hilflosigkeit des Feldherrn vor den Soldaten, die offenbar die disciplina Romana nicht mehr beachten. Ebenso belastend wirkt der Widerspruch zwischen der natürlichen Tendenz der Römer, die aufgespeicherten Schätze zu plündern, und dem plötzlich aufbrechenden Zorn, der auf jeden Fall den Tempel vernichten will. - Weber 57f. und Klausner V 265 verweisen auf die kritische Situation, in der sich Titus 75 n. Chr. in Rom befindet: Berenike kommt nach Rom, aber Titus muß sie entlassen (Dio Cass. 66, 15, 4). Kämpft hier erneut der Jude Josephus um die Rehabilitierung des Titus vor dem Judentum (vgl. bes. § 327f. Anm. 160)?

[113] Die anstürmenden Legionen stießen von der Antonia her zunächst wieder auf die Tore zwischen dem äußeren Vorhof und dem inneren (vgl. ant. 15, 418). Die Tore und die dort gelegenen Hallen standen noch in Brand, so daß viele Römer hier den Tod fanden, bevor sie ins „innere Heiligtum" vordringen konnten. In diesem Fall bezeichnen die εἴσοδοι die πυλῶνες. Erst in § 258 kommt man dem Tempelhaus näher.

[114] In 1, 152 betritt Pompejus das Allerheiligste, das nur dem Hohenpriester zugänglich ist. Jedoch ist weder dort noch an unserer Stelle zwischen dem Heiligen und dem Allerheiligsten deutlich unterschieden. Daß Josephus selbstverständlich diesen Unterschied kennt, zeigt 5, 219. In der talmudischen Tradition erscheint Titus häufig als der „Frevler" (harāšāᶜ). Sein Eindringen in den Tempel wird mit der Erinnerung an besondere Akte der Schändung verbunden (Hurerei auf einer Gesetzesrolle, Durchstechen des Vorhangs zum Allerheiligsten, Raub der Tempelgeräte). Dementsprechend ereilte ihn das göttliche Gericht (b. Gittin 56b). Formgeschichtlich handelt es sich um eine feste Tradition des Gottesfrevels (θεομάχος). Vgl. zur Tradition über Titus, Jew. Enc. XII 162-164.

Anmerkungen zu Buch 6

Josephus wird etwa bestehende vortalmudische Traditionen über eine absichtliche Schändung des Tempels durch Titus bewußt übergangen haben (vgl. Anm. 91. 112; 7, 162, Anm. 89).

[115] Zu den „Speerträgern" vgl. 3, 95. 120 Anm. 39. Die konkrete Schilderung dieses Versuchs des Titus, den Tempel zu retten, stützt die Auffassung, daß der Bericht des Josephus in diesem Zusammenhang grundsätzlich Vertrauen verdient, zumal die Leidenschaft der Soldaten mit einem Verstoß gegen die römische Disziplin verbunden ist. Das Eintreten des Titus für den Tempel vollzieht sich also unter Minderung seiner militärischen Autorität. Der hemmungslose Wille, den Tempel zu zerstören, und das Beuterecht der Soldaten stehen in Spannung zueinander. Josephus kann in § 262 einen Centurio benennen, der dem nachfragenden Leser als Zeuge für die Bemühung des Titus dient, den Tempel zu bewahren. Sein Name ist sonst nicht belegt (vgl. Prosopog. Imp. Rom. II, 1897 und Pauly-W. sv Liberalis).

[116] Der „Haß" (μῖσος) gegenüber dem jüdischen Volke begegnet als festes Motiv mehrfach im Zusammenhang des „Jüdischen Krieges" bei Josephus (4, 135; 6, 214; 7, 46) und in der Schrift c. Apion. (2, 65–144). An unserer Stelle ist Titus ähnlich wie in § 214 deutlich von der scharf antisemitischen Tendenz innerhalb des römischen Heeres getrennt. Vgl. zum Problem Schlatter, Theologie 250f.

[117] Wie in § 84 ist die εἱμαρμένη auch an unserer Stelle eng mit der Unausweichlichkeit des Sterbens verbunden; vgl. Schlatter, Theologie 34. Nach Thack. Lex. sv gebraucht Josephus den Begriff hier im heidnischen Sinne („Schicksal, Bestimmung") im Unterschied vom jüdischen (πρόνοια = Vorsehung), der bei ihm auch begegnet, vgl. 6, 413 Exkurs XVIII. Tatsächlich versteht Josephus den Untergang des Tempels grundsätzlich und betont nun auf vom jüdischen Gerichtsgedanken her: Gott hat den Tempel verlassen und steht nun auf der Seite der Römer (5, 412; vgl. 6, 127. 216–219. 300f.). An unserer Stelle und in § 250 liegt das Gewicht stärker auf dem Schicksal im Sinne einer allgemeinen Notwendigkeit. Damit tritt dieser hellenistische Gedanke wie ein untergeordnetes Interpretament zum forensischen Motiv hinzu. Ebenso schon in § 108–110. Zum Ganzen vgl. 3, 367 Anm. 84; 6, 66 Anm. 17.

[118] Zum „Umlauf der Zeiten" vgl. § 250 Anm. 109.

[119] Die hier genannten Zahlen stimmen mit den entsprechenden Angaben des Josephus in ant. 10, 147 und 20, 224–251 nicht überein. Nach der zuletzt genannten Stelle läßt sich aus den Amtszeiten der Hohenpriester für die Zeit vom ersten Tempel bis zur Zerstörung des zweiten ein Zeitraum von 1181 Jahren errechnen: 467 Jahre bis zur Zerstörung des ersten Tempels, 70 Jahre Exil, 414 Jahre bis Antiochus V. Eupator, 123 Jahre bis zum Regierungsantritt Herodes des Großen, 107 Jahre bis zur Zerstörung des Tempels durch Titus. Ein gewisser Unsicherheitsfaktor liegt in der Fixierung der 123 Jahre vor Herodes, die sich nur aus der Addierung der angegebenen Amtszeiten der einzelnen Hohenpriester ergibt. Die Zeit des ersten Tempels ist nach ant. 10, 147 nicht 467, sondern 471 Jahre.

Der Hauptunterschied betrifft die Zeit des ersten Tempels, der nach ant. 10, 147 49 Jahre, nach ant. 20, 231ff. 45 Jahre länger gestanden hätte als nach bell. 6, 269f. Simchoni 493f. erwägt die Möglichkeit, daß Josephus in ant. 20, 232 von der Gründung der Stadt durch David, nicht vom Bau des Tempels ausgeht. Außerdem unterscheidet sich die Zeiten des Josephus erheblich von unserer heutigen Auffassung, nach der wir von Salomo an etwa 1020, vom zweiten Tempel an etwa 585 Jahre zu rechnen hätten (vgl. dazu Klausner V 267; Ricciotti 266). In § 270 dürfte die Tradition von Hag. 1, 1 zugrunde liegen und ihr entsprechend Darius statt Kyros gemeint sein.

Zum Ganzen vgl. ähnlich 7, 436 Anm. 208 und J. v. Destinon, Die Chronologie des Josephus, 1880.

[120] Die Angabe „oberhalb" (§ 273) bezieht sich wohl auf den im folgenden Paragraphen ausdrücklich genannten Tempelberg und hat die Unterscheidung vom Stadtgebiet im Auge. – Grundsätzlich unterscheidet Josephus zwischen zwei verschiedenen jüdischen Gruppen: zwischen umzingelten Rebellen (στασιασταί), die den römischen Ring durchbrechen und sich über den äußeren Vorhof nach der Stadt durchschlagen (§ 277), und dem Volk (ὁ λαός), das im Tempelgebiet verharrt und den Römern in die Hände läuft (§ 273). Nach § 277 flüchtet der Rest des Volkes dann auf die „äußere Säulenhalle". Dio Cass. 66, 6, 2 schildert besonders feierlich den Opfergang des Volkes: Die

Anmerkungen zu Buch 6

Menge versammelt sich unten im Vorhofe (ἐν τῷ προνάῳ), die Glieder des Hohenrates (οἱ βουλευταί) auf den Treppen, die Priester im Tempel selbst (ἐν αὐτῷ τῷ μεγάρῳ). Man kämpft gegen eine Überzahl von Feinden, wird aber erst bezwungen, als ein Teil des Tempels in Brand gerät. Jetzt stürzten sie sich freiwillig in die Schwerter der Feinde, mordeten sich selbst oder gegenseitig oder aber sprangen ins Feuer. Allen erschien es kein Tod, sondern Sieg, Heil und Seligkeit (νίκη καὶ σωτηρία εὐδαιμονία τε), unter den Trümmern ihres Tempels begraben zu werden.

Das Entscheidende am Bericht des Josephus ist der Unterschied im Verhalten und Schicksal der Zeloten einerseits und der Menschenmenge andererseits. Während sich die Zeloten durch den äußeren Vorhof in die Stadt durchschlagen, drängt sich die Menschenmenge ratlos auf dem Tempelgebiet zusammen und fällt dem feindlichen Zugriff anheim. Bei Dio Cass. fehlt diese Unterscheidung. Er kennt nur eine dem Tempel und seiner Heiligkeit gemäße Aufstellung der zur Verteidigung angetretenen jüdischen Volksmenge, die als ganze mit dem Untergang des Tempels in der Überlegenheit des Märtyrertums zu sterben bereit ist. Die Schilderung des Dio Cass. ist auffällig und deutet auf eine jüdische Tradition; sie entspricht auch einer rabbinischen Legende, nach der die Priesterjünglinge auf dem Dach des brennenden Tempels den Tempelschlüssel nach oben geworfen hätten und Gott ihn aufgenommen habe. „Sodann sprangen sie hinab und stürzten sich ins Feuer" (b. Taanit 29a). Dio Cass. identifiziert die Menschenmenge mit den Zeloten: Das freiwillige Selbstopfer ist Unterpfand des eschatologischen Sieges und Heils. Bei Josephus jedoch scheint dieser Zug historisch zu sein, daß jüdische Verteidiger sich durch den römischen Ring in das Stadtgebiet durchschlagen; allerdings ist bei ihm die Tendenz erkennbar, auch in diesem Augenblick zu unterscheiden zwischen Zeloten, die verführen und dann fliehen, und der Menschenmenge, die preisgegeben wird und sterben muß. Zum Ganzen vgl. Hengel, Zeloten, 1961, 228f.

[121] Der auffallende Zug, daß ἥ τε Περαία καὶ τὰ πέριξ ὄρη den Jammer und das Getöse im Tempelgebiet widerhallen lassen, kann sich auf die Landschaft Peräa und ihre bergige Umgebung beziehen (vgl. Niese, Naber, Thackeray, Williamson). Dann steht vielleicht hinter ihm das Traditionsgesetz, daß ein wichtiges Ereignis, das insonderheit den Tempel angeht, weithin und über alle normale Erfahrung hinaus gehört wird (vgl. M. Tamid 3, 8) oder aber es ist gemeint, daß die ganze Nachbarschaft als Zeuge in die Katastrophe mit hineingezogen wurde (= περαία). Dann ist ἥ τε περαία auch als das Ostgebiet Jerusalems, das jenseits des Kidrontales liegt, verständlich (vgl. unsere Übersetzung, auch Kohout, Clementz, Simchoni).

[122] In der Auslegung stehen zwei verschiedene Nuancierungen nebeneinander: Entweder handelt es sich um die Gegenüberstellung dessen, was das Ohr und das Auge an Eindrücken empfängt (Williamson) oder aber dessen, was als äußerer Eindruck dem wirklichen Geschehen gegenübersteht (Kohout, Simchoni). Es handelt sich in dieser Gegenüberstellung bei Josephus um zwei verschiedene Erfahrungen der Katastrophe, von denen die zweite (τὰ πάθη = das persönliche Erleiden) die erste übertrifft.

[123] Da es sich um den gepflasterten Boden des Tempelgeländes handelt, ist mit γῆ hier nicht das Erdreich gemeint.

[124] Nach Kohout z. St. fliehen die Rebellen durch das Doppeltor und das dreifache Tor in die Unterstadt oder über die Xystosbrücke und den Treppenweg bei der königlichen Halle in die Oberstadt. Simchoni 494 spricht mit Rücksicht auf Dio Cassius von einer Doppelbewegung, bei der ein Teil aus dem Tempel flieht, ein anderer zum Tempel eilt, um zu löschen und für seine Verteidigung zu sterben. Auf jeden Fall scheint mit der „äußeren Halle" die „königliche Halle" im Süden des Tempelbezirks gemeint zu sein (vgl. ant. 15, 393; 411–416). Eine Doppelbewegung aber, wie sie bei Simchoni vorausgesetzt wird, hat an unseren Texten keinen rechten Anhalt.

[125] Zu den hier erwähnten „spitzen Stangen" auf dem Tempeldach vgl. 5, 224 Anm. 89.

[126] Daß mit dieser auffallend breiten Mauer (τὸν τοῖχον ... ὄντα ὀκτάπηχυν) nicht die Mauer einer Halle gemeint sein kann, wie Kohout z. St. auf Grund von 6, 185 vermutet, sondern die Mauer des Tempels selbst, ergibt sich aus 6, 318, wo ausdrücklich von der Mauer des Tempels die Rede ist. Aus dem Zusammenhang, in dem derselbe Ausdruck noch einmal in § 388 wiederkehrt, kann man vermuten, daß es sich um die in 1. Kön. 6, 6f.; Ez. 41, 6ff.; M. Middot 4, 4 beschriebene Ummauerung des Tempels

Anmerkungen zu Buch 6

handelt, die so weit reichte wie der erste Stock des Tempels. Es ist allerdings merkwürdig, daß diese offenbar uneinnehmbare (vgl. § 318–321) und unverbrennbare Mauer von den Juden nicht zu Verteidigungszwecken ausgenutzt wurde.

[127] Hinter Belgas steht der hebr. Name Bilga, hinter Daläus der entsprechende Name Delaja. Es liegt nahe, hinter diesen beiden Vaternamen in Wirklichkeit die entsprechenden Priesterklassen zu sehen (Simchoni 494). Die Priesterklasse Bilga ist nach rabbinischer Tradition wegen bestimmter Verfehlungen bestraft worden und muß entsprechende Nachteile im Dienst in Kauf nehmen (b. Sukka 56a und b; Tos. Sukka 4, 28).

[128] Bei dem genannten Osttor handelt es sich um das Tor zwischen Frauenvorhof und Männervorhof (M. Middot: Nikanortor. Vgl. 6, 293 Exkurs XIII). Wenn Josephus ferner von dem „Südtor" spricht, so wäre es am einfachsten, an das des Frauenvorhofes zu denken, da dieser in der Tat nur ein Südtor hat. Denkt Josephus dagegen doch an den innersten Vorhof, käme am ehesten das Südtor unmittelbar südlich vom Brandopfer in Frage.

[129] Vgl. Buch 5, 200 Anm. 68. Als Schatzkammern wurden vermutlich teils die in der Ummauerung des Tempels befindlichen Kammern (tā ͧ īm), teils die wohl an der Innenseite der Vorhofsmauer sich befindenden (vgl. 5, 200) Räume (lešākōt), die gewöhnlich für den Bedarf des Tempeldienstes zur Verfügung standen, verwendet. Vgl. zum Ganzen M. Avi-Yonah, Bēt hammiqdāš haš-šēnī in: Sēfer Jerūšālajim 1956, 403. 408. Die Schatzkammern wurden seit der Zeit des ersten Tempels gebraucht, um den Überschuß des Zehnten (Neh. 10, 39), die im Tempel geopferten Schekel (M. Scheq. 3, 1) und Spenden aufzubewahren (1. Chron. 28, 11). Daß aus diesen Schatzkammern dann die Armen versorgt wurden, wird in M. Scheq. 5, 6 ausdrücklich erwähnt und in 2. Makk. 3, 10 wohl vorausgesetzt, wenn der Tempelschatz mit dem für Witwen und Waisen hinterlegten Gut identifiziert wird. Dort wird auch der Grund angegeben, weshalb aus der Schatzkammer eine Art mündelsichere Bank geworden ist: „Es sei schlechterdings unzulässig, daß die geschädigt würden, die ihr Vertrauen auf die Heiligkeit des Ortes und die Würde und Unverletzlichkeit des in aller Welt so hoch geehrten Tempels gesetzt hätten". Von da her ist leicht einzusehen, daß in einer Zeit, in der der Tempel als Festung diente, auch die Schatzkammern als sicherstes Depot für den Privatbesitz der Reichen ausgenutzt wurden. Hier können unter den Schatzkammern nur die lešākōt verstanden sein, da die in der Ummauerung des Tempels befindlichen tā ͧ īm nach § 388 noch unversehrt zu sein scheinen. Daß die Schatzkammern im Frauenhof gelegen haben sollen, wie Kohout z. St. vermutet, ist nirgends belegt. Darf man voraussetzen, daß die Soldaten sich mit dem Inhalt der Schatzkammern beladen haben, ehe sie sie verbrannten? Nach 6, 264 hat die Aussicht auf Beute so zur Mordbrennerei verleitet, und nach 6, 317 kamen sie mit dem erbeuteten Schätzen so vollbeladen zu Titus, daß die Folge eine Goldentwertung in Syrien war.

[130] Die hier genannte Halle (nicht – wie Kohout – Plural) ist schon in § 277 erwähnt. Die an dieser Stelle auffallende Wendung σύμμικτος ὄχλος wird von Simchoni 353 mit ᶜēreb rab wiedergegeben; sie folgt der Erwähnung von Frauen und Kindern als drittes Glied in der Aufzählung. Im Anschluß an die LXX könnte dabei an Menschen gedacht sein, die nicht unter dem jüdischen Recht stehen (vgl. ὁ ἐπίμικτος Ex 12, 38 und τὸ συμμικτόν Jer 27, 37 als Äquivalente für ᶜēreb). Es ist aber auch möglich, daß dies dritte Glied die beiden ersten mit umfaßt: Menschen, die zum Kampf nicht einsatzfähig sind, darunter Frauen und Kinder (vgl. Klausner V 267 und bell. 6, 273 Anm. 120).

[131] Thackeray und Williamson wählen die andere Übersetzungsmöglichkeit: „Und bevor der Caesar ... irgendwelche Befehle an die Offiziere gegeben hatte...".

[132] Simchoni 353 versteht φέρεσθαι nicht als Gemütsbewegung, sondern als Angriffsbewegung: „sie stürzten in ihrer Wut zur Halle und legten Feuer an sie". – In § 277 und 283 erhebt sich die Frage, ob sich die flüchtenden Juden in die Halle hinein, auf die Halle zu oder auf das Dach der Halle flüchteten. Alle exegetischen Möglichkeiten sind in den Kommentaren vertreten. In § 179 ist ausdrücklich von Leitern die Rede, mit denen man auf das Dach stieg. Auf welche Weise diejenigen, die sich aus den Flammen stürzten, umkamen, beschreibt § 181: sie hatten nur die Möglichkeit, in die Hände der Feinde oder in die Tiefe zu fallen.

[133] Die Wendung σημεῖα τῆς σωτηρίας ist hier aus der prophetischen Überlieferung zu verstehen. Innerhalb der Apokalyptik der Zeloten sagt der Prophet die Hilfe Gottes

Anmerkungen zu Buch 6

als eschatologisches Geschehen voraus und setzt es in Kraft. (Für Josephus' Verständnis des σημεῖον-Begriffes dagegen ist ant. 10, 28 zu 2. Kön. 20, 8 grundlegend.) Klausner V 268 nimmt an, daß die jüdische Widerstandskraft auf derartige Weissagungen gegründet gewesen sei und daher den Ursprung und die Art dieses Krieges bestimmt habe. Ganz entsprechend sei auch die Zerstörung des Tempels durch Titus als ein Zerbrechen dieser apokalyptischen Gewißheit gemeint. Der Josephustext setzt voraus, daß die Führer des Aufstandes einen entsprechenden Auftrag an die apokalyptischen Propheten gaben (Num. 22, 5 ff.). In Wahrheit waren aber die Führer selbst irregeleitet und die apokalyptischen Propheten in ihrer Überzeugung ehrlich und gewiß, auf keinen Fall aber Betrüger (vgl. die der Tradition nach ursprünglichen Heilszeichen in § 290f. 293–295. 299 Anm. 136). Sie werden sogar Vertreter bestimmter Traditionen und angesehener Schulen gewesen sein. Ricciotti zu § 286 verweist mit Recht auf 5, 459; er beurteilt das religionsgeschichtliche Problem zwar kritischer als Klausner, doch treffen seine künstlichen Kategorien das historische Phänomen nicht.

[134] Die Auffassung des Josephus macht aus den jüdischen Führern Verführer, die am Untergang der Verführten mit allen Mitteln arbeiten. Allerdings ist die Wendung: ἐγκάθετοι πρὸς δῆμον nicht ohne weiteres: „gegen das Volk angestiftet" oder „eingesetzt, um das Volk zu täuschen", wie die Übersetzer vermuten, sondern etwas vorsichtiger: „beim Volk eingesetzt". Die jüdischen Führer standen selbst unter dem Einfluß der apokalyptischen Weissagung und waren im subjektiven Sinn nicht Verführer des Volkes, wie Josephus meint. Allerdings führten sie den Kampf um Jerusalem auch nicht unter dem Gesichtspunkt des eigenen und allgemeinen Selbstopfers durch wie die späteren Verteidiger von Masada (bell. 7, 386–388. 395 Anm. 185; Exkurs XXV, insbes. Abschnitt 3). Die politische Prophetie diente nach Josephus dazu, um das Überlaufen zu verhindern und eine Verzweiflung, die weder durch Drohung noch Gefängnis beeinflußbar war, durch neue Hoffnung zu überwinden (ἐλπὶς παρακροτοίη; nicht wie Kohout, Clementz, Simchoni interpretierend umschreiben: „ermuntert zu werden, in der Stadt zu bleiben"). Daher ist es geraten, die Wendung ἐπάνω δέους καὶ φυλακῆς wörtlich stehen zu lassen; Abschwächungen sind in der Auslegung nach verschiedenen Seiten hin empfohlen worden, z. B. „Furcht und Ängstlichkeit" (Kohout, Thackeray, Williamson) oder „Furcht vor den Wachen" (Clementz, Simchoni).

[135] Zur Wendung καταψευδόμενοι τοῦ θεοῦ vgl. ähnlich 1. Kor. 15, 15: ψευδομάρτυρες τοῦ θεοῦ. Simchoni übersetzt nach Ex 20, 7: „indem sie den Namen Gottes auf das Wahnhafte hintrugen" (vgl. M. Buber). Clementz, Kohout, Thackeray, Williamson denken konkreter und schärfer an Betrüger, die vorgeben, von Gott gesandt zu sein, Ricciotti an solche, die Falsches im Namen Gottes aussagen. Wenn die eigentlichen Weisungen Gottes abgelehnt werden, aber die Menge wie vom Donner gerührt wird, so erinnert dieser Prozeß an Joh. 12, 29. Die Beschreibung des Volkes μήτε ὄμματα μήτε ψυχὴν ἔχοντες erinnert Simchoni an das Verstockungswort Jes 6, 9–10, weshalb er übersetzt: „sie verklebten ihre Augen, um nicht zu sehen, verdummten ihr Herz, um nicht zu verstehen". Die anderen Übersetzer differieren in der Wiedergabe von ψυχή. Kohout: Leben, Clementz: Verstand, Ricc.: Seele (anima), Thack.: Sinn (mind), Williamson: Sinn (sense).

Zur Aufzählung der Vorzeichen des Falles Jerusalem vgl. Tac. hist. 5, 13: Evenerant prodigia, quae neque hostiis neque votis piare fas habet gens superstitioni obnoxia, religionibus adversa. Visae per caelum concurrere acies, rutilantia arma et subito nubium igne conlucere templum. Et apertae repente delubri fores et audita major humana vox, excedere deos; simul ingens motus excedentum. Quae pauci in metum trahebant: pluribus persuasio inerat antiquis sacerdotum literis contineri, eo ipso tempore fore ut valesceret oriens profectique Judaea rerum potirentur. Quae ambages Vespasianum ac Titum praedixerat: sed volgus more humanae cupidinis sibi tantam fatorum magnitudinem interpretati ne adversis quidem ad vera mutabantur.

Euseb. hist. eccl. 3, 8, 1–9 zitiert den Abschnitt Josephus bell. 6, 288–304, verkürzt also den Bericht über das Auftreten des Propheten.

[136] Es liegt nahe, die Gruppe der Zeichen in § 289–299 als eine Anordnung von sieben Ereignissen anzusehen, die aus apokalyptischer Tradition stammen, wobei allerdings zwischen dem schwertähnlichen Gestirn und dem Kometen zu unterscheiden ist (vgl.

Anmerkungen zu Buch 6

dazu Mc. Casland, Portents in Josephus and in the Gospels, JBL 51, 1932, 323–335). Auch von den Rabbinen wird ein Traditionsstück über Vorzeichen vor der Tempelzerstörung überliefert, wobei jedoch die Vierzahl maßgebend ist. b. Joma 39b: „Unsere Meister lehrten: Vierzig Jahre lang vor der Zerstörung des Hauses kam das Los nicht in die Rechte, noch wurde der rotgefärbte Stoffstreifen weiß, noch brannte das westliche Licht, und es öffneten sich die Türen des Tempels von selbst. Bis Rabbi Jochanan, Zakkais Sohn, ihn anfuhr und sagte: Tempel, Tempel, warum erschreckst du dich selber? Ich weiß von dir, daß dein Ende zukünftig Zerstörung sein wird, und schon Sacharja, Sohn Idos, hat über dich verkündigt: Tue auf, Libanon, deine Tore, daß Feuer deine Zedern verzehre"! (Sach. 11, 1 vgl. auch j. Joma VI 2 [43 c]). Diese vier Vorzeichen haben kultisch-priesterliches Gepräge und ereignen sich im Tempel; sie setzen voraus, daß die Durchbrechung der kultischen Ordnung auf das gewaltsame Ende des Kultus hinweist. Auch bei Josephus sind vier von den sieben Zeichen im Tempel beobachtet worden, die übrigen drei am Himmel. Die vier Zeichen am Tempel hat Josephus jedenfalls auch aus priesterlich-kultischer Tradition übernommen und auf den Untergang des Tempels gedeutet, den er wie die Rabbinen als die eigentliche Katastrophe empfand. Die Zeichen am Himmel deuten auf einen schrecklichen Krieg hin, haben apokalyptisches Gepräge entsprechend der sibyllinischen Tradition und zeigen den hellenistischen Rahmen des ganzen Zusammenhangs an.

Für die Darstellung des Josephus ist es typisch, daß er die Mehrzahl der Zeichen unmittelbar vor den Beginn des jüdischen Krieges legt. Ausdrücklich werden in § 292 und § 299 die beiden Feste genannt, um die sich die wunderbaren Geschehen gruppieren. Durch die genaue Datierung wird die Wichtigkeit der Ereignisse betont. Die Chronologie des Josephus bedarf aber auch deshalb der genauen Beachtung, weil die talmudischen Parallelüberlieferungen zu § 293 eine andere Zeitangabe zur Diskussion stellen. Es wäre natürlich zu fragen, ob nicht die talmudischen Quellen ein historisches Vorrecht haben. Josephus hat dann im Interesse eines zeitlichen Zusammenhanges zwischen Zeichen und Katastrophe die für ihn wichtigen Ereignisse chronologisch auf ein späteres Datum konzentriert. Vgl. dazu Rabi Jose: „Man wälzt Heilvolles auf einen Tag des Heils und Unheilvolles auf einen Tag des Unheils" (Tos. Taanit 4, 9). Die ausdrückliche Nennung der Feste weist also stark auf die Bearbeitung des Josephus hin (vgl. auch § 289f. 309 und im NT Johannes). Zu beachten ist, daß in § 293 für ein wichtige Türwunder eine eigene zeitliche Fixierung fehlt.

Die besonders starke Bearbeitung gerade des vorliegenden Abschnittes zeigt sich jedoch am klarsten in dem theologischen Interesse des Josephus, das in der Reihenfolge der Zeichen deutlich erkennbar wird. Ursprünglich handelt es sich in § 290f. 293–295 um zwei zusammengehörende eschatologische Heilszeichen, die ausdrücklich als Tempeltraditionen charakterisiert sind. Beide Heilszeichen sind exegetisch aus Jes. 60, 1–4 entstanden: Das Licht und die Herrlichkeit des Herrn wird Zion umstrahlen, die Völker und die Diaspora werden aus der Ferne kommen. Für Josephus ist diese eschatologische Heilserfüllung auf Grund der Tempelzeichen § 290–295 ein Irrweg, der von Unkundigen beschritten wurde, während die Schriftkundigen (ἱερογραμματεῖς weist auf eine Verbindung priesterlicher und exegetischer Traditionen. Vgl. c. Apion. 1, 6) sofort den wahren Zusammenhang erkannten (§ 291). τὴν τῶν ἀγαθῶν πύλην (§ 295) ist zu vergleichen a) mit den genannten eschatologischen Heilsgaben, b) mit den Heilsgütern von Jes. 60, 5 und 6. Josephus kehrt die Heilszeichen um in Unheilszeichen, indem er einmal das Vorzeichen der Mißgeburt einschiebt, das gleichzeitig eine Entweihung des Tempels darstellt (§ 292 vgl. 2. Chron. 24, 21 LXX) und zum andern die Sachordnung umkehrt durch die Chronologie: Zuerst öffnen sich die Tempeltore (6. Stunde), dann erscheint das Licht um Altar und Tempelhaus (9. Stunde). D.h., der Einzug der feindlichen Heere in das Tempelgebiet geht jetzt dem Tempelbrand und der Vernichtung des Heiligtums voraus.

[137] Es handelt sich wohl nicht um eine einzige Erscheinung (Klausner V 268), sondern um zwei verschiedene Himmelszeichen (Kohout z. St.). Zur Tradition vom schwertähnlichen Gestirn vgl. Sib. 3, 673: „Aber vom Himmel über die Erde fallen feurige Schwerter und nächtliche Flammen des Blitzes fahren leuchtend hinein in die Mitte der Menschen" und weiter unten 3, 796: „Und ich will dir ein Zeichen verkünden, das unschwer

Anmerkungen zu Buch 6

zu deuten, daß du erkennest, wann endlich auf Erden das Ende der Dinge sein wird: wenn man dereinst an dem sternhellen Himmel zur Nachtzeit Schwerter (ῥομφαῖαι) gen Abend erblickt und auch gegen Morgen". M. Friedlaender, Revue des Etudes Juives Bd. 30, 1895, 122–124 nimmt an, daß die Prophezeiungen der Sibyllinen bei Josephus und Tacitus als erfüllt vorausgesetzt sind. Josephus selbst denkt nicht apokalyptisch, sondern übernimmt wahrscheinlich einen apokalyptischen Stoff, den er zum Warnzeichen für das jüdische Volk umformt. Hätte das Volk die Warnzeichen verstanden, so hätte es die Katastrophe vermeiden können. – Das Erscheinen eines Kometen spielt unter den prodigia der römischen Historiker eine wichtige Rolle und weist bei ihnen auf entscheidende politische Veränderungen hin: Herrschaftswechsel (Tac. ann. 14, 22), Apotheose Caesars (Sueton, Caesar 88), Tod eines Kaisers (Suet. Claud. 46; Dio Cass. 60, 35; Tac. ann. 15, 47; Suet. Nero 36). Man erkennt im Umkreis der römischen Religion eine Tradition der prodigia, auf die auch die Historiker Rücksicht nehmen. Die Zeichen verlangen eine staatliche procuratio, die aber in der Zeit nach Augustus im Schwinden ist. Grundsätzlich ist das Erscheinen eines Kometen in der antiken Welt ein Vorbote von Unglücksfällen (Suet. Nero 36; Dio Cass. 54, 29,8). In Sib. 3, 334f. begegnet der Komet im apokalyptischen Sinn: „Aber ein Stern gegen Abend erglänzt, man nennt ihn Kometen, der ist den Menschen ein Zeichen des Schwertes, des Hungers und Todes und des Verlustes von gewaltigen Helden und trefflichen Führern".

Im jüdischen Volk ist der Glaube an Vorzeichen ebenfalls verbreitet, doch üben die Rabbinen grundsätzlich eine gewisse Zurückhaltung. Man lehnt die heidnischen Deutungen der Zeichen im Sinne von Jer. 10, 2 ab, verlangt dagegen stets den Segensspruch: „Bei Kometen, bei Erdbeben, bei Donner und Sturm und Blitzen sagt man: gepriesen sei, des Kraft und Stärke die Welt erfüllt" (b. Ber. 54a). Eine Diskussion über den Satz: „Wenn der Komet am Kesil (= Orion) vorüberzieht, so würde die Welt zerstört werden" findet sich in b. Ber. 58b. Der eine Gesprächspartner hält an seiner These fest, obwohl sie anscheinend widerlegt ist, der andere betont, daß beim Durchgang des Kometen durch den Orion der Weltuntergang nicht erfolgt ist. Es gab also apokalyptische bzw. kosmologisch bestimmte Traditionen, mit denen das Rabbinat sich auseinandersetzen mußte. Diese Tatsache geht auch eindeutig aus b. Sukka 29a hervor, wo über die „Vorbedeutung" (sīmān) der Sonnenfinsternis bzw. auch der Mondfinsternis diskutiert wird. Offenbar spielt dabei für das Rabbinat die Furcht vor dem zukünftigen Gericht Gottes eine besondere Rolle, und es entsteht lediglich die Frage, ob das Vorzeichen eine böse Vorbedeutung für die ganze Welt oder nur für Israel hat. Da „die Feinde Israels" (Euphemismus für Israel selbst) an Schläge gewöhnt sind, kann eine derartige Vorbedeutung für Israel wichtig werden (R. Meīr b. Sukka 29a). Grundsätzlich schlägt aber auch in diesem Zusammenhang die Gewißheit durch: „Zur Zeit aber, da die Israeliten den Willen Gottes tun, haben sie sich vor all dem nicht zu fürchten" (mit ausdrücklichem Hinweis wieder auf Jer. 10, 2). „Die Völker sollen zittern, Israel aber nicht". Der heidnische Prodigienglaube, der einzelne Ereignisse im Sinn eines Fatums vorhersieht, wird also im Rabbinat keinesfalls übernommen.

Auch im NT ist in apokalyptischen Stoffen, gelegentlich aber auch in der Geschichtstradition, von Zeichen die Rede, die aber vorwiegend die Bedeutung des Anzeichens, nicht des Vorzeichens haben. Vgl. dazu H. W. Montefiore, „Josephus and the New Testament", in Nov. Test. Bd. IV 1960, 139–160; 307–318.

Was die beiden Gestirnzeichen 6, 289 betrifft, so hält Montefiore es für möglich, daß sich Josephus dabei auf das biblische Phänomen Mt. 2, 2. 9f. bezieht (a.a.O. 140–148). Bei Josephus findet sich keine genaue Datierung dieser astronomischen Ereignisse, während Matthäus auf eine geschichtliche Fixierung seines Himmelszeichens entscheidendes Gewicht legt. Es läßt sich aber nicht erkennen, ob nicht die von Josephus berichteten Zeichen mit den von Tacitus in ann. 14, 22 und 15, 47 erzählten Kometen zu tun haben, die in Rom gesehen wurden (60 und 64 n. Chr.). Matthäus deutet messianisch, Josephus im Sinne einer kosmischen Katastrophe. Die in 6, 289 auffallende Wendung, daß das schwertähnliche Gestirn „über der Stadt" erschien, bezieht sich auf Jerusalem, während Mt. 2, 9 an die Geburtsstätte in Bethlehem denkt. Man wird nicht sagen können, daß zwischen Josephus und Matthäus unmittelbare oder mittelbare Beziehungen vorliegen.

[138] Gegenüber den beiden chronologisch bei Josephus nicht fixierten Gestirnzeichen

Anmerkungen zu Buch 6

fällt jetzt die zeitlich und örtlich sehr genau festgelegte Lichterscheinung auf, die den Altar und den Tempel umstrahlt. Die Voranstellung des Altars vor dem Tempel hängt damit zusammen, daß die Sicht der Erscheinung vom Osten her erfolgt. Gemeint ist der Altar als Stätte unmittelbarer Gegenwart Gottes (Gott nimmt hier das Opfer an und gewährt hier Sühne). Vgl. die in Anm. 135 genannte Parallele Tac. hist. 5, 13: „subito nubium igne conlucere templum" (Feuer aus den Wolken). Religionsgeschichtlich weist diese Lichterscheinung in die Tradition von der Schechina Gottes. Man hat allerdings gelegentlich auch an eine astronomische Deutung gedacht, so daß sich das Phänomen an die beiden Gestirnzeichen anschließen würde. B. Brüne, Flavius Josephus und seine Schriften in ihrem Verhältnis zum Judentum, zur griechisch römischen Welt und zum Christentum, 1913, 128 denkt an das Zodiakallicht, dessen Widerschein am Altar und Tempel auffällig gewesen wäre. Kohout z. St. überlegt, ob wir es mit einem Reflex der Metallstäbe am Dach des Tempelhauses zu tun haben, lehnt aber dann diese Deutung ab und entscheidet sich mit Recht für die Schechinatradition.

Josephus nimmt dies erste Tempelzeichen aus einer kultisch-priesterlichen Überlieferung (vgl. Anm. 135) und denkt zweifellos an eine Epiphanie der göttlichen Schechina. So ist auch das Schwanken in der Deutung des Zeichens verständlich. Die Epiphanie der göttlichen Schechina kann an sich durchaus eine Bestätigung der göttlichen Gnade und Gegenwart sein, wie die „Unkundigen" nach 6, 291 es für gewiß halten. Das würde heißen, daß der herodianische Tempel durch die Erscheinung bestätigt wird und mit dem Einbruch des göttlichen Lichtes die zukünftige Heilszeit naherückt. Wie stark derartige Anschauungen sich auf prophetische Weissagungen berufen können, zeigt der bereits genannte Zusammenhang Jes 60, 1–2 und 60, 19–20. Licht und Herrlichkeit gehören zusammen; vorüber sind die Tage der Trauer Israels. Josephus, auf den ja auch die polemische Unterscheidung zwischen exegetischen Unkundigen und Gelehrten der heiligen Schrift (ἱερογραμματεῖς) zweifellos zurückgeht, sieht in dieser Lichterscheinung die Ankündigung des göttlichen Gerichtes (s. Anm. 136). Zur Umkehrung von Lichtglanz in verheerendes Feuer vgl. insbes. Jes. 10, 16 ff. Darüber hinaus vgl. auch den hellenistischen Sprachgebrauch, der das πῦρ-Motiv philologisch dem Begriff φῶς einordnen läßt (Liddell-Scott s. v. 16).

Unabhängig von der jüdischen Tradition spielen Lichterscheinungen in der griechisch-römischen Geschichtstradition eine wichtige Rolle (vgl. insbes. Suet. Augustus 94, 5). Sie werden jedoch stets als gute Verheißungen verstanden, demgegenüber sich die negative Deutung der Lichterscheinung in unserm Text als etwas Besonderes abhebt. Simchoni 494 hält es für möglich, daß hinter dem josephinischen Material ein historisches Ereignis steht, wozu auch die chronologisch genaue Fixierung passen würde. Zeugen des Geschehens sind die Priester, die nach M. Middot 1, 1; M. Tamid 1, 1 im inneren Vorhof wachten, von welchem aus der Tempel wie der davorstehende Brandopferaltar sichtbar waren.

[139] Daß trächtige Tiere geopfert wurden, kann vielleicht aus M. Sebaḥim 3, 5 geschlossen werden (vgl. auch Kohout z. St.). Ausdrücklich wird dieser Fall diskutiert im Hinblick auf die rote Kuh (M. Para 2, 1), wobei Rabbi Elieser diese Frage bejaht, andere Rabbinen sie verneinen. Die Wendung des Josephus: ἀχθεῖσα ὑπό του in § 292 ist in allen Codices bezeugt, sie fehlt aber bei Lat, und wird von Handschriften bei Euseb korrigiert in ὑπὸ τοῦ ἀρχιερέως (vgl. Hudson). Für Josephus ist die Ortsangabe „mitten im Tempel" ebenso wichtig wie die Hervorhebung der Zeit (am Fest offenbart sich Gott vor allem Volk, vgl. Anm. 135). Die Tiere wurden im Priestervorhof, nördlich des Brandopferaltars, geschlachtet (M. Sebahim 5, 1). P. Corssen, Die Zeugnisse des Tacitus und Pseudo-Josephus über Christus (ZNW 15, 1914, 114–140) setzt ohne Begründung voraus, daß die Kuh nicht ein Lamm, sondern ein Kalb geboren hat, und erklärt damit, daß Tacitus dies Zeichen übergeht, weil es für ihn kein Zeichen gewesen sei. Im Ergebnis dagegen sieht P. Corssen mit Recht die eigentliche Bedeutung des Geschehens in der Verbindung von Mißgeburt und Tempel.

Montefiores Deutung dagegen scheint wiederum auf zu schwach gestützten Voraussetzungen zu beruhen (a.a.O. 307f.). Nach Kohout z. St. und Simchoni 494 handelte es sich um einen Foetus, der das Aussehen eines Lammes hatte.

Im Vordergrund steht bei Josephus das Gericht Gottes über den Tempel, das durch

Anmerkungen zu Buch 6

auffallende und widernatürliche Vorzeichen vorbereitet wurde. Im Umkreis der hellenistisch-römischen Prodigia kommen mancherlei wunderbare Geburten vor, die ganz verschiedene Bedeutung haben können. Vgl. Herodot 7, 57; Plin. hist. nat 7, 3; Dio Cass. 64, 1, 2; Liv. 23, 31; Tac. hist. 1, 86; Julius Obsequens, Liber prodigiorum 57 (118).

Exkurs XIII: Das Osttor des inneren Tempelbezirkes (6, 293)
Vgl. 2, 411 Anm. 187; 5, 201 Anm. 69; 6, 281 Anm. 128 und 6, 316 Anm. 151; anders 5, 204 Anm. 73.

1. Zur Forschungsgeschichte siehe die ausführlichen Darstellungen bei E. Schürer, ZNW 7, 1906, 60–62 und E. Stauffer, Das Tor des Nikanor, ZNW 44, 1952/3, 44–66. – Die ältere jüdische Überlieferung (Mischna, Tosefta, tannaitische Midraschim) setzt voraus, daß das Nikanortor östlich vom Männervorhof (auch „Israelitenhof" genannt; er ist durch eine Schranke vom Priestervorhof abgetrennt, vgl. M. Middot 5, 1ff. Zu den Vorhöfen siehe den Übersichtsplan bei A. Parrot, Bibel und Archäologie II, 70), also zwischen Männervorhof und Frauenvorhof gelegen hat. Diese alte Anschauung hat sich bis heute durchgehalten, zuletzt bei E. Stauffer a.a.O. Er geht von den rabbinischen Texten aus, die allein den Namen „Tor des Nikanor" überliefert haben. Sie seien die ersten, die über die Frage nach der Lage, Gestalt und Bedeutung des Tores Auskunft geben können (M. Middot). Unter den Josephustexten bevorzugt Stauffer ant. 15, 418ff. Nach M. Middot 1, 4; 2, 7 lag das Nikanortor im Osten des Männervorhofes (ᶜazārā). Also lag es an der Ostseite des Männervorhofes, unmittelbar dem Tempelhaus gegenüber (vgl. schon Josephus, bell. 2, 411 Anm. 187). Am Nikanortor standen die Aussätzigen „vor dem Herrn" (b. Pesaḥim 85b); dort stellte man auch die des Ehebruchs Verdächtigen „vor den Herrn" (Tos. Sota 1, 4; Sifre Num. 5, 16; Midr. r. Num. 5, 16ff.; Stauffer 47f.).

Die Richtigkeit dieser Rekonstruktion bezweifelt als erster J. Lightfoot, Descriptio templi Hierosolymitani, 1650, c. 18. 20. opp. I 593ff. 601f. Ihn weiterführend kommt C. L'Empereur de Oppyck zu M. Middot 2, 6 in G. Surenhusius, Mischna, 1698ff., V 346 schließlich zu dem Ergebnis: Zwar lag das Nikanortor nach der Mischna an der Ostseite des Männervorhofes, aber Josephus hat recht, es liegt auf der Ostseite des Frauenvorhofes. Dazu vgl. Josephus, bell. 5, 204 Anm. 73, wo die Identifizierung der Treppe hinauf zum Nikanortor, von der die Mischna spricht, mit der Treppe zum eigentlichen Tempelbezirk, die Josephus nennt, zu einem gleichen Ergebnis führt. Diesen zweiten Weg gehen ferner E. Schürer a.a.O., K. G. Kuhn, Sifre zu Num. 5, 3 S. 12 Anm. 94; A. Parrot a.a.O. S. 73. Bei der Identifizierung der beiden Treppen ergeben sich folgende Schwierigkeiten: Das Nikanortor rückt an die Stelle des „großen Tores" im Osten des Frauenvorhofes, das Tor zwischen Frauenvorhof und Männervorhof wäre weder in der Mischna noch bei Josephus genannt, das „große Tor" bzw. das „untere Tor" ließe sich im eigentlichen Tempelbezirk nicht lokalisieren. Demgegenüber ist unsere Lösung (E. Stauffer) einzig dadurch belastet, daß bei Josephus neben der Treppe zum eigentlichen Tempelkomplex, die die Mischna nicht nennt, die Treppe im Innern zum Osttor bzw. Nikanortor hinauf unerwähnt bleibt.

Eine abschließende Zusammenstellung der Bezeichnungen für die beiden Tore im Osten des Männervorhofes und Frauenvorhofes nach Josephus und den rabbinischen Quellen mag die Übersicht erleichtern: 1. Für das Ostportal des Männervorhofes: rabb. Quellen: Nikanortor, Osttor, Obertor; Josephustexte: Korinthisches Tor, Osttor, Erztor. 2. Für das Ostportal des Frauenvorhofes: rabb. Quellen: Untertor; Josephustexte: Großes Tor.

Der Überblick über die Quellen zeigt, daß das Osttor in der Tradition im kultischen und politischen Leben von Jerusalem eine zentrale Rolle spielte (vgl. Stauffer 53). In unserem Zusammenhang legt Josephus Wert auf seine Bedeutung für die strenge Trennung von Kult und Welt. Öffnet es sich, so heißt das, daß die zentrale Trennungslinie zwischen Kult und Völkerwelt durchbrochen ist (Stauffer 48f.).

2. Bei Josephus und im Talmud ist eine Tradition vorhanden, die das zeichenhafte Aufspringen der Tempeltore als Weissagung auf die Zerstörung des Tempels deutet (vgl. Anm. 137). An verschiedenen Stellen wird im Unterschied von Josephus dies Ereignis chronologisch 40 Jahre vor der Zerstörung des „Hauses" festgelegt. Vgl. neben b. Joma 39b; j. Joma VI 3 [43c]; bes. b. Gittin 56a: „R. Zadok verweilte 40 Jahre im Fasten, auf daß Jerusalem nicht zerstört werde". W. Bacher, Die Agada der Tannaiten, 2. Aufl. 1903,

Anmerkungen zu Buch 6

43 ff. sieht einen Zusammenhang zwischen dieser Gittintradition und R. Johanans Weissagung in b. Joma 39 b. An die gleiche Kombination scheint auch Kohout z. St. zu denken. – Die Joma-Tradition spricht von einem geheimen Wissen um die Zukunft, das das Öffnen des Tempels auf die Zukunft deutet.
Es muß eine Priestertradition gegeben haben, die mit einer zukünftigen Zerstörung des Tempels rechnete. Das geht aus dem Traditionsstück hervor, das sowohl j. Joma III 9[41 a], als auch j. Scheq V 2[48 d/49 a], als auch Tos. Joma 2,5 überliefert ist (vgl. W. Bacher, Tradition und Tradenten in den Schulen Palästinas und Babyloniens, 1914, S. 5). Die Priesterfamilie des Garmo, die das Schaubrotbacken unter sich hatte, wollte nicht zeigen, wie sie das Brot backt, ohne daß es schimmelt: „Sie sagten zu ihnen, warum wollt ihr es nicht lehren? Sie sagten zu ihnen: Es ist eine Überlieferung (māsōret) aus den Händen unserer Väter, daß dieses Haus zukünftig zerstört werden wird, und sie sollen es nicht lernen von uns, damit sie nicht später dies zu ihrem Götzendienst verwenden können".

Die Fixierung der 40 Jahre, die bei Josephus fehlt (vgl. Anm. 136), ist eine zeichenhafte Zahl aus alttestamentlicher Überlieferung, die dem Volk Frist zur Umkehr gibt (Dt. 2, 2; Ps. 95, 10 u. ö.). Eine derartige zeichenhafte Zahl kann durchaus ein historisches Element in sich tragen, so daß man ungefähr mit einem solchen Zeitraum rechnen kann. Man hat aber bei diesen talmudischen Traditionen an eine Buß- und Wartezeit Gottes seinem Volke gegenüber zu denken, während es bei Josephus – abgesehen von der rabbinischen Regel über Festlegung von Daten Tos. Taanit 4, 9 – auf die unmittelbare zeitliche Verbundenheit zwischen Zeichen und geschichtlichem Vollzug ankommt.

Daß am Tempel etwas geschehen ist oder beobachtet wurde, was auffällig war, darf angenommen werden; doch die näheren Umstände und die zeitliche Fixierung sind schwer auszumachen. – Zur Tempeltradition gehören im Christentum die Überlieferungen vom Zerreißen des Tempelvorhangs (Mk 15, 38; Hebr 10, 20), vom Erdbeben (Mt 27, 51) und vom Einsturz der Tempeloberschwelle (Naz. Evgl.). Mt 27, 51-53 könnte in ein größeres Schema hineingehören, das auch andere Zeichen miteinander verband. Im Unterschied jedoch zu den allgemein religionsgeschichtlich verbreiteten Zeichen (zu Türwundern in der römischen Tradition vgl. Dio. Cass. 60, 35; 66, 17; Suet. Nero 46), die bestimmte Stoffe als Unheilszeichen weitergeben, bemüht sich die jüdische (und später auch christliche) Überlieferung, zwischen dem Zeichen und dem Geschehnis einen aufweisbaren Sachzusammenhang herzustellen.

[140] Die Wendung ἀπέφαινον ἐν αὐτοῖς verstehen wir im Sinne einer Diskussion untereinander. Williamson und Thackeray schwächen den Sinn ab und denken an eine Reflexion („in their heart"; „in their own minds".). Ricciotti z. St. gibt dem Text eine politische Zuspitzung. – Zur Gegenüberstellung von „Unkundigen" (ἰδιῶται) und „Einsichtigen" (λόγιοι) vgl. schon § 291 ἄπειροι und ἱερογραμματεῖς (s. auch 2, 417). Die Wiederaufnahme des Gegensatzes entspricht der steigenden Tendenz, die in ἐν αὐτοῖς zum Ausdruck kommt. Zur doppelten Deutung der Durchbrechung der kultischen Ordnung vgl. Anm. 136.

[141] Für das Himmelszeichen § 296–298 betont Josephus einerseits den wundersamen, schwer faßbaren Charakter des Geschehens, andererseits seine historische Faktizität mittels sehr genauer zeitlicher Fixierung. Die Darstellung wirkt wie das Urbild (τύπος) späterer Truppenbewegungen und Einschließungen von Städten. In diesem Zusammenhang findet sich also kein Hinweis auf Jerusalem und den Tempel. Zwar liegt die Vorstellung einer Luftspiegelung (Fata morgana) nahe, doch hat Josephus an ein von Gott gegebenes Warnzeichen gedacht. Auffällig ist das Erwähnen von „Wagen". Zugrunde liegt die von Ex. 15, 21 b ausgehende Tradition (1. Kön. 9, 19; 2. Kön. 6, 17; Jos. ant. 8, 41) von den Kriegswagen, die hier allerdings unmittelbar aus der Apokalyptik Sach. 6, 1 herzuleiten ist. Durch die anachronisierende Beziehung auf die römischen Streitkräfte wird auch an dieser Stelle das ursprüngliche Heilszeichen von Sach. 6, 1 in ein Unheilszeichen umgekehrt (vgl. Anm. 136 und Kohout z. St.). Als römische Parallelen vgl. u. a. Plut. Marius 17, 7; Julius Obsequens 57 (118). 17 (76). 41 (101); Dio Cass. 51, 17, 4. Fraglos verstanden die antiken Erzähler solche Stoffe als übernatürlich. Jüdischhellenistische Parallelen werden in 2. Makk. 5, 2ff. und Sib. 3, 804 gegeben. Entgegen Montefiore („Josephus and the New Testament", in Nov. Test. Bd. 4 1960, 307 ff.) können diese Kriegszeichen nicht in Zusammenhang mit Apg. 1, 9 ff. und wohl auch

Anmerkungen zu Buch 6

nicht mit 2. Kön. 2, 11 gebracht werden, sondern sind als ein eigenes Genus innerhalb der Zeichentradition anzusehen.

[142] Kohout z. St. übersetzt: „Als sie nach ihrer Gewohnheit noch im nächtlichen Dunkel ins innere Heiligtum gingen". Er denkt daran, daß die Priester, die Dienst hatten, im Moked- oder Feuerherdhaus an der Nordostecke des inneren Vorhofes schliefen und am Morgen (allerdings so früh, daß man Fackeln brauchte, an Festtagen natürlich am frühesten), geweckt wurden. Hierauf sperrte man die Türe in den innersten Vorhof auf, und der Vorsteher ging mit den Priestern hinein. Vgl. dazu Schürer II 352. Während Kohout also an die Dunkelheit der Morgenfrühe denkt, wie die Einfügung des „noch" in der Übersetzung deutlich macht, wird in Wahrheit es sich nach M. Joma 1, 8 um ein Nachtmotiv handeln: „An jedem Tage wurde der Altar beim Hahnenruf entascht ... am Versöhnungstage von Mitternacht an ... und an den Festtagen von der ersten Nachtwache an (vgl. dazu die Gemara fol. 20a und b, ferner § 292 textkritische Anm. 266). Da das Ereignis am Pfingstfest geschieht, liegt eine Erklärung nach dieser Mischnatradition nahe. – κίνησις (Bewegung) und κτύπος (Lärm) sind in unserm Text realistische Motive, die den Auszug der göttlichen Mächte aussagen und vollziehen; sie erinnern gleichzeitig an ähnliche Begriffe der römischen Prodigientradition (vgl. Livius 29, 14, 3; 31, 12, 6; Dio Cass. 62, 1, 2). Die engste Berührung mit dem Josephustext zeigt Tacitus an der bereits zitierten Stelle hist. 5, 13 (Anm. 135). Hier wird die Selbstentschließung des himmlischen Heeres als Ausspruch einer himmlischen Stimme (maior humana vox) offenbar als Orakelspruch aufgefaßt. Der „vielfältige Ruf" (φωνὴ ἀθρόα) weist jedoch in Wahrheit auf die eigentliche Offenbarung, die durch κίνησις und κτύπος für den Menschen wahrnehmbar werden soll. – Archaisch mutet der Plural μεταβαίνωμεν an. Josephus will zweifellos das Moment des Unabänderlichen zum Ausdruck bringen. Hinter der Form des Kohortativs μεταβαίνωμεν (Lat etc., vgl. textkrit. Anm. 284 z. St.) könnte die Vorstellung eines göttlichen Götterratschlusses (vgl. Gen. 1, 26) stehen. Die Exegese ist unsicher, ob den Indikativ (Thackeray, Ricciotti), der sich auf alte codices berufen kann, oder der Kohortativ (Simchoni, Klausner, Kohout, Williamson) vorzuziehen ist. Logisch ist allein der Indikativ, da er den Grund für die Bewegung (κίνησις) und den Lärm (κτύπος) angibt, während der Kohortativ, der zunächst nur eine Absicht zum Ausdruck bringt, mit den Motiven, die den Vollzug darstellen, in Spannung stehen. Der Text ist gemeint als eine Umschreibung für den göttlichen Ratschluß: Das Heer der Engel als Verkörperung der Schechina zieht aus dem Tempel aus.

Zum Hintergrund der bat-qōl Tradition in § 299 vgl. auch 5, 412 Anm. 169. Grundsätzlich gilt der Satz, daß nach dem Tode der letzten Propheten Haggai, Sacharja, Maleachi die prophetische Inspiration des heiligen Geistes von Israel genommen sei, daß man sich aber trotzdem der bat-qōl (eigentlich Tochter der Stimme, Widerhall) bedienen konnte (b. Sota 48b, Tos. Sota 13,2; b. Sanh. 11a; b. Joma 9b). Eine Erklärung der bat-qōl findet sich in b. Meg. 32a: „Ferner sagte R. Šephati im Namen R. Johānāns: Woher, daß man sich der bat-qōl bedient? Es heißt: „Und deine Ohren werden hinter dir eine Rede vernehmen" (Jes. 30, 21). Aus dem Zusammenhang ergibt sich, daß die bat-qōl der Unterweisung und Führung des Menschen dienen soll. Jos. ant. 13, 282 berichtet von Johannes Hyrkanos, daß eines Tages, als seine Söhne mit Kyzikenos kämpften und er allein im Tempel räucherte, eine Stimme gehört habe, daß seine Kinder eben den Antiochus besiegt hätten. In diesem Fall bringt die bat-qōl eine wichtige geschichtliche Kunde, die auf einem besonderen Wege dem verantwortlichen Führer und Hohenpriester zuteil wird. Dieselbe Geschichte findet sich in Tos. Sota 13,2. Hier wird die bat-qōl direkt, d. h. in proklamatorischem Stil zitiert: „Gesiegt haben die Jünglinge, die nach Antiochien in den Krieg gezogen sind". Im gleichen Stil s. b. Sota 33a.

Obwohl die bat-qōl überall auftreten kann, scheint sie in besonderer Weise mit dem Tempel und seinem Kultus verbunden zu sein. Selbst nachdem der Tempel zerstört ist, hört R. Jose noch in seiner Ruine eine bat-qōl (vgl. b. Ber. 3a).

[143] Die Scheidung zwischen Schechina und Tempel geht auf Ez. 11, 23 zurück. Sie wird in der jüdischen Tradition weitergedeutet, vgl. Midr. r. Klag. Jer. 2, 3. Nach jüdischer Auffassung ist die Schechina nach längerer Zeit des Verharrens auf dem Ölberg (s. Ez. 11, 23) „an ihren Ort zurückgekehrt". Siehe S. Buber, Midrasch Echa Rabbati, 1899, Neudruck 1967, Proömium XXIV, 17 (bei A. Cohen, Midrash Rabbah, Lamentations S. 40f.).

Anmerkungen zu Buch 6

Die Frage, worauf sich der „Ort" bezieht, scheint absichtlich offengelassen zu sein. Bereits in Hos. 5, 15 spricht Gott von „seinem Ort", ohne daß der „Himmel" im Kontext genannt wird. Als sicher ist anzunehmen, daß die Vorstellung, die Schechina könne mit dem Weggang vom Zion auf ein heidnisches Volk übergehen, für das Judentum unmöglich ist. So bleibt auch Josephus hier gegenüber bell. 5, 412 auffallend zurückhaltend.

Exkurs XIV: Die Bedeutung des „Zeichens" bei Josephus.
1. Das „Zeichen" in der hellenistisch-römischen Umwelt. Die Griechen haben seit ältesten Zeiten einen lebendigen Zeichenglauben, der in homerischer Zeit in voller Blüte steht und seitdem nie aus dem Volke verschwunden ist.

„Zeichen" sind bei Homer eindeutige Manifestationen des göttlichen Willens hinsichtlich eines kommenden bedeutenden Ereignisses, die den Helden zum Handeln ermutigen oder ihn davon abschrecken (vgl. z. B. Hom. Il. 2, 353; 4, 381; 9, 236 ff.).

Kennzeichnend für das Römertum ist die Bindung der Zeichendeutung an die Institutionen des Staates und ihre Bedeutung für den staatlichen Kult. Vor allem durch Livius erfahren wir von der Auffassung des Prodigienwesens in augusteischer Zeit. Nach der Darstellung des Livius hatte man zur Zeit des 2. Punischen Krieges das stärkste Interesse an Prodigien. Entsprechend werden von Livius ab Buch 21 fast zu jedem Jahr Prodigien notiert. Ein ausführlicher Prodigienbericht steht in 22, 1, 8 ff. als Vorspiel zu der unmittelbar darauf folgenden großen Niederlage der Römer und des sich dadurch vollziehenden Gottesgerichtes in der Weltgeschichte. Die Prodigien sind die Aufforderung zu verstärkter Gottesverehrung, und das Achthaben auf sie als Winke der Götter ist Ausdruck der pietas, die eine wesentliche Basis der Macht Roms darstellt (vgl. R. Heinze, Die augusteische Kultur, 3. Aufl. 1960, 106). Seit der sophistischen Aufklärung werden Zeichen äußerst kritisch gedeutet. Nachwirkungen der rationalisierenden Tendenzen jener Zeit, die sich allerdings bereits seit Platon mit einer neuen metaphysischen Vertiefung verbanden, bestimmen die Stoa und Philo. Der von den Stoikern genährte Glaube an Orakel und Zeichen ist in der das Sein durchwaltenden göttlichen Naturkraft begründet (Cicero, de divinatione I, 12). Dahinter steht das theologische Interesse am Walten der Gottheit und ihrer Fürsorge für den Menschen (vgl. Cicero a. a. O. I, 2. 11). Vgl. vor allem M. Pohlenz, Die Stoa, Bd. I, 1947, 106–108. Auch für Philo wird das Zeichen zum Ausdruck der Fürsorge Gottes. Stärker als in der naturhaft kosmisch ausgerichteten Stoa sieht Philo das Charakteristische eines Zeichens darin, daß in ihm der αὐτουργιός, der schlechthin wirkende Gott (de mut. nom. 259), der im Unterschied zu Platon nicht an das Naturgesetz gebunden ist (de mut. nom. 19. 87), den Menschen in Dienst nimmt. Das Zeichen ist eine Art höhere Willenskundgebung, die den Menschen zum Guten und Großen hinlenken soll (vgl. vita Mosis V, 274 und spec. leg. II, 188 ff.).

Zusammenfassend kann man als kennzeichnend für die Auffassung der Zeichen im hellenistisch-römischen Kultkreis den imperativischen Charakter hervorheben. Der in ihnen enthaltene Imperativ zielt auf eine vertiefte religiöse Einsicht oder auf ein vollkommeneres sittliches Verhalten ab. Das gilt mit Einschränkung für Philo, als er auf Grund des alttestamentlichen Einflusses stark den imperativischen Charakter des göttlichen Zeichens betont.

2. Das „Zeichen" (ᶜōt, σημεῖον) auf alttestamentlich-jüdischem Boden.

Ein Zeichen ist in der jüdischen Tradition indikativisch, d. h. Ausdruck einer von Gott gestifteten Wirklichkeit als eine Manifestation seines in ihm gegenwärtig wirkenden Willens. Das Zeichen schlechthin ist seit der deuteronomistischen Geschichtsschreibung der Exodus (vgl. Dt. 26, 5 ff.).

Von hierher sind auch die prophetischen Zeichenhandlungen zu verstehen (Jes. 8, 1 ff.; 20, 3; Ez. 4, 1–3). Wie das Wort ist die Zeichenhandlung nicht nur ein Hinweis auf ein bestimmtes bevorstehendes Geschehen, sondern seine wirkungsmächtige Ankündigung (vgl. G. Fohrer, Die symbolischen Handlungen der Propheten, 1953, 101 ff.).

Eine entscheidende Rolle spielen Zeichen in der Weisheitstradition als Warnzeichen, die der Bestrafung der Sünder im Gerichtsverfahren Gottes vorangehen (Sap. 19, 13) und in der Apokalyptik als Vorzeichen der nahe bevorstehenden und mit Notwendigkeit anbrechenden Zeitenwende (Jes. 13, 10; 34, 4; Mk 13, 4; Mt 24, 3; Lk 21, 7). In der

Anmerkungen zu Buch 6

spätjüdischen Apokalyptik kündigen sich die kosmischen Veränderungen in besonderer Weise dem Kundigen an (vgl. 4. Esra 8, 63).
Josephus steht in der Abwehr der apokalyptischen Tradition in der Form der zelotischen Prophetie, die Zeichen als Manifestation des endzeitlichen Heiles kannte. In bell. 6, 285 τὰ σημεῖα τῆς σωτηρίας liegt eine formale Parallele zu der Wendung Mt 24, 3 τὸ σημεῖον τῆς παρουσίας vor. An welchen konkreten Vorgang in bell. 6, 285 gedacht ist, ist ungewiß. – Die zelotische Prophetie knüpfte bei der Deutung des den Tempelzeichen zugrunde liegenden Geschehens offenbar an Jes. 60, 1–3 an und betrachtete den Lichtglanz und die Öffnung des Tores als Heilsankündigung.

3. Die Bedeutung der „Zeichens" für Josephus.

a) Josephus hat die „Zeichen", mit denen er einen Rückblick auf die Ursachen des Krieges verbindet, genau an der Stelle erzählt, wo sie auf die Leser, die das bellum in seinem Sinne lesen, den stärksten Eindruck machen mußten. Er richtet das Augenmerk auf die Wurzeln, aus denen das unsägliche Unglück Israels entsprang, bevor er das Fürchterlichste erzählt, was es für die Vorstellung eines Juden geben konnte: daß Heiden den Tempel anrührten. Er häuft die Beweise des göttlichen Zornes, ehe er sich zu der Erzählung des Äußersten entschließt. Zugleich erhöht er als Schriftsteller durch ein wirksames Ritardando den Eindruck der Katastrophe. Demgegenüber ist es charakteristisch für das heidnische Verständnis des Tacitus (hist 5, 13, vgl. Anm. 135), daß er die Geschichte von dem Propheten § 300–309, die die wichtigste Bestätigung der zuvor dargestellten Zeichen ist, wegläßt. Ebenso tritt an die Stelle der bei Josephus sehr gezielt gesetzten Zeitangaben (vgl. Anm. 136) eine rhetorisch durchaus wirksame Zusammenfassung in einen einzigen Vorgang, der dem Kontext nach sogar erst während der Belagerung sich ereignet. Zum Verhältnis zwischen Tac. hist 5, 13 und Jos. bell 6, 288–315 vgl. P. Corssen, Die Zeugnisse des Tacitus und Pseudo-Josephus über Christus, ZNW 15 (1914), insbes. 119–121.

b) Josephus versteht die Zeichen im Sinne der alttestamentlich-jüdischen Tradition. Er knüpft dabei an die Erwartung der Zerstörung des Tempels bei den Propheten und den jüdischen Sehern an (vgl. Micha 3, 12; Jeremia 7, 14; äth. Hen. 90, 28). Er verlegt sie auf 4 Jahre vor der Zerstörung des Tempels, um sie in Entsprechung zu alttestamentlichen und römischen Traditionen in einen unmittelbaren Zusammenhang mit dem Ereignis selbst zu stellen. Sie sind aber nicht wie in der hellenistisch-römischen Tradition primär eine Aufforderung an den einzelnen oder den Staat, sondern sie fordern wie bei den Propheten die gehorsame Anerkennung des göttlichen Willens. τέρας und σημεῖον hängen bei Josephus eng mit πρόνοια und δύναμις zusammen. Wunder sind Ausdruck der πρόνοια Gottes, in denen seine δύναμις, seine geschichtsgestaltende Kraft im Sinne der LXX, wirksam ist (vgl. ant. 2, 286; 3, 84. 88; 20, 168).

Der göttliche Wille bekundet sich nach dem Bericht des Josephus wie bei den Propheten nicht einfach in einem sinnfälligen Zeichen (προσημαίνουσι ... τέρασιν 6, 288) sondern auch in den damit verbundenen Weissagungen Gottes (τῶν τοῦ θεοῦ κηρυγμάτων § 288). Offenbar soll die erste Wendung durch den folgenden Zeichenbericht, die zweite durch die anschließend berichtete Doppelweissagung erläutert werden. Die Zusammenordnung von beidem und die Zusammenfassung des Ganzen unter dem Aspekt des „Zeichens" in § 310 (προσημαίνοντα) zeigt, daß Josephus wie die Propheten sachlich nicht zwischen Zeichen und Wort unterscheidet. κήρυγμα (§ 288) bezeichnet im Griechischen sowohl den Inhalt des Ausgerufenen als auch den Akt des Ausrufens selbst (vgl. ThWb III S. 714ff.) und weist daher auf die konkrete Gegenwart des im Zeichen angekündigten Geschehens hin. D. h. das Zeichen antizipiert die Zerstörung des Tempels.

Josephus berührt sich darin mit der zelotischen Prophetie, daß er das zugrunde liegende Geschehen im Lichte der eschatologischen Weissagung von Jes. 60, 1–3 deutet. Die Stärke des Gegensatzes wird aber neben der Umkehrung in § 292 deutlich in § 310, wo Josephus προσημαίνοντα τὰ σωτήρια offenbar polemisch gegen die zelotische Heilsformel σημεῖα τῆς σωτηρίας bell. 6, 285 (vgl. mögliche hebr. Äquivalente bei Deuterojes.) formuliert. Der Plan Gottes fordert nicht die Errettung sondern gerade die Zerstörung des Tempels.

Zur rechten Deutung bedarf es wie in der spätjüdischen Apokalyptik eines Kundigseins (§ 291. 295). Die Kraft zum rechten Verständnis empfängt Josephus insofern, als er

Anmerkungen zu Buch 6

das konkrete Faktum der ἅλωσις und des Untergangs als entscheidende Wahrheitsquelle anerkennt. διαλέγεσθαι (§ 315) weist auf einen Vorgang hin, in dem sich etwas Letztes kundtut. Das Ernstnehmen geschichtlicher Ereignisse als entscheidenden Ausgangspunkt kommt auch in c. Ap. deutlich zum Ausdruck (vgl. die Polemik gegenüber den griechischen Geschichtsschreibern c. Ap. I, 6ff.). Es war ursprünglich das Amt des Priesters, kraft seiner Inspiration das Zeichen und das Schicksal des Staates deutend aufeinander zu beziehen (vgl. Liv. 42, 2, 4). In dieser antiken Tradition steht auch Josephus. Gerade die Nachwirkungen in der augusteischen Restauration kamen den priesterlich gebundenen Tendenzen des Josephus entgegen. Doch während die Achtung vor dem Priester im hellenistisch-römischen Bereich Ausdruck der frommen Haltung des Volkes gegenüber dem Schicksal ist, fordert die Autorisierung des josephinischen Priesters vom alttestamentlichen Motiv des universalen Gottkönigtums her (vgl. c. Ap. II, 185f.) die Anerkennung des Willens Gottes in der Geschichte. Die Betonung des Handelns Gottes und die im Unterschied zu Tacitus charakteristische Nebeneinanderordnung der Tempelzeichen und der kosmischen Vorgänge deuten an, daß der Priester Josephus durch die Zeichen Gottes einmaliges Wirken in dem welthistorischen Krieg zwischen Juden und Römern bezeugen will. So kommt gerade auch in dem Bericht über die Zeichen ein Element der pragmatischen Geschichtsbetrachtung des Josephus zum Tragen.

Der besondere Ernst gegenüber dem Faktischen in der Geschichte überhaupt ist nicht hellenistisch, sondern hat seinen Grund in der alttestamentlich prophetischen Erfahrung des Daseins als Geschichte.

Das prophetische Wissen konfrontiert Josephus wie die alttestamentlichen Propheten mit der verstockten Unwissenheit („als hätte ihm – dem Volke nämlich – der Donner das Gehör verschlagen und als wäre es ohne Augen und ohne Leben" § 288, ἄνοια § 310. 315). Sie macht das Volk schuldig vor Gott und zieht die verdiente Strafe nach sich (κακῶν αὐτ' αἱρέτων § 310).

Auch in der latein. Literatur stießen wir bei Livius auf die Vorstellung, daß ein Zeichen das Gericht der Götter ankündigt. Doch hier wird diese Vorstellung dem Schicksalsgedanken und der Aufforderung an das sittliche Bewußtsein untergeordnet. Bei Josephus hingegen ist das Gericht ein Ausdruck des göttlichen Willens, der sich unabhängig von einer immanenten Struktur der iustitia (d. h. wenn man den Priester verehrt, führt man einen gerechten Krieg, und die Götter verleihen dem Volke den Sieg) oder des sittlichen Bewußtseins (virtus) in einem konkreten, geschichtlichen Ereignis kundtut.

[144] Nach § 300 fällt das Auftreten dieses Unglückspropheten 4 Jahre vor Ausbruch des Krieges (= 66 n. Chr.), also ist wohl das Laubhüttenfest des Jahres 62 n. Chr. gemeint. Tacitus hat dies Geschehen in seiner Aufzählung nicht berücksichtigt, vielleicht bewußt abgelehnt s. o. Exkurs XIV, Abschnitt 3. Auffallend ist ferner die genaue Datierung seiner Wirksamkeit: er tritt im Zeitraum von 7 Jahren und 5 Monaten an den Festtagen in Jerusalem auf (§ 308). Ricciotti z. St. unterstreicht die Historizität der Erzählung durch den Hinweis auf die Datierung und die Eigenart seines Auftretens.

Zur Form der φωνή: Der Begriff φωνή wird ohne ergänzende Genitiv-Bestimmung gebraucht. Gemeint ist der prophetische Ruf; φωνή darf keineswegs einfach mit der rabbinischen bat-qōl identifiziert werden. Die φωνή besteht aus 2 Gliedern, von denen das erste die Herkunft, das zweite das Ziel beschreibt. Beide Glieder sind dreiteilig, und das letzte ist jeweils eine Steigerung der beiden ersten (semitisch!): φωνὴ ἀπὸ τῶν τεσσάρων ἀνέμων-φωνὴ ἐπὶ τὸν λαὸν πάντα.

Diese Dreiteiligkeit in den Gliedern wird unterstrichen durch folgenden dreimaligen Weheruf: „Wehe Jerusalem!" (§ 304. 306. 309 – der letzte Ausruf ist wieder dreiteilig und verstärkt: Stadt, Volk, Tempel). Ganz entsprechend findet sich auch der wichtige Begriff κληδών dreimal: 307. 308. 309. Der Stil klingt monumental. Entscheidend ist ausschließlich das Kommen des Unheils.

Unser Text setzt gleichsam Jer. 7, 34 und 16, 9 fort. Die alte Prophetie nimmt eine neue Gestalt an, d. h. Jeremias Prophetie wird in der gegenwärtigen Situation wieder lebendig (vgl. auch Mt. 16, 14).

Ein an Jerusalem gerichteter Weheruf ist nur in Jer. 13, 27, nicht mehr in nachjeremianischer Zeit bezeugt. Diese Tatsache unterstreicht den Zusammenhang zwischen Jeremia und dem jetzt auftretenden Propheten des Josephusberichtes. Im NT vgl. Mk.

Anmerkungen zu Buch 6

13, 1–3. Formgeschichtlich unterscheidet sich der Monumentalstil der Gottesstimme bei Josephus von der mehr didaktischen Aussage von Mk. 13, 2, die als feierliche Versicherung und prophetische Gerichtsdrohung formuliert ist. Zum Monumentalstil des Josephus passen die Wiederholung und die Bestimmung der Dauer des Klagerufes: § 307 Klageruf an den Festtagen, § 308 7 Jahre und 5 Monate (Simchoni 495 rechnet 7 Jahre und 7 bzw. 6 Monate) vom Laubhüttenfest des Jahres 62 n. Chr. an, vgl. Anm. 147. Die Wiederholung will die Eindringlichkeit und den Anspruch der Wahrheit hervorheben. Wenn Josephus zudem die Dauer gerade wieder an Festtage knüpft, so zweifellos im Sinne des Gesetzes der Umkehrung von Heilszeit in Unheilszeit (vgl. Anm. 136).

Die Geschichte des in 6, 300–309 genannten Propheten ist durchzogen von dem Motiv der Stimme, das grundlegend ist sowohl für den Gottesspruch § 301 als auch für die Entfaltung des Geschicks des Propheten. Vgl. die Substantive φωνή § 302. 304. 308; κληδών § 307. 308. 309; θρῆνος § 305; subst. Adj. τὸ κακόφημον § 302; Adverb ὀλυφυρτικῶς § 304; Verben [ἀνα] βοᾶν § 300. 302; κράζειν § 301. 307; φθέγγεσθαι § 305. 309; θρηνεῖν § 306. Die negativen Aussagen οὔθ' ... φθεγξάμενος = § 302; οὔθ' ἱκέτευσεν οὔτ' ἐδάκρυσεν § 304; οὔτε ὤφθη λαλῶν § 306 endlich lassen ganz eindeutig hervortreten, daß der Prophet sich allein als Werkzeug für die „Stimme" versteht. Dies prophetische Phänomen bezeichnet die äußerste Konzentration des Verhaltens eines Menschen zum Objektiven. Der Prophet hat nach der Darstellung des Josephus ein Geschick, das unter der Macht der Stimme steht und nicht eine Geschichte im persönlichen Sinne.

H. Graetz, Geschichte 3, 734 identifiziert diesen Propheten Jēšū ben Hānān mit Abba Jōsē ben Jōḥānān (so sein Name nach Tos. Menaḥot 13, 21) bzw. Abba Jōsēf ben Ḥānīn (so nach b. Pesaḥim 57b). Kohout z. St. bestreitet ausdrücklich diesen Versuch. Der Weheruf im Talmud könnte nach ihm allenfalls eine verblaßte Erinnerung an dies bei Josephus erzählte Ereignis sein – allerdings ist die talmudische Prägung eine andere als die bei Josephus. Auch Simchoni 495 kann der Identifizierung nicht zustimmen. Doch muß hervorgehoben werden, daß auch der talmudische Klageruf nach dem gleichen Monumentalstil geformt ist wie der Klageruf bei Josephus.

[145] Thackeray, ähnlich Ricciotti und Williamson, versteht ἰδίᾳ als den Bereich, in den hinein der Prophet spricht: „for the private ear of those...", d. h. er verbindet es mit den folgenden πρὸς τοὺς πταίοντας. Wir beziehen es dagegen auf ein besonderes Gerichtswort, wie es der Situation nach nahegelegen hätte (vgl. Joh. 18, 22) und verstehen es damit nicht als Verstärkung des vorangegangenen οὔτε-οὔτε, so offenbar auch Kohout, Clementz, Simchoni, Whiston-Marg.

[146] Josephus stellt auch hier keine Gruppe heraus, die den Sprecher Gottes planmäßig bekämpft hätte. Lediglich der Widerstand der Öffentlichkeit gegen eine solche Störung wird sichtbar, auch bei Albinus. Die Haltung des Landpflegers in § 305 wird im Vergleich zu anderen Quellen weder kritisch noch polemisch geschildert. Ganz anders in 2, 272–277, wo wir eine ausgesprochen polemische Schilderung des Albinus haben, während sie in ant. 20, 197–215 wiederum etwas milder ist, was sich aber auch zum guten Teil aus der verschiedenen Tendenz der beiden Werke erklären lassen mag. Der heidnische Prokurator spricht wie Festus in Apg. 26, 24 von Wahnsinn (μανία bzw. μαίνεσθαι), während ein Jude speziell an Besessenheit durch einen bösen Geist denken würde (vgl. § 303 δαιμονιώτερον τὸ κίνημα). Zum Ganzen Pauly-W. Bd. 13, Sp. 1559–1565; ferner 2, 272 Anm. 151.

[147] Die Angabe des Zeitraums in § 308 klingt nicht wie eine apokalyptische Berechnung, sondern wie eine historische Fixierung eines empirischen Ablaufs. Sie bestätigt den früheren Angaben: 4 Jahre vor dem Ausbruch des Krieges (§ 300) und der Landpflegerschaft des Albinus (§ 305). Die Frage, ob diese zeitliche Fixierung mit dem gegebenen Stoff ursprünglich verbunden gewesen war oder ob Josephus eine mündliche Überlieferung erst hinterher zeitlich festgelegt hat, ist nicht sicher zu entscheiden; doch ist letzteres wahrscheinlicher. Zustande gekommen ist die Zeitraumbestimmung auf Grund des Festkalenders (Anfangsdatum: Sukkot 62) und durch die Ereignisse der beginnenden Belagerung (Beginn der Belagerung Passah 70 nach 5, 567), bei denen der Prophet den Tod fand. Während J. Klausner V 269 gegen die Exaktheit der Angabe keine Bedenken hat, sieht Simchoni 495 die Zeitspanne bis zum Beginn der Kämpfe um die Stadt als

Anmerkungen zu Buch 6

etwas zu kurz an (Vorschlag: 7 Jahre und 7 Monate). Jedenfalls ist zur Angabe des Josephus mindestens ein halber Monat hinzuzurechnen, damit der Tod des Propheten in die Zeit der Belagerung fällt. Es ist dabei vorausgesetzt, daß der Prophet von einem römischen Geschoß getroffen wurde. Nach M. J. bin Gorion (Berdyczewski), Ješū ben Hānān, hrsg. von E. ben Gorion, 1959, 42 freilich hätten die Zeloten ihn getötet, was aber durch den Zusammenhang nicht nahegelegt ist. Hier liegt bei Bin Gorion eine Verwechslung zwischen dem Rechtsprozeß der Steinigung und dem Steinwurf des Kriegsgeschehens vor.

Es gehört zum Stil eines Berichtes, der Offenbarung und Gericht herausstellt, daß er kein Interesse an den Ausführenden, sondern nur an dem Faktum des Geschehens selbst hat (vgl. die genannten Stellen Mk 13, 1-2; Lk 13, 34-35).

Der Abschnitt § 300-308 ist für den Historiker im Hinblick auf die Datierung der Landpflegerschaft des Albinus (vgl. Anm. 146) unentbehrlich.

[148] Gottes Fürsorge gilt allen Menschen. Diese allgemeine Feststellung wendet Josephus in § 310 auf den konkreten Fall an. Die Wendung τῷ σφετέρῳ γένει spricht vom Eigentumsvolk Gottes, den Juden. So wird das zunächst stoisch anmutende Motiv transparent für den alttestamentlichen Erwählungsgedanken.

[149] Josephus bezieht sich auf das apokalyptische Idealmaß, wonach die Tempelanlagen ein Quadrat bilden, vgl. Ez. 42, 15-20, dazu Jos. ant. 15, 400; M. Middot 2, 1. Die Zeloten verwirklichten dies Maß auf Grund ihrer Überzeugung, nach der die Heilszeit angebrochen war; und zwar zu Beginn des Aufstandes, als sie die Antonia erstürmt hatten (bell. 2, 430ff.). Josephus leugnet den Anbruch einer Heilszeit und bestreitet darum das Recht für die Verwirklichung des Idealmaßes unter Berufung auf alte Schriften (τὰ λόγια). Ob hinter τὰ λόγια ein Bibeltext steht oder eine rabbinische Tradition, die wir nicht kennen, muß offen bleiben. Zur Diskussion vgl. Ricciotti z. St.; ferner zur Quadratur beim Tempelbau I. Hahn, Zwei dunkle Stellen in Josephus, in Acta Orient. Hung. 14, 1962, 131-139. Zu λόγιον vgl. auch Schlatter, Theologie 66.

Exkurs XV: Der χρησμὸς ἀμφίβολος und seine Deutung.

Der umstrittene Gottesspruch (χρησμὸς ἀμφίβολος) ist offenbar ein Schriftwort, das undeutlich (nicht: zweideutig, doppelsinnig) ist. Viele Weise (ḥakāmim = Schriftgelehrte) haben diesen Gottesspruch nicht nur geographisch (= von Palästina ausgehend), sondern darüber hinaus als Merkmal der Herkunft (= jüdische Abstammung) und nähere Bestimmung (= Zugehörigkeit zum eigenen Volk) verstanden. Die Unterscheidung zwischen Juden allgemein und „vielen Weisen" kann verschieden verstanden werden (Schriftgelehrte unter den Juden, Schriftsteller neben Josephus und – so Kohout z. St. auffallenderweise differenzierend – christliche Gelehrte). Naheliegend bleibt doch die Beziehung auf jüdische Schriftgelehrte. Dies Zitat bei Josephus hat seine Parallele bei Tacitus hist. 5, 13 (s. Anm. 135); Sueton Vesp. 4.

Bei einem Vergleich von Jos. bell. 6, 312 mit den beiden lateinischen Schriftstellern ergeben sich folgende Beobachtungen:

1. Die Zeitbestimmung κατὰ τὸν καιρὸν ἐκεῖνον wird sowohl bei Tacitus: eo ipso tempore als auch bei Sueton: eo tempore wiedergegeben und scheint daher zur Urgestalt des Gottesspruches (Josephus) bzw. der Gottessprüche (fata bei Tacitus und Sueton) zu gehören. Vgl. dazu I. Hahn, Josephus und die Eschatologie von Qumran, in Qumranprobleme, hrsg. von H. Bardtke 1963, 167-191. Der bei Josephus angegebene Spruch stellt nach I. Hahn die Aktualisierung einer alten eschatologischen Erwartung (vielleicht Num. 24, 17) dar. Sie sei in den Jahren zwischen 27 und 30 n. Chr. aus essenischen Kreisen hervorgegangen, als das jüdische Volk unter besonderen Bedrängnissen stand und die Überzeugung Raum gewann, daß man im Anbruch der messianischen Wehe stehe. Nach Abschluß von 40 Jahren, also einer alttestamentlichen Generation, habe man die Erlösung erwartet.

Die Lateiner rücken den Gegensatz Orient-Okzident in den Mittelpunkt ihres Interesses. Damit ergibt sich ein Thema, das wir vor allem durch die sibyllinische Tradition kennen. Waren die Gottessprüche von Anfang an verschieden, so ist anzunehmen, daß die orientalische Form in den breiten Strom der sibyllinischen Tradition einzuordnen ist. (Vgl. Sib. 3, 350ff.; Lactanz, div. inst. 7, 15, 11). Josephus dagegen scheint an einen alttestamentlichen Text zu denken, den er hellenistisch paraphrasiert.

Anmerkungen zu Buch 6

2. Die geographische Angabe des Josephus: ἀπὸ τῆς χώρας αὐτῶν wird bei den lateinischen Schriftstellern bestätigt (Judaea profecti); ein entscheidender Unterschied liegt dagegen in dem Plural: profecti bei Tacitus und Sueton gegenüber dem Singular τις ἄρξει bei Josephus. Sueton behält sogar den Plural, obwohl er in der Deutung auf den Singular übergeht. Alle drei Schriftsteller beziehen ihre Tradition ausschließlich auf den Wechsel in der römischen Herrschaft, wobei Josephus ohne Zweifel die literarische Vorlage geboten hat (vgl. unten Abschnitt 3). Er hat auch als einziger bei der Deutung seines Schriftwortes einen denkbar hohen Preis bezahlt: Er gibt dessen eschatologische Färbung (τις ἄρξει) und Beziehung auf den jüdischen Messias preis und bekämpft sogar die Deutung der jüdischen Gelehrten (§ 313: πολλοὶ τῶν σοφῶν). Unter welchen Umständen seine Deutung entstanden ist, hat sich in 3, 352. 400 gezeigt: Er geht als „Deuter von Träumen" und erfahrener Kenner der Gottessprüche in das römische Lager. Vielleicht ist in der Akklamation von 3, 401 f. noch eine Spur des Gottesspruches von 6, 312 wiederzuerkennen. Zum Ganzen vgl. auch 3, 404 Anm. 96.

3. Gegenüber Tac. und Sueton läßt sich bei Josephus die Weissagung auf bestimmte messianische Weissagungen des AT zurückführen. Vgl. LXX: Gen. 49, 10; Num. 24, 17; Dan 7, 14. Die Tatsache, daß die zeitliche Bestimmung κατὰ τὸν καιρὸν ἐκεῖνον schon ursprünglich mit dem Spruch verbunden war, zeigt an, daß er im Gegensatz zu den λόγια (Anm. 149) apokalyptisch bestimmt und in eine Berechnung eingeordnet war. Damit tritt der chokmatistische Charakter einer urtümlichen Apokalyptik besonders heraus, welche alles Geschehen ordnet und darum notwendig zur Zeitfixierung vorstößt. Messianisch ist eine Herrschaft, die von Israel ausgeht; sie hat die Kraft, den feindlichen Widerstand der Völker zu zerbrechen oder die Hoffnung der Völker auf sich zu lenken. Sollte ein messianisches Zitat aus dem AT oder ein Prophetenspruch auf Grund des at. lichen Wortes bereits in der Zeit vor dem Ausbruch des Aufstandes aktuellen Klang bekommen haben, so lag es nahe, es jetzt antirömisch aufzufassen: Der römischen Ordnung wäre eine neue jüdische Ordnung gegenübergetreten. Einer derartigen eschatologischen Erwartung hätte Josephus dann die Spitze dadurch abgebrochen, daß er die Autorität des Spruches stehen ließ, ihn aber innergeschichtlich in die römische Ordnung einfügte.

Die Form der Akklamation 3, 402 („Herr über die Erde und das Meer und das ganze Menschengeschlecht") und die der Weissagung 6, 312 („es wird einer zur Herrschaft kommen über die Welt") ist nicht zufällig die gleiche. Beide Aussagen, Akklamation und Weissagung, stehen inhaltlich und formal in einem engen Verhältnis zueinander. Die Aussage des Josephus kann so verstanden werden, daß der Begriff „Weltherrschaft" nicht eine hellenistische Umschreibung einer at.lichen Messianität ist, sondern eine innergeschichtliche und politische Größe darstellt, die jüdischen und heidnischen Herrschern gegeben werden kann. In diesem Sinn ist Pirqe R. Elieser 11 zu verstehen (frühestens 8. nachchr. Jhdt.): „Zehn Könige müssen regieren von einem Ende der Welt bis zum anderen. Der erste ist der Heilige, gepriesen sei Er, denn Er ist der Erste in bezug auf alles Erste, der zweite König ..., der neunte ist der König, der Messias, der eines Tages von einem Ende der Welt bis zum anderen regieren wird, denn es heißt (Dan. 2, 35) „Der Stein aber, der die Bildsäule zerschmettert hatte, wurde zu einem großen Berg, der die ganze Erde erfüllte". Mit dem zehnten König kommt die Herrschaft wieder zu ihrem Herrn zurück, so daß der erste König auch der letzte sein wird (vgl. Jes. 44, 6). Eine solche universalgeschichtliche Ausrichtung, die jüdische und heidnische Herrscher in einen größeren Rahmen stellt, kann auf apokalyptische Wurzeln zurückgehen. Auch Josephus hat das Material universalgeschichtlich verarbeitet und schließlich zum Ausdruck gebracht, was der römische Herrschaftswechsel für ihn als Juden bedeuten kann. Vgl. aber den entscheidenden Unterschied zu der Tradition, die in Pirqe R. Elieser faßbar ist. Sie kann grundsätzlich keinen römischen Weltherrscher anerkennen. Zur Diskussion in der Forschung vgl. A. v. Harnack, Der jüdische Geschichtsschreiber Josephus und Jesus Christus, in Internationale Monatsschrift 7 (1913) 1036–1067. Nach Harnack sind Tac. hist 5, 13; Suet. Vesp. 4 grundsätzlich abhängig von Jos. bell. 6, 312f. Er beruft sich dabei auf E. Schürer II 604: „Es ist kaum zu bezweifeln, daß Tacitus und Suetonius lediglich (sei es direkt oder indirekt) aus Josephus geschöpft haben".

Für E. Norden, Josephus und Tacitus über Jesus Christus und eine messianische

Anmerkungen zu Buch 6

Prophetie (Neue Jahrb. für das klass. Altertum 31, 1913, 637–666) ist die Wahrscheinlichkeit, daß Tacitus die Werke eines jüdischen Schriftstellers überhaupt gelesen habe, so gering wie nur irgend möglich. Die lateinische Quelle, aus der Tacitus schöpfen konnte, sei vielmehr das bei Minucius Felix 33, 3f. erwähnte Werk des Antonius Julianus über die Juden gewesen. Auch die Darstellung des Sueton beruhe auf dieser Quelle. So erklärt sich auch die zum Teil wörtliche Übereinstimmung des Sueton mit Tacitus.

P. Corssen, Die Zeugnisse des Tacitus und Pseudo-Josephus über Christus, in ZNW 15 (1914) 114–140 weist grundsätzlich die Priorität dem Josephusbericht zu. Nach Corssen kann die Darstellung des Tacitus auch im Fall der messianischen Weissagung aus Josephus abgeleitet werden, aber nicht umgekehrt die des Josephus aus Tacitus. Habe sie bei Josephus durchaus jüdische Prägung, so sei sie bei Tacitus einfach in die römische Auffassung umgesetzt worden: die jüdische Messiashoffnung kehre in der römischen Auffassung als ein Erstarken des Orients wieder. R. Eisler 'Iησοῦς βασιλεὺς οὐ βασιλεύσας I 355f., Anm. 4; II 591 ff. versucht, auf Grund des slawischen Textes eine Grundgestalt des umkämpften Orakels wiederzufinden. Dabei werden verschiedene Deutungen ausdrücklich genannt, so daß die auf Vespasian nur eine Möglichkeit neben anderen ist. Zugrunde liege eine Weissagung auf die „Erwartung der Völker" in Gen. 49, 10 (Schilo-Weissagung), die im Sinn des „še lo" („dem die Herrschaft nicht zusteht") gedeutet wurde.

[150] Zur Frage nach der Komposition und der schriftstellerischen Absicht bei Josephus: Die ganze Einschaltung § 288–315 ist ein retardierendes Moment zwischen dem Untergang der Menge im Tempel (§ 284–287) und der Aufstellung der Feldzeichen im Tempelgebiet (§ 316); zu § 316 verzichtet Josephus bezeichnenderweise auf eine entsprechende Reflexion. Beide historische Fakten, die den Rahmen zu dieser retardierenden Betrachtung darstellen, erscheinen jetzt notwendig in einem besonderen Licht. Josephus liebt auch sonst Einschübe, die die Spannung des Lesers erhöhen sollen (bell. 7, 171–189; 280–303). An dieser Stelle aber wird die Abrechnung mit der verblendeten Religion der Zeloten und ihrer Anhänger ganz entscheidend. Josephus stellt seine Auffassung von der Führung Gottes, die zu einer besseren und genaueren Beobachtung der Wirklichkeit und des Lebens anleiten soll, unter die Autorität einer älteren, priesterlichen und prophetischen Tradition. Er kann sich dabei auf eine nichtzelotische Tradition stützen, die nicht lange vor der Zerstörung des Tempels in Erscheinung getreten war (b. Joma 39b; b. Gittin 56a; Anm. 136. 137. Exkurs XIII, Abschnitt 2). Entscheidend ist aber, daß Josephus selbst als Historiker einen Rückblick gibt, der angesichts der Katastrophe die Wurzeln des Geschehens verständlich machen möchte. Selbstverständlich bleibt auch für ihn als Juden der in § 316 geschilderte Gottesdienst für die Feldzeichen ein heidnischer und römischer Entweihungsakt, der aber jetzt nicht mehr verwunderlich ist: Der jüdischen Verblendung folgt notwendig dieser Vergeltungsakt, ohne daß er zu einer ausdrücklichen Belastung der Sieger werden muß. Die Römer sind durch den vorangehenden Zusammenhang weitgehend entlastet; vgl. dazu ferner P. Corssen a.a.O. 119f.

[151] Das Tor, das nach dem Brand noch erhalten war, war das Osttor zwischen Frauenhof und Männerhof (vgl. Exkurs XIII), anders Kohout z.St. Die römischen Legionen demonstrieren damit den Sieg über den Gott des feindlichen Volkes im Vorhof der Israeliten, d.h. auf geweihtem Gebiet, unmittelbar dem Tempelhaus gegenüber. Es ist ein alter auch sonst bezeugter Brauch, religiöse Insignien am Kultort des unterworfenen Volkes aufzustellen (vgl. Ps. 74, 4). Josephus spricht hier allgemein von den Feldzeichen (σημαῖαι), ohne ihre Art näher zu bestimmen (vgl. 3, 123). Nach Tacitus ann. 2, 17 repräsentieren die Adler die propria numina der Legionen, so daß Kohout z.St. ausdrücklich die jetzt herbeigebrachten Adler der Legionen, denen das Opfer gilt, von den Standarten (vexilla) der Kohorten unterscheidet. Adler und Feldzeichen werden nach Plinius hist. nat. 13, 20 an Festtagen gesalbt. Ganz entsprechend heißt es von den Kittäern in 1 QpHab 6, 4: „daß sie ihren Feldzeichen opfern und ihre Kriegsgeräte Gegenstand ihrer Ehrfurcht sind". Wie in 1 QpHab 6, 4 ist zwischen dem Opfer und der häufiger erwähnten Verehrung (veneratio) zu unterscheiden.

N. Wieder, The Habakkuk Scroll and the Targum (Journal of Jewish Studies IV 1953) macht darauf aufmerksam, daß schon der Targum Jonathan zu Hab. 1, 16a von einem Opfer spricht, das den Feldzeichen dargebracht wird. Dieser in 1 QpHab 6, 4 zugrunde

Anmerkungen zu Buch 6

liegende Bibeltext wird im Targum folgendermaßen wiedergegeben: „Darum opfert er seinen Waffen und bringt Weihrauch seinen Standarten dar". N. Wieder schließt hieraus, daß man in Qumran die exegetische Tradition dieses Targums aufgenommen hat.

Hier in § 316 ist das Opfer für die numina mit der Akklamation des Titus zum Imperator (= siegreicher Feldherr) verbunden. Es handelt sich offenbar um zwei Akte, die nicht notwendig miteinander verbunden sind. Der Titel Imperator (αὐτοκράτωρ) ist schon in der republikanischen Zeit bekannt als Bezeichnung des siegreichen Feldherrn, die vom Tage des Sieges bis zum Triumpf geführt wird. In der Kaiserzeit wird dieser Titel entweder auf Ersuchen des Senats oder durch Akklamation dem princeps zuerkannt und zum Teil des Eigennamens (= zweites cognomen). Vgl. Th. Mommsen, Römisches Staatsrecht II. Bd. 2. Teil 767. 783; Art. Imperator Pauly-W. 9, Sp. 1139–1154.

Nach der Darstellung des Sueton Titus 5 hätte ein Verdacht bestanden, daß durch die Akklamation der Truppen und das Auftreten des Titus in Ägypten eine selbständige Herrschaft über den Orient entstehen könnte. Er wurde beseitigt, als Titus vor seinem Vater in Rom erschien: „Veni, pater, veni". Die Darstellung des Josephus ist betont feierlich und läßt keinen Verdacht aufkommen (vgl. 7, 120 Anm. 60).

[152] Nach Josephus begleiten die εὐφημίαι (= wiederholte, Glück verheißende Zurufe) die Akklamation zum siegreichen Feldherrn. Sueton Titus 5 legt den Tag der Akklamation auf den Einnahme Jerusalems. Auffallend ist, daß nach ihm die Akklamation erst anläßlich der gratulatio und der dabei entfachten Begeisterung der Soldaten erfolgt. – Die Reihenfolge der Verben und Partizipien bei Josephus: κομίσαντες, θέμενοι, Aor. ἔθυσαν, ἀπέφηναν betont ausdrücklich den amtlichen Charakter des Vorgangs. Dagegen hängt bei Sueton die Akklamation gleichsam an der Kontingenz der Geschichtsereignisse (Einnahme Jerusalems, Geburtstag der Tochter). Beide Historiker übergehen – bewußt? – die sich daraus ergebende Rechtsfrage der kaiserlichen Bestätigung des Imperatortitels (vgl. Anm. 151).

[153] Die Einnahme des Tempels bringt nach Josephus eine Fülle von Beute mit sich, die nicht abgeliefert zu werden braucht (Kohout). Von den Priestern, die auf der Mauer des Tempels aushielten, sprach zuletzt § 279.

[154] Die in § 318ff. eingeschobene Anekdote ist im Blick auf § 322 zu verstehen. Josephus versucht die bloß vom Richteramt her zu erklärende außergewöhnliche Härte des Titus gegen den an sich unantastbaren Stand der Priester verständlich zu machen.

[155] Nach Josephus ist der Bescheid des Titus die Konsequenz aus seiner bisherigen Haltung gegenüber den jüdischen Gegnern und dem bereits gefallenen Tempel; H. Graetz, Geschichte 3, 403; Simchoni z. St. sehen in dem Befehl zur Hinrichtung ein Zeichen besonderer Grausamkeit des Titus.

[156] Zum Mauerring, den Titus um die ganze Stadt hatte legen lassen, vgl. 5, 499–511; 6, 158.

[157] Josephus hebt die φιλανθρωπία des Titus ausdrücklich hervor, um die im Kontext zu berichtenden, ihr widersprechenden andersartigen Strafhandlungen des Feldherrn zu decken (die Hinrichtung der Priester in § 322 und die Verbrennung und Plünderung der Stadt § 353). Titus wird durch die Gegner und die Situation aus dieser Haltung der φιλανθρωπία immer wieder herausgedrängt, ohne sie aber im letzten Sinn preiszugeben. Vgl. auch in der folgenden Rede die betonte Herausstellung der φιλανθρωπία der Römer § 333; 340; ferner die clementia des Caesar in 5, 372–374 Anm. 143.

[158] Der Plural πύλαι kann sowohl eine Mehrzahl der Tore als auch die Bögen eines einzelnen Tores (vgl. 5, 144 Anm. 40) meinen. Vgl. 6, 191 Anm. 74; 7, 123 Anm. 61. Wir behalten mit den meisten Übersetzern den Plural bei, obgleich man gerade an dieser Stelle gern an den Singular (Clementz; Endrös) denken würde. – Die Ortsangabe, auf die Josephus besonderes Gewicht legt, erinnert an 2, 344. Zu Xystos und Brücke vgl. 1, 143 Anm. 78; 2, 344 Anm. 172. Man nimmt an, daß die Brücke während der Verhandlung unterbrochen war. Einen analogen Fall des Abbruchs einer Brücke zwecks Unterhandlung berichtet Tacitus hist. 5, 26.

[159] In § 96 und 129 ist Josephus selbst der Dolmetscher, während hier seine Person nicht hervortritt. Josephus ist in erster Linie Fürsprecher für die Bewahrung des Tempels, nicht der Aufstandsführer. Die Motivierung Kohouts z. St. ist zweifellos unrichtig.

[160] Es fällt auf, daß Titus, obwohl die Juden ein Anliegen vorbringen wollen, als

Anmerkungen zu Buch 6

erster das Wort nimmt und eine hellenistische Anklagerede (κατηγορία), die mit allen Mitteln der Rhetorik arbeitet, hält:

§ 328–329: Anklage gegen die jüdischen Führer, die für den Untergang von Volk, Stadt und Tempel verantwortlich sind.
§ 330–332: Argumentation zur Aussichtslosigkeit des Aufstandes gegen Rom. Aufbau aus Frage und Antwort (5 Glieder).
§ 333 a: Einordnung der Entstehung des Krieges unter dem Gesichtspunkt der römischen φιλανθρωπία. Schlüsselpunkt der Rede.
§ 333 b–335: Darstellung und Mißbrauch der römischen φιλανθρωπία gegen die Juden.
§ 336: Steigerung in der Anklage: die heimtückische Wesensart der Juden.
§ 337–343: Erster Beweisgang für den Mißbrauch der φιλανθρωπία durch die Juden: die Vorgeschichte des Krieges und seine Anfänge.
§ 344–346: Zweiter Beweisgang für den Mißbrauch der φιλανθρωπία durch die Juden: die Bemühungen des Titus um die Erhaltung von Volk und Tempel und ihr Scheitern durch die Schuld der Juden.
§ 347–349: Beschämung der Schuldigen in Frage und Antwort (Frage nach der ἀπόνοια der Juden wie in § 330–332).
§ 350: Abschließendes Angebot einer Übergabe.

Es wird ein Geschichtsaufriß von der Zeit des Pompejus an gegeben, in welchem grundsätzlich antijüdische Elemente eingearbeitet sind (§ 336–342), die vorher in den Reden des Titus fehlten (vgl. seine gemäßigte Haltung in § 214–219). D.h., daß der Text nach der Zerstörung des Tempels eine Verschärfung im Verhalten des Titus zugibt (entsprechend § 322. 352). Im Ganzen ist die Rede dennoch von der φιλανθρωπία des Titus bestimmt; sie will die Waffenniederlegung der Zeloten erreichen.

Nach der Ablehnung der römischen Vorschläge seitens der Juden weist Titus auch den Gegenvorschlag der Zeloten (freier Abzug mit Familie in die Wüste § 351) zurück und führt das Kriegsgesetz durch.

Die Entscheidung, inwieweit die Rede in ihren Grundzügen historisch sein kann, hängt eng zusammen mit der über die Reihenfolge der Ereignisse von § 322–354. Nehmen wir zunächst an, daß die von Josephus dargestellte Rede des Titus dem Sinn nach gehalten worden ist, so ergäbe sich die Verwüstung der Stadt durch die Römer aus der brüsk ablehnenden Haltung der Zeloten gegenüber dem Angebot des Titus. Ist dagegen die Rede die Komposition des Josephus im obigen Sinne, so ist folgender Ablauf zu rekonstruieren: Tötung der Priester (§ 322), Verhandlung zwischen Zeloten und Römer um freien Abzug in die Wüste, hinter der sich zweifellos die Absicht der Zeloten verbirgt, sich mit den Sikariern auf Masada erneut zu verbinden (§ 351), Zurückweisung dieser Möglichkeit, damit auch noch einen Rest der Stadt zu erhalten, durch Titus (§ 352f.), statt dessen Verbrennung und Verwüstung der Stadt (§ 353f.).

Nach der zweiten Rekonstruktion stellt die Rede des Titus eine Apologie des Josephus dar, die die Verantwortung für die restlose Zerstörung Jerusalems auf die Zeloten und überhaupt auf die Politik der Zerstörung der Beziehungen zu Rom abwälzt. Es tritt den jüdisch-rabbinischen Titusbild das josephinische ausdrücklich gegenüber: Durch den Wahnsinn der Zeloten steht Titus immer im Konflikt zwischen φιλανθρωπία und militärischer Notwendigkeit (zum Ganzen vgl. auch Anm. 181; ferner 1. Makk. 3, 59). Es ist denkbar, daß Josephus in der Polemik gegen die Zeloten so weit geht, daß er in § 349 den heidnischen Feind die makkabäische Tradition gegen die Zeloten ausspielen läßt.

[161] Das „Gesättigtsein mit Elend", das in diesem Augenblick den wirkungsvollen Einsatz der Titusrede darstellt, soll den gegenwärtigen Zustand der πατρίς (Vaterstadt oder Vaterland?) zum Bewußtsein bringen, das machtvolle κεκόρεσθε wird durch die folgenden Partizipien analysiert. Es geht also nicht allein um die Erweckung des Schuldbewußtseins der Zeloten.

[162] In 6, 329 wird weder eine zutreffende Zusammenfassung der jüngeren jüdischen Geschichte noch auch speziell der zelotischen Aufstandsbewegung gegeben, denn beiden kommt ein grundsätzlich anderer historischer Ansatz zu. Vgl. Anm. 160; ferner 7, 254 Anm. 136, Exkurs XXI; 7, 255ff. Anm. 138. 139. Dem entspricht es, daß es in der Titusrede tatsächlich nicht um einen Geschichtsaufriß des jüdischen Volkes überhaupt

geht, sondern nach der Verantwortung für die κακά gefragt wird. Josephus liebt es auch sonst, über den Anfang der Aufstandsbewegung hinaus die Zeit des Pompejus als einen entscheidenden Wendepunkt der jüdischen Geschichte hinzustellen: Damals ging die politische Freiheit an die Römer verloren, und jeder spätere Versuch, sie wiederzugewinnen, mußte notwendig scheitern (vgl. die Rede des Agrippa 2, 355-357; des Josephus selbst 5, 365-396. 408; des Titus 6, 42). Daß Josephus dies Thema in verschiedenen Situationen immer wieder aufgreift, weist darauf hin, wie sehr es für ihn ein Grundelement im Geschichtsaufriß des Bellum darstellt. D. h. ferner, daß es dort, wo es auftaucht, die Wichtigkeit der Situation für die Konstruktion des Bellum hervorhebt.

[163] Eine Aufzählung der von den Römern überwundenen Völker findet sich in ausführlicher Form schon in der Agripparede 2, 358-387; dort auch der Hinweis auf die Vergeblichkeit der Suche nach Bundesgenossen 2, 388f. Dahinter steht wohl hier wie dort der Glaube an die Festigkeit der römischen Ordnung, die die ganze Welt umfaßt.

[164] Das Wort φιλανθρωπία ist für das Verhalten des Titus ein Kernbegriff, den Josephus liebt (§ 324; vgl. 4, 119 Anm. 24; 6, 242 Anm. 108; 7, 451 Anm. 217); in der Rede des Titus erscheint er dreimal (§ 333. 340. 341). Daß dieser Begriff gerade hier so beherrschend hervortritt, nachdem in § 322 von der Hinrichtung der Priester berichtet wurde, und bevor in § 353 die Proklamation des Kriegsgesetzes mit Brand und Plünderung erfolgt, liegt in der schriftstellerischen Absicht des Josephus (Anm. 160). Die Handlungen des Titus müssen auf jeden Fall vor Mißdeutung geschützt werden. Über die φιλανθρωπία der Römer sprach schon Agrippa 2, 399; vgl. auch ant. 14, 267; 18, 162; über die φιλανθρωπία des Titus bell. 4, 96; 5, 335; 7, 107. Dem „antisemitischen" Element, das in der vorliegenden Rede des Titus in § 336 zum Durchbruch kommt, soll die Schärfe genommen werden. Damit aber ist das Problem der φιλανθρωπία als Grund für des Titus letztes Gnadenangebot von entscheidender Bedeutung.

Mit φιλανθρωπία ist ein typisch hellenistischer Begriff gegeben, der als solcher keine volle Entsprechung im Hebräischen hat. Schon Xenophon und Platon verwenden ihn, und er erreicht seine Blüte in der stoisch-kynischen Tradition. Vor allem scheint dann in Ägypten und allgemein im Orient die φιλανθρωπία als Herrschertugend hervorgehoben zu sein (vgl. Ditt. or. 90, 12; 139, 21; 168, 13. 46; ep. Arist. 265. 290). Verwandt ist das entsprechend gebrauchte Adjektiv ἥμερος (Ditt. or. 116, 7) und vor allem das Substantiv „clementia" (vgl. insbs. 5, 327. Anm. 143 und Pauly-W. Bd. 4, Sp. 20f.). Daß die Römer ein entsprechendes Selbstbewußtsein gehabt haben, macht Livius deutlich (Livius 25, 16). Für Josephus ist dieser Begriff im allgemein orientalischen Gebrauch wichtig zur Bezeichnung einer Tugend des Herrschers (vgl. ant. 7, 391, dazu 1. Kön. 20, 31; ferner ant. 8, 385; 11, 123).

Die Privilegien der Juden im römischen Reich werden bei Josephus ausdrücklich als φιλάνθρωπα bezeichnet (ant. 14, 195. 208. 259. 313), wobei der Begriff rechtliche Bedeutung erhält (neben δίκαια, δικαιώματα = privilegia permissa, vgl. Juster I, 222). Auch im Claudiusbrief bezeichnet sich der Kaiser ausdrücklich als ἡγεμών φιλάνθρωπος und verlangt, daß die Alexandriner sich φιλανθρώπως gegen die Juden verhalten sollen (Z. 80ff., vgl. H. I. Bell, Jews and Christians in Egypt, 1924, 25). In diesem Sinne wird auch bei Josephus die alte seleucidisch-hellenistische Tradition weitergeführt, d. h. er knüpft an die Linie derjenigen φιλανθρωπία an, die dem Judentum Rechte und Möglichkeiten gewährt (vgl. 2. Makk. 4, 11; c. Apion. 1, 186). Die entgegengesetzte Linie zeigt 2. Makk. 6, 22; 9, 27; 14, 9; 3. Makk. 3, 16-23; 4. Makk. 5, 12. Besonders bezeichnend ist der eingeschobene Exkurs ant. 12, 120-128, der nach der φιλανθρωπία des Vespasian und des Titus hervorhebt, die die Rechte der Juden nach der Katastrophe des Jahres 70 n. Chr. nicht geschmälert haben, obwohl die Alexandriner und die Antiochener die Aufhebung der jüdischen Rechte verlangt haben. Die Bewahrung der jüdischen Rechte in der Diaspora ist vielleicht sogar der historische Fixpunkt, von dem aus das josephinische Titusbild geprägt wird. Er ist Repräsentant der φιλανθρωπία-Tradition.

Da die Juden durch ihre katechetische Unterweisung der nichtjüdischen Welt dauernd die Verpflichtung zur φιλανθρωπία einschärfen, ist es auffallend, daß jetzt die Zeloten der ἀπόνοια verfallen sind, Josephus aber die eigentliche Durchführung der φιλανθρωπία den Römern zuschreibt (c. Ap. 2, 40).

Zur Literatur vgl. P. Wendland, ZNW 5 (1904), 345 Anm. 2; S. Lorenz, De progressu

Anmerkungen zu Buch 6

notionis φιλανθρωπίας (diss. Lips. 1914); S. Tromp de Ruiter, Mnemosyne nova series 59 (1932), 271–306; Pauly-W. Suppl. VII, Sp. 1032–1034; M. Dibelius – H. Conzelmann, Hdbch. z. NT 13 (1955), 109; Bauer Wört. 1698; D. Daube, The New Testament and Rabbinic Judaism, 1956, 127–133.

[165] Zum ganzen Zusammenhang der folgenden Aufzählung der jüdischen Vorrechte vgl. vor allem die Edikte Jos. ant. 14, 185–267 (Caesar); 16, 160–178 (Augustus und seine Beamten); 19, 274–291 (Claudius). Vgl. außerdem die Darstellung von S. W. Baron, A Social and Religious History of the Jews[2], Bd. I 1952 (vor allem: Imperial Status 238–246).

a) „Wir haben euch das Land zum Besitz gegeben und setzten Könige aus eurem eigenen Stamme ein" (§ 333). Diese Aussage bezieht sich auf die Eroberung des Landes durch Pompejus (63 v. Chr.): Das jüdische Gebiet wurde nicht einfach eingezogen und unmittelbar der Provinz Syrien unterstellt, sondern als geschlossenes jüdisches Siedlungsgebiet (abgesehen von seinen hellenistischen Teilen) erhalten (1, 155; ant. 14, 74–76). Anders wurde z. B. mit Ägypten verfahren, das seit Augustus als unmittelbare kaiserliche Besitzung galt, und mit Judäa nach 70 n. Chr. (7, 216 Anm. 108).

b) „Wir haben ferner eure väterlichen Gesetze geachtet und euch gestattet, nicht nur unter euren Stammesgenossen, sondern auch im Umgang mit den Nichtjuden so zu leben wie ihr es wünschtet". Die Bewahrung der väterlichen Gesetze ist ein Grundsatz der römischen Religionspolitik, der auch in anderen unterworfenen Völkern durchgeführt worden ist (ant. 16, 33 ff.; Philo leg. ad Gaium 240; vgl. Juster I 221 Anm. 1). Dabei kommt diese Handlungsweise der Römer einem alten Interesse der Juden entgegen, war doch die Erhaltung der väterlichen Gesetze für die makkabäische Tradition das wichtigste Motiv im Kampf gegen die Syrer gewesen (vgl. 1. Makk. 2; 3). Auch war das Judentum innerhalb der Diaspora durchaus bereit, eine solche Toleranz der Römer anzuerkennen. In diesem Fall ist die römische Toleranz mit der jüdischen Treue gegen das Gesetz durchaus verbunden. Wenn Josephus sie dennoch als besonders gewährte Gunst seitens der Römer für das jüdische Volk in der Titusrede herausstellt, so entspricht das seiner Bestrebung, das Bild des Titus von der φιλανθρωπία und εὐσέβεια bestimmt sein zu lassen (vgl. Anm. 114. 160). Die zweite Hälfte des Satzes § 334 ruft die den Juden von den Römern im einzelnen gewährten Vorrechte in Erinnerung (ἐπετρέψαμεν in diesem rechtlichen Sinn auch § 126. 335), die den Juden ein Leben nach ihrer Sitte ermöglichten. Die meisten Übersetzer verstehen den Satz so, daß mit καθ' ἑαυτούς das jüdische Palästina, mit πρὸς τοὺς ἄλλους die Diaspora gemeint ist (so Clementz, Kohout, Ricciotti, Simchoni, Williamson); doch läßt sich καθ' ἑαυτούς auch von jüdischen Wohngebieten innerhalb der Diaspora verstehen, wie umgekehrt πρὸς τοὺς ἄλλους auch vom jüdischen Palästina aus Nichtjuden meinen kann (Thackeray, Whiston-Marg.). Für die zweite Möglichkeit spricht das jetzt allgemein anerkannte πρός vor τοὺς ἄλλους.

c) „Die größte Gunst aber war die, daß wir euch gestatteten, Abgaben für Gott zu erheben und Weihgeschenke zu sammeln". Ein entsprechendes Recht wird seit der Zeit Caesars allgemein im römischen Reich gegolten haben, denn in einem Edikt des Augustus wird ausdrücklich auf dies Vorrecht der jüdischen Diaspora Bezug genommen (ant. 16, 163). Die Entrichtung der Doppeldrachme und die Überbringung von Weihgeschenken wird auch in ant. 18, 312 (vgl. bell. 5, 187. 562; Philo leg. ad. Gaium 156. 312 ff.) erwähnt. Abgesehen von den rhetorisch-apologetischen Gründen des Josephus für die besondere Betonung des eigentlich bereits in den erwähnten Zugeständnissen enthaltenen Vorrechts handelt es sich gerade hier um ein politisch umkämpftes Geschehen, da es dabei um die Ausfuhr von Gold aus dem Bereich der jeweils zuständigen Finanzhoheit ging (Cicero pro Flacco 28); d. h., daß es in der Tat der Diaspora möglich war, das notwendige Geld für den Aufstand im Mutterland bereitzustellen. So wird auch nach 70 n. Chr. dies Vorrecht aufgehoben bzw. umgewandelt in die jüdische Kopfsteuer an den Jupiter Capitolinus (7, 218 Anm. 110; Dio Cass. 66, 7, 2).

[166] Die Rede des Titus kommt in § 333b–336 zu einem polemischen Höhepunkt: a) Die Juden haben die φιλανθρωπία bzw. die Vorrechte im römischen Reich reichlich genossen; man könnte den Nebenklang hören: aber auch mißbraucht. b) Sie haben die Reichtümer gesammelt, so daß sie auf Kosten der Römer immer reicher wurden (andere Lesart: damit sie reicher würden als die Römer). Hier könnte der Nebenklang gehört

Anmerkungen zu Buch 6

werden: Man konnte geradezu Besorgnis vor der Macht der Juden bekommen (so auch Cicero, pro Flacco 28). c) Sie haben wie die Reptilien den gütigen Geber angefallen. Damit aber ist der Übergang für einen neuen rhetorischen Abriß historischer Geschehnisse durch Gedankenverkettung gegeben.

Exkurs XVI: Die besondere Rechtsstellung der Juden:
Die Privilegien, die den Juden unter römischer Herrschaft, insbesondere durch Caesar und Augustus, zugebilligt worden waren, ermöglichten ihnen, in der Diaspora wie in Palästina, die Existenz als Volk. Sie schützten ihr gottesdienstliches Leben und gewährten der Gesamtheit der Judenschaft sogar eine gewisse Selbstverwaltung, wenn auch einzelne Rechte nur örtliche Geltung hatten und nur als Ergebnisse langer Kämpfe sowie einer Politik zu verstehen sind, die im Interesse des Imperiums diese Zugeständnisse machte. Die jüdischen Gemeinden in der Diaspora hatten unter Caesar Versammlungsfreiheit (ant. 14, 216; vgl. Sueton, Caesar 42; Aug. 32), mehrfach eine eigene Rechtsprechung, so z.B. in Alexandrien (ant. 14, 117. 235. 240), eine eigene Vermögensverwaltung, die uns z.B. für Ephesus und Milet bestätigt wird (ant. 14, 225ff. 245), später aber von Augustus für ganz Kleinasien zugestanden wird (ant. 16, 162ff.). Das jüdische Vermögensrecht bildete die Voraussetzung für die Entrichtung der Tempelsteuer, die in einem Edikt des Augustus besonders erwähnt wird (ant. 16, 162f.). Man gestand auch den Juden zu, daß sie am Sabbat nicht vor Gericht erscheinen mußten (ant. 16, 163. 168), sowie für Kleinasien Befreiung vom Kriegsdienst (ant. 14, 223ff. 230), später auch ausdrücklich vom Kaiserkult (ant. 19, 284).

Wenn Josephus von diesen Privilegien der Juden spricht, will er sie durch genaue historische Verifizierung festlegen (ant. 14, 188: öffentliche Archive der einzelnen Städte, in Rom auf dem Kapitol, Errichtung eherner Säulen, z.B. Antiochien, Alexandrien). Es geht also um rechtliche Dokumente, die damals in der Diskussion der jüdischen Öffentlichkeit eine Rolle spielten. – Josephus spricht hier zwar ausdrücklich als Historiker, der Bescheid weiß und behauptet, daß auch das jüdische Volk darüber historisches Material habe, doch läßt er die ihm als Juden gegebene Möglichkeit zu eigener Zeugenschaft auffallend unberücksichtigt. Man hat daran gedacht, daß römische Senatskonsulte auf dem Kapitol nach der Brandkatastrophe 69 n. Chr. wiederhergestellt und dem Josephus zugänglich wurden (Sueton Vesp. 8), oder aber daß es frühere Sammlungen jüdischer Rechte gegeben hat, die bei bestimmten historischen Veranlassungen von Bedeutung werden konnten (Philo, leg. ad Gaium 178ff. 287ff.). Es ist zudem wahrscheinlich, daß man grundsätzlich zwischen den römischen Edikten und den Beschlüssen (ψηφίσματα) kleinasiatischer Gemeinden zu unterscheiden hat. Die Frage nach dem Geschichtswert der Zeugenschaft des Josephus ist lebhaft diskutiert worden; vgl. S. W. Baron, A Social and Religious History of the Jews, Bd. I, 1952, 240. Aufs Ganze gesehen hat den Papyrusfund, der den Brief des Claudius an den Stadt Alexandrien enthält, den Bericht des Josephus über diese Ordnungs- und Rechtsmaßnahmen überraschend bestätigt (H. I. Bell, Jews and Christians in Egypt 1924, 10ff. 23–29). Auch wird die Situation, in der Josephus schrieb, grundsätzlich die Möglichkeit einer Fälschung von so großer Bedeutung ausgeschlossen haben, da man nach 70 n. Chr. gewiß den Versuch gemacht hat, die Vorrechte der Juden zu nehmen, die sie besaßen, und der römische Leser die Darstellung eines Juden sehr kritisch angesehen haben wird, wenn er dies Thema behandelte. Immerhin ist ein Fall, in dem man versuchte, die jüdischen Vorrechte abzuschaffen, für Antiochien ausdrücklich bezeugt (7, 110 Anm. 58; bes. 7, 104 Anm. 54). Eine naheliegende Vermutung bleibt, daß es jüdische Sammlungen der Rechte gab, die die Privilegien vor allem des Diasporajudentums zu stützen suchten und die auch dem Josephus bekannt waren.

Zur Literatur: Schürer I 85ff. Anm. 19; III 108ff.; Juster I 134–158; 213–226; 377–385; H. Willrich, Urkundenfälschung in der hellenistisch-jüdischen Literatur, 1924, 1–10; H. I. Bell, Jews and Christians in Egypt 1924, 1–37; Enc. Jud. IX 1932, 394–420; S. W. Baron, A Social and Religious History of the Jews, Bd. I 1952, 238–246.

[167] Die Handlungsweise der Juden, die die römischen Vergünstigungen zum Aufstand gegen die Römer mißbraucht haben, wird durch ein starkes Bild ins Grundsätzliche erhoben (δίκην = adverbial), d.h. auf eine verkehrte Art des jüdischen Volkes zurückgeführt. Hier tritt also ein entscheidendes Anklagemotiv der Titusrede heraus, das – aus-

Anmerkungen zu Buch 6

gehend von einzelnen schuldhaften Handlungen – zu einer negativen Charakterisierung des jüdischen Wesens vorstößt. Vgl. im Folgenden § 342f. Bisher war eine derartige Zuspitzung in der Einstellung des Titus dem jüdischen Volk gegenüber nicht gegeben (vgl. Anm. 160). – Literarisch begegnet uns das gleiche Bild bei Josephus in bell. 1, 624 und ant. 17, 109 in der Beschreibung des hinterhältigen Verhaltens Antipaters gegen seinen Vater (vgl. die Terminologie 1, 624: ἤνεγκεν κατ' ἐμοῦ τὸν κόρον ant. 17, 109: τὰ ἰοβολώτατα τῶν ἐρπετῶν). Das Bild der Schlange ist einerseits in der polemischen Tradition, die auf das AT zurückgeht (Judentum, Urchristentum), zu verfolgen, andererseits auch im Hellenismus, der jedoch insonderheit die Heimtücke gegen den Wohltäter herausarbeitet (Plutarch bei Apostolius 13, 79a; Petronius 77; vgl. W. Förster, Th. Wb. V, 566ff.).

[168] In bell. 2, 250f. hatte Josephus ein hartes Verwerfungsurteil über Nero gefällt und sich dabei ausdrücklich auf eine Reihe von Schandtaten bezogen, die ihm vorgeworfen werden müssen. Er beruft sich dabei auf eine allgemeine mündliche Tradition, die ihn von der Verpflichtung befreit, ausführlich darüber zu berichten. In ant. 20, 151–157 werden zwar auch die Schandtaten Neros vorausgesetzt, doch sieht sich Josephus dort in die Lage versetzt, daß die Geschichte Neros inzwischen von vielen beschrieben worden ist, die aus persönlichen Gründen für oder gegen Nero Stellung genommen haben und infolgedessen von der Wahrheit abgewichen sind. Josephus beteuert demgegenüber, daß die historische Wahrheit allein Prinzip seiner Berichterstattung sei, daß er nur kurz auf die allgemeine Problemstellung hinweisen könne und sich auf die jüdische Geschichte in Palästina beschränken müsse. D. h., daß sich die Situation für Josephus seit dem Bellum in der Geschichtsbetrachtung verschoben hat: Im Bellum greift Josephus auf eine mündliche Volkstradition zurück, in Antiquitates auf eine literarische umkämpfte Diskussion.

Die ῥᾳθυμία Neros, die an dieser Stelle ausdrücklich zur Sprache kommt, entspricht durchaus der Schilderung des Josephus. Vgl. bell. 2, 250ff., wo mit der Regierung Neros eine Verschärfung der palästinischen Verhältnisse einsetzt und in 3, 2, wo kritisch zur Mißachtung des Ernstes der Situation durch den Kaiser Stellung genommen wird. Erstaunlich ist, daß Titus als römischer Feldherr den Vorwurf der ῥᾳθυμία Neros offen vor Rebellen ausgesprochen haben soll; vgl. aber auch noch Tac. hist. 1, 16, wo Nero als ein damnatus princeps bezeichnet wird. Tacitus und Josephus zeigen hier also auffallende Ähnlichkeit in der Geschichtsbetrachtung. Der Begriff ῥᾳθυμία kann sowohl positive (Thuk. 2, 39; Isokrates, Reden 9, 42) als auch negative (Xenophon, Memorabilia 3, 5, 5) Bedeutung haben. Das gleiche gilt für den hellenistisch-jüdischen Bereich (3. Makk. 4, 8 positiv; 2. Makk. 6, 4 negativ). Die stark negative Fassung in der Titusrede hat ihre nächste Entsprechung bei Aelian (Ende des 2. Jh.!), Varia historia 9, 9. Bei Josephus ist gemeint: Leichtsinn, Wohlleben. Damit steht die ῥᾳθυμία Neros als Tiefpunkt der römischen Geschichte in äußerstem Gegensatz zu der heilvollen Bedeutung der Flavier.

[169] Der Text charakterisiert die jüdischen Zustände als einen Krankheitsherd, im römischen Reich (vgl. bell. 1, 4; 2, 264; 7, 437). Thackeray bezieht das Bild auf die politische Krise nach dem Tode Neros, aber gemeint ist doch schon der Notzustand unter seiner Regierung, den sein „Leichtsinn" jedoch nicht ernstgenommen hatte (66 jüdischer, 68 gallischer Aufstand). Von den Unruhen nach Neros Tod spricht erst § 341. – Bei die ῥήγματα und σπάσματα handelt es sich um bekannte medizinische Ausdrücke, die äußerlich und innerlich bedingte Schäden nebeneinanderstellen (Hippokrates, Περὶ ἀέρων ὑδάτων τόπων, 4; Demosthenes, Reden, 18, 198).

[170] In der Charakterisierung der jüdischen Haltung tritt mit dem Motiv der Schamlosigkeit (ἀναίδεια, vgl. zum Begriff 1, 224. 276. 504) ein neues Element neben das des ständigen Aufruhrs und das des hinterhältigen Mißbrauchs der φιλάνθρωπα (jüdische Rechte im römischen Reich). Eine weitere Steigerung ist unverkennbar. Der hellenistisch geführte Gedankengang erzielt über die Form der Anklage die Beschämung des Gegners (vgl. § 341. 347–349).

[171] Zu Cestius Gallus vgl. 2, 280 Anm. 154. Zum Scheitern seiner Unternehmung gegen Jerusalem vgl. 2, 499–555, insb. § 540 Anm. 231. Zur Unterwerfung Galiläas vgl. 3, 110–4, 120. Der Gegensatz von Strafen (τιμωρεῖν) und Zurechtweisen (νουθετεῖν) ist hier identisch mit dem zwischen strafrechtlichem und pädagogisch-väterlichem Handeln

Anmerkungen zu Buch 6

(vgl. 4, 119 Anm. 24; Sap. 11, 10; 1. Kor. 4, 14). Er ist in der hellenistischen Tradition weit verbreitet.
Beim Niederschlagen eines Aufstandes spielt die Frage, wie die Abschreckung der Bevölkerung in den Militärplan einzusetzen ist, eine wichtige Rolle; Spuren davon finden sich in 3, 127. Allerdings darf man nicht annehmen, daß ein an sich klarer Feldzugplan, wie er bei Vespasian vorliegt, von diesem Einzelelement grundsätzlich bestimmt ist. Er hat vielmehr entscheidende militärische und geographische Einsichten und Notwendigkeiten (Abschnürung Judäas vom Westen und Norden) zur Voraussetzung, die von diesem propagandistischen Problem nicht berührt sind. Indem aber unser Text das psychologische Element (νουθετεῖν, ἐπιδίδομαι χρόνον εἰς μεταμέλειαν, τὸ φιλάνθρωπον § 340) in den Vordergrund stellt, wird der ganze Feldzugplan von ihm aus gesehen. Damit aber stoßen wir in der Rede erneut auf die Grenze zwischen historischem Faktum und rhetorischer Gestaltung im Sinne der Apologie des Titus. Zur Darstellung des römischen Feldzugplanes vgl. Weber 129-131.

[172] Vgl. die wörtliche Übereinstimmung mit 5, 335. Daß die römische φιλανθρωπία durchaus zu gegebener Zeit in mitleidlosen Zorn umschlagen kann, zeigt 7, 34 an.

[173] Zu den Wirren nach Neros Tod (9. Juni 68 n. Chr.) vgl. 1, 5; 4, 494-502. 585 ff. Zur Sicherung Ägyptens durch Vespasian vgl. 4, 605-658. Zwar betrieb man in dieser Zeit weitere Kriegsvorbereitungen, z. B. 5, 36-38, doch standen nach dem Bericht des Josephus die innerjüdischen Kämpfe der drei zelotischen Gruppen im Vordergrund, die erst angesichts des heranrückenden Römerheeres ein Ende fanden (5, 2-4. 71-74).

[174] Von Glückwunschbotschaften aus allen Teilen des Imperiums für Vespasian berichtet Josephus in 4, 656f. Wenn das jüdische Volk demgegenüber Gesandtschaften an Völker jenseits des Euphrat schickte, so stellt es sich damit in starkem und bewußtem Gegensatz zur Einheit des Imperiums. War es vorher schon eine besondere Herausforderung der Römer, ihre Wirren im Reich auszunutzen, so war es jetzt eine unglaubliche Dreistigkeit, die wiedergewonnene Pax Romana bewußt zu stören! – Daß die Juden zu Beginn des Krieges die Hoffnung hatten, die jüdische Diaspora und befreundete Gruppen des Auslandes mit in den Kampf gegen die Römer zu ziehen, wird in 1, 5; 2, 388 vorausgesetzt; neu dagegen ist die Behauptung, sie hätten nach dem Regierungsantritt Vespasians Gesandtschaften über den Euphrat geschickt.

[175] Josephus hatte in 2, 563 ausdrücklich von der Erhöhung der Stadtmauern nach der Abweisung des Cestius berichtet. In 2, 648 spricht er ebenfalls von der Instandsetzung „der Mauer". Außerdem war ausführlich vom Weiterbau der Agrippamauer in 5, 153-155 die Rede. Daß auch nach dem Abzug Vespasians Ringmauern neu aufgebaut wurden, ist eine auffallende Behauptung, die durch den Kontext des Josephus nicht gedeckt ist. Freilich ist in dieser Zeit eine Bedrohung Jerusalems nicht so stark gewesen, daß Arbeiten am Mauerbau unmöglich gewesen wären (vgl. 4, 550-555).

[176] Die Streitigkeiten der Juden untereinander sind natürlich kein Eingriff in die römischen Interessen, trugen sie doch vielmehr zur Schwächung der jüdischen Widerstandskraft bei (vgl. 4, 366-376: die Rede Vespasians), doch tritt hier die ethische Kritik des Titus, des Wahrers der Pax Romana und des hellenistisch-stoischen Menschentums, stark heraus.
Auch Josephus klagt immer wieder die jüdischen Führer wegen ihrer Zwistigkeiten an (1, 10; 5, 254-257). So berührt sich die ethische Kritik der Titusrede an diesem Punkt mit einem durchgehenden Grundsatz des Josephus selbst.

[177] Nach 4, 657f. erfolgte die Beauftragung des Titus in dem Augenblick, als das Imperium fest in der Hand Vespasians war. Dies entspricht Tacitus hist. 5, 10: Nach Herstellung des Friedens in Italien kehrten auch die Sorgen um die auswärtigen Angelegenheiten wieder. Der Gedanke, daß einzig die Juden im Widerstand verharrten, vermehrte die Erbitterung gegen sie. Dabei erschien es mit Rücksicht auf alle die Erfolge und Mißerfolge, die der neuen flavianischen Herrschaft begegnen konnten, als vorteilhaft, wenn Titus bei den Heeren bleibe. Die Beauftragung des Titus wird sowohl nach Tac. hist. 5, 1 (perdomandae Judaeae delectus a patre) als auch nach Sueton Titus 5 (ad perdomandam Judaeam relictus) mit der Absicht der völligen Unterjochung Judaeas verbunden.
Die σκυθρωπὰ παραγγέλματα, die Vespasian nur widerwillig dem Titus mitgab, beziehen sich auf die debellatio, die unter diesen Umständen vielleicht härter ausfallen muß

199

Anmerkungen zu Buch 6

als sonst. Dazu paßt der bei Tacitus und Sueton gemeinsame Begriff „perdomare", der offenbar einen bestimmten militärischen und politischen Sinn hat. Titus hat bisher also immer noch eine Haltung bewahrt, die in ihrer φιλανθρωπία sich vor der Durchführung der σκυθρωπά παραγγέλματα scheute, doch jetzt sieht auch er es für unumgänglich an, sie durchzusetzen. Die Titusrede stellt damit die Spannung zwischen militärischem und ethischem Denken heraus.

[178] In 5, 52f. berichtet Josephus ausdrücklich, daß Titus eine Nachricht empfangen habe, nach der die Bevölkerung im Gegensatz zu den zelotischen Führern einen baldigen Frieden mit den Römern gewünscht habe. Die debellatio hätte im Fall des Einlenkens des Volkes also andere Formen annehmen können.

[179] Josephus berichtet von solchen Bemühungen erst im Verlauf des Kampfes (5, 334. 394–419; 6, 95), setzt aber ein zeitlich zurückliegendes Friedensangebot des Titus voraus (5, 261. 319ff. 335). Nach Dio Cass. 66, 4, 1 hat Titus vor dem Angriff auf Jerusalem die Juden zur Übergabe zu bewegen gesucht.

[180] Meistens wird in den Übersetzungen μέχρι πολλοῦ auf πολεμούντων bezogen: „als ihr mir schon lange Zeit im Kampfe gegenüberstandet..." (Clementz, Thackeray, Whiston-Marg., Williamson), doch vgl. die Stellung der folgenden Zeitbestimmungen: ἀεί und καθ' ἑκάστην νίκην.

[181] Josephus weiß, daß die Überläufer oft ein hartes Schicksal traf: 1, 27f.; 5, 550–561, doch ist ihm wichtig, daß Titus selbst schonend mit ihnen verfuhr: 5, 420–422; 6, 111ff. Nach c. Apion. 1, 49 war Josephus allein imstande, die Nachrichten der Überläufer richtig zu verstehen. Er stellt die Situation so dar, daß die eigentliche Behinderung zum Überlaufen von den Zeloten ausging. Dem steht Dio Cass. 66, 5 gegenüber, wonach Titus nach einer bestimmten Zeit keine Überläufer mehr aufnahm, da diese gemeinsam mit jüdischen Gefangenen den Römern heimlich das Wasser verdarben und römische Soldaten getötet hätten.

Damit ist erneut die Frage nach der historischen Wahrheit angeschnitten. Es ist auffallend, daß die Titusrede insgesamt Probleme aufgreift, die bereits in der Vorrede 1, 27f. von Josephus als umstrittene Grundfragen ausdrücklich genannt werden. Offenbar hat man weithin das Gegenteil von dem behauptet, was nach Josephus geschehen sein soll. Es handelt sich um das Leiden der Bevölkerung während der Belagerung Jerusalems, um die Möglichkeit eines Friedensschlusses vor der Unterwerfung, um das Schicksal der Überläufer und der Gefangenen, um die Verbrennung des Tempels und die Zerstörung der Stadt. Die Titusrede sieht weithin wie eine römische Antwort auf diese strittigen Grundfragen aus: Die Leiden der Belagerten werden den Zeloten zugeschoben, Titus selbst habe immer wieder versucht, Friedensverhandlungen mit den Juden zu erreichen, die Überläufer habe er freundlich behandelt, die Verbrennung des Tempels sei gegen seinen ausdrücklichen Willen erfolgt, die Zerstörung der Stadt ergebe sich als militärische Antwort auf die Provokation der Zeloten (vgl. Anm. 160). Es ist nicht ohne weiteres zu entscheiden, ob diese auch bei Tacitus deutlich heraustretende Tendenz einer römischen Erbitterung, die den jüdischen Partner schlechthin als Störenfried und heimtückischen Angreifer kennzeichnet, den grundsätzlich apologetischen Charakter der Titusrede stützen soll oder aber unabhängig davon ist.

Weber 219ff. geht bei der Beurteilung der Reden innerhalb des Bellum von der in der Praxis antiker Historiker geläufigen Unterscheidung zwischen indirekter Rede und direkter Rede aus. Während die erstere Form stärker authentisches Material der Überlieferung bieten will, sei die zweite Form ein Mittel schriftstellerischer Komposition, mit der der Autor seine eigenen Gedanken ausspricht. Dementsprechend beurteilt er die hier vorliegende Titusrede als eine Fiktion des Josephus, die noch einmal die üblichen Ausfälle gegen die Zeloten wiederholt. Durch die bloß negative Schilderung der Juden hebe sie sich von der Umgebung, einer römischen Vorlage, ab. Diese römische Vorlage sei zwar ebenfalls grundsätzlich antijüdisch, lasse jedoch mit dem Verzicht der Juden auf einen Vertrag sowie der Forderung auf freien Abzug den ungebrochenen Sinn der Juden durchblicken. Es sei an sich schon recht unwahrscheinlich, daß Titus als Sieger in diesem Augenblick das Wort nimmt und dann noch so „würdelos, schwülstig und zwecklos redet"; daher sei diese Rede mit Sicherheit auf die Rechnung des Josephus zu setzen.

Anmerkungen zu Buch 6

H. St. J. Thackeray, Josephus, the Man and the Historian, 1929, 41–47 unterscheidet drei Gruppen von Reden bei Josephus: 1. eine geringe Zahl von Reden, die sich dem Wortlaut einer tatsächlich gehaltenen Rede annähern, 2. bestimmte Gelegenheitsreden, die einen Hauptpunkt einer historischen Ausführung aufgreifen und weiterführen, 3. literarische Kompositionen, die dem propagandistischen Zweck des Geschichtswerkes dienen und einen Wendepunkt innerhalb der Erzählung unterstreichen; dabei wird jeweils ein bestimmtes Thema rhetorisch durchgeführt. Da die Titusrede in ihrer Grundkonzeption thematisch ist, dürfte ihre Einordnung in die dritte Gruppe berechtigt sein. Zum Stil der Aufzählung (§ 344b. 345), der eine Anhäufung von kurzen Argumenten in den Dienst einer übergeordneten Aussage stellt, vgl. 2. Kor. 11, 23ff.; 2. Tim. 4, 7; ferner R. Bultmann, Der Stil der paulinischen Predigt und die kynisch-stoische Diatribe, 1910, 14. 68. Bultmann spricht von einer „parataktischen Diktion" und „dem oft asyndetischen Nebeneinander kleiner Sätze". In unserm Fall ist der übergeordnete Gesichtspunkt die Entlastung des Titus. Der Sinn einer derartigen Aufzählung liegt also nicht in einer lückenlosen historischen Darstellung, sondern in der Beweisführung für das richtige Verhalten des Titus: Die Widersprüche zu einzelnen berichteten Begebenheiten, in denen das römische Heer härter zufaßte, werden nicht aufgeklärt, sondern durch die rhetorische Absicht überboten.

[182] Zu unserer Übersetzung vgl. die textkrit. Anm. z. St. Schon in 1, 28 war davon die Rede, daß das Mißgeschick der Überläufer (αἱ τῶν αὐτομόλων ἀτυχίαι) und die Frage der Strafmaßnahmen gegen die Kriegsgefangenen (αἱ τῶν αἰχμαλώτων κολάσεις) in die Durchführung der Geschichtsdarstellung aufgenommen werden sollen (vgl. Anm. 181). Grundsätzlich setzt Josephus voraus, daß die rechtliche Stellung des Überläufers eine günstigere ist als die des Kriegsgefangenen (vgl. 5, 453). Demzufolge wiegt ein Vorgehen gegen einen Überläufer rechtlich und religiös schwerer als eine Bestrafung von Kriegsgefangenen. Dennoch steht die apologetische Aussage von § 345 in sachlicher Spannung zu 1, 28 und 5, 449ff. (vgl. Anm. 181). Ricciottis Versuch, βασανίσας als Ausdruck der Intention zu verstehen („unter Androhung von Folterstrafen"), dürfte sich auf 5, 558 beziehen, doch kann das Partizip des Aorist kaum diesen Sinn haben. Die Übersetzung müßte bei Ricciotti deshalb lauten: „indem ich sie hart bestrafte".

[183] Titus hat nicht – wie ein Unterlegener (ὡς ἡττώμενος) – um Frieden gebeten, wohl aber zu Friedensverhandlungen aufgefordert (προυκαλεσάμην). Nur ein Verblendeter kann diese Bereitschaft, den Kampf abzubrechen, mit der Unterlegenheit des Schwächeren verwechseln. Allerdings gibt Titus durch sein immer wieder erneutes Entgegenkommen zu, der Verblendung der Gegner Nahrung gegeben zu haben.

[184] Vgl. 6, 122–128: Titus als Schützer des Tempels. Josephus liegt daran, zu betonen, daß das Interesse des Titus, den Tempel zu erhalten, mit dem der wichtigsten Vertreter des jüdischen Volkes übereinstimmt (Agrippa 2, 400; Ananos 4, 162ff.). Damit erhält der Tempel bei dem Priester Josephus die wichtige Funktion einer Brücke zwischen Judentum und Römern. Der Tempel war das universale Heiligtum, das alle Völker miteinander verbinden sollte (vgl. die Worte des Titus in § 322). D.h. aber, daß die Zerstörung des Tempels notwendig zur Verschärfung der Beziehungen zwischen Judentum und Römern beitragen muß (vgl. ferner 2, 408f.).

[185] Zum Angebot des Titus, einen anderen Kampfplatz zu wählen, vgl. 6, 128. Es steht dort im Interesse der Erhaltung des Tempels und ist nach seiner Zerstörung hinfällig geworden.

[186] Vgl. § 165: Die Hallen des Tempels werden von den Juden in Brand gesteckt. Hier in § 345 scheint es so, als wäre auch das Tempelgebäude selbst (ὁ ναός) durch die Juden angezündet worden (vgl. Vorrede 1, 10). Daß ein Unterschied zwischen der Verbrennung der Hallen und des Tempelgebäudes gemacht werden muß, weiß Josephus durchaus (§ 252f.; ant. 18, 8). Es geht jedoch wiederum um eine polemische Verkürzung der Perspektive zugunsten der apologetischen Aufgabe, die die Rede im Sinne der gesamten Konzeption des Bellum zu erfüllen hat.

[187] δυσθανατᾶν „nach dem Tode verlangen" (Simplex θανατᾶν LVRC) ist zu unterscheiden von δυσθανατεῖν „mit dem Tode ringen, einen schweren Tod haben" vgl. Liddell-Scott 457 gegen Passow I 737; Thack Lex. 197. Die meisten Übersetzer gehen hier fehl (richtig Kohout). Daß die jüdischen Führer auf den eigenen Untergang hin-

arbeiten, ist wiederum ein Grundmotiv des bellum (1, 10), das von Josephus gern mit dem Gedanken des sinnlosen Selbstmordes verbunden wird. In seiner eigenen großen Rede erscheint der gleiche Ausdruck δυσθανατᾶν 5, 365: Die Juden handeln in selbstmörderischer Verblendung, nicht wie ein Volk, das die Freiheit liebt (anders 7, 406).

[188] Wenn Titus hier sagt, daß er der jüdischen ἀπόνοια keinen weiteren Eifer entgegensetzen will, so kann dies als eine rhetorische Wendung verstanden werden, mit der Titus die in der Rede gegebene Auseinandersetzung abbrechen will, um nicht auf die gleiche Ebene der ἀπόνοια zu geraten, auf der seine Gegner stehen. Die ἀπόνοια der Zeloten ist dann das charakteristische Merkmal ihrer Verblendung und Verkennung der militärischen Wirklichkeit (vgl. 7, 417 Anm. 195). Eine andere positive Möglichkeit ergibt sich aus 7, 213, wo ἀπόνοια und φιλονεικία im Sinn eines militärischen Gegensatzes gebraucht werden, der die Verschiedenheit eines jüdischen und römischen Einsatzes charakterisiert (vgl. 7, 214 Anm. 106). In diesem Sinn wird ἀπόνοια auch in 5, 287; 6, 20. 39 verwandt. Der Sinn unseres Satzes wäre nach der zweiten Deutungsmöglichkeit somit: Ich werde auch jetzt noch nicht um jeden Preis niederkämpfen, sondern mache euch ein letztes Angebot der Kapitulation.

[189] Die Wendung: ῥίψασι τὰ ὅπλα kann als generelles Angebot: „wenn ihr die Waffen von euch werft" (Clementz, Whiston-Marg., Thackeray, Simchoni, Williamson) verstanden werden, aber auch im Sinn eines begrenzten Angebotes für einzelne Überläufer; „wer die Waffen streckt" (Kohout, Ricciotti). Für den ersten Fall könnte dann der Abschluß dieses Satzes den Sinn haben, daß es bei einer Übergabe gar keine „unverbesserlichen Elemente" mehr gibt, die Titus noch auszumerzen hat. Doch steht die tatsächlich durchgeführte Hinrichtung der Priester in § 322 dem entgegen.

So bleiben am Schluß der Titusrede zwei für die historische bzw. josephinische Konzeption des Bellum entscheidende Fragen offen: a) Ist die Gnadenzeit des Titus vorbei oder kann sie in einem Einzelfall neu gesetzt werden? b) Liegt der Wendepunkt in der Zerstörung des Tempels oder erst jetzt beim Abschluß der Rede des Titus?

[190] Der in § 351 zum ersten Mal vorausgesetzte Eid wird in § 366 noch einmal deutlich aufgenommen. Es erhebt sich die Frage, ob hier der Eid eines zelotischen Verbandes gemeint ist – etwa im Sinne des Eides, unter dem die Sikarier bzw. galiläische Aufstandsbewegung standen, vgl. 7, 323. 258, Anm. 139 –, oder aber eine jetzt erst vor der Katastrophe erfolgte eidliche Verpflichtung, sich auf keinen Fall in die Hände der Römer zu begeben. Bell. 7, 329 spricht von einer Unterweisung, die die Sikariergruppe von Masada den Volksgenossen gab. Vgl. Anm. 165 z. St. Zum Verhältnis der Aufstandsgruppen untereinander vgl. Exkurs XXIII zu 7, 254ff. Als älteres Beispiel einer Gruppe, die durch einen Eid gebunden ist, ist auf den Zusammenschluß der Chassidim in 1. Makk. 2, 42 zu verweisen. Hinter dem Begriff ἑκουσιαζόμενος ist eine gelübdeartige Verpflichtung zu vermuten (vgl. F. M. Abel, Les Livres des Maccabées 1949, 43f.). Schließlich muß man auf den Initiationseid der Essener hinweisen (bell. 2, 138–142 Anm. 60). Ähnlich wie in bell. 7, 323 geht es auch dort um eine eigene Interpretation des Šemaᶜ (Dt. 6, 4), in der die Abgrenzung gegenüber anderen Gruppen konstituiert wird.

Die Deutung unseres Zusammenhanges im Sinne von 7, 323ff. hat ihre Schwierigkeiten darin, daß die Männer, die hier gegenüber Titus auf einen sie gemeinsam verpflichtenden Eid berufen, erst im Verlauf des Krieges (5, 71 ff. 279) zum einheitlichen Handeln sich zusammengefunden haben. Für den tatsächlichen Bestand eines zelotischen Eides spricht sein plötzliches Auftauchen im vorliegenden Text, da dies den Gedanken an den Rest einer historischen Überlieferung nahelegt.

[191] Mit der Wüste ist das Gebiet gemeint, das durch das Gebirge Juda, die Jordansenke und das Tote Meer begrenzt wird, und in der Geschichte Israels, vor allem seit der Makkabäerzeit, als Rückzugsgebiet eine entscheidende Rolle spielte (1. Makk. 2, 28ff.; 9, 32ff.; 2. Makk. 5, 27). Zweifellos beabsichtigten die Zeloten, sich mit den Besatzungen der Wüstenfestungen, die sich noch in den Händen der Aufständischen befanden, zu verbinden. Im Gebirge Juda lag das Herodeion 7, 163 Anm. 190; an der Ostseite des Toten Meeres Machärus 7, 164–209, insbes. 171 Anm. 131; und vor allem im Südwesten·vom Toten Meer Masada 7, 275–407. Die Bedeutung dieser Festungen läßt sich daran ablesen, daß das Bellum, zumindest in der vorliegenden Fassung, nicht mit der Zerstörung Jerusalems endet, sondern mit dem „Nachspiel" in der judäischen Wüste (vgl. 7, 164

Anmerkungen zu Buch 6

Anm. 91). Zur Bedeutung der Wüstentradition überhaupt vgl. in jüngster Zeit bes. W. R. Farmer, Maccabees, Zealots and Josephus, 1956, 116–121; Hengel, Zeloten 255–261. Rechtlich könnten sich die Zeloten zunächst auf das frühere Angebot des Titus berufen, zur Rettung des Tempels den Kampfplatz zu wechseln (5, 334; 6, 128). Doch ist dies Angebot mit der Zerstörung des Tempels hinfällig geworden.
W. R. Farmer a. a. O. 115–121 weist darauf hin, daß die Zeloten nach dem militärischen Stand der Lage auch in diesem Augenblick noch keineswegs gezwungen waren, die Römer um Verhandlungen zu bitten. Sie hätten vielmehr die Oberstadt von den festen Türmen aus noch lange Zeit verteidigen können (6, 409–413). Ihre Bitte um Verhandlungen und ihre selbstmörderischen Versuche, durch die römischen Linien durchzubrechen (6, 401f.), seien nur so zu erklären, daß der zelotische Kampf nach dem Verlust des Tempels eine neue religiöse Motivierung bekam: Man greift auf die Wüstentradition zurück (Dt. 32, 7–14; 2. Makk. 5, 19). Nach der Darstellung des Josephus sind dagegen die militärpolitischen Überlegungen der Zeloten lediglich von ihrer Notsituation her bestimmt: Als die beste Möglichkeit nach der Zerstörung des Tempels erscheint der Rückzug in die Wüste (6, 351). Ist er jedoch weder durch Verhandlungen noch durch einen Ausfall (6, 401f.) zu erreichen, so bleibt als zweite Möglichkeit, die Stadt selbst zu verteidigen und verlorenes Gelände wiederzugewinnen (§ 358. 366f.).
Einen letzten Ausweg bietet schließlich der Rückzug in die unterirdischen Gänge mit der Hoffnung, später aus dem Versteck auszubrechen (§ 370). Folgt man dieser Darstellung des Josephus, dann sind die Überlegungen der Zeloten zu diesem Zeitpunkt durchaus realistisch auf die verbleibenden Möglichkeiten ausgerichtet und nicht von einem einzigen religiösen Gedanken bestimmt.

[192] Der Text kann die Ereignisse der folgenden Tage vorwegnehmen, da die endgültige debellatio aus nachträglicher Sicht längst entschieden war, zudem da die absolute militärische Sicherheit auf der Seite der Römer vom vorausgegangenen Text her zumindest gegeben war.

[193] Die Form der indirekten Rede läßt im Sinne Webers (vgl. Anm. 181) auf authentische Überlieferung schließen. Innerhalb einer historischen Rekonstruktion wäre es denkbar, daß hier der Inhalt der tatsächlichen Rede des Titus vorliegt, nämlich als Antwort auf das Angebot seitens der Zeloten, während die große vorangestellte Rede literarischer Einschub ist. Vgl. zum Ganzen Anm. 160. 180.

[194] Von jetzt ab kann also nur noch persönliche Amnestie des Feldherrn (§ 356. 383) Gefangenen Schonung zuteil werden lassen. Innerhalb des literarischen Rahmens ist mit diesem Titusbescheid das Angebot der Rede in § 350 aufgehoben auf Grund der unerhörten Haltung des Gegners. Von der historischen Fragestellung her könnte hier ein entscheidendes, der Komposition der Titusrede widersprechendes historisches Faktum vorliegen.

[195] Die Reihenfolge „in Brand stecken, plündern" (so auch in § 363; umgekehrt in 2, 440. 504) entspricht der rhetorischen Gestaltung des ὕστερον – πρότερον (vgl. Cic. att. 1, 16; S. Lieberman, Hellenism in Jewish Palestine, 1950, 67).

[196] Zur Lage des Archivs (τὸ ἀρχαῖον) vgl. 2, 427 Anm. 194. F. Spieß ZDPV 15 (1892) 249 vermutet, daß das Archiv in der Nähe des Rathauses (βουλευτήριον) südwestlich vom Tempelplatz möglicherweise mit Zugang zum Tempel gelegen war. Zur Akra vgl. 1, 39 Exkurs I; 1, 50; 5, 137–140. Kohout und Clementz denken an unserer Stelle an den Stadtteil Akra, Simchoni und Williamson an die Stelle der alten Festung. Da hier Archiv und Rathaus zusammen genannt sind und in § 363 die südliche Unterstadt (= Akra) verbrannt wird, liegt es nahe, in § 354 Akra mit der Stätte der alten Festung gleichzusetzen. – Zur Lage des Rathauses (βουλευτήριον) vgl. 5, 144 Anm. 40. Anders Schürer II 263ff.; Pauly-W. 4, Bd. 2, Sp. 1394; Thackeray und Simchoni. Nach ihnen handelt es sich um die Quaderhalle (= Xystoshalle), die vermutlich mit dem Tempelplatz verbunden war. Zum Ophel vgl. 2, 448 Anm. 200; 5, 145 Anm. 41; 5, 254. Alle genannten Orte befinden sich demnach im nördlichen Teil der Unterstadt.

[197] Der Palast der Helena ist bereits in 5, 253 genannt. An unserer Stelle wird noch deutlicher gesagt, daß er „mitten in der Unterstadt" lag. In § 355 ist „Akra" wieder mit der Unterstadt identisch. In der südlichen Unterstadt befanden sich nach § 363 noch die

203

Anmerkungen zu Buch 6

Aufständischen. Zum Grabmal der Helena im Norden der Stadt vgl. 5, 547 Anm. 43.

[198] Die Adiabener sind bereits in der Vorrede § 6; 2, 388. 520; 4, 567; 5, 147. 252f. erwähnt. Sie sind ein Volksstamm innerhalb des alten Gebietes von Assur. Um 30 n. Chr. waren Helena, die Gemahlin des Königs Monobazos I., und ihr Sohn Izates zum Judentum übergetreten. Im Anfang der vierziger Jahre waren Helena und ein Teil der Familie nach Jerusalem übergesiedelt. Nach Josephus hatten die Adiabener drei Paläste in der Stadt, den der Helena (5, 253; 6, 355), den des Monobazos (5, 252) und den der Grapte (4, 567). Zur Geschichte der Königsfamilie vgl. besonders ant. 20, 17ff.; dazu Pauly-W. Bd. 7, Sp. 2836f.; Bd. 10, Sp. 1391f.; Enc. Jud. I 860ff.; Schürer III 169ff.

Nach 2, 520 hatten sich vornehme Adiabener aus Jerusalem in einem früheren Stadium des Aufstandes, beim Anrücken des Cestius, am Kampf gegen die Römer beteiligt. Über ihr Verhalten in der späteren Zeit des Bürgerkrieges sagt Josephus nichts. Erst hier in § 356 erwähnt er sie wieder, als sie das jüdische Lager verlassen. Dieser Vorgang bezeichnet wie seine Parallele beim Übergang der Idumäer in § 378 die unaufhaltsame Auflösung der Verteidigung der Stadt durch den Abfall ihrer letzten Bundesgenossen.

Die Adiabener hatten wohl bis zu diesem Augenblick eine verhältnismäßig selbständige Position neben den verschiedenen Gruppen der Aufständischen bewahren können. Sie waren im Besitz wenigstens eines ihrer drei Paläste; vermutlich war der Palast der Grapte, der dem Johannes als Hauptquartier gedient hatte (4, 567ff.), nicht mehr in ihren Händen. Nur so ist es verständlich, daß sich ein Teil der jüdischen Bürgerschaft in die Schutzherrschaft dieser Orientalen begeben konnte. Das läßt darauf schließen, daß einer der Paläste, sei es nun der der Helena oder des Monobazos, gut befestigt war, was in § 358 bestätigt wird, wenn man voraussetzen darf, daß es sich dort beim „Königspalast" (βασιλικὴ αὐλή) um einen Adiabenerpalast handelt.

Das bei Josephus immer wieder heraustretende Interesse an Völkern der östlichen Grenze des Imperiums (vgl. 7, 219–251 Anm. 111; insbes. § 244ff. Anm. 126ff.) mag im Bellum vor allem auf die ältere aramäische Fassung zurückzuführen sein, die ja laut Vorrede 1, 6 gerade für jene Völker geschrieben worden war.

[199] Auch diesmal bricht das ursprüngliche Verhalten der φιλανθρωπία des Titus durch; Josephus versäumt es nicht, auch entgegen § 352 darauf hinzuweisen. Überläufer sind wie Gefangene der Willkür des Feldherrn überlassen. Er kann sie töten, verkaufen oder freilassen. Die Gefangenen höheren Ranges gelten als politische Gefangene und unterstehen in der Regel der Verfügungsgewalt des Senats (vgl. Th. Mommsen, Römisches Staatsrecht III 2, 1109f.).

Zwischen den Adiabenern und den Parthern bestanden enge politische Beziehungen, die zeitweise zur Kriegsgefahr für Rom werden konnten. Izates war allerdings nicht ohne weiteres bereit, dem parthischen Druck nachzugeben und einen Krieg gegen die Römer zu beginnen (vgl. Jos. ant. 20, 69ff.; Tac. ann. 12, 13). Wenn Titus die Adiabener als Geiseln nach Rom schickt, so hängt diese Maßnahme mit der auch in späterer Zeit noch ungesicherten Lage im Osten des Imperiums zusammen. Mit derartigen Geiseln konnte man gegebenenfalls einen Druck auf ihr Heimatland ausüben.

[200] An die historische Notiz über das Schicksal des adiabenischen Königshauses knüpft Josephus eine Anekdote, die gleichfalls an einen Königspalast gebunden ist. Sie gibt ihm Gelegenheit zu zeigen, daß die Juden mit ihren Kriegsgefangenen nicht weniger hart umgehen als die Römer, denen man ihre Härte immer wieder vorwarf (Vorwort § 20).

In der Frage, an welchen Königspalast überhaupt gedacht ist, entscheiden sich K. v. Klaiber (ZDPV 11 [88] 28), Klausner V 271 und Thackeray z. St. für den Herodespalast im Nordwesten der Oberstadt. Der Einschub der Anekdote wäre in diesem Fall vor allem literarisch, d.h. im Sinne des Stichwortanschlusses zu erklären. Doch ist es für höchst unwahrscheinlich zu erachten, daß Josephus um einer Anekdote willen, mag sie noch so gut in sein Konzept passen, so sehr den äußeren historischen Rahmen sprengt. Der Nordwesten der Oberstadt war in diesem Augenblick noch nicht Kampfplatz, zudem wird die schwierige Eroberung des Herodespalastes an späterer 'Stelle in eigenem Zusammenhang berichtet (§ 392–408). So ist mit Kohout, Simchoni und Ricciotti doch an einen der Paläste der Adiabener zu denken. Am naheliegendsten wäre tatsächlich der Palast, den die

Anmerkungen zu Buch 6

geflüchtete Königsfamilie gerade aufgegeben hatte (vgl. Anm. 198). Die Angabe über die Zahl der Juden mag man mit Simchoni für übertrieben halten.

[201] Ursprünglich gehörte die Anekdote wohl in das römische Soldaten- und Lagerleben. Dabei lag der Schwerpunkt auf der Behandlung des entflohenen Gefangenen durch Titus. Josephus verändert bei der Übernahme die ursprüngliche Ausrichtung der Erzählung, indem er das Gewicht auf die Behandlung der römischen Gefangenen durch die jüdischen Aufständischen legt. – Auffällig ist der Name des Unterführers Ardalas, der Rudiment der Anekdote zu sein scheint. Er ist sonst nicht belegt. Schlatter, Namen 115 nimmt eine semitische Urform an; vgl. ferner Jastrow I, 115.

[202] Die Anekdote ist an der Frage, ob der Gefangene mit gefesselten Händen und verbundenen Augen fliehen konnte, seltsamerweise nicht interessiert. Bei der Verstoßung aus der Legio (τάγμα) handelt es sich um die sogenannte missio ignominiosa, die zu den militärischen Disziplinarstrafen (poenae militum) gehörte (vgl. Pauly-W. 15, 2, Sp. 2052f.). Jeder Rang konnte von dieser Ausstoßung betroffen werden. In unserem Fall dürfte es sich um einen einfachen Reiter der römischen Armee gehandelt haben, ihn traf die Strafe nicht in dem Maße wie den Angehörigen eines höheren Ranges, da die missio ignominiosa Aufenthalt in Rom und in der Umgebung des Kaisers ausschloß.

[203] In § 363 beginnt Josephus wieder mit der zeitlichen Einordnung der Ereignisse und schließt damit an § 351–357 an.

[204] Die nördliche Unterstadt war bereits am Tage zuvor in Brand gesteckt worden (§ 354f.). Jetzt brennt der südliche Teil vom Helenapalast bis zum äußersten Südostende, dem Siloahteich. Während des Brandes der nördlichen Unterstadt müssen die Aufständischen die südliche ausgeraubt haben. Vermutlich ist in diesem Zusammenhang auch der Adiabenerpalast in § 358 erobert und geplündert worden. Ihre Beute brachten die Zeloten in die Oberstadt, den einzigen Stadtteil, der ihnen zusammen mit der Herodesburg noch geblieben war.

[205] Falls das Folgende nicht ausschließlich als eine tendenziöse Darstellung des Josephus anzusehen ist, sondern auf eine historische Begebenheit zurückgeführt werden kann, sind die Gründe für die Freude am eigenen Untergang auch religiös zu verstehen. Erst nach dem gänzlichen Untergang kann Gott wieder aufbauen. Eine interessante Parallele dazu findet sich in b. Middot 24a-b. Gefährten des Rabbi Akiba weinen, als sie sehen, wie ein Fuchs über das zerstörte Allerheiligste läuft. Dieser aber lacht und tröstet sie: Wenn sich die Drohungen, die die Zerstörung ankündigten, erfüllten, dann werden auch die Verheißungen Wahrheit werden, die vom kommenden Aufbau reden.

[206] Die Auseinandersetzung zwischen Josephus und den Zeloten vollzieht sich in den schärfsten Formen der religiösen Polemik: gegenüber der zelotischen Gewißheit, den Weg des Widerstandes gegen die Römer im Sinn des makkabäischen Freiheitskampfes bis zum Ende gehen zu müssen (vgl. Anm. 190), ruft Josephus selbst die prophetische Tradition auf, in deren Dienst er für die Rettung des Volkes eintritt (vgl. Jer. 42, 10ff.) und den Spott der Verblendeten auf sich nimmt (vgl. 2. Chron. 36, 11. 16). Dabei ist die „Rettung" in der umfassenden Weise zu verstehen, wie sie für die Umkehrpredigt des Propheten grundlegend ist. Angesichts des Bescheids in § 352, daß Titus keinerlei Schonung mehr üben werde, wirkt dieser nachträgliche Hinweis auf Bemühungen um Rettung durch Josephus innerhalb der historischen Fragestellung wenig glaubhaft.

[207] Vgl. § 351 Anm. 190.

[208] Vgl. die Situation des Eingeschlossenseins, wie sie bereits in § 323 nach dem Verlust des Tempelplatzes geschildert wird.

[209] Mit dem Gelände vor der Stadt kann nur das Gebiet der verwüsteten Unterstadt gemeint sein, das offenbar von den Römern nicht mehr besetzt ist. Es liegt vor den Mauern der Oberstadt, so daß Josephus von einem „Gelände vor der Stadt" sprechen kann. Vorausgesetzt ist, daß sich das militärische Interesse nunmehr dem Norden der Oberstadt zuwendet (§ 376f.) und das südliche Gebiet nicht mehr wichtig ist.

[210] Leichen den Hunden vorzuwerfen, ist die schwerste Totenschändung (vgl. 1. Kön. 14, 11). Damit werden die Leichen dem unreinen Aas gleichgestellt, das nach Ex. 22, 31 den Hunden vorgeworfen werden sollte.

[211] Bell. 6, 392. 402. 428ff.; 7, 26ff. setzt zahlreiche unterirdische Räume (ὑπονόμοι und ὑπογεῖα) und Gänge (διώρυχες) voraus, die in den letzten Kämpfen um Jerusalem

Anmerkungen zu Buch 6

eine Rolle spielen. Die Übersetzer denken an Abzugskanäle, Gänge bzw. Stollen und Höhlen. Die Archäologie fragt innerhalb unseres Zusammenhanges nach dem Vorhandensein unterirdischer Anlagen überhaupt und verweist auf die Wasserleitung des Pilatus (2, 175 Anm. 101), den Siloahkanal (2, 340 Anm. 171) und die unterirdischen Anlagen des herodianischen Tempels (6, 71 Anm. 19; 7, 29). Ferner erwähnt M. Para 3, 2 unterhöhlte Gebäude in Jerusalem. Kohout z. St. nennt weitere Kanäle, die jedoch nicht mit Sicherheit auf die Zeit des Josephus zurückreichen. Zur Archäologie vgl. F. J. Bliss, Excavations of Jerusalem 1898 passim; Dalman Jerusalem 266 ff. bes. 277 ff.; Vincent I 269 ff. 303 ff.; Simons 157 ff. 344 ff.

[212] Vgl. die Parallelen 4, 541 und Dio Cass. 68, 32, 1 (Aufstand der Juden in Kyrene). Die Schilderung des Hungers (vgl. bes. Jos. bell. 6, 203-213) ist an unserer Stelle als bloßer Hintergrund für die josephinische Polemik zu verstehen. Der Genuß des Unreinsten soll die vollständige Loslösung von der Tora und aller Bindung an Gott und Menschenwürde beschreiben. Sie ist für Josephus charakteristisches Kennzeichen der Aufständischen. Vgl. die Scheltrede in 7, 254-274 Anm. 138-141; ferner 4, 154, Exkurs IV.

[213] 10 Tage nach der Tempelzerstörung (vgl. § 250) beginnt Titus mit der Belagerung der Oberstadt.

[214] Vgl. dieselbe Schwierigkeit bei der Beschaffung des Holzes für die früheren Wälle in § 151 f. Anm. 52; ferner 6, 5 f. Anm. 2. Kohout z. St. fragt, warum das Holz der früheren Dämme nicht wieder verwendet werden konnte. Die Baumstämme wurden an den Rändern des Walles kreuzweise übereinandergelegt und sollten ihm Festigkeit verleihen sowie einen allzuweiten Seitenabfall vermeiden. Der Zwischenraum wurde mit Strauchwerk, Steinen und Erde ausgefüllt (vgl. Pauly-W. Bd. 6, Sp. 2242). Vermutlich war das Herausziehen der Stämme nur durch das Abtragen der alten Wälle möglich, was mühseliger war als ein Heranschaffen neuer Stämme aus einer noch so weiten Entfernung.

[215] Das westliche Gelände - gegenüber der Herodesburg - war weniger abschüssig als das südliche. Der Xystos, die Brücke und der Simonsturm bezeichnen den nördlichen Teil der Ostmauer der Oberstadt. Thackeray und Klausner V 271 setzen den Simonsturm unserer Stelle mit dem Johannesturm in § 191 gleich und vermuten hier eine Verwechslung der beiden Namen Simon und Johannes. Das ist aber schon deswegen unmöglich, weil der Johannesturm noch auf dem Tempelgelände stand. Der Simonsturm dagegen wird dem Johannesturm gegenüber an der Südwestseite des Tempels, innerhalb der Ostmauer der Oberstadt gelegen haben.

[216] Ein Teil der Idumäer hatte bereits früher die Stadt verlassen (4, 346 ff. Anm. 90; 4, 566 Anm. 190). Über die Beteiligung der Idumäer am Aufstand vgl. 4, 154, Exkurs VI.

[217] Vgl. 4, 235 Anm. 60; 6, 148 Anm. 50. Im Folgenden wird das Schicksal des eingekerkerten Jakobus nicht mehr erwähnt.

[218] Zur Verschärfung vgl. § 352 Anm. 194. In § 385 wird durch neuen Befehl des Titus die Verschärfung von § 352 auch militärrechtlich außer Kraft gesetzt. Vgl. später § 414.

[219] Die Unterscheidung zwischen Jerusalemer Bürgern und der auswärtigen Bevölkerung, die mit Weib und Kind verkauft wird, also eine strengere Erfahrung machen muß als die Jerusalemer Bevölkerung, kann nicht verstanden werden, wenn man sie mit der äußerlich ähnlichen Unterscheidung zwischen Jerusalemer Bevölkerung und den von außen kommenden Pilgern in 6, 421 identifiziert (Ricciotti z. St.). In der Unterscheidung von § 384 geht es um die bei Josephus immer wieder hervortretende Anschauung, daß die aufständischen Gruppen von außen (wie Johannes von Gischala, Simon bar Giora, die Idumäer) die Stadt in ihr Verhängnis gestürzt hätten und daher besonders für ihr Unglück verantwortlich seien (anders 6, 408). Eine Parallele aber haben wir in 3, 532 ff., wo in der Behandlung von Tarichäa von Vespasian das gleiche militärische Verfahren angewandt wird: 1. Die Auswärtigen werden als unruhige und gefährliche Elemente von den Einheimischen getrennt, 2. die Einheimischen werden in ihrer Stadt belassen, 3. die Auswärtigen dagegen unschädlich gemacht.

Den römischen Heeren folgten die Sklavenhändler, die sogenannten „mangones", die die Kriegsgefangenen anzukaufen hatten. Die jüdischen Sklaven waren wegen ihrer religiösen Besonderheiten, von denen sie nicht abließen, wenig beliebt. Die jüdischen Gemeinden betrachteten es als ihre Pflicht, jüdische Sklaven loszukaufen (vgl. Jew. Enc XI 407 ff.).

Anmerkungen zu Buch 6

²²⁰ Der Befehl, keine Überläufer ohne Familie aufzunehmen, wurde bisher nicht genannt. Die zeitliche Deutung in dem Sinne, daß Titus früher einen derartigen Befehl gegeben habe (Kohout, Ricciotti, Thackeray, Williamson, Whiston-Marg.), trifft auf die Schwierigkeit, daß eine derartige wichtige Anweisung des Titus (καίπερ προκηρύξας) im Lauf der Erzählung nicht festgelegt werden kann. καίπερ δὲ προκηρύξας ist demnach besser als eben erfolgende offizielle Bekanntgabe (προ-) zu verstehen, die freilich schon im nächsten Augenblick nicht durchgeführt wird (vgl. auch Clementz, Simchoni). Damit ergibt sich eine folgerichtige Entwicklung: § 352. 385. 414. Es ist möglich, daß ein ursprünglicher Plan zugrunde lag, die Bevölkerung nach der Katastrophe neu anzusiedeln. Sie soll nach militärischen Sicherungsmotiven verteilt werden (vgl. 4, 444. 614 und vita 422). In diesem Zusammenhang ließe sich zudem gut die Schonung der friedlichen Bevölkerung Jerusalems gegenüber der Beseitigung der aufrührerischen und straffälligen Elemente im jüdischen Volk verstehen.

Klausner V 271 versteht unter den Straffälligen jüdisches Militär, Zeloten und Sikarier, d.h. nicht nur diejenigen, die sich durch kriminelle Vergehen, wie Raub, Mord oder Gefangenentötung schuldig gemacht haben. Damit wäre allein die Zugehörigkeit zu einer der aufrührerischen Gruppen und die Teilnahme am Aufstand todeswürdig. Das entspricht der von Josephus am häufigsten gebrauchten Bezeichnung „Räuber" (λησταί) für die Aufständischen. Nach römischem Recht genießen die λησταί nicht den Schutz des Kriegsrechtes (vgl. Hengel, Zeloten 32 ff.). Josephus übernimmt also auch hier das römische Rechtsanschauung unter Preisgabe der eigenen jüdischen Geschichtstheologie (Ez. 34) und kommt somit notwendig zur Diffamierung der Freiheitsbewegung (vgl. 7, 258 Anm. 139). Die aus dem Judentum d.h. besonders aus der Priesterschicht stammende Bereitschaft zur Anerkennung der fremden Obrigkeit führt bei ihm zu einer ethischen Disqualifizierung der Widerstandsbewegung und damit zu einer Geschichtsbetrachtung, die den Aufstand gegen Gottes Willen geschehen sein läßt und Toradenken und römisches Recht miteinander verbindet. – Bei der Aussonderung der Straffälligen denkt Klausner an ein Unternehmen des Titus, gekaufte jüdische Spione in die Reihen der Überläufer zu senden. Es ließe sich aber auch auf c. Apion. 1, 49 hinweisen, wo die während des Krieges durch Josephus selbst unternommenen Verhöre der Überläufer genannt werden. Josephus hat das römische Heer mit Nachrichtenmaterial aus dem belagerten Jerusalem versorgt und gleichzeitig damit Material für seine spätere Geschichtsschreibung sammeln können.

²²¹ Die Zahl 40000 für Jerusalemer Bürger, die gefangen und freigelassen werden, ist erstaunlich hoch. Schwerlich konnten so viele durch die von den Zeloten streng bewachten Grenzen entkommen. Klausner V 272 hält die Zahl 40000 für die Summe der Gefangenen, die insgesamt während des Krieges gemacht wurden und nun ihre Freiheit erhielten. Das würde die Zahl zwar bestätigen, dem Zusammenhang des Textes, der von Jerusalemer Bürgern redet, aber nicht gerecht werden. Ob die Höhe der Zahl denkbar ist, hängt mit der Frage zusammen, wieviele Einwohner Jerusalem während des Aufstandszeit hatte. Angesichts der Gesamteinwohnerzahl von 70000–80000 dürfte die Angabe von 40000 Überlebenden ungefähr zutreffen (zum Ganzen vgl. Exkurs XVII). Simchoni 496 ist der Ansicht, daß sie in der zweiten summarischen Aufzählung von § 420 nicht berücksichtigt wurde. Dagegen ist einzuwenden, daß in § 386 und § 420 zwei völlig voneinander getrennte Schätzungen vorauszusetzen sind.

Das Problem des Verhältnisses von § 386 zu § 420 läßt sich jedoch nicht allein von der historischen Seite her erhellen, sondern auch von der theologischen. § 386 sieht auf die Bevorzugung der Jerusalemer, die als eigentliche Opfer der Katastrophe von den Römern als solche anerkannt und nun zur Neubesiedlung des Landes entlassen werden. Es ist eine Art „Heiliger Rest", wobei die Angabe 40000 der symbolischen Zahl für Israels Heerbann entspräche (vgl. Jos. 4, 13; Ri. 5, 8). Indessen geht es in § 420 um die Beschreibung der Größe der Katastrophe, insbesondere der unermeßlichen Zahl von Toten.

Exkurs XVII: Die Bevölkerung Jerusalems ohne Pilger und Fremde.
Die Angaben der antiken Schriftsteller über die Bevölkerung Jerusalems vor der Belagerung durch die Römer sind sehr unterschiedlich und größtenteils zu hoch, die des Talmud (b. Pesaḥim 64b; Tos. Pesaḥim 4, 3) sind phantastisch. Josephus bell. 6, 424

Anmerkungen zu Buch 6

berechnet auf Grund der geschlachteten Passahlämmer (vgl. § 422 Anm. 250) die Zahl der Einwohner und Pilger auf 2,7 Mill. Tacitus schätzt 600000 Einwohner, wofür bell. 5, 569 wohl kaum die Grundlage ist (Tac. hist. 5, 13). Auch diese Zahl dürfte noch zu hoch sein, ebenso die Angabe über 120000 bei Hekataeus von Abdera (vor 100 v. Chr.; nach J. Jeremias, Jerusalem zur Zeit Jesu, 3. Aufl. 1962, 96). – Es bleibt nur die Möglichkeit übrig, die Fläche der Stadt mit einer geschätzten Bevölkerungsdichte in Beziehung zu setzen und auf diese Weise eine ungefähre Einwohnerzahl zu ermitteln. So kommt C. Schick (Studien über die Einwohnerzahl des alten Jerusalem, ZDPV 4, 1881, 211–221) auf 200–250000. J. Jeremias (a.a.O. 1. Aufl. 1923, 96) geht von einem Umfang der Stadtmauern von ca. 4600 m bzw. 6105 m aus und kommt bei einer Bevölkerungsdichte von 1 Person auf 25 m^2 auf 55000 bzw. 95000 Einwohner. Jeremias hält die kleinere Zahl für die wahrscheinlichere und reduziert diese in dem späteren Aufsatz (Die Einwohnerzahl Jerusalems zur Zeit Jesu, ZDPV 66, 1943, 42–31) noch auf eine Dichte von 1:35. Von einem kleineren Areal ausgehend (3600 m Umfang) kommt er so auf 20–30000 Einwohner. Gegenwärtig besteht in der Forschung die Neigung, den reduzierten Angaben bei Jeremias zuzustimmen.

Andererseits haben jedoch neuere Untersuchungen ergeben, daß das Stadtgebiet einen Umfang von 5500 m hatte (vgl. M. Avi-Yonah, in Sēfēr Jerūšālajim 1956, 319). Zudem wird die spätere Schätzung der Bevölkerungsdichte durch Jeremias (1:35) zu niedrig sein; es ist mindestens von einem Verhältnis 1:25 auszugehen (vgl. dazu bereits die Angaben bei G. H. v. Schubert, Reise in das Morgenland, II 1839, 555f. und C. Schick a.a.O. 217; vgl. ferner die Kleinheit der antiken Häuser Sifre Dt. 229; M. Baba Batra 6, 4; G.Dalman, Arbeit und Sitte in Palästina, VII 1964, 66). Unter Berücksichtigung unbewohnter (Tempelplatz) und schwächer besiedelter Gebiete (so Bezetha) kommt man doch auf eine Bevölkerungszahl von 70–80000. – Diese Zahl deckt sich im übrigen mit der in Offb. Joh. 11, 13 vorausgesetzten runden Zahl von 70000 Einwohnern Jerusalems.

222 Die neue Einleitung: „In jenen Tagen" führt zwei Anekdoten ein, die beide an dem Schicksal der Tempelschätze besonders interessiert sind. Der Erzähler unterbricht damit erneut – zuletzt § 358–362 Anm. 200–203 – die offizielle Schilderung der Gesamtereignisse und nimmt erst in § 392 diese wieder auf. Die erste Anekdote nennt den Namen Thebuthi, dessen hebräischen Ursprung nicht belegt ist (vgl. Schlatter, Namen 118). Wenn man an einen hebräischen Ursprung denken will, dann könnte man eine Ableitung von tabut („der Gutgestellte" Jastrow I 516) annehmen. Die griech. Form Thebutis begegnet noch in Euseb. hist. eccl. IV 22, 5. Der dort erwähnte Thebutis war nach einem Bericht des Hegesipp, den Euseb wiedergibt, Glied der Jerusalemer Gemeinde im 2. Jh. Zum anekdotischen Stil gehört es, daß die Voraussetzungen zu dem Bericht fehlen. Es könnte sein, daß Titus befohlen hat, die nicht gefundenen Tempelschätze auszuliefern, oder aber daß der zum Überlaufen entschlossene Priester bereit ist, ein Geheimnis gegen sein gefährdetes Leben (§ 322) preiszugeben. Die unbestimmte Wendung τινὰ τῶν ἱερῶν κειμηλίων meint vermutlich: „den ihm bekannten Teil der Schätze". κειμήλια ist an sich ein umfassender Begriff, beschränkt sich aber in den beiden Anekdoten auf die heiligen Kultgeräte usw. Vorräte, die zur Durchführung des Kultus notwendig sind (§ 381).

223 Die beiden Anekdoten setzen voraus, daß die Tempelschätze (κειμήλια; κόσμος ἱερός) bei der vorangegangenen Plünderung (§ 271) noch nicht restlos in die Hände der Römer gefallen waren. Da der Text ausdrücklich von der Tempelwand redet, sollte nicht versucht werden, das Versteck, das den Brand zu überstehen vermochte, mit der Möglichkeit zusammenzubringen, daß die zelotischen Priestergruppen analog der Tempelbibliothek die Schätze ausgelagert hätten, (vgl. K. H. Rengstorf, Hirbet Qumran und die Bibliothek vom Toten Meer, 1960). Auch der Vorschlag Kohouts z. St., an Höhlen unterhalb des Tempels zu denken, führt angesichts des Textes nicht weiter. Zum Verstecken bzw. Auslagern von Kultgeräten vgl. 2. Makk. 2, 5. 6; Tos. Sota 13, 1; b. Joma 52b; j. Scheq. VI 2 (49c).

Das Motiv der Tempelwand kann historisches Rudiment sein. Ein Versteck in der Wand ist für die ältere palästinische Anschauung belegt in: Midr. r. Lev. 17, 6 zu 14, 34: Die Kanaanäer verstecken ihr wertvolles Besitztum (māmōn) in den Wänden ihrer Häuser. Um den Zusammenhang zu verstehen, müßte man versuchen, von 1. Kön. 6, 5 LXX und Jos. ant. 8, 63ff. auszugehen. Hier wird von einer „Tempelwand" gesprochen, ohne

Anmerkungen zu Buch 6

daß durch diese Zusammenhänge das bei Josephus angegebene Versteck erkennbar wäre. Möglichkeiten für das Versteck lägen 1. in einem nicht näher bestimmbaren Mauerstück, 2. in der stehengebliebenen Brandmauer, 3. in der in den Felsen eingelassenen Grundmauer (ant. 8, 63), 4. in verborgenen Räumen, die mit der Wand in Verbindung stehen. Die erste Möglichkeit käme einem wörtlichen Verständnis des Josephus am nächsten und ist am wahrscheinlichsten.

Die Aufzählung der ausgelieferten Tempelgeräte stellt zwei Leuchter besonders heraus, während Tische, Krüge und Schalen erst später und ohne Zahlenangabe hinzugefügt werden (vgl. 5, 216 Anm. 82. 83). Die ursprüngliche Beschreibung in Ex 25, 10ff. nennt Lade, Deckplatte, Tisch und am Schluß den Leuchter. Jedoch findet sich dieselbe Vorordnung des Leuchters vor den anderen Kultgeräten auch bei Philo, heres 226; Hebr. 9, 2. Eine gesteigerte Bedeutung des Leuchters für Israel könnte in Parallele stehen zu dem seit dem Exil ständig bedeutsamer werdenden Lichtelement (vgl. Anm. 137). Nach Sifra Lev. 24, 3 (419a) ist der brennende Leuchter das Zeichen für die Anwesenheit der Schechina im Tempel. Der Leuchter erscheint nachweislich als Symbol auf einer Münze des Mattathias Antigonos (40–37 v. Chr.), vgl. L. Kadman, The Coins of the Jewish War of 66–73 C. E. 1960, 60. A. Kindler, The Coinage of the Hasmonaean Dynasty in „The Dating and Meaning of Ancient Jewish Coins and Symbols 1958, 10–28. Nach Pesikta rabbati 29 b Kap. 8 ist der siebenarmige Leuchter das Symbol für die Gemeinde Israels.

Zur Beschreibung des Tempelleuchters vgl. 5, 216f. Anm. 82f.; 7, 149 Anm. 81 und b. Menaḥot 28 aff. Auffällig ist an unserer Stelle der Plural, der mit der Vorstellung in 5, 216f.; 1. Makk. 4, 49; b. Menaḥot 28 b von nur einem Leuchter im hasmonäischen und herodianischen Tempel nicht übereinstimmt. Das Vorhandensein mehrerer Leuchter im zweiten Tempel könnte man aus Tos. Menaḥot 9, 2 erschließen, wo von den Bedingungen für die Anfertigung von neuen Leuchtern die Rede ist (vgl. dazu auch M. Scheq. 4, 4; b. Ket. 106 b). Denkbar ist, daß nur ein Leuchter aufgestellt war, der aber mit anderen ausgewechselt werden konnte, um den Reichtum des Tempels damit zum Ausdruck zu bringen.

Nach 1. Kön. 7, 49 befanden sich 10 Leuchter im salomonischen Tempel, die ursprünglich alle benutzt wurden; später schloß man vom zweiten Tempel auf die Zustände des ersten und glaubte, daß nur einer, der mosaische, benutzt worden sei (Tos. Sota 13, 1; M. Menaḥot 11, 6). Zu den Leuchtern, die zu der Zeit im Tempel benutzt wurden, gehörten die beiden § 388 genannten Leuchter nicht. Der Grund dafür ist entweder in ihrer besonderen Ausführung zu suchen (vgl. b. Menaḥot 28 b; bell. 7, 149 Anm. 80) oder aber darin, daß sie noch nicht oder nicht mehr zum Kultdienst bestimmt waren.

Zu den Schaubrottischen vgl. 5, 216 Anm. 82. (Auffällig gegenüber 5, 216 ist hier wieder der Plural.) Zum Gebrauch der Schalen vgl. 5, 218 Anm. 84.

²²⁴ Neben dem berühmten und kostbaren Vorhang vor dem Allerheiligsten (vgl. 5, 212f. Anm. 79. 80) gab es im Tempel auch noch andere Vorhänge (M. Scheq. 8, 4). Bei den in § 389 zutage kommenden Vorhängen wird es sich um Ersatzvorhänge gehandelt haben, die benötigt wurden, wenn die Originalvorhänge ausgebessert oder wegen kultischer Verunreinigung gewaschen werden mußten. Die Originalvorhänge werden beim Untergang des Tempels mit verbrannt sein (vgl. allerdings 7, 162 Anm. 89). Über Ersatzvorhänge vor dem Allerheiligsten berichtet M. Scheq. 8, 5, wonach jedes Jahr zwei Vorhänge hergestellt wurden. Die Gewänder der Hohenpriester sind in 5, 231–236 Anm. 96–98. 100 beschrieben.

²²⁵ Nach M. Scheq. 5, 2 gab es mindestens drei Schatzmeister. Phineas ist die hellenistische Form von Pinḥas (vgl. A. Schlatter, Namen S. 91). In M. Scheq. 5, 1 wird ein Pinḥas genannt, der über die Bekleidung im Tempel zu wachen hatte. Da Pinḥas ein häufiger Priestername war, braucht Identität nicht notwendig zu sein. – Wie der Zimtbaum gehört auch der Kasiabaum zur Art der Lorbeerbäume, die in Indien anzutreffen sind. In Ex 30, 23–25 werden Zimt und Kasiagewürz genannt, aber nicht zur Herstellung des Räucheropfers, sondern zur Bereitung des Salböls für die Salbung der heiligen Geräte.

²²⁶ Kohout übersetzt ἱερὸς κόσμος mit „heilige Paramente". Aus dem Abschluß der zweiten Anekdote geht deutlich auch in diesem Stadium des Kampfes noch durchgehaltene rechtliche Unterscheidung von Überläufern und Kriegsgefangenen hervor. Der

Anmerkungen zu Buch 6

Priester kann sich mit den Schätzen von dem harten Schicksal eines Kriegsgefangenen loskaufen. – Das zeitliche Verhältnis zwischen der zweiten und ersten Erzählung wird gemäß dem anekdotischen Stil nicht näher bestimmt. Dennoch ist der historische Wert der beiden Anekdoten nicht zu unterschätzen. Vgl. K. H. Rengstorf, Hirbet Qumran und die Bibliothek vom Toten Meer, 1960; K. G. Kuhn, ThLZ 81 (1956), 544ff.

[227] Noch 28 Tage nach der Zerstörung des Tempels und der Unterstadt hatten sich die Aufständischen in der Oberstadt halten können; d. h., daß sie militärisch noch so stark waren, daß sie mit einem Sturmangriff aus der Oberstadt nicht hatten vertrieben werden können (so Simchoni 496). Josephus freilich legt besonderen Wert auf den bereits gewonnenen Sieg der Römer.

[228] Mit der „Akra" muß entgegen dem sonstigen Sprachgebrauch des Josephus (vgl. 1, 39 Exkurs I) hier die Herodesburg in der Oberstadt gemeint sein (Kohout, Simchoni, Whiston-Marg., Williamson). K. v. Klaiber ZDPV 11 (1888) 28ff. denkt dagegen auch an unserer Stelle an das Gebiet der Unterstadt. Clementz, Thackeray und Ricciotti lassen die „Akra" unübersetzt. Uneinsichtig wäre dabei, wieso die Zeloten die schützenden Mauern verlassen sollten und sich in die jetzt gänzlich schutzlose Unterstadt hätten begeben sollen; zudem handelt der Text seit § 374 von der Eroberung der Oberstadt (s. auch § 377 Anm. 215).

[229] Vgl. § 370 Anm. 211.

[230] Mit den „Türmen", die unter den Stößen der Sturmböcke erzitterten, können nur die der Westmauer gemeint sein. Der theologische Aspekt der josephinischen Darstellung tritt ab § 394 heraus: Der Gottesschrecken (Ri. 4, 15 u. a.) trifft die Tyrannen als die eigentlich Schuldigen und stellt sich damit auf die Seite der „Feinde" Israels, anstatt auf die Seite derer, die sich als Israel ausgeben (vgl. Amos 2, 13–16). Die Verblendung, die bisher die Zeloten die Wirklichkeit nicht hatte erfassen lassen, wird mit dem Gottesschrecken aufgehoben und sogar in ihr Gegenteil verkehrt: Die Bedrohung wird für gefährlicher gehalten, als sie in diesem Augenblick tatsächlich ist. Das josephinische Offenbarungsdenken ist nicht einfach alttestamentlich – wenn es sich auch in dieser Weise ausdrückt –, sondern es geht um eine eigene Wirklichkeitsauffassung, die von der Geschichtserfahrung her bestimmt ist.

[231] Wie in der antiken Komödie (vgl. besonders Plautus: Persa 740–858) erscheint der Bösewicht am Schluß lächerlich und wird in der Unechtheit und Hohlheit seiner Existenz entlarvt.

[232] Josephus schildert drei verschiedene Ausfallversuche der Zeloten: § 157. 396 und 402. Zu dem möglichen Plan, in die Wüste durchzubrechen, vgl. Anm. 160. Die Beschreibung des ersten Ausfallversuches (6, 157) hat durch die genaue Orts- und Zeitangabe einen anderen Charakter als die späteren Berichte. Für ihn wäre noch am ehesten eine Verbindung zu dem strategischen Plan, in den Osten durchzubrechen, denkbar. Es ist nicht ausgeschlossen, daß diese dreifache Staffelung im Sinne einer ständig schwächer werdenden Widerstandskraft historische Grundlagen hat, doch steht das literarische und rhetorische Interesse des Josephus sicher im Vordergrund.

[233] Wir stehen auch hier noch in der Schilderung des über die „Tyrannen" gekommenen „Gottesschreckens": Die Anordnung der falschen Nachrichten entspricht dem nachträglichen Verlauf der Katastrophe. Die letzte Nachricht ist nicht auf die Türme der Westmauer bezogen (§ 394), sondern auf die „Kolossalbauten" der Herodesburg (§ 411). Der vom Eingriff Gottes getroffene Gegner fällt auf sein Antlitz, weint und ist gelähmt (vgl. 2. Makk. 3, 22–30).

[234] Vgl. 5, 161ff. Die drei Türme der Herodesburg galten als uneinnehmbar, und Josephus übernimmt diese Auffassung (vgl. ferner 6, 409–413, Anm. 242). Die Tyrannen jedoch verlassen sicheren Rückhalt, weil sie vom „Gottesschrecken" getroffen werden (vgl. 6, 411). Das dreifache Zeugnis für die Besonderheit der Einnahme der Herodesburg ist nicht zufällig: 6, 399f., 409–413; 7, 1–2.

[235] Der dritte Ausfallversuch wird in der Nähe des Siloahteiches, also ganz im Süden der Stadt, unternommen (ähnlich 2. Kön. 25, 4ff.). Bei Gelingen dieses Versuches hätten die Zeloten nach Osten oder Süden entkommen können. – θεός und ὁ θεός sind bei Josephus ohne erkennbaren Bedeutungswechsel austauschbar; bevorzugt wird die Verwendung des Artikels ὁ θεός (vgl. E. Stauffer Th. Wb. III 91).

Anmerkungen zu Buch 6

²³⁶ Vgl. § 370 Anm. 211. Dort war der Rückzug in die unterirdischen Gänge Jerusalems noch Teil des vorher berechneten Plans der Zeloten. Die tatsächliche Durchführung dagegen steht im Zeichen des Gottesschreckens und des zum dritten Mal mißglückten Ausfalls. Es ist sehr gut möglich, daß sich an dieser Stelle historische Berichterstattung und literarisches Interesse treffen. Vgl. Anm. 232.

²³⁷ Der „Siegesgesang" (Jos: παιανίζειν, Liddell-Scott: παιωνίζειν) meint den „Päan", eine Liedform mit besonderem Rhythmus, der durch das Schlagen der Schwerter gegen die Schilde erzeugt wird. Vgl. Pauly-W. Bd. 18, 1, Sp. 2348.

²³⁸ Der Aufbau des Schlußabschnitts 6, 401–408 ist in sich geschlossen. Der Anfang schildert das göttliche Gericht über die Zeloten, die unfähig sind, die heilige Stadt zu verteidigen. Der Abschluß setzt das Ausmaß der Katastrophe mit der Schuld des letzten Geschlechtes in Verbindung. Die besonders prägnante Schilderung der Plünderung und Vernichtung der Stadt durch die römischen Sieger schiebt sich ein und steht dank dieses Kunstgriffes nicht mehr auf sich selbst, sondern erhält ihren Sinn durch den geschichts-theologischen Rahmen. Vgl. Proömium § 9–12. An unserer Stelle gibt Josephus das Ausmaß der römischen Härte zunächst zu, entschärft dies Geschehen dann jedoch durch die Anklage gegen die Zeloten. – Simchoni, Whiston-Marg. geben κερατίζειν in § 405 besonders stark wieder: „von Grund auf zerstören". Die übrigen Übersetzer bleiben bei der Bedeutung: „plündern". Die Entscheidung hängt davon ab, ob man das Partizip stärker mit dem Abschluß von § 404 oder mit dem an das Partizip sich anschließenden Wiederholungssatz (ὁπότ') verbindet. Zum Ganzen vgl. die ähnliche und doch andersartige Schilderung der Einnahme von Masada: 7, 402–406.

²³⁹ Das Hungermotiv ist gleichsam ein Leitfaden für den Hintergrund, vor dem Josephus das Drama des Unterganges der Stadt schildert. Vgl. § 355. 373 Anm. 212. – Die römischen Soldaten werden von Josephus als hart und unbarmherzig, aber nicht als unmenschlich geschildert; es gibt ein Grauen, vor dem auch sie erschrecken.

²⁴⁰ Die Eroberung der Oberstadt hat die Römer nur einen einzigen Tag gekostet (vgl. § 392).

²⁴¹ Hier sind zwei Übersetzungen möglich: „als daß sie jenes Geschlecht hervorbrachte" oder: „als daß sie jenes Geschlecht ertrug" (ἐνεγκεῖν). Die erste wird allgemein vorgezogen. Unter Berufung auf die ähnliche Wendung in 5, 566 entscheiden auch wir uns für die erste. Es entspricht apokalyptischem Denken, daß das Abschlußgeschlecht das Vollmaß der Schuld und des Gerichtes erfährt (Lk. 11, 50).

²⁴² Die Bedeutung der Türme für die militärische Verteidigung Jerusalems tritt in 5, 156–183 deutlich hervor; hier erscheinen sie als Höhepunkt der Schilderung der Verteidigungsanlagen. Ihre Uneinnehmbarkeit wird durch die Art ihrer Einnahme in 6, 392–401 und durch das Zeugnis des Titus in 6, 409–413 und seiner Wiederaufnahme in 7, 2 bestätigt. Also ist auch die Art ihres Falles für unsere Berichterstattung von besonderer Wichtigkeit. Zunächst wird im profanen Stil geschildert, daß die Siegeszuversicht der Römer auf die Entmutigung der jüdischen Verteidiger stieß und die Erfolge der Belagerungsmaschinen den Widerstand brachen (§ 392–398). Der Höhepunkt der Darstellung wird in der theologischen Deutung des Ereignisses erreicht: Sie ist der Erweis der Kraft Gottes (ἡ τοῦ θεοῦ δύναμις) und des Glücks der Römer (ἡ Ῥωμαίων τύχη); vgl. § 399f. Römische Tapferkeit und göttlicher Eingriff haben nach der Auffassung des Josephus zusammengewirkt. § 409–413 jedoch betont im Sinne der hellenistischen Frömmigkeit die Bescheidenheit des Titus: Der entscheidende Anteil an der gelungenen Eroberung kommt Gott selbst zu.

Für die Schilderung der Eroberung der Oberstadt, des letzten Rückhaltes der Aufständischen, ergibt sich als fester historischer Ausgangspunkt die überraschende Räumung der Türme durch die Zeloten und ihre ausdrückliche zeichenhafte Erhaltung durch den Befehl des Titus. Die literarische Eigenarbeit des Josephus, der an dieser Stelle sowohl seine Geschichtsanschauung als auch das Titusbild stark hervorhebt, zeigt sich vor allem in dem Ineinander von profanen und religiösen Zügen: Die konkrete Wirklichkeit manifestiert den Willen der ordnenden Gottheit, der sich für die Römer und das flavische Herrscherhaus entschieden hat. Diese Manifestation Gottes, die den Zelotismus überwindet, trägt dennoch at.liche Züge (vgl. Anm. 230). Sie endet niemals im religiös mythischen Bereich, sondern stets in der Geschichtstheologie. – Die hellenistische

Anmerkungen zu Buch 6

Frömmigkeit des Titus, die Josephus anläßlich des Falles der Türme in § 409–413 hervorhebt, hat eine parallele Darstellung bei Philostratus, vita Apollonii 6, 29, wo berichtet wird, daß Titus den Fall Jerusalems allein dem zürnenden Gott zuschreibt, dessen Werkzeug er selbst gewesen sei; deshalb gebühre ihm nicht der von den Parthern angebotene Kranz. Das aretologische Element in beiden Berichten darf nicht übersehen werden. Auch Josephus kennt die Tradition von der Übergabe des goldenen Kranzes durch Gesandte der Parther (7, 105 ff. Anm. 56), jedoch nimmt Titus nach Josephus die Ehrung an.

²⁴³ Die Zeloten haben von Anfang an unbequeme und unzuverlässige Elemente der Bevölkerung ins Gefängnis geworfen (4, 140 f.). Auch einzelne idumäische Führer werden von diesem Schicksal betroffen (6, 380). Nach 6, 412. 432 werden Gefangene aus den Verliesen der Türme und den Schächten von Titus befreit.

²⁴⁴ Der Abschnitt § 409–413 stellt das Bekenntnis des Titus: „In der Tat, mit Gottes Hilfe haben wir gekämpft" (σὺν θεῷ γε ἐπολεμήσαμεν) neben das Stehenbleiben der Türme als ein Wahrzeichen des Glückes des Titus (ἡ αὐτοῦ τύχη). D. h., daß das religiöse Grundmotiv unmittelbar mit dem politisch-hellenistischen Begriff der τύχη des Caesars verbunden wird. Damit ergibt sich eine Fragestellung, die schon früher wiederholt in den Blickpunkt trat (3, 354 Anm. 84; 3, 387. 391 Anm. 92; 6, 57 Anm. 16; 6, 63 Anm. 17; 6, 252 Anm. 110; 6, 267 Anm. 117).

Exkurs XVIII: Zum τύχη-Begriff des Josephus.

Literatur: A. Schlatter, Wie sprach Josephus von Gott? BFchTh 14, 1 (1910); Pauly-W. Bd. 7, Sp. 1155–1170; B. Brüne, Flavius Josephus und seine Schriften, 1913; G. F. Moore, Fate and Free Will in the Jewish Philosophies According to Josephus in: The Harward Theological Review Bd. 22, 1929, 371–389; Schlatter, Theologie 32 ff.; J. Wochenmark, Die Schicksalsidee im Judentum in den Veröffentlichungen des orientalischen Seminars der Universität Tübingen, 6. Heft, 1933; Pauly-W. 2. Reihe, Bd. 7, Sp. 1643 bis 1689; M. P. Nilsson, Geschichte der griechischen Religion, 2. Aufl. Bd. 1, 1955; Fr. Nötscher, Zur theologischen Terminologie der Qumrantexte, 1956.

Die verwandten Begriffe πρόνοια θεοῦ, εἱμαρμένη und τύχη, die bei Josephus an wichtigen Stellen nebeneinander auftreten können (bell. 4, 622), sind sachlich voneinander zu differenzieren. Der religiöse Begriff πρόνοια θεοῦ (bell. 3, 391) steht dem at.-lich-jüdischen Überlieferungsgut am nächsten, obwohl er auch hellenistische Entsprechungen hat. Die εἱμαρμένη (bell. 2, 162–166) zielt mehr auf den einzelnen Menschen und ist nicht mit dem Begriff τύχη austauschbar. Dieser kann politisch-geschichtliche und religiös-normative Züge in sich tragen und bedarf als entscheidender Geschichtsfaktor bei Josephus besonderer Betrachtung. Wichtig ist das politisch und historisch geprägte Motiv der τύχη Roms, das das ganze Werk des Bellum durchzieht und in bestimmten Grundstellen geradezu richtungsweisend wird (3, 354–391). Es erhebt sich die Frage, wieweit jüdische Voraussetzungen das Denken des Josephus auch an diesem Punkt noch mitbestimmen bzw. jüdische Voraussetzungen auf Grund einer hellenistisch-profanen Existenzhaltung gesprengt werden.

1. Eine Vorstufe für das jüdische Schicksalsverständnis liegt bei Kohelet: 3, 14; 11, 3; miqrē („Zufall") = LXX συνάντημα 2, 14; 3, 19; 9, 2. Der aus der Weisheitsliteratur übernommene Schicksalsbegriff (gezērā) wird in der rabbinischen Literatur auf den Vorsehungsglauben zurückgeführt, der eine Entscheidung Gottes allem menschlichen Handeln vorordnet. In diesem Sinn spielt der Begriff im Targumim eine wichtige Rolle, der Wortbegriff wird durch die Entscheidung Gottes präformiert (vgl. cod. Neofiti 1 zu Gen. 1, 3). Damit wird der orientalische und hellenistische Schicksalsgedanke, soweit er den spezifisch jüdischen Gottesgedanken bedroht, abgewehrt. – Der Begriff mazāl („Glücksstern") begegnet erst in der Gemara, so daß es fraglich ist, ob er zur Zeit des Josephus im palästinischen Raum schon bekannt war. (b. Ber. 32 b; b. Schab. 156 a; b. Moed Qatan 28 a). Mazāl ist ein astrologischer Begriff babylonischen Ursprungs. Israel ist nicht wie die Völker den „Zeichen des Himmels" (mezālim) unterworfen. Gott hat die Macht, den Schicksalsstern zu wenden; damit ist der Schicksalsglaube zwar übernommen, aber er ist dem Gottesgedanken untergeordnet. Daß das Motiv des mazāl erst durch die Reflexion über die Katastrophen 70 und 135 n. Chr. in die rabbinische Diskussion eindrang (so Wochenmark 49), ist unwahrscheinlich. – Der für Qumran wichtige Begriff gōrāl („Los", abstrakt: „Geschick";

Anmerkungen zu Buch 6

arab. dšaral „Steinchen") findet sich schon im AT (Jes. 17, 14; Qumran: 1 QH 3, 22; 1 QS 4, 26 u.ö.). Da man in Qumran der absoluten Herrschaft Gottes gegenüber an der ethischen Eigenverantwortlichkeit des Menschen festhalten wollte, kommt es zu der Vorstellung, daß sowohl der Mensch durch seine persönliche Entscheidung wie auch Gott selbst durch seinen Richterspruch das Schicksal bestimmen.

Wenn Josephus über die Schicksalsvorstellung der jüdischen Gruppen spricht, gebraucht er den Begriff εἱμαρμένη. So bei der Schilderung der Pharisäer und Sadduzäer (bell. 2, 162-167; ant. 18, 12-17). Für die Essener dagegen verwendet Josephus im bellum (2, 119-161) den Begriff nicht. Erst in der Paralleldarstellung ant. 13, 172 wird er angewandt, doch in ant. 18, 13 fehlt er wieder. Ant. 13, 172 hat vielleicht noch Berührung mit der Qumrantradition, so daß an dieser Stelle hinter der von Josephus genannten εἱμαρμένη die gōrāl-Vorstellung Qumrans, jedoch nicht notwendig des AT.s, stehen mag. – Josephus verwendet εἱμαρμένη für das Geschick des einzelnen Menschen (bell. 1, 628; 4, 622 u.ö.).

Für die Darstellung eines historischen Geschehens, das weltweite Bedeutung hat, gebraucht Josephus dagegen den Begriff τύχη. Er verwendet ihn dazu, seine Zeitgeschichte – nicht die jüdische Geschichte speziell – und die Notwendigkeit ihrer politischen Abläufe als sinnvoll und von Gott gewollt darzustellen. Hier muß Schlatter, Theologie 32ff. (vgl. bell. 3, 354 Anm. 84) korrigiert werden: Zwischen εἱμαρμένη und τύχη ist im bellum zu unterscheiden. Der Pharisäer und der Philosoph arbeitet mit εἱμαρμένη, da beide anthropologisch orientiert sind. Der Historiker, der unter geschichtsphilosophischen Aspekten übergreifende Zusammenhänge erfassen und darstellen muß, ist auf den Begriff der τύχη angewiesen. Darum kann auch Josephus als Historiker nicht Pharisäer sein. τύχη ermöglicht Josephus die Verbindung seines in priesterlicher Tradition stehenden Denkens (vgl. Exkurs XIV) vom Heilsplan Gottes (πρόνοια θεοῦ) mit dem hellenistischen Schicksalsgedanken. Josephus schreibt aus der Überzeugung, daß auch dem Hellenismus und dem Selbstverständnis des römischen Imperiums ein wichtiger Beitrag zur Erfassung der Zeitgeschichte abzugewinnen ist. In diesem Sinn zieht er die Konsequenz auch für sein persönliches Leben. So ist Josephus literarisch und existentiell an der Hellenisierung der jüdischen Schicksalsvorstellung beteiligt. – G. F. Moore's Ansicht, daß die Verwendung von εἱμαρμένη und τύχη bei Josephus auf hellenistische Sekretärsarbeit zurückgehe, ist angesichts des sorgfältig differenzierten Gebrauchs der Termini abzulehnen.

2. Im Unterschied zu εἱμαρμένη hat der Begriff τύχη starke Wurzeln in der hellenistischen Tradition. In der griechischen Überlieferung – belegbar in nachhomerischer Zeit – begegnet die τύχη als die Umschreibung einer schicksalshaften Erfahrung, die selbständig neben dem Gottesglauben steht. Neben einer ursprünglich mythologischen τύχη erscheint seit Euripides (Hekuba 785f.) die Vorstellung einer auf einzelne Menschen bezogenen τύχη. In der hellenistischen Zeit begegnet sie auch in Verbindung mit Städten (Strabo Geogr. 12, 31; Ammianus Marcellinus 23, 1, 1; vgl. auch den römischen Geniuskult). Das ungeklärte Nebeneinander von Schicksal und Götterwelt bleibt durch alle Jahrhunderte kennzeichnend. Bei Josephus liegt ganz entsprechend häufig ein Nebeneinander von τύχη und πρόνοια θεοῦ vor, und auch bei ihm zeigt sich eine Unausgeglichenheit zwischen Schicksal und Gottesmacht. Wenn Josephus im Gebet an den Gott Israels bell. 3, 354 von τύχη spricht, so tut er es aus dem auch ihn umgreifenden hellenistisch-orientalischen Vorstellungsbereich, der den Begriff bestimmt. Bell. 2, 360 dagegen hebt die τύχη aus diesem Bereich heraus. Die τύχη, nun bestimmt als τύχη Roms, wird gleichsam latinisiert und damit in ihrem Bedeutungsbereich entscheidend eingeschränkt. Man wird beachten müssen, daß in der hellenistischen Zeit die Begriffe, die metaphysische Bedeutung haben, gebraucht werden, ohne theologisch durchreflektiert zu sein.

Die Wende in der Geschichte und daneben das für Josephus entscheidende Problem seines Übergangs zu den Römern wird in bell. 3, 354. 359. 389. 391 im Rahmen der hellenistisch-orientalischen τύχη-Vorstellung gesehen. Josephus trennt sich von der Tradition und dem Ruhm der Väter und läßt die heidnische τύχη den Glauben an die Führung Gottes (κηδεμὼν θεός § 387) überspielen. – Die Aussage, daß die τύχη zu den Römern übergegangen sei (2, 360; 5, 367), ist in einem Raum entstanden, als die übrigen stärker ins Orientalische weisenden Aussagen über Schicksal und Vorsehung. Man könnte daran denken, daß Josephus hier eine ursprünglich apokalyptische Lehre

213

Anmerkungen zu Buch 6

von sich ablösenden Weltzeitaltern, die vom Wechsel der Herrschaft sprachen (μεταβολή und μεταβαίνειν), umbildet und so zu der speziellen τύχη Roms gelangt. In 4, 622 führt der Weg des Vespasian zur Weltherrschaft; damit ist ein charakteristisches Element der kaiserlichen τύχη als weitere Zuspitzung der τύχη Roms ausgedrückt. Nach § 6, 409–413 sollen die Türme auf Anordnung des Titus stehen bleiben, nachdem sie bisher Ausdruck der Unbezwingbarkeit herodianischer Bauten und herodianischen Anspruchs gewesen waren. Jetzt sind sie, in den Wechsel der Geschichte einbezogen, Zeugnisse für die Hilfe Gottes, die den Römern zuteil wurde, und damit Zeugnis für die τύχη Roms und des Caesar. – Es ist natürlich möglich, daß gerade hier das flavianische Geschichtswerk den Text beeinflußte. Vgl. Weber, passim.

Neben dieser Auffassung von τύχη steht bei Josephus auch die allgemein hellenistische, die das Unberechenbare, Unheimliche herausstellt. So muß in bestimmten kritischen Stunden die kaiserliche τύχη neu erprobt werden (bell. 2, 207; 4, 591). Einer solchen steht Josephus nicht kritiklos gegenüber; im Zusammenhang mit dem Tod des Sabinius (6, 63ff.) fragt Josephus, ob nicht ein „neidisches Schicksal" am Werk war. Josephus nimmt damit ein Problem auf, das auch sonst diskutiert wurde (Diod. S. XI 11, 2; Pauly-W. 2. Reihe, Bd. 7, Sp. 1663). Dagegen würde Josephus die τύχη Roms nie kritisch betrachten. Sie ist für ihn festliegende, über alle Kritik hinausgehende geschichtsmächtige Wirklichkeit.

Abweichend vom Bellum ist das τύχη-Verständnis in Antiquitates. Dort findet sich in 16, 395–398 an einem herausgehobenen Punkt der herodianischen Geschichte eine grundsätzliche Reflexion. Ist das Geschehen pragmatisch-historisch zu sehen oder sind τύχη und εἱμαρμένη die Schlüsselbegriffe, die das Handeln des Menschen bestimmen? Josephus sieht eine dritte Möglichkeit, die dem Gesetz gemäß die eigene Verantwortung des Menschen hervorhebt. Hier tritt eine pharisäische Haltung bei Josephus heraus. Wichtig für das τύχη-Verständnis ist ant. 18, 267f. Die τύχη liebt es, nach beiden Seiten die Ereignisse zu unterstützen (vgl. εἰς τύχας ἰόντες, τύχη, παρατυγχάνειν); es fehlt eine klare Linie. Dagegen wird in Antiquitates das Gesetz gestellt; diesem muß man auch unter Gefahr gehorchen und darf erwarten, daß man Gott auf seiner Seite hat. Das τύχη-Verständnis des Bellum ist damit in Antiquitates durch den Gehorsam gegen das Gebot überwunden. Der Abstand von der hellenistisch-politischen τύχη, die noch im Bellum den tragischen Grundzug der jüdischen Geschichte unterstreicht, ist deutlich.

[245] Es bestehen keinerlei Bedenken gegen die Identität des hier genannten Fronto mit dem in § 238. 242 genannten Fronto Heterius (vgl. Anm. 105). Der Begriff „amicus Caesaris" könnte auch hier offiziellen Charakter haben, da die hellenistische Sitte, ein gremium von amici zu bilden, seit Augustus in Rom nachweisbar ist. Für die Zeit des Tiberius vgl. Joh. 19, 12; zum Ganzen vgl. bell. 1, 460 Anm. 227; E. Bammel, φίλος τοῦ Καίσαρος Th. LZ 77 (1952) 205–210. Fronto bestimmt im Namen des Titus nach antikem Kriegsrecht das Geschick der Gefangenen. Daher nimmt Josephus erneut den τύχη-Begriff auf und läßt Titus zum Vollstrecker der τύχη werden.

[246] Es wird hier vorausgesetzt, daß es in Ägypten Bergwerke (ἔργα) gab, in die Juden als Arbeitssklaven geschickt wurden. Wir kennen nach Diod. S. 3, 12 Goldbergwerke im Grenzgebiet zwischen Ägypten und Äthiopien (heute: Sudan) zwischen Nil und Rotem Meer. Dort habe eine große Menge von Sklaven gearbeitet. Herodot 3, 114 spricht von Goldvorkommen an eben dieser Stelle. Zum Ganzen: A. Wiedemann, Das alte Ägypten 1920, 342; A. Lucas – J. R. Harris, Ancient Aegyptian Materials and Industries, 4. Aufl. 1962, 224f. Zur Verschickung von Kriegsgefangenen vgl. auch bell. 4, 540.

[247] Die Ablehnung der Speisen durch die Gefangenen wird hier nicht begründet. Zweifellos nahmen die Juden aus Reinheitsgründen keine Nahrung von den Heiden an (vgl. 2, 592; vita 14). Ein ähnlicher Tatbestand ist im NT vorauszusetzen, wenn sich jüdische Reinheit gegen heidnische Unreinheit absetzt (Apg. 10, 11ff.; 11, 3; Joh. 18, 28). Das verschärfte Reinheitsstreben führt zwar in die Makkabäerzeit zurück, die eigentliche Zuspitzung wird aber durch die 18 Halakot der Schammaitradition erreicht, von denen allein 12 Verbote heidnische Speisen betreffen. Nicht die Speisen an sich sind durchweg unrein, sondern die Heiden, die sie zubereiten. Da Josephus auf eine Begründung für die Verweigerung der Speise verzichtet und ebenso ein Hinweis fehlt, wer von den Juden speziell heidnische Speisen verweigerte, liegt es um so näher, gerade an Aufständische zu

214

Anmerkungen zu Buch 6

denken, deren Verbindung zur Schammaitradition auch in anderen Zusammenhängen erkennbar ist (vgl. bes. 7, 178f. Anm. 95f. und § 191 Anm. 101; ferner Hengel, Zeloten, 204ff.). Damit stünde auch diese Stelle 6, 419 in Gegensatz zu Josephus' sonstiger antizelotischer Polemik. Zur Literatur vgl. auch J. Jeremias, Die Proselytentaufe und Neues Testament in Theol. Zeitschr. V (1949) 418–428; Die Kindertaufe in den ersten vier Jahrhunderten 1958, 30f. – Die Abschnitte § 414–419; § 420–427 und § 428–434 sind in sich geschlossen und beschreiben historisch-pragmatisch das Schicksal der Kriegsgefangenen, wobei altes historisches Material durchschimmert. Josephus bringt eine Zusammenfassung, um das Ausmaß der Katastrophe zu zeigen.

[248] Wieder erstaunt die Unausgeglichenheit der genannten Zahlen (vgl. schon § 386 Anm. 221). Während sich die Angabe von 97 000 Gefangenen für den ganzen Krieg durchaus im Bereich des historisch Möglichen hält, unter Umständen gar einer Annalen-Notiz entnommen sein könnte, sprengt die Zahl der Toten (= 1 100 000) jeglichen historischen Rahmen und zielt deutlich darauf ab, literarisch die Ungeheuerlichkeit der Kriegsereignisse zu erfassen.

[249] Das Adjektiv ὠκύς als Attribut zu λιμός ist in der griech. Literatur außergewöhnlich. Es kommt eigentlich nicht im Zusammenhang mit abstrakten Begriffen vor (wörtlich: „schnell, schrill"). Clementz und Kohout versuchen eine qualitative Übersetzung (verderblich, verheerend), Simchoni läßt es aus. Thackeray, Whiston-Marg. denken an ein zeitliches Moment: „eine Hungersnot, die schneller verderbt".

[250] Die Volkszählung des Cestius ist möglicherweise dieselbe wie die in b. Pesaḥim 64b; Tos. Pesaḥim 4; Midr. r. Klag. Jer. 1, 1 dem Agrippa II. zugeschriebene. Eine direkte Volkszählung war Israel nicht gestattet (Ex 30, 12; 2. Sam. 24), es sei denn, sie geschah eigens auf Gottes Befehl hin (so Num. 1, 2ff.). Schon früh kam daher die Sitte auf, daß sich beim Opfer jeder durch einen Schekel loskaufte (Ex 30, 12ff.), wodurch eine indirekte Zählung ermöglicht wurde. Die hier erwähnte Zählung erfolgte durch die Zählung der Passahlämmer oder wie in b. Pesaḥim 64b genauer durch das Zählen der Nieren. Daß die Zählung des Cestius zur Zeit seines Aufenthaltes in Jerusalem (bell. 2, 280 Anm. 154) durchgeführt wurde, liegt nahe, da die Zahl der damals protestierenden Juden – 3 Millionen – zumindest so ähnlich klingt wie die der 2 700 000 Passahteilnehmer. Es wäre somit möglich, daß damit etwas über die Historizität der Zahlen selbst gesagt sein soll. Zum Ganzen vgl. J. Jeremias, Jerusalem zur Zeit Jesu, 3. Aufl. 1962, 89; Hengel, Zeloten, 134ff.

[251] Bei dem Gen. absolut. ἐνστάσης ἑορτῆς fragt man, ob der Passah-Vorabend, an dem die Passahlämmer geschlachtet werden, schon zum Passahfest selbst gerechnet wird, so daß die Wendung bedeutet: „als das Passahfest gerade einsetzte". So entscheiden alle Übersetzer. Über die Zeitangabe (Jos.: „von der neunten bis elften Stunde") vgl. M. Pesaḥim 5, 1 „von der siebeneinhalbten Stunde an" (bzw. falls der Vorabend auf den Freitag fiel „von der sechseinhalbten Stunde an"). G. Beer, Pesaḥim (Gießener Mischna) 1912, 141 entscheidet sich gegen Josephus für die Richtigkeit der Mischnanotiz. – Der griechische Begriff φατρία (Hudson: φρατρία) entspricht dem hebr. ḥaburā, in diesem Fall eine Gemeinschaft, die das Passahfest zusammen feiert. Der geläufigere Ausdruck ist κοινωνία (vgl. LXX und Apg. 2, 42). Übereinstimmend mit Josephus berichtet die gesamte rabbinische Literatur, daß einer ḥaburā etwa 10 Personen angehören (Tos. Pesaḥim 4, 3; b. Pesaḥim 64b; Midr. r. Klag. Jer. 1, 1). Diese Zahl konnte überschritten werden (M. Pesaḥim 8, 7; Midr. r. Klag. Jer. 1, 1), jedoch mußte der Anteil des Einzelnen am Passahlamm eine bestimmte Mindestgröße haben.

[252] Die Teilnahme der Frauen am Passahmahl wird bei Josephus vorausgesetzt. Obwohl sie nicht verpflichtet waren, an der Wallfahrt teilzunehmen (Ex 34, 23), durften sie beim Passah, das als Familienmahl im Quartier stattfand, in der nachexilischen Zeit beteiligt sein. Daß die Frauen während der Menstruation von der Passahfeier ausgeschlossen waren, entspricht M. Pesaḥim 9, 4.

[253] Die Auslegung schwankt zwischen der Gleichzeitigkeit: „Von denen nun, die jetzt noch zum Vorschein kamen, töteten die Römer einen Teil". (Clementz, Whiston-Marg), und der Vorzeitigkeit: „Als die Römer den zum Vorschein Gekommenen getötet oder zu Gefangenen gemacht hatten" (alle anderen Übersetzer). Da wir ἐπεί, nicht ἐπί lesen, übersetzen wir auch im Sinne von § 414 vorzeitig.

Anmerkungen zu Buch 6

254 Die adverbiale Bestimmung läßt sich auch zeitlich wiedergeben: „in den letzten Tagen" (Clementz, Ricciotti, Simchoni).

255 Die näheren Umstände der Gefangennahme Simon bar Gioras werden in 7, 25ff. Anm. 19f. berichtet. Die Mitführung beider Männer im Triumphzug schildert Josephus in 7, 118, die Erdrosselung Simons in 7, 153ff. Anm. 84. Die ausführliche Darstellung der Gefangennahme Simon bar Gioras und seine strengere Bestrafung machen deutlich, daß er in den Augen des Josephus und der Römer der entscheidende Führer in der Schlußphase des Aufstandes war. Josephus stand vor der Aufgabe, zwei ähnliche charismatische Führer des jüdischen Krieges, die vielleicht sogar beide messianische Ansprüche stellten, in einem antithetischen und polemischen Schema immer wieder miteinander zu vergleichen. In dem literarisch in der Antike oft begegnenden „Vergleich" fällt auf Simon bar Giora größeres Gewicht als auf Johannes (vgl. 7, 29 Anm. 20). – Wenn Buch 7 ein Nachtrag sein sollte, müßte die Wendung: ὡς διὰ τῶν ἑξῆς δηλώσομεν schon von der Hand des Josephus eingefügt sein. Textkritisch liegt allerdings gegen sie kein Bedenken vor. Auf jeden Fall ist sie jetzt ein fester Übergang zwischen Buch 6 und 7.

256 Josephus gibt einen Überblick über die Wendepunkte in der Geschichte Jerusalems von Melchisedek bis Titus und gliedert sie in 7 Perioden, wobei am Übergang von der einen zur andern eine Eroberung bzw. Zerstörung steht: 1. Melchisedek-David, 2. David-Schoschenq, 3. Schoschenq-Nebukadnezar, 4. Nebukadnezar-Antiochus IV., 5. Antiochus IV. – Pompeius, 6. Pompeius-Sossius/Herodes, 7. Sossius/Herodes-Titus. Diese Aufzählung entspricht wiederum nicht einem historischen Interesse, sondern gehört zu der theologischen Geschichtsbetrachtung, die einen Plan Gottes in dem Geschehen erkennt. Dabei ist die Zahl „7" natürlich kein Zufall, vgl. die Bedeutung der Siebenzahl für die Periodisierung der Geschichte in der Apokalyptik, ganz besonders in den Jubiläen; dies wird auch daraus deutlich, daß Josephus drei weitere Eroberungen Jerusalems ausläßt (2. Kön. 14, 13, ca. 790 v. Chr.; 2. Kön. 43, 13. 597 v. Chr.; ant. 12, 2, Apion. 1, 210, Ptolemäus I. von Ägypten, ca. 300 v. Chr.).

Mit Melchisedek beginnt die Geschichte Jerusalems, alles Entscheidende ist auf ihn bezogen: Gründung, Errichtung des Heiligtums, Namensgebung; danach durchlief sie sieben Perioden und ist mit dem Ende der siebten zum Abschluß gekommen. Der Sieg der Römer ist – weil von Gott gewollt – geschichtsnotwendig, eine neue Weltzeit bricht an (vgl. bell. 3, 400). – Zum Einzelnen: Die erste Eroberung erfolgt durch Schoschenq I. 922 v. Chr. (Zur Namensform vgl. ant. 7, 105; Σούσακος; 8, 210: "Ισακος 8, 253: "Ισωκος LXX: Σουσακιμ; Masor. šîšaq). Sein Feldzug in den palästinischen Raum diente keiner Vergrößerung des ägyptischen Machtbereiches, sondern blieb ein reiner Plünderungszug. Es ist anzunehmen, daß Rehabeam an Schoschenq – ähnlich wie später Hiskia an Sanherib (2. Kön. 18, 13ff.) – aus dem Tempelschatz ein Lösegeld bezahlte, um seinen Staat vor der Plünderung zu schützen. Vgl. M. Noth, die Schoschenkliste, ZDPV 61, 1938, 277–304; B. Mazar, The Campaign of Pharao Shishaq to Palestine, Supplements to VT, IV, 1957; S. Hermann, Operationen Pharao Schoschenqs I im östlichen Ephraim, ZDPV 80, 1964, 55–79. – Der „babylonische König" meint Nebukadnezar, der bei seinem zweiten Zug gegen Juda Jerusalem 586 v. Chr. zerstörte. – Die zweite von Josephus genannte Eroberung ist die des Antiochus IV. Epiphanes im Jahr 168 v. Chr. (vgl. auch bell. 1, 31ff., Anm. 12). – Als dritte Eroberung nennt Josephus die des Pompeius 63 v. Chr. (bell. 1 141ff. Anm. 78–83). – Die vierte Eroberung gelingt Sossius für Herodes; siehe dazu bell. 1, 342ff. Anm. 154.

Die Übersetzung βασιλεὺς δίκαιος für Melchisedek scheint im ersten nachchristlichen Jahrhundert üblich gewesen zu sein (vgl. ant. 1, 180; Hebr. 7, 2). Hinter der Namensform Malkisedeq steht der Gottesname sedeq, der altjerusalemischen Stadtgottheit, die vermutlich als Königsgottheit verehrt wurde. Vgl. Bibl. hist. HWB II 1185f. Die Darstellung des Josephus bezieht sich insgesamt auf Gen. 14, 18ff. im Rahmen einer hellenistischen Haggada. ‚Salem' ist die Kurzform für Jerusalem, siehe Ps. 76, 3; ferner die antike Etymologie bei Tac. hist. 5, 2; zum Ganzen vgl. A. Jeremias, Das AT im Licht des alten Orient, 2. Aufl. 1906, 350; G. Fohrer, Th. Wb. VII, 295ff.; H. Kosmala, Bibl. hist. HWB II 820ff. – Daß David die kanaanäische Bevölkerung vertrieben hat (vgl. auch ant. 7, 65), wird durch den Wortlaut des AT nicht gedeckt, ebensowenig die Neubesiedlung der Stadt. ‚David' wird in § 439 und 440 vom Lateiner mit ‚Ieobius' wiedergegeben. Dies

Anmerkungen zu Buch 6

entspricht der targumisch-palästinischen Tradition, die den Segensspruch Gen. 49, 9 über Juda als ‚Löwen' mit David verbindet; so auch Gen. r. 97 und noch Raschi zu Gen. 49, 9. Zur davon unter Umständen unabhängigen griechischen Form λεόβιος vgl. ferner Pauly-W. 12, 2, Sp. 1992. – Die genaue Chronologie zwischen der Besiedlung durch David, der als erster jüdischer König über Jerusalem herrschte, und der Eroberung durch die Babylonier läßt sich für 470 Jahre nachvollziehen: 420 Jahre (nach § 269f. die Dauer des ersten Tempels) + 40 Jahre David + 10 Jahre Salomo vor dem Tempelbau = 470 Jahre. Die Zahl 1179 Jahre von David bis zur Eroberung der Stadt durch Titus stimmt mit § 269 überein, wo Josephus 1130 Jahre angibt für die Zeit von der Erbauung des ersten bis zur Zerstörung des zweiten Tempels. Rechnet man die Regierungszeit Davids und Salomos bis zum Tempelbau = 50 Jahre hinzu, so ergibt sich die genannte Zahl. – „Das Ende der Belagerung" erinnert an den Versuch, das ganze Bellum als ἅλωσις Jerusalems zu verstehen (vgl. Bd. I, S. XIX). § 442 klingt sehr nach einem Abschluß und es fehlt eine Überleitung zu Buch 7 analog den vorangegangenen Büchern. Dennoch gehört Buch 7 zur griech. Konzeption des Josephus, da für sie jetzt der Auswirkungen der Katastrophe im römischen Imperium, das Ende der zelotischen Bewegung und endlich die Haltung des Titus zum Schicksal des Judentums wichtig sind. Durch den abschließenden Charakter von § 442 kommt zum Ausdruck, daß das Ende der Stadt das Schicksal des Landes nach sich zieht.

Anmerkungen zu Buch 7

Anmerkungen zu Buch 7

¹ Kohout sieht in τίνα τρόπον eine adverbiale Bestimmung zu ἐκράτησαν und nicht eine attributive zu ὀχυρᾶς. Er übersetzt: „für die merkwürdige Art und Weise, wie ein so festes Bollwerk ihnen in die Hände fallen konnte". Für diese adverbiale Bestimmung fehlt jedoch die Beziehung im Kontext. Bleibt τίνα τρόπον dagegen auf ὀχυρᾶς bezogen, so fällt der zu enge Anschluß Kohouts zu 6, 409–413 fort: Es ist hier nicht von dem Eingriff Gottes her gedacht, sondern ausschließlich von militärischen Gesichtspunkten her (vgl. 6, 411, Anm. 242). Eine weitere Spannung ergibt sich aus dem Bruch zwischen 6, 414: „Die Soldaten sind des Blutvergießens müde geworden" und dem neuen Einsatz von 7, 1: „Der Grimm der Soldaten reicht weiter als ihre Möglichkeiten, zu morden und zu rauben".

² Eine ausführliche Beschreibung der weiteren Verwendung der römischen Legionen gibt Josephus in § 17ff. Die ἴλαι ἱππέων entsprechen den römischen alae, ihre Stärke ist unterschiedlich; die λόχοι sind wohl identisch mit den Kohorten (hier nicht mit den Centurien, vgl. 3, 83, Anm. 37). Die Hilfstruppen bestehen größtenteils aus Bundesgenossen (Polyb. hist. 6, 26, 7; Pauly-W. Bd. I, Sp. 1224–1270; Bd. IV, Sp. 231–356). Sie stehen selbständig neben den Legionen, die nur aus römischen Bürgern gebildet sind. Bis zum Ausbruch des jüdischen Krieges gab es im jüdischen Palästina keine römischen Legionen, sondern nur im benachbarten Syrien. In Palästina standen unter dem Befehl des Prokurators ausschließlich Auxiliartruppen (Kohorten und Schwadronen), die die nichtjüdische Bevölkerung zu stellen hatte. Mit der 10. Legion (Fretensis) war also zum ersten Mal eine römische Kerntruppe auf judäischem Boden stationiert. Die besondere Hervorhebung Jerusalems in § 17 als Stationierung der 10. Legion zielte bewußt auf den Gegensatz zu der einstigen Tempelstadt, die ein Rückhalt gewesen war für die jüdischen Vorrechte auch gegenüber dem römischen Militär. Vgl. zum Ganzen Schürer I 458ff.

³ Gemeint ist das Lager, das Titus gegenüber dem Psephinusturm errichten ließ (5, 133). Nach Einnahme der ersten Mauer wurde es in das Stadtgebiet verlegt an den Platz des ehemaligen Assyrerlagers (vgl. 5, 303, Anm. 126). Simchoni 497 und Kohout z. St. denken an diesen Platz selbst. Zu βῆμα vgl. 2, 172, Anm. 98.

⁴ Der Begriff εὔνοια gehört im Griechischen einerseits in den Bereich der philosophischen Ethik – in dieser Weise ist er aber eher unter Gleichgestellten gebräuchlich (vgl. Platon, Gorgias 487a; Sophokles, Trach. 708 und Thuk. 2, 8, 4) – andererseits unterscheidet man zwischen der εὔνοια „von oben" (Diod. S. 1, 51, 5; 1, 54, 1) und der „von unten". Die letztgenannte ist im klassischen Griechisch kaum gebräuchlich. In der hell. Literatur erst taucht sie häufig auf (bes. im Aristeasbrief 205. 230. 265. 270): ein Herrscher ist darauf bedacht, sich die εὔνοια seiner Untertanen zu erwerben (Synesius, oratio de regno 19). Im Lateinischen erscheint als entsprechender Begriff „benevolentia" (Cicero, Laelius 76). – Der Begriff πειθαρχία wird im Griechischen selten gebraucht. Wahrscheinlich entspricht er in diesem Falle dem lateinischen „disciplina militaris" (vgl. 6, 256 Anm. 112; 6, 262 Anm. 115), die wegen ihres speziell römischen Verständnisses im Griechischen schlecht wiederzugeben ist. So nennt Dio Cass. 52, 27, 2 sie ἄσκησις oder Polyb. hist. 1, 17, 11 ἔθος. Die „disciplina militaris" wird oft als die Grundlage des römischen Staates überhaupt angesehen (Livius 8, 7, 16; Cicero, de re publica 2, 16). Da sie durch die Bürgerkriege stark in Verfall geraten war, wurde es immer als besonders positiv angesehen, wenn ein Feldherr oder Kaiser die „disciplina militaris" wiederherstellte wie gerade Vespasian (Suet. Vesp. 8; Eutrop. 7, 20). An sich würde es natürlich sein, wenn die römische Grundtugend der „Disziplin" (πειθαρχία) zuerst genannt würde, dann erst der stärker hellenistische Begriff der εὔνοια. Die umgekehrte Reihenfolge zielt auf die besondere Beliebtheit des Titus ab, die auch bei Sueton (Titus 1) hervorhebt: amor ac deliciae generis humani. Zur Literatur vgl. Pauly-W Bd. 5, Sp. 1176–1183.

⁵ Der Bericht von der Akklamation in 4, 601–604 ist rechtlich und historisch insofern zutreffend, als hier Vespasian persönlich gewählt wird. Josephus bringt in 4, 597 Titus mit in die Überlegung der Soldaten, wodurch die sich historische Wahl auf das ganze flavische Haus, d. h. auf Vespasian und Titus, ausgedehnt wird. Darauf fußt Josephus auch in 7, 9 (vgl. ferner 7, 451, Anm. 217). Er bereitet auf diese Weise die Thronfolge des Titus von Anfang an vor und führt sie in dem Nebeneinander der beiden Triumphatoren beim Triumphzug in 7, 119–157 (Exkurs XX) zum Höhepunkt. Das προπέμπειν geschieht im Hinblick auf den Triumphzug und wird schrittweise durchgeführt: Auf Ver-

Anmerkungen zu Buch 7

anlassung des Heeres geht zuerst Vespasian nach Rom, ihm folgt Titus, zuletzt das Heer. Dabei geht nach Josephus die Initiative vom Heer aus (vgl. dazu auch 6, 316, Anm. 152).

⁶ Die neue politische Situation, die der Text als größten Erfolg des Heeres darstellt, ist durch drei verschiedene Tatbestände gekennzeichnet: 1. Die Entscheidung der Soldaten wird allgemein mit Freuden begrüßt, 2. man bleibt bei den Entscheidungen der Führer (αὐτῶν ist wohl kaum auf die Soldaten zu beziehen), 3. den Soldaten wird als den Wählern gedankt, die den ganzen historischen Ablauf verursacht haben. Hier verbindet sich römisches Rechtsdenken mit politischer Realität. In Rom war ein consensus universorum nach der Wahl eines princeps unerläßlich (Pauly-W. 22, 2, Sp. 2264–2269).

⁷ Die Rede des Titus ist eine „praefatio donationis vetus atque imperatoria", wie sie Cicero (in Verrem 3, 80) erwähnt. Der Feldherr konnte nach gewonnener Schlacht die Soldaten vor dem versammelten Heer auszeichnen, wenn er dies nicht bis zum Triumph aufschieben wollte (Suet. Aug. 8; Claud. 28). Feierliche Ordensverleihungen an Soldaten erwähnt Livius 10, 44, 3 ebenso wie Polyb. hist. 6, 39. Daß Titus bereits jetzt Ordensverleihungen vornimmt, hängt wohl damit zusammen, daß Titus hier seinen hohen Rang und seine Selbständigkeit zur Geltung bringen will, außerdem aber auch auf die militärischen Veränderungen Rücksicht nehmen muß: Die Legionen bleiben im Orient, die Auxiliartruppen werden aufgelöst.

Von den römischen Orden nennt der Text den „Kranz" (corona), die „Halskette" (torques), den „Speer ohne Spitze" (hasta pura) und die kleine „Standarte" (vexillum). Die beiden letzten sind den höheren Offizieren vorbehalten, während die „Coronae" für verschiedene Leistungen im Kriege und im Frieden verliehen werden (hier kommen vor allem coronae murales und vallares in Frage Livius 10, 46, 3; Suet. Aug. 25). Mit περιαυχένιον ist wahrscheinlich die große Halskette (torques) und nicht die kleine (catella) gemeint; sie war besonders für Angehörige der Auxiliartruppen vorgesehen (CIL 3, 5775). Hinter den „goldenen Speeren" für die höheren Offiziere – schwierig bleibt die Entscheidung in der Textkritik, ob μικρά oder μακρά vorzuziehen ist (vgl. die Ausgaben und Übersetzungen) – sucht man die älteste römische Auszeichnung der „hasta pura" („nicht durch Blutvergießen verunreinigt"). Gemeint ist ein Speer ohne Spitze, d. h. ein in einem Knauf endender Stab; in Ausnahmefällen konnte er auch einfachen Soldaten verliehen werden (Tac. ann. 3, 21). Vgl. dazu Pauly-W. Bd. 7, Sp. 2508f. Das vexillum schließlich ist an sich die Standarte, das Feldzeichen einer militärischen Abteilung. In kleinerer Ausführung wurde es dann auch als Orden verliehen (CIL 3, 1193; 5, 7425). Zum Ganzen vgl. Pauly-W. Bd. 5, Sp. 1528–1531.

⁸ Im Griechischen ist eine Unterscheidung zwischen λάφυρον und λεία nicht erkennbar, doch scheint in der jüdisch-hellenistischen Tradition der Begriff λάφυρον eine eigene Rolle zu spielen; vgl. LXX: 1. Chron. 26, 27; Jdth. 15, 7; 2. Makk. 8. 30. Es ist möglich, daß Josephus hier in diesem Sinne differenziert. λάφυρα sind vor allem die wichtigen Beutestücke, die in Caesarea gesammelt werden (§ 20). Vgl. die Schilderung des Triumphzuges § 148, Anm. 78.

⁹ Josephus unterstreicht die persönliche Verantwortlichkeit des Titus für die Verteilung der Orden (§ 5. 11–12. 13–14. 16). Ein Vorrecht des Vespasian als des princeps, derartige Verleihungen vorzunehmen, wird nicht erwähnt. Josephus schützt jedoch durch seine Darstellung Titus vor der Möglichkeit eines falschen Verdachtes: Der Feldherr identifiziert sich mit seinen Soldaten stark, daß ihre Heldentaten ihn unmittelbar angehen, als seien es seine eigenen (vgl. Suet. Titus 5; bell. 6, 316, Anm. 151. 152).

¹⁰ Ein Opfer hatten die Soldaten bereits bei der Einnahme des Tempels dargebracht (6, 316). Schon da erscheint bei der Opferhandlung der εὐφημία der Soldaten im Zusammenhang mit der Akklamation des Titus zum Imperator (3, 316, Anm. 152). bell. 7, 16 beschreibt den Ablauf der Siegesfeier im Sinne eines vorgegebenen Rituals: 1. εὐχαί des Kaisers, 2. εὐφημία der Soldaten und 3. das Siegesopfer. Die Verteilung des Opferfleisches als Siegesessen für das Heer erwähnt auch Livius 7, 37.

¹¹ Für die „Auflösung der Truppen" gibt es zwei Möglichkeiten: Entweder hat Titus sogleich die Soldaten der Auxiliartruppen einzeln entlassen oder aber er schickte die Kohorten und Schwadronen geschlossen in ihre Heimat zurück. Da die Hilfstruppen eine gewisse Selbständigkeit hatten und den Bundesgenossen verantwortlich waren, ist wohl die zweite Möglichkeit vorzuziehen.

Anmerkungen zu Buch 7

12 Vor dem jüdischen Krieg war die 10. Legion (Fretensis) am Euphrat stationiert, von wo aus sie an den Kämpfen in Armenien teilnahm (Tac. ann. 15, 6). Bei dem Zug des Cestius war wohl auch eine Abteilung dieser Legion gestellt worden (2, 500, Anm. 215). Nero unterstellte sie neben anderen Legionen Vespasian (Tac. hist. 5, 1), der sie dem übrigen Heeresverband eingliederte (3, 65).
Bei der Aufzählung der Legionen in 3, 65, Anm. 28 waren die beiden dem Vespasian zugehörigen als die 5. und 10. genannt. Daraus entstand leicht der Eindruck, daß in 3, 8 die zwei in Ägypten liegenden Legionen (2, 387) mit der 5. und 10. Legion identisch seien (vgl. 3, 65, Anm. 28). Alle Handschriften einschließlich Lat. lassen in 3, 8 die Vermutung aufkommen, daß Josephus selbst oder seine Schreiber hier die 5. und die 10. Legion genannt haben (so auch Kohout, Clementz und Simchoni). Wir hatten uns in unserer Textausgabe entschlossen, die Cardwell-Niesesche Konjektur anzunehmen, nach der Titus mit der 15. Legion in Marsch gesetzt werden sollte (vgl. 3, 8, Anm. 6). Die Konjektur übernimmt die Aufstellung der Legionen von Tacitus. In diesem Sinn ist in 3, 65, Anm. 28 der zweite Satz zu streichen, obwohl er mit Kohout, Clementz und Simchoni übereinstimmt: „die 5. und 10. Legion standen in Alexandrien".
Die 10. Legion wurde bei der Eroberung von Gamala eingesetzt 4, 13 und später von Vespasian nach Skythopolis verlegt 4, 87. Von Jericho aus, wohin sie wohl durch das Jordantal gezogen sein wird, wurde sie nach Jerusalem in Marsch gesetzt 5, 42. 69. Nach der Eroberung der Stadt wurde sie die ständige Besatzung Judäas. Als Besatzungstruppe wird sie noch bei Dio Cass. 55, 23, 3 erwähnt (Anfang des 3. Jahrh.). Die überall um Jerusalem herum, besonders in Ramat Rahel gefundenen Ziegel mit dem Legionsstempel LX FRE sind kaum ein Anhaltspunkt, da diese Ziegel oft weiter verwendet worden sind. Nach dem Barkochba Aufstand scheint die Herodesburg das Quartier der Legion gewesen zu sein; in ihrer Nähe finden sich Inschriften, die das bezeugen (vgl. K. Zangenmeister, Römische Inschrift von Jerusalem in ZDPV 10, 1887, 49–53; 11, 1888, 138 und C. Wilson, Golgatha and the Holy Sepulchre 1906, 132). Als Entlassungsort von Veteranen wird Jerusalem ausdrücklich im Jahre 93 n. Chr. erwähnt (H. Dessau, Inscriptiones Latinae selectae 9059).

13 Die 12. Legion (Fulminata) stand schon längere Zeit in Syrien, bevor der jüdische Krieg ausbrach. So war sie im Jahre 62 n. Chr. am Krieg in Armenien beteiligt (Tac. ann. 15, 6). Danach wurde sie nach Syrien zurückgesandt (Tac. ann. 15, 26), wo sie hier nach § 18 ihr Standquartier in Raphanää hatte. Raphanää oder auch Raphana liegt in der syrischen Provinz Cassiotis, westlich des heutigen Hama am nördlichen Ende des Libanon (vgl. Plin. hist. nat. 5, 18, 16; Ptolem. 5, 15, 16; Pauly-W. Bd. 2, 1, 232). Von dort aus unternahm sie den verlustreichen Feldzug nach Judäa unter dem Statthalter Syriens Cestius Gallus 2, 500–555. Im Gegensatz zur Darstellung des Josephus, bei der es scheint, als habe Titus die 12. Legion verschickt, hat wohl Vespasian die Verlegung der Truppen veranlaßt im Zusammenhang mit der gesamten Neuordnung im Orient (Suet. Vesp. 8). Der Grund für die Verlegung gerade der 12. Legion nach Armenien war nicht nur eine Bestrafung sondern vor allem eine Bewährungsmöglichkeit, denn Legionen, die Vespasian unbrauchbar schienen, hat er aufgelöst. Gerade an der armenischen Grenze hätte er eine schwache Legion nicht stationieren können. Das an unserer Stelle erscheinende scharfe Urteil über die 12. Legion und ihre Bestrafung (παντάπασιν ἐξήλασεν) steht aber auch im Widerspruch zu bell. 5, 41. Dort wird das Versagen der Legion, das in Wirklichkeit ein Versagen des Cestius ist, mit der Feststellung gemildert, daß die Legion sonst stets als besonders tapfer gegolten habe. Die neue Garnisonstadt Melitene wird auch durch Prokop de aedif. 1, 7, 3 bestätigt. Melitene liegt nahe am Euphrat; seine Bedeutung hat der Ort durch die Euphratfurt (Tac. ann. 15, 26). Vgl. dazu auch Kohout z. St.

14 Die 5. Legion (Macedonica) stand ursprünglich an der Donau in Moesien, wo sie 62 n. Chr. nach Armenien in Marsch gesetzt wurde (Tac. ann. 15, 6). Von dort wurde sie dann nach Ptolemais geschickt, um unter dem Befehl des Vespasian am Krieg in Judäa teilzunehmen (bell. 3, 65). Bei der Belagerung Jerusalems scheint sie in Emmaus gelegen zu haben (bell. 5, 42), was auch eine Inschrift dort bestätigt (Schürer I 620, Anm. 70). Nach dem Krieg begleitete die Legion den Titus nach Ägypten, von wo sie dann nach Moesien zurückgeschickt wurde (bell. 7, 117).

Anmerkungen zu Buch 7

Die 15. Legion (Apollinaris) wurde ebenso wie die 5. Legion im Jahre 62 n. Chr. nach Armenien verlegt. Anschließend zog sie wohl nach Alexandrien und wurde dort unter den Befehl des Titus gestellt (bell. 3, 65). Auch Sueton (Titus 4) erwähnt, daß dieser eine Legion geführt habe. Wie die 5. Legion begleitete auch sie den Titus nach Ägypten und wurde von da nach Pannonien befohlen (bell. 7, 117). Dort bezog sie das Lager von Carnutum, wie es noch Inschriften bezeugen (CIL 3, 11 194 ff.). Vgl. zu den drei letzten Anmerkungen Pauly-W. Bd. 12, 1 und 2, Sp. 1211-1829.

[15] Es liegt nahe, an den jüdischen Sprachgebrauch von ἀναβαίνειν und καταβαίνειν zu denken, der die Bewegung hinauf nach Jerusalem und hinab von Jerusalem zum Ausdruck bringt (Mk. 3, 22; Lk 10, 30). Zur Lage und Bedeutung Caesareas in römischer Zeit vgl. 1, 414, Anm. 191; zu den neuen Ausgrabungen vgl. Caesarea maritima, hrsg. vom Istituto Lombardo, Accademia di Scienze e Lettere 1959; RB 69 (1962) 412 ff. und 70 (1963) 578 ff. Hier fand sich auch eine Inschrift: XLeg Fret (a.a.O. 581). Die ungeheure Kriegsbeute, die nach Caesarea geschafft wurde, ist Staatsbesitz und soll nach Rom geschafft werden. Mit § 20 wird der Erzählungsfaden unterbrochen; es schließt sich ein Bericht über den Zug des Titus durch den Orient und über die Situation des Römischen Imperium an. § 26-36; 41-62 nimmt jüdische Einzelfragen auf, vor allem aber treten die Herrschaftsverhältnisse im flavischen Haus (Vespasian gemeinsam mit seinen Söhnen Titus und Domitian) in den Vordergrund. Bell. 7 beschränkt das Interesse also nicht auf Vespasian und Titus, sondern zieht nun auch noch Domitian heran (vgl. 7, 120, Anm. 60; § 152, Anm. 83 anders Weber 78). Erst mit Kap. 6 wird der Bericht vom Jüdischen Krieg weitergeführt.

Diese Unterbrechung zwischen bellum Judaicum und römischer Reichsgeschichte entspricht durchaus dem josephinischen Stil (vgl. 2, 204-251; 4, 545-655).

Exkurs XIX: Jerusalem nach der Zerstörung 70 n. Chr.

7, 3 erweckt den Anschein, als hätte die Zerstörung Jerusalems die völlige Unbewohnbarkeit der Stadt zur Folge gehabt. Nach Josephus soll nur ein Stück der Westmauer und die drei Türme – also wohl die im Bezirk um die Herodesburg – stehengeblieben sein, nach Epiphanius, de mens. et pond. 14 dagegen noch 7 Synagogen und andere Gebäude (οἰκήσεις) auf dem Zion. Mit „Zion" ist wohl der Stadthügel im Westen Jerusalems gemeint, auf den auch heute der Name bezogen ist. Daß mit der bei Josephus in § 2 genannten Westmauer die Stadtmauer gemeint ist, wird heute gelegentlich bezweifelt. So will Klausner V 273 unter dieser Mauer die Klagemauer verstehen, die ein Teil der Westmauer des Tempelplatzes ist (vgl. auch S. Dubnow, Geschichte des jüdischen Volkes 1925 Bd. II 464 f.). Aber die zwei Belege Midr. r. Cant. 2, 9 und Midr. r. Klag. Jer. 1, 5, die Klausner bringt, beziehen sich keineswegs auf die Klagemauer. Das Vorhandensein der Klagemauer am Tempel ist noch kein Beweis für das Nichtvorhandensein eines Restes der westlichen Stadtmauer. Es läßt sich indirekt aus bell. 7, 377 schließen, daß Juden noch nach der Zerstörung der Stadt nicht nur das Tempelgebiet aufsuchen (Midr. r. Klag. Jer. 5, 18), sondern auch in dessen Umkreis wohnen konnten. Dies bestätigt in ähnlicher Weise die rabbinische Literatur noch häufiger: Tos. Ber. 7,2; Tos. Megilla 3,6. Beide Stellen sind palästinischen Ursprungs und lassen auf eine Besiedlung im Raum Jerusalems schließen: Rabbi Soma (110 n. Chr.) sah eine Menge Menschen auf dem Tempelberg; Rabbi Eliezer (um 90) kaufte eine Synagoge der Alexandriner in Jerusalem und verfügt frei über das Gebäude (vgl. auch A. Schlatter, Die Tage Trajans und Hadrians BFchrTh 1, 3. Heft (1897) 81).

Zur Frage, ob nach der Zerstörung des Tempels in Jerusalem noch geopfert wurde, vgl. B. Friedmann und H. Graetz, Theol. Jahrbücher 7, 1848, 338-371; Schürer I 652 ff.; K. Clark, Worship in the Jerusalem Temple after a. D. 70 in NTSt 6, 1959-60, 269-280. R. Mayer, IV. World Congress of Jer. Studies I 1967, 209-212. Das Problem besteht darin, ob die Römer die Opfer verboten haben, sondern darin, welche Opfer an den Tempel gebunden sind und welche nicht. Die höheren Opfer – wie z. B. das Tamidopfer – fallen weg; die niederen konnten ohne Vorhandensein des Tempelgebäudes auf dem Tempelplatz dargebracht werden, wie z. B. das Passahopfer und die Darbringung der Erstlingsfrüchte und Erstgeburten. Zur Unterscheidung zwischen beiden Opferarten vgl. M. Zebaḥim 14. In der ersten Zeit nach der Zerstörung der Stadt scheint es keine Opferhandlungen gegeben zu haben (Tos.

Anmerkungen zu Buch 7

Sota 15, 11). Mit Beruhigung der Lage werden dann wohl die niederen Opfer wieder aufgenommen worden sein. – Es ist möglich, daß die Bitte und Sehnsucht nach Wiederherstellung des Opfers und Tempels auch im Judenchristentum lebendig war, der Verfasser des Hebräerbriefes aber dies von seinem eigenen Verständnis aus grundsätzlich abschneidet (vgl. O. Michel, Der Brief an die Hebräer, 1966, 44 Anm. 1).

[16] Der Aufenthalt Vespasians in Alexandrien (4, 656–658) wird nach Ablauf des Winters beendet. Es sieht so aus, als nähme er das nächste zur Abfahrt bereite Handelsschiff. Von Rhodos an benutzt er Trieren der römischen Flotte.

[17] Daß Vespasian von Rhodos an die römischen Trieren benutzt, hängt mit der Einholung der Bestätigung in den hellenistischen Städten zusammen, die auf der Vorüberfahrt (ἐν τῷ παραπλῷ) besucht werden. Ob diese Einholung der Bestätigung sich allein auf die ionischen Städte bezieht oder auf alle Städte, die während der Fahrt im hellenistisch-römischen Kulturgebiet besucht werden, ist vom Text her nicht zu entscheiden. Wenn Josephus trotz der zuvor berichteten Eile Vespasians, nach Rom zu kommen, vom Umweg über Ionien erzählt, so verbindet sich wiederum der historische Bericht mit seinem besonderen Interesse, die allgemeine Anerkennung der flavischen Herrschaft herauszustellen.

Unter Ionien wird die von Griechen besiedelte kleinasiatische Westküste verstanden (Cicero, de republ. 2, 9; vgl. Pauly-W. Bd. 9, Sp. 1893ff.). Das Vorgebirge von Japygia (Japygia promuntorium) ist das Kap Santa Maria di Leuca bei Otranto (Polyb. hist. 10, 18; Diod. S. 13, 33; vgl. Pauly-W. 9, 745).

[18] Es fällt auf, daß Josephus Agrippa II. hier nicht erwähnt, obgleich Caesarea Philippi die Hauptstadt seines Reiches war. Seltsamerweise tritt Agrippa nach seiner Fahrt nach Rom in Begleitung des Titus (4, 494f.) nicht mehr auf. Agrippa war sogleich nach Caesarea Philippi zurückgekehrt, nachdem er in Rom von der Wahl Vespasians zum Kaiser gehört hatte (Tac. hist. 2, 81). Man hat vermutet, daß diese Lücke im Bericht des Josephus durch eine Erschütterung der Stellung des Agrippa entstanden ist (A. Schlatter, Der Bericht über das Ende Jerusalems, BFchr Th 28 (1923), 28–31). Es ist nicht unmöglich, daß Agrippa bei den Spielen in Caesarea Philippi anwesend sein und auch Beifall geben mußte, obwohl dabei jüdische Gefangene zu Tode kamen; siehe aber auch 7, 132 Exkurs XX, 5. Ebenso wie über Agrippa schweigt Josephus über die Haltung der Diasporajuden beim Empfang des Titus durch die hellenistischen Städte.

[19] Die Erzählung von der Gefangennahme Simon bar Gioras 7, 26–36, die im Zusammenhang mit der des Johannes von Giskala bereits in 6, 433f. erwähnt war, ist in den Bericht von den Reisen und Schauspielen des Titus eingefügt und im Vergleich zum Kontext sehr ausführlich. Nach 7, 26–36 hat sich Simon schon sehr früh beim Eindringen des römischen Heeres in die Stadt mit einer Gruppe von Freunden und Handwerkern in die versteckten unterirdischen Gänge zurückgezogen (vgl. 6, 370, Anm. 211), um das Gelände jenseits der Stadtmauer in einem Durchbruchsversuch zu erreichen. Der Text spricht von einem Weg, der zunächst gangbar war, dann aber nur ein mühsames Vordringen zuließ (§ 27f.). Kohout z. St. denkt dabei an einen Vorstoß nach Westen, der von dem Versuch, im Osten aufzutauchen, abgelöst wird. Dies unternimmt Simon in der Zeit, in der Titus sich in Caesarea Philippi aufhielt (§ 25, spätestens Mitte Oktober 70). μέχρι ἦν... § 27 läßt sich zeitlich (Clementz, Ricciotti) oder örtlich (Kohout, Thackeray, Williamson, Whiston-Marg.) verstehen. Aus dem Zusammenhang liegt jedoch das örtliche Verständnis von μέχρι nahe.

[20] Josephus stellt die Gefangennahme Simon bar Gioras folgendermaßen dar: Nachdem sich Ausbruchsversuche durch unterirdische Gänge als vergeblich erwiesen haben (§ 28), steigt er in der Absicht, die Gegner zu „täuschen" (ἀπατᾶν) im Tempelgebiet auf. Dabei verwendet Josephus die epiphanieartigen Züge des auffälligen Kleides (vornehme weiße Unterkleider und purpurnes Obergewand § 29), das Kohout z. St. als Königsgewand, Klausner V 276 als Leichengewand deuten, das aber wegen der Farbzusammenstellung weiß-rot auf die Feldherrntracht weist, darüber hinaus dann religionsgeschichtlich auf den Träger als göttliches Wesen zielen kann (E. Wunderlich, Die Bedeutung der roten Farbe RVV XX 1 (1925) 96ff. Dazu treten die Motive des Aufsteigens aus der Erde, des heiligen Tempelplatzes und das hellenistische Motiv des Schauers vor dem Numinosen (G. Bertram, Th. Wb. III 3–7). Absicht dieses „Täuschungsmanövers" ist entweder, den

225

Anmerkungen zu Buch 7

bei den Wachen hervorgerufenen Schrecken zur Flucht zu benutzen oder aber als numinose Gestalt bessere Behandlung bei den Römern zu erwirken, wie es Josephus selbst gelungen ist (3, 340–408). Doch die „Verschlagenheit" (πανουργία 4, 503) des jüdischen Führers scheitert an dem besseren Wirklichkeitssinn der Römer.

Bedenklich an der Darstellung des Josephus stimmt die Beobachtung, daß kein Fluchtversuch Simon bar Gioras berichtet wird, er sich vielmehr unter voller Namensnennung (πᾶσαν τὴν ἀλήθειαν) dem Terentius Rufus stellt. Dieser innere Widerspruch läßt das ἀπατᾶν-Motiv als eine polemische Übermalung des Josephus deutlich werden, ganz entsprechend seiner sonstigen Darstellung der Zeloten und besonders Simon bar Gioras (z. B. 4, 503. 508. 535).

Die tatsächliche Absicht Simon bar Gioras war vermutlich folgende: Er ist von der Unmöglichkeit jeglichen Fluchtversuches überzeugt und steigt hinauf, um sich den Römern auszuliefern. – Die Frage nach dem Sinn dieser Selbstauslieferung beantwortet H. Graetz, Geschichte des jüdischen Volkes, III 407 mit dem Motiv des heldenhaften Untergangs, versteht sie also aus der hellenistischen Tradition der Makkabäerüberlieferung. Graetz' Ansatz ist dahingehend zu korrigieren, daß Simons Auftreten nicht auf einen heldenhaften Untergang abzielt, sondern im Sinn einer bewußten Selbstpreisgabe zu deuten ist, wie sie im Verständnis des jüdischen bzw. jüdisch-hellenistischen Zeugen und Märtyrers geschehen kann (vgl. auch Joh. 18, 5f.). Inwieweit Simon bar Giora auch bei dieser Selbstpreisgabe seinen messianischen Anspruch aufrechterhält und die Beziehung zu seinen Gefährten in irgendeiner Weise bestehen läßt, gibt Josephus in seiner Darstellung nicht mehr zu erkennen. Er schildert die Szene lediglich so, daß Simon als einzelner, losgelöst von den Genossen vor die Römer tritt. Der Text als solcher ist damit gegen das Verständnis, Simon bar Giora habe seine Gefährten verlassen bzw. preisgegeben, ungeschützt, da auch jeder Hinweis fehlt, der die Haltung Simons als des letzten Führers des Aufstandes in Verbindung setzt zu dem Grundsatz der galiläischen Aufstandsbewegung, der das Opfer mit der Selbsttötung vollzieht (vgl. Jotapata: 3, 384. 388ff.; Masada: 7, 395, Anm. 185). Die Textgestalt ist deutlich von der josephinischen Polemik abhängig, die den Gegenspieler Simon bar Giora nicht als Helden und Märtyrer erscheinen lassen kann. Auch die rabbinische Literatur hilft an diesem Punkt für eine historisch zutreffende Rekonstruktion nicht weiter, da sie – ebenfalls in einer polemischen Haltung zu Simon bar Giora stehend – diesen mit Schweigen übergeht.

Die genannten, epiphanieartigen Züge des Textes können den von Josephus behaupteten Täuschungsversuch nicht tragen, so daß hier am ehesten ein Ansatz für die Rekonstruktion der historischen Situation zu suchen ist. Das weiß-rote Gewand ist zunächst Feldherrntracht und konnte seinem Anspruch dienen, dem feindlichen Befehlshaber gegenübergestellt zu werden (§ 31). Ferner ließe sich der Aufstieg aus der Erde aus dem Abbruch der unterirdischen Fluchtversuche erklären, das Erstaunen der römischen Soldaten aus dem unvermuteten Auftauchen des jüdischen Führers. Für den Ort seiner Selbstaufopferung aber wählt Simon den Tempelplatz, die Opferstätte der Juden. Zu Simon vgl. ferner 7, 153f. Anm. 84; O. Michel, Simon bar Giora, Fourth World Congress of Jewish Studies, Bd. 1, 1967, 77–80.

Die These Klausners V 277, daß mit Terentius Rufus der Turanus Rufus der rabbinischen Literatur gemeint sei, ist nicht haltbar (Tanḥ. Teruma 3; b. Nedarim 50a.b). Schürer I 647f. hat mit Recht nachgewiesen, daß es sich hierbei um Tineius Rufus aus der Zeit Bar Kochbas handelt. Josephus verwendet die Begriffe ἡγεμών und ἄρχων τῆς στρατιᾶς § 31, die eine sichere Rangordnung nicht zulassen. Kohout z. St. nimmt an, daß Terentius Rufus ein Legionstribun war, der den Legaten Larcius Lepidus vertrat. Vgl. dazu Pauly-W. 2. R. Bd. 5, 1, Sp. 669, Nr. 66, wo Terentius Rufus als Legat der 10. Legion und damit als der Nachfolger des Larcius Lepidus genannt wird.

[21] Bereits in § 32 setzt eine Reflexion ein, die sich von dem vorhergehenden historischen Bericht abhebt. Solche philosophisch-theologischen Sentenzen oder Gnomen schiebt Josephus gern an besonders markanten Stellen ein (zuletzt 6, 407f. vgl. ferner 1, 208; 4, 323–325; 6, 63; ant. 16, 395–398). Anders als die Reflexionen in den großen Reden des Bellum haben diese eingestreuten philosophischen Reflexionen ihre nächsten Parallelen in den griechischen und hellenistischen Historikern (z. B. Thuk. 4, 108, 4; 5, 16, 1; 7, 756; 8, 89, 4; Polyb. hist. 1, 35, 4; 4, 31, 5; 12, 27, 10f.; 18, 15).

Anmerkungen zu Buch 7

Während Thukydides und Polybius ihre Gnomen größtenteils früheren Schriftstellern und volkstümlichen Sprichwörtern entlehnen, sind die Gnomen des Josephus inhaltlich oft von der Weisheitsliteratur bestimmt; aber hier wie dort sind sie Zeichen einer lebendigen Didaktik.
Der Abschnitt § 32–34 besteht aus zwei Teilen: 1. die Missetäter entkommen nicht dem Zorn Gottes bzw. der δίκη; 2. der Missetäter, der der Strafe eine Zeitlang entgeht und sich sicher glaubt, wird danach um so schwerer getroffen werden. Derartige Aussagen gehören in die Weisheitstradition und sollen dort den Wert der Umkehr und der frommen Einsicht entfalten. Die Selbständigkeit dieses chokmatistischen Stoffes gegenüber dem historischen Bericht beweist sich in der Spannung zwischen dem sich selbst preisgebenden Simon bar Giora und dem als unbußfertiger Sünder dargestellten Tyrannen. Zum Ganzen vgl. E. Sjöberg, Gott und die Sünder 1938, 197 ff.; Schlatter, Theologie 40 f.

[22] Domitian wurde am 24. Oktober 51 geboren (Suet. Domitian 1), als sein Vater Konsul designatus war. Abweichende Daten geben Clementz, Kohout, Thackeray und Simchoni, doch vgl. Pauly-W. Bd. 6, Sp. 2628. – ἀνατιθέναι müßte eigentlich als „zurückbehalten" (Ricciotti, Thackeray, Williamson) oder „weihen" (Kohout, Simchoni) verstanden werden, doch entspricht dem Kontext am ehesten die Übersetzung „vollstrecken" (Clementz, Whiston-Marg.).

[23] Vespasian wurde am 17. November 9 n. Chr. geboren (Suet. Vesp. 2). – Bei πολυτελεία τῶν θεωριῶν und ἐπίνοια τῶν ἄλλων ἀναλωμάτων ist wohl an die Veranstaltungen im Amphitheater zu denken, im Unterschied zu anderen Fest- und Siegesveranstaltungen (Kohout z. St.).

[24] Vor Ausbruch des Krieges lebten die Juden Antiochiens in Ruhe, und auch bei Beginn des Krieges wirkten sich nach 2, 479 die Anschläge gegen Juden in hellenistischen Städten nicht auf Antiochien aus.

[25] Über die Zerstreuung des jüdischen Volkes auf der ganzen damals bekannten Erde berichtet Josephus c. Apion. 2, 282; Philo gibt in leg. Gaj. 281 ff. einen Katalog von Orten und Provinzen des römischen Reiches, in denen Juden wohnten. Zum Ganzen vgl. Schürer II, 1–222; Juster, I, 180 ff. und V. Tcherikover, Hellenistic Civilisation and the Jews, 1959, 269 ff.

[26] Schon bald nach der Gründung Antiochiens (ca. 190 v. Chr.) werden sich dort Juden angesiedelt haben. Josephus berichtet (c. Apion. 2, 39; ant. 12, 119), daß bereits seit Seleukus I Nikanor (nach H. Willrich, Urkundenfälschung in der hellenistisch-jüdischen Literatur, 1924, 16 ist statt Nikanor Nikator zu lesen) Juden in Antiochien wohnten; diese hatten meistens als Händler (vgl. c. Apion. 1, 192. 200) an den seleukidischen Feldzügen teilgenommen. C. H. Kraeling, The Jewish Community of Antioch JBL 51 (1932) 130–160 (besonders 136) schätzt die jüdische Bevölkerung zur römischen Zeit auf 45000–60000. Es ist anzunehmen, daß die Juden überwiegend in eigenen Stadtgebieten gewohnt haben. Eine Lokalisierung läßt sich jedoch aus den Ausgrabungsergebnissen noch nicht entnehmen. C. H. Kraeling a.a.O. 140 ff. unterscheidet auf Grund literarischer Zeugnisse drei mögliche Stadtviertel: 1. Bei einem arabischen Schriftsteller wird eine Kirche St. Aschmunit erwähnt, die früher eine Synagoge gewesen sei und am Fuße des Berges (Silpius) am östlichen Ende der Stadt gelegen habe (vgl. S. Krauss, Synagogale Altertümer, 1922, 226, Anm. 1). 2. Mehrfach wird die Vorstadt Daphne im Zusammenhang mit dort lebenden Juden genannt (ant. 17, 24 f.; 2. Makk. 4, 33 f.; Chrys. adv. Jud. orat. 1, 6; auch j. Scheq VI 3 [50a]). Zur Lage von Daphne westlich von Antiochien vgl. 1, 243, Anm. 122. 3. Die rabbinische Literatur erwähnt häufig hōlat antiokia (bzw. aramäisch hūltā) als Umgebung oder Vorstadt von Antiochien (j. Hor. III 7, [48a]; Dt. r. 12, 20; Lev. r. 5, 4). Dieses ist möglicherweise dem Οὐλαθά von Jos. ant. 17, 24 gleichzusetzen.
Nach dem Gebrauch von ἀναμείγνυσθαι in bell. 2, 266 und ant. 11, 217 ist es jedoch wahrscheinlich, daß die Juden Antiochiens wie die von Caesarea am Meer nicht nur in bestimmten Wohnvierteln, sondern auch über die sonstige Stadt verstreut gewohnt haben (zu Alexandrien vgl. Philo Flacc. 55; leg. Gaj. 132).

[27] Der Satz in § 44: „dazu bewilligten sie ihnen die gleichen Rechte wie den Griechen" (ἐξ ἴσου τῆς πόλεως τοῖς Ἕλλησι μετέχειν) gehört in eine ganze Reihe von Stellen,

227

Anmerkungen zu Buch 7

an denen Josephus über die Rechte der Juden in nichtjüdischen Städten spricht. Dadurch, daß Josephus sich nicht immer der gleichen Termini bedient, ist die historische Auswertung der Angaben äußerst umstritten.

So spricht Josephus in ant. 12, 119 davon, daß die Juden die πολιτεία (= volles Bürgerrecht) gehabt hätten und im Folgesatz ἰσοτίμους ἀπέφηνε Μακεδόσιν καὶ "Ελλησιν, in c. Apion. 2, 39 τὴν γὰρ πολιτείαν αὐτοῖς ἔδωκεν. Dagegen gebraucht er in c. Apion. 2, 35 ἴση τιμή und in c. Apion. 2, 37; bell. 7, 110 δικαίωμα wahrscheinlich für die gleiche Sache, nämlich die bürgerlichen Rechte in der Diaspora. Die Diskussion geht darum, welchem der Begriffe das stärkste Gewicht beizumessen ist und wie sie im einzelnen zu interpretieren und voneinander zu differenzieren sind.

Während Juster II 1 ff., Schürer III, 78ff. und Kohout z. St. die volle Gleichberechtigung aus den obengenannten Stellen als historisch gesichert ansehen, wurde auf Grund einer Notiz bei B. Niese, Geschichte der griechischen und makedonischen Staaten 1893, Bd. 1, 394, Anm. 4: Antiochien sei wohl kaum schon zur Zeit des Seleucus I. Nikanor von Juden besiedelt gewesen, wie ant. 12, 119–124 voraussetzt, die Frage laut, ob es überhaupt historisch sei, daß die Juden das Bürgerrecht gehabt hätten. So kommen H. Willrich, Urkundenfälschungen in der hellenistisch-jüdischen Literatur 1924, 16 und R. Marcus, Josephus, Jewish Antiquities, Loebsche Ausgabe Bd. VII, Appendix 737 ff. zu dem Schluß, daß Josephus diese Notiz von Jason von Kyrene habe (vgl. 2. Makk. 4, 9) und Josephus diese schon bei jenem falsche Notiz mit den tatsächlichen Verhältnissen durcheinandergeworfen habe. Dagegen versuchen C. H. Kraeling, The Jewish Community at Antioch in JBL 51, 1932; 137 f. und V. Tcherikover, Hellenistic Civilisation and the Jews, 1959, 296 f., 309 ff., 329 ff. die von Josephus gebrauchten Begriffe zu differenzieren. Obwohl beide es für sicher halten, daß Kaufleute und ehemalige Soldaten in Antiochien volles Bürgerrecht besaßen, sei für die Gesamtheit eher an eine autonome Verwaltung innerhalb der πόλις zu denken.

Entscheidend für V. Tcherikover ist ein Zitat von Strabo (bei Josephus ant. 14, 115), wo von den Juden in Kyrene als besonderer Gruppe gesprochen wird.

Josephus gebraucht im Hinblick auf Antiochien drei Gruppen von Begriffen: 1. πολιτεία ant. 12, 119; c. Apion. 2, 39; 2. ἰσότιμος ant. 12, 119 bzw. ἴση τιμή, c. Apion. 2, 35; 3. δικαίωμα c. Apion. 2, 37; bell., 7, 110. Der feste Begriff ἰσοπολιτεία bzw. ἰσοπολίτης im Sinn völliger bürgerlicher Gleichberechtigung findet sich also hier nicht; anders Alexandrien, vgl. ant. 12, 8: ἰσοπολίτης und Caesarea am Meer, ant. 20, 173: ἰσοπολιτεία. Man könnte mit R. Marcus a.a.O. 742 annehmen, daß Josephus die obengenannten Begriffe so unbestimmt gebraucht hat, um den wahren Sachverhalt zu verschleiern; tatsächlich wären dann die Juden in Antiochien nichts anderes als eine tolerierte Gruppe, die keineswegs im Besitze der ἰσοπολιτεία war. Josephus stellte den Tatbestand nicht klar heraus, weil er von der Zukunft die volle ἰσοπολιτεία der Juden erwartet.

[28] Nach § 44 geben die syrischen Könige eherne Weihegaben (ἀναθήματα) an die Juden in Antiochien zurück, die diese in ihren Synagogen aufstellen. Nach § 45 ist von wertvollen Weihgaben der Juden die Rede, die in ihrem Heiligtum (ἱερόν) zur Anziehungskraft des jüdischen Glaubens beitragen. So erheben sich folgende Fragen: 1. Ist die „Synagoge" in Antiochien hellenistisch verstanden und mit diesem „Heiligtum" identisch, obwohl eine Synagoge grundsätzlich keinen kultischen Charakter hat? 2. Handelt es sich in § 45 um ein jüdisches Heiligtum in Antiochien, das mit einem dort ausgeübten, von Jerusalem unabhängigen jüdischen Kult verbunden ist? 3. Ist das in § 45 genannte Heiligtum im Unterschied zu der in § 44 genannten antiochenischen Synagoge der Tempel in Jerusalem?

Der erste Lösungsversuch schließt die meisten Möglichkeiten in sich. So kann § 45 aus einer heidnischen Quelle übernommen sein, die den Unterschied zwischen Versammlungsraum (συναγωγή) und Kultraum (ἱερόν) nicht kennt (vgl. c. Apion. 1, 209). Die Lösung Kohouts z. St. legt sich dagegen nahe von der engen Verbindung von § 44 mit 45 nahe: das ἱερόν sei nichts anderes als eine Synagoge; allerdings muß Kohout die Bedeutung der Weihgaben (ἀναθήματα) abschwächen im Sinne von „ehernen" Weihgaben, da wertvolle Weihegeschenke wie etwa goldene nicht in einer Synagoge aufgestellt werden. Schließlich ist der Gebrauch von ἱερόν für eine Synagoge bei Josephus wahrscheinlich noch an zwei weiteren Stellen belegt. Vgl. 4, 408, Anm. 110; 7, 144, Anm. 74. Siehe dazu

228

Anmerkungen zu Buch 7

auch Ez. 11, 16 (LXX); b. Meg. 29a: miqdaš meᶜaṭ; Targum Jonathan zu Ez 11, 16; ferner CIJ Bd. II, 758: εἰρόν. Darüber hinaus ließe sich noch an mit besonderen Rechten ausgestattete Synagogen denken, zu denen auch die in Antiochien zählen würde. Auf jeden Fall zeigt Ez. 11, 16 (LXX), daß im Hellenismus die Bezeichnung ἱερόν für eine Synagoge möglich ist. – Die zweite Lösung, die von S. Krauss, Synagogale Altertümer, 1922, 86f. vertreten wird, versteht unter ἱερόν ein vom Jerusalemer Kult relativ unabhängiges Vollheiligtum. Dafür spricht, daß bei Josephus ναός in 7, 421. 427 bzw. ἱερόν ant. 12, 388 auf den Oniastempel in Ägypten bezogen werden kann, und daß es noch ein weiteres jüdisches Heiligtum in Ägypten gegeben hat, den Tempel von Elephantine (ungefähr seit dem 6. Jh.). So würde auch verständlich, wieso dort Weihegeschenke aufgestellt werden konnten. Die Entstehung eines Sonderkultes in Antiochien könnte sich daraus erklären, daß die Seleukiden auf Betreiben der hellenistischen Juden versucht haben, der Synagoge Antiochiens den Rang eines Heiligtums zu verleihen.

Die dritte Möglichkeit wählen Ricciotti und Thackeray, indem sie § 45 von § 44 abtrennen und ἱερόν auf den Jerusalemer Tempel beziehen. Für diese Lösung spricht, daß der Jerusalemer Tempel im deuteronomistischen Sinne der einzig legitime Kultort ist; dagegen wäre es nicht gut verständlich, wie die Pracht des Jerusalemer Tempels antiochenische Heiden zu Proselyten machen kann.

Am ehesten ist wohl an die innerhalb des 1. Lösungsversuches in Erwägung gezogene Synagoge mit besonderen Rechten zu denken, d.h. an eine durch Aufstellung von Weihegeschenken aus dem Rahmen der gewöhnlichen Synagogen herausragende Anbetungsstätte. Eine abschließende Lösung ist jedoch kaum möglich, da weitere Nachrichten über ein jüdisches „Heiligtum" in Antiochien fehlen.

²⁹ Das oberste Organ der jüdischen Gemeinde in der Diaspora war die Gerusia, die nach Schürer III, 38ff. zum Teil aus Archonten bestand. Der Titel des Vorsitzenden in der Gerusia ist in den einzelnen Städten verschieden; für Alexandrien wird er z.B. bei Josephus ant. 14, 117 ἐθνάρχης, bei Philo Flacc. 10 γενάρχης genannt, für Rom ist γερουσιάρχης CIG 9902 und CIL 6213 bezeugt. Während Schürer III, 39 den Vater des Antiochus für einen ἄρχων, d.h. ein Mitglied der Gerusia hält, läßt sich von bell. 2, 599 und vita 134 her an den höchsten Würdenträger der jüdischen Gemeinde denken (so auch Kohout, Ricciotti). Das Fehlen des Artikels vor ἄρχων kann also diesen als einen unter anderen bezeichnen oder sich aus einem Semitismus erklären (vgl. Blass-Debrunner, Griechische Grammatik, 12. Aufl. § 259). Der Zusammenhang der drei Josephusstellen läßt am ehesten an einen Semitismus denken. Vgl. zum Ganzen E. Schürer, Die Gemeindeverfassung der Juden in Rom in der Kaiserzeit nach den Inschriften dargestellt, 1879, 22; CIJ I 628; ferner 7, 412, Anm. 192.

³⁰ πλῆθος bezeichnet im griechischen Sprachgebrauch entweder den relativ hohen Anteil von einem Ganzen oder aber die Kompaktheit eines Ganzen (vgl. G. Delling, Th. Wb. VI 274–279). Da in § 47–51 die Ereignisse im Theater von Antiochien berichtet werden, kann man daran denken, daß entweder eine große Zahl der im Theater befindlichen Juden oder ihre Gesamtheit getötet wurde. Unsere Übersetzung schließt sich der ersten Möglichkeit an.

³¹ Der Haß der hellenistischen Bevölkerung in Antiochien richtet sich gegen die Juden als eine mit Sonderrechten ausgestattete, in der Diaspora auffällige Gruppe und gehört in die antijüdischen Bewegungen der antiken Geschichte (vgl. die Vorgänge in Alexandrien 2, 487ff.; 7, 409; Enc. Jud. II, 956–872). Derartige antijüdische Bewegungen haben bestehende politische Spannungen, in die Juden verwickelt sind, zur Voraussetzung und entstehen aus hinzutretenden konkreten Anlässen.

Die Ereignisse in Antiochien, die von § 43 an erzählt werden, sollen nach Josephus in einem bestimmten Stadium des jüdischen Krieges stattgefunden haben: Vespasian ist eben gelandet, aber die sonst im Orient auftretenden Unruhen haben nicht nach Antiochien übergegriffen (Anm. 24). Statt dessen ereignet sich im Judentum selbst ein Fall schwerwiegenden Renegatentums. Er hat nicht nur den Charakter einer kulturellen Assimilation, sondern darüber hinaus einer offiziellen Absage an die toragebundene Tradition. Der jüdische Hellenist Antiochus – sein Name ist für einen Juden auffallend und muß in unserer Erzählung Erinnerungen an Antiochus IV Epiphanes wachrufen (vgl. auch Simchoni 498) – verleumdet in der Öffentlichkeit die Kreise, von denen er

Anmerkungen zu Buch 7

selbst abstammt und bringt im Theater „nach griechischem Gesetz" (ὡς νόμος ἐστὶ τοῖς "Ελλησιν § 50) ein Opfer dar. Eine derartige Handlung weist zurück auf die Makkabäerzeit (1. Makk. 2, 43; E. Bickermann, Der Gott der Makkabäer 1937, 126ff.). Die Frage, ob „Opfer nach griechischem Brauch" als Darbringung eines Schweines (Kohout) oder als Gegensatz zur Schächtung (E. Bickermann) verstanden werden soll, läßt sich durch den Text nicht beantworten. Man kann daran denken, daß schon die Darbringung eines Opfers außerhalb Jerusalems Anstoß erregt, oder aber daß das Opfer einem heidnischen Gott gilt (1. Makk. 2, 43). Die vorsichtige Formulierung legt die Möglichkeit eines Opfers für das kaiserliche numen nahe, zumal auch der römische Statthalter seine Soldaten zur Verfügung stellt. Mit Hilfe der Soldaten wird versucht, im Schema von 1. Makk. 2, 43 (zuerst heidnisches Opfer, dann Entweihung des Sabbats) die Juden zum Opfer zu zwingen und die Sabbatruhe in Antiochien und anderen syrischen Städten aufzuheben, wenigstens für eine gewisse Zeit. – Ein derartiges Renegatentum unterscheidet sich von einem jüdischen Hellenismus, wie ihn Josephus selbst vertritt, durch die Absage an die Tora – vielleicht sogar an den Gott der Väter; Josephus lehnt es entschieden ab; vgl. ant. 18, 141; 1. Kor. 7, 18a. Seinen Übergang zu den Römern will er in keinem Augenblick als eine derartige Aufgabe des Judentums verstanden wissen.

[32] Um das viereckige Forum im Zentrum der hellenistischen Städte liegen die öffentlichen Gebäude: 1. Die Amts- und Verwaltungsgebäude der Stadt sind die ἀρχεῖα, in denen die öffentlichen Urkunden aufbewahrt werden können (CIA II 475; CIG II 556). 2. Das Stadtarchiv ist das γραμματοφυλάκιον; dort werden neben den normalen Urkunden auch die Schuldscheine aufbewahrt (Ditt. Or. 669, 23 und Ditt. Syll. 800, 32). 3. Die Basiliken waren in fast jeder größeren Stadt des römischen Reiches vorhandene Hallen, die dem Markt- und Gerichtswesen dienen. Der Plural erstaunt hier nicht, da in einer so großen Stadt wie Antiochien mehr als eine solcher Hallen gestanden haben. So wird z. B. bei Malalas (ed. Bonn 216) eine von Caesar erbaute Halle in Antiochien erwähnt. Vgl. RGG I, 3. Aufl. 910ff.

[33] Gn. Pompejus Collega ist aus § 58. 61 und aus einer Inschrift (CIL 3, 306), die ihn im Jahre 76 als Legaten Antiochiens nennt, bekannt. In welcher Beziehung er zu Gn. Pompejus Collega, dem Konsul des Jahres 93 n. Chr. steht, ist unklar. Während Thackeray und Ricciotti ihn für denselben halten, nehmen Kohout und Lambertz (vgl. Pauly-W. Bd. 21, 2, Sp. 2269f., Nr. 73 und 74) an, daß es sich bei dem Konsul von 93 n. Chr. um den Sohn des Erstgenannten handelt.

[34] L. Caesennius Paetus war Konsul im Jahre 61 n. Chr. (Tac. ann. 14, 29). In dem darauffolgenden Jahre wurde er von Nero nach Kappadozien geschickt, um dem armenischen König Tigranes gegen den Ansturm der Parther zu helfen (ann. 15, 6). Er mußte sich jedoch vor dem Partherkönig Volageses nach Syrien zurückziehen (ann. 15, 13–16), worauf er von Nero nach Rom zurückgeholt wurde (ann. 15, 25; Dio Cass. 62, 22, 4). Als Statthalter in Syrien unternahm er dann 72 n. Chr. einen Feldzug gegen Antiochus von Kommagene (§ 219–238, Anm. 112). Vgl. Pauly-W. Bd. 3, Sp. 1307ff., Nr. 9.

[35] Kohout z. St. („die zuvorkommende Huldigung für Vespasian galt schon als gleichbedeutend mit der Beseitigung jeglicher Not") zieht ἐλευθέραν als Adjektiv zu ἄφιξιν, wodurch der ganze Satz eine andere Bedeutung bekommt. Dabei entsteht allerdings die Schwierigkeit, daß das καί das nicht mehr übersetzt werden kann und εὔνοια mit „Huldigung" wiedergegeben werden muß. Dies ist schon wegen des Gebrauchs von εὔνοια in § 68 nicht möglich (Kohout dort „Begeisterung"); zu εὔνοια vgl. auch § 7, Anm. 4. Wir schließen uns den anderen Übersetzern an. – Die Freiwilligkeit war nicht selbstverständlich; vgl. A. Oepke, Th. Wb. V 858, 10ff. Der Bericht vom Empfang Vespasians in Rom schließt an § 21f. an. Weber 259 hält das ganze Vespasiangeschichte für das Exzerpt einer durchgehenden Erzählung, die von der Zeit in Alexandrien bis zu seinem Einzug in Rom reicht (4, 656ff.; 7, 21f., 64ff.). Anders als Dio Cass. 65, 9, 3ff. berichtet Josephus vom letzten Abschnitt der Reise nur wenig und ohne feste Anhaltspunkte zu geben. Während Dio Cassius berichtet, daß Vespasian in Brundisium von Mucian und in Benevent von Domitian empfangen worden sei, schweigt Josephus darüber. Weber 259f. geht wohl nicht fehl in der Annahme, daß Josephus die Begegnung Domitians mit Vespasian in Benevent deshalb nicht erwähnt, weil dies Zusammentreffen für Domitian äußerst demütigend gewesen ist. Zur Darstellung des Josephus vgl. Anm. 46.

Anmerkungen zu Buch 7

Auffallend ist das hier von Josephus hereingebrachte Motiv der Prolepse: Die Erwartung der Ankunft Vespasians wird bereits für die Ankunft selbst gehalten. Damit tritt ein Element des hellenistischen Enthusiasmus in den Bericht des Josephus. Zur antiken Adventsdarstellung und Adventsproklamation vgl. E. Stauffer, Christus und die Caesaren, 4. Aufl. 1952, 34ff.; 155ff.; außerdem A. Oepke. Bet. παρουσία Th. Wb. a.a.O.

[36] Der Empfang Vespasians in Rom ist eine spätrömische pompa, das Ehrengeleit für einen vom Volk verehrten Römer, der in die Stadt zurückkehrt (vgl. Plut., Cicero 43; Dio Cass. 54, 10). Eine feste Form bestand dabei nicht, die Einholung war vielmehr eine spontane Volksbewegung (vgl. Pauly-W. 21, 2, Sp. 1883f.). Dio Cassius und Sueton berichten nichts von einer solchen pompa, was aber in diesem Fall nicht gegen Josephus sprechen muß.

[37] Das Außerordentliche des Einzugs Vespasians gibt Josephus durch zwei weit ausgemalte Stimmungsbilder im Stil der griechischen Paradoxie (vgl. Eur. Ba. 66f.) wieder. 1. Die körperliche Anstrengung des Gehens ist müheloser als die Beherrschung der Ungeduld, Vespasian zu sehen. 2. Zum ersten Mal in der Geschichte erlebt die stark bevölkerte Hauptstadt ein eigenartiges (ἰδίαν) Gefühl der Menschenleere.

[38] Über die erste voll gültige Akklamation zum Kaiser berichtet Tac. hist. 2, 80. Vespasian wird dort vom Heer mit den Titeln: Caesar und Augustus akklamiert. Aus dieser Stelle ergibt sich jedoch, daß es daneben noch andere Titel für den Kaiser gegeben hat (omnia principatus vocabula). – Auf die Akklamation durch das Heer am 3. Juli 69 hin erfolgt am 22. Dezember die Bestätigung durch den Senat, der die für den princeps üblichen Ehrentitel (senatus cuncta principibus solita Vespasiano decernit, Tac. hist. 4, 3) beschließt. In der ersten Oktoberhälfte 70 kehrt Vespasian von Alexandrien aus erneut nach Rom zurück und empfängt bei dieser Gelegenheit die spontanen Akklamationen (= 5. Akklamation) des Volkes (Suet. Vesp. 8, 1; Dio Cass. 65, 10, 1, Pauly-W. Bd. 6, Sp. 2647f.)

Zum Verständnis der Akklamationen vgl. 4, 601–604; 7, 9 Anm. 5; E. Peterson, Heis theos, 1926, 141ff.; Th. Klauser, RAC 1, 216–233. Nach Weber 260ff. haben wir bei Josephus das Exzerpt eines Augenzeugenberichtes vor uns, das mehr als nur Tatsachen mitteilt. Es will vielmehr die Retterrolle des Vespasian herausstellen. Dagegen ist einzuwenden, daß der Stil offizielle Formeln des Sotermotivs wiedergibt, die dem Beschluß des römischen Senates durchaus entsprechen. Zudem berichtet Dio Cass. 65, 10, 1, daß Vespasian in Rom „nicht wie ein Autokrator, sondern wie ein Privatmann" eingezogen sei. Darüber hinaus schreibt Josephus, daß Vespasian vom Volk als „Wohltäter" und „Erlöser", auch als „allein würdiger Princeps von Rom" akklamiert worden sei. Dennoch entspricht alles, was Josephus hier so leidenschaftlich werbend schildert, wörtlich den Münzen der Zeit. Aus dem Münzprogramm des Jahres 70, das sich nur auf die Zeit der Rückkehr Vespasians aus dem Orient beziehen kann, werden alle einzelnen Angaben bei Josephus erhärtet. E. STAUFFER „Christus und die Caesaren" 4. Aufl. 1952, 158 malt den Einzug des Vespasian nach der hellenistischen Adventserwartung aus (vgl. Anm. 35). Der kaiserliche Heiland und Gnadenspender wird eingeholt und mit der liturgischen Akklamationsformel: „Du allein bist würdig zu empfangen das Imperium" begrüßt. E. Stauffer unterscheidet hier offenbar zwischen dem Consensus des römischen Volkes und den daneben gestellten hellenistischen Würdeprädikaten. μόνος ἄξιος § 71 ist für E. Stauffer der Anlaß, eine σὺ εἶ-Akklamation ähnlich der apokalyptischen Tradition (Offb. Joh. 4, 11; 5, 9; 15, 4) zu erschließen; doch ist im Zusammenhang des Josephus dieser Rückschluß keineswegs gesichert, wiewohl es durchaus denkbar wäre, daß Josephus römische Kaiserakklamationen durch hellenistische ersetzt hat, die auch das hellenistische Judentum aussprechen konnte.

Die Berichterstattung des Josephus hat eine andere Akzentuierung als die der römischen Schriftsteller. Wichtig für Josephus sind die Akklamationen durch Militär und Volk, nicht die durch Militär und Senat im eigentlich römischen Sinn. Der Senatsbeschluß wird bei Josephus überhaupt nicht erwähnt. Anstelle des römischen Rechtes wird die Spontaneität des Volkes, die in Vespasian den Soter erkennt, in den Vordergrund gerückt. Beide Begriffe treten die Begriffe Soter und Euergetes gelegentlich zusammen auf (bell. 3, 459; 4, 146; vita 244); die Tradition dieses Begriffspaares läßt sich seit Demosthenes, Kranzrede 43 verfolgen; vgl. weiterhin Ditt. Syll. 346. 347 und

231

Anmerkungen zu Buch 7

P. Wendland, Soter, ZNW 5 (1904) 341 ff. Während im Hellenismus zur Soter-Verehrung göttliche Prädikationen gehören können (vgl. Ditt. Or. 1, 16; Inscr. Brit. Mus. 894), beschränkt sich Josephus als Jude auf das genannte Begriffspaar und vermeidet die Gottesprädikate κύριος, θεός, σεβαστός. Er versteht aber die genannten Titel im hellenistisch messianischen Sinn. Als dritte Prädikation tritt ἡγεμὼν τῆς Ῥώμης hinzu, offenbar im Sinn der römischen princeps Titulatur. Dennoch ist aufs Ganze gesehen der Bericht des Josephus mehr hellenistisch als römisch gedacht. Daß er trotzdem historische Elemente in sich schließt, soll nicht bestritten werden, doch dürfte die Vermutung Webers 259 ff., es handle sich um das Exzerpt eines Augenzeugenberichtes, auf Schwierigkeiten stoßen.

[39] In Rom hat man Sippen- und Hausgötter zu unterscheiden: Während die Laren als Familiengötter sich am jeweiligen Wohnplatz der Familie befanden, waren die Penaten an das Haus gebunden (vgl. Pauly-W. Bd. 19, 1, Sp. 417–457). Das ἔνδον im Text des Josephus deutet auf die Penaten, obwohl der übliche griechische Ausdruck dafür θεοί πατρῷοι ist. Vgl. auch Kohout z. St. Josephus weist auf die pietas Vespasians hin, die sich in der Wahrung alter römischer Sitte und Ordnung äußert.

[40] Dem hier von Josephus gebrauchten Begriff φυλή entspricht die römische „tribus"; der tribus ist eine verwaltungsmäßige Einheit. In der frühen römischen Kaiserzeit scheint die Stadt Rom mit den dazu gehörigen ländlichen Gebieten in 35 solcher tribus eingeteilt gewesen zu sein. Vgl. Pauly-W. 2. Reihe Bd. 6, Sp. 2492–2518. γένος drückt dagegen ein verwandtschaftliches Verhältnis aus und entspricht wohl der lateinischen „gens". Zur gens gehören alle freien Personen, die von demselben Mann abstammen. Da zumeist die Zugehörigkeit zu einer gens nicht mehr nachweisbar ist, gilt juristisch das legitime Tragen des Gentilnamens. Vgl. Pauly-W. Bd. 7, Sp. 1176–1198.

[41] Ricciotti z. St. sieht hinter dem Wunsch der Römer, daß ihnen die Herrschaft des flavischen Hauses noch lange erhalten bleiben möge, die Begrifflichkeit der hebräischen Messianität, wie sie etwa in Ps. 72, 5. 17 zum Ausdruck kommt. In Wahrheit sei die Mentalität der Römer aber nicht so stark in die Zukunft gewandt gesesen wie bei den Hebräern. Bei Ricciotti liegt damit eine Verkennung des orientalisch-semitischen Hofstiles vor, der die Länge der Zeit und die Dauer der Herrschaft im Auge hat, nicht aber unsere Kategorie der „Zukunft". Die Sprache des Textes klingt an unserer Stelle liturgisch. ἀναντοαγώνιστον allerdings ist als Ausdruck der dichterischen Hofsprache nicht belegt. – Zum hellenistischen Dynastiedenken vgl. 1. Makk. 14: die Übernahme der erblichen Dynastie durch Simon Makkabäus. Auch hier ist nicht die Kategorie der „Zukunft", sondern die der Dauer und der Legitimität der Herrschaft (εἰς τὸν αἰῶνα) angesprochen. Das dynastische System könnte sich im Sinn der orientalisch-hellenistischen Sotertradition für Josephus nahegelegt haben; es ist aber zweifelhaft, ob die Römer, die pragmatisch und legal zugleich dachten, sich in diesem Augenblick schon zu einer Nachfolge Vespasians äußerten. Derartige Fragen entschied der princeps selbst, nicht Wunsch und Gebet des Volkes. So bleiben Zweifel am Bericht des Josephus zurück. Der Plural „Kinder und Kindeskinder" (παῖδες αὐτοῦ καὶ οἱ ἐξ ἐκείνων ἀεὶ γινόμενοι) kann liturgisch verstanden werden, ist aber in diesem Fall, wo tatsächlich Titus und Domitian nacheinander zur Herrschaft kommen, sicherlich nicht unabhängig von einem historischen Bezug. Die Wendung ἀεὶ γινόμενοι darf nicht – wie fast alle Übersetzer es tun – auseinandergerissen werden. Gedacht ist an einen unablässigen Ablauf der Erbfolge (Clementz). Der Zusammenhang zeigt deutlich das starke Verbundensein des Josephus mit der flavischen Dynastie.

[42] Der häufige Wechsel des Schauplatzes könnte den Anschein erwecken, als fiele der Rahmen der ersten vier Kapitel des 7. Buches auseinander. Zur Erklärung der 5 gleichzeitigen Berichte aus den Jahren 69–70 muß Josephus nämlich jedesmal zeitlich zurückgreifen. Der Zusammenhalt wird jedoch durch Rückverweise gesichert: 7, 23 δέ, § 36 verweist auf § 23, § 60 schließt an § 40 an, § 96 an § 63. Vgl. Weber 246 ff. Die Qualität der Berichte ist verschieden; während der Germanenaufstand keine historisch gute Darstellung zeigt (vgl. Anm. 43), wird der Bericht vom Sarmatenaufstand besser durchgeführt (vgl. Anm. 47).

[43] Bereits im Vorwort 1, 4 deutet Josephus an, daß es neben Judäa noch andere Unruheherde im römischen Reich gegeben hat. Die im 7. Buch geschilderten Unruhen in

Anmerkungen zu Buch 7

Antiochien § 41–62, in Germanien § 75–88 und bei den Sarmaten § 89–95 haben nach Josephus ihren Grund in der Unfähigkeit und Feigheit der Vorgänger des Vespasian (§ 67. 79). In diesem Zusammenhang muß man auch den jüdischen Krieg sehen. Für Josephus sind die Unruhen im römischen Imperium eine Gefährdung, wie sie jedes Volk trifft; damit steht er im Gegensatz zu einer apokalyptischen Darstellung, die die kosmischen Unruhen als Vorzeichen einer eschatologischen Wende aus Israel ansieht. Dementsprechend ist auch die durch den Kaiser gewährleistete pax Romana für Josephus niemals ideologisch zu verstehen, sondern stets pragmatisch.

Bei dem von Josephus in § 75ff. geschilderten Germanenaufstand handelt es sich, wie der Vergleich mit Tacitus hist. 4 zeigt, um einen Aufruhr, der von den Batavern ausging. Die Bataver, ein an der Mündung des Rheins wohnhafter Volksstamm, hatten vorher nie einen Aufstand gemacht, sondern den Römern sogar Hilfstruppen zur Verfügung gestellt (Tac. hist. 4, 12). Ihre Anführer waren Julius Civilis und Claudius Paulus. Der zuletzt Genannte wurde von dem Statthalter Niedergermaniens, Fontejus Capito, hingerichtet, worauf Julius Civilis den Aufstand begann. Die Bataver waren zunächst erfolgreich, weswegen sich ihnen andere germanische und gallische Stämme anschlossen. Mucian, der legitime Vertreter der Flavier in Rom (Tac. hist. 4, 39), beauftragte daher die beiden Offiziere Gallus Annius und Petilius Cerealis mit der Leitung des Krieges (Tac. hist. 4, 68). Nachdem in der Nähe von Trier die unter Classicus mit den Germanen verbündeten Gallier geschlagen wurden, konnte Petilius Cerealis durch einen Sieg über Civilis bei Xanten den Krieg beenden (Tac. hist. 5, 14–18).

⁴⁴ Nach dem Bericht des Tacitus (hist. 4) kann es sich hier nur um Civilis handeln. Es ist kaum anzunehmen, daß es einen Vitillus als germanischen Führer gegeben hat, der bei Tacitus nicht erwähnt worden wäre. Von der Textkritik her läßt sich nicht erkennen, ob der Fehler bereits bei Josephus vorhanden war oder erst später in die Handschriften eingedrungen ist. Der Fehler muß auf jeden Fall sehr alt sein (vgl. Weber 265). Ein Teil der Übersetzer nimmt den richtigen Namen Civilis sogar in den Text auf (Ricciotti, Thackeray, Simchoni und Williamson).

⁴⁵ Die Schwierigkeit des Berichtes liegt darin, daß Josephus die historischen Ereignisse teilweise vorverschiebt. Nach W. Liebenam, Fasti consulares imperii Romani 1909, 15 war nämlich Petilius Cerealis – so der historische Name des von den Handschriften bezeugten Ventidius Cerealis, vgl. die textkritische Anm. 105 z. St. – erst 70 n. Chr. Consul und nach Tac. Agr. 8 71 n. Chr. Consular in Britannien. Hinzu kommt noch, daß Petilius Cerealis früher nicht in Germanien Statthalter gewesen sein kann, da ein früheres Konsulat für ihn nicht belegt ist, Germanien aber nur durch einen Consular verwaltet werden konnte. Vielmehr war er 61 Legat der 9. Legion in Britannien (Tac. ann. 14, 32) und erhielt im Bürgerkrieg ein militärisches Kommando, wohl da er ein Verwandter Vespasians war (Tac. hist. 3, 59).

An unserer Stelle tritt erneut Josephus' Verehrung des flavischen Hauses heraus: a) Statt der Initiative Mucians (vgl. Tac. hist. 4, 68 und Anm. 43) zeigt Vespasian geradezu dank einer göttlichen Eingebung den entscheidenden Helfer in der Not: Petilius Cerealis; b) Nach dem militärischen Eingreifen des Petilius Cerealis wird nun Domitian der eigentliche Sieger, obwohl er „dem Alter nach" noch nicht dazu geeignet ist (§ 85). Die beiden Stoffe sind gattungsgeschichtlich verschieden einzuordnen: während der erste ein Bericht auf historischen Grundlagen ist, aber die Fakten verschiebt, ist der zweite ein Lobpreis im Sinn eines antiken ἐγκώμιον mit der deutlichen Tendenz, entgegengesetzte Schilderungen über Domitian zu unterdrücken (siehe Anm. 46).

⁴⁶ Bei dem Bericht des Josephus über die Tätigkeit Domitians handelt es sich um eine legendäre Bearbeitung der tatsächlichen Ereignisse. Nach dem ungleich glaubwürdigeren Bericht des Tacitus trug der Zug Domitians nach Niederwerfung des Aufstandes nichts bei, denn Domitian und Mucian hörten schon, bevor sie die Alpen überschritten hatten, vom Sieg des Petilius Cerealis über die Germanen (hist. 4, 85). Neben dieser bewußten Umdeutung zur Verherrlichung Domitians tritt als auffallender Punkt hinzu, daß mit keinem Wort Licinius Mucianus erwähnt wird. Bereits in 7, 52 spricht Josephus nur vom „Statthalter" in Antiochien, obwohl es sich nach Tacitus hist. 1, 10 nur um Mucian handeln kann. Es wurde schon in Anm. 43 darauf hingewiesen, daß nicht Vespasian, sondern Mucian die beiden Feldherrn nach Germanien geschickt hat.

Anmerkungen zu Buch 7

An unserer Stelle unterläßt es Josephus zum dritten Mal, Mucian zu nennen, obwohl dieser zweifellos die Verantwortung für den Feldzug nach Germanien getragen hat (Tac. hist. 4, 68). Neben dem genannten Bestreben des Josephus, alle Initiative und Verantwortung auf den Flavier Domitian allein zu kompilieren, liegt der Grund dafür wohl darin, daß es im Verhältnis Domitians gerade zu Mucian derart ernste Differenzen gegeben hat, daß Josephus Mucian hier nicht erwähnen konnte, obwohl es sich um den entscheidenden Lebensabschnitt Mucians handelt. Die Differenzen klingen im Bericht des Tacitus an und haben wohl ihren Grund in der unbeherrschten Natur Domitians, die Mucian zu zügeln suchte. So drängte Domitian zum Aufbruch nach Germanien, wohingegen Mucian mehr daran lag, Rom sicher zu halten. Wegen des Ungestüms Domitians hielt er es aber doch für sicherer, bei dem Zug nach Germanien selbst die Verantwortung zu übernehmen. Sodann veranlaßte er Domitian, nicht weiter nach Germanien zu ziehen, sondern nach Lyon, da er ahnte, daß Domitian etwas im Sinne haben könnte, was dem Reich schade (Tac. hist. 4, 85). Tatsächlich scheint auch Domitian versucht zu haben, Kontakte zu Petilius Cerealis aufzunehmen, um den Oberbefehl zu bekommen, möglicherweise um gegen seinen Bruder oder gar gegen seinen Vater auftreten zu können (Tac. hist. 4, 86). Petelius Cerealis ging jedoch taktvoll auf dies Vorhaben nicht weiter ein. Die betont positive Haltung des Textes gegenüber Domitian könnte im übrigen ein Anhaltspunkt sein für die Zeit der Abfassung von Buch 7, nämlich für eben die Zeit, in der Domitian im Begriff stand, die Macht zu übernehmen oder auch schon übernommen hatte. Man muß jedoch beachten, daß bellum nicht auf das Nebeneinander von Vespasian und Titus, sondern auf das ganze flavische Haus (also einschl. Domitian) konzipiert war (vgl. bereits 3, 6).

[47] Die Sarmaten sind nach Pauly-W. 2. Reihe Bd. 1, Sp. 2542–2550 nomadisierende Indogermanen, die in der heutigen Ukraine lebten. Schon seit der Diadochenzeit machten sie den benachbarten Völkern durch ihre Raubzüge zu schaffen (vgl. Diod. S. 2, 43). Zu dem Bericht des Josephus ist nur noch hinzuzufügen, daß nach Tac. hist. 4, 54 gemeinsam mit den Sarmaten auch die Daker in Moesien und Panonien eingefallen waren.

[48] Während im Lateinischen für den Ober- und Mittellauf der Donau der Name Danuvius gebraucht wurde, war für den Unterlauf der Name Hister üblich. Im Griechischen hingegen wurde Istros meistens für den ganzen Fluß gebraucht; jedoch findet sich daneben auch Danubios (vgl. Pauly-W. Bd. 4, Sp. 2105). Das diesseitige Ufer ist von Rom aus gesehen das rechte Ufer des Flusses.

[49] C. Fontejus Agrippa war nach Tac. hist. 3, 46 im Jahre 68 Prokonsul in Asien (vgl. CIL 3, 6083). Im darauffolgenden Jahr wurde ihm die Statthalterschaft von Moesien übertragen. Über seinen Tod im Sarmatenkrieg berichtet nur Josephus. Wann er Konsul war, ist nicht mehr genau auszumachen. Wahrscheinlich ist er identisch mit dem consul suffectus C. Fontejus des Jahres 58 (CIL 4, Suppl. 1, 147).

Alle Übersetzer verstehen τὴν ὑποκειμένην χώραν als „das von den Römern unterworfene Land". Dies Verständnis ist an sich möglich, aus dem Zusammenhang – der größte Teil der römischen Wachen an der Donau und der Statthalter selbst sind getötet – ist aber eher daran zu denken, daß die gesamte Provinz nun „offen vor den Sarmaten" liegt (vgl. Liddell Scott 1884; Passow 2,2, 2132.) Die feste Wendung ἄγειν καὶ φέρειν, die häufig in der griechischen Literatur belegt werden kann, läßt das ursprüngliche Verständnis: wegtreiben und wegschleppen (vgl. Kohout z. St.) noch durchblicken, wenngleich sie im Deutschen am ehesten der Wendung: „plündern und rauben" entspricht. So versuchen auch die meisten anderen Übersetzer frei zu übersetzen (z. B. Thackeray, Ricciotti, Simchoni, Williamson).

[50] Rubrius Gallus – die Handschriften lesen Gubrius, vgl. die textkritische Anm. 116 z. St. – war wahrscheinlich unter Nero consul suffectus. Seine Stellung während der Zeit der Unruhen 68–69 ist nicht ganz klar. Jedenfalls hat er zum Schluß auf Seiten der vespasianischen Partei gekämpft und soll auch den bedeutenden Vitellianer Caecinna auf die von ihm vertretene Seite gezogen haben (Tac. hist. 2, 99). Vgl. Pauly-W. 2. Reihe Bd. 1, Sp. 1172.

Unter consul suffectus versteht man einen im Laufe des Jahres nachgewählten Konsul im Gegensatz zum consul ordinarius, der das Amt am 1. Januar antrat; nach den consules ordinarii wurde daher das ganze Jahr datiert. Das Amt des consul suffectus war weniger

Anmerkungen zu Buch 7

ehrenvoll, aber wegen der Verkürzung der Amtszeit seit Augustus eine regelmäßige Erscheinung der Kaiserzeit (vgl. W. Liebenam, Fasti consulares Imperii Romani 1909, 5; Pauly-W. Bd. 4, bes. Sp. 1129f.).

[51] Arkea ist das antike Arca oder Arqa, 26 km nordöstlich von Tripolis im Libanongebiet; bereits die Texte von Tel el-Amarna (14. Jahrh. v. Chr.) erwähnen ein Ir-ka-ta, und etwas später erscheint diese Gegend auch in assyrischen Texten (vgl. auch Gen. 10, 17; ant. 1, 138). Die Stadt hat nach Josephus zum Herrschaftsbereich Agrippas II. gehört (vgl. bell. 2, 247). Arkea war die Heimat des Alexander Severus (222–235 n. Chr.). Nach einer Grabinschrift unbekannter Herkunft (CIJ 1, Nr. 50, S. 265f.) lag es nahe, den Namen Arca aus dem Libanongebiet auf eine römische Synagoge zu übertragen, die dann auf die Protektion des Kaisers Alexanders Severus zurückgeführt wurde (vgl. später die „Synagoge des Severus", die nach Kimchi, Kommentar zur Genesis [I, 31], die von Titus nach Rom gebrachte Torarolle aufbewahrt). Nach J. B. Frey, CIJ 1, 265f. waren viele Juden aus Arca nach Rom gekommen, um dort die neue Synagogengemeinschaft aus Arca im Libanongebiet zu gründen (ebenso Ricciotti z. St.). Allerdings wurde dagegen neuerdings eine andere Deutung der Inschrift geltend gemacht, nach der der genannte Alexander aus der Stadt oder der Synagoge Arca im Libanongebiet herkomme (vgl. jetzt H. J. Leon, The Jews of Ancient Rome, 1960, 163–165). Die Frage der jüdischen Besiedlung von Arca steht damit ausdrücklich zur Diskussion (vgl. auch Enc. Jud. 3, 355–356). Der Ortsname kommt sowohl in der rabbinischen wie außerjüdischen Literatur vor (vgl. Schürer I 594f.; A. Neubauer, Géographie du Talmud, 1868, 299).

[52] Zu Raphanää vgl. § 18, Anm. 13. Der Ort kommt auch in der rabbinischen Überlieferung vor (b. Schab 127a; b. Baba mezia 84a; b. Sanh 48b). Stephanus v. Byzanz identifiziert Raphanää mit Epiphaneia (vgl. Neubauer a.a.O. 304). Bei Abulfeda werden Ruinen von Rafaniah genannt; auch in den Kreuzzügen spielt ein Ort dieses Namens eine Rolle (vgl. Pauly-W. II 1, Sp. 232; J. Joel, Beiträge zur Geographie des Talmud, in MGWJ 16, 1867, 375ff.).

[53] Bei dem Sabbatfluß handelt es sich um einen intermittierenden Fluß, wie man ihn öfter in Syrien und Palästina findet. Die Mehrzahl der rabbinischen Belegstellen nennt diesen Fluß Sambation bzw. Sanbation (vgl. u.a. Gen. r. 11, 5; 73, 6; Pes. rabbati 23, 119b; 31, 146b; Midr. r. Klag. Jer. 2, 2; Num. r. 16, 25; Tanḥ. Ki tissā 33); nur eine einzige Stelle nennt ihn Sabtion (b. Sanh. 65b). Alle rabbinischen Stellen sind sich darin einig, daß dieser Fluß am Sabbat, also nach dem Wochenrhythmus nicht fließt. Plinius hist. nat. 31, 18 entspricht dieser jüdischen Tradition, denkt aber an Judäa, nicht an Syrien. Anders ist es bei Josephus: Er berichtet, daß dieser Fluß die ganze Woche hindurch ruht und gerade am Sabbat fließt. Mit der genauen Lokalisierung zwischen Arkea und Raphanää setzt sich Josephus auch in Gegensatz zu den späteren rabbinischen Stellen, nach denen sich der Sambation am Orte des Exils der zehn Stämme befinden soll (vgl. u.a. Midr. r. Klag. Jer. 3, 5; Pes. rabbati 31, 146b) Nach der Legende soll Gott ihn dort zum Schutze der Exilierten erschaffen haben (L. Ginzberg, The Legends of the Jews IV 1954, 317). Die Verbindung von Sabbatfluß und Exil zeigt zunächst die kulturgeschichtliche Bedeutung des jüdischen Rechtes an, in der Diaspora den Sabbat durchzuführen, schwerlich aber ist es eine historische Aussage über das Exilszeit. Josephus will vielleicht die Segensfülle zum Ausdruck bringen, die mit dem siebten Tage verbunden ist, während die rabbinischen Traditionen Wert auf die Einhaltung der Sabbatruhe legen. Die rabbinische Tradition versteht die Sabbatruhe kosmisch, d.h. der Fluß nimmt Anteil an dem, was Gott geboten hat. Wenn Gott selbst nach Gen. 2, 3 am Sabbat ruht, so auch der ganze Kosmos (Engel: Jub 2, 18, Fisch und Gebirge: Jalqut Re'ūbēnī zu Gen. 2, 2). Dabei ist immer die Ruhe im kalendarischen Sabbat gemeint. Plinius steht der rabbinischen Tradition nahe, doch hat er irrtümlicherweise den Fluß nach Judäa verlegt. Simchoni 498 versteht diese Plinusstelle anders, also nicht dem Wortlaut gemäß, sondern nach der jüdischen Haggada: „Er wirft jeden Tag Steine heraus, ruht aber am Sabbat (= er fließt in Ruhe)." Diese Rekonstruktion wird den Texten, vor allem aber der ausdrücklichen Diskrepanz zwischen Josephus und Plinius, nicht gerecht. Es bleibt nur der Versuch übrig, bei einer Rekonstruktion des Sachverhaltes vom Text des Josephus auszugehen. Thackeray z. St. verweist dabei auf die Lösung Dr. Thomsons, der den Sabbatfluß 1840 mit dem Neba el Fuarr identifiziert, der nur zwei Tage ruhe und an einem Teil des

Anmerkungen zu Buch 7

dritten Tages aktiv sei. Zu den zahlreichen Legenden vgl. Grünbaum ZDMG 22 (1869) 627 ff.

⁵⁴ G. Downey, A History of Antioch in Syria, 1967, 80. 107 nimmt an, daß die jüdische Gemeinde in Antiochien eine Sonderstellung einnimmt, die ihr eine gewisse Gleichrangigkeit mit den Griechen gewährt. Diesen besonderen Status nennt er πολίτευμα (vgl. Pauly-W. 21, 2 Sp. 1401 f.). Gleichzeitig sei damit die Möglichkeit verbunden, das hellenistische Stadtrecht zu erwerben. Ob G. Downey a.a.O. allerdings mit seiner Annahme Recht hat, daß ein nach dem Gesetz lebender Jude dies volle Bürgerrecht nicht hätte erlangen können wegen der damit verbundenen Pflicht zum Opfer für die Stadtgötter, ist fraglich, da das römische Bürgerrecht zumindest eine derartige Voraussetzung nicht kennt. Vgl. Juster II, 12. Doch schließen wir uns der Meinung Downeys an, daß es sich bei den von Josephus angeschnittenen Rechtsfragen um besondere Privilegien im Rahmen des πολίτευμα handelt, die durch die Unruhen gefährdet wurden. Zum Ganzen vgl. Pauly-W. Bd. 9, Sp. 2227–2231; ferner bell. 6, 335 Exkurs XVI; 7, 57 f., Anm. 109. 110.

Man kann vermuten, daß die in Antiochien einsetzenden Pogrome zwar die Begünstigung durch den damaligen Statthalter Mucian genossen (§ 52), daß aber mit der Ankunft des Caesennius Paetus (§ 59) eine gewisse Beruhigung der jüdischen Lage eintrat (C. H. Kraeling JBL 51 [1932], 152). Die Darstellung des Josephus will aber bewußt die eigentliche Entscheidung über die jüdische Situation ganz in die Hand des Titus legen (§ 109). Nach unserer Darstellung erscheint Titus als derjenige, der auf Grund der Ordnung des römischen Imperiums und einer gewissen rationalen Überlegung die Rechte der jüdischen Diaspora anerkennt und sichert. Es könnte allerdings sein, wenn man Nachrichten der späteren Tradition vertraut, daß diese Inschutznahme der jüdischen Gemeinde durch Titus verbunden war mit Geschenken an die heidnisch-antiochenische Bevölkerung, die aber als jüdische Geste seitens Titus' ausgelegt werden konnten: Nach Malalas 260, 21 ff. und Chronicon Paschala I 482, 8 (ed. Bonn Bd. I 1832) gab Vespasian den Antiochenern Anteil an seiner Beute aus dem jüdischen Krieg; er stellte am Tore von Daphne die bronzenen Cherubim des Jerusalemer Tempels auf (nach G. Downey a.a.O. 206 aber nur cherubimähnliche Wesen); von diesen Cherubim habe das Tor den Namen: Tor der Cherubim erhalten. Außerdem soll Vespasian eine Darstellung des Mondes aufgestellt haben, nach landläufiger Erklärung eine Erinnerung an den Fall Jerusalems bei nächtlichem Mondschein. Weber 278 hält den Bericht des Malalas für eine ältere Tradition der syrischen Provinzialchronik und schreibt daher ihren Nachrichten historische Bedeutung zu. Aber gewisse kritische Bedenken gegen das starke antijüdische Element dieser Berichterstattung lassen sich nicht verschweigen: Daß es sich um Cherubim des jüdischen Tempels gehandelt habe, ist unwahrscheinlich, eher könnte es sich historisch um eine geflügelte Nikegestalt gehandelt haben, wie sie im Fall eines Sieges aufgestellt wurde; ferner war der Mond ein Symbol für Aeternitas (Pauly-W. Bd. 1, Sp. 694ff.; J. Gagé, Le templum urbis et les origines de l'idée de renovatio Ann. de l'inst. de phil. et d'hist. orient. et slaves 4, 1936, 157). Der von Malalas gegebene Bericht muß den des Josephus nicht ausschließen, vielmehr wäre es denkbar, daß die dort geschilderten Ereignisse denen bei Josephus vorausgingen, d.h. daß im Anschluß an die Eroberung Jerusalems durch Vespasian Siegeszeichen in Antiochien aufgestellt wurden, die dann den Anlaß zu den antijüdischen Bewegungen bildeten.

⁵⁵ Zeugma war eine Stadt am oberen Euphrat gegenüber Apamea (Tac. ann. 12, 12; Plinius hist. nat. 5, 21). Beide Städte waren von Seleukus I. gegründet und untereinander durch eine Schiffsbrücke verbunden. Eine besondere Bedeutung hatte Zeugma als Festung gegen das Partherreich, aber es gab auch friedliche Begegnungen zwischen Römern und Parthern in Zeugma, so u.a. die des Statthalters Vitellius von Syrien mit Artabanus III. (ant. 18, 101) und der Gesandtschaft des Vologeses mit Titus. Zur Bedeutung der Stadt für Münzkunde und Grenzziehung vgl. die Literatur bei Fr. Lübkers Reallexikon des klass. Altertums, 1914, 1141.

⁵⁶ Vologeses I., der als ein besonders tüchtiger Herrscher galt (Regierungszeit 51–79 n. Chr.), war nach Tac. ann. 12, 14 der Sohn des Gouverneurs Vonones II., der nach der Ermordung des Partherkönigs Gotarzes V. auf den Thron gekommen war. Allerdings weichen an diesem Punkt Tacitus und Josephus voneinander ab. Jos. ant. 20, 74 berichtet,

Anmerkungen zu Buch 7

Vologeses I. hätte sofort nach der Ermordung des Gotarzes den Thron des Partherreiches bestiegen. Nach dem wohl besseren Bericht Tac. ann. 12, 14 hingegen wurde zuerst der Vater des Vologeses, Vonones II., zum König berufen.
Nach dem Tode Neros schickte Vologeses eine Gesandtschaft nach Rom, die von Otho die Erneuerung des Bündnisses erwirken sollte (Suet. Nero 57). Beim Regierungsantritt Vespasians bietet er 40000 Reiter bzw. Bogenschützen an. Nach Tacitus hist. 4, 51 bedarf dieser der Hilfstruppen nicht, sondern weist ihn an den Senat, der ihm den Bescheid gibt, es sei „Frieden". Nach Sueton Vesp. 6 will er durch dies Angebot die Schwierigkeiten beenden, die er mit dem syrischen Statthalter Licinius Mucianus gehabt hatte. Dem entspricht in 2, 389 die Versicherung des Agrippa, daß die Parther während der palästinischen Unruhen ängstlich bemüht waren, die Verträge mit Rom gewissenhaft zu halten und die eigenen jüdischen Untertanen vor jedem Bruch mit Rom zu bewahren.

Die Überreichung eines goldenen Kranzes ist an sich eine alte griechische Sitte (Hom. Hymn. 32, 6). In hellenistischer Zeit wurden goldene Kränze an Feldherren nach gewonnenem Krieg, an Könige als Steuer, an Offiziere als Auszeichnungen verliehen (vgl. 1. Makk. 10, 20. 29; Jos. ant. 12, 142; bell. 1, 231. 357; 4, 273. 620; 7, 14, Anm. 7; 7, 105).
Die Überreichung des „goldenen Kranzes" ist als Bekundung friedlicher und freundschaftlicher Beziehung der Parther Rom gegenüber gemeint (6, 411, Anm. 242). Zum Ganzen vgl. Pauly-W. Suppl. 9, 1962, Sp. 1839ff. Zur Diskussion über die Münzen des Vologeses vgl. ebd. Sp. 1846; A. Simonetto, The Drachms of Vologeses I., Numism. Chron. 6. Serie IX (1949) 237–239.

[57] Weber 276, Anm. 1 nimmt an, daß dieser Entscheid des Titus echt sei, da Titus ohnehin aus Gründen der Staatsraison nicht anders hätte handeln können. Im übrigen entspricht gerade diese starke Aussage nicht dem gewohnten Titusbild des Josephus im Sinne etwa der φιλανθρωπία (6, 324, Anm. 154; 6, 333, Anm. 164). Offenbar dachten die Antiochener an eine völlige Austreibung der Juden aus ihren Stadtgrenzen, wie sie gelegentlich auch in anderen Gegenden erfolgte (vgl. zu Cypern Dio Cass. 68, 32, 3).

[58] Zu den Bronzetafeln als Rechtsurkunden der Antike vgl. 1. Makk. 8, 21; 14, 18. 26. 48. Jos. ant. 12, 416. Außerhalb des jüdischen Bereiches: Appian Syr. 39 (Vertrag zwischen Rom und Antiochus III.); Polyb. hist. 3, 26, 1 (Rom und Karthago). Derartige Rechtsurkunden wurden entweder auf Erztafeln oder Säulen eingraviert (Ditt. Or. 456, 51; 1. Makk. 14, 26). Weiteres Material aus dem römisch-hellenistischen Raum bei F. M. Abel, Les Livres des Maccabées, 1949 passim; ferner auch 6, 335 Exkurs XVI.

[59] Zur weiteren Verwendung dieser beiden Legionen vgl. Anm. 14.

[60] Sueton Titus 5 berichtet, der längere Aufenthalt im Orient und das Tragen des Diadems bei den ägyptischen Festlichkeiten zu Ehren des Apisstieres habe in der Umgebung Vespasians den Verdacht hervorgerufen, Titus wolle von seinem Vater abfallen und den Orient für sich behalten (vgl. 6, 316, Anm. 152). Er sei darum, um diesen Verdacht zu zerstreuen, schnellstens auf einem Lastschiff über Rhegium und Puteoli nach Rom geeilt und dem Vater mit dem Wort gegenübergetreten: „Veni inquit, pater, veni" (vgl. 6, 316, Anm. 151). Sueton behauptet, daß von diesem Augenblick an Titus als Teilhaber und Schützer des Imperiums gehandelt habe. Das Verhältnis Vespasians zu seinen Söhnen ist ein wichtiges Problem der damaligen Zeitgeschichte. Vgl. Tacitus hist. 4, 52: Eintreten des Titus für seinen verleumdeten Bruder; Entschluß Vespasians, den Krieg dem Titus zu überlassen und sich in Ruhe dem Frieden des Staates und den Sorgen um die eigene Familie zuzuwenden; auch hier Hervorhebung der pietas des Titus. Tatsächlich berichtet auch Tacitus hist. 4, 51. 68, daß Vespasian notwendig an Rom und Italien gebunden war; die militärische Initiative im Osten lag also weithin in den Händen des Titus. Ganz entsprechend gehört es zu den Eigenarten gerade von Bellum 7, daß kaiserliche Maßnahmen, die eigentlich persönliche Entscheidungen Vespasians sein müssen, als von Titus vollzogen dargestellt werden: Die Stationierung der Legionen (§ 17, Anm. 14), die Entscheidung über das Schicksal der Juden in Antiochien (§ 58f., 109–111). Für Josephus ist Titus der Stellvertreter des Kaisers als der im Orient bevollmächtigte Repräsentant des flavianischen Hauses. Bellum 7 ist der josephinischen Konzeption von der Einheit des flavianischen Hauses bestimmt: Die Person Vespasians tritt als die eigentliche Spitze des flavianischen Hauses und des römischen Imperiums stärker in den Hintergrund, während die aktuelle Durchführung der militärischen Maßnahmen auf die

Anmerkungen zu Buch 7

beiden Söhne verlagert wird. Das fällt aber besonders bei der Erwähnung Domitians auf, der nach Tacitus hist. 4, 52. 68. 85 f. in der damaligen Zeit einen umkämpften Charakter und eine ebenso zweifelhafte Stellung hatte. Auch Domitian ist nach Josephus im Westen geradezu der sich ausweisende Vertreter des flavanischen Hauses, der den römischen Waffenglanz trotz seiner Jugend zur Geltung bringt (§ 88). Jede unrühmliche Verdächtigung wird von ihm ferngehalten, und sein militärisches Vorgehen wird über das geschichtliche Maß hinaus gesteigert (§ 85, Anm. 46). Josephus' Geschichtskonstruktion entspricht in besonderem Maße dem Hofstil seiner Zeit und zeigt mit ihr propagandistisches Eintreten für die Dauer der neuen Dynastie (bell. 7, 73, Anm. 41). – Simchoni 379 spricht nicht von „drei", sondern von „zwei Fürsten", obwohl der Text einheitlich „drei" bezeugt. Wenn Josephus an dieser Stelle so ausdrücklich von dem friedlichen Nebeneinander des Vaters und der beiden Söhne spricht, so kann dies über das bereits Erörterte hinaus indirekt ein Hinweis auf die vorangegangenen Streitigkeiten zwischen Vater und bzw. Söhnen sein.

[61] τὰ ἄνω βασίλεια wird von den meisten Übersetzern als Singular: „der obere Palast" wiedergegeben; Whiston-Marg. wählt den Plural: „die oberen Paläste". Die Lexika zeigen, daß beide Übersetzungen, Sing. und Plural möglich sind. Gemeint ist ein Kaiserpalast bzw. der Komplex der Kaiserpaläste auf dem Palatin (vgl. domus Palatina oder aedes Palatinae Pauly-W. 18, 2, Sp. 51 f.). Es liegt nahe, bei einem Singular an den alten Palast des Augustus (domus Augustiana), bei einem Plural an die beiden Paläste des Augustus und des Tiberius zu denken. Die römischen Kaiser bauten gern auf dem Palatin (vgl. später Domitian und Septimius Severus). In bell. 2, 81 erwähnt Josephus einen Apollotempel auf dem Palatin. Zum Ganzen vgl. Curtius-Nawrath, Das antike Rom, 1944, 4. Aufl. 1963, 187: „Dieses Haus des Augustus war Kern und Beginn für die weitere Ausbildung des kaiserlichen Palastes, der als Ganzes Domus Augustiana hieß".

Der Text von § 123 ist für den heutigen Leser nicht deutlich und wird verschieden verstanden. Mit Paret, Clementz, Ricciotti, Simchoni und Whiston-Marg. übersetzen wir περὶ θύρας so wörtlich wie möglich: „um die Tore"; dagegen Kohout „vor der Wohnung". Kohout versucht durch eine paraphrasierende Übersetzung den Text zu verdeutlichen und kommt zu einer eigenwilligen Interpretation („vor der Wohnung"). Die Übersetzung von περὶ θύρας mit „vor der Wohnung" ist rein sprachlich möglich, da θύρα im Plural als pars pro toto die „Wohnung" bedeuten kann (Belege im Thesaurus linguae graecae und Passow s. v.). Pauly-W. 2. Reihe Bd. 7, 1 folgt der Auffassung Kohouts.

Weber 280 f. bringt eine kritische Bearbeitung von § 123. Er nimmt zunächst περὶ θύρας singularisch und glaubt dann, daß in der von Josephus verwandten lateinischen Vorlage extra portam gestanden habe, womit die in der Nähe des Isistempels gelegene porta triumphalis gemeint gewesen sei, ebenso wie in § 130 f. Josephus habe porta triumphalis nachlässig übersetzt, außerdem nicht mehr verstanden, daß es sich hier um die porta triumphalis handelte und daher den Genitiv τῶν ἄνω βασιλείων hinzugesetzt. Während wir vermuten, daß τῶν ἄνω βασιλείων auf die Paläste des Augustus und des Tiberius zu beziehen ist – denn Josephus sagt nicht, daß auch die oberen Paläste in der Nähe des Isistempels zu suchen seien –, bezieht Weber die Wendung auf die Nähe des Isistempels. Die Webersche Konstruktion eines rein hypothetischen Textes muß als Vermutung bestehen bleiben. Es ist zudem ungeklärt, ob mit περὶ θύρας Tore eines Gebäudes oder Stadttore gemeint sind. Unsere Übersetzung übersieht keineswegs die Schwierigkeit in dem Verhältnis von § 123 (περὶ θύρας) zu § 130 f. (πυλή), der in der Übersetzung allein Thackeray ganz gerecht wird („round the doors" gegenüber „gate").

Seiner Textrekonstruktion entsprechend verlegt Weber das folgende Geschehen in das Heiligtum der Isis selbst und folgert somit, daß die Imperatoren im Isistempel übernachtet hätten. Das verlangte dann entscheidende Konsequenzen: „Tyche, die Vespasian als die Begründerin seines späten Glücks feiert, ist Stadtgöttin von Alexandrien, der Alexandriner Sarapis, in dessen Schutz die erste Ausrufung Vespasians vollzogen ward, ihr Genosse. Sie erheben den Anspruch, seine Schutzgötter zu sein. Darum ist es sicher wohl überlegt, daß Vespasian vor dem römischen Triumph mit Titus die Nacht im großen Iseum in campo zubringt, auch wenn das noch kein Imperator getan hatte. Und gewiß ist, daß seit den flavischen Herrschern der Kult der Alexandriner gewaltig Boden

Anmerkungen zu Buch 7

gewann." Weber folgert schließlich, daß Vespasian im Sinn von Tacitus hist. 1, 10 den geheimen Vorzeichen und Prophetensprüchen nunmehr Glauben geschenkt habe und seine Dynastie in diesem Sinn unter das Zeichen der Isis und des Sarapis stelle. Für Webers Deutung spricht, auch wenn man ein anderes Textverständnis vorzieht, die ausdrückliche Antithese von § 123: „nicht vor dem oberen Palast, sondern neben dem Tempel der Isis". Allerdings ist zu bemerken, daß die Identifizierung der Tyche mit Isis nur eine Möglichkeit neben anderen ist (vgl. Pauly-W. 2. Reihe, Bd. 7, 2, Sp. 1650).

Im Jahre 43 v. Chr. beschlossen die Triumvirn, der Isis einen Tempel zu errichten (Dio Cass. 47, 15, 4); die tatsächliche Erbauung erfolgte aber erst in der Periode 36–39 n. Chr. unter Caligula. Der Tempel lag außerhalb des eigentlichen Stadtgebietes auf dem Campus Martius (Thackeray z. St.) und ist im Jahre 80 n. Chr. mit den meisten Gebäuden auf dem Campus Martius durch ein großes Feuer zerstört worden. Nach Dio Cassius herrschte eine sehr geteilte Meinung über den fremden Kult innerhalb der Mauern Roms (Dio Cass. 53, 2, 4; 54, 6, 6; vgl. Pauly-W. 9, 1916, Sp. 2104). Josephus setzt anscheinend voraus, daß 2 römischen Truppen, aber wohl nicht Legionen aus Palästina (vgl. Appian Mithr. 116), in einer festen militärischen Ordnung, jedoch waffenlos und in unmilitärischem, aber feierlichem Gewand zum Appell antreten, der dem Triumphzug vorausgeht; Ziel des Appells sind Gebet, Ansprache und gemeinsames Mahl. Dem Mahl der Feldherren schließen sich ihr Opfer und der Triumphzug als Höhepunkt des Tages an (§ 131).

Nach dem Text des Josephus sind die beiden offiziellen „Einholungen" (πομπαί) des Vespasian (§ 68–74, Anm. 36) und des Titus (§ 119) die Einleitungen für den nachfolgenden Triumph. Der Senat, dem es rechtlich zukam, einen Triumphzug zu bewilligen, hatte ursprünglich sowohl für Vespasian als auch für Titus einen jeweils eigenen Triumphzug beschlossen. Nach der Ankunft des Titus entscheiden sich Vater und Sohn – ein einzigartiger Fall in der römischen Geschichte (Orosius hist. 7, 9, 8) – für einen gemeinsamen Triumphzug.

[62] Während der militärische Appell noch in die Nacht fällt (§ 123), beginnt der eigentliche Triumphzug frühmorgens (§ 124). Die Triumphzüge begannen nach § 130 bei einem Tor, das „porta triumphalis" genannt wurde (Cicero, Piso 55; Tac. ann. 1, 8, 3; Suet. Aug. 100, 2; Dio Cass. 56, 42, 1; vgl. Pauly-W. 2. Reihe, Bd. 7, 1, Sp. 502). Man vermutet seine Lage östlich des Circus Flaminius. Der Durchgang durch die porta triumphalis war ein Reinigungs- und Sühnakt; er befreite von den Unsegen des Krieges (vgl. Pauly-W. a.a.O., Sp. 496).

Vespasian und Titus (§ 124) sowie die Soldaten (§ 126) tragen nach Josephus Lorbeerkränze auf dem Haupt, ein Zug, der bei Triumphzügen üblich war. Ursprünglich hatte der Lorbeerkranz sühnenden und apotropäischen Charakter, später ist er das Zeichen des Siegers (Plin. hist. nat. 15, 40; Pauly-W. a.a.O. 496).

Die „herkömmlichen" (πάτριοι Thackeray: „traditional", Whiston-Marg.: „which were proper to their family") Purpurgewänder der beiden Caesaren sind zu unterscheiden von den in § 131 genannten feierlichen Gewändern, die beim Triumphzug selbst angelegt werden. Augustus erlaubte den Senatoren und Beamten, Purpur zu tragen (Dio Cass. 49, 16, 1; Nero dagegen, der in Griechenland in der „toga picta" auftrat, verbot seinen Untertanen streng, Purpurkleider anzulegen (Sueton, Nero 32, 3). Vespasian kehrt somit zur alten augusteisch-tiberianischen Ordnung zurück – ein Zug, der für die Gesamtschilderung bei Josephus wichtig ist.

Unmittelbar vor dem Triumphzug legte der Triumphator die vestis triumphalis an, die aus dem Königsornat hervorgegangen ist (Dio Cass. 44, 6, 1; 11, 2). Man darf sogar schließen, daß diese Kleidung als von Jupiter selbst stammend gedacht war und ihren Träger als Repräsentanten des Gottes kennzeichnete (Livius 10, 7, 10; Juvenal Sat. 10, 38). Diese „augustissima vestis", wie Livius 5, 41, 2 sie auch nennt, bestand aus der tunica palmata und der toga picta (Livius 10, 7, 9), d.h. mit Goldstickerei verzierten Purpurgewändern (Polyb. hist. 6, 53, 7; Plin. hist. nat. 9, 60). Der Triumphator trug auf dem Haupt einen Lorbeerkranz, der ihm vom Senat verliehen war (Cicero, Piso 59). Zum Ganzen vgl. Pauly-W. 2. Reihe, Bd. 7, 1, Sp. 506; K. Latte, Römische Religionsgeschichte, 1960, 152.

[63] Der „porticus Octaviae" wurde im Jahre 27 v. Chr. von Augustus im südlichen Marsfeld errichtet und seiner Schwester Octavia gewidmet. Später beherbergte er eine

Anmerkungen zu Buch 7

Bibliothek. Die Halle umschloß einen rechteckigen Tempelbezirk von 118 m Breite und 135 m Länge.

⁶⁴ Wir übersetzen: „elfenbeinerne Sessel" im Unterschied zu Kohout: „ein elfenbeinerner Thron mit zwei Sesseln". Gewöhnlich werden die beiden Sessel mit der „sella aurea" (nicht bisellum oder sella curulis) der römischen Tradition identifiziert (Dio Cass. 44, 6, 1; 58, 4; Suet. Caesar 76). Zum „elfenbeinernen Thron" vgl. vor allem 1. Kön. 10, 18 („er machte einen großen Thron von Elfenbein und überzog ihn mit geläutertem Golde") und Appian Pun. 6, 32. Vgl. außerdem die Darstellungen der „sella aurea" auf römischen Münzen; siehe dazu Dictionnaire des Antiquités Bd. 3, 426; 4, 1180. Josephus bedient sich hier einer mehr orientalischen als römischen Terminologie.

⁶⁵ Der Text unterscheidet in § 126 zwischen dem „jauchzenden Beifall" und der „Bezeugung" der Heldentaten als zwei verschiedenen, aber sachlich zusammengehörigen Akten der Soldaten, die den Höhepunkt des militärischen Appells bilden. Vgl. zum Sprachgebrauch von ἐπευφημεῖν in der späteren liturgischen Akklamation E. Peterson, Heis theos, 1926, S. 191, 2; 324. Unser Text ist bei E. Peterson leider nicht berücksichtigt. Die kostbare, aus China eingeführte Seide, die in der alten Kaiserzeit vom Senat den Männern verboten war (Tac. ann. 33, 3; vestis Serica) wird hier ausdrücklich erwähnt. Josephus betont, daß nach den Akklamationen der Soldaten die Gebete der beiden Feldherren (vgl. Anm. 61) nach alter römischer Sitte (völliges Schweigen, vorgeschriebene Ordnung, Verhüllung durch die über das Hinterhaupt gezogene Toga) erfolgen (vgl. Anm. 61). Kohout z. St. versteht diese Gebete als „Dankgebete".

⁶⁶ Josephus berichtet nur, daß der Triumphzug bei der „porta triumphalis" beginnt, in deren Nähe die Statuen der Götter stehen, denen man opfert, und daß er später „durch die Theater" führt. Kohout z. St. nennt als weitere Stationen den Circus Flaminius, die porta Carmentalis, den Circus Maximus, das Ausgangstor der Rennbahn (= porta pompae), das Forum, die sacra via, den clivus Capitolinus; einen ähnlichen Ablauf gibt Thackeray z. St. und Pauly-W. 2. Reihe Bd. 7, 1, Sp. 502.

Exkurs XX: Zur Schilderung des Triumphzuges nach Josephus

1. Name und Begriff des römischen „Triumphes" (§ 130f.) weisen auf etruskische Herkunft, doch die wirkliche Durchführung wird erst für das römische Imperium typisch. Zum Wort vgl. den Zuruf: „io triumphe" (Horaz, carmina 4, 2, 49ff.; Ovid am. 1, 2, 25. 34), außerdem die Ableitung von dem griechischen θρίαμβος, das ein Beiname des Dionysos war (Varro ling. lat. 6, 68; Priscianus Grammaticus Gram. lat. 2, 20). Zu den ursprünglich religiös-sakralen Zügen gehören: Einlösung der Gelübde (Ovid am. 1, 7, 36), Reinigung des Heeres (Plin. hist. nat. 15, 40), Darbringung der Opfer (Dio Cass. 7, 21) und Dankgebete an den Jupiter Capitolinus (Plautus, Persa 753ff.).

2. Beschreibungen der römischen Triumphzüge finden sich bei Plut. Aem. Paul. 32ff., Lucullus 37, Appian Pun. 9, 66, Dio Cass. 7, 21.

Auffallend ist in der Darstellung des Josephus das Ineinander einer Schaustellung der Pracht des römischen Imperiums (θέα, πομπή) und des eigentlichen Triumphzuges (θρίαμβος), wobei der Oberbegriff θρίαμβος in 7, 131 sowohl die Schaustellung als auch den eigentlichen Siegeszug einschließen soll. Es ist zu fragen, ob schon früher die beiden Elemente: πομπή und θρίαμβος miteinander verbunden waren oder ob es sich hierbei um eine Neuschöpfung des Vespasian bzw. des josephinischen Berichtes handelt. Die Nahtstelle liegt zwischen § 138 und 139 (Aufstellung der Schaugerüste). Selbstverständlich war auch sonst mit dem römischen Triumphzug eine Darstellung des Krieges, der fremden Gegend und der Menschen, der Beute und des Sieges verbunden (Tac. ann. 2, 41), aber die Darstellung einer allgemeinen Machtentfaltung über den Rahmen des Krieges hinaus scheint den Quellen nach orientalisch-hellenistische Wurzeln zu haben. Polyb. hist. 31, 3 berichtet von einer πομπή, πομπεία bzw. θέαι des Antiochus Epiphanes, Athenäus Deipnosophistae 5, 196–203 von einer πομπή des Ptolemäus Philadelphus, bei den Darstellungen mythischer Szenen, fremder Götterbilder, soldatischer Abteilungen, ausländischer Tiere vorbeiziehen.

3. Josephus scheint in der Schilderung des Triumphzuges den Höhepunkt des Bellum gesehen zu haben (Proömium § 29). In seinem Proömium hatte er den Aufriß eines historisch weltweiten Hintergrundes für sein Werk gegeben (Proömium § 4–5; 12). Eine große Bewegung und Gegenbewegung zwischen Okzident und Orient vollzog sich

Anmerkungen zu Buch 7

(bell. 6, 312, Exkurs XV). Josephus wollte wider alle gegenteiligen Orakel (6, 286) aufzeigen, daß die Erde römisch ist, und zwar mit Recht: Gott war auf die Seite der Römer übergegangen (3, 354; 6, 409–413, Exkurs XVIII, 2). Die Darstellung des Triumphzuges und des Baues des Friedenstempels fängt diese Geschichtskonstruktion auf und bestätigt sie. Die Entfaltung der δόξα des flavischen Kaiserhauses zeigt die überwältigende Macht des Imperiums. Jedoch fallen Vespasian und Titus nicht der heidnischen ὕβρις anheim, wie etwa ihre Vorgänger. Josephus läßt seine beiden Helden sich durch Ehrfurcht vor der Gottheit und Traditionstreue auszeichnen (7, 128. 153. 154b). Selbst das vollstreckte Todesurteil an dem Anführer des besiegten Volkes (vgl. 7, 29–34, Anm. 20, 21; 7, 84, Anm. 153) entspricht der Tradition der Väter, d.h. dem römischen Gesetz und nicht einem Siegestaumel Vespasians oder des Titus. Die Schaustellung des Kriegsablaufes, der Gefangenen und der Beute wird umrahmt von den versöhnenden Motiven der hellenistisch-orientalischen πομπή und des Baues des Friedenstempels.

Daraus ergibt sich die Frage: Wie kommt Josephus bzw. Vespasian zu dieser Verschmelzung von römischen Elementen mit hellenistisch-orientalischen? Wenn die Absicht dieser Verschmelzung auch klar ist, so bleibt doch die Frage offen, ob Josephus bzw. Vespasian mit dieser Darstellung etwas ganz Neues schuf oder ob er sich an Vorbilder hielt. Während die Quellen etwa bei Tac. ann. 2, 42, Dio Cass. 43, 42, 1–3 und Quintilian 6, 3, 59–62 einerseits und Polyb. hist. 31, 3, Athenäus Deipnosophistae 5, 196–203 und Plut. Aem. Paul. 32 andererseits auf Josephus bzw. Vespasian als einen Neuschöpfer schließen lassen, läßt uns Livius Bedenken anmelden. Auch er beschreibt schon römische Triumphzüge, in denen Elemente des Reichtums und Prunks erscheinen (26, 21, 7; 37, 59, 3). Es bleibt zwar alles noch im Rahmen der errungenen Beute, doch klingt ihr Inhalt und dessen Beschreibung schon sehr an die vom Krieg und von der Beute teilweise losgelöste πομπή und des Orients an. Könnte es sein, daß Josephus hier um seiner Absicht willen die Schilderung eines römischen Triumphes – etwa des Livius – in hellenistisch-orientalischem Stil – z.B. des Polybius – erweitert? Daß Josephus bzw. Vespasian hier also nicht eigentlich etwas Neues schafft, sondern Linien fortführt und zusammenfließen läßt?

4. Die Frage nach der Bezahlung eines derartig reichen Triumphzuges (mit Einschluß der Schaustellung), die in den hellenistischen Quellen über πομπή (Polyb. hist. 31, 4; Athenäus Deipnosophistae 5, 206) nicht ganz übergangen wird, behandelt Josephus nicht offen. Während bei Sueton (Vesp. 16. 19 gegenüber 17. 18) die Finanzpolitik des Kaisers deutlich ein empfindliches Problem ist, scheint sich bei Josephus diese Frage zu erübrigen. Durch Sueton, Vesp. 4 wissen wir aber, daß gerade Vespasians Privateigentum gering war. Er berichtet, daß Vespasian zeitweise so arm gewesen sei, daß er alle seine Güter seinem Bruder verpfändet habe und schließlich sogar Maultierhandel trieb, um das nötigste Geld zu verdienen. Wie aber konnte der Imperator den Triumphzug dennoch finanzieren? In § 121 schreibt Josephus, daß der Senat den Flaviern zwei Triumphzüge bewilligt habe. Mit der Bewilligung übernahm der Senat auch die Kosten des Triumphzuges (Th. Mommsen, Römisches Staatsrecht, 3. Bd., 2. Teil, 1008). Es ist gut möglich, daß der Senat aus Dank gegenüber dem neuen Kaiser, der das Imperium vor weiteren Unruhen bewahrte, besondere Großzügigkeit walten ließ. Josephus als hellenistisch-orientalischer Jude stellt die Funktion des Senats nicht mehr als notwendig heraus, um die vorrangige Stellung des princeps nicht anzutasten (vgl. entsprechend auch 7, 71, Anm. 38).

Eine andere Schwierigkeit bei Josephus bietet die Frage: woher stammt das Material der πομπή? In den Darstellungen der πομπή bei Polyb. hist. 31, 4 und Athenäus Deipnosophistae 5, 206 finden wir ausführliche Angaben darüber, wogegen Josephus an dieser Stelle – wie ja ebenso in der eigentlichen Finanzfrage selbst – wiederum auffallend zurückhaltend erscheint. Die Verbindung der Darstellung zu 7, 20, wo Josephus berichtet, daß Titus alle Schätze aus Jerusalem nach Caesarea bringen ließ, um sie nach Rom zu schaffen, ist nur sehr locker. Es ist möglich, daß Josephus hier nicht allein auf das jüdische Volk Rücksicht nimmt, sondern ebenso auf die anderen unterworfenen Völker innerhalb des Imperiums. In dem Bestreben, Vespasian und Titus als fromme, ehrfürchtige Männer darzustellen (vgl. § 124, Anm. 62; § 128, Anm. 65), kann Josephus nicht gleichzeitig einen genauen Bericht darüber geben, was Titus im einzelnen erbeutete und woher er es genommen hatte. Denn daß Vespasian und Titus nicht nur in Palästina Schätze gesammelt

Anmerkungen zu Buch 7

hatten, ist selbstverständlich. Um also eine Verärgerung im ganzen Imperium zu vermeiden, andererseits aber an das römische Recht anzuknüpfen, daß das erbeutete Gut Eigentum des römischen Staates ist, berichtet Josephus von einer allgemeinen, großartigen Schaustellung und entspricht damit seinem oben in Abschnitt 3 dieses Exkurses beschriebenen Bemühen, durch die Entfaltung der δόξα des flavischen Kaiserhauses die gottgewollte Macht des Imperiums aufzuzeigen.

5. Die Frage nach Quellen zur josephinischen Darstellung des Triumphzuges wurde vor allem von Weber und Ricciotti gestellt. Während Weber 280 ff. bei verschiedenen Einzelbeobachtungen innerhalb der Darstellung einsetzt und von hierher zu mehreren, mindestens aber zwei Quellen (als „Urquelle" das Werk der Flavianer, das die restitutio imperii behandelte, und als Einlage einzelnes Material jüdischen bzw. hellenistischen Ursprungs, vgl. 104f.) kommt, geht Ricciotti I 68 von der Gesamtbetrachtung des Buches 7 aus und gelangt dadurch zu einer weniger konkreten Beweisführung als Weber: Ebenso wie Josephus gezwungen war, für die übrigen in Buch 7 beschriebenen Ereignisse nach der Zerstörung Jerusalems fremde Quellen zu übernehmen, da er nicht aus eigener Augenzeugenschaft berichten konnte, mußte er sich auch in der Darstellung des Triumphes einer fremden Quelle bedienen. Ricciotti fügt in Klammern ein, daß Josephus nirgends berichtet, dem Triumph selbst beigewohnt zu haben. Zum Beweis für seine Quellenanalyse führt Ricciotti an, daß die Schilderung eines Triumphes, wie sie in § 123–157 vorliegt, für einen jüdischen Priestersohn undenkbar sei (s. auch Weber 283). Als Quelle für die Darstellung des Triumphes und die Komposition des ganzen Buches 7 nennt Ricciotti den Römer Antonius Julianus (vgl. Bd. I, S. XXVIII). Beim Vergleich der Texte 5, 216ff, Anm. 82. 83; 6, 387ff., Anm. 223; 7, 148ff., Anm. 80 fällt sowohl in sprachlicher als auch in sachlicher Hinsicht eine Unausgeglichenheit und Beziehungslosigkeit auf. Insbesonders zeigt 7, 148 starke Selbständigkeit. Doch diese Unausgeglichenheit kann allein kein durchschlagender Beweis dafür sein, daß Weber oder Ricciotti in der Lösung des Quellenproblems zuzustimmen ist. Weber 280, Anm. 2 hat sich in seinem Beweisverfahren am weitesten vorgewagt und erscheint daher am fraglichsten. Ricciottis Analyse kann auf Grund des fehlenden Materials über Antonius Julianus nicht wirklich nachvollzogen werden; doch ist es auch nicht möglich, ihn auf Grund genügender Gegenbeweise ganz abzulehnen.

So muß die Frage nach den von Josephus verwandten Vorlagen letztlich doch offen bleiben, da es bis jetzt nicht möglich ist, eindeutig festzulegen, ob Josephus bloß Material, Traditionen oder sogar Quellen für den Triumphzug zur Verfügung hatte. Wie schon oben in dem Bericht über Ricciotti erwähnt wurde, geht Josephus sogar so weit, daß er verschweigt, ob er selbst in irgendeiner Weise am Triumphzug beteiligt war. D. h. daß hier etwas sichtbar wird, wie problematisch die Situation für die hellenistischen Juden, die auf römischer Seite standen, nach der Zerstörung Jerusalems geworden war. Schon bei den von Titus veranstalteten Spielen in Caesarea Philippi, Berytos und anderen syrischen Städten (§ 23–24; 37–40; 96), bei denen Tausende von jüdischen Kriegsgefangenen umgekommen waren, hatte Josephus keine Auskunft mehr darüber gegeben, wo er selbst oder etwa Herodes Agrippa sich aufhielten (vgl. § 24, Anm. 18). Es zeigt sich eine verständliche Scheu der auf römischer Seite stehenden Juden, ihre Stellung nach außen in dieser kritischen Situation zu bekennen.

Wenn Josephus tatsächlich ungebrochen am Triumph der Römer über das eigene Volk teilnehmen konnte, es aber nicht ausdrücklich mitteilt, so nimmt er damit Rücksicht auf die jüdischen Leser. In diesen Fall würde sich die Frage der fremden Vorlagen auf die Stilbildung durch feste Thematik beschränken (vgl. E. Norden, Antike Kunstprosa Bd. I, 81ff.). War Josephus jedoch beim Triumph nicht zugegen – was die größere Wahrscheinlichkeit hat, da er als jüdischer Gefolgsmann des Triumphators eine ebenso unglückliche Rolle gespielt hätte wie etwa als besiegter Befehlshaber von Jotapata – so mußte er fremde Berichte zu Hilfe nehmen. Wieweit diese Material, Traditionen oder Quellen waren, ist, wie oben gesagt, nicht zu entscheiden. Aus Vorsicht sowohl den Römern als auch den Juden gegenüber tritt Josephus hinter eine konventionelle Beschreibung zurück, die den Bericht in der Form wenig von anderen antiken Darstellungen entsprechender Ereignisse unterscheiden läßt; dagegen sind inhaltlich josephinische Eigenaussagen fraglos da. Vgl. jedoch dazu die folgenden Anm.

Anmerkungen zu Buch 7

⁶⁷ Der Kernbegriff, unter dem die Schilderung des Triumphzuges steht, ist in § 133 „die Größe des römischen Reiches" (τῆς 'Ρωμαίων ἡγεμονίας μέγεθος; vgl. § 158) gegeben. Im entscheidenden Augenblick denkt Josephus von der Realität des römischen Imperiums her, dem die Flavier dienen; letztlich ist die römische ἡγεμονία doch noch mehr als der Triumph der Feldherren.
Zum ἡγεμονία-Begriff: Er entspricht dem römischen „imperium", ist also rechtlich-politisch (bell. 7, 252; Herodot 7, 2) und hat eine sachliche Beziehung zum römischen potestas-Begriff (vgl. Livius 34, 53, dazu Th. Mommsen, Staatsrecht Bd. 1, 23 und Pauly-W Bd. 9, Sp. 1201 ff.). Neben dieser rechtlich-politischen Verwendung gebrauchen Philo und Josephus den Begriff ἡγεμονία auch im theologischen Sinn; vgl. Philo: mut. nom. 13; 45; 255; Josephus: ant. 4, 223; 6, 131. Doch ist der theologische bzw. hellenistisch-philosophische Hintergrund des ἡγεμονία-Begriffes nicht aus der LXX herzuleiten (anders der δεσπότης-Begriff, vgl. Anm. 190). Gott selbst ist Träger der ἡγεμονία und Herrscher über den Kosmos. Die rechtlich-politische Vorstellung Roms ist bei Josephus also eingebettet in eine jüdisch-hellenistische. D.h. wenn Josephus an der wichtigen Stelle § 133 von der römischen ἡγεμονία spricht, verbindet er das rechtlich-politische Element Roms mit seinem eigenen jüdisch-hellenistischen Vorstellungen und bringt so die gottgewollte Ordnungsmacht des römischen Reiches zur Geltung. Dabei bleibt die geschichtliche Begrenzung im ἡγεμονία-Begriff deutlich erhalten. Den Persern nimmt Gott die ἡγεμονία (ant. 2, 348), d.h. in der Geschichte entsteht und verfällt ἡγεμονία immer wieder aufs neue. Im Gegensatz zu Philo vermeidet Josephus den von der Apokalyptik und dem Zelotismus her belasteten, alttestamentlichen Begriff der „Königsherrschaft". An seine Stelle tritt die ἡγεμονία, vgl. Schlatter, Theologie 48 f. Besonders charakteristisch für die jüdisch-hellenistische Konzeption der geschichtlichen ἡγεμονία ist ant. 6, 131: Der Prophet gibt dem König Saul die messianische ἡγεμονία τῶν ἐθνῶν.
Die Verbindung von Ordnung und Friede (§ 133; 158) – nach Weber 284 übernommen aus dem flavianischen Werk über die restitutio imperii – entspricht einem herkömmlichen hellenistisch-römischen Empfinden, das seit dem Prinzipat des Augustus das römische Imperium eint (vgl. Res gestae divi Augusti ed. E. Diehl Kap. 12. 13). In der Haltung des Josephus zur römischen Vormachtstellung laufen also drei geistesgeschichtliche Strömungen zusammen: a) die römisch-imperiale, b) die jüdisch-hellenistische, c) eine alttestamentlich-geschichtliche.
⁶⁸ In Rom unterschied man zwischen der Stickart der Phrygier und der Babylonier. Die phrygische Stickart war der Kreuzstich, die babylonische der Plattstich. Stickte man mit Goldfäden, so wurde im allgemeinen die babylonische Stickart vorgezogen. In Rom gab es keine feste Bestimmung über das, was in der Stickerei dargestellt werden durfte. Von einfachen Ornamenten über kosmologische Bilder bis hin zur ganzen Szenenschilderung war alles möglich. Typisch für die babylonische Stickart war die Verwendung bunter Fäden, was Josephus mit dem Wort πεποικιλμένα richtig wiedergibt (vgl. auch 5, 212, Anm. 79). Martial 8, 28 und Plin. hist. nat. 8, 196 sprechen von der babylonischen Art buntgewebter Stoffe, wobei Plinius zwischen dem Weben der Babylonier und dem Sticken der Phrygier unterscheidet. Zum Ganzen vgl. Dictionnaire des Antiquités Grecques et Romaines Bd. IV 1, S. 446. 448 ff.; Pauly-W. 2. Reihe Bd. 3, 2, Sp. 2490 ff.
⁶⁹ Das Überreichen von ursprünglich lorbeernen, später goldenen Kränzen durch Verbündete oder Unterworfene an den siegreichen Feldherrn, wie es Josephus z.B. in 4, 620; 7, 105, Anm. 56 beschreibt, entspricht einer festen, politischen Tradition. Neben den Quellen bei Josephus haben wir auch römische und hellenistische Berichte (Appian, Pun. 66; Plut. Aem. Paul. 34). Die Kränze – gewöhnlich coronae triumphales genannt – gelten als Zeichen der Huldigung und Anerkennung; sie sind also ein politisches Element im höchsten Maße (Pauly-W., Bd. 2, Sp. 2552). Bei Appian und Plutarch a.a.O. sind die Kränze deutlich ein entscheidender Faktor des Triumphzuges. Beide Schriftsteller betonen das Zeichen des Sieges über den Besiegten, das in den Kränzen liegt; auch Josephus wird in seiner Schilderung des Triumphzuges die coronae triumphales zunächst in diesem Sinne meinen.
Es ist aber darauf zu achten, daß Josephus gerade in § 135 umstilisiert, d.h. weder einer literarischen Vorlage entspricht, noch an seine eigenen Berichte – z.B. 4, 620; 7, 105 –

anknüpft. Das Hauptgewicht hat sich auf den Glanz der Steine – also auf die Tatsache des Reichtums – verlegt, während die goldenen Kränze selbst zum Nebenelement werden, d. h. ihre politische Bedeutung nicht mehr erkennen lassen. Wie an anderen schon genannten Stellen (§ 132 Exkurs XX; § 133, Anm. 67) hat Josephus auch hier zugunsten der versöhnenden Motive das politische bzw. kriegerische Element verdrängt.

[70] Bei Appian Pun. 66 und Plutarch Aem. Paul. 32ff. fehlt die Erwähnung von Götterbildern im Triumphzug ganz, während Polyb. hist. 31, 3 sie in einer formal ähnlichen Darstellung erwähnt. Polybius schildert die golddurchwirkten Gewänder und das kostbare Material, womit die Götterbilder ausgestattet sind. Sollte Josephus Polybius als literarisches Vorbild zur Verfügung gehabt haben, so hat er ihn wenigstens inhaltlich im eigenen Sinn umgebildet: Während Polybius den Glauben der Menschen an die dargestellten Götter betont, fällt bei Josephus das heidnisch-religiöse Element weg; θαυμαστά und ὕλη πολυτελής bleiben als Oberbegriffe übrig (vgl. auch § 158f.); so gehören bei Josephus diese Götterbilder ganz zur πομπή. Wieder deutet er aus Rücksicht auf seine jüdischen Leser den Sinn der Götterbilder so, daß sie nicht mehr Repräsentanten eines machtvollen Mythos sind, sondern durch ihre kostbare Ausführung lediglich wertvolle Kunstschätze darstellen.

Eine ganz andere Bedeutung kommt dem Vorbeitragen von Bildern der Nike zu, die verhältnismäßig spät selbständig gegenüber den eben besprochenen ἀγάλματα in § 151 erwähnt wird. Die griechisch-hellenistische Nike und die römische Victoria sind im Ursprung und Wesen einander gleich. In beiden Bereichen gehört die Siegesgöttin nie im eigentlichen Sinne zum Mythos der Götterwelt, ihr Ursprung ist rein begrifflich. Ihr symbolischer Charakter erhält sich bis in die Spätzeit beinahe unverändert. In Rom wird Victoria nur in der Abstraktion der Siegeskraft des populus Romanus real erfaßbar. Ganz entsprechend ist die Göttin in der Kaiserzeit in besonderer Weise an die Kaiser und an das Imperium gebunden (vgl. K. Latte, Römische Religionsgeschichte, 1960, 300f.; Pauly-W. Bd. 17, 1, Sp. 286). Auf Grund dieses Verständnisses kann Josephus die Siegesgöttin als Repräsentantin des Imperiums unmittelbar mit den Triumphatoren verbinden (§ 151–152); dabei ist der Gedanke, die römischen Götter hätten den Gott der Juden überwunden, für Josephus völlig abwegig. Tisch, Leuchter und Gesetz werden lediglich als Beutestücke in § 148-150 (Anm. 80. 81) geschildert. Besiegt ist das jüdische Volk, weil es unter der Führung der Zeloten stand, die das Verhängnis über den Tempel und seine Geräte gebracht haben.

[71] Ein Triumphzug gliedert sich gewöhnlich in drei Teile: den Mittelpunkt bildet die Gruppe des Triumphators; sie wird eingerahmt von einer vorderen und einer hinteren Gruppe. Der vorangehende Teil bietet die „Schaustellung", die je nach Umständen eingeschränkt oder ausgedehnt wird. Ihr Kern sind die Gefangenen und die Kriegsbeute. Zur Gruppe des Triumphators gehören neben der Familie in der Hauptsache die verschiedenen Behörden und der Senat. Der Schlußteil wird von den Soldaten gebildet (Quellennachweise bei Pauly-W. 2. Reihe 7, 1, Sp. 502–509).

Diese übliche Dreiteilung fehlt in der josephinischen Darstellung. Sie beginnt mit dem Vorbau des Aufmarsches der Truppen (§ 123–129, Anm. 61. 62), führt dann zum eigentlichen Triumphzug und zielt ab auf das Erscheinen der Triumphatoren mit Gebet und Opfer auf dem Capitol. Wir haben also eine Zweiteilung mit einem selbständigen Vorbau. Eine derartige Darstellung könnte auf eine besondere römische Konzeption zurückgehen, wahrscheinlicher aber ist eine Umstilisierung durch Josephus. Die Tendenz des josephinischen Berichtes liegt darin, das militärische Element vorzuziehen und es damit aus der folgenden Schilderung des Triumphzuges zu entfernen. Selbstverständlich kann man auch bei der späteren Schilderung des Triumphzuges die Soldaten suchen (§ 137: οἱ...διακριθέντες als Zusammenfassung von Soldaten und Behörden?), doch werden sie nicht mehr ausdrücklich als solche erwähnt. Im Triumphzug selbst geht es um den klar bezeugten Willen der Triumphatoren, eine neue Zeit der Ordnung und des Friedens heraufzuführen (§ 157).

Der Frage nach dem Verhältnis des Josephustextes zu den sonst üblichen römischen Darstellungen sollte in der Forschung mehr Aufmerksamkeit geschenkt werden; Weber 280f. beschränkt sich auf die Quellenfrage.

[72] § 138 steht in Spannung zu § 118 (6, 417). Zum Triumphzug waren starke und schön

gewachsene Männer unter den Gefangenen ausgewählt worden. Die hier hervorgehobene ἀηδία τῆς ὄψεως wird von den Übersetzern verschieden verstanden (Entstellung, Unansehnlichkeit, Unannehmlichkeit). Wahrscheinlich hat man die Gefangenen vor dem Triumphzug mißhandelt (= ἡ κάκωσις τῶν σωμάτων vgl. § 154). Offenbar ist diese κάκωσις eine historische Reminiszenz, die sich erhalten hat, während die üblichen Fesseln und Spottlieder in der Darstellung des Josephus fehlen.

[73] Der Begriff πῆγμα (bell. 7, 139. 147; ant. 14, 428) bedeutet im Griech. zunächst allgemein das Gestell, das Gerüst (vor allem im Theater); in dieser Bedeutung ist pegma als Lehnwort nach Rom gekommen (Suet. Claud. 34). Dann bezeichnet es auch die natürliche, feste Masse (z. B. des Schnees, Polyb. hist. 3, 55, 5). Zunächst sind diese πήγματα bei Josephus vergleichbar mit dem lat. fercula. Grundsätzlich nannten die Römer all das ferculum, was ihnen in Umzügen als Traggestelle für die zur Schau gebrachten Gegenstände diente. Dies kam vor allem für Triumph- und Leichenzüge in Frage. Es sind verschiedene Arten von fercula zu unterscheiden: Die einfachste Ausführung ist eine Stange, an die die Gegenstände gehängt werden. Eine zweite Art ein Brett als Tragfläche, an dem Stangen für die Träger befestigt sind. Dies letztere ferculum kann je nach Umständen mehr oder weniger prunkvoll ausgestattet sein. Auch kann das Brett durch einen rechteckigen Kasten ersetzt werden, an dessen Seitenwänden wir teilweise reichen figürlichen Schmuck finden. In Triumphzügen wurden auf dieser Art von fercula vor allem Götterbilder, Beutestücke, Darstellungen des Krieges sowie Büsten von Feldherren des besiegten Volkes herumgetragen. Neben diesen ausgesprochenen Traggestellen haben wir uns unter den hier von Josephus genannten πήγματα große, mitunter mehrstöckige Schaugerüste vorzustellen. Sie werden teilweise von kunstvoller Ausstattung gewesen sein. Es ist anzunehmen, daß sie ausschließlich für das Einhertragen von Gemälden, die den Ablauf des Krieges darstellten, dienten.

Die πήγματα in § 139. 147 bestimmen nicht die ganze Schilderung des Triumphzuges, sondern stehen betont am Anfang und Abschluß eines Unterabschnittes (vgl. Thackeray z. St., W. Eltester, Der siebenarmige Leuchter und der Titusbogen, in Festschrift für J. Jeremias, Beiheft ZNW 26 (1960) 62–76, Anm. 22). Auf ihre Bedeutung für die Darstellung des Krieges legt Josephus also besonderes Gewicht. Wenn die fercula unerwähnt bleiben, dann ist ihm entweder ihre Notwendigkeit für das Tragen von Beute und Götterbildern selbstverständlich, oder aber es überwiegt bei ihm erneut das hellenistische Element gegenüber dem lateinischen (hellenistisch: Schauen, lateinisch: Tragen).

[74] Das Verbrennen der „Heiligtümer" (ἱερά) wird in der Schilderung des Krieges an unserer Stelle besonders hervorgehoben. Im Bellum wird allerdings niemals - abgesehen vom Tempel selbst - das Verbrennen der palästinischen Synagogen erwähnt oder dargestellt. Daß diese ἱερά auf Grund von Ez. 11, 16 auf Synagogen (vor allem in der Diaspora) bezogen werden können, ist ausdrücklich zu 4,408, Anm. 110 und 7, 44, Anm. 28 gesagt worden. Zur Verbrennung von Gotteshäusern vgl. Ps. 74, 8; Jer. 34, 8; Philo leg. ad. Gajum 132. Im ganzen aber ist bei Josephus ebensowenig wie in den Makkabäer-Büchern das Verbrennen von Synagogen ein typisches Zeichen der Kriegsnot und der Verfolgung.

Die Verbrennung von „Heiligtümern" wird von den Übersetzern gewöhnlich als eine Verbrennung von „Tempeln" verstanden, doch damit könnte die Beziehung auf die konkreten palästinischen Verhältnisse gefährdet sein. Nun kann auch sonst die Schilderung des Krieges in 7, 139 ff. toposartig verstanden werden (§ 145: die Flüsse, § 147: die Schiffe; es sind Elemente, die nicht gut auf die palästinischen Verhältnisse passen. Die konkrete Beziehung auf Palästina ist bei der Übersetzung ἱερά = Tempel nicht ausgeschlossen, bleibt aber fraglich. Die verwandte Topik hat den historischen Sachverhalt verallgemeinert und gesteigert.

Auf jeden Fall ist auf Grund der Verheißung Ez. 11, 16 die Tatsache gesichert, daß Synagogen (vor allem in der Diaspora) als „kleine Heiligtümer" im Judentum angesehen wurden (vgl. b. Meg. 29a; Targ. Jonathan zu Ez. 11, 16; Anm. 28). Zur Literatur: Schrage Th. Wb. 7, 808. 822; Jew. Enc. Bd. XI 623.

[75] Der Gebrauch des Plurals ποταμοί kann sich neben dem Jordan auf die kleineren Flüsse wie ḥarōd, qišōn („kison"), jarqōn beziehen. Kohout z. St. denkt - was aber weniger wahrscheinlich ist - den Jordan mit seinen Nebenflüssen. Abgesehen von den

245

Anmerkungen zu Buch 7

genannten ποταμοί begegnen wir vermutlich erneut der Topisierung bzw. allgemeinen Steigerung der Wirklichkeit. Die Nennung von Flüssen in einer Beschreibung derartiger Kriegsgemälde finden wir auch bei Tacitus (ann. 2, 41) und Plinius (hist. nat. 5, 37).

[76] In der Beschreibung eines Triumphzuges dürfen im allgemeinen die gefangenen Befehlshaber nicht fehlen (vgl. Appian, Mithr. Pun. 66; Livius 37, 59). In unserem Zusammenhang hätte Josephus auch sich selbst als den Befehlshaber von Jotapata nennen müssen. Doch der Gedanke, daß Josephus auf einem Traggestell im Triumphzug einhergeführt wurde, mutet grotesk an. Vgl. § 132 Exkurs XX, Abschnitt 5.

[77] Die Erwähnung der Schiffe (νῆες) bildet den Abschluß der Schaustellung des Krieges (vgl. Anm. 74) und darf auf keinen Fall zum Anfang von § 148 und der Schilderung der „Beutestücke" (λάφυρα) gerechnet werden (richtig Thackeray, anders Kohout). Der neue stilistische Einsatz λάφυρα δέ sollte also nicht verkannt werden. Kohout denkt bei der Erwähnung der Schiffe an das Gefecht auf dem See Genezareth, bei dem die römischen Flöße (σχεδία) und die galiläischen Kähne (σκάφη μικρά) aufeinander stießen (3, 522–531). Es können aber „Schiffe" (νῆες) nicht leicht mit „Flößen" und „Kähnen" gleichgestellt werden. So bleibt die Frage, ob Josephus im Sinne der erörterten Topik nur an die üblichen Schilderungen eines Triumphzuges anknüpft, in denen „Schiffe" mitgeführt werden (Appian, Mithr. 116; Plut. Lucullus 37), oder ob darüber hinaus tatsächlich galiläische Erinnerungen mitwirken (vgl. Thackeray und Ricciotti z.St.). Da ferner der jüdische Krieg nach dem Zeugnis des Josephus, „Proömium" § 1, der größte Krieg überhaupt war, wäre ein Übergang in kleinere Kategorien als die der „Schiffe" (Flöße, Kähne) schon rein rhetorisch schwierig.

[78] Mit § 148 beginnt ein neuer Unterabschnitt, der den Begriff „Beute" (λάφυρα) betont an den Anfang setzt. Er beschreibt vor allem die Tempelgeräte, denen die unbestimmte Wendung τὰ μὲν ἄλλα vorangestellt wird. Es ist auffallend, daß der an sich rechtliche Begriff der „Beute" erst so spät bei der Schilderung des Triumphzuges genannt wird. Zwar sind die mit ihm gegebenen Fragen des Besitzwechsels, der Verteilung und der Verwendung des Erlöses nicht ausgeschlossen, doch treten sie keineswegs in Erscheinung (vgl. Pauly-W. Bd. 22, 1, Sp. 1200ff.). Das ist um so bemerkenswerter, als bei Polyb. hist. 10, 15–19 die Organisationsfähigkeit und der Rechtssinn der Römer ganz besonders herausgestellt sind. Für Josephus aber sind diese Fragen, die jetzt nicht mehr wichtig sind. Die Verteilung der Beute gehörte noch nach Palästina selbst (7, 15: Silber, Gold, Kleider und übriges Gut), wenn Josephus 7, 15 auch betonte, daß die Fülle der Beute nach Rom geschafft würde (7, 20: τὸ πλῆθος). Ferner begegnet bei Josephus auch eine Spur des regellosen Gewaltprozesses, wenn etwa in 6, 317 gesagt wird: „mit den geraubten Gütern (ταῖς ἁρπαγαῖς) hatten sich die Soldaten alle vollgefüllt". Josephus denkt offenbar beim Beutebegriff weniger rechtlich-römisch als Polybius; außerdem fehlt ein eindeutiges Bild über das Verhältnis zwischen der in Palästina verteilten und der nach Rom geschafften Beute.

Das schwierigste Problem, das mit der späten Einführung des Beutebegriffes gegeben ist, liegt indessen in seiner Beziehung zu den in § 132–138 dargestellten Reichtümern und Sehenswürdigkeiten, die sich historisch schwerlich aus etwas anderem als eben der „Beute" erklären lassen (§ 132 Exkurs XX, Abschnitt 4). Ist es möglich, daß Josephus hier in § 148 um der folgenden Beschreibung der Tempelgeräte willen speziell auf die Beute aus Palästina anspielt, während es ihm vorher, wie in Exkurs XX hervorgehoben wurde, um die Herausstellung der Macht und Herrlichkeit des ganzen Imperiums zu tun war?

Denkbar wäre es gar, daß wir auf ein ursprüngliches Überlieferungsstück stoßen, das den historischen Anschluß an § 20 bildet. Ein entsprechendes historisches Grundelement hatten wir bereits in § 138 Anm. 72 mit der vielleicht zu § 118 in Verbindung stehenden κάκωσις vermuten können.

Dem vorliegenden Text des Josephus kommt es auf die hellenistisch ausgerichtete Sinnerfüllung des Reichtums und die Wiederaufnahme der kultischen Beziehung bei den Tempelgeräten an (§ 162, Anm. 89). Diese Zielsetzung ist ihm wichtiger als die rechtliche Herausstellung eines entscheidenden römischen Begriffes.

[79] Vgl. 5, 216, Anm. 82.

[80] Die mit § 148f. gegebene Darstellung und Deutung des Leuchters aus dem Jerusalemer Tempel hebt sich in verschiedenen Punkten von den übrigen Beschreibungen

Anmerkungen zu Buch 7

durch Josephus ab (vgl. 5, 216f., Anm. 82. 83; 6, 388, Anm. 223; ant. 3, 144. 146). Als erstes fällt der betonte Hinweis auf die Abweichung dieses Tempelleuchters von dem „bei uns üblichen Gebrauch" auf (zur hellenistischen Wendung vgl. die Parallele Dionys. Hal. ep. ad Ammaeum 2, 3: ἡ ἀλλαγὴ τῆς συνήθους χρήσεως; zur Übersetzung vgl. Thackeray: on a different pattern from those, which we use in ordinary life; Whiston-Marg.: though its construction was now changed from that which we made use of). Die Frage, auf wen der Text die ἡμετέρα χρῆσις bezieht, ist bei Ricciotti z. St. und W. Eltester, Der siebenarmige Leuchter und der Titusbogen, in Festschrift für J. Jeremias, Beiheft ZNW 26 (1960) 62–76 von der Lösung des Quellenproblems abhängig. Ricciotti hilft sich mit der Vermutung, daß Antonius Julianus der Schreiber ist und damit die ἡμετέρα χρῆσις auf die hellenistisch-römische Umwelt zu beziehen wäre. W. Eltester a.a.O. 68f. aber glaubt, daß Josephus hier von sich und seinen Volksgenossen spricht, und somit entweder der Gebrauch in der Synagoge oder in den jüdischen Häusern gemeint ist. M. Kon (The Menorah of the Arch of Titus PEQ 1950–51, 26–27) dagegen hebt zuerst die andersartigen Strukturelemente des durch Josephus beschriebenen Leuchters gegenüber den zeitgenössischen römischen, hellenistischen und jüdischen Stilformen hervor. Hierfür sprachen die in 6, 388, Anm. 223 ebenfalls zum Tempel gehörigen Leuchter. Ferner deutet die ἡμετέρα χρῆσις aber auch bei M. Kon den Unterschied zwischen profan und sakral an.

Zum andern hat die Übersetzung unserer Stelle zu einer Diskussion geführt. ὁ μὲν γὰρ μέσος ἦν κίων ἐκ τῆς βάσεως πεπηγώς kann zwar übersetzt werden: „die Mittelsäule erhob sich fest aus der Basis" (W. Eltester) oder auch „aus der Basis herausgearbeitet" (H. Strauss, The History and Form of the Seven-Branched Candlestick of the Hasmonean Kings, in Journal of the Warburg and Courtauld Institutes, Bd. 22, 1959, S. 6–16; Schicksal und Form des Tempelleuchters der Hasmonäer Könige, in „Das Münster am Hellweg", 1962), aber ungenau bliebe „aus einem Stück getrieben". Um der Wörtlichkeit willen sollte man auf jeden Fall bei der Übersetzung „aus der Basis heraus" bleiben, denn sie hat zweifellos ihre eigene Bedeutung (s. u.); außerdem sollte man versuchen, zwischen τῆς κατὰ τὴν ἡμετέραν χρῆσιν συνηθείας und dem nachfolgenden γάρ-Satz eine Verbindung herzustellen. Es kann sein, daß das auf der Mittelsäule liegende Interesse a) die Festigkeit und Gedrungenheit des Leuchters hervorrufen will, da ja Mittelsäule und Sockel ausgewogen sind, b) die unmittelbare Einheit von κίων und βάσις hervorhebt, so daß der Leuchter gleichsam aus einem „Ganzen" und nicht aus verschiedenen Teilen besteht. Aus dem Sprachgebrauch von πηγνύναι = πεπηγώς geht hervor, daß das Schwergewicht auf dem Element der Festigkeit und Stabilität, nicht der Einheit liegt (s. v. Liddell-Scott 1399).

Dies philologische Ergebnis ist wichtig für das architektonische Verständnis des Leuchters, den Josephus beschreibt, im Unterschied von den Leuchtertraditionen, die wir aus Synagogen und Grabinschriften kennen (vgl. E. Goodenough, Jewish Symbols in Greek and Roman Period, Bd. 4, 73). Letztere haben gewöhnlich keinen Sockel, aus dem sich ein wuchtiger Schaft erhebt, sondern einen Dreifuß, der nach oben in eine schlanke Säule übergeht. Für den Vergleich des von Josephus beschriebenen Tempelleuchters mit einer Darstellung innerhalb der bildenden Kunst stellt sich immer wieder das Hochrelief am Titusbogen vor Augen, da sich diese berühmte Darstellung allein mit Sicherheit auf eine vor Titus aus dem Jerusalemer Tempel mitgeführte Menora bezieht. So wenig die josephinische Beschreibung von 7, 148 auf den Großteil der bekannten Leuchterdarstellungen paßt, so sehr scheint sie übereinzustimmen mit dem, was wir am Titusbogen sehen (dazu vgl. auch Anm. 81 Schluß). Wir finden den Sockel (βάσις) in dem doppelten Achteck und ebenso den Schaft (κίων), der sich wuchtig aus dem Sockel erhebt. Mit obengenanntem Aufsatz von M. Kon wird uns eine sorgsame Analyse der verschiedenen Stilelemente, die in der außergewöhnlichen Darstellung am Titusbogen zusammengebracht wurden, gegeben. M. Kon vermag alle drei Stilelemente auf kunsthistorische Epochen zurückzuführen, die einst auf das jüdische Volk einen großen Einfluß ausübten (Fuß: persisch, Schaft und Arme: syrisch-phönizisch, Achteck und Tierornamentik: hellenistisch; vgl. den Apollotempel von Didyma). Die Tierornamentik widerspricht nicht den talmudischen Vorschriften, da es sich um das erlaubte Drachenmotiv handelt (Tos. A. Z. 5, 6). Doch ist es vielleicht nicht zufällig, daß Josephus dennoch über die Tierdarstellung schweigt.

Anmerkungen zu Buch 7

Die immer wiederkehrenden Versuche (E. R. Goodenough, The Menorah among Jews of the Roman World, in HUCA 23, 2. Teil (1950–51), 479 ff. H. Strauss a. a. O.), die Darstellung des Titusbogens als eine nachträgliche römische Abänderung des historischen Leuchters anzusehen, können also nicht überzeugen. Beachtlich ist aber die Verbreitung des Dreifußes innerhalb der synagogalen und außerjüdischen Entwicklung, die H. Strauß in diesem Zusammenhang betont. Ein weiteres Problem gibt 6, 388 (Anm. 223) auf, wo zwischen im Heiligtum stehenden und „ganz ähnlichen" Leuchtern unterschieden wird, während 7, 149 nur von einem Leuchter spricht (λύχνον ohne Artikel; vgl. § 132 Exkurs XX, Abschnitt 5). Es ist denkbar, daß gerade dieser Leuchter zu den derzeitig im Gebrauch stehenden Kultgegenstände gehörte, während andere zum Tempelschatz (κειμήλια, κόσμος ἱερός 6, 388 Anm. 223) zählten. Auf jeden Fall ist der Text an dem einen Leuchter im Gegensatz zu den in 6, 388 genannten besonders interessiert. Angesichts solcher Spannungen im Text ist es immer wieder zu berücksichtigen, daß die Berichte des Josephus zu einem großen Teil anekdotisch sind, d. h. aus selbständigen Traditionen aufgebaut und sehr häufig nicht miteinander ausgeglichen. Vgl. Anm. 78.

Schließlich liegt in unserer Leuchterbeschreibung noch eine Eigentümlichkeit in der Art der Erwähnung der Siebenzahl. Die Deutung von ἑβδομάς (auch Siebentagewoche 2, 42; ant. 3, 252 oder Sabbat 1, 60; 2, 147 u. ö. vgl. Thack. Lex.) ist bei den Übersetzern verschieden: Kohout, Whiston-Marg. und Simchoni denken an die Siebentagewoche bzw. an den Sabbat, während die übrigen bei der allgemeineren Deutung „Siebenzahl" bleiben. Offensichtlich übt Josephus hier die gleiche Zurückhaltung wie bei der Beschreibung des Leuchtersockels. Die kosmologische Interpretation auf das Planetensystem (5, 217, Anm. 83; ant. 3, 145 f.) unterbleibt; sie ist zwar im hellenistischen Judentum sehr beliebt, trifft aber auf den Widerstand des palästinischen Rabbinats (vgl. E. Goodenough a. a. O.)

[81] „Das Gesetz" (ὁ νόμος) bezeichnet wohl eine Torarolle, die Josephus aber betont „die Tora" im Vollsinn nennt (ebenso 2, 229). Da sich ὁ νόμος nur auf den Pentateuch beziehen kann, muß es sich in beiden Fällen um die fünf Bücher Moses handeln, d. h. um eine hebräische Buchrolle. Wir finden auch in der rabbinischen Literatur für eine Torarolle statt sefer tōrā das Abstraktum hat-tōrā (Gen. r. zu 9, 26), so daß Josephus bei der Verwendung von ὁ νόμος im Sinn einer einzelnen Torarolle durchaus jüdisch denkt (gegen Ricciotti I 68). Da die Torarolle aus dem Tempel selbst stammen soll, kann man nach M. Kelim 15, 6 an eine „Buchrolle des Vorhofes" denken, aus der der Hohepriester am großen Versöhnungstage vorlas. (Nach M. Kelim 15, 6 ist zu fragen, ob auch noch andere Schriftrollen im Tempelgebiet aufbewahrt waren. Über erbeutete Buchrollen berichtet noch vita 418). Die in unserm Text erwähnte Buchrolle aus dem Tempel soll mit einem alten Codex, der später in der Severus-Synagoge aufgewahrt wurde, identisch sein (vgl. David Kimhi, Kommentar zu Gen. 1, 31). Zur Diskussion vgl. A. Epstein, Ein von Titus nach Rom gebrachter Pentateuch-Codex und seine Varianten, MGWJ 34, 1885, 337–351.

Bemerkenswert ist auch die Reihenfolge der aufgezählten Kultgeräte: Tisch, Leuchter, Torarolle. Die betonte Voranstellung des Leuchters in 5, 216 und 6, 388 (Anm. 223) wird hier aufgegeben; statt dessen haben wir die Voranstellung des Schaubrottisches, wie sie aus Ex 25, 23 ff. und ant. 3, 144 geläufig ist. Der Vergleich mit der Darstellung auf dem Titusbogen besagt, daß Josephus hier seine sonst im Bellum übliche Reihenfolge um der historischen Treue willen aufgegeben hat, denn der Titusbogen zeigt die Reihenfolge: Tisch, Leuchter, Gesetz.

[82] Zur Nikestatue vgl. § 136, Anm. 70

[83] Gewöhnlich stand der Triumphator allein in dem reich ausgestatteten Triumphwagen, der von vier Pferden gezogen wurde. Kleinere Kinder durften auf demselben Wagen mitfahren, während ältere Kinder und Verwandte auf den dem Wagen vorgespannten Pferden ritten. Waren die Kinder besonders zahlreich, so ritten sie selbständig neben und hinter dem Wagen (zum Ganzen vgl. Livius 45, 40). Josephus setzt voraus, daß Vespasian und Titus je in einem eigenen Wagen gefahren sind (vgl. Dio Cass. 65, 12, 1a nach Loeb Classical Library S. 282), Domitian aber selbständig nebenher geritten ist. Die spätere Nachricht bei Orosius hist. 7, 9, 8, daß Vater und Sohn gemeinsam in einem Triumphwagen gestanden hätten, mag auf einem Mißverständnis beruhen oder aber aus

Anmerkungen zu Buch 7

einem späteren Brauch übertragen sein (vgl. Pauly-W. 2. Reihe, Bd. 7, 1 Sp. 508). Das Auftreten Domitians wird von Josephus als besonders prächtig herausgestellt (ähnlich Suet. Domitian 2; Dio Cass. 65, 12, 1 a).

[84] Zeit und Art der Tötung des feindlichen Feldherrn legen die Vermutung nahe, daß dieser streng römische Brauch nicht nur als Vergeltungsakt zu verstehen ist, sondern auch einen Reinigungsakt in sich schließt (vgl. Cicero, in Verr. 2, 5, 77): Solange der Führer des unterworfenen Volkes noch lebt, ist er eine Belastung für das Imperium; erst sein Tod beendet den Krieg, ermöglicht den Jubel des Volkes und gewährt die notwendige Reinheit für die den Göttern darzubringenden Dankopfer. Josephus berichtet von der römischen Sitte, ohne den Begriff der κακουργία zu sprengen (§ 154). ἀπαγγέλλειν (bei Josephus das Verbum des historischen Berichtes, bell. 1, 13; 3, 58; 4, 645 u.ö.) hat hier einen rechtlich-offiziellen Ton. Auch in späterer Zeit noch findet sich ein Rückweis auf die alte Sitte der Hinrichtung des feindlichen Feldherrn (Lob Konstantins, Paneg. 6, 10, 6).

Von der allein Simon bar Giora treffenden Strafe spricht auch Dio Cass. 66, 7, 1. Schonte man den feindlichen Feldherrn, so wird dies als Ausnahme stets erwähnt (vgl. Appian, Mithr. 117; Iber. 23).

Die Erwähnung des Strickes, den man Simon bar Giora um den Hals gelegt hatte, weist darauf hin, daß er erdrosselt wurde (vgl. auch Dio Cass. 65, 20, 2). Ursprünglich tötete man die Gefangenen mit dem Beil (vgl. Livius periocha 11).

Mit der Angabe über den Hinrichtungsort: „auf dem Platz oberhalb des Forums" ist das sogenannte „Tullianum" gemeint, ein unterirdisches, rund gebautes Verlies, das zu dem oberhalb des Forums gelegenen alten römischen Staatsgefängnis (carcer) gehörte (vgl. Sallust, Cat. 55, 3 f.). Der Ursprung und das Alter des „Tullianum" sind umstritten. Man vermutet, es sei ein ehemaliges Brunnenhaus aus dem 3. Jahrh. v. Chr., womit der Name Tullianum als Ableitung von tullus oder tullius (= Quelle) erklärt wäre. Die antike Überlieferung, daß das Tullianum von Servius Tullius (578–535 v. Chr.) erbaut sei, ist aus der falschen Erklärung des Namens entstanden (Näheres vgl. Pauly-W. 2. Reihe, Bd. 7, 1 Sp. 794 ff.). Sicher ist, daß das Tullianum seit Ende des 2. Jahrh. bereits als Gefängnis und Hinrichtungsplatz diente. Plut. Marius 12 berichtet von Jugurtha, daß man diesen, nachdem er beim Triumph des Marius vor dessen Wagen hatte gehen müssen, ins Tullianum brachte und hinrichtete. Während das Tullianum vor allem besonderen Staats- und Kriegsgefangenen vorbehalten war, lag der gewöhnliche Hinrichtungsplatz außerhalb der Stadt. Man sucht heute das Tullianum in den antiken Räumen der Kirche S. Giuseppe dei Falignami am südöstlichen Abhang des Kapitols (Ricciotti z. St.).

[85] Das römische Siegesfest erscheint einerseits als Abschluß der Zeit schwerer Wirren (Proömium § 4; 2, 250–251), andererseits als Hoffnung auf εὐδαιμονία. Der Begriff εὐδαιμονία führt in die Voraussetzung des josephinischen Denkens überhaupt: Menschen, die Gott gehorsam sind, werden durch ein glückliches Leben gesegnet (ant. 1, 14. 20; Schlatter, Theologie 28–29). Der von ungeheuren Freveltaten überschattete Sieg über die Juden ist für die Römer keineswegs eine innere Belastung, sondern eine Befreiung und Erschließung der Zukunft. Was unter Anrufung ihrer Götter geschieht, wird also von Josephus nicht als Verfehlung gerügt, sondern anerkannt. Das gilt ganz allgemein für die Schilderung des Triumphzuges. Kohouts ungenaue Übersetzung: „den Beginn einer Glück verheißenden neuen Zeit" verdeckt den Ernst des josephinischen εὐδαιμονία-Begriffes. Schlatter sieht in ihm die Gefahr des Eudämonismus, doch darf die at.liche Hoffnung auf „Segen" hier nicht außer Acht gelassen werden.

[86] Um des versöhnlichen Rahmens seiner Darstellung willen (vgl. § 132, Exkurs XX) wählt Josephus als Abschluß seines Berichtes den Bau des Friedenstempels, obgleich dieser nach Dio Cass. 66, 15, 1 erst im Jahre 75 n. Chr. geweiht wurde (im 6. Konsulatsjahr Vespasians). Der Tempel war im Osten des Forum Romanum gelegen und galt als ungewöhnlich groß und prächtig. Da man in ihm einen besonders sicheren Ort sah, brachten die Bürger ihre Schätze dorthin zur Aufbewahrung. Doch brach unter Commodus (161–169 n. Chr.) eine große Feuersbrunst aus, die den Tempel und weite Stadtteile verwüstete (zum Ganzen vgl. Herodian 1, 14). Ob die Geräte aus dem Jerusalemer Heiligtum vor dem Feuer gerettet wurden, ist unsicher. Während Herodian die Rettung

Anmerkungen zu Buch 7

einer Pallas Athene-Statue aus dem Vestalinnentempel ausführlich erzählt, läßt er das Schicksal der jüdischen Geräte unerwähnt. Prokop jedoch berichtet, daß sie, nachdem sie zunächst zur Beute des Genserich gehört hatten (454 n. Chr.), von Belisar aus Afrika nach Konstantinopel und von dort nach Jerusalem gebracht wurden (Procop, bell. Goth. 1, 12; bell. Vand. 2, 9).

Der Wechsel unter den griechischen Begriffen: τέμενος, νεώς, ἱερόν und σηκός ist zweifellos zunächst rein stilistisch zu begründen. Dennoch sollte er auch in der Übersetzung festgehalten werden, zumal eine sachliche Begründung nicht ausgeschlossen werden kann (vgl. § 162, Anm. 89).

[87] Unsere Übersetzung von § 159 ist mit besonderem Nachdruck bemüht, sich eng an den griechischen Text zu halten, da gerade hier andernfalls zu schnell eine eigene Interpretation beginnt. Wir gehen von folgender Analyse aus: Der Satz ist parataktisch konstruiert, wobei ein Verbum infinitum (χρησάμενος) durch die beiordnende Konjunktion ἔτι καί gleichberechtigt neben ein Verbum finitum (κατεκόσμησεν) gestellt wird. Der Dat. instrum. des Vordersatzes (τῇ... χορηγίᾳ δαιμονίῳ) steht in Parallele zu dem durch eine Partizipialkonstruktion (ἔκπαλαι κατωρθωμένοις) erweiterten Dativ. instrum. (τοῖς... ἔργοις) des Nachsatzes. Die von ihnen abhängigen Genitive (ἐκ τοῦ πλούτου; γραφῆς τε καὶ πλαστικῆς) haben beide Male attributive Stellung. Whiston-Marg. gliedert den Satz hypotaktisch und macht aus dem erweiterten Partizip ἔκπαλαι κατωρθωμένοις einen von ἔργοις unabhängigen Satz. Letzteres wird dadurch möglich, daß er für κατορθόω nicht die transitive Bedeutung „schaffen, fertigen" wählt, sondern die intransitive: „glücklich auffallen, gelingen". Er übersetzt also: „Weil er jetzt durch die Vorsehung eine große Menge von Reichtum im Besitz hatte, außer dem, das er früher bei anderen Unternehmungen gewonnen hatte, schmückte er diesen Tempel mit Bildern und Statuen". Für Whiston-Marg. spricht, daß die intransitive Bedeutung von κατορθόω in der Tat die allgemeinere und auch bei Josephus häufigere ist (vgl. 7, 13; ant. 12, 312; c. Apion. 2, 231). Hinter dieser Deutung verbirgt sich bei Whiston-Marg. offensichtlich der Versuch, das Finanzierungsproblem (vgl. § 132 Exkurs XX Abschnitt 4) zu lösen, und zwar nicht nur bezüglich des großartigen Tempelbaus, sondern auch im Hinblick auf den vorausgegangenen Triumphzug. Das aber hieße, daß wir an dieser Stelle außerdem noch in der konkreten Auseinandersetzung mit dem verbreiteten Vespasianbild der damaligen Zeit stünden.

Doch finden wir κατορθόω in Verbindung mit Werken der bildenden Kunst vor allem in der oben vorgeschlagenen transitiven Bedeutung z.B. Strabo 9, 1, 17 (ἔργον... κατορθωμένον). Alle übrigen Übersetzungen entsprechen in der Konstruktion im großen und ganzen unserer Satzanalyse, doch gehen sie mit Ausnahme von Thackeray im Einzelnen weit über den im griechischen Text vorgegebenen Wortlaut hinaus. Der allgemeine Schluß, bei ἐκ τοῦ πλούτου handle es sich um Vespasians Privatvermögen, entbehrt ebenso wie die Übersetzung von χορηγία als Freigebigkeit jeglicher Grundlage seitens des Textes; auch finden wir keinen Anhaltspunkt für das personale Verständnis von δαιμόνιος (= durch göttliche Eingebung), das Kohout, Whiston-Marg. und Simchoni vorschlagen. Vgl. dazu Thack. Lex. 119.

[88] Rom verdankt der Bautätigkeit der Flavier eine Vielzahl prächtiger Bauten, die häufig mit Kunstwerken aller Art aus vergangener und gegenwärtiger Zeit ausgestattet waren. Der Friedenstempel war dafür bekannt, daß er Werke der griechischen Malerei und Plastik barg (Plin. hist. nat. 34, 84; 35, 102. 120). Wir finden Vespasians Bemühungen um die schönen Künste auch bei Sueton erwähnt (Vespasian 17. 18). Die Tätigkeit Vespasians bekommt hier für Josephus einen hellenistisch-messianischen Zug (vgl. auch § 157). Die Welt der jüdischen Apokalyptik ist durch das Wissen um die politische und kulturelle Sendung Roms, das Zentrum der Oikumene ist, ersetzt.

[89] Auffallend ist die Wendung τὰ πορφυρᾶ τοῦ σηκοῦ καταπετάσματα in § 162. Das Wort σηκός findet sich in der älteren jüdischen Überlieferung nur in 2. Makk. 14, 33 (im Munde eines Heiden!). Gemeint ist ursprünglich ein umgrenzter Bezirk (im Hellenismus Tempel, Grabmal oder Bibliothek, vgl. Liddell-Scott 1592). Dementsprechend ist die Übersetzung „Heiligtum, Tempel" naheliegend. Kohout, Clementz, Simchoni sprechen aber vom Allerheiligsten (= debīr). – Die Verwendung des ungewöhnlichen Begriffes σηκός für den Tempel, ebenso die Genitivverbindung „das Heiligtum der Juden" (vgl.

Anmerkungen zu Buch 7

auch „ihr Gesetz") vermeidet bewußt irgendeine Herausstellung des typisch Jüdischen bzw. der jüdischen Eigenart. Über die Vorhänge im Heiligtum und ihre auf das Universum deutende Symbolik vgl. 5, 212ff. 219, Anm. 79. 80, über ihr Schicksal 6, 389–390, Anm. 224. Wenn Vespasian Buchrolle und Vorhänge in seinen Palast bringen läßt, dann entspricht dieser an sich rein historische Zug durchaus dem Denken des Josephus, der die Hinweise auf die hellenistische Messianität Vespasians im Palast wohl verwahrt wissen will.

Die rabbinische Legende b. Gittin 56b vom Frevel des Titus stellt ausdrücklich Schändung einer Torarolle und Zerreißung des Vorhangs des Allerheiligsten nebeneinander (vgl. 6, 260, Anm. 114). Es liegt nahe, 7, 162 als Rest einer historischen Überlieferung anzusehen, der von b. Gittin 56b entstellt wurde. Möglich ist aber auch, daß bereits in Abwehr von b. Gittin 56b in unserm Text die Bewachung der heiligen Gegenstände einen Frevel ausschließen soll. Zu den Voraussetzungen in der Apokalyptik für b. Gittin 56b vgl. Dan. 11, 36, 2. Thess. 2, 4.

⁹⁰ Josephus spricht an unserer Stelle zum ersten Mal von Lucilius Bassus; er setzt voraus, daß dieser der Nachfolger des Cerealis Vetilianus (s. u.; vgl. ferner 3, 310, Anm. 75; 6, 237f. Anm. 105) in der Legatur über Judaea wird. Der Bericht über Bassus 7, 163–218 ist ein fester Abschnitt im Erzählungsfaden des Josephus; 7, 252 schließt mit der neuen Legatur des Flavius Silva an diesen Zusammenhang an. Auffallend ist, daß der Bassusbericht nur kurz die Eroberung des Herodeion streift (vgl. 1, 419ff.; 6, 518. 555), sich aber um so ausführlicher der Eroberung von Machärus widmet. Vermutlich lag Josephus Material über das Herodeion nicht vor, während ihm ein ausführlicher Machärus-Bericht zur Verfügung stand. Freilich ist auch die andere Möglichkeit nicht ganz auszuschließen, daß Josephus Nachrichten über das Herodeion an unserer Stelle nicht verwerten wollte.

Es ist merkwürdig, daß Josephus die Einrichtung einer militärischen Legatur in Judaea und die Amtsführung des Cerealis Vetilianus ohne weitere Hinweise voraussetzt. Der Ersatz der Prokuratur durch eine militärische Legatur, die über ein Heer verfügt und bei dem Legaten selbst den senatorischen Rang verlangt, entspricht allerdings dem üblichen rechtlich-politischen Ablauf. Sie vertritt in Sonderheit die Verfügungsgewalt des Kaisers selbst und hat vor allem die Aufgabe, im unterworfenen Gebiet endgültig Frieden zu schaffen (pacare) und eine neue Verwaltung zu ermöglichen (§ 216–218). – Wenn Cerealis hier unter einer anderen Namensform erscheint, dann hängt dies ebenso wie in 6, 237 mit der Herausstellung seiner amtlichen Funktionen zusammen und gibt schwerlich Anlaß zu einer Quellenscheidung.

Zu Josephus' Haltung gegenüber römischen Prokuratoren überhaupt sei angemerkt, daß er zwar die flavianische Dynastie und die Macht des römischen Imperiums verteidigt, aber die Amtsführung der jeweiligen Prokuratoren bzw. sonstigen Amtsführer keineswegs deckt, sondern unverhüllt oder verhüllt oft genug angreift (2, 272ff. 277ff.; 7, 52. 59. 220. 445, Anm. 213). Das gilt nicht nur für die frühere Zeit Neros, sondern auch für die spätere flavianische Zeit.

Lucilius Bassus wird hier eingeführt, ohne daß in irgendeiner Weise eine nähere Erklärung zu seiner Person bereits vorangegangen wäre. Setzt man Lucilius Bassus mit dem aus den inneren Wirren des Imperiums unter Vitellius bekannten Admiral (Tac. hist. 2, 100ff.) gleich, dann fällt auf, daß Josephus diese überaus interessante Vorgeschichte nicht einmal streift. – Während sich Pros. Imp. Rom. II (1. Aufl.) S. 303 damit begnügt, entsprechend den Quellen (Tacitus gegenüber Josephus) zwei Männer namens Lucilius Bassus nebeneinanderzustellen, geht A. Stein in Pauly-W. Bd. 13, Sp. 1641 soweit, daß er an der Identität der beiden Männer nicht mehr zweifelt. Schürer I 644 ist vorsichtiger und bleibt auf der Linie der Prosopographie. Unsere textkritische Entscheidung für die Namensform Lucius Bassus drängt uns zur gleichen Vorsicht.

Cerealis Vetilianus ist identisch mit dem in 3, 310, Anm. 75; 3,314; 4, 552; 6, 131. 237, Anm. 105; vita 420 genannten Cerealis. Mit Ausnahme unserer Stelle und 6, 237 nennt ihn Josephus nur mit dem Namen Κερεάλιος. Nach einer lateinischen Inschrift (CIL Bd. X 1, Nr. 4862) lautet sein voller Name Sextus Vettulenus Cerealis. L. Renier (Mémoires de l'academie des inscriptions 1867, 309ff.) und Niese setzen irrtümlicherweise zwei Männer miteinander gleich, die nach Mommsen CIL Bd. X, 1, Nr. 4862 und Pros.

Anmerkungen zu Buch 7

Imp. Rom. Bd. III (1. Aufl.), S. 415f. voneinander zu trennen sind; denn das von Niese vorgeschlagene cognomen Civica ist für Sextus Vettulenus Cerealis nicht belegt, sondern nur für Caius Vettulenus Civica Cerealis. Dieser war unter Domitian Prokonsul der Provinz Asia und vermutlich auch Afrika (Suet. Domitian 10; Tac. Agricola 42). Mommsen hält ihn für den Sohn des Sextus Vettulenus Cerealis.

Unbeachtet blieb bisher die Frage, ob der in 3, 325 genannte Name Sextus Caluarius ebenfalls auf Sextus Vetulenus Cerealis zu beziehen ist. In der Beantwortung der Frage scheiden sich zwei Grundlinien in der textkritischen Josephusforschung voneinander: Der Gruppe Bekker, Mommsen, Naber steht die Gruppe Niese, Thackeray mit den Übersetzern gegenüber. Erstere ziehen die Lesart von MVC Σέxστός τις Κερεάλιος vor. Mommsen, Ephemeris Epigrapha IV 1881, 499 erklärt die Schwierigkeit, daß der gerade in 3, 310 ausführlich genannte Führer der 5. Legion in 3, 325 plötzlich als τις χιλίαρχος bezeichnet wird, mit einer Textverderbnis. In Wahrheit bezieht sich das χιλίαρχος ebenso wie das τις nicht auf Κερεάλιος, sondern auf den nächstgenannten Placidus. Dieser Vorschlag Mommsens wirkt aber doch wenig überzeugend gegenüber der guten Bezeugung der Lesart Καλουάριος durch PAL und Lat, so daß wir mit der zweiten Gruppe entsprechend unserer obigen Entscheidung sowohl in der Textkritik als auch in der Übersetzung (Sextus Calvarius) die Frage nach der Identität der in 3, 310 und 325 genannten Männer negativ beantworten müssen.

⁹¹ In 7, 164. 252 ist strategisch vorausgesetzt, daß es sich bei den Eroberungen von Machärus und Masada um voneinander unabhängige Unternehmungen der Römer handelt; sie liegen auch zeitlich auseinander und werden von verschiedenen Legaten geführt. Man hatte wohl zunächst erwartet, daß die letzten Widerstandszentren von selbst fallen würden, war hierin jedoch getäuscht worden. Nach 7, 164 wird das στρατιωτικόν, das wohl aus den Auxiliartruppen besteht (Kohout z. St.), mit der 10. Legion (7, 17) verbunden, ferner werden weitere Auxiliartruppen erneut zu einem Ganzen vereinigt (συναγαγών). Insgesamt wird also ein zahlenmäßig beschränkter Einsatz genannt. Gerade um seiner Umständlichkeit willen sollte der Text so genau wie möglich übersetzt werden. Die Reihenfolge: Auxiliartruppen – 10. Legion ist ungewöhnlich, mag aber mit der zeitlichen Durchführung der Sammlung zusammenhängen. – § 164 setzt voraus, daß die in der Nähe der arabisch-nabatäischen Grenze liegenden jüdischen Festungen wegen ihrer Möglichkeit, mit der Diaspora und den Völkern des Ostens in Verbindung zu treten, von einem bestimmten Zeitpunkt an gefährlich werden konnten.

⁹² Der geographisch-historische Machärusbericht, der der eigentlichen Schilderung der Eroberung von Machärus vorangestellt ist, zeigt eine literarisch kunstvolle Komposition. § 165–170 gibt eine ausführliche geographische Schilderung der Anlage des „ummauerten Gebietes" (τὸ τετειχισμένον § 166), daran schließt sich in § 171–177 eine historische und topographische Beschreibung der zwei Bezirke von Machärus an: a) äußere Ummauerung und Stadtgebiet, b) innere Ummauerung und Akropolis (Festung und Palast). Der dritte Zusammenhang § 178–189 enthält die typischen Kennzeichen der durch Machärus beherrschten Gegend: seltsame Pflanzen, heiße und kalte Quellen und eigenartig geformte Felsen und Höhlen. Die zunächst überraschende Einfügung magisch-botanischer Motive entspricht schriftstellerischem Brauch der Antike, anschaulich und dem Volksempfinden gemäß den Stoff darzustellen (W. Aly, Strabon von Amaseia, Geographica, Bd. 4, 1957, 396ff.). Alle drei Zusammenhänge sind also literarisch eine Einheit und wurzeln – auch wenn man die Augenzeugenschaft des Josephus nicht abstreiten darf (vgl. vita § 11–12) – in einer vorgegebenen Tradition. Josephus fußt auf geographischen Schilderungen, die fest geformt sind und eine gute hellenistische Schulbildung verraten (vgl. z. B. Strabo, Geogr. 12, 2, 4ff.; 16, 2, 41 ff.; auch Plinius, hist. nat. 5, 70). Wir haben im Bellum zwischen ausführlichen bzw. knappen Stadtschilderungen und andersartigen Landschaftsschilderungen zu unterscheiden, die kommentarmäßig in die Kriegsschilderung eingearbeitet sind. Gegen die Vermutung, daß diese von Josephus sehr betonten Abschnitte aus römischen Quellen stammen (Schlatter, Topographie 348ff.; H. St. J. Thackeray, Josephus the Man and the Historian 1929, 39f.) muß zu bedenken gegeben werden, daß alle wichtigen Stadtschilderungen stark herodianisch gefärbt sind und das Verdienst des Königs (gelegentlich auch der herodianischen Dynastie) herausstellen (vgl. auch das geographische Interesse des Philippus in 3, 512).

Anmerkungen zu Buch 7

Im Vergleich mit griechischen und hellenistischen Geographen bewährt sich die für Josephus wichtige Unterscheidung zwischen Stadtschilderungen und zusammenfassenden Landschaftsschilderungen. Wenn ausführliche Stadtschilderungen bei Pausanias gegeben werden (Pausanias 1, 1-32: Athen; 3, 1 ff.: Sparta), dann haftet sein Interesse an Heiligtümern, Denkmälern und wichtigen Bauwerken. Bei Josephus tritt dagegen der Gesichtspunkt der militärischen Sicherheit (Mauerbau) stark heraus. Jerusalem, Machärus und Masada sind in diesem Sinn solche typisch josephinischen Stadtschilderungen. Indessen haben zusammenfassende Landschaftsschilderungen (Palästinische Gebiete und ihre Einteilung, See Genezareth, Totes Meer) viele Berührungen mit Parallelüberlieferungen bei Strabo und Plinius. Sie müssen also auf gemeinsame Schultraditionen zurückgehen. Zur Ergänzung vgl. Pauly-W. 2. Reihe Bd. 3, 2, Sp. 1982 ff.

Die geographischen Schultraditionen, die wir neben Strabo und Plinius auch bei Tacitus (z. B. hist. 5, 6) finden, haben einen wissenschaftlich konstatierenden, deskriptiven und unansprechend nüchternen Stil, der dennoch Legendenstoffe (mirabilia) nicht ausschließt. Auch Josephus bedient sich oft eines ähnlichen Stils, stellt aber in solchen Partien den militärpolitischen Gesichtspunkt stärker heraus. – Josephus hat das persönliche Interesse an der Heimat nicht verloren. Nach ant. 4, 198; 20, 268 hat er sogar beabsichtigt, neue geographische Schilderungen in größeren Zusammenhängen darzustellen.

⁹³ Die Festung Machärus liegt etwa 25 km südöstlich der Jordanmündung zwischen dem wādi zerka ma'īn und dem wadi el modschib (vgl. 1, 161, Anm. 88). Der steile, isolierte Berg erhebt sich 726 m über den Meeresspiegel. Josephus legt die Anfänge seiner Befestigung in die hasmonäische Zeit: Alexander Jannai legt eine Mauer um einen Stützpunkt. Die Ausdrucksweise entspricht der ursprünglich bescheidenen Anlage, was die Übersetzung festhalten muß. Zweimal setzt die topographische Schilderung beim „ummauerten Gebiet" ein (§ 166, 173); Stadt und Akropolis der herodianischen Neugründung sind nur Punkte innerhalb des großen Befestigungsrings unten um den ganzen Berg. Diese Angabe stimmt mit archäologischen Funden überein, nach denen man auf unebenem und schwierigem Gelände zunächst einen weiten Mauerring um die enger gebaute Stadt legt (z. B. Syrakus und Mantinea, Pauly-W. 2. Reihe, Bd. 3, 2, Sp. 2013 ff.). Die Lage der herodianischen Stadt läßt sich z. Zt. noch nicht festlegen, doch ist zu vermuten, daß sie ebenso wie die späteren Siedlungen auf der Ostseite „mit dem Blick nach Arabien" gelegen hat (§ 172). Von der Stadt führt ein Weg hinauf zur Akropolis. Lag die Stadt ungefähr auf halber Höhe, so war ein Aufgang von der äußeren Ummauerung zur Stadt notwendig und ein zweiter von der Stadt hinaus zur Burg. Josephus spricht allerdings nur von einem Weg (vgl. Kohout, der hier in der Übersetzung ausgleicht und von einem „weiteren Aufgang" spricht). – Auch die Akropolis wird zunächst als ummauertes Gebiet dargestellt. Typisch herodianisch ist die Verbindung von wehrhafter Burg und prächtigem Palast, die an die Herodesburg in Jericho (1, 407 Exkurs II), an Jerusalem (5, 182 Exkurs IX) und vor allem an Masada (7, 285 ff., Anm. 150-157) erinnert. – Zur Höhe der Türme vergleiche die entsprechenden Angaben über die Befestigung Jerusalems in 5, 156-171. Als Festung wird Machärus von Strabo 16, 2, 40 und Plin. hist. nat. 5, 72 genannt; Plinius bezeichnet sie als die zweitwichtigste Festung nach Jerusalem.

⁹⁴ Die Schilderung von Machärus endet in § 176-177 mit der Betonung der größtmöglichen Sicherheit der herodianischen Festung; etwas vorsichtiger klingt die entsprechende Feststellung bezüglich Masadas in 7, 294. Der Bericht will den Scharfblick des Herodes und die Stärke seines Festungssystems hervorheben. Zu vergleichen wären auch Josephus' Erwägungen über den Weiterbau der dritten Mauer Jerusalems und der damit erreichten Uneinnehmbarkeit (5, 153). Wie stark Fragen der militärischen Sicherheit Josephus beschäftigt haben, ist auch aus seiner Absicht zu erkennen, über Jerusalem als Stadt und Festung noch mehr zu berichten (5, 237. 247).

⁹⁵ Die Raute (im hellenistisch-orientalischen Sprachraum πήγανον, im hellenistisch-römischen ῥύτη, woraus sich die lat. Form ruta ableitet) ist eine im Mittelmeergebiet und darüber hinaus weit verbreitete strauchartige Pflanze. Sie hat schmale, fingerartig gegliederte Blätter, gelbliche Blüten und wird kaum über einen Meter hoch. In der Antike wurde sie als Gewürzkraut und wichtiges Heilmittel hochgeschätzt (vgl. besonders Plin. hist. nat. 20, 131-143). Obgleich es verschiedene Rautenarten gibt, ist eine botanische

Anmerkungen zu Buch 7

Erklärung für das von Josephus beschriebene πήγανον nur indirekt möglich. Kohout z. St. zieht eine Verwechslung mit einer sonderbaren Pflanze in Betracht, die noch heute im wādi zerka maᶜīn wächst. I. Löw, Die Flora der Juden, 1924, Bd. 3, 319 hält die josephinische Angabe über Größe und Lebensdauer der Raute für eine rhetorische Übersteigerung ins Fabelhafte. Auffallend ist aber der Vergleich mit einem Feigenbaum, da wir die Verbindung des πήγανον mit einem Feigenbaum auch von anderen antiken Schriftstellern kennen. Man pfropfte Raute auf Feigenbäume, da der Milchsaft der Feigenbäume das Wachstum der Raute besonders förderte (Aristoteles, Problemata 11, 18, 924b. 35; Plin. hist. nat. 19, 156).

Für Josephus mag die Erinnerung hieran den Vergleich mit dem Feigenbaum nahegelegt haben. Wahrscheinlicher noch ist es, daß es sich tatsächlich um einen „Rautenbaum", also um eine Aufpfropfung einer Raute auf einen Feigenbaum handelte. I. Löw 3, 319 denkt daran, daß die Raute bei Persern und Griechen Unheil abwehren sollte, daß also auch die Pflanzung des Rautenbaumes im Garten des herodianischen Palastes apotropäische Bedeutung hatte. Man könnte aber auch daran erinnern, daß nach M. Kilajim 1, 7 es verboten war, Baumart auf Baumart, Krautart auf Krautart, Baum auf Kraut und Kraut auf Baum zu pfropfen. Derartige Vermischungen zweier Arten waren in der mischnischen Zeit grundsätzlich verboten, und es ist sehr gut möglich, daß das Aushauen dieses Baumes im Palast durch die gesetzlich gesinnten Juden nicht so sehr gegen das Andenken des Herodes, als vielmehr gegen eine unerlaubte Mischung von Kraut und Baum gerichtet war. Der Text in § 178–179 verbirgt also vermutlich eine historische Erinnerung, die jedoch in ihrem jetzigen Zusammenhang legendär erscheint als Glied in der Kette der nunmehr erzählten „mirabilia" geographischer Art.

⁹⁶ Über die jüdische Besetzung von Machärus zu Beginn des Aufstandes hatte 2, 485 berichtet: Hier hatte eine jüdische Menge, offenbar die Einwohnerschaft von Machärus, die römische Besatzung überredet, den Platz zu räumen. Die nicht gewaltsame Art, mit der Besatzung umzugehen (ἔπειθεν) fällt auf, zumal sie von der Art, wie man in Jericho die römische Besatzung abschlachtete (2, 484), wesentlich abweicht. Sollte 7, 179 auf ein gesetzestreues, pharisäisches Judentum zurückweisen (Abhauen des „Rautenbaumes" vgl. Anm. 95), dann läge hier nachträglich ein Hinweis auf eine Erklärung der historischen Zusammenhänge in 2, 485 f. vor.

Zwischen Burgbesatzung und jüdischer Oberschicht der Stadtbevölkerung auf der einen Seite und den Fremden auf der anderen Seite wird ab § 191 unterschieden. Die Burgbesatzung kommt zu einer Vereinbarung mit den Römern, auf Grund deren die Fremden (οἱ ξένοι) der Stadtbevölkerung preisgegeben werden (ὁμολογία § 209). Die Römer behandeln die Einwohner der Stadt als aufständisch und belegen sie mit den entsprechenden Strafen, während die Juden in der Burg um der Vereinbarung willen ungehindert abziehen.

Die Absonderung der jüdischen Oberschicht von den ξένοι wird von Josephus in § 191 scharf kritisiert. Sie kann auf zwei Gründe zurückgeführt werden: a) Sie erfolgt aus militärpolitischen Erwägungen, d.h. man beschränkt den Verteidigungswillen auf die Angehörigen des eigenen Volkes bzw. auf die „Einheimischen" (als möglicher Gegenbegriff zu ξένοι). b) Sie entspricht der in einem Konfliktfall weiter durchzuführenden Absonderung von den Heiden im Sinne der 18 Halachot (2, 485 f. gewaltsame Ablösung der heidnischen Besatzung; Abhauen des Rautenbaumes vgl. Anm. 95).

Unsere Konzeption setzt voraus, daß die ξένοι identisch sind mit einem arabisch-nabatäischen Teil der Bevölkerung der Stadt, der in den Aufstand mithineingezogen worden war und dementsprechend von den Römern als Aufständische behandelt wird. – Anders wäre eine Erklärung, die bei den ξένοι an einen nach Machärus verschlagenen jüdischen Flüchtlingshaufen denkt, der im äußeren Festungsring angesiedelt wurde (vgl. Masada 4, 504ff., Anm. 159. 160). Simchoni 384 entscheidet sich für diese Erklärung, indem er die Übersetzung von ξένοι = zār (Jude anderer Herkunft) vorzieht gegenüber dem ebenso möglichen nokri (Angehöriger eines andersartigen Volksstammes). Simchonis Lösung ist im Grunde jedoch nur möglich, wenn οἱ Ἰουδαῖοι in unserem Zusammenhang über die völkische Bestimmung als Bezeichnung einer bestimmten Gruppe innerhalb des Judentums zu verstehen wäre.

Während Josephus das schwerwiegende Geschehen in Machärus kommentarlos

Anmerkungen zu Buch 7

weitergibt (vgl. Anm. 102), sagt er im Masadabericht ausdrücklich, daß sich die dortige Besatzung aus Sikariern zusammensetzt und fügt exkursartig eine entsprechende Scheltrede gegen Sikarier und Zeloten ein (§ 254-274). D.h. aber für die literarische Komposition, daß in den Berichterstattungen über die Eroberungen der drei Festungen Herodeion, Machärus, Masada von mal zu mal eine Steigerung erfolgt.

⁹⁷ Gemeint ist das wādi zerka maᶜīn, das sich im Norden von Machärus zum Toten Meer erstreckt (vgl. Anm. 93). Der Platz Baaras war in der Antike um seiner Quellen willen bekannt (Euseb Onomast. 44. 102. 112; Medaba-Karte). Der Name Baaras (Stamm baᶜar und beᶜera) bedeutet: Brand. Josephus setzt voraus, daß Ort und Pflanze den gleichen Namen haben, der von dem hebräischen Stamm (= Brand, Feuer) abgeleitet werden muß (vgl. ähnlich Kohout z.St.). Zur Nebenform Bares vgl. Euseb. Onomast. 112. Dazu Schürer I 414; Fr. Buhl, Geographie des alten Palästina 1896, 123; F. M. Abel, Géographie I 460.

⁹⁸ Der Stoff des dritten Abschnittes unseres Machärusberichtes (vgl. Anm. 92) gliedert sich wiederum in drei Unterabschnitte: Rautenbaum § 178f., Baaras = Pflanze § 180-185, andere geographische Eigenarten der Landschaft (Wasserquellen, Berge und Höhle) § 186-189. Zwar sind im Aufbau alle drei Stoffe gleichgestaltet, aber das ausführlichere Mittelstück wird mit besonderer Liebe unter Verwendung magischer Motive als miraculum ausgemalt. Der Vergleich mit anderen hellenistischen Schriftstellern zeigt (Anm. 92), daß Josephus hier durchaus weiter in der festen antiken Tradition steht.

Die hier von Josephus beschriebene Baaras-Pflanze ist vielleicht identisch mit der Alraunwurzel (Mandragoras). Wie bei der oben genannte Raute handelt es sich auch hier um eine in der Medizin und im Volksglauben der Antike wichtige Staude. Man unterscheidet drei Arten, die in die Familie der Nachtschattengewächse gehören. Die Mandragoras ist im Mittelmeergebiet verbreitet und kommt noch heute in Griechenland und Italien vor. Sie ist ein stengelloses Kraut mit dicken, fleischigen, oft gespaltenen und ineinander verschlungenen Wurzeln. Große, ungeteilte Blätter und grünlich-gelbe oder violette Blüten treiben unmittelbar aus der Wurzel heraus. Die Frucht ist eine gelbliche Beere. In der Antike gibt Dioscorides, de materia medica 4, 75 (ed. M. Wellmann) die botanisch zutreffendste Beschreibung, während Plin. hist. nat. 25, 147 in manchen Punkten unrichtig ist. Im Hebräischen erscheint die Frucht der Pflanze unter der Kennzeichnung dūdā'īm = „Liebesäpfel" (mit narkotischer und sexuell anreizender Wirkung). Vgl. Gen. 30, 14-16; Cant. 7, 10-13.

Doch weitaus am wichtigsten ist für die Antike die medizinische Verwendung der Pflanze. Ihr wird in Verbindung von verschiedenen Zusätzen die Heilkraft gegen jede Krankheit zugeschrieben. Wegen ihres seltsamen Wuchses – ähnlich einer kleinen Menschenfigur – galt die Mandragoras als Zauberpflanze. Von daher sind die magischen Vorschriften für das Ausgraben der Pflanze zu verstehen, die wir nicht nur bei Josephus finden, sondern auch in entsprechender Form bei Aelian, de natura animalium 14, 27 und abgewandelt bei Plin. hist. nat. 25, 148. In diesen alten Traditionen über die Aushebung der Pflanze liegt vermutlich auch der Urstoff für den verbreiteten Alraunglauben im Mittelalter.

Josephus denkt an ein Pflanze, die besonders an diesen Ort Baaras gebunden ist. Das wādi zerqa maᶜīn hat stellenweise eine fast tropische Vegetation (vgl. Fr. Buhl, Geographie des alten Palästinas, 1896, 50). Das Mythische liegt für Josephus allein in der apotropäischen Wirkung, während er die aphrodisische außer acht läßt. Die Gleichsetzung der Dämonen mit den Geistern der verstorbenen Menschen, die in lebende hineinfahren (§ 195) ist nach Schlatter, Topographie 352 keine rein jüdische Anschauung, sondern eine griechisch-jüdische (besser: orientalisch-jüdische) „Mischbildung".

Grundlegend bleibt für die Haltung des Josephus zum Bereich der Magie ant. 8, 45ff. Hier spricht er einerseits als Augenzeuge, andererseits als Träger einer jüdisch-hellenistischen Tradition, die im Anschluß an 1. Kön. 5, 13 (LXX) auf den König Salomo zurückgeführt wird (vgl. schon Sap. 7, 17-22). Es wird von einer Wurzel berichtet, die in einen Ring eingelassen ist und eine apotropäische Wirkung hat. Nach Schlatter, Theologie 226 haben wir hier magische Stoffe vor uns, die vorgnostisches und frühgnostisches Material in sich tragen. In bell. 2, 136, Anm. 57 wird erzählt, daß die Essener heilkräftige Wurzeln und Eigenschaften von Steinen aus alten Schriften erforschen.

Anmerkungen zu Buch 7

Es zeigt sich also, daß diese magischen Traditionen auch die essenischen Kreise erreicht hat. Jedoch im Ganzen gesehen sind ant. 8, 45ff. und bell. 7, 180ff. stärker apotropäisch bestimmt, während bell. 2, 136 mehr „wissenschaftlich" denkt. Vgl. Pauly-W. Bd. 14, 1, Sp. 1028–1037 und Suppl. 8, Sp. 660–703, bes. 663–664.

⁹⁹ Wir halten es mit der Medabakarte für richtig, die Baaras-Quellen nördlich von Machärus im wādi zerka maʿīn von den Kallirhoe-Quellen am Ostufer des Toten Meeres zu unterscheiden (ebenso Schürer I 413f.; Kohout z. St.). Über Kallirhoe vgl. 1, 657, Anm. 288. Die Baaras-Quellen brechen aus Basaltfelsen 4,8 km oberhalb der Mündung des Wadis hervor, sind also vulkanischen Ursprungs. Josephus denkt an heiße und kalte Quellen im Baarasgebiet, aber auch weiter oberhalb der Schlucht. Die von ihm genannte Höhle wird also in einem höheren Felsenbereich zu suchen sein. Die Tatsache, daß im Gebiet von ez-zara (= Kallirhoe) ebenfalls heiße und kalte Quellen gefunden werden, bleibt also außer Betracht. Zum Ganzen vgl. Abel, Géographie I 87, 385 und Landkarte XII; Palestine and Transjordan (Geographical Handbook Series der Naval Intelligence Division 1939–45) 484.

¹⁰⁰ Josephus berichtet von Schwefel- und Alaungruben in der Gegend der Baarasquellen. Die gegenwärtigen Funde sowohl von Schwefel als auch Alaun im Osten des Toten Meeres bestätigen ihn. Ebenso wie heute ist das Wort Alaun auch in der Antike ein Sammelbegriff für eine ganze Gruppe von Salzen der Schwefelsäure (Plin. hist. nat. 35, 184). Doch ist Alaun vornehmlich der Name für schwefelsaures Kalium und schwefelsaure Tonerde. In diesem Sinn ist auch Josephus zu verstehen, da noch heute als die wichtigsten Salze in Lösungen Kalium-Chlorid und Brom-Magnesium bei den heißen Quellen im wādi zerka maʿīn gewonnen werden. Zum Ganzen vgl. Palestine and Transjordan 257. 483; Pauly-W. Bd. 1, Sp. 1296f.

¹⁰¹ Der auffallende Begriff „Fremde" (ξένοι), auf den sich später in § 206: „Die Menge der in der Stadt unten befindlichen Bevölkerung" bezieht, ist am einfachsten so zu verstehen, daß es sich um eine relativ starke nichtjüdische Bevölkerungsgruppe handelt, die von der jüdischen Bevölkerung und Burgbesatzung als „Pöbel" (ὁ ὄχλος angesehen wird (vgl. Anm. 96). Es wäre auf das in Anm. 96 angeschnittene Problem der Verschärfung des Verhältnisses zwischen Juden und Nichtjuden im Sinne der 18 Halachot einzugehen. Sie verbietet den Verkehr zwischen Juden und Heiden. Josephus erzählt, daß die Diaspora in Syrien Öl aus Palästina bezieht, weil sie einen Kauf von heidnischen Händlern ablehnt (bell. 2, 591; vita 74; ant. 12, 120). Er selbst scheint diese Erschwerung des Verhältnisses abzulehnen und bekämpft sie als einen Versuch seiner Gegner, sich das notwendige Geld zu verschaffen. Die Verschiebung der militärischen Planung in Mächerus ist nicht ohne den Hintergrund der 18 Bestimmungen zu sehen (M. Schab. 1, 4; dazu b. Schab. 17 b; Hengel, Zeloten 204ff.). Die militärpolitische Initiative bleibt in den Händen der jüdischen Oberschicht, deren Kampfgruppe sich dem Gegner vor der Stadtmauer stellt, während der zurückgebliebene, nicht jüdische Teil der Stadtbevölkerung unter ihrem Druck steht (ἠνάγκασαν).

Der Text setzt voraus, daß die Juden von vornherein nur auf ihre eigene Sicherung, ja nötigenfalls auf eine Preisgabe nicht allein der Stadt sondern auch der Festung abzielten. Er muß aber zugeben, daß die Kampfgruppe der Juden durch Ausfälle in das Gebiet vor der Stadt den Römern schwer zu schaffen machte. Hier liegt eine Spannung im Text vor: Einerseits will er von der Kapitulation (vgl. Anm. 102) her das ganze Kampfgeschehen deuten, andererseits doch auch die Hartnäckigkeit des jüdischen Widerstandes herausstellen. Zweifellos ist der historische Sachverhalt durch die josephinische Bearbeitung des Textes verändert worden.

¹⁰² Der nun folgende episodenhafte Einzelbericht über das Schicksal des Eleazar erinnert an ähnliche außergewöhnliche Einzelfälle des Kriegsgeschehens: 6, 54–67, Anm. 17; 186–189, Anm. 69. Sein Einzelschicksal soll für das Gesamtgeschehen verantwortlich gemacht werden. Es muß die Frage gestellt werden, ob die Verknüpfung von allgemeinem Kriegsgeschehen und diesem Spezialfall historisch ursprünglich ist, zumal er in dieser Schlußphase der Kriegsführung zwischen Juden und Römern als Ausnahme erscheint. „Zelotisch" ist das Verhalten der jüdischen Gruppe kaum – vgl. als Gegensatz u. a. 3, 321 und auch unten § 214, Anm. 106 – doch könnte gerade damit ein Hinweis gegeben sein, daß die in Machärus sitzenden Juden gegenüber den zelotischen und

Anmerkungen zu Buch 7

sikarischen Aufstandsgruppen einer eigenen (vielleicht sogar pharisäischen?) Gruppe angehörten.
[103] Zur Kreuzigung nach dem Bericht des Josephus: 1, 97 (Anm. 53) = ant. 13, 380; 2, 241 = ant. 20, 129; 2, 253. 308, Anm. 161; 3, 321; 5, 289. 449ff., Anm. 182; ant. 17, 295; vita 420. Zur Geschichte der Kreuzigung vgl. ferner Bibl. hist. Hwb. Bd. I, Sp. 1004f.
– Eleazar war zwar ein ausgezeichneter Soldat, aber keinesfalls Kommandant. Etwas von der antiken Darstellungsweise des „Vorkämpfers" (πρόμαχος) scheint in der Art des Berichtes nachzuklingen. Die Einführung der „berühmten und weit verzweigten Verwandtschaft" wirkt zwar anschaulich, ist aber zweifellos ein weiterer Versuch, die Spannung zwischen dem Einzelgeschehen und dem Gesamtgeschehen zu entschärfen. Zur Situation des Kämpfers vor der Mauer vgl. 5, 290, Anm. 121. Zur Verbindung von Auspeitschung und Todesstrafe: 2, 308; 5, 449, Anm. 182, von Kreuzesstrafe und Abschreckung der Bevölkerung: 5, 289. 450. Entscheidend an unserer Stelle ist jedoch die Erkenntnis der Macht und der τύχη der Römer: 2, 360; 3, 354. 391; 5, 367; 6, 413 Exkurs XVIII.

Vielleicht kann im τύχη-Verständnis des Josephus auch hier der eigentliche Schlüssel zur Darstellung gefunden werden. Eleazar ist draufgängerisch und im Kampf bewährt, er kann sich auch seiner Tapferkeit sicher fühlen (§ 198). Doch wird auch er durch einen Überfall zu der Erkenntnis genötigt, daß die τύχη auf die Seite der Römer übergegangen ist (vgl. schon § 196: ἐκ συντυχίας, § 203: εἴξαντας ἰσχύι καὶ τύχῃ). Es zeigt sich, daß der hellenistisch-politischen Überzeugung von der τύχη, die zu den Römern übergegangen ist, auch für Buch 7 noch die entscheidende Bedeutung für die Betrachtung und das Verständnis der vielen Einzelgeschehen zukommt.

[104] Die Auslieferung der nichtjüdischen Stadtbevölkerung an die Römer ergibt sich aus drei sich einander folgerichtig ablösenden Maßnahmen: 1. Die Juden sondern sich ab und begeben sich in den Schutz der Burg. 2. Der Vertrag mit den Römern über einen freien Abzug betrifft nur die Juden. 3. Der Rettungsversuch der preisgegebenen Stadtbevölkerung wird von den Juden durch Verrat an die Römer vereitelt. Daraus ergibt sich für die nichtjüdische Bevölkerung die vollständige Katastrophe. Auf die Frage, aus welchem Grunde den Verrat übten, läßt der Text zwei Antworten nebeneinander bestehen: Die erste, daß die Juden aus „Neid" so gehandelt hätten, verhüllt vielleicht eine aufgebrochene Feindschaft zwischen den Juden und Nichtjuden. Die zweite Möglichkeit würde besagen, daß die Juden fürchten, für das Davonlaufen der Stadtbevölkerung selbst verantwortlich gemacht zu werden, d.h. daß die Vereinbarung für einen freien Abzug ihre Gültigkeit verliere. Zur Behandlung der Bevölkerung vgl. 3, 304f. Japha, anders Jerusalem nach der Kapitulation 6, 384ff.

[105] Ein Wald namens Jardes (hebr. jarden) hat bisher nicht eindeutig identifiziert werden können (vgl. Thackeray z. St.). Schlatter, Topographie 378 und L. Haefeli, Samaria und Peräa bei Flavius Josephus 1913, 93 denken an ein nördlich von Machärus gelegenes Gebiet, das Flüchtlinge aus Jerusalem und von Machärus gut verbergen konnte. Schlatter schlägt Uferbuschwerk am Jordan vor, L. Haefeli dagegen ein Waldgebiet bei ᶜaräq el-emīr am wādi es-sīr. Kohout z. St. versucht eine andere Lösung; er setzt unsere Textstelle in Verbindung zu 3, 51, Anm. 21, wo Josephus von einem Dorf Jardan spricht, das an der Südgrenze Judäas lag. Schon L. Haefeli a.a.O. 93 hat einen Zusammenhang zwischen den beiden Namensformen 'Ιάρδης und 'Ιαζήρ (1. Makk. 5,8; ant. 12, 329) für möglich gehalten, was zu einer etwaigen Identifikation mit dem heutigen khirbet sar 16 km westlich von Amman geführt hätte. Vgl. dazu Thackeray-Marcus zu ant. 12, 329. – Der Text in 7, 210 (ἠπείγετο τὴν στρατιάν) spricht in der Tat vielleicht mehr für eine militärische Bewegung nach Norden als nach Süden um das Tote Meer herum, wie es Kohouts Lösung etwa voraussetzen würde. δρυμός kann Eichengehölz oder Dickicht bedeuten (vgl. bell. 1, 250; ant. 6, 118). Zur Verwendung des Begriffes bei Josephus vgl. F. M. Abel, Géographie I 414. Eine Beschreibung von ᶜaräq el-emīr und dem wādi es-sīr findet sich bei C. C. McCown BA 1957, 63–76.

[106] Die Diskrepanz in den Kampfdarstellungen von Machärus und Jardes ist auffallend. Während der Text in der Beurteilung der Juden von Machärus besonders zurückhaltend war, haben wir hier einen kritischen Maßstab, der die Aussichtslosigkeit der Lage berücksichtigt und die heldenmütige Haltung der Juden anerkennt (δρᾶν τι γενναῖον).

Anmerkungen zu Buch 7

Daneben gelingt es dem Text, auch den römischen Soldaten gebührendes Lob zuteil werden zu lassen. Vermutlich verbirgt sich historisch etwa folgende militärische Situation dahinter: Da die Schutz- und Wehrlosigkeit der eingeschlossenen Juden von den Römern bis aufs letzte ausgenutzt wird, sind die Verluste fast ausschließlich auf seiten der Juden.

[107] Zu Judas, Sohn des Ari vgl. 6, 92. 148, Anm. 50. Er und sein Bruder Simon gehörten zu den tapfersten Anführern unter den Zeloten. Auch hier ist er verantwortlich für den äußersten Widerstand; ein derartiger στρατηγός fehlte offenbar in Machärus. Zur Flucht in die unterirdischen Gänge von Jerusalem vgl. 6, 402, Anm. 236.

[108] Wie 7, 163, Anm. 90 zeigte, erhielt Judäa als eine von Syrien getrennte Provinz einen prätorischen Legaten des Kaisers zum Statthalter. Diesem war jeweils noch ein Prokurator unterstellt, was Josephus zutreffend mit ἐπίτροπος wiedergibt. Der Prokurator oder Schatzmeister hatte vor allem die Verantwortung für die Finanzverwaltung (vgl. J. Marquardt, Römische Staatsverwaltung I 2. Aufl. 1881, 553; Th. Mommsen, Römisches Staatsrecht Bd. II 1, 246. 267).

Liberius Maximus finden wir auf einer lateinischen Inschrift, allerdings in der Form „Laberius Maximus", was Niese, Thackeray, Whiston-Marg. und Ricciotti bestimmte, mit den Lateinern gegen die griechischen Handschriften der Form Laberius zu folgen (vgl. textkrit. Anm. 315 z. St.). Nach Th. Mommsen, Ephemeris epigraphica V 614 ist die Identität des in der Inschrift genannten Mannes mit Liberius Maximus eindeutig. Zu unserer Entscheidung für die Form Liberius vgl. § 82, Anm. 45; § 92, Anm. 50. Aus den Akten der Arvalpriester haben wir die Nachricht, daß Liberius Maximus 80 n. Chr. das Amt des Prokurators amphitheatri Flaviani und des Praefectus annonae innehatte. 83 n. Chr. wurde er Praefekt in Ägypten. Vgl. auch Marquardt a.a.O. 419.

Zu ἀποδόσθαι vgl. Schürer I 640. Daß Vespasian sich Judäa als Privatgut vorbehielt, bedeutete für die Verwaltung der Provinz, daß das Bodeneigentum von der jeweiligen Gemeinde direkt an den Kaiser überging. Das brachte für diesen keineswegs nur finanziellen Gewinn, da er damit auch alle erforderlichen Ausgaben, etwa die der Militärlast, aus seinem Privatvermögen zu tragen hatte (vgl. Mommsen a.a.O., Bd. II, 2, 1088f.; Marquardt a.a.O. I, 441). Als Grundherr der neuen Provinz ließ der Kaiser durch den von ihm ernannten kaiserlichen procurator provinciae das Land verpachten, d.h. neu einteilen und gegen Pachtgeld vergeben.

Die für das Schicksal Judäas nach 70 wichtige, streng politisch-rechtliche Aussage von § 217a muß so genau wie möglich übersetzt und ausgelegt werden. Es ist zu achten auf die Übersetzung von ἰδίαν und damit auf die klare Herausstellung des Gegensatzes von πόλις ἰδία zu αὐτῷ φυλάττων, schließlich dann auch auf die sorgfältige Unterordnung der Partizipialkonstruktion unter die negative Hauptaussage. Es geht um die Neuordnung Judäas: Der Kaiser legt keine hellenistisch-römische πόλις an (wie es 72 n. Chr. mit der Gründung von Flavia Neapolis in Samaria geschieht, vgl. Schürer I 650f.), er beschränkt sich vielmehr auf die Wahrung seiner Rechte, die ihm als Kaiser in der Verwaltung dieses Krongutes zustehen. πόλις ἰδία bezieht sich auf eine bestimmte Rechtsform. Der Zivilstatus einer Stadt, die πόλις ἰδία ist, würde durch das jus civitatis das Recht des Kaisers einschränken, erhebliche Anforderungen stellen und außerdem die schon beunruhigte Bevölkerung aufs neue reizen. πόλις ἰδία gegenüber αὐτῷ φυλάττων meint also den Gegensatz von Stadtrecht und Eigenrecht des Kaisers. Der harte Zustand, der durch die debellatio über das Land verhängt ist, erfährt weder durch eine Provokation der Bevölkerung neue Nahrung, noch durch einen kulturellen Neueinsatz irgendwelche Erleichterung. Die Partizipialkonstruktion αὐτῷ φυλάττων schließlich kann sich deshalb unterordnen, weil sie das in § 216 bereits vorausgesetzte Rechtsverhältnis noch einmal aufnimmt und erklärt.

[109] Bei dem hier genannten 'Αμμαοῦς handelt es sich um das heutige kalonije, das 6^1/$_2$ km westlich von Jerusalem an der Fahrstraße nach Jafa liegt. Daneben findet sich die lateinische Form amassada, in der G. Dalman (Orte und Wege Jesu, 3. Aufl. 1924, 244) ein ursprüngliches Ammoza (andere Forscher Amassa) vermutet. Dahinter dürfte das benjaminitische Hammoza Jos. 18, 26 (= Moza, vgl. Schlatter, Namen 72) stehen, das in M. Sukka 4, 5a genannt wird: „dorthin steigt man hinab und sammelt Bachweidenzweige". Die beiden Talmude (j. Sukka IV 2 [54b] 56f.; b. Sukka 45a) leiten den Namen von Mozi ab (= von der Steuer frei). Eigentlich habe der Ort kelonija geheißen; er müsse

Anmerkungen zu Buch 7

daher eine römische Kolonie gewesen sein. 2 km nördlich befinden sich noch Ruinen, bēt mizze genannt, die aber nach G. Dalman nicht unmittelbar mit der alten Ortslage übereinzustimmen brauchen (G. Dalman a.a. O. 244, Anm. 7; vgl. auch Cl. Kopp, Die heiligen Stätten der Evangelien, 449, Anm. 138). Die griechische Namensform Ἀμμαοῦς steht hier eindeutig hinter der besseren lateinischen Tradition zurück (vgl. Schlatter, Namen 72).

Die Militärkolonien unter den Städten des Imperiums hatten eine besondere rechtliche Stellung inne. Das ihnen verliehene ius coloniae galt als ein sehr begehrtes Stadtrecht. Hatte eine Militärkolonie darüber hinaus noch das ius Italicum, dann waren ihre Einwohner frei von Kopf- und Grundsteuer. (Vgl. Caesarea, das von Vespasian in eine römische Kolonie verwandelt wurde. Siehe dazu Schürer I, 649; II 106f.).

¹¹⁰ Die jährliche Kopfsteuer, die den Juden auferlegt wurde (vgl. Dio Cass. 66, 7, 2) war der sogenannte „fiscus Judaicus" (Suet., Domitian 12; eine Münze zur Zeit Nervas: H. Mattingly, Coins of the Roman Empire in the British Museum Bd. III, 1936, S. 15, Nr. 88). Inwieweit das schon länger bestehende τέλεσμα τῶν Ἰουδαίων in Ägypten mit dem „fiscus Judaicus" identifiziert werden kann, ist fraglich (dazu Schürer III, 46f., 117). Zur steuerlichen Belastung der Juden in Ägypten vgl. V. Tcherikover, Hellenistic Civilisation and the Jews, 311f. Die Neuordnung der römischen Finanzverwaltung durch Vespasian schloß die Bildung dreier Stadtkassen in Rom ein: fiscus Alexandrinus, Asiaticus und Judaicus. Mit der flavianischen Finanzreform werden sie zu einem wesentlichen Bestandteil des kaiserlichen patrimoniums. Die Juden der ganzen Welt waren zur Zahlung verpflichtet, d.h. daß die neue Kopfsteuer vor allem auch die Diaspora treffen mußte, nicht nur das verarmte Palästina. Wenn die Tempelsteuer vor 70 als Vorlage diente, dann lag darin die Möglichkeit, das ganze Judentum einzubeziehen. Die Ablieferung an den Jupiter Capitolinus (Dio Cass. 66, 7, 2) war natürlich für jeden Juden gravierend (§ 153: Ende des Triumphzuges), muß aber seitens Vespasians durchaus nicht als besonderer Schimpf gemeint sein. Der Jupitertempel ist Ausdruck römischer Herrschaft und Überlegenheit. Josephus vermeidet bewußt die Nennung des Tempels und spricht nur vom „Kapitol", denkt aber doch auch an die Ablieferung der früheren Tempelsteuer nach Jerusalem (vgl. 6, 335, Anm. 165 Abschnitt c.). Die Nachrichten und Unterlagen lassen die Frage stellen, inwieweit sich die Rechtssituation im allgemeinen und in bezug auf den einzelnen Fall unter den verschiedenen Kaisern verändert hat. Als sicher erscheint es, daß unter Domitian eine Verschärfung eingetreten ist (Suet., Domitian 12). Josephus spricht allgemein rechtlich, ohne Einzelprobleme in der Verpflichtung zu berühren. Zum Ganzen vgl. CPI II section IX u. Nr. 421; Pauly-W. Bd. 6, Sp. 2384ff.; M. S. Ginsburg, Fiscus Judaicus, in Jewish Quarterly Review 21 (1930–31), 281–291; I. A. F. Bruce, Nerva and the Fiscus Judaicus, Palestine Quarterly Review 1964, 34–45.

¹¹¹ In der zweiten Hälfte des Jahres 69 wurde Vespasian durch seine Soldaten zum Kaiser ausgerufen. Rechnet man dies Jahr als Regierungsjahr mit, so hieße das für unsere Stelle, daß es sich um den Herbst 72, spätestens um die Wende 72 auf 73 handelt. So auch Kohout z. St., Pauly-W. Bd. 10, Sp. 162, Pros. Imp. Rom. II, 2. Aufl., S. 33. Dagegen setzen Marquardt, Römische Staatsverwaltung Bd. I, 399 sowie Pauly-W. Bd. 1, Sp. 2491; Suppl. 4, Sp. 987 ausschl. das Spätjahr 72 an. – Zu Antiochus IV. Epiphanes von Kommangene und seinem Königreich vgl. Buch 2 Anm. 216; Buch 5, Anm. 186; Pauly-W. Bd. 1, Sp. 2490f. und Suppl. 4, Sp. 987–990.

Der älteste Sohn des Antiochus IV., den Josephus und auch Tac. hist. 2, 25 stets mit dem uns gewöhnlich nur als cognomen geläufigen Namen Epiphanes nennen, heißt mit vollem Namen genau wie sein Vater, also C. Iulius Antiochus Epiphanes, nur daß beim Vater Antiochus, beim Sohne dagegen Epiphanes der Hauptname ist. Vgl. dazu CIL III 552. Außer bei Josephus finden wir bei Tac. hist. 2, 25 und in der eben genannten Inschrift, die eigentlich seinem Sohne C. Iulius Antiochus Epiphanes Philopappus gilt, Nachrichten über Epiphanes. Josephus berichtet in ant. 19, 355, daß Agrippa I. kurz vor seinem Tode, also um 43–44 n. Chr., seine jüngste Tochter Drusilla, die damals erst 6 Jahre alt war, mit dem kommagenischen Prinzen Epiphanes verlobte. Nach ant. 20, 139 wurde diese Verlobung später durch Epiphanes wieder rückgängig gemacht, da dieser nicht bereit war, die jüdische Religion anzunehmen. Wer dann seine Gemahlin und Mutter des Philopappus wurde, ist uns nicht überliefert. Wie Josephus 5, 462; 7, 232f., so rühmt

Anmerkungen zu Buch 7

auch Tac. hist. 2, 25 die Tapferkeit des Prinzen. Im Dienste der römischen Kaiser kämpfte Epiphanes im Heere Othos gegen die Vitellianer und im Belagerungsheer des Titus vor Jerusalem gegen die Juden (Jos. bell. 5, 460-465; Tac. hist. 2, 25; 5, 1).

[112] Caesennius Paetus wurde bereits in § 59, Anm. 34 als der derzeitige Statthalter von Syrien genannt. Josephus berichtet an keiner Stelle etwas über die Verwicklung des Paetus in die Auseinandersetzung mit den Parthern, obgleich diese Zusammenhänge ihm zweifellos bekannt waren. Paetus war zudem vermutlich mit einer Verwandten des flavianischen Kaiserhauses, Flavia Sabina, verheiratet (Tac. ann. 15, 10; Pauly-W. Bd. 3, Sp. 1307. 1309). Der Text schreibt dem Paetus die Initiative zum Kriege zu, während der Kaiser aus Sorge um die Sicherheit des Reiches nach § 223f. lediglich zustimmt und Vollmacht erteilt. Wenn Josephus in § 220 von der Anzeige des Paetus spricht, berücksichtigt er nicht die bereits begonnene Neuordnung des Euphratraumes durch die imperiale Politik des Kaisers (vgl. die Neuaufstellung der Legionen in § 17-20). Innerhalb dieser Neuordnung des Reiches war die Sicherung der Ostgrenze gegen die Parther von entscheidender Bedeutung. Diese aber war solange nicht wirklich möglich, als die kleinen Königreiche wie etwa Kommagene und Emesa noch so selbständig waren, daß sie jederzeit die Verbindung mit den Parthern aufnehmen konnten. Darüber hinaus war mit der festen Eingliederung dieser Gebiete auch die Möglichkeit zu ihrer Erschließung und Ausbeutung gegeben. Die Einnahme Kommagenes gehört also in den Rahmen einer durchaus einheitlichen hegemonialen Orientpolitik Vespasians, worüber Josephus natürlich so nicht sprechen kann, ohne in Spannung zu seinem sonst von Vespasian gezeichneten Bild zu geraten.

Für den in sich geschlossenen Abschnitt § 219-251 nimmt Weber 81f. 273f. eine östliche Quelle an, die über die flavianische Orientpolitik berichtet. Dabei geht er davon aus, daß weder Josephus noch das jüdische Volk ein Interesse an den geschichtlichen Vorgängen in Kommagene haben (vgl. ant. 19, 355; 20, 139). Zudem sei der Bericht unvollständig, da er die Einverleibung des Königreiches in die Provinz Syria nicht erwähnt. Darüber hinaus nehme der nachfolgende Bericht über den Einfall der Alanen, der zu jener Zeit weder die Interessen des Reiches noch die des jüdischen Volkes berühre, jeden Zweifel an eine selbständige östliche Quelle. Sie sei statthalterfeindlich, dem kommagenischen Königshause aber günstig gesonnen. Die römerfreundliche Tendenz habe erst Josephus in den Text getragen, wodurch die nachträgliche Verzerrung der ursprünglich eindeutigen imperialen Politik Vespasians entstanden sei.

Ausgangspunkt für die Beurteilung unseres heutigen Textes kann allein ein Vergleich mit der aus anderen Stellen erkennbaren Konzeption des Josephus selbst sein: Die Kritik an dem Verhalten eines Statthalters (§ 163, Anm. 90) ist grundsätzlich unabhängig von der Frage nach der Beurteilung der kaiserlichen Maßnahmen selbst. Was die Statthalter angeht, so haben auch andere Völker die Erfahrung ihrer drückenden Verwaltung machen müssen. Dennoch gilt allgemein, daß eine Auflehnung vergeblich ist und ein kluges Sichbescheiden am ehesten zu einem erträglichen Ausgang führt, wie es das Königshaus von Kommagene zeigt. Ebenso sieht Josephus in dem Einbruch von barbarischen Stämmen, die keinen Widerstand in einer festen Ordnung finden (§ 244-251), ein Beispiel dafür, daß die römischen Grundsätze von Frieden und Ordnung eine Abwehr des Chaos bedeuten. In diesem Sinn ist der Einschub § 219-257 durchaus dem Ziel der josephinischen Gesamtdarstellung angemessen; vgl. das Interesse am Verhalten der im Euphratgebiet beheimateten Juden, Proömium § 5. Unebenheiten und Sprünge sind allerdings da; vgl. die Unsicherheit des Josephus selbst § 220, die schwerlich rhetorisch erklärt werden kann. Doch ist die genannte Konzeption des Josephus, daß man zwischen dem Kaiser und dem Prokurator zu unterscheiden hat, die Treue des Antiochus im römischen Sinne bewährt war und das Verhalten des Königs trotz des Konfliktes unanfechtbar blieb, auch in diesem Abschnitt noch so weit durchscheinend, daß sie kaum zugunsten der Annahme einer ursprünglich östlichen Quelle geleugnet werden darf. Ebensowenig ließe sich umgekehrt eine wirklich römische Konzeption für den Bericht nachweisen. Vielmehr käme für die Herkunft der Berichte als einer übernommenen Quelle am ehesten der Kreis um König Agrippa in Frage, da gerade hier die kritische Haltung gegen die römischen Statthalter neben einer gleichzeitig positiven Einstellung dem römischen Kaiserhaus gegenüber bestimmend war.

Anmerkungen zu Buch 7

[113] Die 6. Legion (ferrata) stand seit Augustus fast ununterbrochen in Syrien, worauf Tac. ann. 2, 79. 81; Dio Cass. 55, 23, 3 (in Judäa) und Inschriften hinweisen. Die aus der Zeit Vespasians stammende Inschrift CIL III 8261 nennt ausdrücklich den Vecilius Modestus als tribunus militum der 6. Legion in Syrien. Zum Ganzen vgl. Pauly-W. 12, 2, Sp. 1587–1696.

[114] Josephus nennt einen „König von Chalkidike" nur hier (vgl. sonst 2, 221. 251). Die Landschaftsbezeichnung ἡ Χαλκιδικὴ λεγομένη begegnet bei Josephus nur an dieser Stelle und könnte rein formal den Unterschied zu dem sonst häufig genannten Chalcis ad Libanum (vgl. 2, 217, Anm. 118) ausdrücken. ἡ Χαλκιδικὴ muß mit dem Gebiet um Chalcis, dem wichtigen Knotenpunkt östlich von Antiochien identisch sein, den wir aus Plin. hist. nat. 5, 81 kennen: Chalcidem cognominatam ad Belum unde regio Chalcidena fertilissima Syriae. Weitere literarische Zeugnisse finden wir bei Strabo, Geogr. 16, 753; Ptolemäus 5, 15, 18 und Hierocles 711 (vgl. Marquardt, Römische Staatsverwaltung Bd. I, 400 Anm. 7). Die bei Plinius gegebene nähere Bestimmung „ad Belum" weist vermutlich auf ein Gebirge hin, das nördlich vom Libanon dem Lauf des Orontes auf der Westseite folgt (vgl. auch Steph. Byz. 560: Σελευκεῖς πρὸς τῷ Βήλῳ). Marquardt a. a. O. 401, Anm. 12 berücksichtigt die Besonderheit der Bestimmung ἡ Χαλκιδικὴ λεγομένη an unserer Stelle nicht und denkt daher in diesem Zusammenhang an das bekannte Chalcis ad Libanum.

Gewöhnlich wird angenommen, daß der hier genannte Aristobul identisch ist mit dem Sohn des Herodes von Chalcis (ad Libanum vgl. 2, 217, Anm. 117; 2, 221). Dieser Aristobul wäre dann der König von Klein- und später auch von Großarmenien (vgl. bell. 2, 221. 251; ant. 20, 158; Tac. ann. 13, 7; 14, 26; Pros. Imp. Rom. I, 2. Aufl. S. 206; Kohout z. St.). Schürer I 724 und Thackeray z. St. lassen die Frage der Gleichsetzung offen. Es ist jedoch durchaus denkbar, daß Aristobul die Landschaft Chalkidike zwischen 60 und 70 als Schenkung oder – wie Kohout vorschlägt – als Tausch gegen Armenien vom Kaiser erhalten hat. Die Gleichsetzung könnte unterstützt werden durch ant. 20, 158, wo Aristobul nun wirklich ausdrücklich als Sohn des Herodes von Chalkis gekennzeichnet wird und außerdem gerade wieder zusammen mit Soemus von Emesa erscheint. Zu Soemus von Emesa vgl. 2, 501, Anm. 217; 3, 68; ferner 2, 487, Anm. 209. Die Wendung ἡ Ἔμεσα καλουμένη, d. h. Emesa als Landschaft begegnet bei Josephus ebenfalls nur an dieser Stelle; gemeint ist sicher die nach der Stadt Emesa am Orontes genannte Landschaft, westlich von Palmyra (vgl. Pauly-W. Bd. 5, Sp. 2496 f. und Marquardt a. a. O. 403 f. Ant. 18, 135; 19, 338; 20, 139. 158 begegnet – an allen Stellen innerhalb einer Genitivverbindung! – eine Pluralform Ἐμεσῶν. Der Plural könnte sich auf die Einwohner der Stadt Emesa beziehen. Über die beiden singulär auftauchenden geographischen Landschaftsbezeichnungen im Bellum, die Josephus sonst fremd sind, läßt sich auf jeden Fall nicht mehr sagen, als daß sie vermutlich mit der vorgegebenen griechischen Quelle (vgl. Anm. 11) zusammenhängen.

[115] Das Verhalten des Antiochus und seiner Söhne angesichts des Einfalls des Paetus in das Gebiet von Kommagene läßt folgende Fragen offen: 1. Hat der König tatsächlich sofort – wie Josephus § 228 andeutet – jeden Widerstand aufgegeben und sich zur Flucht entschlossen, die weder zu den Parthern führen soll noch in die Hände des Paetus, sondern zu einem ganz bestimmten geographischen Ziel im Süden, nämlich nach Cilicien (Anm. 116. 119). 2. Ganz entsprechend bleibt auch die militärische Situation des Paetus undeutlich: Warum stellt er die Hauptstärke seiner Truppen nicht an die parthische Grenze, an der nach § 224 die Entscheidung fallen mußte, sondern verfolgt den nach der Darstellung des Josephus letztlich doch ungefährlichen Antiochus? 3. Ebenso unklar ist die Verbindung zwischen der fliehenden Familie (§ 228. 234) und den Söhnen, die sich mit der Truppe zum Kampf entschließen (§ 232. 233). Im ganzen sieht es so aus, als wenn der Ausfall der Schlacht doch auf die Richtung der Flucht des Königs Einfluß nehmen könnte (§ 234). – Zum Geographischen: Nach 7, 229 zieht Antiochus etwa 20 km „in die Ebene" (εἰς τὸ πεδίον) und lagert dort. Der Artikel zeigt, daß „die Ebene" als fester Begriff vorausgesetzt wird. In ant. 14, 441. 444 finden wir für eine Kommagene betreffende Situation geographisch eine andere, vielleicht sogar genauere Schilderung, nach der sich zwei Tagereisen weit Wälder zwischen „den Ebenen" (τὰ πεδία) und Samosata erstrecken. Thackeray (zu ant. 14, 441) weist für Antiquitates auf eine Gegend 65 km südwestlich

Anmerkungen zu Buch 7

von Samosata nahe der südlichen Grenze. Bellum muß also eine andere „Ebene" meinen, die ebenfalls in südwestlicher Richtung, aber näher bei Samosata zu suchen ist (vgl. Anm. 116).

¹¹⁶ Josephus setzt voraus, daß Antiochus von Anfang an auf jeden Widerstand gegen Rom verzichtete, und eindeutig nach Cilicien zu fliehen beabsichtigte (§ 228). Auch die nicht ungünstig verlaufene Schlacht, die seine Söhne den nachdringenden Römern liefern, kann den König angeblich nicht von der begonnenen Flucht abbringen (§ 234). Andererseits ergibt sich aus dem Verhalten der Söhne und der bis zur Entscheidung des Königs nach der Schlacht (§ 234f.) durchgehaltene Kampfmoral der Truppen, daß die Söhne das Verhalten des Königs zunächst als ein Ausweichen und nicht als Flucht verstehen wollen.

Wenn Josephus den ganzen Kommagenebericht unter den Gesichtspunkt der laudatio Caesaris stellt, dann allein im Sinne etwa der Anm. 112. Die Reform, d. h. das Herstellen von Ruhe und Ordnung im Osten des Imperiums verlangt um der Parther willen (§ 224) eine stärkere römische Machtstellung am Euphrat; dem fällt Antiochus zum Opfer. Die Tatsache, daß sein Widerstand schnell gebrochen werden kann, begünstigt das Vorhaben des Kaisers, so daß dieser die königliche Familie relativ glimpflich (ἡμέρως, § 243) behandelt. D.h., daß in diesem Fall Paetus tatsächlich lediglich das scharfe Werkzeug der kaiserlichen Politik darstellen würde (vgl. Anm. 112; Weber 81 f.).

¹¹⁷ Nach § 227 hatte Antiochus ein klares Wissen um die Vergeblichkeit eines Widerstandes gegen Rom; darüber hinaus betont § 231 sein Bestimmtsein von der Macht des Schicksals (τύχη, vgl. 6, 409, Exkurs XVIII), der er sich klagend unterordnet; ὀδυρόμενος und δέοι παθεῖν unterstreichen das Element des Tragischen und zeigen deutlich die Steigerung gegenüber § 227.

¹¹⁸ Für die Verständnis von § 233 ergeben sich zwei Möglichkeiten: Das Partizip ἐλλαττωθείσῃ läßt sich 1. im Sinn von „im Nachteil sein" deuten (Kohout, Whiston-Marg., Ricciotti, Simchoni), 2. „Schaden erlitten haben" (Clementz, Thackeray). Unsere Übersetzung schließt sich der ersten Möglichkeit an (vgl. auch ant. 3, 53; 7, 20. 195), da sich die andere Deutung im militärischen Sinn bei Josephus so nicht belegen läßt.

¹¹⁹ Der Entschluß des Antiochus, nach Cilicien zu fliehen, weist auf sein Absicht, sich auf seinen Privatbesitz an der Küste zurückzuziehen (vgl. Tac. ann. 12, 55). Kohout z. St. denkt sogar daran, daß sich der König von Cilicien aus unmittelbar an den Kaiser wenden wollte.

¹²⁰ Epiphanes geht mit 10 Reitern über den Euphrat, nachdem sich seine militärische Macht aufgelöst hat. D.h., erst jetzt entsteht nach Josephus die für den Kontext nicht unwichtige Verbindung mit den Parthern (vgl. Anm. 112). Zwei Inschriften aus Heliopolis (vgl. SBA 1903, 817f. = Dessau III 9200; CIL III 14387 i = Dessau III 9198) beziehen sich nach Th. Mommsen auf die bei Josephus berichteten Ereignisse in Kommagene. In der erstgenannten Inschrift des C. Velius Rufus wird gesagt, daß die beiden Königssöhne cum ampla manu tributariorum zu Vespasian geführt wurden. Th. Mommsen nimmt an, daß es sich hierbei um Kommagener handelt, die sich der neuen Herrschaft entziehen wollten (Pauly-W. 10. Bd. Sp. 160. 162).

¹²¹ Verhaftung, Fesselung und strafrechtliches Verfahren in Rom sind die von Paetus durch einen Centurio über Antiochus verhängten Maßnahmen (vgl. Mommsen, Strafrecht 1899, 311 f.). Parallelen zu derartigen Verhaftungen: Tac. ann. 14, 65; 15, 61; Philo in Flaccum 13.

¹²² Lakedämon (Sparta) war auch nach der Schaffung der Provinz Achaia unter Augustus eine freie Stadt geblieben; so war ihm als civitas externa bzw. foederata das Exilrecht eigen, d.h. es konnte Verbannten offiziell Aufenthalt gewähren (vgl Pauly-W. 2. Reihe Bd. 3, 2, Sp. 1447f. und Kohout z.St.). Nach Josephus ordnet der Kaiser den Aufenthalt des Antiochus in Sparta an und gewährt ihm von sich aus finanzielle Zuwendungen. Damit ist das offizielle Verfahren gegen ihn eingestellt.

¹²³ Nach Josephus ist die Schuld der Königssöhne zwar nicht zu leugnen, aber sie wird sowohl durch die Fürsprache des Partherkönigs als auch durch die Anhänglichkeit der Söhne an den römischen Macht- und Kulturbereich (ἡγεμονία) in ein günstigeres Licht gerückt. Der Fall geht jetzt unmittelbar an die clementia des Kaisers über, der ihnen Straffreiheit und rechtssicheren Aufenthalt in Rom (ἄδεια) gewährt. Es entstehen

Anmerkungen zu Buch 7

zwei Fragen: 1. Ist die Rückführung aus dem Partherland ohne rechtlichen Druck durch die Römer erfolgt? (vgl. „reduxit" in der Inschrift des C. Velius Rufus IL ed. H. Dessau 9200). 2. Ist der Aufenthalt der Prinzen in Rom (unter dem Gesichtspunkt der ἄδεια) als Internierung zu verstehen (so Kohout z. St.; Pauly-W. Bd. 1, Sp. 2491)? Da der Text des Josephus auf Internierung jedenfalls nicht schließen läßt, liegt es auch für die Beantwortung der Frage nach der Rückführung aus dem Partherland nicht nahe, einen rechtlichen Druck seitens der Römer vorauszusetzen.

[124] Zur clementia des Kaisers vgl. Buch 4, 119, Anm. 24

[125] Mit dem Ende des „bellum Commagenicum" (so CIL III 14387) wurde Kommagene endgültig römisch, und zwar nicht als selbständige Provinz (was Suet. Vesp. 8 vermuten lassen könnte), sondern – wie schon einmal unter Tiberius von 17–38 n. Chr. – als ein Teil der Provinz Syrien. Die Hauptstadt Samosata erhielt den Beinamen Flavia und eine neue Ära. Auch die auswärtigen Besitzungen (z. B. in Cilicien) wurden dem König abgenommen und dem Imperium eingegliedert. Dazu vgl. Marquardt, Römische Staatsverwaltung 1893, S. 399; Pauly-W. Suppl. 4, Sp. 987. Ob der Aufenthalt des Antiochus und seiner Söhne als Internierung zu deuten ist oder nicht (s. Anm. 123) – auf jeden Fall lebte die königliche Familie in Rom in Wohlstand (ein prächtiges Denkmal des Philopappus gibt noch Zeugnis davon) und hohem Ansehen. Der Enkel des Antiochus Philopappus (vgl. Anm. 111) erlangte unter Trajan die senatorische Würde und sogar das Konsulat.

Wichtig ist, daß Josephus die Einbeziehung Kommagenes in die unmittelbare römische Verwaltung der Provinz Syrien nicht berichtet (vgl. Anm. 112). Die Erzählung ist rein anekdotisch, d.h. sie blickt nicht auf das eigentliche politische Ziel der Römer, sondern auf das menschliche Ergehen der königlichen Familie von Kommagene.

[126] Josephus nennt die Alanen im Bellum zum ersten Mal. Thackeray führt den Einschub: „wie ich irgendwo zuvor berichtet habe" auf eine unserem Text zugrundeliegende Quelle zurück, die Josephus in diesem Fall unkritisch übernommen habe (ähnlich Ricciotti z. St.). Tatsächlich hat Josephus in § 89 (Anm. 47) einen Einfall der Skythen in Moesien erwähnt; doch kann jenem Hinweis tatsächlich nur begrenzte Bedeutung zugeschrieben werden. Schließlich könnte es sich aber noch um einen Irrtum des Josephus handeln. – Ausführliche Nachrichten über das Alanenvolk gibt Ammianus Marcellinus XXXI 2, 12 ff. Die Alanen sind ein in zahlreiche Stämme geteiltes iranisches Nomadenvolk. Sie bewohnten das Steppengebiet nördlich und östlich des Schwarzen bzw. des Asowschen Meeres (der „maionitische See" meint das Asowsche Meer und der Tanais den Don). Seit Beginn der Kaiserzeit unternehmen die Alanen Einfälle in das jenseits des Kaukasus gelegene Gebiet Armeniens und Mediens. Josephus berichtet ant. 18, 97 von einem Zug der Skythen gegen den Partherkönig Artabanus zur Regierungszeit des Tiberius. Der Bericht des Dio Cass. 69, 15, 1–2 von einer Auseinandersetzung der Römer mit alanischen Völkern gehört vermutlich in die Jahre um 135 n. Chr. Zum Ganzen vgl. Pauly-W. Bd. 1, Sp. 1282 ff.

[127] Die Landschaft Hyrkanien umgibt den südöstlichen Teil des kaspischen Meeres; es handelt sich größtenteils um das nördliche Randgebiet des zentraliranischen Hochlandes. Jahrhunderte lang bildete Hyrkanien die Grenzmark des staatlich wohlorganisierten Kulturlandes mit seßhafter Bevölkerung gegen die transkaspischen Steppen und Wüsten mit ständig wechselnden Nomaden. Nachdem das Land in den vorchristlichen Jahrhunderten stets unter der Oberhoheit des persischen bzw. des parthischen Reiches gestanden hatte, konnte Hyrkanien im 1. Jahrh. n. Chr. zu einem selbständigen Staat entwickeln. Im Jahre 58 n. Chr. wurde die Loslösung Hyrkaniens vom parthischen Großreich proklamiert (Tac. ann. 13, 37). Für Josephus gehört der Beginn der Selbständigkeit Hyrkaniens zur Gegenwartsgeschichte. Die hyrkanischen Könige stammten ebenso wie die der Nachbarreiche aus dem arsakidischen Königshause; trotz dieser Beziehung zum Partherreiche traten sie in selbständige Beziehung zum römischen Kaiser. Noch vor Antoninus Pius (138–161) erscheint eine Gesandtschaft aus Hyrkanien (Incerti auctoris Epitome de Caesaribus [ed. F. Pichlmyer 1911] 15, 4).

Zudem ergibt sich aus dieser Nachricht, daß das kleine ostiranische Königreich zum mindesten 100 Jahre bestanden hatte. Sicher ist es, daß es zur Zeit des Sassanidenreiches nicht mehr existiert, da es bei der Eroberung des Nord- und Ostiran durch die Sassaniden

Anmerkungen zu Buch 7

keine Rolle mehr spielt. Zum Ganzen vgl. Pauly-W. Bd. 9, Sp. 454–526. – Die Art der Beziehung zwischen dem Landschaftsnamen Hyrkanien (altpersisch: varkanija) mit dem jüdischen Personennamen Hyrkanos der hellenistischen Zeit verdient eine Überlegung. Er taucht in unseren Quellen zum ersten Mal bei dem Sohn des Tobiaden Joseph auf (2. Makk. 3, 11; ant. 12, 197ff.) Euseb chron. Hieron. GCS Euseb VII S. 146 schreibt über Johannes Hyrkan I., daß dieser seinen Beinamen nach dem Krieg gegen die Hyrkanier angenommen habe. Der Name Hyrkanos begegnet auch in rabbinischen Kreisen (R. Hyrkanos und – von ihm unabhängig – Elieser b. Hyrkanos). Zu Parallelbildungen in der talmudischen Literatur („habbabli") vgl. Schürer I 258, Anm. 2 und schließlich ist auf die Deportation besonders unter Artaxerxes Ochus hinzuweisen. Vgl. J. Neusner, A History of the Jews in Babylonia 1965, 11 f.

[128] Gemeint ist der Paß im Alburzgebirge etwa 100 km östlich von Rhagae, die sogenannten „Kaspischen Tore". An diesem Paß stoßen Medien, Parthien und Hyrkanien zusammen (Chrestomathie des Strabo XI 35. 37). Für die Geographie sind die Kaspischen Tore ein wichtiger Orientierungspunkt (Strabo, Geogr. 78–80; 514 u.a.). Zu allen Zeiten spielt ihre militärische Bedeutung eine große Rolle (Tac. hist. 1, 6; Arrian 3, 19–20). Über die Verschließung des Passes durch eiserne Tore berichtet nur Josephus. Die Schliessung der Tore, die von Josephus auf Alexander zurückgeführt wird (von Kohout sogar auf die Perser), ist nach Ricciotti z. St. eine legendarische Weiterbildung. Doch ist die Frage der Herleitung dieses Stoffes damit nicht gelöst.

[129] Es handelt sich bei diesem Pakorus um den Sohn des Partherkönigs Vonones II. und den Bruder des Volageses I. von Parthien und des Tiridates. Volageses I. machte ihn um das Jahr 54 n. Chr. zum König von Medien (vgl. Jos. ant. 20, 74; Tac. ann. 15) Bis zum Einfall der Alanen war die Regierung des Pakorus ungestört (Zum Ganzen vgl. Pauly-W. Bd. 18, 1, Sp. 2438).

[130] Tiridates gehört ebenfalls zum arsakidischen Königshaus (vgl. Anm. 129). Der Prinz lebte unter Tiberius eine Zeit lang in Rom. Im Kampf gegen den Partherkönig Artabanus III., der ständig versuchte, Armenien in seine Hand zu bekommen, sandte Tiberius Tiridates unter der Oberleitung des syrischen Legaten L. Vitellius in das umkämpfte Gebiet. Zunächst wurde Artabanus geschlagen, und die Römer versuchten, Tiridates zum König der Parther zu erheben. Nach anfänglichen Erfolgen schlug der Plan letztlich doch fehl, da der nach Hyrkanien geflohene Artabanus inzwischen wieder so viele Anhänger hatte, daß er gegen Tiridates ziehen konnte. Dieser entschloß sich zu keinem neuen Kampfe; er zog die Flucht vor und entkam mit nur wenigen Getreuen nach Syrien. Zum Ganzen vgl. Tac. ann. 6; Dio Cass. 58, 26, 1-4 und Pauly-W. Bd. VI A Sp. 1440f.

[131] In 7, 252–406 liegt der fest abgegrenzte Bericht des Josephus über die Einnahme von Masada vor. Er steht teilweise unter römischem Gesichtspunkt, so daß eine von dort kommende Tradition, vielleicht sogar eine schriftliche Quelle anzunehmen ist. Die Verantwortlichkeit des römischen Legaten Flavius Silva tritt im Rahmen des Ganzen stark heraus (§ 252; 275; 407). Im Unterschied von der ähnlich aufgebauten Machärusdarstellung (Geschichte, Geographie und Art der Verteidigung vgl. Anm. 92) legt der Masadabericht auf den jüdischen Befehlshaber, Eleazar, Sohn des Jair und der Kennzeichnung der Sikarier ein auffallendes Gewicht.

Ein neues Problem entsteht allerdings durch die Art der Darstellung der Sikarier und den Vergleich mit den anderen Aufstandsgruppen in § 7, 254–274 sowie der beiden Eleazarreden 7, 323–336 und 7, 341–388. Diese in sich geschlossenen Abschnitte scheinen von Josephus in die römische Tradition bzw. Quelle eingearbeitet zu sein, wobei noch zu untersuchen wäre, ob es sich hier wieder um jüdisch-hellenistische Vorlagen (Anm. 92) oder um eine josephinische Neuschöpfung unter Verwendung älteren Materials handelt. Auf jeden Fall sind die genannten Einfügungen keineswegs bloße Wiederholungen ähnlicher Stoffe, wie wir sie in Buch 1-6 finden, vielmehr zeigt ein näherer Vergleich mit den früheren Büchern deutlich, daß ihre Darstellungen mit der in Buch 7 in Spannung stehen (vgl. die Beurteilung der Sikarier und die dem Eleazar zugeschriebene, stark philosophisch bestimmte Eschatologie).

Flavius Silva, auf einer Inschrift (CIL 10243) mit vollem Namen L. Flavius Silva Nonius-Bassus, wurde wohl im Spätjahr 72 n. Chr. als kaiserlicher Legat nach Judäa

Anmerkungen zu Buch 7

gesandt. Zu dieser zeitlichen Festlegung vgl. Anm. 111; Pros. Imp. Rom. 2. Aufl. Bd. III, S. 171 und A. Schulten, Masada in ZDPV 56 (1933), 17. Im Jahre 81 n. Chr. bekleidete er gemeinsam mit Asinius Pollio Verrucosus das Amt des Konsuls (Dio Cass. 66, 26).

[132] Während in dem Abschnitt über L. Bassus der Ausgangspunkt die militärische Gewalt war (§ 163) und erst nachträglich die zivile Neuordnung „Judäas" berichtet wurde (§ 216–218), setzt der Bericht über Flavius Silva in § 252 mit dem betonten und für Josephus wichtigen Begriff der ἡγεμονία ein, der sowohl militärische wie zivile Funktion in sich schließt (vgl. Anm. 67), d.h. daß Josephus durch die Verwendung des Begriffes ἡγεμονία schon auf das über die militärischen Maßnahmen hinausgehende Ziel weist.

Während nach den früheren Aufstandsversuchen (4 v. Chr. – 6f. n. Chr., 46–48 n. Chr.) die geschlagenen Juden refugia in der Wüste benutzen konnten, legt Josephus grundsätzlich darauf Gewicht, daß nach dem großen Aufstand 66–70 n. Chr. jeder Rückhalt in der Wüste unmöglich gemacht wird. In diesem Sinn führt Buch 7 konsequent die Linie von 6, 351–353 (Entscheidung des Titus) zu Ende.

[133] Zur Sammlung der an den verschiedenen Plätzen gelegenen Streitmacht vgl. den ähnlichen Einsatz § 164, Anm. 91. Es geht um die 10. Legion und einige Auxiliartruppen. A. Schulten, Masada, in ZDPV Bd. 56 (1933), 85f. versucht auf Grund der Größe der römischen Lager vor Masada die Stärke der Legion und der Auxiliartruppen zu ermitteln. Für letztere erschließt er 6 Kohorten; die wichtigsten unter ihnen waren die coh. Thracum II, coh. Cantabrorum, beide wohl 1000 Mann stark, die übrigen 4 Kohorten können nach der Lagergröße nur jeweils 500 Mann gezählt haben. Da Schulten für die 10. Legion 4000 Mann annimmt, kommt er zu dem Gesamtergebnis von 8000 Mann Kampftruppen (ähnlich Ricciotti z.St.).

Für die erneute Notwendigkeit zur Truppensammlung gibt Kohout z. St. die Erklärung, daß sich die Truppen nach der Schlacht im Walde Jardes 7, 210–215 (Anm. 105. 106) wieder in die Standorte begeben hätten, da durch die Krankheit des Lucilius Bassus jede größere Unternehmung für die nächste Zeit unmöglich geworden sei.

Josephus erwähnt wie im Machärusbericht auch hier nichts über den Aufmarsch und Ausgangspunkt der römischen Truppen (doch vgl. dazu die Vermutung Schultens a.a.O. 172, der von einem Anrücken der Römer von Osten und Westen spricht). Es bot sich die Herodesstraße Jerusalem-Herodeion-Masada als Zugang an (G. Dalman PJB 1914, 26; A. Schulten a.a.O. 90 und Plan III). Außerdem war es notwendig zur Proviantbeschaffung, neue Straßen zum römischen Lager anzulegen. Aus 3, 118. 141 wissen wir von Straßenbauabteilungen, die dem römischen Heer vorangingen. Noch heute sind die Zugangsstraßen vorhanden und gangbar, die Flavius Silva bauen ließ.

[134] Zu Masada vgl. bell. 1, 237, Anm. 119; 2, 433, Anm. 197; Y. Yadin, The Excavation of Masada 1963–64 (Preliminary Report) 1965, in JEJ, Bd. 15 (1965). Masada, Herod's Fortress and the Zealot's Last Stand 1966; S. Zeitlin, The Sicarii and Masada JQR 57 (1967) 251ff. Zur archäologischen Forschung über Masada im 19. Jahrh. vgl. die Literatur bei A. Schulten, Masada, ZDPV 56 (1933), 185 und den Überblick in Masada, Survey and Excavations 1955–1956, in JEJ 7 (1957), 8–12.

[135] Zu Eleazar, dem Sohn Jairs vgl. schon 2, 447: ὃς ὕστερον ἐτυράννησεν τῆς Μασάδας Der formal aus dem Griechischen übernommene Begriff der Tyrannis hebt das von der Tora her bestimmte Recht des Volkes auf (vgl. § 265, Anm. 142). Eleazar gilt in 7, 253 als Nachkomme des Judas, in 2, 447 als Verwandter des Menahem und wird damit an unserer Stelle zum Träger der alten galiläischen Aufstandstradition (7, 324, Anm. 164). In 2, 444 werden die Anhänger des Menahem ausdrücklich als „Zeloten" bezeichnet, während die Masadagruppe um Eleazar nach 4, 400; 7, 253 grundsätzlich „Sikarier" genannt wird. Obwohl in 2, 254 wie in 7, 268 – wenn auch in verschiedenem Sinn – zwischen Zeloten und Sikariern von Josephus unterschieden wird, müssen doch vom Ursprung und der Führung her Verbindungslinien zwischen beiden Gruppen vorhanden sein. Wie bei Judas dem Galiläer lehrmäßige Züge von Josephus festgestellt werden (bell. 2, 118; ant. 18, 23), die zur Gründung einer eigenen Gruppe führen, so scheint Josephus – im Unterschied zu allen anderen zelotischen Führern – auch für seinen Nachkommen Eleazar, den Sohn Jairs, solche lehrmäßige und rhetorische Elemente anzu-

Anmerkungen zu Buch 7

nehmen. Selbstverständlich ist zwischen zelotisch-jüdischen Lehrsätzen und den bei Josephus im Stil des 4. Makkabäerbuches geäußerten philosophischen Überzeugungen zu unterscheiden. Während Josephus in 2, 433 Judas den Galiläer σοφιστὴς δεινότατος nennt (vgl. 2, 586; 4, 321) und damit auf seine lehrmäßige und rhetorische Überzeugungskraft anspielt, kennzeichnet er Eleazar in 7, 253 ohne erkennbare Kritik als δυνατὸς ἀνήρ und hebt damit seine politische und militärische Bedeutung hervor (Thack. Lex. zu δυνατός).

[136] Zu Judas, dem Galiläer, vgl. 2, 117, Anm. 34; 2, 433, wo wir den Bericht haben, auf den Josephus an unserer Stelle hinweist. Die neuere Forschung betont mit Recht die Eigenständigkeit seiner Lehre und den aus ihr entstandenen religiös-halachischen Ursprung der Aufstandsbewegung. Zu den biblischen Voraussetzungen der Lehre des Judas vgl. die Verheißungen Gottes Lev. 25, 23 (das Land gehört Gott allein) und Jes. 62, 8 (die Früchte sollen vom Volke allein gegessen werden), die nur unter dem aktiven Einsatz Israels verwirklicht werden. Vgl. dazu bes. Hengel, Zeloten 145.

[137] Bei der ἀπογραφή (2, 118; ant. 18, 3) und ἀποτίμησις (ant. 17, 355; 18, 2ff. 26) des römischen Provinzialzensus des Augustus, an dem sich der konkrete Widerstand des Judas entzündete, ist man zunächst versucht, zwischen einer Einschreibung in die Steuerlisten und einer darauf folgenden Abgabe zu unterscheiden. Jedenfalls hat der römische Bürgercensus, der zum letzten Mal zur Zeit Vespasians und des Titus bezeugt ist, noch die strenge Unterscheidung zwischen Volkszählung und Steuererhebung. Man beachte außerdem die Verschiebung in den Begriffen vom Bellum zu Antiquitates. Zum Ganzen Pauly-W. Bd. 3, Sp. 1916–1922; Schürer I 510ff.; Hengel, Zeloten 132ff.

Exkurs XXI. Zum Problem der Sikarier und des Verhältnisses der Aufstandsgruppen untereinander.

Nach Josephus gibt es einerseits die galiläische Führungsdynastie aus der Familie Hiskia-Juda, deren Bedeutung aber mit der Ermordung Menahems in Jerusalem 2, 448 absinkt, anderseits das für den Aufstand 66–70 so typische Nebeneinander und Gegenüber von Gruppenführern 5, 5ff., die nach dem Sturz des Menahem eigene Bedeutung erlangten. Die verschiedenen Aufstandsperioden bringen also eigene Führer hervor, deren Schicksal jeweils die Geschichte des Aufstandes entscheidend bestimmt. Es ist wahrscheinlich, daß die Führer, die nach 66 in Rivalität einander gegenüberstehen, über das Militärische hinaus eigene Traditionen vertreten und auch im einzelnen halachische Unterschiede aufweisen. Bell. 4, 134ff. ist ausdrücklich von der Bildung militärischer Verbände in einem geschichtlichen Augenblick die Rede (λόχοι συντάγματα, στῖφος) wobei das Gewicht der militärischen Notwendigkeit auch im Vordergrund steht. Selbständig jedoch ist die Bildung der Kampfgruppe Simon bar Gioras 4, 508. 510, wo unter soziologischem Gesichtspunkt Sklaven, Aufständische (λησταί) und Bürger (δημοτικοί), gesammelt werden, die ihm „wie einem König gehorchen".

Von den Sikariern wird in 2, 254 ausgesagt, daß sie z. Zt. des Felix „eine neue Gattung von Räubern" (ἕτερον εἶδος λῃστῶν), d. h. eine neue Art des Widerstandes gegen Rom aufbrachten. Ob damit ein eigener Verband bezeichnet werden soll, oder eine neue Art der Auseinandersetzung, die bisher in Jerusalem so nicht gebräuchlich war, steht dahin. Während bell. 2, 254 die Ableitung des Begriffes Sikarier im Sinn des römischen Rechts (vgl. Lex Cornelia nach Dig. 48, 3 § 5 und Th. Mommsen, Römisches Strafrecht S. 628, Anm. 1) versucht, sieht es in Ant. 20, 186 so aus, als lege der Text besonderes Gewicht auf die Art der Waffe, nach der die Sikarier ihren Namen erhalten. Der Kontext aber, der die Art der Sikarier polemisch schildert, läßt allerdings die Waffe nur im Sinn des Meuchelmordes, d. h. der Tötung ohne Gegenwehr, in Erscheinung treten. Zu einem ganz anderen Ergebnis führt die Betrachtung der Sikarier unter dem Aspekt einer Kampfgruppe der Aufständischen. Man erinnert dann an 1 QM 5, 11–14, wo die „Schwerter" geschildert werden und die Auslegung den Begriff kidan (kidōn) vgl. Jos. 8, 18, 26; 1. Sam. 17, 6. 45 u. ö. zu bestimmen sucht. Daß es sich in 1 QM 5, 11–14 tatsächlich um eine Art Schwert handelt, dürfte überzeugend sein. Die Frage stellt sich nur, ob das gekrümmte Schwert (Krummsäbel, Sichelschwert) auch hier gemeint ist. Vgl. bell. 3, 95, Anm. 39. Zum Begriff der sica im römischen Imperium vgl. Daremberg-Saglio Bd. IV 2, 1300f. Zur Frage des Sichelschwertes: K. G. Kuhn ThLZ 1956, 25ff.; Dupont-Sommer, Die essenischen Schriften vom Toten Meer, 196, Anm. 1; G. Molin JSS 1, 1956, 334–337.

Anmerkungen zu Buch 7

Zur sica als Waffe der „Bündischen" vgl. G. R. Driver, The Judaen Scrolls (1965), 183ff.

Der Begriff der „Sikarier" taucht in ganz bestimmten Zusammenhängen im bellum auf, und es ist offensichtlich, daß Josephus bei seiner Verwendung niemals von der römisch-rechtlichen Begriffsbildung abgesehen hat. Das Element der besonderen Waffe (sica) wird durch ant. 20, 186 nahegelegt, bleibt aber in seiner Bedeutung für den Begriff „Sikarier" zweifelhaft. Auf jeden Fall verarbeitet Josephus im Begriff „Sikarier" verschiedenartiges Material, wobei bell. 7 noch in einem besonderen Spannungsverhältnis zu 1–6 steht. 7, 254. 324 versteht die Sikarier als Träger der eigentlichen Aufstandstradition, die bereits aus der Judaszeit abzuleiten ist. D.h., daß der Zusammenhang von 2, 254 nicht in die Deutung von 7, 254. 324 hineingetragen werden darf (7, 254: τότε = „damals"; anders Kohout, Clementz und neuerdings H. Endrös).

In der jüngsten Diskussion ist vor allem auf G. Baumbach, Zeloten und Sikarier, ThLZ 90 (1965), 727–740 zu verweisen, der die Begriffe historisch und traditionsgeschichtlich zu trennen versucht. Nach ihm ist die galiläische Aufstandsbewegung identisch mit den Sikariern und bildet die eigentliche Schlagkraft der Bewegung, während die Zeloten ursprünglich der kultisch-gesetzlichen Priestergruppe in Jerusalem angehörten. Damit würde das Schwergewicht auf die Stellen bei Josephus zu legen sein, die zwischen beiden Gruppen scharf zu trennen versuchen (bell. 2, 118. 409; 7, 253–274; ant. 18. 4. 9. 23), während die Verwischung der Gegensätze einen Sekundärprozeß darstellte. Schließlich erweitert G. Baumbach die Problematik noch durch die Einordnung von Essenern in den Aufstand. Vgl. außerdem S. Zeitlin a. a. O.

[138] Die mit § 253 einsetzende Schilderung der Periode des Aufstandes darf nicht bloß als Charakterisierung der Judaszeit verstanden werden, obwohl τότε in § 254 auf die Judaszeit zurückgreift (vgl. Exkurs XXI; Thackeray z. St.). Es kommt Josephus in diesem Text §§ 254–258 – falls er in der heutigen Form richtig überliefert ist (vgl. Niese zu § 257) – mehr auf eine zusammenfassende Charakterisierung der Sikarier an als auf die zeitliche Unterscheidung der einzelnen Abschnitte: Mit der Nennung des Stichwortes „Sikarier" in § 253 ist der Anlaß gegeben, daß eine neue Scheltrede einsetzt. Zunächst wird das Handeln gegenüber den römisch gesinnten Volksgenossen als das von „Räubern" (λησταί) geschildert (§ 254). Ihre Opfer werden als „Feinde" und „Fremdstämmige" behandelt, weil lehrmäßig das Entscheidende ist, auf den für sie alles ankommt (§ 255). Die Kritik des Josephus bestreitet jedoch die Freiheitslehre als die lehrhafte Grundlage der Sikarier (vgl. Anm. 139). Das eigentliche Wesen der Sikarier enthüllt sich als Grausamkeit und Habgier (§ 256). In ihrem Verhältnis zu den ebenfalls am Aufstand beteiligten Juden zeigt sich, daß sie sich dem Widerspruch der Wahrheit nicht stellen, sondern nur bösartiger werden. Ihre Betonung der Lehre und des Einsatzes für die Wahrheit scheitert an ihrem tatsächlichen Verhalten (§ 257–258). Ein Vergleich dieser in sich abgeschlossenen Polemik gegen die Sikarier mit 2, 254. 264–265 zeigt, daß die polemischen Aussagen über die „Sikarier" nicht einheitlich sind. Es bleibt die Frage offen, ob der Begriff durch 2, 254. 264–265 oder durch 7, 253–258 besser gedeutet wird (vgl. Exkurs XXI).

[139] Die zunächst polemisch gefaßte Beschuldigung gegen die „Sikarier", die lehrmäßige Grundlage ihres Handelns sei ein bloßer „Vorwand", entspringt tieferen Wurzeln: sie hängt am josephinischen Freiheitsbegriff, der grundsätzlich sowohl in Bellum wie in Antiquitates, wenn auch in verschiedener Weise, vorauszusetzen ist. Im Bellum kennt Josephus die Freiheitslosung der Aufständischen (hier identisch mit den „Sikariern"), wie 2, 264; 7, 255 ausdrücklich bezeugen; er stellt in der Agripparede in 2, 355ff. 365ff. einen pragmatisch-historischen Gesichtspunkt dem zelotischen Streben entgegen und bestreitet in 7, 256ff. („Vorwand") die Ernsthaftigkeit der zelotischen Losung, ohne auf ihre Thesen wirklich einzugehen. Das Bild ändert sich, wenn man die Darstellung der jüdischen Geschichte in Antiquitates mit dem pragmatisch-historischen Gesichtspunkt des Bellum vergleicht. In Antiquitates ist die Freiheitsvorstellung – oft durch einen ergänzenden Begriff (z.B. σωτηρία) abgesichert – ganz entfaltet: sie ist ein wertvolles Gut, um das die Väter von Moses bis Judas Makkabäus gekämpft haben (ant. 2, 281, 327; 3, 19–20. 64; 6, 20; 7, 95; 12, 281. 302. 433f.; 13, 1). Die Freiheit ist gebunden und begrenzt durch die Tora und den Gehorsam gegen sie, wobei nicht so sehr die Schärfe

Anmerkungen zu Buch 7

eines Einzelwortes, als vielmehr eine Grundhaltung zum ganzen Verständnis des göttlichen Willens zum Ausdruck kommt. Die Zeloten stehen auch in Antiquitates nicht innerhalb des von der jüdischen Tradition her modifizierten hellenistischen Freiheitsverständnisses, sondern stellen eine Neuerung dar (ant. 18, 9f.), die den Fortgang der Geschichte verhängnisvoll beeinflußt (vgl. ant. 18, 4–10 mit bell. 7, 254–258 und ant. 18, 23–25). Auch ant. 6, 20 darf nicht, wie der Kontext deutlich zeigt, zelotisch verstanden werden.

In § 255 verbirgt sich der zelotische Satz, daß der Jude, der die Gabe der Freiheit (= Erlösungstat Gottes) mißachtet, dem Nichtjuden gleichzuachten ist. (vgl. 7, 411, Anm. 191; ferner die „achtzehn Bestimmungen" b. Schab. 14a.; j. Schab. I 5 (3c) 39 ff.; b. Schab. 17a). Die These, daß man den nichtzelotischen Juden wie einen Feind behandeln soll, ist aus Mischna und Talmud nicht abzuleiten. Man könnte daran denken, daß der im römischen Dienst stehende Jude von den Zeloten wie eine Verunreinigung empfunden wird und man ihn daher als „Feind des Volkes" (ὡς πολεμίους) ausscheidet (2, 254–257; 7, 410, Anm. 190ff.). So geschlossen die Konstruktion des Josephus im Ganzen ist, und so sehr sie sich auf den Verlauf der Geschichte berufen kann, so problematisch bleibt eine derartige Gesamtansicht. Sie hat ihre Grenze an dem älteren biblischen Material (§ 253, Anm. 136) und dem Kampf um die Freiheit in der hellenistischen Periode. Ist der Zelotismus eine Radikalisierung im halachischen Sinn – was Josephus durchaus richtig erkennt – so bleibt er doch eine mit dem Pharisäismus im Ursprung verknüpfte Bewegung, die den tragischen Verfall der Beziehungen zwischen Rom und dem Judentum anders ansetzt als Josephus, der auf die alten Rechtsbindungen und Vorrechte des Judentums innerhalb des Imperiums, auf die τύχη der Römer in der Geschichte und auf die gemeinsame hellenistische Ordnungsmacht im Unterschied von aller barbarischer Unordnung besonderes Gewicht legt. Vgl. A. Schlatter, Geschichte Israels 3. Aufl. 1925, 259–264; Hengel, Zeloten 114–123. 204–211; J. Leipoldt-W. Grundmann, Umwelt des Urchristentums I (1965), 286–291.

¹⁴⁰ Die Übersetzung will sowohl das Subjekt ὁ χρόνος ἐκεῖνος § 259 wie auch die Bestimmung ἐν τοῖς Ἰουδαίοις soweit wie möglich erhalten (wenn es auch stilistisch nicht leicht durchführbar ist). Es geht bei dem von Josephus gern gebrauchten Bild von der „Krankheit" bzw. der „Entzündung" (2, 264; 4, 406; 7, 437) um ein im Bellum auf bestimmte Krisenpunkte der palästinischen Geschichte angewandtes Stilmittel, das aus der griechischen Tradition stammt (vgl. Bauer Wört. s. v.). Gegenüber den oben genannten Stellen im Bellum fällt hier in § 259–260 das radikale Urteil über die gesamte Periode des Aufstandes 4. v. – 70 n. Chr. auf. Diese Zeit gleicht einem fortdauernden Krankheitsprozeß. Es ist möglich, daß dies Bild ebenfalls als Umkehrung der Heilsverkündigung der Apokalyptik zu verstehen ist (vgl. 6, 300 Exkurs XIV). In ant. 15, 244 und 18, 25 ist die Verwendung des Bildes wesentlich schwächer.

Der Abschnitt § 259–274 ist ein Exkurs. Das Bindeglied zwischen dem fortlaufenden Text und dem Exkurs ist der Begriff des „Sikariers". Daß ein solcher Exkurs überhaupt noch notwendig ist, fällt auf. Noch seltsamer ist die gegenüber Buch 1–6 fremdartige Anordnung der Gruppen, nach der die Sikarier die erträglichsten, die Zeloten die schlimmsten Aufständischen sind (ganz andersartig die Anordnung 4, 161–409).

¹⁴¹ Zum logischen und formalen Aufbau der Schilderung des Johannes von Giskala § 264: 1. er deckt den Tisch mit gesetzlich verbotenen Speisen, 2. er setzt für sich die Reinheits- und Kultgesetze außer Kraft (zu ἐκδιαιτᾶν vgl. den Sprachgebrauch von 4. Makk. 4, 19; 18, 5), 3. er kennt keine Milde und menschliche Verbundenheit (Thackeray: charity). Josephus muß diese drei sich steigernden Vorwürfe im halachischen Sinn verstehen. Bei τράπεζα ἄθεσμος ist an halachisch verbotene Speisen zu denken, wobei man sich nicht nur auf bell. 5, 562ff., Anm. 216. 217 zurückbeziehen kann (s. auch Kohout z. St.). Vgl. zum Ganzen die Einteilung der Gesetzesverstöße in § 260 αἱ πρὸς θεὸν ἀσεβείαι und αἱ εἰς τοὺς πλησίον ἀδικίαι („Nächstenliebe")'

¹⁴² ἀναδεικνύναι hat wie auch sonst bei Josephus – vgl. 1, 213 – offiziellen, rechtlichen Klang. Die Wendung ἀναδεικνύναι τύραννον legt es nahe, daß Josephus eine echte, dem Hebräischen entsprechende Amtsbezeichnung für Simon bar Giora vermeiden will (vgl. auch § 253, Anm. 135). Zu einer offiziellen Stellung Simons paßt überdies die genaue chronologische Fixierung seiner Machtübernahme 4, 577. Zum Ganzen vgl.

Anmerkungen zu Buch 7

4, 514 ff. Exkurs VII. Zum Vorwurf der Tyrannis auch gegen die Jerusalemer Bürger vgl. 4, 566. 576; 5, 527 ff.

[143] Zur Darstellung der Idumäer vgl. 4, 224 Exkurs VI. Unser Zusammenhang weist auf die Ereignisse von 4, 314–325, Anm. 74. 75 hin.

[144] Zu dieser hellenistischen Ableitung des Begriffes „Zeloten" vgl. bereits ebenso 4, 161, Anm. 45. ζηλόω gibt im allgemeinen hellenistischen Sprachgebrauch eine pädagogisch-moralische Zielsetzung an, d. h. Josephus bedient sich der hellenistischen Ableitung anstelle der richtigeren hebräischen, um den Zeloten gleichsam die Maske vom Gesicht zu reißen.

[145] Allgemeiner Grundsatz der jüdischen Lehrüberlieferung ist das Entsprechungsverhältnis „Maß gegen Maß" (vgl. Billerbeck I 444–446). Josephus nimmt diesen Grundsatz in § 271. 273 auf, empfindet ihn aber in diesem Fall als ungenügend, weil die Schuld der Aufständischen so groß ist, daß ein entsprechendes Maß an Strafe nicht verwirklicht werden könnte. Die Aussage des Textes erscheint damit einerseits gleichsam überhöht, andererseits bleibt sie bewußt geschichtstheologisch und immanent.

Exkurs XXII: Zur Quellenanalyse der Masada-Abschnitte bell. 7, 252–406.

1. Im Masadabericht haben wir es mit einem Stoff zu tun, der aus drei Strängen abzuleiten ist. A 1: eine römische Quelle, A 2: eine jüdisch-hellenistische Quelle, B: Zusätze des Josephus. Zur römischen Quelle als Urstoff vgl. § 252, Anm. 131 u. ö. – § 175–179 ist der erste Teil des knappen und guten römischen Militärberichtes („commentarii"), der in § 304–319 fortgesetzt und in § 402–406 abgeschlossen wird. Als Kern des Masadaberichtes liegt § 275–279 ursprünglich vor § 252–274. Dies letztere Stück kennzeichnet deutlich die eigene Arbeit des Josephus: stilistisch breit, lehrhaft und wiederholend hebt es sich scharf von der römischen Quelle ab. § 252 selbst stützt sich inhaltlich allein auf die ursprüngliche Darstellung von § 275. Formal stellt der Paragraph eine Analogiebildung zu § 164 (Einleitung des Machärusberichtes) dar. Wenn wir annehmen, daß der ganze Abschnitt § 252–274, die „Scheltrede", also aus der Feder des Josephus stammt (vgl. § 255, Anm. 138), also zu B gehört, so liegt der Grund dafür in einem Vergleich dieses Abschnittes mit der A 2-Tradition, denn gerade A 2 ist von B durch starke sachliche Differenzen geschieden.

2. A 2 zeigt einen eigenen Stil und geschlossenen Aufbau. Der erste Abschnitt umfaßt § 280–303: er berichtet zunächst über die geographische Lage – dem Stil nach typisch für eine Schultradition – dann über die Ausrüstung und Geschichte der Festung selbst. Von § 320–410 reicht der zweite Abschnitt mit der ersten und zweiten Eleazarrede, dem Selbstmord und einem deutlichen Abschluß des Ganzen in § 400–401. Entspricht die römische Quelle ganz dem knappen Stil der commentarii, so zeigt A 2 in seiner propagandistischen Breite deutlich die Rücksicht auf eine hellenistisch-jüdische Leserschaft. Im Ganzen wird die Quelle aus dem Umkreis des Königs Agrippa II. stammen, wozu auch das starke Interesse für die Situation des Herodes (§ 300–303) passen würde (vgl. auch den Briefwechsel zwischen Agrippa und Josephus vita 361–366; bell. 7, 164, Anm. 92; § 177, Anm. 94). Im Gegensatz zu dem A 1 Stoff, der als römischer Militärbericht zurückhaltend vom Gegner spricht, zeigt die jüdisch-hellenistische Darstellung ein inneres Beteiligtsein am Geschehen auf der jüdischen Seite.

Das eigentliche Problem des Masadaberichtes stellen die beiden Eleazarreden dar, die in ihrem Verhältnis zueinander und als Schlüssel zu dem heldenhaften Untergang der Besatzung die entscheidende Rolle spielten (vgl. unten § 320 ff. Exkurs XXIV). Die erste Rede § 323–336 geht von der zelotischen Freiheitslosung aus, zeigt aber, daß sie auf den göttlichen Widerstand gestoßen ist, der jeden Erfolg abschnitt, so daß letztlich nur der Tod als Durchführung der zelotischen Haltung übrigbleibt. Die zweite Rede § 341–388 hat zwar einen paränetischen Rahmen, verbindet jedoch in sich zwei ganz verschiedene Komplexe: a) die eschatologische Lehre vom Aufstieg der Seele als Konsequenz der Überlegenheit des Todes über das Leben, b) die historisch-pragmatische Darstellung des jüdischen Schicksals, das jedes weitere diesseitige Dasein lebensunwert macht. Unser Bericht setzt voraus, daß die rednerische Gewalt Eleazars, der als Nachkomme des Judas wie ein „Lehrer" die Menschen mit sich reißt (vgl. § 253, Anm. 135), das Schicksal der Belagerten besiegelt. Eine Diffamierung der Sikarier liegt in diesen Stoffen nicht vor, wohl aber eine typisch rhetorische Zielsetzung: die Aufstandsbewegung

geht mannhaft, aber von Gott gerichtet, zugrunde. Im Wagnis und Selbsteinsatz, aber auch unter dem Geschichtswillen Gottes, führen die Männer von Masada den jüdischen Krieg zu Ende (zum Ganzen vgl. § 320ff. Exkurs XXIV).

[146] πᾶσα ἡ χώρα ist schwerlich „ganz Palästina" (A. Schulten, Masada, in ZDPV Bd. 56 [1933], 85) wohl aber das ganze Wüstengebiet um die Festung herum, das für die Versorgung der römischen Truppen und die Abschließung der Juden von Wichtigkeit ist. Die „Besetzung der römischen Lager" ist als zu dem Bau der Ringmauer gehörig zu verstehen, da die Lager die Stützpunkte des Mauerringes darstellen.

[147] Der Bau der Einschließungsmauer (circumvallatio) macht den Ernst der militärischen Situation kenntlich (vgl. die Belagerung Jerusalems 5, 499). Der Text legt im Folgenden besonderes Gewicht auf das Feldherrnlager, das strategisch am wichtigsten Punkt des Belagerungsrings lag, jedoch ungünstig für die Versorgung mit Lebensmitteln. Damit wird die Frage der Bedeutung des Josephustextes für den archäologischen Befund aktuell.

Exkurs XXIII: Zum archäologischen Befund in seinem Verhältnis zum Josephusbericht über die römische Belagerung Masadas.

Aus dem Vergleich mit den archäologischen Funden ergibt sich für den Josephustext einmal eine uneingeschränkte Bestätigung, und zum anderen, daß der Text als Militärbericht auf das Wichtigste beschränkt bleibt; ja, er stellt eher eine Verkürzung dar als eine ausschmückende Umformung. A. Schulten, „Masada", in ZDPV Bd. 56 (1933), gibt an Hand des archäologischen Materials eine ausführliche Rekonstruktion der römischen Belagerung. Die erste Maßnahme Silvas ist die Einrichtung der insgesamt acht Lager, was Josephus nur indirekt erwähnt (vgl. Anm. 146). Die Anordnung der Lager im Kranz um den Masadafelsen folgt zunächst geographisch-strategischen Gesichtspunkten: es geht um die Beobachtung der Verbindungswege von und nach Masada und um die Zuordnung der Lager zur Angriffsstelle. Der wichtigste Verbindungsweg ist das wādi sebbe. Vom Westen her durch eine Felsenschlucht südlich um Masada herum nach Osten führend, ermöglicht es den Fluchtweg zum Toten Meer. Die zweite Gefahr eines Durchbruchs der Belagerten zum Toten Meer stellt das wādi nimre dar, das vom Nordhang des Masadafelsens aus den Weg nach Osten freigibt. Schließlich müssen die Lager die Wege und Straßen decken, die Silva selbst anlegen läßt. Die Schwerpunkte in der Lagerverteilung liegen im Nordwesten und Südosten. Die 8 Lager setzen sich zusammen aus 6 kleineren Lagern (Schulten: „Kastelle") und 2 Hauptlagern. Fünf von den kleinen Lagern werden durch die Einschließungsmauer miteinander verbunden und dort, wo ein größeres Intervall von einem zum anderen Lager vorliegt, durch insgesamt 11 Wachtürme, wovon allein 10 auf die Ostseite fallen, ergänzt. Die Besetzung dieser Lager und Türme muß der Josephustext meinen, wenn er von der Verteilung der Wachen spricht. Das 6. Kastell und die beiden Hauptlager (στρατόπεδα) liegen außerhalb der Einschließungsmauer an entscheidenden Stellen. Das Feldherrnlager im Nordwesten als das einzige vom Text eigens genannte Lager liegt in größtmöglicher Nähe zum Angriffspunkt. Zudem reicht es weit hinauf an den Masada nordwestlich gegenüberliegenden Berg, so daß es eine gute Übersicht gewährt sowohl hinsichtlich des Angriffsplatzes als auch des wādi nimre, besonders aber auch im Hinblick auf den sogenannten Zickzackweg, den Silva selbst anlegen ließ als die entscheidende Verbindung der Westhälfte mit der Osthälfte. Durch das umwogende Gelände war Silva gezwungen, seine Belagerung in der „Kooperation" (A. Schulten a.a.O. 91) aufzubauen, wobei dem Feldherrnlager im Nordwesten die strategische Schlüsselstellung zufiel, dem zweiten Hauptlager im Südosten rein militärisch die Bewachung des wādi sebbe und die Deckung der kleineren südöstlich gelegenen Lager. A. Schulten nimmt an, daß dies Lager überhaupt ursprünglich das Feldherrnlager gewesen sei. Dagegen wird in der Darstellung des ersten Ausgrabungsberichtes von Masada (Survey and Excavations 1955-56, Israel Exploration Society 1957, S. 7) der Text des Josephus bis ins Einzelne ernst genommen, d.h. das Feldherrnlager im Nordwesten wird als ursprünglich angesehen, während das zweite Lager im Südosten erst nachträglich allein für die Lebensmittelversorgung eingerichtet worden sei, da hierfür das Feldherrnlager zu ungünstig gelegen war.

Mit der Versorgung ist der zweite wichtige Gesichtspunkt genannt, der für Silva zu bedenken war. Trotz der äußersten Knappheit des Berichtes findet die Darstellung der

Anmerkungen zu Buch 7

Schwierigkeit bezüglich der Versorgung mit Lebensmitteln bei Josephus einen verhältnismäßig breiten Raum. Das entspricht durchaus dem archäologischen Befund. Silva war in dem Wüstengebiet von Masada von jeder unmittelbaren Versorgungsmöglichkeit abgeschnitten. Er ließ von einem Kastell im Westen über das Feldherrnlager eine Versorgungsstraße nach Hebron bauen und ermöglichte ferner über den Zickzackweg eine Verbindung zu dem vom zweiten Hauptlager heraufführenden „Wasserweg" nach Engedi. Vom Hauptlager im Südwesten baute er eine Straße zum Toten Meer, um den Anschluß an den Seeweg nach Engedi und zu der etwa 60 km entfernten Jordanmündung zu erreichen. Entscheidend ist natürlich die Wasserversorgung einer größeren Truppenmacht in diesem Wüstengebiet, zumal Silva mit einer längeren Belagerung zu rechnen hatte. Die Wasserversorgung in dem Gebiet um Masada reichte für den notwendigen Bedarf nicht aus. Es mußte also diese Versorgung durch Land- und Seewege sorgfältig gesichert werden.

[148] Wir lesen in § 278 ἦν ἀγώγιμον εἰς τὸ στρατόπεδον, wobei der Kontext bei τὸ στρατόπεδον an das erwähnte Feldherrnlager denken läßt. Die Wendung ἦν ἀγώγιμον ist auffallend, da das Element „leicht heraufführbar" so nicht paßt. Das Wasser mußte mühsam durch Menschen und Tiere herangeschleppt werden (vgl. A. Schulten, „Masada", in ZDPV Bd. 56 [1933], 88). ἦν ἀγώγιμον ist also nicht, wie Clementz und Endrös annehmen, als Wasserleitung zu verstehen, sondern man hat wohl an eine Art Gerundivbildung zu denken (lat.: aqua ducenda erat). Wahrscheinlich haben wir hier eine Spur des römischen Militärberichtes vor uns. Thack. Lex. s. v. führt ἦν ἀγώγιμον bei Josephus nur an dieser Stelle auf (have to be carried).

[149] Die Formulierung von κάτωθεν ἐξ ἀοράτου τέρματος κρημνώδεις (§ 280) ist schwer zu verstehen und in einer Übersetzung so nicht wiederzugeben. κάτωθεν ἐξ ἀοράτου τέρματος gibt die Richtung von unten nach oben an, während κρημνώδεις im Gegensatz dazu von oben nach unten weist. Außer Thackeray wählen alle Übersetzer κρημνώδεις zur Bestimmung des Textes. – Die Angaben des Josephus über den noch heute vorhandenen „Schlangenweg" sind so weit zutreffend, als er im Osten, vom Toten Meer kommend, herauf zur Festung führt. (Hier ist auf eine notwendige Korrektur in der neuen Übersetzung von H. Endrös hinzuweisen: Der Schlangenweg kann nicht vom „Asphaltsee aus nach Osten" führen, um Masada zu erreichen, wenn die Festung westlich vom Toten Meer liegt. Grammatisch ist die Übersetzung von πρὸς ἥλιον mit „nach Osten" zwar korrekt, paßt hier aber nicht an die Blickrichtung von Masada von hier aus zu denken, nicht an die vom Toten Meer aus. Das Entsprechende gilt bei H. Endrös für den Weg vom Westen her.) Josephus' folgende Schilderung von der Unwegsamkeit des Schlangenweges ist übertrieben. Durch seine Behauptung, daß man zeitweise auf beiden Seiten des Pfades in tiefe Abgründe schaue, ließen sich viele Forscher dazu verleiten, anzunehmen, daß der Schlangenweg zunächst am östlichen Burgfuß nach Norden ansteige, dann aber nach Norden umbiege und um die Nordspitze herum zum Palast hinaufführe. So auch noch A. Schulten, „Masada", in ZDPV Bd. 56 (1933), 74f. In Wahrheit bleibt der Schlangenweg auf der Ostseite. Sein Verlauf erscheint nur aus der Sicht vom Fuße des Felsens sehr gefährlich; zwar ist der Anstieg auf ihm zur Burg mühsam, aber keineswegs in der Weise, wie es Josephus darstellt. Der erste Ausgrabungsbericht von Masada 1955-56 (Masada, Survey and Excavations 1955-56, in Israel Exploration Society 1957, S. 52) schließt daraus, daß Josephus, wenn überhaupt, so nur aus der Sicht von unten her unten als Augenzeuge spricht.

Was den westlichen Aufgang angeht, so hat Josephus recht, wenn er ihn als den bequemeren darstellt; heute ist er nur noch von oben her, unmittelbar unterhalb der Hochfläche selbst, zu erkennen, da er größtenteils durch den römischen Belagerungsdamm zugeschüttet wurde (vgl. dazu A. Schulten a.a.O. 75f.).

Wie in dem Bericht über Machärus (§ 167f., Anm. 94) will auch der Abschnitt § 280 bis 294 zeigen, daß durch Natur und menschliche Kunst Masada gesichert war (§ 294). Zunächst schildert der Text in diesem Sinne die geographische Lage (§ 280-284), dann die historische Bedeutung und schließlich den architektonischen Ausbau (§ 285-293).

[150] § 285 unterscheidet ausdrücklich ὁ ἀρχιερεὺς ...᾽Ιωνάθης und Ἡρώδης ὁ βασιλεύς. In 4, 399, Anm. 106 spricht Josephus allein von den „alten Königen" als ursprünglichen Erbauern der Festung Masada. Bis zu dem zweiten Ausgrabungsbericht von

Anmerkungen zu Buch 7

Masada 1963–64 (JEJ Bd. 15 [1965]) hatte ausdrücklich nur A. Schalit, Hordos hammelekh, 1960, 175 die Wendung in 4, 399: „die alten Könige" zusammen mit unserer Stelle mit Alexander Jannai identifiziert. Die übrigen (u. a. Kohout, Ricciotti, Thackeray und auch noch der erste Ausgrabungsbericht 1955–56, 1-33) denken an den Hohenpriester Jonathan, den Bruder des Judas Makkabäus. Doch Schürer I 638 merkt bereits an, daß Josephus hier irrt, da sich die Herrschaft des ersten hasmonäischen Hohenpriesters nicht so weit nach Süden erstreckte (vgl. auch A. Schulten, „Masada", in ZDPV Bd. 56 [1933], 9f.). Schürer nennt Hyrkan II., unter dessen Regierung Masada eine wichtige Rolle gespielt habe (vgl. bell. 1, 236f., ant. 14, 296). Zu dieser Zeit muß also Masada bereits befestigt und ausgebaut sein. Josephus nennt jedoch seinen Vorgänger Hyrkan I. nur Johannes und nicht Jonathan, so daß auch er nicht in Frage kommt. Es bleiben schließlich übrig Jonathan, der Bruder des Judas Makkabäus, und Alexander Jannai (vgl. die griech. Münzaufschrift βασιλέως 'Αλεξάνδρου neben der hebr. Umschrift Jehōnātān ham-melekh). Gegen den Bruder des Judas Makkabäus sprechen die bereits genannten Argumente, doch lassen sich gegen Alexander Jannai ebenfalls Einwände anführen, die auch A. Schalit nicht zu entkräften vermochte: 1. Josephus nennt Alexander Jannai niemals Jonathan, sondern stets Alexander (vgl. zuletzt 7, 171). 2. Josephus betont nicht seine Hohepriesterwürde, sondern sein Königsamt. 3. Masada wird nicht ein einziges Mal innerhalb der Regierungszeit Alexander Jannais genannt.

Im zweiten Ausgrabungsbericht stützt sich Y. Yadin IEJ Bd. 15 (1965), 114f. auf die Münzenfunde, da im Blick auf die Bauten keinerlei Hinweise für eine zeitliche Bestimmung der ersten Befestigungen des Felsens entdeckt werden konnten. Die ältesten Münzen aus Masada stammen aus der Zeit Alexander Jannais, woraus Y. Yadin den Schluß zieht, daß nur jener König bei Josephus gemeint sein könnte.

Die Spannung zwischen 7, 285: „der Hohepriester Jonathan", „Herodes der König" und 4, 399 „von den alten Königen" (ὑπὸ τῶν ἀρχαίων βασιλέων) muß so verstanden werden, daß in 7, 285 die hellenistisch-jüdische Quelle A 2 zu Worte kommt (vgl. oben § 274 Exkurs XXII, Abschnitt 2). Sie beachtet auch die Besonderheit des hochpriesterlichen Amtes gegenüber dem hellenistischen Königstitel; die beiden hasmonäischen Ämter leiten sich aus verschiedener Herkunft ab (vgl. dazu die Münzinschriften der hasmonäischen Zeit bei A. Reifenberg, Ancient Jewish Coins, 2. Aufl. 1947, 41–42; ders., Israel's History in Coins, 1953, 9 f.). Die Wendung 4, 399 „von den alten Königen" kann summarisch die hasmonäische Dynastie im Unterschied von der herodianischen meinen, oder im Sinn von 7, 285 Alexander Jannai und Herodes den Großen zusammenfassen. Ist in 4, 399, wo Masada als eine Art Fluchtburg geschildert wird (vgl. κτῆσις und σώματα) mit „κατασκευασμένον" Ausbau und Ausrüstung des Festung zusammengezogen, dann liegt sachlich keine Differenz zu 7, 285 vor. In 7, 285 jedoch unterscheidet die Quelle A 2 bewußt zwischen Bau und Ausrüstung. Entsprechend ist in 7, 295 παρασκευαί enger gefaßt und allein auf die Ausrüstung zu beziehen. Zum Problem der Ausrüstung vgl. A. Schulten a.a.O. 9f.

[161] Die ganze Hochfläche ist auch nach dem archäologischen Befund von einer Mauer umgeben. Ihre Länge beträgt einschließlich aller Windungen 1400 m, ohne diese Windungen 1300 m, was den von Josephus genannten 7 Stadien entsprechen würde. Die Mauer ist aus großen, roh behauenen Blöcken gebaut, d. h. in typisch herodianischem Baustil, womit die Angabe des Textes bestätigt ist, daß erst Herodes diese Mauer errichtete. Bei Josephus mißt die Breite der Mauer 4 m, die Höhe 6 m. Diese Angaben werden wiederum durch die Ausgrabungen bestätigt. Der Josephusbericht von 37 Türmen, die über die Mauer verteilt waren, verdient Glauben (vgl. A. Schulten, „Masada", in ZDPV Bd. 56 [1933], 73; Y. Yadin IEJ Bd. 15 (1965], 70). Es konnten zwar bisher nur 27 Türme identifiziert werden, doch hält es Y. Yadin durchaus für annehmbar, daß die restlichen 10 noch nicht festgestellt werden konnten. Der geringste Abstand beträgt 35–40 m, der größte 90 m. Im Grunde sind die Türme nicht unterschieden von den im Text genannten „Innenräumen", den Kasematten der herodiansichen Mauer. Sie weisen lediglich dickere Innenmauern auf und sind nicht so lang – ungefähr 6 m – wie die eigentlichen Kasematten. Die von Josephus genannte Höhe der Türme von 25 m ist übertrieben und erklärt sich daraus, daß Teile der Mauer, dort wo diese dem Anstieg ihres Untergrundes folgt, besonders hoch erscheinen (vgl. Y. Yadin a.a.O. 70). Einschließlich der Tore und Turm-

Anmerkungen zu Buch 7

räume kommt die Anzahl der Kasematten auf ungefähr 110. Vor allem dienten sie in der Zeit von 66–73 den Familien der Verteidiger als Wohnungen.

[152] Josephus beschreibt nur einen Palast auf Masada. Die Lage soll einmal am westlichen Hang mit Blickrichtung nach Norden sein, und zum anderen nahe am westlichen Aufstieg. Bis zum Jahre 1953 glaubte man, daß Josephus den großen Westpalast auf der Gipfelfläche innerhalb der Einschließungsmauer schildere oder die im Norden gelegene Magazine. Die Annahme, daß der Westpalast gemeint sei, zwang aber dazu, Josephus verschiedene Ungenauigkeiten zu unterstellen (vgl. A. Schulten, „Masada", in ZDPV Bd. 56 [1933], 68ff.). 1953 entdeckte S. Gutman an der Nordspitze Spuren eines großartigen Baus; diese Entdeckung führte zu einer neuen Lösung in der archäologischen Frage zugunsten des Josephus (vgl. BIES, 18 [1954], 254ff.; Mibifnim 16 [1953], 468ff. hebr.). Die erste Ausgrabung 1955–56 bestätigte die Vermutung, daß es sich bei diesen an der Nordspitze gefundenen Resten um den von Josephus geschilderten Palast handelt. Dieser „Nordpalast" wird gebildet aus 3 Terrassen, die an der Nordspitze des Felsen unterhalb der herodianischen Einschließungsmauer liegen. Die Terrassen sind durch einen unsichtbaren, teilweise in den Felsen hineingehauenen Stufenaufgang miteinander verbunden. Die erste Terrasse zeigt einen rechteckigen, unbedeckten Bau, an dessen Mauern noch verschiedene Fresken erkennbar sind. Die mittlere Terrasse ist ein Rundbau und war das Hauptgebäude; es wurde von zwei Mauerringen umgeben. Die größte und prächtigste Terrasse stellt die oberste dar, die zwar noch außerhalb der Einschließungsmauer lag, aber doch bereits zu der Gipfelfläche selbst gehörte. Die von Josephus genannte Mauer um den Palast sowie die 4 Ecktürme sind die beiden einzigen Angaben, die nicht durch die Archäologie bestätigt werden konnten. Aber auch für irgendein anderes Gebäude auf der Hochfläche selbst konnten weder Mauer noch Türme festgestellt werden. Es ist nicht gewiß, ob der Nordpalast bereits vor Herodes existierte. Wenn einige Teile (z.B. die oberste Terrasse) schon in früherer Zeit gebaut waren, so sind sie von Herodes auf jeden Fall abgerissen und neu errichtet worden. (Vgl. Y. Yadin, IEJ Bd. 15 [1965], 22).

Der eigentliche königliche Palast des Herodes ist jedoch der genannte repräsentative „Westpalast" auf der Gipfelfläche innerhalb der Einschließungsmauer. Er zeigt in allem den typisch herodianischen Baustil und übertrifft den „Nordpalast" an Ausstattung und Pracht. Es gilt als sicher, daß der Westpalast während des Aufstandes 66–73 die wichtigere Rolle spielte, während Y. Yadin vermutet, daß der Nordpalast in jener Zeit schon zu den Bauten gehörte, für die die „Sikarier" keine rechte Verwendung gefunden hatten. So wurden z.B. die Holzfußböden aufgebrochen, und die Balken als Brenn- oder Baumaterial verwandt. Y. Yadin hält es darüber hinaus sogar für möglich, daß Teile des Nordpalastes in der Zeit des zweiten Aufstandes bereits verfallen waren. Doch vgl. Y. Yadin a.a.O. 16 und vor allem den ersten Ausgrabungsbericht: In bell. 4, 505 Anm. 159 heißt es, daß Simon bar Giora, der mit seiner Truppe nach Masada geflüchtet war, von der dortigen Besatzung nur die Erlaubnis erhielt, den unteren Teil der Festung zu beziehen, während sie selbst im oberen Teil blieb. Von diesen Angaben des Josephustextes her schließt der erste Ausgrabungsbericht auf den Nordpalast als Unterkunft für die Simontruppe, ohne dabei die Raumfragen, das Gruppenproblem oder die militärpolitische Situation zu erwägen. Nach A. Schulten a.a.O. 76 hätte sich allerdings die Simontruppe in jenen Turm zurückgezogen, den Herodes als eine Art Kastell – so A. Schulten – am westlichen Aufstieg errichtet hatte (vgl. § 293, Anm. 155).

[153] Die Angaben über die Innenausstattung des Nordpalastes werden ebenfalls durch die archäologischen Funde als zutreffend erwiesen. Man fand in allen drei Terrassen Reste von Säulen, die in hellenistischem Stil reich verziert waren. Die in Masada gefundenen Säulen sind die am besten erhaltenen aller herodianischen Bauten überhaupt. Die vielfarbige Imitation vom Marmor, die Bedeckung der Mauern und Säulen mit Stuck sowie die Wandbekleidung durch Holzvertäfelung ist typisch für die späthellenistische Zeit und erinnert an die Bauwerke von Pompeji und Delos (vgl. erster Ausgrabungsbericht „Masada", in Israel Exploration Society 1957, 50). Die Angabe bei Josephus, die Säulen seien aus einem einzigen Steinblock gehauen, ist von der Archäologie als falsch erwiesen; sie erklärt sich aber aus der Entfernung des Beobachters (vgl. auch die Beschreibung der Türme). Tatsächlich handelt es sich um aufeinander gefügte Steinblöcke, die mit Stuck überzogen sind. Neben dem großen Badehaus auf der Hochfläche selbst und dem

Anmerkungen zu Buch 7

Bad im Westpalast konnte entsprechend der josephinischen Angabe auch für den Nordpalast in der unteren Terrasse (vgl. zweiter Ausgrabungsbericht, IEJ Bd. 15 [1965], 14f.) ein kleines Bad entdeckt werden. Mit Ausnahme eines Aus- und Ankleideraums waren alle zu einem römischen Bad gehörenden Einrichtungen vorhanden: das Badezimmer mit einem Kaltwasserbecken, eine Warmzelle und eine Vorhalle konnten verhältnismäßig leicht rekonstruiert werden. Die gesamte Badeanlage war mit verzierten Säulen, mehrfarbigen ornamentalen Malereien und Mosaiken geschmückt. Es handelt sich auch in dieser Anlage um eine typisch hellenistische Formgebung; erst die Sikarier werden die Bäder im halachischen Sinn benutzt haben. Die Mosaiken von Masada sind vermutlich die ältesten in Israel überhaupt. Im Nordpalast finden sie sich außer im Bad in der obersten Terrasse. Die Art der Ornamentik entspricht der in Italien aus der Zeit von 100 vor bis 100 nach Chr. Hauptsächlich wurden schwarz-weiße Mosaiken gefunden mit Stern-Sechseck oder Würfelmustern aus Kalkstein bzw. Asphalt, die teppichartig die Böden schmücken.

[154] Josephus rühmt die großartige Wasserversorgung der Festung. Die archäologischen Ergebnisse bestätigen ihn und geben ein eindrucksvolles Bild von dem Wassersystem, von dessen Zuverlässigkeit das Schicksal der Festung abhängig war. Bereits aus dem Josephustext geht hervor, daß Herodes nicht nur auf der Hochfläche selbst Zisternen graben ließ, sondern auch außerhalb der Ringmauer. Der archäologische Befund ergibt, daß in der Tat am Felsenhang – und zwar allein am nordwestlichen – zahlreiche Zisternen vorhanden sind. 12 von ihnen wurden in zwei parallel laufenden Reihen angeordnet: die untere am unmittelbaren Anstieg des eigentlichen Felsens, die obere etwa auf halber Höhe, nahe unterhalb des Nordpalastes. Alle 12 Zisternen sind größer als die größte auf der Hochfläche selbst. Der gesamte Niederschlag des Winterregens in der judäischen Wüste entspricht nicht dem erheblichen Fassungsvermögen der Zisternen (40000 cbm). In Wahrheit hängt die Wasserversorgung nicht allein an den Zisternen, sondern auch an den von Josephus nicht ausdrücklich erwähnten Wasserleitungen. Sie hatten das Wasser aus dem wādi sebbe und seinen Nebentälern in die Zisternen zu leiten. Die Ausgrabungen konnten bisher die Reste von drei ehemaligen Aquädukten identifizieren. Es erhebt sich notwendig die Frage, welche Rolle diese Wasserleitungen während der Belagerung gespielt haben. Zur näheren Beschreibung der Aquädukte vgl. den ersten Ausgrabungsbericht („Masada", in Israel Exploration Society, 1957, 54–59).

[155] Der „Turm" soll offenbar den leichteren Aufstieg im Westen unter Kontrolle halten (vgl. dazu schon Anm. 149. 150). Die Archäologie gibt keinen Aufschluß über Reste dieses von Josephus genannten Turmes.

Eine philologische Frage erwächst aus der Formulierung bei Josephus τοῖς μετὰ ἀδείας βαδίζουσιν: Ist μετὰ ἀδείας im politischen oder geographischen Sinn zu verstehen? Der allgemeine Gebrauch von ἄδεια in der Verbindung mit der Präposition μετά ist bei Josephus wie im Griechischen überhaupt vorwiegend politisch: „unter dem sicheren Geleit von" bzw. „unter Gewährung von Straflosigkeit" (vgl. § 243, Anm. 123). In geographischem Sinn könnte man den Text so interpretieren, daß der Aufstieg zwar ohne besondere Schwierigkeiten ist, doch der Turm den weiteren Weg versperrt. Die Übersetzer bringen innerhalb des politischen Bereiches grundsätzlich drei Möglichkeiten zum Vorschlag: „zur Friedenzeit", „friedliche Besucher", „ohne Furcht". Unsere Übersetzung versucht so weit es geht die verschiedensten Aspekte zu erhalten.

[156] An Hand der zahlreichen großen Magazine, vor allem im Norden Masadas, läßt sich eine Vorstellung gewinnen von der Vorratsfülle, die Josephus beschreibt. In einem Großteil der Lager wurden sehr viele Krüge und sonstige Gefäße gefunden. Sie geben einen deutlichen Hinweis, daß es sich bei den betreffenden Magazinen um Lebensmittelspeicher handelt, während in anderen vorwiegend Waffenfunde gemacht wurden. Die Waffenmagazine sind sehr viel schlechter erhalten. Sie zeigen, wie vor allem auch der königliche Westpalast, überall die Spuren des Brandes, wogegen die Nahrungsmittellager größtenteils keine Brandspuren aufweisen. Dies Ergebnis stimmt überein mit dem Bericht des Josephus, daß die Besatzung an die Lebensmittelvorräte kein Feuer legen wollte (vgl. § 336). Josephus führt die Haltbarkeit der Lebensmittel auf die „Beschaffenheit der Luft" zurück; sie ist nach ihm nicht mit erdhaften und schmutzigen Stoffen durchsetzt. Der Text sagt nicht, daß die Haltbarkeit der Lebensmittel mit der Trockenheit

Anmerkungen zu Buch 7

des Klimas zusammenhänge. Will Josephus behaupten, daß durch die Höhe des Berges die Luft von Masada Fäulnis verhindert, oder liegt hier ein mythisches Denken vor, daß mit der Höhe eine von erdhaften Bestandteilen freie Sphäre gegeben sei (analog der αἰθήρ-Vorstellung)? Im Sinne der archäologischen Funde wäre allerdings festzustellen, daß die Vorräte in Krügen von der Luft abgeschlossen und gerade deshalb haltbar waren.

[157] Die Ausrüstung der Festung Masada durch Herodes wird jetzt in § 300–303 durch eine Sondertradition (λέγεται) auf einen bestimmten historischen Anlaß zurückgeführt. Damit steht auch die Möglichkeit einer zeitlichen Fixierung offen. Herodes fühlt sich gefährdet einerseits vom jüdischen Volk selbst, andererseits durch Kleopatra in Ägypten. Das würde auf die erste Periode der Herrschaft des Herodes weisen (37–31 v. Chr.), als Ägypten noch unter Antonius und Kleopatra stand.

[158] Die „Leuke" ist ein weißer Kreidefelsen (hebr. lebānā). Topographisch bildet er in Form eines Spitzkegels den Abschluß eines 175 m nach Westen auslaufenden Vorsprungs des Masadafelsens. Der gesamte Höhenrücken reicht an der westlichen Felsenwand bis 20 m unter die Festungsmauer hinauf. D.h., daß hier die geringste Steigung des Masadafelsens vorlag. So bot sich für Silva das Aufschütten eines Damms als die geeignetste Möglichkeit an. A. Schulten, „Masada", in ZDPV Bd. 56 (1933), 95–157. 167–171 nennt mit Recht neben der Versorgung den Damm eine entscheidende Leistung in der Belagerung des Silva. Der Damm bestand aus Erde und Holz (vgl. Jotapata). Man fand im oberen Damm in der Tat noch gut erhaltene Baumstämme. Die ursprüngliche Höhe des Dammes ist nach A. Schulten durch die Zeit kaum verringert, dagegen ist die einstige Breite der Dammkrone von 20 m und mehr – Josephus schreibt 25 m – bis zu einem schmalen Grat abgetragen. Von der bei Josephus erwähnten Steinschicht konnten keinerlei Spuren gefunden werden.

[159] Die Errichtung des Turmes auf dem aufgeschütteten Damm war dessen einziger Zweck. Die Höhe des Turmes maß nach Josephus etwa 30 m. Außerdem geht aus der Darstellung des Josephus hervor, daß der Turm mehrere Stockwerke besaß. Von unten ließ Silva den Widder gegen die Mauer führen, während von oben der Verteidiger beschossen wurden (vgl. dazu 2, 553, Anm. 235). Zum Kampf zwischen den Verteidigern auf der Mauer und den Belagernden vgl. 3, 165ff. Auch dort schreibt Josephus davon, daß die Juden zunächst auf der Mauer standen und dann durch die Steinwerfer der Römer vertrieben wurden.

[160] Die Übersetzung von κατὰ τὴν τομήν („an den Schnittenden") stützt sich auf die Parallele bei Thuk. 2, 76: δοκῶν τομή („das Ende der Balken", vgl. Passow s. v.; ähnlich die Übersetzung von Thackeray: at the extremities). Anders Kohout: an den Schnittflächen; Whiston-Marg.: one close to the end of another, and the same way in which they were cut.

[161] Die beiden Wendungen: καθάπερ ἐκ δαιμονίου προνοίας § 318 und τῇ παρὰ τοῦ θεοῦ συμμαχίᾳ κεχρημένοι § 319 gehören inhaltlich eng zusammen. Das philosophische Element: δαιμόνιος πρόνοια stellt den Oberbegriff dar, in den die konkrete Geschichtsdeutung im Rahmen der Tradition (ἡ παρὰ τοῦ θεοῦ συμμαχία) eingefügt wird. Für Josephus liegt hier wieder der Schlüssel zum Verständnis des Masadageschehens: Gott hat die zelotische Erwartung nicht bestätigt, sondern sich im entscheidenden Augenblick auf die Seite der Römer gestellt (vgl. das ausdrückliche Bekenntnis Eleazars § 330ff., Anm. 166). Die Vorsehung Gottes ist in konkreten kosmischen Zeichen erkennbar (vgl. 6, 298, Anm. 141; 6, 300 Exkurs XIV).

[162] Ein eigentlicher Ausfall der gesamten jüdischen Besatzung liegt kaum im Blickpunkt des Erzählers. Durch die circumvallatio war die Besatzung bereits völlig von jeder Berührung mit der Außenwelt abgeschlossen. Die Verstärkung der römischen Wachen mag höchstens noch das Durchsickern einzelner jüdischer Gruppen (τινες αὐτῶν) verhindern.

[163] Erst mit § 320 wendet sich der Masadabericht den Ereignissen im Innern der Festung zu. Trotz der angenommenen Uneinnehmbarkeit erscheint die Lage jetzt als aussichtslos. So steht am Anfang der Beschluß des Eleazar, die ganze Besatzung sterben zu lassen (§ 321). Es ist ein Beschluß, der zunächst rein profan erscheint, doch in den beiden folgenden Reden durch weitgehende Reflexionen vor Gott gerechtfertigt wird; d. h. daß Eleazar von rationalen und empirischen Erwägungen ausgeht. Die ἀνάγκη steht innerhalb dieser

Anmerkungen zu Buch 7

Reflexion und wird zum Leitmotiv in beiden Reden. (§ 330. 358. 380. 387. 392). Für Josephus selbst ist die ἀνάγκη ein festes Wirklichkeitselement, auf das hin alles Folgende bezogen wird. Ausgangspunkt für die Reden ist also nicht eine apokalyptische Überzeugung und auch nicht ein zelotischer Grundsatz. Damit aber erweist sich die Konzeption der Reden als nicht-apokalyptisch und nicht-zelotisch.

Exkurs XXIV: Die Eleazarreden.
1. Zur Analyse: Am Anfang der ersten Rede steht der Grundsatz der galiläischen Aufstandstradition (§ 253, Anm. 136; § 255 ff., Anm. 138. 139), unmittelbar verbunden mit der Erklärung des gegenwärtigen Eintretens des Kairos (§ 323). In § 324-325 folgt die Alternative, die sich angesichts des Kairos stellt: entweder sich mit Schmach zu bedecken, oder aber die gegenwärtige Stunde als gnädige Fügung Gottes anzunehmen, d. h. den Tod des freien Mannes zu sterben und damit den Grundsatz der eigenen Tradition durchzuhalten. Mit § 326 beginnt die Umsetzung des jüdischen Kairosmotives in die hellenistische ἀνάγκη-Vorstellung. Die Frage nach der Entstehung der καιρός-ἀνάγκη Situation führt in § 327-328 zu dem Rückblick in die Geschichte, worauf sich mit § 329 die Entscheidung gegen das Selbstverständnis der Sikarier anschließt, sich als die von Gott in besonderer Weise Auserwählten zu betrachten. Die Begründung dieser negativen Entscheidung wird in § 330-332 gegeben: der Begriff der ἀνάγκη wird zum ersten Mal ausdrücklich genannt und zwar als das von Gott genannte Zeichen, in dem sich sein Wille offenbart. (Kohout folgt in der Aufgliederung seiner Sätze nicht dem vorliegenden Niesetext, sondern gibt in § 331-334 ein relativ geschlossenes Satzbild). Der Schluß der ersten Rede § 333-336 führt zum eigentlichen Höhepunkt: der freiwillige Tod wird verstanden als Strafe Gottes für die begangenen Untaten (§ 333). Mit dem „Selbstmord" verbunden ist die Vernichtung der Festung durch Feuer. Ausgeschlossen sind allein die Lebensmittel, die den Römern zum Zeichen dienen sollen, daß die Festung nicht ausgehungert wurde. Insgesamt erweist sich die Komposition der ersten Rede als einheitlich und folgerichtig. – Die zweite Rede verhält sich zur ersten wie eine Mischna (δευτέρωσις); im jüdischen Sinn heißt das, daß sie eine Wiederholung darstellt, im hellenistischen, daß sie mittels der Rhetorik eine Bekräftigung der ersten ist. Der Einsatz liegt in § 340 beim Thema der Unsterblichkeit der Seele; es wird bis § 357 einschließlich durchgeführt. Die Einschiebung dieses Abschnittes ist literarkritisch, exegetisch und religionsgeschichtlich das schwierigste Problem der Eleazarreden. Ein Grundelement ist das der Scheltrede in § 341-342: bei den Angeredeten ist weder ἀρετή (hellenistisch) noch εὐτολμία (zelotisch) zu finden. Damit ist die Gegenüberstellung zu dem Grundsatz der galiläischen Aufstandstradition in der ersten Rede gegeben. Mit § 343 endlich erfolgt ausdrücklich das Zitierung des chokmatischen Grundsatzes: Das Leben, nicht der Tod, ist ein Unglück für die Menschen (vgl. Koh. 4, 2-3; Midr. r. Koh. 7, 1). An die Seelenrede § 341-357 schließt sich in § 358-383 ein zweiter geschichtstheologischer und historisch-pragmatisch ausgerichteter Teil an. Er setzt in § 358 mit der Umkehrung des chokmatischen Lehrsatzes von § 343 ein, gipfelt aber in § 381 mit einer Steigerung noch über ihn hinaus: Zum Sterben sind wir geboren (vgl. Midr. r. Koh. 9, 4 ff.). Im Einzelnen beginnt auch Eleazar als Lehrer mit einer Art Berichterstattung, geht dann aber in eine ausführliche Klage über und endet in einem zweiten, § 343 noch verschärfenden, Lehrsatz. Der Stil des Abschnittes wechselt zwischen Bericht, Klage und chokmatischer Unterweisung. Die Rede endet in der letzten Folgerung § 384 ff. Die conclusio als Aufruf an den Einzelnen zur Durchführung des freien Todes erweist sich damit als identisch mit der conclusio der ersten Rede.

Die beiden Lehrstoffe der Eleazarreden passen nicht in die gleiche gattungsgeschichtliche Form. (Zum Nebeneinander zweier verschiedener Reden, die zum gleichen Zweck gehalten werden, vgl. 5, 362-374; 376-419.) Die erste Rede erinnert an die geschichtlichen Rückblicke, in denen sich seit der chronistischen Geschichtsbetrachtung menschliches und göttliches Handeln (Schuld und Strafe) verschlingen. Der Stoff wirkt predigtartig, anderseits wie ein Vermächtnis: Gottes Handeln entsprach nicht den Erwartungen der Aufständischen; so haben sie sich unter seinen Willen zu beugen. Die zweite Rede klingt lehrmäßiger und geht als eschatologisch bestimmte Paränese von festen Thesen aus, die die Gedankenführung formen. Die Thesen selbst sind chokmatistisch, dagegen ist die Paränese im Stil der Testamentenliteratur und der hellenistischen

Anmerkungen zu Buch 7

Paränese gehalten. Sowohl chokmatistische These wie paränetische Entfaltung sind nicht theoretisch gemeint, sondern dienen der praktischen Zielsetzung. Seelenrede und geschichtspragmatischer Überblick sind beide in der ersten Rede angelegt. Wenn sie innerhalb der zweiten Rede zusammengefügt werden – und zwar unter antithetischer Fragestellung (§ 343. 388) dann ist hierin rein formgeschichtlich ein rhetorisches Stilelement im Sinn der hellenistischen Diatribe zu sehen (R. Bultmann, Der Stil der paulinischen Predigt und die kynisch stoische Diatribe [1910], 25. 29. 30. 35–38. insbs. 54–64). Die zweite Rede ist als Entfaltung der ersten letztlich nicht auf sich selbst gestellt, vielmehr ist alles chokmatistische Lehrdenken im Sinn der einmaligen Situation des καιρός und der ἀνάγκη zu verstehen, die die Aufständischen zum Sterben verurteilt. Das Schwergewicht liegt auf der geschichtlichen Einmaligkeit, nicht auf der chokmatistischen Interpretation. Josephus gelangt durch die Zusammenfügung der verschiedenen Stoffe unter seinem ἀνάγκη-Verständnis zu dieser unerhörten Möglichkeit, den letzten Führer des jüdischen Aufstandes zur Diaspora sprechen zu lassen: der Tod ist kein Märtyrertod im eigentlichen Sinn, sondern die Tat von Männern, die sich unter die ἀνάγκη als dem erkennbaren Willen Gottes beugen.

2. Zur Komposition der Seelenrede. Ein literarisch und religionsgeschichtlich eigenes Problem stellt die Seelenrede dar (§ 344–357), die in unserem Text als eschatologisches Element einen besonderen Platz erhält (6, 47f. Exkurs XII). Noch Kohelet, auf den die chokmatistischen Lehrthesen zurückweisen, bezweifelt ausdrücklich einen Aufstieg des menschlichen „Odem" (Koh. 3, 21). Der jüdische Hellenismus muß früh den Aufstieg der Seele übernommen haben; so zeigt er gerade zu Platon eine besonders enge Verbindung. W. Morel, Eine Rede bei Josephus (Rhein. Museum NF 75 [1926], 106–114) betont den unmittelbaren Zusammenhang mit der griechischen und hellenistischen Literatur, ohne allerdings eine wirklich geschlossene Einordnung in die Traditionsgeschichte zu geben: „Josephus hat hier beigebracht, was er über die Unsterblichkeit der Seele und die Wertlosigkeit des Lebens in der griechischen Literatur fand, nicht was ein jüdischer Bandenführer darüber hätte sagen können" (S. 107). Morel geht es um eine Reihe von Platon-Stellen, mit denen Josephus oft sogar wörtliche Übereinstimmung zeigt: Platon, Phaed. 81a. c; 91e; 95c; 114b; Leg. X 896b; Crat. 399d. Bei Platon finden wir den Seelenmythos, der in der Eschatologie des Josephus eine bedeutsame Rolle spielt. Darüber hinaus zeigen die genannten Platonstellen für die Quellenanalyse einmal das Beispiel einer unmittelbaren Quellenbenutzung und Abhängigkeit des Josephus. An eine gnostische Herleitung der vorliegenden Aufstiegstradition ist also nicht zu denken. Für das „Traumphänomen" führt W. Morel Poseidonius (Cicero de div. I 30, 64) und Philo somn. II 1, 1 an, die ihrerseits auf eine ältere Tradition zurückgehen. Zum indischen Stoff ist Megasthenes Ἰνδικά heranzuziehen, dem wir sonst bei Josephus begegnen (ant. 10, 227; c. Apion. 1, 144). So eindrücklich W. Morel auch aufzuzeigen vermag, daß der Hellenismus der zweiten Rede unmittelbar aus literarischen Quellen außerjüdischer Herkunft abzuleiten ist, so darf doch auch gerade in Einzelpunkten das Material der jüdischen Tradition nicht übersehen werden (zum „Traumphänomen" § 349 vgl. Test. Ruben 3).

3. Zur historischen Rekonstruktion: Um den echten historischen Hintergrund zu finden, geht A. Strobel, Die Passaherwartung als urchristliches Problem in Lk. 17, 20f., ZNW 49 (1958), 157–196 aus von dem besonderen Termin des Geschehens (15. Nisan 73 = Passahnacht) und von der religiösen Besonderheit der Sikariergruppe um Eleazar. Diese entfaltet nach A. Strobel unter ihrem Führer eine eigene kämpferische und religiöse Tätigkeit. Auch der angebliche Raubzug nach Engedi ist in Wirklichkeit ein Vergeltungsakt an einer pazifistischen Essenergruppe in der Passahnacht (bell. 4, 402ff., Anm. 108). Eleazar führt einen heiligen Krieg und heiligt demgemäß durch geregelte kultische Ordnung das Leben seiner Besatzung. Das Erwählungsbewußtsein des Führers und damit der Gruppe führt A. Strobel auf Judas und dessen Familie zurück, die innerhalb des Aufstandes eine eigene Tradition aufrecht erhalten (vgl. § 253, Anm. 135). Dahinter steht ein eigener Offenbarungsanspruch und der feste Wille, das zukünftige Israel darzustellen. Damit ist ein apokalyptisches Denken verbunden, von dem aus A. Strobel die Ereignisse der Passahnacht 73 deutet. Der Tod der Besatzung gehört zu den zahlreichen Fällen hochgespannter und enttäuschter Passaherwartung: man erwartet

Anmerkungen zu Buch 7

die Stunde der Erlösung und das Kommen der messianischen Wende, wobei die Selbsthingabe des heiligen Restes als eine Art vorbereitendes Opfer im Sinne einer „Beschleunigung" verstanden wird. Josephus hat diese apokalyptische Erwartung nach seinem auch sonst nachweisbaren Hellenisierungsprozeß zu einer Seelenrede und einer Jenseitshoffnung umgestaltet (vgl. bell. 2, 154ff., Anm. 82). A. Strobel sieht mit Recht, daß die vorhandenen Redestoffe weithin hellenisiert sind, also nicht auf den historischen Eleazar übertragen werden können; es ist aber methodisch nicht ganz unbedenklich, zelotische bzw. apokalyptische Grundsätze zu erschließen, da weder Passahnacht noch messianische Wende in den beiden Reden angedeutet sind (vgl. § 321, Anm. 163).

[164] Da die „Sikarier" von Masada zumindest nach bell. 7 identisch sind mit der galiläischen Aufstandsbewegung des Judas, liegt in der Gegenüberstellung πρῶτοι-τελευταῖοι ein Ausdruck ihres besonderen Selbstbewußtseins: sie sind die eigentliche Kerngruppe des „Zelotismus" mit einem eigenen Schicksal.

[165] Vielleicht zeigt sich hier eine Spur davon, daß die durch Eleazar vertretene Judastradition Anweisungen und Anordnungen gab (z. B. die Freiheitslosung), die für andere Gruppen verpflichtend waren.

[166] Das Sicheinfügen in den Willen Gottes ist der Grundzug der pharisäischen Lehre (bell. 2, 163). Josephus nimmt also an, daß jetzt ein pharisäisches Element im Gottesglauben des Eleazar sich wirksam erweist. Entscheidend ist aber die josephinische Vorstellung der ἀνάγκη.

[167] Während der historische Eleazar wohl „Unterweisung" im hebräischen Sinn gab, ist für die hellenistische Tradition die rhetorische Kunst mit ihrer Überzeugungskraft entscheidend: erst die zweite Rede bringt den Erfolg.

[168] Die Überschrift περὶ ψυχῆς ἀθανασία klingt stark hellenistisch und traktatmäßig. Sie gilt streng genommen nur für § 344–347 bzw. 357. Vielleicht ist hier indirekt ein Hinweis gegeben, daß der geschichtspragmatische Teil § 358ff. von Josephus ergänzt wurde.

[169] Vgl. dazu Koh. 4, 2. 3; Midr. r. Koh. 7, 1. Der Chokmatismus der Seelenrede ist ein anderer als der der Koheletttradition (vgl. Koh. 3, 21). Der Text setzt voraus, daß die von Kindheit an gegebene Erziehung (παιδεία) auf diesen chokmatistischen Grundsatz aufgebaut ist (falsch daher die Auslegung Kohouts z. St., der den chokmatistischen Grundsatz verkennt). Vgl. c. Apion. 2, 178.

[170] Zur Seelenlehre vgl. den Essenerabschnitt bell. 2, 154–158, Anm. 82, die Titusrede 6, 44ff. Exkurs XII.

[171] Thackeray übersetzt μὲν οὖν hier affirmativ. In Wirklichkeit ist der Umbruch wohl schwerwiegender. Nach § 345 macht die Seele sich den Leib zu ihrem Werkzeug. Dieser Gedanke ist nach W. Morel, Eine Rede bei Josephus, in Rhein. Museum NF 75 (1926), 108 Anm. 1 nicht mehr ursprünglich platonisch, sondern gehört bereits in die Entwicklung seit Aristoteles bis in die neuplatonische Schule.

[172] W. Morel, Eine Rede bei Josephus, in Rhein. Museum NF 75 (1926), 108 erinnert an Plat. Crat. 399d; die Bindung des Körpers an die Seele schenkt ihm Anteil an dem Leben. Der Hellenismus, der hier zu Worte kommt, setzt bei Plato ein und geht metaphysisch von der Seelenlehre aus, um den Menschen das transzendente Leben zu sichern. Die jüdische Apokalyptik dagegen setzt bei der Gerechtigkeitslehre ein, die sich die Scheidung von den Gottlosen vollzieht und das eschatologische Leben als Erfüllung geschenkt wird (z. B. äth. Hen. 50, 1–5).

[173] Es erhebt sich hier die Frage, inwieweit die auch sonst bei Josephus nachweisbare Tradition über Indien (Megasthenes in c. Apion 1, 144. 178; ant. 10, 227) ein Erweis einer über das Judentum hinaus verbreiteten Chokma ist, oder ob in dieser „Mischung zwischen Gnostischem und Jüdischem" ein Rückzug auf orientalische Weisheit zu sehen ist, wie es Schlatter, Theologie 229ff. behauptet. Es ist wahrscheinlicher, daß Schultraditionen im Sinne von Megasthenes dem Josephus vorliegen (vgl. auch Kohout z. St.; Simchoni 501). A. Schlatter sieht dagegen mit Recht die Berührung des Josephus mit dem Chokmatismus in Kohelet und seiner Nachwirkung im Rabbinat.

[174] Das Feuer erscheint hier als Element der Scheidung der Seele vom Leib. Der Gedanke ist also anthropologisch, nicht eschatologisch als Durchführung des eschatologischen Gerichtes (vgl. dazu Lang Th. Wb. VI 937ff.). ὑμνούμενοι wird von uns passivisch

Anmerkungen zu Buch 7

verstanden (vgl. Kohout, Whiston-Marg.), obwohl auch eine mediale Deutung möglich wäre („Sterben unter Lobgesängen").

[175] ἀπολαμβάνειν in § 356 wird von Thackeray (vgl. Anm. d. z. St.) als „zurückgewinnen" verstanden; wahrscheinlicher ist aber „empfangen" (eines Ranges, Standes).

[176] Die Chokma ist auch außerhalb des Judentums bei bestimmten Völkern verbreitet, während die Erziehung unter den väterlichen Gesetzten das Besondere ist, dessen sich das hellenistische Judentum vor den fremden Völkern rühmt (§ 343. 351). Trotz dieses Vorzuges des hellenistischen Judentums wird den Angeredeten in Form rhetorisch-philosophischer Argumentation die Gefahr aufgezeigt, praktisch unter die Chokma der Fremden zu sinken.

[177] Josephus denkt an unserer Stelle nicht dialektisch, vielmehr nimmt § 358 – dem Stil der hellenistischen Diatribe folgend – den Ausgangspunkt der Rede noch einmal in seiner Umkehrung auf (vgl. § 321 Exkurs XXIV, Abschnitt 1). Aber auch die rhetorisch-philosophisch entgegengesetzte These führt zum selben Resultat. Thackeray erinnert in § 343. 358 an Euripides (Dindorf Fragm. 634): τίς οἶδεν, εἰ τὸ ζῆν μέν ἐστι κατθανεῖν, / τὸ κατθανεῖν δὲ ζῆν κάτω νομίζεται.
Man achte auf das Nebeneinander von θεοῦ γνώμη (Gottes Richterspruch im jüdisch-forensischen Sinn) und philosophisch-hellensitischer ἀνάγκη, die sich gegenseitig interpretieren.

[178] Der Nachsatz μὴ μέλλοντας αὐτῷ χρῆσθαι κατὰ τρόπον macht den Übersetzern große Schwierigkeiten, soweit sie überhaupt auf ihn eingehen. Am ehesten wird Thakkeray dem Text gerecht. Er übersetzt kondizional: „that we must quit this life, if we would not use it aright". Wir übersetzen kausal: „da wir nicht in der Lage sind, in der rechten Weise mit ihm umzugehen". Verfehlt Kohout: „wenn wir von einer Scheidung aus diesem Leben nichts hören wollen".

[179] § 358. 359 gehören eng mit einander zusammen: 1. durch den Ratschluß Gottes und die Notwendigkeit der geschichtlichen Situation (ἀνάγκη) haben sich die Aufständischen in das Todeslos zu fügen (§ 358). 2. Gott hat das Todeslos über das ganze jüdische Volk geworfen, und er allein ist es, der den Römern den Sieg geschenkt hat (§ 359. 360). Der geschichtspragmatische Teil § 358 ff. steht unter dem Gesichtspunkt der Verkehrung der Apokalyptik: das Schicksal Israels führt nicht auf seine Verherrlichung unter den Völkern, sondern in das Sterben durch die Hand der Völker (vgl. 6, 300 Exkurs XIV, Abschnitt 2 u. 3a). Das Schicksal der Sikarier ist in das Schicksal des ganzen Volkes hineingestellt.

Das Material im Einzelnen zeigt zunächst die Wiederaufnahme schon einmal dargestellter Zusammenhänge. Vgl. Caesarea, bell. 2, 457 ff. Anm. 203; Scythopolis, bell. 2, 466 ff., Anm. 207; Damaskus, bell. 2, 559 ff.; Ägypten, bell. 2, 487 ff., Anm. 210. 211. Eine neue Darstellung beginnt mit § 374 ff.: das Leben der übriggebliebenen Juden in Jerusalem. Der Text schildert Eleazar als einen Todesprediger für das jüdische Volk. Ihm steht Josephus selbst gegenüber als der, die jüdische Diaspora durch seinen Weg und die Abfassung des Bellum retten will (vgl. Bd. I, insbs. XVII.).

[180] Entsprechend der jeweiligen textkritischen Entscheidung (s. die textkritische Anm. 539 z. St., ferner Thackeray z. St.) ergeben sich für das Verständnis folgende Möglichkeiten: 1. die syrischen Juden hassen die Aufständischen in Palästina mehr als die Römer hassen können. Dann hat nicht nur eine grundsätzliche Abneigung gegen die gōjīm bestanden, sondern eine akute Feindschaft (ὄντας πολεμίους nicht nur μῖσος). 2. die syrischen Juden hassen die Aufständischen mehr als selbst die Römer die Aufständischen hassen können. Vorausgesetzt ist in diesem Fall, daß sie in den Aufständischen die Verderber ihres eigenen Volkes sehen, während die Römer in ihnen die Rechtsbrecher und Zerstörer der römischen Ordnung bekämpfen. Damit wäre der Kampf gegen die Verderber des eigenen Volkes leidenschaftlicher als der politische Kampf der Römer gegen ein orientalisches Volk.

[181] Nach bell. 2, 561 sind es 10500 ermordeter Juden in Damaskus.

[182] In bell. 2, 497 haben wir die Angabe von 50000 ermordeten Juden in Alexandrien.

[183] Der Unterschied von ἡ μεγάλη πόλις und μητρόπολις in § 375 muß herausgearbeitet werden. γένος drückt die Abstammung des jüdischen Volkes aus (Thack. Lex. sv). Wir begegnen hier einer festen jüdischen Tradition (vgl. Apk. Bar. 3, 1 ff.; 4. Esra

10, 6f.; Pesikta. r. 26 (131b); Targ. Cant. zu 8, 5; Gal. 4, 25; Philo in Flaccum 46; Legatio ad Gaium 203, 281, 294, 305, 334. Zum hellenistischen Gebrauch vgl. Liddell-Scott und Passow sv.

[184] οἰκιστής kann nach Liddell-Scott, Passow sv ebenso „Gründer" wie „Ansiedler" meinen. Thakeray nimmt οἰκιστής im ersteren Sinne und weist als Synonym auf κτίστης in 2, 266 hin. Doch ist nach dem Kontext naheliegend, daß Gott durch seine Schechina in Jerusalem wohnt. In diesem Fall wäre die Bedeutung „Ansiedler, Bewohner" vorzuziehen; Gegensatz ist dann μνημεῖον-ἐποικοῦν – Versucht man μνημεῖον...τὸ τῶν ἀνῃρημένων stehen zu lassen, so läßt sich der Text in folgendem Sinne denken: Als Ersatz für die Schechina siedelt sich in den Trümmern Jerusalems das Gedächtnis an die Getöteten an. Das Heilige wird durch Unheiliges (= Unreinheit der Leichen) ersetzt. Eine ganz andere Aussage ergibt sich aus der Lesart ἀνῃρηκότων αὐτὴν στρατόπεδον (vgl. die textkritische Anm. 557 z. St.): allein übriggeblieben ist als Gedächtnis der Stadt das Lager der Mörder, das sich in den Trümmern ansiedelt. Für die von uns gewählte Lesart spricht die für den Text zweifellos vorauszusetzende liturgische Tradition Klg. Jer. 2, 10. 21.

[185] Der Text setzt voraus, daß die rednerische Gabe des Eleazar die Gefolgschaft überzeugt (§ 389 ἔρως ἐνέπεσεν). Der Schilderung der enthusiastischen Stimmung schließt sich ein geordnetes Verfahren der gegenseitigen Tötung an. σφαγή (§ 389) bzw. τὰς σφαγάς (§ 395) könnte ein kultisches, daher geordnetes Tötungsverfahren andeuten. Es handelte sich dann um eine Art Schächtung, bei der die Kehle als Ort der Schlachtung des Opfers durchgeschnitten wird. Eine Bestätigung für das in einer liturgischen Ordnung stehende Geschehen wäre die Hervorhebung der Zehnergruppe, die das Opfer vollzieht. Vgl. Ruth 4, 2: eine Zehnergruppe gilt als gültige Vertretung der gesamten Bevölkerung. Vgl. dazu H. Haag, Die biblischen Wurzeln des Minjan, in Abraham unser Vater, Festschrift für O. Michel, 1963, 235–242). Trifft die Deutung des Textes zu, so hatte das Geschehen in Masada mit einem Selbstmord nichts mehr zu tun. Zu beachten ist ferner, daß die Tötung der Frauen und Kinder durch die Männer geschieht, die die Familie rechtlich vertreten, während die Tötung der Männer selbst ein ᶜeda-Geschehen ist, das – frei von psychologischer Begeisterung – von der Vertretung der ᶜēdā vollzogen wird.

Man darf die psychologische Begeisterung, die aus der Überredungsgabe des Eleazar abzuleiten ist, nicht mit der liturgischen Ordnung, die die Tötung der Männer beschreibt (§ 395ff.) vermischen. Das hellenistische Element in der Darstellung des Geschehens ist da, muß aber notwendig begrenzt bleiben.

[186] Das letzte Glied der Gruppe ist nicht identisch mit dem Führer, der wie jeder andere durch das Los seinen Rang erhält. Es ist ein Unbekannter, dem eine dreifache Aufgabe zufällt: 1. er hat zu prüfen, ob jemand noch eines Gnadenstoßes bedarf. 2. er zündet den Palast des Herodes (= den Westpalast) an, 3. er hat sich selbst durch das Schwert zu töten. D. h. die Entscheidung des Lehrers § 335 wird von der Gruppe selbst durchgeführt.

[187] Die übriggebliebenen Frauen und Kinder spielen für den Text des Josephus eine wichtige Rolle. Zwei Mal geht er auf sie ein (§ 399. 404), um vor allem nach dem Zeugenrecht (Dt. 19, 15) seine Berichterstattung zu stützen. An der „Verwandten des Eleazar" hängt ferner an beiden Stellen ein besonderes Interesse. Der Text sagt nicht, daß Josephus selbst die eine der beiden Frauen persönlich gekannt habe (Ricciotti z. St.), sondern nennt nur die Römer als Empfänger des Berichtes. Hegesipp 5, 53, 2 (Schluß des Buches) nennt nur eine Frau mit ihren fünf Söhnen. In diesem Zusammenhang zeigt Hegesipp überhaupt das Bestreben, von den Zahlen in bell. 7 (vgl. § 368f., Anm. 181. 182) abzugehen zugunsten der niedrigeren Zahlen von bell. 2. Es ist jedoch denkbar, daß Hegesipp überhaupt eine ganz andere griechische Textvorlage verwandte.

[188] Schon Kohout z. St. verweist darauf, daß es sich um die Passahnacht des Jahres 73 handelt (ebenso Schürer). Josephus zitiert nach der jüdischen Passahzeit (z. B. bell. 5, 99. 567; 6, 290). Nach dem ersten Ausgrabungsbericht 1955–1956, in IEJ 7 (1957), 8 ist ungefähr der 2. Mai 73 anzusetzen.

[189] Eine Angabe über Stärke und Dauer der römischen Besatzung fehlt bei Josephus. Aus den Münzfunden bei den Ausgrabungen der Jahre 1963/64 (Y. Yadin, The Exca-

Anmerkungen zu Buch 7

vation of Masada, in IEJ Bd. 15 [1965], 119) ergeben sich für die Dauer wenigstens einige Hinweise. Neben Münzen mit dem Datum 74 und 99/100 n. Chr. wurde als die jüngste bisher gefundene Münze eine aus den Jahren 110/111 entdeckt. Y. Yadin sieht dem entsprechend 73–110/111 als Mindestdauer an. Weitere Spuren der römischen Besatzung sind an den zur Instandsetzung der Wohnräume notwendig gewesenen Aufräumungsarbeiten nach dem Brand erkennbar.

[190] Die Konzeption von bell. 7, 253ff. (Exkurs XXI; Anm. 138), daß nämlich „Sikarier" der römische Rechtsbegriff ist, unter dem alle Aufständischen zu begreifen sind, wird auch hier vorausgesetzt. Wir übersetzen ἐκ τῆς στάσεως τῶν σικαρίων mit „aus dem Aufstand der Sikarier" (ähnlich Whiston-Marg., Simchoni), während Kohout, Clementz, Ricciotti, Thackeray und Williamson an „Partei" oder „Gruppe" denken. Bei Endrös fehlt eine Übersetzung für στάσις ganz. – Die Wendung: στάσις τῶν σικαρίων ist im Sprachgebrauch des Josephus sonst nicht nachzuweisen und zudem in der Bedeutung von „Partei, Gruppe" für Josephus ganz unwahrscheinlich. Josephus kann ebenso wie die LXX δεσπότης sowohl auf Gott als auch auf Menschen anwenden (z. B. auf Vespasian bell. 3, 402; ganz anders verhält es sich dagegen mit „ἡγεμών" bzw. „ἡγεμονία", vgl. § 133 Anm. 67). Für Josephus typisch ist das Substantiv θεοκρατία, das in c. Apion. 2, 165 auf die mosaische Verfassung, d. h. indirekt auf eine politische Ordnung angewandt wird. Vgl. Schlatter Theologie 48f.; Hengel, Zeloten 97f. Dahinter steht das hebr. Verbum mäšal im Unterschied von dem wesentlich engeren mälak. mäšal (französisch „gouverner") kann nach Josephus und der rabbinischen Auslegung auch von Menschen ausgesagt werden, während die Aufstandstradition es seit Judas dem Galiläer Gott allein vorbehält. Die Verbindung dieser Auslegung des mäšal mit dem šemaᶜ-Gebet legt der Aufstandsbewegung eine bekenntnisartige Verpflichtung auf (§ 323), so daß sie dafür zu sterben bereit sind. Kohouts Übersetzung: „ihr einzig rechtmäßiger König" verkennt den exegetischen Sachverhalt. Anders deutet auch Schlatter Theologie 48f. das Verhältnis von δεσπότης und βασιλεύς bei Josephus, weil er den Unterschied zwischen mäšal und mälak nicht sieht.

[191] In der Schilderung der Sikarier § 410f. haben wir eine zweifellos historisch gute Tradition vor uns. Vgl. die Herausstellung des entscheidenden Freiheitsbegriffes (§ 255ff. Anm. 138, 139), ferner das religiöse Herrschaftsverständnis und die damit gegebene Machtfrage (κρείττων). Auch § 411 muß nicht polemisch gemeint sein, sondern kann durchaus gleichfalls als historischer Bericht gesehen werden: man bricht den Widerstand mit Gewalt (ἀποσφάττειν = Durchführung eines alten Gottesrecht im Unterschied von ἀναιρεῖν, vgl. 2, 453f. und Michel Th. Wb. VII 932f.) oder durch eindringliche Belehrung (παρακαλεῖν).

[192] Unser Text setzt „die Ältesten des Rates" (οἱ πρωτεύοντας τῆς γερουσίας) und eine „Vollversammlung" (ἐκκλησία), zu der die ganze jüdische Bevölkerung eingeladen wird, voraus. Verfassungsmäßig wird damit zwischen der Vertretung der Gerusie (οἱ πρωτεύοντες = ἄρχοντες, πρεσβύτεροι ἡγούμενοι Arist. 308ff.) und der Vollversammlung (ἐκκλησία = τὸ πλῆθος § 314) unterschieden. Die γερουσία ist der eigentliche Kreis der Verantwortlichen, die sich der Maßnahme des Augustus 11 n. Chr. (Philo in Flaccum 74) die jüdische Bevölkerung in Alexandrien leitet. Damit ersetzte die Verfügung des Augustus die vorhergegangene Alleinherrschaft des „Ethnarchen" (ant. 14, 117ff.) durch eine kollegiale Behörde. Insgesamt trifft also der Bericht des Josephus mit den sonstigen Nachrichten der Zeitgeschichte über Verfassungsfragen der ägyptischen Diaspora gut zusammen. Zum Ganzen vgl. Schürer III, 76–79; Thackeray z.St.; ferner 7, 47, Anm. 29.

[193] Der Text setzt bei den Ältesten und der Volksversammlung die Anerkennung des römischen Staats- und Strafrechtes voraus. Wer Gemeinschaft mit den außerhalb des römischen Staatsrechtes stehenden Aufrührern machte, geriet selbst in äußerste Gefahr (κίνδυνος) und mußte mit seinem „Verderben" (ὄλεθρος) rechnen, d. h. mit dem Verlust der eigenen Rechtssicherung und schwerster Bestrafung. Der Text zeigt eine klare Abgrenzung zwischen römischem und jüdischem Strafrecht, was sowohl für Palästina wie für die ägyptische Diaspora gilt. Vgl. dazu Juster II, 147–149. Ferner sei auf die Rechte der Juden in Alexandrien hingewiesen, die durch den Besuch Vespasians neu bestätigt worden waren (ant. 12, 121).

Anmerkungen zu Buch 7

194 Die Unterscheidung zwischen Alexandrien und Ägypten (vgl. auch § 409) entspricht der Sonderstellung der Stadt in der Antike (vgl. Philo in Flaccum 78; Pauly-W. Bd. 1. Sp. 986. 1378).

195 Der Abschnitt § 417–419 erinnert an die hellenistische Tradition von der Standhaftigkeit der sieben Brüder in der syrischen Verfolgung (2. Makk. 7; 4. Makk. 8–12). Daß der Gegner eine Haltung der Standhaftigkeit als ἀπόνοια beurteilt, klingt schon in 2. Makk. 6, 29 an (διελάμβανον, ἀπόνοιαν εἶναι), doch wird dort die Urteil seitens des Gegners vom Erzähler stets überspielt (2. Makk. 6, 31: ὑπόδειγμα γενναιότητος καὶ μνημόσυνον ἀρετῆς). Zwar wendet Josephus ἀπόνοια und τόλμη – die charakteristischen Merkmale für seine Beurteilung der Aufständischen (6, 350 Anm. 188; Hengel, Zeloten 16. 266) an (§ 412. 417. 419), doch gelangt er in Bezug auf die hellenistische Tradition zur äußersten Grenze, nämlich zur unvermeidlichen Anerkennung der Überlegenheit des Geistes über die Schwachheit des Körpers. Die hellenistische Bearbeitung des Stoffes macht aus dem historisch konkreten Konfliktsfall beinahe eine philosophische Belehrung, was auch von Josephus durchgehalten wird.

196 Zur Betonung der Jugend vgl. 4. Makk. 8, 1 f. 14. 27; zur philosophisch bestimmten frommen Vernunft 4. Makk. 8, 1; zur Wirkung auf die Zuschauer 4. Makk. 6, 11. 12.

197 Καίσαρα δεσπότην ἐξονομάζειν klingt hier formelhaft: die Wendung meint eine ausdrückliche Anerkennung der Würde und Machtstellung des Kaisers als δεσπότης. Eine derartige Erklärung würde die Überzeugung der galiläischen Aufstandsbewegung widerrufen (vgl. zuletzt § 410 f. Anm. 190. 191), dagegen mit der pharisäischen Tradition nicht in Konflikt kommen. Kohout z. St. rechnet mit der Möglichkeit, daß in dieser Wendung auch eine Huldigung an das numen Caesaris liegen könnte (vgl. etwa § 52, Anm. 31), die in den Provinzen eine große Rolle spielte. Damit aber würde der Bedeutungsbereich für ἐξονομάζειν doch zu stark ausgedehnt, ebenso der Begriff des δεσπότης (vgl. Anm. 190).

198 Josephus nennt Lupus den Präfekten Alexandriens (§ 410. 433). Rechtlich ist damit die Präfektur von ganz Ägypten gemeint (Plin. hist. nat. 19, 11). Lupus' voller Name ist Titus Julius Lupus (CIL III 1, 31; Pros. Imp. Rom. II 1, 199. 207). – Wenn Masada im Frühjahr 73 fiel, so muß die Präfektur des Lupus etwa 72/73 angenommen werden. Anders jedoch CIL und Stein in Pauly-W. Bd. 10, Sp. 664, die die Eroberung Masadas ins Frühjahr 72 legen und dementsprechend den Tod des Lupus (§ 433) bereits für das Jahr 72 annehmen. Pap. Oxy. X 1266 Anm. 26 jedoch gibt gleichfalls erst das Jahr 73 für den Tod des Lupus an.

199 Der hier genannte jüdische Tempel in Ägypten wird bei Josephus in bell. 1, 33; ant. 12, 387 f.; 13, 62 ff. 285; 20, 236 f. erwähnt. Zusammenfassend vgl. Enc. Jud. X 796; zum archäologischen Material vgl. Flinders Petrie, Hyksos and Israelits Cities, 1906, 19–27; S. H. Steckoll, The Qumran Sect in Relation to the Temple of Leontopolis, in Revue de Qumran 6 (Nr. 21), 55–69. Nachdem die Sikarier in den ägyptischen Raum eingesickert waren, stellte der Tempel als kultischer Sammelpunkt des dortigen Judentums eine besondere Bedrohung dar. Zur Problematik der absichtlichen Zerstörung eines Tempels vgl. 6, 236–243, Anm. 108. Vor allem Festzeiten und Festliturgie verschärften die Situation (Joh. 11, 48). Die Römer versuchten weitgehend bevorstehenden Gefahren und Unruhen durch ein militärisches oder politisches Eingreifen zuvorzukommen, vgl. u. a. ant. 18, 80–82. 118; ferner bell. 7, 412, Anm. 211.

200 Der Abschnitt 7, 422–432 schließt als selbständige Tradition an bell. 1, 33 an, wo sich Josephus eine Beschreibung des Tempels in Ägypten ausdrücklich für eine spätere Zeit vorbehält. Erst jetzt, unmittelbar vor der Zerstörung des Tempels, fügt Josephus diese Beschreibung ein. Ähnlich die Schilderung des Jerusalemer Tempels, die in 5, 184–237 gleichfalls erst im Anschluß an den Bericht über seine äußerste Bedrohung (5, 133) gegeben wird. Zu dieser zweifellos festen schriftstellerischen Form im Erzählungsstil vgl. 7, 163–170. 171 ff., 275–279. 280 ff.; Mk. 6, 14–16. 17 ff. An unserer Stelle knüpft die Verbindung ἡ δ'ἐστίν § 422 nur sehr locker an § 420–421 an, während § 433 den begonnenen Bericht von § 420–421 fortsetzt. Zur Auseinandersetzung mit ant. 13, 62–73 vgl. die folgenden Anmerkungen.

Exkurs XXV: Die geographische Bestimmung des Tempelgebietes von Leontopolis.

Die Ortsangabe § 421: ἐν τῇ Ὀνίου καλουμένῃ ist nach der Meinung des Josephus mit dem Eigennamen Onias zu verbinden; gemeint ist der Bezirk um den von Onias

Anmerkungen zu Buch 7

gebauten Tempel (vgl. ant. 13, 287). Zur auffälligen Namensform vgl. Schlatter, Namen, 46; anders Schürer III 146. In anderem Zusammenhang spricht Josephus von dem sogenannten „Land des Onias" (ant. 14, 131; bell. 1, 190). Das Gebiet ist aber nicht auf unseren Tempelbezirk zu beziehen, sondern auf eine der verschiedenen jüdischen Ansiedlungen im nördlicheren Nildelta. Vgl. Schürer III 146. Wenn Josephus von dem Tempelbezirk spricht, gibt er in den meisten Fällen als geographische Bestimmung den „Bezirk von Heliopolis" an. Eine genauere Beschreibung erfolgt in unserem Zusammenhang (bell. 7, 426) und in ant. 13, 70. Im Bellum nennt Josephus außer dem Bezirk von Heliopolis die Entfernung von Memphis, in Antiquitates wird im gleichen Zusammenhang Leontopolis erwähnt und darauf hingewiesen, daß der Tempelbezirk ursprünglich der Bubastis geweiht war. Schürer III 42, 145 schließt insgesamt, daß es sich bei dem Tempelbezirk um den von Heliopolis auf der östlichen Deltaseite handeln müsse, in dem ein kleines sonst nicht bekanntes Leontopolis gelegen habe. Memphis liegt an der südlichen Spitze des Deltas, die von Josephus angegebenen 180 Stadien entsprechen annähernd der Entfernung Memphis-Heliopolis. E. Naville, the Mound of the Jew and the City of Onias (1887), insbes. 17–21 identifizierte die unmittelbar nördlich liegende alte jüdische Siedlung Tel-el-Jehudijeh mit der des Onias (vgl. in unserem Zusammenhang § 430) bzw. dem „Nomos von Heliopolis" zu Λεοντόπολις τοῦ Ἡλιοπολίτου vgl. ferner Pauly-W. 12, 2 Sp. 2055f.; 18, 1 Sp. 477–479.

201 Die Aussage τὴν ἐπίκλησιν ἔλαβεν setzt einen offiziellen bzw. üblichen Beinamen des jüdischen Heiligtums in Ägypten voraus. Dennoch bedient sich Josephus auffallenderweise an keiner Stelle im Bellum oder in Antiquitates eines derartigen Beinamens, sondern gebraucht durchgehend eine Umschreibung. Dagegen spricht die talmudische Tradition (b. Menahoth 109a.b) vom bēt hōnjō oder auch bet nechonijī u.ä. (zu den Varianten zur Übersetzung „Honjotempel"' vgl. L. Goldschmidt Anm. 132 zu b. Menahoth 109a.b). Diese talmudische ἐπίκλησις muß bei Josephus gemeint sein. Der geläufige Beiname („Oniastempel") geht auf die griechische Form 'Ονίας (2. Makk. 3. 4.) zurück. Zur Namensbildung vgl. Pauly-W. 18, 1, Sp. 474; Jew. Enc. IX 403.

202 An unserer Stelle wird wie in 1, 31–33 der Gründer des Heiligtums mit dem Sohn des Hochpriesters Simon des Gerechten identifiziert. Dem entspricht auch die talmudische Tradition (b. Menahoth 109b; j. Joma IV 3 ‹41 c›). Anders dagegen lauten die Angaben von ant. 12, 237. 387ff.; 13, 62–73, wo der Erbauer des Tempels im Bezirk von Heliopolis betont als der Sohn Onias III., des letzten sein Amt ausführenden zaddokidischen Hochpriesters in Jerusalem, beschrieben wird. Da die Angaben von Antiquitates den Eindruck einer bewußten Korrektur machen – ohne in diesem Fall tendenziös zu wirken – scheinen sie historisch zuverlässiger zu sein als die des Bellum, d.h. daß es sich an unserer Stelle und in bell. 1, 31ff. in Wahrheit um Onias IV. handelt, den Sohn Onias' III. und den Enkel des Hochpriesters Simon. Vgl. auch 1, 31 Anm. 11. Zur Literatur vgl. Schürer III 144f.; Pauly-W. Bd. 18, 1 Sp. 475f.; Jew. Enc. IX 403f.; anders J. Jeremias, Jerusalem zur Zeit Jesu, 3. Aufl. 1962, 207ff.

Onias IV. hat, obgleich er nach der Ermordung seines Vaters und der Vertreibung seines Bruders Jason (2. Makk. 3. 4.) der legitime Erbe der zaddokidischen Hohenpriesterwürde war, in Jerusalem niemals das Hochpriesteramt innegehabt. Die Wendung εἷς τῶν ἐν Ἱεροσολύμοις ἀρχιερέων in § 423 könnte seine Funktion als Oberpriester in der Gerichts- und Verwaltungsbehörde beschreiben. Vgl. J. Jeremias a.a.O. 202. 221 ff.

203 Dem Text 7, 427 zufolge wird zunächst eine Festung und sodann das Heiligtum angelegt. Das Verbum κατασκευάζεσθαι – im Unterschied von οἰκοδομεῖν – kann sowohl die Anlage als auch eine Ausrüstung meinen (§ 285. 289). οἰκοδομεῖν dagegen führt auf einen Neubau und nur schwer auf einen Umbau. – Unser Bericht hat darin seine Besonderheit, daß er im Unterschied von 1, 33 und auch den späteren Berichten in Antiquitates (12, 388; 13, 63. 72; 20, 236), wo durchgehend die Gleichheit bzw. Ähnlichkeit des Oniastempels mit dem Jerusalemer Tempel genannt wird, neben die Gleichheit betont die Ungleichheit stellt. Es ist zu fragen, ob der Gegensatz von Gleichheit – Ungleichheit allein architektonisch zu verstehen oder tatsächlich das umstrittene Problem der Legitimität entscheiden soll (vgl. Anm. 206). Für unseren Text ist der enge Zusammenhang zwischen Festung und Tempel in Gestalt eines Turmes (πύργος = migdāl) wichtig. Das Turmmotiv dient offenbar ebenfalls der Befestigung und wird ausdrücklich von der

Art des Jerusalemer Tempels abgesetzt. Man erinnert sich auch, daß in bell. 5, 184ff. bei der Beschreibung des Jerusalemer Tempels eine Hervorhebung des Turmmotives fehlt. Die „turmähnlichen" Seitenhallen in 5, 203 (πυργοειδεῖς) haben rein architektonische Bedeutung. Für Josephus sind Turm und Befestigung im Zusammenhang mit Tempel und Zionsberg anstößig, wie die Bearbeitung von 1. Makk. 4, 60 in ant. 12, 326 beweist. Die Vermutung von S. Krauss, Synagogale Altertümer, 1922, 84, der Tempel in Jerusalem sei „migdāl" (j. Meg. I 1 <70c> 53) und „birā" (b. Joma 2a) genannt worden, ist unsicher und verkennt zudem die betonte Gegenüberstellung vom Oniastempel als einer Befestigung und dem Heiligtum in Jerusalem, das betont dem Frieden dient. Von einem „Irrtum des Josephus" (S. Krauss) kann auf keinen Fall die Rede sein. Vielmehr tritt auch hier die antizelotische Tendenz bei Josephus heraus.

²⁰⁴ Die Gleichheit des Brandopferaltars mit dem in Jerusalem wird deshalb besonders betont, weil die Entweihung des Jerusalemer Tempels durch Antiochus IV. gerade den Brandopferaltar getroffen hatte (1. Makk. 1, 54). Auffallend ist, daß der siebenarmige Leuchter durch eine an einer goldenen Kette herabhängenden Lampe ersetzt wird. Die stark hellenistische Wendung ἐπιφαίνοντα σέλας ist besonders feierlich und könnte die Vorstellung der göttlichen Epiphanie meinen. Vgl. dazu E. R. Goodenough, Jewish Symbols Bd. IV, 90f.

²⁰⁵ Die Wendung: οὐ μὴν... ἐξ ὑγιοῦς γνώμης zeigt eine scharfe Kritik des Josephus an den „Beweggründen" (Kohout, Thackeray) bzw. an der Gesinnung (vgl. auch § 418) des Onias, ohne daß damit eine eindeutige Verwerfung auch des Tempels ausgesagt wäre. Eine immanente Kritik könnte allerdings schon in § 427 vorliegen, wo auf die Abweichung des Tempels von dem in Jerusalem ausdrücklich hingewiesen wird (vgl. Anm. 203 gegenüber Anm. 204, bes. Anm. 206). Der Abschluß § 432 bringt den Höhepunkt insofern, als das Schriftzitat auf die Vorsehung Gottes hinweist, die des Geschichtsereignis in seiner Bedeutung unterstreicht. Das Schriftzitat Jes. 19, 19 entstammt der Diskussion über die Legalität des Oniastempels im Judentum (ant. 13, 64. 68; b. Menahoth 109b). Der Begriff πρόρρησις ist besonders feierlich und kommt aus der hellenistischen Kultsprache (Plut. Alex. 25; Herodian 2, 10, 18). – Der Abstand von Jes. 19, 19 ist dadurch zu erklären, daß Josephus im Sinne des hellenistischen Targums den Stoff umwandelt, Motive wegläßt und neue hinzufügt: der Altar wird zum Tempel, die Massebe fällt fort, der Bau wird auf einen jüdischen Mann zurückgeführt. Der entsprechende Gegenbericht in ant. 13, 62–73. 74–79 geht von dem Selbstbewußtsein des Onias aus, der sich mit der Autorität des Targum von Jes. 19, 19 „Ruhm und ewiges Gedächtnis" sichern will. Sein Standpunkt wird aber sowohl vom heidnischen König als auch von der jüdischen Versammlung bestritten. Gegenüber Bellum denkt Antiquitates halachisch-normativ und stellt entsprechend der sonstigen jüdischen Diskussion in der Opferfrage (b. Menahoth 109b. 110a) die ausschließliche Geltung Jerusalems im Sinn der Tora wieder her.

²⁰⁶ Die Frage der Legalität des Tempels in Leontopolis bekommt an unserer Stelle dadurch ihre Zuspitzung, daß der Bericht mit dem Hinweis auf Jes. 19, 19 abschließt. Fraglich bleibt das Verhältnis zwischen kultischer ὁμοιότης (hebr.: demūt, tabnīt) und Legalität im halachischen Sinn. Es ist durchaus möglich, daß die ὁμοιότης im hellenistischen Schema von Urbild-Abbild gemeint ist und eine halachisch legale Handlungsweise herausgestellt wird, die gerade in der Abweichung vom Jerusalemer Tempel – vgl. Anm. 204 – ihre Bedeutung hat. Zum Verbot kultischer Nachbildung vgl. b. A. Z. 43a.b. Daß die Frage der Legalität in der damaligen Zeit von besonderer Bedeutung ist, zeigt auch der Vergleich mit Qumran. S. H. Steckoll, The Qumran Sect in Relation to the Tempel of Leontopolis, in Revue de Quntan 6 (Nr. 21), 55–69 geht von der Legalitätsfrage zu sehr von der Zeit des Josephus selbst aus. Dadurch werden die kultisch-halachischen Voraussetzungen – Entweihung des Jerusalemer Heiligtums durch die Sieger, Vertreibung der zaddokidischen Hochpriester etc. –, aus denen heraus Onias die Legalität ableitet, ihrer ihnen für ein endgültiges Urteil zukommenden Bedeutung enthoben. Schließlich berücksichtigt Steckoll zu wenig die grundsätzliche Verschiebung der halachischen Voraussetzung von Bellum zu Antiquitates, die gerade die Fragen der kultischen Reinheit wesentlich betrifft (ant. 13, 70).

²⁰⁷ Während Kohout z. St. den hier genannten Paulinus mit dem in bell. 3, 344 gleichsetzt, Pauly-W. Bd. 18, 3 Sp. 2327 zum mindesten die Möglichkeit einer Verwandtschaft

Anmerkungen zu Buch 7

nennt, bleibt eine Entscheidung in der Pros. Imp. Rom. III (1898), S. 17. 373 aus. Vgl. aber auch Tac. hist. 3, 43 und bell. 3, 344 Anm. 79.
Der Auftrag Vespasians zur Zerstörung des Tempels wird so nicht durchgeführt, sondern der Tempel wird geschlossen. Die rechtliche Grundlage für die Wegnahme der Weihgeschenke bestätigt Suet. Vitell. 5; vgl. Mommsen, Röm. Staatsrecht II 1, 443. Die Maßnahme des Lupus bringt Paulinus zum Abschluß, wobei der Druck auf die Priester hervorgehoben wird. Die Schließung des Tempels kann sowohl als eine erste Maßnahme im Sinne des kaiserlichen Befehls als auch als eine Ersatzhandlung verstanden werden. Doch eine Motivierung für das Handeln der Statthalter wird durch den Text nicht gegeben. Ohne weitere Hinzufügung endet der Bericht mit der völligen Auslöschung der dortigen Gottesverehrung. Von einer Zerstörung des Tempels ist keine Rede mehr.

[208] Die Angaben über die Zeit der Gründung des Oniastempels schwanken zwischen 161 und 152 v. Chr. Onias floh aus Jerusalem, nachdem Menelaos 161 ermordet war und Alkimos an seiner Statt Hoherpriester wurde. D.h., daß die josephinische Feststellung im vorliegenden Text mindestens um 110 Jahre zu hoch gegriffen ist, wobei allerdings 10 Jahre auf die Identifizierung von Onias III. und Onias IV. anzurechnen sind. Destinon vermutet, der Text sei verdorben, statt 343 wäre 243 zu lesen. R. Eisler, Jesusbasileus (1929) Bd. I, 151 sieht in der josephinischen Angabe die absichtliche Verwendung der apokalyptischen Zahl 343 = 7 × 7 × 7. Josephus wollte auf das Strafgericht hinweisen, das Gott um der Übertretung des deuteronomischen Gesetzes willen über den Tempel verhängt. Gegenüber R. Eisler bliebe die Frage offen, ob die apokalyptische Zahl bereits aus der von Josephus übernommenen Tradition stammt.

[209] Zum Bild der Krankheit für die Ideologie (ἀπόνοια) der Sikarier vgl. 2, 264 (Zusammenhang ebenfalls: „Krankheit ... Räuber ... Wundertäter"). – Das Auftreten des Webers Jonathan erinnert an Moses und die „Wüstentradition" (Hos. 12, 10f.; Jes. 40, 3; 1 QS 8, 13–15; ferner auch unten Anm. 211). Doch die Darstellung des Josephus prägt den historischen Sachverhalt deutlich um: der Weber kann als Handwerker kein Ausleger und Lehrer sein, sondern ist Angehöriger einer wenig geachteten Berufsgruppe (ant. 18, 314; J. Jeremias ZNW 30 [1931], 298f.); der Ausdruck ἄποροι ist ambivalent (hilflos, mittellos, geistig unbegabt, ungebildet; vgl. Lat.: „imperitorum"; ferner Thack. Lex. s. v.); der Begriff φάσματα kann im Hellenismus negative Bedeutung haben (LXX Hiob 20, 8; Sap. 17, 4; Philo quod omnis probus 5; Plut. mor. 900f.).

[210] Die libysche Pentapolis (vgl. Plin. hist. nat. 5, 31) ist identisch mit der römischen Provinz Cyrenaica. Der Name geht zurück auf die 5 wichtigsten Städte der Provinz: Berenike, Arsinoe, Ptolemais, Kyrene und Apollonia. Zur Geschichte der nordafrikanischen Provinz vgl. Pauly-W. Bd. 19, 1. Sp. 509f. – Catull verwaltete 73–74 als Prokonsul das Gebiet Kreta-Kyrene. Ein außerjosephinisches Zeugnis über ihn fehlt. Die Identifizierung mit L. Valerius Catullus Messalinus (vgl. E. Ritterling, Military Forces in the Senatorial Provinces, in Jorunal of Roman Studies 17 ⟨1927⟩, 29; Bo Reicke, Neutest. Zeitgeschichte 1965, 216) ist deshalb unwahrscheinlich, weil dieser erst 93 starb. Vgl. Zum Ganzen Pros. Imp. Rom. II 2. Aufl., S. 132; Pauly-W. Bd. 3, Sp. 1796 Nr. 3. 6. – προσαγγέλλουσιν klingt an sich nicht juristisch, doch entspricht es wohl der delatio im römischen Strafrecht. Vgl. Th. Mommsen, Römisches Strafrecht 1899, 345ff.

[211] Analoge Ereignisse berichtet Josephus bell. 2, 261–263; ant. 18, 85–87; 20, 167. 169–172. 188; vgl. auch Apg. 5, 34–39; 21, 38. Während unser Text nur von einem „sehr üblen Menschen" und „Weber" spricht (Anm. 209), werden die Führer sonst entweder als γόης oder als ψευδοπροφήτης bezeichnet. Zum Entkommen des Führers vgl. auch bell. 2, 263; ant. 20, 172; Joh. 10, 12. Das Zuvorkommen der Behörden vor der Gefahr eines „Anschlages" wird bei Josephus immer wieder berichtet (vgl. Anm. 199). Für das Scheitern eines derartigen Führers und seine Verkehrung in ein willenloses Werkzeug seines Gegners gibt uns noch das Schicksal Sabbatai Zwis (G. S. Dubnow, Weltgeschichte des jüdischen Volkes, Bd. 7, 73f.) eine historische Parallele. Auffallend ist die negative Fassung des διδάσκαλος-Motivs in § 442. 444 (Anleitung zum ψεῦδος), die sonst bei Josephus nicht vorkommt.

[212] Auffallend ist die Wendung Ἰουδαϊκόν τινα πόλεμον § 443; sie erinnert an die Fragen der Überschrift über das ganze Werk Bd. I, XIX. Der ironische Gebrauch an dieser Stelle setzt eine schon vorgegebene Begriffsbildung voraus. Die ausdrückliche

Anmerkungen zu Buch 7

Nennung des Verfassers des Bellum in § 448 entspricht diesem Eindruck, als sei das Werk bereits in einer bestimmten Form zuvor abgeschlossen gewesen.

[213] Wir haben den Langtext deshalb aufgenommen (zu den Handschr. vgl. die textkritische Anm. 656 z. St.), weil einerseits der stilistische Aufbau für den Langtext spricht (Gegenüberstellung Alexander-Berenike), andererseits der Vorwurf gegen den Statthalter (vgl. 7, 163, Anm. 90) besonders stark ist: Mißbrauch der Staatsgewalt und Verwicklung der Frau in den Prozeß. Die Nennung des Namens Berenike in diesem Zusammenhang erinnert an das ptolemäische Herrscherhaus.

[214] Nach römischem Recht war mit der Todesstrafe oder dem Exil (Tac. ann. 3, 23) stets die Einziehung (publicatio) der Güter der Verurteilten (bona damnatorum) verbunden. In früherer Zeit kamen sie unter Augustus und Tiberius in den eigentlichen Staatsschatz (aerarium, Tac. ann. 6, 2), wogegen sie unter den späteren Kaisern in die kaiserliche Kasse (fiscus im engeren Sinne) flossen (Tac. hist. 2, 84).

[215] Die Gefahr, daß der Aufstand in Palästina auf das Diasporajudentum übergreift bzw. eine römische Reaktion gegen die Sikarier auch die Diaspora in Mitleidenschaft zieht, steht ganz besonders hinter diesem Text. Josephus will ausdrücklich die Diaspora vor der Gefahr aus Palästina schützen (vgl. ψεῦδος § 442. 444. 447. 449; ferner 7, 364 Anm. 179). Bellum 7 hat drei große, in sich abgeschlossene Abschnitte: es berichtet zunächst vom Auslaufen des Krieges, dann vom Untergang der Aufstandsbewegung und schließlich von den Auswirkungen der Unruhen auf die jüdische Diaspora, besonders Antiochien und Alexandrien, ihre Hauptstädte.

[216] Nach dem Bericht des Josephus § 447–450 erweitert Catull das Verfahren dadurch, daß er Juden in Alexandrien und Rom in Abwesenheit mit Hilfe von falschen Zeugen unter Anklage stellt. Catull kommt gemeinsam mit den Anklägern nach Rom, um das Ergebnis seiner Untersuchung vorzulegen, in der Meinung, der Kaiser werde es anerkennen und das Urteil aussprechen. Vespasian jedoch rollt das ganze Verfahren aufs Neue auf.

Ein Vergleich mit den römischen Rechtsquellen ergibt folgenden Tatbestand: Vorausgesetzt ist bei Josephus die Strafgewalt des Prokurators einschließlich des ius gladii. Über seinen Verwaltungsbereich hinaus führt die Strafgewalt jedoch nicht, vielmehr ist der Prokurator verpflichtet, einen das Imperium selbst angehenden Prozeß an das kaiserliche Gericht zu übergeben. Vgl. dazu Jos. ant. 18, 168–170; Plin. epist. ad Traj. 97. Zur Verurteilung ist das Anhören der Angeklagten erforderlich (Euseb hist. eccl. 5, 1, 44. 47). Zum Ganzen vgl. Th. Mommsen, Röm. Strafrecht 242–245. 260–279. Im Parallelbericht vita 424f. ist das Geschehen zwar auf den persönlichen Konflikt des Josephus mit Jonathan zugespitzt, doch entspricht es rechtlich dem Sachverhalt des Bellum.

Die Bestrafung des Jonathan wird vom Josephus als besonders schwer, aber gerecht dargestellt (δίκη... προσήκουσα). Beachte die stilistisch prägnante Fassung des Schlußsatzes. Neben Enthauptung und Kreuzigung ist die Verbrennung eine der schwersten Strafen nach dem römischen Recht. Ursprünglich ist sie auf den Überläufer und Verräter angewandt worden (Gajus digesta 48, 9).

[217] Zwar hat die clementia der beiden Herrscher sich mit „der Feststellung des Unrechts" (κατάγνωσις Arist. Ath. 45) begnügt, doch fällt der Übeltäter nunmehr in die Strafgewalt Gottes. Es ist darauf zu achten, daß κατάγνωσις nicht im Sinn der Übersetzer mit „Rüge, Verweis" zu deuten ist. Die Wichtigkeit der Strafgewalt bzw. der Bestrafung als solcher wird in dem Fall Jonathan, wie Catull durch das Nebeneinander der beiden Herrscher (αὐτοκράτορες) in der Urteilsfindung hervorgehoben. Die Tatsache, daß das Nebeneinander von Vespasian und Titus hier in § 450–451 nicht militärisch (vgl. 6, 316, Anm. 152), sondern rechtlich motiviert wird (beide αὐτοκράτορες vertreten die kaiserliche iustitia und clementia) verdient besondere Hervorhebung. Es geht nicht mehr um die Befehlsgewalt des militärischen Imperators, sondern um die Mitregentenschaft des Titus, die durch die Verleihung der tribunicischen Gewalt im Jahre 71 n. Chr. rechtlich begründet ist. In diesem Sinn ist Titus princeps designatus bzw. Imperator designatus. Vgl. Suet. Titus 6; Tac. hist. 2, 6, 2; zum Ganzen Pauly-W. Bd. 22, 2, Sp. 2059–2068. 2234–2242. 2277–2281. Zur clementia vgl. bell. 4. 119, Anm. 124.

[218] Der Abschluß der Erzählung stellt die eigentliche Sinngebung des Berichtes heraus. Die πρόνοια Gottes (vgl. 6, 413 Exkurs XVIII) manifestiert sich in diesem Geschehen.

Anmerkungen zu Buch 7

τεκμήριον paßt gut in den Zusammenhang; der ursprünglich rechtliche Begriff gehört in das logische Beweisverfahren und wird in diesem Sinn bei Josephus verwandt (bell. 1, 401; 3, 50; ant. 3, 182; 8, 34; 15, 177; 17, 128 u.ö.). – Josephus denkt bei διάβρωσις (innerhalb seines Sprachgebrauches nur hier) an einen Durchbruch der Eingeweide auf Grund eines Geschwüres. Vgl. ähnlich Aretäus p. 62 A. Ferner bezeichnet διάβρωσις ein Geschwür, das den Körper in entstellender Weise zerfrißt (so bei Galen Bd. 13, S. 674. 702. – In Vita 424f. geht Josephus auf die Rolle Catulls überhaupt nicht ein (vgl. dazu Anm. 216).

[219] Der Abschluß 7, 454–455 geht noch einmal kurz auf die Einleitung § 1–30 zurück. Hier finden wir die beiden führenden Begriffe ἀκρίβεια (1, 17. 22. 26) und ἀλήθεια (1, 6. 30) wieder, die Normen seiner Geschichtsschreibung sind (Anm. 220). Der Gesamtentwurf der Geschichte setzte sich mit den syrischen Unruhen ein (1, 31 ff.) und endet formal nicht eigentlich mit einer Hervorhebung der flavianischen Neuordnung des Imperiums (7, 158 ff.), sondern mit der Darstellung der Jonathan-Catull-Affäre. In der Komposition des Bellum liegt das eigentliche Schwergewicht in Buch 3–6. Während Buch 1–2 auf diese Mitte hin, d.h. auf die eigentliche Situation – vgl. die Rolle der Flavier als Retter des Imperiums – hinzuführen, schließt Buch 7 den geschichtstheologischen Spannungsbogen formal keineswegs ab, sondern fällt eher aus dieser Mitte heraus. Jeder Versuch, die literarische Eigenart des „Nachtrages" in bell. 7 zu übersehen (vgl. G. Hölscher in Pauly-W. Bd. 9, Sp. 1942–1949), muß notwendig die zentrale Stellung von bell. 3–6 verdecken. Von hier aus gesehen entspricht der ursprüngliche Begriff „Halosis" (Einleitung Bd. I, XIX) genau dem Zentrum bell. 3–6, wo es um das Schicksal Jerusalems geht. bell. 1–2 ergänzen den Jerusalem Aspekt durch die Frage: Wie kam es zum jüdischen Krieg? Bell 7 durch die andere Frage: wie lief der jüdische Krieg aus?

[220] ἱστορία bezeichnet in § 454 wie in der griech. Geschichtsschreibung einen Ereigniszusammenhang, die Darstellung und das sachgemäße Verhältnis der Darstellung zum Ereignis. Diese drei Elemente sind auch sonst bei Josephus in dem Begriff ἱστορία enthalten (bell. 1, 1–3. 30; c. Apion. 1, 53f.). ἀκρίβεια ἀλήθεια sind als ursprüngliche Kennzeichen des Philosophierens (vgl. dazu c. Apion. 2, 255 bell. 3, 138; ant. 9, 208). ἀκρίβεια weist auf das Bestreben, das eigentlich Wirkliche zu erfassen; ἀλήθεια dagegen stellt das Ziel dar. ἑρμηνεύειν, ἑρμηνευτής bedeutet bei Josephus entweder: aus einer Vorlage ableiten bzw. deuten (Tradition, Quelle, Traum vgl. ant. 2, 72; c. Apion 1, 54) oder: in geeigneter Weise darstellen (ant. 6, 156; c. Apion. 2, 46). Für die erste Deutung spricht die Verwendung von παραδιδόναι und μανθάνειν (Simchoni, als Möglichkeit: Thackeray), für die zweite die Gegenüberstellung von ἑρμενεύειν und ἀλήθεια, hinter der sich die antike Unterscheidung von Stil und Inhalt verbirgt (so die meisten Übersetzer). Zum hellenistischen Sprachgebrauch vgl. Dionys. v. Halikarnass περὶ συνθέσεως ὀνομάτων c. 18 § 123.

Auch ἀναγραφή gehört in den Zusammenhang der historischen Darstellung im hell. Sinn. Der Begriff bezeichnet die Zusammenfassung, die einen öffentlichen Anspruch erhebt und nachprüfbar sein will (c. Apion. 1, 47).